纪念人民的音乐家聂耳
诞辰一百周年

聂耳

（1912—1935）

人民的音樂家

朱德

一九六四年五一

人民音乐家聂耳
胡耀邦

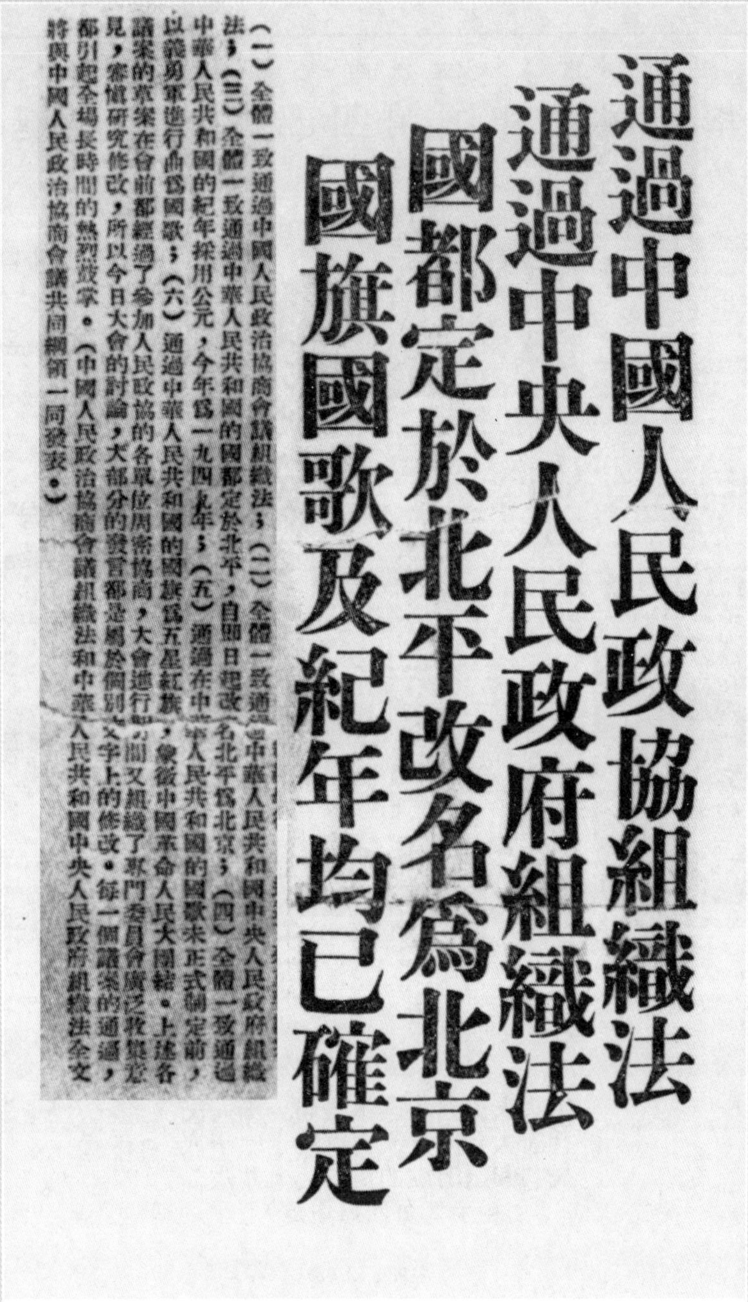

通過中國人民政協組織法
通過中央人民政府組織法
國都定於北平改名爲北京
國旗國歌及紀年均已確定

（一）全體一致通過中國人民政治協商會議組織法；（二）全體一致通過中華人民共和國中央人民政府組織法；（三）全體一致通過中華人民共和國的國都定於北平，自即日起改名北平爲北京；（四）全體一致通過中華人民共和國的紀年採用公元，今年爲一九四九年；（五）通過在中華人民共和國的國歌未正式制定前，以義勇軍進行曲爲國歌；（六）通過中華人民共和國的國旗爲五星紅旗，象徵中國革命人民大團結。上述各議案的草案在會前都經過了參加人民政協的各單位周密協商，大會進行期間又組織了專門委員會廣泛收集意見，審愼研究修改，所以今日大會的討論，大部分的發言都是屬於個別文字上的修改。每一個議案的通過，都引起全場長時間的熱烈鼓掌。（中國人民政治協商會議組織法和中華人民共和國中央人民政府組織法全文將與中國人民政治協商會議共同綱領一同發表。）

中国人民政治协商会议

第一届全体会议通过下列重要议案：

……

（五）通过在中华人民共和国的国歌未正式制定前，以《义勇军进行曲》为国歌；

……

第一届中国人民政治协商会议通过《关于中华人民共和国国歌的决议》（原载《人民日报》，1949年9月28日）

五届全国人大五次会议举行全体大会

中华人民共和国第四部宪法庄严诞生

还通过了关于本届全国人大常委会职权的决议和关于恢复《义勇军进行曲》为中华人民共和国国歌的决议

中华人民共和国国歌

中华人民共和国第五届全国人民代表大会第五次会议关于本届全国人民代表大会常务委员会职权的决议

（一九八二年十二月四日通过）

中华人民共和国第五届全国人民代表大会第五次会议关于中华人民共和国国歌的决议

（一九八二年十二月四日通过）

中华人民共和国第五届全国人民代表大会第五次会议关于中华人民共和国国歌的决议（一九八二年十二月四日通过）

(1982.12.05)

中华人民共和国第五届全国人民代表大会第五次会议关于中华人民共和国国歌的决议

（一九八二年十二月四日通过）

第五届全国人民代表大会第五次会议决定：恢复《义勇军进行曲》为中华人民共和国国歌，撤销本届全国人民代表大会第一次会议1978年3月5日通过的关于中华人民共和国国歌的决定。

第五届全国人民代表大会第五次会议通过《关于中华人民共和国国歌的决议》

人民日报

RENMIN RIBAO

2004年3月 16

胡锦涛与普京通电话并致贺电

祝贺普京再次当选俄罗斯联邦总统，就进一步发展中俄关系交换意见

中华人民共和国宪法修正案

2004年3月14日第十届全国人民代表大会第二次会议通过

中华人民共和国全国人民代表大会公告

中华人民共和国宪法

中华人民共和国宪法修正案

2004年3月14日第十届全国人民代表大会第二次会议通过

……

第三十一条　宪法第四章章名“国旗、国徽、首都”修改为“国旗、国歌、国徽、首都”。宪法第一百三十六条增加一款，作为第二款：“中华人民共和国国歌是《义勇军进行曲》。”

第十届全国人民代表大会第二次会议通过《中华人民共和国宪法修正案》

中华人民共和国国歌

（管弦乐总谱）

田　汉作词
聂　耳作曲
李焕之配器

10
Fl. picc.
Fl.
Ob.
Cl.
Fag.
Cor.
Tr-be
Tr-ni e Tuba
Timp.
Piatti
T.m.
Canto
愿 做奴 隶的 人 们! 把 我 们的 血 肉, 筑 成我 们 新 的长
I
V-ni
II
V-le
V-c.
C-b.

Fl. picc.
Fl.
Ob.
Cl.
Fag.
Cor.
Tr-be
Tr-ni e Tuba
Timp.
Piatti
T.m.
Canto
城。 中 华 民 族 到 了 最 危 险的时 候，
V-ni I II
V-le
V-c.
C-b.
15
tr
a2
unis.
div.

20
25
Fl. picc.
Fl.
Ob.
Cl.
a2
Fag.
Cor.
Tr-be
Tr-ni e Tuba
Timp.
Piatti
T.m.
Canto
每 个人 被 迫 着发 出 最 后的吼 声。 起 来! 起 来! 起
V-ni
I
II
V-le
div.
unis.
V-c.
C-b.
mf cresc.
f cresc.

Fl. picc.
Fl.
Ob.
Cl.
Fag.
Cor.
Tr-be
Tr-ni e Tuba
Timp.
Piatti
T.m.
Canto
V-ni
V-le
V-c.
C-b.
marcato
30
a2
div.
来! 我们万众一心, 冒着敌人的炮火, 前进!

Fl. picc.
Fl.
Ob.
Cl.
Fag.
Cor.
Tr-be
Tr-ni e Tuba
Timp.
Piatti
T.m.
Canto
V-ni
I
II
V-le
V-c.
C-b.
35
a2
unis.
ff
冒 着敌人的 炮 火， 前 进！ 前 进！ 前 进！ 进！

（李焕之和声配器）

中华人民共和国国歌

（管乐总谱）

聂　　耳作曲
李焕之、程义明配器

10
15
tr
Fl. picc.
Fl.
Ob.
Cl.(♭E)
Cl.(♭B)
Fag.
Alto Sax.
Ten.Sax.
Basso Sax.
Cor.
Tr.
Trb.
Timp.
Tamb picc.
Pia.
Tamb.gr.
Cornet.
Tenore
Bar.
C.basso.
ff

20
cresc.
Fl. picc.
Fl.
Ob.
Cl.(♭E)
Cl.(♭B)
Fag.
Alto Sax.
Ten.Sax.
Basso Sax.
Cor.
Tr.
Trb.
Timp.
Tamb.picc.
Pia.
Tamb.gr.
Cornet.
Tenore
Bar.
C.basso.
a1
a2

25
marcato
30
Fl. picc.
Fl.
Ob.
Cl.(♭E)
Cl.(♭B)
a2
Fag.
Alto Sax.
Ten.Sax.
Basso Sax.
Cor.
Tr.
Trb.
Timp.
Tamb picc.
Pia.
Tamb.gr.
Cornet.
Tenore
Bar.
C.basso.

Fl. picc.
Fl.
Ob.
Cl.(♭E)
Cl.(♭B)
Fag.
Alto Sax.
Ten.Sax.
Basso Sax.
Cor.
Tr.
Trb.
Timp.
Tamb picc.
Pia.
Tamb.gr.
Cornet.
Tenore
Bar.
C.basso.
cresc.
35
a2
f
ff

序一

吕骥

人民音乐家、国歌作曲者聂耳是我国革命音乐的奠基人，他的音乐创作和革命活动都是和30年代中国共产党所领导的抗日救亡运动和人民解放斗争密不可分的。他在音乐上所做出的贡献，无愧为我国自五四运动以来的新音乐运动中一面革命的旗帜。

聂耳同志创作的大多数歌曲，早在30年代中期抗日救亡运动和后来的抗日战争、解放战争中，流传于全国广大群众中。新中国成立后，他的大部分歌曲，继续作为革命历史歌曲鼓舞着各族人民。凡是经历过革命战争的老一辈同志，对他的歌曲都有所了解；但较年轻的同志可能对他的歌曲了解不多，对他的歌曲产生的时代背景，对当时的政治思想倾向，特别是对聂耳的思想形成过程了解较少。

《聂耳全集》编辑委员会决定将他创作的歌曲、改编的器乐曲、音乐评论文字、其他文艺作品，以及他的日记、书信编辑出版。这是非常有意义的，切合大家的需要。因为聂耳的歌曲创作，离开了他所处的社会，离开了他的生活、思想，是不容易理解的。读了这些材料后，我们对他所处的时代、对他的为人、对他的思想形成过程，才会有所了解。对他的歌曲的时代意义和美学价值也会作出全面的评价，从而才能够理解他作为时代歌手和民族号角的真实意义。

深信全集的出版，可以帮助大家更深刻地了解他的事业，接受他在音乐创作上所提供的经验，继承他所开创的革命传统。也有助于发展今天为社会主义现代化建设服务的音乐事业。

1985年新年

序二　聂耳是开路先锋

周巍峙

为了进一步推进全国民众歌咏运动，提供歌曲资料，1936年我在上海创编出版了一本抗日救亡壮歌集《中国呼声集》，收录了大量抗日救亡歌曲，由读书生活出版社公开发行。当时为了介绍《国际歌》(那时它是苏联的国歌)，我专门附录了苏联、德、法、英、美、日本的国歌。由于我在政治上、思想感情上不承认国民党代表中国，国民党党歌不能代替国歌，所以我在中国国歌的那一页上是空白的，并说明以后有正式国歌时再补上。那时我就憧憬着将来会有一首真正属于中国人民的革命歌曲作为国歌。这本歌集出了两版后，1936年底被国民党查禁。为了工作需要，我们立即改用“何立山”为主编名字，以《民族呼声集》为名称继续出版，秘密发行。

13年后，中国共产党在广大人民的支持下，在各个进步阶层的参与下，经过了难以想象的艰难斗争，克服了无数困难，做出巨大牺牲，终于推倒了压在中国人民头上的三座大山，取得了改天换地的伟大胜利，建立起人民的新中国——中华人民共和国。并且居安思危，以最鼓舞人心的《义勇军进行曲》作为我们的国歌，这是全国人民的意愿和选择，也是我多年夙愿的实现，真是使人太高兴了。

60多年过去了，作为国歌的《义勇军进行曲》依然是中国人民最响亮的号角，依然充满了鼓舞人心的豪情。每一个中国人，无论是在国际体育健儿的竞技场上，还是在异国他乡的旅途中，或是在外国政府欢迎中国领导人的礼仪场合，以及在校园里最普通的升旗仪式上。那样亢奋的音调始终会让人们心潮澎湃、激动不已，因为那样的旋律里隐藏着中国人共同的基因密码，隐藏着我们共同的精神家园，让我们心灵相通。

说到国歌，当然立刻会想到它的作者——革命文艺界著名诗人、剧作家田汉同志和音乐家聂耳同志。聂耳是云南玉溪人，出生在昆明，为了追求进步，实现自己心中的理想，年轻时独自一人奔向上海，参加到左翼音乐界核心。他在当时文艺界前辈田汉以及夏衍、孙师毅等同志的影响与领导下，从1934年开始了大众革命歌曲的创作，他配合多部电影、话剧创作了大量的主题歌、插曲，他写了第一部革命歌剧《扬子江暴风雨》并亲自演出主角。这些爱国的进步的、革命的大众歌曲立刻在人民中广泛流行，产生了重大影响，成为当时大众歌曲的核心，成为了轰轰烈烈的群众歌咏运动中的开路先锋和主导力量。

1931年“九一八”日本帝国主义侵占了我国东三省，中国人民群情激愤。当时著名音乐家黄自等人写作的《抗敌歌》、《旗正飘飘》、《冲锋号》、《军歌》等歌曲，表达了中国人民抗日救国的豪情。特别是《抗敌歌》曾在群众中流行受到知识阶层人们的热烈欢迎，但是未能在群众中广泛传唱。聂耳在短短两年的时间里创作了《义勇军进行曲》等三十余首歌曲，其中专门以劳动人民为题材的就有二十多首。他不仅描写了中国工人阶级的巨大力量，也描写了广大学生的壮志豪情。写得更多的是城乡最基层的劳动人民，比如卖报的孩童、种花女、牧羊女、打砖的妇女等人的痛苦生活，控诉黑暗的旧社会。他特别关心国家的命运，提高人们保家卫国，挽救危亡，认识自己的社会责任，争取翻身解放的思想觉悟。在当时的音乐界当中，聂耳是创作最多，创造性最强、影响最大的“开路先锋”。

他不仅题材内容多样化，而且音乐形式也根据内容需要，风格多样化，富有开拓创新精神。他吸收西洋群众歌曲和艺术歌曲的有益经验，与中国人民的生活语言和民间音乐风格相融合，写出了自己独具中国风采的大众歌曲。他采用一些别人很少运用的手法，比如《开路先锋》里用的笑声，在《苦力歌》当中加上朗诵——在“并不怕死”乐句后加上“不要拿死来吓我们”，在《码头工人》歌中加了独白“一辈子就这样下去吗？不，兄弟们，团结起来”这样有力的语句，都很富有煽动性。他这种不拘一格，力求生动表达多种多样的生活动态是他创作的特点。这正是一位开拓者，一位开路先锋给我们最重要的遗产“创新”——就是不断追求和开拓新的更宽广的创作领域，创造更动听，更感人的音调，发挥更强烈的音乐魅力。

聂耳是革命的大众歌曲的开拓者、奠基者。他的创作不仅精品多，而且能做到民族化、个性化，没有使人感觉到一般化和“洋化”，这是他在音乐创作领域开拓和创造的基础。他既不保守，也不自负，这是因为他具有强烈的革命责任感，能够根据斗争需要全身心地投入创作，认真学习，创新。特别需要突出强调的一点是他在从事创作时，能从人民的实际生活出发，努力表达人民的思想感情，我们总能从他的创作中看到他与人民同呼吸、他与祖国共命运、他与时代同脉搏。

由于聂耳重视生活的积累与体验，他的作品无一不是经过生活的打磨，浸透了对生活的感悟和切身的体会，因此他的歌曲十分亲切、生动，善于激动人心、引起共鸣。

打砖和打桩同样是建筑工人的体力劳动，但由于劳动形式和体力强度不同，所以他写出的音调也节奏不同、重音不同；同样是写重工业工人，同样具有象征开辟革命大道，争取翻身解放的特殊意义，聂耳抒写的码头工人和筑路工人的音调和节奏感却完全不同——《码头工人》忍辱负重，沉毅有力，不达目的决不停止；而《开路先锋》却是乐观前进，力图轰垮几千年的封建统治，信心十足，表现出先进工人阶级奋勇向前的斗争精神和乐观主义的欢快情绪，两首歌曲都准确有力却又各具特色。

他为电影《新女性》写的插曲《回声歌》，表现的女工形象更是真切——黎明前没有足够睡眠的女工，精神疲乏、倦苦、拖着被劳动和困苦生活压垮的身心上路，永无尽头。他创造性地运用音乐形象生动地表现这些底层女工的困苦生活，十分真切。

聂耳作品中所表现的工人生活，我也深有体会。我在1927年到1937年“八一三”抗战后离开上海去华北前线前，都住在上海比较落后穷困的卢湾区。我常看到在黎明时分，许多年轻女工，拖着疲惫的身子，睡眼蒙眬、无精打采，提着一只小饭盒，无可奈何地奔向工厂。那时我常在工人中开展歌咏活动，因此亲眼目睹过杨树浦一带纺织厂的劳动环境，那些灯光昏黄微弱的厂房，飞满棉絮，又加上不断喷洒让棉絮受潮落下的水汽，使人窒息，令人眩晕，简直不是人待的地方。的确像文艺界前辈夏衍同志在《包身工》里所写的那样，工人们没有生存权利，没有劳动保障，被迫变成了彻底出卖自己，彻底沦为劳动机器了。

同样的例子还可以举出很多，深入到人民的实际生活，在人民大众中认识生活，通过音乐表现生活，聂耳是身体力行的。也只有把自己完全地深入到人民大众的生活里去，才能创作出那么感情真挚、内涵丰富的作品。我对聂耳这种坚持了解民众生活，善于观察生活，表达生活的创作精神，由衷敬佩，特别赞赏。我认为这种现实主义的创作方法，即使对今天的作曲家来说，这一点也是尤为珍贵的。

聂耳来自于民间，出生于人民，是民间文艺中的受益者、倡导者。他具有很高的创作天赋，他不仅在歌曲创作中能把西洋歌曲融合在中国语言和民族音乐中，他创作改编的几首民族器乐曲也十分动听，为广大人民所喜爱。

聂耳同志的革命行动和大众歌曲的创作有很强的感染力、鼓动性，大大鼓舞了广大工人和青年学生，使人们得到鼓舞，受到教育，不少人是唱着他的歌走向人民，走向革命的。他是我们学习的对象，是榜样，他带领我们这些音乐爱好者走向革命，走向人民，走向十分宽广的音乐领域。在这方面我自己作为一位群众歌咏活动的参加者，也受到很大的启发和教益。

那个年代，聂耳的战斗歌声和其他革命文艺一起，宣传人民，号召人民，提高了广大人民特别是广大青年们抗敌救国的决心，鼓舞了他们保卫祖国、挽救危亡的奋斗精神和坚强意志。这对当时国民党“攘外必先安内”的反动政策是个直接的挑战，有很大的冲击力，气急败坏的国民党必然要对救亡思潮和进步力量加以压制和迫害。因此，他们在1935年逮捕了田汉、阳翰笙等著名的文艺家，聂耳也上了黑名单，因此不得不远走日本，等机会到苏联学习。不幸他去日本不久就溺死在日本，噩耗传来，广大人民和文艺界对他表示了沉痛的哀悼，上海文艺界当时举行了很隆重的追悼会。

但是到聂耳逝世一周年的时候，情况发生了很大变化，上海的“公共租界”和“法租界”都禁止纪念聂耳的活动，一律不准借用会场举行纪念会。当时我向吕骥等同志建议，可以在我领导的中华职业教育社合唱队练歌的大厅，用各个歌咏队联合练歌的方式集合几百人来纪念聂耳。当时我们托人与法国巡捕交涉，他们同意集合练歌，但不准开会或有其他活动。他们还在练歌厅的大门外边停放两辆红色大警车，场内坐着几个巡捕进行监视，准备随时抓人。当时这个会是我主持，参加的有业余合唱队、新生合唱队、量才学校歌咏队等，还是很有气势的。原定唱《聂耳挽歌》的是声乐家盛家伦同志，但因为临时才通知没有找到他。我和吕骥商量此事，他说："我来唱！"这样，就请作曲者亲自独唱《聂耳挽歌》，由沙梅同志用风琴伴奏。

当唱到"当千万人唱着你谱写的雄歌，你应在九泉含笑"这句歌词的时候，全体合唱队员几百人齐声高唱，场面十分悲壮，也十分令人激愤，有的同志流了泪。接着就由各合唱团轮流唱聂耳的歌曲，有《开路先锋》、《大路歌》、《毕业歌》、《前进歌》等等，还有《新女性》的女声合唱，为了表达我们继承他的遗志，还安排合唱团唱了塞克作词、冼星海作曲的《救国军歌》，周钢鸣作词、孙慎作曲《救亡进行曲》，周钢鸣作词、吕骥作曲的《射击手之歌》等歌曲……在当时高压的政治环境中，我们依然通过这样曲折的方式，十分庄严地达到了我们纪念聂耳、发扬聂耳革命精神的目的。

1985年，我与音乐界的一些朋友合编了《聂耳全集》，主要介绍他的著作、书信、日记和音乐创作。这次编印《聂耳全集》增订版增加了许多纪念评论文章，使得我们对聂耳的研究更加全面，更加深入细致，对他的作品有更深刻的解读，对发扬他的革命精神和现实主义创作传统有很大好处。我想研究和学习聂耳的人生观、艺术观、价值观以及他对人民革命斗争和革命音乐发展的巨大贡献，对当代作曲家、诗人、歌唱家、演奏家、教育家等文艺界同人会有很好的启发，对建设有中国特色的社会主义文化艺术也会有很大帮助。

《义勇军进行曲》作为中华人民共和国的国歌，早已走向世界，早已和我们这个有着几千年灿烂文明的泱泱大国密不可分。它将指引着我们继续发扬歌曲中那种勇往直前的奋斗精神、坚强的意志和无比的信心与豪情，更加积极地建设我们这个富强、文明、民主的社会主义现代化国家！

聂耳不朽！祖国万岁！

2011年2月12日

序三

孔祥庚

聂耳，玉溪人，生长于昆明，成名于上海，逝世于日本。在中国共产党的领导下，他成为中国革命音乐和中国电影音乐的创始人之一，成为《国歌》的曲作者，成为人民的音乐家。聂耳的故乡玉溪，成立聂耳音乐基金会、修建聂耳音乐广场和聂耳大剧院，举办聂耳音乐节，就是为了弘扬聂耳热爱祖国、热爱人民、热爱中国共产党的精神。

今天，在周巍峙前辈的倡导下出版《聂耳全集》增订版，更是为了进一步弘扬聂耳精神。为此，我以2007年7月14日发表于《人民日报》的古风《祭聂耳》以为代序：

辛亥革命枪炮响，音乐天才随声降。
中医世家添男丁，慈祥母亲心花放。
苍天不悯人间事，年方四岁父病逝。
穷家孩儿志如钢，雏鹰翔天初展翅。
追求真理上征途，十七从军任文书。
十八孤身闯上海，艺海谋生当学徒。
“学院”落选不彷徨，“音专”未录亦无妨。
锲而不舍金石镂，大器早成露锋芒。
汗水浇开艺术花，自学路上自成家。
音乐道路新开创，现代乐坛绽玉芽。
田汉救国为榜样，漫漫黑夜有方向。
休戚与共志相同，宣誓加入共产党。
国运管弦一脉通，艺术人格两相融。
民族呐喊乐曲奏，工农生死系胸中。

青春热潮高万丈，生命音符掀巨浪。
义勇军曲震长空，九州奋起山河壮。
前进前进前进进，万众一心敌逃遁。
黄钟大吕醒民魂，天地翻覆昌国运。
海湾含悲波翻卷，斯人一去不复返。
七十二年眼望穿，故乡岁岁在怀念。
而今国强与民富，国歌催人不停步。
牢记血肉筑长城，居安思危江山固。
不忘报国为人民，科学发展唱强音。
聂耳精神传万代，华夏音乐与时新。
礼国魂，告乾坤，民族志，千古存。

2010年元旦

总　目

序

上卷　音乐编

中卷　文字编

下卷　资料编

目 录

一、手稿及首次发表曲谱照片

二、歌曲

（二）附民族乐队伴奏谱的歌曲（3首）

（三）未配伴奏谱的歌曲（3首）

三、民族器乐合奏曲

四、音乐作品的演唱、演奏音响

附录

图片目录

手稿及首次发表曲谱照片

附录

一、手稿及首次发表曲谱照片

编者说明

聂耳（1932—1935）仅仅三年多的创作生涯中，遗存的音乐作品，计有歌曲三十五首、民族器乐合奏曲四首、口琴曲二首、歌舞曲一首，共为四十二首（详见本书上卷附录中的“音乐作品年表”）。

目前能够找到的手稿，本书均已刊出了照片。有些主要歌曲的手稿已经缺佚，只能刊出它们首次发表谱的照片。个别首次发表谱错误较多者，则选用其次发表谱的照片。

由于当时的印刷、出版条件较差，虽经选择，这些曲谱仍然难免有排错之处。为了保存原件的历史面貌，编者对此未做任何修改注释。只是在本书上卷“二、歌曲”部分刊出的曲谱中，根据多种版本以及当年的录音做了校正。

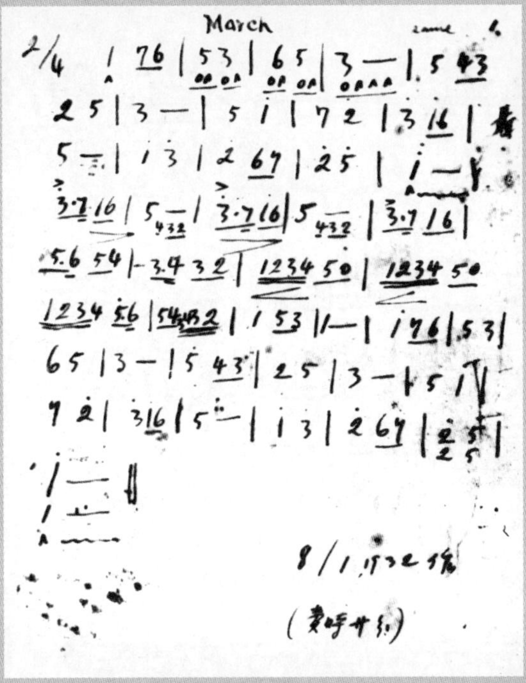

口琴曲《进行曲》手稿（藏云南省博物馆）

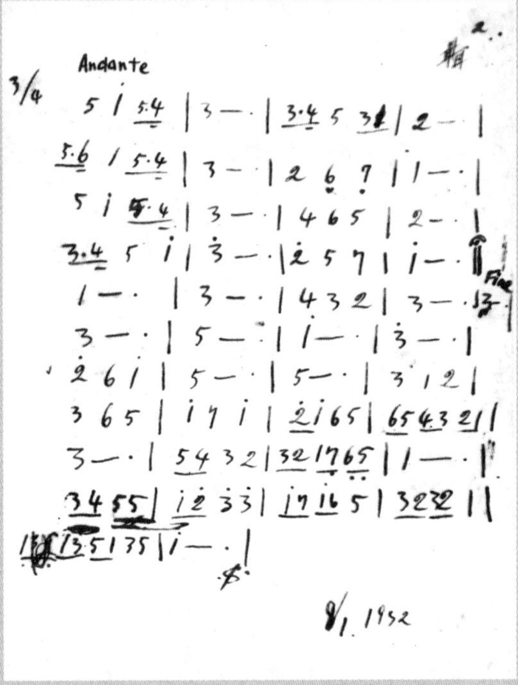

口琴曲《圆舞曲》手稿（藏云南省博物馆）

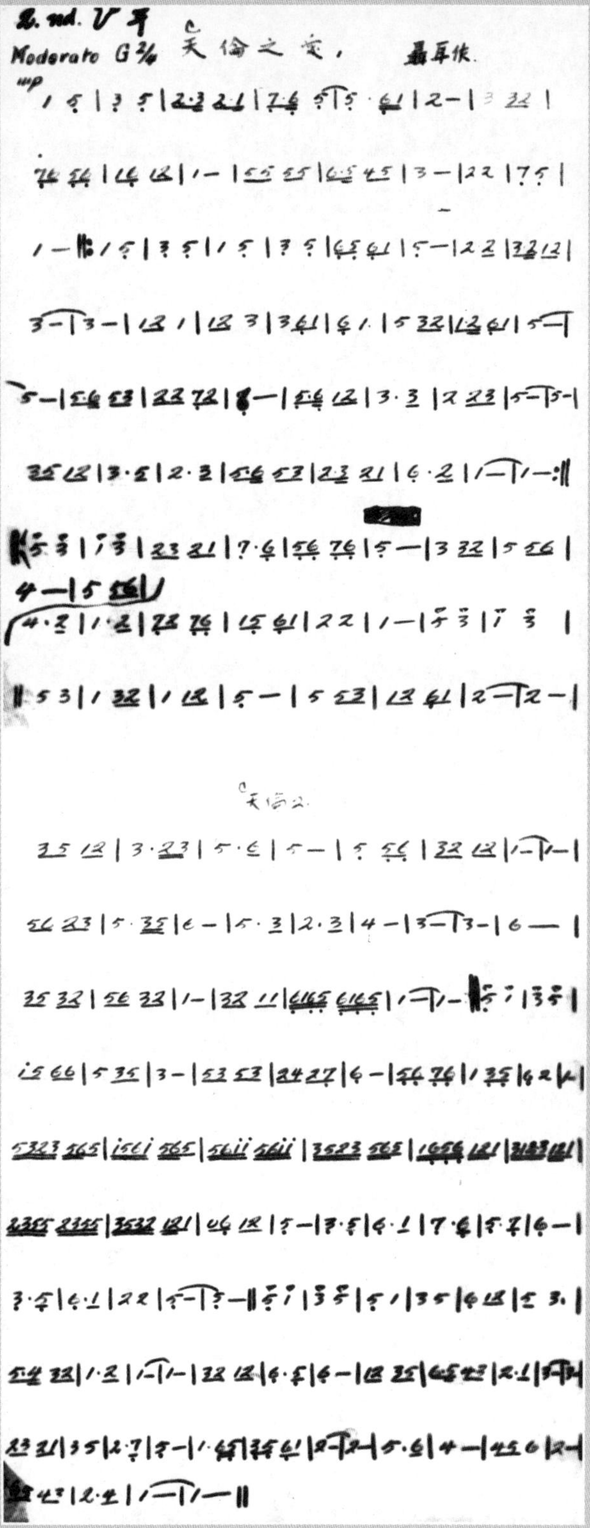

歌舞曲《天伦之爱》手稿（藏云南省博物馆）

《饥寒交迫之歌》手稿（藏云南省博物馆）

《卖报歌》手稿（藏云南省博物馆）

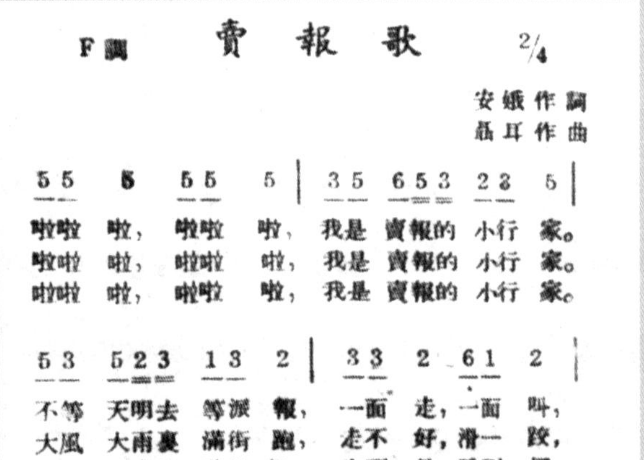

《卖报歌》（原载《中国呼声集》，1936年7月于上海）

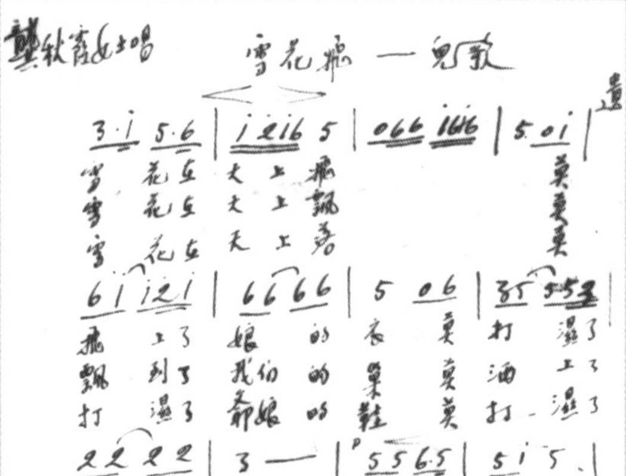

《雪花飞》手稿（藏云南省博物馆）

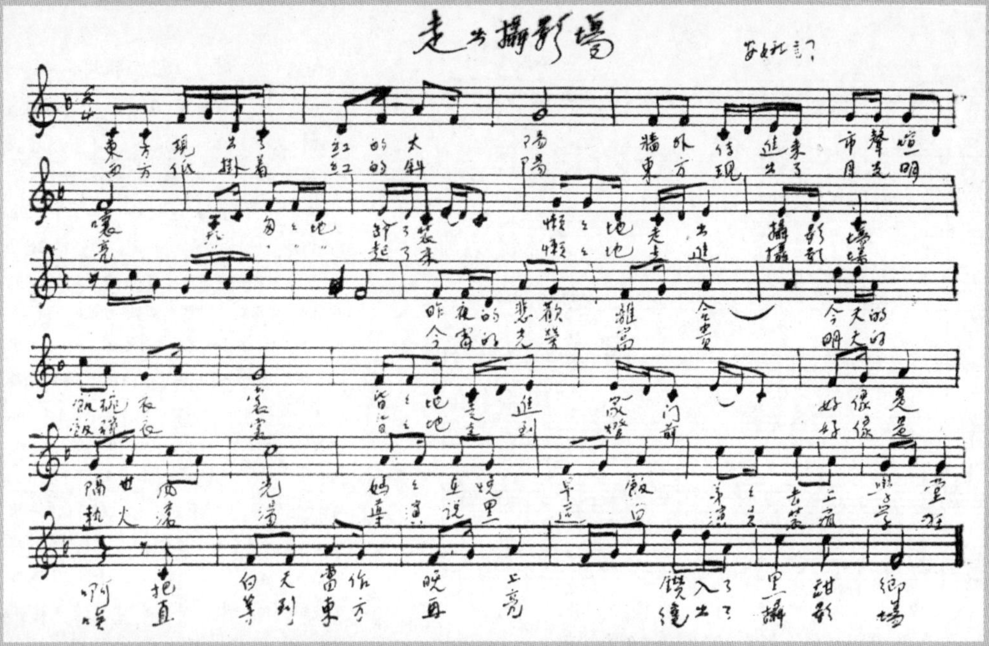

《走出摄影场》手稿影印件（原载《聂耳纪念集》，1935年12月31日于日本东京）

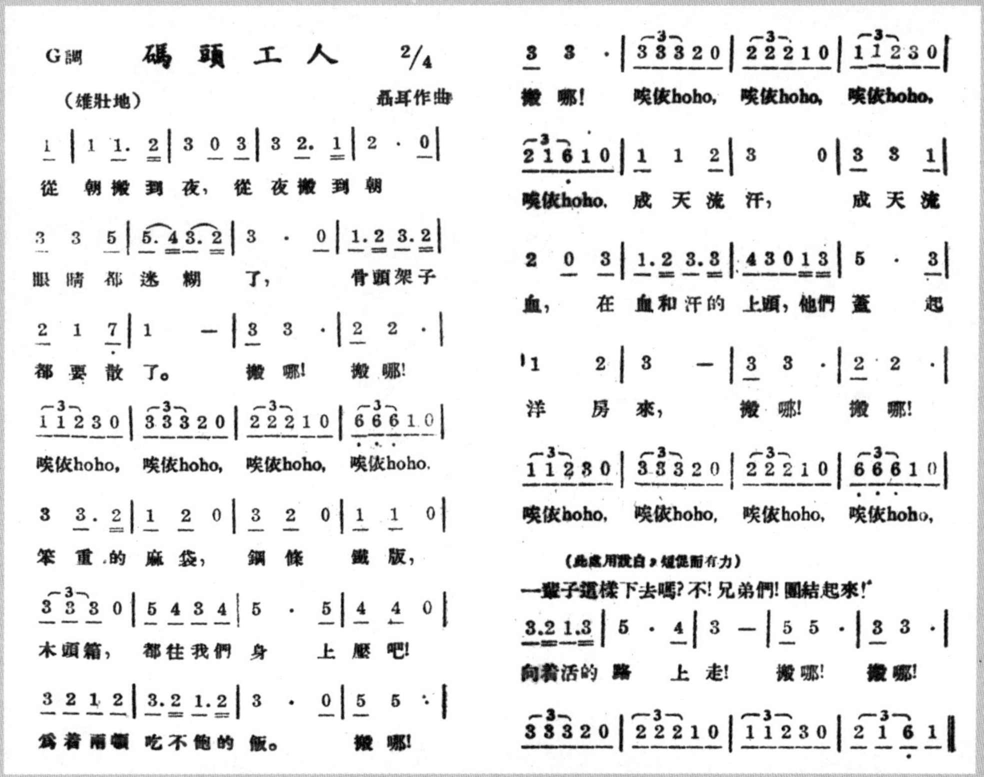

《码头工人》（原载《中国呼声集》，1936年7月于上海）

《毕业歌》活页歌片（1934年12月6日影片《桃李劫》首映时，电通影片公司印赠）

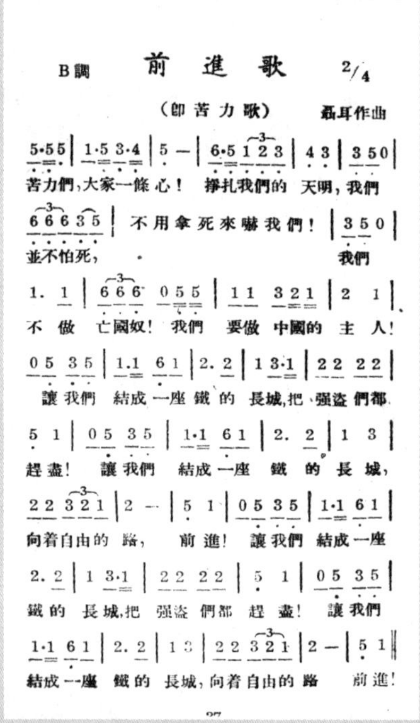

《前进歌》（原载《中国呼声集》初版，1936年7月于上海）

《大路歌》（原载《联华画报》第五卷第一期，1935年1月1日于上海）

《开路先锋》（原载《联华画报》第五卷第一期，1935年1月1日于上海）

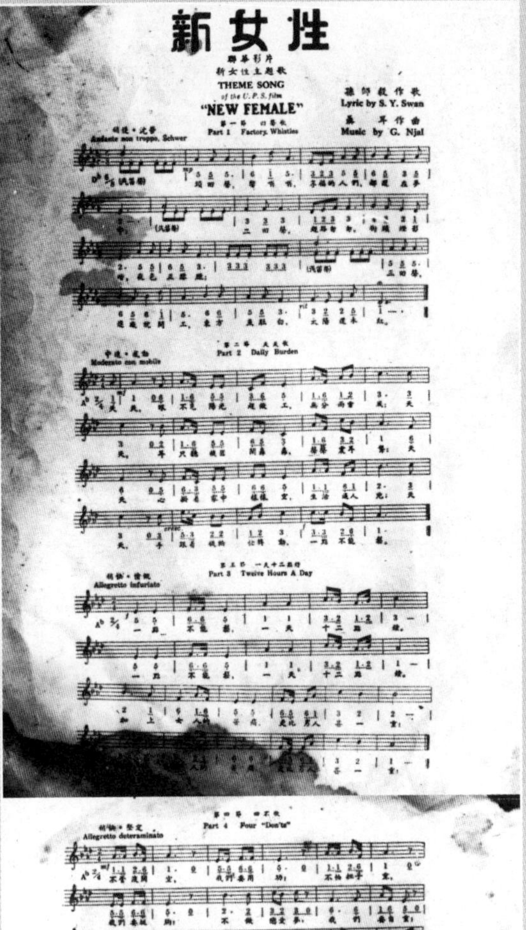

《新女性》活页歌片（1935年2月2日影片《新女性》首映时，联华影业公司印赠）

《飞花歌》活页歌片（1934年12月25日影片《飞花村》首映时，艺华影业公司印赠）

《牧羊女》活页歌片（1934年12月25日影片《飞花村》首映时，艺华影业公司印赠）

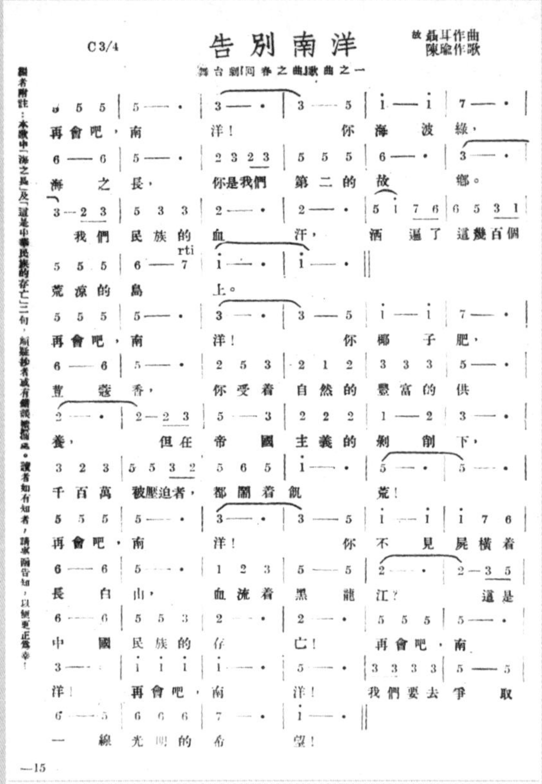

《告别南洋》（原载《明星》画报第二卷第三期，1935年8月16日于上海）

《逃亡曲》（原载《中华日报》，1935年3月26日于上海）

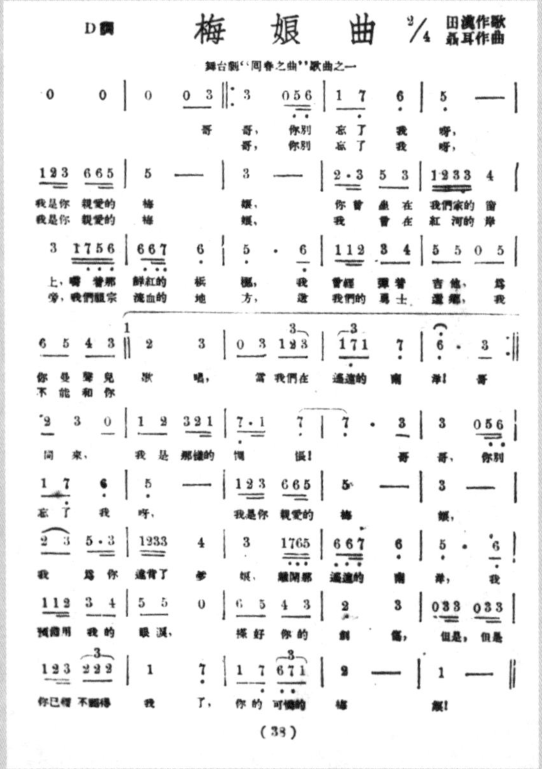

《梅娘曲》（原载《名歌三千曲》，1935年12月于上海）

《塞外村女》（原载《中华日报》，1935年3月25日于上海）

《进行曲》手稿影印件（原载《聂耳纪念集》，1935年12月31日于日本东京）

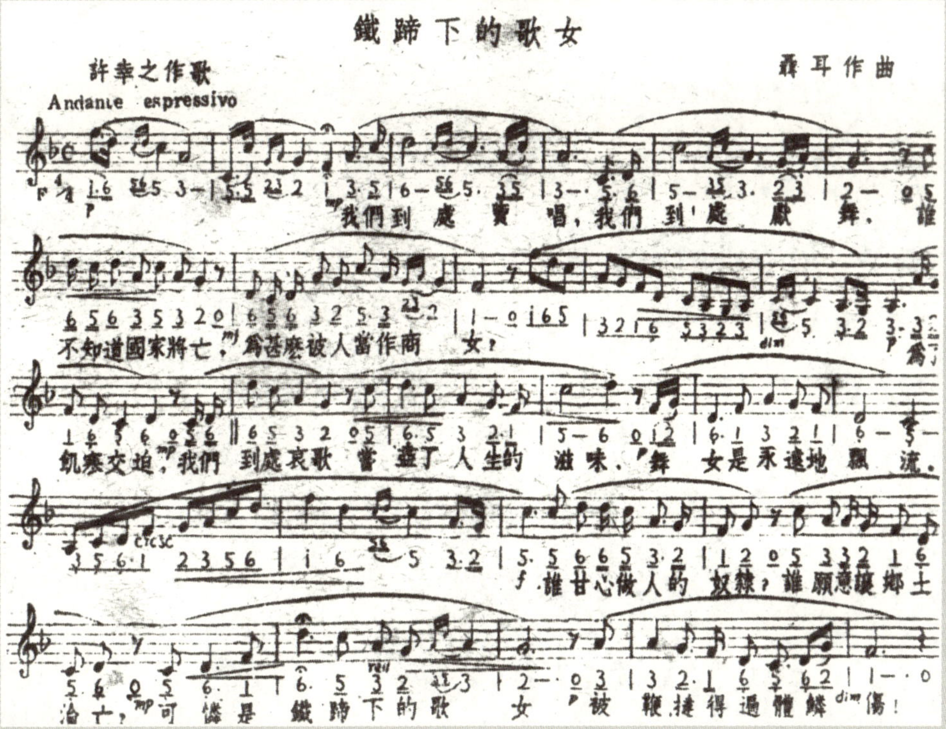

《铁蹄下的歌女》（原载《电通》画报第一期，1935年5月16日于上海）

《打长江》（原载《电通》画报第七期，1935年8月16日于上海）

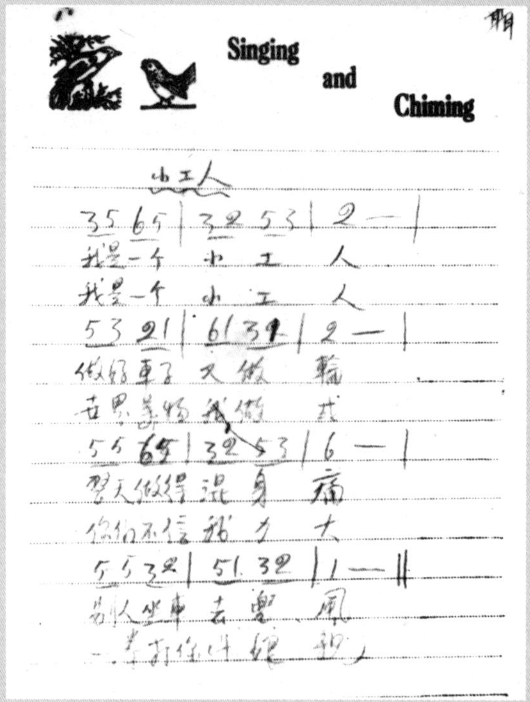

《小工人》手稿（藏云南省博物馆）

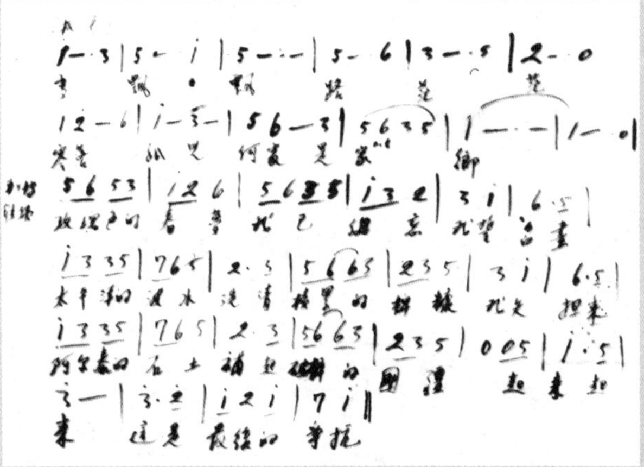

无歌名手稿（藏云南省博物馆）

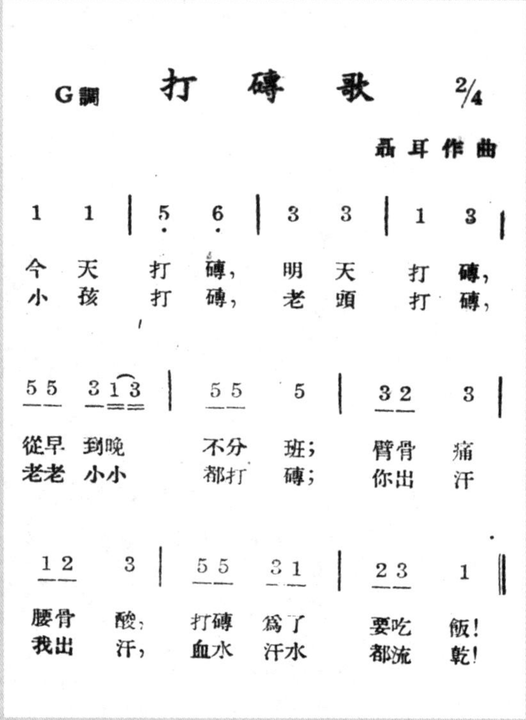

《打砖歌》（原载《中国呼声集》，1936年7月于上海）

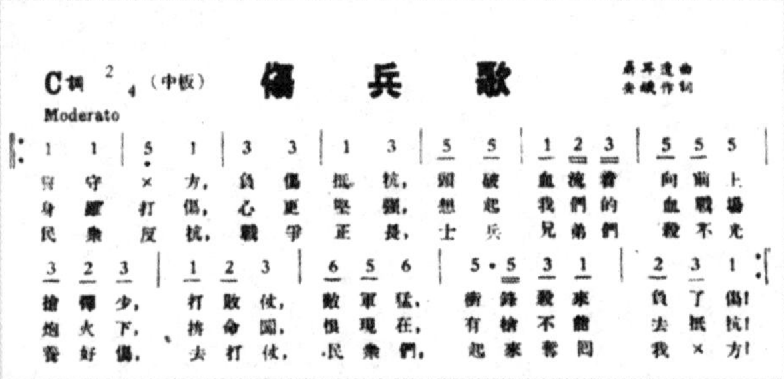

《伤兵歌》（原载《名歌三千曲》，1935年12月于上海）

二、歌曲

编者说明

聂耳创作的优秀革命歌曲，在中国人民争取民族解放的斗争当中，产生过巨大而深远的影响。为了更好地向国内外宣传、介绍聂耳的歌曲，以及促进它们在音乐演出和教学中的应用，本书刊出的聂耳歌曲中，有三十一首附有后人编配的钢琴伴奏谱（其中大多为编者约请作曲家新编配的）；另外还为其中民族风格较强的三首歌曲，编配了小型民族乐队的伴奏谱，以供演唱者选用。还有三首歌曲未编配任何伴奏谱。

歌曲的排列方式以创作时间的先后为序。为了使读者对这些歌曲的创作背景有更多的了解，编者根据历史资料，为二十七首创作时间可考的歌曲撰写了说明，均附于每首歌曲第一页的下方。

关于聂耳一首待确定的歌曲《静夜》的曲谱，请参看吉联抗作《聂耳早期的作品〈静夜〉的疑似谱》一文（原刊《音乐研究》1958年第三期；已收入本书下卷资料编）。

（一）附钢琴伴奏谱的歌曲

（31首）

开矿歌

田 汉 词
吴其明配伴奏

《开矿歌》作于1933年春。词作者原署名陈瑜（即田汉）。上海联华影业公司1933年拍摄的影片《母性之光》（编剧田汉，导演卜万苍，主演金焰、陈燕燕等）插曲。同年夏百代公司出版有聂耳录音的唱片。

f
开 出来 黄 金 黄。
mf
我 们 在 流 血 汗， 人 家在 兜 风 凉，
mp
我 们 在 饿 肚 皮，
噢 嗬！ 噢 嗬！ 噢 嗬！ 噢 嗬！
dim.
mp

人 家在 餍 膏 粱。
噢 嗬！ 噢 嗬！ 噢 嗬！
我 们 终 年 看不见 太 阳， 人 家还 嫌 水银灯 不够
噢 嗬！
亮。
开
噢 嗬！ 噢 嗬！ 噢 嗬！ 噢 嗬！

矿！ 开 矿！
噢 嗬！ 噢 嗬！ 噢 嗬！ 噢 嗬！
sf
sf
开 出来 黄 金 黄。
噢 嗬！ 噢 嗬！ 噢 嗬！
cresc.
我 们 大 家 的 心 要 像 一 道 板
噢 嗬！ 噢 嗬！ 噢 嗬！
f

墙， 我们大家的手要像百炼的钢。
噢 嗬！ 噢 嗬！ 噢 嗬！
3
8
我们造出来的幸福， 我们大家来享。
噢 嗬！
哐 嘡！ 哐 嘡！
噢 嗬！ 噢 嗬！ 噢 嗬！ 噢 嗬！ 哐 嘡！ 哐 嘡！
ff

饥寒交迫之歌

董每戡 词
黎英海配伴奏

《饥寒交迫之歌》作于1933年。独幕话剧《饥饿线》（编剧董每戡）插曲——摇篮曲。此谱根据昆明1947年7月17日出版的《教学唱》第四辑刊载的首次发表谱，比本书刊载的手稿有所删节。

p
pp
忍 着 饥， 耐 着 寒。 睡 吧！
睡 吧！ 你 忘 了 饥 寒 交 迫， 睡 吧！
睡 吧！ 爸 爸 还 为 了 你 的 生 命 在 挣
扎。
mp
rit.
p a tempo

卖报歌

安 娥词
瞿 维配伴奏

《卖报歌》作于1933年冬。这是聂耳特意为上海霞飞路（今淮海中路）上的女报童“小毛头”（后起名杨碧君）创作的儿童歌曲。次年春百代公司出版有龚秋霞录音的唱片。

走出摄影场

安　娥词
王建中配伴奏

《走出摄影场》作于1934年初。一说此歌及《一个女明星》均是上海天一影片公司1934年初拍摄的影片《一个女明星》插曲。同年春百代公司出版有胡珊录音的唱片。

p
今天的饭碗衣裳。昏昏地走进家门，
明天的饭碗衣裳。昏昏地走到灯前，
mf
好像是隔世风光，妈妈在烧早饭，
好像是热火滚汤，导演说黑道白，
mf
p
mp
弟弟去上学堂。啊！把白天当做晚上，
演员装疯学狂。啊！直等到东方再亮，
p
p
1.
2.
钻入了黑甜乡。
才出了摄影场。

雪 花 飞

柳 倩词
黎英海配伴奏

《雪花飞》作于1934年春，手稿注为《儿歌》。歌词选自中国诗歌会编辑、出版的《新诗歌》旬刊。同年夏百代公司出版有龚秋霞录音的唱片。

p
mf
娘衣湿了无衣加，爷背湿了要心碎。雪花飞，
家中没有火炉烧，道湿爷娘怎么跑。雪花飞，
爷娘病了无钱医，腿儿折了无工做。雪花飞，
1.2.
飞雪花，雪花雪花慢慢飞，慢慢下！
飞雪花，雪花雪花留着吧，不要下！
飞雪花，雪花雪花停了吧，
3.
不要下！
pp

卖报之声

武　蒂词
金复载配伴奏

《卖报之声》作于1934年春。这是聂耳为女报童“小毛头”创作的又一首儿童歌曲。同年夏百代公司出版有龚秋霞录音的唱片。

黄 昏 叫 的《号外 时 报》、《大 晚夜 报》。
年纪小轻 轻，
嗓子亮盈 盈，
早 晨催 破晓，

mf
晚 上 催 月 升。街 头 叫，巷 口 叫，
p
mf
mf
街 头 叫 卖 力 渐 少，巷 口 叫 来 口 更
mp
噪。家 中 父 母 老，
p
终 日 无 一 饱。
rit.
pp

小野猫

陈伯吹 词
金复载配伴奏

《小野猫》作于1934年春。歌词选自北新书局发行的《小学生》半月刊（主编陈伯吹）。这是聂耳创作的一首儿童表演唱歌曲。同年夏百代公司出版有谈瑛录音的唱片。歌词中的“妙”发音为“喵”（miāo）。

我 的名 字 就 叫 猫， （妙，妙！） 我 见 老 鼠
我 的名 字 就 叫 猫， （妙，妙！） 我 恨 老 鼠
我 的名 字 就 叫 猫， （妙，妙！） 我 见 老 鼠
我 的名 字 就 叫 猫， （妙，妙！） 我 恨 老 鼠
cresc.
笑， 老 鼠 见 我 逃， 因 此 我 就
叫， 老 鼠 恨 我 嚎， 因 此 我 就
笑， 老 鼠 见 我 逃， 因 此 我 就
叫， 老 鼠 恨 我 嚎， 因 此 我 就
心 头 恼， 带 着 棒 儿 追 他
心 头 恼， 带 着 爪 儿 追 他
心 头 恼， 带 着 棒 儿 追 他
心 头 恼， 带 着 爪 儿 追 他

f
跑。捉住他，问问他："你
跑。捉住他，问问他："你
跑。捉住他，问问他："你
跑。捉住他，问问他："你
f
mp
为何见我这样怕？" 老鼠没话
为何见我这样怕？" 老鼠没话
从此见我不要怕。" 老鼠叽叽
愿不愿意重相好？" 老鼠嘻嘻
mp
1.2.3.
4.
说，只是叽叽叫。（叽叽叽！）
说，只是叽叽叫。（叽叽叽！）
叫，就往洞里逃。（叽叽叽！）
笑，大家来舞蹈。（叽叽叽！）
8

打 砖 歌

梁惜芳原作
聂　耳编词
罗忠镕配伴奏

《打砖歌》、《打桩歌》 及 《码头工人》 均作于1934年春末，系聂耳所作新歌剧《扬子江暴风雨》（编剧田汉）歌曲。歌词选自中国诗歌会编辑出版的《新诗歌》旬刊所载左联青年诗人梁惜芳、孙石灵的同名诗篇。该歌剧1934年6月30日与7月1日由中国左翼戏剧家联盟以庆祝麦伦中学校庆为名，首次演出于上海八仙桥青年会礼堂。这三首歌曲，同年初夏百代公司出版有聂耳录音的唱片。

打 桩 歌

聂 耳编词
罗忠镕配伴奏

《打桩歌》说明同《打砖歌》。

Tempo I
mf
肚 皮 饿 死 哪， 别 人 惬 意 呵！ 拿 起 来 哟，
mf
哼 哟 嗬！ 放 下 去 哟， 哼 哟 嗬！ 一 天 到 晚， 哼 哟 嗬！
rit.
两 毛 小 洋， 哼 哟 嗬！ 停 一 停 啊， 哼 哟 嗬！
rit.

码头工人

孙石灵 词
瞿 维配伴奏

Larghetto 坚毅地

《码头工人》说明同《打砖歌》。

mp
唉 咿 哟 嗬！ 唉 咿 哟 嗬！ 唉 咿 哟 嗬！ 唉 咿 哟 嗬！
mf
笨 重 的
麻 袋、 钢 条、 铁 板、 木头箱，
f
都 往 我 们
身 上 压 吧！
mp
为 着 两 顿 吃 不饱 的 饭，
f
搬 哪！

mp
搬 哪！ 唉咿哟嗬！ 唉咿哟嗬！ 唉咿哟嗬！ 唉咿哟嗬！
mf
成天流汗，成天流血，在血和汗的上头，他们
f
盖起洋房来！ 搬 哪！ 搬 哪！ 唉咿哟嗬！
mf
p

唉 咿 哟 嗬！ 唉 咿 哟 嗬！ 唉 咿 哟 嗬！
（白）一辈子就这样下去吗？不！
兄弟们！团结起来！
f
向 着 活 的 路 上 走！ 搬 哪！ 搬 哪！
mp
唉 咿 哟 嗬！ 唉 咿 哟 嗬！ 唉 咿 哟 嗬！ 唉 咿 哟 嗬！
rit.

苦力歌

（后名前进歌）

田　汉词
张敬智配伴奏

《苦力歌》作于1934年初夏。新歌剧《扬子江暴风雨》的终曲。根据1936年上海群众歌咏团体负责人联席会议的提议，同年7月出版的《中国呼声集》（主编周巍峙）中将此歌改名为《前进歌》。1934年夏百代公司出版有森森唱歌队（由聂耳等人组成）录音的唱片，片名为《扬子江暴风雨》，由《码头工人》与《苦力歌》两首歌曲组成。

我们不做亡国奴，我们要做中国的主人！
让我们结成一座铁的长城，把强盗们都
赶尽！让我们结成一座铁的长城，
向着自由的路，前进！前进！

毕业歌

田　汉词
刘福安配伴奏

Tempo di marcia 激昂地

《毕业歌》作于1934年夏。词作者原署名陈瑜（即田汉）。上海电通影业公司1934年拍摄的影片《桃李劫》（编剧袁牧之，导演应云卫，主演袁牧之、陈波儿等）主题歌。同年秋百代公司出版有袁牧之、陈波儿录音的唱片。

cresc.
我 们是 要 选 择 “战” 还是 “降”？ 我 们要 做
f
主 人 去 拼 死 在 疆 场， 我们 不 愿 作 奴 隶 而
cresc.
青 云 直 上！ 我 们 今天是 桃 李 芬 芳，
mf
明 天 是 社 会 的 栋 梁； 我 们 今天是 弦 歌 在 一 堂，

* 注：第一遍唱到此处时女声延长“亡”字，直到反复后男声唱至“不断地增长”处渐弱而停，再接唱“同学们”。男声照拍子反复唱“巨浪”，强而有力。

大路歌

孙　瑜词
桑　桐配伴奏

《大路歌》作于1934年夏末。上海联华影业公司1934年拍摄的影片《大路》（编导孙瑜，主演金焰、郑君里、张翼等）主题歌。在创作过程中，聂耳曾去上海江湾的筑路工地与工人一起拉铁磙，体验他们的劳动生活。同年秋百代公司出版有影片《大路》男演员集体录音的唱片。

日 晒 筋 骨 酸。嗬 咳 吭！合 力 拉 绳 莫 偷 懒，嗬
嗬 咳！团 结 一 心， 不怕 铁 磙 重 如 山。嗬 咳 吭！
mf
cresc.
f
大 家努力！一 齐向前！ 大 家努力！一 齐向前！ 压 平路上的 崎 岖，
碾 碎 前 面 的 艰 难！ 我 们 好 比 上 火 线，

cresc.
没 有退 后 只 向前！ 大 家努力！一 齐作战！ 大 家努力！一 齐 作 战！
cresc.
背 起重 担 朝 前 走， 自 由大 路 快 筑完。
哼 呀 咳 嗬 咳！咳 嗬 咳！ 哼 呀 嗬 咳 吭！嗬 咳 吭！
哼 呀 咳 嗬 咳！咳 嗬 咳！ 哼 呀 嗬 咳 吭！
dim.

开路先锋

孙师毅 词
瞿 维配伴奏

Tempo di marcia 有力地

《开路先锋》作于1934年夏末。词作者原署名施谊（即孙师毅）。影片《大路》序歌。据词作者介绍：歌曲开头和结尾处的“轰！轰！轰！”，是暗示要炸掉压在中国人民头上的大山；笑声则是表现劳动群众的乐观情绪和必胜信心。同年秋百代公司出版有金焰等录音的唱片。

mf
轰！ 我 们是 开 路 的 先 锋！
sf
f
不 怕 你 关 山 千 万 重！ (合)不 怕 你
关 山 千 万 重！ (领)几 千 年 的 化 石， 积 成 了
地 面 的 山 峰。 (合)几 千 年 的 化 石，

积 成了 地 面 的 山 峰。
mp
(领)前 途没 有 路, 人 类不 相 通。
mf
是 谁, 障 碍 了 我们的 进 路,
障 碍 重 重? (合)是 谁, 障 碍 了 我 们的 进 路,

mp
障 碍 重 重？ （领）大 家 莫 叹 “行 路 难”，
p
mf
叹 息，无 用！（合）无 用！ （领）我 们， 我 们 要，
f
要 引 发 地 下 埋 藏 的 炸 药， 对 准 了 它 轰！
mf
（合）轰！ 轰！ 轰！ 看 岭 塌 山 崩， 天 翻 地

动！ 炸 倒了山 峰， 大 路好 开 工。
f
挺 起了心 胸， 团 结不 要 松！ 我们， 我们是
开 路 的 先 锋！ 我们， 我们是 开 路 的
先 锋！ 轰！ 轰！ 轰！ 哈 哈 哈 哈 轰！
sf

飞 花 歌

孙师毅 词
黎英海配伴奏

《飞花歌》作于1934年秋。词作者原署名施谊（即孙师毅）。上海艺华影业公司1934年拍摄的影片《飞花村》（编剧蔡楚生，导演郑应时，主演胡萍、高占非等）主题歌。同年秋胜利公司出版有胡萍、王明霄录音的唱片。

万 点， 红 遍 人 间； 杏 花
开 遍， 火 样 明 鲜； 荷 花
不 剪， 香 气 回 旋； 菊 花
扑 面， 愁 上 眉 尖； 梅 花
rit.
一 片， 暖 讯 争 先。
吐 艳， 十 里 红 田。
磨 练， 傲 立 霜 前。
刚 健， 开 到 明 年。
rit.
mp
meno mosso
深沉地
赏 花 人 只 道 花 儿
赏 花 人 只 道 花 儿
赏 花 人 只 道 花 儿
赏 花 人 只 道 花 儿
p

1.2.3.
艳， 种 花 人 清 泪
艳， 种 花 人 汗 珠
艳， 种 花 人 寒 衣
rit.
落 花 间！
滴 花 前！
还 未 剪！
rit.
p
4.
rit.
艳， 种 花 人 挣 扎 待 春 天！
p
rit. mp
mf
p

牧羊女

孙师毅 词
储望华配伴奏

《牧羊女》作于1934年秋。词作者原署名施谊。影片《飞花村》插曲。同年秋胜利公司出版有“童星”陈娟娟录制的唱片。歌词中“咪”的发音为 miē。

咪 咪 咪， 小 绵 羊！ 快 回 来， 别 往 山 坡 里
mf
闯！ 藏 没 了 我 怎 么 回 得
去？ 闯 远 了 我 怎 么 追 得
p
1.
上！
f
dim.

p
mp
咪 咪 咪， 小 羊！ 咪 咪 咪，
mp
小 绵 羊！ 你 知道我 爸爸 做 不了工 病 在
床？ 你 知道我 妈妈 卖 不出花 改 了

行？·
留 下 我 小 姑 娘 苦 伶 仃，
给 人 牧 羊。肚 饿 了，吃 不 饱
饭；天 冷 了，不 给 衣 裳。
上！
poco rit.

新女性

〔回声歌〕

孙师毅 词
黎英海配伴奏

《新女性》作于1934年底。上海联华影业公司1935年初拍摄的影片《新女性》（编剧孙师毅，导演蔡楚生，主演阮玲玉、郑君里等）主题歌。聂耳说它是“分开唱时各歌有它的独立性；连起来唱也能成为一个整体的东西”，由六首短歌连接而成的小型组歌。在创作过程中，聂耳曾多次于凌晨去沪西的纱厂观察女工的劳动、生活情景。1936年春百代公司出版有由陈燕燕、黎莉莉等人组成的青声歌咏队录音的唱片。

正 朦胧；
三 回声， 进 厂就 开 工， 东 方
鱼 肚 白， 太 阳 还 未 红。
mp
p
〔天天歌〕
mf Moderato 不平地
天 天， 眼 不 见阳 光 赶 做 工， 无 分雨 雪
mf
风； 天 天， 耳 只 听机 器 闹 轰 轰， 声 声震 耳

8
聋；天天，心挂着家中样样空，生活迫人
cresc.
8
凶；天天，手跟着机轮忙转动，一点不能松。
〔一天十二点钟〕
Allegretto 愤慨地
f
fp
一点不能松，一天十二点
钟。一点不能松，一天十二点钟。
mp

加 上 女 人 的 苦 痛， 更 比男 人 甚 一 重！
加 上 女 人 的 苦 痛， 更 比男 人 甚 一 重！
rit.
mp
〔四不歌〕
Allegretto 坚定地
mf
不 管没 闲 空， 我 们要 用 功！ 不 怕担 子 重，
mf
我 们要 挺 胸！ 不 做 恋 爱 梦， 我 们 要 自 重！

不 做 寄 生 虫， 我 们 要 劳 动！ 新 的 女 性，
f
产 生 在 受 难 之 中！ 新 的 女 性， 产 生 在
f
觉 醒 之 中！
rit.
〔奴隶的起来〕
Andante 严肃地
f

mf
富 贵 不 能 移， 威 武 不 能 动；
着重地
一 死 无 大 难， 做 工 不 再 穷！ 谁
Allegretto
能 做 万 代 的 仆 从？！ 谁 能 说 地 狱 是 天
p
f
宫？！ 谁 能 把 欺 骗 当 恩 宠？！ 谁 能 坐 一 世 的 牢
rit.
rit

Allegro 雄壮地
〔新的女性〕
笼？！ 新 的 女 性， 是 生 产 的
女 性 大 众； 新 的 女 性， 是 社 会 的
劳 工； 新 的 女 性， 是 建 设 新 社 会 的
前 锋。 新 的女 性 要 和 男 子 们

一 同， 翻 卷 起 时 代 的 暴
风！ 暴 风！ 我 们 要 将 它 唤 醒
民 族 的 迷 梦！ 暴 风！ 我 们 要
将 它 造 成 女 性 的 光 荣！
mf
mf

不做奴隶，天下为公，无分
f
男女，世界大同！新的女性
勇敢向前冲！新的女性
f
勇敢向前冲！
f
8

告别南洋

田　汉词
巽其明配伴奏

《告别南洋》、《春回来了》、《慰劳歌》与《梅娘曲》均作于1935年初。系为三幕话剧《回春之曲》（编剧田汉）所写插曲。该剧1935年1月31日至2月2日由中国左翼戏剧家联盟以“上海舞台协会”的名义公演于金城大戏院。《告别南洋》同年夏百代公司出版有金焰录音的唱片。

我们 民 族 的 血 汗，
洒 遍 了 这 几 百 个 荒 凉 的 岛
上。 再 会 吧， 南
espress.
mf
mp
洋！ 你 椰 子 肥，

豆 蔻 香，你 受 着 自 然 的
丰 富 的 供 养；但 在
帝 国 主 义 的 剥 削 下，
mp
千 百 万 被 压 迫 者 都 闹 着 饥

mf
荒。 再 会 吧， 南
espress.
mf
洋！ 你 不 见 尸 横 着
f
长 白 山， 血 流 着 黑 龙
江？ 这 是 中 华 民 族 的

poco rit.
f a tempo
存 亡！ 再 会 吧， 南
dim.
p
poco rit.
f a tempo
洋！ 再 会 吧， 南 洋！
我们要去 争 取 一 线 光 明 的 希
mf
望！
f

春回来了

田 汉词
奚其明配伴奏

《春回来了》1935年夏百代公司出版有王人美录音的唱片。余见《告别南洋》说明。

腰 间窈 窕 缠 轻罗。河 水 潺 潺
m.s.
p
如 怨歌， 春 风 激 起 生 红波。
m.s.
m.s.
m.s.
con anima
mp
辟 草 莱， 平 坡 坨，
mp
cresc.
华 工 创 业 艰 难 多。
cresc.

乾隆皇帝何曾哀民瘼，一任
p
sfp
mf
帝国主义苛例苛。华工自动奋起
cresc.
挥长戈，可怜老幼男女
f
p
dim.
poco rit.
a tempo
鲜血流成·河！
mf 二百年
poco rit.
mf a tempo

日 月 等 闲 过， 中 华
民 族 再 不 怒 吼 将 如 何？
中 华 民 族 再 不 怒 吼 将 如
何？

慰劳歌

田　汉词
江定仙配伴奏

(白)恭喜，恭喜，各位先生们，各位勇士们！今天是旧历的新年，各位家里，一定都伸着头颈儿望，望你们回到家乡，去看看年老的爹娘、年轻的太太，去抱抱可爱的小弟弟、小姑娘，他们哪里晓得：

《慰劳歌》是一首说白与歌唱相间的叙事性歌曲。1935年夏百代公司出版有袁美云录音的唱片。余见《告别南洋》说明。

帝国主义为着要逃脱深刻的恐慌，
他们是这样的疯狂：自从占领了我们的
北方，又进攻到我们的长江。（白）现在还要夺取我们的东方、西方，以及
所有我们的边疆。他们要把中国当作一个

屠 场， 任他们 杀， 任他们 抢。
(白)现在我们要争啊!
f
accel. cresc.
我们要争着生存，否则就要灭亡。我们要争着做自由的人，否则就要变成牛羊。
听啊!
f
飞 机 还 在
ff
f a tempo
不断 地 扔 炸 弹， 大 炮 还 在 隆隆 地 响， 我们

拼着最后的一滴血，守住我们的家乡！
(白)对啊！守住我们的家乡，把敌人赶出去！ 听啊！ 飞机还在
不断地扔炸弹，大炮还在隆隆地响，我们
拼着最后的一滴血，守住我们的家乡！

梅娘曲

田 汉 词
奚其明配伴奏

Larghetto 悲怆地

《梅娘曲》1935年秋百代公司出版有王人美录音的唱片。余见《告别南洋》说明。

椰，我曾轻弹着吉他，为你曼声儿
mp
aereo
mf
meno mosso
歌唱，当我们在遥远的南洋！哥哥，你别
f
sf
dim.
pp
忘了我呀！我是你亲爱的梅娘。
我曾在红河的岸旁，我们祖宗流血的地
cresc.

方， 送 我 们的勇 士 还 乡， 我 不 能 和 你
同 来， 我 是 那 样 的 惆 怅！ 哥
f
più mosso
哥， 你 别 忘 了 我 呀！ 我 是 你 亲 爱 的
f
cresc.
梅 娘。 我 为 你 违 背 了 爹
mp

娘，离开那遥远的南洋。我预备用我的
眼泪，搽好你的创伤。但是，但是
你已经不认得我了，你的可怜的梅娘！

逃亡曲

（后名《自卫歌》）

唐　纳词
刘福安配伴奏

Tempo di marcia 坚决地

《逃亡曲》作于1935年初。上海艺华影业公司1935年春拍摄的影片《逃亡》（编剧阳翰笙，导演岳枫，主演袁美云、王引等）主题歌。根据1936年上海群众歌咏团体负责人联席会议的提议，同年7月出版的《中国呼声集》（主编周巍峙）中将此歌改名为《自卫歌》。

mp
拿 得到 的子 弹， 上 前！ 我 们 没 有 了
mp
土 地。 誓 为 民 族 牺 牲，
p
mf
mf
mp
齐 向 强 权 奋 斗， 我 们
mf
要 决 心 救 自 己！ 不 要 害 怕，
mp

拿定坚决的主意，
对准敌人举起所有的
武器！（白）我们要自卫！
我们要救自己！上前线去！

大伙儿在一起。驱逐我们的
敌人出中国去！今天
是被压迫的民族，明天一切属于
我们自己。上前线去！己。

塞外村女

唐 纳 词
黎英海配伴奏

《塞外村女》作于1935年初。影片《逃亡》插曲。据《逃亡》公演特刊记载，此曲与《逃亡曲》同年 2 月均在胜利公司分别录制有袁美云独唱及《逃亡》全体演员合唱的唱片，但目前尚未找到。

mp
暮 鸦 飞 过 天色 灰，
pp
p
老 爹 上 城 卖 粉 归。
p
鹅 毛 雪片 片 朝 身 落，
m.s.
p
mf
破棉袄渍 透 穷 人 泪。

扑 面 寒 风 阵阵 吹，
几 行 飞 雁
几 行 泪。
指 望着今 年
收 获 好，
够缴 还租 米 免 祸 灾。
rit.

打 长 江

田 汉词
奚其明配伴奏

《打长江》作于1935年春。原是为上海艺华影业公司1935年拍摄的影片《凯歌》（编剧田汉，导演卜万苍，主演袁美云、王引等）写作的主题歌。后因故未用于该片。

不通长江誓不休，不通长江誓不休！你哟你一
筐啊！我哟我一篮哪！不要笑我老哪！不要笑我
憨哪！一篮一篮堆成山，一篮一篮堆成山！
你哟你煮饭啊！我哟我斟茶哪！你敬我的哥哟，

我 敬你 的 爹。 老百姓本来是 一 家 哪， 老百姓本来是 一 家。
Meno mosso
mf
mp
天 快 要 晚 哪！ 天 快 要 晚 哪！
dolce
p
田 快 要 干 哪！ 田 快 要 干 哪！
禾 快 要 枯 哪！ 禾 快 要 枯 哪！

mf
棉 花快 要 残 哪!
mp
棉 花快 要 残 哪!
mp
p
mp
p
mf
cresc.
打 通了江 水 打 通了江 水 吃晚 饭哪! 打 通了江 水 打 通了江 水 吃晚 饭哪!
mf
ff
rit.
吃晚 饭哪! 吃晚 饭哪! 吃晚 饭哪! 吃晚 饭哪!
ff
吃晚 饭 哪! 吃晚 饭 哪! 吃晚 饭 哪! 吃晚 饭哪!
ff
吃晚 饭哪! 吃晚 饭哪! 吃晚 饭哪!
ff
吃晚 饭 哪! 吃晚 饭 哪! 吃晚 饭哪!
gliss.
rit.

采 菱 歌

田 汉词
杜鸣心配伴奏

《采菱歌》作于1935年春。原是为影片《凯歌》写作的插曲，后因故未用于该片。

mf
天哪天， 没见过 黄梅时节不下雨， 未见过
十八岁的姑娘不嫁人， 菱花镜里想青
rit.
春， 菱花镜里想青春。
rit.
a tempo
rit.

铁蹄下的歌女

许幸之 词
瞿希贤配伴奏

《铁蹄下的歌女》作于1935年3至4月。上海联华影业公司1935年拍摄的影片《风云儿女》（编剧田汉，导演许幸之，主演袁牧之、王人美等）插曲。5月百代公司出版有王人美录音的唱片。

到处哀歌，尝尽了人生的滋味，舞
女是永远地漂流。
谁甘心做人的奴隶？谁愿意让乡土沦亡？可怜是铁蹄下的歌
女，被鞭挞得遍体鳞伤！
mp
agitato
f
dim.
p
pp

义勇军进行曲

田　汉词
李焕之配伴奏

Tempo di marcia

《义勇军进行曲》作于1935年4月。因田汉当时已被国民党政府逮捕，发表时未署词作者姓名。影片《风云儿女》主题歌。5月百代公司出版有袁牧之、顾梦鹤等人录音的唱片。此歌1949年9月27日经中国人民政治协商会议第一届全体会议议决为中华人民共和国国歌。

迫 着 发 出 最 后 的 吼 声。 起 来！ 起
ff
来！ 起 来！ 我 们 万 众 一 心，
ff
冒 着 敌 人 的 炮 火， 前 进！ 冒 着 敌 人 的
炮 火， 前 进！ 前 进！ 前 进！ 进！
ossia

小 工 人

安 娥词
金复载配伴奏

白雪歌

苗 子词
朱践耳配伴奏

不 稀 奇。
雪 下 得 大， 北 风 乱
吹， 没 有 火 炉， 没 有 暖 气 机， 北 风 北 风 吹
破 衣。
tr
mp
mf
3

mf
工 厂 工 人， 路 旁 乞 丐，
mf
行 路 赤 脚 穿 破 衣。 一 天 二 十 四 小
p sub.
时， 却 有 高 楼 资 产 者， 炉 边 赏
雪 开 笑 眉。
8
p

采 茶 歌

佚 名 词
王建中配伴奏

mf
"毛 尖""雨 前"和"眉 珍"。快 快 采，不 要 停，
mf
谨 防 错 过 好 时 辰。快 快 采，不 要 停，
谨 防 错 过 好 时 辰。去 年 采 茶 数 十 担，
一 家 大 小 喜 在 心，谁 知 茶 叶 贱 似 土，

尺 布斗米 贵 如金。 捐和 租， 逼人 命，
饥 寒交迫 受 苦辛。 春去又 春来， 茶山年 年青，
人人都说 茶 味好， 吃 茶的人 儿 笑 盈盈。
f
mf
p
pp
rit.

茶山情歌

佚 名词
王震亚配伴奏

mf
（女）明 月 当 空 哟 遍 山 黄，
谁 家 大 姐 不 想 郎，
有 心 约 郎 山 顶 会，
只 怕 堂 上 二 爹 娘。

f
(男)叫 声 情 妹 呀 你 放 心，
f
女 大 当 嫁 男 当 婚，
只 要 你 心 合 我 意，
不 怕 爹 娘 不 承 应。

f
（女）只 要 郎 有 了 好 心 肠，
f
奴 便 自 己 做 主 张，
年 年 明 月 当 空 照，
但 愿 地 久 与 天 长。

（二）附民族乐队伴奏谱的歌曲

（3首）

塞外村女

唐 纳词
黎英海配伴奏

Xd
Sh
PL
Solo
头 昏 眼 花 身又累。
Yq
Pp
I
Zhr
II
Dar
mp
有钱人家里 团团坐， 羊羔 美酒 笑颜开。
p

Xd
Sh
PL
Solo
暮 鸦 飞 过 天色 灰，
Yq
Pp
I
Zhr
II
Dar
mp
tr
老 爹 上 城 卖 粉 归。

Xd
Sh
PL
Solo
鹅毛雪片片 朝身落，
Yq
Pp
I
Zhr
II
Dar
Xd
Sh
PL
Solo
破棉袄渍透 穷人泪。
Yq
Pp
I
Zhr
II
Dar

Xd
Sh
PL
Solo
扑 面 寒 风 阵阵 吹，
Yq
Pp
Zhr I II
Dar
Xd
Sh
PL
Solo
几 行 飞 雁
Yq
Pp
Zhr I II
Dar

Xd
Sh
PL
Solo
几 行 泪。
指 望着今 年
Yq
Pp
Zhr
Dar
tr
rit.
收 获 好，
够缴 还租 米
免 祸 灾。
p
pp

采 菱 歌

田 汉 词
顾冠仁配伴奏

Qd
Gy sh
Yq
Pp
Zhr
Pl
Solo
Eh
Dagh
tr
菱 角 尖 尖 刺 痛 手， 赤 日 炎 炎 晒 煞
人。 天 哪 天， 没 见 过 黄 梅 时 节 不 下 雨， 未 见 过
mf
mp
arco

Qd
Gy sh
Yq
Pp
Zhr
Pl
Solo
十八岁的姑 娘 不 嫁 人， 菱 花 镜 里 想 青 春，
Eh
pizz.
Dagh
rit. a tempo rit.
mf
p
菱 花 镜 里 想 青 春。

采 茶 歌

佚　名词
楚世及配伴奏

Qd
Sh
Yq
Pp
Zhr
Pl
Bz
Solo
采 茶啊，“毛 尖”、“雨 前”和“眉 珍”。快 快 采，不 要 停，谨 防 错 过
Eh
Zhh
Vc.
Cb.
好 时辰。快 快 采，不 要 停，谨 防 错 过 好 时辰。去 年 采 茶

Qd
Sh
Yq
Pp
Zhr
Pl
Bz
Solo
数十担，一家大小喜在心，谁知茶叶贱似土，尺布斗米
Eh
Zhh
Vc.
Cb.
Qd
Sh
Yq
Pp
Zhr
Pl
Bz
Solo
贵如金，捐和租，逼人命，饥寒交迫
unis.
Eh
Zhh
arco
Vc.
arco
Cb.

Qd
Sh
Yq
Pp
Zhr
Pl
Bz
Solo
Eh
Zhh
Vc.
Cb.
受 苦辛，春去又春来，茶山年年青，人人都说
茶 味好，吃 茶的人 儿 笑 盈盈。
rit.
dim.
pizz.

（三）未配伴奏谱的歌曲

（3首）

无 题

（雪）

Adagio　　　　佚名词

春 日 谣

鲁 戈词

Allegretto
p
春 风 吹， 吹 到 心，
吹 得 草 儿 青 又 青。 哎 哟
mp
哟， 问 一 问： 东 家 大 姐 思 不 思
p
春？ 春 风 吹， 吹 到
mf
p
心， 吹 得 草 儿 青 又 青。
哎 哟 哟， 你 请 听： 东 家
mp
大 姐 今 年 要 成 亲。 春 风
p
吹， 吹 到 心， 吹 得
草 儿 青 又 青。 哎 哟 哟，
mp

p
不得行，西村儿郎没米讨不成
亲。
mp
春风吹，吹到
心，吹得草儿青又
青。
mf
哎哟哟，
mp
不得
行，南村儿郎没米
缴租丧了命。
mp
春风
吹，吹到心，
吹得草儿青又青。
mf
哎哟哟，
mp
不得行，
mf
北村儿郎拉去当了兵。

一个女明星

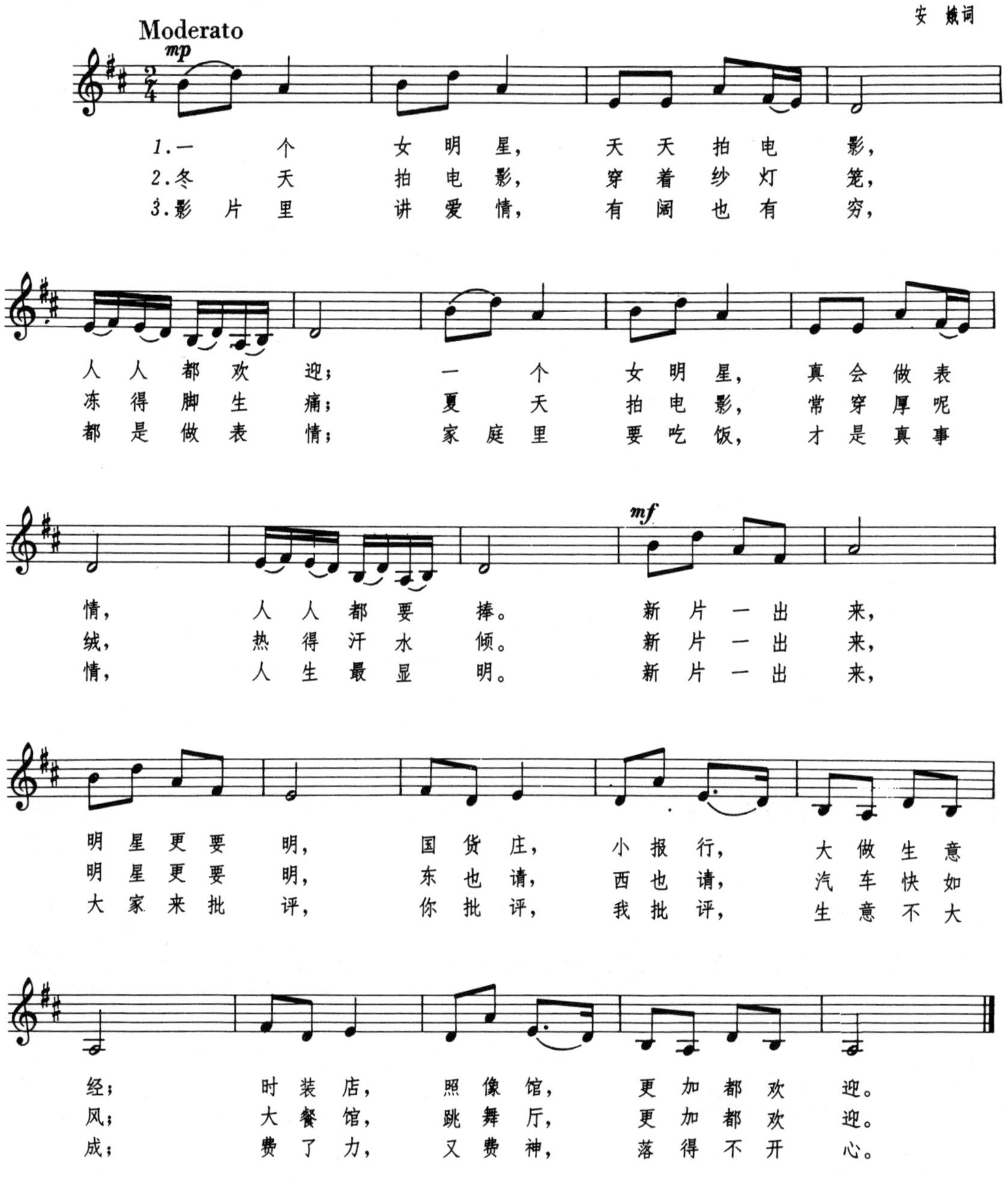

《一个女明星》作于1934年初。系根据云南玉溪花灯曲牌“玉娥郎”编曲。同年春百代公司出版有胡珊录音的唱片。

三、民族器乐合奏曲

编者说明

为了发展中国的民族器乐事业，一九三四年聂耳领导组建了“百代公司国乐队”，并根据民间乐曲编选、演奏了多首民族器乐合奏曲，并录制成百代唱片发行。由于当时历史条件的限制，这些乐曲的乐队编制和配器效果，现在已经显得较为单薄、简洁。

为了适应当前演出的需要，利于这些乐曲的流传，编者特地约请了一些作曲家根据聂耳的原谱，将其中的四首民族器乐曲编配成适于我国中型民族乐队用的合奏谱，以供各地的专业、业余音乐团体演奏时选用。

当年百代唱片公司编辑、出版的《百代唱词》一书中，刊有聂耳为这三首乐曲撰写的简要说明。现转录于下：

《翠湖春晓》——此曲为云南之名曲，描写翠湖之春景。曲分三段：第一段中板活泼，第二段慢板轻快，第三段快板兴奋。

《金蛇狂舞》——此曲从《倒八板》组织而成，具有轻快诙谐意味。（聂耳在此曲里参加演奏双清）

《山国情侣》——此曲以云南民歌《玉娥郎》、绥远（今内蒙古）民歌《大红公鸡》合组而成。山国民间景况充分流露，情感浓厚而别有风味。（聂耳在此曲里参加演奏双清）

《昭君和番》——此曲描写昭君出关和番。曲分四段：第一段热情地，第二段幽静，第三段刺激，第四段热烈希望。

翠湖春晓

聂 耳编曲
刘文金配器

Largo 抒情地 ♩= 48

5
Dmd
Chmd
Gy sh
Zhy sh
Gy sn
Zhy sn
Lq
Pp
Yq
Zhr
Sx
Zh
Yl
Hpg
Tg
ch
X ch
Pl
Gh
Eh
Zhh
Dagh
Digh
p
mf
mp
div.
pizz.

10
流畅 ♩= 56
Dmd
Chmd
(传统和音奏法)
Gy sh
Zhy sh
Gy sn
Zhy sn
Lq
Pp
Yq
Zhr
Sx
Zh
Yl
Hpg
Tg
ch
Xch
Pl
流畅 ♩= 56
Gh
Er
unis.
Zhh
Dagh
pizz.
arco
Digh
arco

15
rit.
Dmd
Chmd
Gy sh
Zhy sh
Gy sn
Zhy sn
Lq
Pp
Yq
Zhr
Sx
Zh
Yl
Hpg
Tg
ch
X'ch
Pl
Gh
Eh
Zhh
Dagh
Digh
mf
mp
rit.
div.

柔美、秀丽
Muta in X
Muta in X
20
Dmd
Chmd
Gy sh
Zhy sh
Gy sn
Zhy sn
Lq
Pp
Yq
Zhr
Sx
Zh
Yl
Hpg
Tg
ch
Xch
Pl
柔美、秀丽
Gh
Eh
Zhh
Dagh
Digh
pizz.

X
X
Gy sh
Zhy sh
Gy sn
Zhy sn
Lq
Pp
Yq
Zhr
Sx
Zh
Yl
Hpg
Tg
ch
Xch
Pl
Gh
Eh
Zhh
Dagh
D gh
mf
mp
p

25
X
X
Gy sh
Zhy sh
Gy sn
Zhy sn
Lq
Pp
Yq
Zhr
Sx
Zh
Yl
Hpg
Tg
ch
Xch
Pl
Gh
Eh
Zhh
Dagh
Digh

30
tr
Muta in Dmd
Muta in Chmd
X
X
Gy sh
Zhy sh
Gy sn
Zhy sn
Lq
Pp
Yq
Zhr
Sx
Zh
Yl
Hpg
Tg
ch
Xch
Pl
Gh
Eh
Zhh
Dagh
D gh
arco
mp
mf

Allegro 兴奋地（由慢渐快） ♩= 152—176
35
Dmd
Chmd
Gy sh
Zhy sh
Gy sn
Zhy sn
Lq
Pp
Yq
Zhr
Sx
Zh
Yl
Hpg
Tg
Di ch
Xch
Pl
ch
Allegro 兴奋地（由慢渐快） ♩= 152—176
Gh
Eh
Zhh
Dagh
Digh
unis.
div.

40
Dmd
Chmd
Gy sh
Zhy sh
Gy sn
Zhy sn
Lq
Pp
Yq
Zhr
Sx
Zh
Yl
Hpg
Tg
ch
Xch
Pl
mp
mp
Gh
Eh
unis.
Zhh
Dagh
D gh

Dmd
Chmd
Gy sh
Zhy sh
Gy sn
Zhy sn
Lq
Pp
Yq
Zhr
Sx
Zh
Yl
Hpg
Tg
ch
Xch
Pl
Gh
Eh
Zhh
Dagh
Digh
mp
mf
div.
pizz.
arco

45
Dmd
Chmd
Gy sh
Zhy st
Gy sn
Zhy sn
Lq
Pp
Yq
Zhr
Sx
Zh
Yl
Hpg
Tg
ch
Xch
Pl
Gh
Eh
Zhh
Dagh
Digh
tr
f
mp
mf
pizz.

50
Dmd
Chmd
Gy sh
Zhy sh
Gy sn
Zhy sn
Lq
Pp
Yq
Zhr
Sx
Zh
Yl
Hpg
Tg
ch
Xch
Pl
Gh
Eh
Zhh
Dagh
D.gh
tr
f
mp
mf
unis.
arco
pizz.

55
更热烈
Dmd
Chmd
Gy sh
Zhy sh
Gy sn
Zhy sn
Lq
Pp
Yq
Zhr
Sx
Zh
Yl
（硬槌）
Hpg
Tg
ch
Xch
Pl
更热烈
Gh
Eh
div.
Zhh
Dagh
D gh
arco

60
Dmd
Chmd
Gy sh
Zhy st
Gy sn
Zhy sn
Lq
Pp
Yq
Zhr
Sx
Zh
Yl
Hpg
Tg
ch
Xch
Pl
Gh
Eh
Zhh
Dagh
D gh
unis.

Dmd
Chmd
Gy sh
Zhy sh
Gy sn
Zhy sn
Lq
Pp
Yq
Zhr
Sx
Zh
Yl
Hpg
Tg
ch
Xch
Pl
Gh
Eh
Zhh
Dagh
Digh
div.
pizz.
arco

65
Dmd
Chmd
Gy sh
Zhy sh
Gy sn
Zhy sr
Lq
Pp
Yq
Zhr
Sx
Zh
Yl
Hpg
Tg
ch
Xch
Pl
Gh
Eh
Zhh
Dagh
D gh
mf
mp
f
unis
pizz.
arco

70
riten.
Dmd
Chmd
Gy sh
Zhy sh
Gy sn
Zhy sn
Lq
Pp
Yq
Zhr
Sx
Zh
Yl
Hpg
Tg
ch
Xch
Pl
Gh
Eh
Zhh
Dagh
Digh
tr
ff
f
div.

金蛇狂舞

聂　耳编曲
顾冠仁配器

10
Qd
Gy sh
Zhy sh
Gy sn
Zhy sn
Lq
Yq
Pp
Zhr
Dasx
Dar
Xg
Xch
Yl
Dal
Gh
Eh
Zhh
Dagh
Digh
div.
unis.

Qd
Gy sh
Zhy sh
Gy sln
Zhy sn
Lq
Yq
Pp
Zhr
Dasx
Dar
Xg
Xch
Yl
Dal
Gh
Eh
Zhh
Dagh
Digh
15
f
mf
unis.
div.

20
25
Qd
Gy sh
用传统和弦奏法至33小节
Zhy sh
用传统和弦奏法至33小节
Gy sn
Zhy sn
Lq
Yq
Pp
Zhr
Dasx
Dar
Muta in Dag
Xg
Xch
Yl
Da
Gh
Eh
Zhh
Dagh
Digh

30
Qd
Gy sh
Zhy sh
Gy sn
Zhy sn
Lq
Yq
Pp
Zhr
Dasx
Dar
Dag
Xch
Yl
Dal
Gh
Eh
Zhh
Dagh
Digh

35
40
Qd
Gy sh
Zhy sh
Gy sn
Zhy sn
Lq
Yq
Pp
Zhr
Dasx
Dar
Dag
Xch
Yl
Dal
Gh
Eh
Zhh
Dagh
Digh
div.
Muta in Xg
pizz.

45
Qd
Gy sh
Zhy sh
Gy sn
Zhy sn
Lq
Yq
Pp
Zhr
Dasx
Dar
Xg
Xch
Yl
Dal
Gh
Eh
Zhh
Dagh
Digh
unis.
div.
arco

50
Qd
Gy sh
Zhy sh
Gy sn
Zhy sn
Lq
Yq
Pp
Zhr
Dasx
Dar
Xg
Xch
Yl
Dal
Gh
Eh
Zhh
Dagh
Digh
mf
div.
unis.
pizz.

55
60
Qd
Gy sh
Zhy sh
Gy sn
Zhy sn
Lq
Yq
Pp
Zhr
Dasx
Dar
Xg
Xch
Yi
Dal
Gh
Eh
Zhh
Dagh
Digh
p
div.

65
Qd
Gy sh
Zhy sh
Gy sn
Zhy sn
Lq
Yq
Pp
Zhr
Dasx
Dar
Xg
Xch
Yl
Dal
Gh
Eh
Zhh
Dagh
Digh
unis.
p
mp
mf

70
75
Qd
Gy sh
Zhy sh
Gy sn
Zhy sn
Lq
Yq
Pp
Zhr
Dasx
Zhr
Xg
Xch
Yl
Dal
Gh
Eh
Zhh
Dagh
Digh
mf
unis.
div.
arco

80
Qd
Gy sh
Zhy sh
Gy sn
Zhy sn
Lq
Yq
Pp
Zhr
Dasx
Dar
Xg
Xch
Yl
Dal
Gh
Eh
Zhh
Dagh
Digh
unis.
div.
unis.
div.
unis.

85
90
Qd
Gy sh
Zhy sh
Gy sn
Zhy sn
Lq
Yq
Pp
Zhr
Dasx
Dar
Xg
Xch
Yl
Dal
Gh
Eh
Zhh
Dagh
Digh
tr
mp
p
div.
unis.
pizz.

95
Qd
Gy sh
Zhy sh
Gy 'sn
Zhy sn
Lq
Yq
Pp
Zhr
Dasx
Dar
Xg
Xch
Yl
Dal
Gh
Eh
Zhh
Dagh
Digh
mp
mf
unis.
pizz.

100
Qd
Gy sh
Zhy sh
Gy sn
Zhy sh
Lq
Yq
Pp
Zhr
Dasx
Dar
Xg
Xch
Yl
Dal
Gh
Eh
Zhh
Dagh
Digh

poco mosso ♩=168
105
Qd
Gy sh
Zhy sh
Gy sn
Zhy sn
Lq
Yq
Pp
Zhr
Dasx
Dar
Xg
Xch
Yl
Dal
poco mosso ♩=168
Gh
Eh
div.
Zhh
arco
Dagh
arco
Digh

110
115
Qd
用传统和弦奏法至 122 小节
Gy sh
用传统和弦奏法至 122 小节
Zhy sh
Gy sn
Zhy sn
Lq
Yq
Pp
Zhr
Dasx
Dar
Muta in Dag
Xg
Xch
Yl
Dal
Gh
Eh
Zhh
Dagh
Digh

120
Qd
Gy sh
Zhy sh
Gy sn
Zhy sn
Lq
Yq
Pp
Zhr
Dasx
Dar
Dag
Xch
Yl
Dal
Gh
Eh
Zhh
Dagh
Digh
mf
mp
p

125
130
Qd
Gy sh
Zhy sh
Gy sn
Zhy sn
Lq
Yq
Pp
Zhr
Dasx
Dar
Dag
Xch
Yl
Dal
Gh
Eh
Zhh
Dagh
Digh
tr
mp
mf
f
div.
unis.

più mosso ♩=176 135
Qd
Gy sh
Zhy sh
Gy sn
Zhy sn
Lq
Yq
Pp
Zhr
Dasx
Dar
(敲鼓边)
Muta in Xg
Dag
Xch
Yl
Da
più mosso ♩=176
Gh
unis.
Eh
div.
Zhh
Dagh
Digh

140
Qd
Gy sh
Zhy sh
Gy sn
Zhy sn
Lq
Yq
Pp
Zhr
Dasx
Dar
Xg
Xch
Yl
Dal
Gh
Eh
Zhh
Dagh
Digh

145
150
tr
Qd
Gy sh
Zhy sh
Gy sn
Zhy sn
Lq
Yq
Pp
Zhr
Dasx
Dar
Muta in Dag
Xg
Xch
Yl
Da
Gh
Eh
div.
Zhh
Dagh
Digh
ff

山国情侣

聂　耳编曲
秦鹏章配器

Dmd
Chmd
Gy sh
Zhy sh
Zhy sn
Dig
Yuq
Yq
Pp
Sx
Zhr
Dar
Pl
Xch
Py
My
Tg
Gh
Eh
Zhh
Dagh
D gh
10
Muta in Gz
第二遍演奏
arco
pizz.
tr

15
20
Dmd
Chmd
Gy sh
Zhy sh
Zhy sn
Gz
Yuq
Yq
Pp
Sx
Zhr
Dar
Pl
Xch
Dich
Tg
Gh
Eh
Zhh
Dagh
D gh
fdolce
div.
pizz.
arco
内

25
Dmd
Chmd
Gy sh
Zhy sh
Zhy sn
Gz
Yz
H
Gz
Yuq
Yq
Pp
Sx
Zhr
Dar
Pl
Xch
Dich
Tg
Gh
Eh
Zhh
Dagh
Digh
unis.
unis.
arco
(第一遍演奏)
pizz.

30
35
Dmd
Chmd
Gy sh
Zhy sh
Zhy sn
Yz
H
Gz
Yuq
Yq
Pp
Sx
Zhr
Dar
Pl
Xch
Py
Zhl
Tg
Gh
Eh
Zhh
Dagh
Digh
div.

40
〔大红公鸡〕
Dmd
Ch·md
Gy sh
Zhy sh
Zhy sn
Yz H Gz
Muta in Dig
Yuq
Yq
Pp
Sx
div.
Zhr
Dar
Pl
Xch
Py
Zhl
Tg
unis.
Gh
Eh
Zhh
Dag h
arco
pizz.
Dig h

45
Dma
Chmd
Gy sh
Zhy sh
Zhy sn
Dig
Yuq
Yq
Pp
Sx
Zhr
Dar
Pl
Xch
Py
My
Zhl
Dich
Tg
solo
Gh
div.
Eh
Zhh
Dagh
Digh

50
55
Dmd
Chmd
Gy sh
Zhy sh
Zhy sn
Dig
Yuq
Yq
Pp
Sx
Zhr
Dar
Pl
Xch
Py
My
Zhl
Dich
Tg
Gh
Eh
Zhh
Dagh
Digh
div.
unis.
tr
arco

60
Dmd
Chmd
Gy sh
Zhy sh
Zhy sn
Dig
Yuq
Yq
Pp
Sx
Zhr
Dar
Pl
Xch
Py
My
Zhl
Dich
Tg
Gh
Eh
Zhh
Dagh
Digh
unis.
div.
pizz.

65
70
Dmd
Chmd
Gy sh
Zhy sh
Zhy sn
Dig
Yuq
Yq
Pp
Sx
Zhr
Dar
Pl
Xch
Py
My
Zhl
Dich
Tg
Gh
Eh
Zhh
Dagh
Digh
div.
unis.
arco
pizz.

75
Dmd
Chmd
Gy sh
Zhy sh
Zhy sn
Dig
tr
(如无叶子，此后四小节休止换管接奏)
Muta in Yz H Gz
Yuq
Yq
Pp
Sx
Zhr
Dar
f
Pl
Xch
Py
My
Zhl
Dich
Tg
Gh
Eh
Zhh
Dagh
Dich
unis.
div.
arco
arco
内

80
Dmd
Chmd
Gy sh
Zhy sh
Zhy sn
Yz
H
Gz
Yuq
Yq
Pp
Sx
Zhr
Dar
Pl
Xch
Py
My
Zhl
Dich
Tg
Gh
Eh
Zhh
Dagh
Dich
unis.
pizz.
arco

85
Dmd
Chmd
Gy sh
Zhy sh
Zhy sn
Yz
H
Gz
Yuq
Yq
Pp
Sx
Zhr
Dar
Pl
Xch
Py
My
Zhl
Dich
Tg
Gh
Eh
Zhh1
Dagh
Digh
div.
unis.
pizz.
pizz.

90
95
Dmd
Chmd
Gy sh
Zhy sh
Zhy sn
Yz
H
Gz
Yuq
Yq
Pp
Sx
Zhr
Dar
Pl
Xch
Py
My
Zhl
Dich
Tg
Gh
Eh
Zhh
Dagh
Digh
tr
arco
pizz.

昭君和番

（民族管弦乐合奏曲）

聂　耳编曲
杨洁明配器
2010.10北京

笛 I
笛 II
高音笙
中音笙
唢呐I
唢呐II
竖 笛
扬 琴
柳 琴
琵 琶
中 阮
大 阮
筝
云 锣
高低木鱼
小铃钗
梆 子
高 胡
二 胡
中 胡
大提琴
低音提琴
mf
活泼
10
mp
piss

15
笛 I
笛 II
高音笙
中音笙
唢呐I
唢呐II
竖 笛
扬 琴
柳 琴
琵 琶
中 阮
大 阮
筝
云 锣
木 鱼
铃
小 钗
高 胡
二 胡
中 胡
大提琴
低音提琴
mp
mf
arco
mp piss

笛 I
笛 II
高音笙
中音笙
唢呐 I
唢呐 II
竖 笛
扬 琴
柳 琴
琵 琶
中 阮
大 阮
筝
云 锣
木 鱼
小 铃 钗
高 胡
二 胡
中 胡
大提琴
低音提琴
mf 活泼
20
mp
mf
piss

有气势
mf
笛 I
笛 II
高音笙
中音笙
唢呐 I
唢呐 II
竖笛
扬琴
柳琴
琵琶
中阮
大阮
筝
云锣
木鱼
铃
小钗
梆子
大鼓
大钗
梆子
高胡
二胡
中胡
大提琴
低音提琴
arco

25
tr
活跃
笛 I
笛 II
高音笙
中音笙
唢呐 I
唢呐II
竖 笛
扬 琴
柳 琴
琵 琶
中 阮
大 阮
筝
云 锣
大 鼓
高低木鱼
大 钗
小钗、铃
梆 子
高 胡
二 胡
中 胡
大提琴
mp piss
低音提琴
mp piss

30
笛 I
笛 II
高音笙
中音笙
唢呐 I
唢呐 II
竖 笛
扬 琴
柳 琴
琵 琶
中 阮
大 阮
筝
云 锣
高低木鱼
大鼓
mf
大钗
mf
铃
小 钗
高低木鱼
小钗、铃
梆 子
高 胡
二 胡
中 胡
大提琴
低音提琴

35
有气势
笛 I
笛 II
高音笙
中音笙
唢呐 I
唢呐II
竖 笛
扬 琴
柳 琴
琵 琶
中 阮
大 阮
筝
云 锣
高低木鱼
大鼓
铃
小 钗
大钗
梆 子
高 胡
二 胡
中 胡
大提琴
低音提琴
mf
tr
arco

笛 I
笛 II
高音笙
中音笙
唢呐 I
唢呐II
竖 笛
扬 琴
柳 琴
琵 琶
中 阮
大 阮
筝
云 锣
大 鼓
大 钗
梆 子
高 胡
二 胡
中 胡
大提琴
低音提琴
40
f 有气势

笛 I
笛 II
高音笙
中音笙
唢呐 I
唢呐II
竖 笛
扬 琴
柳 琴
琵 琶
中 阮
大 阮
筝
云 锣
大 鼓
大 钗
梆 子
高 胡
二 胡
中 胡
大提琴
低音提琴
rit.
mp
45
dim.

（二）稍慢　幽静
50
笛 I
笛 II
高音笙
中音笙
唢呐 I
唢呐 II
竖　笛
扬　琴
柳　琴
琵　琶
中　阮
大　阮
筝
云　锣
木　鱼
大　钗
梆　子
高　胡
二　胡
中　胡
大提琴
低音提琴
mf solo
p
mp
pp
a2
p piss

55
笛 I
笛 II
高音笙
中音笙
唢呐 I
唢呐 II
竖 笛
扬 琴
柳 琴
琵 琶
中 阮
大 阮
筝
云 锣
木 鱼
大 钗
梆 子
高 胡
二 胡
中 胡
大提琴
低音提琴
div

60
笛 I
笛 II
高音笙
中音笙
唢呐 I
唢呐II
竖 笛
扬 琴
柳 琴
琵 琶
中 阮
大 阮
筝
云 锣
木 鱼
大 钗
梆 子
高 胡
二 胡
中 胡
大提琴
低音提琴
mf
p
mp

65
笛 I
笛 II
高音笙
中音笙
唢呐 I
唢呐 II
竖 笛
扬 琴
柳 琴
琵 琶
中 阮
大 阮
筝
云 锣
木 鱼
大 钗
梆 子
高 胡
二 胡
中 胡
大提琴
低音提琴
mp
p
piss
mp piss

rit.
激动 中板
70
笛 I
笛 II
高音笙
中音笙
唢呐 I
唢呐II
竖 笛
扬 琴
柳 琴
琵 琶
中 阮
大 阮
筝
云 锣
木 鱼
大 钗
梆 子
高 胡
二 胡
中 胡
大提琴
低音提琴
mp
mf
mf 齐奏

75
笛 I
笛 II
高音笙
中音笙
唢呐 I
唢呐II
竖 笛
扬 琴
柳 琴
琵 琶
中 阮
大 阮
筝
云 锣
木 鱼
大 钗
梆 子
高 胡
二 胡
中 胡
大提琴
低音提琴

笛 I
笛 II
高音笙
中音笙
唢呐 I
唢呐 II
竖 笛
扬 琴
柳 琴
琵 琶
中 阮
大 阮
筝
云 锣
木 鱼
大 钗
梆 子
高 胡
二 胡
中 胡
大提琴
低音提琴

80
笛 I
笛 II
高音笙
中音笙
唢呐 I
唢呐 II
竖笛
扬琴
柳琴
琵琶
中阮
大阮
筝
云锣
木鱼
铃
小钗
梆子
高胡
二胡
中胡
大提琴
低音提琴
mf
arco

85
rit.
突慢 有力
慢
笛 I
笛 II
高音笙
中音笙
唢呐 I
唢呐II
竖 笛
扬 琴
柳 琴
琵 琶
中 阮
大 阮
筝
云 锣
木 鱼
小 铃 钗
梆 子
高 胡
二 胡
中 胡
大提琴
低音提琴

（三）欢快 热烈
（用G调笛）
90
中速
rit.
笛 I
笛 II
高音笙
中音笙
唢呐 I
唢呐 II
竖笛
扬琴
柳琴
琵琶
中阮
大阮
筝
中低锣
（♯F音）
云锣
木鱼
铃
小钗
梆子
高胡
二胡
中胡
大提琴
低音提琴
piss

95
笛 I
笛 II
高音笙
中音笙
唢呐 I
唢呐 II
竖 笛
扬 琴
柳 琴
琵 琶
中 阮
大 阮
筝
云 锣
木 鱼
铃
小 钗
梆 子
高 胡
二 胡
中 胡
大提琴
低音提琴
f
mp
mp piss

热烈 喜庆
100
笛 I
笛 II
高音笙
中音笙
唢呐 I
唢呐II
竖 笛
扬 琴
柳 琴
琵 琶
中 阮
大 阮
筝
云 锣
木 鱼
大鼓
铃
小 钗
大钗
梆 子
高 胡
二 胡
中 胡
大提琴
arco
低音提琴
arco

105
笛 I
笛 II
高音笙
中音笙
唢呐 I
唢呐II
竖 笛
扬 琴
柳 琴
琵 琶
中 阮
大 阮
筝
云 锣
大 鼓
大 钗
梆 子
高 胡
二 胡
中 胡
大提琴
低音提琴
tr

110
笛 I
笛 II
高音笙
中音笙
唢呐 I
唢呐 II
竖 笛
f 热烈 喜庆
扬 琴
柳 琴
琵 琶
中 阮
mp
大 阮
mp
筝
云 锣
大 鼓
mp 木鱼
大 钗
铃
小钗
梆 子
高 胡
二 胡
中 胡
mp
大提琴
mp piss
低音提琴
mp piss

115
笛 I
笛 II
高音笙
中音笙
唢呐 I
唢呐 II
竖 笛
扬 琴
柳 琴
琵 琶
中 阮
大 阮
筝
云 锣
木 鱼
铃
小 钗
梆 子
高 胡
二 胡
中 胡
大提琴
低音提琴
f
mf

120
笛 I
笛 II
高音笙
中音笙
唢呐 I
唢呐 II
竖 笛
扬 琴
柳 琴
琵 琶
中 阮
大 阮
筝
云 锣
木 鱼
铃
小 钗
梆 子
高 胡
二 胡
中 胡
大提琴
低音提琴

125
笛 I
笛 II
高音笙
中音笙
唢呐 I
唢呐 II
竖 笛
扬 琴
柳 琴
琵 琶
中 阮
大 阮
筝
云 锣
木 鱼
铃
小 钗
梆 子
高 胡
二 胡
中 胡
大提琴
低音提琴

130
笛 I
笛 II
高音笙
中音笙
唢呐 I
唢呐 II
竖 笛
扬 琴
柳 琴
琵 琶
中 阮
大 阮
筝
云 锣
木 鱼
大鼓
铃
小 钗
大钗
梆 子
高 胡
二 胡
中 胡
大提琴
低音提琴

135
笛 I
笛 II
高音笙
中音笙
唢呐 I
唢呐II
竖 笛
tr
扬 琴
柳 琴
琵 琶
中 阮
大 阮
筝
云 锣
大 鼓
木鱼
铃、小钗
大鼓
大钗
大 钗
梆 子
高 胡
二 胡
中 胡
大提琴
低音提琴

笛 I
笛 II
高音笙
中音笙
唢呐 I
唢呐 II
竖 笛
扬 琴
柳 琴
琵 琶
中 阮
大 阮
筝
云 锣
大 鼓
大 钗
梆 子
高 胡
二 胡
中 胡
大提琴
低音提琴
有气势
arco

140
Coda 更有气势
笛 I
笛 II
高音笙
中音笙
唢呐 I
唢呐II
竖 笛
扬 琴
柳 琴
琵 琶
中 阮
大 阮
筝
云 锣
大 鼓
大 钗
梆 子
高 胡
二 胡
中 胡
大提琴
低音提琴

宽广
145
活跃
自然双音
笛 I
笛 II
高音笙
中音笙
唢呐 I
唢呐 II
竖 笛
扬 琴
柳 琴
琵 琶
中 阮
大 阮
筝
云 锣
小 鼓
大 鼓
小 钗
大 钗
梆 子
高 胡
二 胡
中 胡
大提琴
低音提琴

热烈　欢快
150
笛 I
笛 II
高音笙
中音笙
唢呐 I
唢呐 II
竖　笛
扬　琴
柳　琴
琵　琶
中　阮
大　阮
筝
云　锣
小　鼓
大　鼓
小　钗
大　钗
梆　子
高　胡
二　胡
中　胡
大提琴
低音提琴

四、音乐作品的演唱、演奏音响

编者说明

为了充分利用现代的录音技术与传播工具向广大群众介绍聂耳的作品，在中国唱片社的协助下，《聂耳全集》编辑委员会约请国内一些著名歌唱家和音乐团体，根据本书刊载的乐谱，于1985年重新录制了聂耳音乐作品的立体声盒式录音带。其中的十首男女声齐唱歌曲改为由管弦乐队伴奏（多为根据原钢琴伴奏谱编配）。

编者还从中国唱片社保存的30年代的唱片资料中，挑选了一些聂耳自己演唱、演奏的音乐，以及金焰、王人美等人以及美国著名黑人歌唱家保罗·罗伯逊当年演唱的聂耳歌曲，作为参考性历史音响资料提供给读者。其中1—35首是由《聂耳全集》编辑委员会组织录制的，36—46首是历史音响资料的汇编。

这次编辑出版《聂耳全集》增订版，已把原来的盒式录音带，制作成了现在更便于播放和聆听的CD盘。

CD A

1. 中华人民共和国国歌（齐唱）	田汉词	李焕之配伴奏
中央乐团合唱队演唱	管弦乐队伴奏	严良堃指挥
2. 开矿歌（男声领唱、伴唱）	田汉词	奚其明配伴奏
中央乐团合唱队演唱（王景瑄领唱）	洪育慧钢琴伴奏	严良堃指挥
3. 饥寒交迫之歌（女中音独唱）	董每戡词	黎英海配伴奏
詹曼华演唱	刘桂玲钢琴伴奏	
4. 卖报歌（童声齐唱）	安娥词	瞿维配伴奏
中央少年儿童广播合唱团演唱	陈一新钢琴伴奏	聂中明指挥
5. 走出摄影场（女中音独唱）	安娥词	王建中配伴奏
杨洁演唱	周涵懿钢琴伴奏	
6. 雪花飞（童声齐唱）	柳倩词	黎英海配伴奏
中央少年儿童广播合唱团演唱	陈一新钢琴伴奏	聂中明指挥
7. 卖报之声（童声齐唱）	武蒂词	金复载配伴奏
中国儿童少年活动中心合唱团演唱	杨燕宜钢琴伴奏	杨鸿年指挥
8. 小野猫（童声齐唱）	陈伯吹词	金复载配伴奏
中央少年儿童广播合唱团演唱	延妮钢琴伴奏	聂中明指挥
9. 打砖歌、打桩歌（齐唱）	梁惜芳原作　聂耳编词	罗忠镕配伴奏
中国人民解放军总政歌舞团合唱队演唱	管弦乐队伴奏	刘云厚指挥
10. 码头工人（男声齐唱）	孙石灵词	瞿维配伴奏
中国人民解放军总政歌舞团合唱队演唱	管弦乐队伴奏	刘云厚指挥

11. 苦力歌〔后名《前进歌》〕（齐唱） 田汉词 张敦智配伴奏
中国人民解放军总政歌舞团合唱队演唱 管弦乐队伴奏 刘云厚指挥
12. 毕业歌（齐唱） 田汉词 刘福安配伴奏
中央乐团合唱队演唱 管弦乐队伴奏 严良堃指挥
13. 大路歌（男声齐唱） 孙瑜词 桑桐配伴奏
中国广播艺术团合唱团演唱 交响乐团伴奏 聂中明指挥
14. 开路先锋（领唱、齐唱） 孙师毅词 瞿维配伴奏
中国广播艺术团合唱团演唱（王凯平领唱） 交响乐团伴奏 聂中明指挥
15. 飞花歌（女高音独唱） 孙师毅词 黎英海配伴奏
胡晓平演唱 朱贤杰钢琴伴奏
16. 牧羊女（童声独唱） 孙师毅词 储望华配伴奏
中央少年儿童广播合唱团尹京花演唱 陈一新钢琴伴奏
17. 新女性（女声齐唱） 孙师毅词 黎英海配伴奏
中央乐团合唱队演唱 洪育慧钢琴伴奏 严良堃指挥
18. 告别南洋（男高音独唱） 田汉词 奚其明配伴奏
吴雁泽演唱 林西琳钢琴伴奏
19. 春回来了（女中音独唱） 田汉词 刘庄配伴奏
罗天婵演唱 中央乐团小乐队伴奏
20. 慰劳歌（领唱、齐唱） 田汉词 江定仙配伴奏
中国广播艺术团合唱团演唱（殷秀梅领唱） 王露意钢琴伴奏 聂中明指挥
21. 梅娘曲（女高音独唱） 田汉词 奚其明配伴奏
季小琴演唱 赵启雄钢琴伴奏
22. 逃亡曲〔后名《自卫歌》〕（齐唱） 唐纳词 刘福安配伴奏
中国广播艺术团合唱团演唱 交响乐团伴奏 聂中明指挥

CD B

23. 塞外村女（女高音独唱） 唐纳词 黎英海配伴奏
李谷一演唱 中央民族乐团小乐队伴奏 赵咏山指挥
24. 打长江（齐唱） 田汉词 盛礼洪配伴奏
中央乐团合唱队演唱管 管弦乐队伴奏 严良堃指挥
25. 采菱歌（女高音独唱） 田汉词 顾冠仁配伴奏
殷秀梅演唱 中国广播艺术团民族乐团小乐队伴奏

26. 铁蹄下的歌女（女高音独唱）　许幸之词　瞿希贤配伴奏
叶佩英演唱　胡适熙钢琴伴奏
27. 义勇军进行曲（齐唱）　田汉词　李焕之配伴奏
中国广播艺术团合唱团演唱　王露意钢琴伴奏　聂中明指挥
28. 小工人（童声独唱）　安娥词　全复载配伴奏
中国儿童少年活动中心孙延演唱　杨燕宜钢琴伴奏
29. 白雪歌（男中音独唱）　苗子词　朱践耳配伴奏
黎信昌演唱　谢爱明钢琴伴奏
30. 采茶歌（女声齐唱）　佚名词　楚世及配伴奏
中国音乐学院声乐系演唱　中国音乐学院小乐队伴奏　楚世及指挥
31. 茶山情歌（男女对唱）　佚名词　王震亚配伴奏
姜嘉锵、翟宪立演唱　中央民族乐团小乐队伴奏　阎惠昌指挥
32. 翠湖春晓（民乐合奏）　刘文全配器
中央民族乐团民乐队演奏　阎惠昌指挥
33. 金蛇狂舞（民乐合奏）　顾冠仁配器
上海民族乐团民乐队演奏　瞿春泉指挥
34. 山国情侣（民乐合奏）　秦鹏章配器
中央民族乐团民乐队演奏　秦鹏章指挥
35. 昭君和番（民乐合奏）　杨洁明配器
中央民族乐团民乐队演奏　吴玉霞琵琶领奏　刘沙指挥
36. 开矿歌　聂耳演唱
37. 打砖歌、打桩歌　聂耳演唱
38. 码头工人　聂耳演唱
39. 扬子江暴风雨　森森唱歌队演唱
40. 雪花飞　龚秋霞演唱
41. 毕业歌　陈波儿、袁牧之等演唱
42. 大路歌　影片《大路》男演员演唱
43. 开路先锋　金焰等演唱
44. 铁蹄下的歌女　王人美演唱
45. 金蛇狂舞　百代国乐队演奏
46. 起来（义勇军进行曲）　（美国）保罗・罗伯逊演唱

附 录

1935年夏末，张鹤（左一）、郑子平（抱骨灰者）护送聂耳的骨灰回国前在东京的留影

著名青年作曲家

聶耳在日海浴逝世

滬上知交籌備追悼

著名青年作曲家聶耳氏、於今春赴日準備作暫時期之考察後轉赴歐洲、研究音樂、詎聞友人得其最後來信、本預將於七月十七日起赴京都、大阪、神戶、參加日本「新協」的旅行公演、不料另據友人報告、即於十七日在日海浴為浪捲去逝世、遺體失蹤、電通畫報社同人於其第六期畫報中、將刊出如下之啓事、「青年作曲家聶耳先生於七月十七日在日本神奈川縣藤沢町鵠沼海浴逝世、本鄉同人、多與先生有舊、靈耗傳來、悲痛不已、茲擬於第七期本報特闢專頁、以紀念此劇時代的中國電影音樂作者、各方不乏先生生前知好、倘有錫以誄辭、不僅吊天才之不壽、亦所以慰泉下之幽光也、惠件請於八月十日前寄荊州路四〇九號本社收」云云、聶耳生前知友、現正以其籌備追悼、並搜集遺作、舉行演奏、以資悼念、其作品如畢業歌、開路先鋒、大路歌、新女性歌、飛花歌、鐵路下的歌女、義勇軍進行曲、均多膾炙人口、無俟介紹者、此誠中國電影音樂界一大不幸也、

《著名青年作曲家聂耳在日海浴逝世》（原载1935年7月25日上海《中华日报》）

1935年8月4日，聂耳的友人与中国留学生在日本千叶县北条举行的聂耳追悼大会

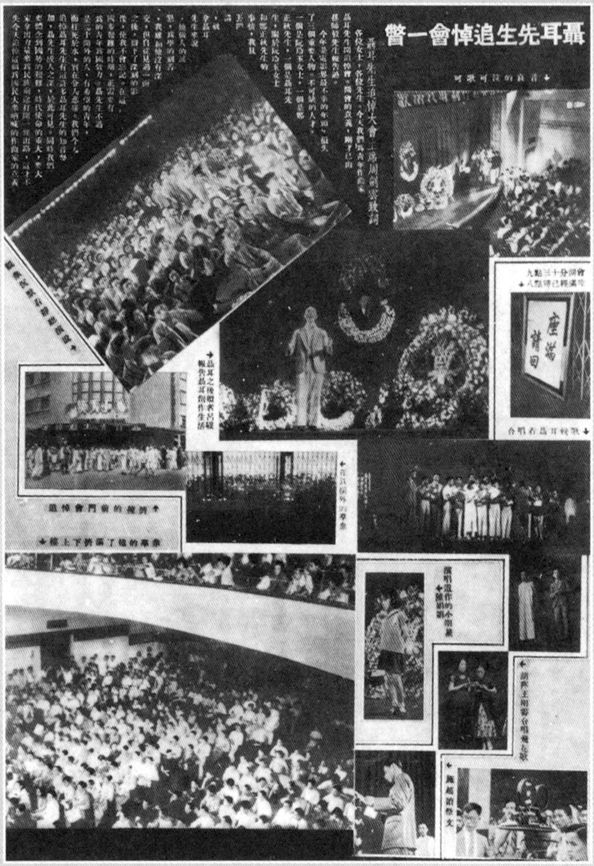

1935年8月16日，上海各界人士在金城大戏院隆重举行聂耳追悼大会

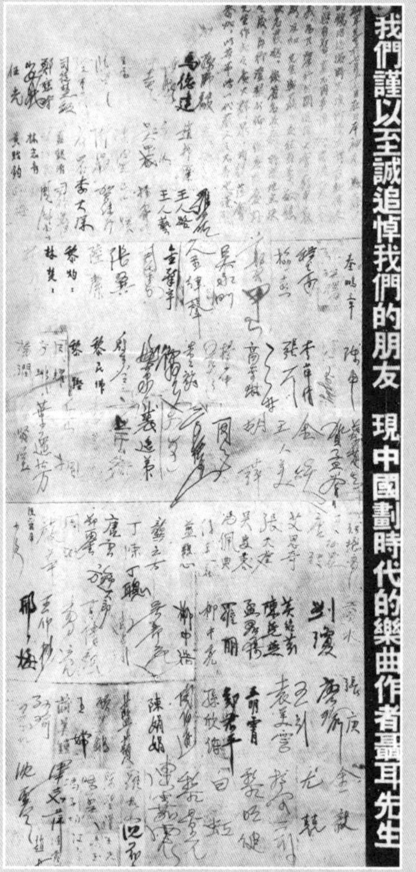

上海聂耳追悼会上的签名录

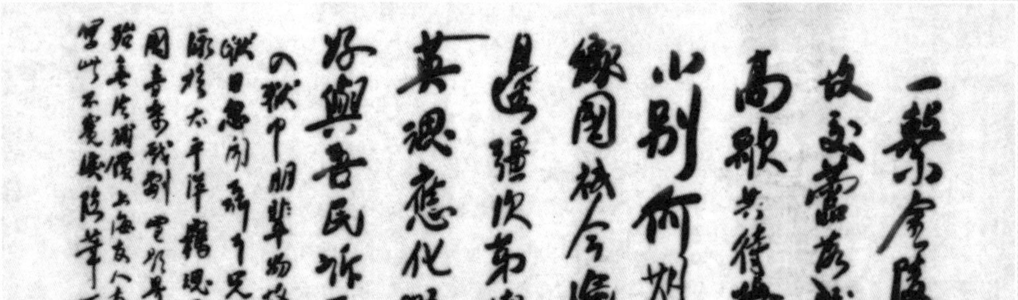

田汉为上海聂耳追悼大会而作的悼诗
（此页的三张图片原载1935年8月16日出版的《电通》画报第七期）

1935年12月31日，中国留学生捐资在东京出版的《聂耳纪念集》（编辑张鹤、蒲风，封面木刻作者黄新波）

郭沫若在日本写的《悼聂耳》诗（原载《中华日报》，1935年10月31日上海）

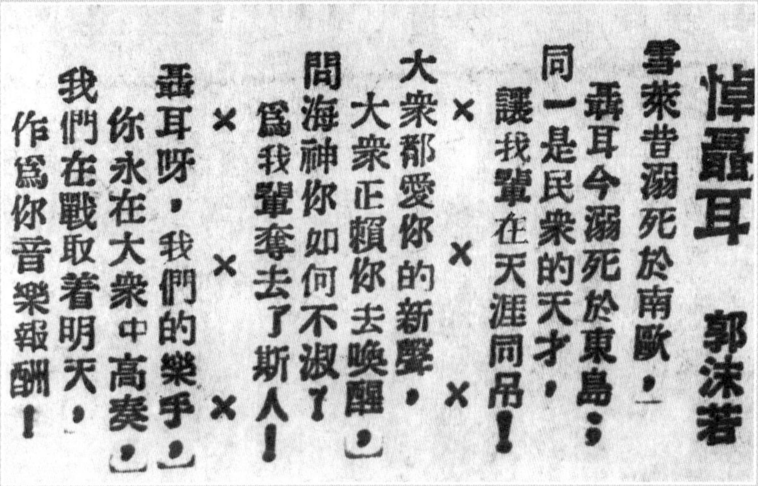

悼聶耳 郭沫若

雪萊昔溺死於南歐，
聶耳今溺死於東島；
同一是民衆的天才，
讓我輩在天涯同吊！

× × ×

大衆都愛你的新聲，
大衆正賴你去喚醒，
問海神你如何不淑？
爲我輩奪去了斯人！

× × ×

聶耳呀，我們的樂手，
你永在大衆中高奏，
我們在戰取着明天，
作爲你音樂報酬！

1936年6月7日，刘良模在上海西门公共体育场指挥“民众歌咏会”七百余名会员和数千群众高唱《义勇军进行曲》

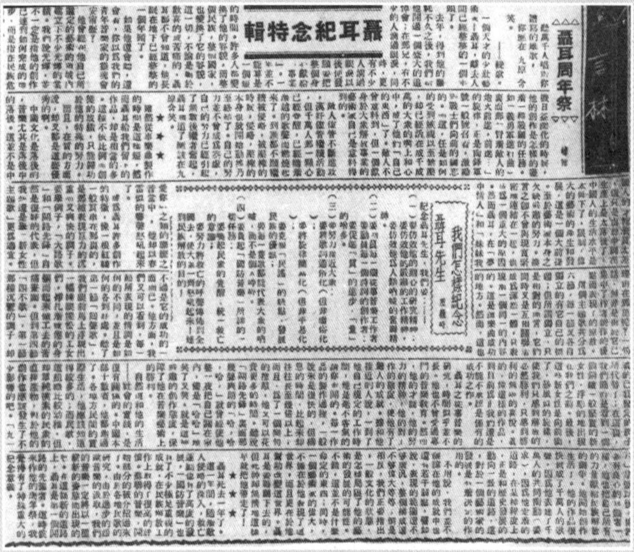

聶耳紀念特輯

聶耳周年祭

我們怎樣紀念聶耳先生

聂耳纪念特辑（原载《立报》，1936年7月19日于上海）

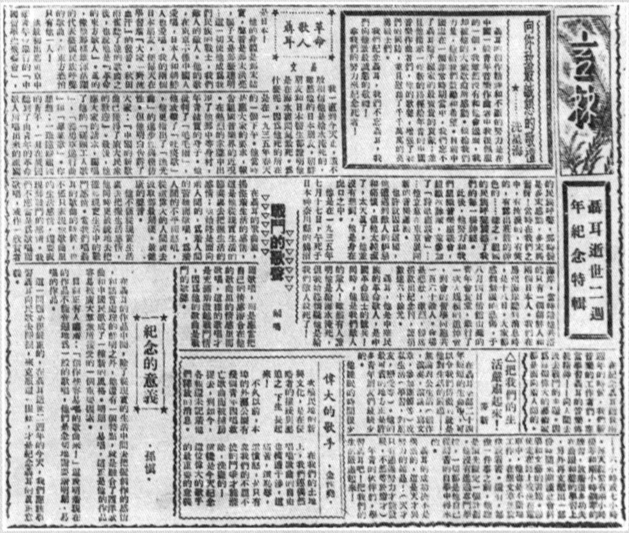

聶耳逝世二週年紀念特輯

紀念的意義

偉大的歌手

聂耳逝世二周年纪念特辑（原载《立报》，1937年7月17日于上海）

1937年10月1日，聂耳的骨灰瓶在云南昆明西山入葬前

1940年，聂耳的亲友在云南昆明圆通山上建立的“聂耳亭”

1937年，聂耳的亲属在昆明西山的聂耳墓旁（碑文撰写者徐嘉瑞）

中華民國二十七年七月十七日 新華日報 星期日

聶耳先生逝世三週年紀念特刊

紀念聶耳

學習聶耳先生 徐邁進

戰爭中的歌人

憶聶耳先生 唐納

聶耳作品的歷史性

聶耳，中國新興音樂的創造者 冼星海

1938年7月17日，武汉《新华日报》的纪念特刊

1946年7月17日，延安聂耳逝世十一周年纪念大会合影（二排坐者左三起依次为徐特立、朱德、邓洁、李伯钊、江青、张贞黻）

解放日報

祝中央管弦樂團的誕生

中央管弦樂團成立宣言

紀念特刊

向聶耳學習

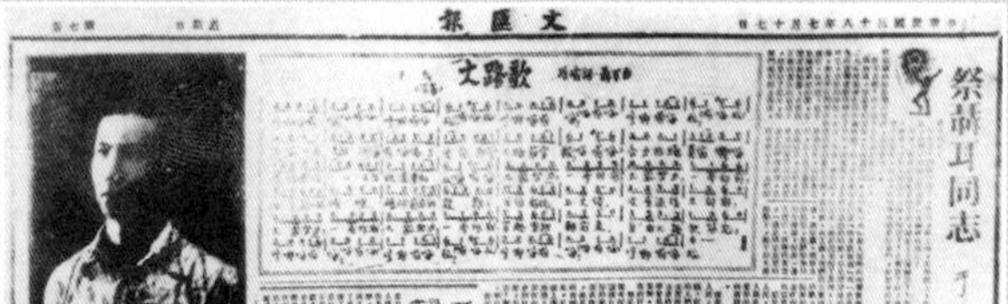

文匯報

祭聶耳同志

聶耳的道路

我們寫你沒有寫完的歌！

聶耳逝世十四週年紀念特刊

鑼鼓

呵！聶耳，我們的好兄弟

略論聶耳的群衆歌曲

1946年7月19日，延安《解放日报》的纪念特刊

1949年7月17日，上海《文汇报》的纪念特刊

1954年，中央人民政府在昆明西山重修的聂耳墓（碑文撰写者郭沫若）正面

1955年，北京隆重举行纪念聂耳逝世二十周年大会

1954年，中央人民政府在昆明西山重修的聂耳墓（碑文撰写者郭沫若）背面

中央实验歌剧院在纪念大会上合唱《大路歌》

向人民音乐家聂耳的母亲献花

1955年，中央音乐学院民族音乐研究所设立的“聂耳纪念室”

1960年10月29日，周恩来总理等领导人与参加首都文艺界纪念聂耳逝世二十五周年音乐会的演员合影

影片《聂耳》导演郑君里（左）、摄影师黄绍芬在长城脚下拍外景

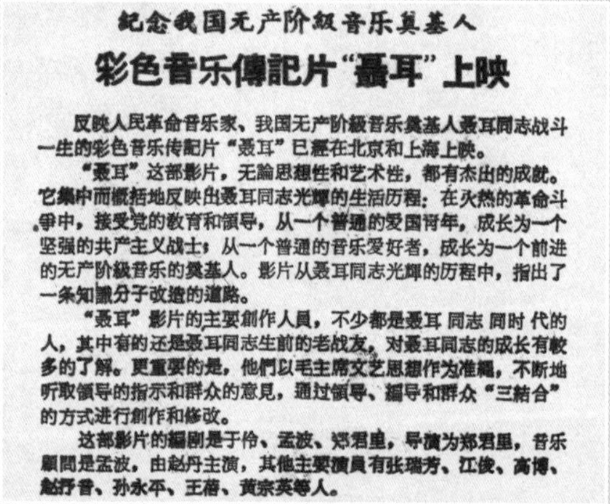

紀念我国无产阶級音乐奠基人

彩色音乐傳記片“聂耳”上映

反映人民革命音乐家、我国无产阶級音乐奠基人聂耳同志战斗一生的彩色音乐传記片“聂耳”已經在北京和上海上映。

“聂耳”这部影片，无論思想性和艺术性，都有杰出的成就。它集中而概括地反映出聂耳同志光輝的生活历程：在火热的革命斗爭中，接受党的教育和領导，从一个普通的爱国青年，成长为一个坚强的共产主义战士；从一个普通的音乐爱好者，成长为一个前进的无产阶級音乐的奠基人。影片从聂耳同志光輝的历程中，指出了一条知識分子改造的道路。

“聂耳”影片的主要創作人員，不少都是聂耳同志同时代的人，其中有的还是聂耳同志生前的老战友，对聂耳同志的成长有較多的了解。更重要的是，他們以毛主席文艺思想作为准縄，不断地听取領导的指示和群众的意見，通过領导、編导和群众“三結合”的方式进行創作和修改。

这部影片的編剧是于伶、孟波、郑君里，导演为郑君里，音乐顧問是孟波，由赵丹主演，其他主要演員有张瑞芳、江俊、高博、赵抒音、孙永平、王蓓、黄宗英等人。

《纪念我国无产阶级音乐奠基人彩色音乐传记片“聂耳”上映》（原载《光明日报》，1960年7月24日于北京）

1965年10月31日，周恩来总理（左三）出席聂耳逝世三十周年音乐会时与演员、听众一起高唱《中华人民共和国国歌》

1975年10月31日，文化部在北京举行“人民音乐家聂耳冼星海音乐会”

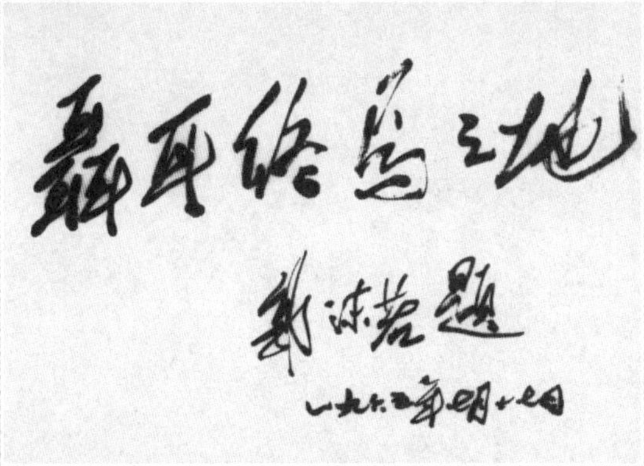

郭沫若为藤泽市聂耳纪念碑的题字

1980年，昆明市人民政府在西山重建的聂耳墓

1965年，日本藤泽市聂耳纪念碑保存会重建的聂耳纪念碑

1980年7月17日，各界代表祭扫聂耳新墓

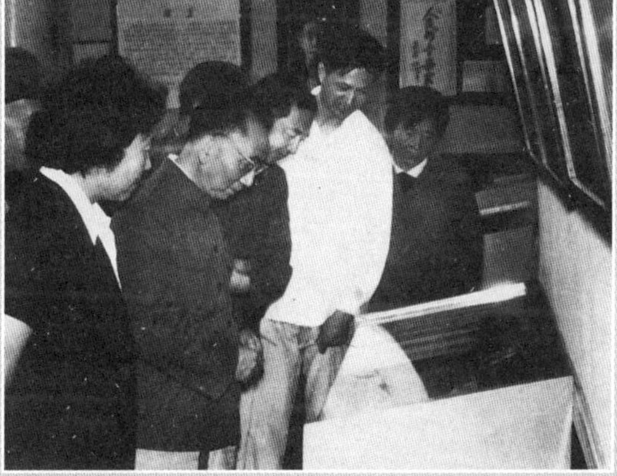

1980年，中国音乐家协会主席吕骥（左二）、副主席孙慎（左三）等人，在云南省文化局副局长李坚（左一）陪同下，参观云南博物馆“人民音乐家聂耳生平展览”

1980年，中国音乐家协会云南分会隆重纪念聂耳逝世四十五周年

1982年，北京隆重举行纪念聂耳七十周年诞辰大会，文化部副部长周巍峙报告聂耳的创作道路和艺术成就

在纪念聂耳七十周年诞辰大会上中国人民解放军总政治部歌舞团演唱聂耳的歌曲《打长江》

中国艺术研究院音乐研究所资料室主任文彦陪同聂叙伦（右）参观该所新布展的聂耳、冼星海纪念室

1982年，昆明举行第一届聂耳音乐周

第一届聂耳音乐周上德宏州代表团演奏景颇族乐器洞巴

1985年，昆明举行第二届聂耳音乐周

1985年7月17日上午，昆明隆重举行重建聂耳墓揭幕典礼（前右为周巍峙、普朝柱，前左为李焕之、朱志辉）

共青团昆明市委在翠湖公园建立的枣红色花岗岩聂耳像（胡耀邦题字）

昆明西山聂耳墓前的汉白玉聂耳石雕像

1985年7月17日下午，玉溪市万余群众参加本市聂耳公园里聂耳像落成典礼

玉溪市聂耳公园里的聂耳铜像

文化部副部长周巍峙在玉溪聂耳公园聂耳像落成典礼上致辞

聂耳作品出版物集锦

音乐作品年表（修订稿）

曲　名	词作者	体裁形式	曲谱出处	唱片号（演唱者）	备　注
1932年					
进行曲		口琴曲	手稿		据日记写于1月8日
圆舞曲		口琴曲	手稿		据日记写于1月8日
悲歌		小提琴曲	缺佚		见1932年1月6日至23日日记
天伦之爱		歌舞曲	手稿		
1933年					
开矿歌	田汉	男声领唱、伴唱歌曲	《新音乐》第三卷第二期（1941.9.1），有手稿	百代34423b（聂耳）	影片《母性之光》插曲（8月6日首映）
饥寒交迫之歌	董每戡	摇篮曲	《教学唱》第四辑（1947.7.17），有手稿		话剧《饥饿线》插曲，手稿比出版谱多三分之一
卖报歌	安娥	儿童歌曲	《名歌三千曲》（1935.12）	百代34620b（龚秋霞）	为报童“小毛头”而作

曲 名	词作者	体裁形式	曲谱出处	唱片号（演唱者）	备 注
1934年					
走出摄影场	安娥	女声独唱歌曲	《聂耳纪念集》（1935.12.31），有影印手稿	百代34559a（胡珊）	
一个女明星	安娥	女声独唱歌曲	《最新中外名歌集》（1940.9）	百代34559b（胡珊）	根据云南玉溪花灯曲牌“玉娥郎”编曲
雪花飞	柳倩	儿童歌曲	《最新中外名歌集》（1940.9），有手稿	百代34620b（龚秋霞）	
翠湖春晓		民族器乐合奏曲	百代唱片附谱	百代34610a（百代国乐队）	根据云南洞经音乐编曲（6月29日录音）
金蛇狂舞		民族器乐合奏曲	百代唱片附谱	百代34610b（百代国乐队）	根据民间乐曲编配（6月29日录音）
昭君和番		民族器乐合奏曲	同上	百代34634ab（百代国乐队）	根据民间乐曲编配（6月30日录音）
卖报之声	武蒂	儿童歌曲	《新音乐》第三卷第二期（1941.9.1）	百代34683b（龚秋霞）	为报童“小毛头”而作
小野猫	陈伯吹	儿童表演唱歌曲	《青年礼赞》（1947.8）	百代34682ab（龚秋霞）	唱片里是四段词，曲谱里只有两段词
打砖歌	梁惜芳原作 聂耳改编	齐唱歌曲	《中国呼声集》（1936.7）	百代34563b（聂耳）	新歌剧《扬子江暴风雨》插曲（6月30日首演）

（续表）

曲　名	词作者	体裁形式	曲谱出处	唱片号（演唱者）	备　注
打桩歌	聂耳	齐唱歌曲	同上	百代34563b（聂耳）	同上
码头工人	孙石灵	齐唱歌曲	同上	百代34563b（聂耳）	同上
苦力歌（后名《前进歌》）	田汉	齐唱歌曲	同上	百代34672b（森森唱歌队）	新歌剧《扬子江暴风雨》终曲
毕业歌	田汉	齐唱歌曲	《中华日报》（1934.10.24）有影片首映式活页歌谱	百代34672a（袁牧之、陈波儿等）	影片《桃李劫》主题歌（12月6日首映）
山国情侣		民族器乐合奏曲	百代唱片附谱	百代34662b（百代国乐队）	根据民间乐曲编曲（9月21日录音）
大路歌	孙瑜	齐唱歌曲	《中华日报》（1934.10.13）	百代34667a（《大路》男演员）	影片《大路》主题歌（1935年元旦首映）
开路先锋	孙师毅	领唱、齐唱歌曲	《中华日报》（1934.10.10）	百代34667b（金焰等）	影片《大路》序歌（1935年元旦首映）
飞花歌	孙师毅	女声独唱歌曲	《中华日报》（1934.11.19），有活页歌谱	胜利54599A（胡萍等）	影片《飞花村》主题歌（12月25日首映）
牧羊女	孙师毅	儿童歌曲	《大晚报》（1934.12.6）	胜利54599B（陈娟娟）	影片《飞花村》插曲（12月25日首映）

（续表）

曲　名	词作者	体裁形式	曲谱出处	唱片号（演唱者）	备　注
新女性	孙师毅	组歌	《联华画报》第五卷第三期（1935.2.1），有影片首映式活页歌谱	百代35051ab（陈燕燕、黎莉莉等）	影片《新女性》主题歌（1935年春节首映）
1935年					
告别南洋	田汉	男声独唱歌曲	《明星》电影画报第二卷第三期（1935.8.16）	百代34928b（金焰）	话剧《回春之曲》插曲（1月31日首演）
春回来了	田汉	女声独唱歌曲	南京《新民报》（1935.12.3）	百代34928a（王人美）	同上
慰劳歌	田汉	叙事性唱歌曲	南京《新民报》（1935.12.5）	百代35012b（袁美云等）	同上
梅娘曲	田汉	女声独唱歌曲	《星歌集》第一期（1935.10）	百代34949b（王人美）	同上
逃亡曲（后名《自卫歌》）	唐纳	齐唱歌曲	《大晚报》（1935.3.24）	胜利唱片（缺佚待查）	影片《逃亡》主题歌（3月23日首映）
塞外村女	唐纳	女声独唱歌曲	《中华日报》（1935.3.25）	胜利唱片（缺佚待查）	影片《逃亡》插曲（3月23日首映）
打长江	田汉	齐唱歌曲	《电通》半月画报第七期（1935.8.16）		原为影片《凯歌》作的主题歌，后因故未用于该片
采菱歌	田汉	女声独唱歌曲	《聂耳全集》（1949.7.17）		原为影片《凯歌》作的插曲，后因故未用于该片
茶山情歌		男女对唱歌曲	同上		

（续表）

曲　名	词作者	体裁形式	曲谱出处	唱片号（演唱者）	备　注
铁蹄下的歌女	许幸之	女声独唱歌曲	《大晚报》（1935.5.8）	百代34848a（王人美）	影片《风云儿女》插曲（5月24日首映）
义勇军进行曲	田汉	齐唱歌曲	《中华日报》（1935.5.11），《聂耳纪念集》有影印手稿	百代34848b（袁牧之、顾梦鹤等）	影片《风云儿女》主题歌（5月24日首映）
创作时间待考					
无题（雪）		歌曲	手稿		
小工人	安娥	儿童歌曲	手稿		
伤兵歌	安娥	歌曲	《星歌集》第一期（1935.10.20）		
白雪歌	苗子	歌曲	《新音乐》第三卷第二期（1941.9.1）		
春日谣	鲁戈	歌曲	同上		
采茶歌		歌曲	同上		
茶山情歌		男女对唱歌曲	同上		

（制表者：向延生）

新歌剧《扬子江暴风雨》

（1934年上海演出本）

编剧　田　汉
作曲　聂　耳

剧中人物

打砖工人：　老王　女工　根福
打桩工人：　丙生　工一　工二　工三　工四
码头工人：　阿二　工甲　工乙　工丙　工丁　工戊　工己

工　　头：　刘阿四

〔在扬子江沿岸某埠的码头上，以汽船军舰为远景，吐出一个空坪。左侧有建筑中的堆栈的钢骨架，架旁有大的小的打桩台，许多工人在打着桩。前景泥砖的堆下，又有男女老幼的苦力在打着砖。大小汽船的汽笛声。船上起重机声。码头工人从汽船上肩着笨重的货物，杭哟杭哟地向左边走过。打砖工人老王在烈日下，和他的孙儿挥着汗雨，领着他的那伙儿，唱着《打砖歌》。

打砖工人（齐唱）

打　砖　歌

梁惜芳 原作
聂　耳 编词

1=G $\frac{2}{4}$

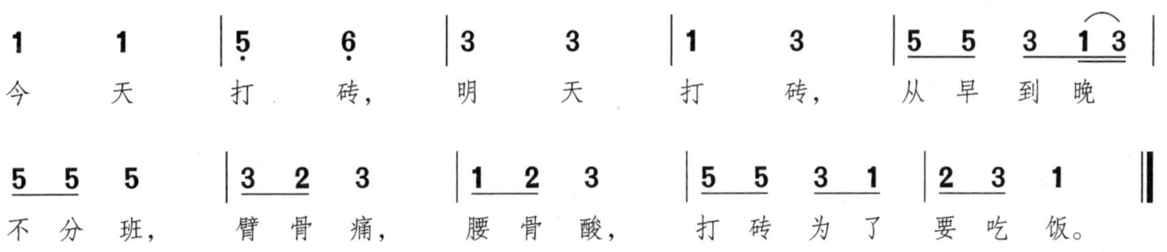

小孩打砖，老头打砖，

老老小小都打砖，

（老王一面唱，一面取搭在肩上的毛巾揩了一把，丢给他孙儿根福）

你出汗，我出汗，

血水汗水都流干。

老王　孩子，你揩一把，当心别再敲着手指头了。

根福　（接过）汗都流到眼睛里来了。

〔左边打桩台上的工人，在丙生的领导下，接着打砖工人的尾声唱起来。

〔打砖工人仍然轻轻地唱着自己的歌。

打桩工人　（齐唱）

打　桩　歌

1＝G $\frac{2}{4}$

聂　耳　编词作曲

〔工头刘阿四“刷”地一皮鞭打在一个停下来的工人身上。

阿四　不许停！

打桩工人　（齐唱）热煞人哟，哼哟嗬！不许停哟，哼哟嗬！

性命交关，哼哟嗬！

女工　（摸着肩头）哎哟，我又没有停，干吗打我啊？

阿四　怎么，打着你啦！

女工　你的鞭尾子打着我啊！

阿四　　哎呀，对不起，让我来摸摸。

女工　　谢谢你！

老王　　（怒目）这么热的天气，为什么不许我们停一停？

阿四　　上面催得紧呀，这堆栈要在两个月内砌好，晓得吧？

老王　　砌好了，堆什么呀？老乡！

阿四　　堆洋米洋面啊！

老王　　中国这两年不是丰收吗？

阿四　　丰收是丰收，还是没有饭吃啊！

老王　　把外国米哪，麦子哪，大批大批地运进来，更不值钱，老百姓不是更要没有饭吃吗？

阿四　　这不是我们管得着的，你们只管打砖，我只管打打砖的。

〔汽笛响，一大货船入口。

工一　　又来了一大船麦子了。

阿四　　（吆喝大家）快！快做工，不要望着。（“刷”地又一鞭子打着工二）

工二　　妈……

阿四　　你骂谁？

工二　　我没有骂谁，我叫妈呀。

阿四　　哼！你小心点！（横目走过）

工二　　（送着阿四的后影）妈的，我真不要干了！

老王　　（安慰他）要吃饭哪，有什么办法呢？还是打我们的砖吧！（又轻轻地唱起来。后面码头工人哼嗬地过去）

〔根福忽然敲着指头叫起痛来。

根福　　（丢下锤子）哎哟！哎哟！

老王　　（急起身替他揉）敲在哪里？啊呀，又敲了这个痛的指头！我不是叫你当心一点吗？孩子！

根福　　（忍着痛拿起锤子）爷爷，不要紧。

〔汽笛声，一只大船过去。打砖工人们又唱起来。

打砖工人　　（齐唱）今天打砖，明天打砖，从早到晚不分班，臂骨痛，腰骨酸，打砖为了要吃饭。（继续唱下去）

〔打桩工人同他们应和着。

打桩工人　　（齐唱）拿起来哟，哼哟嗬！放下去哟，哼哟嗬！

一天到晚，哼哟嗬！两毛小洋，哼哟嗬！（继续唱下去）

〔更和这重合起来的，是远处码头工人的歌声。

〔码头工人们扛着麻袋、木箱上。

码头工人

孙石灵 词
聂 耳 曲

1=G $\frac{2}{4}$

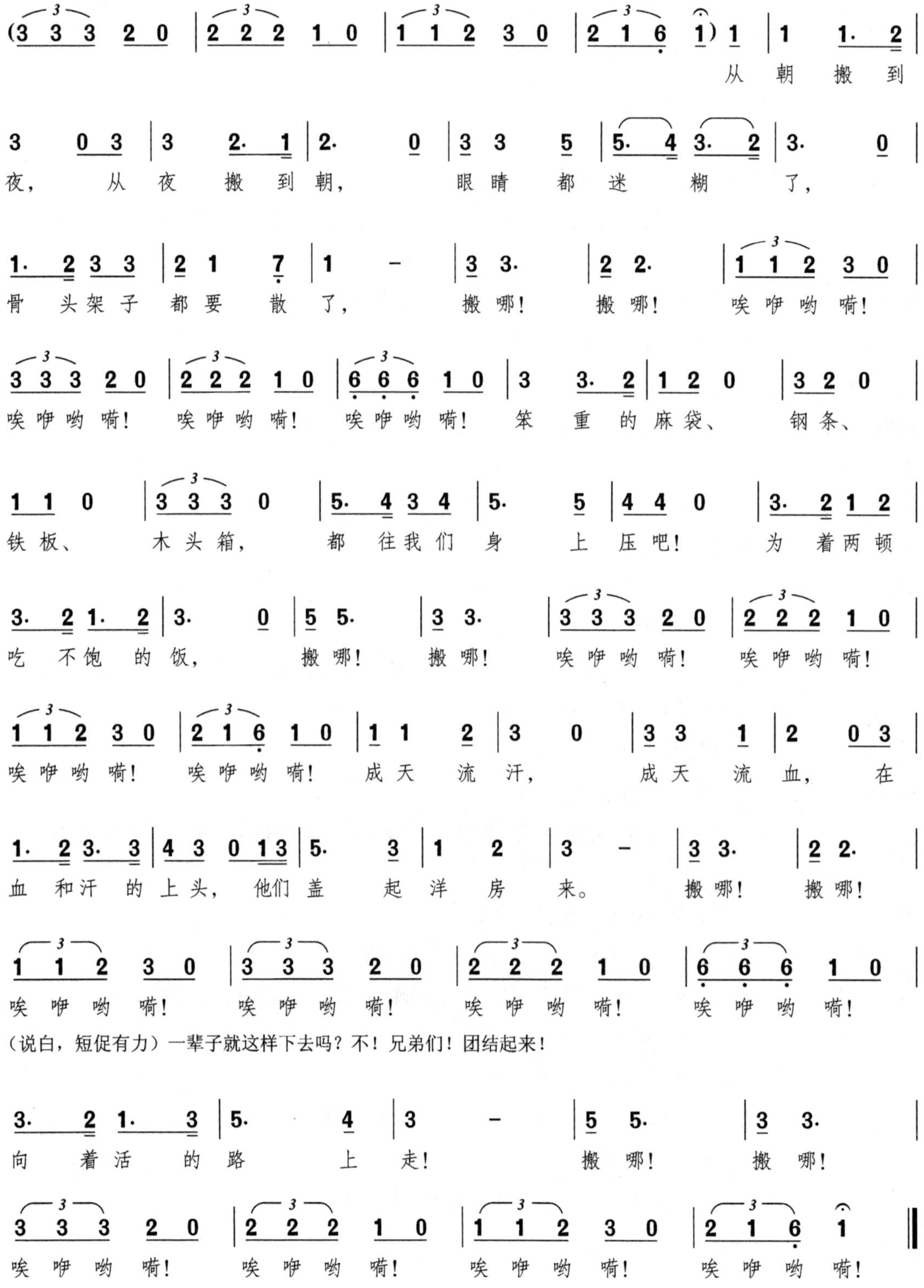

码头工人　　唉咿哟嗬！唉咿哟嗬！唉咿哟嗬！唉咿哟嗬！

（齐唱）

〔老王对回转头的工人阿二打招呼。

老王　　喂，阿二，歇一歇啊！

阿二　　（走来）啊，老伯伯，今天热哩！（揩汗）

老王　　热得吐不得气，喂，你们搬的是什么？

阿二　　（低声）我不认识字，你看看。（抬木箱过来）

老王　　啊呀，手榴弹！你们都是搬军火的么？多不多？

〔打砖、打桩的工人都围拢来听。

阿二　　你瞧，搬了半天还没有搬完。

老王　　妈的，又不知道要打死多少中国人！

女工　　我的丈夫就是给他们的子弹打死的！

根福　　我的爸爸不是一样！

丙生　　你们听见今天早上的炮响吗？

众工人　　怎么不听见！

丙生　　就是那边那只外国兵船打出来的，瞧！他们炮衣不是脱下来了吗？炮口不是都朝着我们这边吗？

工三　　据说试验放炮，不要紧的。

阿二　　试炮，不要紧的？他们随时随刻都可以拿我们中国人试炮哩！

工四　　那你们为什么给他们搬军火炮弹呢？那不是替强盗搬东西打自己人吗？

老王　　对哪，你们不应该搬的。

阿二　　要吃饭，没有法子啊。

老王　　饿死也不能替他们搬！

众工人　　是啊，饿死也不能哪！

阿二　　（指远处悄悄地）他们有水兵监视着我们。

丙生　　我们这许多人怕几个水兵吗？

老王　　我们几十万苦力站在你们后面哩！

阿二　　对的，老伯伯，我去告诉他们，他们也都早就不愿意搬了。

〔码头工人肩着箱子，唱着《码头工人》歌从后面走过。

码头工人　　（齐唱）唉咿哟嗬，唉咿哟嗬，唉咿哟嗬，唉咿哟嗬！

笨重的麻袋、钢条、铁板、木头箱，都往我们身上压吧！

为着两顿吃不饱的饭，搬哪！搬哪！

阿二　　（向他们站着，举起手叫着）兄弟们不要搬了，那里面都是打我们的军火。我们虽然要吃饭，但是我们不能替敌人搬子弹打我们自己人！

码头工人　（停着望这边）对的。
阿二　（坚决地）我们情愿饿死也不要搬了！
工甲、工乙　好的，我们饿死也不搬了！（把木箱放下）
工丙、工丁　谁要搬就是猪猡！
工戊、工己　谁要搬就是亡国奴！
阿二　好的，兄弟们，我们不做亡国奴！
〔远处的水兵朝阿二开一枪。
阿二　（一让，只打着左臂）打吧，我们不是怕死的！
众工人　打死我们，后面还有四万万中国人！（话未完，那边又是一枪打来，根福倒在地下滚、哼叫）
老王　怎么啦？！怎么啦？！孩子！
女工　小弟弟，怎么啦？打着你了吗？
根福　爷爷，我中了枪了！我中了枪了！
老王　打在哪里？打在哪里？
女工　你瞧，打在这里！
〔打桩及码头工人都围拢来，只听得根福的惨烈的叫声。
根福　爷……爷……痛……啊！痛……
〔工人们随着他乱滚而移动。
根福　爷爷！丙叔叔！替根福报仇啊！哎哟！痛死我了！
丙生
众工人　（对下面）根福，你放心，我们一定替你报仇！
〔工头阿四又挽着皮鞭匆匆地走来了。
阿四　（吆喝）喂！你们都围在这里干什么！快走开！各人做各人的事！（看里面）怎么啦？这孩子死了吗？把他拖去埋了就得了，有什么大惊小怪的。走开！
众工人　（怒目望着阿四）……
阿四　怎么都不动，你们都死了吗？（"刷"地又一鞭子）
〔远处有"唉哟哼哟"的歌声。
老王　（徐徐地把孩子抱起来，勉强压抑着沸腾的怒火问大家）兄弟们！我们都真是死了吗？
众工人　（一齐叫出来）我们没有死！
老王　（沉痛到极点）对啊！我们并没有死！我们中国人并没有死尽，就是我这可怜的孙子，也没有死。你们瞧，他不是还睁着那么大的眼睛吗？他死得不甘心，他恨不得吃帝国主义的一块肉。
〔胆小的工三、工四害怕阿四，还想继续打桩。

老王　阿，停住你的手，你真死了吗？你愿意替人家造堆栈，堆我们老百姓的骨头吗？（又对还在低着头抬着箱子的码头工人）小四子！把箱子放下来，或是丢在江里去！你真愿意替人家搬子弹打自己人吗？（小四子果然把箱子丢了）起先我的胆子是很小的，我时常担心我的儿子，怕他有危险。我的儿子在“一·二八”的时候被打死了。我又担心我的孙子，他是我们王家的一条根，现在他又这样死在敌人的手里了。（轻轻地放下孩子）现在我什么也不用担心了，什么也不怕了！

〔又一枪打来，码头工人已倒地。

工己　妈的……

众工人　（围叫）春生！春生！

阿二　兄弟们，我们不能这样的等死，我们要找我们的武器！

众工人　我们哪儿来的武器？

老王　兄弟们，对我们要拼死的人，什么都是好武器，把地下的砖头拾起来！把锤子、铲子、鹤嘴镐拿起来，把麻袋堆起来，把手榴弹箱子打开来！

阿四　（“刷”地又一鞭子）你们想要怎么样？

丙生　（“啪”地打他一下耳光）我们想要这样！

〔阿四赶紧逃了。

〔枪声连响，数人倒地，有的要逃。

〔众人激昂万分，纷纷地搬东西。

老王　阿三，蠢东西！逃到哪里去？（交一个手榴弹给他）我们打啊！

〔在老王的领导下，他们唱着《苦力歌》。①

众人　（齐唱）

苦　力　歌

1=C $\frac{2}{4}$

田　汉词
聂　耳曲

①《苦力歌》1936年被后人改为《前进歌》。

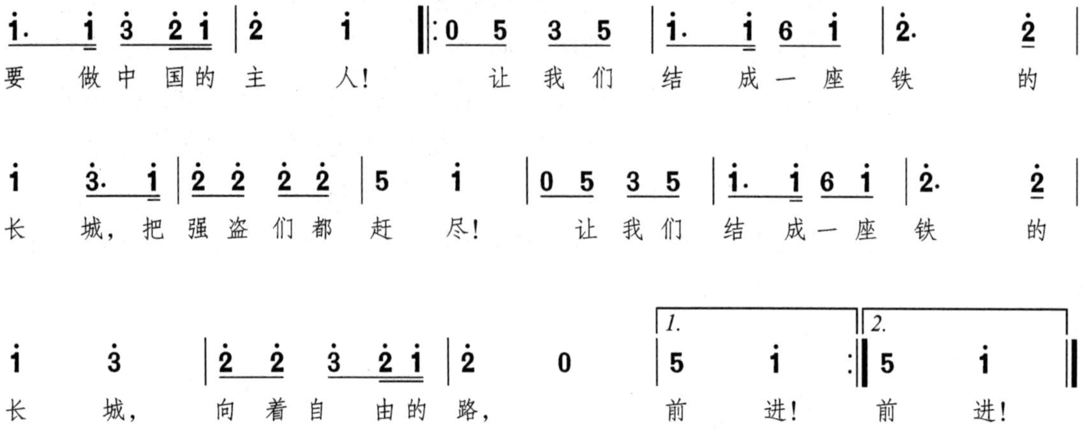

〔枪弹声、呼叫声、汽笛声……

——剧终

影片《母性之光》本事

在人语衣香中，音乐家林寄梅愉快地、殷勤地招待他的来宾。他今天约了这些宾朋来，是听他女儿小梅歌唱他编制的新曲。当他立在宾朋中微笑地致过前词，这大厅中的空气便由欢腾而转变到寂静下去。美丽如花样的小梅，便是在这寂静的空气、众目切望的视线之下，经寄梅介绍于来宾之前。

小梅歌罢一曲，掌声四起。因她有惊人艺色，来宾中戏院的主人和唱片公司主人，都坚约登台表演和灌音。迨来宾散去，寄梅与小梅喜极若狂。但小梅之母——慧英——像播下了什么不幸的种子一样地惧虑和悲哀。

慧英是小梅的生母，但寄梅不是小梅的生父。小梅的生父家瑚，是十年前在军阀铁蹄下逃脱的革命者。那时，小梅尚是一个很小的孩子。当家瑚别离慧英时，他曾流露着极恳切而含有深痛的目光，切嘱于慧英要好好地教育他的孩子。但后来，慧英因困于生活经济，又难于教育她的孩子，便不得已而改嫁寄梅。可是她太失望了，小梅长成竟受了寄梅的麻醉，女人最可畏惧的物质贪欲和虚荣心，她渐渐地都被培植养成。可是小梅并不知另有其父，而慧英亦不肯对她说明，一颗受了重创而残破的心灵，是永久地蕴藏在她的怀抱。

这天小梅来参加一个盛大的音乐会，慧英在此大会中遇见了前夫家瑚。当家瑚一个面部轮廓触到慧英的眼帘时，她早呆了。伟大的家瑚，他能十分地谅解她的苦衷，并且，他不愿让小梅知道他是她的生身父。

因为家瑚在会中歌唱了《开矿曲》博得了人们赞赏，小梅便要求寄梅给她介绍。当一个美丽如花样的小梅立在家瑚的面前时，她的音容笑貌都能引起他内心创痕的深痛。于是在这音乐洋洋、歌声豪放中，他孤独地、凄凉地饮泪离去了。

一日，慧英找到家瑚的住所，她听家瑚倾诉在南洋矿区所经种种压迫和痛苦，她曾哭倒在家瑚的怀中。她很愿对家瑚述明要恢复他们夫妻的关系，但家瑚不肯且婉言安慰。家瑚此时正同几位朋友预备组织一托儿所，他欲约小梅表演筹款。虽然慧英欣然赞助，但寄梅从中作梗，而小梅也竟以寄梅的意思为意思了。

这时小梅在歌舞界已是一个享得最大的权威者，她的歌曲，已是家传户诵。因为一个少年黄书麟的父亲在南洋有许多的矿产，寄梅十分希望着他的小梅能嫁得黄家。当慧英目睹小梅与黄轻狂狎昵而责备她时，她竟反唇相讥。盖慧英为予家瑚以精神心灵安慰，散步花园有过亲昵的样子曾被小梅窥见。可怜的母亲，此时受女儿的抢白，竟没有勇气敢说出与家瑚的关系。

不久，小梅与黄书麟结婚了，慧英的一颗心加重了忧虑和悲哀。家瑚也有过沉痛的悲思，只有 —— 只有寄梅是十分的愉快。当小梅随黄书麟离沪赴南洋时，他独自欢送他们到轮船上。

小梅到南洋后，不久，黄书麟被一个歌女陈碧莉迷惑，竟弃小梅于不顾。而小梅因孕期受刺激过深，产后竟病倒不起。不得已通电致其母。寄梅有钱都消耗在赌博中，慧英终于从家瑚那里集凑川资。当小梅见到自己母亲，而慧英与家瑚的关系亦于此时述明，小梅便早痛哭失声了。

小梅因被弃与黄提起离异，只抱着她唯一希望的孩子回到上海来。当时，慧英毅然决然地与寄梅脱离，而与家瑚恢复了关系。他们母女就辅助家瑚在托儿所教育着一群可怜的儿童们。

因为托儿所的经费不足，举行游艺会来募款。不幸得很，公演之日，小梅的唯一希望的孩子竟死掉了。在观众的极度的骚扰空气中，小梅抱着她死去的孩子出台，她的悲歌、她的血泪，观众们的同情伤感心弦的紧张，就在这悲歌、血泪，观众们的同情伤感心弦紧张时，绣幕缓缓地垂落了。

（据中国电影家协会藏电影说明书校录。凡电影说明书中语意不明之处率皆直录，更不计其文句通顺问题。以下仿此）

影片《桃李劫》本事

建筑工艺学校的刘校长，一天早晨从报上看到了一条惊奇的新闻：一个从他学校里毕业的高材生，犯了窃盗的重罪，而堕入了法网。因为爱学生的缘故，校长商得了狱官的同意而到监狱里去看他。待决囚陶建平的凄厉的形象，已经和他毕业当时的完全不相像了，但是从他的发音里面，老校长还认得这是他从前最瞩望的学生。抱头痛哭之后，建平说出了一段悲怆的回想：

从毕业式拿到了文凭，年青的建平以为这世界是属于他了。和从小像亲妹妹一般亲热的表妹黎丽琳结了婚，并且在鸿济轮船公司找到了一个相当的职位。但是，他很率直、素朴，而不懂得一般社会上通用的把戏。为着人道，他反对轮船搭载超过吨位以上的货物，就因为这"人道"的缘故，和公司经理发生冲突而丢掉了他的职业。

"我很年青，我很努力，轮船公司不干，难道便没有别的事情可以干吗？"我们的主人公是这样地想着。但是，世上不像他想象一般的简单，现在这种不景气的时代寻找职业，比古时候的求仙得道还要困难。老校长出国去游历了，临行还将他的职业问题重托了一个和他同级毕业的同学。但是，他母亲遗下来的钱快用完了，而他的事情还没有找到。他遭遇了一切的冷视、欺骗，而感到了灰心。于是，他亲爱的妻子，就起来自告奋勇，"你倦了，你得休息一下，让我去试一试，也许女人找职业容易一点。"

丽琳果然在一家贸易公司找到了一个书记的工作，同时，好像命运在和他们儿戏，建平在他同学的营造厂里补到了一个建筑师的机会。薪水都很菲薄，但是在他们好像都已经到了春天。不过，愉快的日子过不到几天，建平又发见了营造厂主偷工减料而不顾公众生命的勾当；正义的火，又在他的心里燃烧了。"这配合单里的水泥成分是不够的，将来屋子塌了怎么办？"他这样地对厂主抗议；但是厂主回答他的，是几句侮辱的言语和一下清脆耳光。不愿意出卖良心，建平又失业了。

丽琳是一个比较懂得世故的女子，所以当她被同事们叫做“花瓶”的时候，她还主张忍耐。可是，有一天，经理叫她到一家旅馆里去做速记，说要和别的公司签订合同。可是到了旅馆，经理就露出了不很“老实”的模样。一方面，建平等不到丽琳回来，跑到公司去询问，根据了她的留字，再到旅馆去找，结果，在旅馆门口遇到了从房间里挣扎出来的妻子。于是，丽琳也失业了。

为着生活，建平到造船所去做苦工。在这机械的轰响和汽笛的啸声里面，丽琳生下了一个孩子。——建平的厂里不能请假，产后的丽琳不能不自己打水煮饭，她从楼梯上跌下来，受了重伤。典质很穷的建平，用什么钱来医治他的妻子？

借不到工钱，妻子快要死了。建平横了横心，偷了厂里的几块工钱。但是当他请了医生回去，丽琳已经快咽气了。——死了爱妻，他只能含泪地将小孩子送到育婴堂去。可是，当他回来的时候，警捕和厂里的会计员已经等在他的家里！他挣扎，他抵抗，而终于被判罪！

讲完了这段故事，送监的时候已经到了，一个有为的青年，平白地被陷害了。——“我们今天是桃李芬芳，明天是社会的栋梁。”这雄伟的毕业歌声，好像还残留在老泪纵横的校长耳里！

（据中国电影资料馆藏电影说明书校录）

影片《大路》本事

二十年前，当金哥的爸爸冒险从那交通闭塞的山国里逃荒出来时，他的妻子在寒漠中挣扎着她最后的残喘说："快抱着孩子去吧！找路 …… 只有向前 ……"

金哥长成了。沙、石、锄、铲、长绳、铁滚，还有他爸爸遗留给他的胸肩上一条深深的黧黑的粗印。虽然自幼年就作起苦力的工作，我们勇敢的大孩子是总在微笑的。对于他和他的几个筑路小工朋友们 —— 沉默刚毅的老张，粗莽笨拙的章大，千灵百巧的韩小六子，年青有志、梦想驾驭机器轧道车的小罗和聪明有学而失掉了乡土流落着的大学生郑君 —— 生活的烙痕，好像不过是皮上刺印着玩的几幅花纹而已。他们会笑，他们也哭，但他们绝不叹息失望。"我们谁也不是灰心的人！"就是他们联合起来互勉的一句话。

但是饭是每天都要吃的。为了在外人统治下的都会里打破了饭碗，不久我们就发现这一群孩子们在内地各处修筑公路。他们在烈日下流着汗，挽着绳，高唱郑君新编的《大路歌》。纵横的荆棘草莽，险峻的绝石危崖，汹涌的流沙、急湍，都在他们合力拉着的大铁滚之下一一碾碎压平。他们是开路的先锋，又好像上了火线的兵士。他们没有怯弱，只有热情；没有自私，只有团结；没有退后的路，只有向前的心！

因为工程困难的筑路地点时常需要长的时间，村外的丁福记饭铺，有不少的路工在那里包饭吃。我们不敢说那些路工们不是一半为着愿意接近丁香、茉莉而来的。老板的女儿丁香手里倒出来的茶好像都放过了蜜糖；而茉莉呢，一个投靠在丁老头饭铺里的江湖卖艺女儿，她的笑口歌喉是可以当作好菜来给众路工们下饭吃的。

弱小民族的国土，不断地给强者蚕食鲸吞着。进逼中的铁蹄和炮火，必然地引发了全民众抵抗自救的呼号。为着求生存，在金哥等六个人领导之下，路工们更加努力地和我军昼夜合力赶筑一条军事上至关重要的军用公路。敌国阴谋阻碍筑路的工作，利用奸人，威胁利诱众路工，又把金哥等六个人违法私禁起来毒打。但是那几个孩子是不十分怕挨打的。他们微笑着、奋斗着、希望着，和敌人争战，直到他们的最后一喘！

路筑完了，但敌机又飞来轰炸，把许多的路工炸击伤亡。最后，当我们的军车一一飞驰到前方加入民族的求生之战时，遗留下的丁香，好像幻见了金哥等人还在合力同心地拉着铁滚前进；同时，“压平路上的崎岖，碾碎前面的艰难”的《大路歌》，隐约响现在天空中……

（据中国电影资料馆藏电影说明书校录）

影片《飞花村》本事

春风挟着温暖的气息来到人间，飞花村的景物都呈现出分外的妩媚。在村中的一所矮屋中，住着在火车上当火夫的王阿华（高占非饰），他有一个美丽的妻（胡萍饰），一个残废的父亲（秦桐饰）和一个天真活泼的女儿——小华（陈娟娟饰）。

飞花村这一站的站长章超（王乃东饰），经常勾通着土劣私运违禁品；为了行动上的便利，他曾经叫阿华加入他们的伙；但憨直的阿华拒绝了他。

某一天适值阿华在车上工作的时候，他的父亲在家里死了。丧费的急需，使阿华的妻领受了站长章超的金钱的饵助。

因此，不久之后，阿华的妻终于堕入了站长预为布置的网，她被带进了距离飞花村不远的繁华的大都会，终于在酒后被他所诱奸。

酒醒后的她，悔恨万般，匆忙地赶火车回到家里；阿华却早已下班在家里等着这彻夜未归的妻子。经过了一番争吵，虽然阿华的妻不敢对她的丈夫承认，但阿华却已感到了莫大的刺激；村人尤交相指诟；而当他去上班工作时，又遇到一个同伴含讥带讽的耻笑，他忍不住和人打了起来，从火车上跌出来而受伤了。

阿华被送进医院之后，家中的生活自然难以支持；而且医院养伤，更需费用，他的妻子为了这种种，只得听了在上海做着卖淫生活的邻居阿宝的话，到都市里找工作去。正当的工作找不到之后，便只有随着阿宝过堕落的生活了。不久，站长的阴谋暴露，他逃到了上海。在堕落之窟中却忽然遇到了阿华的妻，既堕落的阿华的妻已不复能自拔于魔手了。

等阿华的脚医愈出院时，飞花村的景物依旧，自己的门前却已荒凉得恍如隔世了。他找到邻家去，才发现女儿小华在替人家牧羊，瑟缩得也几乎不能认识了。他从邻家探得他妻的行踪后，便带着小华也到大都市里去了。

阿华进不了工厂，他只好带着女儿去拉老虎车度日。一天，当他拉到了一个地方，忽然发现他的妻和站长同坐在汽车里驰过，他记住了汽车号码。后来他跟踪去找着了踪迹时，在他们住所的门外突然听到一声惨厉的救命声。阿华打从门里闯进去，砰然一声，站长的同党已倒在血泊中，阿华却在不提防中被击扑倒。等警察进来时站长早已逃去，阿华却因犯了行凶的嫌疑被捕。报纸的记载哄传以后，阿华的妻真是悔恨得无地自容。在千钧一发阿华将被判罪时，她跑到警察局里去声明当时她目击的真相；随即同了警察去把站长逮捕。经过了法庭的审讯和各种的声明，阿华是宣告无罪开释；可是他的妻子却已晕倒庭前了。

（据中国电影家协会藏电影说明书校录）

影片《新女性》本事

韦明，一个自给生活的女性，现在在一处私立女子中学做着音乐歌唱教师；闲下来，便自己做小说创作和作曲的工作。但因为作者是无名的，生性又是傲慢的，所以老是被压着没有人知道。

校中有一位董事王博士，原是所谓社会闻人，却看中了她：不是她的作品，而是她的人品。因此设法追求，向她求婚（其实他是已经结过婚的 —— 他的夫人，我们知道，还是韦明的旧同学呢）。可是韦明始终不愿理会 —— 只有一次，是韦明在一个大失望时，斗气和他一块出去了一次。可是这一次，就更给她看穿了王博士的为人了。

有一个在出版公司做编辑的冷男子 —— 余海涛，是个异常忙碌，然而沉默寡言的人，是韦明平素所倾心爱慕的。然而，她并不是希望和他结婚，因为她是已经醒了，从现制结婚里找寻幸福的爱；而且还留下了一个现在已经六岁多的女孩子，在当初决心来上海找生活时，留养在北平的姐姐家中了。

但是姐姐自姐夫死后，过不下去，现在却把孩子带到上海来靠她了。这在她是一忧一喜的事：孩子有六年不见了，自然高兴；但是目前一己的生活，已经负债累累，怎么支持下去，当然是一个苦闷的问题。

凭空，学校又辞退她了，这或许是王博士逼迫她的一种诡计也说不定；因为他从容地又来向她作再度的恳求，不但带着满面的“同情”和“诚意”，而且拿着一枚大的钻戒，闪耀着在韦明的眼前发亮。韦明这时候，正当在一个楚歌四面的关头：房金、伙食、琴租，都已经积欠到了几个月；孩子患了肺炎，自己又突然莫名其妙地失了业。但是眼前的结婚钻戒的亮光，却至终没有动摇得了，她在这一点上倒特别坚强的自信。

孩子病了，而且是不轻的肺炎。医师的诊断，虽然非常精确；新发明的治疗法，虽然明知有效；医院里虽也空着许多没有人的病床；但是她们的孩子，却没有法子留在那里医病，那因为她们俩全部的钱合起来都还不够，并且住院的费用照章是要预交的。

韦明有一部小说的原稿，是由余海涛向出版公司接洽出版的。她想着虽然经理说过，照章不能预支的，但在这山穷水尽之时，她也去设过法了。结果呢，却是可想而知的，照章如此。

至于余海涛那方面，固然他筹不出，但她也是不能启齿的。因为她结过婚有过孩子的事，是对谁都没有提起过的。

无情的日子一天天地过去，孩子的病一天重似一天。这样的几天之后，王博士对韦明也早置之脑后了。

韦明的隔壁楼下厢房间，住着个靠蓄了女孩子做秘密的人身贸易为活的老太婆，韦明的伙食，就包在她们家里。

这天，王博士跑上他惯常去的著名的“徐太太”家里去了，“徐太太”家有个差遣，为这件事可忙得没有法子销差，最后找来了老太婆家里。可是他想了，老太婆家的女孩子，回去还是没有把握销差的。他转念到了出现在老太婆房间里的韦明身上，他要老太婆去做说客去。

韦明最初的反应是：“什么！你劝我去出卖？只有奴隶才出卖她的身体！”到最后只剩下：一边是待救的孩子的惨苦的哭声，另一边却是“……难道还有什么旁的路好让你走？”的老太婆的反问。这样，她给了老太婆一声凄惨的答复：“好吧，我就去做一夜的奴隶吧！”

这一夜“徐太太”家的情形是不难想象的。在受不了那种恣意的侮辱时，她给了王博士一个不意的嘴巴，便奔了回来。她已经不想活了，自然也没有法子再顾及她的孩子了。

她的自杀，给她姐姐拦阻住了。但是王博士却从“徐太太”家追了过来，王博士这可吃了一个眼前亏。这时在韦明房里，有一位住在楼下后厢房的工人中的知识分子女性李阿英，她除在厂里做着半工外，还在她们工会的同人补习班中担任了教师。她和韦明因同居而相识，因歌曲的合作而成了好友。这时，恰好她也在韦明的房里，王博士把手杖要撵她出去，没有料到却受着了一次生平没受过的逆袭。自然，摆架子则有余，真较量起来就要显出他的软弱没用的——王博士吃亏了。王博士的老婆在家里发现了他的秘密（一张他已经撕碎了的以前偷了去的韦明的照片），跟踪追了来，把丈夫抓了回去。

韦明的小说出版了。经理对于作者借版税虽然推说付不出，可是全埠报纸的封面地位，这天却全包了下来，刊登着韦明著作的广告。而韦明这时却已经第二次地再萌短见——吞服下大量的安眠药片了！

正在孩子没有法子救了，妈妈也跟着去了的时候，一位市民新报的记者齐为德——一个对韦明挟有间隙的人跑了来，恰巧把这独家特有的消息带了在他们当天出版的晚报上去了。自杀者虽然还没有死（但是她拒绝医师的施救），然而满街市在报贩们的嘴里，已经交响起一片“阿要看到女作家韦明自杀？”的喊声了。

余海涛把韦明送进了丝厂旁边的一家医院去。施救后，她渐渐清醒了回来，但是她还是没有活下去的勇气。一直等到李阿英和她作了一次谈话，并且递了当天那张晚报给她看了以后，被重新激起了新生的活为，她要开始她的新生了。但是病体——加上心脏衰弱症的并发——却已经不能允许她，医师也已经无能为力，在生和死的交叉线上挣扎的她，便这样不瞑目而长逝了！

（据中国电影家协会藏电影说明书校录）

影片《逃亡》本事

黄少英，一个身强力壮的青年乡民，同着他的父亲大同和妹妹小云，很和爱地生活在万里长城边的农村里。

他的妹妹小云，天真活泼，生得非常秀美。兄妹两人很亲爱，山间田野，常常可以看到他们在笑语声中相依为命的形影。

邻居吴正泰的女儿三妹在青梅竹马的时候就和少英种下了情苗，每当夕阳西下或明月当头的时候，跟着少英到山巅林野去嬉游，小云也时常跟踪他们，开他们的玩笑。

清贫和乐的空气充溢在他们生活之间，他们真没有想到，会有什么怪物来打破他们的美梦。

富商董守成之子董斌，在他们镇上开设一皮货庄，专事收买皮货。

一天董斌在匆忙中，看到了上镇来购买东西的三妹，虽然是那样匆匆的一瞥，但是三妹的秀丽的影子却在董斌的心扉上烙上了一个深深的印。

回到了店里，他就去唤了店隔壁的杂货铺主赵二来，委托赵二替他设法，赵二当下便满口答应下来了。

是一个古庙值神的诞日，迷信的民众愚蠢地举行着盛大的庙会。全村的居民都赶来看热闹，少英兄妹和三妹兄嫂也都来了。看了一会儿表演，三妹觉得太烦，便拉着少英走到附近僻静的地方谈话。

正是他们喁喁情话的时候，无情的飞机炸弹像狂风暴雨般落到了少英的农村。国难的奔临不仅惊破了青年们的美梦，而且很惨痛地把同胞们的生命财产都开始毁灭了。人们在睡梦中惊醒，火焰已经把天都烧红。

炸弹到处轰炸着，村民们在火光焰天中，惊呼号泣狂奔着，惨痛的悲剧在一幕一幕地搬演。

在极端的恐怖中，三妹、少英、小云等齐向家中奔去。镇上的房屋接一连二炸坍了，人们都在奔逃，互相拥挤着，互相践踏着，妇女小孩们的惨呼哭喊，到处弥漫着。

他们还没有走到三妹家时，已经看到三妹家的房屋烧起来了。三妹的兄嫂为了要救他们的儿女和老父，已经葬身在火窟中，她的老父和小侄儿女也都失踪了。她号泣着四处找寻，少英心想帮助她，不料他自己的家也着了火，正在猛烈地燃烧着。他只好离开她，向自己的家奔去。

小云在家里扶着受伤的老父，向人潮中奔逃去，待少英赶来的时候，他再也找不到他父亲和妹妹。他惊呼着回来找三妹，三妹也无影无踪。他只好带着两眶的眼泪，也跟着慌乱的人潮逃亡。

三妹逃亡途中，遇见了董斌。在举目无亲的情势下，三妹便中了他们的骗局，被董斌带到天津去。

用了同样的手段，小云和她的父亲也被赵二骗上了他的驴车。

少英孑然一身，在茫茫的沙漠中走着，走着。在途中，他遇见了三妹临死的父亲和两个侄儿女。受了临死的老人的嘱咐，他牵了两个大孩，依旧在茫茫的沙漠中走，走。

他眼看着三妹的小侄儿死去，他也眼看他的父亲死去。愤怒的火在他的心头猛烈地烧，满腔的血泪迸出了眼珠。就在父亲的遗体左近，给他发现了赵二的车，救出了他的妹妹。

现在是无家可归了，少英、小云和三妹的侄女便乘了难民收容所的车子，进了难民收容所。

在这时候，居住在董斌家内的三妹正在要求董斌带她到收容所去。

到了收容所，三妹不曾看到少英，而董斌却已看见了小云。

傍晚，为了三妹的侄女害病而出去买药的小云，就从此没有回来。

深夜，少英心痛如捣，一个人在街头踯躅着，向四下张探，有没有他妹妹的影踪。经过了几次的探寻，他终于探知他的妹妹确在董斌家里。

回到了收容所里，他把情形告诉了难民，有几个难民听了，都义愤填胸，愿意帮助少英。于是人们都赶到了董家，救出了小云。在慌乱中，三妹却已死去了。

少英痛定思痛，就向群众说，我们已经没有了家，还有什么地方可去呢，我们只有回到前线去，夺回我们的失地，救我们的国家，救我们的民族去。大家都齐声赞成，小云也慨然欢跃地跟他们走。

在薄微的晨曦里，悲壮的歌声在半空洋溢着，他们背着枪，提起壮健的脚步，一步一步地和着歌声走了去。

（据中国电影家协会藏电影说明书校录）

影片《凯歌》本事

民国二十三年，江南旱灾，赤地千里，烈日施威，枯蒿遍野，哀鸣苍天。农民昧于迷信，唯有求之于龙王爷，于是迎神赛会之举无日无之。某日张大公见邻田有水，乃掘土堤而窃之，事为人知，被殴伤。时其孙女桂英正赴邻村外婆家告贷，有表兄松茂，邀观灯会，至傍晚尚不放其去。张大公之邻有沈二公者，平日亲睦。沈二公有孙名春生，年轻勇为，见张大公负伤，为其照料一切，并往寻桂英归。桂英与春生两小无猜，渐生慕爱。

村中有农民子弟学校者，系以旧龙王庙改设。教员徐思源，屡劝村民打破迷信观念，详释天旱之原因与夫图救之方法。但村民无知，且受当地恶棍三太爷之煽动，谓天之降灾，系由于村民之开罪于龙王爷，乃举行盛大之迎神赛会，并捣毁学校，抬回龙王爷之神像。然则旱灾依然，上天毫无雨意。而教员徐思源仍力主集众开坝，导引江水。幸沈二公头脑较为清醒，乃冒险与群众申述利害。卒以众人对拜天求神之失望，决意实行开坝：浩浩荡荡，不靠天，不求神，群策群力，直至天色将晚，于壮烈欢呼声中，打通江水，而奏凯歌焉。

（据中国电影资料馆藏电影说明书校录）

影片《风云儿女》本事

一九三三年的春天，在上海。

沪西某里的一间三层楼的前楼里，住着两个因为东北沦亡而绝断了经济来源的青年。一个是诗人辛白华，在上海的文坛上是一个新进的诗人；其他一个是诗人的好友梁质夫，他在北方参加过军队生活，现在却在法科大学里念书。

和他们的住处临窗相对的是一个方才和丈夫离了婚的富裕而美丽的女性——施夫人的香闺。因为她爱好文学，擅长音乐，所以对于这位青年的作家，表示了异常的好意。

二楼却住着一对孤零的母女。她们是河北人，祖居在长城附近，因为天灾，一家到南边来，可是不幸到上海不久，她们的丈夫和父亲，就遭遇了不幸而死了！女孩子生得非常聪明，从前父亲在的时候，也曾进过学校，可是现在流落在上海，那是不必再讲读书，连她母亲用十个手指来维持她们两个的生活，已经非常的不容易了。

因为同情她们的境遇，白华和质夫曾经典质了东西来代付过她们的房钱。也就因为这种机缘，女孩子（阿凤）感觉到这冷酷的上海，只有他们——尤其是白华，才是她们唯一的朋友和亲人。

在一次文艺家的宴会席上，白华和施夫人才有谈话的机会。她的谈吐，她的美丽，使他感到了异常的兴奋。最后，施夫人更用自己的汽车送他回去。

世界的冷暖是不同的。正值白华陶醉在温馨的情调里面的时候，阿凤的母亲突然病了。没有钱，又没有人照顾，幸喜质夫有一个相爱的女朋友徐家珍，在平民医院里当看护，于是她们由他们的介绍而送进了医院。——可是，到医院没有三个钟头，就一撒手抛弃她最爱的阿凤死去了。

这样，孤零的阿凤就收留在两个侠义的青年的家里。恰恰白华的诗稿换得了一笔稿费，为着阿凤的前途，他们将她送进了学校。

但是，事情是不让这样静下去的。质夫因一个“铁血团”的朋友的牵累，突然的被捕了。更因在他们住所寄放了这个朋友的东西，于是问题又牵累到白华身上。顾不及阿凤，白华只能走了。昔日的朋友不敢收留，必然地使他走向他的崇拜者施夫人的家里。对于一个漂流无定中的青年，施夫人当然不会放弃了这个难得的机会。于是，在施夫人家里住了一夜之后，施夫人便将白华带到风光明媚的青岛去了。

阿凤重新又孤零了。因徐家珍的帮助，更因为她善于歌唱，她就参加了一个到北方去走码头的歌舞班。飘零、流浪，奇妙地这两个青年男女又在青岛的戏院里互相遇见了。

白华终究是一个热血的青年，在那种享乐的环境里面他还忘记不了拆离的朋友和沦丧了的乡邦。但是在阿凤眼中，却明明看到白华已经做了一个富家女子的侍奉。她感到失望，感到幻灭，她便悄悄地随着歌舞班，向北去找她的故乡。

这时候，质夫因为各方的援助，已经保释出狱，北上参战。唯恐白华忘记了他作诗以外的国民的任务，于是在出发的时候，还在家珍那儿留信去忠告。可是，国土未复，我们的勇士就在古北口的一战牺牲在敌人的炮火下了。

华北风云，一天天地紧急。但是在战马倥偬的北平，文学家们还在一个俱乐部里欢迎这位北上的诗人。徐家珍从报上看到消息，赶来交付了质夫的遗札。被这种惨烈和殷殷的炮声激动，我们的诗人便勇敢地决定去走质夫所走过的路程。

在长城边上 —— 防卫祖国的勇士、新生了的诗人辛白华又偶然忽见了凤凰图。在连天的炮火和成千的灾民里面，白华和阿凤再遇见了。他们的友爱，他们的真情，完全地融化在民族自卫的热情里面。火在烧，炮在响，进军的喇叭在奏。老幼、男女、诗人、农夫、兵士，为着不愿亡国，勇敢地向着敌人的方向冲去。

（原载1935年5月16日《电通》半月画报第一期）

话剧《回春之曲》本事

高维汉、洪思训者，两华侨教员也。思训之女友黄碧如亦在南洋充当女教员，三人志同道合，并共处异域，故相亲犹如手足。

维汉记忆甚强，凡相识尽皆知之。有侨生南洋之梅娘爱之若狂，维汉亦心爱梅娘，常卿卿我我，互唱情歌于红河之旁。唯因梅娘之父经商失败，而将其许与另一侨商之子名三水者。三水亦侨生南洋，性甚野，曾因妒而与维汉角斗。

会“九一八”事起，维汉、思训及碧如三人回国作战，思训负伤入病院。时碧如充看护，亦在后方效劳。虽伤者累累躺于病床之上，然抵抗之精神未有减也。

其时维汉尚在前线作战。因某次剧战，受刺激过深以致知觉全失，如是者三年。

三年后，思训与碧如已成婚，维汉尚白痴未愈，寄食于友人华生之家。华生亦系南洋归国之华侨，与梅娘、三水均相熟。梅娘闻维汉负伤消息，远道而来，三水亦随之而来。

时值三年后之新春，鞭爆大鸣，锣鼓喧天。梅娘又歌旧曲，此情此景使维汉旧记忆顿然恢复。见三水来而辱言自身，即起而与之重演红河畔之格斗，三水狼狈而去，此一对有情人遂终成眷属。

（据中国戏剧家协会藏“上海舞台协会”第一次公演之说明书校录）

聂耳年谱（增订稿）

1912年

2月15日（农历辛亥年腊月二十八日），生于云南省昆明市甬道街72号“成春堂”药铺的楼上。父亲聂鸿仪（字翼廷）是中医师，光绪末年（大约是1900年）由祖籍玉溪县迁至昆明悬壶行医，兼营“成春堂”药铺。母亲彭寂宽（傣族）协助配方煎药，读医书，学医术，聂耳乳名“嘉祥”，学名聂守信，字子义。有三个哥哥两个姐姐（大哥和大姐是聂鸿仪与前妻王氏所生）。

1916年（4岁）

年初，父亲因肺结核病卧床，为治病耗尽了家里的钱财。7月11日去世时，丧葬费用全系亲友资助。多年来母亲逐渐学会诊脉看病，开方配药，这时她通过了官方鉴定医生的考试，得以继续经营“成春堂”药铺行医卖药。夜晚帮人做针线，终日辛勤操劳，勉强维持除大哥大姐外全家五口人的生活。

1917年（5岁）

几年来已经跟随父母学识了数百个汉字。因家里生活困难，这年十五岁的二姐远嫁至北京。

1918年春—1922年春（6—10岁）

由亲友垫付学费，进入昆明县立师范附属小学。异常勤奋地刻苦读书，学习成绩经常是优等。

夜晚母亲在灯下做针线时，常给孩子们唱些民间小调（堪称是聂耳的启蒙音乐教师）或讲述古人刻苦求学的民间故事，使聂耳从小受到处世为人的道德情操和传统民族民间艺术的熏陶，在心里播下了正直、勤劳、好学的种子和对民族民间音乐的热爱。

因家里生活艰难，没有钱置备童子军的服装，初小毕业后，不能在本校升学。

1922年春—1925年春（10—13岁）

转入私立求实小学高级部，得到减收学杂费的照顾。为了节省买书的钱，用自己抄写的课本读书，学业为全班第一。

自幼喜爱云南丰富优美的民歌、花灯、滇剧、洞经调等民族民间音乐。先向邻居的木匠师傅学会吹笛子，后来又学会演奏二胡、三弦、月琴、风琴等乐器。音乐为全校之冠，是该校学生音乐团的组织者及指挥。曾登台表演话剧与双簧。曾与二位兄长一起进入昆明的洞经乐社“宏文学”，学习洞经音乐和乐器演奏。

曾被选为学生自治会会长。因率领同学积极支持校方与霸占校舍的孔庙管理当局斗争，荣获该校的第一号奖状。后来得到云南省长唐继尧的支持，求实小学才得以返回孔庙继续办学。

1925年春—1927年夏（13—15岁）

插班考入收费较为低廉的云南第一联合中学走读（当时的中学多为住读）。春节前，曾和哥哥在街头摆摊帮人书写春联，挣些钱贴补家用，添置衣物。

大革命时期，阅读《东方杂志》的“李宁（即列宁）专号”、《环球旬刊》、《创造月刊》以及鲁迅的著作等进步书刊；投入蓬勃的学生运动；参加“五卅惨案后援会”组织的募捐、宣传抵制日货等活动。在《近日国内罢工风潮述评》的作文里，针对“五卅惨案”发生后，中国工人“盖受资本家压迫”的状况，提出“欲免除罢工之患，非打破资本（产）阶级不可”的鲜明见解。又在《戏剧为社会教育之利器》等作文里，论述了话剧《孔雀东南飞》反封建礼教的作用。

喜爱当时群众中流行的《国际歌》、《国民革命歌》、《工农兵联合歌》、《马赛曲》等中外革命歌曲。常在学校或家里与亲友合奏《梅花三弄》、《苏武牧羊》、《昭君和番》等民间乐曲。

晚上坚持到“英语学会”以及基督教“青年会”去补习英语。

初中毕业后家里无力再供他读书，希望他能早些就业挣钱。暑假随母亲去玉溪时抓紧复习功课，列举工作与升学的利弊，说服了母亲同意他去报考食宿公费的师范学校。

1927年秋—1928年冬（15—16岁）

在众多考生的激烈竞争中，历经三榜考试，才进入云南省立第一师范学校高级部外国语组学习英语。向亲友暂借了保证金、书籍费以及住宿的被褥才得以入学。课余继续去“英语学会”和“青年会”学习英语。

结识了新搬来的邻居——省立师范高班的学生（后来担任省师附小音乐教员）张庚侯，借用其乐器开始练习小提琴。经常参加昆明的各种音乐、戏剧演出。常旅行，游览昆明的名胜古迹。参加学校里共青团领导的外围组织“读书会”，1927年底的寒假阅读了几篇马克思的文章。

蒋介石叛变革命以后，云南很快也笼罩在白色恐怖之中，不时有革命者被捕牺牲。1928年3月30日，聂耳目睹了中国共产党杰出的女党员赵琼仙宁死不屈、英勇就义的壮烈情景。作为党领导下的“济难会”（后改为“互济会”）成员，曾数次去监狱探望、接济被关押的革命同志。

1928年秋天，在革命形势处于低潮、反动派气焰嚣张之时，为追求真理与正义，秘密加入了中国共产主义青年团。参加学习革命理论、讨论上级文件、刻印张贴传单、游行示威等活动。在作文《我的人生观》中疾呼：“我们的自由究竟得着多少，完全是在几个军阀政客包办的政府手里。”因而应当“打倒恶社会，建设新社会”。

1928年11月30日—1929年5月6日（16—17岁）

响应党组织“开展兵运工作”的号召，瞒着家里参加了滇系的国民革命军第十六军（军长范石生）的“学生军”。11月30日，乘火车离开昆明，经滇越铁路在越南的海防换乘轮船至香港、广州。12月15日，行军到达湖南郴州驻地。随即被编入新兵队，经历了十余天不堪忍受的士兵生活。严酷的现实，使聂耳认清了旧军队的黑暗与腐朽。12月27日，经同情他的同乡下级军官协助，脱离新兵队，担任连队的文书上士。

3月28日，随十六军军官团赴广州，想进黄埔陆军军官学校，因不是军官不够资格未成，四月八日遭部队遣散。想去上海中央汽车学校或广州航空学校学习，因考期尚远，生活费用昂贵，均无法实现。4月12日，化名“聂紫艺”考取欧阳予倩主持的广东戏剧研究所附设的演剧学校音乐班（公费），13日搬入后，才知道它仅是学习粤剧的锣鼓、丝弦。因兴趣不合，14日即搬回旅馆。后由同行的某同乡教官代垫旅费，才得以返回家乡。

1929年5月6日—1930年7月10日（17—18岁）

回昆明省师原班读书。曾在笔记本与日记中抄录马克思的简历，及其关于阶级斗争、唯物史观、剩余价值等论述。课余与友人组织“九九音乐社”，常在一起唱奏《伏尔加船夫曲》、《梦幻曲》等名曲。在同乐会、恳亲会上独奏小提琴，为女友袁春晖等人演出黎锦晖编写的《三蝴蝶》等儿童歌舞剧伴奏，被称为“洋吹鼓手”。还经常表演口技、双簧、魔术、吹树叶、踢踏舞等节目。向美术学校法籍音乐教师柏希文请教音乐基础理论及弹奏钢琴的知识。

1929年7月11日，因军阀混战，昆明的火药库发生大爆炸，无辜百姓死伤千余人。聂耳作为地下党领导的“七·一一青年救济团”的主要成员，参加了要求当局赔偿灾民损失的斗争。因而受到军阀政府的注意，被迫暂时去乡间躲避。事态平息后，才返回学校。

10月底，在省师戏剧研究会举办的游艺会上，扮演《罗密欧与朱丽叶》等剧中的“朱丽叶”、“玛丽亚”等女主角。曾担任学生会的宣传部长，在学生运动与演剧活动里，成为了昆明的著名人物，并结识了张鹤、艾思奇等友人。

1930年春节，随省师学生会去玉溪演出，扮演话剧《春闺怨》的女主角。应县教育局长的约请，曾答应于省师毕业后回玉溪任中学教员。

4月24日深夜，武装宪兵来学校抓走了与聂耳同寝室的共青团员与进步同学。5月10日，传来了军阀政府将要逮捕聂耳的消息（三哥的友人看到法院院长的桌子上，放着写有聂耳名字的“黑名单”），家里只得又让他躲了起来。

7月1日，由高级师范毕业。因被同一团支部的叛变成员出卖，有随时被捕的危险，极需远走高飞。适逢“云丰”商号请聂耳的三哥去上海当店员，经协商店主同意由聂耳顶替前往。7月10日，乘火车取道越南，在海防乘轮船经香港出走上海。

1930年7月18日—1931年3月28日（18—19岁）

7月18日，抵达上海，在只有三名店员的“云丰”申庄里，负责从香烟厂采买、寄发香烟回昆明等工作。每日四处奔波，与算盘、账簿打交道。前期没有工资，生活极其清苦，多次另谋职业，均无结果。8月21日，被云丰商号函聘为驻申稽查员，后来每月得工资十五元。

在繁重的工作、简陋的住所与嘈杂的环境中，工余坚持自学英文、日文，阅读各种革命书刊。11月，经同乡友人介绍，参加了党领导的进步群众组织“反帝大同盟”。

12月，因代家乡的廖伯民、张庾侯等友人在上海租贷电影片去昆明的逸乐电影院放映，获得酬金一百元。聂耳将半数寄给母亲，剩余的钱买了冬衣和一把廉价的小提琴，此后每天坚持自学小提琴。

3月19日，云丰申庄因昆明的本店偷漏香烟税款被查获而倒闭，不愿因此而返回家乡昆明，四处奔波仍然找不到工作。

1931年3月28日—1932年8月6日（19—20岁）

3月28日，看到《申报》上联华影业公司音乐歌舞学校的招生启事，立即以“聂紫艺”的名字前往报考。联华影业公司为筹备拍摄有声电影片，当时正在协商将黎锦晖领导的明月歌舞剧社，改组为该公司的音乐歌舞学校（通称“联华歌舞班”），事先登报招考演员和乐队练习生。

4月1日，经黎锦晖主考初试合格。4月8日，复试时虽然小提琴的演奏刚入门，由于多种民族乐器的演奏有根底，常识丰富，精神振作，身体健康，在百余位竞争者中，被破格录取为乐队练习生。22日，迁入该校。

5月，随明月歌剧社去南京演出。返沪后每天抓紧时间练习小提琴，并向社内提琴"小老师"王人艺请教，演奏技巧大有进步。

面对来沪的云南友人陈钟沪说"你不是就这样终了一生吗？以后想怎样？"的问题，"我也同样地起了怀疑，的确，我应该自己尽快找出答案来！"（见聂耳1931年7月5日日记）

7月10日，离别家乡一周年，聂耳回顾往事，在日记中写道："我背驰了原定的路线，我放松了某一种中心思想的发展……"，"不论你从那条路跑，你对于哲学的基础不稳定，终于是难得走通的。""新的脑子要随时装与新的养料，才能向着新的轨上（目标）前进。"他决心加强学习，借了《反杜林论》等许多书籍来读。8月16日，他在日记中写下警句："Passed Nie Shou—Sin was not Niel of this time."（意为：过去的聂守信，不是现在的聂耳。）

9月5日，明月歌舞剧社正式签约改组为上海联华影业公司音乐歌舞学校（聂耳月薪二十五元）。第一小提琴手王人艺离去，聂耳升任其职。

看到报纸上"九一八"事变日本侵占了我国东北的消息，心里很不好过。在日记里痛斥报纸上宣扬这"不过是下级警民的冲突，日政府对中国是没有一点敌意"的谎言，批驳了主张"请国际联盟来主持公道"的谬论。

10月3日起，跟奥地利籍上海工部局交响乐队首席中提琴师普杜什卡（Podushka）学习小提琴。学费很贵，每周上一次课就要三元钱，经常要借钱或典当衣物来交学费，聂耳也从不间断学习。

12月2日，借了钱买票去听世界著名的美国小提琴家海菲斯的独奏会。听后感到大开眼界，非常佩服。

1932年1月8日，作了两首口琴曲：《进行曲》与《圆舞曲》。同日看具有左翼思想的《戏剧音乐》杂志（沙梅、章泯主编）的创刊号，"觉得很满意"，因为"它是站在大众化立场说话的"。认为"现在我必须要（以）这个来指导一下对音乐正当的出路"。（见其当天日记）试写小提琴曲《悲歌》。（见其1月6日至23日日记）

1932年"一・二八"事变中，从自己去战场探察的亲身经历，作散文《一个冒险的摄影故事——"一・二八"的回忆》。（1934年2月15日以笔名"噪森"发表于《电影画报》第八期）

抗日军民高涨的爱国热情，促使聂耳探索自己要走的人生道路："一天花几个钟头苦练基本练习，几年、几十年后成为一个提琴名家又怎么样？你……能够兴奋起，可以鼓动起劳苦群众的情绪吗？"对此聂耳得出的结论是："此路不通！早些醒悟吧！"面对着抗日救亡的社会现实与时代的责任，聂耳清算了自己一度追求个人艺术前途的错误思想。为了寻求正确的前进方向，于是"怎样去做革命的音乐？整天的在想"。（均见1932年2月7日日记）

由于看到聂耳的学习态度非常勤奋刻苦，很有音乐天赋，经济状况却很艰难，其外籍小提

琴教师普杜什卡，破例表示聂耳此后可以免费跟他学习。（见同年3月20日日记）

因受战争影响，联华影业公司决定节员简政。3月24日，歌舞班被遣散，仍恢复为明月歌剧社，聂耳被选为负责音乐研究股的执行委员。

4月22日，与中国左翼戏剧家联盟负责人田汉在明月社教室里会面。“他想找中国共产党，想学习更多的革命理论，他热爱音乐，他想知道通过音乐能为革命事业做些什么。”（见田汉《忆聂耳》）

5月，随明月社乘船去南京、武汉旅行公演。因节目内容脱离当时的社会现实，没有反映广大群众要求抗日救亡的爱国热情，排练表演得不熟练，主要演员的病倒，某些报刊记者的恶意评论，演出遭到失败。

6月初，返沪后参加中国左翼戏剧家联盟及其影评小组开展的多种活动。以“黑天使”等笔名在报刊上发表了《下流》、《和〈人道〉导演者的对话》、《十九路军一兵士》、《黎锦晖的〈芭蕉叶上诗〉》等评论文章。

7月22日，在左翼刊物《电影艺术》第三期上，发表战斗性评论《中国歌舞短论》。肯定黎锦晖的某些作品中也“有反封建的元素”、“描写出片面的贫富阶级悬殊”的同时，尖锐批评明月歌剧社的创办者黎锦晖在民族存亡的危急关头，仍然鼓吹“为歌舞而歌舞”的错误主张，为追求票房价值而去迎合市民阶层的低级趣味，仍然演出麻醉青年儿童的香艳肉感的歌舞。提出“我们所需要的不是软豆腐，而是真刀真枪的硬功夫”，希望黎锦晖“向那群众深入，在这方面，你将有新鲜的材料，创造出新鲜的艺术。喂！努力！那条才是时代的大路”！

聂耳的这些忠告不被社内的某些人所理解，反而引起轩然大波。召开全体大会讨论对付“黑天使”的问题，却不许聂耳出席，聂耳毅然退出了明月社。8月10日，明月歌剧社在上海《时报》刊登启事，声明聂耳“因故退出本社”，“以后所有的一切言语行动，与本社无关”。

1932年8月7日—11月6日（20岁）

8月7日，乘船离开上海。8月11日，经天津乘火车抵达长久向往的古都北平（今北京），住在宣武门外校场口的云南会馆里。在同乡友人的陪伴下，畅游了故宫、太庙、中山公园、北海、中南海、颐和园、香山等名胜古迹。多次到天桥去观看民间艺人的表演，体察、倾听劳苦人民发自内心的呼声。

9月13日，报考国立北平大学艺术学院，先进行的笔试中，仅因党义等科目的答题不合乎当局的观点，未被录取。遂向清华大学的俄籍音乐教师托诺夫（Tonoff）学习小提琴。多次去观看北平的中外音乐、戏剧演出。

9月中旬起，经上海左翼戏剧家联盟去函介绍，参加北平左翼戏剧家联盟、左翼音乐家联盟的排练、演出和组建活动。9月23日，应北平剧联机关刊物《戏剧新闻》的约请，撰写了文稿《上海电影界》（已佚）。在宋之的、于伶等革命文艺战友的激励下，决心加强学习，努力工作。第一步是搜集山歌、小调，并创作歌曲，注意“革命音乐理论的写作”。

抓紧机会向刚从绥远（今内蒙古呼和浩特）归来的北平左翼剧联友人了解当地的民间音乐，后来就把学到的绥远民歌《大红公鸡》用在了他编配的民族器乐合奏曲《山国情侣》里。

10月28日，随北平剧联参加清华大学东北同乡会为抗日义勇军募捐的游艺会，登台用小提琴独奏无产阶级的战歌《国际歌》。

因长期找不到工作，生活无法维持，没有钱交学费，小提琴也学不下去了。11月6日，北国刺骨的寒风与漫天的冰雪逼着聂耳离开北平，返回上海另谋出路。临行前夜，还在北平剧联组织的一次演出中独奏小提琴，在独幕话剧《血衣》中扮演了一个角色。

1932年11月8日—1934年4月1日（20—22岁）

11月8日，乘火车回到上海。10日，找到田汉，转交了北平左翼剧联的书面工作汇报与信件。

中共上海中央局文化工作委员会电影小组为了扩大革命文艺的传播与影响，占领观众最多的电影阵地，拍摄进步影片，陆续将左翼文艺工作者输送到电影战线。11月26日，由金焰等人介绍，聂耳进入联华影业公司一厂，年底担任影片《除夕》的场记。

经过革命斗争的锤炼与党组织的培养，聂耳的阶级觉悟与政治水平不断提高。1933年初，在严重的白色恐怖中，由田汉介绍、夏衍监誓，在上海联华一厂摄影棚的一个角落里宣誓加入中国共产党。读《马克思传》，“趣味很浓，显然和以前读马克思的著作时不同，有着异样的感觉。”（2月2日日记）

年初，参加党领导的群众组织“苏联之友社”的音乐小组（领导人田汉）。2月16日，中苏恢复邦交后，首次正式放映苏联影片《生路》。同月20日，聂耳在《晨报》发表观后感《我所知道的〈生路〉里的音乐》。

2月12日，为推动中国革命音乐的发展，与张曙等人发起组织“中国新兴音乐研究会”，经常在任光家里一起研究、讨论革命音乐的创作和理论问题。对于“什么是中国的新兴音乐”？聂耳认为“在帝国主义占据东北，屠杀大众的现在，音乐和其它艺术：诗、小说、戏剧一样，它是代替着大众在呐喊，大众必然会要求音乐的新的内容和演奏，并作曲家的新的态度”。“旧时代的作曲家们，跟从革命前确立的方法继续作曲；他方面，革命产生的新时代音乐家们，根据对于生活和艺术不同的态度，贯注生命。”（6月3日日记）

2月9日，党的电影小组领导成立外围群众组织“中国电影文化协会”，聂耳被选为执行委员兼组织部秘书。2月17日，随左翼文艺界去新关码头欢迎英国文豪萧伯纳来华访问。经常参加左翼剧联组织的演剧活动。3月15日，田汉诞辰那天，聂耳与剧联的十余人去上海近郊的大场，用上海话演出了一个田汉当场编写的反帝话剧。

联华影业公司规定根据需要其职员要随时在本公司拍摄的影片中，临时扮演各种群众角色。为此聂耳曾在《城市之夜》、《体育皇后》、《小玩意》等影片中扮演账房先生、小提琴手、小商贩、运动会上的医生等群众角色。拍摄《除夕》、《母性之光》等影片时，聂耳都曾在摄影机旁即兴演奏小提琴，帮助电影演员启发情感，进入角色。

3月21日，任联华公司一厂音乐股主任，除了给影片配乐外，还要辅导陈燕燕等电影演员唱歌。3月22日，被选为联华一厂俱乐部的执行委员兼秘书，负责出版墙报、组织体育比赛、举办春节联欢会等工作。

3月14日—6月29日担任影片《母性之光》的剧务。5月9—12日，去杭州拍外景，聂耳自告奋勇地用油彩把全身涂黑，成功地扮演了影片中的一个群众角色——黑人矿工。聂耳为影片《母性之光》创作的插曲《开矿歌》，是他写作的第一首电影歌曲，第一首表现工人阶级斗争意识的歌曲。

5月28日，在致母亲的家信中说："现在我想在中国的各地民间歌谣上下一番研究，请三哥将（帮）我搜集一些寄来，不论什么小调、洞经调、山歌、滇戏牌子都要。"同日致家乡友人张庚侯的信中也说："我请你帮忙搜集一些云南的民谣、民歌、山歌……"

8月，应公司剧本起草委员会要求，将以前写的一个电影剧本《时代青年》，改写为电影故事《前夜》。

8月30日，因连日劳累加上近期用脑过度，随公司在南京路上拍外景时，当场晕倒在永安公司门口。被送进仁济医院检查、治疗了八天，出院时医生嘱咐最少还要休息60天。向公司请假获准，但是照例要扣发工资。只休息了十天，生活就难以为继。

9月18日，销假被派任影片《渔光曲》的配乐，次日带病随导演蔡楚生、演员王人美等去浙江石浦拍外景。10月4日，再次病倒，高烧不退。双十节返回上海，看病吃药自己又花了数十元钱，最后是服用云南阮氏上清丸才医好。

12月起，为了增加音乐实践的机会，参加业余的法文学会交响乐队及合唱队的排练与演出。

1933年，为左翼剧联组织演出的独幕话剧《饥饿线》作插曲《饥寒交迫之歌》（催眠曲）；为女报童"小毛头"作儿童歌曲《卖报歌》。

国民党反动政府对苏共发动第五次军事"围剿"的同时，对白区的左翼文艺运动加剧进行文化"围剿"。1933年11月12日，曾拍摄田汉编导的进步影片的艺华影业公司，被"蓝衣社"法西斯暴徒捣毁。上海电影界随之出现了一股反动逆流。

1934年1月24日，因积极参加各种左翼文艺活动，领导联华公司同人会（即工会）与资本家进行斗争，联华公司老板以请他休养身体为名，将聂耳辞退，他再次失业。

应友人邀请，准备去南昌怒潮剧社的管弦乐队工作。临行的前夜，地下党组织及时告诉他这个乐队是蒋介石为指挥第五次军事"围剿"而设立的"南昌行营"政训处的下属机构，聂耳马上终止了行程。

2月，投考国立音乐专科学校的小提琴选科，经主考人法利国（A.Foa）审核，未被录取。

1934年4月1日—11月底（22岁）

春季参加中国左翼戏剧家联盟音乐小组。成员有张曙、任光、安娥、吕骥、王为一等人。

4月1日，由地下党组织安排进入英商“东方百代公司”，担任收音、教授唱歌、抄谱、作曲等工作，后任音乐部副主任。利用外国公司不受国民党政府审查、控制的特殊地位，外国老板唯利是图的心理，利用该公司先进的设备与技术等便利工作条件。聂耳与音乐部主任任光、音乐部副主任安娥以灌制畅销的电影歌曲为名，一起组织出版了一批进步歌曲唱片，并为多部进步影片录音配乐。

为了发展中国的民族器乐合奏，丰富中国乐器的演奏技巧，五月领导组建了百代公司国乐队（对外公演时又名“森森国乐队”）。几次在游艺会上演奏了他改编的《金蛇狂舞》、《翠湖春晓》等民族器乐曲，很受听众欢迎，后均灌制成百代唱片。

5—6月，为影片《南洋大观》、《渔光曲》配音响和音乐。因工作繁忙，中止了参加法租界交响乐队以及合唱队的练习。

6月，为田汉编写的新歌剧《扬子江暴风雨》创作了《码头工人》、《苦力歌》（后改名为《前进歌》）等四首歌曲。为寻找歌曲的创作灵感和音乐动机，曾经多次去上海的黄浦江边，观察和体验码头工人的劳动情景。

6月30日—7月1日，参加左翼剧联以庆祝麦伦中学校庆为名，在八仙桥青年会礼堂组织的戏剧演出。聂耳除担任新歌剧《扬子江暴风雨》的导演外，还成功地扮演了此剧的男主角——打砖工人老王。该剧以表现中国工人阶级反抗帝国主义斗争生活的革命内容，生动活泼有说有唱的崭新艺术形式，受到人们的重视和欢迎。当时上海的一些中外文报刊以及苏联的《国际艺术》杂志，曾刊登了关于该剧的报道文章及照片。

1934年春，为反击国民党反动派的残酷镇压，党的电影小组协助建立了左翼文艺运动自己的新阵地——上海电通影片公司（其摄影部主任即为电影小组成员司徒慧敏）。7月，聂耳为该公司拍摄的第一部影片《桃李劫》，写作了主题歌《毕业歌》（田汉作词）。

8月10日起到出国前夕，在继续刻苦自学的同时，经友人贺绿汀介绍，跟上海国立音乐专科学校的俄籍教授阿克萨柯夫（Aksakov）学习钢琴和作曲理论。

8—9月，为联华二厂拍摄的影片《大路》创作主题歌《大路歌》、序歌《开路先锋》。其间曾去上海江湾的筑路工地，与工人一起拉压路的铁磙，体验筑路工人的劳动生活。10月初，随队去无锡拍摄《大路》的外景，运用节拍机来统一控制拍片时歌唱的速度，解决了影片后期合成时，画面与音响同步的难题。

10月13日，与任光一同主持举办第一次“百代新声会”，播唱百代公司新录制的《毕业歌》、《大路歌》、《开路先锋》等唱片，扩大进步歌曲的传播与影响，反击泛滥的靡靡之音。

10月，为艺华影业公司拍摄的影片《飞花村》作曲。因该片的主题歌《飞花歌》、插曲《牧羊女》在美商胜利唱片公司灌制唱片，聂耳受到百代唱片公司老板的责难，公司又要把百代国乐队改变成西洋管弦乐队，并为歌星演唱的流行歌曲伴奏。11月底，聂耳提出辞职，离开了百代公司。

1934年12月—1935年4月15日（22—23岁）

12月，为影片《大路》配音。该片于元旦首次放映，获得观众热烈的反响。各地纷纷来信索要影片《大路》的歌谱。

年底，以笔名王达平撰写综合性评论《一年来之中国音乐》，总结了1934年中国音乐界在电影、广播、出版、演奏、论争各方面的情况。指出“新音乐的新芽将不断地生长，而流行俗曲已不可避免地快要走到末路上去了”。（刊于《申报》1935年1月6日本埠增刊）

1935年1月，担任联华影业公司二厂音乐部主任，为该厂拍摄的影片《新女性》配音并作主题歌《新女性》组歌。创作过程中，多次于清晨步行去浦西的工厂区观看纱厂女工上工的景象，深入工人家庭了解她们的劳动生活。为了以清新的气质演唱好这个组歌，聂耳专门登报招生、考试组建了业余歌咏团体“联华声乐团”。2月2日（除夕），影片《新女性》的首映式上，聂耳指挥身穿女工服装的联华声乐团登台演唱《新女性》组歌，给人们留下了深刻的印象。

1月，为田汉编写的三幕话剧《回春之曲》创作了《告别南洋》和《梅娘曲》等四首插曲。

1月31日—2月2日，参加左翼剧联以“上海舞台协会”名义组织的盛大戏剧演出。聂耳除教演员唱《回春之曲》中的歌曲，演出时还在台侧弹奏六弦琴，并领导乐队为金焰、王人美等歌唱者伴奏。

2月，为艺华影业公司拍摄的影片《逃亡》作主题歌《逃亡曲》（后名《自卫歌》）、插曲《塞外村女》，又为该公司新开拍的影片《凯歌》作主题歌《打长江》、插曲《采菱歌》（这两首歌曲后因故未用于该片）。

3月中旬，看了俄籍作曲家阿夫夏洛穆夫（A.Avshalomoff）所写的中国风音乐哑剧后，聂耳写了《观中国哑剧〈香篆幻境〉后》（刊于1935年8月16日《电通》画报第七期），指出：“许多京剧里的舞姿、武行，要是给它音乐节奏化，着实可以发现一些中国音乐与舞蹈的新姿态。”

1935年初，听说电通公司刚开拍的影片《风云儿女》需要写一首主题歌，就去找夏衍主动承担了这个写作任务。3月中旬，经过两个多月的构思，聂耳动手写作田汉作词的主题歌《义勇军进行曲》，仅用两夜工夫就完成了此曲的初稿，接着又写作了该片的插曲《铁蹄下的歌女》。

同年春季，上海的白色恐怖日益加剧。2月19日，中共江苏省委与中国左翼文化总同盟均被国民党特务破坏，田汉、阳翰笙、赵铭彝等革命文艺家相继被捕。4月1日，传来了国民党政府将要逮捕聂耳的消息。渴望学习的聂耳为了丰富自己的音乐修养，提高音乐创作的技能，决定借此机会出国去深造。党组织为了保护这位奋发有为的青年战士，批准他经日本去欧洲、苏联学习、考察，暂时出去躲避一段时间（夏衍语）。4月15日，聂耳假借去日本大阪找做牛皮生意的三哥为名（其三哥早已离开日本返回了昆明），乘“长崎丸”离开上海东渡。

聂耳谱写的《义勇军进行曲》初稿，试唱后同志们提出了一些有益的意见。聂耳因行期在

即，无暇仔细斟酌，只得将曲谱带到日本去进行修改。（后来聂耳最迟于5月初将定稿由日本寄回，收件人为孙师毅、司徒慧敏）

5月9日，《义勇军进行曲》在百代公司录制了唱片。由电通合唱队演唱（该队由袁牧之、顾梦鹤、盛家伦、郑君里、金山、司徒慧敏、施超组成）。此歌的词谱首次发表在1935年5月11日的上海《中华日报》。

1935年4月16日—7月17日（23岁）

4月18日，聂耳在途经长崎、神户、大阪后抵达东京，当天即去“东亚日语补习学校”听课。为增加听说日语的机会，聂耳特意单独租住在日本人的家里。

以旺盛的精力终日进行紧张繁忙的学习、考察活动：多次去观看歌剧、话剧、舞蹈演出；重要的音乐演奏会更是从不放过；参观了许多剧场以及电影摄制厂。为国内的左翼电影音乐月刊《艺声》（编辑者金焰、任光，刊于1935年8月出版的该刊第三期）撰写了《日本影坛一角》、《法国影坛》、《苏联影坛》三则报道。

积极参加中国留日学生与左翼文化人士的艺术活动：6月2日，应邀出席中国留日学生的第五次艺术聚餐会，做了题为“最近中国音乐界的总检讨”历时两个多小时的演讲。其间歌唱了所作的《义勇军进行曲》、《码头工人》、《大路歌》，这些使听众耳目一新的雄壮歌声，每一曲都赢得了人们热烈的掌声。6月16日，应邀出席中国留日诗人的诗歌座谈会，唱了些中国的民间情歌，并建议下次专门研究“诗歌与音乐的关系”的议题，获得大家的赞同。

7月，应朋友的邀请，准备协助日本“新协”剧团去京都、大阪旅行公演。7月8日，为了先行游览沿途的风光，与朝鲜友人李相南来到神奈川县的藤泽市，住在海边日本友人滨田的家里。

7月14—16日，聂耳海浴之暇，总结来日本三个月的收获：日语会话和看书能力的确是进步了，听了很多的音乐演出，练小提琴的时间也比在国内多。提前实现了第一个“三月计划”之后，聂耳制订的第二个“三月计划”是：培养读（日文）书籍的能力，同时加紧音乐技术的训练，要找一个老师学习小提琴，练习钢琴，学习和声；第三个“三月计划”是：翻译试作，作曲（唱歌，乐剧）；第四个“三月计划”是：俄文学习，整理作品，欧游准备。

7月17日下午，聂耳与李相南等友人去鹄沼海滨游泳时，汹涌的海浪无情地夺去了聂耳年轻的生命。中国无产阶级音乐的先驱——天才的人民音乐家聂耳逝世时年仅23岁。

7月18日，聂耳的同乡好友、左联作家张鹤（字天虚）闻信赶到鹄沼海滨。聂耳的尸体已经打捞上来，经医生检验为溺水窒息而死，由藤泽町町长签发了死亡认许证。张鹤打开棺木确认是聂耳无误之后，火化了聂耳的遗体，当晚并请聂耳住处的房东写了“聂耳遇难的经过”。

同年夏末，聂耳的骨灰由亲友张鹤、郑子平护送回上海，寄放在七叔郑雨笙处。1936年5月，由其三哥赴沪迎接，将骨灰邮寄回乡。1937年10月1日，安葬在昆明西郊面对滇池的西山美人峰。

1949年9月27日，聂耳所作《义勇军进行曲》，经中国人民政治协商会议第一届全体会议通过："在中华人民共和国的国歌未正式制定前，以义勇军进行曲为国歌。"

1966年，文化大革命爆发，词作者田汉被诬陷为"叛徒"，在残酷的迫害中于1968年12月10日在北京含冤去世；曲作者聂耳也是"30年代文艺黑线人物"，国歌因而被禁止演唱，一度只能用歌曲《东方红》来代替。"四人帮"曾经组织人员创作新国歌而未果，"文革"后期在外交等典礼上也只能由乐队演奏国歌的曲调，不能歌唱其词。

"文革"结束后由于受到"两个凡是"错误思想的制约，1977年成立的"国歌征集小组"，从大量应征稿件里推选出188首歌曲与130首歌词。经过"国歌评选组"反复审听、评议，由于已故的原词作者田汉还没有政治结论，新创作的"国歌"曲谱都不理想，聂耳作曲的许多歌曲，经过集体重新填词于1972年起已经可以公开演唱、出版。于是决定了仍然用原来《义勇军进行曲》的曲调，填写新词的国歌方案。

1978年3月5日，第五届全国人民代表大会第一次会议通过了关于集体填写新歌词的国歌的决议。

集体填写的歌词为：

前进！各民族英雄的人民，
伟大的共产党领导我们继续长征。
万众一心奔向共产主义明天，
建设祖国保卫祖国英勇地斗争，
前进！前进！前进！
我们千秋万代，
高举毛泽东旗帜前进！
高举毛泽东旗帜前进！
前进！前进！前进！

其后日益改革开放的环境里，思想解放的潮流势不可挡。1979年，田汉的冤案平反昭雪后，全国各界人士要求恢复原国歌歌词的呼声日益高涨，集体填写新词的"国歌"，在群众生活中一直也难以流行。1982年12月4日，第五届全国人民代表大会第五次会议通过："恢复《义勇军进行曲》为中华人民共和国国歌。"

（向延生）

本书未收《省师附小校歌》的缘由

向延生

为筹备1985年隆重纪念人民的音乐家聂耳同志逝世50周年，文化部、中国音乐家协会、音乐研究所的领导，聂耳的亲属，北京、上海、江西等地的研究聂耳的专家学者们，于1982年组成了《聂耳全集》编辑委员会。

数十年来致力于聂耳专题研究的中国艺术研究院音乐研究所（此前曾隶属中央音乐学院或中国音乐学院），承担了《聂耳全集》的具体编辑工作（由我担任执行编辑）。在全国各地的前辈人多年来工作成果的基础上，从1978年起我们对有关聂耳的资料进行了广泛系统地收集与整理，采访了当时还健在的百余位聂耳的亲友、战友与同事。

《聂耳全集》编辑工作的进行当中，担任《聂耳全集》编辑委员会委员的聂耳的三哥聂叙伦先生及其女儿根据一些人的回忆，1980年整理出来一首据说是聂耳1928年在昆明作曲的《省师附小校歌》。其词作者据说是聂耳在昆明时的友人、时任省师附小音乐教师的张庾侯。

但是由《聂耳全集》编辑委员会（主编周巍峙）编辑、文化艺术出版社和人民音乐出版社1985年在北京联合出版的《聂耳全集》里，并没有收入这首《省师附小校歌》。当时考虑和处理的根据是：

一、未见当年的歌谱实物

具有明确时间信息的实物，是最好的历史见证，但是此歌没有遗留当年的歌谱实物。只是根据其同时代人的回忆于1980年整理而成，而且是相隔50余年后的记谱，因而其证明力较低。聂耳在云南生活时期的许多文字资料：如日记、笔记、信件、作文、试卷等；聂耳阅读马克思主义著作时所写的马克思的生平、唯物史观、阶级斗争、剩余价值等观点的笔记；当时他学唱歌曲时所用的油印歌篇（包括《国际歌》）等，都遗留了下来。因此，如果聂耳那时确实是创作了此歌，此歌又曾经在昆明广为流行，这样重要的作品在写作时和传唱中，该学校（省师附小）或者有人（作者、学唱者、爱好者等）应该会把此歌的歌谱存留下来。但是并没有见到任何1980年以前的此歌歌谱。

二、未见于聂耳所写的文字资料

如果确有其事的话，此歌将是聂耳最早的处女作，并且把聂耳的音乐创作生涯提早了4（比口琴曲和小提琴曲）至6（比歌曲）年。但是一直到1935年聂耳逝世时，在聂耳存世的所写的日记、笔记、书信、文章等共约70万字的文字资料里（其中包括聂耳所写的自传体小说），都没有关于此歌的任何线索和相关记载；而且1928年至1933年之间，也没有见到聂耳写作的其他任何歌曲。1927年夏天聂耳考入云南省立高级师范学校第19班英语组（相当于高中一年级的上学期），此前他已学会演奏多种民族乐器，刚开始练习小提琴。但是如果认为这时他已经具备了写作歌曲的能力，其可能性还较小（1928年时全中国会写作歌曲的人都十分有限，除了乐歌作者当时仅有赵元任、萧友梅、黎锦晖等人，黄自、青主那时都还未开始作曲）。

三、聂耳日记里作曲的记载

聂耳虽然有很高的音乐天赋，但是作曲是一种专门的艺术技巧，需要经过学习和实践（其方式当然可以是多种多样的），才能掌握和运用。

聂耳在家乡时已开始学习演奏小提琴，1931年4月他考入明月歌剧社担任小提琴手之后，才走上了职业音乐的道路，因此他最初的音乐作品是小提琴曲，就很自然和顺理成章了。1931年9月19日的日记里他才首次写有“练习作曲”的记载；9月21的日记里，又特别写有“完结了第一次的作品”的字句（聂耳写作的这首小提琴习作《送别》及其后的《悲歌》均未保存下来）。当他后来学习吹奏口琴时，次年1月8日日记里才有“做了两个口琴曲《圆舞曲》和《进行曲》”的记载（两曲均存留有手稿）。再后来聂耳学习音乐知识、作和声练习、自学作曲法，向黎锦晖请教汉语知识和作曲手法，演奏和聆听了众多歌曲……经过了这么漫长的多种形式的学习与艺术实践之后，1933年聂耳才创作出了自己的第一首歌曲《开矿歌》。

如果1928年聂耳就写有处女作《省师附小校歌》，在他的日记里理应也有所记载，而且1931年他开始作曲时也就不会那么兴奋并自称是“完结了第一次的作品”。1928年至1933年之间也不应该有那么长的歌曲创作空白。后人记谱的所说是1928年聂耳写作的这首《省师附小校歌》，已经具有相当的作曲水平，不像是初次作曲者创作的成果；而且其起始的旋律，与聂耳后来写作的著名歌曲《毕业歌》有相似之处。

四、友人回忆聂耳写作歌曲

上海电影制片厂1959年拍摄的传记艺术影片《聂耳》(由其多年共事的挚友于伶、郑君里等人编剧，赵丹主演)里，根据聂耳的一些友人和同事的回忆，再现了聂耳的许多生平事迹。影片中表现的是1932年“一·二八淞沪抗战”后，聂耳才开始考虑写作革命歌曲(另外聂耳此时的日记和田汉等人关于此事的记述也可以作为旁证)。聂耳在上海时经常与之来往的亲戚郑易里(他是聂耳三嫂的七叔、《聂耳全集》编辑委员会顾问)1949年7月在《新音乐》月刊发表的回忆文章里，也说聂耳是1932年“一· 二八淞沪抗战”后，才在与他的交谈中说过要考虑写作中国的《马赛曲》。

五、未见于其兄聂子明等人的著述

聂耳的二哥聂子明先生长期生活在云南，是聂耳同母子女中的长兄，也是《聂耳全集》编辑委员会委员。他生前发表的文章以及在我与他的接触中，从未听他说聂耳曾经写有此歌。聂耳的三哥聂叙伦先生1980年以前发表的回忆聂耳的文章里，也没有说过聂耳曾经写作了《省师附小校歌》。聂耳在昆明生活时的友人李家鼎、郭辉南、袁春晖、蒋南生等人，在他们1980年以前写作的文章以及与我的交往中，都从未说及聂耳写过此歌。聂耳1928年在昆明秘密加入共青团后的上级领导人之一李德和(当时已经是中共党员)，20世纪末还专门为此事向云南省委宣传部等有关部门写信，否认聂耳写作了此歌。

六、未见于各种聂耳歌曲集及其目录

自1935年聂耳逝世至1966年“文革”爆发前，东京、上海、昆明、重庆、东北、北京等地，前后出版有数十种不同版本的《聂耳歌曲集》。在各单位编辑出版的6种较为完备的《聂耳歌曲集》目录(其中有两种是云南籍人士或在云南编辑出版的，许多云南留日学生1935年底在日本集资编辑出版的《聂耳纪念集》里，刊有最早的聂耳歌曲目录)里，也都未见《省师附小校歌》这首歌曲以及歌名。

七、未见于历年的聂耳纪念活动

聂耳1935年逝世后，上海、昆明等地就经常举办纪念聂耳的活动，演唱他写作的歌曲；新中国确定田汉和聂耳写作的《义勇军进行曲》为《中华人民共和国国歌》后，全国各地更是经常举办隆重的纪念聂耳的活动，并多次在报刊上刊登有征集聂耳作品和文物的启事。昆明还专门成立有“聂耳合唱团”。

此歌如果自1928年起就确实存在，并且许多人又会唱，广为流传。作为聂耳在家乡云南时创作的唯一一首歌曲，应该格外受到人们的重视，云南省、昆明市、玉溪市的有关部门、其词作者或友人早就应该和有各种机会把它提供与发表出来并经常演唱。但是一直到1980年以前这么漫长的岁月里，为什么都没有人提出来聂耳还在昆明时就写有这首《省师附小校歌》？

八、未见于聂耳致张庚侯的书信

《聂耳全集》里，刊有1930年至1934年聂耳从上海写给在昆明的友人张庚侯（即所说的《省师附小校歌》的词作者）的11封书信。但是在这些书信里聂耳从未提到和写有他与张庚侯合作此歌的有关的任何事情。这些信件的开始，聂耳用有“庚侯二哥”、“张二老爹”、“庚哥”、“城隍二老爹”、“张二哥”、“党父二哥”、“我的老伴当张二哥”等称呼，却从未出现过“我的歌曲合作者”、“歌词写作者”等体现出聂耳曾经与他合写过歌曲的影子和意念。

九、此歌未见于张庚侯的记述

此歌的所谓词作者张庚侯，在国民党统治时期曾经担任过云南省某县的县长，又与省政府的高官有亲戚关系。为此云南虽然是和平起义的，张庚侯在某次政治运动中仍然被关押了数年，劳改释放后回到昆明长期无正式职业。

20世纪50年代，音乐研究所曾经派谢柳明同志去云南收集有关聂耳的资料，那时他可能会见过张庚侯。为此1958年与1964年，张庚侯曾经给我所写来两份回忆聂耳的文章（现存我所），各有约3000字和8500余字。其中详细述说了他从1926年（另说是1928年张庚侯担任省师附小音乐教师之后）起与聂耳荣幸交往的过程，后一篇文章并论及了聂耳所创作的34首歌曲。但是都未提及他曾经与聂耳合写了这首校歌。1958年的文章中只是说聂耳在云南时“已经有了些创作基础”。1964年的文章中认为“1932年1月初聂耳开始练习作曲，作成第一首习作的《圆舞曲》和《进行曲》”。

如果张庚侯真的与聂耳合写过这首校歌，这么可以让他引以为荣的经历，对于他这样处境的人来说应该是非常重要的事情，他在这两份材料里都必然会提及，绝对不会忘记或遗漏。但是在他亲笔书写的这两份材料里，却丝毫也没有说到他还与聂耳合写过什么歌曲。

1979年我首次去昆明核对《聂耳全集》的有关材料时，曾经去查找过张庚侯这位聂耳的友人和重要的知情者，遗憾的是他已经在“文革”当中不幸病故了。

为此，编辑《聂耳全集》的过程中，聂耳的三哥聂叙伦先生及其女儿聂丽华虽然根据多人的回忆和演唱，提交了此歌的整理记录稿。由周巍峙同志担任主编，孙慎、瞿维等人担任副主编的《聂耳全集》编辑委员会，为此事曾经几次开会进行研究、讨论。认为当时或后来在昆明即使是流传有《省师附小校歌》这首歌曲，但是要认定是聂耳写作了此歌的说法，还存在着

2006年，云南玉溪聂耳音乐研讨会与会者的合影

许多疑问，还缺乏相应的依据。此事向聂耳全集编辑委员会的顾问、中国音乐家协会主席吕骥同志汇报后，他也表示了同样的意见。

于是最后决定在没有找到确实的证据之前，为慎重起见，《聂耳全集》目前暂不收入《省师附小校歌》这首歌曲。

（本文为2006年7月在云南玉溪市“聂耳音乐学术研讨会”上宣读的论文）

重修聂耳墓纪实

丁学仁

聂耳1912年生于昆明，从小喜爱音乐。1935年他根据田汉作词谱写的《义勇军进行曲》，很快就唱遍全中国，在反抗日本帝国主义侵略我国的斗争中，发挥出鼓舞全国人民奋起抗击的作用。1949年新中国成立时当选为代国歌，1982年正式定为国歌，成为中华民族和社会主义祖国的象征。

聂耳1935年故世于日本，骨灰送回国内后，1937年入葬在昆明西山高跷，碑文由云南著名教育家徐嘉瑞撰写。新中国成立后，1954年昆明市人民政府重修了聂耳墓，碑文由中国文联主席郭沫若撰写。

因高跷地处山坡公路旁，无扩建余地。1973年3月，原昆明市革委会拟为聂耳墓另选新址，安排笔者去寻选。几天后办事大组秘书组领导赴西山太华寺与龙门之间停车场右侧，踏看我选中的新址。认为四周苍松翠柏，背靠美人峰，前俯滇池，远眺市区，称选得好，要求昆明市设计院设计出墓地平面图及工程概算。由于当时“四人帮”破坏严重，没有经费迁葬，此事虽然已列入昆明市最高领导层的议事日程，并作出若干指示，但是未能实现。

一、搬迁聂耳墓

1980年初，市委书记何波、副书记赵英等市委、市革委领导一致认为聂耳墓的现状不佳，需要把墓地尽快搬到所选新址，并当即上报。省政府3月24日批复“同意先将墓碑搬迁，然后分期设计建设。具体搬迁和筹建事宜，由昆明市革委会负责办理”。为此成立由市委副书记赵英领导的三人搬迁领导小组及其办公室，笔者以市文物办公室人员成为该办公室成员兼秘书。

聂耳墓里葬的是骨灰，还是衣冠？…… 曾众说纷纭，应在搬迁中弄明白，以正视听。昆明市委副书记赵英即带领有关部局领导，拜访聂耳的二哥聂子明夫妇、三哥聂叙伦。聂氏三位老人奉告：聂耳在日本游泳时不幸溺水致死，打捞上岸后经好友张鹤（字天虚，左联作家，云南呈贡人）确认遗体并火化后，同年夏末由张鹤、郑子平送回祖国上海。1936年聂叙伦赴上海迎奉回昆。因邮寄途中骨灰罐破损，就另装入自家药店装中药的瓷罐内，装时衬以红绸，骨灰离罐口约浅10厘米，罐上用红漆写有聂耳等字。1937年入葬时连日本装罐之木盒和破瓷片一并放入。他们非常肯定地说葬的是骨灰，决不是衣冠。

为此，昆明市委副书记赵英率领导小组及办公室同志，并偕聂耳兄嫂等人曾经齐赴墓地。当工人移开墓碑后，墓室内确置骨灰罐，旁有破瓷片和朽木片。赵英又率相关同志再次详细验看，骨灰罐为瓷质，上有红书“青年音乐家聂耳”等字，罐内红绸已腐朽变黑，骨灰比罐口浅超10厘米，当系多次搬运所致。据此，聂耳兄嫂之前所言属实，葬的确是聂耳骨灰。

1980年4月5日在新址举行破土动工仪式，经市园林工程队的认真施工，于5月上旬按平面犹如一把弹拨乐器的墓地落成。5月13日举行搬迁仪式，中华人民共和国文化部、国家文物局，全国及上海、云南省、昆明市的文联、音协、电影家协会、聂耳研究会与周扬、阳翰笙、夏衍、吕骥、贺绿汀、安娥、蔡楚生、孙瑜、于伶、赵丹、王人美、黎莉莉、陈燕燕等聂耳生前好友送了花篮，聂耳的二哥二嫂送了吊念诗文。参加仪式的有省、市党政、宣传、文化、文物界近二百人。市委副书记赵英和聂耳三哥致词后，由丁学仁和省文化局胡振东两人将聂耳骨灰罐并日本原装瓷罐破片一并放入墓室。在乐曲声和爆竹声中，仍然竖起郭沫若撰写的原墓碑。

5月19日，聂耳在日本逝世地的藤泽市市长叶山峻率领湘南友好团赴西山瞻仰聂耳墓，与昆明市长朱奎在墓地上种下藤泽市市树藤树和昆明市名花杜鹃花，之后又送来日本国花樱花种于墓前右侧。7月17日系聂耳逝世忌日，中国音乐家协会主席吕骥，副主席孙慎，中国艺术研究院研究员向延生来昆参加纪念聂耳活动，并与省、市文艺界人士赴西山祭扫聂耳墓，聂耳墓搬迁至此结束。

1983年3月，省文化局向笔者出示中央文化部办公厅红头文件，上载聂耳墓碑碑文，胡乔木同志意见是“整个题词到享年二十有四截止，最后两句‘不幸而死于敌国，为憾无极！其何以致溺之由，迄今犹未能明焉’删去，请遵照执行”。对此，只好涂平抹黑，随后就引起游人不满，上书省市领导机关要求查处。

二、第二期工程重修聂耳墓

搬迁只是将原墓和骨灰罐搬葬新址，还要进行第二期建设工程。从收到的33份应征稿并获二、三等奖稿中，由省设计院顾奇伟、饶维纯、钟平三位获奖者综合成一份最佳方案。报经省文化局批准，市政府立项，于1985年春节前破土动工。为保护高大松柏，还将墓地前移1.5米，具有陈列、接待和休息功能的附属建筑移至与墓地有树相隔的疏林处。墓地占地3亩多，连同附属建筑和控制地带共7亩多。整个工程于1985年7月初按批准方案和市政府要求提前完成。

竣工后的墓地平面犹如一把弹拨乐器，有两条小道从公路经林间登上犹如琴头的平台，轴线正中有寓意7个音阶的花坛，上端拟置聂耳塑像。像后是犹如琴把的绿化带，再上为似琴身的墓地，圆形墓位于琴身发音孔处，墓后沿为似谱纸的弧形墓碑，均用光洁如镜的黑色大理石构筑。碑面镌刻郭沫若题“人民音乐家聂耳之墓”并贴以金箔，碑阴既不宜镌刻胡乔木删去的碑文，也不便照刻郭沫若所撰全文，而将原碑放在陈列室。墓后是借鉴回音壁的四块屏风墙，墓地以墓为圆心，用三种颜色深浅不同的石块铺成似唱片也像音波的墓地，寓意聂耳创作的歌曲永远高奏，响彻寰宇。

聂耳塑像系从应征的11份方案中，评出张志禹和张元贞的两件，又经戴广文优化综合成实施稿。用山茶花造型的花圈由张志禹创作，此两件雕塑经北京城市艺术雕塑工厂用汉白玉雕制，于1985年6月底运至墓地就位。聂耳像高3.2米，着西服，低头沉思，似在凝神推敲创作，在苍松翠柏掩映下，倍感英年才华。用云南省省花和昆明市市花山茶花造型的花圈象征全国人民永远纪念中国人民优秀的儿子聂耳。

1985年7月17日隆重举行纪念聂耳逝世50周年暨第二期工程竣工仪式。墓地上摆满了从中央、上海到云南省、昆明市党政机关、文化机关团体和名人送的花圈花篮。参加者共约200人。当参加者进入接待陈列室，看到朱德、阳翰笙、楚图南、吕骥、周巍峙、刘良模、孙慎、胡考、黄绍芬、孙瑜、王人美、黎莉莉、林林、艾青、光未然、贺敬之、何兆璋、郑易里、缪云台和云南书画名人李群杰、黄继玲、梅肖青、齐熙跃、郭伟、聂耳二嫂、三哥等的题词作画，真是满屋生辉，赞赏不绝。

仪式由昆明市长潘英圣主持，当文化部副部长周巍峙，中国音乐家协会主席李焕之，云南省长普朝柱，昆明市委书记朱志辉在雄壮的国歌声中，一齐将覆盖在墓碑上的大幅红丝绒缓缓揭下，露出墓碑上金光闪闪的“人民音乐家聂耳之墓”几个大字和山茶花造型的花圈时，墓地上响起了经久不息的掌声和乐曲声。

此后，中共云南省委、省人民政府公布聂耳墓为爱国主义教育基地，1988年1月被国务院选定为全国重点文物保护单位，成为国之瑰宝，1995年1月共青团中央挂上江泽民题写的“全国青少年教育基地”的铜牌。从此许多单位的入党入团宣誓仪式也在聂耳墓地前举行，国内外登临瞻仰者更是络绎不绝。

三、第三期浮雕艺术工程

1987年省文化局传达屏风墙上的浮雕“应以义勇军进行曲，万里长城和抗日救亡运动为主题”的指示。至1991年初共收到23件创作稿，5月下旬国家文物局批准选用四川美协黄振海、李德龙的作品，并示知再深入创作。先塑的泥稿经审定后，于同年10月实施至年底完成。其在4块全长45米、总面积150米的灰青石上共雕人物96人，其中高浮雕8人，长城上空翻滚的云中是《义勇军进行曲》的前奏，长城脚下是由具有民族觉醒的工农兵学商用血肉组成的新的长城，显示了时代背景和营造出起来不愿做亡国奴，奋起反抗的民族气概。在屏风墙右前空白处，镌刻田汉从南京监狱出狱惊悉聂耳逝世噩耗，挥泪写下的悲愤诗及跋语手迹。诗曰：“一系金陵五月更，故交零落几吞声。高歌共待惊天地，小别何期隔死生。乡国只今沦巨浸，边疆次第坏长城。英雄应化狂涛返，好与吾民诉不平。”如此集国歌的词谱作者田汉和聂耳于一体，可谓珠联璧合。郭沫若原撰墓志铭经国家文物局批准，全文镌刻于碑阴。碑文如下：

聂耳同志，中国革命之号角，人民解放之鼙鼓也，其所谱义勇军进行曲，已被选为代国歌，闻其声者莫不油然而兴爱国之思，庄然而宏志之士气，毅然而同趋于共同之鹄的。聂耳乎！巍巍然其与国族并寿而永垂不朽乎！聂耳同志，中国共产党党员也，一九一二年二月十四日生于风光明媚之昆明，一九三五年七月十七日溺死于日本鹄沼之海滨，享年仅二十有四。不幸死于敌国，为憾无极！其何以致溺之由，至今犹未能明焉。

中华人民共和国建国后四年一九五四年二月 郭沫若 撰

扩建的陈列室和值班室亦同步落成，第三期工程至此全面竣工，1992年初接待了来昆明参加第三届中国艺术节的艺术家们。

1999年世界园艺博览会在昆举办前和2001年的两次完善，扩宽入口道路，美化绿化，改铺塑像前平台为石质地坪。后继者又再次拓展入口，将陈列室、休息室扩建成"聂耳纪念馆"、改善音响设备等。现在步入墓地感受到的是清新、明丽和更加庄重，聂耳创作的雄壮歌声响彻天际。

作为全国重点文物保护单位、全国青少年教育基地和云南省爱国主义教育基地，根据社会发展的需要和经济建设的繁荣。有关方面决定"聂耳墓"全年向参观者免费开放，受到人们的欢迎。

四、后记

笔者从1973年接受为聂耳墓寻选新址的任务到最后墓地完工落成，始终在中共昆明市委和市政府的直接领导下，负责分期建设这一重要工程。其间埋头钻研，多方求教，集思广益，敢作敢为，当机立断，如期按质按量地完成了这一光荣任务。

如发现设计中墓前无固定花圈，敢于请雕塑家雕制花圈和嵌入聂耳生卒之年。应征和批准的屏风墙浮雕稿原来只有正中一块，敢于决定四块都雕刻成有工农兵学商一起来救亡的宏大画面。敢于删除设计图中的朱德、彭德怀等人像；右前墙面空白较大，立即布置镌刻田汉悲愤的悼诗，隐喻有田诗在此，其他人就不用再题刻。为雕塑好塑像、花圈，在赵英、向延生同志支持帮助下，请当代名人和聂耳生前友好题词作画，连小女儿的结婚喜酒都顾不上喝，就奔赴北京。为使重中之重的墓碑符合几何图形，光洁如镜，多次到富民、大理石厂指令严格按木模精细加工……

力求多一分完善，少一分不足和遗憾，尽到择其善者而从之的职责。这是所有重修聂耳墓参与者的心愿和智慧的结晶。大家都为这一工程的完成，倍感荣幸，不负重托。

（后两页聂耳墓的图片由本文作者提供）

（2010年6月29日）

编者注：作者为昆明市博物馆离休干部、文博副研究员、社科研究员。

聂耳墓的搬迁及第一期工程（1980）

1980年，中共昆明市委副书记赵英在聂耳墓新落成典礼上致辞

聂耳的骨灰罐安置于墓穴里

1980年，聂耳新墓远景

1980年，聂耳新墓的顶部

聂耳新墓的第二、三期工程（1985—1999）

聂耳新墓的墓碑及花圈

墓碑前的聂耳汉白玉雕像

聂耳墓浮雕像：义勇军进行曲
鼓舞下的中国人民

聂耳墓浮雕像：工农兵学商
用血肉组成新的长城

纪念聂耳大事记（初稿）

玉溪聂耳音乐研究课题组

1935年

7月25日起，国内的上海、昆明多家报刊陆续刊出聂耳在日本去世的讯息与纪念文章。

8月4日，中国留日学生在日本千叶县北条举行聂耳追悼会。参会者决定由大家共同捐款，在日本编印了一本《聂耳纪念集》。为纪念集捐款的各界友人共124人（中国当时驻日本大使闻讯后也捐了款），本书由聂耳的好友张天虚（张鹤）和黄风（即蒲风）编辑，于同年12月31日在日本东京印刷成书。

8月16日，由电通公司等业界同仁发起，上海文艺界人士一千余人在金城大戏院（今黄埔剧场）隆重集会"追悼划时代的歌曲作者聂耳先生"。发起人孙师毅介绍追悼会的筹备经过、主持人明星影片公司经理周剑云致辞后，同乡郑雨笙、周耀介绍了聂耳的生前与故后。吕骥向大家报告了聂耳的生平与创作，还指挥由女工组成的"新声歌咏队"演唱了电影《新女性》的主题歌，含泪指挥了由孙师毅作词，他本人谱曲的《聂耳挽歌》。胡萍、龚秋霞、陈娟娟等电影演员演唱了聂耳创作的歌曲。

同日，上海电通影片公司的《电通》画报第七期刊有追悼聂耳的专题报道。上海《中华日报》艺坛版刊出追悼聂耳专辑。

夏末，聂耳的骨灰由亲友郑子平和张天虚护送回上海。暂存郑雨笙（易里）处。

1936年

5月，聂耳的三哥聂叙伦去上海迎接聂耳骨灰，然后把骨灰罐邮寄回昆明。

6月7日，民众歌咏会在上海西门公共体育场举行第三届大会唱，刘良模指挥数千民众高唱聂耳写作的《义勇军进行曲》等歌曲。

7月16日，因受到上海中外当局的干涉，无法按计划租到会场于7月17日正式举办“纪念聂耳逝世一周年追悼会”。词曲作者联谊会、民众歌咏会、业余合唱团、新生合唱团等上海15个歌咏团体，只得把今天在中华职业教育社礼堂进行的最后一次排练，临时改成追悼大会。在法租界探捕自始至终的在场严密监视下（抓人的囚车就停在礼堂的门外待命），与会的四百余人为聂耳集体默哀三分钟。吕骥发表纪念讲话后，有数人做激昂演说。最后由吕骥、孙慎指挥大家在悲愤的氛围里演唱了聂耳创作的主要歌曲。

7月19日，上海《立报》（由中共地下党员萨空了担任总编辑）刊出《聂耳纪念特辑》，发表了嶂修的《聂耳周年祭》、周巍峙的《我们怎样纪念聂耳先生》等文章。

1937年

7月17日，抗战全面爆发后举行的“纪念聂耳逝世二周年”大会上，认识与不认识聂耳的三千余人，聚会于上海大戏院终于可以公开高唱《义勇军进行曲》等抗日救亡歌曲，也显示了中国人民高昂的战斗热情，奏响了上海人民全面抗战的前奏曲。

同日，上海《立报》刊出“聂耳逝世二周年纪念特辑”，发表了冼星海、孙慎、周钢鸣等人撰写的文章。

10月1日，聂耳的骨灰入葬于昆明西山高跷上方的公路右侧。云南著名人士郑一斋、楚图南、杨一波等人参加安葬，徐嘉瑞撰写了《划时代音乐家聂耳之墓》的碑文。

1938年

7月17日，为纪念聂耳逝世三周年，政治部三厅与武汉歌咏界举行聂耳遗作音乐会。《新华日报》刊出整版“聂耳先生逝世三周年纪念特刊”。发表了张曙、冼星海、唐纳、刘雪庵等人撰写的文章以及《聂耳挽歌》。

同日，昆明市民众团体及进步人士，联合举行“纪念聂耳逝世三周年”大会，出席会议的文化、教育界人士共一百多人。会上报告了聂耳的生平，演唱了聂耳创作的歌曲，会后与会者赴西山拜谒了聂耳墓。《云南日报》编发了专版诗文纪念聂耳。

7月18日，为纪念聂耳逝世三周年，延安举办纪念音乐会。由吕骥指挥鲁迅艺术学院师生演唱了聂耳的歌曲，演出了新歌剧《扬子江暴风雨》，编印了《纪念聂耳、黄自特刊》。

1939年

7月17日，广西桂林各儿童团体联合在桂林东江镇中心学校召开“聂耳逝世四周年纪念会”，演唱《义勇军进行曲》等歌曲。

1940年

7月17日，广西桂林在公共体育场举行“聂耳逝世五周年纪念大会”，到会民众一千多人。抵桂的新安旅行团、孩子剧团以及广西地方建设干部学校歌咏队、“七七”合唱团等文艺团体演唱了聂耳创作的部分歌曲。

同日，夏衍任总编辑的桂林版《救亡日报》文艺副刊《文化岗位》开辟了“民族歌手聂耳先生逝世五周年纪念特刊”，登载了夏衍的《忆聂耳》、孟超的《纪念一个新音乐的开路先锋》、华嘉的《研究聂耳 —— 为聂耳五年祭而作》、林林的《生于民众中的歌者 —— 纪念聂耳》等四篇文章。

本年，聂耳的亲友募款在昆明城北的圆通山上，建造了一座“聂耳亭”。云南省政府主席龙云为该亭题写了匾名。

1941年

9月1日，李凌、赵沨主编的《新音乐》月刊第三卷第二期发表“聂耳纪念特页”，刊出三篇纪念聂耳的文章和6首聂耳写作的歌曲。

1942年

7月17日，由田汉、李凌等人在桂林发起组织“纪念聂耳节”，当晚两千余人在体育场举行纪念大会，新安旅行团、建设干校合唱团等演唱了聂耳创作的歌曲。

1944年

7月17日，为纪念聂耳逝世九周年，当地歌咏界和外地来到昆明的五十余位文艺界友人，专程赴西山凭吊聂耳，向聂耳墓敬献了三个花圈，低头默哀。来宾辛汉文致辞后，聂耳的二哥聂子明答辞向朋友们致谢。共同演唱了特意为聂耳逝世九周年写作的《凭吊曲》后，大家还在附近的华亭寺，召开了一个纪念聂耳的座谈会。

1945年

7月17日，为纪念聂耳逝世十周年，昆明合唱团与新中国剧社在昆明南屏戏院举行盛大的纪念音乐会，孙慎等人担任指挥。聂耳的亲属出席并由聂耳的侄儿女们演唱了《卖报歌》等三首聂耳的儿童歌曲。

1946年

7月19日，中共中央办公厅在延安大礼堂集会纪念聂耳逝世十一周年，并举行延安中央管弦乐团（团长贺绿汀）的成立典礼。到会的文化、音乐界人士80余位，朱德总司令致辞称：“音乐要表达社会的现实，我们的音乐工作者应贯彻群众路线，把我们的歌声能够为广大人民所赏识。”徐特立老号召大家要学习聂耳的精神。会后由乐团演唱聂耳遗作《大路歌》、《码头工人》、《铁蹄下的歌女》及《义勇军进行曲》等八首歌曲。是日，《解放日报》刊出纪念特刊，孟波、金紫光著文介绍聂耳的生平事迹及其遗作。

7月22日，《晋察冀日报》发表周巍峙写作的文章《纪念伟大的人民音乐家——聂耳同志》。

1947年

7月1日，《新音乐》月刊七卷一期的《聂耳纪念专辑》，发表了孙慎等人写作的文章。

1948年

7月17日，为纪念聂耳逝世十三周年，哈尔滨音乐界于18：30在兆麟公园举行露天音乐大会，到会听众达两万人。大会开始由吕骥报告聂耳生平事迹，接着由东北音乐工作团、东北文协文工团、东北军区政治部宣传队、哈市汽车厂及铁路学院等十余团体依次演出。次日，吕骥在《东北日报》发表文章《纪念聂耳同志》。

同日，为纪念聂耳逝世十三周年，玉溪中学“聂耳合唱团”、玉溪简师“星海合唱团”、玉溪广文学校“七七合唱团”等进步团体和各校师生联合，在玉溪县棋阳小学举办纪念活动，演唱了聂耳和冼星海创作的歌曲并演出了一些进步话剧，上千名学生和民众观看了演出。

1949年

7月17日，为纪念人民音乐家聂耳逝世十四周年，全国文代大会全体音乐工作代表及北平市音乐界，于19：30在大华影院举行盛大纪念晚会。周巍峙报告聂耳生平革命事迹与伟大贡献，东北鲁艺音工团唱挽歌，朝鲜文工团、东北文教队等演出纪念节目。

7月，上海万人集会纪念聂耳逝世十四周年，于伶在大会上发表讲话。多个文艺团体演唱了聂耳创作的歌曲。

7月17日，上海《文汇报》刊出整版的纪念聂耳专刊，发表了于伶、金焰等人的文章。

1950年

7月20日，为纪念聂耳逝世十五周年，北京市文联等机关团体，于20：00在中山公园音乐堂举行纪念仪式及纪念音乐会，演出聂耳及冼星海的作品。

1951年

7月17日，为纪念聂耳同志逝世十六周年，各地音乐界纷纷于这日前后举行各种形式的音乐活动：北京市在音乐堂举行全市性的纪念音乐会；天津市音乐界除举行纪念音乐会外，还在工厂、学校等单位开音乐会；东北各省市文联和杭州、衡阳两市音乐工作者协会分别举办群众性的歌咏竞赛。

1952年

7月16日，上海文艺界为纪念聂耳逝世十七周年举行集会。会上，由中央音乐学院上海分院院长贺绿汀作报告，该院师生演唱了音乐节目。

7月25日，中华全国音乐工作者协会和北京市文联在北京联合主办聂耳逝世十七周年纪念晚会。参加纪念晚会的除首都音乐工作者外，还有工厂、学校和机关中的音乐爱好者共约五千人。在纪念会上，文化部艺术局局长田汉介绍了聂耳的生平及其创作，词作家安娥朗诵了她为纪念聂耳逝世十七周年而写的诗词。其后举行的音乐晚会，演唱了聂耳创作的歌曲等音乐节目。

1953年

7月17日晚，中华全国音乐工作者协会和北京市人民政府在首都中山公园音乐堂联合举办纪念聂耳逝世十八周年晚会，中华全国音乐工作者协会主席吕骥发表讲话后，总政文工团与军乐团、中央实验歌剧院、中央歌舞团和北京市工人业余歌舞团歌队、北京市新歌合唱团等文艺组织演唱和演奏了聂耳的部分作品，还有大合唱、管弦乐合奏等节目，到会的听众达四千人。

1954年

7月17日，中国音乐家协会和北京市人民政府在北京市音乐堂联合举办纪念人民音乐家聂耳逝世十九周年音乐会。到会的有首都文艺界人士和工人、学生等四千多人。音乐会由10个专业和业余音乐歌舞团体演唱和演奏了聂耳作的15首歌曲和乐曲。

同日，云南省和昆明市的文艺工作者、工人、学生和机关干部八百多人在云南人民艺术剧场集会，纪念聂耳逝世十九周年。文化界代表向聂耳的母亲献花和慰问，并由西南音协常务委员林志音介绍聂耳的生平和创作。文艺工作者、工人、学生等团体演唱了聂耳的歌曲和其他民间音乐。

7月18日，天津市音乐界举行了纪念人民音乐家聂耳逝世十九周年音乐会。由中央音乐学院、天津市工人音乐团、天津青年业余歌舞团等十多个单位，联合演出了聂耳的遗作《大路歌》、《打长江》、《飞花歌》等音乐节目。

11月1日，日本藤泽市在鹄沼海滨举行聂耳纪念碑落成仪式，各群众团体代表和旅日华侨两千多人参加，藤泽市市长金子小一郎、神奈川县议会代表和中国红十字会访日代表团也应邀参加了落成式。日本著名音乐家关鉴子指挥二三百人组成的合唱团演唱了《义勇军进行曲》，中国红十字会访日代表团团长李德全在仪式上致辞，称赞纪念碑是“中日友好的标志，和平愿望的象征”。

1955年

10月30日，文化部、中国文联、中国音协联合在首都举行“聂耳逝世二十周年、冼星海逝世十周年纪念会”。中国音协副主席马思聪致辞，文化部代理部长钱俊瑞、中国文联秘书长阳翰笙、中国音协主席吕骥先后讲话。参加纪念会的有夏衍、贺绿汀、向隅、周巍峙、李凌、时乐濛、瞿希贤等文艺界人士九百多人。

同日，“聂耳同志纪念室”（由郭沫若题写室名）在中央音乐学院民族音乐研究所落成开幕，由文化部副部长夏衍剪彩，吕骥、贺绿汀、马思聪等人出席了典礼。聂耳的母亲特意为该纪念室题词。

10月31日，苏联作曲家协会、苏联对外文化协会和莫斯科国立音乐馆举行晚会，纪念聂耳逝世二十周年和冼星海逝世十周年。参加晚会的有著名的苏联作曲家和音乐家。到会的还有中国驻苏联大使馆的代表。苏联作曲家协会总书记赫连尼科夫讲了话。晚会上演奏了这两位作曲家的作品。

12月5日晚，文化部、中国文联、中国音协在北京首都剧场举行“聂耳逝世二十周年、冼星海逝世十周年纪念音乐会”。出席音乐会的有周恩来总理，文化部代理部长钱俊瑞、副部长陈克寒，中国人民解放军总政治部文化部部长陈沂、副部长李兆炳，首都各界人士、在京国际友人等一千多人。音乐会由中央实验歌剧院、总政文工团等单位的四百多人演出聂耳和冼星海的作品。

1960年

7月15日，上海海燕电影厂（后并入上海电影制片厂）为庆祝新中国成立十周年拍摄的献礼影片《聂耳》隆重上映。该片由于伶、孟波、郑君里编剧，郑君里导演，黄绍芬摄影，音乐顾问孟波，作曲葛炎，赵丹、张瑞芳等人主演。影片生动体现了聂耳最后五年生涯的辉煌历程。

7月18日，苏中友协、苏联对外友好和文化协会联合会、苏联作曲家协会和莫斯科“友谊之家”，联合为聂耳逝世二十五周年举行纪念会。会议由苏中友协理事会理事罗果夫主持，苏联音乐家什涅尔松和苏联作曲家协会书记阿克休克讲话。讲话后，与会者欣赏了聂耳作品的唱片及钢琴演奏。

10月26日，上海市举行的纪念聂耳逝世二十五周年和冼星海逝世十五周年的纪念大会、音乐会、座谈会和图片展览。贺绿汀等上海市音乐界、文艺界人士和业余音乐爱好者共三千多人参加，中共上海市委宣传部副部长陈其五讲了话，上海市文化局局长孟波作了报告。会后举行了有近六百人参加演出的纪念音乐会，上海音乐学院、民族乐团等联合演唱了聂耳的十多首歌曲。近两百幅图片展览，向人们展现了聂耳和冼星海的生平事迹以及他们所经历的革命道路。

10月29日晚，首都文艺界在首都剧场隆重举行纪念音乐会，纪念聂耳逝世二十五周年、冼星海逝世十五周年。周恩来总理与郭沫若、夏衍、阳翰笙、田汉、楚图南、欧阳予倩、吕骥、张光年、周巍峙、李伟、赵沨等文艺界著名人士出席了纪念音乐会。纪念会由文化部副部长夏衍主持并致辞。中国音协主席吕骥作了报告。中央实验歌剧院、中央民族乐团等单位演出了聂耳作曲的歌剧《扬子江暴风雨》（增订版）和冼星海作曲的《生产大合唱》等。最后，周恩来总理和观众全体起立，与台上的演员齐声歌唱雄伟的《义勇军进行曲》。

1962年

7月7日，日本神奈川县群众团体代表三百多人在藤泽市集会，纪念聂耳逝世二十七周年和“七七”事变二十五周年。日中友好协会副理事长岩村三千夫在会上演讲。会上演唱了聂耳的作品和其他歌曲，并放映了中国传记音乐故事片《聂耳》。

1964年

5月1日，全国人民代表大会朱德委员长为昆明聂耳纪念馆（待建）题词：“人民的音乐家。”

1965年

因1954年建成的聂耳纪念碑，1958年被台风引发的海啸卷走。日本藤泽市聂耳纪念碑保存会再次进行群众性募捐，于1965年9月在原址重建了聂耳纪念碑。郭沫若应邀题写了碑铭："聂耳终焉之地。"

10月31日晚，文化部、中国文联、中国音协在首都剧场为纪念聂耳逝世三十周年、冼星海逝世二十周年联合举办音乐会。周恩来总理出席了音乐会。首都的音乐工作者和业余爱好者演出了聂耳、冼星海的作品，在演出结束时，周恩来总理同演员和全体观众一起高唱《义勇军进行曲》。

1972年

文化大革命中，聂耳也被归入"三十年代文艺黑线"人物，其歌曲遭到禁唱。本年春天才以纪念毛主席《在延安文艺座谈会上的讲话》发表三十周年为契机，国务院文化组用"集体重新填词"的方式，发表了聂耳作曲的一些歌曲。

1975年

冼星海的夫人冲破"四人帮"的阻挠，上书毛主席建议举办纪念人民音乐家聂耳、冼星海的活动。毛泽东主席批示"同意演出"后，江青、张春桥及他们控制的文化部于10月25日晚，安排在只有不到一千个座位的北京民族宫剧场举行"人民音乐家聂耳、冼星海音乐会"。恢复工作不久的中央乐团、中国歌剧团、中国歌舞团、新影乐团的人员，充满激情地演唱、演奏了聂耳、冼星海的作品。重病中的周恩来总理在病床上与邓颖超共同观看了实况转播，并于演出结束后委托邓颖超打电话向演职员表示感谢。许多尚未"解放"的人员，也纷纷想办法前来出席观看了演出。根据群众的强烈要求，此后音乐会又在北京万人体育馆加演了数场。

中国艺术研究院音乐研究所把"文革"时遭到破坏的聂耳、冼星海纪念室恢复后，因当时的文化部领导始终不来进行"审查"，而不能对外开放。

10月30日，上海市文化局在文化广场举办"人民音乐家聂耳、冼星海音乐会"，演出了聂耳、冼星海创作的一些主要作品，受到近万名听众的热烈欢迎。参加演出的有上海乐团等专业文艺团体和上海业余合唱团等业余文艺团体。

1980年

7月15—16日，中国音协云南分会连续举行报告会（由分会主席李坚主持），隆重纪念聂耳逝世四十五周年。中国音协主席吕骥、副主席孙慎、文化部文艺研究所向延生三位同志分别作了《发展新时期的音乐创作，必须继承聂耳的革命传统》、《聂耳的创作道路》、《迎着暴风雨翱翔的海燕——聂耳的生平简述》等专题报告。

7月17日，中国音协云南分会在西山公园聂耳墓前举行了扫墓仪式。中国音协主席吕骥、副主席孙慎等来宾，云南省文化局、云南省音协的负责同志以及云南省音乐工作者及群众代表二百多人在墓碑前肃立默哀。

同日，日本藤泽市和聂耳纪念碑保存会在该市的聂耳纪念碑前举行了纪念聂耳逝世四十五周年仪式。泽藤市市长、聂耳纪念碑保存会会长叶山峻、市议会议长广谷甲二在仪式上讲话。中国驻日本大使馆王晓云应邀出席仪式并讲了话。

1981年

12月，聂耳的三哥聂叙伦写作的《少年时代的聂耳》，由天津新蕾出版社出版。此书详细介绍了聂耳在家乡十八年的生活和学习经历。

1982年

2月15日，纪念聂耳诞辰七十周年大会在北京隆重举行，中共中央书记处书记胡乔木出席了大会，文化部代部长周巍峙作了专题报告。周扬、夏衍、贺敬之、司徒慧敏、李焕之、李伟、卢肃、时乐濛等有关方面负责人以及首都文艺界一千五百多人出席了大会。会上，音乐工作者演出了聂耳的作品。

同日，中国艺术研究院音乐研究所的“聂耳纪念室”，内容经过再次充实后正式对外开放。该所向延生、袁荃猷编辑的《聂耳》图片集，由人民音乐出版社出版。

同日，云南省文化局、云南省文联、中国音协云南分会、昆明市文化局、昆明市文联联合举办的大型音乐活动《聂耳音乐周》，在昆明云南艺术剧院隆重开幕。中共云南省委常委、昆明市委第一书记李原同志主持了开幕式。云南省委宣传部部长、《聂耳音乐周》领导小组组长王甸同志致开幕词。中国音协副主席赵沨在会上讲话。《聂耳音乐周》期间，全省各族音乐工作者代表两千余人参加活动，共演出十三台晚会约五百余个节目。同期，云南省博物馆举办的《聂耳生平展览》，以百多帧珍贵的照片和历史文物，再现了聂耳短暂却光辉的一生。

2月16日，为纪念人民音乐家聂耳诞辰七十周年，玉溪地区行署文教局、地区总工会、共青团玉溪地委，联合在聂耳的故乡玉溪县举办了“纪念聂耳音乐会”。音乐会内容有聂耳的《大路歌》、《毕业歌》、《打桩歌》的演唱，琵琶弹唱《聂耳赞》，花灯组曲《聂耳还乡》以及本地区的民族歌舞。

12月5日，第五届全国人民代表大会第五次会议决定：恢复《义勇军进行曲》为中华人民共和国国歌，撤销本届全国人民代表大会第一次会议1978年3月5日通过的关于中华人民共和国国歌的决定（1978年通过的是经过“集体填词”的《义勇军进行曲》）。

1984年

7月17日，玉溪市（县级）人民政府为筹建聂耳塑像，成立办公室并创办《聂耳与玉溪》专刊，主编崎松。到1985年7月17日塑像落成为止，该刊共刊出16期。

8月，由已调任江西省文化厅副厅长的李坚安排，《聂耳全集》编辑委员会在江西庐山召开该书的审稿会。出席者有副主编孙慎、瞿维、吉联抗，编辑委员聂叙伦、孟波、黎英海、李坚、汪毓和、杨光、向延生及中国艺术研究院副院长白鹰等。

1985年

6月29日，四川省文化厅、四川省音协在四川音乐学院联合举办“纪念聂耳诞辰八十周年音乐会”。玻璃钢镀铜的聂耳立像，同日在该院举行揭彩仪式。

7月16日，为纪念聂耳逝世五十周年，云南省第二届《聂耳音乐周》在昆明云南艺术剧院隆重开幕。出席开幕式的有：文化部副部长周巍峙，中国音乐家协会主席李焕之，中共云南省省委书记普朝柱，副书记朱志辉、刘树生等，以及省市文化部门的负责人和聂耳的哥哥聂叙伦。开幕式后举行“聂耳、冼星海作品音乐会”，云南省歌舞团、昆明聂耳合唱团等专业与业余音乐工作者，演奏了聂耳、冼星海的代表作品。

7月17日，昆明市在西山森林公园举行重建聂耳墓落成典礼。文化部副部长周巍峙，中国音乐家协会主席李焕之，云南省委书记、省长普朝柱，云南省委副书记、副省长和志强，以及省市各界代表五百余人参加了落成典礼。日本藤泽市政府代表团一行四人和藤泽—昆明友谊馆建设市民会六人组成的藤泽市民代表团也应邀参加了落成典礼。普朝柱同志在落成典礼上讲了话。周巍峙、李焕之、普朝柱、朱志辉共同为重建的聂耳墓揭幕。

同日，由共青团昆明市委发起，昆明13万共青团员和少先队员共同集资、募捐建成的枣红色花岗岩聂耳雕像，在聂耳青少年时经常流连的翠湖公园落成，中共中央总书记胡耀邦应邀为雕像题字“人民音乐家聂耳”。

同日，玉溪市（县级）在兴建的聂耳公园举行聂耳铜像落成揭幕典礼，市长曾永德主持仪式。文化部副部长周巍峙，中共云南省委副书记朱志辉，中共玉溪地委书记张平、玉溪市委书记束开泰先后在会上讲话。聂耳的三哥聂叙伦，聂耳雕像的作者、上海交通大学张开先副教授也在会上讲了话。

同日，日本神奈川县藤泽市在鹄沼海滨的聂耳纪念碑前举行聂耳逝世五十周年纪念会。出席纪念会的有：神奈川县副议长岸本英夫，藤泽市市长、聂耳纪念碑保存会会长叶山峻，神奈川县日中友好协会理事长渡边楠之，横滨华侨总会会长马伟鸿等。中国驻日本大使馆参赞段元培也出席了纪念会。

同日，为纪念聂耳诞生七十周年，中国人民邮政发行T.75号“人民音乐家聂耳诞生七十周年”纪念邮票一枚。邮票画面由聂耳像和他创作的《义勇军进行曲》手稿组成，面值8分。这套邮票全张50枚。

8月5—20日，文化部在哈尔滨举办全国聂耳、冼星海声乐作品演唱比赛，时乐濛、沈湘、张权等人担任评委。全国215名参赛选手中，刘维维、王秀芬和彭丽媛分别获得男声组、女声组和民族唱法组金质奖。文化部副部长周巍峙在闭幕式上向获奖者颁发了奖品和证书。

10月14日晚，文化部和中国音乐家协会在北京民族文化宫剧场举行“纪念人民音乐家聂耳逝世五十周年，冼星海逝世四十周年、诞辰八十周年纪念音乐会”。胡乔木、王平、杨成武、周培源、吕骥等有关方面的负责人和聂耳、冼星海的亲属及首都文艺界千余人出席音乐会。文化部副部长周巍峙在会上讲了话，首都文艺工作者演出了聂耳、冼星海的部分作品。后又举办了四场专题演出。

10月，为纪念聂耳逝世五十周年，由文化部、中国音协、音乐研究所领导，有关专家学者和聂耳的亲属组成的《聂耳全集》编辑委员会，历时7年编辑的《聂耳全集》，由文化艺术出版社、人民音乐出版社联合出版，向国内外公开发行。本书为16开两卷精装本，集文字、曲谱、图片、音响为一体，全面收编了聂耳的翔实资料，是首部中国音乐家的全集，《人民日报》刊文称其为“中华文化的丰碑”。

11月22日，江西省文化厅、广播电视厅、音协江西分会为纪念著名音乐家聂耳逝世五十周年，冼星海逝世四十周年、诞生八十周年而联合举办的为期一周的“1985年江西音乐节”在南昌闭幕。来自全省各地的五百六十多位音乐工作者，向观众献出了精心创作的一百九十多部声乐和器乐作品。

11月23—27日，为纪念聂耳逝世五十周年，冼星海诞辰八十周年、逝世四十周年，聂耳、冼星海学会受文化部委托，在汉口召开“中国首届聂耳、冼星海音乐创作学术讨论会”，中国音乐家协会主席李焕之、名誉主席吕骥等出席开幕式。来自全国17个省市音协分会、14所音乐学院等的音乐家共七十多人参加，收到论文五十多篇，后汇编成文集《论聂冼》内部发行。

12月1日，广东省在今天落成的广州星海园举行了聂耳、冼星海纪念大会。中共广东省委副书记谢非、中国音协主席李焕之先后在大会上讲话。

1986年

4月11日，日本神奈川县藤泽市和聂耳纪念碑保存会为纪念聂耳逝世五十周年而修建的聂耳纪念广场和聂耳青铜浮雕胸像，在藤泽市鹄沼海滨举行盛大的揭幕仪式，神奈川县知事长洲一二、藤泽市市长叶山峻和专程访日的聂耳胞兄聂叙伦等人在《义勇军进行曲》的乐曲声中揭开了盖在浮雕像上的幕布。此时五十只白鸽迎着大雨飞向天空。县知事和市长先后发表了讲话。日本各界人士和华侨代表、中国驻日使馆官员等共约五百人出席了揭幕式。

1989年

11月22日，中共中央主席江泽民到昆明西山聂耳墓敬献花圈，并亲自指挥随行工作人员共同齐唱聂耳作曲的《毕业歌》。当天他在西山聂耳纪念室题词："伟大的人民音乐家聂耳同志永垂不朽。"

1992年

2月10日下午，云南省、昆明市文化界、音乐界知名人士及各界群众三百余人在西山森林公园聂耳墓地隆重举行"纪念聂耳诞辰八十周年暨聂耳大型浮雕、陈列室落成大会"。中共云南省委书记普朝柱，省委常委邱创教、梁金泉、王广宪等省市领导以及省市文化部门的负责人出席纪念大会。普朝柱同志在纪念会上讲话。聂耳的胞兄聂叙伦也应邀在大会上讲话。

2月22日，玉溪市（县级）举行"聂耳故居修缮竣工暨聂耳塑像落成揭幕典礼"，市长冯维益主持仪式，国家文化部人事司副司长王华彦、中国音协副主席孙慎、日本"中国音乐研究会"访华团副团长张晓晖、聂耳的三哥聂叙伦等分别讲话并参加剪彩。各界群众三百多人参加仪式并参观了陈列展览。

5月，云南省社会科学院王懿之著《聂耳传》，由上海音乐出版社出版。

10月28日，中国音协、上海文联等单位在上海举行聂耳铜像落成典礼。该像立于聂耳在上海的最后住所旁边的淮海中路与复兴路口的街心公园里。吕骥、周巍峙、孟波等人出席了落成典礼。

1995年

7月17日，昆明市组织聂耳逝世六十周年纪念活动，到聂耳墓祭扫、敬献花篮，部分文艺工作者和学生演唱了《铁蹄下的歌女》、《卖报歌》、《梅娘曲》、《毕业歌》等聂耳歌曲，朗诵了《永恒的旋律》、《聂耳之歌》等诗歌。

11日，由中国音乐家协会等单位主办的第二届聂耳、冼星海全国声乐演唱比赛在广东东莞市举行。孙慎、时乐濛、郭淑珍、吴雁泽等人担任评委，潘淑珍、雷岩获得女声组和男声组金奖。

12月1日，中国文联等单位在北京人民大会堂隆重举行"《国歌》创作六十周年纪念座谈会”。全国人大常委会副委员长雷洁琼、王光英等各界人士出席会议。全国政协副主席万国权、文化部副部长周巍峙、中国音协名誉主席吕骥、《中华人民共和国国歌》词作者田汉的亲属等人在发言里回顾了《中华人民共和国国歌》创作的经过，六十年来广为流传的历程和巨大的历史意义与作用。

12月4日，由中宣部、文化部和解放军总政治部主办，中国文联等单位承办的“中华人民共和国国歌纪念音乐会”，在北京人民大会堂隆重举行。江泽民、李鹏、乔石、朱镕基、胡锦涛等党和国家领导人出席音乐会。江泽民为纪念音乐会的四个乐章题词：“热爱祖国、建设中国、保卫祖国、赞美中国。”中央乐团、中央歌剧院、中央芭蕾舞团、总政歌舞团、解放军军乐团以及众多著名音乐家，演出了聂耳等人数十年来创作的28首历史名曲。

1999年

9月，（玉溪）存文学、冯德胜著《聂耳——从云南大山走出来的音乐大师》，由云南人民出版社出版。

2001年

2月15日，玉溪市红塔区文化局和市邮政局经国家邮政总局批准，共同向全国公开发行《人民音乐家聂耳》中英文对照的邮资明信片小本册一套，内容包括中央有关领导题词和聂耳的照片共10幅。发行量为10000册。

2002年

2月6—8日，由中国音协，玉溪市委、市政府主办了纪念聂耳诞辰九十周年系列活动。2月6日晚举行“聂耳——玉溪的骄傲”大型诗歌演唱会。2月7日上午举行纪念大会，中国文联主席周巍峙，中国音协主席傅庚辰、秘书长顾春雨，云南省委、省政府有关领导和玉溪市委书记李江，市委副书记、市长孙学明出席纪念大会；下午举行座谈会，畅谈聂耳精神及其深远影响；晚上举行音乐晚会，中央民族乐团演奏了聂耳的作品及其他中外名曲。2月8日晚的“歌舞·花灯·滇剧”精品晚会，展示了“花灯之乡”的舞台艺术成果。

2月9日，云南省文化艺术界在昆明西山聂耳墓前纪念聂耳诞辰九十周年，副省长梁公卿向聂耳墓敬献花圈，省人大、省政协、省文联、省音协、省直文化系统等有关部门负责人、文化艺术界人士及聂耳亲属参加纪念活动。省文化厅厅长贺光曙代表全省文化艺术界致辞。

2004年

3月14日，全国第十届人大第二次会议通过《中华人民共和国宪法修正案》，把《义勇军进行曲》作为中华人民共和国国歌，首次写入宪法。

5月25日上午，云南聂耳音乐基金理事会成立大会在玉溪召开。大会通过了基金会《章程》及理事会理事名单，成立了云南聂耳音乐基金会理事会。

2005年

5月31日，“玉溪聂耳音乐研究课题组”以“文化沙龙”的座谈形式成立，由中共玉溪市委书记孔祥庚担任组长。课题组的工作遂得到各级有关领导的高度重视。

6月，云南聂耳音乐基金理事会开始创办基金会会刊，主编崎松。每年出刊一册，现已刊出5期。

7月17—19日，玉溪市委、市政府将每年的7月17日定为“聂耳纪念日”后，举行纪念大会和各种仪式，召开专家座谈会和聂耳音乐研讨会，举办音乐会和群众性综合文艺晚会。

9月15日，前来玉溪考察的原中共中央政治局常委、国务院常务副总理李岚清，参观了位于北门街口的聂耳故居，会见了玉溪聂耳音乐研究课题组人员。在聂耳音乐厅观看“聂耳音乐作品汇报演出文艺晚会”，演出后给予高度评价。

2006年

5月24日—6月2日，由玉溪市和红塔区文化局承办的“崎松研究聂耳藏品及成果展览”在玉溪博物馆举行，共展出聂耳文物史料一千二百多件。

7月17日，玉溪市举行“聂耳广场竣工仪式”。文化部副部长陈晓光，中国音协主席傅庚辰，云南省委副书记丹增、省委常委兼宣传部长张田欣及玉溪市党政领导孔祥庚、董诗强、王跃出席。

音乐广场占地面积656亩（其中水体面积220亩），包括音乐广场、玉湖、玉溪大河、聂耳塑像及聂耳大剧院、聂耳图书馆、聂耳纪念馆等建筑，总投资2.6亿元。

7月17—20日，由中国少数民族音乐学会、云南聂耳音乐基金会共同主办，玉溪聂耳音乐研究课题组承办的中国少数民族音乐学会第十届（玉溪）年会暨聂耳音乐学术研讨会在玉溪召开，有来自全国各地的136名（含玉溪列席的34名）音乐学家参加。提交聂耳音乐研讨论文36篇。

12月，由云南聂耳音乐基金会、玉溪聂耳音乐研究课题组合编的《聂耳音乐研究文集》，由中国文联出版社出版发行。

2009年

6月12日晚，“首届中国聂耳音乐（合唱）周”在北京人民大会堂隆重举行开幕式——演出大型文艺晚会《前进颂》。中共中央政治局常委李长春、中央政治局委员刘云山与徐才厚，全国人大常委会副委员长周铁农、全国政协副主席孙家正，中共云南省委负责人白恩培、李纪恒、张田欣，玉溪市党政领导孔祥庚、高劲松与首都各界五千余人共同观看了演出。

6月18日晚，在玉溪聂耳音乐广场举行“首届中国聂耳音乐（合唱）周”闭幕式——演出《万众一心》音乐晚会。合唱周期间，玉溪举办了11场“万人同唱国歌”音乐晚会，来自广西、新疆、内蒙古和俄罗斯、美国等国内外的歌舞团应邀前来参加了演出。

音乐周期间还举办了“国歌与中国音乐文化”高层论坛，原中国文联副主席仲呈祥和省内外著名音乐家冯光钰、张振涛、向延生、杨民康、韩钟恩、陈勇、钱康宁以及聂耳的侄女聂丽华、玉溪文艺界共百余人参加。共收到论文三十多篇，大会上宣读了十余篇。

9月25日，由中共上海市委宣传部、上海杨浦区委和区政府共同建设的“国歌纪念广场”及“国歌展示馆”，在当年拍摄影片《风云儿女》的原上海电通影片公司旧址——荆州路151号（位于杨浦区的长阳路与荆州路口）落成。来自上海、北京、昆明、玉溪、杭州等地的来宾出席了落成典礼。

2010年

7月15—17日，为纪念聂耳逝世七十五周年，玉溪市聂耳纪念馆特举办开馆典礼与“聂耳精神与和谐文化”主题研讨会。来自省内外专家学者及相关领导共六十多人参加会议，所收到的多篇论文将汇编出版。

7月17日，玉溪市在聂耳文化广场举行文艺晚会，演唱聂耳的歌曲并表演各种文艺节目，有上千人参加了纪念晚会的活动。

（讯息来源：《人民日报》、《云南日报》、《玉溪日报》及有关书刊。
黄富、崎松整理，向延生审订）

《聂耳全集》编辑委员会

（1985年版）

《聂耳全集》编辑办公室

增订版

聂耳全集

中卷·文字编

《聂耳全集》编辑委员会 编

文化艺术出版社
Culture and Art Publishing House

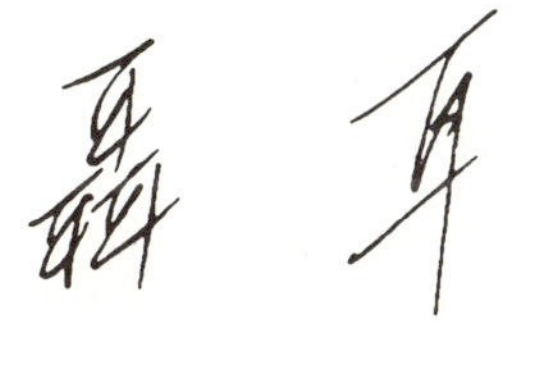

1932年摄于上海

目 录

一、文稿

二、书信

三、日记

附录

图片目录

一、文稿

二、书信

三、日记

（一）在昆明

（二）在上海“云丰”申庄

（三）在上海联华影业公司音乐歌舞学校

（四）在上海明月歌剧社

（五）在北平

（六）在上海联华影业公司、百代唱片公司

（七）在日本

一、文稿

编者说明

聂耳遗留的文稿中，除了在校学习时的作文、试卷之外，还有短篇小说、散文、诗歌、评论、报道、电影故事、电影剧本等众多体裁的作品。

聂耳留有篇名的文稿共为五十三篇，存文仅四十三篇(内有一篇仅存首段)。相差的十篇，有的因为原载的报刊尚未找到，有的可能是投稿未经刊用，只得缺佚待查。详见本书中卷附录中的“文稿年表”。

由《我之人生观》至《斜阳》的十七篇，均为聂耳学生时代的作文。现仍按照手稿上教师的批改断句、标点：(　)*号中为聂耳的原文，〔　〕*号中为教师批改的字句。

聂耳的某些文章当时是用笔名发表的，署名情况均见“文稿年表”。

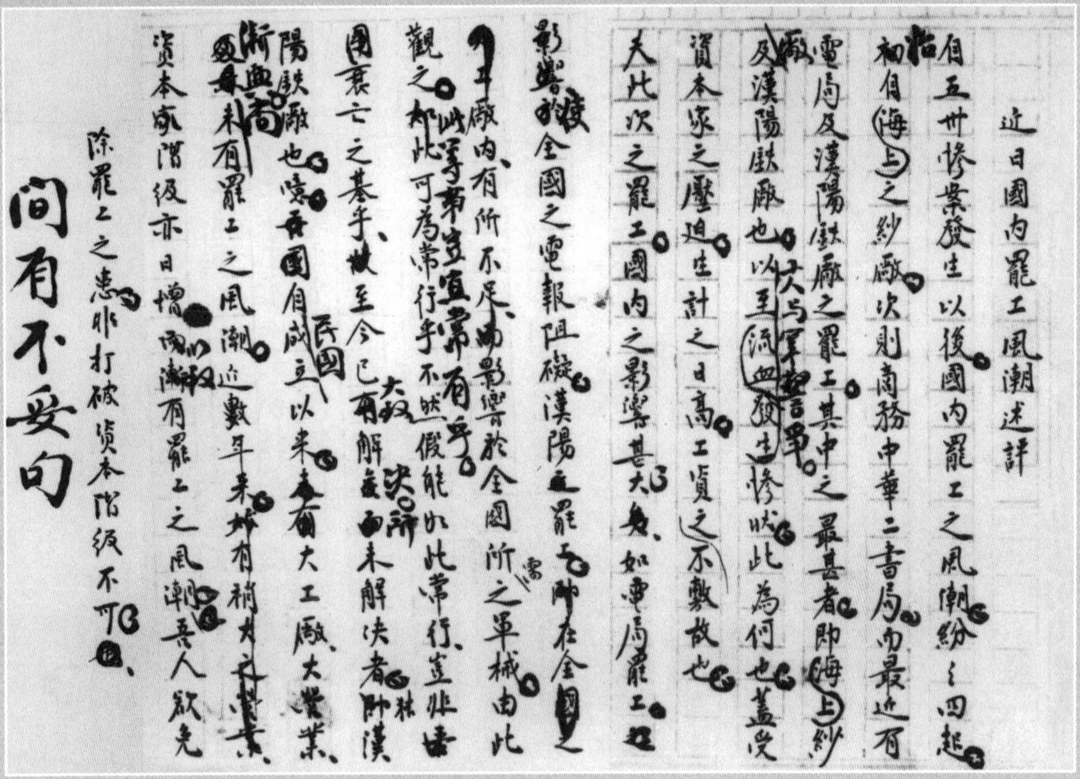
近日國內罷工風潮述評

自五卅慘案發生以後，國內罷工之風潮紛紛四起。初自海上之紗廠，次則商務中華二書局，而最近有電局及漢陽鐵廠之罷工。其中之最甚者，即海上紗廠及漢陽鐵廠也。此為何也？蓋受資本家之壓迫，生計之日高，工資之不敷故也。夫此次之罷工，國內之影響甚大，如電局罷工，影響全國之電報阻礙；漢陽罷工，影響於全國所之軍械。由此觀之，此可為常行乎？不然，假能如此常行，豈非國衰亡之基乎。故至今已有解決而未解決者，即漢陽鐵廠也。吾國自成立以來，未有大工廠大實業，未有罷工之風潮，近數年來始有稍大之工廠，資本家階級亦日增，而漸有罷工之風潮。吾人欲免除罷工之患，非打破資本階級不可也。

間有不妥句

1925年，聂耳在云南联合中学时的作文《近日国内罢工风潮述评》手迹

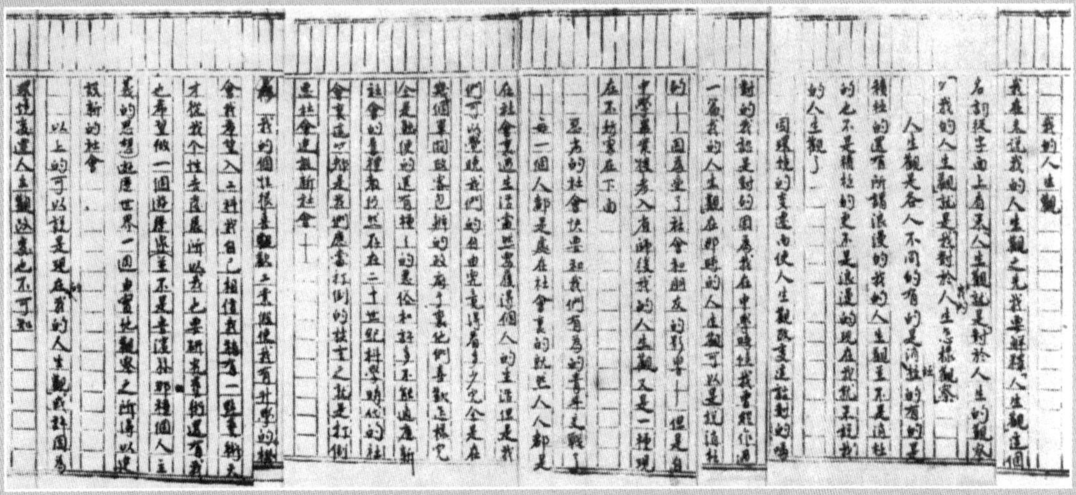

1928年，聂耳在云南省立师范时的作文《我的人生观》手迹

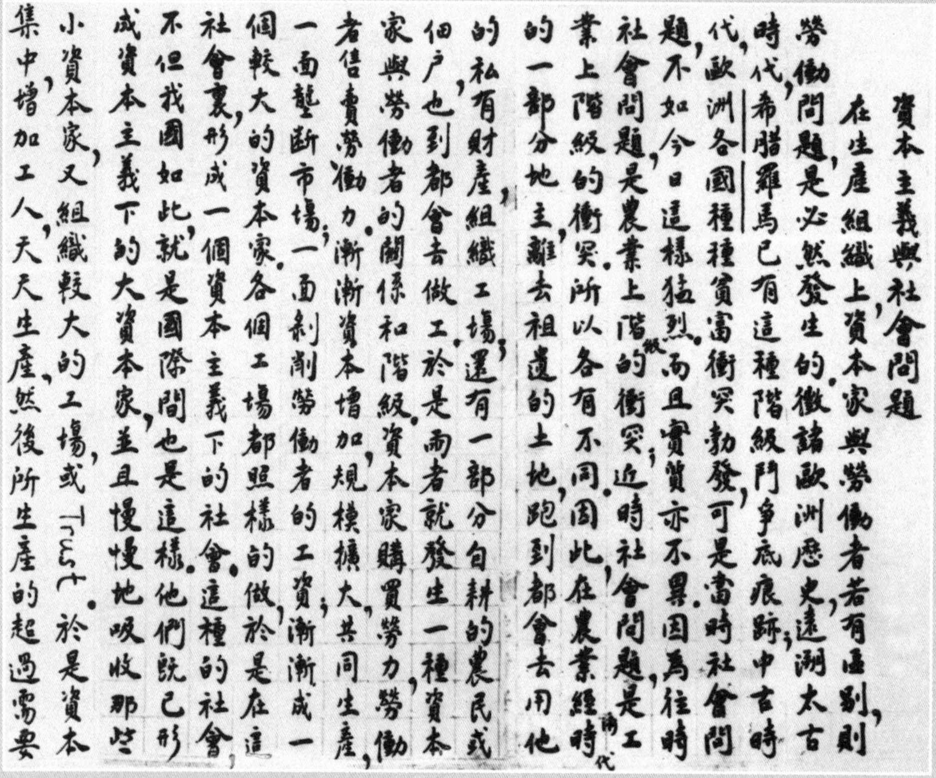

資本主義與社會問題

在生產組織上，資本家與勞働者若有區別，則勞働問題是必然發生的。徵諸歐洲歷史，遠溯太古時代，希腊羅馬已有這種階級鬥爭底痕跡；中古時代，歐洲各國種種貧富衝突勃發，可是當時社會問題，不如今日這樣猛烈。而且實質亦不異。因為往時社會問題，是農業上階級的衝突；近時社會問題，是工業上階級的衝突。所以各有不同。因此，在農業經濟時代的一部分地主，離去祖遺的土地，跑到都會去用他的私有財產，組織工場；還有一部分自耕的農民或佃戶，也到都會去做工。於是兩者就發生一種資本家與勞働者的關係和階級。資本家購買勞力，勞働者售賣勞働力。漸漸資本增加，規模擴大，共同生產，一面壟斷市場；一面剝削勞働者的工資；漸漸成一個較大的資本家。各個工場都照樣的做，於是在這社會裏，形成一個資本主義下的社會。這種的社會，不但我國如此，就是國際間也是這樣。他們既已形成資本主義下的大資本家，並且慢慢地吸收那些小資本家，又組織較大的工場，或 Trust。於是資本集中，增加工人，天天生產，然後所生產的超過需要

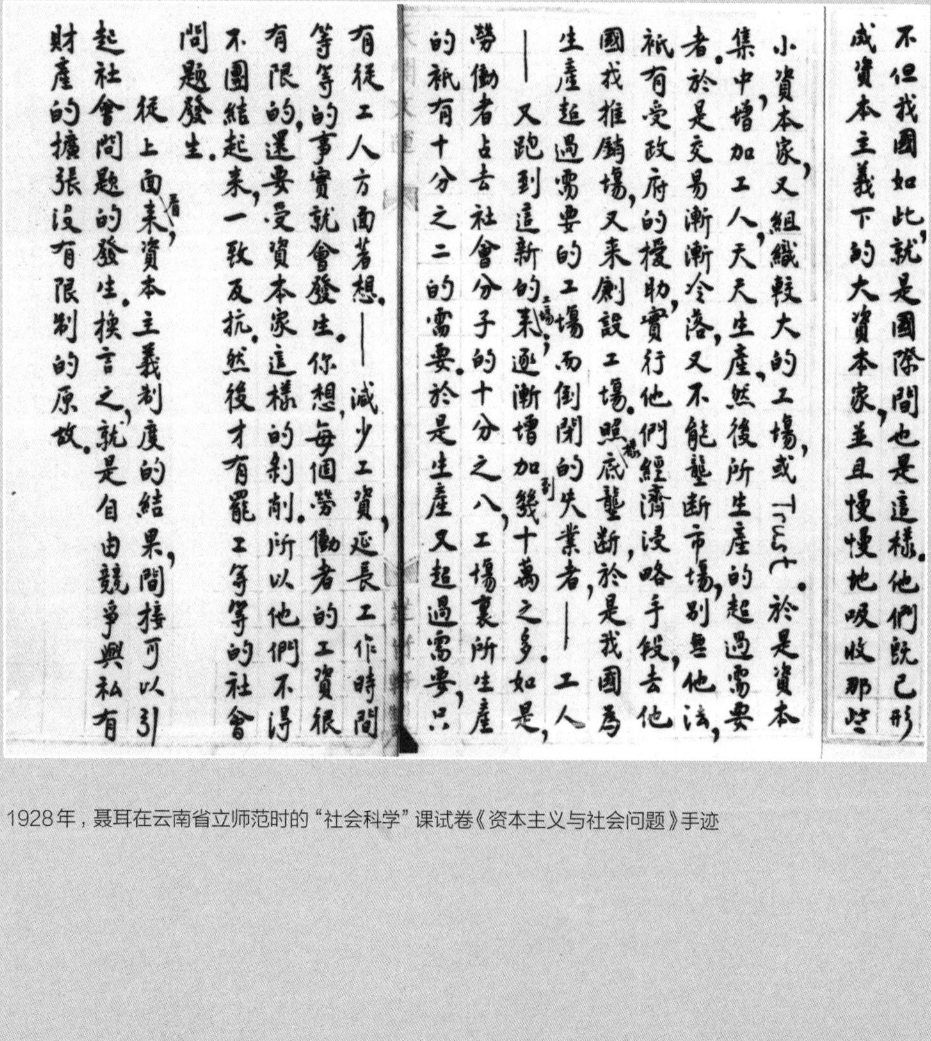

不但我國如此，就是國際間也是這樣。他們既已形成資本主義下的大資本家，並且慢慢地吸收那些小資本家，又組織較大的工場，或 Trust。於是資本集中，增加工人，天天生產，然後所生產的超過需要者。於是交易漸漸冷落，又不能壟斷市場，別無他法，祇有受政府的援助，實行他們經濟侵略手段，去他國找推銷場，又來創設工場。徹底壟斷，於是我國為生產超過需要的工場，而倒閉的失業者，——工人——又跑到這新的工場，逐漸增加到幾十萬之多。如是，勞働者占去社會分子的十分之八，工場裏所生產的祇有十分之二的需要。於是生產又超過需要，只有從工人方面著想。——減少工資，延長工作時間等等的事實就會發生。你想，每個勞働者的工資很有限的，還要受資本家這樣的剝削，所以他們不得不團結起來，一致反抗。然後才有罷工等等的社會問題發生。

從上面來看，資本主義制度的結果，間接可以引起社會問題的發生。換言之，就是自由競爭與私有財產的擴張沒有限制的原故。

1928年，聂耳在云南省立师范时的“社会科学”课试卷《资本主义与社会问题》手迹

黎錦暉的

「芭蕉葉上詩」

（黑天使）

歌舞家黎錦暉暨其弟景光所領導的明月歌劇社自京漢回滬以後，我們都希望能趕快解開這個疑問「明月歌劇社自聯華脫離後，究竟是加入天一還是明星」？（五月廿六日電影時報）因爲我們至少會關心着深刻在腦裏的，活潑的，健美的王人美女士和歌舞明星黎莉莉胡笳女士，直到現在才算弄清楚他們是怎樣一個關係：

他們仍是一個自己獨立的歌舞團體並沒有和任何公司簽訂長年的合同，聽說現在和天一公司訂拍一部聲白歌舞片，由王人美・黎莉莉主演的「芭蕉葉上詩」。

黎錦暉先生曾發表過一篇大作「中國歌舞與電影」，吾覺得他對於中國的歌舞着實抱着很大的希望，同時，他還努力地在走着他的新的路線。

「芭蕉葉上詩」是黎錦暉在中國電影界的第一次供獻，他由歌舞的作曲者一變而爲有聲電影的編劇者，這不能不說他在他的路線上更踏進一步了！

前一個月明月歌劇社在南京表演時，正遇我有着充分的閒暇，我最好的便是這些玩藝兒，每換節目總是少不了我一張票。記得第一天的節目中有「大歌話劇芭蕉葉上詩」，我更熱望的去欣賞，結果，大失所望！

我懷疑我自己程度的太不够，明月歌劇社一年來進步的厲害，這部大歌話劇竟會使觀衆沒有了解牠的能力！

爲了「芭蕉葉上詩」要拍聲影片的消息傳到耳裏，突然又懷疑到：「是不是和舞臺表演的一樣的把戲」，費了不少力，找到一位明月歌劇社的朋友給我一個出我意外的圓滿的答覆：

「芭蕉葉上詩是一部有聲有色的歌舞對白片，裏面有激烈的戰爭，有偉大的戀愛，有緊湊的穿挿，有美艷的歌舞，有滑稽，也有眼淚，更有愛國的精神。」

「在舞台上所演的差不多是內中一部份吃醋的故事。」

聽了這樣簡而明的富有誘惑性的回答以後，我高興！我興奮！「芭蕉葉上詩」不覺給我好感起來，使我失望了的心又從新熱望了起來，在這兒，難免不憶起黎錦暉先生寫「中國歌舞與電影」的總結一句話：

「中國歌舞與電影，在目前宜有一個純正的目標，就是努力鼓舞觀衆的心神，樂音以「雄壯」爲主，歌唱以「熱烈」爲先，舞蹈以「開展」爲要，而聲片之材料則以「自衛衛國」爲樞紐，任憑加上三角，四五六角戀愛的穿挿，總須顧到「民衆疾苦」以及「國難臨頭」的暗示，若專仿美國式拜金派的作品或迎合舊習的神怪武俠作品，至少鄙人不願領教。」

錦暉先生的「目標」是否「純正」？我們暫時不問；由「芭蕉葉上詩」的內容看來，它的取材似乎根據過黎氏的「純正的目標」，那簡直可以料想它是一部國產片中從未有過的包羅萬象的新片！

「芭蕉葉上詩」，黎錦暉的「芭蕉葉上詩」，我們暫時預祝它的成功吧！

最後，希望它能很快和我們見面，等我們得到實際的觀察後，要「捧捧場」或是「指摘」慢慢再來吧！

小說 春天裏

「你不知道女人底心……

「她原是要你進去的……

「女人說不要就是……說不要你進去就是要你……想一個人獨自哭，就是……慰她。」

「嫌了忸怩，嫌了……了轉灣，就不會有女人……

1932年7月13日，聂耳以笔名“黑天使”在上海《时报》发表的评论《芭蕉叶上诗》

中國歌舞短論

黑天使

電影藝術，本不應該談起歌舞；但看有聲片裏，似乎有着很多用處，無妨就此叙述叙述：

說到中國的歌舞，不免想起創辦這玩意兒的鼻祖：黎錦暉，不怕苦，帶領了一班紅男綠女東奔西跑，國內國外，顯了十幾年的軟功夫；佩服！佩服！

香艷肉感，熱情流露；這便是十幾年來所謂歌舞的成績。

口口聲聲唱的是藝術，是教育；然而，那麼一羣一一表演者——正是處着不可言狀的失學之苦，什麼叫社會教育？兒童教育？唉！被麻醉的青年兒童，無數！無數！

黎錦暉的作品當中，並非全是一塌糊塗；有的却帶有反封建的元素，也有的描寫出片面的貧富階級懸殊；然而，我們所需要的不是軟豆腐，而是真刀真鎗的硬功夫！你想、資本家住在高樓大廈大享其福，工人們汗水淋漓地在機械下暗哭；我們應該取怎樣的手段去尋求一個勞苦大衆的救主?!

「夜花園裏」是實文著感到勞苦大衆的痛苦，「小利達之死」便寫了一點點貧富的衝突；所以，我之對于歌舞和那鼻祖，還有着一線的希望之路。

今後的歌舞，若果仍是爲歌舞而歌舞，那末，根本莫想踏上藝術之途！再跑幾十年也罷！還不是嘴裏進，屁股裏出。

貧富的懸殊，由鬥爭中找到社會的進步；這事實，誰也不能掩護；噯喲喲！親愛的創辦歌舞的鼻祖喲！你不要以爲你有反封建的意識便以爲滿足！你不聽見在這地球上，有着無窮的一羣人在你的周圍吶喊，狂呼；你要向那羣衆深入，在這裏面，你將有新鮮的材料，創造出新鮮的藝術。喂！努力！那條才是時代的大路！

一九三二，七，十三。

1932年7月22日，聂耳以笔名“黑天使”在《电影艺术》第三期发表的评论《中国歌舞短论》

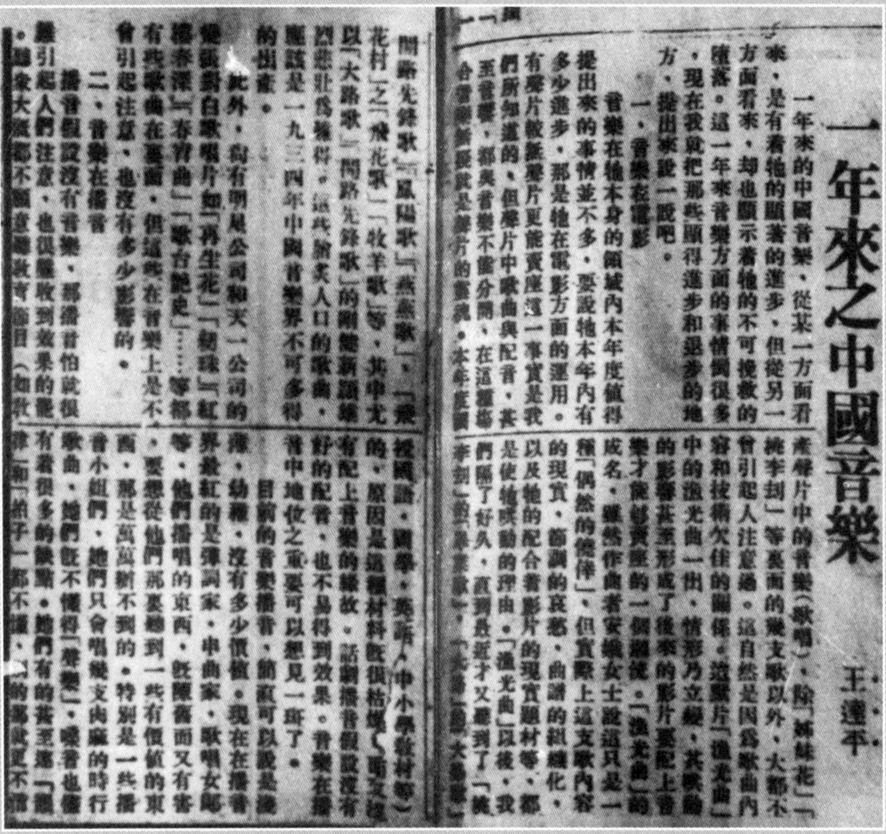

一年來之中國音樂

王達平

一年來的中國音樂，從某一方面看來，是有着牠的顯著的進步，但從另一方面看來，却也顯示着牠的不可挽救的墮落。這一年來音樂方面的事情很多，現在我就把那些顯得進步和退步的地方，提出來說一說吧。

一、音樂在電影

音樂在牠本身的領域內本年度值得提出來的事情並不多，要說牠本年內有多少進步，那是牠在電影方面的運用。有聲片較無聲片更能賣座這一事實是我們所知道的，但聲片中歌曲與配音，甚至音樂，都與音樂不能分開，在這種[illegible]本年度[illegible]

產聲片中的音樂（歌唱），除「姊妹花」「桃李劫」等裏面的幾支歌以外，大都不會引起人注意過。這自然是因爲歌曲內容和技術欠佳的關係。這聲片「漁光曲」中的漁光曲一出，情形乃立變，其映曲的影響甚至形成了後來的影片要配上音樂才能夠賣座的一個趨徒。「漁光曲」的成名，雖然作曲者安娥女士說這只是一種「偶然的僥倖」，但實際上這支歌內容的現實，曲調的哀愁，曲譜的組織化，以及牠的配合着影片的現實題材等，都是使牠暎動的理由。「漁光曲」以後，我們隔了好久，直到最近才又聽到了「桃李劫」的「畢業歌」，「大路歌」「開路先鋒歌」「鳳陽歌」「燕燕歌」，「飛花村」之「飛花歌」「牧羊歌」等，其中尤以「大路歌」「開路先鋒歌」的雄健新頴[illegible]，悲壯爲[illegible]得，這些膾炙人口的歌曲，應該是一九三四年中國音樂界不可多得的收穫。

此外，尚有明星公司和天一公司的幾張對白歌唱片如「再生花」「鐵珠」「紅樓春深」「春宵曲」「歌台艷史」……等都有些歌曲在裏面，但這些在音樂上是不會引起注意，也沒有多少影響的。

二、音樂在播音

播音假設沒有音樂，那播音怕就很難引起人們注意，也很難收到效果的罷。像大家都不願意聽教育節目（如教授國語，國學，英語，中小學教材等）的，原因是這種材料既很枯燥（雖又沒有配上音樂的緣故。話劇播音假設沒有好的配音，也不易得到效果。音樂在播音中地位之重要可以想見一斑了。

目前的音樂播音，簡直可以說是[illegible]亂，幼稚，沒有多少價值。現在在播音界最紅的是彈詞家，申曲家，歌唱女郎等。他們播唱的東西，既陳舊而又有害，要想從他們那裏聽到一些有價值的東西，那是萬萬辦不到的。特別是一些播音小組們，她們既不懂得「聲樂」，嗓音也僅有着很多的缺點，她們有的甚至連「[illegible]律」和「拍子」都不懂，[illegible]

1935年1月6日，聂耳以笔名“王达平”在上海《申报》发表的述评《一年来之中国音乐》

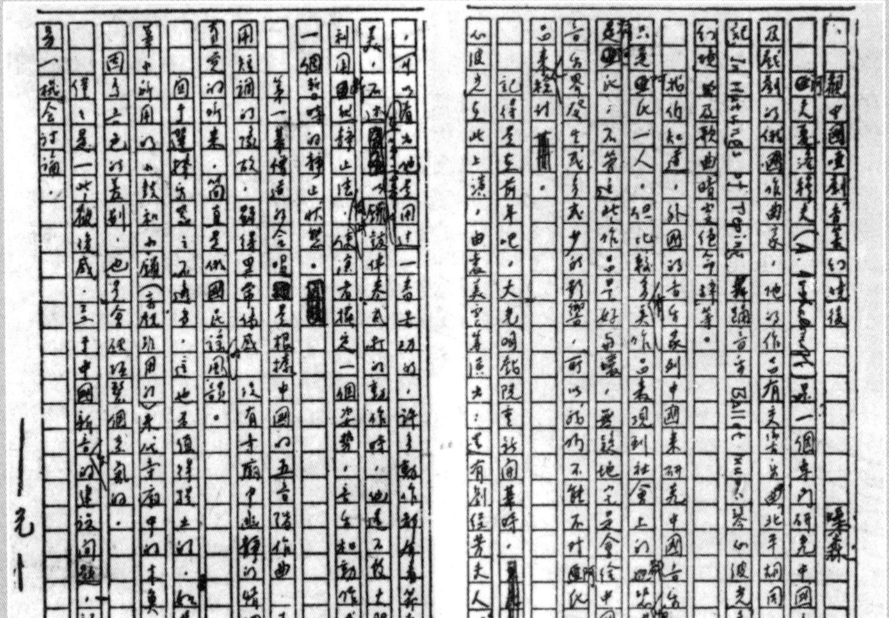

1935年8月16日，上海《电通》画报第七期刊载的聂耳遗文《观中国哑剧〈香篆幻境〉后》手迹

我之人生观

人生于世，究竟为的什么？自然是：穿衣啊、吃饭啊、读书啊、升学啊、游历啊、结婚啊、病啊、死啊，不过如此而已。又问，所以要穿衣、吃饭、升学、结婚等，其终点究竟收得什么效果呢？总是不（勉）*〔免〕*于死——所以，人生在世还有什么兴趣呢！总括说来，人生实是“无味”！

现在我（不妨）*〔来〕*谈一谈我的人生观：

我的人生观，非是宗教家的、哲学家的以及科学家的。不过，世界实是一个幻想，我想我们虽然一天一天过去，表面上不觉得什么，实际上还受政府和外人的支配管辖。我觉得最好是等到大学毕业，去游历一转之后，对于学术上有（多番的）*〔点〕*研究，并且还有几个钱，那时我们又将如何呢？不消说，来到滇的西山，买点极清幽的地方，或是在外省也有极静或山水清秀的，也还有可以。约得几个同志，盖点茅屋，一天研究点学问，弄点音乐。不受外人支配，也不受政府的管辖，如此，岂不是就终了我的身了吗？[①]

【教师批语】青年志望宜远大，不宜作隐逸之想。惟文尚明净。

① 从此文开始到《滇省金融问题》为止，都是聂耳1925年秋冬在云南第一联合中学第二学年第一学期的作文。

我读小说所得之利

夫小说者，盖为人类情感之结晶体也，而其（之）* 利害（俱有）*〔亦参半〕* 焉。余所读之小说，亦不（菲也）*〔少〕*，（而论其）*〔故〕* 利害（之于余）*〔兼有。〕*（亦伙也矣。）*

如最近所阅之《桃花扇》，为中国（明末）*〔清代〕* 之名曲。其中之事实，即表现二人恋爱之不自由，经历艰险，结局仍是分而不能复合，合而不得不摆脱一切，各自出家修道。而曲中虽用恋爱为基础，（然而）* 实是描写（当日）*〔明末南都〕* 政治之混乱，国耻之丧亡，言论出版之不自由。每出（之）*〔多〕* 精彩，每人之个性，忠勇节义，奸雄伪诈，热闹冷静，幽雅雄武，无不文中有物，纸中有人。此（类情感）*〔种作品，〕* 真令人〔读之〕* 可悲可笑，诚（优）* 妙〔文〕* 也。

（如此）*〔读之〕* 于余之情感文上，稍得补助。而其中之害，惟间涉迷信之谈，不免白璧微瑕。并有旁白之处，应（须）*〔即〕* 删除，方（合科学）*〔为完善〕* 之作品也。此外余所读之小说颇多，（现举此为例也）*〔不胜枚举矣〕*。

【教师批语】所述颇有心得。

戏剧为社会教育之利器

戏剧者，文学美术之结晶也。盖戏剧(之)*起源于歌舞。我国古代之歌舞，多用于祀神。(汉后)*〔至北〕*宋(时)*〔末〕*，始有院本杂剧。至元明清时，渐有传奇、昆曲、京调等旧剧之盛行。近〔且〕*有新剧之提倡焉。(此)*戏剧中之情节，(亦)*有喜者、怒者、哀者、乐者，诚可动人。而戏剧亦(兼有)*〔为〕*社会教育之(意味)*〔利器〕*，其中尤以新剧为甚。如最近所编之《孔雀东南飞》[①]一剧，(尤)*〔大〕*为动人。描写一恶家庭之恶姑，(破坏)*〔使〕*其(之不和睦)*〔子妇〕*(逼迫)*分离，结果二人自杀——此剧之合于社会教育者，(不过)*为一种(讽刺)*使感动观者不(能)*〔复〕*为此恶家庭之姑(媳者)*也。(故可)*为社会教育(之补助)*——又如旧剧中之《三娘教子》一剧，(则亦然也)*〔亦可以勉人为善。〕*(其余)*〔但〕*旧剧〔中〕*(其颇多，其中)*下流(俱)*〔者亦〕*多。(以及)*间有(奸淫之情)*〔诲盗诲淫者〕*。故旧剧(少有于)*〔宜改良始有益〕*于社会教育(者)*。(而)*〔至〕*新剧(中之)*〔则〕*多半(颇)*〔为〕*社会(教育之利器也哉)*〔问题剧。若积极提倡之，其收效实较学校教育为大也〕*。

【教师批语】明顺可嘉。收处稍冥。

---

① 源于汉乐府民歌的同名长篇叙事诗，内容叙述汉末小吏焦仲卿及其妻刘兰芝由于受到封建传统势力的压迫，终至离异的爱情悲剧。

论谣言之害

夫国家之有战事，人民之时恐慌者，何也？（盖为）*〔皆〕*谣言之（宣传）*〔所致〕*也。而（问）*谣言之（所以能）*源起（者）*，即（在）*〔一〕*国（家）*之中，（非有）*〔无〕*正当之言论机关，或在上者（模惑）*〔愚蔽人〕*民（心之鼓吹）*。

（既）*如最近（吾滇之）*〔外报〕*有谣言云——某月某日，范逆石生①或败或死。某月某日，范军入省大烧大掠，且与唐氏②大战于此。——噫！此等谣言，（或）*能弄假以成真，（于是引起）*〔遂使〕*民心（之）*恐慌，（日渐）*〔以致〕*米珠薪桂，百物昂贵。消息日紧，民心愈加愤怒。（如）*〔由〕*此（以）*观〔之，〕*谣言之害〔事岂〕*不大乎。

吾人（之）*欲免除谣言之患，其最要者，须有正当之言论机关。消息正确，战事〔则〕*不易发，（生，此）*谣言之患即可免矣。

【教师批语】说害处尚切。

① 范石生时为驻广东滇军第二军军长。1925年随广东革命政府声讨控制云南军政大权的唐继尧。

② 云南省省长，建国联军总司令唐继尧。

近日国内罢工风潮述评

自五卅惨案发生以后，国内罢工之风潮，纷纷四起。(初)*〔始〕*自上海之纱厂，次则商务、中华二书局，而最近有电局及汉阳铁厂之罢工。其中之最甚者，即上海纱〔厂〕*及汉阳铁厂也。〔工人与军警争，〕*以至发生流血惨状，此为何也？盖受资本家之压迫，生计之日高，工资不敷之故也。

夫此次之罢工，国内之影响甚大（矣）*。如电局罢工（之影响于）*〔，〕*〔使〕*全国之电报阻碍。汉阳（之）*罢工〔，〕*（即）*在全（国之大工）*厂内，有所不足，(而)*影响于全国所需之军械。由此观之，〔此等事岂宜常有乎，〕*（如此）*可为常行乎〔。〕*不然假能如此常行，岂非(吾国)*衰亡之基乎。(故)*至今已(有)*〔大致〕*解(矣而)*〔决〕*。〔所〕*未解决者，(即)*〔独〕*汉阳铁厂也。噫！（吾国）*自〔民国〕*成立以来，(未有)*大工厂、大营业（及亦）*〔渐兴，尚〕*未有罢工之风潮。近数年来，(始有稍大之营业，)*资本（家）*阶级亦日增。(而渐)*〔以致〕*有罢工之风潮。吾人欲免除罢工之患，非打破资本阶级不可（也）*。

【教师批语】间有不妥句。

旅行西山之感想

省垣之西，有一山焉。高百仞，（正）*〔东〕* 临昆湖，风景绝佳，即西山〔是〕* 也。〔乙丑[①] 〕* 十一月一日，本校旅行此地焉。是日天气晴朗，秋风和畅。七时出发，七〔时〕* 半开船。经草海[②]，十时抵山麓，至吴家庄午点。邀同学二三，直上三清阁。又往龙门，至所谓之石房子[③]，又至绝顶。往下望之，则见舟若小叶，人小若蚁。（少焉，）* 二时即下，三时午餐，摄影后约近四时矣。登船而回，行至草海，金乌已坠。六〔时〕* 半回校饮粥，助归。

夫是日之旅行，（似）*〔余不〕* 觉欣然而喜，（忧）*〔悠〕* 然而叹。因余终未尝至此地，突然能得登山玩水，乃吾之大幸也，且能有益身心。所以叹之者，（盖）* 若能再加培植，便利交通，以为避暑之所，如此，则可为滇之首屈一指也。

【教师批语】简要不浮。

---

① 农历乙丑年为1925年。
② 昆明大观楼与滇池之间的一些水面上长满了高大的水草，故被称为“草海”。
③ 三清阁、龙门、石房子均为昆明西山上的著名名胜古迹。

谈戏剧

（夫）* 戏剧者，（盖）* 文学美术之结晶体也。戏剧有（了）* 新剧旧剧之别。新剧者，即（在）* 今世所提倡（以旧剧改良后）*〔之外国〕* 有表情而无歌舞也。旧剧者，（乃）*〔如〕* 歌舞、院本、杂（记）*〔剧〕*、传奇、昆曲、京调等，皆属（此）*〔之〕* 也。

夫新剧之〔有益〕* 于社会教育，弗待言也。其中有关于社会问题，家庭问题，或切身问题者。（好）*〔如〕* 最著名之《孔雀东南飞》一剧，其中情节，诚令人可悲、可泣、可惊、可笑，而演至仲卿接信兰芝已死……之处，更为动人也。此乃家庭（问题）* 之悲剧也。（盖）*〔此〕* 新剧之（产生也然）*〔有价值者也。至〕* 旧剧之于社会教育（者）*，则较（非）*〔微〕* 矣。其中间有诲淫诲盗之情，故宜改良，始有益焉。

吾人既知戏剧为文学美术之结晶体，故欲发达（吾国）* 文学美术者，岂可不积极提倡戏剧乎。

【教师批语】持论公允。

昆明市铜币缺乏之原因及其补救之方法

夫吾滇之教育（普及，）*〔及〕*工商业（之发达）*，素（为）*〔来〕*较劣〔于〕*他省，至于金融（弗待言也）*，〔尤为窘迫〕*。纸币之价值日减，银币之银水日增。非但如此，而铜币之价格，亦随之增高矣。以至每角之纸币，仅换五六枚。且闻外县，仅（与）*〔换〕*三四枚。噫！吾滇之三迤[①] 父老，能受如此之打击乎！（然）*究其（之）*原因，为〔：〕*

1.（上界）*〔资本家〕*之贮藏，或运出境外。2.奸商之操纵，或有意扣价。3.纸币太多。4.造币厂多铸银镍币，少铸铜币是也。

以此四因，故市面之铜币稀少，供不（及）*〔给〕*求。嗟呼！若不趁早补救，（以待）*后日，何以救药。现以余之鄙意，略有补救之法，（且）*列〔之〕*于下。

1.严禁奸商尽多换出铜币。2.收回纸币，使市面之纸币逐渐减少，以代维持现金。3.多铸铜币，少铸银镍币。以先维持铜币，后理银币。

此乃余（之仍）*〔认〕*为重要之三法也。若能照（以）*〔之〕*实行，想我滇以后之金融，有挽救之机也。

【教师批语】内容稍空，文尚顺。

---

① 清代曾将云南省划分为迤东、迤西、迤南三个道进行管理。

滇省金融问题

夫国家之金融（在）*〔关〕*乎一国之兴亡。金融（之）*维持好，则强，劣则弱。此（良有以）*〔一定之理〕*也。盖外国之侵略他国，有四种方式。一、宗教——先以宗教之信仰，以传教士（代）*〔带〕*来许多物质文明，诱和（心理）*〔人民〕*，借以传教。（盛）*〔甚〕*至知识阶级之人，俱（能）*信仰者多，以为教士为甚有学问之人。二、武力——以宗教之方式后，调查一切，以为武力之侵略。三、经济——以持经济之命脉而侵略之。（工商业）四、文化——但经济未能完全侵略，恐睡狮一醒，志欲恢复，将如何耳？故必实行文化侵略主义。……以上所述之经济一项，与金融实有密切关系。因经济之命脉，在乎银钱。银钱之产生，又有关金融。（金融假）*金融不能维持，则经济之命脉，间接大受影响。故金融之对于经济，实有密切之关系也。不但对于侵略方面，即与国家之本身方面，亦为大要之事件也。夫我国（家）*之金融，素不及（于）*他国。尤其是吾滇之金融，不啻劣于他国，且较之我国各省，每一元滇币[①]，只得二三角之举。至于现金，则全然无踪，铜币太少等等，皆金融机关之不良也。金融机关之不良，则有碍金融之维持，此不易之理也。但吾滇（之）*金融机关之办理之劣，弗待言也。其原因乃金融机关之不知如何整理币制。一遇困难，急行发印纸币，以之赔债，或发之市上。如此类推，每遇困难，急行如此办法。于是市面纸币增多，同时又有银、铜币之运出境外等事，故纸币之价格降低，生计窘迫。噫！吾滇三迤(如是)*，人口众多，岂能受如此之打击乎，又可为袖手旁观乎。故吾人须奋起勇气，努力进行，以想良方，为之补救，以免后日之痛苦也。

【教师批语】前半稍泛，后半尚可。

① 云南富滇银行发行的在云南境内流通的纸质钞票，又名滇纸。

我的年假生活

自从放了年假之后，我的年假生活大概可以分为下列的四大件：

一、自修工作。二、爱国运动。三、社会事业。四、身心锻炼。

放假以后，大约有半个月之久，就是我的“自修工作”了，现在不妨把他写在下面：

早晨（要到）*〔在〕*七八点钟才起床，漱洗后复习学校里的数学——因为早晨的脑子很清醒，空气很新鲜；看点地理。早饭后写一页大字，和（整理）*〔温习〕*学校里的各科课程，并有一小时的阅看各种书报。到午饭后就来补习英文，疲乏时，弄点音乐。十一时就寝。——如此，天天做去，就是只做到半个多月。可是我很不满意的就是：我看一本《心理学大纲》不能将它彻底地了解，只知其皮毛，都很不大明白。有人说：“你研究《心理学大纲》，应当要先看别的几本书，才能看《心理学大纲》呢？”我听了这话，不知是否正确？而究竟是几本什么书，我还在怀疑呢！

过了几天，就有电校的几个朋友，来对我说：他们要办一个援工游艺会，所卖得的钱，一概汇到上海去援助工人。他们用很诚恳的态度，要约我去帮助他们演剧，我想这种“爱国运动”，我们是应当要向前去做的。到阳历新年就同他们服务了四天，结果下来觉得是不满意的。

又过了十几天，又有几个幸福社的朋友，送张志愿书来介绍我（入他们）*〔为〕*一个幸福社的社员，并且要约我演剧。（现在）*我就暂（为）*同他们排演着，直到我知道幸福社是一种“社会事业”，我们也应当努力去做的，并且是青年当尽的义务。后来我才把志愿书填去入社。幸福社的宗旨，简单说来，就是：“以博爱互助的精神，为全人类谋幸福”。这种话觉得有些抽象，现在从它的事实上说来，就是：并非是为个人谋幸福，以为自己能除去衣食住的忧虑，就是幸福；或是吃酒，弄麻雀[1]，就是我的幸福了；也非是为幸福社的社员（为）* 谋幸福。—— 反之，即为中国谋幸福，为世界谋幸福。—— 我说了半天，觉得是太空（动）*〔洞〕* 了，究竟这幸福怎样谋法呢？—— 我们看看下面的四件吧！

1. 促进文化。2. 开垦荒地。3. 改善经济。4. 政治改革。

就是要努力上面的四件，就可以了。

现在我来说到我的"身心锻炼"。我这身心锻炼，并不是要将它怎样的锻炼。只要将下面的这几件锻炼了，随时都不忘了我的身心就可以了：

1. 身体健康。2. 人格伟大。3. 意志坚强。4. 智慧灵敏。5. 忠诚。6. 友爱。7. 互助。8. 勇敢。

以上所说的这些很重复的、混乱的、没头绪的话，就是我的很枯燥的无味的年假生活了。[2]

【教师批语】所述颇忠实。文亦明净。

---

① 打麻将牌。

② 从此文开始到《滇垣近日对外汇水大落其原因甚多试各就所知以对》为止，都是聂耳1926年春夏在云南第一联合中学第二学年第二学期的作文。

拉伕

“哟！父亲！你看现在太阳冒山了。我们快起来上城去卖柴吧！”“好！你可去叫你母亲快点弄饭来吃，我们就走吧。”“啊！父亲！我想起一件事，你可记得吗？我在十四岁的时候，我们也是去上城卖柴，从太阳出就赶去到城里，就（打）*〔放〕*午炮[①]了。后来我们回家的时候，那时太阳差不多要落了，风景也很好，沿路唱着地慢走。忽然地远远看见几个似学生非学生的，对着我们而来。可是我们也不注意，但是来到我们面前才知道是几个兵大爷！他们一见不说别的，就把腰上的皮带和足上的绑腿，急忙改[②]下，用很庄严的态度，叫了一声‘走’！——呀！我们现在的心不知落到哪里去了，又想家里还有我很寂寞地坐在灶前的妈妈等着我们，不知是怎样地渴望你的儿子呀！……‘喂！不用哭！快与我乖乖地拉着马走吧，你看天也快要黑了。’我们就不知不觉地到了一处，有些大篷，和一些军官士兵，在那边操练军队。他们一到就报告长官说：‘拿着了两个并且还封得一匹马。’[③]以后他们还用两个兵守着我们，叫父亲去同他们抬炮，我是同他们小走小走。……今天在这里，明天又搬到那里去。在[④]不上三天，就要搬家了。枪声是随时在耳边轰轰地叫着。——唉！我的爹爹和我的妈妈在那里！啊！爹爹呀！妈妈呀！……‘哼！哭些什么？你快与我把这公函送到对山的那营去。飞去跑来，如若不然，便要打死你这小狗！’……如此，过了年多的这种苦日子，到前五月才逃回来哩！父亲！你看我们真是好运气啦！”“是的，实在是我们不幸中的大幸吧。啊！小儿！我们说着话连时候都不知了。你看看你母亲的饭煮了没有？我们还要赶去卖柴呢！”“父亲！你家[⑤]先吃着，我去外面预备驴子驮柴吧！”……“小儿！预备好了，我们就走吧！……”

① 旧时每日正午燃放一次大炮，以炮声向大众报时。
② 云南话“解”的方言词音。
③ 军队无偿地征用民夫和马匹。
④ 云南话“呆”、“住”的意思。
⑤ 云南人对长辈的尊称，如同“您”。

“哟！父亲！你看前面是不是又来了几个似兵非兵的么？”“啊！是的！是的！你看他们是绑着绑腿，系着皮带，帽边是红的。并且见了我们他们就跑起来了！走！走！小儿！快跑！快跑！……”——丢着驴子的乱跑——“喂！站着！站着！你们的驴子忘却了，快来拉去吧！”……“喂！小儿！（低声）莫听！他们是用计‘拉伕’的。你看前面是一个长得很旺的豆田，跳！跳！”……“走！快跑去拿！……”（兵语）

（完）

【教师批语】布局尚佳，描画亦细。

观本校学生会成立之演剧以后

吾人于学校之内，终日工作。同学之感情，未能团结；团体之生活，亦未能练习。必设方法以补救之，故有学生会之成立焉。学生会者，学生间之团体也。近数月来，各校俱有学生会之举。本校亦早有筹备，且拟订简章草案及组织大纲。（盖）* 其（之）* 宗旨，为团结学生感情，发扬互助精神，养成自治能力，练习团体生活，造成健全国民及谋学生自身及社会学校之利益为（宗旨）*〔本〕*。现已筹备月余，于〔五月〕* 十五日星期六午后六时，全体会员 —— 全体学生 —— 及各教职员于礼堂内开成立大会。是日（之大会）*，各班（会）* 俱备有许多余兴，如新剧、双簧、音乐等。余乃且观且演。现（仅）* 仅〔就〕* 余之所观及所演〔者〕* 批评如下。

A. 余之所演：

1. 矮人演说 —— 此种游戏，乃二人构一矮人立于桌上，身长约二尺约许，各处俱多有演过。但余之游戏，化装同而语言大异。余乃编为七字之韵语，专以本晚之演剧之化装人员讲出，并加以滑稽言语及举动，余自（仍）*〔谅〕* 可以受欢迎也。

2.《一个男子》及《巧配》—— 前者为社会悲剧，后者乃婚姻喜剧。余一为悲剧之小孩（小学生），一为喜剧之媒婆。吾忆斯时之情态，似觉有可取之处，亦有宜改良之处。（当）* 旁人（亦晓也。）* 而完全归纳之，余演剧〔之〕* 时〔，〕*（之所报，）* 乃“忘却本身”四字也。

B. 余之所观：

1. 八班之《孔雀东南飞》—— 此剧所演之最出（神）*〔色〕* 者，即恶姑冯喜福。至于兰芝，乃以笑作哭。总言此剧，（乃）* 较之别剧为妙也。

2. 十班之《爱国贼》—— 此剧可言有意思无表情。而人人语言，皆以剧本之字字背出，如“的”、“呢”…… 等是也。

以上皆余之所观者也。其余皆余化装之时，故未完全尽知也。

【教师批语】批评尚公允。

科学与国故及我国现时应提倡科学之原因

夫古代之弓（失）*〔矢〕*，进而为枪炮，穴居进而为房屋等，且有汽舟汽车舰艇飞机等物质文明之演进，则全赖科学也。而我国自数千年来之学术，留于现代，即国故也。现对科学与国故有三派之主张，即过激派、折衷派与陈腐派是也。

1. 过激派——此派乃主张科学，反对国故。云国故不能防御外敌，非提倡科学不可。

2. 折衷派——主张中立，但不偏于科学，亦不偏于国故。夫国故不能救国，而科学亦不得不提倡。假外国（有）*〔来〕*侵我国，枪炮轰声之时，我国位于城门之上，大呼“周秦诸子”之说，岂能防（御）*敌乎，故二者（参半）*〔宜并重〕*焉。

3. 陈腐派——主张国故，大骂科学万恶。假无科学，则无战争之纷扰，世界即可和平也。

夫我国对于科学与国故之主张，为陈腐派。但就余之主张，现时之中国不宜主张此派，其原因有二：一因我国数千年来所保留至现时之国故，已经（有样）*〔不合时宜，〕*无庸如何（之）*整理。二因现在中国为弱极之时，而正当列强竞争科学之时，不得不提倡科学，暂停国故。以此二因，故我国斯时应积极提倡科学也。而应积极提倡科学之原因甚多，现宜略（举以）*述之：工（艺）*〔业〕*品之生产太少，一因也；少有物质文明之发明，二因也；漏卮之日溢，三因也；且国民之迷信太深，不得不以实验主义之科学以补救之，此四因也。

【教师批语】主张重科学，所见甚是。

滇垣近日对外汇水大落其原因甚多试各就所知以对

汇兑云者，隔地间并不输送现金，仅利用汇票以汇款之方法也。夫隔地间之汇兑，既不输送现金，仅利用汇票。然异地之币制各殊，因币制关系，出入口货关系，及汇款关系，则发生汇水[①]之涨落焉。

（夫）*我国之金融机关，未有一中央银行之统辖。各省之货制殊异，价格之高低不齐。故我国之金融较（诸种）*〔为〕*紊乱，而尤以滇省为甚。于月前，滇沪之间，滇币每百元之汇率，几至二百元左右。于是有奸商借以操纵商业，生民恐慌，百物昂贵。——（奇乎，)*〔乃〕*未及一月，滇垣之汇水，一落千丈，滇至沪之汇率，减少前之三分之一。（而）*〔细〕*研〔求〕*其大落之原因颇多，其重要者则不外下列三件：

1. 入口货超过出口货；2. 币制之价格增高；3. 汇款人数之关系。

入口货超过出口货　如我滇之某种货物，不能产出以应付滇省，于是有外货输入。输入多则利权外溢者多，境内之货币即少。一时不能应付，生计艰难。于是纸币之价格抬高，对外亦有信用，故汇水跌落也。

币制之价格增高　如本省硬币之出产额，超过纸币，则纸币值价。夫前月之汇水大涨，纸币大落价何也。盖纸币过多，硬币稀少故也。近日之汇水大落，纸币高价何也。即近日硬币产额较多，及毁烧者亦不少，故纸币值价也。

汇款人数之关系　如滇省之富滇银行，与香港之富滇银行，彼此俱为汇兑之机关。苟香港之富滇银行，汇款人数过多，仅以汇票给滇省。而滇行仅以现款付与取款者，则滇行之现款几完。则港行必提高香港之汇水，与防止汇款之人数。故滇垣必减低汇水，与使汇款人数增加，滇行不至为之窘迫也。

以上三因，乃比较重要者也，此外原因颇多，此仅〔就〕*余之所知以略述之也。

【教师批语】言多中肯。

---

① 汇款时云南流通的滇币与外省各种货币之间随时涨落的兑换差价。

评某日击球斗争事

夫体育者，三育之一也。苟德育智育俱有完美之训练，（浩然之休养，）* 而身体（之）* 不健强，岂能以（相当）*〔充分〕* 之精（神就）*〔力以为〕* 学乎。他国有称我国为病夫者何也，（乃）* 我国人多数重于闭户读书，而轻于体育故也。近数年来，国人有鉴于此，各省有体育会之组织。我滇于去岁之双十节[①]，亦有所谓体育（捉）*〔促〕* 进会之举（辨）*〔办〕* 焉。

本年双十节，该会（本谓）*〔拟〕* 举一球术比赛会。预先即有筹备，（及）*〔定〕* 各校球术预赛（等）*〔之期〕*。某日，为“东大”[②]与“省中”[③]足球预赛。结果则“东大”胜利，即可决赛。（然）*〔而〕*“省中”（负之）* 不平，即起斗争。二校当时殴打于本校之大操场，头破血流，受伤者（“东大”）* 甚伙也，而“省中”学生即高呼列队而去。噫！体育（捉）*〔促〕* 进会，乃（捉）*〔促〕* 进体育之组织也。但球术亦不能代表体育，且造成少数选手，有何益哉。我滇教育前途，（何）*〔可〕* 不悲观哉。且吾滇初次萌芽之体育，即受此打击，吾辈可不群起而继续提倡改进之方乎。[④]

【教师批语】平平无大疵。

---

① 10月10日原为辛亥革命纪念日，后被国民党政府定为国庆节。
② 即东陆大学（现云南大学的前身）。
③ 即云南省立第一中学。
④ 从此文开始到《斜阳》为止，都是聂耳1927年在云南第一师范学校高级部时的作文。

我的人生观

我在未说我的人生观之先，我要解释“人生观”这个名词。从字面上看来，“人生观”就是“对于人生的观察”。“我的人生观”就是“我对于我的人生怎样观察”。

人生观是各人不同的。有的是消极的，有的是积极的，还有所谓浪漫的。我的人生观并不是消极的，也不是积极的，更不是浪漫的。现在我就来说我的人生观了。

“因环境的变迁而使人生观改变”这话对的吗？对的，我认〔为〕*是对的。因为在中学时候我曾经作过一篇《我之人生观》，在那时的人生观可以说是消极的——因为受了社会和朋友的影响——但是自中学毕业后，考入省师后我的人生观又是一种，现在不妨写在下面。

恶劣的社会快要和我们有为的青年交战了——每一个人都是处在社会里的。既然人人都是在社会里过生活，当然要获得个人的生活。但是我们可以觉晓我们的自由究竟得着多少，完全是在几个军阀政客包办的政府手里。他们喜欢怎样完全是听便的。还有种种的恶俗和许多不能适应新社会的旧礼教，仍然存在二十世纪科学时代的社会里。这些都是我们应当打倒的。换言之，就是打倒恶社会建设新社会。

我的个性〔是〕*很喜欢工业。假使我有升学的机会，我希望入工科。我自己相信我稍有一点艺术天才。从我个性去发展，所以我也要研究艺术。还有我也希望做一个游历家（并不是鲁滨逊那种个人主义的思想），游历世界一周，由实地观察之所得以建设新的社会。

以上的可以说是现在的“我的人生观”，或许因为环境变迁人生观改变也不可知。

斜阳

温暖带红色的日光，
　　照过那棋盘似的田亩，
　　也照过农作女郎的衣裳。
群鸟飞布天空，
　　做一个栖前的游荡。【批语：语句略晦】
那可爱被白云盖了一半的夕阳，
　　渐渐地移下去。
“喂！妈妈！妈妈！
　　天要黑了，回家吧！”
“我的女儿！女儿！【批语：后半竟佳】
　　田里快要收获了，
那可害的恶雨，
　　快要吹到田庄。
等等吧！多等一会吧！
　　斜阳！斜阳！”

何谓逻辑

逻辑在英文为 Logic、德文为 Logik、法文为 Logique，均出自希腊文之 λο γos。含有 Thought（思想），及 Word（语言）二义。在希腊时代，有用辩证 (Dialectic)、有用对话 (Conversation or Discourse)、有用争论 (Controversy or Dispute), 不用 Logic。要之，皆不如前字之简单明了，故后方以斯名定斯学。

逻辑之界说繁多，计算起来，约有数十种。如斯哥打斯（Scotus）谓逻辑为科学之科学（Science of Science）；又如渥西斯 (Uossius) 谓逻辑为研究思考法式之科学。

凡百科科学，莫不藉逻辑之辅助。各种专科之学，只研究事物之一部分，其知识特立，而不相统。惟逻辑研究思考之法则，为无论何科所不能外。虽各科学所用逻辑之资料不同，然勿论其资料之如何，苟不合于逻辑，有背思考之法则者，断不可视为真理，故学者谓逻辑为科学之科学。盖一切科学欲获得真理，必当准据逻辑上之法则。后又有许多学者继而下逻辑之界说，其见解各有不同，后总其数十家所下之界说，商确后得一逻辑之总定义：

逻辑者本正确思想以研究事理之科学也。[①]

---

① 此文是聂耳1928年初在省立师范逻辑课的试卷。

资本主义与社会问题

在生产组织上，资本家与劳动者若有区别，则劳动问题，是必然发生的。征诸欧洲历史，远溯太古时代，希腊、罗马已有这种阶级斗争底痕迹；中古时代，欧洲各国种种贫富冲突勃发，可是当时社会问题，不如今日这样猛烈。而且实质亦不异，因为往时社会问题，是农业上阶级的冲突；近时社会问题，是工业上阶级的冲突，所以各有不同。因此，在农业经济时代的一部分地主，离去祖遗的土地，跑到都会去用他的私有财产，组织工厂；还有一部分自耕的农民或佃户，也到都会去作工。于是两者就发生一种资本家与劳动者的关系和阶级，资本家购买劳力，劳动者售卖劳动力。渐渐资本增加，规模扩大，共同生产，一面垄断市场，一面剥削劳动者的工资，渐渐成一个较大的资本家。各个工场都照样地做，于是在这社会里，形成一个资本主义下的社会。这种的社会，不但我国如此，就是国际间也是这样。他们既已形成资本主义下的大资本家，并且慢慢地吸收那些小资本家，又组织较大的工厂，或Trust[①]。于是资本集中，增加工人，天天生产，然后所生产的超过需要者。于是交易渐渐冷落，又不能垄断市场，别无他法，只有受政府的援助，实行他们经济侵略手段，去他国找推销市场，又来创设工厂，照样地垄断。于是我国为生产超过需要的工场而倒闭的失业者——工人——又跑到这新的工厂来，逐渐增加到几十万之多。如是，劳动者占去社会分子的十分之八，工厂里所生产的只有十分之二的需要。于是生产又超过需要，只有从工人方面着想——减少工资，延长工作时间等等的事实就会发生。你想，每个劳动者的工资很有限的，还要受资本家这样的剥削。所以他们不得不团结起来，一致反抗，然后才有罢工等等的社会问题发生。

从上面看来，资本主义制度的结果，间接可以引起社会问题的发生。换言之，就是自由竞争与私有财产的扩张没有限制的原故。[②]

---

① 音译为“托拉斯”，是资本主义社会中一种生产垄断组织的高级形式。

② 此文是聂耳1928年初在省立师范社会科学课的试卷。

试述研究心理学之方法并比较其优劣

研究心理学之方法以归纳法为主，与其他科学略同。盖观察诸种之现象，合而通之，以求其概括之法则，固惟赖乎归纳法。今述其方法如下：

一、主观法 Introspection（内观法或内省法），此法是直接的、径捷的，而且为心理者所专有。

二、客观法 Observation（外观法），此法所研究的材料，在表面上与物理、化学以及自然科学的研究对象绝无区别。此法又可细分为二：

A. 直接的。可以应用于别人以及别的具有心灵机能的生物。

B. 间接的。可用以考核或解释人们精神活动之产品。无论是表现于个人之成绩中的，或是表现于社会的结构中的。

三、实验法。此法跻心理学于自然科学之列，因其所应用的对象之区别，可以分为两种形式：

A. 应用于正常状态的（严格的实验法指此）。

B. 应用于病态的（此为病理法）。

比较其优劣：

一、心理学实在胜过研究外科的科学。内观法所得知的事情，总比较地不受推测的牵制，而比较地容易免于错谬。此种优点，固极重大，然而亦有其弱点，因其引起种种困难，科学的观察，必需心境冷静，而不偏不倚。当吾人观察自心现象时，欲保持绝无偏颇的态度，实属万难。因是，内观法曾受若干学者严厉的评批，其中尤以孔德为最著。还有古人专恃内省，以我为主，其弊是武断的。

二、外观法普照众人之精神作用，广搜博采，以求其所同然。不局促于一己范围之内，故足以救内省法武断之弊。（直接的）然其为法是间接的，又不如内省法之深切也。今之学者，矫枉过正，偏重外观，而轻内省，其弊是隔膜的。

三、心理学中之实验法与其他科学之实验法同，就是于预为设置的情境之下去从事观察，其目的在问题简单，凡不相干的影响皆一律杜绝。实验法同是内省，同是外观，并用二法，长短相补，利害相救，可成其优点。

如循自然之变化，有许多心理现象，向无力量可以牵制，故不能不借助普通观察法。其劣点有五，今列举如下：

A. 费时太长。

B. 有许多现象非肉眼所能观察。

C. 有许多心理现象用人力干涉方能出现。

D. 不能获得其真正之因果。

E. 结果不能用数来计算。[①]

---

① 此文是聂耳1928年初在省立师范心理学课的试卷。

无 题[①]

她说完后就倒在他的怀里，静默着、拥抱着，好像是表同情似地流下泪来。他的眼泪一滴、两滴、三滴……自那容易刺激的眼睛里涌了出来，继续不断地滴在她的焦黄而散乱的发上。“唉，这恐怕就是我们的末路了，唉呀！我——我的肚……肚……肚子……”她的咽喉哽了不能再说了，她的两肩煽动得越发厉害了……“板板板板，……开门！……”一个很激烈的敲门声惊破了这种沉静的空气。陈华低声地对她说：“你听，究竟是什么人来叫门，怎么这样激烈？快些，快些起来预备吧！”她抬头来望着他，一句话也不说，如失了知觉似的，陈华低着头呆看着那被眼泪透湿的衣襟。“……板板板板，开门来！……”“啊！有人叫门了，待我去开吧！”她站起来将要走去的时候被他一把拉着很惊惶地对她说：“不忙，不忙，不用去了，我想一定是警察来逮捕我们了。你听，这可怕的喊声……快……快……快点躲避吧！”这时候，这间小屋子里充满了惊惶和恐怖，他们一同□[②]了那一道小篱门，不费思考地就向床底下钻了进去。

“哟！怎么一个人也没有？她是早就回来的，赶快看吧！我想她或许会去自杀吧！”“我想不至于吧！陈姐素来是很有学识的，她一定不会向这路上走去的……”这是七八个女工友的谈话。自从她被逐出工厂以后，这经理借着他的资本家的威权，即时把所有的女工友——站在门外的——赶到工作室里去。非常得意的经理就大摇大摆地走到他自己的卧室里，抽出一支金头的“司令”烟含在嘴上，一面走一面就把它燃着，脸上挂着一副桃色而发光的面具，还出现一点笑容地踱来踱去……她们是恐怕陈被逐以后会发生意外的事，所以她们设法来援助她。现在她们仅带了女工自由捐助的九元钱来找她，真是出人意料，她的门会关得这样紧，费了二三十分钟的力，好容易才把这破朽的小门推开。“啊！你——你是孙姐吗？”她从床下

① 本文篇首没有标题，手稿末有“‘黄昏时’终”字样，似为篇名。
② 手稿此字辨认不清，从本文的前后文字判断似为“关”字。

爬出来呆呆地望着孙，那苍白色的脸，带青色的唇，假使偶然看见，我想你一定会吓得退后三步。“是的，我就是孙兰仙，你怎么会惊惶成这样?!”现在她的神经的错乱没有先前的厉害，脸色也没有先前那样可怕。她撑开她的两眼一个一个地望过，“你们来做什么?”同时她把头回向里面：“华，出来吧！并不是警察。”华从床下爬了出来，也是现出一种可怕的样儿，可是没有她的难看。他也同样地说：“你们来干什么?”她们其中的另一个女工手里拿着纸币向着陈华说：“因为她被工厂里的经理逐出——”她说到这里，陈华忙抢口说：“你只知道她被逐吗?我也是被公司里赶出来的一个，唉！现在我们要预备做乞丐哩。”“不要紧的，我们就是想到恐怕你们要做乞丐，所以我们的工友特别捐集了九元钱来做一个暂时的救助，看我们和工厂的奋斗结果如何，或许你们有恢复的希望，否则我们一定可以和你们找其它的职业去做。”陈华不客气地接收了这种礼物，他们俩同时屈了一下腰部，低声地“谢谢”。她们已经走了好一会，他们俩才发觉她们是走了——因为他在那里呆看着那几张纸币，在想怎样用它。

这是一个夏天的早晨，热度很不大的太阳光斜射到陈华的门头上，长遍了很旺的杂草的屋顶，铺着一层美丽而发光的露珠，被太阳的热所辐射，层层的水蒸气自那草丛里慢慢升出。门上的日光反射到这间设备简单而且污秽的屋子里，我们可看见里面有九个人在那里谈话。三个是男的——一个是陈华，其余的两个是本公司里的同事；六个是女的——一个是陈华的妻，其余的五个是他的工友。他们个个都挂着笑脸非常高兴地在那里谈话。“我真料想不到你们会得到这样好的结果，你们真是能干。”陈华很谦恭地对他们说。他的同事的一个接着就说：“实在是你做好的基础，我们继续去做算什么能干呢，要她们女工才算是能干啦。她们的工作做得比我们的激烈，罢工也是在我们之先。实在说来，她们罢工才有我们的罢工。你知道公司里的同事是非常胆小的。”太阳渐渐地移动它的位置，街市上的喧哗声也渐渐地高大嘈杂，简直不像一个清晨。“喂！时候恐怕不早了，我们一同做工去吧，详细的经过慢慢再谈。总之我们所要求的条件都得到圆满的结果，今天是复工的一天，我们要按时到工才对。”一个女工笑着说后，大家对于她的意见都很表同情地一齐走了出来等陈华。他拿了一把好久没用的锈铁锁微笑地把门锁好走了。

这是黄昏的时候，树上的老鸦在天空不住乱飞乱叫，他们已经吃晚饭，慢慢地走出这间暗淡的屋子，并坐在门槛上返想过去的痛苦、快乐、悲伤。

“黄昏时”终

1928.9.6.[①]

① 此文根据云南省博物馆收藏的遗物里的手稿校录。

无 题[1]

漫清先生：

你昨天寄来的信我已经收到了。你要的《托尔斯泰小说集》的译本，恰恰前几天被琼媛借去了。过几天我一定要来借给你，对不起！

我们昨天已经开学，大概你们也是这样。此次贵校的游艺会，不消说是很出色的。您的 violin[2] 。真是拉得好极了。当小学生表演《三蝴蝶》[3]的时候，又加上高音的女声合唱着，violin 的声音忽隐忽现地从歌声中很柔和地送下舞台来。那时候我的幻想好像是到了极乐世界似的，你真是一个富有艺术天才的乐观的青年。别的话以后再说，并祝您健康！

黄淑秋上

这是一个女中学生写给她初交的男朋友的回信。自来没有和任何异性通过信的陆漫清，今天接到她的回信，自然是高兴极了。

漫清是一个 N 校的高中学生。从他六岁进了初小，继而高小、初中、高中，直到现在一时没有断绝地继续升学，今年是在高中二年级了 —— 十七岁。他是一个很活泼的天真烂漫的聪明的孩子，又是一个可怜的孤儿。在他父亲死的时候，他还在那里和几个小朋友跳出跳进地拍球啊，益智图版的建筑啊 —— 不过四岁。他的两个哥哥，一个十岁，一个七岁。最挚爱他的只有他那可怜的母亲，她时常含着两行眼泪对她的无知的小孩说："亲爱的乖孩子，世间上恐怕没有再比你可怜的了，…… 你们三兄弟这样年轻就失去了教育你们的人。唉，我现在决

---

① 此文系聂耳撰写的自传体小说，手稿无标题。
② 小提琴。
③ 黎锦晖编写的儿童歌舞剧。

定了，我尽力地供你读书，至少要给你中学毕业，我也就完了我心头之愿了……”

时光过得这样的迅速，记得他曾在小学校的操场和小同学游戏，瞬间就过去八九年，学校已经换了三个了。

这时候正是N校开早餐的时候。漫清吃完了，从一间很庄严而宏大的会食堂上走出，下了七级石阶，向西边走去。出了一道小门，一块很广的大平地现在他的脚前。他周围看了一遍，各个球场都没有运动的同学。他想："这里真是一个好地点，又是一个好机会，等我把我的宝物——今早接到的她的回信——再拿来读它几遍。"他面带笑容地一面徘徊着，一面从白制服的裤袋里取出一封绿色信封、黄色信笺的、写得很整齐的信。他的微笑和头部的摇动，很可以看出他的高兴和满意。

在这寂寞空气里徘徊着的他，不禁地在那里沉默着，回想着："那是一个星期天的晚上，我和耀明——我的一个很好的音乐朋友——照例到树春家去赴一个很小的音乐会。里面的会员虽然不多，可是什么京戏、滇戏[1]、中乐、西乐，似乎是大致不差，至于会员的性别纯粹是男性，向来没有一个女性参加。那天晚上我们去得很早，我们意料一定是我们在众人之先去做主人翁。谁知我们一进去，就见四个穿着白衣黑裙的，两个不剪发、两个剪发的女主人坐好在堂屋里了。树春从房里出来，照例地点一点头，我们进去坐了一小会儿，经他介绍后才认识她们是树春夫人的朋友，Miss[2]李、黄、陈、吴。"你们好久来的？比我们还早呀！"我红了脸觉得羞愧似地问她们。"也才来不久，不过比你们先到十多分钟。听说你们的音乐成绩很好，所以我们特意地来领略领略好不好？""当然是很欢迎的，不过我们弄得很糟，没有什么成绩可言，还是要请你们原谅才是。"代表她们说话的是其中年纪很轻的剪发的一个，我看那个光景恐怕只是十五六岁。她和我说话的时候，她的一对黑水晶的眼珠呆呆地看着我。还有那两行贝齿，不时又露到我的眼帘里。桃色的双颊，被三十二支的电灯光映照着，我也看不出究竟是她的本色呢，或是像我一样的羞愧而发红。那时我知道她就是树春所介绍的第二个，Miss黄淑秋了。

他想到这里，他把手里拿着的信看了一下，不知不觉地发出声来，"黄淑秋上"。咦！或许是做梦吧，我真不配得到回信，怎么这样的轻易……什么《托尔斯泰小说集》，我寝室有一部还没有看完，什么借不借，不过是信里的点缀材料罢了。他低着头忽惊忽喜地在胡思乱想地仍然徘徊着，他在性烦闷时期以为和异性通信是多么神秘的事，其实在性烦闷时期的她又何尝不想一个男性和她通信呢。

电灯亮后半点钟，树春的朋友已经坐满了他的堂屋，他只是一个人在那里跑去跑来地招呼他们的烟茶。他好像是还有什么事情没有做完，他站定了呆看着堂屋中间悬着的那盏电灯——"啊！"他几步纵到房里，取出一个百支光的灯泡，换了旧有那个三十二支光的，这间

① 主要流行于云南的地方剧种，源于秦腔、徽调、汉调，清代乾隆年间形成，主要腔调有丝弦、襄阳、胡琴等。
② 英文"小姐"。

屋子里的光辉焕然一新。漫清的制服上带了一管金夹子的派克自来水笔，被电灯的白光照着，反射出一种灿烂夺目的光辉。还有她们的对比色的白衣黑裙，映在这百度的电灯光下，白的显得越白，黑的显得越黑。

"喂！开动了吧？"漫清这样说出一声，冲破了这一个沉静的空气。

"漫清，你的西乐动手吧。"

"等一等耀明才对，他不久就来了。我一个人奏出来太单调了，我的意思是主张先唱滇戏。"

"或许是请树春夫人和 Miss 黄、陈……几位唱一个踏歌[①]。"

"我主张先唱京戏。"

"怎样都好，总之可以开动了。"

……

你一句我一句地在乱喊。乱笑声、吃瓜子的剥壳声合成一片嘈杂的声音，简直不能辨别那些是谁与谁的谈话。

今晚是漫清和淑秋相会的第三次。他们的态度和谈话，好像没有第一次那样不自然。漫清在先预备要和她谈的许多话，都已经说完了。他们俩走到游春[②]上，听着里面唱滇戏。他现在很想找些话问她，使他可以和她多谈几句话。所以他东拉西扯地问她一些很不关痛痒的话，什么英文的教材啊，学校图书啊，什么教员的好坏啊……

什么项目都做完了，大家都感觉疲乏了。除了嗑瓜子的声音，再没有别的可以听见。电灯的周围，被那很浓的纸烟烟雾围绕，成了一种灰色之光。好像它也是疲倦了似的。耀明的纸烟也抽完了，他站立起来，左手抓了一把瓜子，右手一面拿了他的草帽，向着树春："树春，我们走了，十点半了，下星期再会吧。"一面说着，所有的会员都站起来预备开走。……树春把他们送到门口，深深地行了一个鞠躬礼，"下星期再会。"

他们一同走到一个十字街口，除了漫清和耀明向前走，其他的几个男朋友都是走右边。还有她们四个是走左边。"我们送你们回家吧，好不好？"他俩站在街上对她们这样的说。淑秋急忙很谦和地答道："不必了，这里都是大街，你们还要回校的。时候不早了，再会吧！"她说完就向他们点一点头，分手了。漫清知道点名的时间差不多过了一个钟头，他加快速度地跑到学校去了。除掉几个卖消夜[③]的馆子还在开着，街上的商店和茶铺早已关了大门。一盏半明不亮的街灯高悬在电杆上，两三个行人手里都拿着一包衣，很忙碌地走过了。这条街上变成一个非常寂静的空气——这时候正是午夜前一点半钟。

① 我国汉代以来的一种边歌边舞的艺术形式。
② 昆明庭院式房屋门前，可以避雨、晒太阳的走廊。
③ 卖夜晚吃的酒食、点心等食品。

“爹爹，妈妈！我以后再不敢出去了。”淑秋满脸的泪，坐在床上口吃地说。她的双亲怒冲冲地坐在她对面的一张床上。父亲戴着一顶半新的小帽，穿着一件蓝裢的衫子[①]，鼻下栽着一个八字胡髭，一个人高声地说：“我们说了这半天的话，莫非你听不懂吗？你出去是准许的，不过和男子在一起是绝对不行的！”母亲接着说：“你看你的小弟弟不过八岁，家庭里的事务一样也不能帮助。你爹爹一天仅招呼铺子里，他还在叫忙不赢（他们是在这条大街上开一个杂货店，每天都有几十元的收入）。所以什么烧煮浆洗，一切一切都要我老妈去做。你一天只是读读书，逛逛翠湖[②]，回家来吃些现成饮食，星期天晚上要玩到十点多钟才高兴归家。唉！不晓得你忍心不忍心啊！”

〔里面睡着一个小孩是她的小弟弟灿云。四十多岁肥肥胖胖的是她父亲。他曾经读过几年的《四书》，听他的说话很像一个老先生，看他的样子简直是一个商人。他戴着一顶金绒呢帽，穿着一套青直贡呢的衣服。一个四十岁左右的不胖不瘦的小足的旧式妇人，是她的母亲。〕[③]

淑秋听了这些越更伤心起来。她的两肩仍是不住地煽动，她也没有别的回话。一面听着她双亲的陈腐的教训，一面在想着这种消息究竟是谁人传来的。

“淑秋我和你说，别样都是小事，我的门风老实要紧。幸好今晚是我亲自见你在街口和男子谈话，假使是我的亲戚朋友见了告诉我呢，岂不是要造出多少空气吗？那真是为儿女坏了门风，使我没有脸面去见我的亲戚朋友。唉！坏了，人心不古，世道衰微。”

“当”——壁上的挂钟响了两下，他们三人的眼睛都移到挂钟上看了一回。在这初秋的深夜里，阶下的蟋蟀在那里振动它的双翅，不住地发出“得啦得啦”的声音。隔壁前天抱来的一个小狗，大概是离了母狗的温暖的拥抱而发冷，也是在那里不住地乱叫。淑秋疲乏极了，连打两个呵欠。她想她回家的时候就坐在床上，直到现在，有三个多钟头没有移动，她实在不能支持了。不过没有一个好方法来结束这个庄严的教训，没有父母的命令当然是不敢睡的。母亲转过身来向着她说：“淑秋，究竟你认为这是你的错误，或许是老的错说了你。”“妈妈，当然是女儿的大错了。爹爹妈妈那里会有说错了的。”她忽然想起了过去的经验，她母亲现在有意要结束了，所以给她一个暗示，就是所谓“磕头认错”。她急忙站起来做完了这两个举动，嘴里说着：“女儿错了，以后不敢了。”“好，去睡觉吧。以后安心读书，不许再和男子在一起，切记。”

电灯闭了，一间黑鸦鸦的屋子，什么都看不见。除了蟋蟀双翅振动声，犬吠声和帐里的呼吸声，什么也听不见。好像他们已经是早入梦乡了。其实不然的，她的父母和小弟弟倒可以这样说。但是可怜的淑秋和她的母亲睡在一床，自从睡下去到现在三点钟了，简直没有闭一闭眼睛。她虽然是醒着，但是不敢任意转动，恐怕惊醒了她的母亲。“究竟是遵从他们的命令而拒绝他呢，或是反抗家庭呢？”她这样地想。现在她的心里是充满了痛苦和恐怖。她又想

---

① 蓝色褡裢布做的长衫。

② 翠湖是昆明城内的著名风景游览地。

③ 本段手稿写在天头空白处，现暂插入此处。

“假使我仍然和他亲近，父亲看见是不是我的痛苦又到了。算了，拒绝了吧。不对，暂时拒绝了吧。”“漫清，我和你暂时拒绝，并不是出自于我的心，实在是迫不得已的，请你原谅我吧！”在这感情冲动的时候，她居然说这样的话，由此可见男女两性中间的吸引力之大。

天空布满了灰色的云雾，不时又下一阵毛毛雨。N校的早操——兵操、早自习已经上过，快要上八点钟的早课了，漫清还躲在被窝里补他昨晚的失眠。“喂，小陆！起床了，快要上课了！昨天晚上你是想些什么，只听着你的床响了好久我才睡熟的。”他的一个同舍的，手里拿了两本书，站在他床前大声地说。漫清被他喊醒了，睁开了眼睛，他看见是“鸡蛋头”——他的这同舍的绰号——来打扰他的瞌睡，他便骂起人来：“狗屁！狗屁！想你妈的！”他深锁着眉尖慢慢地爬起来洗过脸，从书台抽出一本《The Best Short Story》①，半步半步地走向教室去了。“真奇怪，前星期我们约好，她还亲口说过她一定来的，为什么昨晚上连她的影儿都不见，是不是她病了？她有意和我失约吗？……我真莫名其妙了……唉，管他妈的三七二十一，吃饭，看小说，足球，艺术生活……才是要紧。”他一面听着讲，两眼凝视着窗外的草地这样地想。

早饭后他们仍然下了石阶，出了小门，经过大操场回到寝室里，不费思索地打开抽屉，把信笺拿出来摆在桌上，拿好钢笔，沾了墨水，他开始写信了。

〔校记〕以上22篇均根据云南省博物馆藏聂耳手稿校录。

①《优秀短篇小说集》。

轮船上[①]

一轮通红的刺目的斜阳，伴着它的金光自那水天之间远远地、远远地反射过来！这时，不但它的本身更觉鲜红，就是我们所看到的这个灰色的水的世界，也变成一个鲜艳的红的世界。

轮船的体积虽然是这样的大，但是浮在这波涛汹汹的浪海里，上下左右地动摇！浪花的激荡，终于是难免的。灰黑的奇形怪样的礁石，一个个都从船旁驶过；两三天没有看到的陆地，也在那遥远的海边一隐一现的植立着。…… 于是，大家都兴高采烈地站在船头，都证明了 H 港[②] 的快要到来。

灰沉沉的夜幕，渐渐地笼罩了这鲜艳的宇宙。轮船的动摇，也没有先前那样的厉害，舱里的旅客们，大半都收拾好他们的行李，换了他们在舱里滚脏的衣服，有的靠着栏杆，有的挤在甲板上；他们的视线总是呆呆地向着那电灯辉煌的 H 港，有的挂了一副微微的笑容，居然这样嘈杂地喊着："预备登岸！预备登岸！"

但这无情的轮船总不给他们顺利的达到欲望，自他们喊了"预备登岸"，到现在已有一个钟头了；但是，岸依然是岸，轮船还是同样的驶着。

众人的叫喊声和各种音调的汽笛声，合并成一个非常嘈杂的氛围 —— 现在我们的船已经停住了，H 港岸上的洋房子、电车、汽车或半山上汽车旁有规律的电灯，都显明地现在我的眼前。

"先生！请问到哪里？"和我同渡小船的一个店伙计这样的问我。

"我是要到 C 市[③]去的。今晚有船吗？"

---

① 本文发表时署名为"T Y"，是聂耳当时的字"子义"的缩写。此文是根据1928年底聂耳由云南去湖南当兵时，途中的亲身经历写成。

② 即香港。

③ 即广州。

“有，今晚接着上船好吧！……假使先生要停住H港，那末，要花的钱还多哩！”

在先我本想游一游繁华的H港，我听了他的话以后，我并找不出什么话答，只是一阵地静默着。我想——是啊！在这英人管辖下的H港，他们对于中国人登岸时所要的苛捐杂税，真是无所不至，像我这穷光蛋，怎能经得住这样厉害的剥削呢?!

“喂！伙计！今晚接着上船，时间恐怕来不及了吧！”

“时间是迟了一点，可是还没有开船哩！”

现在我什么都不想了！总决定今晚接着上船赴C市去，委实也不愿受他们的剥削。

时间果真是迟了！除了楼上的官舱房舱有许多空位外，大舱里简直塞得满满的。唉！我的经济能力怎能做得到坐官舱或房舱呢?！我于是转向右方从人丛里挤到舱的尽头，那里只堆着许多自H港办到C市的用麻布包着的海味包，我看一看这顶上的空隙处似乎可以维持这一夜的睡眠，如此，如此，我便老实不客气地爬起上去。

机房里有规律的响声已经开始了！我知道轮船是在不住地驶进着。这时，我眼里所看到的只是刺目的电灯光、拥挤的人影，耳里听到的只是一些听不懂的出卖食品叫吼声、说话声……声——现在我已在昏沉的矇眬里……啊！睡吧！等候着明早红日的升起！……啊！C市，革命的策源地！……H港……剥削……

这样地，这样地胡思乱想，不知道怎样地度过这令人惆怅的一夜。

Aug.21.1929.于省师。

（原载1929年9月14日云南《省师周刊》第二期）

一个冒险的摄影故事

——“一·二八”[1]的回忆

一个清朗的晴天，很早便有太阳照到床上。听不见隆隆的炮声，看不见忧郁的战雨，心里觉着分外的开展。

公司[2] 的摄影队连日到战区去拍新闻，我几次要求和他们一同去都被拒绝了，我决定今天带了我的小朋友[3] 到战地去摄取一点东西。

——我要冒险摄影去，到吴淞！到闸北！——我很得意地和人美[4] 说完便跳出大门。

话虽如此说，实际上我哪里会敢去？不过和她开一开玩笑而已。至多敢到黄浦滩[5]摄取几只外国军舰，这是我自己的估量。

六架日本飞机飞翔天空，分为两队旋绕闸北。这是他们每天必要来掷弹的时候。于是我的视线随着它们兜了好几个圈儿，总想实地看看飞机掷弹是什么一个把戏！

不错，着实有趣！银白色的炸弹，好像大便一样地从飞机腹下排泄下来，金光闪闪地逐渐加速地降落到闸北附近的房丛里，似乎隔了相当长的时间才听到轰轰的爆炸声。我取出了镜箱，预备摄取第二队大便的飞机。

依然沿着马路走，找到一个眼界比较宽敞的地方可以饱看这有趣的玩艺儿。它们仍是行使着它们的使命，洋洋得意地绕来绕去。

嗡嗡嗡！突然出现两个苍蝇回旋于这六只蜻蜓的上头，那是中国的空中小健将，他们能驱散蜻蜓的联合，他们能翻来覆去地探察蜻蜓的行踪！这时，我的小朋友却偷看了他们的捉迷藏，虽然它们在镜头里是那末小。

---

① 1931年“九一八”事变，日本帝国主义侵占我国东北后，次年1月28日又在上海发动侵略战争。

② 指上海联华影业公司。聂耳1931年4月考入该公司附属的音乐歌舞学校任小提琴手。

③ 指照相机。聂耳爱好摄影，1931年2月10日购置了一个白郎宁牌旧照相机。

④ 明月歌剧社的主要女演员王人美。

⑤ 上海黄浦江的沿岸。

“到黄浦滩摄取几只外国军舰”是我今天所谓冒险摄影的最高欲望，现在不但摄了好几只不同式样的外国军舰，并且连停在日使馆门前的一艘日本大兵舰也被我偷摄了。然而，我并不觉得满足。

跳上九路公共汽车，料想总会碰到不少稀奇的新闻，因为这一带似乎是危险区域。我的两眼不住向窗外眺望，期待着一些危险的，稀奇的，意外的新闻到来。这时候，我渴望的心情，似乎比一个负有使命的新闻记者还要来得迫切。

汽车驶到汇山码头[①]，一大群人阻住路，不能通行。他们是在检阅着从日本新运到的陆军，一车车地拖出码头，一队队地开往阵线送死——这些憨兵，还对着这堆群众作骄傲的狞笑。

军队过完，车、人照样可以通行。我不管驶到那儿，我总要坐到走不通为止。

车依然向前跑，两旁的行人和平常一样多，并无什么异样，我终于被拖到底。

一竖美国旗在我眼前闪着，四五个美国兵徘徊于沙袋周围，他们是在保护工部局[②]的电灯发电所，同时是公共租界的防卫。

——我能从这通过吗？——我用英国话问他们，很客气地摩了摩帽子。

——能，现在并不是戒严时间。——他们也同样客气地答我。

浦中停泊着偌大一艘军舰，它那灰黑的颜色，显示着可怖的吃人的威力！桅杆上的探海灯被日光反射，熊熊闪烁。周围的大炮口，伸出舱外，气势汹汹；上面悬着好几架水上飞机，好像预备出发的样子，起动机在上下移动着。

我已站在美军防线以外的周家嘴路口东瞻西望，几家屋顶上竖有大大小小的日本旗，有时日本人的武装机器脚踏车，便衣队汽车飞来驶去，自己觉着已踏入日本区域，但他们一点也不理会路旁的中国行人，我又放心些。

嗡！……一架日机从西方飞来，目标正向着那只军舰，降低绕了两圈又向西飞去。

我的小朋友拿出来了，我突然想到要是有日本兵来将怎样办？“至多损失了这个照相机！”自己很快地找到解答，胆子更壮起来。

“啧”的一声，很满意地摄取了，我高兴地扭着轮轴，看着下一张的号码对孔，预备“再来一个”！啊！这一来，却来了我所期待着的，危险的，稀奇的，意外的新闻！

轧然一声！似乎是一部汽车在我背后猛然煞住。我知道事情不对，急忙收起镜箱，回头一看，一部敞篷汽车里面下来两个拿着手枪的日本军官走到我面前，对我看着，车上还有两个军官，一个车夫，他们的视线也好像是对准着我；我呆看着他们，心里频频地跳！

——What are you doing？[③]——这是一个军官的问话，一支手枪已对着我的胸口，我感到一阵浑身的肉麻，好像传了电也似的。

---

① 今上海杨树浦路公平路码头内。

② 当时一些帝国主义国家在上海联合设立的负责管理公共租界的行政机关。

③ 你在干什么？

——I am sorry!…Just…Just…I'll…take a photo!① —— 我抖起来了。

较年轻的一个向我微笑着把我手里的相机夺去，他摸来摸去大概是要想把它弄开，但弄了半天还没有找到那暗钉，终于没打开。当时我呆立着并不指示他怎样可以打开，他索性不开了，相机已紧握在他手里，手枪对着我。

——Come on!② —— 他的枪渐移动了指着汽车，我明白他是请我上车，但我一点也不动，依然呆立着。

周围已聚起一小群人围着我看这稀奇的新闻，在这一小群人当中突然出来两个外国兵走到我面前，我向他们凝神了一会，辨明他们是曾和我谈过一句话的美国兵；他们不像刚才那样温和客气，一语不发，庄严地把对着我的手枪底手，用自己的手很稳重地把它扶下去，紧贴在那日本军官的腿旁，好像被施了什么幻术似的：

——Oh！ I will give you this film if you want③. —— 我不知为什么会想出这样一句话来，很快地向那日本军官反复说了几次，我知道他是需要我所摄的底片，不错！一定要的，不过他不知道怎样打开。

——He gives you the film, that's enough！④ —— 这是一个美国兵的同情底呼应。

这年轻的日本军官还是微笑着带高兴不高兴地把拿着相机的手慢慢抬起，我知道他已默认我的要求，所以不等他送到我手里，便毫不客气地从他手里夺回来加速地取出底片，奉送给他。

他一面接受着我的底片，一面被美国兵扶着他们的肩头请上汽车。他 —— 那年轻的军官，依然向我微笑着，在汽车开动以后。

——Japanese are very bad!⑤ ——

——You, Chinese, we American are with good friendship always⑥ ——……——

这是美国兵的洋洋高论，此刻对我的表情，既不客气又不庄严，真是骄态百出。我也不知那是怎样一个情绪！？心房的颤动，更加厉害起来！

（原载1934年2月15日上海《电影画报》第八期）

① 对不起！只是照一张相！

② 过来！

③ 啊！如果你要底片的话，我可以给你。

④ 他给你底片，这也就行了。

⑤ 日本人非常坏。

⑥ 你们中国人，我们美国人，总是非常友好的。

下流

青年导演蔡楚生[1]自从导演了《南国之春》后，我们看到不少的批评。不管它是捧或骂，我们总觉得他在中国电影界是有希望的人物，因为他是肯努力的青年。

我不再给《南国之春》多费口舌，也不给他的第二部作品《粉红色的梦》做介绍和批评，只望他在以后的作品里不要再做麻醉群众阶级意识的工具！

"《粉红色的梦》已经是拍完了，我正预备拍一部下流的东西。"这是楚生亲口说出的话。这，倒是出我意外的消息。

所谓"下流"，当然是站在资产阶级的道德立场所决定的"下流"。劳苦群众为了肚子吃不饱而做非法举动，失业者因为没有饭吃而做强盗，当土匪，站在四马路拉人[2]……无疑地，便是他们认为的"下流"。

楚生要拍一部"下流"的东西，不知他怎样去决定这"下流"的意义？在我的理想中，也许他渐渐地在转变了，在这部所谓"下流"的作品里，至少会描写出多量的下层阶级生活，同时暴露出"下流"的必然性。否则，必是替资产阶级统治者做欺骗大众、麻醉大众的工具！楚生是青年，我总是热烈地希望着他能很快地走上一条正确的大道，不要再做着艺术家的迷梦！我们期待着这青年导演的"下流"作品的到来！

（原载1932年7月8日上海《电影艺术》第一期）

---

① 上海联华影业公司二厂编导。

② 指上海当时妓院聚集的四马路（今福州路）旁，低级妓女站在路旁拉拽嫖客。

和《人道》的导演者的对话

很巧的事，非公演期内，得先看了《人道》①，第二天又遇到了万苍君②。

——“老 ×，你昨天看到了《人道》了吧，你的意见怎么样？不客气地说一下 —— 在剧本的意识上是太坏了一点。”

大个儿的卜君不等我批评，已在筑着防线。

——“对，一般地说，剧本是犯了两个重大的毛病，

第一，过重于靠天吃饭：

A. 灾荒之所以能成灾荒，自有它的成因，这一点未加以指明。

B. 孝感动天，一夜吹成坟墓等，也不应该。

第二，全剧始终是站在个人的地位来描写，没有联系到灾民的全般，没有指明更强力地表示赵父是灾民中的一个，换一句话说，失了灾民全体的灵魂以及整个的欲求 ……”

看到卜君注视着的眼光，我知道他在想什么——“自然这个不过是我的奢望，更高的奢望。现在的环境或有不可能的事。”

他也笑了。

——“还有，赵民杰的因良心而转变，这也是劣点。他自有他生活的环境使他这样。用了‘良心在哪里’的标语，反把唯物论的进展走向到唯心的一条路上去。”

——“那末其他的导演和演员方面呢？”

——“至于导演的技巧，（顾不到班门弄斧。）那大胆的强烈的对比描写，实可以说我所看到的中国电影中第一次成功。本来利用这样的方法，是很早就有人用过。但同一工具的利

---

① 上海联华影业公司1932年拍摄的影片（原著钟石根，编剧金擎宇）。该片掩饰封建势力、国民党反动派与帝国主义的压迫剥削在中国农村造成的天灾人祸，宣扬顺天安命等封建迷信和宿命论思想。该片受到国民党南京政府教育部的嘉奖，同时也受到左翼电影工作者的批判。

② 影片《人道》的导演卜万苍。

用得当与否，它会产生出全无价值，或精彩百倍的效果。陕西外景和内景的穿插也妙。"

——"啊！这一点我也觉得很满意。——你觉得哪一段最感到好的呢？"

——"全剧含有着很多的感动性。不过我要说坏的地方，是赵妻死后至末尾的力量，不能敌过上面的强力的感动性，不过这或许是我的偏见，我不喜欢有这样混沌的结束。"

——"买药回来的一段怎样？"

——"那段自然是最动人的。可惜小孩子没有把草根树皮汤喝下去，不然……"

——"对呵！可惜，我们最好补他一个镜头。"他不待我说完，已拍着他的大腿说起来。

——"演员中的父亲(王桂林君)我觉得他很真实。他已了解电影演员是应该怎样地做了。"

——"嗳！这次我是不许他们'做戏'一般地做。"

——"Miss 林①也不坏，这次的演员都能像他们的实生活一般地做。除了黎英君欠真一点。"

——"小的不妥地方还是有许多，如坟墓像预先造好的，钱包忘记拿等等，不过我总觉得这是最值得注意的一个电影。在中国电影界中可说是上了正道的一个开始。"

——"时间不早了，你们在谈什么？"戏中的"赵民杰"先生②已打完了弹子，笑嘻嘻地跑了过来。

——"好了，我们去谈谈别的事吧。"

于是我们的谈话也便没有终结地完了。

（原载1932年7月15日上海《电影艺术》第二期）

附录

《人道》本事

赵民杰，父赵恕，年五十余。以耕为世业，累代农桑，积久而成小康焉。民杰幼读书于村塾，自村塾而小学，而县中学，毕业，娶妻。妻吴氏，名若莲，美而贤。恕以家只一子，自幼

① 影片《人道》中赵民杰妻吴若莲的饰演者林楚楚小姐。

② 即影片《人道》中赵民杰的饰演者金焰。

未曾远离，故自民杰毕业后，即为之授室，未尝令至都会求学，使家居，助己种农。逾数年，民杰妻已生一子矣。

有钱选者，与民杰同村，又在县中学与民杰同学者也。钱自中学毕业，即至天津某大学读书。毕业，得要职，归迎父母。其父母与赵友善，临行之日，来赵家辞行，劝赵翁使民杰亦至天津读书。民杰闻之甚喜。父以儿立志求学，且炫于钱氏夫妇之言，遂允之。于是出其历年积蓄，送儿登程。

民杰至天津入大学，半年后，渐习城市风气，积蓄奢华，忘其平日所费，实其父其妻在陕勤耕勤织之所得也。又渐而识一女同学。其同学柳姓，名惜衣，其父则柳祥，天津某大洋行之经理也。民杰自识柳惜衣后，愈事奢豪，日以时髦为务，借博女郎欢心。女亦爱其强壮少俊，知其家虽不如己家之富，然亦有中人之产，而非窭人子，故甚垂青之。在女之初识民杰，不过以民杰长于工课，利用其为捉刀。而在民杰则目眩神夺，一心只有惜衣，堕于情网而不能自拔矣。

如是者二年余。民杰名虽读书，实则交际，举凡所谓社交娱乐场所，靡不涉足，且必与柳惜衣俱。于是挥霍愈甚。二人亲近既久，遂发生私爱矣。

当此二年之中，陕西已渐有灾象。民杰家虽小康，以须供子读书，岁收又歉，始犹可支持，渐虽努力亦不能继，不得不出之典质，以应其需求。然尚不敢告民杰，恐其焦急而损其学业也。

柳惜衣之与赵民杰也，既已相爱，其所以不正式结婚者，为民杰未毕业也。故民杰方毕业，惜衣即请于其父，议举婚礼。父本昏庸允之，且为民杰觅一洋行职业，月入可二百余金。已诹口成礼。而陕灾大甚，家中至此不能复隐，乃以书来告。民杰欲归及以款济家，乃婚期逼近，遂留其资，拟结婚之后，再为设法。岂料其母已于是时死矣。呜呼！道高一丈，魔高千丈，在常人未有不败者，又岂特民杰而已哉。无何，民杰与惜衣结婚矣。其结婚之日，亦正是其父饿死之时。若莲卖儿欲救翁死，亦已莫及。独力葬翁，凄凉欲绝。所以不死者，独待民杰之归也。

惜衣之嫁民杰也，本为一时少年心性之冲动，为弥缝生米煮成熟饭之举，其实并无若何真爱存乎其间。故虽结婚而后，惜衣之交际如故，甚或亲新交而薄民杰，民杰不以为然。然而惜衣之父多金，婚后不久即死，惜衣厚拥遗产，巨万在握，民杰只能仰其鼻息，虽不平，亦无可如何也。是日又发现惜衣与新交昵，不能复忍，与之斗，惜衣反相新欢。民杰大愤，负气而出，彷徨街头。受此刺激，始浩然有归志，即奔就道。归则父母已死，子已离散，妻亦弥留，不及一言。幸幼子逃归，而妻已气绝。民杰乃携子葬妻于父母坟墓之旁，而不知其所终。

（据中国电影家协会藏电影说明书校录）

十九路军一兵士

新闻片凑成　大可以赚钱

强声有声彩色制片公司的《十九路军一兵士》前日在“光陆”[①]试演了。

剧情是描写一个英勇的兵士，虽然几次的受伤，他仍是艰苦地上前线去奋斗；结果，抗日有功，升为连长。

全剧的对白十九是广东话，收音的成绩还不太差。

这张片子，虽不算怎样好，但是还可值得一看，当做一部新闻片去看。因为它是片断的新闻片凑合而成，而且凑合的地方太显明，使人一看便知，所以不能十分紧张观众的情绪。

强声 (Jansen) 做这张片子时，当然不会想到更伟大点的意义，目的是想以一时的轰动，可以大赚其钱！

（原载1932年7月10日上海《时报》副刊“电影时报”）

① 上海一电影院名。

附录

《十九路军一兵士》本事

注意：请诸君转告各友！此片盈余中将提出数成以抚恤阵亡将士之寡妇孤儿

李其林广东广州人，少年英俊。一日见报载暴日犯我东北，大愤，遗书老母，决意从军，为国效劳。时十九路军招募新兵，彼即应召；编入六十一师。经数星期之训练，即成为一完善之十九路军士兵。旋适上海事变发生，六十一师奉命开赴前线，其林亦随军出发。蕴藻浜一役，其林肩受枪伤，倒而不起，幸为红十字会救回。当抬回时，口中高呼"冲锋……冲锋……为中华民族的生存而冲锋……"李其林自受伤后，即入伤兵医院医治。一日又见报载，日军加调一师团来沪助战。读之，卫国之念，又复勃发，立即恳求医生准予出院，医生因其伤势未愈，拒其所请，其林不得已乃于夜间月光下私越医院高墙，奔回前线。军中长官见其林枪伤尚未痊愈，身体衰弱，责其冒昧，其林即答曰："身体衰弱而决志为国牺牲者远胜于强健者之贪生怕死。"长官闻之大动，即允其供职前线。数日后，其林奉命开赴庙行镇，与日军激战多次，又受重伤。医愈后其林因抗日有功，遂升任为连长云。最后一幕为十九路军奉命开赴福建。

（据云南省博物馆所藏《十九路军一兵士》说明书校录）

黎锦晖的《芭蕉叶上诗》

歌舞家黎锦晖[①]暨其弟景光所领导的明月歌剧社自京汉回沪以后，我们都希望能赶快解开这个疑问："明月歌剧社自联华脱离后，究竟是加入天一还是明星？"[②]（五月二十六日电影时报）因为我们至少会关心着深刻在脑里的、活泼的、健美的王人美女士和歌舞明星黎莉莉、胡笳[③]女士。直到现在才算弄清楚他们是怎样一个关系：

他们仍是一个自己独立的歌舞团体，并没有和任何公司签订长年的合同。听说现在和天一公司订拍一部声白歌舞片：由王人美、黎莉莉主演的《芭蕉叶上诗》。

黎锦晖先生曾发表过一篇大作《中国歌舞与电影》，吾觉得他对于中国的歌舞着实抱着很大的希望，同时，他还努力地在走着他的新的路线。

《芭蕉叶上诗》是黎锦晖在中国电影界的第一次贡献，他由歌舞的作曲者一变而为有声电影的编剧者，这不能不说他在他的路线上更踏进一步了！

前一个月，明月歌剧社在南京表演时，正遇我有着充分的闲暇，我最好的便是这些玩艺儿，每换节目总是少不了我一张票。记得第一天的节目中有《大歌舞剧芭蕉叶上诗》，我更热望地去欣赏，结果，大失所望！

我怀疑我自己程度的太不够，明月歌剧社一年来进步得厉害，这部大歌舞剧竟会使观众没有了解它的能力！

为了《芭蕉叶上诗》要拍制影片的消息传到耳里，突然又怀疑到："是不是和舞台表演的一样的把戏！"费了不少力，找到一位明月歌剧社的朋友给我一个出我意外的圆满的答复：

---

① 黎锦晖（1894——1967）湖南湘潭人，我国早期儿童歌舞剧曲的著名作家，中华歌舞团（明月歌剧社的前身）的创办者。"九一八"事件前后也写有许多与当时的时代精神相悖的庸俗爱情歌曲。

② 联华、明星、天一均为上海的大电影制片公司。

③ 王人美、黎莉莉、胡笳均为明月歌剧社的主要女演员。

“《芭蕉叶上诗》是一部有声有色的歌舞对白片，里面有激烈的战争，有伟大的恋爱，有紧凑的穿插，有美艳的歌舞，有滑稽，也有眼泪，更有爱国的精神。”

“在舞台上所演的差不多是内中一部分吃醋的故事。”

听了这样简而明的富有诱惑性的回答以后，我高兴！我兴奋！《芭蕉叶上诗》不觉给我好感起来，使我失望了的心又从新热望了起来，在这儿，难免不忆起黎锦晖先生写《中国歌舞与电影》的总结一句话：

“中国歌舞与电影，在目前宜有一个纯正的目标，就是努力兴奋观众的心神，乐音以‘雄壮’为主，歌唱以‘热烈’为先，舞蹈以‘开展’为要，而声片之材料则以‘自卫卫国’为枢纽，任凭加上三角、四、五、六角恋爱的穿插，总须显到‘民众疾苦’以及‘国难临头’的暗示，若专仿美国式拜金派的作品或迎合旧习的神怪武侠作品，至少鄙人不愿领教。”

锦晖先生的“目标”是否“纯正”！我们暂时不问；由《芭蕉叶上诗》的内容看来，它的取材似乎根据过黎氏的“纯正的目标”，那简直可以料想它是一部国产片中从未有过的包罗万像的新片！

《芭蕉叶上诗》，黎锦晖的《芭蕉叶上诗》，我们暂时预祝它的成功吧！

最后，希望它能很快和我们见面，等我们得到实际的观察后，要“捧捧场”或者“指摘”，慢慢再来吧！

（原载1932年7月13日上海《时报》副刊“电影时报”）

附录

《芭蕉叶上诗》本事

本剧系一大歌舞剧中之一幕，叙一营长之爱人昭昭，因怀念营长，题诗于芭蕉叶上。方徘徊间，适村中男女举行秋季踏歌节，女友多人结队而至，昭昭遂加入。而遗芭蕉叶于地上。村中有无赖子，涎昭昭之色，以语挑之，昭昭不应而去。无赖子啣之，偶于路上见昭昭所遗之芭蕉叶，乃刻己名于叶上，以示营长，欲诬陷昭昭，营长不察，果为所蒙；幸村长之女秀秀知其情，以告营长，事始大白云。

（据1932年5月《明月歌舞特刊》〔南京画报社代编〕校录）

对教育电影协会随便谈谈问问

中国的电影事业，早就应该有一个领导的机关，天使[①]期待了这么久，终于待到了这么一个出我意外的伟大的“教育电影协会”[②]的产生。

当天使得到这可喜的消息后，它高兴得发狂，马上解除了它的武装——美丽的双翅——堕到人间来。它说：“老早应当有的一个中国电影事业的领导机关到现在才产生出来，有什么可大惊小怪？”因为我是爱好电影，而且是吃电影饭，拉电影屎的神——不，现在都是人，不免对于这样一个伟大的组织有一点儿意见。

帝国主义对中国的文化侵略，使人不自觉地加紧地袭来，它们可以把握中国的文化机关，助长统治阶级的压迫新兴文化运动的进展。切实地说到电影，它们尽量地输送资本主义没落期的、享乐的、消魂诱媚的香甜影片，送到那些有闲的老爷、太太、少爷、小姐们的眼眶里，同时，拼命地投资，想造出中国电影的托拉斯，建设中国电影的好莱坞[③]，使得中国的电影除了能造出几张武侠神怪，洋化恋爱的片子以外，再也没有一点力量给劳苦大众做半点不平的呼应。

其实，它们的阴谋还不仅此，它们的最终目的是要想抓住一切的统治权。

在这种严重情形之下，造成中国电影一个绝大的危机。这危机，若没有相当的一种力去把它解除，那末，中国的电影必然会向着没落的路上走。

教育电影协会！我们的教育电影协会！危机既已迫近眉睫，解除这危机的责任要谁来担？谁能担？

电影是一般所公认的社会教育的一种，然而，我们试回顾一下我们所能看到的影片，它究

① 本文聂耳是以“蓝天使”的笔名发表的（参见本卷附录中的文稿年表）。
② 1932年南京国民党政府成立并控制的电影界组织“中国教育电影协会”。
③ 好莱坞(Hollywood)是位于美国洛杉矶市北郊的美国电影制片业中心。

竟给予我们的教育是什么？（在苏联，电影是普及教育的利器。）什么社会？面对现社会的矛盾反映出些什么？这与所谓电影是社会教育的招牌，根本矛盾起来。这矛盾？我们当然要问谁？

有意义的新闻片和儿童教育片的制作，也是一个非常切要的任务，这任务，要谁去负担。

拉杂写来，不过是随便说说问问，天使最后要希望教育电影协会的是：指示给中国电影界，要怎样才是中国目前所需要的电影？并且决定一条中国电影应走大道。不要给被领导者自动地干起来，这上层的集团还在追尾巴都跟不上。

（原载1932年7月14日上海《时报》副刊“电影时报”）

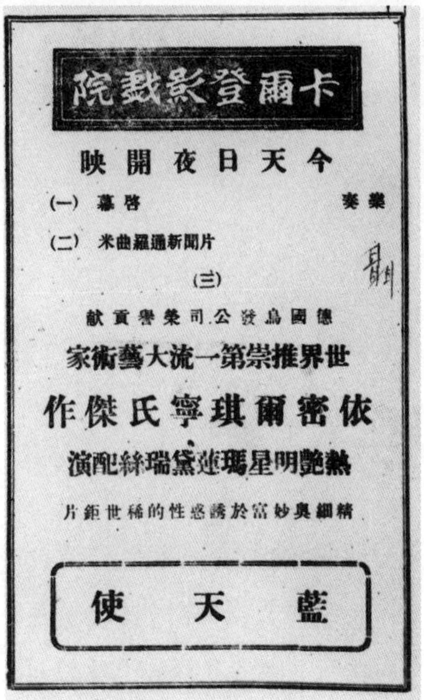

1931年9月17日，聂耳去电影院观看的德国影片《蓝天使》的上映广告

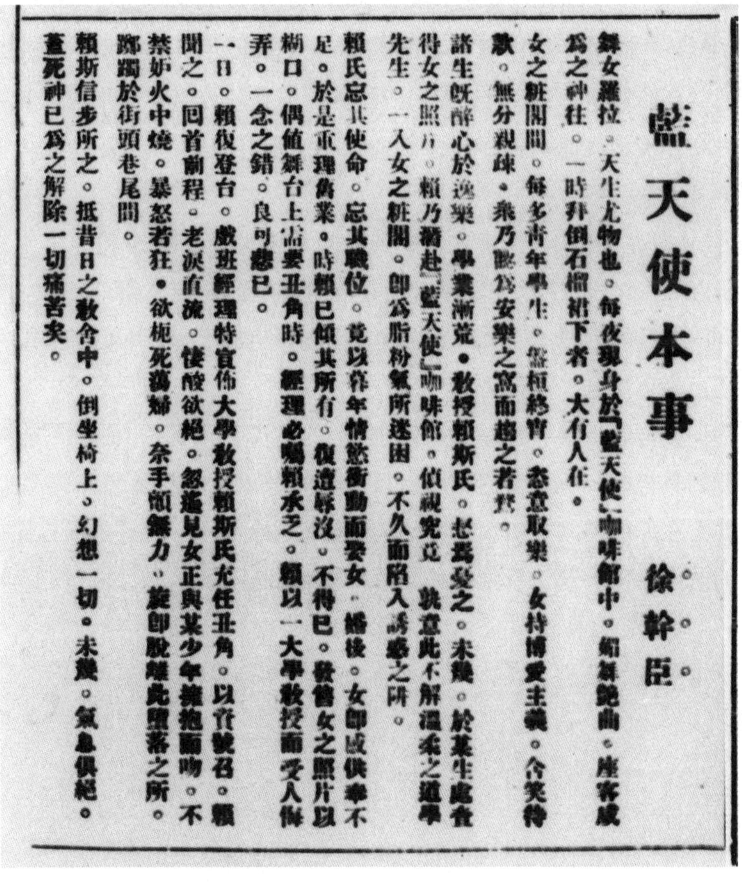

藍天使本事　徐幹臣

舞女羅拉。天生尤物也。每夜現身於『藍天使』咖啡館中。唱舞艷曲。座客咸爲之神往。一時拜倒石榴裙下者。大有人在。

女之粧閣間。每多青年學生。盤桓終宵。恣意取樂。女持博愛主義。含笑待款。無分親疎。衆乃群爲安樂之窩而趨之若鶩。

諸生既醉心於逸樂。學業漸荒。教授賴斯氏。甚爲憂之。未幾。於某生處查得女之照片。賴乃獨赴『藍天使』咖啡館。偵視究竟。孰意此不解溫柔之道學先生。一入女之粧閣。即爲脂粉氣所迷困。不久而陷入誘惑之阱。

賴氏忘其使命。忘其職位。竟以暮年情慾衝動而娶女。婚後。女即感供奉不足。於是重理舊業。時賴已傾其所有。復遭辱沒。不得已。發售女之照片以糊口。偶值舞台上需要丑角時。經理必囑賴承之。賴以一大學教授而受人侮弄。一念之錯。良可悲已。

一日。賴復登台。戲班經理特宣佈大學教授賴斯氏充任丑角。以資號召。賴聞之。回首前程。老淚直流。悽酸欲絕。忽瞥見女正與某少年擁抱而吻。不禁妒火中燒。暴怒若狂。欲扼死蕩婦。奈手顫無力。旋即脫離此墮落之所。踯躅於街頭巷尾間。

賴斯信步所之。抵昔日之教舍中。倒坐椅上。幻想一切。未幾。氣息俱絕。蓋死神已爲之解除一切痛苦矣。

1931年9月17日，聂耳去电影院观看德国影片《蓝天使》的剧情梗概

中国歌舞短论

电影艺术，本不应该谈起歌舞，但看有声片里，似乎有着很多用处，无妨就此叙述叙述。

说到中国的歌舞，不免想起创办这玩意儿的鼻祖：黎锦晖，不怕苦，带领了一班红男绿女东奔西跑，国内国外，显了十几年的软功夫，佩服！佩服！

香艳肉感，热情流露，这便是十几年来所谓歌舞的成绩。

口口声声唱的是艺术，是教育；然而，那末一群——表演者——正是感着不可言状的失学之苦，什么叫社会教育？儿童教育？唉！被麻醉的青年儿童，无数！无数！

黎锦晖的作品当中，并非全是一塌糊涂。有的却带有反封建的元素，也有的描写出片面的贫富阶级悬殊；然而，我们所需要的不是软豆腐，而是真刀真枪的硬功夫！你想，资本家住在高楼大厦大享其福，工人们汗水淋漓地在机械下暗哭，我们应该取怎样的手段去寻求一个劳苦大众的救主?!

《夜花园里》[①] 是卖文者感到劳苦大众的痛苦；《小利达之死》[②]便写了一点点贫富的冲突。所以，我之对于歌舞和那鼻祖，还有着一线的希望之路。

今后的歌舞，若果仍是为歌舞而歌舞，那末，根本莫想踏上艺术之途！再跑几十年也罢！还不是嘴里进，屁股里出？

贫富的悬殊，由斗争中找到社会的进步，这事实，谁也不能掩护。嗳哟哟！亲爱的创办歌舞的鼻祖哟！你不要以为你有反封建的意识便以为满足！你不听见这地球上，有着无穷的一群人在你的周围呐喊，狂呼！你要向那群众深入，在这里面，你将有新鲜的材料，创造出新鲜的艺术。喂！努力！那条才是时代的大路！

一九三二．七．十三．

（原载1932年7月22日上海《电影艺术》第三期）

①② 均为黎锦晖创作的儿童歌舞曲。

我所知道的《生路》里的音乐

片头展开，熊熊的火光在闪耀着，音乐在雄壮地配奏着，显示出它伟大的力，在震颤你的心弦，在兴奋你的情绪。

《生路》[①] 全片的音乐配奏，它是利用着特殊的技巧：像这样的音乐是在别国影片里很少听到的。

如朱尔加多的母亲死了，他父亲呆立着将要流出一滴眼泪的时候，利用 bass[②]一个单纯音律粗而重的延长下去，直到那分层减光的 fade-out[③]，这时，你也会陪他流一滴同情之泪的。

新机车到来了，车前载着死尸渐近车站的时候，音乐由弱而消沉，群众由喧嚷而寂静，这时所听到的声音只是那汽管的放汽声有拍节地慢慢驶近，这放汽声，多么悲惨的音乐！深感在你的心底！

做工作时的几个合唱，清晰而美丽；在贫儿收容所里的齐唱，是那末热情地，悲壮地；墨司太夫在车上的独唱是有着前进的、慰快的情感；这些，和别的有声片，显然是不同的风味。

《国际歌》的声带被剪断了，减色不少，这是一个绝大的缺憾！

（原载1933年2月20日上海《晨报》副刊“每日电影”）

---

① 在全国人民的强烈要求与压力下，1932年底国民党政府被迫与苏联恢复邦交。次年2月16日上海大戏院正式公映了苏联的有声影片《生路》。

② 英文“低音”。

③ 英文“淡出”（电影拍摄术语）。

电影的音乐配奏

我们每看一部影片，不仅是去看银幕上所映出的画面，同时还要用耳朵去听它所配奏的音乐。

在看电影的时候，有时会使你兴奋激昂，有时会使你感伤得流泪；这不是单纯的在银幕上所给与的刺激，而一半是耳朵周围的音响支配了你的情感。

无疑地，音乐在电影艺术中是占有很重要的地位。

在好莱坞每摄一部影片，它对于音乐的配奏看得非常重要。不论有声片或无声片，音乐工作的布置却是首先要解决的问题：有声片分幕后便交音乐家作曲，收音部研究各种音响配置的问题；无声片在拍戏时有无线电、留声机在摄影场伴奏乐队演奏的音乐，制造出种种空气帮助演员的表情或导演的指挥。

在苏联和德国，他们对于无声片的音乐配奏也是取同样方式，但对于有声片却更精细得多。我们可以在他们的影片里看出，他们是最能善用声片的音响，使乐音，噪音适当地配合着剧情，给观众感到眼里所看的，耳里所听的，脑里所想的，融化得恰到好处。

回顾国产影片的对于音乐，一向是取忽视的态度，莫说拍无声片拍戏时没有制造空气的音乐设备，就是在有声片里也没有一部是对音乐下过一番功夫；固然，我们不能去和外国片相比，然而也不要忽视它，我们至少要利用这一有力的工具，渐渐增强国产影片的实力。

制片家们！认清了音乐在电影艺术中的地位，认真地去注视它，这是我们最低限度的希望。

一九三三．四．十四．

（原载1933年7月1日上海《电影画报》第一期）

影界漫语

音乐会大厅

得悉联华第一厂要拍《母性之光》[①] 的一幕音乐会大厅，情愿牺牲了爱人的约会，约了我的音乐同志C君同去参观。

一架三角大钢琴斜置在大厅当中，八把1st violin和2nd violin[②]分列在前面，两把viola[③]和两个cello[④]围在后边，一个double bass[⑤]威严地立在钢琴后旁；这形式，显然是一个弦乐合奏（string orchestra）。其他的陈设，颇像一个盛大的音乐会大厅。

音乐师们都拿好自己的乐器随便地拉着、弹着，乐师中有几位长头发打黑领结的艺术家规规矩矩地呆坐着昂然不动，你想，恐怕只有他们几位才是真正的音乐师吧！因为样子很像。要不然也会和别的临时演员一样地在乱动着乐器，奏着什么《毛毛雨》、《璇宫艳史》。

我凝视着这几位音乐家的尊严底姿态，等待着乐曲的演奏。

一位饰conducter[⑥] 的长发艺术家从化装室出来，右手拿着小鼓锤似的指挥棒，左手紧紧地按在鼻子下和上嘴唇之间，恐怕他刚刚长出的两笔八字胡落掉。

conducter的指挥棒一挥，演奏开始了。我细心地听着这弦乐合奏所奏出的调子，结果，什么也没有，只听见钢琴粗重地响着基本练习，《毛毛雨》、《璇宫艳史》的violin声和cello，bass的种种怪声杂乱地合奏着。

再特别注视那几位长头发，咦！有两位在那儿得意地做着solo[⑦]表情，弓子拉在弦综的短弦上，发出老鼠叫的声音。

---

① 上海联华影业公司1933年夏拍摄完成的影片。编剧田汉，导演卜万苍，摄影黄绍芬，主演金焰、陈燕燕等。聂耳担任该片的剧务。任光、聂耳为此片作有歌曲。

② 第一小提琴和第二小提琴。

③ 中提琴。

④ 大提琴。

⑤ 倍大提琴（低音提琴）。

⑥ 指挥。

⑦ 独奏。

影片《母性之光》中的音乐会大厅

聂耳（右）在影片《母性之光》里饰演黑人矿工时与黎灼灼合影

过后打听一下，原来几位长头发是学绘画的。

camera① 摆在天桥上往下摄取乐队的全景（见上图），这时的音乐演奏需要一个尾声；为了弓子的上下要一致，聪明的音乐导演想出了一个巧妙的方法：当卜万苍导演一声“camera”② 喊出，音乐导演便大声吼着“一二三四……”，音乐师随着这数声仿佛操体操似的把弓子摆在琴上一上一下，数声拖长弓子便拉得慢，数声短促弓子便拉得快；这样，成功了一个整齐的尾声。假如我是聋子，我会以为这是真的乐队在演奏。

虽然是“做做样子”的无声影戏，但为了“逼真”，我们应当尽可能地去找能做样子的人来做，尤其是音乐师的演奏姿式，最好不用假装。

一九三三．四．二十夜．

男性的呐喊

据说：“假设有一千个女子欲嫁电影皇帝，这一千女子必有一千男子等待，若电影皇帝婚

① 电影摄影机。
② “开麦拉”（意为摄影机开始拍摄）。

事能早解决，则九百九十九位女子可以提早下嫁平民，勉强成为眷属。此举非但电影皇帝修行积德，卫生部必授以勋章也。”

我说：这样的呐喊，也许是出自等待着的男子之口，因了自己的利害关系，不得不吼出这“男性的呐喊”。

在所谓皇帝未确定皇后之前，这一千女子随时都有皇后的被选权，因此，这等待着的男子随时都有失恋的危机——要是他们的爱人也混在一千女子里面。那末，在这过程中，男子绝不会安然等待，必然会和皇帝作对，以种种斗争方式推翻皇帝的“色”权。

皇帝常接不知姓名的电话：

“听说你和 ××× 秘密订婚了吗？”

“喂！ × 先生！请您告诉我，你同 ×× 几时结婚了？”

“……？”

这些电话当然是那些等慌了的男子打来的，由此可知其“情”势之严重！

可怜！男性的呐喊！

一九三三．四．二十二夜．

吴淞洋行

一个电影明星碰到他的朋友，下面是他们的谈话：

朋友：“哈罗！做西装啦！”

明星：“新西装！样子还合身吧?!”

朋友：“不坏！料子也很好！哪家做的？”

明星：“洋行里买的。”

朋友：“啊！价钱一定不便宜……”

明星：“不多！二十元全套三件。洗一洗一元二角，改一改三元五角，共计二十四元七角。”

朋友：“咦！这么便宜！到底是什么洋行？”

明星：“吴淞洋行！”

影片公司的老板拼命地赚钱，管不着从业员在水银灯下的苦工所得还不够养家度日，电影明星跑吴淞路买旧衣服当然不是羞耻的事。

一九三三．四．二十二夜．

（原载1933年7月15日上海《电影画报》第二期）

时代青年

内景

1. 合作社
2. 教室
3. 平民夜校
4. 夜校门外（或可用外景）
5. 小李家门口──►连
6. 小李家
7. 跳舞场
8. 学生会办事室
9. 大礼堂
10. 夜校预备室
11. 警察厅长办公室
12. 赵欣家
13. 秦若华的寓所
14. 上海的旅馆内
15. 贺维中寓所（上海）
16. 战场 A、B
17. 低级军官的住所（河南的破乡屋）
18. 司令部

外景

1. 街道 A、B、C（北京的）
2. 汽车内
3. 大学校门口
4. 网球场
5. 大礼堂外
6. 揭示处
7. 平民夜校外的花圃（有夜景）
8. 火车站（北京的）
9. 街道（上海的）
10. 贺寓门口（上海的）
11. 轮船
12. 火车
13. 河南的乡野 A、B
14. 若华家门口（河南）
15. 河南军阀防地（最好自建）
16. 河南民团防地（最好自建）

重要演员

贺维中	秦若华	赵　欣
李从善	胖学生	瘦学生

次要演员

学生甲、乙、丙、丁（十天左右）	学生 A、B、C、D（二三天）
孩童小李（四五天）	孩童（二天）
小李的爸爸（三四天）	警察厅长（一二天）
秦若华的父亲（三天）	秦若华的兄（三天）
军阀方面的高级军官一人（三天）	低级军官四五人（四五天）

应讨论各问题

1. 服装问题：军阀时代之女学生装束
2. 外景问题：有一部分外景，最好要到类似河南、徐州的地方去拍
   徐州是否可以拍戏
   有无临时演员雇用
3. 场面问题：本剧场面已改至无可再改，但仍很大，用临时演员，至少要一千至一千五百之数
4. 布景问题：其中有几场外景，因有夜景或雨景，本公司是否可搭
5. 时间问题：本剧布景多，拍摄时间决长[①]

职员表

导演	摄影	照相	摄影助手	灯光电气
布景	美术	剧务	场　记	道　具
服装	化装	洗片	印　片	

① “决长”意为绝对要长。

第一场

布　　景：合作社——➤连门外　　教　室

人　　物：贺维中　　秦若华　　赵　欣　　李从善　　胖学生　　瘦学生

学生甲、乙、丙、丁　　帮闲学生A、B、C、D　　教师

男女学生四五十人　　侍者二三人

Fade-in

1．S.C.　合作社之门（门上有乐群合作社字样），赵欣同若华推门进去，Pan.连路和帮闲的学生招呼。走到一个空桌子旁边，赵欣先让若华坐了，然后自己坐下，很殷勤地问吃什么菜，若华微笑说随便吃什么。

2．S.C.　胖学生和学生甲同桌吃饭，见了赵欣他们，直性的胖学生，耐不住对学生甲咒骂地说：

T.　他妈的，一天到晚像胶一般粘着，这种不要脸的东西到底是来念书的，还是来讲爱情的。

S.C.　说完了，望着赵欣他们扮上一个轻蔑的鬼脸。

3．S.C.　赵欣还在献媚。可是若华看见了胖学生的鬼脸，不禁有些变色，赵欣回头望见胖学生。

4．C.　胖学生毫不示弱地白眼望看，而且嘴里不住地咀嚼东西。

5．S.L.　赵欣对胖学生回报一个白眼，叫若华别理睬他。其时维中端着菜走过赵欣的桌旁，赵欣因为要引若华开心，所以想出这个法子来，对若华私语道：

T.　你看贺维中这穷小子当了伙计，还这般大模大样的毫不知羞，真丢尽了大学生的脸了！

6．S.C.　若华对于赵欣的话尚未表示什么意见，赵欣已经高声喊道：

T.　喂，伙计。

7．S.C.　维中听得赵欣呼唤，应声走过来。

8．S.L.　维中走来，赵欣厉色道：

T.　我们来了许久，难道你不生眼睛，没有瞧见吗？维中道：

T.　今天稍微忙了些，所以招待不周，请原谅。

9．S.C.　赵欣道：

T.　人家花钱，难道我们不花钱的吗？

维中很耐气地问吃什么菜，赵欣道：

T.　两客特别饭，外加一个香干炒肉丝。

维中应着要走，赵欣又叫住道：

T. 倒两杯茶来。

10. L. 维中走去，许多人吃着、谈笑着，另一些伙计忙着。从善满脸愁容，慢吞吞地走进来。赵欣见了，喊他过去。

11. S.C. 从善在赵欣旁边坐了下来，若华很诧异地问道：

T. 密斯特李，怎么今天这样不开心？

12. S.C. 从善勉强装出一丝笑容说：

T. 没有什么，不过为了二十五块钱，学费没有缴，连讲义都不发给我了。

13. S.C. 赵欣要在若华面前炫耀自己的财势，很爽快地拿出一卷钞票来，检了几张授给从善道：

T. 二十几块钱算得了什么，你马上拿去缴了，看他们还敢不发给你吗？

14. S.C. 从善好似逢了救星，很喜悦地接受了赵欣的钱，心里当然很感谢。

15. S.L. 维中送上两杯茶来，问从善吃什么，赵欣故意刁难道：

T. 再来一个肉丝炒香干，一客特别饭，三客饭一起来，快点！

16. S.C. 维中很诧异道：

T. 不是同刚才点的一样的吗？

17. S.C. 赵欣道：

T. 刚才点的是香干炒肉丝，现在要的是肉丝炒香干，这一点都分不清楚，你当什么伙计？

18. S.L. 维中耐着气走了，若华有些不以为然的样子对赵欣说：

T. 这样刁难人家，似乎太不近人情。

19. S.C. 赵欣道：

T. 这种人只配这样对付的，否则他怎会晓得我们的身价呢？

20. S.C. 从善为了借钱的关系帮着道：

T. 应该要给他一个教训，让他保留些大学生的人格。

21. S.C. 从善刚说完，由侧面飞来一块肉骨头，正打在面颊上，他恼怒地回头观看。

22. S.C. 瘦学生望着从善窃笑。

23. S.C. 从善见是瘦学生同他开玩笑，就把肉骨头抛回过去。

24. S.C. 瘦学生举起菜盆子招架肉骨头，盆子打碎，瘦学生大笑。

25. S.L. 从善不曾占到便宜，很气愤，赵欣、若华都望着他好笑。维中送上饭菜来，赵欣和从善故意刁难。

26. C. 两对筷子搅着两盆菜。

27. S.C. 赵欣冷酷着脸对维中道：

T. 这不是一样的吗？

28. C. 维中道：

T.　　这是你们自己点的，我早就说过是一样的。

29. C.　　从善帮着硬扳错头道：

T.　　香干炒肉丝，是以肉丝为主，肉丝多一点；肉丝炒香干，是以香干为主，香干多一点，为什么没有分别？大学生连这一点都不懂，中国的教育，也算是太糟糕啦！

30. C.　　维中听了很气，但仍忍耐着，端了菜正色道：

T.　　换一个好了，不过我以为彼此都是同学，用不着这样刁难。

31. S.C.　　赵欣发起火来道：

T.　　放屁，在学校里是同学，在这里你就是伙计。

32. L.　　群众惊起观看，胖、瘦二学生更注意地望着。

33. S.L.　　维中也有些发怒了，和赵欣抗争，赵欣当然不肯示弱。若华好像左右为难，不知所措。几个帮闲学生拥过来，瘦学生也挤过来，站在赵欣一条战线上，对维中带着讥诮的攻击，从善攻击得更厉害道：

T.　　做了伙计，还有什么脸跟人争辩？

维中当然听不过，据理直抗，赵欣见许多人护从他，越发骂得厉害了。

34. S.C.　　胖学生和学生甲、乙、丙、丁等都听得发怒起来，厉色骂道：

T.　　妈的，督军的儿子有什么了不得，这里是公共的学校，容不得你来撒野。

35. S.L.　　大众各不相让地斗争起来，赵欣在若华面前不甘示弱，拿起一盆菜向维中泼去，维中躲过。

36. S.C.　　菜泼在胖学生脸上。Pan. 学生甲、乙、丙、丁等嚷道：

T.　　打！打！

大家抢着家伙乱抛。

37. S.C.　　Pan. 瘦学生同几个帮闲学生也都抢着家伙乱抛，瘦学生虽乖巧，但他脸上也泼了一盆菜。

38. L.　　秩序大乱，家伙乱飞。Pan. 若华很慌张地溜出去。

39. S.L.　　若华溜出门来，一会儿赵欣也溜出来了，一会儿瘦学生和几个帮闲学生也溜出来了，最后从善也出来了，嘴里还在辱骂，可是胖学生在他后面紧紧追出来，骂道：

T.　　妈的，一个马屁鬼，只值二十五块钱。

40. S.L.　　从善听了恼羞成怒。Pan. 奔回来同胖学生殴斗，二人打得不可开交。

41. S.L.　　群众渐散，维中同伙计们收拾破碎的家伙。Pan. 壁上的时钟方交十二点三十余分。D.to 42

42. C.　　时钟交一点钟。D.to 43

43. S.L.　　维中挟着讲义走进教室，Pan. 向自己的座位走去，瘦学生装着饭馆伙计的样子走上来招待，维中明知他在讥讽自己，要想发作，但终于忍住，不去理睬他，自管坐下看书。不料瘦学生刚走开，赵欣又装模作样地走来，殷勤问道：

T. 先生，用些什么菜？

44. S.C. 维中实在忍不住了，况且看见黑板上不堪入目的标语和图画。

45. C. 黑板上的标语和图画。

46. S.L. 大家都望着发笑，维中霍的立起来， Pan. 走到讲台上，很从容地对众演说：

T. 诸位同学，半工半读欧美各国很多，并不是下贱的事……

47. S.L. Pan. 赵欣鼓动大众对维中发嗤嗤之声，从善没有先前那样和赵欣的调了，心里好像有什么心事，旁边的胖学生，也同他一样默不作声，而且二人的脸上都有伤痕，这是他们大打了一场的成绩。

48. S.C. 维中不顾一切，继续演说：

T. ……就是丧失人格，也只关兄弟个人，与大家无关，大家即不赞成，那末各行各是好了，用不着做出这种侮辱的行为……

49. L. 大家正在嗤嗤地嘘着，若华进来，赵欣急忙过去招呼，于是大家的眼光都转移到若华和赵欣身上。

50. S.L. 维中毅然把黑板刷子拍了一下。

51. L. 大家的眼光又转移到维中身上。

52. S.C. 维中说：

T. 要晓得这样才污辱了自己的人格。

53. L. 维中说了这句话，赵欣又想鼓吵起来，教师走进来，大家才安静地坐下。

Pan. 维中也就从容不迫地揩去了黑板上的标语和图画，走下讲台归座，教师走上讲台。

54. S.C. 教师望了望众学生，翻开书来讲。

Fade-out

第二场

布　景：平民夜校　夜校门外　街道 A　汽车内　街道 B　小李家　小李家门口　跳舞场

人　物：贺维中　胖学生　孩童小李　顽　童　贫苦的儿童三四十名　赵　欣　秦若华　李从善　瘦学生　小李的爸爸　舞女　舞　客　仆　欧　路　警　路　人　老　人　汽车夫

Fade-in

1. C. 夜校的校牌（牌上有 ×× 大学附设平民夜校字样）在风雨飘摇之中。D.to 2

2．S.C.　维中在黑板上写字，解释书上的字义，Pan.（或 L) 儿童们都在听讲。

3．S.C.　维中讲了几句，又教儿童们读。

4．S.L.　Pan. 儿童们都跟着读，只有小李身旁的顽童最顽皮。

5．C.　维中的手指书上的字句。

6．S.C.　Pan. 儿童们都在读，顽童假装着读书的样子，暗底下不住地欺侮小李。

7．C.　顽童在小李脚上踢了一脚。

8．S.C.　小李是懦弱者，要哭不敢哭。顽童占了便宜很得意。维中一面领着儿童们读，一面在儿童的座位中间巡视，巡视到顽童身旁，顽童就装着正经的样子，等到维中走过，又欺侮小李。

9．S.L.　维中回到讲台上，教儿童们用心读。

10．S.C.　胖学生走出来摇铃。

11．L.　散课。D.to 12

12．S.L.　风雨很大，儿童们散出来，顽童还是不住的欺侮小李，把小李的破伞弄破，而且把他打倒在地。

13．S.C.　小李跌在泥污里哭了。

14．S.L.　大家笑了，顽童逃跑了，维中同胖学生推开窗来看见了。维中急忙奔出来，搀了起来，在窗口里问胖学生要了一柄伞，护送小李回去。

15．S.L.　维中同小李走到街上，赵欣的汽车切近维中的身子疾驶而过，溅了维中一身泥污水。

16．S.C.　汽车里的赵欣回头望见溅着的是维中，很快活，瘦学生笑得前翻后跌，就是若华、从善，也觉好笑。

17．S.C.　维中愤愤地望了已经驶去的汽车一眼，没奈何，只得自己揩了揩，同小李再走。D.to 18

18．S.L.　维中护送小李回家。

19．S.L.　维中送小李进来。Pan. 小李奔到卧病在床的爸爸面前，小李的爸爸见了小李满身的泥污，很诧异地问他什么事，小李哭丧着脸约略告诉了。爸爸想支撑起病躯来招呼维中，维中急忙止住他，并慰问他的病体，问他为什么不看个医生。

20．S.C.　小李的爸爸对着维中含泪叹苦道：

T.　一个月只到手十多块钱，维持我们父子俩的吃用已经很勉强了，而且生了病还要扣饷，哪里再有闲钱看医生呢?

21．S.C.　维中非常怜悯小李的爸爸，很慷慨地在衣袋里拿出仅有的两块钱，授给他道：

T.　身体是要紧的，你且看一次医生再说。

22．S.C.　小李的爸爸哪里好意思接受，但维中很坚决地把钱放在枕边返身就走了。小李的爸爸感激得说不出什么来。

23．S.L.　维中出门。

24. C. Pan. 维中的脚在泥水中走。D.to 25

25. C .Pan. 赵欣的脚和若华的脚跳舞（镜头摇上），二人拥抱着，喜形于色。

26. S.L. 赵欣和若华于酒绿灯红之间跳舞。

27. S.C. Pan. 乐师奏着狂欢之曲。

28. S.C. Pan. 赵欣和若华拥舞甚欢。

29. S.L. Pan. 瘦学生也拥着舞女跳，极形极状，从善坐着不舞。

30. C. Pan. 赵欣和若华拥舞甚欢。

31. S.C. 乐师奏狂欢之曲。

32. L. 群众欢舞 Pan.（或 C) 窗外风雨甚大，慢慢地风收雨止，天放光明。D.to 33

33. L. （汽车内拍，带汽车头）汽车在街上疾驶，路人纷纷向两边奔避，终于把一个奔避得慢的老者撞倒。

34. C. 老者骇叫了一声。

35. S.L. 汽车停住，路人奔拢来看，从善首先从车内走出来看被辗之人，路警神气活现地走过来查问。

36. S.C. 车厢里几个昏迷欲睡的人，被人声惊醒过来，瘦学生第一个伸出头来看，若华第二个伸出来看，二人都有些惊诧。

37. S.C. Pan. 路警看了看死者，神气活现地向瘦子学生查问，他认道瘦学生是车主。

38. S.C. 赵欣毫不介意地，而且还未醒透的样子伸出头来望。

39. S.C. 路警见了赵欣，脸色变了，一些不神气活现了，很恭敬地向赵欣行了一个礼。

40. S.C. 赵欣问路警道死了没有，路警道：

T. 差不多死了。

赵欣很不在意地说：

T. 死了就算啦。

路警就退下。

41. S.L. 路警过来把尸体拖开些，路人窃窃纷议。

从善很不以为然，对赵欣说：

T. 应该把他送医院，也许还有救。

42. S.C. 赵欣好像厌恨从善多事道：

T. 由他好啦，我们回去睡觉要紧。

43. S.C. 从善很愤慨道：

T. 一个人的性命，这样不值钱吗？

44. S.C. 赵欣也有些恼怒了，冷然道：

T. 要是你高兴的话，别说送他到医院里，就是送他到坟墓里去也好。

赵欣说了，不等从善上车，就喝令车夫开车。

45. S.C.　汽车开去，从善瞪目怒望，心里的愤慨到了极点。

Fade-out

第三场

布　景：学生会办事室　大学校门口

人　物：贺维中　李从善　胖学生　学生甲、乙、丙、丁

男女学生百余人　军警数十名

Fade-in

1. C.　写纪念“五四”的旗帜或标语（镜头拉成L），许多学生很匆忙地在准备旗帜、标语、传单等一切应用东西，工作非常紧张，维中欢然推门进来。

2. S.C.　维中对众道：

T.　我介绍一位同志给诸位，这位同志愿意同我们一道工作，实在出于我们意料之外的。

3. S.L.　维中向门外招呼，从善走进来。

4. S.L.　Pan. 大众见了很诧异，胖学生见了更诧异，终于鼓掌欢迎，一个个走上前去握手。

5. S.C.　胖学生握着从善的手说：老李，万万料不到你我会走到一条路上来的。从善说：

T.　我很惭愧。过去的事，我很对不起密斯特贺，现在我觉悟了，所以要跟随你们向对的路上走。

6. S.L.　维中抚慰他说，大的问题一致，个人的小问题是没有关系的。说完了，指派大家赶快工作。

7. L.　从善跟着大家工作起来，非常兴奋。

8. S.C.　维中把旗帜装在杆子上。D.to 9

9. L.　维中领着队伍向校门外走去，军警已守围着。

10. S.L.　维中、从善、胖学生和激烈分子和军警交涉通过，争论。维中想引导队伍冲过去。

11. L.　队伍和军警的大混乱，军警捕住维中、从善、胖学生等数人，一面驱散队伍。D.to 12

12. S.C.　Pan. 军警把维中、从善、胖学生及几个激烈分子押上汽车，从善、胖学生等鼓吵，汽车驶行。

Fade-out

第四场

布　　景：网球场　　揭示处　　大礼堂　　大礼堂外

人　　物：秦若华　　赵　欣　　贺维中　　李从善　　胖学生

学生甲、乙、丙、丁　男女学生百余人

Fade-in

1．S.C.　Pan. 若华打网球。D.to 2

2．L.　若华同赵欣打网球，许多学生在揭示处看通告。已而二人打罢，走拢去。

3．S.L.　若华、赵欣走拢到网边休息，偶见揭示处许多学生在看通告，若华拉了赵欣一同去看。

4．S.L.　许多学生围着看通告，若华、赵欣挨进人丛中去。

5．S.C.　若华、赵欣挨到前面来看。

6．C.　学生会发的欢迎维中等出狱的通告。

7．S.C.　若华拉了赵欣走出人丛来，Pan. 走到旁侧对赵欣说：

T.　我们看看去好吗？

8．S.L.　赵欣不以为然说：

T.　你要去，你去好啦，我不去。

若华见赵欣不陪她去，有些不开心，赵欣也直些气愤，重返走入人丛中去。

9．S.L.　赵欣把通告撕了下来，立在高处，向众演说：

T.　现在是上课的时候，不是开会的时候，而且没有人格的东西，根本不配我们全体同学去欢迎他。

10．S.L.　群众哗然，有一个学生大喊道：

T.　难道现在专是陪爱人打网球的时候吗？冷血动物，打。

11．L.　赵欣听了，要想置辩，大家已经动手，把他从高处拖下来。

12．S.C.　若华见状，惊而且羞，悄然避走。

13．S.L.　赵欣从人丛中狼狈逃出来。

14．S.L.　若华悄然退出来，见许多同学纷纷往大礼堂去，跟着也向大礼堂去。

15．L.　大礼堂里已经挤了许多人，但是门外还是络绎不绝地进来。

16．S.L.　若华悄然走到窗口向内窥望。

17．S.L.　台下挤满了人，台上维中、从善、胖学生等坐着，主席在致词。致词毕，请维中演说，群众鼓掌。

18．S.C.　若华在窗外望着，有些惊异。

19．S.C.　维中演说：

T. 今天承诸位同学这样欢迎，实在愧不敢当。现在政府糟到如此地步，兄弟早已把身体交给大众了，就是砍头，也在所不惜，所以坐几天牢监是不值得重视的……

20. S.L. 群众鼓掌。Pan. 若华在窗外窥望着，要想走开去，然而走了几步，又回过来窥听。

21. S.C. 维中演说：

T. ……今后希望诸位同学在书本的生活，或者恋爱的生活里抽出些工夫来，革命！

22. L. 大众鼓掌。

23. C. 若华听了，有动于衷。

24. L. 维中演说毕，群众拥到台边去和维中等握手，把维中等高高举起，欢呼若狂。

25. S.L. 若华在窗外望见里面的热闹情状。

26. C. 若华感动了，脑海里起了思潮。

27. S.L. 赵欣被众拖下来打。

28. S.L. 维中被众人高高举起。

29. C. 拳头打在赵欣身上。

30. C. 鼓掌。

31. S.C. 赵欣狼狈得不成样了。

32. S.C. 维中英气勃勃。（以上27 to 32与26复印）

33. S.C. 维中被群众高举狂欢。

34. C. 若华望着含泪欲哭，但又微笑，心中动摇了，很想和维中去握手亲近。

35. L. 维中从群众的手中跳了下来，请各人散了去干正事。

36. S.C. 若华决心倾向维中，走过去。

37. S.L. 维中正要去干事了，若华在人丛中走来，毅然对维中说：

T. 贺先生，我真佩服你的主张和精神，我过去的一切，完全是错误的，所以很愿意改过自新，参加你们的工作。

38. S.C. 维中见若华忽然投诚他，当然很诧异，但不久就笑着点头，和她握手，表示欢迎道：

T. 好极了，密斯秦，我也很佩服你有这样大的勇气。

39. S.L. 从善和胖学生走过来，维中对他们说密斯秦也加入我们工作了。从善有些不信，胖学生更其不信，好像试探她似地对她说道：

T. 我们是很艰苦的啊！

若华坚决地说：

T. 我晓得艰苦的，但我不怕，决心要干。

维中抚慰云云。

40. S.L. 赵欣悄然走来，见了若华同维中等在一起，很惊诧。

41. S.L. 维中知照若华到会里去工作，说完就同从善等走了。Pan. 若华正想走，赵欣走来迎住了惊问道：

T. 你也加入他们的工作了吗?

42. S.C. 若华毅然点头道:

T. 我感觉得我的生活,有改变的必要,所以加入他们的团体工作。

43. S.L. 赵欣更惊诧,但外表装得不动声色,点头和调。若华因为要紧到会里去工作,招呼了一声就走了。Pan. 赵欣心里非常愤恨,望了一眼,紧紧追上去,拦住了说道:

T. 那末以后我们怎么样呢?

44. C. 若华带着安慰的口吻道:

T. 希望你也把你的生活改变一下。

45. C. 赵欣听了,冷笑了一笑,鼻子里哼了一声。

46. S.C. 若华见他这般情状,心里很气愤,执气就走了。赵欣恶狠狠地望着,脸色变了。

Fade-out

第五场

布　景:	平民夜校	夜校预备室	夜校门外	警察厅长办公室一角	
人　物:	贺维中	秦若华	赵　欣	李从善	胖学生
	贫苦学生三四十名		孩童小李	学生甲、乙	
	汽车夫	警察厅长	小李的爸爸	警士十余名	

Fade-in

1. S.C. Pan. 若华在儿童的座位中间巡行着,一面教学生读书,教得很用心。

Pan. 赵欣走进门来。

2. S.C. 若华见赵欣突然进来,很诧异。

3. S.C. 赵欣含着奸险的脸色,望了若华一眼, Pan. 向若华走去。

4. S.L. 若华只是诧望着,儿童们也望着,赵欣走到若华面前,很傲慢地说:

T. 请你牺牲几分钟时间,我有几句话要同你谈谈。

5. S.C. 若华坦白地说:有话请讲。

6. S.C. 赵欣道:

T. 我最后一次忠告你,希望你为你自己的安全问题,特别理智一点。

7. C. 若华莫名其妙。

8. S.C. 赵欣又道:

T. 老实告诉你,警察厅已经晓得此地这个平民夜校是革命党的机关,你要是再不自己留意,说不定随时会发生危险的。

9. S.C.　若华的惊诧脸色中，渐渐有些愤懑起来。

10. S.L.　维中突然从预备室里走出来，Pan. 很急速地走到赵欣面前，从善、胖学生跟在后面，维中很严厉地对赵欣说：

T.　赵先生，你的话我在里边听得很清楚，你说警察厅已经晓得这里是革命党的机关，我想这或许就是你一个人的见解吧。

11. C.　赵欣起先原以为只有若华一人在这里，忽然维中他们走出来，他已经有些奇突的惊诧了，现在听了维中的话，简直不知所措地说不出话来。

12. S.C.　直性的从善也恼怒地说：

T.　这里既是随时有发生危险的可能，那末请你自己留意，下次不要来。

13. S.C.　赵欣正有气无处出，听了从善的话，就板脸道：

T.　你是什么人，也敢在你赵爷爷的面前放屁，拿不到讲义的时候，难道已经忘了吗？

14. S.C.　从善气愤极了，但没有钱还他，只得挨听他骂。就是维中、若华，也都徒自气愤，硬不出头。

15. S.C.　胖学生气极了，毫不犹豫地在衣袋里拿出钱来还给赵欣说：

T.　二十几块钱神气些什么，还你好啦。

16. S.L.　赵欣老实不客气地把胖子的钱受了，胖学生也很不客气地喝令赵欣滚，赵欣就满面含愠地走出门去。

17. S.L.　赵欣走出门来，恶狠狠地回头望了望，坐上汽车走了。

18. S.L.　维中、从善、胖学生三人回进预备室来，胖学生带着玩笑的口吻对从善说：

T.　老李，我不是赵欣，你别以为我拿出二十五块钱来替你还债，也要你拍我的马屁啊。

19. S.C.　从善很难堪，维中恐怕从善生恼，急忙把话头扯开，于是各干公事。

20. S.L.　Pan. 学生甲、乙二人挟着一束学生会的文件从另一个门里进来，走到维中那边，交给维中，维中打开来看了看，就叫从善、胖学生等过来一同誊写；其时若华也从教室里进来，帮着一同写。维中分了一半文件交甲、乙，拿去叫别人誊写。D.to 21。

21. S.L.　Pan. 赵欣从门外走进来，厅长急忙起迎，赵欣随便和厅长对面坐了，开口就说：

T.　张厅长，请你替我办一件事。

22. S.C.　厅长问什么事，赵欣就把陷害维中他们的事情委托厅长，厅长当然答应。赵欣临了又献计道：

T.　只消说他们是革命党，那个平民夜校是革命党的机关，一切事情就得啦，而且你还可以把他们献功邀赏。

23. S.C.　厅长一口应允说道：

T.　要干马上就干。

24. S.L.　门没有关上，小李的爸爸在窃听着，惊诧极了。见事已急，急忙和另一个警士打了一个招呼，匆匆而行。

25. S.C.　厅长正要传唤警士，赵欣又含着微笑道：
T.　要是一个姓秦的女子也捉到时，须把她交给我办。
26. S.L.　厅长明白赵欣的心意，点点头笑了一笑，Pan. 就传唤警士，吩咐火速召集通班警察。
27. L.　警士们听得命令忙乱起来。

Fade-out

第六场

布　　景：平民夜校　夜校门外　预备室　预备室外的花圃　街道 C
人　　物：贺维中　李从善　胖学生　秦若华　警长　警士十余名　小李的爸爸

Fade-in

1. L.　小李的爸爸很气喘地奔来，见窗内有火光，就推门而进。
2. S.L.　Pan. 小李的爸爸穿过教室，直入预备室。
3. L.　维中等正在誊写文件，小李的爸爸很气喘直闯进来，大家很诧异。小李的爸爸见了维中，很急促地对他说：
T.　赵督军的儿子和我们厅长串通了，把你们当作革命党诬害，马上要来捉人了，你们赶快想法子走吧。
4. S.L.　大家很惊诧，小李的爸爸又很热心地说：
T.　假如各位没有去处，不妨到我家里去躲避几时。
5. S.L.　小李的爸爸说完了，恐怕自己脱不得身，马上就走了。大家都慌乱起来，维中稍微镇静些说：
T.　重要的文件须得带走，不可遗落的。
6. S.L.　Pan. 维中急忙收拾文件，大家手忙脚乱。
7. S.L.　Pan. 警士的汽车驶过。
8. L.　维中等手忙脚乱收拾文件。
9. L.　警士的汽车驶抵门首，警士下车，蜂拥而入。
10. S.L.　维中等听得了汽车声，很匆忙地拿了文件从另一门里出去，若华正走到门口，慌乱之下，偶然把文件掉地，拾了起来，正要出门。
T.　不要动。
若华惊住了，回头看，Pan. 警长持着手枪立在门口，对着若华，一面指挥警士到另一门外去捉人。

11. S.L. 警士从预备室的门里冲出，Pan. 在花圃里四处搜寻，用电筒在暗处射照。
12. S.C. 维中躲于暗处，警士在近身搜寻过，险些被看见，情景非常危险。
13. S.L. Pan. 警士很仔细地搜寻。
14. S.C. 胖学生躲在暗处发抖。
15. S.L. Pan. 花圃内警士四面搜寻。
16. S.C. 从善也躲在暗处。
17. L. 警士寻不到人，也就相继进预备室去，维中等暗暗逃逸。

Fade-out

第七场[1]

布 景：赵欣家中
人 物：赵 欣 秦若华

Fade-in
赵欣威胁若华。若华不屈服说：
T. 用阴谋和强权对付一个女子，我想也很丢脸的。
赵欣说：
T. 本来很好的一件事，完全是你自己弄糟的。
若华变计，假意殷勤。
赵欣乐不可支。
T. 究竟你肯不肯恢复以前的关系呢？
若华点头，脉脉含情。
赵欣约若华说：
T. 星期日同你逛北戴河去好吗？
若华允之行。

Fade-out

（此场戏，须做得若华像真的变心，使观众多猜一阵）

---

① 由此以下的各场，手稿上没有标明分镜头编号。原因见本卷《前夜》编后。

第八场

布　　景：小李家中　　火车站

人　　物：贺维中　　秦若华　　李从善　　胖学生　　学生甲、乙、丙、丁
孩童小李　　小李的爸爸　　军警五六名　　旅客　　脚夫　　汽车夫

Fade-in

大家在会议，维中愤慨地说：

T.　黑暗的北京，既然容不得我们，那末我们唯一的出路，只有到黄埔去。

胖学生说：

T.　今天已是星期五，要走须得明天就走，要不然星期日那斯约密斯秦到北戴河去，难免要发生问题。学生甲说：

我们须得分几起走，否则在这种严紧的情势下，很容易引起军警的猜疑。

若华说：

T.　我同密斯特贺走津浦路，你们几位走京汉路，到上海集合，然后再到黄埔，不知诸位的意见怎么样？

大家赞成。D.

维中和若华冒充着夫妇到火车站，军警搜检，查问。维中对军警说：

T.　我们到北戴河去度蜜月的。

维中们走了之后，一个警察很疑心，对他的同伴说：

T.　这家伙很像呢！咱们把他扣留了吧？

另一个警察说：

T.　得啦，得啦，那穷小子哪会这样阔起来。

火车开驶。

Fade-out

第九场

布　　景：秦若华的寓所

人　　物：赵　欣　　李从善　　佣妇

Fade-in

星期日赵欣到若华的寓所里看若华，人去楼空。向佣妇调查，佣妇说：

T.　秦小姐昨天带了行李出去的，没有说到哪去。

赵欣晓得中了若华之计，非常怨愤。正要走出去，从善盛怒而入。从善说：

T.　若华已经到广东去了，她叫我在这里恭候你的。

赵欣说：

T.　你敢把我怎么样？

从善说：

T.　不敢怎样，不过要同你清算一下。

二人就格斗起来，终于赵欣被从善打倒，从善认为赵欣已经打死，所以拔脚就走了。实则赵欣没有死，不过受重伤。

Fade-out

第十场

布　景：上海的旅馆内

人　物：贺维中　秦若华　茶房　警察

Fade-in

时钟上已是一点多钟，若华依窗默坐，等候维中。窗外下雨，维中归来，若华为拭水渍，问：

T.　有消息吗？

维中说：

T.　没有，不知他们为什么还不来，外面的情势又很严紧，找他们真不容易。

二人为了经济问题，议决由维中出外觅工作。二人分床而睡。

警察来巡查，问他们是什么关系，维中说是夫妻。

警察见他们分床而睡，很诧异。

若华听了夫妻二字，触动心事，很烦闷，但维中仍不觉地睡了。若华把假结婚照片撕破，表示她心里懊恼，终于把维中的心弦打动，二人就结合了。

Fade-out

第十一场

布　景：贺维中寓　街道　贺寓门口
人　物：贺维中　秦若华　路人

Fade-in

若华自与维中结合，充分表现其贤妻的美德，维中也不再革命了，每日工毕，总是欢然地买些东西回去，同若华度其安乐生活。

Fade-out

第十二场

布　景：战场 A
人　物：李从善　学生甲、乙、丙、丁　党军　军阀军队

Fade-in

从善以奋勇善战，已擢升营长，其时率领党军，与军阀的军队酣战于武汉之野，学生丙、丁就地牺牲。

Fade-out

第十三场

布　景：贺维中寓　贺寓门口　轮船　火车　河南的乡野 A
若华家的门口　河南乡村
人　物：贺维中　秦若华　旅客　若华的父兄　逃难的群众
军阀军队

Fade-in

维中见了报纸上登的李从善以猛勇善战擢升营长，屡建奇功的消息，顿时觉悟青年的志气，不可为了女子消灭，所以要去干革命工作。若华只重恋爱，不重革命，竭力反对，以致二人意见相左，执意分离，若华就回河南老家去。D.

若华上轮船，轮船行驶。D.

火车行驶。

火车行驶，若华在避难的群众中遇见父兄，说起军阀的军队蹂躏地方，若华登高演说，发起民团。

Fade-out

第十四场

布　　景：军阀防地　　低级军官的寓处　　司令部　　河南的乡野 B

民团防地　　若华家门外　　战场 B

人　　物：贺维中　　胖学生　　军阀军队　　高级军官　　低级军官

瘦学生　　赵　欣　　秦若华　　若华的父兄　　民团

李从善　　学生甲、乙

Fade-in

维中所投的一队军队开到防地，维中遇见胖学生，说明从前因为党军已开始北伐，所以大家没有到黄埔去，而自己又与群众离散，二人暗自密约干秘密工作，其时维中改名 ××，因能干充一低级军官，很得上峰的信任。胖学生已经结识了好几个同志，介绍给维中认识。河里发现革命军劝告标语，几个革命同志混在军中宣传革命，军心有些涣散了，所以有一部分军士要开拔上前线去作战，竟叛变起来，高级军官竭力地制止，方才没有酿成巨祸。

后方派赵欣到前方来调查，正巧司令部里遗失重要的军事地图，赵欣遇见维中及胖学生，晓得就是他们干的，立即报告了高级军官，要捉他们时，维中等已经逃了，军阀侦骑四出地追赶。

维中等逃到民团防地，被民团捉住，认道他们是军阀的间谍，要枪毙，幸遇若华，得救。军队追来，民团抵御。从善引党军杀来，大战，赵欣死于乱军中。当赵欣护兵的瘦学生，也被胖学生所杀，维中等各人相遇，一同向前线冲锋挺进。

Fade-out

〔校记〕据云南省博物馆藏手稿校录[①]。

---

① 剧本中所用英文的缩写，来自下列电影术语。

S.C.(Close Shot) 近景　S.L.(Long Shot) 远景

T. (Title) 字幕　Pan.(Panorama Shot) 摇镜头

D. (Dissolve) 叠化　Fade-in 淡入

Fade-out 淡出

前夜

军阀势力统治下的北京城，苛捐杂税日益加重，武人们的暴行更加残暴无理。马路上，军官们的汽车横冲直撞，三五成群的下级军官们扬威耀武地欺侮着人民，有时在市场上用军用票敲诈小贩。

随处都可看见小市民们交头接耳地咒骂着他们。

在一个繁华的市街上，一部汽车急驰而来，碰伤了行人，又安然驶去，因为车上坐的人是当地的大军阀和他的大少爷——赵欣，没有人敢去质问。

汽车停在大洋房门口，二人进去，一会儿赵欣出来，刚刚穿在身上的礼服，却换成西装，再坐汽车送往学校去。

首善大学的揭示处围住很多学生，其中一个——贺维中，在揭示处前指着布告忿然向众演说，大家兴奋地拍手。

布告上是取缔本校学生会的组织。

赵欣走来读完布告，面露喜色，但看这些学生们在表示反对，鼓动者又是维中，心里马上不高兴起来，双目注视着维中。

维中在群众中愤慨地讲演："我们莫非连这一点起码的自由都没有吗？……除非谁愿出卖自己……我们要自由……我们要联合各校的学生会到教育厅请愿去！……"

学生在热烈的鼓掌中，赵欣把其中一个女生——秦若华，拖出，一面走一面说："你也要跟着他们捣乱吗？"两人走向校园里去了。

若华是为公益而同情维中的演说，为虚荣而敷衍赵欣。赵欣和若华虽然常在一块，但在他们的谈话中常常会冲突起来，因为赵欣总是说维中的不好，说他是学校中第一个捣乱分子。

请愿成功，学生会依然存在。一部分从事学生运动者更可借这胜利的机会作其他的活动——维中当然是最努力的一个，他们组织了各种学术研究会，出版学生自己的刊物，因此赵欣对维中之仇恨更深。

赵欣也有他御用的群众，他情愿个人拿出钱来津贴他的走狗也办刊物，和维中们作对，一方面勾结学校当局开始注意这一部分比较前进的学生。

李从善——一个刻苦用功的学生，从乡下实验中学实习转来，听到学生会胜利的消息，高兴极，因为他也是对学生运动最努力的一个。

从善是若华的表兄，他们是一块儿从家乡——湖南来的，他常常借书给若华看，想领导若华从正路走，不愿她终日和赵欣鬼混；但另一方面，赵欣为要加紧进攻若华，不得不竭力拉拢表兄从善，常常投其所好，拍拍马屁，他知道从善好读书，便买些各书局的礼券送他。

学生会的组织日益扩大，为救济失学贫苦儿童，由维中负责办平民夜校，从善和学生会的几个同学也同在平校工作，若华也被聘为唱歌教员。赵欣所认为的捣乱分子现在却又碰在一堆了，他们一块儿工作，当然特感兴趣。

一天，一学生李嘉祥在课堂上发急病，维中送他回家，正遇着小孩的爸爸——李春廷，一个警察，贫病交加，他赠予他袋中仅有的二元钱给他买药，春廷感激非常。

平校的创办，成绩颇佳，维中在大部分学生群众中更得信仰。赵欣仅在他御用的刊物上攻击、破坏，他也感到空虚。他再三考虑的结果，决定利用卑鄙的手段直接破坏维中。一方面向若华提出不许她再到平校工作，再方面收买劣孩打听维中、从善、若华等的行动。

从善始终是要回避赵欣纠缠，但他的马屁功夫来得高明，只有暂时敷衍。自从在平校工作后，似乎是和他疏远了，此刻他正规劝若华脱出赵欣的包围。

若华在平校工作更努力，和维中、从善们更亲切，这些情形由小包探报告赵欣，他觉着若华是无望了，维中是他唯一的大敌人。

我们没有忘了赵欣的爸爸是大军阀，赵欣在这样严重的情势之下，什么丑恶的事情都能干得出来，于是维中、从善等被捕了。

赵欣此后对若华大加活动，若华正好利用这机会和他要好一下，目的想救出他们。但赵以为她是真情，把他们释放了。

学生会开会欢迎出狱的同学，若华借故失赵欣的约去参加。后来被赵发觉，他知道她对他们这群怪物的心还未死，又气愤非常。

自从他们出狱后，若华对赵欣常常借故失约。某日，若华告维中，他们之所以能很快的出狱，全是她的力量，并且再三解释她和赵欣没有什么关系，望他继续努力平校工作。维中此刻发觉她对学生运动已有相当的认识和诚意；同时感到她有点表示爱他，但维中仅以诚意致谢。

维中和若华的亲近又被劣孩查觉，赵欣想用更棘毒的手段做一最后的解决，于是约若华到他家里，用手枪威逼若华，要她无论如何和他订婚，一块儿到北戴河去，否则便是一枪了之。

若华非常镇静地答应了他，温存地说："你何必用这种吓人的手段，我始终是爱你的呀，不过为了要避免同学中的谣言，所以在表面上不得不装点腔，现在既有离京的机会，当然没有一点问题。"他们约定明天起程。

（赵总望越早走越好，他提出当晚便走，后来若华巧言相劝，才定明天，盖若华有其花样经也！）

赵欣以为大功告成，其实再中若华的计。

若华心中在交战着，自己分析的结果，决定跑到维中、从善那儿去共商对付办法。

若华找到维中，正谈她的经过时，从善跑来报告有通缉维中的消息，叫他赶快离京，三人商量结果是：(1)实现他们过去所谈的“到广东去投革命军去”；(2)维中和若华今晚夜车南返，返乡。从善和别的同志后来一步。

近日政府对离京的学生特加注意，火车站加岗盘查，较往常严厉数倍，维中和若华在车站适遇李春廷检查盘问，省了不少的麻烦。

赵欣至期访若华，人去楼空，正怨愤，从善入，赵欣以手枪恐吓从善，叫他交出若华。从善忿极，设计夺枪，对空放枪鸣警，谁知原是空枪一支，于是二人格斗，俱负重伤。从善断臂负伤逃走，赵欣已昏倒在地。

维中和若华到了上海，生活不像在平校时那末忙，整天安闲地东逛西游，双双出入于公寓，看来很像一对新婚夫妻，他们有时也觉着难为情。这时若华对维中的爱更深，若华提出要维中送她回湖南，并且希望他同在湖南教育界服务。

维中觉着和女子这样混下去，对他的前途实在大有影响，至少在目前还不该谈这爱不爱的问题，尤其是在这紧急关头，偶一不慎必不可救药。于是他决计赶快脱离女人的圈套，即到广东去参加革命军，叫若华在上海等她的表兄来送她。

维中在临行时送她一本书留作纪念，说了不少鼓励她的话，希望她多读有用的书，多理解社会，有什么问题可以随时请教从善，因为他懂得的多些。

断了右臂的从善，不能等候相约往广东的同志同来，只身逃到上海。

若华告以维中已赴广东，他决计即往广东找维中去。

若华之所以请维中送她回湖南，当然是别有用意。后被维中拒绝，她也知道维中不会为一时的情感作用所驱使而障碍自己的前途。她也很能理解他，所以既不坚持，又不提出同往广东。现在从善来了，按理她要请从善送她回湘，但她想到从善的断臂，完全是为了她和赵欣无聊的纠缠，她替他想着太不值得，同时很钦佩从善的勇敢——虽然断了臂却坚决要到广东去，她无形对从善起了更深的信仰。这时，若华内心的矛盾，使她对一切都茫然了。

若华诚恳地对从善说：“我要求过维中送我回湖南，被他拒绝，一个人到广东去了。他说等你来时要你送我去，我现在觉得去湖南也没有什么意义。”

“那末，你预备怎样办？”从善问。

“我请教你，……维中叫我请教你，我觉得维中所说的话都对。”

“我明白，你爱维中，你不愿他为你而障碍了他的前途。这是对的。但是你应该充实你自己，做我们应做的事，做他所希望你要做的事，这才是真的爱他。”

报载北京捕了很多想到南方投革命军的学生，同时还有贺维中、李从善的通缉令。

从善见报，兴奋异常，想赶快离沪赴粤，他告若华明天便要动身。

若华要跟他同去找维中，从善说“待考虑”，因为维中自离沪后便杳无音信，从善也不能把握得住能否找得到维中，他一个人倒可以去乱碰，带了一个女人到底成问题。何况自己的手已经断了一只，他最后的决定还是不愿自寻麻烦，一个人先去，叫若华等他的信来再去。

若华受了两次的拒绝，自己仔细分析，似乎更了解维中、从善们的铁的意志。

从善要走的头天晚上，若华简直不能入眠，睁着两只大黑眼睛追忆维中过去鼓励她的话，又在枕边翻开维中送给她的书，书签夹在这书的一大半，她想到维中的英勇，使她兴奋得从床上跳起来，紧握着双手，憧憬着革命高潮的到来。一会儿又疯狂地哭了，想着从善为自己的私事而被打伤，她所爱的人都离她而远行。她写好一封给维中的信请从善转交，但不知他现在是死还是活？！不禁又大哭起来。

虽然他们是同住在一个屋里，若华尽管去疯狂，然而从善却安然入眠，脸上露着微笑，行李安静地堆在床前。

半夜，有人敲房门若华不敢去开，轻轻把从善推醒，外面敲门声更急，喊着：“李先生！电报！”

“若华勿返湘，速来，告船名，码头接，他伴陆续来，维鱼①。”

两人看完电报，静默了半天，总怀疑是在做梦，从善打若华一下，她知道疼；若华也打从善一下，他也知道疼，互相证明这绝不是梦境，再读电报，于是两人极自然地诚恳地一抱，忘形也似的大跳大唱起来，直到把邻舍吵醒，老板来警告，才知道这是在深夜里，两人又觉好笑。

从善急忙发快信报告同志，若华忙着收拾行李。

一只轮船在东海驶着，暴风雨之夜度过去了，黎明到来，香港的夜景闪过去了，轮船漂在珠江里。

* * *

战场上，冲锋着；壕沟里，埋伏着。在那些大兵群里，发现了维中、从善，他们和别的大兵没有两样，简直不像大学生的面孔。

电报局里，工作很紧张，若华在翻着急电。

冲锋！冲锋！冲锋顺利地在进行着！

战壕里沉静着，枪口，炮口，机关枪口，对准了同一个目标，期待一个拂晓的攻击。

冲锋！冲锋！冲锋顺利地在进行着！

（完）

---

① 当时电报的末尾都是用韵目的汉字来代替日期，“鱼”字即6日。

《前夜》编后

1. 我觉得修改一个剧本实在比创作一个剧本难，审查会敢将《时代青年》要我修改过，我敢接受了，实在大家都太胆大。

2. 写了一半分幕，剧本被马徐先生[①]拿去，我也便随着偷懒下去，过了很多天，突然卜先生[②]要我赶快交出讨论，于是赶了两个夜工，写就《前夜》故事。

3.《前夜》的中心意识是描写统治阶级的一般底压迫，他们的压迫愈凶，革命势力的滋长更速。本剧以学生运动的斗争为主题，插入大学生的 romance；收场的"学生投革命军"，这是在当时统治阶级大施其白色恐怖时一部分前进学生唯一的出路。

4.《前夜》的主人翁是和《时代青年》一样，然而各人个性的描写全异，因为故事是从另一线索展开。

5.《前夜》之所以命名为《前夜》是因剧中的几个重要关键都是"在前夜"，似乎只有如此命名较为恰当。如：

A. 赵欣强迫若华订婚，约期的前夜，若华和维中逃走了。

B. 接电报，若华能同往广东，是从善预备离沪的前夜。

C. 在前夜，期待着拂晓的攻击。

D. 革命势力的日益发展、扩大，这是大时代到来的前夜。

要是实在没有办法请雷同者更名，请诸位酌改之。

6. 收场的几个战景，最好不要出现什么旗子，否则不如在轮船驶往珠江处收场如何？

1933年8月26日夜十二时脱稿

1933年9月13日修改于上海

〔校记〕据云南省博物馆藏手稿校录。

---

① 上海联华影业公司编导马徐维邦。

② 上海联华影业公司导演卜万苍。

本事

〔这是在仁济医院病床上[①]想出来的故事，要是能善用声响，真不难成为一部很优美的有声影片。

* * *

要是《母性之光》里的寄梅不预备反攻，这剧本的题材也许不会再拿他做 model[②]；因为他已准备好实力大举反攻，那末，我们无妨再来斗一下。〕

一

晨。

天将明，鸡啼、狗吠、鸟叫。

一幢小洋房里，有一群男女青年。不知他们为了什么，终日从早到晚，不停地叫着“哥哥”“妹妹”的情歌，跳着“香艳”“肉麻”的大腿舞。在黎明鸡啼、狗吠、鸟叫的时候，什么 saxophone，bass，horn，violin[③]，也同时响了起来，少女们在院里练着大腿功夫。

Trumpet 先生在练习“戴礼帽”[④]，把隔壁刚生七天的小孩吵哭了，这哭声和号声没两样。

几个美丽少女各自翻着班主送给她的礼物，谁都以为“独我无二”，看完藏得紧紧地，生怕被别人看见。其实班主的爱人却多着呢，无非他的手段高明，使你们不易发觉。

---

① 聂耳因工作疲劳过度，1933年8月30日夜晕倒在影片《人生》的外景地上海南京路的永安公司门口，被送进仁济医院检查、治疗了七天。

② 模特儿。

③ 萨克斯管，低音提琴，圆号，小提琴（均为乐器名称）。

④ 指吹小号的乐师在反复练习往小号的喇叭口里加弱音器。

二

八音琴钟的声音由远而近。

钟在班主的枕旁响着，他在礼拜堂里和教徒们唱着圣歌，钟鸣散班，他微笑着翻了一个身又甜睡过去。同时，在歌舞班里教练主任汪一声正在排练新交下来的小歌舞剧，学生很高兴地练习着，他却懒洋洋地对他们敷衍，发牢骚。一会便下班，跑到楼上自己的屋里继续写他没写完的东西。

班主是那末安闲地躺在沙发上听着留声机，抽着 pipe① 在沉思，教练主任请问主任意见，正谈着，被拒绝。唱片公司的买办送来几张样片，一笔款子。

三

班主在班里训话，对班员们哭穷，他说要不赶快筹备表演，恐怕要饿饭了，望大家努力排练，在一礼拜里便要公演。

班主用种种欺骗语言鼓励他们，班员们很驯善地被他麻醉了。

汪一声表示反对，他的理由是在一礼拜内来不及排练，大家实在苦不了了，同时他很不满意他们所表演的节目，班主生气了！"合同已经订好，再苦不了也要苦，你若是对节目不满意，你有本事自己编好了。"

一声气急了，不分昼夜地把他自己写的歌剧赶着写完，想在这次公演时演出，结果被班主拒绝了，一声又忍气吞声地度过了这次公演，想在公演后，另谋出路。

十一二岁的小孩们哪里经得住每日十几个钟头的苦工，在公演的前一天，两个小孩已经病倒了。

因为人数不多，没有预备员，缺额一名，几乎要影响两三个节目，所以她俩当然要被迫上台。

四②

〔校记〕据云南省博物馆藏手稿校录。

---

① 烟斗。

② 手稿如此，似未完成。

看俄国歌剧杂谈

Z.A.Bitner 和 L.I.Rozen[①] 领导的歌剧团是经常在上海演出的一个白俄歌剧团体，最近在兰心戏院上演了一出喜歌剧《马戏皇后》（*Circus Princess*）。

着晚礼服的女士和先生们在蒲石路[②]上走着，戏院门口挤着。这里，我发现了富有经验的俄国歌剧指挥 Slutsky, 俄国新派作曲家 Aksakov[③]和许多不知名的俄国音乐家。

一会儿整个兰心戏院被俄罗斯贵族所占有了。

前奏曲开始，会场霎时静下来，接着是十六只粉腿随着灯光闪出来，表演着马戏班惯用的武艺舞蹈。

这是一个三幕的有说白的喜歌剧，描写一个马戏班的蒙面骑士和一个美国富翁的寡妇的 romance[④]。

在演技上，除了男女主角算是成功外，其余都很称职，不过许多滑稽动作的穿插都有些低级趣味。

在声乐和管弦乐方面，我还觉得比较满意，其中许多合唱常用短小的歌谣 (lied), 同时管弦乐的伴奏也充分地表现着歌者的情感。独唱以 Bitner 为最好。

全剧的舞蹈，差不多都是 Ballet[⑤]，第一幕里的“马步舞”为最精采，种种马跳的步法，都很细腻地音乐化地表演出来，简直和真马没有两样。第三幕插了一个单人的 tap dance[⑥], 音乐伴奏是用古典的舞曲 gavott[⑦]。

---

① 比特娜和罗森均为歌剧导演及歌剧团里的女男主要演员。
② 现名长乐路。
③ 斯卢茨基也是合唱与乐队指挥，阿克萨柯夫是上海国立音专的俄籍作曲和钢琴教授。
④ 浪漫的爱情故事。
⑤ 芭蕾舞。
⑥ 踢踏舞。
⑦ 加沃特舞曲，18世纪由民间传入宫廷的一种四拍子的法国舞曲。

"有情人终成眷属"，两位主角相亲相爱地拥抱着结束了这合唱的尾声，贵族们还舍不得离开座位，规规矩矩地轻拍着贵族的手，连声吼着"Encore！ Encore[1] ！"

幕不再开了！

（原载1934年11月11日上海《中华日报》"戏"周刊）

---

① "再来一个"，要求重演或加演节目。

一年来之中国音乐

一年来的中国音乐，从某一方面看来，是有着它的显著进步，但从另一方面看来，却也显示着它的不可挽救的堕落。这一年来音乐方面的事情倒很多，现在我就把那些显得进步和退步的地方，提出来说一说吧。

一、音乐在电影

音乐在它本身的领域内本年度值得提出来的事情并不多，要说它本年内有多少进步，那是它在电影方面的运用。有声片较无声片更能卖座这一事实是我们所知道的，但声片中歌曲与配音，甚至音响，都与音乐不能分开，在这种场合音乐无疑就是声片的灵魂。本年度国产声片中的音乐（歌唱），除《姊妹花》、《桃李劫》等里面的几支歌以外，大都不曾引起人注意过。这自然是因为歌曲内容和技术欠佳的关系。迨默片《渔光曲》[①] 中的《渔光曲》一出，情形乃立变，其轰动的影响甚至形成了后来的影片要配上音乐才能够卖座的一个潮流。《渔光曲》的成名，虽然作词者安娥女士说这只是一种"偶然的侥幸"，但实际上这支歌内容的现实，节调的哀愁，曲谱的组织化，以及它的配合着影片的现实题材等，都是使它轰动的理由。《渔光曲》以后，我们隔了好久，直到最近才又听到了《桃李劫》[②]的《毕业歌》、《大路》[③]的《大路歌》、

① 上海联华影业公司1934年春末完成的著名影片（同年6月14日首映）。它以动人曲折的情节，描绘了旧社会渔民在封建势力和帝国主义压迫掠夺下悲惨的遭遇。编导蔡楚生，摄影周克，主演王人美、罗朋、韩兰根、袁丛美。聂耳担任该片的配乐。1935年此片荣获苏联国际电影节的荣誉奖。

② 上海电通影片公司1934年秋拍摄的著名左翼影片。该片通过一对富有正义的热血知识青年，屡遭社会黑暗势力的不容和打击，以致幻想破灭、家破人亡的故事，深刻揭露了当时国民党政府的反动统治。编剧袁牧之，导演应云卫，摄影吴蔚云，主演袁牧之、陈波儿、唐槐秋、周伯勋。

③ 上海联华影业公司1934年冬拍摄的著名左翼影片。该片强烈反映了全国人民一致要求团结抗日的民族愿望，生动体现了中国工人阶级大公无私、友爱团结、坚强勇敢、豪迈乐观的高贵品质。编导孙瑜，摄影洪伟烈，主演金焰、陈燕燕、黎莉莉、罗朋、郑君里等。

《开路先锋歌》、《凤阳歌》、《燕燕歌》、《飞花村》[①] 之《飞花歌》、《牧羊歌》等，其中尤以《大路歌》、《开路先锋歌》的刚健新颖、雄烈悲壮为难得。这些脍炙人口的歌曲，应该是一九三四年中国音乐不可多得的出产。

此外，尚有明星公司和天一公司的几张对白歌唱片如《再生花》、《纫珠》、《红楼春深》、《春宵曲》、《歌台艳史》…… 都有些歌曲在里面，但这些在音乐上不曾引起注意，也没有多少影响的。

二、音乐在播音

播音假设没有音乐，那播音怕就很难引起人们注意，也很难收到效果的罢。听众大概都不满意听教育节目（如教授国语，国学，英语，中小学教材等）的，原因是这种材料既很枯燥，而又没有配上音乐的缘故。话剧播音假设没有好的配音，也不易得到效果。音乐在播音中地位之重要可以想见一斑了。

目前的音乐配音，简直可以说是浅薄、幼稚，没有多少价值。现在在播音界最红的是弹词家、申曲家、歌唱女郎等，他们播唱的东西，既陈旧而又有害，要想从他们那里听到一些有价值的东西，那是万万办不到的。特别是一些播音小姐们，她们只会唱几支肉麻的时行歌曲，她们既不懂得“声乐”，嗓音也尽有着许多缺点。她们有的甚至连“韵律”和“拍子”都不懂，别的那就更不消说了。在这样的状态之下，音乐这东西在播音界是早已不复存在的了。

那些高踞在学府里的专家们，今年也有走到播音台里面去的。国立音乐专科学校[②]的学生们，今年上半年每月总要在中西药房播音台广播一次音乐节目的，从本年十月第一周起至一九三五年六月第一周止，更规定为每周播送音乐一次，时间定于每星期五晚八时至八时四十五分举行。节目方面有演讲、纪念节目、音乐教材、民歌、艺术歌、浅近艺术器乐曲、艺术曲、本国旧乐、新创作等十种。但这些节目在那许多千奇百怪的播音节目中，实在也难于引起人们的注意。

工部局管弦乐队[③]现在也举行播音的，播音地点在西人 XOHA 电台，时间为每星期二晚九时至十时，星期五晚八时半至九时半。

此外，有些电影歌曲如《渔光曲》、《姊妹花》等，也播唱得很多，特别是《渔光曲》，通过各播音台的播送，现在几乎已成为家喻户晓的了。而这一点却可以说是比较可人意的一件事。

---

① 上海艺华影业公司1934年冬拍摄的影片。编剧蔡楚生，导演郑应时，摄影沈勇石，主演胡萍、高占非、王乃东、叶娟娟等。

② 原名国立音乐院，1927年由蔡元培、萧友梅在上海创办的我国现代第一所专业音乐院校。1929年改名为国立音乐专科学校，校长萧友梅。应上海市社会局约请，该校从1934年起组织该校师生定期在中西药房广播电台实况演出中外经典音乐作品。

③ 旧中国上海公共租界工部局所属的管弦乐队，当时全由外籍乐师组成。其水平号称“远东第一”。

三、音乐演奏会

音乐演奏会在音乐专科学校里时有举行，在社会上也可以不断地碰得到。暑天里工部局乐队时常要在本埠各公园里举行演奏，音乐专家们也间或有开音乐演奏会的，别处学校里的学生们也间或有到本埠来开演奏会的。工部局交响乐队在本埠素来很有名，每年要举行几届音乐季，最近的一次是从十月二十一日起，地点在法租界兰心大戏院，时间在星期日晚间。十一月底“大上海”① 开映描写十九世纪大音乐家休勃德②氏情史的《相思曲》(*Love Time*)时，该队也曾莅场演奏过的。音乐学校的演奏会，音专开得很多，规模比较大的是十一月二十六日该校七周年纪念的音乐会，地点在北四川路新亚酒店七楼大礼堂，演奏时间亘四小时之久，可见其节目丰富之一斑。不过这次演奏会中，钢琴合奏和廖君的小提琴独奏是特别失败了的。这次演奏会中很引人注意的是俄国作曲家Tcherepnine③氏征求有中国风味的钢琴曲给奖的一件事。头奖作者贺绿汀④君，其作品名《牧童之笛》⑤，当时他曾亲自弹了一次，颇得T氏称许。本年十二月里该校又举行一次师生作品演奏会，这次演奏会同样有缺点，但好的演奏也还算多。从这次演奏会中可以看出该校的音乐家们是在努力着中西音乐的混合和调和的工作。国乐合奏，也常是该校演奏会的一个节目。这可见该校努力倾向的一斑了。

还有不得不提起的，就是那在社会上相当有名的大同乐会⑥，在八月二十七日孔诞纪念中举行国乐演奏的这件事。据专家的批评，这次的演奏是完全失败了——所奏的《中和韶乐》未能得到听众的感应。这原因得归之于演奏技术的未臻熟练，乐器的欠佳，乐曲本身的没有音乐价值（这《中和韶乐》的全乐曲只是一个简单的曲调而无和声）这几点。

最后，我还得把十月间百代公司⑦的“新声会”第一次的唱片试听⑧提一提。这是灌音片的试听而不是演奏会，但我取其类似之处，不想另立标题，就只好在这里谈到它。这次听到的几个歌曲是《大路歌》、《开路先锋歌》、《毕业歌》和新歌剧《扬子江暴风雨》⑨中的歌曲。这些歌曲我们现在都能听到，它给予我们的感觉和一些流行的歌曲不大相同，这里没有“靡靡之音”，有的却仅是雄劲和壮健。歌词和曲调，不论是在内容上和形式上都配合得很为恰当，决非一般善于抄袭者所能办得到的。

---

① 上海一电影院名。
② 现译舒伯特，奥地利著名作曲家。
③ 齐尔品（旧译车列浦宁），后加入美国籍。
④ 当时是上海国立音乐专科学校从黄自学习作曲的学生。
⑤ 后由作者改名为《牧童短笛》。
⑥ 1920年由郑觐文等人发起成立于上海的中国民族器乐演奏社团。
⑦ 原为法国人创办、后由英国人在上海经营的唱片公司，全名为“东方百代有限公司”。
⑧ 10月13日任光、聂耳主持举办第一次百代新声会，播放新录制的唱片，招待社会各界人士。
⑨ 田汉编剧，聂耳作曲。剧本及歌曲见本书上卷的附录。

四、音乐出版界

一年来音乐出版物在量的方面并不怎样丰富，质的方面更是贫乏得可怜。电影公司为广泛宣传计，曾在影片开映时赠送该片的歌曲，不但直接赠送观客，也利用书店等机关赠送社会人士。但这并不能说中国音乐出版界有什么生气，实际这只不过是影片公司、戏院老板的“生意眼”而已。中国最多产最有影响（这影响是好是坏，容待后论）的作曲家黎锦晖先生本年度印刷的歌曲集也颇为不少，例如他交与同声书局出版的同声歌曲集就有十余集之多，新歌总共怕不下三四百首，这可谓一大盛事。这些歌曲集都有一个甜蜜的或壮伟的名字，如《少女低吟曲》、《甜歌五打》、《小楼春曲》、《清风曲集》、《随便哼哼集》、《猛虎山歌》、《勇士豪歌》……内容据说都颇能陶情养性，增进人生乐趣的，至于是否真有这功效，那却不是我所知道的了。

此外，中外的电影歌曲也有不少被投机的人印刷了发卖的。我们最容易见到的是《姊妹花》和《渔光曲》等。电影歌曲和多少年前的歌曲并印成一本的也有，如《人间仙子》和《桃花江》等杂七杂八印成一本之类的，也常可见到。天一公司高天栖、马陋芬（已退出）用“1 2 3音乐研究会”的名义在本年印了一本《新催眠曲》，把天一公司从《歌场春色》起到一九三三年许多有声片中的歌曲，都印刷了出来。爵士音乐会也刊行了好多本的爵士音乐，另外自也不免有一些歌唱新曲的刊行，但这里也不须去详说它了。至于音乐的理论书籍，则更见贫乏，我们到现在还不易举出几本有价值的音乐书名来呢。

总之，中国音乐出版界目前还幼稚落后得很，现在我们还不大能接触到有价值的音乐典籍及作品，这将有待于一般学音乐的人的努力了。

五、音乐论争小记

在十月底《新夜报》的《音乐周刊》上登了一篇汀石① 君的《从音乐艺术说到中国的实用主义》的文字，即引起了《中华日报》“动向”上一位穆华②君的注意，写了一篇《反对一个唯心论者加于音乐之毒害》的文字，以为驳诘。接着双方争论起来，笔枪墨剑，小小地搅了几个回合。汀石君本来的意见是重视西洋的精神生活，他提出了有条件地复古和平衡人民的精神生活与物质生活的两个要求。穆华君指出精神生活不能脱离物质生活而独立，在目前日渐崩溃的经济情形下，人民的物质生活也绝无法平衡。汀石君的平衡人民物质生活与精神生活的要求之提出，不但是徒然而且是有害的。穆华君又指出汀石君对复古下的定义和复古运动的合流处，说这也是有害的。汀石君后来回答说：“我要申明我从未要求复古”，这样一来，所谓“复古”问题也就失去了目标了。关于物质生活与精神生活的平衡问题，汀石君又申明说，他也是不满于目前的物质生活的，不过他以为要改造物质生活可不必从正面改革物质生活着手，

① 即张汀石（张昊），当时是上海国立音乐专科学校的学生。
② 当时是中国左翼戏剧家联盟音乐小组成员的吕骥的笔名。

而要从平衡着手。但穆华君又反驳说，这是他不懂得物质生活对精神生活的决定关系的结果，实际上即使他要去平衡恐怕也是做不到的。

这次的论争并未好好地发展下去，所得的结果不过如此。究竟谁是谁非，后来也未见有第三者出来加以论断或参加讨论。

六、音乐的前途瞻望

一九三四年的中国音乐界虽不曾有过丰美的收获，但它的光明的前途却已是预示了的。新音乐的新芽将不断地生长，而流行俗曲已不可避免地快要走到末路上去了。高级的音乐已在逐渐引起社会人士的注意，民众化的音乐，通过电影，已逐渐地为广大民众所接受所欢迎。虽然目前流行的俗乐在播音界、歌舞界还能煊赫一时，但这现象已显得不能长久维持下去的了。这只要看连歌舞界的“祖宗”[①] 都来组织“新歌播音社”和跳舞厅的音乐队去同流合污这两件事便可以得到证明的。这已充分表示了那种玩意儿不过是供人享乐、没有多少价值的东西。

说到这里，话是说完了。最后我还要申明一句，就是我个人对于音乐并不“那个”，这里所说的内容有错误和遗漏的地方，这是要请读者诸君指正的。

（原载1935年1月6日上海《申报》〈本埠增刊〉）

① 指明月歌剧团的创办者和领导人黎锦晖。

观中国哑剧《香篆幻境》后

阿夫夏洛穆夫 (A. Avshalomoff)[①] 是一个专门研究中国音乐及戏剧的俄国作曲家，他的作品有交响乐曲《北平胡同印象记》(*In Hutungs of Peiping*), 舞蹈音乐 (ballet music)《琴心波光》,《香篆幻境》[②]以及歌曲《晴雯绝命辞》等。

我们知道，外国的音乐家到中国来研究中国音乐的不只是阿氏一人，但比较多有点作品表现到社会上的那恐怕仅只有阿氏。不管这些作品是好与坏，无疑地它是会给中国的音乐界发生或多或少的影响，所以我们不能不对阿氏的作品来一检讨。

记得是在前年吧，大光明戏院重新开幕时，《琴心波光》在此上演，由袁美云等演出，还有刘经芳夫人的独唱《晴雯绝命辞》。在最近，又有《香篆幻境》的公演，这可见阿氏是多么努力地在研究着中国音乐。

我们单就最近这次的公演已经够知道他对中国音乐的认识，也可以说，这两套交响乐曲已经够代表阿氏所有的中国风乐曲了。

一、《北平胡同印象记》(*In Hutungs of Peiping*)

这乐曲是很久以前便在工部局星期音乐会上演奏过的，这次仍是由梅柏器 (Mario Peci) 指挥，工部局乐队演奏。

"A sketch of sound" [③], 的确仅仅是一些 sketch 而已，虽然只在中文说明书上注有"交响诗"

---

① 阿龙·阿夫夏洛穆夫（1894—1965）俄国犹太籍作曲家，后加入美国籍。20世纪20至40年代一直在中国从事音乐创作，其事迹可参看：姜椿芳《一位终身献给中国音乐事业的作曲家》（刊1982年8月10日《人民日报》）。

② 1941年8月在上海重演时改名为《古刹惊梦》。

③ 音响的素描。

的字样，我相信作者是想把它写成一个 symphonic poem[①] 的。果真，看那一幅灰土笼罩着的北平城，灯光随着音乐的强弱而变更，北平城已随着光线的变更而分出昼夜，多么美的北平！多么诗意的北平！然而，这美，这诗意，不过是在表皮的，视觉上的，我们只要从这乐曲的本身分析一下，显然是有着相当的失败。

他根本没有把握到一贯的情调，有组织地写成一首交响诗，仅用一些真实的音响插入自己的想象中，使它成为一个很饱满的 sketch。因此我们听不到许多主题的反复与变形，自始至终轻描淡写地过去了。

许多真实音响的插入，因了前后转调的不自然，以致破坏了全曲的统一性。最显著的是有一节描写北平的大风已息，红日高照，flute[②]奏着平静的旋律，正使人感到一种安闲的心境时，突然来一阵二簧原板的旋律，不经过相当的转调过程，原原本本地突来突去，始终是欠妥的。在外国人的耳朵听来，也许他们认为这是最好的一点，最能代表中国味的一点，因为一般的外国人所认识的中国音乐便是这个。

作者对于自然音的描写还不够音乐化，如理发匠的拨钢叉[③]声，卖零食者的铜铃声，繁杂的市街上许多卖衣服者的叫卖声等，这不过是一种“模仿音乐”。要是作者想仿效现代法国印象派作家杜褒西（Claude Debussy）[④] 的作风的话，那似乎是不够吧？

二、《香篆幻境》（*Incense Shadows*）

“无论作曲者的乐曲是怎样精美，演者的表情是怎样的细腻与贴切，倘若剧情复杂，曲折太多，反要使哑剧减色的。观者于无意中思索舞台上表演的剧情，因此内容复杂的故事却分了观众的心，无暇顾及演者的动作与哑剧中最重的分子——音乐的节奏。《香篆幻境》里所演述的不是情节离奇的故事，剧情不过是作曲者借以编制乐曲的躯干而已……”编剧者樊亚欧克斯（Vanya Oakes）在序言中这样写着，实际上我们也是偏重在音乐上的讨论。

这是一个三幕哑剧，音乐的伴奏、布景、服装、演技，可以说完全是根据着京戏的技巧，以较新的形式编制而成的，所谓“改良国剧”。

当我看完了第三幕时，我想：改良国剧从这条路上跑去，也许是对的吧！的确，许多京剧里的舞姿，武行，要是给它音乐节奏化，着实可以发现一些中国音乐与舞蹈的新底姿态。这次阿氏所作全剧的伴奏，可以看出他是用过一番苦功的，许多动作都有着节奏的美，不过在第二幕中以锣鼓伴奏武打的动作时，他还不敢大胆地利用断然静止法，同时使演者摆定一个姿势，音乐和动作成为一个暂时的静止状态。

① 交响诗。
② 长笛。
③ 旧社会穿街走巷的理发匠，手拨钢叉（俗称“唤头”）发出声音，以招引顾客。
④ 现译德彪西，法国著名印象派作曲家。

第一幕僧道的合唱，是根据中国的五音阶作曲，为了用短调的缘故，显得异常伤感，没有寺庙中幽静的情调，直觉地听来，简直是俄国民谣的风韵。

关于选择乐器之不适当，这也是值得提出的。如第一幕中所用的小鼓和小锣（京戏班用的），来代寺庙中的木鱼和磬，因为音色的差别，也是会破坏整个空气的。

仅仅是一些观后感，至于中国新音乐的建设问题，预备在另一机会讨论。

三．二十五．三五．

附录

师毅跋记①

我万没有料想到的是：聂耳的这篇文字，由我促他写成，而今天却会由我把它影印了来发表。是人事无常么？我不能不叹息于这大有希望了的新兴乐运之斗士的惨死！

当阿夫夏洛穆夫于本年三月十三至十五在卡尔登举行他的中国风的乐剧演奏之前，大约是三月十日，在我家里聚谈的朋友，有欧阳予倩，陈德义，吕骥，任光，安娥，贺绿汀，吴体正，林志音，还有聂耳，我们约好了：同去看过阿氏的作品归来，便给他一个多方面的批判的。聂耳的此文，虽已在行色匆匆的出国之前，但还是把它赶写了出来，作为他的意见的书面讨论而提出。

你能说聂耳非天才么？他没有步入过学院的门一步；你能说聂耳不努力么？他没有浪费过他的时间一分。如果他在音乐上有什么成就的话，什么都是他自己在短促的二十四岁的生涯中，一点一滴获取来的。

知道他和不知道他的——只要没有成见的人，谁不对他怀着至高的期望。这期望像玻璃堕地似的，而今都碎了！在整理他的遗著发表的这风雨的今宵，我回首前尘，怎能不凄惶而垂泪呢！

八月八日夜四时

（原载1935年8月16日《电通》半月画报第七期）

①《电通》画报的主编、聂耳多首歌曲的词作者孙师毅（笔名施谊）。

日本影坛一角

谈到日本的音乐之所以发达，首先应该研究唱片事业的活跃。在全日本——虽然是大都会，绝不因为无线电的发达而影响到唱片事业的不振。它们根本是两回事情，各有各的特殊使命，各有各的销路。然而，在推进整个的音乐运动这一意义上，其目的却是相同的。

东京这个地方，完全是一个资本主义社会的组织，资本主义社会底享乐场所，无所不有。Cafe[①] 到处皆是，这是青年学生绝对被禁止出入的地方，因为里面有着许多神秘；另外，所谓"吃茶店"这种特殊组织也是来得个多，尤其在大学校附近，除了吃茶店和书店以外，似乎看不到旁的什么东西。这种茶店是专为学生而设的，同样是女招待，却丝毫没有一点神秘之所在；这些 Cafe、吃茶店，便是最大的唱片销场和最有效的宣传机关。他们有着很好 gramophone[②]，各色各样的唱片，——西洋的声乐、器乐曲，日本的邦乐、新乐、流行歌，简直是你要听什么有什么，很少有回绝顾客一声"没有这张唱片"的时候。

此外，学音乐的学生，当然不必说，没有唱片等于没有先生。就是一般的学生和小市民，唱片也成为他们每日必需的娱乐。

因为社会之重视唱片事业，一般人似乎也不觉得这是外国经济侵略之不合理，在互相利用的条件下，却也为自己做了不少事，于是各种音乐杂志刊物都有唱片专栏或对新出品片的介绍和批评。

Columbia[③]的势力太大了，到处是他们的经售处，到处看见他们的广告，他们所以强的地方是能和出版界、学校、音乐会的听众，电影的观众打成一片，而且经常的有 record concert[④]，举行方式和一般的音乐会没有两样，但是并看不出一点商业气味。

（原载1935年8月《艺声》[⑤]第三期）

---

① 咖啡馆。
② 唱机（播放唱片的）。
③ 美国哥伦比亚唱片公司。
④ 唱片音乐会。
⑤《艺声》电影音乐月刊1935年5月创刊，电影编辑为陈嘉震、金焰，音乐编辑为任光、安娥。

法国影坛

一、全法国作曲家宣言改革国立播音事业

近来在法国掀起一个“改革国立播音事业”的呼声，原因是放送设施之不完备和播音节目的陈旧。在先是法国的一部分作曲家议论着对这个应有唤起极大注意的必要，于是全法国的作曲家联合签名发表宣言以促成全国播音事业的彻底改革，现在法政府正考虑着目下的种种对策和方案，料想在最近的将来，法国播音事业将会有一崭新的大变革。

二、巴黎乐坛之诉讼

常在《央德依多》、《哀克赛尔肖尔》报以及其他报纸发表批评的法国著名音乐批评家爱米尔·维爱尔暮次，最近向“康赛尔·柯龙奴”管弦乐团的正指挥保罗·巴雷提起“赔偿名誉损坏”诉讼。事实是这样的：柯龙奴管弦乐团最近在巴黎“夏托勒”剧场开演奏会的时候，巴雷向听众说：“求维爱尔暮次见谅！”事后维氏仍是在报上指摘近来作曲家的新作品在管弦乐团演奏之际，往往有“练习不足”之憾。巴雷对他的批评表示不满，于是发表了宣言；当这宣言发表时，正值维氏赴德国的旅行中，所以法国批评协会替他提出讨论，接着维氏自柏林返法，便很愤慨地向巴雷提出诉讼。

关于这件事的影响，在日本也喊着“新闻杂志的批评底检讨”，一种报复手段的不负责任的谩骂，该应如何严格地做一次清除运动。

三、新弦乐器的发明

今年三月十七日巴黎“康赛尔·普雷”管弦乐团演奏会上，法作曲家摩里士卡撒多西育用新发明的弦乐器“拍拉蒙·中音提琴”在自己作的管弦乐新曲中加入演奏，指挥是他自己，演奏新弦乐器的是他的夫人。

“拍拉蒙· 中音提琴”是一种大型的中音提琴，如大提琴一样的置于地板上演奏的，因为发明者是拉摩· 拍拉蒙氏，所以叫做“拍拉蒙· 中音提琴”。这种乐器，到现在毕竟代用了中音提琴了，在弦乐四重奏里，它的音域同样是间于高音的小提琴和低音的大提琴之中。

当晚演奏会列席者有大提琴巨匠帕布罗 · 卡撤鲁思①，他说：“这种乐器的音，不论在质和量上都比较中音提琴好得多，它将保有未来的光辉。”还有法国作曲界之重镇摩里士· 拉维矣勒②又称赞着说：“这乐器很可以在管弦乐中占一位置，就是作为独奏乐器也可以尽量发挥其异常的性能。”

总之，这种新乐器，在音乐的“实际”方面，它是会一直持有很多的可能性，比之那些所谓电气新乐器是更为有望的东西。

（原载1935年8月《艺声》第三期）

① 今译名为保· 卡萨尔斯（Casals Pau, 1876—1974），20世纪世界最著名的西班牙大提琴艺术家兼指挥家，1940—1956年居住在法国。

② 今译名为莫里斯·拉威尔（Ravel Maurice, 1875—1937），法国印象派著名作曲家。

苏联影坛

一、音乐家一万人

苏联演剧事业的发展不断地在全世界夸耀着，最近发表了下面的统计数字：

在帝政时代一九一四年的剧场数为一百五十四个，剧场劳动者数为一万人以下；但在今日，剧和歌剧的各专门剧场为六百个，各种类的剧场劳动者约十万人。

有四十种国语定期的上演（除俄语外即各地方民族语以及为外国人劳动者的外国语）。

艺术家的类别统计：演剧剧场的男女优伶一万六千人。歌剧歌手二千三百人。舞踊剧的踊女二千七百人。音乐家一万人：其中钢琴家二千人，指挥者二百七十人，演出者一千七百人。剧作家、作曲家三百八十六人。其他非职业剧团的导演者二千人。

二、演剧祭

本年六月一日至十日为苏联艺术祭①，吸收外人观光，可得车资减半的便利。在这十天当中，可以看到莫斯科艺术座的公演，列宁格勒大剧场的舞剧《白鸟之湖》②，小歌剧剧场之歌剧《司贝多之女王》，列宁格勒小歌剧场的萧斯塔柯维奇的新作，国立音乐团的演奏，劳动者艺术团的音乐和舞踊，苏联新电影……，以及列宁格勒市的游览，各美术馆、博物馆的参观。

九月一日至十日为苏联演剧祭，同样欢迎外人参观，同样可得车费半价的优待。

（原载1935年8月《艺声》第三期）

---

① “祭”为日文中采用的汉字，即“节”的意思。

② 即俄国作曲家柴可夫斯基的芭蕾舞剧《天鹅湖》。

二、书信

编者说明

聂耳为人热情、诚恳，喜爱交游，曾给亲友写过数百封信。这些信件，记载了聂耳终日繁忙的生活经历；丰富敏锐的思想意境；对昆明、上海等地广阔的政治、经济、文化状况，特别是左翼音乐、电影、戏剧活动的情景，有着重要的史料价值。后来（特别是1934年以后）他日夜忙于革命音乐活动，无暇多写日记时，仍然认为“写信比写日记重要”（见其1933年3月7日日记）。因而聂耳1933—1935年之间所写的信件，已经成为研究他这一阶段活动的重要材料。

由于时间相隔久远，当中又几经战乱，聂耳的大部分信件都已经散失。如聂耳给女友袁春晖的上百封信，据袁春晖1980年对本书编者说，抗日战争时均毁于日本飞机对昆明的轰炸之中。文化大革命期间，至少又有十余封聂耳的书信散失或被毁。因而本书刊出的只是他的家信和致友人信当中很少的一部分。

以下刊载的聂耳书信，均以书写时间的先后，顺序排列。

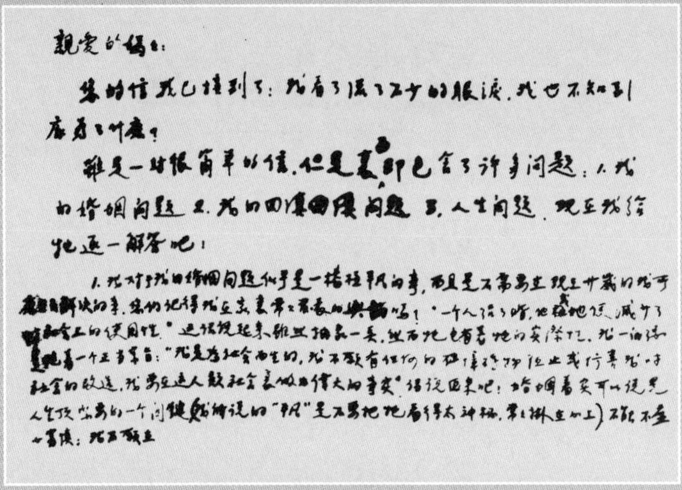

1932年6月28日，致母亲（彭寂宽）信手迹

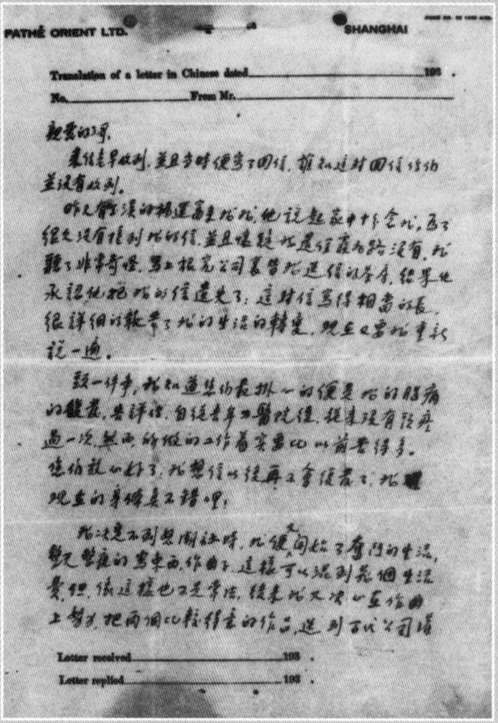

1934年7月，致三哥（聂叙伦）信手迹（一）

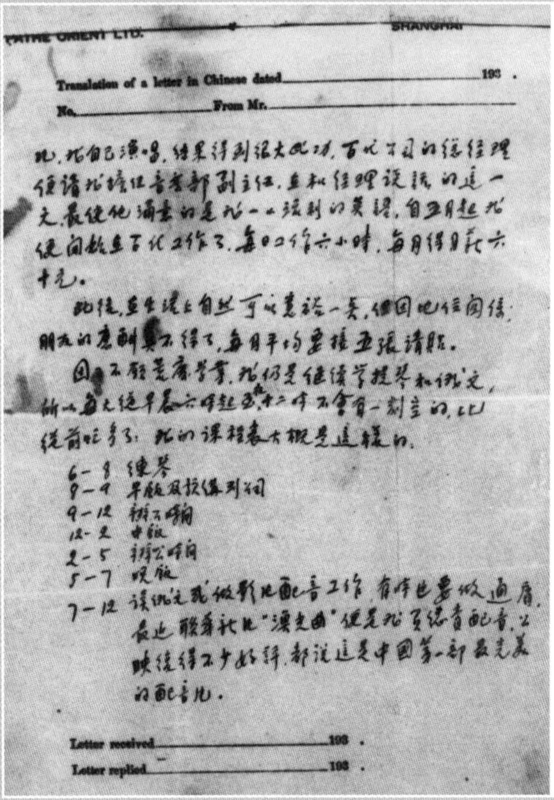

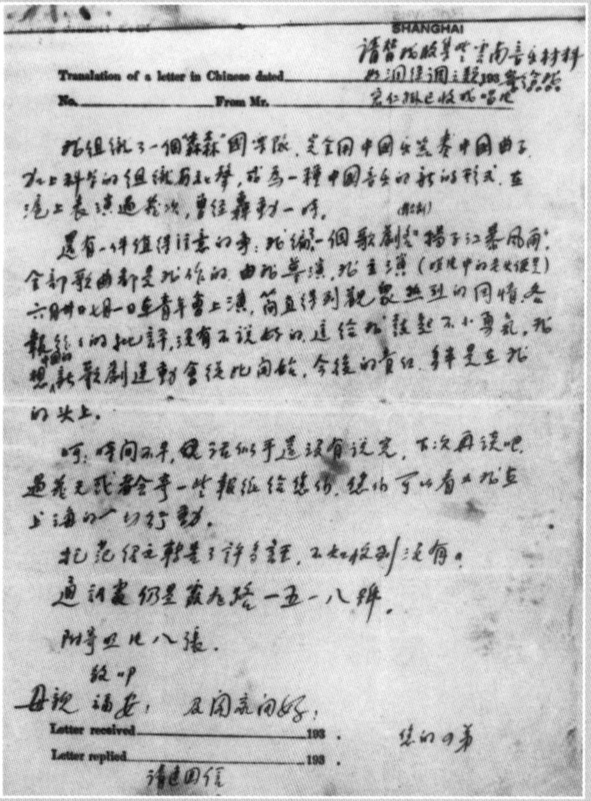

1934年7月，致三哥（聂叙伦）信手迹（二）

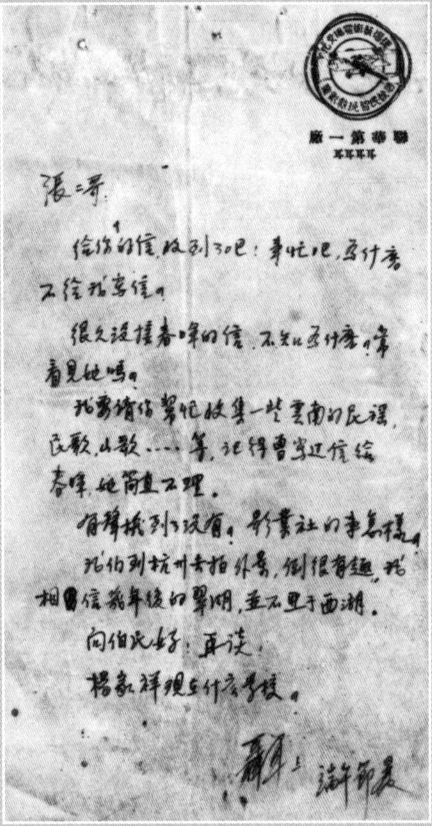

1933年5月28日，致友人张庚侯信手迹

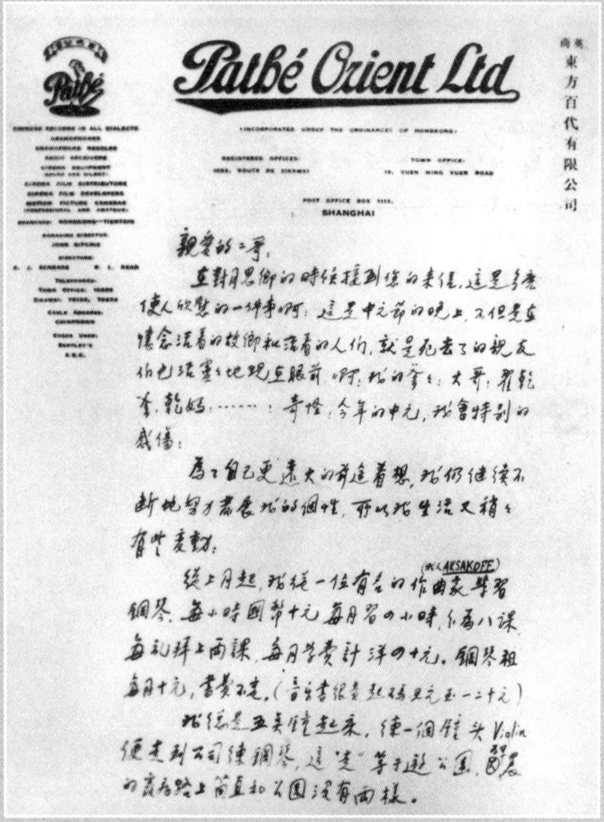

1934年8月28日，致二哥（聂子明）信手迹（一）

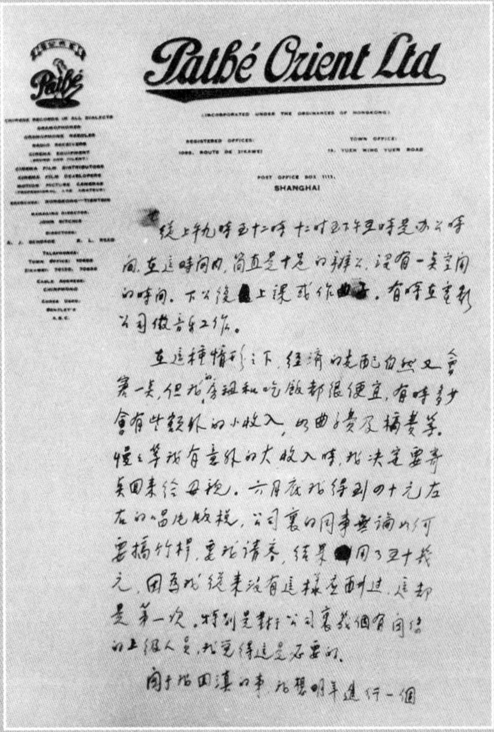

1934年8月28日，致二哥（聂子明）信手迹（二）

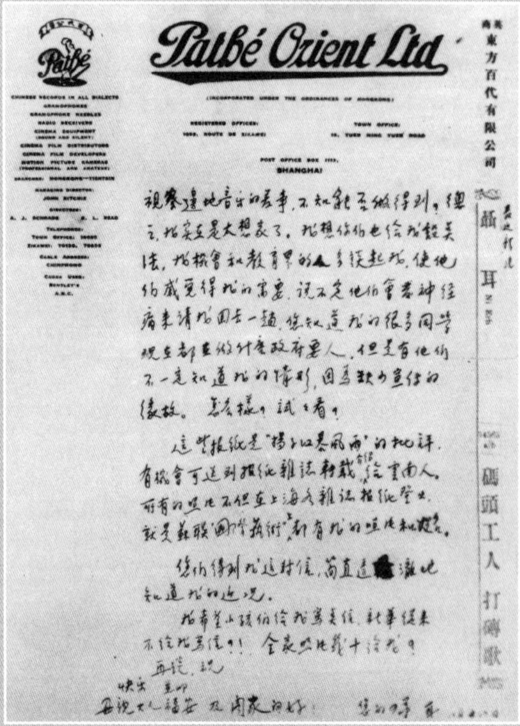

1934年8月28日，致二哥（聂子明）信手迹（三）

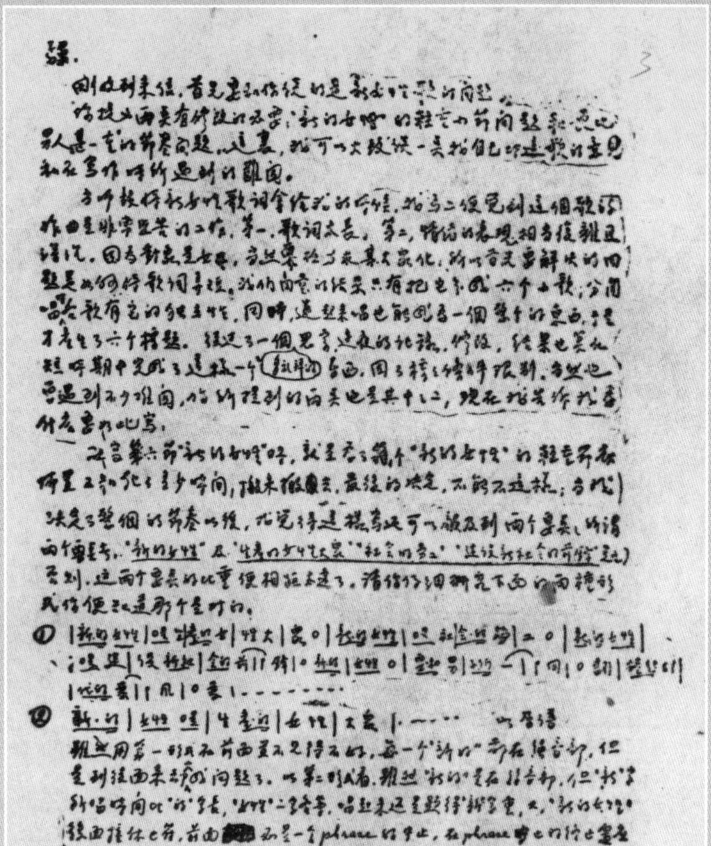

1935年5月21日，致友人吕骥信手迹

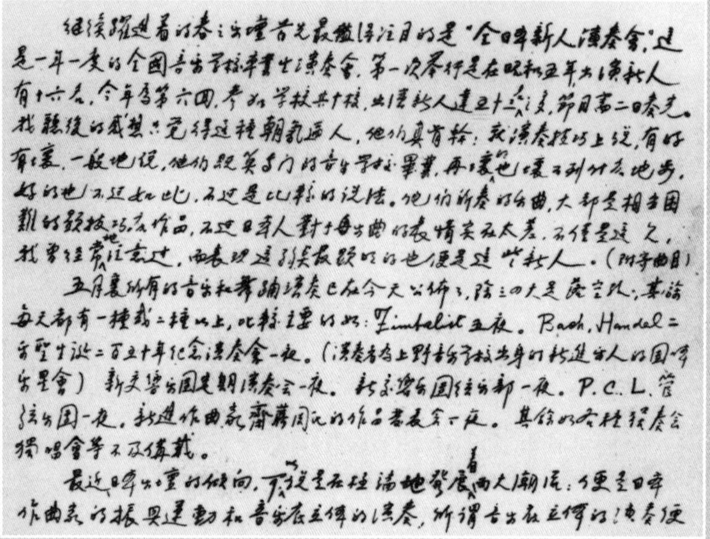

继续报道着的春之音乐会首先最值得注目的是"全日本新人演奏会"，这是一年一度的全国音乐学校毕业生演奏会，第一次举行是在昭和五年，出演新人有十六名，今年为第六回，参加学校共十校，出演新人达五十六人之多，节目需二日奏完。我听後的感想只觉得这种朝气逼人，他们真有干劲；就演奏技巧上说，有好有坏，一般地说，他们既是专门的音乐学校毕业，再坏也坏不到什么地步，好的也不过如此，不过是比较的说法。他们所奏的乐曲，大部是相当困难的显技巧的作品，不过日本人对于每乐曲的表情实在太差，不仅是这次，我曾经常地注意过，而表现这弱点最厉害的也便是这些新人。（附节目）

五月里所有的音乐和舞蹈演奏已在今天公布了，除了四天是空白外，其余每天都有一种或二种以上，比较主要的如：Zimbalist五夜。Bach、Handel二乐圣诞生二百五十年纪念演奏会一夜。（演奏者为上野音乐学校出身的新进乐人的团体乐星会）新交响乐团定期演奏会一夜。新京[illegible]乐团[illegible]一夜。P.C.L.管弦乐团一夜。新进作曲家斋藤[illegible]的作品发表会一夜。其余的各种独奏会独唱会等不及备载。

最近日本乐坛的倾向，不只是在蓬勃地发展着两大潮流：一便是日本作曲家的振兴运动和音乐家主体的演奏，所谓音乐家主体的演奏便

1935年5月，致友人书的一页手迹

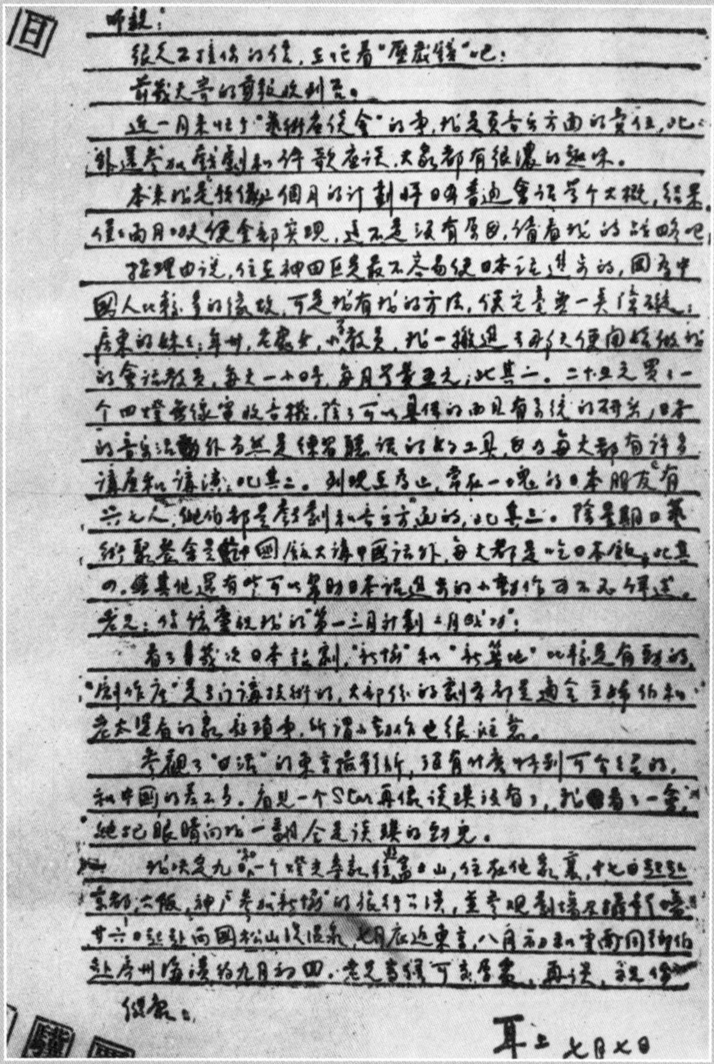

师毅：

很久不接你的信，还在忙着"压岁钱"吧？

前几天寄的剪报收到否？

这一月来忙于"艺术座谈会"的事，我是负音乐方面的责任，此外还参加戏剧和诗歌座谈，大家都有很浓的兴味。

本来我是预备六个月的计划：日本普通会话学个大概，结果仅两月的工夫便全部实现，这不是没有原因，请看我的谈略吧：

按理由说，住在神田区是最不容易使日本话进步的，因为中国人比较多的缘故，可是我有我的方法，便是立刻要[illegible]：房东的妹妹，年卅，老处女，小孩子，我一搬进去三天便向她做我的会话教员，每天一小时，每月学费五元，此其一。二十五元买了一个四灯无线电收音机，除了可以具体的而且有系统的研究日本的音乐活动外，当然是练习听话的好工具，因为每天都有许多讲座和讲演，此其二。到现在为止，常在一块的日本朋友有六七人，他们都是戏剧和音乐方面的，此其三。除星期日艺术聚餐会是说中国话大讲中国话外，每天都是吃日本饭，此其四。其余他还有些可以帮助日本话进步的小动作可不必细述。

总之：预备实现我的第一三月计划二月成功。

看了几次日本话剧，"新协"和"新筑地"比较是有新的，"剧作家"是专门讲技术的，大部份的剧本都是适合主妇们和老太婆看的家庭琐事，所谓小动作也很注意。

参观了"日活"的东京摄影所，没有什么特别可令人注意的，和中国的差不多。看见一个Star再演这段很有趣，我[illegible]看了一会，把眼睛向我一翻全是谈眼的幻光。

我决定九[illegible]一个坐火车去[illegible]富士山，住在他家里，十七日起到京都、大阪、神户参加新协的旅行公演，兼参观剧场及[illegible]。廿六日起赴四国松山[illegible]，七月底返东京，八月初和[illegible]同[illegible]赴[illegible]州[illegible]约九月初回。总之，苦得可丧气。再谈，祝你

[illegible]！

耳上 七月七日

1935年7月7日，致友人孙师毅信手迹

致友人李家英

我的最亲爱的小朋友，家英[①]：
我的跳舞小老师，家英：
我的老实可爱的小妹妹，家英：
我的将来的小学生，家英：

自从我们去翠湖以后，我们没有再见面了，我很在地[②]、老实地、十分地思念你。不知道你呢？星期天我来找你的时候，我见有两个打花鼓的进去，你们在关大门，所以我就走了。你不是和我要过照相片吗？昨天我特意送给你，失望了。所以我只好从信里寄来给你。下星期天假使你没有事，你可以到我家来找我。请了！请了！再会！再会！祝你
多吃几碗饭!!！

你的小朋友　聂守信
你的大学生　聂学生
你的哥哥　聂四哥
你的将来的老师　聂老师
9.24.1928.早上写的[③]

致母亲［彭寂宽］

我亲爱的妈妈：

我望了好久的家信，好容易今天（一月二十一号）才收到了！不过事实上也是要这几天才可以收到的。我接信的时候，充满了无限的希望，急忙地把它拆开，看后，知道

---

① 李家英是聂耳在昆明的音乐朋友李肇锡的女儿（时年9岁），是省立师范附属小学的学生。
② 昆明话“非常”的意思
③ 此信1928年9月24日写于昆明。当时聂耳在云南省立第一师范学校高级部二年级读书。守信是聂耳的学名。

母亲为我着急，为我而悲伤，为我而昏倒在地。唉！出门的人，遇到这种消息，再没有比这样痛苦、悲伤的了！我先看了二姐[①]写的一封，心里充满着惶恐和悲痛；后来看三哥[②]写的一封，我没有看了三分之一，我的潮水似的眼泪，不住地涌了出来。当我看完以后，我内心里的悲痛，面孔上的眼泪，情绪的高涨，简直不能形容了。但是我回头想想，我现在是一个离开老巢的孤雁，我的故乡、我的老母和我的手足，是在几千、万里以外，我应该保重我的身体，向着我的光明的前途走去。我这样地安慰了自己，赶快打开了笔墨来写回信。

亲爱的妈妈！我这次的出外，完全是环境的支配，使我不能不这样做，我感觉到云南不是可以发展的地方。谈到读书，外面挂了高级师范的名而没有高级师范的实。我想，现在我已经从中学毕业，入了三学期的高师，还有三学期又是高师毕业学生，究竟拿得出什么实学来呢？不是我一个人是这样，实在是云南教育界的根本问题。谈到做事，云南的纸币这样低落[③]，即使一人每月有几十元的进款，不但不能补助家庭，就是维持一人的经济独立也怕困难……所以我看到这点，决意要到外省发展；不论读书、为工、为商、为军，都要向外发展。

现在不知道也知道了，什么军事学校，完全是安慰家庭的话，简直就是来当新兵。我原来的计划是到了香港可以找到《大光报》的黄天石[④]先生，看机会说话，或许可以逗留在香港和他做工作。不料轮船到了香港，不许上岸，接着换了另一只轮船直达广州，这是我的计划失望的第一步。

我在广州也有朋友，在这里休息的那一天是很自由的。不过地方太繁华了，在街上逛了一天，始终没有会到一个朋友，这是我的计划的第二次失望。

到了湖南郴州我本想找范军长[⑤]亲自谈话，可是范军长这老滑头早知道这些琐碎事情，他下命令所有来的新兵不许会他，这又有什么办法呢？这又是我的计划的第三次失望。屡屡失望，真是没有什么办法，只有忍气吞声的去过士兵生活，闷倦的时候，只有找几个朋友谈谈话——省高中的赵江、陈经武、成中[⑥]毕业的范成初、罗洪昌，……他们都是这次出来的。

这种事情或许是天赐的幸福，和我平素的交际：我们是驻在宪兵队，他们的队长是一个玉溪的毛本芳，我曾在玉溪青年改进会[⑦]和他遇过一次的，我们认识以后，另外的一个分队长张树义是陈经武的同乡和同学，赵江也知道他。后来柳恒藻、毛、张，我们时常在一处商量我们的出路。他们为我们奔走，为我们找事情，为我们找玉溪同乡冯庆元，什么都做妥了，在十二月二十六号脱离了新兵队。这不算开小差，因为什么都有他们疏通和负责的。他们在先已经找到三个录事的位置，我们一出来就到差服务，现在是在一三七团二营六连当一个一等录事。

---

① 聂耳的二姐聂蕙如因父亲病逝家里经济困难，1917年即远嫁至北京。

② 聂叙伦。

③ 唐继尧统治云南期间因连年对外省用兵，大量滥印纸币，造成滇币价值大幅度下跌，当时要四元七角滇币才能兑换南京国民党政府中央银行发行的一元法币。

④ 香港《大光报》总编辑，曾在昆明多次发表鼓励青年上进的讲演。经友人介绍聂耳曾在昆明拜访过他。

⑤ 国民革命军第十六军军长范石生。

⑥ 昆明私立成德中学。

⑦ 在昆明有志于改革、追求进步的玉溪籍青年的同乡会组织。聂耳曾参加过该会。

因为现在军事时期收束期间，把它改为文书上士，每月连伙食在内共有十六元，月月都可以照领的。在连部的师爷，什么起稿等等都要他做，事情很繁。所以在一月之末，连长不是和你抬伙食，[①]总要津贴一点，所以现在的生活比较好得多了。我在无事的时候，看看我带来的那一本文件辞典和作点小说文艺，或是到政治部研究各种主义。

三哥：你不是问我“你想做的文学家、艺术家就是如是的中止了吗？”没有，绝没有终止。你知道汪西林[②]的弟弟，他中学毕业后不去当兵，决没有《结局》的出版，也没有五百元沪币[③]的奖金可以入大学。我这个时期努力的发展我的文学天才，将来还是有希望的。听说不久我们要开到长沙，若果能够实现，我可以储蓄点旅费到上海去考妥当可靠的公费学校。连长和我的这些朋友都很赞成，假使没有妥实可靠的，也不可疏忽从事，依然慢慢处着，以后再图发展。还有一点希望就是若果能够开往长沙，那里的交通比较便利，我可以把我的小说寄到创造社[④]（上海）投稿。

你想入军界，我是绝对不赞成的。就大局方面论，现在军事时期收束，训政开始，军人没有干场的。再一方面我们的家庭是这样分裂，你入了军界岂不是由分裂而变为破裂吗？我实在不算入军界，我在前两信说过，不过是手段而已，借这机会图别的发展而已。现在殖行[⑤]的事大概没有希望，我和你想有两种办法：第一，就是继续研究商业的学科，更进一步英文的商业科学，一方面可以找相当的职业去做；第二，就是现在训政开始时期，各省都要办一个“全省自治训练所”。这是一个完全公费的学校，几月或年余毕业后，即可在地方工作。湘省已经办起了。

你可以研究一下各种主义，尤其是三民主义和新时代的书籍多找些看看，像这样的学校也很可以进得的。

十年没有见的二姐现在也算回到了故乡[⑥]，这是多么幸福的一件事啊！到了故乡又不得团聚一处，又是多么的不幸，唉！什么事情天总不给人圆满的。不过不要紧的，以后团圆也是很容易的。只要二姐和新华安安吉吉地回到故乡，我是非常喜欢的，因为我们走动容易得多了。

我在广州的时候，听说李廷壁[⑦]也是在湖南，我一到下就到处访问，都没有这人，后来又听说是在河南，或许以后遇着也未定的。

我这次出来感觉到朋友之可贵，毛、柳、张、冯、……本来是很淡的朋友，谁又知道他们能这样的援助呢？所以我仅将我入了社会的这一小点经验贡献给三哥，不论什么人都可以做朋友，不过取一种相当的态度去应付他，将来是有益不小的。

---

① 昆明话“增加伙食费”。
② 聂耳在昆明时的友人。
③ 上海当时使用的货币。
④“五四”新文学运动中著名的团体，1921年由郭沫若等人发起，1929年被国民党反动政府封闭。
⑤ 云南官商合办殖边银行的简称。聂耳的三哥后来进入该行任练习生。
⑥ 聂耳的二姐聂蕙如于丈夫病逝后，1928年底带着儿子严新华返回故乡昆明娘家。
⑦ 聂耳课余在昆明“英语学会”学习英文时的老师。

我的书籍请三哥好好保存，以后我或许要请你邮寄几本心爱的书给我。我在校时预备的一套绘具，什么颜料、画纸、画版、橡皮、画笔…… 通通都有的，无事时可以练习练习，调剂一下枯燥的生活，五线谱也可以学习一下，也是一桩有趣的事。张庚侯、邓象涟、郭耀辰（辉南）[①]，和附小的教员都是我的好朋友，三哥可以随时找他们接谈接谈。我走的时候，我曾经告诉过象涟到家里找三哥坐坐，不知道他来了没有？我的零用钱没有哪一个供给我的，我从滇带来的三元法币[②]，到了郴州就没有了。我没有什么嗜好，一天只消吃两顿饭也就够了，也用不着什么零钱，这请妈妈不必挂心，绝不要汇钱出来给我。

我要说的话还在多哩！下次再说吧！这封信完全是我感情的表现，眼泪的结晶，我认它很可贵的，看后请三哥将它好好保存。

我和排、连长都很合法[③]，我随时抱着谦恭和平的态度，无有不好处[④]的。妈妈：请你家少为我着急些，无事可以打麻将消遣消遣，二姐和三哥随时安慰安慰妈妈。

接信后请三哥详细地回我一信，免得挂念。敬祝

母亲福体健康！　　亲友处、二哥二嫂处代为致意。

二姐　新华
三哥　长贵[⑤]　生活快乐！

你的老儿子　守信跪禀[⑥]

通信可用双挂号比较妥实，恐开往他处，邮局亦能投交。通信处照信封上的交聂师爷守信，他们才知道的。

致二哥［聂子明］

亲爱的二哥：

伟大的绿衣使者啊！他支配了我们的一切，似幼羊望乳的我，无一日不盼望着他的来到。好容易在一月二十一号才望到了三哥寄来的一封家书。我看完以后，它给我的刺激，是怎样

---

① 张庚侯是省师附小音乐教员，邓象涟（共产党员）、郭耀辰（共青团员）是聂耳的同班同学。
② 法国的东方汇理银行当时在法国统治下的越南发行的纸币。又名法纸。
③ 云南话“合得来”的意思。
④ 云南话“相处”的意思。
⑤ 聂耳的表弟彭长贵。
⑥ 原信无日期，据聂耳日记此信写于1929年1月21日，由湖南郴州寄往云南昆明。

的深刻；它带来给我的热泪，又是怎样的悲痛。我知道了，我相别十年的姐姐在我们都离家后她已经回来！我的亲爱的妈妈正和哥哥们，都为我而流下了不少的眼泪！……这样可悲的一个消息，传到初离母巢的孤雁的耳鼓里，你想是怎能不使我悲痛，流泪的！我当日就发了一封数千言的双挂号信到滇省去了。

今天是二月二十一号了，我寄滇省的信刚刚一月，我正在希望着回执的时候，忽然柳仲采的勤务兵送来了一张回执，我只说一定是我天天所希望的回执到了。当我发现了楚雄[①]二字的时候，我知道是你的来信，我急忙盖了章，跑到邮局取了回来。

亲爱的二哥哟！你信里不是说着自我走后，家庭里的一切情形为之大变，使我起了无限的沉痛，尤其是有一小节，你记得吗？"家中自弟走后，望弟之切真是笔难形容。见一学生走路，立即想起弟来，闻音乐之声——尤其是violin——足以使人泪不可止！……"唉！我看到这里，同情的热泪，不住地潮水似地涌了出来！惆怅的回忆啊，恐怕世间上再没有比它能使人悲痛的啊！

你不是说此次我到湘的动机究竟在何点？说起来非常复杂，但是总非家庭之对我有所苛刻。你想我那亲爱的母亲和兄嫂们，对我的厚爱，就旁人看来和就我的本心自问，是敢对天地的，是我一日不会忘记的。"是否嫌学校生活不佳……改途进行"。这也不是的。学校生活是极佳不过的，极神圣不过的。不过，云南的学校生活，我实在是嫌它不佳了。只管混日子，实学在哪里？亲爱的二哥！我实在自觉了！自愧了！很想脱离这挂着假招牌的云南学校，美名的云南学校，去到外省寻求一个极好不过的学校生活，神圣的学校生活，真正的学校生活——它的动机实在复杂。总之，不过是环境所致（关于这点，家信说得很详）。

亲爱的二哥！你问我军事学校里的情形怎样？唉！你还不知道，这不过是暂时对家庭的安慰罢了！简直就是一个新兵队。所谓三月训练就是三月的新兵教练。二哥！你想我是愿来吃军界饭的吗？不过是"求目的不择手段"罢了——升学的目的。

好了，请你不用着急，这种残酷的环境早已解脱了！我想要达到的升学的目的，也快要实现了。

我从十二月二十六的晚上就脱离了特务队[②]——因为是得几个玉溪同乡的各方面疏通而出来的。这不是私逃，并没有危险的（柳恒藻仲采毛本芳兰卿冯庆元……他们都是同乡，还有一些间接的朋友）。什么事情都是他们做妥的，和我一齐（从特务队）出来的有一个高中学生赵家义宜生，我们一出来就到这里来服务。原是一个准尉阶级的一等录事，因为缩编的缘故，遂改为文书上士，每月连十二元的伙食共有十六元，所以现在的环境比从前好多了！

何以又说我达升学的目的快要实现了！因为在现在这个过渡时期里，我和宜生一天只是研究学科（我们买了一部投考大学用的《各科常识问答》），不时我又作点小说，现在已经完成

① 聂耳的二哥当时在云南楚雄的邮电局工作。

② 当时军队中担任司令部的警卫等特别任务的部队。

了《薄暮》、《碎煤》两篇短篇小说。[1]

最近由政治部得到一个消息说："上海办有一个中央汽车学校，是完全公费的，这里的朋友也去了好几个。"我们为着谨慎起见，一面投函到该校索取简章，一面又竭力的预备科学，俟来信后就可以决定了。我们连长李植圃也很能赞助我，就照着进退的原则来说，我想也是可进的时候。二哥：请你放心吧！我此次的出省，稍尝了一点世味，是酸辣苦甜咸，也能有相当的认识，我绝不会冒昧从事的，我总要妥实有把握才能走的。请你和我写一封信给上海江炯明先生[2]（或其他的朋友），看你怎样措词，将来到时，又多有几个帮助的人，你以为如何？

我们的连长李舒华植圃，他看见我的信是从楚雄来的，觉得他非常地注意。后来他告诉我，他和楚雄的关系，他很想认识你。所以我在书面上把他介绍给你，他也是帮助我脱离特务队的一个，他是一个很诚实的人。他曾经在过联合中学校，也是此次出省的，在二月一日委为我们的连长，你们以后可以常常通信。二哥！我能去上海与否，你都给我一信，我还是收得到的。因为植圃是很可靠的朋友，他并且还对我说：现在军政收束，训政开始时期，中央办的建设上的学校是不少的；假使有相当的学校，还是赞助我进的。他不愿耽误了我青年的时光。

郴县地方气候很冷，雨水又多，从我们到这里两月多了，只见过两三天的日光。交通在从前没有什么便利的，不过是湘粤必经的一个要冲。现在已有汽车可以通到衡阳，渐近长沙。从这里到广州有六天的旱路，一天火车。郴县→良田→塘村→九峰→罗昌→桂头→韶州火车→广州。谈到这里的文明进步，是无所谓的，可以说无文明之可言。拿玉溪来比较尚不及玉溪二十分之一。由此你可想见了罢！我的旧友在这里的也不少，如军官团的聂功勋、桂仰之…… 政治部的魏嘉谷、杨鼎新 …… 新交的也还是很多。

你问我回家一层，我想了一下，实在没有回去的可能。你知道我并不是不会思家，也不是一个硬心人。你想现在一事无成，回去实在有些不好似[3]。等到慢慢地有点发展，进个把学校毕业出来，回家团聚也是一桩很容易的事。

亲爱的二哥哟！异乡作客本是不堪忍耐的，尤其是在逢年过节的时候，更是使人难堪的。我虽在这里过年，但是我的心灵，无一时不在家里打围[4]、弄乐器，这里的年究竟像什么我都不晓得。我一天只是坐在屋里，桌子便是我的好伴侣。在过年的这几天里，我实在苦闷极了，没事的时候我写了许多中英文的小诗粘在墙上，其中一首是：

多雨的湘郴，伴着我流泪！
卑湿的湘郴，伴着我忧郁！
尤其是在这样莫名其妙的环境中，

---

① 这两篇小说缺佚待查。
② 曾任昆明商务印书馆营业员，聂耳的二哥因常去购书，与之相识。此时他已返回上海。
③ 云南话"不好意思"、"惭愧"的意思。
④ 又名"掷围"，是云南过旧年时许多家庭里喜欢玩的一种游戏。

更是不可多日逗留的！

亲爱的二哥哟！你不要以为我是消极，我并不消极的。我的英勇，我的热血，还是继续地沸腾着，决意向着光明的前途上走去。

信纸也写了十多张了，我的话还没有说完，下次再谈罢！你信里所嘱我的一切，我都确实照办。我的身体还是照常的康健，不知最近我兄嫂的身体如何？近况如何？也请详细地复我一函，你知道望信的痛苦是不堪忍耐的。接信后千急请你告知妈妈，免得她老人家的悬念。不久我也要接昆明的信了，接着我也是即刻回复。来信可照信封面上，不用挂号还是可以收到。请你告知我薛振卿[①]、王谦他们的通信处，我很想和他们通一通信。

先前所说的李植圃连长，他大概明、后天就可以写信来问候你。

这封信我认为它完全是我感情的流露，眼泪的结晶，请兄和我将它好好保存。

我在一月二十二号曾经写过一封信到上海给江炯明先生，我大概是说：现在我的家兄已入邮局，我想从湘到上海来，但不知那里的一切情形，请他和我探问一下各种学校情形。你接信后请你再给他一封信。并且再写几封介绍信发给你的有在上海、南京的朋友，怎样的情形，请你快快复我一函！

夜静了！除了卫兵问口令声和对门的水流声，一样都不可听见，我的头也昏了！不能再写了！就此告一段落罢！敬祝你的

生活快乐！　　并祝二嫂

健康！

你亲爱的四弟　守信手书于郴

二月二十一日夜一时[②]

致母亲［彭寂宽］

妈——我亲爱的妈妈：

你是世界上最爱我的一个人了。你对我的爱是无所不至的，你对于我随事的关心，没有一时脱离过你的心房。记得一次严寒的冬天的一早，校舍里的同学们都议论纷纷地在烧火保

① 在昆明经营百货进出口贸易，并任“云南远东皮毛公司日本大阪市分公司”经理的福建人。聂耳的三哥曾在他主办的百货商店和大阪市分公司担任过会计。

② 此信写于1929年，由湖南郴州寄往云南楚雄。

暖，雪花片片地飞扬天空，渐渐地积成了一个白色的世界。我寝舍[①]的分子也渐渐地加多起来——因为有火的缘故。用破烂的木器来做燃料，始终没有木炭那样响得自然、舒服，大家都不高兴了，都摸着被烟秋[②]坏的眼睛又走到别处去。

这真是一件值得纪念的事，谁料想得到雪里送炭的事实会在这里发生了！长贵来了，他提着一篮黑炭，一个人力车夫抬了一炉烧好的红火，送到我的寝室里。……

妈！这便是母子真诚之爱的一个最大表现！我写到这里，我的神经错乱，流泪了！心痛了！我只抱着了一床做枕的毡子，连声地叫着："我亲爱的妈妈！世界上只有你是唯一爱我的人！"妈妈！我知道了！我明了了！我明了你在从前对我所说的一切劝告，一切我认为不爱听的话，都是真实的，没有一字是虚伪的。妈妈！我现在成了世界上的罪人了！一脱离了他可爱的妈妈，施与真爱给他的妈妈；又脱离了他的可爱的朋友们，不辞而逃，这样的罪恶，是怎样的大啊！妈妈！你假使能恕却我的罪恶、容纳我的忏悔，那末我再跑在你膝前，好好地来孝养你。你知道在这金钱的世界里，我实在不能立足了：有钱的时候，哪个都来拜访你；没钱的时候，哪个知道你是谁?！有的见了佯作没见，倒要退后几步！有钱的时候，哪个都约你逛这里那里，一见的时候少不了还问一声："你的身体好吗。"没钱的时候，你就是几头撞死在床又是当得月亮[③]。譬如昨晚的热病吃药的时候，已有人知道，但是今天早上没有哪个像从前一样的问一声"你身体好了一点没有？"今天的这次痛哭可算是我有生以来的第一次大刺激，现在哭得个头昏眼花，又有谁来安慰你呢？只有自慰罢了。唉！矛盾到极点的社会啊！冷酷到冰点的社会啊！谁处不受它的白眼！谈什么革命，革到现在几乎把命都革完了，还革不出一条出路来！谈什么奋斗？自从出省以后，哪一天没有在奋斗中过生活？但是现在奋斗的力量也没有了（尤其在这排外的广东），连几十元旅费钱都奋斗不到。唉！一切的一切都是虚伪的！只有母子之爱与金钱和我之爱才是真实的。妈！假使有旅费的话，那末我总在早日起程，奔向你的膝前，把我的这些余泪洒完！另外造我们的新家庭！亲爱的妈妈，哥哥们，姊姊们，一切的朋友们！我们会面的日子渐渐地临近了！假使没有旅费的话，那也就此永别了！

你的老儿子
于广州孤零的旅舍，泪中。
1929.4.17.[④]

---

① 1927—1930年聂耳在公费的云南省立第一师范学校住读。

② 云南话"熏"的意思。

③ 昆明话"一场空"的意思。

④ 此信抄自聂耳同日日记中的底稿，原信未见。由广州寄往昆明。

致二哥［聂子明］

亲爱的二哥：

我常常这样说：理想是直线，但事实是曲线的。我在湘的时候，不是写过一封很长的信给你？里面是把我的一切希望和计划，通通都告诉给你，大概你都认为是妥当的吧！唉！事实转变得真快，谁料到我请假的事，在我发信后才得到一个最后的决定："现在缩编在即，关于该员到沪修学事，俟缩编后再为决定。"你看这样一来，我的一切热望，都已落到失望的海底。如此，我依然沉静地在着[①]。

半月后一个很可喜的消息传到我的耳鼓里，就是：本军的军官团要送到第八路军总部[②]的军官学校。我想这是一个再好不过的机会了，然后我就用了种种的手续，找范军长亲谈过几次话，由他的态度和话语看来，他是非常看得起我的；并且很诚恳地容纳了我的要求，送我到黄埔去。

三月二十八号，我们随同十六军军官团的全体学员，首途赴粤（我寄书回家便是这个原因），不过六天的旅程，我们也就在繁华的广州市住着了。这个军官学校的性质，完全是收容此次在职编遣的军官，所以我们也就没有这样的资格。此次又被遣散的约有七八百，我是一个准尉阶级，得了柒拾伍元遣散费。（见下页图）四月九号就离校迁入旅店。当时我在外面的一切希望，还没有冷消的，我很想等一等这里航空学校的招考，我看现在的航空事业真是一日千里之势，尤其是广州的长途飞行家张惠长办的这个航空学校，听说要到八月间才有招考的希望，仅我这很少的几个钱怎能等得到那时呢？况且能考取与否，另成问题。这样冒失的事我绝对不敢尝试的。至于到上海，无把握地到上海，更是一件很危险的事。—— 正在这样的彷徨中，我发现报纸上有一个所谓广东戏剧研究所附设艺术学校[③]，招考公费生。我发现以后，觉得它正好解决我这彷徨的心理（我只想借它的公费来等待航校的招考）。当时我就找教务长接洽谈话，他对我说这学校完全是注重在艺术的理论 …… 怎样怎样的好。考取以后，他叫我预备迁入学校。我就把所得的旅费购些应用的东西迁入学校。二哥：事之出人意外谁又知道呢？我头天迁入学校，第二天就迁出学校，原来这学校是一个造就广东戏子的机关，所学的就是广戏和京戏。所谓音乐班就是学广戏锣鼓、丝弦，你想我怎么能插足在这里呢？这时我钱也没有了，一切远大的希望也不敢想了！…… 只有决定回家的主意，要到上海是路道不通，广东不能立足，回家是没有旅费，…… 恰好遇着我们的教官阮守诚，他顺带着把我携带回家，很节俭地用了二十元法纸的旅费，说明到省时就还他。现在是请母亲到别处暂借着。你若有余剩的话，请寄给我二十元的法纸。现在我依然转回省师本班上课。你最近的情形怎样？请

---

① 云南话"呆着"的意思。

② 此时十六军被改缩为第八路军第五师。

③ 所长欧阳予倩，教务长唐槐秋。

1929年，聂耳（右）与友人在广州的合影

你很快的给我一信。家中清吉[①]，自我回家后，尤为欢喜，我要写的信还在多哩！只有草草结束

敬祝

健康！　并祝

二嫂快乐！楚生[②]好吗？

你的四弟　守信于回家后一日[③]

5.7.1929.

① 云南话“清净、吉祥”的意思。

② 聂耳二哥的儿子。

③ 此信由昆明寄往楚雄。

致二哥[聂子明]

亲爱的二哥：

我们写信的约期，已经过了一星期了。并不是我安心失约，实在是这学期的考试太厉害了。今天是停课要预备考试的第二天，我察觉了我的错误，急忙提笔写信给你。

你在最近都没有写信回来，我想大概是事忙的缘故吧！我们闯了明后天的学期考试以后，十号就要放暑假了。在先还有一种延长暑假的消息，现在经校长联席会议的反抗，恐怕不能成为事实。

大姐[①]已在七月三号回玉溪了，是陈汝兴护送去的。

母亲说：二嫂的病若是不好的话，或是设法上省来医。

您们迁移以后，比较以前的满意吗？近况如何？请您告知。

二姐还有信给您，因为时间的限制，我也不多说了！请了！请了！

敬祝

身心快乐！　　并祝

二嫂、楚生健康！

您的弟弟　守信上

7.7.1929.[②]

1929年，聂耳（左二）返回昆明后与母亲、三哥、大姐（右）、二姐等人的合影

① 大姐聂兰如是聂耳父亲的前妻王氏所生。

② 此信由昆明寄往楚雄。

致二哥〔聂子明〕

亲爱的二哥：

"Bon"的一声，震动了全昆明市，大家都以为胡、张① 攻省的大炮弹掉到了五华山②，有些神经过敏的居然说是胡、张的内应在城里所埋的地雷爆炸了……但是，在这一响以后，什么都听不见了，直到一大团黄黑色的浓雾冲上天空以后，大家才想起了，乃是前天自城外搬到江南会馆的火药爆发了。（见右图）

1929年7月11日，云南昆明火药库大爆炸实况

当时我们的心理只说这次的结果总要死人，但是经我们实际地观察下来，不但死人，而且死得不少。据最近的调查，死的约在一千以上，伤的约在一万以上。至于财产的损失，那更不必说了。幸好我们的亲戚朋友，都是安全无事的。……这些大概都在电话里讲过的。

这事过后不久，种种的慈善团体，相继而起。在学生方面有一个"七·一一"青年救济团③，这团体是注重在切实工作，如难民的教育、卫生等问题，并且援助难民向政府要求赔偿损失。我也是团员之一。

旅湘的日记，我本想彻底地整理后寄来给你，因为它太零碎的缘故，非一短时间就可以整理得出来的，并且里面的内容，在以前的信函中说过许多，我打算不寄来给你了，你能原谅我吗?

这学期的暑期绝不延长了，大概五号以后，就要积极筹备开学。

母亲的肠风下血最近发了一次，现在已经止了。你信里所问的各事，大概都没有未答复过的了!

在外应该保重身体为要！别的以后再谈罢！敬祝你的

身心快乐　　并祝

二嫂、楚生健康!

您的四弟　守信手书

Aug.3.1929.寄自省师④

---

① 当时反对龙云当政的云南军阀胡若愚、张汝翼。

② 昆明市内云南省政府的所在地。

③ 以这次火药库爆炸事件发生的日期7月11日命名。

④ 此信由昆明寄往楚雄。

致二哥［聂子明］

亲爱的二哥：

通常所谓明月如镜的中秋，居然很轻易地过去了！今年的中秋实在太使人难堪了！假使果真是明月如镜的话，那末二哥二嫂们的在楚，或许可以被它和我们改[①] 一部分的烦闷。今年的月色是怎样的，请你看罢！便是一个昏暗的阴天，白天的大雨已经停止了！大家都希望晚上的大雨不要到来。但是满天的黑云依然是紧紧密布着。这天下午三哥是到薛家[②]吃饭，家里只有母亲、四舅、二姐、聂士秀[③]和我。因为杨家祥[④]请了附小教员到他家吃饭，所以也不得不请我去一陪，如此，我也不得不去一坐。（见右图）晚饭后，天气依然阴着，路还烂着，而大家总渴望地等着。直等到过节以后，那月儿倩影已隐约云端。我们正要预备出去的时候，忽然一阵大雨的降临，滴达滴达地下个不住，个个都是睁起一副失望的眼睛呆看着天空。但是失望终没有转到有望，所以只有不望。过节的时候三哥已经回来——我们的消遣便是唱戏、下象棋就完事了。你记得我们下象棋的一回趣事吗？但是现在不会吧！——如此如此，这一夜所谓月夜如镜的中秋，便是这样的过去了！你们的感觉不知是怎么样的，我想或许要更比我们的要厉害啊！

聂耳（左）与张庚侯、杨家祥（右）的合影

你们回省的事，我实在挂念得很，不知要有什么极好的办法才可以很快地实现？真是气人！

---

① 云南话“解”的方言词音。

② 薛振卿家，聂叙伦不久即应聘去薛家在日本大阪市开设的商号担任会计。

③ 聂耳的堂兄，也是云南省立第一师范学校的学生。

④ 聂耳在昆明端仕街住所的房东的儿子。

我们校里已出校刊一种，我已投了一稿，你看，我可寄一份来。我们明年上学期就毕业了，现在打算在年假继续上课，一面筹备出外参观——明春——能实现与否？还不知道，但现在进行中，铃响了，上课堂去吧！

专此敬祝

快乐！　　并祝

二嫂、楚生健康！

你的弟弟　守信上

十八年九月二十日[①]

致二哥［聂子明］

亲爱的二哥：

我们的信和《省师周刊》想必收到了吧！在这惨淡阴雨的星期天里街不能出，书不能看——为了三哥赴日的惆怅。只有提起笔来，做我应该先做的事——回信。

1. 中秋之夜的一切，大概都在我那小小的信纸说过了。但是现在我又有另一种的感触：您想去年的中秋是怎样的欣喜，而今年的中秋又是怎样的无趣。现在三哥快要到日本去了，谁知道他这一去又是几年才能回乡。唉！明年的中秋我们可以想象得出来吗？

2. 楚雄的生活我们是早已知道它的难过了。听了李本仁[②]的实报以后，更使我们确定了我们的理想。调省的事，我们没有不关心的。但是我们这薄弱的能力，并非一时一刻可以做得了的。十分不得已的话，那只有执行您的意见。母亲已经同意了。

3. 现在昆明市的汇水起落无定，最近各书店的出售书籍、文具都是补水三八[③]左右。闻立夫事、结婚的事，以后当然照办。

4. 李本仁到省时，已经到家谈过。所要的药或是邮寄、或是交陈元贵带来，总是尽快做了。

5. 今年的好呢帽，大约在二十元左右一顶。帽条没有卖尺数的，只有到洗染房购了一条，他说可以包够，现已装入来信里。

6. 大哥[④]还是如从前一样地常常来信购物。大舅的病依然苟延着。四舅自个旧回省后已写信回玉溪去接外婆和大舅上省，来否现在还不知道，长寿依然在玉溪。

---

① 此信写于1929年（民国十八年），由昆明寄往楚雄。

② 聂耳父亲生前的好友李前希之子。

③ 根据市场的行情变化，滇币与省外各种货币的兑换比率随时有涨落，购物时多付的差额即为补水。如书籍以国币（法币）1.00元标价，需付滇币1.38元，即为补水三八。

④ 大哥聂古愚是聂耳父亲的前妻王氏所生。

7. 汇水跌落多是自然现象，现在当局也没有什么可靠的维持办法。

8. 学制我已说过了。现在的学校状况，也未见得怎样认真，不过有时松有时紧。

9. 二姐所入师范系三三制，分前后两期，校址现已移在劝业场新校舍，校长仍是陈善初。

10. 亲友处的致意，我们都时常问候的。

11. 今天星期日，明天照办就是。

前次所要的十字线，因为当时没有，现在有了，又没有人带来，可以照帽条的办法寄去吗？

好了，以后再谈罢！此祝

健康！　　并祝

二嫂、楚生健康！

您的四弟　守信上

十八年九月二十九日午后四时半[①]

致二哥［聂子明］

亲爱的二哥：

十六号的早晨接到您的来信，好久没有寻到的那本抄本，恰在今天找到了。

二哥哟！人类的环境真是改变得如闪电一样的快，在这人生的舞台上，不知还要演出多少戏剧哩！现在我们所理想着的团圆喜剧不知道又要到哪天才可以开演呢？但是您们用不着悲伤，用不着着急，准备着我们的材料静静地等着罢！有了好的材料，将来开演时才有好的结果哩！

三哥走后，到了阿迷[②]和海防[③]都有信来，在海防的信里，他报告了沿途的经过，大概在十二三号有船，他们便可以登船赴港[④]。

现在的家庭的一切杂事，当然是我的负担比较多。再不能像从前一样地拖懒[⑤]，但是事实上也没有拖懒的可能。

---

① 此信写于1929年，由昆明寄往楚雄。

② 今云南省开远市。

③ 现越南的海港。

④ 香港。

⑤ 云南话“拖拉”、“偷懒”的意思。

1929年7月26日，聂耳（前排左一）在云南昆明与九九通讯社（省师附小教员）的友人合影

今年的双十节在省城还是没有什么表示，不过把重九[1]的菊花会移到双塔高中，和他们的成绩展览会同时举行。

十八班的张应泰和白绍康，知是知道的，不过不十分好感。他们在楚，您和他常在一处吗？

此次考取的县知事有张庚侯的便是张苍荣[2]了。这事很怪，有许多比他强得多的都没有考取，他会考取，据我的推测和观察，大概是因胡瑛和袁嘉谷的关系[3]。

因为省师附小和杨校长的冲突，官厅斥令附小教员离校，他们找到了靠背便组织了"九九通讯社"，当然张苍荣也是一个，其余还有蒋天民、杨瑞昌、侯曙苍、涂南生、肖曙苍、周玉苍等（见上图），他们的通讯处就是设在端仕街44号张宅[4]。

闻立夫的喜期快要到了！当然照办。

邮票和钱都收到了。书籍决定今天寄出。

（写信办法亦表同情）

祝快乐！

二嫂、楚生好吗？

您的弟弟　守信写于省校

Oct. 17. 晨[5]

---

① 即我国的传统节日"重阳节"（农历九月初九日），有其时登高、赏菊等风俗。该日又是1911年辛亥革命中，蔡锷等人响应武昌首义，在昆明举兵起义的纪念日。

② 张苍荣，字庚侯，云南石屏人。原为云南省立第一师范学校附属小学音乐教师，聂耳在昆明时的音乐挚友。此后他曾被委任为云南嵩明县知事（即县长）。

③ 袁嘉谷是清代云南唯一的状元公，后任唐继尧的秘书长，龙云时期为省政府高级顾问官，其夫人是张庚侯的姐姐。胡瑛为唐继尧时的军长，此时为省政府省务委员。

④ 聂耳与张苍荣当时都住在端仕街44号的一个院子里。

⑤ 此信写于1929年10月17日，由昆明寄往楚雄。

致二哥[聂子明]

亲爱的二哥：

你的来函在二十号已经收到。

1. 省中社会秩序安宁如常，并无什么紊乱的表现，请勿为念。

2.《新生命》[①]一书东方书店现在已经取消预订的办法，所以我只买了最近的九、十两期和《三民主义之理论的体系》。《新时代》各一册，在二十二号发寄了。至于其他关于正确的理论方面的书籍实在很少。为谨慎起见，只有这样办法。请你问他以后出版的《新生命》还要吗？若要，那末我多麻烦一点也不要紧（今天的补水是五三）。

3. 兄所要的法文书籍早已发寄，不知可否收到？别的话以后谈吧!!! 顺祝

快乐！并祝

二嫂、楚生健康！

您的弟弟　守信上

Oct. 22. 1929. 晚于省师[②]

致二哥[聂子明]

亲爱的二哥：

1. 您要书的来信已经收到。您说所寄《新生命》等书没有收到，恐作慢班发寄，这事或许有之。不过我发寄的法文书籍已是好久以前的事了，到现在还没有接到您的答复。

2. 最近又接到三哥自上海来的一信，他已于十一月一日搭"箱根丸"日船启行赴日。以后寄信可直投日本大阪市西区本田三番町三八番裕光号转交可也。

3. 大哥已在昨晚（十一月九号）抵省。当时大哥没有回家，因为被军队封马[③]，便住在东门外的"人马栈"向他们交涉，结果花了一百多元才没有封去。昨晚因为我在校中，并没有会着来报信的人（大约在午后十点钟）。所以今早我和二姐、新华同去东门外接他回来。他这次来，对于一切态度上非常谦和，诚令人满意，他实在不是十年前的他了。

---

① 上海新生命月刊社1928年1月至1930年12月编辑、出版的进步杂志。

② 此信由昆明寄往楚雄。

③ 军队无偿地征用马匹与民夫。

4. 您所要的书，除共和国《算术》外都已找齐。现在只有先将这些寄来，这本《算术》慢慢再找，找得了便好，找不着只有设法去借。

5. 母亲等都是好好的，请您们不必挂心。

请问您家们给好好呢惹[①]!!! 并祝

您们的健康!!!

您的小弟弟　守信上

十一月十号于家中[②]

再：陈元贵在我们去找他的那早已经走了，所以帽子和一切东西都没有带去。

午后九时

致三哥[聂叙伦]

三哥！三哥！

在我内心里埋藏着要和你说的话，将要埋没一月了，今天也算能和你这样畅谈一次。

无情的火车汽笛，"呜"的一声，火车头带车身由慢动而急动而飞驰，那时，什么感情…… 一切都被它绝断了！如此，你也便不顾一切地随它飞驰了！

你记得吗？那是一天暴雨后的晴天的清晨，我那不能支持的病，居然也支持到车站上去送你的行。素来和一个不关痛痒的友人送别，当火车开动时，各人的态度和情绪是怎样的难堪？也许你是早已尝过的。何况我们是这样亲切的关系，尤其是有一个为病魔缠身的弟弟，那时的情绪和悲感，又是怎样的？那让你去猜想罢了！

当我们听见站长的哨子一响，只见上的上车，下的下车，一会儿集成一个非常复杂的空气。继而火车开动了！此时送行人和被送人的眼泪开始散布了！记得火车已是仅能闻其声而不见其形的时候，妈妈的眼泪还不住地滴着，我和二姐虽然不像妈妈的那样悲伤，可是我也曾发觉了二姐的发红的眼睛渐渐地水起来。三哥哟！这不是我们不陪着妈妈向你滴几滴同情之泪，实在是我们用我们的强压力把这将要涌出的泪珠压到心里去，至于我们对你的不舍已在各方面深深地表示了！也许你已发觉了吧！

三哥！自那天以后，也就是自你走后，家里的空气简直大变；更加上你可怜的病弟弟，一

① 这是昆明问候亲友时经常讲的一句客套话（土话），意思是"您们的身体好吗？"较为客气和亲切。

② 此信写于1929年，由昆明寄往楚雄。

天睡在那苦闷的帐子里呻吟着，那是何等凄楚！可是，我在这几天的病期里，也曾给了妈妈不少的安慰，解了不少的寂寞。

算了罢！这些易动感情的话我不再说了。使你难过，因为我是过来人。让我们谈谈别样吧！

在这里，我想你一定在希望我把你所要迫于解决的事告诉给你。所以我只有把闲话留在后谈，先将这桩大事提前报告，在先我毫不加以个人意见，仅将这事的经过和变迁报告一下：

戒指一个，所谓交换信物，你们的婚姻大事便这样轻易地决定了！媒人拍来的电报，所谓退婚，居然会在这交换信物的后面成立了。当然，我们绝没有万一的强迫，退婚就退婚，你们要怎样办便怎样办。这些事实都是你在未走之前所知道的。同时我们除答应他们的请求外，也曾表示过也要退婚的态度。怪极！自你走后不久，张庆芳到翟家传来一个消息，大概是这样说：现在婚又不退了。就是你出洋在外，不论几年，只等回家后再为结婚也不成问题，……这种消息传来以后，直到现在都是因循着。好了，报告便是这样，现在我可以加上客观的意见了——大哥、二姐和妈妈的意思总是随他们的意思而转移，我们只做附议者而不愿做提议者。他们既有恢复婚约的意思，而我们又提出退婚，恐怕在其他方面发生意外的结果——这是要顾虑的。

我的意思除同意他们的外，我还要加一小点申说：我觉得这事请你不要过于在心，因为爱的成份是自然的。你和她的爱若是双方真诚的话，那末，当然有将来结婚的可能性，就是有天大的障碍都可以扫除；否则也并非一个戒指就可以决定的。总之，这事少在心些，努力自己光明的前途才是正事，你对我们意思如何？请你详细地申说吧！

大哥在十一月九号自汤丹① 抵省，好容易相别十年的骨肉，现在见面了，我们是何等欣喜。可是美中不足的便是你和二哥们的在外，但这也是无法的事，将来的大团圆，大喜欣，才是真正的喜剧哩！努力吧，努力地排演吧！

你沿途的信和所寄托李君带来东西，都已收到了，请你勿念！家中的一切事务自你走后，当然较前麻烦，不过是我应尽的责任，请勿挂心！我们近来都是清吉如常。你的身体想必健康些吧！有暇盼拍一张近影寄回。至于日本的一切，不消说你是要详细地报告一下。不写了！祝你

健康！　　并祝

赫君近好！

你的爱弟　守信于省师深夜里

十一月十四午后十二时②

花圆和珠链已送段主任，褚老师的钱已经拿着。

---

① 位于云南东北部的东川以西。

② 此信写于1929年，由昆明寄往日本大阪市。

致二哥［聂子明］

亲爱的二哥：

自从三哥一走，大哥一来，我的杂事，是怎样的麻烦，我也不知道怎样形容了。耽延回信的日期，这不是我的习惯，不过事实偏偏不是这样，又有什么办法呢！？当我看了你的来信："1.接着我的信十天后才复的回信，已于今日收到了。"这几句简单的话，虽是这样说，至少也起了一点反应，那时我巴不得马上提取笔来回你的信。真奇怪，直到今天才把这信回成。

1.大哥此次到省（嫂和锡龄都没有来），据他说，他想把玉溪的田地赎回，父亲[①]的坟墓葬好。他的性子非常冷，一天只是睡在床烧烟[②]——除吃饭外——夜间要到天亮才睡。有时要去会什么朋友，或者到亲戚处坐谈，至少总耽延两天才可做到。所有他的好多事，都是我和他代办。前几天他曾叫我写信给大舅，说是请他向马金友说明赎田的事。后来母亲和二姐们总觉这事不妥，当时我又私自写信到玉溪述明暂缓进行，这是不得不防备的。二哥！你的意思以为如何？

2.三哥到日本已经写过两封信来，想必你那里也是同样的吧！

3.《新生命》第十一期还没有到，到时当然和补购的《新时代》一同寄来。

4."九九社"的稿件是售钱的，所以就没有问的必要。以前他们曾经向我说过，若是你有空可以请你给他们一点稿子，做一个楚雄访员（详细办法等我再问）。闻立夫的婚礼已经送去。

5.我和大哥曾经到亲妈[③]处坐过一次，他们很挂心你们的，我随时去，都是叫写信代为提及，有空你还是写信问候。二嫂最近怎样？我很想知道知道。我记得她在家的时候，非常有趣，非常好玩，我时常想她说的"才稀奇那"……我就会笑得起来。

我看着二姻姐家的小孩子，我便想到楚生，因为他们年龄所差不多，不知哪天才能抱着他嬉笑呢。别的话以后再谈吧！顺祝你

身心快乐！　　并祝

二嫂、楚生健康！！！

你的四弟　守信写于师校

在寒风习习的深夜里

十八年十一月二十九日夜十二时[④]

---

① 聂耳的父亲聂鸿仪1916年病故。

② 抽鸦片烟。

③ 聂耳二哥的岳母。

④ 此信写于1929年，由昆明寄往楚雄。

致三哥［聂叙伦］

亲爱的三哥：

你所有的信，我都接到了。当我知道你的通信处以后，我已写过一信给你，我想你是早已接到的。啊！三哥！你现在也尝到异乡作客的苦了！现在我实在不敢再去回忆。自从大哥到省后，我们虽然解除不少的寂寞，可是提起你来，我们总感觉到为什么我们这样的不易团圆——这也不过是暂时的事，现在我仅将你所问的问题详细答复你吧！

1. 你的留薪已经送来，照前的滇纸八十元。至于家中开支请你不要挂心，虽然入不敷出，这是事实。不过，总不需操心，因为现在大哥已经到省，这责任已可以分担一部分。

2. 抄本钱，贝母钱，和李君带来的各物都已收到。

3. 外祖母还没有到省，因为我们觉得她老人家年纪太老，要是经过这次上下，总是不对。所以我便写信回玉溪由舅父措词阻止。

4. 苏家的亲事，我们总是居于被动的地位，家里的人都是赞成你的意思，详情已在前函说过。至于另外进行的话，我也是和你表同情的，并且竭力阻止。

5. 家里的女佣已经找得一个。彭长寿仍在玉溪。严介眉[①] 都时常来家，你的意思我已致意。你要的英文书等我找齐后，总在最近寄来。至于棉袍邮寄到日，实在是一件困难的事。大哥说：你可以在那里买件外套，若是没有钱的话，那末，可以暂时向人借购，这钱大哥可以和你偿还。

6. 二哥还是常常来信，返省的消息，完全没有。最近他的来函说还是想自出旅费回来，这也恐怕要待明年了。我们出外考察的事情，多半失败，不过现在还不能十分确定，说不定我们又会在外面相会。你问到我的生活怎样？三哥！你也许可以想象得出一部分来吧！我实在不像以前那样的有时间去闹闹玩玩，弄弄音乐。我觉得一星期是很容易地过去，一天总为家事、学校事、同乡事、朋友事……把我抓得个没有办法，巴不得化身去做。但是，怎样可能呢？说到希望，我总是从实际着想，什么艺术家，文学家我也再不敢梦想了。

7. 云南的金融，依然如故，虽说整理，但实际还是换汤不换药的。美专[②]要改作职业学校的消息，我们都不知道，不过总没有成为事实。

我们都是很清吉的，请你不要挂念。以后若有什么消息我都常常告诉你。别的话以后再谈吧！我们通信的时期不一定要限制。总之，异乡作客的滋味我是曾经尝过的。三哥啊！请你耐心吧！

---

① 聂耳的二姐丈夫家的亲戚。

② 昆明美术专科学校的简称。

顺祝你的

身心快乐！

你的弟弟

写于省师寒风刁刁的深夜

十一月二十九日午后十二时[①]

三哥！我很希望看一看你最近的样子，若是方便可以寄一近影。若有较好价廉的西乐调子请你买点给我。有一种日本出版的《进行曲萃》那里一定可以找到，若是不便，那就不必了。以后关于亲友托寄物品最好通通拒绝，妈妈和大哥的意思都是这样。

致二哥［聂子明］

亲爱的二哥：

我们在电话上所说的许多的话，已是比较写几十封信还彻底。我们考试已毕，现在已经放了年假。因为达文学校要办一个筹款游艺大会，他们三番两次地来找我和他们帮忙。因为柏西文[②]的关系，不得不答应他们。所以我也被逼着搬到省议会里住着和他们筹备，事务忙极，大约在二十五号至三十号正式公演。所托代印贺年片，我去问时尚未动手，弟已转知速急照办。照相机因陈元贵尚未上省，所以只有等过几天有回楚雄的同学请他们带来。坟地的事还没有弄妥，俟有相当结果时，再为告知可也。

顺祝

健康！　　并祝

二嫂、楚生快乐！

你的弟弟　守信于省师

十八年十二月二十二日[③]

---

① 此信写于1929年，由昆明寄往日本大阪市。

② 柏励，字西文，法国人（父亲为法国人，母亲是中国广东人）。1866年生于广州，八岁即去英国留学。1912年云南光复后任蔡锷的政治顾问。1915年护国之役时，以英、德、法等文字为蔡锷草拟发给各国政府宣布云南独立、声讨袁世凯的通电。后他在昆明创办“英语学会”（后改为达文学校），为云南培养了大批英语人才。聂耳也曾在“英语学会”向柏西文学习英语。

③ 此信写于1929年，由昆明寄往楚雄。

致二哥［聂子明］

亲爱的二哥：

您的汇票、照片和信都已接着了。您托我所做的事，现在都已做了。我们分条地谈谈吧！

1. 我请李学铨君带交的照相机和软片，我知道您是无疑问地接受了。只有那张《鸠迦进军》的乐谱，您以为我是带来给您琢磨滋味的么？不是的，这完全是李君的错误。这乐谱在先是段君宝光向我要，后来我没有遇着他本人，只有将谱交李君代为转交段君，大概是他听错了话。您说叫我翻成简谱，我想，这也用不着，因为这谱并没有多大意思，完全是李君的错误。您若是对它有趣味的话，那末无妨和段君时常研究，因为他的音乐也还弄得不错。现在我仍将这谱附来，请您转交段君。

2. 和乔君购书的纸币二十元，现在已经用完，还垫了二元二角七仙①，先后寄书的寄费完全没有在内，并且我也有些记不清楚了。这次所要的《温氏几何学》、《阿鲁陶三氏代数学》，只有买得《温氏高中几何学》一本（也就是《温德华氏几何学》），《代数学》已经售完了。

3. “广益”代印的贺年片一百五十张，连寄费共合洋柒元，我已付清（肆元伍角一百张）。

4. 电局的欠薪，已经全数领完。

5. 当我看见楚生的照片时，不觉起了一种特殊的感觉。看了他那可爱的样儿，巴不得就把他从相片上抱将下来。可是有一点缺憾，就是把他的眼睛照坏了。现在这个你素有经验的相机，已经寄来。我想以后的作品，一定没有这样坏，是不是了？

6. 三哥最近寄来一封可以使全家欢喜的信，就是他快要回来了，因为远东公司大有倒闭的倾向。他说要是能走，大概是在一月六日启程（这信是十二月二十七号写的）。不过到现在还没有得到他从日本启程的来函，不晓得又是有什么意外发生?! 我们静静地等着吧！

7. 家中大小都是清吉如常，大哥的嗜好②已经戒了一半，白天可以完全不吹了。明年新正月初三我要到玉溪去个多星期，因旅省学生会要办什么游艺会，不得不去应付一下。坟地的事大哥可以详细地答复您。好了，下次再谈吧！您的贺年片可以给我一张么？祝您

身心快乐!!! 并祝

二嫂、楚生健康！

您的爱弟 守信写于窗下

十九年一月二十一日③

啊！我忘了一件事，您给我三十元钱，我已经收到了。我做了一双皮鞋，现在我应该要谢谢您，我在这信笺上，向您深深的行一三鞠躬礼!!!

---

① “七仙”即七分钱。

② 指抽鸦片烟。

③ 此信写于1930年，由昆明寄往楚雄。

致二哥［聂子明］

亲爱的二哥、二嫂：

很久没有写信给您们，也许您们曾经几度地骂过我。当您们想念家里的时候，我相信这是必然的，所以我不但要诚恳地接受着您们责骂，而且我应该要自责。怎样自责呢？照例地道一个歉吗？不，这一套把戏似乎玩得太多了，我也不好厚着脸又演一次，说老实话，现在若叫我把好久不写信的原因说出来，我简直无从说起。不过总逃不了“懒”的范围吧。虽然现在将近毕业，一学期的功课较为纷忙，但事实上并不见得连写一封信的时间都没有，这是我不敢否认的。好在您们是我爱的兄嫂，我是您们爱的弟弟，想必不会不谅解的。

我们这学期的工作实在太繁——因为要毕业的缘故。在往学期我还可以在晚自习时间出来补习或教授，但在这学期简直不可能。实在说，我也很愿意这样的整理一下我三年来的一切。我们的功课已在前星期完全结束，这星期到附小实习，下星期便举行毕业考试。考试后，当然就算完事，完事就算完事。我的二哥二嫂，时间真是像光一般快，记得我进高师那时的情景，好像还在眼前，转眼又是毕业，像初中毕业时的难关，又将很快的临到了。所谓难关便是毕业后的出路问题。当大哥到省的时候，他那表面的诚心，表示出他对家庭热心注意，不论谈到什么问题，好像他都是有充分的准备、具体的计划。譬如：我们说到家庭的将来问题，他一定要说，他此次之来，全为了这个，母亲应该怎样保养，生意应该怎样发展……若是说到三哥的婚姻问题，他还是同样地说，他此次之来，全为了这个，我是来准备和他讨媳妇的……若是说到我的问题，他当然是同样地说：“我是来同你商量你的升学问题的，你年纪太轻了，人又聪明，正是深造的时候，看你是想学什么？性近[①]什么？我们当然尽量地帮助你，总不会给你失望的……”那时我听了这些话，我觉得我们的家庭和我自己，似乎渐渐地会光明起来。那时我的心里，不知是感到一种什么说不出的愉快……时间之快，使人不自觉地奔驰过去，料不到刚刚谈歇[②]的所谓升学问题，马上就摆到眼前；更料不到所谓为某事而来的大哥？改变得如此之快，唉！

我现在才感觉到什么都是空虚。亲爱的二哥，二嫂，我不是说他不给我满意我才这样说。根本说起来，我的一切问题始终不敢在他身上着想过。所谓升学问题，在我，不过是一种幻想，我知道像我们这样的家庭，哪里会有这种可能性呢?！高兴的时候谈谈凑个兴罢了！实在说，就是一个国外大学毕业，也不过如斯而已！资格增高，实学降低，对吗？总之，我总感得现社会太恶劣了！太虚伪了！我不满意它，我嫉妒它，为什么它要这样的不平？有时我想改造它，有时我又想将它一拳破毁。……这些矛盾的心理，不断地在我脑里冲突着。尤其是在最近的几天，我真不知道怎样好了！我总觉得一切没有根据地幻想，终于是幻想的。事实是会走弯

---

① 云南话“性格品性靠近、接近什么”的意思。

② 云南话“刚说完”的意思。

路的。

社会意识决定了人的生活，现在我终于被环境征服了。前几天玉溪教育局长上省的时候，他和我谈话了好几次，他约我毕业后准到地方去服务，不是任县督学便是在县中教书，我已经答应了他。我知道精神上的享乐与物质上的待遇，当然是谈不上的，不过，这有什么办法呢？只有暂时鬼混着，俟有机会时，又再另谋发展罢了！您们以为怎样？现在正式的聘函还没有来，不过，多半会是这样的。

你们对于我的问题，看是怎样决定？详细的告我吧！天虽然没有黑，但寝室里光线已暗淡不堪，不再多写了，下次再谈吧！

我有个可喜的消息报告您们：学期将末，学校里都要累集成绩呈报教厅。由同学中在书记那里窥探来的报告，我这三年的平均分是在外国语组中最多的（就是今天）。

您们爱的四弟　信写于师校

六月十九日午后六点一刻①

致友人张庚侯

庚侯：

因为你是同我们住在一道门里，我写信回家，也是好像给你一样。我没有专函给你，不会多心吧！总之，你不会不知道我的消息的。

我写信的现在，不是在什么旅馆里，安定地坐在桌旁写着，这是你得要首先知道的，要不然你也许会怪责我为什么会画出这么马虎的字来。

我们坐的“长江号”船是直驶上海的，在香港仅耽搁几小时，看着似乎只有几天就有到上海的可能性，但事实上却不如此。这只船是较我所坐过的还大，人少货多，所以异常平稳，沿途都要上下货，不知要几时才能到沪。今天是离开海防的第三天，三个钟头前过了琼州海峡，在那里我也曾写了一点信。现在我想起来写信给你，我取了信纸和笔，平睡在帆布床上写的。船身不住地微微地振荡着，所以画成此狗脚迹者也。

我的同伴除从云南府出来的汤君和南京人俞润之君外还有两个，他们真有趣，旅途中能得这样的同伴是极不容易的，尤其是在轮船上。一个是姓刘名荫培，玉溪人氏，鄙人在海防和他认了同乡，他很高兴，盘问起来，他还认识父亲。他到过外面四次，是经商，他

① 此信写于1930年，由昆明寄往楚雄。

W[①] 死了，带着两个孩子到上海。他的话很多，家乡腔又纯粹，随时都还谈得上。另一个是姓龚的四川裁缝，他是到上海去缝衣服，也是如同乡一样的有趣。我们一天叫他“裁缝本姓龚，家住龚家冲，”他并不会生气。他还可以唱他的本命戏——王树萱[②]的《偷布》。

和伯民[③]照的相片洗好了寄来吧！船的振荡比较厉害，有空再写。此信虽写，不知何日才能有人带到？

（现在到香港了，仅仅把这点寄给您吧！被请带信的人还等着哩！）

七月十六日午——七月十八日早

《长江号》统舱里床上[④]

请将此信给家里和各友处一阅，费心！！！

致二哥［聂子明］

Shanghai No. 2

Aug. 31 . 1930 . 夜十二时

亲爱的二哥：

近几天来我是那样迫切地望您的信来，望一切故乡的信来，今天终于望到了。由您的信里看来，可以知道您已明白我出外之动机的大部分。您给我的一切劝告和处世应有的认识，真好像您确是在我面前似的。自接信直到现在，您的影儿和声儿无时不在我的脑里和耳旁震荡着。我理想着二嫂依然是像以前的有趣、好玩，楚生是那样的活泼可爱。我想到这里，巴不得钻到无线电的电波里荡到您们的身旁来，但怎样做得到呢？

现在您也许迫切地想知道我到沪来的一切情况吧？静静的吧！简单得很。您知道，我出来时的环境是怎样的可怕[⑤]？！筹措旅费又是怎样的困难？！等到临行时只含了热泪向我亲爱的妈妈、哥嫂、姐姐们告辞了。我的这些含满而不能再含的热泪，终于流到了上海。这是我

---

① 英文 wife（妻子）的简写。

② 当时云南有名的滇剧丑角演员，《裁缝偷布》是他的拿手好戏。“裁缝本姓龚，家住龚家冲”是此剧里的一句道白。

③ 廖伯民，聂耳在昆明时的音乐朋友，时为驻昆明的滇军某师的副官长。

④ 此信1930年写于由越南海防至香港途中的轮船上。

⑤ 1930年7月8日聂耳被同一共青团小组里的叛徒出卖，随时有被捕的危险，只得于10日清晨离别了故乡和亲人，出走去上海。

的生活史中唯一特殊的一幕，我怎能不将它牢牢地记起呢？所以，我无时不谨慎，无时不在反想家庭、朋友所给我的临别赠言。

到上海的第三天我便着手询问那些介绍信的住址。经了十天的奔走，结果，只得到一些滑头的答词或是访人未晤；换言之，可以说是绝望。这一途走不通，当然只有暂住“云丰”申庄[1]虽然膳宿不消花钱，但零用能不自己掏腰包吗？这有出无进的腰包，究竟够几天掏呢？二十多元钱的上海票已在前一星期用了只剩二角小洋，现在还有铜板八枚，几天都不敢动它。衣服是自己洗，不敢吃一台晌午消夜[2]，不敢进一次电影院。从到这里来，仅到过一次“大世界”[3]，还是“云丰”的大人情。八月二十一号接到“云丰”聘函被聘为驻申稽查员，此举不但没有什么物质的报酬，反使我吃了不少的气鼓饭。好在我很能应付环境，对人忠实且圆滑，很可聊以自慰。二哥：请你放心吧！我虽没有钱用，这是无所谓的，我只希望我的生活能随我理想的有系统。现在我每天都在自修英、日文，但时间很少，单烧火煮饭的时间就要占一大半，还要做所谓公事。不过我都尽量找时间，做自己的功夫。繁华的上海，藏污纳垢，您的弟弟早深深地感到。请您像以前一样的相信他，他决不会误入歧途的。

我很希望二嫂说几句话给我听听，好久没有听过了。请您将它一字一句的笔记给我。有趣！

您的四弟写于沪滨[4]
寄自上海虹口公平路同春里
三十一号福兴公内云丰申庄

致友人张庚侯

Shanghai No.3
Sep.10.1930.夜

爱念的庚侯二哥，张二老爹：[5]

接到您的第四号函，看后，真使我像失落了至宝一样地不安。的确，除在轮船上和一个牙粉封单独地写过给您，每次都是在李家[6]的那一大排名字里才可以找到您的名字，我不敢否认

① 昆明“云丰”商号在上海开设的分店，聂耳1930年7月底至次年3月底在该店当店员。
② 意为“穷得不敢随便花钱吃一餐午点或夜宵”。
③ 上海市中心最著名的一座大型公共娱乐场所，建于1917年，经常同时有数十种文艺及游艺形式在那里进行活动。
④ 此信写于1930年8月31日，由上海寄往楚雄。
⑤ 张庚侯的辈分较高，是聂耳的朋友袁春晖、李家鼎等人的二老爹，聂耳有时也如此称呼他。
⑥ 李肇锡及其子女均是聂耳的朋友。张庚侯是李家的亲戚。

这太不恭敬的对人，尤其是您——因为我俩的关系特别不同。然而我终想不到您竟在这信里表现着您已多了我的心，而说出那样气愤的话。现在我没有向您辩论的必要与余地，事实上我已是错了，而这错也成为过去了，但也用不着玩“道歉”与“对不起”的老把戏。庚哥！您真的生气了吗？虽然您不会像常人样地发火去拍桌子，但我很可以想象您的样儿，嘴一扁，左手甩着长袖子，右手扭着三根胡，“……所以以后你高兴就直接写给我，不高兴就不写也没有关系”。庚哥啊！您话虽如此说，您知道它是像刀一样地刺痛着我的心。回头一想，我应该要接受您的这种训词，感谢您对我这样的诚挚，同时也望您抱着这种精神随时责备纠正我的错误，仍像张二哥，张二老爹的看待小孩子一样地看待我。我唯一的知己，做得到吗？您常对我说的“处世之道”，现在又在我的脑里回旋了，您给我的印象实在太深刻了！想来您也同样地觉着吧！

晖、麟①二人已到沪一礼拜了，我常去找她们，现在可算暂时的安定了。想起她们要来的那几天和抵沪的那天的情境，真把我急得要死，她们由香港写给我的信只说上船日期未说船名，给我冒大雨空跑两天的黄浦滩。不知船名，当然晓不得是靠那末多码头的哪一个。谁知竟在第三天的清晨才抵上海，我到旅店里的时候，她们都在睡着。愁眉不展，哼声叹气，便是她们初见我时的表情。吃过饭我带她们去李子厚家交涉妥当，然后又招呼她们搬到那里，到晚九时我才返家。现在想起来又好像做了一个梦，谁料我们一小窝的变动竟这样快，什么一月一日、三月一日、三月十一日晚和次日失望归来……这些往事真是叫人不敢多想。

她们在沪这几天的生活，据说很不好过。在我看来，麟是无主张，晖是多虑，总之自讨苦吃。我都随时解释给她们，不必着急，反正奂若②是要来的。今早接到您和奂若转给她们的信，我马上乘车送给她们（沪东到沪西好远的路），这使她们安适了不少。晖当然是照办，但这无主意的麟，竟在昨日照她四哥的主张考入江湾的立达学园，这是高中程度。多半她不会去日本，想来她们已有了信给你，奂若起身了吗？他的托付自然会照办。

春晖③告我，您对她说暨大、音乐院④我可以去入。前几天我也曾经想过，别的学校也常注意，不过问题未见简单，只是一阵梦想而已。您问我的商店生活能安适否？想来您是很容易猜想得的。您想我平日的个性与它毫无干涉，现在偶然跑到算盘账簿的生活里，那样麻烦，那样琐碎，安适在哪里？好在我不是一个畏难苟安者，认它什么苦我是不怕的。只有暂时的混着吧！至于改变环境，只是说着好听。

逸乐电影院⑤的消息我很爱听，同时，我也很愿意和您们尽力帮忙。明星公司⑥的影片，

---

① 晖为聂耳的女友袁春晖的大姐袁令晖；麟为周玉麟。
② 李奂若是聂耳在云南省立第一师范学校的同学及朋友。
③ 袁春晖是聂耳在昆明时恋爱的女友。
④ 上海的暨南大学、国立音乐院。
⑤ 聂耳的友人廖伯民、张庚侯等人即将在昆明开办的电影院。
⑥ 明星影片公司，1922年由张石川、郑正秋、周剑云等组成于上海。

以后大致可以由“天一”[①]转租，若是订立合同的话。这是我前几天又找了一次邵邨人谈话的结果。据他说，我们要知道的事项除合同所载外，最重要的便是这代表要负全权责任，并且一刻不能离开上海。现在您们怎样决定？海防所租的片子好吗？一切的详情望您把我所想不到的都告我。以便对照实情调查一切以通消息。

听说您又不想当和尚了，将来做官回来，娶了美的妻，骑马郊游……这是您曾经告诉过我的。春妹[②]的来信给我说得很详，她说您们在翠湖步月，当您发表了这舆论后，她们便说：“不要脸！又不想当和尚了吗？”您便去打她们。庚哥！您记得吗？您不是曾把我从床上踢下来，现在还有疤痕。要是另一天在您的床上同睡，像她们这样说了，想必又有同样的一脚的可能。现在我不是抱怨您，我实在想再有像这样的一次，不知要到哪天才会实现啊！

我每天看报都很注意滇军消息，不时亦有登载。据云已克南宁，滇代表朱丽东、裴存藩、曾泽生已到广州，不日即赴京。这想来已成旧闻。周阁下等有信来否？不知他们到广州有希望吗？说不定我们会在不久的将来遇着。

离家以后，度过两次月夜，我的时间多半消磨在黄浦滩边。当中所感到的是什么？您也可理会吧！春晖的病已渐次复原并常到您那里玩和吃饭，慰甚！她说您们的菜弄得很好吃，她曾在府上吃过五顿饭。她说着，我想吃得要淌口水。您哪天请我吃饭？望您详细复我一信。

艺[③]

致友人张庚侯

Shanghai No.10

Oct.13.1930

庚哥：

在中秋后的深夜里，读了你的长信，洋纸的、草纸的、长的、短的。它真是一剂老牌的“顺气丸”，因我正感没有接信的苦闷，我的气足到了喉管。

看到你们去接奂若，我便想到海福寿的小船里，庾庄的草地上，轮船，手巾，三人[④]的小伞，奂若的笑……我看完了这一段，我也同样地觉着我的周围有萃香楼的火腿，四两卜，金

---

① 天一影片公司，1925年由邵醉翁等人成立于上海。

② 袁春晖。

③ 此信写于1930年9月10日，由上海寄往昆明。“紫艺”是聂耳的字。

④ 聂耳在书信、日记中都常将“春”字的字头化为“三人”，作为其女友袁春晖的代号。

片烟，炒板栗的香味，我不愿再回到上海来了！我愿永久地在那小船里唱着忽然忘记又想起的《乌盆记》。

现在说的也无非是平常曾时时说的，愿永远都是这样想、这样做；那末也是[①]……

“三人”我真挂念她，她的身体太弱了！时时病。你替她想一个休息的办法吧！你晓得我一听到她病，我是会失常态的不安，心猛烈地跳。这是我不敢对她讲，否则她要加病；也不敢对母亲讲。请你当闲的[②]问问母亲，时常心跳可用什么方法调理？听说吃糖煮的荷包蛋可以定心，真的吗？

令晖已抵汉，马龙仍无信，租片事尚在进行中，这次若成功要省五六十元的申洋[③]。

这相片是给你和伯民的，你看我是胖呢还是瘦？我简直分辨不出，是“双十”[④]拍的。

奂若的信收到否？

望你常给我信！常慰“三人”和家母！

艺[⑤]

致友人张庚侯

Shanghai No.14

Jan.6.1931.午后五点半

亲爱的庚哥：

请你不要误会！我用粉红纸写信给你是无意碰到的，不要给外面的人大造其谣言说我们是写情书，世间哪有这样的道理?!

关于L，原来不过如此，各人也就……

三哥的订婚，经你，春晖，郑重良[⑥]的报告，使我知道了又知道。可是我的三哥竟无片纸给我，也许是他请客忙，打戒指忙，忙上加忙，忙上加忙……才没有工夫告诉我这桩你所谓的喜事。咦！要不是有这些朋友告诉我，那末，他们结了婚，生了小孩子，我还睡在鼓里哩！

---

① 手稿上此处涂去10个字。
② 昆明话“若无其事”的意思。
③ 上海使用的货币（银元）。
④ 10月10日。
⑤ 此信写于1930年10月13日，由上海寄往昆明。
⑥ 郑雨笙（易里）在云南时使用的学名。

我只以为你们的戏院早已落成，只等上海的片子到便开幕，据你过去的信上本来是这样。谁知现在又觉片子寄早了，你叫我告诉先卿[①]，第三期可缓寄十天，这怎么可能呢？你想，滇沪不是隔一天两天，在接你的信的昨天，已经把第七期寄出了。我和先卿都常在一块，昨天我马上去找他商量，缓寄的事，实难做到。当然，时间性已过去，我们详加计算，预料不会有多少问题的，若是真的元旦日开幕的话。

上面的一段，在你阅信的现在，可以说是废话。我问你，究竟“逸乐”的预算和收入情形怎样？能不能赚钱？我和先卿谈起来常为你们担心，为什么你们这大胆子大造其房屋？这一批建筑费也是不少啊！一些情形都望你能详细地告我，海防的[②]进行到了一个什么程度？

一月一日过去了！庚哥：不知道你们在今天怎样消遣？我在这天是无聊到极点了！！！！思想也异常的纷乱。第二天去看“梅花”少女歌舞团的大歌舞剧《七情》、《浓李艳桃》。其余小节目中一项《人面桃花》表演后——即唱后，我什么兴趣都给煞完了！苦痛万分，等你去看《人面桃花》便可知道了。“梅团”在沪表演，简直大出风头，他们换过四次节目，我每次都去光临，最精彩的莫如《七情》、《浓李艳桃》、《小小画家》和一些美的西洋跳舞。有一个拟形舞的水手舞，硬是将达水手舞一样的[③]，看得很有味。可惜你——我的知己，唯一的音乐伴侣，不能看到一点，要不然我们将来回滇时，把这些所仿效来的通通献诸爱好歌舞者。我们不是可以如从前一样的弄起“四季花儿开”来，其乐也如何?!

其次，我看过梅兰芳的两次戏，买了一个洋盒盒拉着会响的，是值得报告你的。看梅兰芳的戏是要讲点运气，他三年一次（在上海）也不定，两年也不定，而每次仅很少的几天。现在我们居然碰到这位由留美返国的伶界大王所谓梅博士也者在沪登台，这不算不是占了七分的运气而三分是舍下的佛桌供得高，一次三本《太真外传》，一次《凤还巢》（全本，占时三小时），还有谭富英的《洪羊洞》、《阳平关》。

“三人”自我走后的半年中，身体不健，常常患病，这是我心里一天都不忘记的事。你是我的二哥，她是你的干孙女（化学的）[④]。我是离了乡，你们都在故乡，所以她的不快，只有望你常常给她安慰，她的柔弱的身体，也只有望你常常照看，这是你应尽的责任，为了你的小信弟！

我和周[⑤]相距远得不像样，坐了电车又要坐火车或汽车，所以我们会见的时候简直少而又少。现在她发生了这问题，而且你特别标出～～～注意线“要重托你”，我准备在最近去找她一次。这几天气候太冷，在家手脚都是僵的，恐怕要等稍暖一点才能去，不要焦急吧！不是等到春、夏天的暖啊！顶多不过几天。

---

① 柴先卿是“美兴”申庄掌柜，聂耳通过他为昆明逸乐电影院向上海天一影片公司租电影片。

② 指逸乐电影院同时也在越南海防商洽租用电影片事。

③ “硬是”为云南话“真是”；“将达”为昆明话“就像”的意思。

④ 张庚侯是袁春晖的叔奶奶的兄弟，有血缘关系，因而说其是“化学的”。

⑤ 周玉麟

好听的歌抄几个来练习，预备将来的合奏。啊！“逸乐”的一百元已收到①，我汇了一半给母亲。贺年片收到否？我要你的一张相，或其他的风景相，给我几张。这张相是给写王②的。

伯民致意不另。

附张椿轩函，有味。

艺③

致二哥［聂子明］

Shanghai No. 3

Jan. 8 . 1931 . 夜

亲爱的二哥：

您的第二号信在一点钟前收到。带来给我不少的我久望着而得不到的消息，这使我心里充满了快活地速速复您。

您久没有信给我的原因是为了病，你所谓“在奄奄一息的病中。”唉！二哥！我哪里会知道呢？在没有接您这信以前。您说您已早饬三哥转告，这完全是没有的事。每次我写家信都问到您的消息，但是，关于您病的话是毫无一字提及。这不能怪三哥，也许他们不愿我知道，怕我焦心；或是他事多而忘怀。好在现在已复原了，实给我宽心了不少。以后望您们珍重身体，因为我们都是离开了慈爱的妈妈，在异乡践踏着人生的旅途，这是多么可怕而需自慰的事啊！

我的经济的奇窘不过是一时的，现在早已没有问题了，逐月“云丰”支给的十五元我都是添了衣服，零用是极微的。最近因和逸乐电影院代租影片，他们送了我一百元的酬金，在前月十八号汇了一半给母亲，作为家用，其余的我制了冬衣和买了一个 violin，您赞成吗？您认为是耗费吗？亲爱的二哥，告诉我吧！

谈到处事的环境，可以说是谢谢您！谢谢二嫂！谢谢楚生！谢谢一切！没有和同事抵过一句嘴，越处越和睦，他们都很钦佩我，这是我值得高兴的。

关于您请调的事，我常在心，总望您们早日返省，以期很快地能一家团聚。但是人事的变迁，我们是无权去支配的。据前函云及请调事似有希望，谁知后来又是失望了又失望。不知您们的心里曾怎样地荡漾过？算了吧！二哥！凭自然些吧！造物主偏要与人作难，又有他的

---

① 聂耳因帮助家乡友人开办“逸乐”电影院，在上海代租电影片去昆明放映，1930年底得到一百元钱的报酬。

② “写王”是云南话“小王”的方言词音。

③ 此信写于1931年1月6日，由上海寄往昆明。

甚办法呢[1]？只有诚恳地求他施与恩惠，早些成为事实。

出门人讲什么节？过什么年？简直不要想它还好，若是猛然意识到“啊！今天是年！今天是节！”那末，他的内心必然会激起一种强烈的变化。这是我的经验，在去年的中秋和今年的新年，正是我的心痛极厉害的时期。

您信里描写楚生的情形，实在超出我平时的意想。想不到他竟能在照片里认清谁是他的四叔而连声呼喊。唉！可怜他真面的四叔竟飘零在千万里外的上海而不能给他一个温存的回声。楚生！亲爱的楚生侄啊！现在我送来给你一个仍是百呼不应的四叔吧！然而他的面貌却和以前两样了。不知何年何月何日，才能和他相吻啊！

您叫我“随时随地总要足踏稳处”，的确，我觉得一个人不论在什么地方都应抱这种态度，何况在这万恶的上海。二哥！二嫂！您们关于这点应该以十足的信心相信您们的四弟。我在上海可以说是没有朋友的，除了同事，就是同乡我都很少接近。每天的生活除了在商务上应办的事体外，我都尽量的抽出时间来自修英文、看书，每晚都到希平氏补习学校读日本文两小时，每月学费三元，若除此外再有暇时，我便练习我的violin。在这样的生活里，我倒也感觉得些微的乐趣，但是，过去家庭的快乐和现时异乡的孤零是无法遗忘半点的。冷得要命！下次再谈，祝你们

快乐！！！健康！！！

四弟[2]

接三哥的信，他订婚了，可喜！附相片一张。

致友人张庚侯

Shanghai No. 15

Feb. 4 . 1931

城隍二老爹[3]：

似乎是好久不接你的信了吧！固然知道你是太忙，不过，你总不至会把我遗忘；至少，也

① 云南话“又有什么办法呢”的意思。
② 此信写于1931年1月8日，由上海寄往楚雄。
③ 张庚侯的绰号。

应该写几个字把我[1]。

天气太冷得可观，不少的奇闻要算是我有生以来连这次总共第一次的听过见过。在街上，耳朵吹得如没有那样东西一样；两手失了知觉，虽然戴了手套；围巾紧蒙着嘴和颈子，鼻里的热气吹到围巾上，不久便冻成小珍珠；烈风吹透厚衣，刺激了脑筋，不久就想小便；在屋里，脚僵得跳“却士董”[2]也不起作用；而且什么都是冰冻化了：痰盂、茶、窗沿（打、推都不开）、洗脸手巾……啊！自来水笔冻得不能出水。下过两次大雪，不知还要有几次？

二月一日到真茹[3]找到周玉麟，她的意见是“我也晓不得咋个整[4]呢！办法是想不出来，现在我想还是因循着，听说她——两月后便要出来，算喽！只有静候她的到来，看事到临头时也许会急出办法来”，这是我很切实地记下了报告你的。至于延律师的话似乎不好怎样开口，想来也只能当一笑话吧！不过，我总竭力地受你的所谓“重托”，尽量地帮助她我所能帮助的，其实她的主见已经这样明白地表示出来。

“三人”告诉你了吧！从此我的习 violin 全自基本练习起。Hohmann[5]已经买得，我看见实在有点害怕。不过我打量还是下决心了，不再奏乐曲，照规矩一弓弓地拉去总要比滥拉好些，是不是？所以你希望我要在这样好的一个 violin 上练习出几个好的歌曲，恐怕不是在最近几年中会实现的吧！

电影院开幕了，使人感到失望，我真替你们担心，现在有补救的方法了没有？快告我！伯民好吗？很念他的！

不知你还记得吗？我曾给你要过云南的风景小照片，可以寄一些来吗？

《伤春》收到。好，有好谱续寄来，我可在口琴上奏。现在我可在口琴上奏和音和 octave[6]。“美专”代表和国防军奏起来特别美。

你最近的生活状况如何？

事情多，偷空给你这封信，画得太潦草。不笑我吧！

吴琼英，张椿萱们常来玩吗？代致意，没有给他们信问候，实因事忙，叫他们不原谅也要原谅。

附夜景照片一张是给你的。

转杨家祥函

信弟[7]

---

① 上海话“给我”的意思。
② 踢踏舞。
③ 上海西北部的一个城镇。
④ 云南话“我也不知道该怎么办”的意思。
⑤ 德国霍曼编写的小提琴初级教材《小提琴入门》。
⑥ 八度音。
⑦ 此信写于1931年2月4日，由上海寄往昆明。

致二哥[聂子明]

Shanghai No. 4

Feb. 13. 1931

亲爱的二哥：

时光是挡不住地往前跑，我们的别离转瞬已是两年有余了。滇越车站[①]送行的情景还未消蚀和上海的新的印象才刚刚装入脑里，不知不觉的又是离家半年多[②]。这些可怕的事实，实在叫人想都不敢想，想起来是会给人不寒而栗的啊！一个人的成功和失败往往便是在这些杂乱的思想中挣扎出来的。我常这样觉得，若果他认为光阴的易逝而感到人生的渺茫，一天只是玄想、伤感，那末他必然是失败的。反过来说，如果他知道光阴的易逝而应该爱惜，不做无谓的伤感而只知向着他自己应做的事业去努力，尤其是在青年时代一点也不把它滥用，那我们可以武断地说他的将来必是成功的。所以我常常驭制我自己往后者的一条路上走，这是近来我在修养方面值得报告你的一点。

一个多月没有接三哥的信，究竟我汇回家中的申洋伍拾元妥收没有也不知道。有些时候我觉得三哥太不会体贴飘泊者的心，但一想到他事情的忙，自己又急忙打断这种思想。不过也得要在百忙中，尽量地抽空给我们一些安慰才是。亲爱的二哥！您有时也会觉得的吧！

怎么您还不知"云丰"是一个什么组织吗？告诉您吧！简单得很，他们是四个股东集申洋二千元左右资本的一个小商店，营业项目仅是由滇汇款到沪，购买"大联珠"烟[③]运滇销售，并没有出口货的。至于他们的赢利完全是以巧妙的方法把特捐[④]瞒过，便是一笔不少的收入。现在听说股东间常常发生意见，恐怕不久便瓦解。然而具体的事实是无从探知的，也许在一两月后就有变动，待以后再告吧！

"虎掌菌"在沪销售比较困难，问起来往往有好多不知道，当然是他们未曾见过、吃过。可是即使拿给他们尝试过，这生意还是不好做。因为在上海有一种特殊情形，便是他们的口味不合，而且此地的海味非常便宜，他们不愿尝一些不闻名的东西、高价的东西（"虎掌菌"的闻名仅在云南）。

譬如云南的宣腿[⑤]在申也相当的有名，可是销路极少，好多办火腿罐头出来的往往久存不能卖出而照本甚至低价售出，这种是因为在沪经商的普遍现象——买物容易售货难。现在差

---

① 由云南至越南的铁路的起点站——昆明南站。滇越铁路1904年至1910年由法国出资修筑，当时由昆明去上海，一般均搭乘火车由昆明至越南的海防，再坐船经香港到上海。

② 前面说的"两年有余"，是指聂耳与他在楚雄工作的二哥的离别时间。这里说的是聂耳离开昆明以后相隔的时间。

③ 当时上海南洋兄弟烟草公司生产的名牌纸烟。

④ 金额很高的特种消费捐。

⑤ 云南宣威出产的名牌火腿。

不多没有人敢放火腿或黑大头[①]出来，本来这种行情太不像样，除非几种特殊的巨产（如药材、鸦片……）当然例外。因此，我们可以估量“虎掌菌”的销往上海十九是没有好结果的。以上这些都是事实，或是再详细地探问探问再告诉你。

因为金子飞涨的缘故，一切的洋货只见涨不见落。去年十多元的大衣可以马虎穿得，可是今年二十八元一件的还没有什么绒里（一个同事新缝的），呢也不怎样好。若是以云南钱来买那更是不合算的了。好的总在五六十元一件，其次三四十元比较平常，二十多元的实在太不行，如穿一件夹袍一样。以上所说都是西装外套，材料较省，若要中式的，当然要加价，相差总在十元左右。我不敢新缝，只买了一件当铺出号[②]的西装外套都是二十六元，看您如何酌定？

下过五次大雪，天气冷得出我料想之外，手僵脚冷，下次再谈吧！祝您们

健康！　　快乐！

您的四弟[③]

致友人张庚侯

Shanghai No. 21

June. 15. 1931

想念的庚哥：

这么久不给你信，你又生过气没有？不怕你讨厌，我要请原谅我，同时我也会原谅你。

有一天在南京路无意碰到老廖[④]，真巧！我哪里会想到他又会跑到这里来！

你的《良友》他们老是送到公平路去[⑤]，我因为有特种关系不能到那里，所以也只有任它丢了吧！以后再寄来给你。

我们又在上海表演过五天，以后游历的事或者会改变方向，先到南洋群岛、菲律宾去，然后才会东渡，现在还没有决定。

听说你最近很不大弄音乐了，我觉得非常可惜。就是事如何忙，我也希望你常常弄弄。

政局大概稳定一些了吧！最近简直很少知道这一类消息，有空时我也只有希望你告我一些。

---

① 云南用芥菜制成的深褐色咸菜——大头菜的俗称。

② 旧社会里典当给当铺的物品，到期不赎回就算当断。当铺把它削价卖出叫出号。

③ 此信写于1931年2月13日，由上海寄往楚雄。

④ 即廖伯民。

⑤《良友》为月刊画报，由上海良友图书印刷有限公司编辑、出版。聂耳原来所在的“云丰申庄”位于公平路。

影院的事不是说股东中常有意见发生？不知现在又是怎样？

我的身体都还不差，别念！你说给我的相片，为什么还不见寄来？

再谈吧！

艺①

致母亲[彭寂宽]

亲爱的妈妈：

您的信我已接到了！我看了流了不少的眼泪，我也不知到底为了什么？

虽是一封很简单的信，但是里面却包含了许多问题：1.我的婚姻问题。2.我的回滇问题。3.人生问题。现在我给它逐一解答吧！

1.我对于我的婚姻问题似乎是一桩极平凡的事，而且是不需要在现在二十岁的我所应当去解决的事。您们记得我在家里常常发表的舆论吗？“一个人结了婚，他或她便减少了对社会上的使用性。”这话说起来虽然抽象一点，然而它也有着它的实际性。我一向总是抱着一个正当宗旨：“我是为社会而生的，我不愿有任何的障碍物阻止或妨害我对社会的改造，我要在这人类社会里做出伟大的事业。”话说回来吧！婚姻着实可以说是人生顶紧要的一个关键（我所说的“平凡”是不要把它看得太神秘，常常挂在心上），不能不虚心审慎；我不愿在……②

致明月社同事[宋廷璋]

老宋③：

这次来平④的详细经过，不是笔上可以讲得完的，等见面再说吧！

---

① 此信写于1931年6月15日，由上海寄往昆明。

② 本信手稿至此为止，似未完。据聂耳日记此信写于1932年6月28日，应为由上海寄往昆明。

③ 聂耳在上海明月歌剧社乐队的同事宋廷璋是天津人。1932年3月底明月社脱离联华影片公司后，他离开明月社回天津担任中学音乐教员。

④ 聂耳1932年8月10日从上海乘船来到天津，次日转乘火车至北平（今北京）。

你要我到天津来，恐怕一时做不到。我在平大概还有一二十天的耽搁[①]。

我总想你能来平一趟为好，我们有一天跑马路时是怎样说的？

耳上

（原明信片上无日期、邮戳日期淡模不清）[②]

致明月社同事［宋廷璋］

老宋：

我知道，你这家伙一定是因为我用明信片给你写信[③]的不恭而不回我信，是不是？因为不接你的信，我又怀疑到你是搬了家，所以到天津时不停留的直拖到上海来[④]。咱俩运气之坏，恐怕世界上只找得出这回不凑巧的事了吧！（这话你觉得不通吗？这是一句云南话。）

关于我的离沪，本想痛痛快快的和你面谈，现在呢？当然不可能了。只有在信上告诉你吧！

"明月"[⑤]之没有希望，想来你是早已发觉的，我之所以老在里面待了这么久，也不过是希望它将来会好一些。谁知越弄越糟，使人再不能忍受了。三个多月前我曾在报纸上写过不满黎锦晖和中国歌舞的文字[⑥]，因此互相的不满我便当然的脱离了。

到北平去的目的是：1.休养过去未痊愈的脑病[⑦]。2.玩。3.改换一下环境[⑧]。现在病已养好并且发胖了，玩也玩够了，当然又回到南方来找饭吃。

前天抵沪，昨天搬来和老金[⑨]住在一块，也许会暂在联华[⑩]做事，去日本恐怕要等政局平稳时再去。

老金问你好！写信交联华第一厂。

聂耳

1932年11月10日

---

① 1932年11月7日聂耳乘火车离开北平直接返回上海。

② 据聂耳日记此信可能是写于1932年10月20日，由北平寄往天津。

③ 即前面那一封可能是写于1932年10月20日的明信片。

④ 聂耳是从上海坐轮船到天津再转乘火车去的北平，返程是坐着由火车头拖拉的火车直接回的上海。

⑤ 即先后由黎锦晖、黎锦光兄弟领导的明月歌剧社。

⑥ 聂耳以笔名"黑天使"于1932年7月在报刊上先后发表了两篇点名批评黎锦晖的文章，由此引起了明月社里一些人对聂耳的误会与不满。

⑦ 1932年7月23日聂耳在明月社锻炼身体时，曾经从单杠上头朝下地跌了下来，数小时不省人事（见聂耳该日日记）。

⑧ 由于"黑天使"事件（见⑥），明月歌剧社登报声明聂耳已"因故退出本社"。

⑨ 上海联华影业公司的主要电影演员金焰（聂耳与宋廷璋共同的友人）。

⑩ 上海联华影业公司。

致明月社同事［宋廷璋］

老宋：

到今天才知道这桩冤枉的事！冤枉！太冤枉！

在所有的朋友当中，我写给你的信算是最多了；然而，通通都存在特三区邮局里，一封也没有送到（你的）手里。你想，这是多么气人的事？！

自从闹肚子后所给你的信（看来）都丢了，因为我根据（的是）你给我的一张明信片上的地址："天津特三区62宋"。今天笳子①说还有一个"六纬路"，我听了这话，简直气得昏倒在地下，幸好笳子们都扶住我。

我始终想不到你为什么老不给我信，当我南下时②本预备到你那儿玩几天。后因不接信使我怀疑到你是搬了家或是不高兴理我，所以我过天津时竟一天都没有停留。回到上海时便写了一封长信给你，你依然不理！气得我哭过一大场！

计算自中秋节后所给你的信有五封：在北京发的四封，在上海发的一封。全是写成特三区62号宋廷璋收，你可以赶快到邮局去取。

关于我过去的一切，在那些信里都说得很详（细）。至于我之不到天津，要望你多多原谅。"给你预备好睡处，结果一个大失望，你叫我心里会多么难过！"老实说，老兄，就是我到天津去找特三区62号，还不是＝0！

我现在老金处住着，也许会在（联华）第一场办事，等决定后再告你吧！

"明月"回沪了，昨天到那儿去玩，一切都好像有些变了！老兄！我真想死了你。

你们去年在第一场拍的照寄给你吧。老金问你好！

望你赶（快）给我来信。不然，我的肚皮要气破了！

因为一肚子的气，写得乱七八糟，谅之乎。

聂耳上

十二月一日晨③

---

① 明月社的主要女演员胡笳。

② 指这年11月8日聂耳从北平回上海的时候。

③ 此信应该是写于1932年。

致松下石郎[1]：

笳子转来你的信，知道你的生活近况，慰甚！

有志者事竟成，从前你想把你的提琴换一个吉他，记得你（在上海）还跑过好几家乐器店，结果扫兴而归。此刻你到底换成了，使我听了不禁“王豆腐儿”！而且还练了四十多基本练习，那更是不得了，了不得。

我的小提琴仍继续上课，照常免费。学虽是学，可是没有从前用功了。现在每天至多拉到四个钟头，这完全是时间不够分配的缘故。吉他呢？可算是没有练，老金却有很大进步。他买了一个cello[2]，现在学它的趣兴已经过了，想出卖，八十元至一百元，你想买吗？

我们组织起篮球队[3]，星期六要和明星公司比赛。

“拉黄包车”算是有进步了，老金是我的老师。

圣诞节快到了，去年你还在场，今年呢！

老金说：不必谢，你能赶来和我们一块儿过圣诞节吗？问你好！

聂耳上

十二月二十二日[4]

致二哥［聂子明］

二哥：

榆关[5]的失守，东北战事的日趋激烈，使全国人民都震惊起来。不论哪一界，都表现着不安的状态，说不定在不久的将来，中国或世界将有一个更大的纷扰。

每天阅报时，什么日军占领某处，日飞机轰炸某处，简直是触目皆是。在前一向还觉得稀奇，到现在已经是成了家常便饭，唉！亡国的来临，快矣！

我飘泊在外，转眼不觉两年多，回忆过去的经过，真可写成一部情节曲折的长篇小说。我到现在才自觉到，我是不普通的人，我愿永远做一个“非凡”的人，您们觉得这话还有点道

---

① 明月社里当时给长得有些像日本人的同事宋廷璋起的绰号。
② 即大提琴。
③ 上海联华影片公司的演职员曾经组织了“联华”男子篮球队。
④ 此信应该是写于1932年。以上三封信均由上海寄往天津。
⑤ 即山海关。

理不？

当我在追忆故乡的时候，很想放弃了我在外面发展的一切玄想，奔到妈妈的膝下，哥哥姐姐的面前来。但冷静分析一下，还是应当处处要顾及。你想，我现在在上海的音乐界、戏剧界、电影界，已经算是有相当地位，这地位并不是像一般人的空虚，完全是人家看到自己的真本事，所给与的一个信心，这不能不说是自己的苦斗所得。我相信，只要我不断地努力下去，忍苦耐劳地奋斗下去，我的前途，不会永远是如此灰暗的。当我想到这儿，我的血液沸腾了！坚定了我的志愿干下去！！！

1933年，聂耳（左）与廖伯民在上海的合影

廖伯民[①] 此次到沪，差不多天天都在一块儿（见右图）。关于云南的电影事业，我很可以帮他不少忙，介绍了许多电影界的要人给他，他们很注意云南的影业。

我或者会有回滇的可能与必要，现在正在进行在云南设一联华分厂。要是这事实现，我当然是其中要人。

您们希望我和廖伯民一齐回滇，正和我心里所想一样。在未接信的前两三礼拜他到沪时我就和他商量过，他表示十二分的同意。但不能同他一齐来，须在后一步。关于这事，和他的谈话很多，等他回滇时，自然会详告。

二姐姐家的小四维到滇没有？他家汇过伍拾元给他做旅费，他拿去赌钱输了，天天来找我借钱。在先还瞎编些他怎样把钱用完，后来被我诈出是赌钱，我气极，本来想向朋友借点钱给他，这样我哪里敢呢？后来他请我向郑雨笙[②]处证明他是决心回滇，请借旅费，我费了好些力才由郑雨笙和他买船票送他上船。其它坏处尚多，尽可能不要告知他家里。

---

① 聂耳在昆明时的音乐朋友，此时任昆明逸乐电影院的经理。

② 郑雨笙当时在上海经商。

我在“联华”[①]已正式工作。自一月一日起，每月薪金二十五元，吃饭、住房子都是自理。生活虽苦，但我是不怕苦的，我只每时每刻做我所应当做的事。

今年上海特别冷，下了大雪，云南近来的气候怎样？

过旧历年是到苏州去，住在公司[②]的布景主任吴永刚[③]家里，玩了四天，倒也有趣。

伯民不久就会启程返滇，他可以带来很多消息。余不及。

祝您

健康！　　并叩

母亲大人福安及

Everybody[④]好！

四弟上

1月31日[⑤]

我在“联华”的名字叫聂耳。

致二哥[聂子明]

亲爱的二哥：

二月十一日信已收到三天了，总是这样忙，到今天才有功夫回信，相信您们早念过我的回信了！

帝国主义的侵略中国，日本打先锋，现在却整个的动员从四面袭入了。譬如法国飞机的侦察滇南，这也不是非必然的事，它们——帝国主义者，是有计划地整齐着步伐开始总攻了！我们，这些小百姓们，永远是潜伏在重重的压迫下呻吟着，二哥，在中国，哪儿有一块干净的土地？

近一年来所接到的每封家信上，差不多都提到我回滇的话，但到现在还没有成为事实。这您们不能不承认我是一个能细心分析事物的孩子，关于这点，我和廖伯民谈得很多，他也相信我是不易走错路的人。目前云南这块福地似乎也不见得太平。我能回滇与否，望您们和伯民们再仔细考虑！

---

① 上海联华影业公司。1929年由罗明佑等人成立于上海。

② 上海联华影业公司。

③ 1934年起任联华影业公司导演。

④ 英文“人人、各位”的意思。

⑤ 此信写于1933年，由上海寄往昆明。此前聂耳的二哥已由楚雄回到昆明工作。

您报告家中状况颇为详细，和我的料想差不多，不过读到"…… 仍然日处窘境，赶息银、当物件、欠房租 ……"不禁怅然。但再冷静地一想，像我们这样的生活，已经是不容易了！您瞧：为暴日犯境逃出的东北难民，为内战离乡的街头流浪者 …… 他们，向那儿去借钱？拿什么东西去当？找什么房子去住？这些动物，终有一天要翻过身来。

现在答复您的问题：1.照片等洗好便寄。2.我在"联华"有时上镜头，但主要工作是剧务。3.电影刊物以晨报《每日电影》为最正确。其他画报有《现代电影》，小报有《影戏生活》较好。4.胜利唱片我所奏的提琴不止你所问的那些，其余许多新片都是。我们不和陈玉梅[①]那些人奏的，仅是"明月音乐会"[②]的名义才有我。

别的再谈！祝您

健康！　　并叩

母亲大人福安！及 Everybody 好！

您的四耳弟上

2月28日[③]

致二哥［聂子明］

二哥：

前几天写的信大概早收到了吧！

关于回滇事一时尚不能决定，容后再报。

这是最近的照片。张二哥的信和相片请转交。

摄影场铃声响了！再谈吧！

二姐为什么不给我信？

母亲大人福安！　　均此问好！

你的信弟

三月十八日[④]

附照片两张。

---

① 上海天一影片公司主要女演员。

② 1931年4月至1932年8月聂耳在明月歌剧社任小提琴手时，曾以"明月音乐会"的名义，在上海一些唱片公司参加录制唱片。

③ 此信写于1933年，由上海寄往昆明。

④ 此信写于1933年，由上海寄往昆明。

致友人张庚侯

庚侯二哥：

给你的信和相片到底收到没有？速告！

首先要和你讨论的是你所谓：“你真的和王人美[①] 有了超乎友谊的好感吗？”后面还有几个小字：“你可以秘密地告诉我一点吗？”

二哥！用不着秘密！事实上并没有什么可秘密的地方，听我细细道来吧，

我和她中间有一个特别的称呼，我叫她：“德来西士特儿（Dry sister）”[②]，她叫我“德来不拉札（Dry brother）”[③]。由此，你可以看出我们是怎样一个关系！干姐弟也。

1933年，聂耳在影片《体育皇后》中饰演“会场医生”

1933年初，聂耳在影片《城市之夜》里饰演小提琴手

她待我如她的小弟弟一样，而我也仅觉得她像我的姐姐。我在明月歌剧社的时候，她和我毫无拘束地谈、笑、打架、吵嘴、翻脸、讲和，一块儿看电影，一块儿吃饭，这便是我们的最高友谊。

自从我脱离“明月”以后，简直少有见面的机会，偶有见面时，也不过叫几声“德来——”随便“周旋”几句拉倒。

---

① 王人美是聂耳在明月歌剧社时的同事，此时已是著名的女电影明星。

② 干姐姐。

③ 干弟弟。

1933年1月20日，影片《城市之夜》拍摄完成时的工作照（站立者左二为聂耳）

我希望你有好些事不必神经过敏。老实说，我现在所爱的人只有小三晖①。我不管她怎样“人小心大”、“用情不专”等语，我总觉得她也一样地在爱着我。

庚哥！要是你详知我过去两三年实生活，你定能了解我是怎样一个人！我没有多少功夫消耗于无聊，更没有时间去谈恋爱。二哥！这我并不觉得是光荣、纯洁，我却以为是一种损失。一个人为什么要如此清高，结果仅是你自信是清高，然而在别人的眼光里却视你如他们一样的鄙俗。有什么办法？只有自信罢了！

那些相片，一部分是沪战的，其余都是《城市之夜》② 里的，纸包的是我在《城市之夜》里当舞场帐房的鬼样。

你要的相片以后再寄，这张请转给伯民。

聂耳上

四月五日夜③

---

① 即袁春晖。

② 上海联华影业公司1933年初拍摄的暴露旧社会都市黑暗的影片。原著钟石根，编剧贺孟斧等，导演费穆，摄影洪伟烈，主演阮玲玉、金焰等。

③ 此信写于1933年，由上海寄往昆明。

致母亲［彭寂宽］

亲爱的妈妈：

在我写这信的现在，我的泪在流着，我的心在跳着。

今天是端午节，公司里的同事们都走光了！他们有家，他们有钱，他们可以安然地过节！

我坐在我的小屋里写信，想起几年来的漂泊生活，不禁难过起来。

本来，出门人是无所谓什么年节的，但至少总会有些感触，尤其昨天接了妈妈的信。

我从这月起，加了三块钱，每月是二十八元薪水，我可将每月用费给您一个简单的报告：

房租七元　　伙食八元　　洗衣二元　　violin strings① 平均约二元

邮票一元　　车资三元　　理发一元　　零用四元

照以上看来，似乎是尽够维持生活，但事实上总是超过预算，有时添点衣帽什物，每月都要欠账。

妈妈！我不是向您诉苦，无非是给您知道一下我的经济情形。我心里总是想着尽可能的寄点钱来帮助家用，但结果是心有余而力不足，越想越空，越想越着急。

想开些说，在失业恐慌的现社会，在这人材荟萃的大都会——上海，能够摸到一碗饭吃，已经是算不容易的了。现在有多少博士、艺术家吃大饼过活，有多少青年经不住社会的打击而自杀，再回想我几年的奋斗，真是如做梦一般！

联华公司的薪水比较一切影片公司都低，尤其是第一厂。原因是它太有名了，一般从业员，干着非常感兴趣，公司当局便可利用这一点："虽然薪水低，你总不会为几个钱跑到名誉不好、没有希望的公司里去。"所以大家被名誉所麻醉了！

我在精神上可以自慰的一点是他们非常看得起我，他们都认为我是一个纯洁的小孩，很有把握的青年，是一块好材料；我也因此更加努力，不愿把一分一秒有用的光阴耗之于无聊。音乐、戏剧、电影，便是我一生的事业，我愿在这一生里去研究、学习，倒也是极快乐的事。

因为没有学校，提琴技术的进步，当然慢了许多。近来在作曲上下苦研究，也有几支曲子出现，还受人欢迎。所以在上海艺术界中，提起聂耳，已经有相当多的人知道了，尤其在许多电影刊物常常可以见到四只耳朵的名字。妈妈！你应该够开心了吧！

关于家中的生意，我非常赞同，但我想到您老人家在这大的年纪还在奔波劳苦，实在有些不应该。可是反问一句：在现社会中，能像妈妈这样的女子，数得出几人？

现在我想在中国的各地民间歌谣上下一番研究，请三哥帮我收集一些寄来，不论什么小调、洞经调②、山歌、滇戏牌子③都要。千万急！！！

---

① 小提琴弦。

② 云南洞经会宣讲唱诵宗教经文时唱奏的音乐曲调（包括经腔与曲牌等）。

③ 滇剧的曲牌。

别的再谈吧！吃完早饭回来睡觉，因为昨晚被蚊虫的侵扰，一夜没有睡好。

二哥二嫂、三哥三嫂、全家大小及各亲友处

均安！

儿　守信上

5月28日端午节早晨[1]

致友人张庚侯

张二哥：

给你的信，收到了吧！事忙吧，为什么不给我写信？

很久没接春晖的信，不知为什么？常看见她吗？

我要请你帮忙收集一些云南的民谣、民歌、山歌……记得曾写过信给春晖，她简直不理。

有声机[2]到了没有？影业社的事怎样？

我们到杭州去拍外景，倒很有趣，我相信几年后的翠湖，并不亚于西湖。

问伯民好！再谈！

杨家祥现在什么学校？

聂耳上

端午节晨[3]

原信开头部分缺佚

…………[4]

就是因为我太把我的身体当成铁一般地去应用，本来我的身体够壮的了！然而，到底是肉做的，脑子只有一个！

---

① 据阴阳历换算，此信写于1933年，由上海寄往昆明。

② 有声电影放映机。

③ 此信写于1933年5月28日，由上海寄往昆明。

④ 原信开头部分缺佚，没有收信人姓名。信纸上有联华第一厂的印记，没有信封。

《人生》[1] 在连日拍夜戏，公司里要我写一个剧本交出讨论，于是赶了两三个夜工，写就一个革命的学校剧《前夜》[2]，就在第二天到南京路拍外景的时候便昏倒在永安公司门口。等我醒来，已睡在仁济医院的病床上。医生检查的结果说是用脑过度，以后静养，少做用心的工作，整在医院睡了八天才出院。一切医药费、住院费全是公司负担，因为是因公受伤。

现在我请假一月，搬在一处比较清静的小洋房，每月房租十二元，在天津馆包饭，每月十元。每天除吃饭睡觉外，便是拉提琴，弹 guitar[3]，看书报，头已完全不痛了！大概下月准可去继续工作。其实不去也不行，请假是没有薪水拿的。

你们可以放十二万个宽心，我现在是完全好了！在医院被检查的时候，医生简直连声夸奖我的身体好，验血也非常纯洁，只要脑子补好，便是一个非常健康的青年。

至于以后对于工作的调剂，自然要特加注意。

我这次的事变，电影界和文艺界简直轰动一时，报上也时有登载。在医院里每日平均有五人来看我，出院后碰见朋友们有着特别亲热的表情！有趣！

附寄照片四张，张二哥二张共六张！聂士秀转的照片收到否？盼速复！

妈妈！不要焦心！我全好了！祝诸位

好！

耳弟上

九月十九日晨[4]

致母亲［彭寂宽］

亲爱的妈妈：

我不知从何说起?! 近两月来，在我个人的生活起了很大的变动，总结成是一个“**病**”字。

脑病的消息算是报告过您们。谁知脑病尚未痊愈，接着又来一场要命的病。欲知详情，听我慢慢道来。

八月三十日在永安公司门口昏倒，仁济医院出来，医生说需要长时期的休息，至少六十天，院长写了一封证明信给公司，算是请准了假。照公司的规则，请假照例扣薪，于是我便忍

---

① 上海联华影业公司1934年初拍成的以灰暗绝望的色彩描写人生的影片。编剧钟石根，导演费穆，摄影洪伟烈，主演阮玲玉、郑君里等，聂耳任该片的剧务。

② 见本书中卷。

③ 吉他（又名六弦琴）。

④ 此信写于1933年，由上海寄往昆明。

聂耳与王人美在浙江石浦海边合影

苦耐劳地依然住在空气污浊的小亭子间里，不敢想到上北平和去杭州度这六十天的休养。

也真巧：正在没钱的时候，公司里送来《小玩意》[①]的酬金二十五元，于是搬了一个较清静点的家（每月房租十二元）。一个人住，简直真像养病一样，心里好像开展些，每日的生活非常有规律，饮食也渐渐增加，这些好现象，使我自己以为是一个没有病的好人一样。

二十五大元，到底不经用，任凭你怎样节省，到了九月十八日，经济已大告恐慌。我想，只有消耗没有生产，当然不是常法，何况在我这种经济情形之下，哪里会患得起这种富人病？所谓"要休养"，"不要用脑"，哼！这不是富人病？！我再想：我现在已经算是好了，为什么不到公司去工作拿钱呢？只要自己当心些，时常注意避免用脑的机会。于是我决定了，决定今天就到公司去销假，继续工作下去，到月底可以拿着半月薪水十五元（我现在薪水已加成每月三十元）。既决定了，我便这样做了。

十八日销假，十九日接到第二厂的通知单，要我同到浙江石浦去做《渔光曲》的音乐工作。哈！这样意外的天帮忙，真是梦想不到。您们知道，在影片公司里，最舒服的事便是拍外景，不但工作比厂内清闲，而且精神感到非常的快乐，尤其对于我，那是再好没有的一个休养机会。当天收拾行装，随大队三十余人搭轮开发，开心喽！

想去养病，结果是养出一场大病来！

石浦是近海边的一个乡镇，附近有很多渔村，成千成百的渔船，每天到海里去捉鱼，我们可以得到不少美的镜头，美的背景（见上图）。本来计划在石眈搁两礼拜便返沪，但为了工作未完毕，中秋还在海里工作着（见下页图）。就这天晚上，我的喉咙突然疼起来（还没有见过月饼的面，不过早上吃了一点上火的东西），我知道这是点火气，并没有什么关系，马上买了

① 上海联华影业公司1933年拍摄的反映中国劳动人民抗日反帝呼声的左翼影片。编导孙瑜，摄影周克，主演阮玲玉、袁丛美、黎莉莉等。聂耳在片中饰演卖油炸臭豆腐的小商贩。

聂耳（前一个扛破船板上岸者）在影片《渔光曲》中饰演遇难的渔民

一点川连一吃跑去睡觉，一会儿怕冷发热，喉疼并未稍减，热度渐渐增高，到晚上十点多钟，热度简直高如炭火。我自己都害怕起来，我知道这病并不单纯，非请医生看一下不可。他们请了一个西医，配了漱口水和退热的药水，到半夜，烧不见退，热度更高。这一夜，喉痛当然更厉害。

第二天早上，再请教这位年青的西医，他说赶快看喉咙白了没有，要是白喉，那非打清血针不可。后来又问他有没有这种清血针水，他摇摇头微笑着说："没有，恐怕要到上海去寄来。"听他说完便走之大吉。

好在我还有点医药常识，我想到有一年云南患白喉的人多半是吃六神丸才有救，我赶快买来吃了两服，一面再找良医。到了下半天，他们找来一个石浦最有名的用草药的喉科土医生，他是一个七十四岁的老头，我只要看看他那苍老的面孔便使我相信他的经验，我想着许会有好的希望了！

他叫我不用枕头平睡着，把一种绿草药挤出来的水，用调羹把它灌进鼻孔里，一会儿流到喉咙，那辣，苦，…… 不知是什么味，真是难过得无以复加。后来听他的命令，要我吐出，于是吐了两三个钟头的痰、白沫。过后发觉小舌拖到一寸多长摆在嘴里，据他说是不要紧，但您们想想这滋味怎样吃得住 ?! 他用一种和冰片同样效用的"磁砂"粉按在喉里，他说慢慢就好了。

以后一痛便以磁砂来压住，但白块仍是不散。

在一个深夜里，简直痛得半死不活，急忙用轿子从十五里外的乡下把老头接来，他看后说要开刀就好。天呀！我不能反抗，终于让他开了一刀，吐了些鲜血。他那颤抖着的老手，不知费了多少力才开破了这一刀，我真不敢让他再开下去！这天晚上他陪着我，第二天早上让他开了两刀，磁砂一按，完事。

过了两三天，痛未稍减，白块未消，茶水不进，我晓得这医生还是不可靠，决定请他们给假到上海医治。不巧没有船，硬等了两天，活活的硬受罪两天，才算等到船来。

在船上，又是一天半的罪，痛起来就用六神丸麻醉一下。双十节到了上海，此刻已经六天，没有进饮食了，要不是我的身体，恐怕动也不能喽。一到上海我还一个人跑去找医生（周克介绍的，曾经医好过他），不巧又找不着，要旧历双日才在，恰碰今日是单。从徐家汇跑到曹家渡找到医生的弟弟，他也是喉医，不管三七二十一，医一天再说。第二天才找到他哥哥，所寄上的药方便是。

一连吃了七天的汤药，火算是退了些，可以吃点粥，但药性总是走得特别慢，每天的医案上总是欺骗地写着“咽喉烂痕渐退”。实际上白块仍在，我又动摇了，想找别的医生看。

1933年，聂耳（左）与张庚侯在上海合影

在石浦的医药费是由二厂公费垫出，到了上海他们当然管不着，好在朋友还肯帮忙，四处东拉西借，才可以医病买药。门诊一次一元二角，每一药方吃两副（每天一副），每副至少八九毛多至四五元，还有其他零杂费，到十七号为止，已用了四十几元，给[①]卜万苍借的一笔整数五十元，只剩四五块钱预备第二天的药费。这样的痛苦，我算是自出外以后头一次受到。我曾一个人关起房门痛哭过，想着我一切的不幸！

郑雨笙七叔[②]来看我，他也感觉到这医生不行，他说他那里有云南阮氏上清丸，可以一试。我想我是一个大热体，正需要大凉药，于是决心大胆服用，每日泡四小碗喝。第二天白块退去三分之一，第三天又一半，第四天通通退完可以吃饭。

真是又好气，又好笑，气的是花了那末多的冤枉医药费结果被上清丸治好了！笑的是这样重的病竟不费吹灰之力自己把它医好。

请假的结果，薪水是看着别人拿，房租，饭钱欠下快两月，怎么办？只有硬着头皮写点文章（我的文章可以卖五元一千），厚着脸皮向朋友借贷。本来在公司方面可以去预支，但为了我素来不愿预支和公司对我前次患脑病的津贴关系，实在有点不好意思。他们愈对我好，在

① 云南话“向”的意思。

② 郑雨笙是聂耳三嫂的七叔。

银钱关系上我愈怕[①]难为情。

卜万苍脱离“联华”[②]，要我还清欠款。也巧，得张二哥[③]借我救了急，这笔钱我已向张二哥说好，以后等我经济稍宽裕时即汇给他。现在还有一些零碎账，只有慢慢工作起来再想法。

我从十一月一日到公司恢复工作了，到月底可以照样领薪三十大元。啊！现在我才知道了！三十元实在比有钱人手中的三百元有用，在我。

张二哥们常在一块（见上页图）差不多天天都见面，我一有空便跑去谈，谈不完一块睡着谈，和三四年前一样，非常开心！再谈！敬叩

福安！

附药方五张

诸位哥哥、姐姐、嫂嫂们请安

儿　守信上

11月5日[④]

致友人张庚侯

张二哥：

你回到云南后竟一封信都不给我，虽然我知道你是忙于办丧事。你知道，我是多么的挂念你和期待着一些消息到来！你，哼！硬是……！

从明天起，你也不用写信给我了，你再写十封我也收不到，因为我的游动生活又将开始于明天。

我的生活情形你是知道，每月拿“联华”三十块钱已经是够苦恼了！可是现在还要来一下欠薪，哪儿吃得住?！所以我已在一月二十四日脱离“联华”[⑤]了。

脱离后，“艺华”[⑥]、“明星”、“天一”都来请过我，但我都拒绝了，原因是别的公司更比“联华”糟！

---

① 云南话“感到”的意思。

② 卜万苍此时由“联华”转入新成立的上海艺华影业公司。

③ 此时来上海办事的张庚侯。

④ 此信写于1933年，由上海寄往昆明。

⑤ 1933年底拍摄了多部进步影片的艺华影业公司被国民党暴徒捣毁，在这股反共逆流中，聂耳因参加多种左翼文艺活动，领导同人会（即工会）与资本家斗争，1934年1月24日被联华一厂借故辞退。

⑥ 艺华影业公司，1933年由严春堂成立于上海。前期主要由田汉、阳翰笙担任编剧。

我加入了中央怒潮剧社的管弦乐队[①]，明天——大年初一从上海动身到南京、南昌、福建，以后我会从广东兜回云南。

第三期航空奖券失败的消息，记得曾经报告过你；我不肯信，不灰心！第四期已经如法炮制，又买了十张。但最近小报上常常发现一些不好的消息，说什么航空奖券全是欺骗民众的玩艺儿，并且还有许多事实举证，我在当心着！

请你常常安慰一下我母亲，说明我这次的走，实在比在“联华”好得多。这乐队是政府办的，生活还可以过得去。

我以后的行踪当然会常给知道的。苏先生[②]抵滇否？

奖券事只有天知地知你知我知！再谈。

耳

三十日晚[③]

致三哥［聂叙伦］

亲爱的三哥：

来信早已收到，并且当时便写了回信，谁知这封回信你们并没有收到。

昨天有玉溪的杨运富来找我，他说起家中十分念我，为了很久没有接到我的信，并且怀疑我还住霞飞路没有。我听了非常奇怪，马上根究公司里替我送信的茶房，结果他承认他把我的信遗失了！这封信写得相当的长，很详细地报告了我的生活的转变，现在又要我重新说一遍。

头一件事，我知道您们最挂心的便是我的脑病的复发。告诉您，自从去年出医院后，从来没有头疼过一次，然而，所做的工作着实要比以前苦得多。您们放心好了！我相信以后再不会复发了，我现在的身体真不错哩！

我决定不到怒潮社[④]时，我便又开始了奋斗的生活，整天整夜地写东西、作曲子，这样可以混到几个生活费。但是像这样也不是常法，后来我又决心在作曲上努力，把两个比较得意的作品，送到百代公司灌片，我自己演唱，结果得到很大成功，百代公司的总经理便请我担任

---

① 聂耳失业后，应友人的邀请准备去南昌的“怒潮剧社”乐队工作。

② 聂耳在昆明时的友人苏镜川，也是逸乐电影院的股东，1933年冬曾来上海办事。

③ 此信写于1934年1月25日（农历年三十）晚上，由上海寄往昆明。

④ 地下党组织在聂耳动身的前夜，及时告诉他“怒潮剧社”管弦乐队是蒋介石为指挥对苏区中央红军的第五次军事“围剿”，而设立的南昌行营政训处的下属机构，聂耳于是马上就决定不去了。

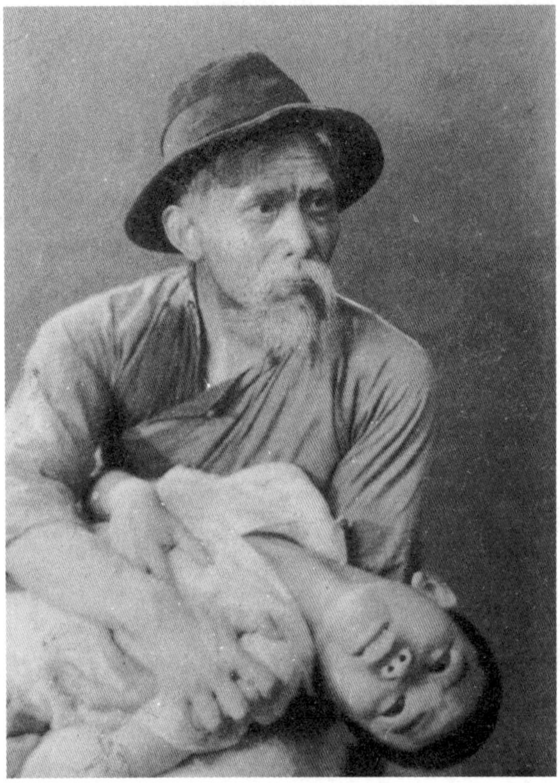

聂耳在新歌剧《扬子江暴风雨》中饰演打砖工人老王

音乐部副主任。在和经理谈话的这一天，最使他满意的是我一口流利的英语。自五月起我便开始在百代工作了，每日工作六小时，每月得月薪六十元。

此后，在生活上自然可以宽裕一点，但因地位关系，朋友的应酬真不得了，每月平均要接五张请帖。

因为不愿荒废学业，我还是继续学提琴和俄文，所以每天从早晨六时起至夜十二时不会有一刻空的，比从前忙多了！我的课程表大概是这样的：

6—8时 练琴

8—9时 早饭及预备到公司

9—12时 办公时间 12—2时 中饭

2—5时 办公时间 5—7时 晚饭

7—12时 读俄文或做影片配音工作，有时也要做通宵。

最近“联华”影片《渔光曲》便是我负总责配音，公映后得不少好评，都说这是中国第一部最完美的配音片。

我组织了一个“森森”国乐队[①]，完全用中国乐器奏中国曲子，加上科学的组织与和声，成为一种中国音乐的新的形式。在沪上表演过几次，曾经轰动一时。

还有一件值得注意的事：我编了一个歌剧，名《扬子江暴风雨》（舞台剧），全部歌曲都是我作的，由我导演，我主演（照片中的老头便是）（见上图）。六月三十日、七月一日在青年会上演，简直得到观众热烈的同情，各报纷纷地评论，没有不说好的，这给我鼓起不小勇气。我想中国的新歌剧运动从此开始了，今后的责任，多半是在我的头上。

呵！时间不早，话似乎还没有说完，下次再谈吧。过几天或者会寄一些报纸给您们，您们可以看出我在上海的一切行动。

托范绍文[②]转告了许多话，不知收到没有？

---

① 聂耳领导的百代国乐队的别名，组建于1934年春天，成员有王芝泉（后名王为一）、陈中、林志音、徐骏佳、陈梦庚，由聂耳亲任指挥。

② 聂耳在昆明时的友人。时任昆明“逸乐电影院”秘书。

通信处仍是霞飞路① 一五一八号。附照片八张

敬叩

母亲福安及阖家问好!

您的四弟②

请速回信

致二哥[聂子明]

亲爱的二哥:

在对月思乡的时候接到您的来信，这是多么使人欣慰的一件事啊!这是中元节③的晚上，不但是在怀念活着的故乡和活着的人们，就是死去了的亲友们也活灵灵地现在眼前。啊!我的爹爹!大哥!翟干爹!干妈!④……奇怪!今年的中元节，我会特别的感伤。

为了自己更远大的前途着想，我仍继续不断地努力发展我的个性，所以我的生活又稍稍有些变动。

从上月起，我从一位有名的作曲家(俄人 Aksakov)⑤学习钢琴。每小时国币十元，每月习四小时，分为八课，每礼拜上两课，每月学费计洋四十元，钢琴租每月十元，书费不定(音乐书很贵，起码五元至一二十元)。

我总是五点钟起床，练一个钟头 violin 便走到公司练钢琴。这“走”等于游公园，因为早晨的霞飞路上简直和公园没有两样。

从上午九时至十二时，下午二时至五时是办公时间。在这时间内，简直是十足的办公，没有一点空闲的时间。下工后上课或作曲子，有时在电影公司做音乐工作。

在这种情形之下，经济的支配自然又会窘一点，但我的房租和吃饭都很便宜，有时多少会

---

① 今上海淮海中路。

② 原信无日期、无信封。从内容分析，约写于1934年7月，由上海寄往昆明。

此信最末一页(第三页)的天头写有以下字句(参看本卷书信部分开始处的手迹照片):

“请替我收集些云南音乐材料如洞经调之类。寄给我。宏仁卦已收成唱片。”

“宏仁卦”为昆明洞经调的曲牌，聂耳已将其编入民族器乐合奏曲《翠湖春晓》。

③ 农历七月十五日旧称鬼节，有届时祭祀亡故亲人等习俗。

④ 邻居的翟玉六医师治好过聂耳二哥的病，聂父因此让他拜翟玉六夫妇为干爹、干妈，聂耳兄弟因此也都这样称呼他们。

⑤ 经贺绿汀介绍，1934年8月10日至1935年4月1日，聂耳师从国立音乐专科学校的阿克萨柯夫教授学习钢琴和音乐理论。

有些额外的小收入，如曲子费及稿费等。慢慢等我有意外的大收入时，我决定要寄点回来给母亲。六月底我得到四十元左右的唱片版税，公司里的同事无论如何要敲竹杠，要我请客，结果用了五十几元。因为我从来没有这样应酬过，这却是第一次。特别是对于公司里几个有关系的上级人员，我觉得这是必要的。

关于我回滇的事，我想明年进行一个视察边地音乐的差事，不知能否做得到？总之，我实在太想家了。我想你们也给我设点法，找机会和教育界的人多谈起我，使他们感觉得我的需要，说不定他们会发神经病来请我回去一趟。您知道我的很多同学，现在都在做什么政府要人，但是他们不一定知道我的情形，因为缺少宣传的缘故。怎么样？试试看？

这些报纸是《扬子江暴风雨》的批评，有机会可送到报纸、杂志转载，介绍给云南人。所有的照片不但在上海各杂志、报纸登出，就是苏联《国际艺术》上都有我的照片和姓名。

您们得到我这封信，简直透彻地知道我的近况。

我希望小孩们给我写点信，新华从来不给我写信！全家照片几时给我？

再谈！祝

快乐！并叩

母亲大人福安及阖家问好！

您的四弟　耳

8月28日[①]

致友人张庚侯

觉父[②]二哥：

想不到你竟大跑其地方，可惜我在事前没有知道，否则我将给你一个计划书，在调查边地音乐的工作上，多少可以帮我一部分忙。现在你已回省，当然作为罢论；不过，我很愿意多知道一些你这次视察的心得。

一面为了生活，一面为了求智，虽然自己的脑袋已经出了毛病，但总是忍苦耐劳地奋斗下去，从来不会消极过。二哥：这点我觉得是值得鼓励你的，因为你太消极了。我希望你到外

① 此信写于1934年，由上海寄往昆明。

随此信附有一个聂耳在百代公司灌制《码头工人》与《打砖歌》（片号34563a、b）两面唱片的纸条（参看本卷书信部分开始处此信的手迹照片）。

② 觉父是张庚侯的号。

面来做事，坤妹[1]也可以在外面读书，反正你现在是自由得多了。你以为如何?

关于航空奖券，我也该详细的报告一下:我不记得自你去后开过几次奖，反正我每次都买。每次都照你的办法，结果每次损失八元，仅仅得到当然的二元。可是，可是，你听着吧，好消息在后头。上一期，我并没有照你的办法，大胆地买了一张，从来不看号码，放在箱子里。等到开奖后一看，原来中了！中了一个尾字，一变而成二十元，当时全买成奖券，十条又一张。一是你的办法，一是我的，我仍是如法炮制，现在我还不知道是什么号码。后天开奖了，不知我俩的时运如何？现在我对于航空奖券这玩艺儿倒感到顶有趣的。

我近来作了几个电影歌曲，先寄这三个给你！请指教！刚才打电话到六厂洗你要的《三个摩登女性》[2]照片，他们说这片的底片老早弄坏了，这是没有办法的事。

四耳

10月31日[3]

致二哥[聂子明]

亲爱的二哥：

昨天寄给的很多报纸和歌曲，由这些东西看来，您们可以知道我最近生活的一般和平常努力的成绩。

有些材料大可以在云南的报纸、杂志上转载，你知道我近来是了不得的红!

所寄过的一切报纸都请保存留作纪念，因为我只有一份。时间不多，容后再谈！祝健康!

弟耳上

11月2日[4]

① 张庚侯的妹妹张坤厚。

② 上海联华影业公司1933年拍摄的左翼影片。表现了30年代的资产阶级知识分子在抗日民族斗争和工人阶级的教育下的觉悟和进步。编剧田汉，导演卜万苍，摄影黄绍芬，主演阮玲玉、金焰、黎灼灼、陈燕燕。

③ 此信写于1934年，由上海寄往昆明。

④ 此信写于1934年，由上海寄往昆明。

致友人张庚侯

我的老伴当张二哥：

要说的话太多了！为了怕你的飞剑来斩，不能不在短促的时间内说完这许多几年来要说而没说出的话，听我细细地道来。

在我过去的生活中，证明了我是一个什么样的人，这不用我多说，你当然是知道的，正如嘤[①]所了解我的一样。像我这种人，不知今天在世或明天离世，也许不等这信写完我便不翼而飞！你知道，尤其是在现在这种情形下，我们这一路人！更是何等危险！

所以，我在这样一个原则下决定了我的生活路线，我没有将一分一秒的时间花于无聊，我除了做应做的工作以外，什么都置之度外，这你可以在许多社会对我的批评中看得出的，有的也在我的作品中可以表示得出的。

关于嘤的问题（根本不是一个问题，不过你是这样说的），我很愿意诚恳地、坦白地来发表一些意见：1.我觉得嘤是最了解我的一个了。她知道，我们过去的恋爱完全是建筑在思想上面的，我们虽然离开四五年了，虽然断绝音信一二年了，但是，假若我们的思想仍是一致的，相互间个性的了解仍是如从前一样的，当然，我们还有继续恋爱下去的可能。2.在从前，她和我却有着同一个恋爱观，至于你要鼓吹订婚或结婚，我想还不是急于要解决的事，是不是你也希望我很快地去做“子女的忠实牛马”？ 3.谈瑛[②]和我并没有订婚，也没有结婚，至于报上的造谣，在后面详告。

关于二姐[③]的问题，我是绝对地赞成她伴十妹[④]一块出来，预备出来饿饭好了，况且并不至于饿饭的！一个人在没有办法的时候一定会有办法的。只要有她的弟弟在人世一天，他始终是要帮助她的。

十妹这聪明的孩子应该要到外面来进学校，尤其是在闹婚姻纠纷的时候，更应该脱离这恶劣的环境，出来吧！你们都出来吧！我快高兴死了！

你说了许多要我回滇的理由，我看了大为感动，你描写得太生动了！然而，在目前事实上看来，怎么走得了呢？我想来想去，只有一个法子可以走得了，但要靠很多人的帮忙：怎么样可以使云南政府送我到欧洲留学（当然是学音乐）。那末，我可以回来领旅费，顺便带二姐和十妹、坤妹一块出来，岂不好吗？这问题说起来又简单又复杂。简单的是：1.我是高师毕业生，曾在社会上服务了五年，对中国的文化运动做了不少事业，努力改革中国的新音乐运动，尤其对于云南的音乐做了很多介绍的工作，这资格还相当的硬。2.云南人专学音乐而能演奏及作

---

① 袁春晖的小名叫鹂嘤。

② 上海联华影业公司与电通影片公司女演员。

③ 聂耳的二姐聂蕙如。

④ 聂家租住的昆明端仕街44号房东的女儿杨惠珍。

曲者恐怕只算我一个，为什么云南政府不给公费培植这样一个专门家去深造一下？3.欧洲的音乐家，作曲家在中国的，有的是我的先生，有的是我的朋友，有的是我的同事，他们都称赞我是一个有大希望的音乐人才，都鼓励我到欧洲去，但是我苦在没有钱！4.法租界工部局主办的交响乐队，在大音乐家Maestro Sloutsky领导下，我是经常的小提琴手，这里连我只有两个中国人（全队50人）。5.我现在仍继续从意大利名提琴教授Podushka[①]学习提琴，从国立音专钢琴系、作曲系教授Aksakov学习钢琴及作曲。复杂的是：

1.我从前是为什么离开云南的？不知现在他们对我的印象如何？2.在政府方面没有人力，你再有飞天的本事都是等于零。

以上所说，望你特别注意一下，和几个朋友讨论讨论，看有没有这种可能，也许太理想了，都请你详细答我！！！我希望能很快实现，以备早日动身。

在你离开上海的时候，记得是谈瑛搬到我们二层楼的后三四天吧！你走了不久，《影戏生活》（小报之一）有新闻一则说道：谈瑛乔迁霞飞路一五一八号，后面有一小批："据说聂耳也住此处"，并无下文。后来朋友一看见就问："你同谈瑛同居了？恭喜！恭喜！"虽然我知道他们是和我开玩笑，他们明知道我住三楼，但是我总是怪生气的，我吓得赶快找房子搬家。后来公司晓得这种情形，为了要辟谣，于是公司当局以《良宵》要开拍为理由要谈瑛搬到三厂去，以利工作，她当然服从公司命令搬走了，在这里不过住了二十七天，以后谣言也就没有了。

今年夏天，郑伯奇[②]的孩子满周岁，在青年会九楼请吃大菜，文学界和新闻界的居多数。在大家喝酒差不多的时候，任光[③]立起演说："你们不要以为今晚程步高[④]不来，以为又是和谈瑛白相去，你们知道谈瑛不爱程步高的，他爱的人今晚坐在这儿的。昨天下午一时三十五分谈瑛到我家里，她说请我介绍她爱人，马上要订婚的。她并且指定出某人，这人便是四只耳朵！""哈……"大家哄堂大笑了！第二天，大小报上都原本登出，我气得同任光吵架。你知道，他造这谣言的目的是想把任光和谈瑛的名字摆在一块来气程步高的，因为他恨程步高，他是追求谈瑛的。但是，事实上程步高和谈瑛已有一二年的恋爱关系，在三月前他们已住在一起，最近快要请客吃喜酒了。夜太深了！再谈！

信弟上[⑤]

① 普杜什卡是上海工部局乐队奥地利籍首席中提琴师。聂耳1931年冬起跟他学习小提琴。

② 中国左翼作家联盟的发起人和执行委员。

③ 中国左翼戏剧家联盟音乐小组的成员，当时是英商百代唱片公司的音乐部主任。

④ 上海明星影片公司的著名导演。

⑤ 此信写于1934年11月24日，由上海寄往昆明。

致母亲［彭寂宽］

亲爱的妈妈：

又是好久没给您老人家写信了！您知道我每天总是在忙字里头兜圈子，实在没有法子把信写得勤点。

为了种种复杂的原因，我不能不向百代公司辞职了。但是，您别着急，我并不会因此而发生生活上的问题的，因为我现在可以靠自己的本事吃饭，想来随便怎样总不致饿饭的。

我回家的事恐怕很快会实现了，最早要过了旧历年，因为《大路》和《新女性》① 的音乐工作要那时候才可以做得了，同时还有许多手续也需要相当时间办理交代的。

我近来身体特别好，本来饭量已经很好，现在又增加了，脑袋从来不痛，我很奇怪！

我搬了家，租了一架钢琴，每月租费十元（从前是在百代公司练，现在只有自己租，这是不得不备的工具）。我仍继续学习钢琴、作曲，下月的学费发生问题时，或是会要中断一下，不过我想总会有办法的，我情愿吃大饼也不愿欠学费的。

我到阳历年底或者会有一百多元的收入（版税，酬劳等），我决定想法寄点来给您老人家零用。我出来几年了，到现在才有本事寄点钱回家，实在惭愧。妈妈！您拿到虽然不多的几个钱，想来已经够开心了！

近两礼拜来，每天总是三四点钟睡觉，为了赶配《大路》的音乐及音响，这戏要赶新年公映的。

今晚因机器出毛病，我借此机会大还信债。现在已经天亮了，眼睛有点靠不住了！（新住址：霞飞路1258号）

祝您

福体健康！

四儿　守信上

12月17日②

---

①《新女性》是上海联华影业公司1935年初拍摄的著名左翼影片。它勾勒了半封建半殖民地都市黑暗社会的腐朽，反动势力扼杀妇女的血淋淋的图景。编剧孙师毅，导演蔡楚生，摄影周达明，主演阮玲玉、郑君里等。

② 此信写于1934年，由上海寄往昆明。

致母亲[彭寂宽]

亲爱的妈妈:

为了生活费和学费，不能不努力找一个经常的职业，我现在又回到“联华”。但仅在二厂任音乐方面的事，名誉上是“联华”的音乐部主任，事实上我还有着和旁家公司作曲的自由，因此在报酬上仅仅津贴我一点车马费，暂定每月五十元。

现在的工作，不是像从前那末天天忙得厉害，要每出新片才忙一头，忙约二三星期之久。譬如:《新女性》的配音工作，有过三天三夜不睡觉的时候(这当然不是绝对不睡，有时在收音室里站着或坐着闭一闭眼)。

我现在每月平均可有七八十元的收入，除了学费五十元外，剩下的可以交钢琴租、房租、音乐会、伙食等，有时多剩一点，可以多看几次电影，多听几次音乐。有时有点例外收入时，可以添点衣物。所不方便的就是一个吃饭问题，东一餐西一餐，一餐俄国大菜，一餐鸡蛋饭，因为附近没有包饭的，也没有饭店，我的工作又是东跑西跑。

这几天功课很多，每日练习三个钟头还嫌不够。

妈妈:您为什么要把寄给您用的钱存给我用呢?您喜欢什么请的买点请请[①]，您喜欢穿什么买点穿穿。我有钱用的，我的环境比从前好多了。

我的身体还好，抵抗力很强，做工作从来不会疲乏，下大雪天都是用冷水洗脸及摩擦身体，习惯了真没有一点关系。

看了您用红纸写的信，我高兴得流泪。敬叩

福安!　　Everybody happy![②]

儿　守信上

2月26日[③]

---

① 云南话，“请”即“吃”的意思。专用于请长辈或客人吃东西时说的客气话。

② 祝全家快乐。

③ 此信写于1935年，由上海寄往昆明。

致母亲［彭寂宽］

亲爱的妈妈：

生活变迁之快，实在给人想不到，我将在最近两三天内要动身到日本去。①

因为我有一个很好的机会，可以到欧洲去游历，但是先要到日本考察一次，视成绩的优劣再定，所以我这次非努力一下不可了！

所考察的是电影与音乐、舞台戏与音乐、歌舞剧等，一切旅费及在日的生活费当然是由公家担负。自己不花一个钱的，大概在日本有四五个月的耽搁。

从上海到日本不过两天功夫，旅费只消十几块，又不要什么护照，日金仅值国币七八毛，这样看来简直是再便当没有了。

妈妈：您别以为我现在是到外国去，更远的离开您了，实际上等于到南京、北平一样，何况这是一种千载难逢的机会。

许多手续事没做了，这几天真忙得要死！各影片公司都还欠我钱，收起来约有一二百元，家里若需什么用费，可寄航信给我。这钱我预备存起来的。

到日本再寄信来！祝您

快乐！　　Everybody 好！

四儿　守信谨叩

4月9日②

张二哥！春晖！十妹及亲友们致意恕不另！

致友人书的一页

〔以上原缺〕

继续跃进着的春之乐坛首先最值得注目的是“全日本新人演奏会”。这是一年一度的全国音乐学校毕业生演奏会，第一次举行是在昭和五年③，出演新人有十六名。今年为第六回，参

---

① 为了躲避国民党反动政府的迫害，经地下党组织批准，聂耳于4月15日乘船离开上海去日本、欧洲、苏联学习、考察。为了安慰家里，聂耳在下面说的一切费用“是由公家担负”，实际上全系自理。

② 此信写于1935年，由上海寄往昆明。

③ 1930年。

加学校共十校，出演新人达五十三名之多，节目需二日奏完。我听后的感想只觉得这种朝气逼人，他们真肯干！就演奏技巧上说，有好有坏，一般地说，他们既算专门的音乐学校毕业，再坏的也坏不到什么地步，好的也不过如此，不过是比较的说法。他们所奏的乐曲，大都是相当困难的、显技巧的作品，不过日本人对于乐曲的表情实在太差，不仅是这次，我曾经常地注意过，而表现这弱点最显明的也便是这些新人。（附寄曲目）

五月里所有的音乐和舞踊演奏已在今天公布了，除三四天是落空外，其余每天都有一种或二种以上。比较主要的如：Zimbalist① 五夜。Bach、Handel② 二乐圣诞生二百五十年纪念演奏会一夜（演奏者为上野音乐学校出身的新进乐人的团体“乐星会”）。新交响乐团定期演奏会一夜。新交响乐团弦乐部一夜。P.C.L. 管弦乐团一夜。新进作曲家斋藤周氏的作品发表会一夜。其余如各种独奏会、独唱会等不及备载。

最近日本乐坛的倾向，可以说是在极端地发展着两大潮流：便是日本作曲家的振兴运动和音乐的立体的演奏，所谓音乐的立体的演奏便〔以下原缺〕

（原载1936年《生活知识》第二卷第五期，为原信手迹影印件）③

致友人艾思奇

生萱④兄：

上次的信想来收到了吧！我知道你很忙，但很想知道些你们的消息。

到此将近一月，每天大部分的时间总是在音乐会中。日本乐坛的活跃真是有些惊人（当然是比较中国而言），尤其是在这春天，几乎无日没有演奏会，有时每日竟有两三个以上。最近比较值得注目的是“全日本新人演奏会”，这是由读卖新闻社主催⑤，集合全日本十个音乐专校的毕业生举行的盛大的演奏会，出席新人有五十三人，节目两天奏完。（附上节目单）

在“东亚”⑥上课，每日四小时，因为我是住贷间⑦，练习会话的机会也比较多。一间装置很精致漂亮的五叠间⑧，每月租金十一元，房东曾留美十一年，所以我英语会话也不致忘记。

---

① 美国著名小提琴家津巴利斯特。
② 德国著名音乐大师巴赫与韩德尔均诞生于1685年。
③ 此信的写作时间不详，约为1935年5月初。以下几封信均由日本东京寄往中国上海。
④ 即中国马列主义理论家艾思奇（原名李生萱）。他是聂耳在昆明时的友人，又是聂耳离沪前的邻居。
⑤ 1874年创刊的《读卖新闻》是日本最有影响的报纸之一。主催是日文“主办”的意思。
⑥ 日本东京专为中国留学生开办的“东亚日语补习学校”。
⑦ 日本的私人住宅中供出租的房间。
⑧ 叠是日本计算房屋面积的单位，每叠为3尺 ×6尺。

请你托寄的书不知是出了什么毛病，现在尚未到达？实在麻烦你了！

吴様[1] 的钢琴练得怎样了，每天在用功吧！

我尽量地抽空和你们常常通信，同时也同样的希望着你们。再谈！

祝好！

耳上

5月11日[2]

致友人吴家蓉

吴様：[3]

来信和包裹都收到了，太麻烦你们！谢谢！

寄过两封信给你们，收到否？

整天忙着赴音乐会和日本语的“勉强”[4]，好像每日的时间还是嫌不够，不过，比较在上海是惬意[5]得多了！“东亚”虽然每天有四小时，但教得实在太慢，我自己看两天，可以够他教一个礼拜，不过多听也是很有用的。相当的喜欢看日本有声电影，这对学习日本语的帮助，我觉得比什么都大。

我住的地方有两个无线电收音机，时常听到很好的音乐。前几天巴黎和日本作处女通播[6]，有很有名的乐队演奏和许多法国流行歌曲的独唱。

明天东亚学校要去“潮干狩”[7]，料想很有意思，因为我一向喜欢找海里的东西玩。

上课时间到了，有空再谈！祝你们

快乐！

耳上

5月18日[8]

---

① 李生萱的妻子吴家蓉。“様”是日文“君”、“先生”的意思。

② 此信写于1935年。

③ 即吴家蓉。

④ “勉强”是日文中的汉字，意为“用功”。

⑤ 上海话“舒服”的意思。

⑥ 法国巴黎与日本东京之间，首次互相直接播送无线电广播节目。

⑦ 日文中的汉字，与中文里的“赶海”（趁退潮去海边捡贝壳等东西）意思相同。

⑧ 此信写于1935年。

致友人吕骥[1]

骥：

刚收到来信，首先要和你说的是《新女性》歌[2]的问题。

你提出两点有修改的必要：《新的女性》的轻重小节问题和“更比男人甚一重”的节奏问题。这里，我可以大致谈一点我自己对这歌的意见和在写作时所遇到的难关。

当师毅[3]将《新女性》歌词拿给我的时候，我马上便觉到这个歌的作曲是非常艰苦的工作。第一，歌词太长；第二，情绪的表现相当复杂且深沉。因为对象是女工，当然要极力求其大众化，所以首先要解决的问题是如何将歌词弄短。我们商量的结果只有把它分成六个小歌，分开唱时各歌有它的独立性；同时，连起来唱也能成为一个整个的东西，于是才产生了六个标题。经过了一个多礼拜的思索，连夜的记录、修改，结果也算在短时期中完成了这样一个东西。因了种种条件限制，当然也曾遇到了不少难关，你所提到的两点也是其中之二，现在我告诉你我为什么要如此写。

所写第六节《新的女性》时，就是为了几个“新的女性”的轻重节奏的布置不知花了多少时间，搬来搬去，最后的决定，不能不这样。当我决定了整个的节奏以后，我觉得这样写也可以顾及到两个要点（所谓两个要点者：“新的女性”及“生产的女性大众”、“社会的劳工”、“建设新社会的前锋”是也）。否则，这两个要点的比重便相距太远了。请你仔细研究下面的两种形式你便知道哪个是对的！

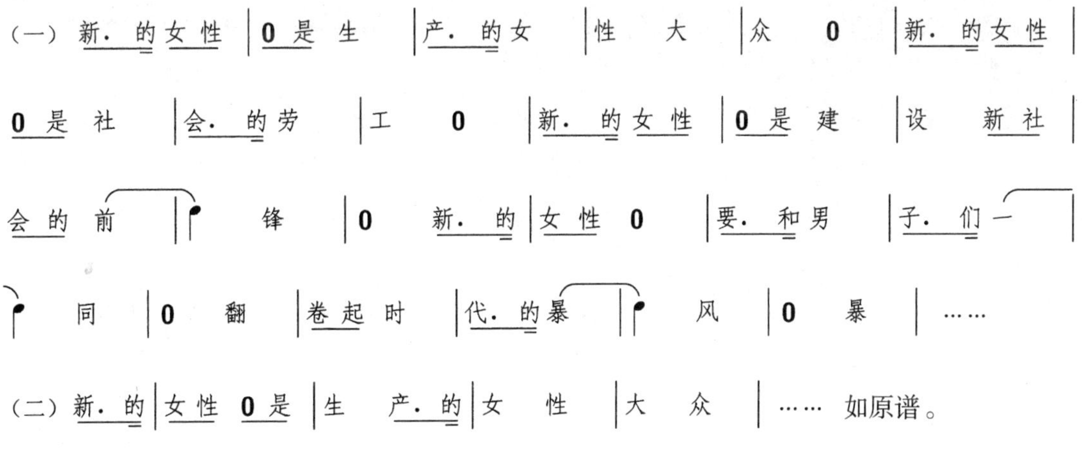

如原谱。

---

① 上海左翼音乐运动的后期领导人。聂耳赴日后，他接任中国左翼戏剧家联盟音乐小组组长。

②《新女性》组歌是影片《新女性》的主题歌。

③ 影片《新女性》的编剧及主题歌的词作者孙师毅（笔名施谊）。

虽然用第一形式在前面并不见得不好，每一个“新的”都在强音部，但是到后面来却大成问题了。以第二形式看，虽然“新的”是在弱音部，但“新”字所唱时间比“的”字长，“女性”二字各等，唱起来还是显得“新”字重。又，“新的女性”后面接休止符，前面必是一个phrase[①]的中止，在phrase内的终止处应该要比较前面轻。所以“新的女性”四字的小节强弱部的写谱与奏唱，可以在这些折中办法中包含过去。然而，更重要的不在这里，因为前面的三个“新的女性”的说明语（“是生产的女性大众”等）可以说是全歌的主题，它指示了新的女性是什么。在比重上，显然这重要得多了，所以在小节的布置也得更加重要，绝对不能用“新的女性”四字折中办法，如：原谱的“生”、“女”、“大”、“社”、“劳”、“建”、“新”、“前”、“锋”等字都是在强音部，接着：

新. 的 女 性 | 0 要. 和 | 男 子. 们 | 一 一 | 同 0 ……

也就毫无问题地走到正轨。

你的修正意见第二点：是将两次“女人的痛苦，更比男人甚一重”拍子稍为更动，这我倒没有多少成见。不过这一节的拍子相当快，愤慨、干脆的情绪，还相当容易受感动。按你的唱法，我觉得在第一次“更比男人甚一重”有些软弱，要是不谨慎地唱，很容易破坏这愤慨的情感。第二次的“苦痛”二字，突然用两个八分音符，对于这工人的简单明快的节奏，也有破坏的嫌疑。所以，请你牺牲一点，还是不改为好。如果要将这一节唱得更深刻、动人，也并不是不可能的事，这是训练歌唱时可以注意得到的，因为每一短歌都是用完全静止，最后一句必需rallentando[②]的。

最后，你在训练歌唱时请注意各曲的tempo[③]，绝不可唱得太慢，大致计算如下：

第一节：M.M[④]♩=69　　第二节：♩=88　　第三节：♩=112（再快点）

第四节：♩=112　　第五节：$\frac{3}{8}$♩=132　$\frac{2}{4}$♩=112　　第六节：♩=160

在此可以买欧洲的新乐谱及理论书，全是原文。

等待着你们演奏会结果的报告，这信最好给师毅看看！再谈！

耳上

5月21日[⑤]

（原载：1935年8月16日上海《电通》

半月画报第七期，为原信手迹影印件）

---

① 英文乐句、分句。

② 意大利文“速度渐慢”。

③ 意大利文“拍子的速度”。

④ 梅氏节拍机的简写。

⑤ 此信写于1935年。

致母亲、哥哥、姐姐

亲爱的妈妈、哥哥、姐姐：

在上海发过两封航空信，到日本后算起来已写过三封家信，后一封是在云南动乱[①]的时候。为什么直到现在，不给我半个字的回音呢？虽然我很知道这次动乱的详情——因为日本报纸的消息比较快而且真实，而且知道昆明很平安，但心里总在挂念着家里，请您们快给我几个字吧！求求您们！！！

在日本的生活，前几封信上报告的很详，现在倒没有十分大的变更。新近搬了家，在学校附近，一间小小的楼房，每月八元半的租金，房东（日本人）也很不错，常有练习日本话的机会。除每日四小时的上课外，有许多事要做：什么考察啊，日本音乐的研究啊，赴音乐会啊，忙个不休。每日的时间仍觉不够，不过比在上海却好多了！夜工这回事倒未曾做过。

此地生活程度，简直是低得不成话，再算一算中国钱（一块国币可换日币一元四角），简直可以和中国内地的生活程度相比。尤其是一切日用品和书籍，更是便宜得惊人！

昨日是"东京艺术座谈会"[②]（全是中国留学生）请我去讲演。我的讲演题是"最近中国音乐界的总检讨"。讲演时间约二小时余，结果受到极热烈的欢迎。以后要我组织音乐研究会这类的东西，他们认为使这艺术座谈会增色不少，我已经答应了。上课时间到了，下次再禀！

祝您们

万福均安！

守信上

6月4日于东京[③]

通讯处：日本东京神田区神保町二丁目十二番地二梶原方收可也。

---

① 中国工农红军在长征途中，1935年5月初曾逼近昆明。

② 中国留日学生为了研讨艺术问题，于星期日在东京举行的集会及聚餐。

③ 此信写于1935年。由日本东京寄往中国昆明。

致友人孙师毅

师毅：

很久不接你的信，在忙着《压岁钱》[①]吧？

前几天寄的剪报收到否？

近一月来忙于“艺术座谈会”的事，我是负音乐方面的责任，此外还参加戏剧和诗歌座谈，大家都有很浓的趣味。

本来我是预备三个月的计划将日本普通会话学个大概。结果，仅仅两月功夫便全部实现，这不是没有原因，请看我的战略吧！

按理由说，住在神田区是最不容易使日本话进步的，因为中国人比较多的缘故。可是我有我的方法，使它毫无一点障碍：房东的妹妹，年三十，老处女，小学教员，我一搬进去那天便开始做我的会话教员，每天一小时，每月学费五元，此其一。二十五元买了一个四灯无线电收音机，除了可以具体地而且有系统地研究日本的音乐活动外，当然是练习听话的好工具，因为每天都有许多讲座和讲演，此其二。到现在为止，常在一块的日本朋友有六七人，他们都是戏剧和音乐方面的，此其三。除星期日艺术聚餐会是吃中国饭，大讲中国话外，每天都是吃日本饭，此其四。其他还有些可以帮助日本话进步的小动作可不必详述。老兄：你该庆祝我的“第一‘三月计划’二月成功！”

看了几次日本话剧，“新协”和“新筑地”是比较有劲的。“创作座”[②]是专门讲技术的，大部分的剧本都是适合主妇们和老太婆看的家庭琐事，所谓小动作也很注意。

参观了“日活”[③]的东京摄影所，没有什么特别可介绍的，和中国的差不多。看见一个star[④]再像谈瑛没有了，我看了一会，她把眼睛向我一翻，全是谈瑛的劲儿。

我决定九日和一个灯光专家往游富士山，住在他家里。十七日起赴京都、大阪、神户参加“新协”的旅行公演，并参观剧场及摄影场。二十六日起赴四国松山洗温泉，七月底返东京，八月初和云南同乡们赴房州海滨，约九月初回。老兄写信可交原处。再谈。祝你

健康！

耳上

七月七日[⑤]

（原载：1935年8月16日上海《电通》半月画报第七期，为原信手迹影印件）

〔校记〕以上书信除特别注明者外，均根据云南省博物馆藏手稿校录

---

① 孙师毅拟为上海电通影片公司导演的影片名（后因公司停业未开拍）。

② “新协”、“新筑地”、“创作座”均为日本的剧团名。

③ 日本活动电影制作所的简称。

④ 电影明星。

⑤ 此信写于1935年，由日本东京寄往中国上海。

三、日记

编者说明

聂耳记日记的目的，一是出于纪实，二是进行自我教育，三是为了备忘。因而其中记载的日常生活事物较多，文字也很少修饰。可惜的是在当时严重的白色恐怖之下，由于中国共产党地下党组织一再地敦促，聂耳已经自行涂删或撕毁了其中最有意义的部分——有关他与党组织联系和参加革命活动的记载；有些地方则使用的是令人难以理解的隐晦曲笔。1934年以后，聂耳日夜忙于从事音乐创作、拍摄影片、组建国乐队、训练声乐团等事务，往往一连几个月顾不上写日记。因此现存的日记，已经不能反映和代表聂耳的全部生活和思想。

但是聂耳的日记中，仍然包含着相当丰富的内容，它不仅反映了当时广阔的社会生活画面，而且忠实地记录了聂耳走过的艰难人生旅程，长期刻苦自学的经历。这些日记，将有助于读者更深入、更全面地了解与认识聂耳。

聂耳在昆明时写在一些笔记本上的札记、笔录，编者认为有参考价值的，已经根据时间的先后，插在同时期的日记中。

聂耳日记手稿中的日期，原来均写在每则日记的末尾。本书中已经统一移至每则日记的开头。

聂耳1931年7月11日至8月15日的日记目前缺佚。据专程由昆明去上海领取遗物的聂耳的三哥聂叙伦说，记载这段时间的那本日记手稿，由日本运回时即已散佚。

（一）在昆明

1926年6月1日—1930年6月3日

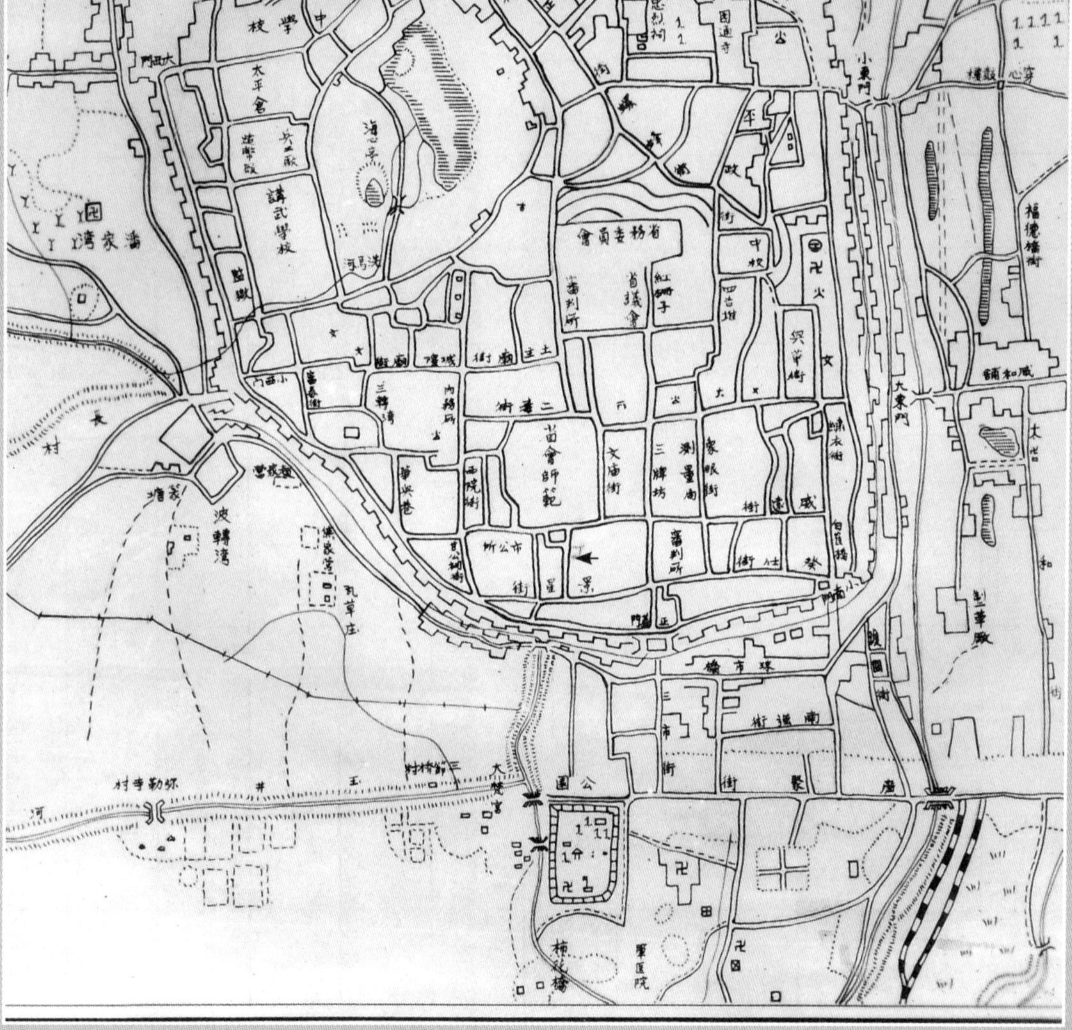

昆明街市图（箭头处为聂耳的出生地）

1912年2月15日，聂耳出生于昆明甬道街72号他父亲经营的“成春堂”药铺的楼上

聂耳8岁时的留影

1917年，聂耳（前右）与母亲、二姐、二姐夫（后右）及两个哥哥的合影

畢業證書

學生聶守信係雲南省 玉溪縣
人現年 十 歲在本校國 民
科修業期滿考查成績及格准予
畢業此證
昆明縣立師範學校校長陳詒蓀
附屬國民高等小學校主任何作楫
中華民國十二年 二 月 日

昆师附小发给聂耳的毕业证书

1923年，聂耳（右）与母亲及两个哥哥们合影

1924年，求实小学校学生音乐团与教师的合影（弹三弦者为聂耳）

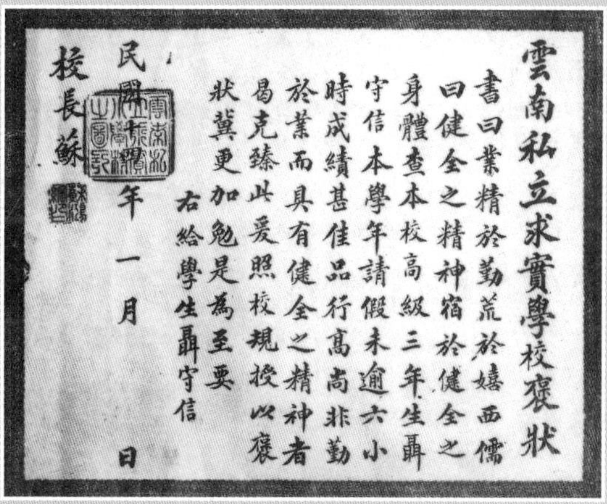

雲南私立求實學校褒狀

書曰業精於勤荒於嬉西儒曰健全之精神宿於健全之身體查本校高級三年生聶守信本學年請假未逾六小時成績甚佳品行高尚非勤於業而具有健全之精神者曷克臻此爰照校規授以褒狀冀更加勉是為至要

右給學生聶守信

民國十四年一月 日

校長蘇

云南求实小学校发给聂耳的该校第一号褒状

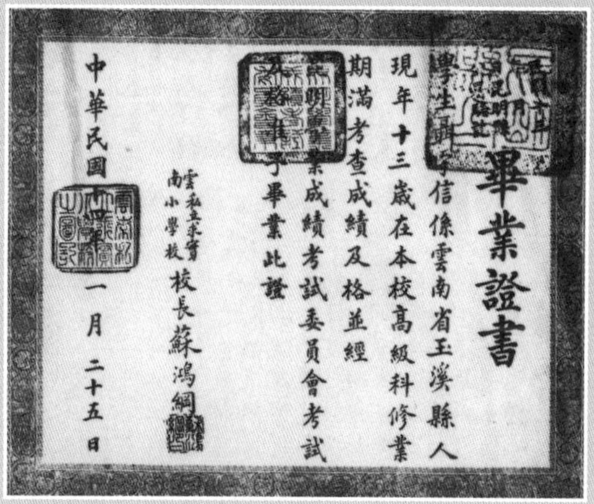

畢業證書

學生聶守信係雲南省玉溪縣人現年十三歲在本校高級科修業期滿考查成績及格並經畢業成績考試委員會考試准予畢業此證

雲南私立求實小學校 校長蘇鴻綱

中華民國十四年一月二十五日

云南求实小学校发给聂耳的毕业证书

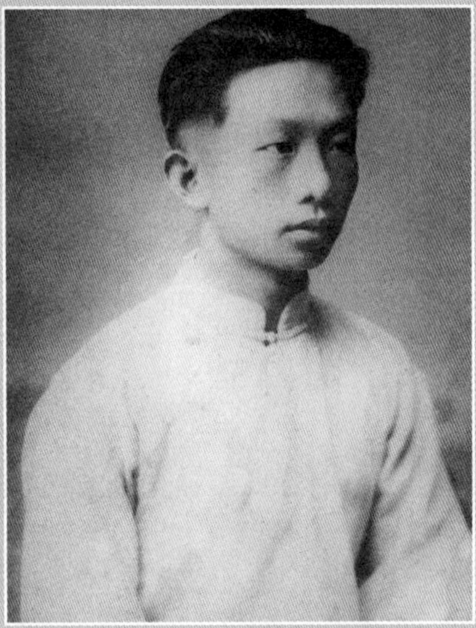

1928年，聂耳加入共青团时的留影

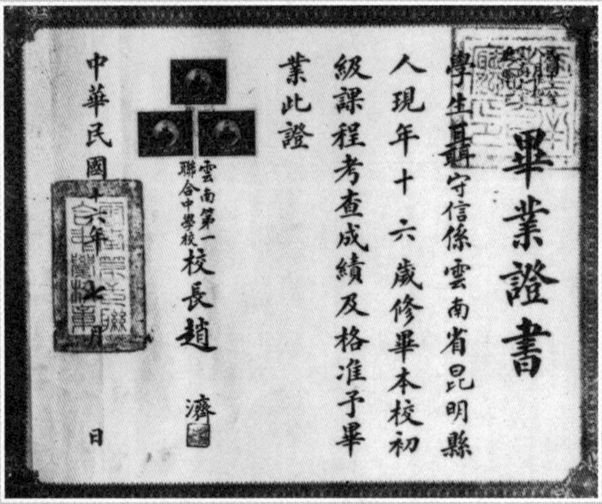

畢業證書

學生聶守信係雲南省昆明縣人現年十六歲修畢本校初級課程考查成績及格准予畢業此證

雲南第一聯合中學校校長趙　濟

中華民國

日

云南第一联合中学发给聂耳的毕业证书

1925年，聂耳全家的合影（前左二为聂耳）

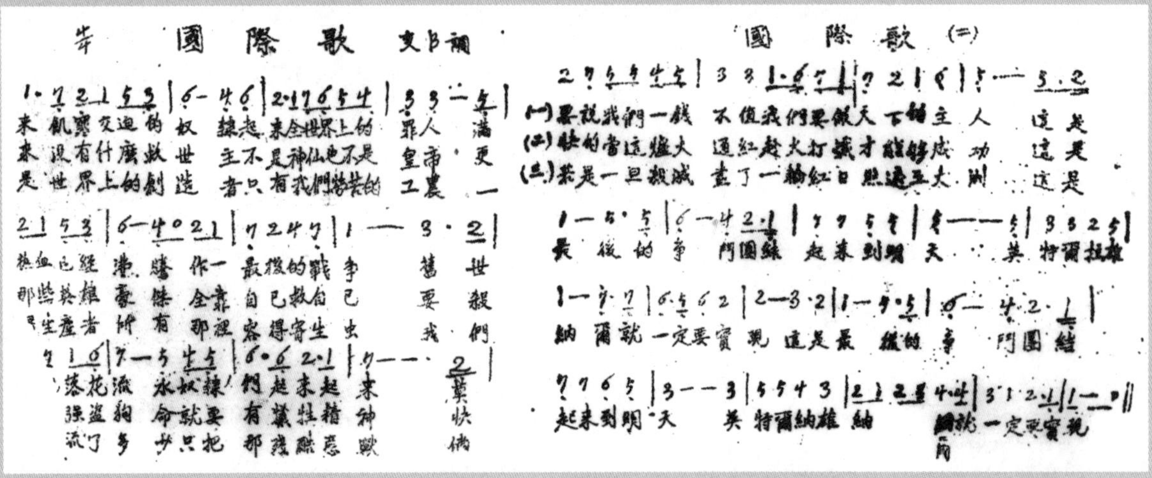

聂耳在云南省立第一师范时用过的《国际歌》歌谱（原件开头部分残缺）

昆明“玉溪青年学术研究会”与玉溪县长的合影（第二排左二为聂耳）

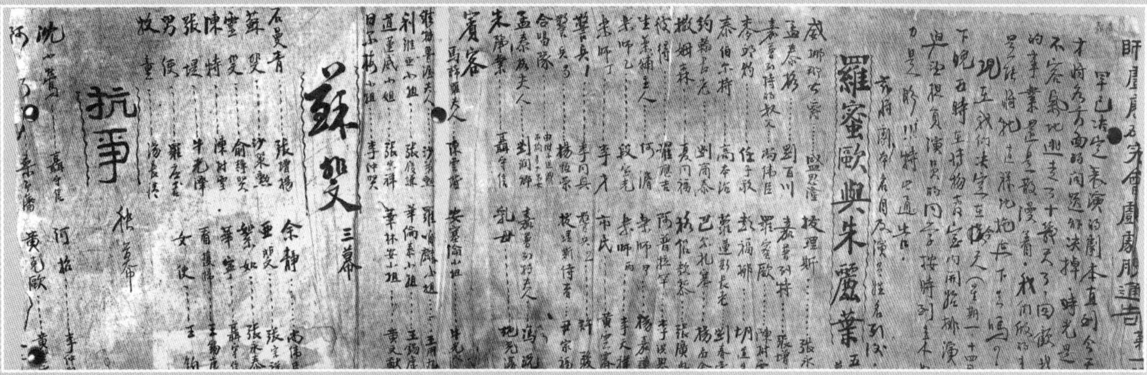

羅蜜歐與朱麗葉

蘇斐 三幕

抗爭

1929年，聂耳（学名聂守信）在云南省立师范戏剧研究会排演的三个话剧中均饰演女主角的通告

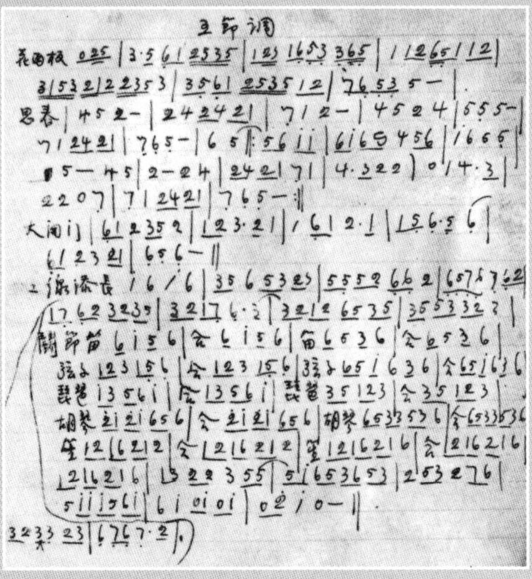

聂耳抄录的民间器乐曲牌

聂耳（右）在歌德的话剧《克拉维哥》中饰演“玛丽亚”

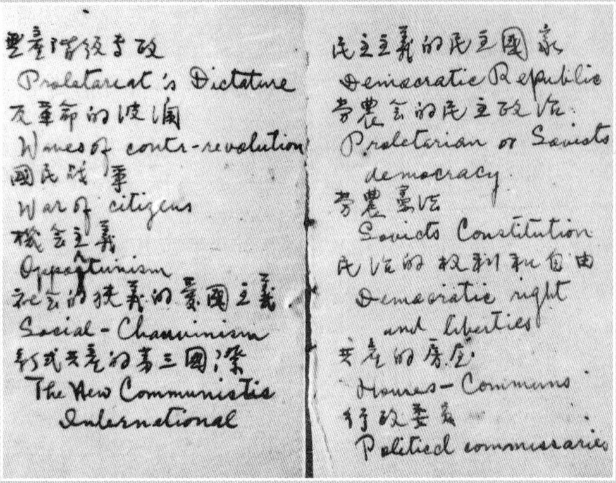
无产阶级专政
Proletariat's Dictature
反革命的波澜
Waves of contr-revolution
国民战争
War of citizens
机会主义
Opportunism
社会的狭义的爱国主义
Social-Chauvinism
新式共产的第三国际
The New Communistic International
民主主义的民主国家
Democratic Republic
劳农会的民主政治
Proletarian or Soviets democracy
劳农宪法
Soviets Constitution
民治的权利和自由
Democratic right and liberties
共产的房屋
Houses-Communs
行政委员
Political commissaries

聂耳的笔记本片段

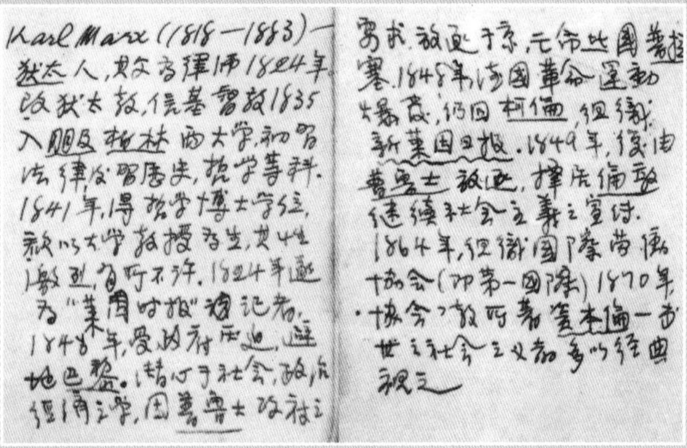
Karl Marx (1818—1883)—犹太人，其父为律师1824年改犹太教，信基督教1835入服恩、柏林两大学，初习法律及习历史，哲学等科。1841年，得哲学博士学位，欲以大学教授为生，其性激烈，为所不许。1842年遂为"莱因时报"主记者。1848年，受政府压迫，避地巴黎。潜心于社会，政治经济之学，因普鲁士政府之要求被逐于法，乃往比国布拉塞。1848年德国革命运动爆发，仍回柯伦，组织新莱因日报。1849年，复由普鲁士被逐，择居伦敦，继续社会主义之宣传。1864年，组织国际劳动协会（即第一国际）1870年，协会解散，所著资本论一书，世之社会主义者多以经典视之

聂耳在笔记本上抄录的马克思的生平

1929年，聂耳（前）与张庚侯（左）、廖伯民（右）等人在昆明

1929年，"九九音乐社"成员的合影（后排右起为张庚侯、聂耳）

1930年，聂耳（前）与他的音乐朋友张庚侯

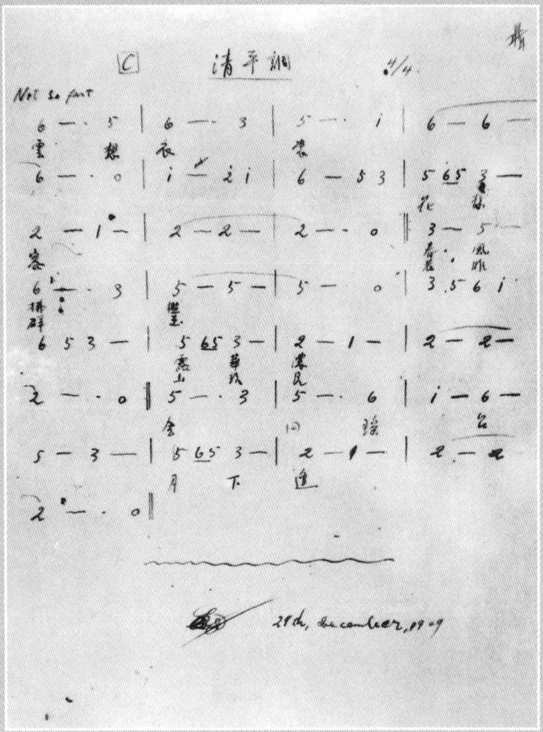

1929年12月29日，聂耳抄录的歌谱

1930年，聂耳（前）与三哥聂叙伦、外甥严新华（左）、邻居翟昌铭（翟玉六之孙，聂耳曾担任过他的家庭教师）的合影

1930年，聂耳（后）与友人在昆明

1930年，聂耳在大观楼附近的桥上拉琴

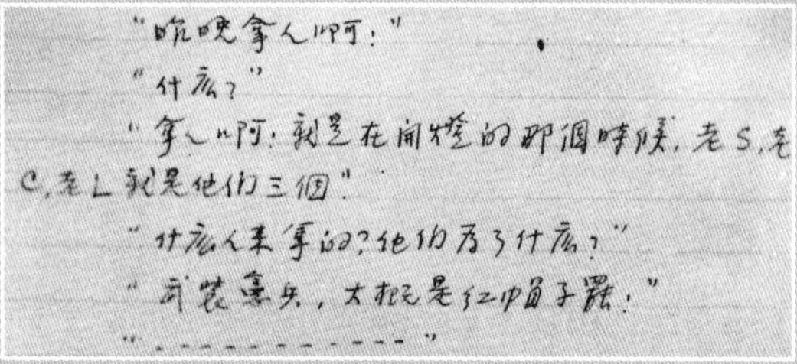

"昨晚拿人啊！"
"什么？"
"拿人啊！就是在开灯的那個時候，老S，老C，老L就是他们三個"
"什么人来拿的？他们为了什么？"
"武装宪兵，大概是红帽子罢！"
"……"

1930年4月24日日记片段

聂耳（左）与友人游大观楼尽兴而归

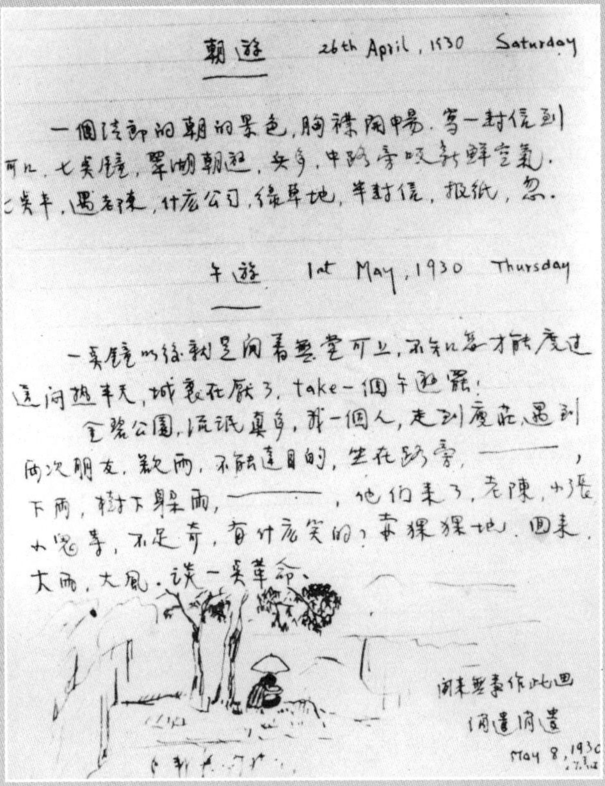
朝遊 26th April, 1930 Saturday

一個清新的朝的景色，胸襟開暢。寫一封信到可儿，七点鐘，翠湖朝遊，买多，中路亭吸新鮮空氣。八点半，遇老陳，什么公司，綠草地，半封信，报纸，忽。

午遊 1st May, 1930 Thursday

一点鐘以後就是向着無堂可上，不知怎才能度过這個热的天，城裏在戲了，take一個午遊罷！

金碧公園，流览真多，我一個人，走到慶庄，遇到兩次朋友，散雨，不能達目的，坐在路旁，——，下雨，樹下躲雨，——，他们来了，老陳，小張，小冯等，不足奇，有什么笑的？赤裸裸地，回来，大雨，大风，读一点革命。

閒来無事作此画

倘遣倘遣

May 8, 1930

1930年4月26日及5月1日日记

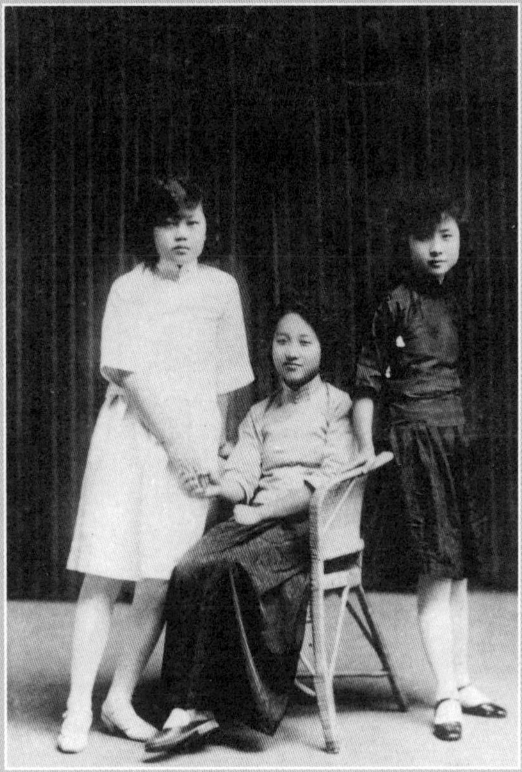
聂耳在昆明时的女友袁春晖（右）、陈钟沪（中）、李家珍

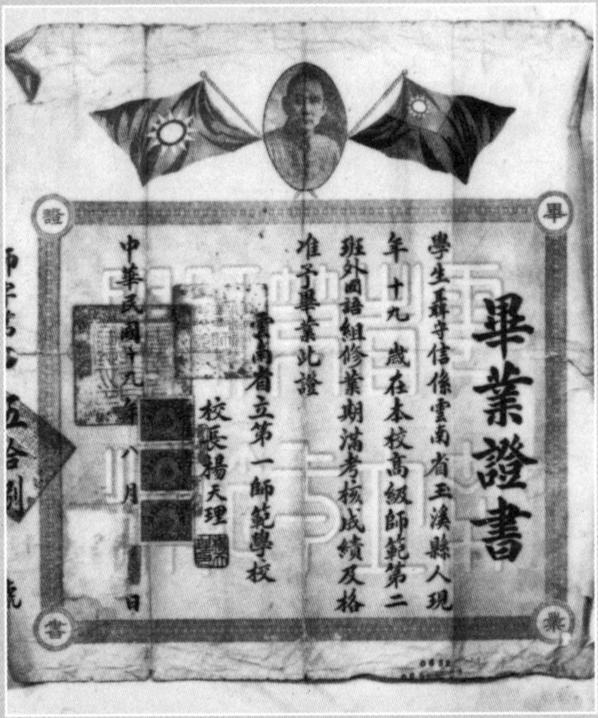
畢業證書

學生聶守信係雲南省玉溪縣人現年十九歲在本校高級師範第二班外國語組修業期滿考核成績及格准予畢業此證

雲南省立第一師範學校

校長楊天理

中華民國十九年八月 日

云南省立第一师范学校发给聂耳的毕业证书

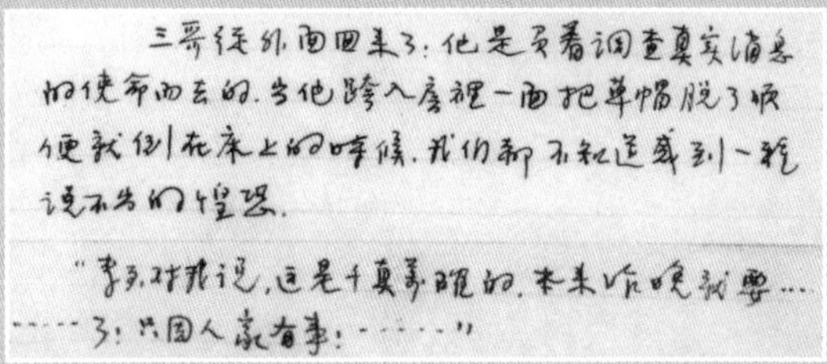
三哥从外面回来了：他是负着调查真实消息的使命而去的。当他跨入房里一面把草帽脱了顺便就倒在床上的时候，我们都不知道感到一种说不出的惶恐。

"事实对我说，这是千真万确的，本来昨晚就要……了：外国人几有事：……"

1930年5月10日日记片段

一九二六年

六月一日

是日为史地之平时测验，上午八时高老师出题。现将所试之题无妨录下。

历史题：

1. 试述元代四汗国名及其领地。
2. 试述清初藩属国家。
3. 试述西力东侵之原因。

地理题：

1. 试述世界文字之大别，并各举出该种文字盛行之地。
2. 试述耶、回、佛三教之分布地。
3. 何谓民族精神。

每科以两艺[①] 为完卷。

余作五题：历史二题，地理三题。后忆今日之测验，谅各题俱有七八成之合，故殊觉满意也。

六月二日

是日之周会，为校长报告本校经费状况之过去、现在、未来。现仅余之所笔记，略述如下。

一、本校经费之来源：

1. 学捐[②] —— 共有十九项目（如川席、花生米等），每月至少二百元多至二千元。

---

① 即作好两个试题。

② 聂耳当时所在联合中学的经费，主要来源于政府征收商品税时附加的学捐。

2. 学费 —— 收客籍费时约一千七八百元。

3. 田租 —— 共有十三石。

4. 铺租 —— 即校前之一间每月六元。

二、本校经费困难之原因：

1. 封马[①]。

2. 迤东一带火腿[②]少入。

故感觉入不敷出之困难也（经费局每月交来约四百元，校中之用几至一千二百元）。

三、本校以前筹备经费之□[③]地：

前任校长亦有呼经费之困难，但筹备未成。后乃赵校长以继续之。

四、此次筹备增加经费之经过：

最先与本校之吴校董商议 —— 因其为财政委员会之委员，又与司长为至交 —— 徐司长甚为赞成之。

十月二日旅行所需之物件：

1. 回饼；2. 葡萄干；3. 糖食；4. 饼干；5. 面包；6. 去核盐梅；7. 仁丹。

十月一日 （星期五）

晨地理教员杨履端云：他阅一文则鼓励起教者与学者之奋勉，夫现代之中学生程度极糟，往往眼高手低，差不多一种学问的基础都不知道，就要研究一些高深的学问。

我听了许许多多的话，真令我蹙额疾首。感觉到我凡研究一种学问都是混乱的、无头绪的，从此以后总要脚踏实地从根本上着手，不要眼高手低。

他还说：凡研究学问，要得方法。

十月二日 （星期六）

旅行之经过：

1. 时间 —— 五时半起床，六时半早餐，七时半上船。

2. 路程起止 —— 自西门马路边下船，至苏家村上岸。

3. 上岸情形 —— 上岸后直接登山至太华寺开膳午[④]（午前十时半）。

① 云南军阀部队强行无偿征用当地运输货物的主要工具马匹及民夫，致使商品流通不畅，直接影响政府的税收。

② 云南东部的宣威一带，以盛产火腿（宣腿）著名。

③ 手稿此处原缺一字。

④ 当时云南人每天吃两餐。早饭后再加一次午点，称为“膳午”（或“晌午”）。

4. 游览地 —— 膳午后与本桌[①] 至华亭寺及砍竹。
5. 开饭时间 —— 分二次：头次二时，二次二时半。
6. 归来时间 —— 三时半下船，六时到校。

请勿眼高手低，愿就基础根本。
A. 现在我所要理之基础功课：
1. 国文； 2. 英文； 3. 数学； 4. 史地； 5. 理化。
B. 在中学时代应随时抱定的：
1. 关于毕业后之职业问题。2. 在可塑性最强之时期宜养成许多良好的习惯，去除许多坏习惯。3. 关于交际上的活动。

此次关于成绩展览会我之作品：
1. 物理学； 2. 数学； 3. 课外作品及图画等。

《地方自治讨论集》
（见第一册第三编第九章至十二章）
细目：
地方之解释（定义）。
地方自治之要件。
地方自治之来源（大陆法系，英美法系）。
何谓省宪。
地方自治应注意的问题：
1. 教育；2. 实业；3. 交通；4. 财政；5. 团保；6. 警察。（互为联带关系）
地方自治之解释。

各科成绩之交呈日期：
1. 作文； 2. 日记； 3. 生理画； 4. 水彩画； 5. 手工； 6. 数学； 7. 公民； 8. 史地； 9. 英文； 10. 理化画。

刺激之起，起于感官之兴奋；反应之起，则源于筋肉之收缩。
A— 刺激经过神经系，其循之路径谓之神经通路。
故生理上言之，学习即系于神经系中建立通道。

① 同桌吃饭的人。

A. 关于学校宜复习者：

1. 数学； 2. 物理； 3. 化学。

数学须将所有之练习算完。

理化先将参考抄起而后复习之。

B. 关于英语学校宜注意者：

1. 所上之班数共三班，而以四班之柏老师[①] 为主，五班之吴老师及六班。

2. 每日所读者须于预先预习。

3. 每日所读者须于课后复习。

C. 自修之科目及用书：

1. 历史； 2. 地理（世界地理）（英文）； 3. 数学； 4. 国文； 5. 英文文法。

时间：1. 早饭前； 2. 午饭前或英文课后。

在十五日内应将理化参考一律抄完，此外宜在年假内须注意者：

1. 国文； 2. 历史； 3. 公民； 4. 理化； 5. 小楷； 6. 簿记； 7. 珠算； 8. 英文。

各科之用书：1. 古文、《左传》； 2. 共和国教科书（公民）； 3. 现代初中历史； 4. 现代初中地理； 5. 小楷帖； 6. 商业学校用书（簿记）； 7. 珠算大全； 8. 英语学会所教之书。

随时温习学校所习者及多看新书。时间之分配：

早饭前习小楷，午饭后习英文及国文。

12—1时 公民；1—2时 历史；2—3时 地理；3—4时 簿记、珠算。

理化有闲即看。

以上各科皆遵学习心理，每科以三四十分钟为最适宜。有暇或礼拜日即至省教育会[②]阅书报。

吉庆有余	赵沙舟	小富春街太阳巷大门
汽　　车	赵石龙	小园巷四号
竹报平安	王志导	柿花巷六号
青云直上	胡绶之	
万像回春	刘天一	二轟街萧家巷六号

① 即“英语学会”的教师柏西文。

② 云南省教育界组成的一个学术团体。其址设有供人阅览的图书馆，并举办一些学术讲演和音乐会。

一九二七年

对张普义之回复： 1.言家母、家兄之不允。 2.校长之不允。 3.如蒙厚爱二次又往。4.请退于此。

三月十七日张普义、赵石龙等往上海。

四月二日寄上海信。

王国祥——上海法租界霞飞路协平里二七六号。

四月十四日九班乙组旅行石龙坝之路程：十四日午前六时半开船，十时至吴家别墅。午饭后至三清阁一游。十五日早饭后至高峣普贤寺、碧鸡关，后自普贤寺往太华、华亭寺一游。

四月十四日　星期四（晴）

午前六时半出发，十时至吴家别墅，午饭后至三清阁一游，九时食夜饭。

四月十五日　星期五（晴）

早饭后至普贤寺、高峣碧鸡关。游后返至华亭、太华寺遇省师学生旅行。四时归。五时午饭后落大雨。

四月十六日　星期六（雨）

晨起临时议决至电灯公司参观。十一时出发，行经美人峰、马鞍山、老洋沟底、哈麻山、棋盘山、妥乐山等。午后六时始抵，参观后开晚饭。八时半寝（本日遇四阵大雨至妥乐山尤大）。

四月十七日　星期日（雨）

午前八时一刻出发，十时抵妥乐村休息一小时（冒雨）。十二时十分抵长坡，后在碧鸡关食膳午。午后三时乃归（自电灯公司至妥乐二十里，自妥乐至长坡十五里）。

四月十八日

午饭后上船，至大观楼食晚饭。七时抵校（甲组未归）。

新机马力 —— 375匹（二部750匹）　旧机马力 —— 300匹（二部600匹）
交流电 —— 三间三线势　　　　　　直流电 —— 阴阳之分（用于电车）
强电流 —— 多用交流　　　　　　　弱电流 —— 多用直流
旧机电量　300 K（几量）、V（电压）、A（电流）
K.V.A × 0.8（力率）=KW
（民国元年开灯）本公司之电量 = 300 K.V.A
$\frac{3}{4}$ KW = 1马力（HP）　HP = 0.75 KW
每部 —— 300 K.V.A　二部约700　　新机二部约800 K.V.A.
自水源至旧机：河长1478米达　　　旧机之水面与海面之高度差约14米达
每秒水流约2.8立米　　河道深2米　　达阔2.6米达
股份约一万股（每股百元）　资本金一百万　　职员约五百人
收入约三万元　支出约一万六千元
静电 —— 天然电　动电 —— 摩擦电
110伏 ⟶ 发电机3000电压 ⟶ 23000电压 ⟶ 省之变压器3000 ⟶ 各街110
⟶ 各宅用燃灯①

小常识

全世界方言约计2750种。
1897年意人麦可尼始发明无线电。
报纸1588年始于英国发现。

---

① 以上为4月16日聂耳参观昆明耀龙电灯公司（后为石龙坝发电厂）时所写的札记。

钟表发明于1476年。
1829年美国加省始发现黄金。
千里镜始于1590年。
指南针创于轩辕二年。
1652年报纸始有刊登广告。
玻璃发明于1820年。

对于鸡蛋糕的问题[①]

鸡蛋糕来鸡蛋糕，又香又甜又酥泡，
蛋糕英雄知道了，赶紧抢去装腰包。
女中[②]学生旁边思，看见此事只笑笑，
各班都有一代表，联中[③]名誉自此糟。

六月二十二日[④]

晨七时十分赴轮，至十二时许至昆阳，约四、五点钟至新街。自昆阳至新街沿途有吴学显[⑤]部下之军队赴昆阳（两大队），本夜未寝。

六月二十三日

晨，天将明，昨日所去之军队夜赶到新街，恶拍店门，大呼找伕子[⑥]做饭吃之。龙云[⑦]之军队昨夜自安宁赴昆阳围城，于是速备滑杆，未食未洗面即起程。至刺桐关食点心时军队仍赶到。不论何家拍门封马，就地煮饭。至石狗头余等已赶在军队先行。在茶铺中仅有军人八九，云："走不动了，给滑杆借来坐坐。"余完全不理。走出石狗头约三四里之远，一伕子言其腹痛不能行。时一避拉伕之樵夫自山上而下，后即换他抬至州城[⑧]。约在正午十二时抵至县公署理财科，与外祖父同至大舅处午饭，与五十七及姐姐至刘家[⑨]。夜聂子安来家，至十一时许始眠。

---

① 这是聂耳在笔记本里写的一首打油诗。
② 昆华女子中学的简称。
③ 云南第一联合中学的简称。
④ 此日至七月初十聂耳暑假回玉溪时的日记，日期均为农历。
⑤ 原为当地的土匪，后被唐继尧收编。
⑥ 被旧军队强拉去搬运东西、干杂活的民工。
⑦ 1927年任云南省政府主席。
⑧ 元明清三代玉溪均为新兴州的州城。
⑨ 五十七是聂耳的大姐聂兰如的长子刘绍唐的乳名。刘家是指姐夫刘云乔家。

六月二十四日

早饭后至北门王佐臣、聂鸿文、苏华、聂四耶[①] 等家。闻聂士秀前日来玉溪，闻外祖父云昨日龙云军队已至省城[②]。晚饭后学习《算术便览》加、减、乘法。

六月二十五日

早饭后，十二时至县立中学校开会——讲演练习会——县长及各机关重要人员未至。自由演说，余稍稍讲演对于本会[③]应怎样发展……晚饭后与母亲、大姐至五舅父处。晚饭后出街看火把[④]，回家与五十七谈话。本晚大姐与五十七、保等皆在此宿。

六月二十六日

早饭后与表弟至大士庵一游，有许多孩子在大桥下游泳。回家后聂士秀来家，决定四五日后与伊同至昆明。后至王二舅家晚饭。晚饭后与表弟等至诸葛庙，回家送大姐回。晚表姐夫来家闲谈。

六月二十七日

早饭后无事，睡眠。至大姐处，后与母亲至表姐家晚餐。后至大姐家。本晚住此。

六月二十八日

早饭后无事。晚饭后亦无事可记。

六月二十九日

晚饭后到了许多军队。大舅家亦有人驻，臂有红布。

---

① 昆明话“耶”即叔叔。
② 云南省的省会昆明。
③ 即玉溪青年改进会。
④ 农历六月二十四日及其后的一至三天，是我国彝、白等民族的传统节日“火把节”。

六月三十日

早饭后至“恒兴利”铺子内，见沿街军队头戴一斗笠，发卖杂物。有一售鸡毛掸者，一军人见之，即往取之，云：“将汝之斗笠借我一用。”本日有告示二张，一为第五旅司令官杨布告，其大意为：昨日所来之军队系因剿匪路经昆阳、玉溪。所有拉伕、封马之事一律禁止，军民人等宜安居乐业。一为元武边防军司令官杨有堂布告，其大意为：本军所属部下（即自昆阳回来的）此次来玉，皆奉政府命令，俟大局定后即开驻他处。近有伪造谣言，煽惑人心，为害不小。经此布告后，违者军法从事……昨日自大舅家回家时天将黑，恐有危险，故冒大雨回家。今早即感受风寒。自十一时半至三时半服圣灵水三次，渐愈。晚饭后正在闲谈时，忽闻小楼上有响声。往观之，则见指挥刀落于楼板。后查此刀所置之处，离所落之处相隔太远，诚可怪耶？

七月初一日

本早起来时，大姐即唤起。闻二姻兄云：第五旅之军队有许多鸦片，请县长售卖，县长不能。后由各铺家分卖，“恒兴利”令取捌拾元购买。午后一时接王继烈信后，即时回复。将晚饭聂士秀来问信。本日“恒兴利”接姐夫之信，云二十五日半夜胡军长私逃，二十七日孟友闻进省[①]。夜无事可记。

七月初二日

早饭后与母亲自大姐家来舅父家。军队至二三时始开拔，闻赶至昆阳。夜与舅父闲谈。

七月初三日 Today is Sunday[②]

午闻河西之匪，约于一两日后即来玉。在家收拾东西及被褥送在大姐家。王大舅家来请晚餐，因我头痛未去，仅母亲与五十七去。聂士秀来家，商量决定俟路途靖吉后再为起身。本晚在家，头甚痛，舅父与我卜课[③]。后五课问谋事有成否，卜后不成，既成约在九月间。消夜后寝。

---

① 指龙云的部下孟友闻等将胡若愚撵出昆明事。

② 今天是星期天。

③ 旧时迷信者以看铜钱的正反面、掐指头算干支等方法推断命运、吉凶。

七月初四日

本日头仍痛。午大姐来家，请母亲与我至九光殿。谢苍哥哥回来睡眠多时。有省城及安宁之信来。安宁信云四舅此次在安宁攻击胡逆[1]，上峰信用，现有将任团副兼营长之消息。聂二耶家来请，晚饭后回家。本宅同住有自昆阳来玉者云：昆阳之军队已开往晋宁，昆湖之轮船、民船一律准下不准上。送第五旅来玉之保商队，今早已开回通海。后大姐回家，在彼闲谈多时即归。

七月初五日

晨起后将煮饭，二耶来请去吃早饭。午至四耶家、孙华家及王佐臣家，后又回至二耶家吃晚饭。饭后与外祖父吃茶，后回家闲谈。

七月初六日

早饭后与老表至聂子安家拿祖公单[2]，未获。又至大姐家要油纸，大姐命我晚饭后与伊写信。晚饭在孙华家，聂士秀来请明日早饭。晚在大姐家写信：一为大姐致三兄书，一为四姻姐致其夫书。写后即在此眠。

七月初七日

晨起后聂士秀来请早饭，后与伊至各处问信。有云尚未开船，有云昨日已开昆阳船。最后决定与同往卖瓦货者初十日同行。聂士秀走后至东岳庙一游。近日有新闻云：石屏海叫，以三牲猪羊祭之，仍叫。后请神，传言云需要三百六十人头祭之。用铁打大剪子一把，见头就剪。有倮倮[3]及卖炭者云，近日满山在剪。晚饭后至大姐家写信，大姐做客尚未回来，将黑才来。后与王上街买梨。回家表弟等来接。赵珮清之子、谢汝翼之子在家卜课。消夜后寝。

七月初八日

早饭后在家写信，后与聂士秀取款，回家与舅父修伞。晚饭后与聂士秀、表弟闲游，又至

---

① 即胡若愚。

② 即聂氏历代宗亲表，见本书下卷。

③ 当时我国西南部某些少数民族的自称或他称。即今彝族人。

青年改进会[①] 闲谈，后至大姐家。回家接继烈、文敏信。二炮[②]后与舅父至正街消夜。

七月初九日

本早元武边防军开回通海。早饭后至大姐处，闻昨夜军队向各家筹款，大姐家筹一百二十五元。写信后回家，遇李本仁。晚饭后与士秀至各家询问，最后决定明天起程。回家后舅父与外祖父等皆不准走。消夜后寝。

七月初十日

晨士秀来家喊母亲与舅母，亦不去向舅父借钱，亦不给。后少坐一时，得母亲之许可始给。在四耶家早饭后，出北门至北城街，遇王能之亲戚亦上省，后与之同行。

I. 我要进高师的理由。

（一）在从前的时候，哪家有一个子弟是读书的，大家都认为是光荣的。现在我们家有三个儿子，两个做事，可以供一个上进深造。

（二）省立师范学校虽然不是完全公费，但供有伙食。假使不进学校，在家还是要开伙食。计算此项伙食费，每月约计十元，四年即可省四百八十元。

（三）初入校时所缴的费用共十六元。十元的保证金[③]，毕业尚可退还，每年不过六元。假使不进此校，英文是要上的，计算此项学费，每月一元，四年须要四十八元。该校所需费用四年不过二十四元，这又可省二十四元。

（四）若果不进此校，在家闲着，当然是不可能的。去做事呢，恐怕人家说年龄幼了，做事没有经验、把握。假使能有合格的事，还要听候机会，并且哪天能有事还不知道。假使有了合格的事，每月不过一二十元，除伙食零用外，哪里还有补助家庭的钱呢？

（五）进省师的外国语组，专门研究英文和选修别的科学，毕业后恐怕有出外的机会。假若不能，最低限度总有一个中学教员的职任。

II. 我要进高师的困难。

（一）初入校时需缴若干费用：1. 保证金十元；2. 讲义费四元；3. 体育费二元；4. 书籍费等。共计二十多元。这项费用是最初要用的，现在家庭中一文没有，哪里能缴呢？

---

① 即玉溪青年改进会。
② 放土炮报时，二炮为二更天（下午九点钟）。
③ 预备用于赔偿损坏公物的费用，中途无故退学者全部没收。不存在以上情况者毕业时如数退还。

(二)省师是一个不能通学的学校[①]，要迁入学校寄宿，寝具当然就是一个困难问题。

III. 我要进高师之困难的解决方法。

有了困难必要战胜，所以有解决的方法。

(一)我们家里并不是常常如此的，总有发展的一天。现在二哥考取邮局，俟有缺时，他总要来传[②]，最初的一个总是二哥。三哥已经入银行差不多一个月，俟学习期满即可领得薪水。所以第一个困难依我的解决法是现在和朋友处暂借一时，以后可以慢慢偿还。

(二)一个人的寝具甚为简单，垫的已经有了，盖的可以向朋友处暂借。

以上困难问题依这解决法去做，若做得到就可以进，做不到就不能进。

1. 每日睡眠八小时，起寝时间宜有一定。

2. 起床即行冷水摩擦或冷水浴。

3. 每日晨起，户外散步二十分钟。

4. 每日餐前，散步二十分钟。

5. 每星期入浴两次（星期三、六）。

6. 晚餐后不宜饮茶，其他液体只宜少饮。

7. 晚餐后不宜作兴奋工作，宜安静身体，爽快精神。其适当之事为愉快之社交的娱乐法，以不费心思之游戏，静雅之音乐为相宜。

8. 在就寝二小时以前行单纯的散步及体操等。

9. 寝前宜漱口。

10. 进食前后三十分钟不宜运动。

11. 入床后不能熟眠，可于床中行呼吸法，不宜过强。

12. 入浴后宜行深呼吸。

13. 运动后不宜继续用脑，需要俟身体安静片刻后。

14. 运动后即可入浴，冷水摩擦或冷水浴。

15. 修学时宜正姿势不致疲乏。

16. 修学时若脑子不清，不妨横身椅上行一欠伸。

17. 修学时若心地不爽快，不妨就其座上行深呼吸法，并合两手互揉手掌及手颈至手尖之关节，亦可使气氛爽快，头脑敏活也。

关于《可怜同》[③]之批评

团长军帽应带泡边的。

---

① 必须在学校里食宿，不能走读。

② 通知候补者到任补缺。

③ 似为一戏剧名。

其妻之表带须用女子者。

团长服装需多加。

其妻之戒指，其夫宜亲手戴上。

其母身宜曲。

八月初五日[①]

缴保证金　十元

缴讲义费　二元

缴体育费　一元

八月初六日

入师范所需预备者

1. 寝具：　A. 被盖一床；　B. 马褥子二条。

2. 服装：　A. 制帽一顶；　B. 操衣两件；　C. 长裤一条；　D. 短裤一条；　E. 汗衣两件。

3. 书籍：　A. 中学校教科书；　B. 英文书。

上省所需物件

1. 衣服四件。2. 鞋子两双。

3. 书十余本。4. 裤子一条。

5. 杂物。

十月十三日

受各种影响决定目标为二步：1. 升学。2. 职业。

1. 应预备之学科：

A. 数学 —— 几何暂用原文，其他代数、算术、三角暂用各种要览。

B. 国文 —— 多读多做。

C. 英文 —— 除校内应读读本外，须阅周刊杂志。

D. 理化 ——

2. 应预备之学科：

① 此日阳历为8月31日。

A. 地理 —— 先看地理问答。

B. 算术 —— 原文算术。

C. 历史 —— 华英通史问答。

书目：

1.geometry（W.）〔几何〕，

2. 算术要览，

3. 作文捷径，

4. 理化教科书，

5. 地理问答。

以上为第一步骤。

Karl Marx（1818—1883）犹太人，其父为律师。一八二四年由犹太教改信基督教。一八三五年入波恩、柏林两大学，初习法律，后习历史、哲学等科。一八四一年得哲学博士学位，欲以大学教授为生，其性激烈，有所不许。一八四二年遂为《莱茵时报》的记者，一八四八年受政府压迫，避地巴黎。潜心于社会、政治、经济之学，因普鲁士政府之要求放逐出境，亡命比国布鲁塞尔。一八四八年德国革命运动爆发，仍回科隆，组织《新莱茵报》。一八四九年复由普鲁士放逐，择居伦敦继续社会主义之宣传。一八六四年组织国际劳动协会（即第一国际）。一八七六年协会解散。所著《资本论》一书，世之社会主义者多以经典视之[①]。

Logic[②]：

何谓逻辑

逻辑与哲学之关系

逻辑与心理学之关系

社会学：

资本主义与社会问题

心理学：

试述研究心理学之方法并比较其优劣

试述心理学之派别及其异同

① 以上为聂耳在笔记本里抄录的马克思生平简介。

② 以下三项为聂耳在笔记本里抄录的云南省立第一师范学校高级部第一学年第一学期“逻辑”（Logic）、“社会学”、“心理学”课的期末试题。

Vorunsky〔沃伦斯基〕：明天是现在的事实酝酿成的，将来的象征各类的本质与特性都有了征兆的。

罗家伦：文学是什么？

文学是人生的表现和批评，从最好的思想里写下来的，有想象、有感情、有体裁、有合于艺术的组织；集此众长，能使人类普遍心理都觉得它是极明了、极有趣的东西。

Hunt　韩德说：

文学是写下来的思想的表现（written expression of thought），有想象（imagination）、有感情（feeling）、有风格（taste），能使普遍人类的心理觉得明了，感着有趣，却非专门学艺的形式（untechnical form）。

近来许多大学者说：

“文学是人生的表现和批评（interpretation and criticism of life）。”

段绍科承之	公家村巷十号
廖　洪云翘	隆星街六号
李德珮鸣诃	大东门外猪集下街九号张庆三先生转交
张流清宇澄	二轟街小土巷五号
胡　佩绶之	水晶宫二号
郭耀辰辉南	武庙上街四十四号
李云龙	金马坊司马第巷三号
刘光棣鄂生	螺蜂街四十九号
张有典贻中	登仕街四十号

留春之花

A调

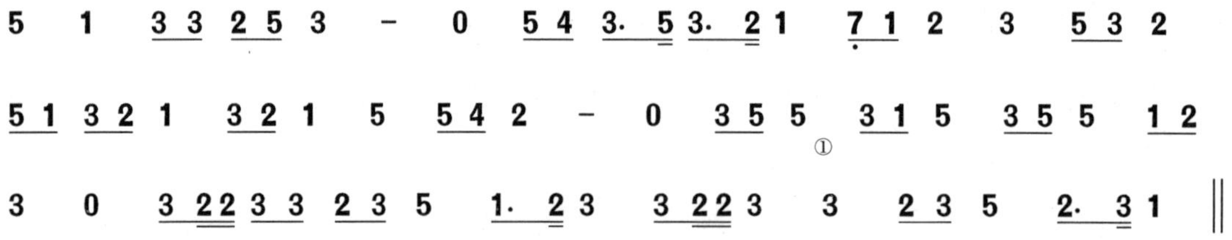

① 此曲谱据聂耳亲属捐赠给云南省博物馆收藏的聂耳手稿校录，原谱无小节线。

聂氏历代宗亲

大曾祖考讳铸	妣	氏	上曾祖考讳镕	妣	
伯祖考讳其寿	妣	魏氏	伯祖考讳其名	妣	
伯祖考讳其禄	妣	氏	曾祖考讳其贵	妣	孙氏
伯祖考讳用周	妣	氏	伯祖考讳联科	妣	刘氏
伯祖考讳联芳	妣	张氏	伯祖考讳联富		
叔祖考讳联义			叔祖考讳联甲		
严祖考讳联登	妣	李氏			
大堂父讳天枢			二堂父讳天衢	母	金氏
三堂父讳天保	母	王氏	四显严讳天祚	母	陈氏、李氏
大堂兄讳鸿睹			大堂兄讳鸿仪		王氏
二堂兄讳鸿康					
大胞兄讳鸿文		谢氏	三胞弟讳鸿藻		

Winter Vacation Daily① 〔寒假日记〕

〔十一月三十日

十一月二十六日我们学校结束了所有的课程，早饭及晚饭将要停止至十二月十日②。我昨天回到家里。今天早晨我读了几篇马克思的文章。早饭后有几个女人到我家里来同母亲打麻将牌。后来我到学校去找T. S. Shĕa君演奏音乐。我回到家里约是十九时。〕

〔十二月一日

今天早晨我读了一章《天方夜谭》。晚饭后我到嫂嫂的娘家去接嫂嫂。我睡觉时约已十二点钟，睡觉前我读了一章《三国演义》。〕

① 1927年11月30日至12月30日的寒假日记，手稿原为英文，现仅在〔 〕里刊出后人的译文。以下相同。

② 聂耳所在的省立师范免费供给食宿。

〔十二月二日

今天很冷还下雨。〕

〔十二月三日

今天下午我到学校里时，得知下星期一我们要和总工会一起演话剧。吃过晚饭我也到学校去排练，但是那里却空无一人。后来我同 Jing Lon Gone 君一起离开学校，路上遇到了 Cong 君，我们到他家里一起演奏音乐。约九点半钟我同 Chang 君[①] 回到家里，母亲叫我送礼物到水晶宫[②]去。我们回到家时十点半钟。今晚是一个非常晴朗的月夜。〕

〔十二月四日　星期日

今天天气很好，三哥、侄子、表弟和我出大南城去，走到金碧公园，后来我们又到了火车站和邮政路。在这路上的一幢房子里传出一个外国人在弹钢琴的声音。我们坐在草地上听着，这是很快活的。以后我们就回家，我到学校去演话剧，母亲和嫂嫂到那里去观看。我们演完戏时约为十二点钟。〕

〔十二月五日　星期一

今天早晨我接到一封“惊涛社”（见下图）开会的信。早饭后，二哥、Woo 君同我到翠湖去走了一会儿。吃过晚饭后，我到 Dsei 家去借数学书，但是她什么书也没有。然后我到教育会去看了一本音乐书。〕

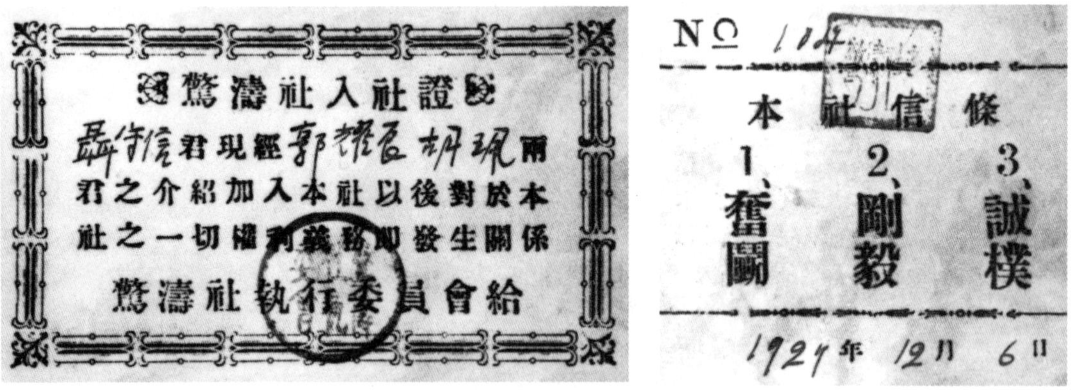

聂耳“惊涛社”的社员证（正面与背面）

① 与聂耳住在同一院门里的音乐挚友张庚侯。
② 昆明市内一条短街的名字。

［十二月六日　星期二

吃过早饭以后，我带了自己的乐谱到联合中学去开会。有五个女学生——Inn 小姐、Li 小姐、Son 小姐、Wong 小姐、Lan 小姐——已在那里。我们开完会约为十六时。晚饭后我到 Dsei 的家去了一会儿。月儿已经很亮的时候，我同 Chang 君到翠湖去。

因为我去了 Dsei 家，Dsei 跟母亲说我去那里是为了追求 Soo 女士的妹妹。从母亲处听到了这种话，我非常的恼怒，并发誓不再到那里去。

三哥买了新鞋及袜子之后，我的袜子也坏了。我向母亲要点银元，她说的话使我很难过。由此我得出了一个结论：我一定要继续在学校读书，并要找一点钱给自己用。］

［十二月七日　星期三

今天母亲十一点钟时到 Jen 家去看病。下午我画了孔夫子庙会的一个景致。十六时 Chang 君邀我去"东陆大学"看话剧，我没有吃晚饭就到那里去了。回到家时约是二十二时，我同三哥去接母亲。我睡觉约是二十四时。］

［十二月八日

今早我继续画我的图画。当我疲倦时，就同表弟走到翠湖去散步。］

［十二月九日　星期五

今天早晨母亲对二哥和我说了一些关于"水"的话。当时二哥非常恼怒，他想要离开家庭。下午我同三哥去存钱。晚饭后我们的同学来 Chang 君家里叫我去演话剧。我回到家时约是二十二时。］

［十二月十日　星期六（今天四叔外出）

Cong 君来我家叫我去教育会。早饭后我们到电报局去看几样东西。吃过晚饭以后我们去走了几条街，我与三哥一同到 Jnei 家去。］

［十二月十一日　星期日

今天是星期日，表弟停止了他的一些工作，同侄子和我到我的学校去踢足球。后来 Chang

君在那里找着了我。我们到“东陆大学”去玩了一些时候，然后我们到北门街去看唐主席[1] 的“大门”。今晚我在家里抄乐谱。〕

［十二月十二日　星期一

今天早晨我八点钟起的床，我同三哥一起到青年会[2]去学习。因为我们起身太迟，到达那里时他们已经散学了。〕

［十二月十三日　星期二

三哥同我到青年会去学习。早饭后我到教育会去参加“惊涛社”的会议。晚饭后我到教育会去参加音乐会，回到家约是二十四时。〕

［十二月十四日　星期三

早饭后我同 Chang 君到 Jun 君家去。晚饭后我们又到那里去，同行的有 Gin 君、Li 君。〕

［十二月十五日　星期四

早饭后 Chang 君和我步行到翠湖，又到美术学校[3]去练习钢琴。我们回到家接到大哥给我们写来的一封信，然而罗正金已经回家。晚上我到 Lou 天恩家演奏音乐。〕

［十二月十六日　星期五

今天是唐主席出殡。〕

［十二月十七日　星期六

早饭后我出东门去买柴。晚上 Cong 君叫我去街上散步，而后我们到学校去探访 Cong 君。八点半时我同 Cong 君及其父亲、妹妹去看电影。回家约为十二时。〕

---

① 原云南省政府主席唐继尧（1882—1927），他的官邸在北门街。
② 英、美等国基督教会专为青年人设立的下属组织，除宗教活动外，还组织外语补习等文体活动。
③ 1922年建立于昆明，其中设有音乐学科（下分国乐、西乐两组）。

［十二月十八日　星期日

今天是星期天，Chang 君约我去郊外找一处非常清静的地方来度过这天。已经是两点钟了我们还没有动身，后来 Youn 君和他的三弟要和我们一起去。于是我们改变了目的地——到大观楼[①]——我们坐船去那位于草海之中的庾家花园[②]。我们到那里时，遇见了我们的老师 Lo 先生及 Youn 先生，他们是从陆路上骑脚踏车来的。我们休息了一会儿，他们也同我们一起去。回到家，时间已经很迟了，我们就在甬道街吃晚饭。晚上我到 Tsie 家去。］

［十二月十九日　星期一

白天我到学校去找 Hoo 君。晚上 Chang 君和我到学校去拜访张君。］

［十二月二十日　星期二

早饭后我同二哥到东门去找大哥的一个朋友。晚上 Chang 君约我到学校去看话剧。起先我只是观看，后来为了我的学校的缘故，我表演了一个双簧。］

［十二月二十一日　星期三

今天早晨我准时到学校去上学。回到家听母亲说我们要同亲戚们一起去祭扫父亲的墓。我们十二点钟步行出发，回到家时大概是五点钟。因为母亲打麻将的缘故，我们今天的晚饭吃得很迟。］

［十二月二十二日　星期四

今天 Chang Min Shou 和 Jin 君、Chang 君和我到美术学校去练习钢琴。而后我们又到翠湖去。晚上 Ceong 君、三哥和我去遛马路。］

［十二月二十三日　星期五

今天早晨我去上学时，约好 Wang 老师同我们一块到美术学校去。十二点半 Chang、Jin 和我从家里出发，在学校的大门口我们碰巧遇到了，他们还带着短号。我们进去练习了一段

① 昆明滇池之滨的名胜古迹。

② 当时昆明市市长庾靖侯的别墅，也供人参观。

时间以后才出来。我们回到家时约是四点钟。〕

〔十二月二十四日　星期六

今天我留在家里没有去看任何友人。十二点钟时 Lou Yao Chou 来找我，他对我的嫂嫂说："请你告诉他，我明天早晨八点钟在高级中学等他。"〕

〔十二月二十五日　星期日

今天早晨我到高级中学去，Lou 君告诉我电影院需要一个懂音乐的人[①]，"我要介绍你去，你可以到电影院去找 Chang 君"。

晚上八点半钟我去他那里，并带了一封信给他。他说："现在电影院要扩大规模，因此必须添加几个人。等我几天，让我考虑一下。"〕

〔十二月二十六日　星期一

今天早晨我到高级中学去找 Lou 君，说了我昨晚已经被录用的事。他说他今天要再去找 Chang 君。早饭后我到第二十三学校去表演《大喊大叫的人》。这天晚上我同 Cong 君到基督教青年会去看话剧。〕

〔十二月二十七日

早饭后我在家里等 Lou 君。一点钟的时候他到这里来，我同他到街上去，他对我说的是我向 Chang 君说的同样意思的话。〕

〔十二月二十八日　星期三

今天我到朱家去吃饭。晚上与许多朋友一同去陶家开会。〕

---

① 1929年以前中国还处于无声电影时代，影片放映前与放映机中间换片盘时，常聘请几个乐手在银幕前演奏音乐来娱乐观众。

［十二月二十九日

今天我去朱君家参加丧礼。晚上我们在翠湖支部开会。］

［十二月三十日　星期五

我吃过早饭以后，Chang 君来找我去美术学校练习钢琴。］

游艺部
- 音　乐
  - 中乐
  - 西乐
  - 京戏
- 跳　舞
  - 附小女生
  - 省师男生
  - 滑稽跳舞
- 双　簧——刘润清

联合滑稽舞：刘春膏　　刘白川
　　　　　　夏世春　　聂守信

滑稽式的评论

中国文化有三种大特点为西洋所又不及：

1. 女人的小脚。
2. 鸦片烟。
3. 麻将牌。

1. 密勒氏谓教育的目的在培养人生价值，如尚其说当否。
2. 我的今后中国教育宗旨观。
3. 幼稚期及青年期身心发育的状况及其在教育上的顺应。

一九二八年

民国十七年二次回玉溪之日记

二月二十五日

晨五时起床，早饭后即与母亲、二哥、三哥出行，南正街遇黄包车①，遂雇两架至大观楼。达轮后远见二哥、三哥在水边挥帽。后轮船开驶至观音山忽起大风，大浪入船。午后二时半始抵昆阳（见下图），至日落后始投宿新街天顺栈（本日同船熟人有盛梦酒之长子及前次在轮所遇的一个开裁缝铺的，现在在军界上）。

"来到昆阳"（聂耳在日记本里的速写）

① 当时一种单人挽拉供人乘坐的两轮人力车辆。

二月二十六日

晨约六时出行，至午正抵州城。行经太及山，过之到河埂，正遇三、四姻兄及五十七至太及山挂纸[①]。进城后即至舅父家，进门即见黑漆棺木一口，余大惊，后见外祖父坐在天井中，病仍是不轻不重。午饭后与大姐同往大姐家，本晚遂就与姐夫同眠。

熊在昆新明　上海徐家汇复旦中学部

王国祥　东大附中

陈廷栋　北京群化学校

我的同学、朋友之统计：

A. 同学：

I. 高小的：	金流光	李云龙	李犹龙	车本宽	萧炳炎
	叶从恭	唐家培	杨品洁	王有才	吴国梁
	曹兆龙	杨夔麟	高　敬	萧培贵	李　汲
II. 初中的：	马运新	王志导	胡　佩	张家宁	姚志云
	赵　奇	张有典	朱肇洪	王树华	陶汝泽
	秦建中				
非同班的：	马培均	黄名俊	陈起龙	苏树言	苏尔敏
	马宣文	叶在龙	罗镒恒	陈樊同	魏家禾
III. 高师的：	刘光棣	段绍科	郭耀辰	邓向富	萧朝纲
	张家珍	张宗祥	李　洸	郭　牲	
非同班的：	杨　珊	鲍秉之	张书铭	李仲贤	冯　洸
B. 朋　友：	黄天石	赵石龙	王　奋		

① 扫墓时在坟上挂置纸钱。

随感录

这一本《随感录》是继续着前一本来的① 。这《随感录》的开始是八月三号的午后九点钟。

在我未笔记之先，我有一桩事要使我知道，就是：

多注意在文艺方面，不关痛痒的话要少说些。

还有一桩，就是此书不能为他人所阅读。

8.3.1928.

Nieh Shou Sin〔聂守信〕

The Spanish Cavalier

A Spanish Cavalier stood in his retreat,
And on his guitar played a tune,dear;
The music so sweet,
Would ’ oft–times repeat,
The blessing of my country and you, dear.
Oh! say,darling,say,
When I 'm far away,
Some–times you may think of me,dear,
Bright sunny days will soon fade away,
Remember what I say,
And be true, dear.

I ’ m off to the war,
To the war I must go,
To fight for my country and you, dear;
But if I should fall,
In vain I would call,
The blessing of my country and you,dear.

And when the war is o ’ er,
To you I ’ ll return,
Again to see my country and you,dear,

---

① 前一本日记（或《随感录》）缺佚未见。

But if I be slain,
You may seek me in vain,
Upon the battle-field you will find me.

Translate into Chinese〔译为中文〕

西班牙的武士

一间退隐所里，站定了一个西班牙的武士，
甜美的音乐声，自那六弦琴上传递出来；
我的爱人呀！甜美的音乐呀！
我不是这样就要停止，我要把它多奏几次，
我的爱人呀！这是我国的幸福和你的恩赐。
　　啊！这是我的劝告，我最钟爱的劝告，
　　当我远离了，远离了，
　　我的爱人呀！你要随时地念及我。
　　清朗的晴天，甜蜜的生活，快要衰落了，
　　我的爱人呀！你切记我所说的话，就是金石良言。

我要出战去了！我实在要出战去了！
我的爱人呀！
这次的战争，完全是为我的你和我的国家。
假使我一败涂地了，
我哀怜地狂叫，也无效，
我的爱人呀！这是我国的幸福和你的福德。

假使这次的战争得胜了，
我将再回到我的祖国，
再来看望我的爱人；
假使我被敌人杀了，
你来找我也是无效，
就是你到战地来找我还是无效。

八月十二日早

十一号他才回信给我（我六号寄给他的）：

守信弟：

你七号寄来的信，我已早收到，因为公忙，不能即时回复，对不起！

你译的一首诗，已经看过，万分称慕你文学的天才！读时我脑里幻显着未来的著家的一个。希望你趁着黄金的青年，努力发展你的文学天才吧！

明晚无事，请过来闲谈或打球。

汪西林上

十七、八、十一

［日期不明］[①]

这学期来的沉闷的学校生活实在有些讨厌了，尤其是在这几天，天天都是滴达滴达的大雨，下个不息；又遇我们同舍的李云龙、郭耀辰等和阮荫槐的低声细语的谈话，随时在我的耳周围缠绕，好像蚊蝇似的，讲什么努力去干啊！到社会去啊！做终身好友啊！什么那司令官啊！…… 真是的讨厌，真是的阻气[②]，随时做出一种骄态来，真是看不得。他（李云龙）以为他是多么能干，交得这一个有一无二的好朋友，随时都崇拜他好像观音菩萨似的。可笑啊！李已经受了阮的利用了，他还以为是怎样了不得的。据我有一次同阮的谈话，他说："我不做一点大事或大官或高于他们的 —— 县长啊，他所谓的土豪劣绅 —— 我再不回家乡。"由此可以看出他是一个想做大官的人，所以现在不得不利用几个人来崇拜他的志愿，看可有点机会来谋他的发展。哈！李居然被他吹翻了！郭、胡也差不多了！[③]

九月一日

…… 约他，然后他又约我。我们十一点钟出发到庾庄[④]，到五点钟回来。墨水被云龙拿去了，不写了。

---

① 本日日期部分缺佚。

② 昆明话"让人憋气"的意思。

③ 手稿此处撕去一页，缺佚本日日记的以下部分及九月一日日记"约他"以上的部分。

④ 庾靖侯在昆明市内的公馆。

九月三日

满天布着灰色的白云，鸟雀的歌唱声叫得非常的厉害，显然就是一个初秋的清晨。我几乎把这桩事忘却了，一直到我醒来后才想起来的。我以为时候一定迟了，谁知我把脸都洗了，庚侯才从那窗子里喊我，比我还懒的他这时候才爬起来。我和他出学校的时候大约已有六点一刻，我们想一直走到“女中”去约她们，谁知她们已早等在三牌坊了。

九月四日

她们实在有些奇怪，既然出来游山玩水，现在到了这风平浪静的“草海”里，她们七人中就有五人在打盹，我觉得那时候很没趣味。个个的眼睛都呆望着那一把开水壶——它很安稳地摆在火炉上。等到它能烫牛奶的时候，已差不多要到西山了。

她们真是不行，才爬了一点小山坡就走不动了。我再也走不来慢步慢步的走，后来跑上她们的前面做开路先锋，鹤仙和苑也跑来和我一同走。我们先到华亭寺吃了一会茶，我们又到太华寺，也是我们三人在先到。因为太华寺里有许多的勤务兵，听说是马总在里边，所以我们玩了一会就回到华亭寺。到两三点钟的时候，我们就上船到庚庄。…… 到学校已经有七点半了。

九月十日

我最亲爱天真烂漫的两个小孩子——李家英、彭文蓉——她们的活泼，她们的可爱，我一天也不会忘却的。今早是一个没有日光，没有下雨，天气不太热的星期天的早晨，我和庚侯提议：“我主张今天叫着家英出去玩好吗？”

我们吃过早饭就去约她——在她们家里和她祖母坐谈了好一会。然后我们领了她去约文蓉，没有找着。后我们去翠湖、“东大”，快乐极了。

九月十一日

假使她们做了我的小妹妹，我是多么的快乐呀！她们每天在我面前跳舞，唱歌，握她们的小手，Kiss[①] 她们的小脸。

我料不到我的好友涟[②]今天会回省，我正在沉闷的时候，躺在床上一面闲谈，一面看了一本《创造月刊》[③]。他进来了，戴着一顶半新的毡帽，穿着一件新的蓝布衫子，他的裤子和鞋

① 亲吻。
② 聂耳在省师时的同学与共青团小组长邓象涟（原名邓向富，当时他已是中共党员）。
③ 创造社（由郭沫若、郁达夫、成仿吾、田汉等人发起），1926年在上海创刊的文学刊物。

1929年，聂耳（右）与邓象涟的合影

子，都是新的，还戴一架金丝玳瑁边的眼镜，简直不像从前的邓向富了（见左图）。

将近二月没有见的好友，今天相见，真是快乐得话都说不出来。今天正是上课的第一天，他来得真正凑巧。

我以后的生活，我想一定是一个新的生活。我的同志涟，他也极端赞成我向文学的路上走。

九月二十七日

前星期天的晚上我在淑仙[①]处听得消息，她说："我们的同学李家珍和我说，'我妹妹家英星期天和你的亲戚聂守信去游翠湖。她和她说，她知道女中八、九班的多数人，尤其是和什么朱咏楼好得很。'"我听了这话实在的奇怪，什么朱咏楼，哪个知道她，简直是家英给我造的谣言。

Marriage is grave[②]，我实在相信这句话。三哥快要订婚了。我和淑仙说到这个问题，她也很附议的——他实在危险了。我和她借了一本《情书一束》。

十月六日　星期六

〔下午四点钟，我们出发去西山，七点半到达。不久下起大雨来，直到十点钟我们才吃上晚饭。我们的人数一共是八个。〕[③]

十一月二十八日

最近一些天只是在谈革命，我的随感录到现在又隔了好久没有写了，今天晚上我觉得不由己地要我写一写。

什么享乐，什么跳舞唱歌，一切一切都过去了！现在只落得一个空幻的回忆。前几天苏

① 邻居翟玉六医生的孙女，当时在昆明女中念书。
② 意为"结婚是坟墓"。
③ 本日日记聂耳是用英文记写的，这里刊载的是后人的译文。

尔敏从上海的来函，里面有一节大概是这样说：“舍妹来函说我的聂兄此次在附小恳亲会和一位李女士双跳舞，大出风头。”这才怪了，我并不知道他的妹妹，也不知道她会知道我。这是我的回忆之一。

“洋花子真讨厌！我今天遇着鬼了吧！”一个带有女性腔的省师附小教员张崇明这样地嚷闹着。

我记得那天是阳历十月初旬一个星期六。附小的男教员发起要去游西山一次，他们的意思是要去打住一夜，他们务必要约我去，觉得趣味要浓厚一点。因为那几天我正过着苦闷的生活，所以我牺牲了一天功课，决意和他们去。

正是一天没有日光而没有下雨的阴天，午后两点钟在附小吃过午饭，预备不久也就出发，人数是八个。

不见得怎样阔大的草海里——就是出大观楼不远的草海，我和庚侯合奏着一个洋调子，幽雅的、清脆的、不可思议地动人。他们都静着细听，只剩那有规律的拨桨声和我们打着拍子。一阵乱风吹来了一大队乌黑的聚云，恰恰停在我们的头顶上。一会儿，叭哒叭哒的大雨滴，不住地加速度地下个不歇。我们所有的人都躲在篷里，好像是失望似地一个也不开腔。一个很粗俗的船家，现出一种极骄傲的样子，向我们说：“不要紧！这不过是一点过云雨，马上就要出太阳了。”我们听了这话，又看看他的态度，好像他是视为一种很平常的事。

下了一二十分钟的大雨，果真出了太阳，大家又高兴起来。

三清阁一层层的房子，看着有些模糊了——黄昏——那时还在海里漂着，听船家说大约还有五里左右。

天也黑完了，我们的船抵了山脚。秋天的凉风在那空旷的海边上，习习地吹来，觉得有些寒冷。我的小腿，禁不住地颤动起来。我们所携的行李，除了重大的给力夫背去外，其余的零件都是分配携带。我穿了庚侯的外套，还背着一个暖水壶，慢慢地上了山。乒乓的一响，水壶跌碎了，大腿也跌痛了。

将抵华亭寺，大雨下个不住。我们找了宿处，自动地做了一点食品——炒饵块[①]。怪闹一阵，两个人一张床，我们就睡了。在睡前有两桩很有趣的事，就是厕所的阶级，和我与张崇明的戏弄。

第二天早上，天气愈渐冷了。我取了 Mr. 侯的一床花毯披着，持了一根手杖，我们一路上走着还放了几句洋屁，如此我的“洋花子”绰号从此发生了。

张崇明随时都被我戏弄着，他们给他起名做“洋花小婆”。

现在西山的三清阁、石房子还留着我们的遗迹，“洋花子偕其妻及其令公子游此”。这是我的回忆之二。

附小旅行海源寺，又是戏弄崇明的一个好机会。活泼可爱的小学生们，他们一天嚷着“聂

---

① 一种用蒸熟的米饭舂成年糕状的云南风味食品。炒时切片并佐以腊肉、酸菜、韭菜等。

四哥”，随着我爬山，随着我在聚仙洞里呼口号。

不到黄土坡天就黑了（因为我们在队伍后面耽搁着），有几个附小的女教员一路上不敢开腔。回忆之三。

十一月一号我们邓、李和别几班的二十人做了本校旅行黑龙潭[1]的筹备员（黑龙潭酒醉后之快乐之一夜）。回忆之四。

最近的二十五号、二十六号、二十七号的到省中游艺会，算是最有趣的三个月夜。人数：李家英，家珍，金韵宜，张梧岗，全姊及附小男教员。绿杨村前我跌倒了，家英拉我。猪叫；电影腔，玉溪腔，建水腔，和最后一晚在崔绍虞家里的乐趣。这是最快乐、印象最深之晚。

十一月三十日

今天起床的时候，我觉得头有些晕，我居然认为我是一个病人了。我正在追思我的病源的时候，李云龙的同乡范进来，我得到了他们明天要走的消息，他请云龙和他换法币。在他们那种很平淡的谈话中，使我起了极大的反应。我忽然想起了我必定要与他们一同出去，云南不是我在的地方。虽然我的家庭是这样快乐，学校生活也是这样有趣，思去想来，宁肯牺牲了一切一切，甚至于牺牲了我的可爱的小朋友。我决定了，无疑了，明天一定和他们走吧！在这情绪极高的时候，我的什么病都忘却了，一鼓勇气自病床上挣起来，刚刚病饭送到我的桌前。

当我回家的时候，我仍然保持我的病态，我对家里的人说我是回来找点药吃——这不过是敷衍他们罢了，其实我是回来看望我的家庭的最后一次。我那最亲爱的母亲仍然如平常似的和她的几个女朋友弄麻将，一听见我病了，她很关心地弄药给我吃，特别地做几样我平常最好的菜。唉！或许上帝给了她一个预知，说这是我们的最后一次会面了吧。

这桩事情除了象涟知道，我没有告诉别的任何人。“老邓可以借我十五块钱吗？”“你要了有何用处？”后来我喊他到我房里详细地对他说过，后来他拿了四块给我。我又向一个同学夏世春借了十元，四元七换一元法币，我换了三元。昨天拿了一元的零钱还没有用掉，去了十四元一角换法币，剩了九角的滇币。

在这寂寞的寝室里变成一个极忧郁的空气，涟进来了，手里拿了一个信封，面上写的是：“这是临别时的敬礼，敬献给我亲爱的守信弟永存”，里面是一首很简洁而能触动我的情感的诗。

“这就是我们最后的一面了吧！”我的很惨淡的声音低声地对他说。我的左手夹着一个布包，里面是我的几件衣服，我的右手紧握着他的右手，行了一个分别礼，我转回客栈里，进去预备明天的早晨出发。

---

① 昆明北郊的一处名胜古迹。

皎洁的月色照遍了南校场，这客栈正是附近着它。我一从客栈出来看见了这样的情境，于是我回想起翠湖的月明之夜。我的小朋友家英、文蓉，你们不能再见我了吧！不见你们的聂四哥，要离别你们实在是环境造成这样。

校里的灭灯号吹过了，自然的灯——月光——透过了校园里参差的花木。我仰了头慢慢地踏过校园走向寝室去，还有几间寝室在点着私灯，其中一间不是别的，就是涟的一间。

"怎样你又回来了？！""因为客栈里人挤满了，所以今晚还是回来寄宿。"这也不过是我对他暂时敷衍的话，实在是我还想在校多留恋一晚和他谈几句话。

我的思想完全集中到"明早五时起床"，什么心事我都暂时丢下，默数着一二三四地睡着了（午后十点半钟）。

一个怪梦把我惊醒了，我燃了一根火柴看一看表，整两点钟。

月光照在对面寝室的瓦屋顶上，天井里的柏树和几件晒着没有收的衣服，很明显地自玻璃窗外映在我的眼眶里。因为我睡的那张破床摇动发出叽哩喳啦的声音停止了，云龙的鼾声，还有两个老鸦在屋后的大树上东西相应地叫个不歇。又燃了根火柴看一看表，差不多五点钟了，我翻起身来披上衣服，靸着鞋子，燃着一盏煤油灯跑到对面的寝室外面把涟叫了起来。

月光和电灯光照在街上，除了几个清道夫外，只有我和涟君走着。"生离死别，我们今天也尝到这种滋味了！"我开始这样对他说。在这种情形之下，好像人人都可以感觉到的就是有话想不起来说。他仅答应我"是的"，他又想了一会，很悲壮地对着我说："你看这明朗的月光，它的表示，是说我们始终都是在一条光明的大道上同行的，信弟多多地想想吧！"

无情的汽笛啊！你真是不让我们再说几句吗？呜——离别了！离别了可爱的故乡！可爱的朋友！这一去不知道是怎样茫茫的前途啊！

火车渐渐开快了，月台上的涟君也有些模糊了，但是我仍旧回顾着我的故乡。我们随着车头转了一个大弯，为路旁的大树所遮，只看得车路上的几个较高一点的洋屋顶，但是我依然回顾着。

过了几个车站，我所遇见的事物都是一种新的景象，渐渐把我思乡的观念打破了。

火车仍是不住地拖着向前方，我看了路旁的树木一棵一棵地睡下去，又看看火车头的勇敢毫不惧怕地勇往前去，我的脑海充满新的希望。

伟大的火车头整整地把我们拖了十个钟头，天也差不多黑完了，大概有六点钟的光景才到阿迷车站。下车的时候，照例要排班点名，然后才进了大安旅店。

晚饭后，同着我今早才认识的三个新朋友，在街上逛了几转，茶铺里坐谈了好一会。

我想来我还有一封预备好给家庭的信，我急忙把它投到邮箱里。

对门旅店里的大钟响了十二下了，"喂！睡了吧，明早起得早啦！"新朋友中的Mr.黄这样地对我说。

Today I sent a letter to my family in Ar-mi 8 o'clock.〔今天八点我在阿迷给我的家里发了一封信。〕

十二月一日

因为注意力集中的缘故，昨晚做了一个怪梦：我的母亲和二哥都赶到阿迷州来捉拿我，于是我对他们作一种极迫切的恳求，他们无论如何都不许可我，他们紧扯了我的两臂，但是我竭力地挣开，拉扯一阵怎么就把我扯醒了。

房间里的煤油灯还在亮着，我们同房四人都一齐醒了，大家都以为是起床的时候了，于是我们起来洗过脸预备吃早饭上车。

因为昨天的衫子抓烂了，今天穿了我的学生衣服，戴了便帽，似军人不军人的样子站在月台上和他们晒着太阳，在等八点五分的河口车。

开到滇省的货车已开了，我们正在闲谈的时候，忽然跑来一个同行的，说那边辗着一个小女孩，被车轮把双腿辗断了。当我们听到这个消息马上起了好奇心，就跑到那边去看。可怜啊！从膝盖以下只见破碎的骨头和血肉，简直分别不出那里是脚掌。看她的年龄只有十岁光景，看她也不知道疼痛，嘴里还叫着"你们哪个有刀或枪可以快些地把我杀死，我不愿这样受罪了。"据熟悉她的人说，她的父母是非常贫穷的，大概是自己耕着一小块田。在这阿迷过来的一个车站叫小龙潭，这里产的煤炭最多。碎的和搬运漏掉的，任何人都可以得取，这小女孩每天都借着这货车带到小龙潭，尽量地拾取煤炭，大概每天都有几毛钱的进益，然后又借它带回来，从来没有出过车费的。今天她照例地到小龙潭去拾碎煤，汽笛一响，她提着她的篮子跳在踏板上——因为她跳车的经验太多了，所以车子走得相当快的时候，她跳上跳下都很平常的，今天她跳了上去也不算一回什么事，但是你们知道她的足断并不是为着跳车。

火车走得也不远，从这货车的后一辆走来一个安南[①] 人，手里拿着红旗来到她的面前，不说三不说四[②]地把她推下车来，刚刚地推在两条来路拨车的交点，火车吭哧地从她脚上走过了。

大约有七点钟了，我们才到河口，很随便地对一对相片，然后走过桥去，法人又清一清人数，才向老街"长安"旅店走去。洗脸后我们满街地逛了一转，把所剩滇币用完后又到店里开晚饭。

卧薪尝胆今天也算尝过了，在这里的店子比较阿迷实在差多了，仅仅垫一床席，枕就是一块柴，盖的是一床灰毯。

（我打算把这小孩足断的事实，完成一篇很好的小说。）

十二月二日

今早我们起得很早，因为要赶六点二十分到嘉宁的早车。今天所走完全是平路，没有一个山洞的，昨前天共有一百六十五个山洞。入了热带，天气很热，两旁的植物都是大叶的、奇

---

① 安南是越南的原名。

② 云南话"什么也不说"的意思。

怪的。五点半钟到了嘉宁，很有一种电影的气象。车路的旁边有一条汽车路，我们将到时就见两辆汽车，这就是我出省见汽车的第一次。在嘉宁吃过晚饭，又到车站去等八点半的晚车。费了三个多钟头的功夫，远远地就见海防的电灯和路旁的汽车。渐渐接近了车站，就别是一重天，新的气象快临近了。

海防的汽车啊，马车啊，马路啊，美丽得了不得！我们好像乡下人到省城似地东张西望。到店子已有十二点了，二点打过我们才睡的。

十二月三日

今天早上七点钟就爬起来满街地逛了一趟。九点钟开过早饭，我们四人连着把一个个的商店都参观过，楼上转到楼下，觉得很没有什么意思。汽车一来，我的注意力完全引去了。又看看他们骑单车[①] 的是多么有趣，所以我和黄永清各人租了一架，逛了一点钟，花去一毛钱。

十二月四日

同样的又在海防住了一夜，今天午饭后要预备上船了。早饭后我们有十多个人逛到海边，看见我们要坐的是一艘名字叫“顺康”的大轮船。

晚饭已经开过了，大家乱个不已，收拾的收拾，洗脸的洗脸，大约五点钟的光景，从旅店出发。

旅店门口有几辆黄包车停着，那些车夫看到了这点装束，只见他们在那里互相谈话，不晓得是谈些什么，他们的眼睛完全注视着我们在大笑而特笑。

我们上了“顺康”大轮船，店主就把我们招呼在舱板上，我们以为给我们休息一会，后来一问才知道这里就是我们的睡处了。大家听到这话都很不高兴，咒骂着，可是有什么办法呢？虽然是一个非常污浊的地点，忍气吞声地还是住下了。

四十多个人通通睡在这舱板上，这天晚上真是挤得要命，外面大吹着冷风，里面在出大汗。一个晚上那鸡的声音、猴子的声音和安南舟子的吼声叫个不休，吵得个一夜不能安眠。

十二月五日

第二天早上，我们以为船一定开得很远了，我们跑到船边一看，码头还是在面前，轮船仍是停在原来的地点。

---

① 即自行车。

搭船的客商大概没有了，我看看海防马路上来往的汽车怎么渐渐地移向我的后方去了，这时我知道是在转船头，或许不久就要开船了。

兴高采烈地站在船边，两眼只凝视着隐隐忽忽的海防码头的桅杆。站了一点多钟，海防也看不见了，经过着几个大礁石，渐渐地入了大海，吹到脸上的风也觉得有些凉了。我低一低头钻进布棚来，只见我们的同伴一个挤一个地睡着，我看了这种情景，实在有些讨厌，我不理他们，一个人跑上楼耍耍那些有钱人住的官舱。

我们在云南的时候，常常听到从外省来的人说："外边的大轮船坐着真是摇得了不得。"今天晚上大家都在谈论这个问题，个个都说我们坐了一天的船都不见怎样的摇，这船真是平稳极了，他们是说谎的。

鸡屎猴屎的恶臭，海面上的大风真是不容易吃。有的带着毯子的，倒可以御一点寒，没有的就是这样露着。我算有点拉连[①]，还找到一床灰毯和他们挤着盖。

The suffering of headache in the steamer.〔在轮船里头痛的苦处。〕挤。

十二月六日

一望无际的大海啊！看着实在伟大。凶猛的大风浪也渐渐地增大起来。睡得昂然不动的人也渐渐地随着船的支配而摇动起来了。

吃过早饭我也学他们跑去睡着，熟睡了一趟。听着他们乱嚷着吃饭，我挣起来，一看原来是晌午用的糯粥，我喝了一碗，仍然睡下去。吃晚饭的时候，轮船一上一下地愈更摇得厉害，在开饭的那十多分钟内，给我摇得个头晕眼花，我又慢慢地半步半步地走去睡着。我看看有多数的同伴都没有起来吃饭，他们吐出来的食物摆得东一摊西一摊的，我知道我的身体还比较强得多哩。

这天晚上的臭味愈加厉害了。海风当然不消说了，又加上船的大摇动，当然是能使人难受心酸的，所以在这四十几个人之中，思乡的叹息声啊，懊悔的咒骂啊，晕船的哼声啊，充满在这船舱上，成为一个非常复杂的空气。其中有一个昭通人，他从昆明逃营出来，连夜地赶到宜良来赶我们的车，他晕船晕得非常厉害，又兼一点痧症，看他的样儿是非常危险，离死不远了。他那可怜悲哀的声音叫着他的爹爹呀！妈妈呀！和叫着他初交的一个朋友。用针刺他的手足救他的命，乱了好一半天，他的手足的麻木才稍稍地止一点。这里歇了没有好久，那边的呕吐声又来了。唉！说不了啊，恶臭随时都围着鼻孔，假使我的钱可以坐在官舱上，吃的是大餐，睡的是钢丝床，何必要来嗅这臭味呢？

It is harder than last night.〔比昨天晚上还难受些。〕呕吐臭味。

---

① 昆明话"会拉些关系"的意思。

十二月七日

从早上就希望着的香港，一直到了太阳落才看得见一小点影子。

今天的轮船，依然还是经过一望无际的大海，那些晕船的，依然还是静静地睡着。我今天的脑子觉得分外的新鲜，吃过早饭，我就跑到船头上去站着看远远的前方，我所希望快要到的香港，我理想着香港是我平素最想到的地方。我到了那里，我可以用我的法币（三元）买一枝自来水笔——我的计划中最紧要的和我所喜欢的东西，价廉一点的买点。还有一件很要紧的，就是我到了香港可以找得着我的一个老朋友黄天石先生，他是我的一个思想的先导者，现在是《大光报》社总编辑。我正在这样地想着，忽然听得一种云南腔的谈话，说什么转过这个湾就是香港了。我回过头去一看，是两个云南老者指着前方的一个大湾。我问他们香港快要到了吗？他们也是同样地回答我。

奢望变为失望了，我们只想轮船一到就可以上岸去，不料被留在轮船上，接着又换了一只"广西大沧"直达广州。

〔我们到了香港，但不能登岸，只是停留在轮船上。我们没有晚饭吃，只得到了三块面包。我们在席包上不能睡熟。〕

十二月八日

〔广州云南会馆里蚊子的侵扰。我寄了一封信给我家里。〕

十二月九日

〔我们得到了两角钱在火车上吃早饭。我看见其他的许多士兵，我想到我也是一个兵。〕

韶州找店子。

十二月十日

灰毯和席子——From〔从〕老街 To〔至〕桂头——60 Li〔里〕——饿饭。Fine day.〔天气很好。〕

十二月十一日

From 桂→罗昌——饿饭半顿——80 Li 蛮里。Also fine day.〔也是好天气。〕

十二月十二日

From 罗→九峰 —— 80 Li 蛮里。

Cold and cloudy day.〔寒冷而多云的阴天。〕

十二月十三日

From 九→塘村（湘粤交界的大蛮山一时遇大雨）—— 90 more Li〔还有九十多里〕。大山坡。

Cloudy,rainy and cold day.〔天阴、多雨而又寒冷的一天。〕

十二月十四日

From 塘→良田 —— 80 Li 蛮里。

Also cloudy,rainy,cold day.〔又是天阴、多雨、寒冷的一天。〕

十二月十五日

Today we arrived Hoo Nan.〔今天我们到了湖南。〕From 良→ Chen Chou 郴州 —— 40 Li。Also cloudy,rainy and cold day.〔也是多雨而寒冷的阴天。〕到下看见新兵之惨状，见熟人之流泪。吃罢晚饭，稻草三把灰毯一床。

十二月十六日

I sent a letter to my family and a letter to my dear friend Mr.Den.〔我寄了一封信给家里，又一封信给我亲爱的朋友邓君。〕

遇见柳恒藻，默默无言，经武遇张树义。

我剩一元的中央纸与赵江吃一点膳午，剩下的储蓄着。在馆子里见桂仰之，只有假装看不见。

十二月十七日

休息。

早晨发给军帽、油衣[①]、皮带、绑腿。

今日见一小点日光，找虱子成为普通现象。

发给大洋[②]一元，余剩小洋[③]一元储蓄。

本来想一元四的小洋通通储蓄，不过同他们一同出去也不得不应付一下，吃了一台膳午。剩下一元我说我要给朋友。

十二月十九日

今早实行操洋操，天未明即起床，气候严寒，特别操的慢步。

平常事，抢饭的本事不佳，只有饿饭。

十二月二十日

仍然出操，厉害的正步和跑步。

新兵队生活之片断：

1. 听见起床号急忙爬起来。2. 点名后预备出操。3. 决定上正操或特别操。4. 到操场只希望少走几步。5. 收操时看着菜饭不敢顽皮。6. 厨房内抢食锅巴。7. 吃饭时要有计算，而举动确凿。8. 饭后清扫一次。9. 午操决定。10. 锅巴。11. 晚饭与C之谈话。12. 向火[④]。13. 洋油灯之清扫。14. 临睡后之脚冷。

其他：1. 面盆之争执。2. 花生油巴巴糖。3. 公菜吃完后，要吃所谓左眼饭一两碗，或是抬光饭来吃斗笠中之私菜。

十二月二十一日

本日午操，被教训官提为特别操八字慢步，深受打击，流了无数的伤心泪。晚饭后三人商量之计划，已决定星期日到宜章请柳与张之援助。

十二月二十二日

晚，认识毛本芳、张树义。日，到河边洗衣服找虱子。

---

① 当时的一种油布雨衣。

② 旧时币值一元的圆形大银币。

③ 旧时币值一角或二角的圆形小银币。

④ 云南话“烤火”的意思。

认识他以后，我们计划破坏了，因为经武找得一个司书之职，毛(玉溪青年改进会的分子)约我以后和他到江西。

十二月二十三日

宪兵队开晚饭和消夜。今天没有放假，因为逃营的人数太多了，大队长被罚到军部的烂房子抬砖头，后准假三小时与毛本芳至“香水盆堂”洗澡，他送我一件毛衣。今天逃营的连经武有三人。

十二月二十四日

我听得编团营的消息，我和毛、张商量，他们和我想出许多办法，并且和我进行暂时的逃避。由柳找我们的一个同乡，在师部的。今晚在此消夜。

十二月二十五日

晚饭后我看赵江在睡着伤心，他以为将来的前途完全黑暗了。那个计划失败得可惜，我们又恢复了这计划；并且又新订一个，请他们援助我们到江西。事情出乎意外，他们已经进行得两个司书的位置了。(消夜)

十二月二十六日

Mr.Chou Kian and I fled from the army at eight o’clock this night,we get the office of a clerk.〔赵江君和我今晚八点钟从军队里逃了出来，我们得到了一个司书的职位。〕

今天，在宪兵队会着我们的同乡冯则，并决定今晚逃营。

十二月二十七日

Today I feel very happy〔今天我感到非常快乐〕，不消抢吃，不消给脚受苦，听说他们已编团营。

一九二九年

一月一日

木叶渐落、凉风入户的秋天，现在已经过完了。
冰雪森严的冬天早已摆在面前。

一月三日

萧飒，淅淅沥沥，弥漫。

一月四日

我已知道我的事业，我的希望，都同冬日的积雪遇到日光消溶了；夏日的游丝，遇到罡风飘逝了。

一月五日

〔云南的交通〕。

一月六日

以前的一切希望，现在只是投入失望的海底。

一月七日

微弱的残照，清澈的月下，妩媚的花前，作苍凉的声音，唱那乱着的歌曲。远远的海水放出寒慄的光芒来，我寄我的深愁于流水，我将我的苦闷付于清光。

丝丝的细雨敲着窗子，密密的黑云罩着天空，澎湃的波涛震动着船身。海天辽阔，四顾苍茫，这是我们离海防第二天早上。

假如智慧之神不光顾我，苦闷的眼泪永远不会从我心里流出来啊！

一月九日

海防之小学生足球队。嘉林和小孩谈法文。

一月十日

1. 接信之感觉。
2. 出湘的动机。
3. 改变环境。
4. 希望：上海、江西。
5. 此次的环境。
6. 其余的答复。

今天春雨不住响地滴着，窗外天容黯淡，耳边风声凄厉，我静坐幽斋，思潮起伏，只觉怅然惘然！

一月十一日

可爱的家英妹妹，她穿了她的舞衣和白帆布的舞鞋和她的爸爸一齐在某一处遇着我。我握着她的两只小手，kiss 着她的小脸。又拥抱着她的小体问她一些学校里的话，醒来时只觉睡梦一场。

一月十二日

自从到团长侄子处弄乐器后，认识了所谓美术学校的首美。今晚正在闲谈时团长（一三七团谭秉良）命两个勤务兵来请去弄乐器，因略有伤寒[1] 未往。细微的皱褶。

① 意为伤风感冒。

一月十三日

二十人左右，十人左右，你的倾向是什么？

一月十四日

究竟是什么意思？各自的，十分尊敬的。

一月十五日

那是我最心爱的一张画片，谁知道在这里又能重会着她，无限的惆怅的回忆啊，何日才能打破呢？

一月十六日

这是一朵最后的玫瑰花，独自残留在枝上，它的亲爱的伴侣，都已衰退而忘去了。

一月十七日

上海法租界贝勒路761号中央汽车专校。

一月十九日

Yunnan〔云南〕，法政府欲以十万元了结越南惨案。

一月二十日

淑秋的忏悔：

heads〔项目〕

1. 结婚之日。
2. 回家后之回忆。
3. 希望的真爱。
4. 收到日记及书信。
5. 日记（a. 初改环境的痛苦；b. 他的堕落；c. 忏悔；d.go to the sea〔到海里去〕）。

一月二十一日

1.Political utterance international〔国际政治论调〕:国际盟会第九次毫无结果，国际新局面，英国变更历年来抑法扶德政策，德国要求裁兵，不遂后，与俄亲善。

2.Chinese-Canton communist was arrested 70 more people two girls,officer.〔中国的广东逮捕了七十多个共产党员，两个女孩，军官。〕

3.soldiers and policemen 30.〔士兵及警察三十人。〕

一月二十三日

一个绝早的清晨，月儿的倩影还隐约云端，偷窥世人未醒的酣梦呢！

一月二十五日

Fear;It's primitive use?Escape by flight or paralysis.—Physiological Cause or accompany action. Fears of 2000 years ago Fears of Today? How use?How overcome?〔恐惧；这是原始的方式？以出走来求得逃脱，或是以身体瘫痪——生理上的理由，或随之而来的行动。对两千年以前所具备的各种恐惧，对今日的各种恐惧，如何使用？如何克服？〕

一月二十六日

今天我到便所里去，经过士兵的讲堂，在黑板上发现了几个字，使我大为感动：

鸦会反哺羊跪乳，犬能守贼报主人，
父母养我几十春，不知何日报恩情。

一月二十七日

A.To visit the Mayor at Hen-Chou.B.To visit the general at Chan-Sha.〔一、在郴州访问市长。二、在长沙访问将军。〕

一月三十一日

多雨的湖南，伴着我流泪；
卑湿的湖南，伴着我忧郁。

异乡作客原是不堪忍耐的，况且又是在这种卑污下贱的生活里——录事——更是不可多日逗留的。

我时常总是这样想：看花的时光，故乡总比客地好看，比客地来得赏心。

二月五日

Mr.Young Tsi Jong and Chang.We spoke about metal Company and Air School.It is very interesting.〔杨志琼君和张君。我们谈到了金属公司和航空学校，这非常有趣。〕惠芳日记之封面，这一夜里起了无限惆怅的回忆。

二月六日

Sometimes I thought about her〔我有时想念她〕。

二月七日

Today is my birthday〔今天是我的生日〕，十八岁快在面前了。年光总不可倒流，我的青春渐渐地消蚀，斟满了少年的苦酒，在眉峰紧蹙之中，慢慢地吮吸下去。

二月十一日

一个卑湿污浊的荒岛上，
站立着一个初离母巢的孤雁！
他那细长的头颈，不住地转向后看，
看不见他可爱的故乡；
他那细长的头颈，又不住地伸向前望，
只望见他的前途茫茫。

渐放光明的东方，
突起一轮通红的太阳；
残暴怒吼的洪涛巨浪，
一阵阵的拥上他的身旁。
他知道这是他的穷途末路，
只好挣开了他那柔弱的翅膀，

预备着奔向他的自由之乡。
啊！自由之乡！

二月十三日

A letter to your friend reporting him the thing you have done since his departure from you four years ago.〔给你的朋友写一封信，告诉他四年前你们分手以来，你所做的事情。〕

Personal-School-Plans in future.〔个人将来的求学计划。〕

二月十四日

无情的暴雨哟！你那冰冷的雨滴，不禁地打到孤行中途的他，没有携带雨衣的他；同时又打到我忧郁的心里，惆怅不已的心里。你是不是阻碍我们前途的妖魔，是不是我们计划成败的先知？光明之神哟，请你施给我们一部分的恩惠，放给我们一线的曙光，巩固我们的意志，从黑暗的牢狱里，达到光明的彼岸。

二月十五日

今日与C决定计划，并拟一具体的步骤表，明天先往宜章接洽周团副。

二月十六日

他去了，他为实现我们的前途计划而去了。
他是陪着我飘泊的伴侣，可靠的伴侣。
她来了，它备着尖锐的利器，虎凶扑扑的来了。
它是能使我心酸的暴雨，无情的暴雨。

二月十七日

我的希望是水中月，我的事业是镜中花。

二月二十一日

计划中要写的：1.小英（短）；2.兵（长）。

二月二十二日

今天接C从宜章寄来的明信片,It is no hope〔这是没有希望〕。晚饭后他才回来。又决定第二步计划，to make the pretended envelope〔制造假的信封〕。

二月二十三日

本日呈假条。

二月二十五日

大安旅馆
均益货仓 } 阿迷　　长安旅馆 —— 老街

亚东旅馆 —— 嘉宁　　平安旅馆 —— 海防[①]

三月九日

国耻的意义：1.帝国主义的侵略。2.国内军阀之压迫。

三月二十七日

4/12海防轮船， 5/12航海， 6/12航海， 7/12自香港赴广州轮船， 8/12广州云南会馆， 9/12韶州， 10/12桂头， 11/12罗昌[②]。

三月二十八日

自郴起程。

四月一日

1.我与涟在滇之生活； 2.自滇至郴途中之经过； 3.士兵生活； 4.录事生活； 5.聂四哥； 6.洋花子； 7.到郴后之感想。[③]

---

① 这是聂耳补记的 1928年12月出滇时，旅途上的住所。

② 聂耳补记的1928年底由海防至罗昌的旅程。

③ 似为聂耳构思的一部小说《兵》(未写成)的提纲。

四月四日

至韶关。

四月六日

自韶赴广州。

四月八日

发资遣散。

四月九日

21/1　寄双挂号家信一封；　22/1　江炯明，李家英，张庚侯，王继烈，杨子佩，苏尔敏；24/1　郭耀辰；　22/2　楚雄——聂紫铭[1] 。

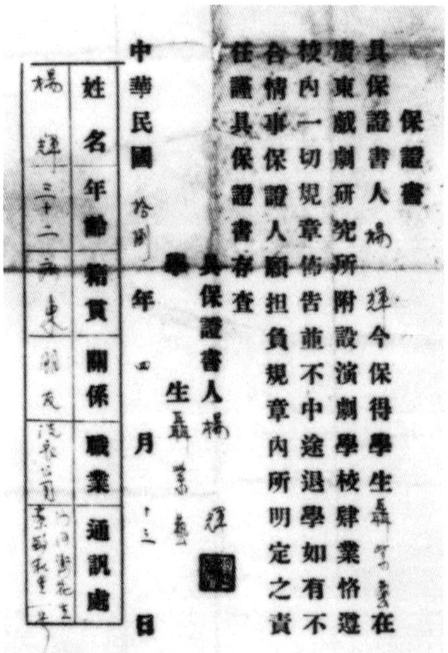

保證書

具保證書人楊　今保得學生聶　在廣東戲劇研究所附設演劇學校肄業恪遵校內一切規章佈告並不中途退學如有不合情事保證人願担負規章內所明定之責任謹具保證書存查

具保證書人楊

學生聶紫藝

中華民國拾捌年四月十三日

姓名	年齡	籍貫	關係	職業	通訊處
楊	二十二		朋友		

聂耳（聂紫艺）的入校保证书

廣東戲劇研究所

紫藝同志閣下

足下入學事已得敝所歐陽所長之許可

足下可於本星期五日上午九時來校受試此佈順頌

時祺

教務長

广东戏剧研究所致聂耳（聂紫艺）的准考通知信

① 聂耳补记的发信目录。

四月十三日

迁入剧校[1]。

四月十四日

迁入旅馆。

四月十七日

My small friends〔我的小朋友们〕:
李家英　彭文蓉　杨慧珍　常实珍　罗静娴　全增弟　张坤厚

四月二十二日

这是一件分别时的礼物，献给我亲爱的朋友们，一切一切的问题，只有留诸后谈。悲楚的余泪，只有从眼的内层流向心的深处。

啊！世界，金钱的世界，伟大的物质之神啊！无一时不受它的支配，白眼……

现在暂祝你们：

途中无阻，

安宁抵乡！

孤零的守信

于广州，4.22.1929.

四月二十三日

云南通信处：聂子明端仕街44号　郭辉南武庙上街44号　胡绥之水晶宫二号
李沛霖司马第巷三号　王继烈南海子边赵公祠内　李家英威远街十八号

四月二十五日

上海通信处：王稺明美专　王一安闸北虬江路七号　王国祥东大附中　姚志云艺大
江炯明商务印书馆　李玉庭霞飞路尚贤坊三十九号　徐寅生新江湾里一号

---

① 广东戏剧研究所附设的演剧学校。

江西：杨子佩南昌第三军第七师政治部义苍七号　　杨茂英中国国民党第七师特别党部

山西：严尔修太原府大铁匠巷八号

香港：黄天石般航道二十二号大光报社　　　　黄显骧

湖南：郴州宪兵队毛本芳兰卿　　一三七团四连三排长袁子藩、真人杰　　一三七团六连连长陆潇雨介之　　一排长徐志高　　二排长温文华　　三排长童朝义　　政治部魏嘉谷一吾　　军官团聂功勋耀环　　龙显章宪之　　桂仰之

广州：周正一云南会馆（并不认识他，不过他在子立处集会过并与聂功勋是好友）　唐雍甫在广州市开医馆　　萧汉选子珍郴州后街马家巷首美　　甘钧（住郴州军官团第一队）云南昆明市钱局街敬节堂巷十四号　　杨乃觉广州大石街女子师范学校余淑贞收或广州惠爱东路大塘街76号　　广东惠阳良井墟福和堂周惠泉　　四川叙永杨成坊豫丰恒　　李德佩鸣诃四十六师部参谋处　　冯元庆四十六师部副官处　　柳恒藻仲采四十六师一三六团二营十连　　黄金山湖北汉口大智门德月茶楼熊维新　　王元道湖南湘乡永丰尧马街积庆堂　　杨矩中小西门水塘子11号　　吴登云湖南郴县东横街二十二号　　周伦南京国立中央大学赵薪传先生转　　李占魁文光湖南耒阳北门外托里　　伍志和、赵君森昭通县北门内木牌坊永记工厂交可也　　张子嘉云南昆明市三义铺六号戚崇义转　　上海市共和路地路总局国军陆军第五师十三旅二十五团一营四连赵尼森　　上海博物院路二十号青年会全国协会转汪西林　　上海江湾劳动大学劳二学院黄家声转黄思生

唯物史观，经济条件绝对律：人类意志的决定，是绝对受经济条件之支配。

马克思说，物质为历史的重心，唯物史观认为生产方法的变动为一切制度变动的标准。

阶级斗争：

马克思说，阶级斗争是社会进化的原因。

要有阶级斗争，社会有进化，阶级斗争是社会进化的原动力。

剩余价值：

马克思说，资本家所得的利益，是剥夺劳动者的过剩劳动产生的剩余价值。

马克思说，资本集中是资本主义自己造坟墓。

四月二十六日

由广州上船（廉州号），晚至香港。

四月二十七日

早自香港开船。

四月二十八日

早至海口。

付轮船票：港纸八元；付海防店伙：法纸五元八毛；付河口店伙：法纸七毛；付河省车票：法纸四元六毛五仙；付阿迷店伙：法纸四毛三仙[①]。

今将沿途向阮教官取之钱记录于后：四月二十六号，借由云南会馆至广泰来之车费中央纸[②]一角；与阮教官同时开饭去中央纸三角。

《饮冰室》[③]之要点：

意义丰富，

笔墨流利。

《阅微草堂笔记》[④]之要点：

词笔不深，

深入浅出。

禁止现金及非商业上之汇兑出口，

禁止奢侈品入口。

据最近日本驻滇领事调查报告，谓昆明市之货物，有60%为日本货，35%为他国货，中国货仅5%而已。

图书馆应阅之书

1. 大仲马《侠隐记》　　伍光建译

2. 狄更斯《滑稽外史》　　林　纾译

张打铁，李打铁，

打把剪刀送姐姐。

姐姐留我歇，我不歇，

我在张家楼上学打铁。

打到正月正，狮子跳龙灯；

打到二月二，龙抬头；

---

① 这是聂耳补记的由广东返回云南时的旅费。港纸即港币。

② 即南京国民党政府发行的纸币。

③ 近代梁启超撰《饮冰室诗话》。

④ 清代纪昀作笔记小说集。

打到三月三，三朵菊花泡牡丹；
打到四月四，四个铜锤跳四个字；
打到五月五，五只龙船飘花鼓；
打到六月六，家家门前晒红绿；
打到七月七，七个果子甜蜜蜜；
打到八月八，八牙西瓜赛月牙；
打到九月九，九朵菊花泡烧酒；
打到十月十，十个老官偷屎吃；
打到冬月冬，提灯笼；
打到腊月腊，糯饭煮巜丫巜丫①。

矮板凳，土鸡台，
我的姑爹不成才，
好吃酒，好打牌。
……②

青天绿叶春色漾，
愁肠相共转田庄；
轰轰电台促前去，
恍然又似入梦乡。

1. 何谓氧化？何谓还原？
2. 如何可使火焰光明？
3. 氢、氧、氮如何制取？
4. 燃烧之条件有几？
5. 氢、氧、氮之性质有何区别？
6. 举例说明同素体之意义？

《父亲的义务》人物：

陈锦屏——陶汝泽	陈维美——孙维智	大丽花——熊希文
衣店伙——唐 恒	婢——聂守信	亲 友——吴天化

① 昆明的小孩称猪肉为“嘎嘎”（巜丫），此处意为腊月初八要吃猪肉煮的腊八粥。
② 以上为聂耳记录的两首童谣。

《到饿死的时候》人物：

祖母——唐 恒　父——吴天化　母——赵 勋　子——聂守信

五月三十日 （雨）

不敢谓之曰“诗”

绵绵的细雨，滴达，滴达，
凄凄的微风，嘻洒，嘻洒，
上课，吃饭，睡眠；睡眠，吃饭，上课……
这些机械的影画：
有时竟会一幅一幅地清晰地自我脑海里映过，
——当我在那波涛滚滚的浪海中，飘浮无定的时候，
空幻的理想，始终不能给我畅达，
恶劣的环境，总是不能被我战胜；
走吧！上海，留逗着几千个失业者的上海；
住吧！广州，向例排外的广州；
回头吧！故乡，可恨又可爱的故乡；
这便是我最后决定的最后一途了！
……
一切的一切，依然如旧，
啊！绵绵的细雨，依然滴达，滴达，
凄凄的微风，依然嘻洒，嘻洒。

六月一日

滴达滴达的绵雨，已经绵延了三天了！初下雨的那一天恰是我们的龙主席[1]出师贵州，因此有许多无聊的人，竟把这事讲出许多鬼话。有的说：“今天主席出师就下大雨，这一定是打败战的一个预兆”；有的说：“今天主席出师，就下大雨，龙不能居山，现在龙下山了就有水来供给他，这是多么巧奇的一件事啊？这一定是打胜战的预兆吧！”昨天的捷报有“……二十七日我军左翼已占领了贵阳……”等语。这个消息传开以后，我们可以听到那些讲鬼话的说道：“我就说……这是打胜战的兆头。”还有在先讲的那些呢，不但不讲“打败战的预兆”等语，居然也一口同音地说：“我就说……”这虽然是一件极细微的事，但是我们也可以看出现在的

① 云南省政府主席龙云。

投机者真多啊！现在我也来讲一讲鬼话吧！

在我的预料中，理想着今天定要天晴——因为是总理[①] 奉安纪念，少不了青天白日照耀在总理的柩前。我今早在未起床之前，一幅美妙的图画早已摆在我的眼前：大概是一很晴朗的天空，国旗飘扬，游行，呼声……同学的吵闹把我惊醒以后，才知道刚才的事竟是一些幻想，谁知道依然是天阴下雨，冷静。啊！总登记处开纪念会，天为总理而流泪！

久居在这繁华的城里，空气总觉污浊，尤其是这几天的放假，连连地下雨，使人感到十二分的沉闷与无聊。若是不下这几天的雨，我们对于这个较长的短假期，早有提议要到昆明唯一的胜地——西山一游。到现在终于失望了。

今天是忍无可忍，奈无可奈了。天气虽然照旧的阴着，但是总想到一处较远一点的地方游一游，经了多方的提议，都没有一个地点满意。然后我很滑稽地提出西山，何以说滑稽呢？因为这时候已有十点多钟了，假使果真去游西山，事实总有许多问题：今天去今天就来呢？关于游玩的时间就成问题；今天去明天来呢？明天放假不放假又成问题；天气的能晴与否，又未尝不成问题。所以我这个提议似乎有些滑稽，我想决不会成事实的。过了多时，个个都有勇气地叫着“赞成”，居然成为事实了。

刚刚一打人[②]坐在一张小船上，欢乐的嬉笑，小朋友的歌唱，不觉大观楼已遥遥在望了！“轰”的一声，午炮[③]响了！

灰黑的云雾，渐渐变为暗黑，一团一缕地自远方卷来。一阵大雨下来，一会儿成为一个污黑昏沉世界。这时我们站在这陡灵灵的悬岩上了，真是一个可怖的境地。

大雨拼命地下着，昆明湖里的小船，从这朦胧里可以模糊地看到，它们仍是慢慢地前进着，蠕动着。我们无意识地伴着雨声大吼起来，这雨声的响度似乎是被我们的力量克服了许多，但是当我们停止了吼声以后，雨声更觉激烈起来！我们更这样无意识地继续了好几次，到最后一次停止的时候，雨声的怒吼，似乎是到了一个不可收拾的程度。

记得是我们忠厚爽直的“蒋总司令”[④]提出一个“下棋待晴”的口号，大家都高兴地同意了。石房子的石桌上，马上便成功了几种棋盘，于是便开始动起来。三次都还没有下完，那可爱的晴天已现在我们的眼前了。

---

① 即孙中山。
② 即正好十二个人。
③ 解放前昆明市为了向大众报时，每日中午十二时于万钟街城墙上燃放一次大炮，称为“午炮”。
④ 省师附小教师蒋天民的绰号。

一九三〇年

1.To borrow the clothing of dance.〔借跳舞用的衣服。〕

2.To buy the string of violin and mandorin.〔买小提琴及曼多林的琴弦。〕

3.To prepare the luggage.〔准备行装。〕[①]

1.What is Commence？〔什么是开始？〕

What is Young M·C·A？〔什么是基督教青年会？〕

他们在政府路线上、组织上、工作上的问题。

2.Commence National and Y·M·C·A〔国家的开始和基督教青年会〕与世界革命中他们的组织和工作。

Chinese Y·M·C·A〔中国基督教青年会〕过去工作的错误和New〔新的〕任务、政策和工作路线。

Class-Schedules of my self-study［我的自修课程表］

The morning〔早晨〕

School Lessons〔学校的课程〕

After breakfast〔早饭后〕

Japanese〔日语〕

The night〔晚上〕

Books of Social Science and Literature〔社会科学及文学方面的书籍〕

Before sleep〔睡觉前〕

① 1930年春节聂耳曾随“旅省学生会”去玉溪，参加该会举办的游艺会。

Daily〔日记〕

I shall read the English books except the school.〔我要学习一些学校课程以外的英语书。〕

1.The English Echo〔英语会话〕

——in order to remember the sentences of conversation.〔以便记忆一些会话用语。〕

2.Abraham Lincoln〔林肯传〕

——in order to remember the new words.〔以便记忆一些生字。〕

3.English lessons〔英语课文〕

——in order to remember the new words.〔以便记忆一些生字。〕

4.Essentials of English Grammar.〔英文文法纲要。〕

1.The Friday to go to Ton Ta.〔星期五去东陆大学。〕

2.The quarrel of our family.〔我们家庭的争吵。〕

3.She said that there are not the holidays in May.〔她说了五月份没有休假日。〕

in Chinese.〔用中文。〕

The influence of 1.15.1930

The night,there is a very bright moon hanging in the sky.Mr.Chang with me walking to Green Lake,I have an idea：

1.I can't with C[①] from my "Thinking".

2.I can't with C from my "Loving".

3.If I depart from C,I can't assure that I would not with another.

4.If I sacrify my "Thinking", I can't satisfy C's hope.

5.The "End"：I go on my "Thinking" hardly.

〔一月十五日的印象

晚上，天空悬挂着一个非常明亮的月亮，张君同我散步到翠湖，我有一种想法：

1. 我不能够把C从我的“想念”里除去。

2. 我不可能把C从我的“爱慕”中除去。

3. 若我同C离别，我没有把握我会同另外一人。

4. 若是我牺牲了我的想念，我不可能满足C的希望。

5. 其“结果”是：我艰苦地进行我的“想念”。〕

---

① C为聂耳在昆明的女友袁春晖的代号。

The influence of 1.16.1930

1.If I go on my "Thinking", I can' t suffer longer,On the "End" , "Suicide" .

〔一月十六日的想法

1.假若我继续着我的"想念"，我不可能再忍受痛苦至"结果"自杀。〕

The influence of the night of 1.16.1930

To go on live of "Lun Mun" for six months.

〔一月十六日晚上的想法

继续在"龙门"住六个月。〕

一月十六日

I met Mr.Sun We.〔我遇见了孙维先生。〕

1.to speak to them in a voice.〔以一个相同的意见和他们谈。〕

2.I speak the another one if they speak about Lao.〔如果他们说到罗，我就说另外的人。〕

3.Speak hardly about our indeed.〔很难谈到我们心里的话。〕

4.to attend The combination of youth and relate to them.〔出席青年人的集会，并和他们发生了联系。〕

5.the attention of grand.〔注意最重要的。〕

6.To make the report.〔作报告。〕

三月一日

1.The meeting.〔开会。〕

2.The speaking of yesterday.〔昨天的谈话。〕

3.The speaking, on road.〔(昨天)在路上讲的话。〕

4.To across the bridge.〔过桥。〕

5.Sitting beside the seashore.〔坐在（滇池）草海边。〕

6.On the boat.〔在小船上。〕

7.Back.〔回来。〕

8.At I chwan〔？〕

三月四日

在烂书堆里找出了这本将近一年前所写的烂字纸，现在看起来，实在有些可笑。回头仔细地看过、想过，简直感到自己的幼稚和空虚。

当我起这样的感觉以后，很想提起笔来发上一点牢骚；但是我的笔依然刚硬地被我捏着，它总不听我的指挥，把我埋藏在心里好久没有说而不能说出的话灵活地表现出来。现在我的脑海里，更堆起一层黑黄的污泥，只剩下一些杂乱的情绪，惆怅不已。

实在说，我们没有“作家”的头衔，而且并没有什么所谓“作品”发表过，就是一篇“作文”，也未曾通顺的作过一次，怪谁呢？有什么惆怅可言呢！

现在已是到了这样的一个局面，我不能不加速地补实我的空虚，努力地跃过现有的幼稚。以后不论怎样，我总保持着每天记账的工作，这唯一的这点要求，想来不致中断吧！

三月六日

看相片

静坐寝舍的他——每晚的深夜，当他长时间地沉思以后，忽然跳将起来，忙把箱子打开，抽出一件很可爱的宝贝。由他的眼光中看出来它是可爱，他不住地向它凝神、微笑、狂笑，有时双手地捧着忽远忽近地仍是不住地向它凝神、微笑、狂笑。俟经他长时间的鉴赏后，又慢慢地打开箱子，轻轻地插入底层，然后又跳到桌旁，骄傲地坐下。我们由他一双温媚的眼珠的表情，可以知道他是得到一种异常的胜利，静坐寝舍的他——每晚的深夜，总有一次这样的把戏。

三月八日

遇人

别的人只以为我们是和S君去看考试的牌示，谁知道那时的我的心灵，早已飞向我爱的艺弟的身上去了！

当我和他们在一路同行的时候，他们高兴地注意和我谈话。我的耳鼓里虽然会起一部分的作用，而我并不知道他们所谈的是什么，我竟会不自觉地答他们几个“ン”[①]字。我的视线

① 日文“嗯”的发音。

只浏览地注意到人车密集的街上，有时发觉了远远走来一个相似他的人，我的脑里忽然起了一种特殊的感觉，那时真是说不出来的欣喜啊！等到他渐渐地走近，发觉了不是我爱的艺弟时，我在先时的情绪，马上便起了变态，一口失望的深呼吸不自觉地会做了出来。艺弟啊！你知道我们实在不能再等你了！昨天不是说十二点钟吗？现在已是一点钟有零，没有办法，只有借题发挥，以和S君来看牌示的名义来遇你们。但是，充满了热望地跑了一趟，终于是空！我在等你的那一个多钟头间的心情和转回来时的失望的滋味，给你去猜想吧！

可恶的小东西！谁知他已早回家来同样地在等我了。不，仅不过是我这样想象罢了，实在他有没有这样的心理，我还不知道。我一见他便向他低声地说了一句："各人不肯……给人家空跑一趟！"他只微微地给我一个很温柔的笑容，并找不到一句相当的话语答我——大概是因为人多的缘故吧！不过，在他的微笑中，也许有向我道歉的意思。

约

那边弄麻将的声音简直杂乱不堪，可是一点也没有打扰着我读日文的专心。任他们怎样地吵闹，我总是默然地躺在沙发上，好一块艺弟的毛围巾给我安适地垫在沙发上。我想不管他怎样寒冷，他总不会着想到要取回他的毛围巾，我知道他是很乐意借给我的，我也才敢这样做。

刚刚他们麻将打歇，他便跑来坐在我左边的一把藤椅上，"恐怕那天天不会晴吧！"他低声地对我说。我知道他已接到那张约会的通知，心里是很想去，而口里又不得不说着这样的话。我因为机会的关系不得不赶快地给他一个回话："怕什么！到那天一定会晴，并且……"。"各位！请饭了！请！请！……"这么一来，我们的密谈，当然暂告结束。

雄哥的饭在我之先吃完后，他便依然跑到厢房里，我知道这当然是给一个谈话的好机会，我便少吃一碗，急忙跑进厢房。在先我只想他和艺弟所说的恐怕一样，不致会有异议，而且我也希望不再有什么问题发生。不料他还没有开口便先蹙眉头，"最好是不要去了……恐怕太玩多了，不对吧？""怕什么？不要再犹豫了！""算了吧！我不去了！那末你们三人或是两人去还不是一样！你想，我的态度已是在先表明过，恐怕越玩越是……不对，对你们倒是很好的，可是……"

"这有什么办法呢？道理固然是这样，可是……不玩又不得，算了吧！各人走吧！要是不去，那末……也就"，"啊！……你们推牌吗？来赛谁的运气好……"，"……"

三月九日

读日文

我学习日文的开始，不算不早了，但是到了现在，还是跑不出字母、音便……的范围。在先是和同学中懂得日文的曾经一度地研究过，没有半月的光景，不知因了什么会感到无趣便停止了。记得是在前年的事吧！到了去年的下学期，本校正式地添设日文选修，那时我也很高兴地报了名，上了课。没有上了一学期的三分之一的课程，并不是教员偷懒，只怪我一天去唱革命，从此便终止了。

前两天在伯民处谈起学习外国文，大家都激起了急要学习外文的兴趣，尤其是我爱的艺弟和雄哥，我于是也被鼓励了以后要努力学习外国语的决心。

昨天晚上我到伯民处，艺弟们高兴地向我嚷着："明天要读日文了，我们。"虽然他们没有直接地问我加入他们与否，但是由他的表情上看来，已是表示出这种意思。他们在口头上还唱着不要我读，若是我加入和他们同时学习，真是相去天地了……这不过是他们说说罢了，实在我又算什么呢?

我们的日文班，居然在今天成立了。不守时刻的S君，居然不按时到校，终于缺席。冷静滑稽的ラサン[①] 他还给我十五分钟的休息，以作我们取笑"夹猪脚"[②]的好机会，同时我在这个期间还和奂若做一次短时间的英语会话。

ラサン愿意绝对地守时刻，他恰在午后二时便停止工作，我们也就此自由地谈起话来。

他们都夸奖我是得意的大门生，聪明伶俐的小动物。实在说，我算什么聪明伶俐？不过是在他们之先学过一点。我的笨拙，以后你们才知道哩！

艺弟读鼻浊音时，真是有趣。

三月十日

约

今天下一天的雨，我十二时才起床，整天地坐在打字机旁。

午饭后与家人围炉聚谈时，艺弟来家找我。

"啊！这么大的雨，你还跑来！""不要紧的，我是特别来告诉你，若是赫君的病已经痊愈，并且天要晴，那末，我们便履行前约吧！……"

三月十四日

失望的归来

看着今晚是大有晴的希望，怎么又下起雨来了。当我跑到天井里发现雨是渐渐地大起来，我跑回房里报告晋安的时候，我们的面庞马上便有一种特殊的变换，不自觉地叹了一口冷气，

① 日文"拉桑先生"，即该日文班的任课教师。
② 似指日文班中某人不准确的日语发音，如同说汉语的"夹猪脚"。

一阵地沉静着。

今天像这样的表情不知是做了若干次，总之，只希望着明天——十二号的西山之游不会失败。

虽然艺弟说是“天要晴才能去”，可是像我们现在这样希望的热情，就是明天的天不会晴，只要没有十分大的雨，都会有去的可能。即使不能，也许他们或艺弟会到我们约集的地点知会[1]一声。说不定大家高兴的时候，会不顾一切地履行前约。我们的理想是这样可靠地自信了，所以我们的热望还是继续不断地保持着。

街上的行人已是渐次稀少，除了几家卖夜点的馆子还热闹地开着外，其余的商店都已关得黑鸦鸦的。这样阴天的夜黑的冷风，加上细微的冷雨，同时吹到脸上来，简直冷得不能再把缩在一件薄外衣的领里的一半脸伸出来。虽然头上没有戴帽子，上体是这样怕冷地缩着，可是我们的四条腿不得不加速度地往前跑，我们还是很高兴的很乐意的。

等我们预备了一点食品后，看着雨又渐渐地大起来，我们便叫了洋车回来。当我们下马市口的时候，车篷已是响得相当的厉害了。

我和晋安在未入眠之先，我们高兴地翻了一些过去，又理想一些最近的将来——明天——是怎样的快乐。

经了一次很长的静默后，我以为他熟睡了。他一翻身，“你还没有睡着吗？”他问。为此，我们又继续起刚才的谈话。……

“晋安！天亮了，有太阳没有？”

“哪里才天亮！你看现已有六点半钟了，快起来去看天气去！”

天上布满了一层薄的白云，只见它很快地动着跑着，但是又不见一线的青天，不论哪个看来都可以知道决不会落雨的。我们洗了脸便得意地出发，只希望在他们之先到，去等。

等我走了两条街，看着东方渐次光明，发现了我们头上已退出了一小块青天，我们的心境高兴极了！开展极了！竟会想到他们或许会在我们之先去等着。于是我们快速度地走到大街，选择了两个能跑的车夫，直达西门外的汽车路口，还没有出西门，长汽哨才呜呜地叫起来[2]。

发现了大桥上没有他们的踪迹。

慢慢地吃着牛肉，眼睛看着城门洞，我们已经故意地耽延了相当的时间。吃完后，不见来。

这时太阳出了，我们又是何等高兴！愈更确信他们没有失约的可能。

我们进西门想去半路相遇，偶然想起，他们或许会走城脚过来，他们在桥上了吧！于是我们赶快跑到城外，桥依然是桥，并无人迹，我们只有静静地坐着等着。

坐不住，跑到汽车路口远远地看着。

站不住，脚酸了！又坐着，看着，望着。

坐不住，又跑去站着，看着，望着。

站不住，又坐着，……晋安低着头低声地对我说：“走吧！没有希望了！”“不，等一等，

① 昆明话“告诉、关照”的意思。

② 位于西门外的云南造币厂上工的汽笛声。

还有一线希望呢！”“走吧，九点钟了！”“不！等一等，再等两个钟头吧！”“……”“……”

交涉的结果，决定再等半点钟。

很快半点钟的工夫过去了！终于不见来。本想再多等一等，但是心里的跳动，怅惘，再不能使我们再在那里多留一刻了，便是这样失望地归来。

三月十九日

The result of this night our speaking〔我们今天晚上谈话的结果：〕

1.To make the Youn Mi Boun.〔？〕

2.To make a teacher of middle school at other provinces.〔到外省去当一个中学教员。〕

3.To go out.〔外出。〕

4.To cultivate the place at southwest of Yunnan.〔去云南的西南部开发一个地方。〕

on bed.〔在床上（写的）。〕

The shake-hands.〔握手。〕

1.“Hopes”.〔希望。〕

2.The door of Li’s home.〔李家的大门。〕

3.In the Green Lake.〔到翠湖。〕

4.To scribe hill.〔描绘小山。〕

	8—9	9—10	11—12	12—1	1—2	2—3
一、	文学史	文学史	作　文	作　文	文　法	文　法
二、	历　史	历　史			教学法	教学法
三、	地　理	地　理	军事操	军事操	翻　译	翻　译
四、	尺　牍	尺　牍	哲　学	哲　学	日　文	日　文
五、	诗文选	诗文选	教行政	教行政	翻　译	翻　译
六、	小　说	小　说	小说读本	小说读本①		

战法：局地战

河川战——半渡而击之利

森林战

村落战

高地战

① 这是聂耳在笔记本上抄录的云南省立师范高级部英语组的课程表之一。

三月三十日

"啊！守信！是不是张二哥[1] 曾领过五哥[2]去要过一处什么地方的？"

"什么？……"我迟疑地问，同时在无头绪地想着。

"…… 我想，是黑龙潭吗？"

"啊！有的，你还记得吗？那天不是省师附小开恳亲会吗？我因为应了他们的约，这天不能不去。不错，他们是骑马去的，人数是'九九社'[3]的和五哥大约十人吧，目的地就是黑龙潭。当他们去了以后，他母亲才发觉了我没有去，她很惊异地问我为什么不替她阻止，并且请我叫他回来。我说，他们已经去远了，不要紧的，他是和张二哥去的。大概就是这次吧！"我很平常地回答了她，我知道这并不是一回什么新奇的事，可是由她的态度上，给了我一个莫大的怀疑。她微笑着，很骄傲地摇着手说：

"嗳！不是，不是，…… 哪里会是这次，那时他妈已经回来了。我说的是她回临安去的那一回。"

"那我就不知道了，您要问了做什么？"

"不是的。这是廖家[4]告诉杨大嫫[5]的，说是她不在省的时候，张二哥曾经领了五哥去要某一处，我记不得了。"

"这有什么关系呢？"

"大概是张二哥的不好吧！……"她说到这里，我急忙打断了她的话头："管他做什么？这些不关自己的事，最好不管的，并且还是这些不关痛痒的是非话，说它做什么！"因为我发现了她老人家闲谈常论人非的毛病，也可以说是她老人家固有的特性，我才敢当着人出口，要不然我决不敢这样地对"上辈"。我知道这么一来，她老人家一定会多心，说不定会当着人骂我几句，最低限度在回家的时候一定要教训我这种态度的不该，可是我又不能不这样做，所以我只得准备着去接受她老人家任何的教训。

真出我意料之外，当我打断了她的话头以后，她并不发怒，也不骂我，但是我已看出她已心中暗暗地多了我的心。过了一忽儿，她偏一偏头，很不高兴地说：

"稍稍稍!!! 我不管，…… 不过嘛 …… 近几天来，十妹她们，哪个不在议论张二哥，……算了，我也不说了 ……"

"什么？"好多事的干妈从烟床上挣了起来，这样诧异地追问着妈妈，但是她并不回答，她的眼神呆看着我好像要迎合一下我的心理，依然又说："算喽！我也不说喽！"

这么一来，不但不能迎合了我的心理，由周围的人的眼光对我怀疑的注视，倒反引起了我一种莫名其妙的反应，使得我非要向她们说明一下不可。

---

① 张庚侯。
② 端仕街44号房东之子杨家祥。
③ 由张庚侯等省师附小教员组成的"九九通讯社"。
④ 廖伯民。
⑤ 杨家祥的母亲。"大嫫"是云南话"伯母、大妈"的俗称。

“这并没有什么奇怪的，只因为张二哥的几个亲戚，是几个‘女学生’！时常肯到那里来玩，他们议论的大致是这样吧！”

“哼！那些不要脸的‘女学生’！”我妈妈这样妙地和我补充了一句。这时一位在座的“女学生”走出去了，不知道是因为戳了耳朵而去的呢，还是有事而去的，到现在我都拿不定，因为她始终不曾发过言、关心这事。

“嗳！现在这些读书的女学生，简直太——太开通了……”老辈子的口吻，她们同情地谈上了。

“亲家母！你不知道，最近的张二哥和那些女学生是窝窝饼饼[①] 的。”

“真怪！他女人在的时候，公然不敢来，只有女的找女的，男的找男的。”现在很有精神的干妈好像是弄得很清楚地笑着说。

“是啊！终归猫在可以逼老鼠。”这句成语大概是这样，不过妈妈说着，辞句上比这个还要好听，她继续地说：

“杨大嫫说，张二哥是近一年来才坏了的。”

我听到这里，实在忍无可忍了，但是我态度很平静地说：

“是，张二哥实在坏透了！”

…………

时间使我不能再在此地多留一刻，并且我也不愿再听这些扛气[②]话。恰好妈妈也提出要早回去洗脚，预备明天的扫墓，我们便同时离开了此地。

我借了送她回去的这个短时，我便很诚恳地对她说了几多话：

“妈妈：你家何必这样爱管闲事？我觉得这些话在家里说着也就够了，实在没有向外人传播的必要。张二哥，我们不管他是好是坏，我们总不能和一些没有关系的人评断人家的是非。况且我们现还不能断定他是一个全好的好人，或是全坏的坏人。总之，是非这样东西，是会添佐料的。”

“哼！有什么说场，你们当然是维护着他们的。”

“唉！妈妈！不错，张二哥是我的朋友，而且她们也是和我认识的。说到维护，似乎是很可以说得通的，不过我实在没有维护他们的必要。我总觉得评判一个人不应该这样地无根据，据我对于张二哥的观察——因为我和他是知己，大致可靠吧。他并没有具有半分坏的元素，而他对于女学生，也没有所谓的‘窝窝饼饼’、‘不要脸’的行动。总之，现代的我们，什么‘坏人’的头衔是免不了的。”

“你既然知道，你就不该再和他们。”

“和他们与不和他们是全无关系的。有时和他们在一处的时候，全是光明磊落的，并没有什么不能见人的事。我说的‘坏人’的头衔，并不是和他们在一处才得到的。只要是现代的每

① 昆明话“挤在一堆、勾勾搭搭”的意思。“饼”读为“饼儿”。

② 昆明话“怄气”的意思。

一个男女学生都早已戴上了‘调皮的男学生’，‘不要脸的女学生’的头衔，这是现社会里必然会有的现象。”

“稍稍稍!!!我不管，有人家房主人去说的。”她似乎动气地说。

“最后，我希望你家不要起一种什么疑心，我完全是诚恳地说公道话！并且你家对我的行动也请尽管放心，我对于这类的事情，我是极有把握的。要是我没有把握的话，那末，我早已坏透了。”

说到这里，不觉到了门口，因为时间的促迫，不能同她齐到家里继续地谈话，我只得告辞回校。她听了我这些话所给我的答复便是：

“管你不是的。”①

四月十六日

最易激起我胸中的悲戚的雨声，又是洒喇喇地下着。虽是初夏，在这样黑云密布的雨天，不觉有些寒冷。我的清鼻涕，不时会滴到纸上来，也是因为伤风没有痊愈的缘故。

近几天来，因为起得太早，白天总感到异常的疲乏，只想跑到床上去躺一躺。但是我不愿破坏我的好习惯，无论怎样，我都支持着我每天预定要看的书。

一种小女孩唱的尖脆的歌声伴着雨声在我的耳旁振荡着，我知道这歌声是从附小②传来的。她们所唱的调子都是从来听得惯熟的，而且是有很长的时间未曾听见的了。

我们的委员会去晋谒了要人回来后，疲乏异常。我躺在床上静听这有刺激性的歌声和雨声，我真不知道我心里会起了一种说不出的特殊的感觉，什么前几年的琐事都会一幅一幅地映将出来。

——啊！多雨的湘、郴……

——啊！《三蝴蝶》的表演……

——我们不是也在像这样的冷空气中多次的集会过……你对于雨天也许会有特殊的感觉吧！不错，有，不过我们不是同样的。我可以说你对于雨天仅有快乐的回忆，而我，便是痛苦的悲戚，但是，在这样的回味当中，还可找到相当的乐趣。

——啊！一年前……几月前……一月前。

四月二十一日

我知道明晚她是绝不会来的，因为她在前星期曾述明她所以不来的真实理由。真实不真实，我确也不知道，但我终于希望着她明晚会来一下。不过因为她这样说了，总使我不会想

---

① 昆明话“随你的便吧”的意思。

② 位于云南省立师范学校大门外的该校附属小学。

到明晚要到那里。

因为昨天受了寒，今天简直头痛不堪，不得不找点药吃。真出我意料之外，雄哥和伯民会在侯处，他们会想得起明晚要约李君来此唱戏，当时我很高兴地答应了他们，但这么一来，我是更不愿意来的，即使她来。我并不是这样忍心地不想见她，实在是因为他们的眼光太厉害了，怎样可能呢！

果不出我所料，当我上楼的时候，那些小鬼们的冷讥热笑真使人难堪，如此更坚定了我明晚不来的决心。

好快啊！居然这样容易地混过了一天。我吃过晚饭，急忙跑到那里告假，他们当然不会对我十分强求，十五分钟后，我走了！

"啊！……你的那本书，我……"雄哥追着我出来，"你知道我特意告诉他今晚要来，你不来吗？"

"说不定我在九点钟以前把会开完，会来一下。"

这事真叫我难办，去呢？又是……不去呢？……好，实在不能不去应付一下，为的是他，这叫意志不坚强吗？

我进去时候，那里已经满座了，他们并没有发现我，因为我是直接上了楼。在石阶上坐着的爱甥叫了我一声"四舅"，我在楼上的走道上看下去，只见有一人不住地回头看，大概是为了这声"四舅"的关系吧！我猜想着或许是他，但在我那一瞬间的视察，并不像他。我在楼上周旋了一下，我便下来，果真是他在那里。

"你多时来的？"我问。

"刚刚才来。"

"你看我的奖证。"

"真是乖学生。"

"我这星期真忙，几次要写一封信给一个朋友，终于写了半封。"

"啊！……明早我们来赛早吧！"

咚！咚！咚！开门！开门！咚！咚！咚！开门！开门！粪买！粪买！嘤！一嘤！一嘤！……叽哩喇！"啊！是你来了，ラサン都还没有来！""洗了脸进来吧！"他的脸，他的眼，他的衣裤，他的手，他的口。

"你不要说我来。""四少爷已经起了。""啊！怎样不见？""茅厕里。""Good morning！[①]""……！""等我去看他们起来没有。""小顺！热水！""二孙少爷！二孙少爷！起呢！二孙少爷！二孙少爷！二孙少爷！……"玫瑰花写生。"他们在洗脸了"。"オハヨウゴザイマス，ラサン[②]""——还有两分钟"。"他不来了。"……"前提法，……法……"他的脚，

① 英文"早上好！"

② 日文"早安！×先生！"

他的毛巾，在手里，“前提法……法……”，他的手，他的毛巾，在桌子上，他不愿意，一拉，“终止法，……终止法……”吃鸡蛋。“你知道我昨晚写给朋友的半封信吗？”“怎么不知道，星期四我还到了你的学校门前。”“啊！”“你不信吗？”“信！”“我以为你会在先写信给我的，寄《风还巢》。”“哈……”“相片是……”“当然不可能放在容易拿的地方。”“我就不然，在学校里。”星期六不来总有原因。“不，不，……”他才起来，ラサン去了，画字，地理先生，怕灰来，搬家在鱼房里（忘记一样），在先，耳房里，他给我夹花片，吃饭去！

晚饭后，他的干跳干跳的衣裳，姑姑，衫子马褂，送出大门。“你也要去吗？”“是。一下就来，你等着吧！”洋五耶！洋五耶静坐，洋五耶看书，“从你们去后我都没有说话。”洋糖，春花色，味特别好，他俩拿嘴咬。天井里，绒沙发，静默十分钟，逗笑，“你不要睡着吧！”回头一笑，哈笑，“我不会笑。”“真的么？”真的，没有笑，面向里，我去看，埋下去，他的脚，他的腿，我靠着，手，交换，我的脚，我的腿，他靠着“你真胖。”“你还不是胖。”他靠，钥匙，图书馆，天文，赤化，英文原文布塞，“我想尝滋味”，《国际歌》、西山，丰满的，足球，星期二，小二二，向后转，并坐，要分南北，彗星，大尾巴。

四月二十四日

同学们陆续地都回校了，有的提着大包小包的食品，有的夹着一包洁白的衣服，有的拿着一个帽套大惊小怪地喊叫着明天究竟封不封帽套的问题。我拖了一辆单车进来，准备明天的单车队。时候已经是八点半了。

对门寝室里拥挤着不少的同学在听一个小军官——C君的同乡讲此次战争的经过，有时竟扯到明天旅行的一切。我因了骑车后太疲劳的缘故，简直热得不得了，我脱了衫子躺在C君的床上，也和他们凑热闹。

惯爱应付新朋友的L君，他的牙齿虽然痛得那样的厉害，但他宁肯按着嘴巴，忍着痛，而不愿意放弃了和这位新朋友的谈话，他仍不住地向这位小军官发问许多关于军事的问题。

他是在高小就和我同学到现在的，他是一个好胜心最强而心直口快的人。自我们认识以后，直到现在，都是保持着原有的好感。他去年回家去娶了一个小脚长发的家乡女子，昨夜他请假外宿，大家都以为他是回去“打牙祭”，谁知他是患了牙痛，唉！要是他再请一夜的病假或牙祭假，那决不会有这样的不幸的。

点名号响后，大家都充满了异常高兴地到天井里来集合。点名后P老师叫我们早些睡，明早要早起哩。我到老密士那里商量单车的事。C君已经安稳的睡了，他怎知道他将有这样的不幸临头。然后我又到L处周旋了一会。谈天的人依然是那样拥挤地团团围住那个小军官。老S也是其中的一个，他呆站在那里听得出神。

电灯熄的时候，我已睡在床上了。但灯熄后好像还有些微弱的灯光透进我的蚊帐里，我知道又是李在用功了。我睁开了眼睛，伸起头来一看，果然他那里燃着一枝洋烛，左手摸着前额，右手拿了一支蘸饱墨水的钢笔在墨水瓶口上接连地刮着，嘴里喃喃地反复着 $X^2+Y^2=$……我并不理会他，翻了一个身，决心一睡就到天亮。

不知从哪里跑来这么多的臭虫，把我咬得简直不能合眼。兼且成群成堆的杂事，不断钻入脑子里盘旋着。

—— 明早，快点起来！先到 …… 然后再到翠湖。不错，一定可靠 ……

时间相当的迟了吧！寝室里寂静无声，不时可以听到墙角下的老鼠在打洞时的抓土声，要是我有一个表的话，我一定把它准确地看一看，是不是天亮的时候了！不，扯远了！老李的洋烛都还没有灭，他还正在有味地深思着他的方程式哩！我依然不理会他，只盼望着明天的到来。

一股白光忽地从我眼前闪过，我的眼被它给了一个非常的刺激，感到怪难受的酸刺，等我能够把眼睁开去观察一下究竟是什么一回事的时候，我发现了 P 老师站在老李的桌旁，手里拿着一个电筒 —— 咦！他是从哪里飞来的？我这样想。

“怎么这时候还不睡？干什么？”他的态度和平，声音低微，

“我在做数学 ……”

“睡吧！明早要早起！你叫什么名字？”他不等老李的话完，他便这样说。

“我叫李 ××，我就睡吧！”

P 老师好像不是专为清查没有睡的学生而来的，因为他要走时，用他的电筒射着这寝舍里另外的一个的脸，仔细地看了一看，然后又转过来射着我的脸，我当然闭了眼睛，假装睡着，我想他也同样看了我吧！我不知道他有无什么特别原因，但另外总觉有些奇怪，不，不会有什么特别原因，也许是他这人太琐碎吧！我不再想下去了，我也不愿和老李谈话，以妨碍他的思想。实在说，为我的瞌睡着想，最好还是少管闲事。

杂乱的思想倒渐渐地远离了我的脑子，虽然有一两个摸不着的臭虫在被窝里和我捣乱，但终于由朦胧而入眠了，因为过于疲劳的缘故。

“你妈的，电筒又来了！”我这样想，同时我的眼睛，受了一种更强烈的刺目的白光而睁开了，原来是这小间寝舍里的两盏电灯在大放光明，我的眼实在支不住这样强的光线的刺射，我又闭了眼。

我觉得在这一瞬间以前，我曾经熟睡了，为什么猛然地会从睡梦中醒来？不是这电灯的开放还有什么？这时，我的两眼虽是那样的难过，为的电灯的开放，但我终不埋怨，终不咒诅。为什么这时候就要开灯，因为我觉得现在总是开灯的时候他们才这样做。虽然，我觉得我没有睡了多少时。

大概是快要天亮了吧！在过去也曾这样做过，大凡要起床很早的那天早晨，学校都可以把电灯开着以避免同学们点洋烛，恐怕失慎[①]。不错，一定是这样，我希望着今早的到来，居然

① 因不小心而引起火灾。

快到眼前了，我应该感谢他们——开电灯者。

“叮！叮叮！——叮！叮叮！”一个听得惯熟的开箱子的声响从上面的寝舍附近传来，我知道是老张在开箱子准备今天旅行的衣服；同时一个低微的谈话声叽哩咕噜地，好像是有多数人在议论什么似的，在同样的地点发出。这时，我并不觉得怎样奇怪，我只以为他们全寝舍的人都醒了，在议论起床，渐渐又不听见什么声响。

我希望今早的到来，虽是那样的心切，但是我不愿意这时候就爬起来，我总觉得它太早了，至少也要天有亮，或是起床号响。

寝室里依然那样的寂寞冷静下去，狗也不咬了，老鼠也不闹了，刚起的一阵大风，刮着寝室门外的几株大树，哗啦哗啦地作响。我的身体好像送到深山野地去了，大概是风太大的缘故吧！老鸦们呱呱地叫起来，我的心真如受了什么创伤似的，不禁地跳动起来，而且有点发冷，我想定是天变了，要不然不会这样，要是下了雨，又怎样办呢？

——怎么天还不亮？起床号还不响？电灯只管老开着，我看了看这间被灯光刷得这样光明的寝舍，追寻地想着为什么要这样？……

忽然电灯熄了，我的心理马上起了变态，急忙从床上挣起望着窗子，——咦！怎么还是一套嘴脸，天空依然那样的黯黑，寝室里的空气依然那样的寂静凄凉，毫没有一点天亮前后的景色，简直是纯粹的一个黑夜，我又失望地倒下了。

真见鬼！我睡下不久这鬼火又着了！这时我急得要想骂出来，我又看看这两个同舍，睡得像憨猪一样地在打鼾。我不管了，我也不问天亮不亮了，我把我的被窝往上一拉，把头包起，不问世事，睡吧！

起床号一响，把我从甜蜜的睡梦中惊醒，披起衣裳，拿了面盆，往后面走去。

“你妈的，是哪个有这样不冬年[①]？无缘无故地把门锁起来！”一个校工一面在扭那道通操场门的锁，一面这样地骂着。

C君和我一同到这里来打水，我们发现水缸里一无所有，又见这校工在那里扭锁，我们只有向他扯筋[②]。

“今早为什么不挑水？”

“不是，这道门向例不锁的，不知道是哪个不冬年的昨晚把它锁起，等我找钥匙去吧！”

“走，到厨房里去打去！”老C一面说一面拖着我从西寝室的大门向厨房里去。

“你知道昨晚的事吗？”他挂着一副忧郁的面庞低声地问我。

“什么？……”

“昨晚的事啊！”

“我实在不知道昨晚有什么事发生，你能告诉我吗？”

“就是电灯着的那个时候……”

---

① 昆明话“不懂事、颠三倒四”的意思。

② 昆明话“交涉、扯皮”的意思。

"电灯着，我是知道的，怎样呢？"我抢着说了这一句，我好奇地追问他。

"昨晚拿人啊！"

"什么？"

"拿人啊！就是在开灯的那个时候，老S，老C，老L，就是他们三个。"

"什么人来拿的？他们为了什么？"

"武装宪兵。大概是'红帽子'[①] 吧！"

我们的洗脸水抬到寝舍里时，同学们都在议论纷纷地谈论这事。我们才知道：他们来时，原是那样的轻巧，把人拿去了，别人都不知道。果真是除了他们两舍外，都没有人知道……

将近九年的同学L君呀！世间上的事怎样变易得这样的快啊！

记得老C昨天曾对我们说旅行要用钱，他的钱也用干了，昨天他没有和我们出来进行参观团的事，就是告我们旅行要用钱。但是今天旅行，昨晚被捕，多么的不幸啊！

老S昨天在翠湖和我们走过新路听见杜鹃在叫，他还说："你们听云南省务党务指委会在叫了！"今天呢？

虽然今天旅行，脑里盘旋着：

"宪兵司令部"

"开灯"

"宪兵司令部"

"开灯"

"……"

四月二十五日

旅行的早晨

六点半，脚踏车，八卦丹，纸壳。七点钟，翠湖与杨骑车，来，我先走，你慢慢走来。景贤祠门口，车，书，手，书掉了。明早七点钟。

四月二十六日

朝游

一个清朗的朝晨景色，胸襟开畅，写一封信到河口。七点钟，翠湖朝游，兵多，中路旁吸新鲜空气。七点半，遇老陈，什么公司，绿草地，半封信，报纸，忽。

① 国民党反动政府当时对共产党员或进步人士的称呼。

五月一日

午游

一点钟以后就是闲着无课可上，不知怎样才能度过这闷热的半天，城里实在呆厌了，take[①] 一个午游吧！

金碧公园，流氓真多。我一个人，走到庚庄，遇到两次朋友。欲雨，不能达目的，坐在路旁，——下雨，树下躲雨，——他们来了，老陈，小张，小鬼等。不足奇，有什么笑的？赤裸裸地，回来。大雨，大风，谈一点革命。[②]

五月二日

厄运，彭芳草，阿庚，生药铺学徒，张木匠女儿，回家娶妻，被抢，地保，村长，张连长，祖遗，田中小家庭，吃酒与屠夫打架，卖洋货与女主顾打架，遇木匠女，上省城，烂眼边跑回娘家，看吃酒席，被搜抢，以树杆充手枪抢车夫，五毛钱雇用贴标语、被捕，释放，穿中山服，当委员，中国国民党万岁！！！[③]

[④]

叶：新俄学生日记　　新思潮三册　　我的幼年　　文学周报

胡：社会科学概论　　辩证法入门　　辩证法的唯物论

郭：唯物的社会学[⑤]

五月十日

真是有趣，为参观女中不能去——因为时间提前了五分钟，公然会到校务处扯起干津来[⑥]。

当我夹着《Ivanhoe》[⑦] 经过校务处要到教室去的时候，校务处的门口和窗子附近，围满了许多爱多事的同学。他们的每一个，最低限度都是微笑着，大部分的都在大笑。有的竟露出牙齿笑得不成声气。这样的情形，自然会叫我挤进去看一看，至少也要知道他们笑的是什么。

---

① 英文“做”。

② 此处有钢笔风景画一幅，画中有大树两棵，种于草地上。远处有青山，二青年男女，手打一把洋伞，并坐于树下。画旁题有：“闲来无事作此画消遣消遣。”下款为：“MAY 8.1930作于师校。”

③ 以上似为聂耳阅读了某本书以后记写的内容要点。

④ 此处有：博士钢笔画、写连生家妈钢笔画、青年男女钢笔画、风景钢笔画各一张。

⑤ 以上似为聂耳向同学叶（在龙）、胡（佩）、郭（耀辰）借阅的书目。

⑥ 昆明话“强词夺理地扯皮”的意思。

⑦ 英国作家司各特的著名小说《艾凡赫》。

原来是两个初级部的[1] 学生在那手舞足跃地和教务处的职员辩论。他们似乎是很有充分的理由似的，质问为什么队伍不到时间就走。实际上这并不成什么理由的，不过是不得去看女学生，心里有些戳气[2]。

我一见着稽察，都会联想到恐怕是有人找我，我都问他一问。刚才他从校务处闯过去了，我注意了他一会，他向外面走去，只见一个看得惯熟的人在和他说话，我仔细一看，原来是三哥来了。

“现在有一件重要的事情要告诉你的，就是今早我的一个朋友李君[3]，特意到家里来说你有 …… 的 …… 你赶快请假回家去吧！”

当我听了这种消息后，并不觉得怎样惊异，我平静地回到寝室里换了衣服，更动了几本所谓禁书的地位，便向校务处请假去了。

当我回家的时候，家里的人都以一种怀疑的眼光，凝视着我，好像是问：“怎么会有这样的事发生？”可是不等我再去理会这眼光给我的是什么时，大哥早已像我所想的开始问我了，那时我真找不到一句相当的话来答复，我过了半晌地说：“谁知道？我还不是在黑暗里！”

时间说来也快，白昼渐渐消逝，黑夜很快地到来。

三哥从外面回来了，他是负着调查真实消息的使命而去的。当他跨入房里，一面把草帽脱了，顺便就倒在床上的时候，我们都不知道感到一种说不出的惶恐。

“李君对我说，这是千真万确的，本来昨晚就要 …… 了！只因人家有事！……”

听了这一番话以后，这间小房子里都被恐慌的空气包围住了，一家人一时惊惶失措起来，好像有一种什么大不了的危机将到来也似的。这时你一句我一句地在想什么办法，什么办法，终于找不到一个现实可以做得的。

时辰是这样飞跑地闪过，各人的情绪更一步一步地紧张起来，那种料想着的恐慌也逼着我们不得不急要想出一个救急的办法来 —— 便是今晚怎样解决？不几分钟，终于想出来了！

不错，便是这样做，时间已经不早了！

五月十五日

我本是名家的女儿，生性儿却有点古怪，有福儿不享也不爱，偏偏跑上革命的浪头来。

跑上革命的浪头来，到今日不幸失败了归来。我不投降我也不悲哀，我只想变一个巨弹儿将人类炸坏。

我只想变一个巨弹儿将人类炸坏，那时将没有什么贫富的分开。那时才见得真正的痛快，我告诉你们这一班酒囊饭袋。

---

① 省立师范的初级部相当于初中。
② 昆明话“丧气、不甘心”的意思。
③ 聂耳的三哥在殖边银行工作时的同事李同文（字斌卿），他的父亲是当时昆明地方法院的院长。

我告诉你们这一班酒囊饭袋，你们全不知道天有多高地有多矮。你们谈什么风月，说什么天才，其实你们俗恶得令人难耐。

其实你们俗恶得令人难耐，你们不过是腐臭的躯壳儿存在。

我斟一杯酒洒下尘埃，洒下尘埃，为你们唱一曲追悼的歌儿。

——《冲出云围的月亮》[1]

《铁踵》

Chapter〔书的章、回〕:

1. 我的苍鹰
2. 挑战
3. 老克孙的臂
4. 机器的奴隶
5. The philomaths〔爱学问的人〕
6. 现形
7. 主教的幻像
8. 机器的破坏者
9. 梦的数学
10. 旋涡
11. 大冒险
12. 主教
13. 普遍的罢工
14. 结局的开始
15. 末日
16. 结局
17. 血色的号衣
18. 在梭罗马山庇阴之下
19. 变形
20. 一个失去的寡头政治者
21. 深渊中狂吼的兽
22. 芝加哥的骚乱
23. 深渊下的人民
24. 梦魔
25. 恐怖党[2]

三段法：预备，提示，应用。

教案：

1. 教学目标。

2. 教材内容。

3. 教法：辅导兼设计精神，道尔敦制。

4. 教学进程：（1）引起动机，（2）目的提出，（3）计划，（4）工作，（5）批评、欣赏，（6）……

5. 时间。

6. 备考。

---

① 以上是聂耳看了左联作家蒋光慈的小说《冲出云围的月亮》后，记写的读后感。

② 以上似为聂耳阅读了小说《铁踵》后，记写的章节目录或要点。

7. 批评。
参考丰富，应用参考。
适应时间。
预备充分。

五月十六日

"啊！这么多的人在听腊盘[1]，…… 我正想来听这 violin 的名曲 ……"

sweep[2]，学戏，…… 睡吧！……

"How was it，last night?"[3]

"There was nothing！"[4]

"After I take the breakfast I shall go back，go back."[5] ……

我很早便起床去打扰小四[6]的瞌睡，现在时间已是不早了，他们还不吃早饭，我无力地躺在沙发上，小四跑来叫我说是你的"我三哥"来了。

预约的要来我们那里吃豌豆粉，他们这里吃荞麦凉粉，原来就是今天。

我在庾侯处老等着他们。一齐到了那里。改约了，去吃凉米线。[7]

要去之前：……

晚饭后，我的"梎水之傍" violin，sweep，月下的凄凉，哭起来！那边晒台上，"不要回去了"。……

五月十九日

蒋光慈先生的近著《冲出云围的月亮》，多么时髦的一部恋爱与革命的小说，多么适合一般小资产阶级的口味。

我并不配否认他的这篇东西是不对的，是反动的，它不但不是这样，也许会在社会上发生一点效力。最低限度，我们看了这篇东西后，可以知道一个真实的革命战士的精神，像李尚志样的那样令人钦羡，不过像王曼英样的女性似乎过于理想了。

我为要把我看的东西，留一个较深的印象，所以我无妨把它拿来反复一下：

---

① 即唱片。
② 扫除。
③ "昨天晚上怎么样？"
④ "什么都没有！"
⑤ "早饭以后我就要回去了，回去。"
⑥ 即李家英。
⑦ 用米粉制成细条状的一种云南风味食品。

整个的这篇小说的意思，可以这样说：由革命的失败后的革命者的种种变态、灰心、反动、小资产阶级的幻灭……以至于复活。内中又用一个被资本家打死的工人的女孩和许多卖身体的趣事点缀着。最后的结局，便是由死去了的又复活过来，被乌云遮盖了的月亮又冲出云围来。

王曼英：在革命潮流高涨的时候，她真的是一个为人类解放而奋斗的革命战士。当她和杨坤秀到H镇去找他的爱人柳遇秋入军校的时候，直到她南征失败以前，那种精神，我们看后将要感到什么？谁知在南征失败以后，她竟会觉着革命前途的失望。她对于革命变换了策略，她说："与其改造世界，不如破坏世界；与其振兴人类，不如消灭人类。"她提出了这种理论以后，她便想法怎样破坏，怎样消灭？……如此，她实行卖身体去制服敌人，去报复那些在她面前示威的敌人。她的对象是：一个小买办阶级的儿子钱培生，一个酒囊饭袋的诗人，一个老政客，一个升官以后的柳遇秋，她的救主陈洪运，……

李尚志：一个始终没有改变的革命者，他解释给她——曼英——她的思想错误，以致曼英由自杀的念头转而复活起来。他以前是爱过曼英而她不爱他的。复活以后，他很能原谅她的一切，这样的同居了。

阿莲：她的天真，她的圆滴滴的两个小笑窝，作者描写得那样巧妙，也使得读者像曼英一样的爱她。她常记得父亲被打死，母亲病死；最后她跑到革命的战线上来了。

看了一星期以后的东西，印象有些模糊了，大意大致不差，像这样简单地记出。

六月三日

今年的蒲节[①]，是我们这班同学在省师里的最后的一次最快乐的集会。这天早上的快乐，也许要比在伯民处和老洋人吃大菜要胜过百万倍。

我醉了，跑到那里，向天地叩首——跌了一交。他们都说我是醉了，但我不承认。我躺在床上，盖着大衣，他们都说我睡着了，但实际我并没有睡觉。他们的一切，我都清晰地知道——找白头发，手——又是一个一号。

T.S.Wang[②]先生听说回来了，在首府碰到一次，并没有招呼。蒲节的头一天又遇着他，招呼了，并知道了他的住处。

昨天——六月二号，我去访他，我们谈话的时间约二三小时，范围甚广——外国语、社会、改造、出路……

我觉着时间总是那样飞跑地过去，隔不上几分钟，我看了看我的手表，只见它不住地前进，再没有看到它会后退的——若是在那里吃饭，我想绝没有这样的顾虑的。然而，我终不愿意常在那里吃饭，虽然他们也在那里。

---

① 农历五月初五日为端午节，因旧时风俗要在门上挂菖蒲叶，故又名蒲节。

② 香港《大光报》社总编辑黄天石。

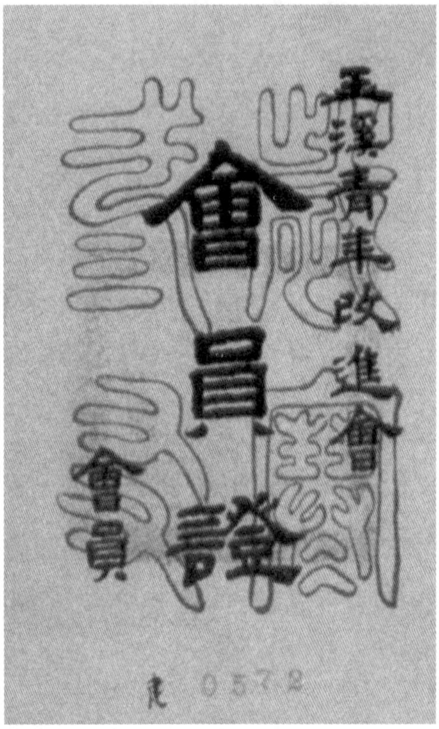

聂耳的玉溪青年改进会会员证

碧蓝的天空里，浮动着的银白色的云块渐渐地稳定了，不久，它的颜色由银白而灰黄而金黄，它的光芒放射出一种令人不可捉摸的温柔。这时，我已在丁家吃过晚饭，走到这行人疏疏的街上。我的脚步只一步步地加速起来，唯一的目的当然是早见面，可以多玩一时，然而事实并不能使你很快达到目的。还有一处不能不去周旋的地方现在不能不去一下，所以我到了十字街口的时候加速地往右边跑去。

承继着黄昏的消失的夜幕，很快地笼罩了宇宙。我的心有时会像被一把尖锐的锥子的猛刺而恶痛；有时又像被一种不可避免的恐怖所包围而颤动，当我懒洋洋地躺在逍遥椅上正想着“他为什么要回去？”的时候。

月牙穿过薄云，疏星放着微弱的光，院里的蚊虫绕着我的耳朵嗡嗡地叫着。我听不见别人的谈话，我只静默着，追思过去，幻想将来。

十几年前所玩的跳绳游戏，昨晚又来重演。

〔校记〕第（一）部分日记据云南省博物馆藏聂耳手稿校录。

（二）在上海“云丰”申庄

1930年8月1日—1931年3月27日

这是一本账簿日行生活流水

Diary（日记簿）

上海“云丰”申庄旧址（在虹口公平路同春里31号福兴公内的二楼）

1930年，聂耳摄于上海

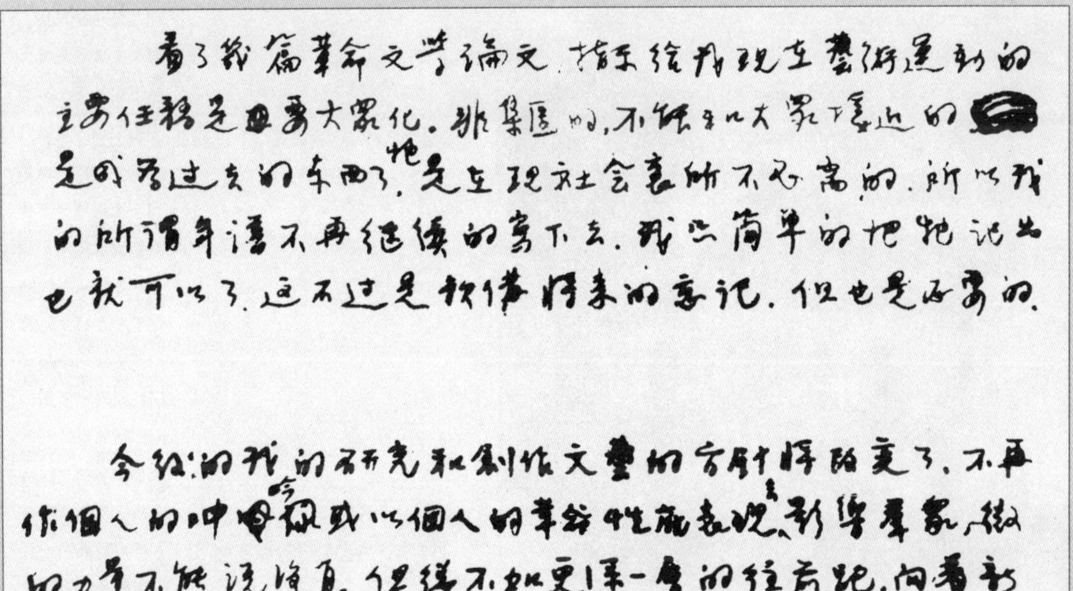

看了几篇革命文学论文，指示给我现在艺术运动的主要任务是要大众化。非集团的，不能和大众接近的，是我过去的东西了，它是在现社会里所不需要的。所以我的所谓年谱不再继续的写下去，我只简单的把它记出也就可以了。这不过是预备将来的参考，但也是必需的。

今後的我的研究和創作文藝的方針將改變了，不再作個人的呻吟，或以個人的革命性底表現，新興群眾，做的力量不能說沒有。但總不如更深一層的往前跑，向着新的藝術運動的路上跑去。

1930年10月19日日记片段

1931年1月6日，聂耳抄录的小提琴曲

1931年3月12日，上海“云丰”申庄全体店员的合影（右为聂耳）

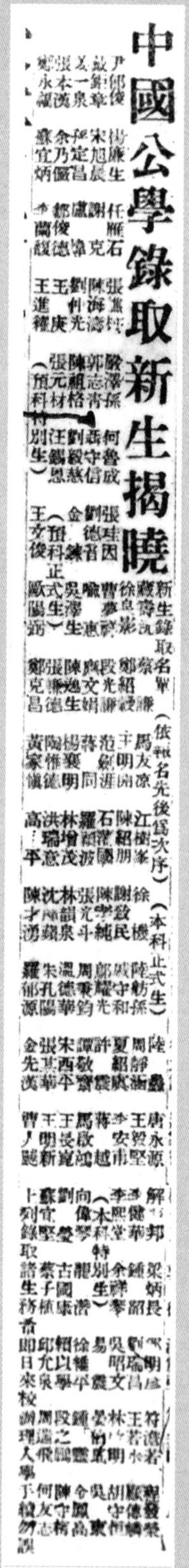

中國公學錄取新生揭曉

新生錄取名單（依報名先後爲次序）（本科正式生）

1931年，中国公学录取新生揭晓（原载《申报》，1931年3月10日于上海）（从上往下第六排的聂守信即聂耳）

一九三〇年

八月一日

上海的“八一”[①] 料想中不会怎样，因为[②]租界[③]已经先期严密防范。今天的报纸开始便是“今天‘八一’，华、租界严密防范”，这当然是什么都跳不起的。

我们照常办事。昨天在精华工厂里装一天《联珠》烟，从早进去，五点钟才弄好了，把货交“王洪记”付邮。看着大雨将临，各人都焦心那三十六个邮包，事实上雨终于没有下成。在途中，经过天一影片公司，正在摄演电影，无妨看了一会，原来不过如斯而已。然后我到民众烟工厂，已没有做工，按十分钟的电铃，没有动静，大门紧闭。

昨天的事务太多，使得我们今天有机会闲一闲。早饭后，顺便结清“王洪记”邮包寄费和电报挂号，又逛到城隍庙里，已经看过的“小头人”还在那里不住地敲鼓。

马路上的警察比往时是要严怖些，但并不见什么。晚上写短信给三哥，谈及谋事速复。

八月二日

盼望着维善[④]购来的报纸看，不多时，来了！原来昨天的事，不像我所料，依然大肆活动。真讨厌。

到无线电局打电报。第四批货的手续做清，可以暂告段落。他们约到“大世界”。《女起解》不同一点，《空城计》真不错，武艺场的“卓别麟”握手提箱、挂表、手表、手套……《西游记》[⑤]

---

① 指1927年8月1日由中国共产党领导的南昌武装起义的三周年纪念日。

② 手稿此处涂去“我们国界”四个字。

③ 租界是帝国主义国家强迫半殖民地国家，在口岸或城市划出作为外侨“居住和经商”的区域。

④“云丰”申庄的负责人段维善，是“云丰”商号老板的妻舅。

⑤《女起解》、《空城计》、《西游记》均为戏剧名。

布景。

十点半钟出场，实地试验报载的退鸡法，果真有效。侥幸，最后一辆电车。

八月三日

无事不出街，看报，看地图。接到三哥的信，可喜，但在第八页上看看会可怕起来，也许是在说狂语。

晚饭后，南京路纳凉，老先生[1] 走脱了 [2]。我们搭电车先到家。阅看“云丰”所有的信。

八月四日

我想他已在我之先谋好职业，不料当我找到黄子商的住室时，由他的黄瘦的面孔和淡漠的表情，知道他还是和我一样，也许我要比他好些。

向三友社索取批发价目表，然后到永安公司问弦和唱片。

没有手帕，不能向人家去要；有点小毛病，不能不照管；一切的用费，只能由收藏得极紧密的皮夹里去索取，但五六元的家当，够用几天呢？

今天早饭后，我竟发觉我已患痢疾。昨天买手帕及买了一小点零嘴已经扯去一张一元票，剩下的不够买药，哪能不扯到唯一的一张五元钞票呢？

八月五日

白天写信，晚上不得已和他到北京路看冰鞋，心里不高兴做的事，勉强下来的结果，终于不对。今晚没有买成，他还说明天再来。现在的唯一的五元，我是应当怎样的看重，还能比在云南吗？

八月六日

冰鞋宣告不买，我也不怕他多心。

到商务印书馆买《日语读本》、《英语周刊》，又到“群益”买《英语小丛书》，我高兴极，回来便看。

正看得有味，这些小鬼，偏要来打动我的心思，居然大唱起这些听熟奏熟的歌儿：《三蝴蝶》、《春天的快乐》、《卖花词》、《无锡景》、《毛毛雨》、《妹妹，我爱你》…… 无一不令我

---

① “云丰”申庄的一位老店员高瑞昌（回族）。

② 上海话“走散了”的意思。

想起往事。

不对事，现在又唱起《因为你》来了。

先前三人扫洗地板、水楼，然后三人大闹水晶宫，身体痛快极了。

八月八日

为臭虫的骚扰，再没有办法可想，提了烂帆布床到爱多亚路修理，掉换，没有成功。寄到“王洪记”处。

坐电车第七路到沪宁车站，走路回来。好远的一条海宁路啊！

晚阅《英语周刊》。

八月九日

黄子商昨晚来访我未晤，我知道他是太烦闷了。昨天、前天，我都没有去他那里。

怎么今天见到他，连一句话也不说，我看他实在是烦得不可能说一个字。这样的痛苦我未尝没有尝过，思想起来不觉又是一年前的事了。

多坐还是无聊，走了吧！

独自走路实在觉得更疲劳些，所有的新书局原来都是在四马路。一个个地都游完了，买了两本《环球》。

晚，阅书后，唱戏、唱歌，无限的愁思涌上心来。

前月今天的一切，活活地显在我的面前，整天地回味我出省的前夜，偏偏陈钟秀[①] 要约我到晒台上看月，谈谈生意。

沐浴时，知道一位曾在英国七年的轮船火头[②]，他能讲英、日、福建、广东、上海各处的语言，但不能写。

八月十三日

这几天因天热没有出街。看报、读书、打盹便是经常生活。

对门土耳其人三口之家，近来异常窘迫，以致夫妻时常口角，变卖衣服。昨天送来丈余毛葛[③]求我购买，我因无钱，使他失望。看着他们这样的处境，不觉心酸。

① 聂耳在昆明的友人陈钟沪的姐姐，其家经营的是云南宣威的火腿。

② 轮船上烧锅炉工人（俗称“火夫”）的头领。

③ 一种毛麻混纺织品。

八月十八日

十四日早接许琼华由本市“平安栈”[①] 寄来一函，谓伊已于昨晨抵沪，望我到栈指导一切，因初到人地生疏故也。早饭后，余更衣即往，会谈多时，始知伊之在港逗留已达月余系受萧寿民之影响。萧替伊等进行有津贴之学校，结果仅有缺额二名，又系中学程度，若欲投考大学须有三四年之准备。此种办法非许所悦，故袁、周即补此缺额，许则弃彼他往。适有由滇赴沪之汤汝媛及其夫朱鸿逵在港相遇，许告与耽延及误考等情，殊感失望之苦，愿与伊等同往沪、京投考学校。昨日抵沪即移住平安旅社。当晚致函征求在沪各友之意见，以期早日定夺，深恐耽延日久仍无把握，以致经济成为问题。其实伊尚有申洋一百八十元在身，未免多虑矣。我等正谈时，闻有人敲门，许即往迎之，乃杨淑英、清、赵娥、汤汝义等四人入。当余视之确为杨四姐时，彼此不胜惊喜异常，咸称如此巧遇，梦想未料。继而大批云南同乡坐谈多时后，全数被邀至霞飞路杨处，备午餐以待。余因经济关系不愿与伊等同归，饭后即先行告辞。

余着胶鞋，轻步登楼，故彼等未觉我已入室。高[②]背身拣菜一面谈话，余侧耳听之云：“他还说没有定，是我说现在的学生们都是讲什么自由选择……”此言未毕，段已见余即嗤然一笑顺手授以一函，封面书有袁令晖自香港……缄，当时始知彼等谈及所谓自由选择者无非如斯而已。拆阅后系烦转许之家信一束。

十五日早饭后，往霞飞路转交许之家信，未晤，得悉伊尚住平安栈。遇孙、陶二女士，又与杨会谈多时，借《拓荒者》[③]返家。途中巧遇苏尔敏、钟岳往访汤君，后同往平安栈，为许料理迁至霞飞路。许准备明日赴京。

九月五日

一九三〇年九月一日开始集邮，一面向五洲邮票社函索各国邮票十种，一面集存本国邮票，自此日起始感集邮之乐趣。

昨晚练习双脚跑冰[④]，跌了十几跤。有姿势六种，成绩尚佳。

九月七日

跑冰第一日半会右脚，第二日全会右脚。第三日半会左脚，计跌交四五次。第四日习双脚，半会，但跌跤十余次。第五日双脚跑已进步，但不能说全会，跌跤一次。此乃学习跑冰之进

---

① 栈即客栈、旅店。
② 即高瑞昌。
③ 蒋光慈编，上海现代书局出版（1930年创刊），前身为《新流月报》。
④ 滑旱冰。

程也。注意：所谓第 × 日者每日不过至多二小时。

袁、周于九月五日晨抵沪，先寓泰安栈，下午即移至李府。

九月十三日

一九三〇年九月十三日午后九点五十分开箱取衣，被箱内的铜钉所刺，流了不少的血，只能写了这几个字留作纪念，快要结成固体了[①]。

十月十九日

久要想写的我的年谱，到现在才写成，这不能不算我懒和无能。

虽然现在提起了笔，我也不知要怎样开始，好吧！像中山先生年谱的样做吧！多么漂亮！多么光荣！不，我还没有做到中山先生的地位哩！……

"……在先东边放一枪，然后西边又放一枪。继续着两枪，三枪……天哪！炸豆般的枪声响得实在怕人！我忙把窗子关起，抱着你三哥跑下楼来……桌子底下有个面盆还飞来一颗枪子哩！"妈妈富有表情地把一件惊人的故事原原本本地和我们说过，我们喜欢得跳起来，然后她把我抱到怀里两手紧围住我，"我的乖乖，枪是最可怕的哟！"

这是我未满六岁的时候，听到妈妈讲这样有趣的一个"反正"[②]的故事。当时我觉着太可怕，然而又非常爱听。我为了要把这故事深深地印在脑里，曾无数次地要求过妈妈再讲而哭过几次，这是因为她在忙着替我做衣服或是在制药材的时候没有那样的闲心，只叫我到爸爸房里去认字。但是，我也却得到了好几次的胜利，因为我会利用在她闲的时候，或是看到她面带愁容地在追思死去了的爸爸的时候去请求她，她便不住地又把这故事讲完，依然又把我抱到她的怀里给与一个温存的甜吻。

"反正"这个名词已在我脑里荡得惯熟的了。只要想到"反正"二字便会联想到枪声，烧房子，换旗子，伤兵……和妈妈的表情。

我真觉得可惜，当时不能亲眼看看烧房子，听听枪声，只静静地躲在妈妈的肚皮里任她到哪里我便到哪里。直到这已"反正"了，旗子换了，枪声也停止了，我才脱离了那紧紧的压榨蹿到另一个世界来，我现在想象着那时挺着一个大肚皮的妈妈，她是如何的痛苦哟！

一九一二年二月十四日[③]便是我落到这世界的一天。

---

① 以上五十四字手稿是用笔蘸着鲜血写成。

② 指蔡锷等人1911年农历九月初九日在昆明响应辛亥革命，为推翻清朝在云南的统治而发动的武装起义。

③ 据聂耳的母亲、哥哥们所写的材料，聂耳是生于农历辛亥年的腊月二十八日。聂耳自己在1929年与1932年的日记中提到生日的时候，也都是在腊月二十八日（阳历分别为2月7日与2月4日）。查对荣孟源《中国近代史历表》，辛亥年的腊月二十八日，应为阳历的1912年2月15日。

悲楚的哭声无时不在我的耳旁荡漾着，当我的妈妈走到爸爸的棺材面前的时候，她都要伤心地大哭起来。如此，我的哥哥也哭，姐姐也哭，这雨水般的小孩子的眼泪也从我的眼里涌出来了！我伏在妈妈的膝上一面安慰着她，但我总忍不住了地哭喊起来"爸——爸！你真的死了吗？"那时我还未满四岁啊！

（爸爸的死，决定了我这一生的命运，指示给我应走的道路）。

走进他的房里，他心爱的那些烟具依旧平静地躺在床上，他教我认的图画方字也杂乱地摆在烟盘子里，仿佛和以前没有什么两样。但是，但是从前在这里睡着的人已离开了此地，离开了他一切心爱的东西，忍心地走向那黑暗的地狱里。他不再归来了！不问他的家庭有饭吃或无饭吃！不管他的妻子是怎样地哭得死去活来！更是管不着他那可怜的小孤儿的认字！这间房里是充满着凄惨、冷静、恐怖……

看了几篇革命文学论文，指示给我现在艺术运动的主要任务是要大众化。非集团的，不能和大众接近的是成为过去的东西了，它是在现社会里所不必需的。所以我的所谓年谱不再继续地写下去。我只简单地把它记出也就可以了。这不过是预防将来的忘记，但也是必要的。

今后我的研究和创作文艺的方针将改变了，不再作个人的呻吟或以个人的革命性的表现去影响群众。微小的力量不能说没有，但总不如更深一层地往前跑，向着新的艺术运动的路上跑去。

结束了我的所谓年谱吧。

（1912）民国元年二月十四日是我的生日。家里的人有父母，兄三，姐二。父亲是一位中医，又开着一个药材铺，家里开支便是由此产生。

（1916）父亲死了，那时我有四岁。据母亲讲莫说遗产没有，就是几角钱都没有留下。

（1918）民国六年春，六岁时，入昆明师范附属小学校初级一年级。在先我没有入过幼稚园也没有入过私塾，但那时我已认识了一两千单字。这是一个分校，各种设备都没有本校的完备。

（1921）民国九年冬，九岁时，初小毕业，这四年的教师都是杨实之先生。他教我们非常热心，所以我们这班的成绩也较别班有点差异。当时各校成立童子军，我也是被提选之一。据杨先生不客气地说："你们在童子军里面，不但升高级没有什么问题，并且一定是入本校的。"我听了这话，当然高兴得不得了。可是能不能入童子军却又是问题，因为童子军是要穿着多么好的洋衣服，短裤子，头上戴着宽边帽，手里拿着长棒棒，腰上还挂着一把小刀，一圈绳子。这些东西都是要自己出钱做的。固然，我知道我没有这样的能力，我的妈妈绝不能把一家人吃饭的十几元钱通通拿给我缴费。然而，我为了要实现这种荣耀的事——穿洋衣服……升高级，入本校……不能不老着脸跑到妈妈的怀里管它三七二十一地问她追要。经我多番地和她解说了入童子军的好处，和杨先生对我们讲的那些利害关系后，结果她还是不允。实在说，哪里会是她不允？生活都是只能勉强维持，她又能怎样想法去找这十几块钱？！她又何尝不知道这种荣耀的事是应该给她的儿子做的。

举行毕业仪式是在孔庙里，各学生吃了一碗酥肉面。

（1922）民国十一年春，十岁时，入高小。果真不在本校，是分入一个私立的求实小学，地点是在孔庙里①。

（1924）民国十三年冬，十三岁时，高小毕业。在这三年的旧制高小（四三制）里的级任教员，在先是伍老师，教了一年，后来便换晋荣华老师，直到毕业。在高小的后两年，成绩都是在全班第一，曾任了学生自治会的会长。土司参观本校时，代表学生致词。土司误听我说的"辅助"为"补助"，他便捐助校里四百元。我演新剧、双簧就是在这年开始。音乐已成全校之冠。在毕业前一学期曾投考省师，未取录。

（1925）民国十四年春，十四岁时，投考云南第一联合中学第九班插班生（一学期），是被取录的十名之一。经了不少困难才决定入学，费用还是别人借给的。

（1927）民国十六年秋，十六岁时，初中毕业。家里叫我谋相当职业（因环境实不能给我升学）。适省师招考新学制高级师范生，在我和母亲到玉溪的时候预备了所考学科，上省应考。天哪！这云南唯一的公费学校啊！那投考人数之多，监视之严，实在比我前次的投考初师增加了几倍。两次的复试，出三次榜，也算侥幸高中了。虽然是公费，在入学前难免没有一些困难。老实说，若是保证金和卧具不是自己去想法，当然也不会有进的希望。入外国语组。

（1928）民国十七年十一月二十九日，随十六军所招新兵离滇。经广州，韶州至郴，过了一星期的新兵生活。后得朋友的介绍得了一个文书上士的位置，每月领饷十六元小洋，伙食在内。

（1929）民国十八年三月，随十六军军官团编入广州第八路总指挥部军官团驻广州燕塘。因别军所编入的尚未到齐，我们一天只是吃些闲饭，并没有做过什么几操几讲。

四月，军官团发资遣散，领到旅费四十元，一月饷银三十五元。住旅馆。入剧校一日。又住旅馆。

五月回滇，仍入省师原班肄业。

……②

十一月，校里举行大规模的游艺会——戏剧研究会成立大会，我曾睡了棺材。三日，校门口的人真挤！

（1930）民国十九年一月一日，开始输爱给她。③

---

① 手稿此处以下涂去："各班都有 ××× 课程，每星期还有两次的（听讲），×× 当然是 ×，宣讲者是穿了长袖 ××××，戴小帽，腰带上挂大表的 ××××××× 勉斋老先生，真是孔气十足。"其中的 × 字辨认不清。

② 手稿此处撕去一行，正在该页的上端。正是11月8日日记撕去处的背面。

③ 聂耳在昆明的女友袁春晖。

七月一日自省师毕业，十日离滇赴沪经商。

Nov.8，1930 Shanghai

〔1930年11月8日，上海。〕

十一月八日

昨天，今天，我都期待着他来，他终于没有来。

"十一月七日"① 已在我脑里荡漾了好几天！我对它有着无限的希望和高兴。报纸上边的日期往日不会十分引我注意的，但今天T②先生把《申报》买回来时，首先触到我的眼帘的便是"十一月七日"，我的心微微地一跳，有如看一个周游全球的飞行家驾着飞机将要落地时一样的兴奋和愉快。

中饭吃过了，时间是十二时半，我依旧没有从任何方面得到半点消息，所以我不能不出去"白相白相"③了。

热闹的英大马路④拥挤着穿大衣的，披斗篷的，穿单衫的，衣破露乳的行人；汽车急驰着，电车丁当着……这些景象与往日毫无两样。浙江路口的车子，不小心便要碰倒；先施公司的皮货陈满货橱，一千元一条的狐皮，不禁吓我一跳。

三点半钟，也许无望了，回家去吧！

"……⑤以为你昨天或今早定会来的，怎么样？"刚在我们的巷口附近遇着他。

"下午七点钟，所以我现在才来找你。"

"……"

"到我那里吃饭去吧？"

"不，时间来不及了！"

"……"

吃过晚饭，天已黑定了。但在钟上才不过六点，我有些不相信这钟，个自抓着帽子往马路上跑去。

在我尽量快的脚步上，一步步地转过了好几条马路，我一点也不觉疲劳，只是身上出了一点微汗。在大马路要转角的时候，我看了看江海关的大钟已是六点半了。

高涨着的情绪，兴奋着的细胞，使我没有一点儿心绪去瞻望两旁五色电灯围着的洋货品或

① 原苏联"十月革命"（发生在原俄国历法的10月25日）节纪念日。

② 即段维善。

③ 上海话"玩一玩"。

④ 今上海南京东路。

⑤ 手稿此处撕去一行（仅余半个字），可能是因为其中提到了"他"是谁的缘故。

听一张高亭公司[1] 的唱片。我的脚自然会向着目标走去。我的头只低着在默想那时将成一个怎样的势力！我该要怎样热烈地叫着些什么？…… 想着想着头绪有些茫然了，只因这是第一次。

"新世界"[2]屋顶头上的电灯广告反反复复地都通过了我的眼球，把它弄得异常的昏花。我再不能看下去了，只有另换一个花样，跑去佯作等电车。可是，一路车过去也不见你上，二路过去你还是站着。这样一辆辆地过去了，周围真正等车的已经走得干干净净，你还能老着脸在"立铜像"吗？当然，又只有另改花样，走上走下，东瞻西望，只等着那从未听过的号令的爆发。

走到跑马场，无意看到对面的大钟已是七点三十五分了。我的心频频地跳动起来，"也许是我来迟了吧！"我这样想。

兜一个圈子转来，八点差一刻；把一家照相馆所摆设的相片通通都细看完了，钟上已是整整八点。我想这事无疑地是临时发生了变动而没有动员或改了时间，因为周围的景象毫没有表现出这里是曾发生过某种事变的，自我到此地以后。

这时我的心里感到失望和愤激，兴奋的烈火仍熊熊地燃烧着，缓步踱过大马路转到北四川路，啊！华洋巡捕在那口子上密布着，凶神恶煞般的眼光在周围不住地放射[3]。

十一月十日

走过四马路看见夺目的《读书月刊》[4]摆满光华书局的橱窗里，使我联想到它的读书会，也许是读书会出刊的东西吧！只因袋里连一个铜板都搜不出来，不能当时买来看看究竟是什么东西？

前晚得到这东西，它真给我有说不出的可爱，当我看了《本刊的使命》以后。静静的吧！爱不爱还未可料的，虽然卷头是这样地说得好听，至少也要把它全部地看完。

看了《读书月刊》以后的一个总的感觉是兴奋和激起我的读书欲和创作欲。我希望着它更充实起来，毫无畏缩地表示出我们的精神和态度，成为中国新兴文化运动唯一的导师。

邱韵铎的《怎样研究西洋文学》是用简练的笔调先给读者知道《什么是文学？》，并举出《圣经》、达尔文的《种之始原》、杰克·伦敦的《革命论集》、密尔顿的《失乐园》、莎士比亚的戏剧等的例证，分别解释了什么才是真的文学。然后又引两个文学的定义——殿昆赛（De Quincey）："第一，是智的文学（literature of knowledge）即科学；第二，就是力的文学（literature of power）。前者的机能是教导（to teach），后者的机能却是感动（to move）。"沙翁的研究者陶屯（Prof.Dowden）："检讨和究明事实，是科学之目的。通过感情使我们的生活促成较高的

① 日本人当时在上海开办的唱片公司。
② 上海闹市区南京路上的一家游艺场。
③ 以上似乎是记述了一次未实现的"飞行集会"，也反映了聂耳参加这一活动时的心情。
④ 上海光华书局1931—1933年出版的期刊。

意识，则是艺术之机能。”来给与一个恰当的文学的定义：“以经验为原料又以变换无穷的想象力来醇化和理想化。”

其次，他又从反面说出什么不是文学：

“1. 一切书籍的阅读绝不是文学的研究；

2. 无目的的跳读是不够的；

3. 关于文学的知识不一定就是文学的知识。”

在这一点上说明非常透彻。他说：“有一种人只注意文学的事实，却抛开了文学的动力。他固然知作者的人名、书名及出版日期等等，甚至还能够说出作品的结构之轮廓，然而他终究不能够说出那篇作品和那个时代的政治背景和社会生活来。

只知道作家个人的生活而不明了其作品之意义，实是一个严重的失败……”

实在现在犯这种毛病的人不少哩！

“4. 言语学的研究也绝不是文学的研究。”

——录自《读书月刊》

“……我们所需要的是更伟大、更根本的横在这个大时代面前的一把锁钥，能把握了这把锁钥，是什么问题都将迎刃而解的。这把锁钥是什么？即是所以使这个大时代所产生而且必然地会使这个大时代展开了的一种‘力’——思想——知识。”

“……一个时代，由于该时代的社会经济基础之特性，产生了依附于该社会经济基础之特殊的意识形态——思想、学说、理论等，而这意识形态——思想、学说、理论等，恰恰足以解决了当时代的社会问题。……”

“翻译的几个条件：1. 对于原著有过深切的研究与了解。2. 对于中国文化上有相当的贡献与需要。3. 在该国的出版界是否有相当地位。4. 对于原文与中国文是否有烂熟的了解与运用。”

在这里，我想到我的家乡——Y省[①] 的几位青年作家（？）在新闻纸的副刊上常常发表的翻译。

这是多么滑稽的事啊！他们对于原著有过研究、了解与否？以及对于中国文化上有相当的贡献、需要与否等等，我们暂时不管，只需我把他们介绍一下便可以知道的了。

这些所谓青年作家——在学校里往往有文学家之称，大致是写小说写得厌烦了吧！——实际上，也不过是写过几篇我爱你，你爱我，无病的呻吟，自杀等的文字而已。而他们要改一改口味，从事起翻译工作来了。诸君！他们的原本不是辛克莱的巨著，也不是桂冠诗人的诗，而是图书馆里的几本洋文小说或由英文教员家里借来，只要是英、美出版的小说或短诗等，得到手后便开始工作起来。

我并不说非名诗人的巨著便没有翻译的价值，而是他们根本不知道翻译本身应有的条件和价值。他们只知道有一个“某某译”的注脚刊出，在爱人眼里是多么值得荣幸的事。

---

① 手稿上此二字由“云南”改写而成。

一个朋友S君，他也是这几位所谓青年作家之一，他也曾做过翻译。可是在他未看到他的“某某译”的注脚刊出之先，不知他出了多少汗水去期待着？也不知出了多少汗水才把那篇东西弄了去？究竟是什么意思呢？说起来可怜得很，S君是在某高师三年级肄业，而他所编入的英文班级是用《天方夜谭》做教本的。然而这位S君，这位从事翻译的S君，却一天连翻生字都还嫌忙。由此，我们可以理会到在他翻译东西时是怎样地用那双惯于翻生字的手去翻着《英华双解字典》。其他的几位从事翻译的青年作家也未尝不是如此。当然，什么原著的研究与了解，什么文化上的贡献与需要，什么……一切是他们所不过问的，也许是不知道的。

读者会这样想吧：“未免太小题大作。”不错，本来是小题大作。这种可笑可怜的事实，实在可能小题大作。不仅是我的故乡——Y省是这样，就是现在中国的出版界也未见得是少有的吧！

十一月十一日

记得是在故乡的一个朋友家里，无意中见到《西部前线平静无事》，仅读了二十多页，便没有继续读下去。在此书未到滇以前，看见了某杂志书后的介绍，我是多么热烈地期望着它的早些到来。但是到来以后，却又没有将它读完。这不外是这两个原因：1.自己没有钱买而又不肯向人去借。2.有着充分的时间可以读书，却又把它花在音乐会上。

到沪后，看了《西线无战事》的有声电影，引起我再想找来看完。这次想看这书是没有如以前那样的音乐会可赴，看书的时间是充裕地有，但依然无钱去买，只有诚心地向朋友去借。然而这样的诚心，终于还是没有得到。

《西线无战事》这部有声片技巧上和表现上着实比别的伟大，对于观众的情绪上也要比别的来得紧张容易动人。但是，各人看后所遗留的印象也不过是枪声、炮声、冲锋的狂吼、血肉的搏战。总之观者得到的归结最大限度知道士兵是痛苦的，士兵的死是如杀鸡一样的容易，战争是万恶、残酷的，别的再感不到什么反应。至于它的煽动性就微极了。

浚梅君的《雷马克与西线无战事》，指示出这部东西的价值和雷马克所没有找出的出路，这是必要的。因为每一个观者或读者未必都能精细地想想：兵士的痛苦是从何而来？将怎样解除？万恶的、残酷的战争将怎样反对和消灭？

十一月二十七日

算是起床很早，六点灯未熄天将明。马路上排列着工人：男的、女的、老的、小的。

在一个工厂门口，不大好，十字路口干起来！

三十号，迟到、失望。二十九号，三个人，多好看呀！多好听呀！咽喉也沙了！

十二月四日

起得更早，四点钟。上海的晨，整个看到了，无非如此：黄包车夫，巡捕，老虎灶[①]，马桶[②]，两炷香。只见一只手，工人，提着饭盒，鱼肚色的天想起烤火之夜，风，西牢的洋岗警，推小车，小红灯，修路，布满马路旁，烟筒（轮船的、工厂的），汽车，洋房。别人视我倒无事，足足一个半钟头，着了他的骗，但并不懊丧，这样精神应保持。

---

① 以炉灶烧开水出卖的小铺子。
② 上海每天凌晨在室门外洗涮便桶。

一九三一年

一月一日

一九三一的新年，似乎有点过年的样子，这仅只是就街上的布置和新闻纸上的鼓吹而言。然而，在各人的心田里却有着不可言状的创痛啊。

在去年，天气没有如此冷，头几天我们便以热烈的渴望来盼望着新年的到来。因为我们都理想着在那天应该怎样的快乐，事实上也必然是会快乐的。

两桩扫兴的事——也可说是增兴，都是发生在瑞昌的身上，这是我们到现在还常挂在口上的。事实是这样的：他和他们争辩到“洞天”去抬酒席是要自己带“家什”[①] 去装，他在气急的时候竟大声地叫出“拿啦家什克拿克[②]”，一时大家哄然大笑起来，他的这声口号渐渐便成了各人见他时的见面礼了。

晚上他们去抬第二次菜，在三牌坊被提灯会的游行隔断，他的口袋被剪。回来时他用他纯粹的家乡话报告被窃的经过：“……贼把我的‘口’袋剪了，‘偷’‘奥’三十三块‘二’毫钱。”如此，又是一个特别的腔调。

二月九日

睁开眼睛向窗外看去，雪花片片地飞着，我觉着体温降低了一大节，脚也有些微冷。原来脚头睡的老头[③]已经起床，旁边睡的仍在憩睡，我向他一挤，朝下一缩，徐徐地又回到梦乡。

---

① 上海话“器物、东西”的意思。
② 云南话“去”的读音为“克”，此句意为“带了家什去拿去”。
③ 即高瑞昌。

一月九日，不错，正是她[①] 的生日，是我到上海来开始下雪的第一天。我记得，我永远的记得。

大风吹过，雪花团团地飞下，扑到脸上，掠过耳旁，这样的滋味，真是从未尝过；其实我也愿饱尝哩！

一个赤热小心，是用冻僵了的手画出来的，便是礼物。

草草地把上面结束了。自己觉着有些难于落笔，不管它，废话也不用多说，还是记下去吧！

不记它倒是很轻易地过去了，记起来却也不费力。等到一相当时期，发现又是几日或几月了时，才觉得可惜。

果真，今天足足一个月了。在这月当中，思想上、行动上，似乎有些儿变动，不，可说是有些儿紊乱。

自从十二月十二日以后，物质的支配，无形地把你从欧洲拖到亚洲来。一切的行动、习惯，显明地由西洋风味改变而为衫子马褂、之乎者也的中国古风。这些矛盾我何尝不能分析而且常常解释给别人，纠正他们。而我自己呢？却不能把已经形成这样的事实加以解释和分析。自然的趋向总不能被我战胜，所谓意志薄弱吗？基础不稳吗？我也不知道。可是一看有些所谓彻底者、意志坚强者、基础稳固者，他们的思想、言论和行动也未见是一致的吧！而像我这样的人也未必是少有的，我这样觉得。

读书欲和特殊的活动是恰成反比的。真的，在那一时期中，着实不想读什么书，除了那些听惯、说惯的套语以外。若果要在某方面深加研究，然而时间又不能容许，而且却觉着有些勉强。在另一时期中，对于一切的书，不但想读而又想读，且感到过去时光的浪费实在可惜得难以挽回。斯时，什么学识，甚至常识都觉得不够，这是当然的。读书欲是一头头地起伏着。

英文，到现在还是弄得三不黄昏[②]，不免要归罪于它。根本说来，一切的读书兴趣自它侵入后，就会消灭尽净。唉！这些损失不知哪天才能弥补啊！

补习日文是临时的决定。因为所谓希平氏也者，对于英文结交的程度也许和我不相上下，这是由第一晚的授课所观察得来的。加上老郑[③]的鼓吹，所以决定习日文，况且学费已经交了伍元，怪我自己太慌。

不到一月，什么底底都被看穿了，我老实不愿再把有用时光耗于清谈和吵闹之中，宁肯不要他退还学费。二月一号起已没有去光临。

一本《日文典纲要》给我感到自修的趣味，并且和老郑约定每星期三、六请他插空解释疑难。现在还是这样地继续着——这是这一月生活中之其一。

---

① 袁春晖。

② 昆明人常说人“二不黄昏”，意思指“办事东拉西扯、窝囊、办不成功”。聂耳在这里更加重语气地说成“三不黄昏”。

③ 郑雨笙（易里）。

由家信知道逸乐电影院送我一百元，取来以后的分配非常简单，汇一半给我慈爱的妈妈，一半是买了一个violin和一些零件。

violin自然是能使人心境舒畅，当我奏起那常常呼为《Dream》[①] 的乐曲时，虽然指头会痛，无弓法，无指法，也是够快活的了。若没有旁的事来烦扰，我是会不吃饭，不睡觉，不分早晚地练习下去的。(见右图)

聂耳抄写的《梦幻曲》钢琴谱

最初得到它时，我所抱的欲望仅只是想尽量地练习出一些好听的歌曲，正如她现在所希望我的一样。可是一个好的歌曲的产生于violin是包含着有规律的弓法和指法的，并非具有那样一个笼统的观念。只尽管不规则地所谓尽量练习，好听的歌曲是绝不会产生的。虽然我已明了这层道理，但是在那时的我，还是把它置之度外，而一天只知以自我的弓法、指法奏出粗重的《Sing,Smile》[②],《Slumber Song》[③],《Serenade》[④]。但自己听着却是美的、进步的，也许要和东海影戏院拍拉通[⑤]里的所差无几！

一天，把丰子恺的《音乐入门》[⑥]买来重读过，才知violin学习的困难和基本练习的重要。那时我的心仿佛沉到懊恼和失望的深渊里，再不能将它振作起来。如此，那洋盒盒安静地放在我的枕旁个多礼拜，因为我是在那样不安地彷徨着。

把《Hohmann》买回后，看着有些害怕，但终于要把一切的难关打破的。虽然现在认为弓法是机械的，其实何尝能称为机械？可以反过来说是灵活。

不断地练习着，旧的指头硬结退去，加上了新的痛。手指分家地持弓，现在才把它合作起来。不曾用惯的小指，现在才学习运动。可怜！这些简单的方法论，素称与violin为三年之友

① 聂耳在昆明时经常演奏小提琴名曲——舒曼的《梦幻曲》。
②《唱吧，笑吧》。
③《催眠曲》。
④《小夜曲》。
⑤ 手稿如此，语义不明。
⑥ 中国通俗音乐读物作家丰子恺1926年编译的音乐初级常识读物。

的我，现在才算真实地知道一点，忍不住又要叫我说一声“可惜”！

希望不倦地练习下去，加速地习完，然后再来谈所谓好听的歌曲，使现在希望着我的人们不致失望。

今天的成绩比较好，弓的使用似乎比往日活动。其二。

在学校里一位音乐教员说：“日本人可以在口琴上吹奏和音，真怪！”他这样说过以后我们也觉着可怪，总希望着有机会能够听到口琴上的吹奏和音。

在轮船上和到沪后听过两次吹口琴的，我都加以注意了，似乎都夹有和音。在轮船上是一个广东人夜里睡在床上吹，因为人挤和好多麻烦，没有见他的嘴是如何动法，并且他不是日本人，所以不大引我注意。仅留了这观念：“也许口琴的吹奏和音便是这样”，但我并不十分确信。在上海时，一天早上刚醒的时候，从隔壁传来一种夹有和音的口琴声，旋律的清晰和吹奏的纯熟实在胜于那广东旅客，所以听起来很容易使人发生快感。我一想起他们是做日本生意的，他们的学习口琴和音无疑是从日本学来的。而这种奏法无疑是很正确的。等我专心地听了不久，楼下的“Sha-Bon”声音传来，一阵的嘈杂，这诱人的、悦耳的声音突然停止了，从此以后再也没有碰过如此好的机会。

有时借故到楼下混得他们的口琴吹吹，除了能吹单纯的旋律外，再不能吹什么花样。虽然嘴已歪得怪难过的。

买了一本口琴吹奏法（日本人著的），原来不过如此而已！为什么过去会想不起嘴里还有一根舌头？！等自己的口琴买来，放在唇上，深深衔入，五分钟的工夫，《Long Long Ago》[①]已能畅快地奏下去。原来什么事非有指导是不行的——其三。

下过四次雪，今晚真大得可观，一团团下来有铜元大。看着乌黑的天空，全被这些白点嵌着，在电灯光下，一闪一闪地活跃着，好像一些云母片在发亮——在我们自“东海”回来的途中。

夜一时一刻

二月十日

为了一个《Humoreske》[②]要我花一元六角买了两本乐谱。嘴里常哼着《My Love Parade》[③]，但又不知怎样起止，不得不买它一张。到“永安”[④]恰有一人也在买同样的这张。如此，顺便叫店员再拿一张。

由这位临时音乐朋友告诉我《My Love Parade》是共有七张的。然后我才发觉所买的这张并不是我朝日所哼的《My Love Parade》。再仔细一看，真的没有这几个字。费了不少力才把

① 英国贝利作曲的《多年以前》。
② 捷克作曲家德沃夏克的《幽默曲》。
③《我爱情的巡礼》。
④ 上海南京路上的大百货商店“永安公司”。

它掉换了，甚至于唱出来给那店员听。

买过三次照相机，今天才算买成[①]。老实说，若不探问明白一个新的卖价是五十几元，我却不放心再去光临哩！

二月十一日

正在熟睡，一阵乒乒乓乓的声音还夹着妇女的喊声把我惊醒了。在我不及问明“什ニン？”[②]的时候，即刻便意识到这是洗衣妇人来拿被窝去洗，是昨晚曾告诉过她的：“若是我们还没起床，你尽可打门。”不错，她正是负了这使命来的，为着她一家人的生活。

被窝是早就该要洗的，为什么到现在才能实现，我也说不出什么理由。咦！只有在上海才讲过这样彻底的卫生啊！在今早来拆被窝以前什么都觉得很平常，分明它已是黑得太不像样，而自己偏要装作不见，或是起了讨厌的思想也偏要很快地将它打消。甚至于自哄自地把脏的藏进去，把那同样脏了的而自己却认为是干净的面子拖出外表来。分明特殊的恶臭把鼻子熏得连气都换不过来，而自己偏要捏着鼻子地忍下由入梦而至天明。一天，一礼拜，一月月地自欺了！忍受了！忍到半年多的现在，里面发现了另一世界时，才觉得再不能自欺、自忍了。

统统拆下了，一直把四角叠在里面的翻开，啊！好一个对比的黑白分明哟！不又是艺术化吗？

到“大世界”看了两场戏，倒是没有想到，在没有和老头找人以前。其实他认为的什么好角，我哪里会在心呢！？我的思想只有愈加烦乱，当看到那些易于触动我心情的事物。

同是一张相片，大半都是说我较前胖了。而在今天二哥的来信里反说：“…… 看起来你似乎比以前瘦削了些！也许是世事波折，心绪不宁的使然，望你以后十二万分的加意珍重吧！”这也有他的根据，因为他不曾见过我此次出外之先是什么样儿，也许他说的瘦削是和从前比较。

一段给楚生侄的话，竟能使他喉哽流泪。不错，这是必然的，异乡作客终是易于受到感动，任你怎样制止自己的理智。

有一个镜箱，就不能不买一本摄影术。高兴地看了一部分，想很快便去实验。

二月十二日

从来不曾做过的行动，今天却莫名其妙地做了。

追小白兔这件事委实无聊已极，自己因为早便理解它的无聊。所以在学生时代认为最普遍的星期娱乐也没有参加过，尝试过。就是今早曾开始第一次尝试，不，而是碰尝——因为

---

① 聂耳此时买了一架“白郎宁”牌美国旧照相机。

② 上海话“啥人”（sā níng）的日语发音。

事前并没有想到，终于也感不到什么异样的滋味，可是谁要问我为什么又要做？我还是找不出回答。

一个很平常的小白兔为什么要我白花几十分钟去时时追寻着她的所在！？深恐她一时离了这喧嚷的人丛或为一些障碍物所阻不能映入眼帘里，主要的原因不能不是近两日来所遇的感触和一些特殊的印象所致。

那小白兔虽然没有全部的代表某人，然而，她那轻描的轮廓和那表示着特种意味的服装已是很够刺激的了。使我一看到而不能不向她默想，不能不把这印象的印象更深刻起来。

要买的菜已经早就买好，但是我的两眼只东瞻西望地在追寻着她，有时也会假作看看别的菜蔬。在别人看来似乎我还需要买很多的菜哩！她的影像是没有一时自我眼里放过的，在她没有离菜场以前。

这样做来是不会得到什么报酬的，结果反增加些苦闷，所以以后还是不要尝试。就是碰着也该要竭力避开不尝。

昨晚睡眠不足，一天都是七歪八倒地。尤其是在日里的装箱部内和夜里的两次电影。

二月十三日

昨天是第五次的下雪。去买菜的时候，街上的雪还没有打扫，堆得凸凹不平的，汽车驶过要叫你当一次暂时的野鸡。若不谨慎，便是一跤，报纸落地也不知道。

二月十四　Birthday[①]

落大雪来祝我的诞辰是多么有意义的事！况且恰到今天才接着那样可贵、可爱的礼物，又是如何值得高兴的事啊！

今天为第六次的落雪，仅在一清早便积有六七寸厚。在买菜的途中，随处都在注意摄影的光线、光圈、速度，可惜当时没有卷片，不然自信可以有好结果的，因为昨晚的研究还没有遗忘。

为“南洋”的货款满期，心里很是不安，在大雪中一天的奔跑仍无结果。本来，在这旧历年关结束期间，人家是很容易措辞推诿的。

取回包裹，便吃晚饭。接着去读日文，今晚觉得疲乏异常。

二月十五日

一天没有到外面跑，事情也不是做了多少，只和他们乱搞一阵外套帐便耽搁到了3点多

① “诞辰”。聂耳的推算有误，请参看前面1930年10月19日日记的注释。

钟。刚要读日文，老头又请我写信，这样糊里糊涂便是一天了事。

似乎是有点像过年的样子，菜市上简直挤得水泄不通，可是我们呢？还是牛肉二百，豆腐四十。

基本练习虽然仅 pass 过很少的几页，然而效力也居然有点，把《Humoreske》拿来随便练习一下，其中的上半部似乎有点把握。算了，还是努力跑下去，乐曲暂时不问。

二月十六日

照例是要吃一个连壳蒸的鸡蛋的，每年的诞辰。今年忘了，所以今天照补。这一鸡蛋是天未明之前送到我的枕边的，伴我睡了一夜，在口袋里挤了一天，晚饭前才拿了开销掉。

什么“年三十晚”，倒一点也不觉得。从早起来，东跑西忙，眼睛所触到的，耳里所听到的，总不免是“年”，处处都显示着有“年”的气象，年的紧张。实际上我们的“跑”、“忙”，也未尝不是为的“年”。任你怎样不觉得，到现在来是觉得了又觉得，而且“年”的一切过去和现在是会深深地映在脑里。

电报一来，什么都解决了，坠在心上的一块巨石也很容易地掷开了。但是也免不了忙、跑。

电车的司机者成为一部分人的仇敌，是在落雪的最近几天。今天虽没有落雪，可是所造成的仇敌更多。若是地下有积雪的话，那末我不知要有多少人中流弹枪花。挤落一份报纸，为的要谨慎地保护着一串香蕉。

“年三十晚”的一个总结账，弄得头昏眼花；不是报账念错，便是“角”字少写一笔。结果各人愁眉不展，埋首沉思。

一阵锣鼓之声，喧嚷得心神不定。后来参加他们打了一会锣鼓，反觉心境开展了些。

一天的奔忙，到现在来才稍有一点闲暇。本来应该整理一下功课，然而灯的周围环了不少的色圈，睡神已在旁等候。

再：

两盘两碗过新年，大口大气自开心！

分明是豆“芽”菜，“干”豆腐；

却以为壮板“鸭”，炒椒“肝”。

二月十七日

昨夜的雪简直下得莫名其妙，醒时看着天色好像有晴的样子，谁知屋顶都堆白完了。我很清楚地记得这是第七次。

一出门便看到穿新衣服的红男绿女，小心踏着雪地恐怕把他们的新鞋子弄脏。本来也讨厌，若不谨慎，不是滑倒，便是要给你穿水靴。

任怎样鼓吹，所谓废历的大年[①] 仍是同样的时新，家家都贴了大红春联，打着锣鼓家什，来往的汽车也没有往日多，十字街口的岗警也失了踪，不时传来一声声的爆竹响。

南京路上平日的热闹，骤然变为冷静。除了在红庙[②]附近一些求财求喜的善男信女喧嚷着，各商店洋行都关紧了门，只有一两家忠实的党国信徒要特别表示一下："本日照常营业，自上午十时起至下午四时止。"一家锁了的铁栅内的大门上还贴着"破除旧习惯，表现新精神"。

夜里看《顽童小传》，打家什[③]，便是一个元旦。

二月十八日

一个人的被你帮助，他是会把你遗忘掉的，终有一天。这不是所谓"有恩必报"，"不报则为不德"，不过，总不要太给人感到难堪。固然，一个人帮助了人并不希望什么报答的，然而"病好打太医"是切使不得的。

脑筋简单的人真是难于应付，虽然我也不见得怎样复杂。有时他反把你当成和他一样简单而利用起你来，或是把人家说漏说腐了的话拾来作为自己的新发明，这是何等的笑话啊！但是，事业上何尝又会给你利用了呢？！

本来一个人的涵养就应该从这些地方着手，这是我常常都觉到的，而且我可以断然地说我是没有涵养，然而有什么法呢？从来都没有做过不欢笑的强笑和一些虚伪的假道德。咦！这社会，随处不是蒙蔽着一层虚伪哩！

好多人以为我是一个小鬼，常说我有点鬼聪明，实际说来他们实在认错了，甚至于我的母亲。由我最近的交友和许多事实看来，所谓"鬼"，我哪里会有资格呢？我常常以忠实对人，而别人却是以口头的忠实对我。当我发现了这些现象时，我这脆弱的心帷又快要撕破了。

突然会咳嗽起来，我常担心会是肺病的起源。管他妈的，有什么可担心的呢？活得一天算一天。我只不住地进行每日的课程表。

二月十九日

跑一天的冤枉路，转到蓬莱市场恰巧买了几张电影明星照片，天黑才到家。

---

① 指旧历（农历）的新年。1929年南京国民政府通令废除农历，改用公历。
② 坐落在南京路上的一所庙宇。
③ 即打锣鼓。

二月二十日

接到庚的信，看后使我又高兴又难过，早饭减少了一半。写过一封信给伯民，心里才稍觉畅快了些，我也不知是什么缘故。

和庚订阅《良友》，这办法最好。我先看过又寄给他，恰合我的要求，又买了大批的画片。

二月二十一日

虽然有病，人家托做的事不能不尽力。又兼他们要准备打麻将，我留在家里更是加倍的无聊。

天气是如此冷，只有加衣服是唯一的办法。没脱去里面的线衣便穿上西装，大衣，行动起来真有些不方便。

软片虽买了好几天，但天气总不给人一点恩惠。今天实在忍不住了，滥拍了四张，料想不会有什么好成绩可言的。可是所摄的都有相当的意义，尤其是那张临时命名的"归宿"。本来想拍一个"暨大"① 的影，无奈自己着实没有把握。

在上海，算是第一次的个人步行郊外，倒也有不少的趣味。在铁路上走着时，特别觉得高兴，思想也跑得极深远，几乎忘了自己的所在地。若是当时有火车飞驶过来的话，相信不被辗死，也要吓成痘疾。

刚把日文读过，老表老解②恰来。有趣！这样的人真不少啊！他想读点书，买个 violin，并继续练习网球，所以一晚的谈话都是集中在这几项。说起"老表"又谈到过去的演剧。

过来时，发了大热，头痛得异常厉害。他们仍在"工作"着花合元喜③。

二月二十二日

病，是如此使人伤心的事啊！别人是再也不会关心的，我看世间上的母亲对于子女的爱，算是无微不至了。

最使我难堪的要算是说到吃药，他们一个当头棒便是"铜钿"与"云南钱"之比较④。至于说到求诊，那更是想都不敢想了，他们所要给你的回答是很可以料想的。

沉寂的夜里，枕旁的表走声听得格外响亮。翻来覆去，一夜不能入眠，加上一些杂乱的思想，更是叫你眼睛都不能合一下。想到母亲的慈爱，几乎流下泪来。

这几天来不知道做了些什么事，书是没有读了多少，而一天的时间总是不够，随时都忙忙

---

① 暨南大学。
② 聂耳的表兄解振邦。
③ 指打麻将牌。
④ 当时云南的滇币约十元才能兑换上海使用的钱（上海话称为"铜钿"）一元（一个银元）。

碌碌的。从明天起，一定要整理功课了，不然，日子是如此快，学问是有退无进。

二月二十三日

麻将这东西终归与我无缘，我听到他们要打，急忙便想到退避的方法，正这样想着果真来了。

今天实在不想把时间抛之无用，所以无论他们怎样吵闹，我仍专心读我的日文，直到三点半才出去照相。

终日所碰到的都是胀气事，单他们一天到晚，现在一点钟了才收场，这气也就够胀了，而他们还嫌不够。特把重良的书带去还他，去两次都是锁着门。南京路上换铜元真如强盗一样。等电车几乎在半小时之久，到现在才能睡眠。

二月二十四日

阅《申报》，"英国有一位著名的医士，宣言人们常说工作过度足以伤身，其实没有这回事，致命之伤在多忧多虑"。诚然，这话我相当相信，在最近也曾感觉过，所以在日常生活里都尽量地避去无谓的忧虑。

明知故犯！不但没有避去丝毫，在今天，却终日地在沉思。有时心脏会狂烈地跳，为了想改换生活。

坐在电车里，发觉自己的服装如何有资格跨进那道给月薪四十元至六十元且供膳宿的门？虽然车票是买到七浦路。

走到门口，看见那堂皇的铁门和招牌更是没勇气进去了。

在柴先卿处坐谈了一会，原来他也感到这事的麻烦，曾几度地推辞。

"在现社会，我又看到了一层空虚，这空虚不是厌世的、消极的，而是向上的、自我的。所谓向上、自我的意思，并非发大财和个人主义的观念，是根据我们自己的纯洁的中心思想进行的。没有偶像的崇拜，更不做一切人和物的工具，我想怎样就怎样，随着自己的个性去跑，这跑就是向上，等到跑到一个顶点便是成功——自我的成功。"

今晚突然写了这几句话给她[1]。在头昏时，一天的心里总是不安，现在更觉着跳得奇痛……

他妈的！偷看人的信，是如此的不要脸！！！

二月二十五日

好像是门口传来的这一向听惯了的锣鼓声，在我正读着日文的时候，他们在打麻将，接着

---

① 袁春晖。

是一种唱调子的童音，这种声音，会在这样的地方听到，实在有些离奇。一时好奇心的驱使，不能不叫我跑下去看个明白。

开开大门便是：两个穿了破而且旧的中国古装、脚登三寸金莲的少女——不，是男子化装的，还有一个不满十岁的小孩戴上假胡，在一群人围里摆来摆去。他们摆的步法正如我的家乡的唱花灯一样，不过还觉得有节奏些。因为在他们的假脚上还能照着鼓声的快慢去踏步。至于他们的窈窕和眼睛的使用，简直装作得如他们所装的那种可憎的女子一样。在我们初看见时，倒没有把他们认作是化装的哩！

像那样古装丑恶的女子是不会令人可爱的，现在却围了不少的人在呆看着，我真不解。而我呢？也站了相当长的时候还不想离开。

锣鼓声异乎寻常地敲了几下，这两个少女同时唱起来了。正和我在楼上听到的一样。有时好像湖南调，有时又有些相似云南的山歌。总之它会给我一种异样的感觉，几乎忘了我现在是居于何处。

五点钟敲过，在南京路上徘徊着，走进永安公司的照相部准备去取所冲洗的软片。刚递了取单，那些店员都不约而同地向我做冷笑，我心中有数，即刻意识到在那卷软片里一定不会找到什么东西可看的，不是尽黑的便是尽白的。等到一小封东西自那铁丝网篮里取出放在货柜上时，他们的笑口越更开大了，我心中更有数，看都不看里面是些什么东西，拿起便走。"喂！先生，还有铜钿。"一个男店员这样吼起来，接着又是一阵笑声，他把我手里的东西接过去，打开数了一数，"三七念一，两角一分！""啊！我还没有冲过，所以不晓得规矩。"

在我收拾起那七张印片的时候，有一种说不出的紧张，"我误解了！但他们为什么要笑？"我这样想。委实地，在我取片的那瞬间已经发现上面并不是如我所想的那样全黑或全白，至少也有点影子。

出我意外的要算是那张正对日光的摄影，它的结果算是最佳，其余的都是缺点较多。

回家逐一审查后，知道他们所笑的原是为了我所谓那张"归宿"的两口棺材，也同是他们特别不洗那张的原因。

由此次的经验后，以后摄影应该要改正的大概有下列的几点：

1. 在户外若无依靠物切勿慢摄。

2. 远景多用小光圈。

3. 多择远近景兼有者。

4. 天阴无日光最好不摄，以避感光不足之弊。

5. 室内摄不可摄取暗处最多之处。

6. 此次结果，多半曝光不足，取景不良，光圈不适当。

读日文回来的途中，在一个看相者的面前逗留了许久。真可笑！他给我看了一下，他说："你二十五岁上大运，在这五年内须努力读书。你恐要生一次病，须特别保重。你将来不做省主席便是中、上将，若是从事军政界的话。”他想敲我的竹杠[1]，但却被我敲了。

二月二十六日

正吃着早饭，两个昆明同乡邀去游龙华[2]。

要换三次车才到。除了一座很普通的宝塔外，别的实在没什么可游的。所谓龙华，讲寺里的布置和佛像，实与云南差远了。

跨过沪杭路到飞机场的一段，觉得还开心些，因为在上海是很不容易得如此好的郊外空气的。我尽量地吃了个饱，但是哪里会有家乡的来得痛快？！想起海源寺之游，忍不住又要叫我哼出“…… 乌鸦飞过 ……”。等哼后，又不好过。

游的结果很无意思，然而客居于龙华塔旁的上海的我，至少是应该来欣赏一次的。

二月二十七日

见人家接信自己没有，是会忍不住地打起寒噤来的，尤其是在最近一月来连她的信都没有来。

昨晚到一点半钟才睡，可是还不见他们回来。我孤寂地读一阵书，拉一阵 violin, 这一天的疲劳再不能忍着不睡了。

“为什么他们不给我信???”这不可制止的思想萦绕着我的脑际。任怎样想法打断这思路而走入睡乡，可是脑筋已似失其作用，哪里肯听从我的命令！愈焦急，心绪愈发凌乱，思潮愈形澎湃起伏。虽然，我以理智尽力来排除所思索的事。

不知什么时候睡着了，他们回来我都没有发觉。四点钟醒来，探一探脚头还是无人，睁眼一看，原来 T 还在写信。

快乐之神总是会关照你的，一连接四封信，所要想知道的一切都得到了，还有一件极美妙的东西送到我的口里。

由二姐的信里知道一些家中的近况，不但没有一丝儿的畅快，只觉黯然、悲伤。当看到三哥掷碎盘子那早的境况时，我的脑海中凶猛地荡漾着巨浪。想到我们家庭的环境，为什么常常都是在窘迫的氤氲还笼罩着那惨淡的氛围里！

人们，都有一些矛盾的心理在不住地盘旋、纠缠着啊！

二月二十八日

看了《淘金记》回来，仍是分析着日语文法。一种尖脆的喊声惊破了我的心帷，脑筋中即

---

① 上海话“敲竹杠”为敲诈、勒索的意思。下文的“敲”是说白白看了相，没有得到钱。

② 上海南郊的一处以龙华寺为中心的名胜古迹。

时憧憬着死一般的恐怖。他们都拥过去看，我直觉地意识到又是外国人在打架，所以照例地跑去帮他们拉开。

这劝架倒是一回很普通的事，自从我们认识他们以后。不料今天劝下来的结果，竟会如此异样！竟会给人弄得梦想不到。

一面也是因为这洋流氓残暴而引我讨厌，一面却是他们扰我的读书且偏要来找我当翻译。因此我对于洋流氓的态度着实有些不高兴。

“瘪三[1]！你同我的老婆这样这样。”一面说他的手一面在比，“You are very good man.You are Chinese.[2]我要杀你！”

这才来得突然！呵！他是吃了酒，不理吧！

“A cigarette？”[3]

“No,I haven’t！”[4]

“In the other way？”[5]

“Why you beat her？”[6]

“What？ What？[7]……瘪三！你同她——我的老婆，不好！你以后不要到我房间里来！”

他的疯话愈说愈离奇了，最使人难堪的是那些下流的举动。我不能再忍，想站起来对准他的面庞打去，还是高先生阻止了我。

正吃着晚饭，他又来了，还是说些乌烟瘴气的中英参半的流言。我的气又冲上了头顶，正想去干他，他便走了。

本来是一桩极无聊的事，不知为什么会影响到我的晚饭减少三分之二，到现在还在胀着气！说来也可笑！他的儿子和我的年龄差不多，他的老婆是一个四五十岁的老洋婆，究竟谁能相信呢?!

三月一日

阅报载国际无线电台招考职员，使我这一天都在埋首沉思，又遇老解来请我当枪手[8]报考中国公学。同时他又在重良处带来一张字，因为他患了肺病，现在需要彻底休养，请我代译那本《发明》。

三件事同时堆入脑际，怎叫我的心不时常跳动着。若是再想到弄账时，那更是要颤抖起

---

① 旧时上海人对城市里瘦小无业游民的贬意称呼。
②“你是一个很好的人。你是中国人。”
③（外国人）“有一支香烟吗？”
④（聂耳）“我没有！”
⑤（外国人）“那别的方面呢？”
⑥（聂耳）“你为什么打她？”
⑦“什么？什么？”
⑧ 冒名顶替别人参加考试的人。

来啊！

不管它，关于译书，我只能看我所有的时间够不够分配。做起来实在要占据我不少时间，可是事实没有给它可占据的。像这两天麻将世界就是整天的闲着也是不可能的事，不知要连续到哪天？！

三月二日

还未起床，睡眼仍是惺忪地读周[①] 的来信。里面充满着美的辞句和无病的呻吟，写了那末两大篇。原来不过托我帮她告庾去请杨校长，因为她已改为正式生，校里要到云南去调查文凭。

好久没有打字，今天以四本书做了一个简单的代理打字机，试验了一会，觉得生疏了不少。想准备明天到无线电台去试一试，由预备的结果看，恐怕是难有希望的吧！

三月三日

我算是最先到，然而考试的次第还弄在十一。

在先还不觉得怎样拥挤，到后来简直立足的地方都没有。履历表上的号数是编到三百，但是今早在二小时内便有五十人报名，看这光景这两天的功夫绝少不了三百人投考的。由此可知在上海谋职业之不易。在几百人中挑选八人，这是何等困难的事啊。

估计不会取录的，自己还觉得像我那样的打字便可称为擅长打字 —— 如广告上所说的条件，其实，在上海，只能说“可以打字”。而今天所失败的也只是这一样。

算了！一切空虚的幻想还是打消了，努力读点书才是正事，译书也不打算现在做，虽然很容易。

三月四日

为他们的打麻将，连累得我也要跟他们到那里吃饭。今晚是要读日文的，可是到重良处他已出去了。回来写过三封信，便没有时间练习音乐。为明早要早起去吴淞，就是他们没有回来也应该睡了。

三月五日

昨夜熟睡的时间太少，不知什么缘故，初睡时总不易入眠，一点、两点的钟声都经过我耳

① 周玉麟。

膜的振动。

今早六点就醒，计算起来，仅是有四个钟头的睡眠。现在，又是一点钟早敲过，他们还不见回来。早就想睡了，不等呢？又是拘于人情。

去考“中公”，原来不过如此。做了那篇英文，觉得也很对得起老解。考后在那块吃饭，又到“劳大①”找老方。

三月六日

到重良处，他已搬了。购《良友》五十四期。

我实在觉得近来的我，在性格上冷静得多了。话也不很多讲，不爱讲，因为周围的人不能给我半点儿趣味。

看一天的书，觉得时间太短。自从和它绝交以来，常常都觉每天的时间不够应用。我也常保持着这精神，倒也可以寻得一点趣味。

为什么自离家后，情绪会这样地容易感动，表现最明显的要算是看电影。为爱看电影的缘故，不知曾哭过多少次。本来昨晚的《Christina》②并没有《荡妇愚夫》的那样悲楚易于动人，使我戏散后到家里还在揩着眼泪。然而，各人的心事谁能知道呢？只要 Christina 一伤心流泪，我的热泪也阻拦不住地涌出眼眶来，尤其在配奏着《Humoreske》③时。

三月七日

重良函告我他的住址，我高兴极。恰好今天是星期六，加速度地吃过晚饭，便去访他了。

国光社的刘似乎与往日有些异样，在言谈时的态度上。他笑时常现出老妪的牙齿，在今晚，也特别表现得明显。也许是他知道我替重良译这本《发明》。实际上我准备着去辞退。

“你有时间吗？”他笑着问我。我踌躇了一阵，觉得这问话是有意思的，所以即时便敷衍了，接着说明我还没有动手译那本《发明》。

我感谢七叔④对我的鼓励，当我们说到各人的年龄时，我和他相差五岁，他说我在这五年之内不知要做多少事哩！不错，我也正如此希望着。但一想到这半年来的鬼混，潮涌奔放的心灵又浮沉不定起来，“我将如何地上进？”

浓眉艳装的少女们伴着他们的英俊的青年姘头，歪歪倒倒地坐上汽车，好像是刚刚离了肴馨酒洌的喜筵，准备再往跳舞场去的样子。上海的夜生活，不是他们在演主角吗？

---

① 位于上海江湾的国立劳动大学。
② 美国影片《瑞典女王》（克林斯汀娜），嘉宝主演。
③ 聂耳演奏过的《幽默曲》。
④ 郑雨笙。

三月八日

宣传了这久的《五十年后之新世界》，从昨天起开始映放了，我觉得这东西是非看一看不可。

到“卡尔登”，在大门外早摆出客满的大牌，急忙赶到“大光明”，也同样地发现这种字样。在这两戏院相隔的途中，只见中外男女小跑着，他们都以为不致两个都满座的，也如我在先所想——时间是一点整。

顺便走进新世界饭店大礼堂参观新华艺校[①]的图画展览。委实可观极了！最使我看得高兴的是一幅西画《野外合奏》。国画很不大喜欢看。

饿着肚子看电影，结果也还值得。

在报上看到一个消息，经几次的思索，觉得有去一去的必要。

三月九日

只想着准备今天去看看光景，一吃过饭便换了衣服，跳上电车买票到大马路外滩。并没有费多大力，就找到一牌小小的红底白字的铅招牌钉在一条短巷的外墙上。问了一个人知道是在某一道门，一直跑上楼去。

“人出去吃饭了！”一个小孩无故地对我笑着说。我问他是在哪一间房子，他指给我便是我正站立着的旁边一道门。但并没有什么字样给人知道，连巷外的那块也不会在里面找到。

由这些情形未免使我疑惑起来。那小孩——也是十几岁的样子——对我无故的笑，无疑是有着讥讽。

不知怎样才混到两点钟。恐怕去了仍是无人，转到金业交易所看了一回热闹，结果给我弄得一个莫名其妙。那人丛里的呼喊、手势和无数电话留给我一个极深的印象。

据他讲，似乎是一点也不滑头，据我看，好像也不致会和“万国”一样的“拆滥污”[②]。因为他们还要举行考试，无妨和他谈了几句话。

到“冠真”有意要拍一张哭相，不知结果如何。

三月十日

一起床便希望着送报的到来，“中公”的新生取录便是在今天的《申报》发表。虽然我已尽了代考的责任，但也不能不关心一点。

真出意外，不但老解取录了，我的名字也会列在特别生里，由此也就可以看出这学校的糟糕。

---

① 私立的上海新华艺术专科学校。

② 上海话“乱七八糟”、“不负责”的意思。

哭相的结果倒也不错，在别人的眼光里当然是认为不对的。不过在我现时的需要上，是再适当没有的了。等缴相片给他们时，一定不会说我是一个外行的。

三月十一日

在公馆马路上徘徊着，偶然一问题打入脑际。“我究竟是为什么出来的？”想去想来，找到五个最主要原因。不觉自己在暗笑，成功呢？失败呢？

两次的访老郑都不在，急得我无目的地乱跑马路。回家想练习 violin，A 弦已断了。

买本《日语辞典》，竟和曾买过的差不多，愈翻愈戳气，越对越火绿[①]。

三月十二日

入春以来的天气，今天显明地分了界限了。脱了棉袍棉裤，只穿单裤夹衫都还会出点微汗。

三伙计拍了一个照，我早也就觉得是必要的。我们的分离是没有一定的，就此可做一个在商界一场的纪念。

以后再也不愿照顾“明星”[②]了，任它有如何的片子。给我花了车费，结果也如“中秋”一样的看得一肚子气。本来价钱也太便宜了。又从一方面说，他们若不打麻将，我是不会有如此不高兴的，就是不读书，也仍可习我的音乐。

三月十三日

熹微的阳光照在窗外的白墙上，我的两眼觉着辣刺刺地从梦中醒来。浑身发着大汗，口里是异常的干燥，我一动也不敢动，只无力地平躺着，对天花板在凝神。

我知道病终于是要吃药才会好的。然而我旁若无事地忍了这样久，事实上并未见加重了些，而且更证实了过去的经验：“病可以不吃药，只管不理。”

“叽！叽……”，如在无线电听筒里听到的声音一样地在脑顶上叫了几响，接着像针刺般的恶痛起来。我晓得病魔已经临近了！什么经验不经验马上又飘到九霄云外去了。

吃了两片阿司匹灵，睡过一个钟点，便被 T[③]喊醒去看相片。

和 C[④]先生做了一次很长的谈话，在 T 去看电影的时候。由他谈话中的一部分暗示给我应该觉悟到最近的无理。他的忍耐着实令人钦佩，像 T 的那样态度，实在是会给任何人难堪的，

---

① 云南话“生气”、“冒火”的意思。

② 均为上海的电影院名。

③ 即段维善。

④ 即高瑞昌。

但他终于忍了。从明早起，应该勤劳地帮助他，不，何尝是帮助他呢？应该勤劳地尽自己所能地做自己应做的事。

脑顶痛得更厉害起来，这从来没有过的新毛病，不能不叫我担心到脑的损坏。加之近两晚的失眠，难免不是与它有联系。

决计以后不再继续长时间的工作了。近一两月来，着实太努力了。日语和 violin 便是一个明显的进步。

三月十四日

练习簿也用完了，所要记的东西也随着忘却了。这两天的脑筋着实有些不大起作用。

三月十五日

脑筋会突然迟钝起来，心里要想写的东西，费了不少思索，还是不能下笔。我的血液如狂潮一样地奔流着，心儿跳跃着。真的近来有些退步了，在写东西上。

今天没有说上十句话。晚上洗澡，倒也痛快。等得太难堪了。

三月十六日

因为自己担心怕得脑病，便不敢多用脑，一天只是静养，书也不读。到今天来，这种生活老实有些过不惯。吃过早饭，心里不觉如往日一样难过，脑顶也不怎样痛，我决意想继续自习我的日文，于是把辞典前面的助词用例拿来研究了一些。还没有二十分钟，脑顶又如钉钉一样地痛起来了。为自己的身体计，连忙把书丢开，跑去看电影。

从午后七点钟就坐起，整整等了六个钟点他们才回来，瞌睡呢倒是来得不得了，但不敢睡，不然又没有人开门。算了，忍耐些！反正这里不是我永留之所，大家客客气气地过下去。

三月十七日

据他说是一个礼拜便可以通知的，但这两天左望右望都没有望得片纸的到来。今天实在太望得不高兴了，索性跑到那里去问个明白。

足足等了三个钟头才有人来，在这三个钟头当中，听了不少的日语会话，但只是单独的听得懂一点单词。

谈话的结果倒也不错。

三月十八日

苦恼不知从何而来？苦恼从何而来？近来决心抱乐观的我，今天会沉沦在烦恼的海底。

推究所以苦恼的原因不外是春天到来了，花开蝶舞，一切都呈着微笑的娇颜向人们谄媚，向人们讨得一个“明媚的春光”的夸耀。由此，他们自骄地鼓舞了，欢笑了。尤其是对着一些感到性的饥渴、性的孤寂的人们。

无目的地在马路上跑是多么苦人的事啊！

但是一部分却成功了。在这种漠然不可名状的感情里，着实可以得到不少安慰哟！

T的亲戚来玩了一天，还在此地睡眠。由他的谈话知道，T常常挂在嘴上所谓某某也者，也不过和他相差无几的简单，有时他竟乱谈政治，几乎使我忍不住地笑出声音来。

在夜里，睡醒一觉还听着他俩在谈话，可笑T竟以新思想、新青年自居，并且自己刷着招牌地说：“…… 某某脑筋太简单，我说的话他们是不懂的，连写几个钢笔字都写不成 …… 哦！你说，我们在上海讲这些啊！若在云南，明天不在校场就是模范监① ……！！！”哈！我并不讨厌你，实在太可怜你！试问这话你是从哪里拾来说的呢？！

三月十九日

青天白日中突来一个霹雳：“滇记”已发生问题②。这事显然在不久的将来要给我一个生活的变异：回去吗？还是找别的事？这两个问题突然萦绕着脑际。真的，除此还有别的路可走吗？若是想再多求点知识的话。

虽然真相并不怎样彻底明了，但也不见得是多虑，至少你也得先在内心有一个预算。想来想去，还是没有回去的可能。回去做什么事呢，是不是还有其他的问题呢？我真不能找出相当的解答，相信任何人也未必敢保证的吧？因此不敢多用脑筋，还是决心留居外面，保持着初出来时的精神。

正在晚饭的时间到青年会听艺术讲演。讲演者是何伯翔先生，题目是《摄影取景法》。我之所以要去参加这从未参加过的这类的热闹，也不过是为这题目所吸引。至于他们大吹大擂的所谓名震上海的何先生对于摄影是怎样的有研究，我倒也不会起特殊的感觉和钦慕。根本我自己也不算是一个研究摄影者，不过自有了镜箱以后，所拍过的仅仅一卷照片都犯了取景不良的毛病。

大概是“青影社”的主任吧！他滔滔地在介绍何某在美国专习摄影许久，经验宏富，继着不知又说了多少美国，美国。这好像是 —— 不，确实是给一种观念与听众“这是洋货”！

礼堂上寂静了一会，不大热烈的几个拍掌声响了，同时这位洋货也站定在台上了。这时，

① “校场”是旧时昆明砍头、枪毙人的刑场，“模范监”为昆明的监狱名。

② “云丰”商号总店逃税的事前不久在昆明被查获，并处以高额罚款而破产。“云丰”申庄因此也将歇业。

思想集中地注意着他，凝视着他，期待着他的开口，新材料便会很快地充塞在我的脑里。

他讲的是国语，但并不是纯粹的。开始说了当然要说的客气话，从容地把稿纸掏出来，一断一续地讲起了。

太给我失望极了，也许大家都会失望的吧！这就叫讲演吗？他口齿的迟钝我且不说，那材料的简单真是要替他惭愧。他说的什么光线，结构，远景的深远、高远，目的物，水平线……差不多都是在《摄影术》上载得极详的，而且是极平常的。可是他老先生仅是皮毛地讲了一部分，连例子都没举一个。

这次赴会比较值得一点的是，柯达公司送了一本《柯达》杂志，有几张照片可以采做模范。

三月二十日

烦闷虽然烦闷，但每日的工作不能不做。

读了一点日文，想再读点英文，把《文法易解》的序看完，就是五点钟。

自脑痛以来，觉得对于功课会疏懒起来。固然，有病是要休养，尤其是这个病。不过，我常常会犯极端的毛病。如有两天因想起要休养便一点书也不读，尽量地让时光混过去。有时努力起来又觉时间不够，一分钟都不肯放过，接连着几个钟头地工作下去，若有别的事来打扰着，无名火会发通头顶。

这种工作休息的不平均，实在是有患脑病的可能，以后我要竭力地改正。

三月二十一日

接着两封信，得了不少的安慰。一封是鹏的，一封是庚的。真的，也只有从他们的信中才可以找到一些安慰。

回了这两封信，便是混过这一天。寄了一些《申报》给庚。

打麻将，直接、间接所给我的妨碍着实不小。今晚，到七点钟才吃饭。到雨处，他已走了，又在姜处玩了一会儿。

三月二十二日

正在读英文的当儿，突然进来两个生客。我想到无疑是高先生的亲戚——桂丽生的儿子。其余的那个也是回族，是浦东中学的学生。他们都在这里吃过晚饭才去的。

在白渡桥跳上一路电车直到“夏令配克”[①]，时间虽然还早，但订得一个好座，就是在街

---

① 上海的电影院名。

上闲游了两个钟头也是值得的。

幕开了，舞台的当中是一个无线电扩大器和零箱式的机件，右边是一架大桌面钢琴[①]，左边便是 Martenot 的电气音乐机，全机的形式像一个小长桌，看去简直是一张简单的桌子。上面可以像风琴一样地掀起，亦有键盘和一线。

怪极了！什么声音都可发出，尤其是 violin 的来得神妙，仅将左手按钉，右手引线。

回来已经十二点钟，高兴地画了一个图。

三月二十三日

岳仑雕刻展览会今天最后一天了，要不是今天的《申报》特别提醒，我简直把这件事忘了。

作品中的一个《× 女士》像，这是在一个平面上刻出的，看去简直如一张照相，它的阴阳当然来得比所谓美术照相的配光真确。

其次是那《裸体女》和《他的妻》还好。也不过是好而已，好到什么程度却说不出来。根本我对雕刻就向无研究，连一些儿浅近的常识都怕不知道。

我之觉得《他的妻》是好的，因为一个法国少妇坐在这屋子角落，好像一个监视者一样。同时看到那雕像，两相对照，简直是一个人，再翻开会刊一看，完全证明了。

在电车里，有一桩趣事却使我整天盘绕在心。

三月二十四日

今天最值得纪念的，是在电车里打外国人。我虽没有动手，但这事的爆发全是我的鼓动，过后真如炎夏饮冰一样的痛快。

三月二十五日

我以为这是有十足希望的了，若是他们发信的话。一星期又过去了，还是杳无音信。

“大华”的人不在，由别人告诉我他们早已通过信，不接信的大概是不及格。

我懊丧极了！但也无法，只怪自己二气[②]！

三月二十六日

我以为宝山路祥瑞里的征求大概会是“大华”取录后的补足。昨晚决定，今早准到那里接洽。

---

① 即三角形平台式钢琴。

② 昆明话，指说话、办事东拉西扯、颠三倒四，而反以为正确的可笑行为。

雨笙和他哥来家，刚刚我要出去，他们没有坐上十分钟便走了。

由靶子场去“大华”是非常便利的，原来他还是发过信给我，遗失了。我用了一点手腕，似乎有点希望，等明天再去。

回家来T乱嚷着要回家，因为他接了一封双挂号的家信，但又不见他说出比较充分的理由。经我几度的驳辩，给他弄得无法，他低声地对我说：“吃过饭出去我对你说实话。”

其实所谓实话也不过是在意料中的。所谓非回去不可，完全是自私的表现，就是要饿饭也应该一同饿两顿。可笑是他利用我和他到“王洪记”借旅费。结果高先生不愿当猪，他（T）发一会火了事。本来也不合理，世间上哪有这样猪的人呢？你倒跑脱了，别人来给你“神着”① 欠款，还要饿饭。

由此我想到家庭的对我太不关心了。这样久没有片纸只字已经把人气够；如今逢到这种紧急的事还是没有管着。管他妈的，饿饭是绝不至于的吧！

三月二十七日

这几天还没有电报来，看着实在有动摇的可能。T家里叫他自己想法筹旅费回乡，等他们的汇款是无论如何都靠不住。这难免不无相当道理，把我也弄得慌起来了。

昨天去“大华”的结果好像还有一线希望，今早很早地便吃过饭去找陈恩培。他妈的！如今我才明白了，他一切都是在欺骗我，虽然他说以后还可想法通知我。算了，打消这念头吧！反正是会失望的。

想到将来生活的窘迫和回云南的无意思，使我不知不觉地逛了多少马路。在黄浦滩徘徊着的时候，显然是在广州时一样的情境又摆在心头。

左思右想：为思想，为理智，为感情，为饭碗，为拉violin，为身体……着实想不出一条头头顾及②的路来。

在无办法的时候，突然想到去南京入军官学校，这虽不是新大陆的发现，但也值得拿来研究一下。真的，在没有饭吃的时候，着实可以混一混饭吃。然而，这是你本心所愿做的事吗？是你从来曾想起过要做的事吗？

咦！这问题的解答似乎要费点思索了。在今天以前当然可以用“不”字打发，然而现在环境呢？你除了这尚有一线希望的地方可以混一混饭吃，别的路还有可走的吗？有固然是有，但你又不能不想到那些相联系的问题，这些从前自己曾透彻地解释过。

为饭碗，为身体，只有如此做。回云南当然不能想，这便是今天的一点结果。

昨夜又突然咳嗽起来，最厉害时要算是半夜两点钟。一夜都没有入眠。

violin的练习今天可以结束第一册。若果这环境更紧逼着来，想来也怕是就此告终了吧？

---

① 云南话“支撑着、顶着”的意思。

② 意为各方面都照顾到。

（三）在上海联华影业公司音乐歌舞学校

1931年3月28日—1932年3月29日

1931年，聂耳摄于上海

联华影业公司音乐歌舞学校在爱文义路的旧址（后为北京西路1298号）

聯華影業公司音樂歌舞學校招考練習生啓事

名額……歌舞組女生三名。年齡……十五至十八。

程度……中學程度，能說標準國語，且習過歌舞者。

待遇……初試及格者先試習一星期，供給午晚餐。

複試及格者供給膳宿，並按月津貼零用十元。學習六個月久，再定薪數。另音樂組男生三名，年齡十五至二十二，中學程度，並習過器樂或聲樂能對譜奏唱者，待遇同上。報名……即日起本月底止。親到愛文義路（小沙渡路西）一二二九甲號填寫報告單。

1931年，联华影业公司音乐歌舞学校招考练习生的启事（原载上海《申报》，1931年3月28日于上海）

联华歌舞班乐队拍摄影片《人道》的跳舞厅场景时的留影（后排右三为聂耳）

1931年，聂耳（左三）与同事（左起）黎莉莉、黎景光、王人美、黎明健、陈情、于知乐摄于联华歌舞班住处的弄堂口

聂耳在滑旱冰

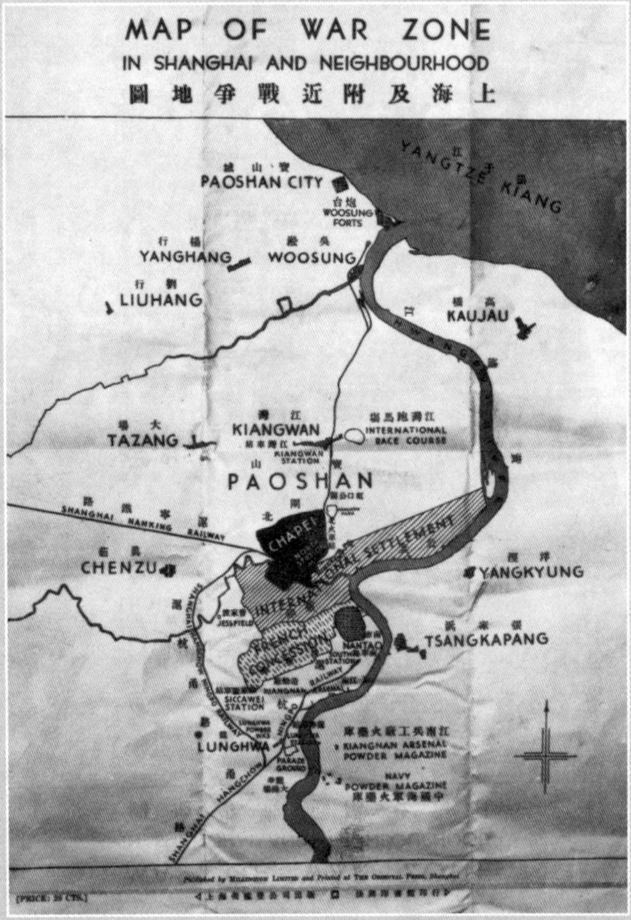

聂耳保存的上海“一·二八”战争形势图

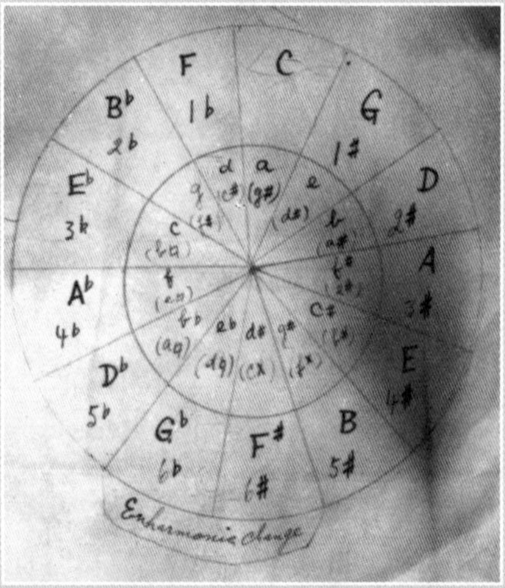

聂耳自学乐理时画的调号顺序图表

1932年春，聂耳摄于上海“一·二八”战火弥漫处

一九三一年

三月二十八日

昨晚已决定今天去找李子厚问一问南京军校的情形，不料在报上又碰到一个机会[①]，我想是有去试一试的必要。

经了几次的失望，以后再不敢有奢望了。所以今天虽然报了名，准予投考，我还是看作当有当无的事。

病愈加重起来，在同乡处吃了一点药，回来奏了几个调子。

三月二十九日

本想整天地在家练习，写过一封信，看点报纸就是三点钟。T的亲戚来坐了一阵，又是做晚饭的时候。

因为T请我看电影，直到九点钟才开始练习。奏完一本《秾李艳桃》，对谱演奏是应该多练习哩！

三月三十日

明明知道他们要骗两块钱，不过拍一点影片也还有趣。

回家来练习完一本《小小画家》[②]。

三月三十一日

看了影片《歌女红牡丹》。

---

①《申报》当天刊登的上海联华影业公司音乐歌舞学校的招生启事。

② 黎锦晖1926年创作的儿童歌舞剧。

因为明天的事，想把睡眠充足些。他们打着麻将，十点半就睡了。

四月一日

睡眠果真足够了，一吃过饭我便准备出发。

到那里才刚刚一点钟，本来订的时间是二点十八分。黎锦晖进来了，他给我们很客气地打了招呼，进了主任办公室。

“你到上海好久了？”这是他的第一句问话。

他给一个C调十六分音符的极高音部练习，因为太慌，错的错，落的落，终于没有奏完。接着是一个^{b}B调的四拍简谱曲，又打了钢琴，他说有希望。

四月二日

想一天都在家里等信，T偏要约到“新世界”白相，恰好碰到“希腊少女歌舞团”在京剧场表演，别人看着会胀气，台下嚷出一些怪声音。而我呢？简直看得怪有味的。

像这种半新半古的土人似的跳舞，本来在有声电影新闻片常常会看到，可是一个五六十岁的老头和一个三岁左右的小孩各人所跳的单人舞真有趣极了。

他们一共是十个人：五个少女，三个壮男，和那个老头、小孩，所用的乐器仅是两个guitar。他们演过一个合唱，由那粗简的音乐和怪僻的装束看来，简直有些希腊的古典风味。更有趣的是两个少女唱了一个中国的下流小调《打牙牌》，唱后简直掌声如雷，“再来一个”的声音布满全场。

信终于没有来，焦心得很。

四月三日

一起床便跑下去看过一次信，接着又是到门口瞻望信差，等候，询问……一直到吃早饭都没有动静。

我刚才跑下去看过，不久高先生就跟在我背后递两封信给我，我拣着所希望的那封拆阅了。

为一包乐谱没有同时寄来，我又跑到那里问一问。谁知他们今天发出，那当然要晚上或明早才会接到的。这样，我放心了些。跑到山西大戏院看《皇后歌舞》，结果不十分满意，电影倒还不错。

最近因为进行这桩事没有结果，信也少写，打算过几天再详细地给他们知道。

四月十三日

为考复试，八号以前都在家练习寄来的谱。

八号的复试是加入演奏，我已取录。

十一号晚上，在平安旅店和张鹤[①] 玩了一夜，第二天早晨送郑雨笙的六哥[②]上船。六点半钟去游兆丰公园[③]（见下图），和北方人漂小船，真有意思，这又是给我留一深的印象。

今天把冬衣送入高栏柜[④]，却是第一次。

五月十五日

生活终于改换了，自从四月二十二号迁入学校[⑤]以后，简直和以前两样了。

想着有好多话要写，怎么提起笔来完全不会有一点儿来碰笔头。

算了吧！慢慢再写。去南京的前夜。

1931年4月12日，聂耳（右）与同乡友人张鹤在兆丰公园

六月二十九日　夜一时

我一点儿道理也说不出，为什么一入了“明月”[⑥]后便提不起记日记的精神。不管吧！以前种种比如昨日死，以后种种比如今日生。从此刻起，努力创造新生吧！

violin 的进步不能不算为神速了，我自己觉得。在过去我曾几度的对它失望过，老是想把它早些中止了，去学别的乐器。到现在我才觉得，那不过是一种暂时的困难，只要竭力闯过这难关，无形地便有进步了。此刻我对于学习 violin 的犹豫可以说完全消灭了，这无疑也是进步的表现。但这进步也不过是进步而已，骄傲、自满……的行为是不应该产生的。

糊里糊涂地快在这团里混了三个月。回忆在这三月中，竟敢把日记疏忽放弃，实在觉得有些可惜。

---

① 张鹤（字天虚）是聂耳的同乡好友，中国左翼作家联盟的成员。

② 郑子平。

③ 今上海中山公园。

④ 即当铺。聂耳要典当冬衣，才能维持迁入学校前的生活。

⑤ 聂耳考取的“联华影业公司音乐歌舞学校”。

⑥ 联华影业公司音乐歌舞学校是由原明月歌剧社的全体人员改组而成。

六月三十日

被蚊子骚扰一夜到天亮，实际只是睡足两个钟点。

一面懊丧地打着蚊子，心里一面想着“明天怎样想法买一个蚊帐？”“不错，明天无论如何要买一个蚊帐。”当我打蚊子应付不暇的时候，便坚决地定了这个主意。实际上，拿什么去买呢？

“嗡！嗡！”又飞了！老没有打着一个。

“呼哩！呼哩！”少甫[①] 的鼾声越响越起劲，他越起劲，我只越着急。

既说到无论如何要买，那末，这办法不会没有的。这办法——$[②]的产生，也便是唯一的一个办法：多大的一个字哟！原来不仅是我的家乡是有这样一个大标记[③]。左思右想，越想越相近，越相近越有路，因此便具体拟了一个计划大纲，并且还找到一条好久没有想到的冒险路子也列入大纲里去试它一试。

正在甜睡，三封信送来把我弄醒，两封是她的，一封是厚厚的、重重的挂号信。在先我想一定是家里汇给我的钱，等看清了信封后，原来是家珍的。

在此刻，尤其在我接她这两封信的此刻，我不能不说她算真的彻底地了解我了。这两封信的内容，完全是我在装入那两张相片时所意料是会这样，这也算是我早就彻底地了解了。她要我做一个“不平凡”的人，我会牢记着的，而且也在准备这样的胆量。

昨晚，我决意再把做日记的习惯养起来，并且同时开始写了一点，今天会在她信里找到“你为我要做起日记来”，这未免太巧。我相信这样凑巧的一个开始，再不会像以前一样打鱼晒网[④]了吧！我希望永久地维持下去，材料上是决不会感到缺乏的，怕的是你偷懒！

一件夹衫到那大字里头一换，四个银板[⑤]上一张粗劣的，印蓝字，画黑圈圈的薄纸[⑥]，马上送到口袋里，心的深处和面部的表情都隐藏着莫名的高兴，“今晚一定能饱睡了！”但是，他，哦！我就想不到还会不会生点小问题呢？

冒着险跑到公平路[⑦]去，和陈钟秀、东洋老板娘演了一出戏。昨晚所想到这条路上的希望，通通又变为色即是空了。除了那铁箱和几把凳椅外，什么都没有。竭死力地去翻奂若的挂号信，终于凉透底。我放心了，不必一天想着要还他三十元钱；我失望了，不能拿到这钱暂借一用。

这一来至少还是有点好处，找回了她的52号信。重回到那旧地去，有着一种难于形容的情感，特别是当听到那些怪腔调，闻到那些特殊气味时。

---

① 明月歌剧社的大提琴乐师张少甫。
② “$”为钱的标记。
③ 指当铺门口的大“当”字标记。
④ 谚语“三天打鱼，两天晒网”的略语。
⑤ 即银元。
⑥ 即当票。
⑦ “云丰”申庄的原址。

昨晚，真的有些近于梦想，三四块钱哪里能买一个自我想象的小小的、圆圆的罗纹纱蚊帐？跑过好几家，吓得我再没有勇气跑到三大公司里问探问探，本来自己才仅有一个起码价的三分之一。

坐车铜板，刨冰几客，顿时不见四分之一。

到青年会交信给老二①，他们都出去了。我大胆地交给茶房转，我知道那些沾点洋气的家伙不见得会不可靠的。

回家虽然三点钟已敲过，但还没有开会。教室里乱七八糟地摆着一些纸伞、油漆，这是预备排《公园》②的伞舞用的。

黎先生的谈话中有几点值得注意的是：

（一）这次“北京”③的表演算一个紧要关头。因为罗明佑④在沪，许多捣乱分子认为这正是做离间挑拨的阴谋的一个绝好机会；而同时，也是我们自己显本领的机会，所以非要忍苦耐劳地耐过这四天不可。

（二）表演以后大概公司方面便会很快地给私人立合同。若是大家认为不满时，可坚决表示，我们可以进行别方面的活动。

（三）关于去美国的事，可以算是没有谈到，他仅是说即使能成，也是一年后的事，尽可不必慌忙。

今天我们的小组又没有合乐了。我的基本练习也拉得太少，以后我们打算要有定时地做下去。

新排的节目《公园》，由今天排练两次的结果看来，这次的出演实在有些勉强。这种玩意不熟练、不自然，倒是会令人讨厌的。

写得还不想搁笔，可是眼睛刺痛得难过，她的信也明天写吧！

七月一日

昨晚终于支持着疲劳写了她的信，我知道这几天绝不会有时间的，所以非得要赶快写就不可，不然她是会苦痛的哟。

H⑤要我拿信给她看，在我送信去经过教室的时候。“哈！你的情人吗？”她一面笑一面跑上楼去，好像知道我不少的秘密似的。她的笑声一直把我送出大门外。

---

① 云南友人李肇锡之子李家鼎在兄弟姐妹里排行老二。这时他在上海大夏大学附中读书，住在青年会的宿舍。
② 黎锦晖新编的歌舞剧。
③ 上海的影剧院名。
④ 上海联华影业公司的总经理。
⑤ 明月歌剧社的主要女演员胡笳。

从十点钟起和C[①] 合了一个钟头的乐。以后我们每天都要继续做去，在表演以后每天要有三次。这样一来，一年内的进步也就可观了，等到美国时也才像样些。

早上下了大雨，他们都说这样的天气奏起乐来一定不会怎样热的。但是在我，绝不会如此想，我整天还是同样地流着汗。

这次的观众似乎比在“奥地安”[②]踊跃得多了，三场都快满了座，不消说，台上跳的、唱的，台下奏的、看的，自然也随之起劲起来。

发了两张吃汽水的支票四毛小洋，实在感到不够，有什么话说，只有自己掏腰包。这次他们对我们的招待实在有些太小气了。

换了一个琴，实在有些大不一样。现在听来，从前用我那琴，真好像没有那样东西似的，有时我自己都听不见是在拉什么，然而却用了不小的力。

今早才换的衣服，回来又是满身臭汗，花了一个钟头，洗了五件衣裳，冲了一个凉。

是一个多云的天空，冲出云围的月亮给我温存地一笑又跑进一团更黑、更厚的云层里去，从此，我再看不到它的半点影迹，直到我要睡觉的现在。

七月二日

新排了一个节目《公园》，预备明天出演。今早才来开始排练，到吃中饭时还是一个乱七八糟，料想不会有好成绩。

小孩子终于要比较忠实些，绝不像那些装作小孩子的大孩子，时时都蒙蔽着虚伪。可笑那小妹妹，她真对我十分敬爱，我不理她，她竟给我赌了气。

Y[③]约我上晒台上去睡觉，催得要命，本来时间也不早了。

七月三日

今天是离滇后的第一次登台。所谓新排滑稽歌剧，真不出我所料，三场的伞舞都是错得怪难看。就说我吧，没有一次不错一点。我自己相信绝对是因为慌张、不沉着，实在要怪排练的人，一点也不知团体动作的“齐一律”的教法。

第二场演完，突然一种听得惯熟的声音从后面传来：“聂四哥！还知道我吗？”啊！原来是钟沪[④]来了。她的不太合身的怪样的服装代表了她是乡土游客，再陪衬上她的一个哥哥和弟弟，更可显明地看出是从外地才到不久的。

---

① 张少甫。
② 上海的影剧院名。
③ 明月歌剧社的男乐师严华或严励。
④ 聂耳在昆明时的友人陈钟沪。

我们站在门口谈了半天，约定后天去找他们。

又上台，又奏乐，感到异常的疲乏，冲凉去吧。

聂耳与他的提琴“小老师”王人艺（右）的合影

七月四日

这样热的天气，还要每天三场。到今天来，实在有些难于支持了。随便坐在哪里，只是想打瞌睡。

细想一下，这种残酷的生活也不亚于那些赤膊露体的工人们大汗淋漓地在那高热的机械下苦作着。他们所得到的报酬是有定的，反正你谨慎地管理了某一部分的机械，你坐够了那末多的时间，你终究是可以得那末多所谓应得的钱的。然而我们哟！费了心，也费了力，也要坐够那样长的时间——八个多钟头，但是，这报酬，多微的报酬，还要看观众的多少打折扣呢！整整四天，通通便是拿了六块钱。资本家[①] 的剥削，着实是无微不至啊！

物质的支配，给人感到不满时，在一相当时期，必然地是要使人对它发生怀疑，由怀疑便会产生一种需要。这几天我们这团里已经隐藏着这种需要的种子了。态度最显明的要算是我的小老师[②]（见上图），他引了一点简单的理论做序言，然后他说：“这也未尝不是一种欺骗！这样热的天气做三场，场费还不发足。他妈的，把戏院都烧了，把 Gen.L.[③]穿了！你再去三场吧！”他的嘴一嘟，手向桌上一拍，谁都觉得又好笑，又合理。

回家洗完澡，已经是一点钟了。五六个人在门口乘凉。一部汽车驶过，大家都不约而同地想到——假使我们坐了汽车去兜风该是多么凉爽啊！不一会，你一句，我一句，马上租了一部来。一直溜到周家嘴才回头，刚花一个钟头。

七月五日

睡到十一点钟，雨笙来借照相机，到苏州去照他的半成的未婚妻。

一同到“泰安”栈访钟沪，吃了两大碗半饺子当早饭。因为她要等她舅舅，所以不能陪我

---

① 手稿上此三字后来又涂改成“他们”二字。

② 聂耳曾向明月歌剧社的第一小提琴手、比他还小半岁的王人艺学习，因而称他为“小老师”。

③ Gen 为 Gentleman〔绅士〕的略语，L 为“礼服”的谐音，整个为“绅士的礼服”的意思。这是一句“洋泾浜”英语（半中半英的不规则英语）。

们一同到雨笙处。

她问我："你不是就这样终了一生吗？以后想怎样？"这问题使我不能即刻答复，连我也同样地起了怀疑，的确，我应该自己尽快找出答复来！

看见雨笙书架上摆的书，我突然会心跳起来，我感觉到我最近在读书方面着实太退步了。是不是一天这样疏懒下去便可了事吗？咦！快找答复吧！

七月六日

精神仍是同样的欠缺，糊里糊涂地跑到"山西"[①] 看《摄影大王》。其中虽然笑料充分，但是总忍不住打瞌睡。

约好今晚去找钟沪，冒了雨到那里她已出去了。饿了一顿晚饭和她哥买相机未成。

为订立合同的事黎锦晖召集了一个要人会议，我回家时还没有散会。由旁人偷听得一点消息，大概我的薪水只有二十元。其余如江、严[②]等都是一样。他们都表示不大满意，尤其明显的是江，他说什么要走，要写信给锦晖。在我却不然，反正自己的关系、地位不能和有特种关系的人相比。

七月七日

大批的西装少年——乐师、明星，拥到黄金戏院看三毛钱的电影《荒唐水兵》。为了帮着分班出去吃酸梅汤的人看守座位，几乎和一个小流氓打起来。到底他力量薄弱，强占了一会，又胆怯地自行坐到那边去了。

这几天只有H还肯理一理人。我们都在门口等车去"大中华"[③]配音，她又说我笑起来越像她的表弟。"那末，你以后仍叫我弟弟吧！"我说。她迟疑了一会说："算了，别叫啦！等一会四爷[④]又……实在，叫惯了弟弟改来叫聂先生真有些不顺口。"

两部敞篷汽车直驶到大连湾路，国[⑤]也和我坐一车，我似乎有好几天没有见她一样，现在同车。她的手被甫[⑥]紧紧地捏住，看她好像是不好意思似的在低头微笑，不时她的眼珠会朝上向我一看。

小老师没有去，当然是我代理他的位置。等了半天，黎锦晖才来。那时非正式地试验了一遍，片上的拍子完全不对音乐歌唱。没有法子，只有将错就错跟着奏下去。

---

① 上海的电影院名。
② 明月歌剧社男乐师江涛、男演员严华。
③ 上海的一家唱片公司名。
④ 黎锦晖的四弟黎明（黎锦舒）。
⑤ 明月歌剧社女演员韩国美。
⑥ 张少甫。

不出一刻钟，我们刚刚自己奏的，马上便对着影片播出来，结果倒也不差。最妙的是我们音乐仅有四种乐器——violin,cello,flute,piano①，演奏出来，真像西乐的管弦乐队一样。

第二次正式的收获倒没有第一次好，我错了一点，还不十分要紧。

回来时，经过百老汇路，凉风迎面吹来，真和那晚深夜兜风一样风味，到家已是十二时半。

七月八日

八点钟就被雨笙抓起，来到兆丰公园门口吃汽水。三瓶汽水拿来一滴滴地喝了一两个钟头，无轨电车一辆辆地到来、转去，大概不下七八辆之多，终于不见我们所要等的人来。最后决定再来一辆不见便走，谁知这所希望的最后一辆恰巧装了他们来。

钟沪弟兄三人，另外还有罗良义，她哥、他友，用两个人借来的六张pass② 冲进去遍游了一周。

干塞饼干只有我塞得最多，因为他们都吃了早饭。

钟长得又笨、又胖，好像没有从前那样活泼。她说我和许强③的性情差不多，我又想起庚在中路上和我说的一句笑话："她还想双挑呢！"在我看来完全不然，实在是二老爹④的老脑筋有些神经过敏。

原来他们也没有订婚，实在也用不着，不是吗？何必要这些仪式来束缚?!

珍⑤真可怜，她再度的失恋了。从前她之对我，可说不上什么失恋不失恋，然而我对她的一些态度着实有点给她难堪。也怪！她老不会讨厌我，常常对我表示无限的好感。现在回想一下实在太不该，有机会应该安慰她一下才对，她这可怜虫！

九点钟请他们到"百星"⑥看《恒娘》，迟到只看了一半。姨太太的下场不过如此而已！

走了好一节路，我招呼他们上黄包车回去，吃一瓶冬瓜水，搭一路电车，不一会便颠到老家。

去年的今日，月下花前，李府⑦相聚；今年的今日，更深人静仍独坐沉思。鼻子一酸，眼睛一挤，不禁泪洒胸怀。

明早是去送行呢？还是睡觉？现在三点钟了，我却决定不下，慢慢睡着再想吧！

---

① 小提琴、大提琴、长笛、钢琴。

② 通行证（公园的月票）。

③ 聂耳在昆明时的友人，陈钟沪的丈夫。

④ 聂耳在昆明的一些友人对张庚侯的尊称。

⑤ 聂耳在昆明时的女友李家珍。

⑥ 上海的电影院名。

⑦ 1930年7月9日，聂耳离滇前，曾在友人李肇锡（李家鼎、李家珍、李家英的父亲）家与昆明的许多友人聚会话别。

七月九日

从楼窗往下看去，突然来了一部卫生局的汽车停在门口，接着走进三四个人来。

楼梯乒乓地响，张先生[1] 跳上来大声喊着："快下去打防疫针，人家快要走了。"

这是我第一次的打针。在先看着别人一针针地戳过，似乎谁都觉得极痛的样子。我在没有到那人面前之先便咬紧牙关，预备去尝试那一下从未尝试过的刺痛。

周围的人只是看着我笑，原来是那一下非常刺痛使我不得已要做出那种表情、怪样。

小老师来了，照常地授了功课。

大雨继续地在下，我也不断地拉着琴。昨天一天没有拉，今天应该多拉一点。

时间并不晚，因为黑云弥漫了整个的天空，屋里的光线不能不要电灯来填补，所以全和夜间没有两样。我看着一本《野草》，窗外的雨声洒洒地响得使我怪难过，脑里突然波动起层层的颤栗的波纹，忆起三年前在教室后面走廊上独自走来走去地看书，同样地听着雨声，同样地是在看这类的书 …… 这些事实显然就在眼前耳旁一样。

晚饭后和小妹妹国在门口站着看雨景。东谈谈，西讲讲，几乎说了两个多钟头。国这孩子到底还不错，对于异性界限的理解上，她给我讲了一段从前到上海时梅兰芳（代名）给她写信的笑话。然后她加了一个结论："我这人倒是欢喜常和男人在一处谈谈笑笑，要是谁要正经地谈什么爱不爱，我真恨他入骨髓。"

十一点还不到，谁都熟睡了。在平日，此刻正是"摆龙门阵"[2]极高兴的时候。

七月十日　夜一时

整整地离别一年了，和我爱的家、爱的人、爱的云南特有的风景。

在这一年当中，我的生活虽有小小变迁，但仍不如我计划中一年应有的进步。所谓计划，并不能在某本日记中找到具体的条文，也未曾有什么计划大纲。

这计划，是我在去年的这几天心里终日充塞的有系统的思想。我如今，尤其在此刻会牢牢地记忆起来。

我背驰了原定的路线，我放松了某一种中心思想的发展，这种病态地、畸形地在这样一个社会讨生活，毋宁说是一种盲目的蠢动，有什么计划可言？

看过去，以至于现在的事实吧！不是极端的积极，便是极端的消极，并没有哪一天会有过平均的需要和发展。

这一年，便是这样糊里糊涂地鬼混过去。"任随它吗？"一年又一年！要是有人这样地问我，我难免又是一句莫名其妙地回答给他："我自然有我自己的计划。"

---

① 明月歌剧社负责总务兼会计的张昕若。

② 四川话"聚集聊天、讲故事"的意思。

然而，在我刚说完这话时，我知道我已经骗了人了。其实所谓计划，即使是真有计划，还不是一样地和过去一年这样地 pass 过去！

和家鼎、南生玩了一个整天。他们说起普剑魔[①] 的钢琴大有进步，我只是在心跳，究竟我对于钢琴的练习将如何决定？要拖延到哪天才敢决定？！

明天是新日记的开始，是第二个周年的开始，也是新生的开始。

[②]

八月十六日

不论你从哪条路跑，你对于哲学的基础不稳定，终于是难得走通的。假使你要是无目的地去混混，那当然不在此例。

新的脑子的培养，不是用一个模型一套便一次铸成，永不会腐破的。它正如一棵嫩小的植物，随时需要合理的灌溉，你若是天天不给它应得的养料，或不平均地给它，忽饥忽饱，它的一生总是枯萎不振的，虽然它能结出没有血色的果。你若是仅在某时期内给它充分的栽培，就不过问，它也不会保持永久而终至枯死的。

所以新的脑子要随时装与新的养料，才能向着新的轨上发达。换句话说，脑筋若无正确的思想的培养，任它怎样发达，这发达总是畸形的发达。那末一切的行为都没有稳定的正确的立足点。

我已经是一度地受过充分的培养而现在遭饥荒了。由这种饥荒的结果，影响到生活没有中心思想，常常被感情支配着一些应以理智判断的事，这是一个极大的危险。

"The passed Nie Shou-Sin was not the Niel of this time." [③]

雨笙答应借我几本我所要看的书看，他也同样地在感觉着这种饥荒，所以我们都从同一方面去补偿这个缺点。

已经八点半才从我家动身出去逛马路，沿途不断地谈话，不觉到了兆丰公园门口，喝了汽水又慢慢地走回来。国、乐[④]们在门口乘凉，还是一副老面孔。不但我是这样，雨笙来找我时，她们也是做同样的态度。

白天发了半场场费，马上送到梅花少女歌舞团。"东南"的卖票收票人已经是看熟了我们，他们一看见我们大队人马去买票，他们都互相微笑或大笑。我知道他们的心理："你们自己能做歌舞，怎么还要来看这些呢？"其实我们的来意也不过出出风头罢了。拍两个所谓正人君子的掌，表现老前辈的清高，绝不像别的歌舞团专门要捣同行的乱。

---

① 李家鼎、蒋南生、普剑魔（又名普梅夫）均为聂耳的云南友人。

② 以下缺佚7月11日至8月15日的一本日记手稿（据说是遗物由日本运回时即已散失）。

③ 译意为"过去的聂守信，不是现在的聂耳"。

④ 明月歌剧社的女演员韩国美、于知乐。

看后谁都倾慕龚秋霞[①]，想合作起来送她礼幛，最热心的要算是七爷[②]。

夜里不想睡觉，清理一下箱子，许多好书都不见了。到两点钟才睡。

八月十七日

拉了一天的琴，觉得有些显明的进步。

夜间在门口纳凉，谈及“梅花”的进步，回头一想自己居于所谓老前辈的地位，前途大可悲观。

实际上，从根本去整顿，未尝不可纠正万一的恶习。然而，她们，整个的她们已经是到了不可救药的地步。在近两三月内她们真够颓废了，一切骄傲、自欺、欺人、顽皮的恶习的苗已经根深蒂固地种在她们每一个细胞内，就是那些所谓天真纯洁的小孩。

我替她们危险，我替这歌舞界的领袖团体危险，我可以猜想它是怎样地分散瓦解。她们当中的每个人的企图和希望，我是观察得清清楚楚的。看着吧！她们会有上进、有大希望的吗？除非她们曾切切实实地为自己的前途打算过，这些可危又可怜的人们！

八月十八日

严、薛[③]硬要约去看“梅花”，薛借了我一块钱。

刚要上电车，李家鼎和蒋从小沙渡路那面跑来。“啊！聂四哥！今天特意来找你，不要去了吧！”

我辞了他们，领着李、蒋找到刘大成[④]。我是十多天不看见他了，今天一见，真有说不出的高兴。

我知道他们很想听一听我的音乐，所以我带他们到我寝室里，我和少甫合奏了几个调子给他们听。

怪无聊地跑到外滩公园坐了几个钟头，和家鼎谈了不少旧事。

在电车上买一张《中国晚报》，载着邓演达[⑤]被捕的消息。想不到这事竟给我们在门口作了半夜的谈话资料。

---

① 梅花少女歌舞团的主要女演员。

② 黎锦晖的七弟、也是明月歌剧社的负责人黎景光（或黎锦光）。

③ 明月歌剧社的男乐师严折西及女演员薛玲仙。

④ 在上海特区税务局任职的云南同乡，住处就在聂耳隔壁。

⑤ 广东惠阳人，曾任黄埔军校教育长。北伐战争期间，历任国民革命军总政治部主任、湖北省政府主席。第一次国内革命战争失败后，发起组织中国国民党临时行动委员会(中国农工民主党前身)。1931年被蒋介石逮捕、杀害。

八月十九日

收音的事完结，今天发钱，我领了五十元。

本来要和七爷看“梅花”，刘[①] 又无论如何要约去“暨大”看足球比赛（暨南和华伶）。

林慕绩[②]很客气地招待我们在那里吃晚饭，回来又去看“梅花”。

周玉麟穿着洋服，江应梁伴着她从操场那面走来。她一看见我，好像有什么不好意思的样子，一会儿红了脸。她说有人在云南造她的谣言说她结了婚，又说春晖要出来。

八月二十日

八点钟就去游泳（第三次），有金焰[③]和孙瑜[④]。练习跳水碰了一次水底头。

吃广东馆子后，到“上海”[⑤]看影戏，看得打瞌睡。

晚上独自上北四川路买了一点零碎东西，回家写了六封信。

好笑，三天的日记到现在才来记账。

八月二十一日

“联华”拍一部《银汉双星》，其中游艺会一节要我们参加。今天预备了《努力》和《蝴蝶姑娘》到光华戏院拍影片。从早上十点钟就去，到五点才回来，实际拍的时间仅费五分钟。

那些看戏的临时演员，看着很有味，一会儿叫上楼，一会儿又叫下来。

金焰要王人艺拉那个《梦幻》[⑥]，我也觉很不错。今天我才知道他的 violin 是从小拉起的，我听了会害怕，到底我们这些并不算什么。

疲劳得很厉害，晚饭后一倒在床上就睡到八点钟，就不想做什么工作，在门口乘凉。

八月二十二日

想照个相回家，又想买几本书，上午拉基本练习，吃过饭便整装出去。到了大马路[⑦]又走到青年会，访蒋未晤，又跑北四川路，终于是无目的乱跑。

---

① 刘大成。
② 云南同乡林志音。1934年他参加了聂耳组建的百代国乐队。
③ 上海联华影业公司主要男演员。
④ 上海联华影业公司著名导演。
⑤ 上海的电影院名。
⑥ 德国作曲家舒曼的《梦幻曲》。
⑦ 今南京路。

薛耕愚[1] 从我身旁走过，犹豫了好久想想是有和他周旋一下的必要，跑好远才追着他。

看见他那可怜的样子，可以猜想还是在处于困境。果真，他香港的款还没汇来。现在是在一朋友处住着，我们谈了十多分钟便分手。

买了几样日用品，五块钱就算光了。

晚上约少甫到“兆丰”听音乐[2]，他和我说了好些关于将来的希望和他的失恋的事。我觉得最近的他倒还不错，已经不像从前，一天只是为这事而烦恼。

他也同样觉得不跟她们周旋实在舒服得多。

四十多人的大管弦乐队，奏起来到底宏大。但还是好多音都不准。十二点才完。

八月二十三日

明天是罗明佑的生日，也要我们预备游艺加入联欢。女孩子们不愿去跳舞，因为事前没有通知，当然只有来找我随便做点什么花样凑个热闹。

谁都在我面前贡献材料，其实我心里早有打算，临时上台都可以随便抓出来的。

八月二十四日

不错，这是再好没有的一个机会，可以表现表现我的天才。

就是在第二制片厂搭了两个台。一个音乐台，一个是表演台——当中有一个红电条[3]的大寿字，一进去真是我们素来所说的“神气”。

全是广东人的势力，随处都是在讲广东话，那些大明星们原来大半都是广东人。

“歌舞班”[4]的歌舞便是一个“聂耳博士讲演”代理。这段讲演已经在我意料中地受人欢迎，其中最精彩的要算是学紫罗兰[5]的埃及舞和收场的猪叫。

得了一个包皮很美观的礼品，回来一看原来是一盒饼干。

大同乡四川人孙瑜特别来和我握一个手，在我表演以后，接着金焰也拉着我到俱乐部里坐了一会。

团体游戏中要算“架云龙”为最有趣，以人代跑马，看着真危险。

紫罗兰的粤剧还不错，可是我嫌太短。

---

① 薛振卿之弟，原昆明“云丰”商号的老板，破产后来到上海。

② 上海工部局交响乐队当时每年夏季在公园举办露天音乐会。“兆丰”即兆丰公园。

③ 用红色电光纸剪贴而成。

④ 联华影业公司音乐歌舞学校的简称。

⑤ 广东粤剧的著名女演员兼电影演员。

1931年8月24日，联华影业制片公司上海同人庆祝罗总理寿辰游艺联欢大会合影（前第三排右十二为聂耳）

八月二十五日

来一封信。面上写的聂先生展，里面又是“聂先生：我们不要不说话吧，从前因为跟你闹着玩就不理你了。我们的脾气是像小孩一样的，你也和我们差不多。不说了，见面说话。”

这是国写来的。这孩子，真是孩子，这有什么意思?! 现在就是你理我，我也不高兴跟你多来少去。省得多少时候，免得许多麻烦。

昨晚黑炭[①] 也接一封信，看着有我的五倍长，不知怎样写的，她要他回信。可笑他一夜没有睡。

“有英文、法文、日文、口琴、上海话、广东话的讲演；有京调、英、日的清歌；有中西合璧的妙舞；收场是一个猪叫。”今天随时都在想着这台事，有时自己都会好笑。

八月二十六日

没有电车，静悄悄地，无疑是昨晚的飓风大雨所致，起床时还下着微雨。

和刘大成出去看水景，好些地方都已退了，但可看见些痕迹，在爱文义路、卡德路还淹着很深的水。

一直走到外滩，沿途有不少被风吹倒的大树。在北四川路吃了广东饭，到“爱普卢”[②]看《睡鞋之秘密》。

---

① 江涛（原为南洋华侨）因肤色较黑而得的绰号。

② 上海的电影院名。

买了一本《音乐的听法》，回来看到十二点才睡。

八月二十七日

久已闻名的《人兽奇观》今天算能看见了。这部片子真是别开生面，无异游了非洲一转。

薛耕愚来找我想法筹旅费回云南，真给我大作其难，然而又不能不救助他。想来十多块钱是可以凑给他的。

今晚太不好过，心里一点也不开展。

八月二十八日

一起来就在楼窗上看见他的到来，他真守时刻，刚好十点钟就到了门口。我急忙跑下去，引他从马路走去，掏出我准备好的十元钱给他。他说可以到香港，在香港便可设法。

我以为一定平安无事了，谁知在午饭后他又来找我，他那可怜的样子实在叫我不敢看。他说香港恐怕还是无望，请我再设点法，给他可以到河口。刚好一个朋友请我替他买一本提琴书教他，交我四元钱，我又统统给他。这事使我十分难过，但也无法。

我的小老师突然要上北平去。这消息本来在前两天就传出来，但我一点也不留意，总以为是空气，说说罢了。今天他向余师父催洗衣服，买东西……处处给我觉得他真的是要离开此地了。唉！我的小老师，我真有些难过。

他感到订合同以后的危险，把一些有用的光阴消耗于无益，待遇又不好，又不能请教师专习，因为这种种原因，他不能不走。

他上北平主要的目的是学琴和养病，有说他到清华大学当教授，那未免有些不近情理。

我和他到锦晖处辞行，和他收拾好行装，送他到火车站。我真有些舍不得他，在我的学习上，就是在感情上说，虽然没有很深的历史，但我们俩算是一对同年龄、同道路、同是拉violin的良友，自从我加入这里以后。

他在临走前还拉了一段基本练习和《Souvenir》[①]，这给我留下一个很深的印象。啊！还有他昨晚从外面回来的时候，自己把乐谱拿来和我画了《Humoreske》和《Souvenir》的指法。我谢他，我现在才知道谢他。

他在熨衣服，我弹了一个《送别》，几乎流泪。箳说我要哭，真的，我实在是不敢哭。

没有人指导拉琴，终于是渐渐走入错误之途的，等合同订后，一定要去找教师学习。管它，没有零用也不管，只要能履行我的计划，向着坚定的目标加紧地努力走去。

---

① 匈牙利小提琴家德尔拉作曲的《纪念曲》。

八月二十九日

今天算是纯粹的 violin 生活。

白天合了两个 orchestra① 的调子，结果还不错，我的 2nd violin②已经让位给严励③了。

这是从未有过的高兴，一天内拉过了两个调子（《Humoreske》，《Souvenir》），只要熟练就没有问题了。同时在合奏时我们的 1 st violin④是很容易的 pass 了。

八月三十日

金焰和孙瑜听我拉琴，他们的称赞，使我有些不好意思。

不健全的管弦乐合奏比较昨天进步些，金焰提议我们正式组织一个联华管弦乐队，史东山⑤也可以来一把 violin，他大概勉强可以。

所谓“时髦的滑稽”是罗明佑和朱先生⑥们给我的批评，在那次表演以后，七爷告诉我，他们很欢喜我去拍滑稽剧。

实际算起来我习 violin 的时间，至多只是四个月。自从南京回来后才算是真正地建立起 violin 生活来。说到正确的姿势，还是最近才闹清楚一点。对于弓法、指法、看谱的技能，在这四月内有着飞腾的猛进，这是值得自励的。

一般人说习 violin 的时期长，而无好的效果，有些说得太可怕。现在我觉得小老师习了五年也不过如此，若照我这比例去猜想，我在五年后一定要比他现在成形得多。我对我的前途又乐观起来。

记得过去曾听他奏《天鹅》曲⑦而羡慕他“拉得真好”，现在我自己同样地能奏，倒也觉得平常，过去真浅薄。

四爷从汉口来，带来他的两个孩子，那男孩想给我投师习琴，他已十二岁，还不嫌迟。从外表看来，倒是满聪明的孩子，高小已毕业。

我的礼拜天是不起作用的，要是刘大成不叫我过去，我真不知道。其实就是知道，还不是同样地过 violin 生活。

在床上睡着写，太不舒服。这是像哪一体的字？

---

① 管弦乐队。

② 第二小提琴。

③ 明月歌剧社的小提琴乐师。

④ 第一小提琴。

⑤ 此时是上海联华影业公司导演。

⑥ 上海联华影业公司的编剧朱石麟。

⑦ 法国作曲家圣桑1866年作曲的《动物狂欢节》组曲中的第十三段乐曲。

八月三十一日

“紫艺[1] 兄：南生来，请即过来。”像这类的字条真有些讨厌。过去也并没有半点事，把有用的时间耗于无谓的闲谈。

接到字条我便过去，只想随便应付一下又来拉琴。谁知一进去便给我一桩极不好过的事，费了不少思索。

刘说蒋要被禁闭十五天，因为光华大学说他有嫌疑。但可以用钱作抵，每日二元。交了三十元就完事，他是特来找我们设法的。我听了心里当时起了剧烈的跳动，想到怎么这几天尽碰这些瞎事。

从三点多钟直到吃晚饭，我真不高兴多说话，然而他们好像若无其事地在一旁大谈恋爱问题，我在一旁想办法。

“老兄，你太直了，你就以为是真的吗？我的学费差三十块，来请你们设法，倒要请你帮点忙。”

现在我才知道是受骗了，我那恼恨的程度真是难以形容。

从楼窗上看下去好像是聂士秀站在门口，我急忙下去，真的是他。可怜他等我一两点钟之久。

他算考取了。现在到上海商务印书馆取钱交费，我把他带到卡德旅社暂住一晚，明天又去接他。

他路上常常用手在身上摸摸索索，那不沉着的态度，我知道他身上一定带有钱。到旅店一问，果真不错，我要他交给我保管，有十五元法币和一张汇票。在那小旅馆真有点可怕。

九月一日

打过多少主意，想到一开口他不会不借一点的，所以老着脸向他借一两块钱。想不到他竟东拉西扯地解释了一大篇，有些地方完全露了马脚，最后跟他拿了两毛钱。

和他跑了一天，真麻烦透。

林慕绩来找刘，字条一来，又花了一个半天。

晚上以中国乐器合中国调子，惹得多少人围在门口。

九月二日

联华公司的人来团调查。刚睡了午觉起来，他们都说是签合同，我还信以为真。

晚饭后出去散步，遇大雨。

---

① 聂耳在明月歌剧社的正式名字叫聂紫艺。

笔太坏，写得一点也不高兴。

九月三日

伍钟祥[①]和家鼎来找我，他俩都考了“大夏”[②]。当他们说到升学时，好像有着多少光荣。伍问我还想不想进一个什么学校，我只略略和他说了一点我的计划，实在不必要有什么学校不学校的虚荣，反正我们这行是不要进理化实验室的。

花了好几点钟和小孩们玩“捉曹操”[③]，这是四爷的孩子黎泽永引头玩，一玩居然引得七八个人，我被罚给国叩了一次头。

九月四日

近来倒觉开心一点，谁知出人意外的事又来了！

我也常常在疑心恐怕薛耕愚还没有走，以后又来找我麻烦。但一想已经过了这样久，至少总离开了上海。

刚起床，周师父就来叫我会客，我问是什么人，他解释了好半天倒给我弄得莫名其妙。他说从前来是穿长的，现在是穿着短的，到底我还是无法猜想。

穿着睡衣裤，跑到楼梯一看，一个人也没有，直下了楼到门口才发现早已投降了的薛七哥。他那狼狈的样子，真给人看了吃惊，真的。我自己觉得我的嘴唇变了颜色，我的体温骤然减低！打了寒噤！当我看清楚是他的时候。

他穿一身脏透了的短汗衣，绿绸裤。一见我就说再想想法子，护照期满仍不能走，但钱已花完，现在只要维持他八九天的生活，到十二号他的亲戚从天津盐务稽核所调到沪局就可以有钱。交涉很久，逼得我当了公家做的礼服，得三元钱，通通都给他。他说不够，到八九号还要来找我再设法。看他的态度好像比从前老脸得多了，我急得半句话也说不出。拿一件长衫给他穿着，刚好我们吃早饭，不知请过他多少次吃一点，他还要顾假面子，“不吃”。又急得我半个字都说不出。

他走以后，谁都问我，把我弄得太难为情。

和 flute、cello[④]合了两个调子，还不错。旁人在问：“这是弄得很熟的吗？”其实都是新调子，简单些而已！

翻翻旧日记看看，总是觉得现在不如从前认真，还有一件最可惜的事，是在南京的时期完

---

① 在上海的云南友人。

② 上海大夏大学。

③ 用扑克牌玩的一种游戏。

④ 即演奏长笛、大提琴的乐师。

1931年5月，聂耳（右）与严励摄于南京

全没有笔记过，有好多材料是应该补起才对，就开始吧！

*　　*　　*

我们是包了一辆车，全体坐在一块的。在这样长的途程时间里，我们除了找一些无聊的事去消遣，实在难于消磨。

和我坐在一块的是老宋[①]，他请我到"他办的大学校"里讲演，题目是"学生应有的精神"。讲完大受欢迎，此其一。猜表情，此其二。作对子，此其三。

"京沪铁路，路旁有树，树上开花，花前月下，下棋谈话，话中有笑，笑里藏刀，刀刀见血，血盆大嘴，嘴不连腿，腿长如鬼，鬼头鬼脑，脑筋简单，单刀匹马，马到功成，成人之美，美满家庭，庭园芳草，草木皆兵，兵荒马乱，乱世英雄，雄心不死，死气沉沉，沉香碎玉，玉洁冰清，清风明月，月下花前，前途茫茫，茫茫大海，海阔天空，空中楼阁，阁下平安，安然抵京。"

到下关天还没有黑，两部公共汽车前面扯着"明月音乐会""明月歌剧社"小旗子已在等候。这么多人真挤得要命，拖了半点钟才到鼓楼饭店。

吃过饭就到云南学会，找到王志导，他说话一点也不自然，不知是什么意思。

表演的第一天满座，接连演了一礼拜，人就渐减。

一天，世界大戏院请我们全体在一家川味饭店吃饭，喝了不少酒，他们请客的主要意思是请我们续演五天。

三个醉鬼（老宋，杨大和，鄙人）坐着黄包车游中山陵[②]，有三分之二的路程我是在车上睡觉。好笑！本来三人都已经醉了，然而谁都不认为自己是醉，东歪西倒地上到山顶。鄙人敬了礼，杨兄读了总理遗嘱。

游明孝陵和紫霞洞倒没有什么意思。

汽水的效力真不小，一口就醒了，这是三人同时发觉的。

谁都叫我做小弟弟，我也谁都叫姐姐。这是在南京惯行的称呼。

王人路兄弟妹三人[③]，徐漂萍[④]，胡笳拉了小弟弟挤上汽车游后湖。已经是下午四五点钟

---

① 明月歌剧社的男乐师宋廷璋。
② 南京安葬孙中山的墓地。
③ 即王人路、王人艺、王人美。
④ 明月歌剧社女演员。

1931年5月，聂耳与王人美在南京鼓楼旅馆门口

了，我们还慢慢地在后湖公园（即五洲）喝茶吃小包子。小老师为肺病到处找太阳晒。

令姐[①]来找过两次，自从第一次在世界戏院碰着后。

一次是她独自一人来，我介绍人美给她认识。又一次是她和李廷媛，全振环（或应环）来找我谈谈入本团的手续。全倒想入，但又没有如此勇气，怕什么家庭不家庭。

我们要走的头天，她来看我。

谁都是照相狂（见上页图），有的照顾照相馆，拿着不当钱的国币[②]烂用；有的自用镜箱拍照，不消说我当然是一个。啊！最有味的是严和老宋，一天只见他们拿那一寸的镜箱跑来跑去。

一天清早我带着国、静、白、陈、乐[③]们到鼓楼公园拍照，结果还不错。

徐漂萍给我和人美在旅馆门口拍了一张。（见上图）

离开南京的前夜是在中央大学表演，他们招待太差，连奏乐的地方都没有，我们便乐得惬意地休息。只有钢琴和一个 violin。

大概是在“中大”表演的前天吧！中央党部播音台请去播音，我们的三部合奏《Martha》[④]还出了风头。

每天晚上的宵夜都觉有趣，总是绿豆稀饭。有时和黎先生喝酒谈天。

四先生[⑤]发过一台脾气，打碎一个盘子。

我大声地骂一个洗衣服的人，在饭堂里，震惊了全堂的人，他们都想不到我会有这么大的脾气。

---

① 袁春晖的姐姐袁令晖。
② 即纸币。
③ 明月歌剧社女演员韩国美、张静、白丽珠（后名白虹）、陈情、于知乐。
④ 德国作曲家弗洛托的歌剧《玛尔塔》选曲。
⑤ 明月歌剧社的男乐师、黎锦晖的同乡张其琴。

一晚，我和孩子国在余师父房清理衣服，钉“百花仙子”的里衣的带，倒还有趣。

由鼓楼饭店出来上汽车，往下关火车站回沪，一关门玻璃碎了，到下关赔了五块钱。那汽车夫的样我老记得他。和我同车的（在后面）万[1]、静替我很不平，由她们的表情看。

在火车上又打碎一个茶壶、茶杯，当然照赔。

他们都异口同声地说我“倒霉”。

小弟弟的称呼，到沪后的即日，奉命取消。

* * *

九月五日

弦断了没有钱买，整天没有做一点事——音乐的事。

未起床就被国们闹得不得安宁。昨晚大概是三点多钟才睡，本来是想多睡一下。

伴她们画了一些漫画，所有的成绩都陈列在墙上。“只有××不缺德”、“三角板”。

在楼下闲谈，耕愚来，又是一阵渣筋[2]。正要想法拿自来水笔给他去当，雨笙来，又借了一元六毛钱给他。

许久不见他，闲话真是越说越多，越高兴。

说着、念着、唱着许久的合同算是今天签订了[3]，轻易地写一个名字便是与“联华”发生两年的关系。我的薪水是二十五元，这是乐队里起码的数目，我真莫名其妙，和我一道进来的黑先生会有四十。虽然他从前和他们有过一点点关系，而在我早进来的演员严华又会少我三元，这种分配太有些不平。

合同一签，真如了了一桩大事，各人的心中都好像安然无事，只准备着新生的开始。在今晚的晚饭桌上全表示着这种情绪，谁都充满着欢欣地努力加餐，只听见碗筷、拖椅子的响声。

堆着大批衣服没洗，今晚鼓着勇气洗清了。“乒”的一声，好像是谁发脾气打碎了一个杯子；又好像我昨天在教室里踢布纸球打碎了玻璃窗一样的声响；接着又是一些人嚷着笑着从楼下上来。由我的经验可以听出又是谁在为讨得女孩子的欢心而装疯，因为里面也夹着女子的尖笑声。我不去理它，仍是洗我的衣服，唱着我的京戏、洋歌以减少疲劳。

他仅喝了一杯酒（四先生的虎骨药酒）哪里会醉成这样？这我倒不会相信。老江和老宋[4]在大喊严华酒醉，又做出些怕他的怪样和痴笑。使得他愈更加装起疯来，什么苦笑，跳舞……种种丑态不都是他明白的心假装出来的?！在他转变时便可显明地看出形迹。

---

① 明月歌剧社女演员万山青（万茜）。

② 昆明话，有“啰嗦、琐碎、小里小气”等意思。

③ 明月歌剧社与上海联华影业公司正式签订协议，全体人员改组为该公司的音乐歌舞学校。

④ 即江涛、宋廷璋。

我说他这种举动也并不是有一种什么目的，想借题发挥一些牢骚，实在是他对待遇的不平和心里平日所积的隐痛，不能不使他自然地会找这法子来消闷、自慰。这种无意识的行动我不敢担保我不会发生，有时受了刺激真叫人无可奈何！

自今天起算是一个正式的"联华"职员了，以后虽然是帮他们工作，但也不要忘记自己的发展，从此努力吧！

最近急要解决的问题，便是快去找提琴教师。

九月六日

起来，就跑到楼下看报纸，想知道一些政治和水灾的情形。最近简直不多阅报，一见有画报才知道是星期日[①]。

蒋南生来，同到刘处，蒋问我们今天如何消遣？我们只简单地答他："最近我们也是灾民哩！"他理会这意思，在默想了一会后说："我来赈灾吧！今天有什么好电影看？"

翻一阵电影广告，决定到"中央"[②]看《摩洛哥》，约好两点钟在"中央"门口等会。

讨厌的大雨，越下越厉害，衣服已经是够湿了。刘老先生还怪无聊地绕到西藏路慕尔堂要什么英文夜校简章，后来在"中央"门口又等个够，到三点钟他才来。

因为《摩洛哥》的有名和报纸鼓吹所谓"幕幕血泪，哀艳动人"，所以谁都准备着去哭的，结果，并没有流一滴眼泪。动人的地方果真是有的，我觉得这部片子在各部关键上总表现不够。别的真正的名片能使观众的泪从心底深处一滴滴地流出来，也就是因为它在紧要关头表现得格外深刻，使人感到恰到好处。

喝了一点虎骨酒，那味道真像云南香花配酒，越喝越高兴，谈了一些将来到美国的大计划。吃晚饭时，他们都说我喝醉了，因为我脸红，其实只喝了一点点，因刺激而兴奋，所以好说话。

到中华检德会揩油听音乐，大半是广东音乐，我最喜欢的是朱荇菁[③]的琵琶独奏和霄霓乐社[④]的《普庵咒》。前者可以看出他技术之高和中国音乐的许多高深也不亚于西乐的提琴，后者完全表现出深山古寺的风味。里面除主要乐器胡琴、琵琶、洋琴外，还加上大、小阮，木鱼和七丁，听起来真是飘然入仙境。有些粤调听着叫我不能不闭目回想在广州时的漂泊。

九月七日

好像有四五个女孩子的哭声自楼上传来，又像真又像假装。

---

① 当时的某些报纸每逢星期日赠送加印的画报一页。
② 上海的电影院名。
③ 即国立音乐专科学校的琵琶教授朱英。
④ 由琵琶演奏家李廷松等人组成的国乐团体。

晚饭后国们约出去遛一小转马路，知道她决计不签合同准备回北平。她们白天的哭是由假装引而为真的。

听说她要走，心里至少有些难过，不是又要预备唱《送别》吗？唉！人与人的关系为什么处长了一定会要发生感情?! 譬如我的小老师走时，我真想流泪！

九月八日

耕愚又来。他既来，你总甩不脱的，至少他要花你一两个钟头，没有结果是不走的。又一套西装送入高栏柜，给了他三块钱。

我真不知将怎样去处理这事？每想到就会害怕起来，心房像打雷般地在跳。如今已经给他不少钱了，然而他仍是老来抓着我不放。他说十二号就有办法，这事到底也没有把握，到那时要是失败了又将怎样办呢？我问他，他当然是说不至于；我自问，又是同样地害怕起来。

不能不说是运气，钢琴没有人打。我又轻又快地跑上楼来拿基本练习，打了不上十分钟，薛玲仙在旁边怪吵要让她打，我讨厌她那怪讨厌的样子，我便一个大屁股扭了出来，在门口想着愤激。

伴小白[①] 们上老宗[②]家里，无目的地坐了不久又转回来。料不到于斯咏[③]肯让我弹，所以还有点成绩。十点钟过了，蚊子又咬得厉害，只有歇手。

和四爷谈天，从王人美的没有向正道的发展谈起，谈到团里各人的个性和将来的训练。少甫熟睡惊醒，从床上猛然坐起，也加入谈话。翻着现代书局目录，又谈看书的事，这一门我倒谈得高兴，因为书目中曾有不少是我读过的，所以借此又回味多少趣味。

快三点钟了，老江的鼾声响得叫我不能不赶快去游梦乡，少甫也响起来了。好，等着吧！

九月九日

照样的履行平日的工作，为避免睡午觉，在楼下看书谈天。日子也好混，一会就吃晚饭。上老宋处玩了一会，回家后怪无聊，临睡前胡笑一阵，全宿舍的人谁也弄不清究竟是笑什么。

九月十日

和四爷谈天，真是越谈越有味。自吃晚饭后谈到夜深三点钟才止，什么文学、宗教、政治、欧洲的女人、电影、京戏…… 谈得真开心。

白天也练了调子。

---

① 白丽珠。

② 上海《时报》的摄影记者宗惟赓。

③ 明月歌剧社的女演员。后改名黎明健、于立群（郭沫若的夫人）。

九月十一日

大概是睡眠不足的关系吧！拉着基本练习老是提不起精神。小老师自北平来信，即时回了他。

萧友梅[①]、罗明佑、黎民伟[②]来听我们的音乐，我们奏了《Spring Time》[③]和《湘江浪》。关于到音乐院免费学习的事，恐怕难办，因为萧友梅说，若我们要去，可以办一个特别班，每人每学期六十元。

心里异常烦闷，不知什么原因？拿起洞箫来吹了一个《春朝曲》和《旧地》，眼泪一出，叫我没有勇气再吹下去。

九月十二日

中华书局开二十周年纪念会，请我们参加表演歌舞。

最近合的《Spring Time》和无聊时合的《梅花三弄》，也要在这次演。午饭后正合"三弄"，锦晖和中华书局的人到。一坐稳汽车，登时就到，本来也是很近的路。

临时台搭得太简单，奏乐时乐谱架也跟着跳舞。座位的排列一点也不对，很多没有弄齐。总之，一天都是扫兴。

拉《三蝴蝶》的高音本来不是易事，我自己也觉得有些地方实在勉强。七爷当场指责，使人太难为情。他说得有些全不符事实，还说些无聊的气人的话，真是讨厌。固然，我承认我自己是差王[④]太远；况且我从来也没有说过我是和他差不多，你总不应该以不符事实的话来瞎批评人！好在我知道你是有这样的脾气，所受过的同样的态度也不仅这一次，不必放在心上吧！

从另一方面说，没有这类的刺激也不能推进你的进展，还是当作一回事似地接受着吧！如他所说"试音"、"scale[⑤]拉得少"上去探讨吧！

看看姊妹歌舞、烟火，回家已十点钟。他们约再去里面看电影，心里很难过，拒绝了他们。

坐在马桶上，一些矛盾的心理在内战，越想越麻烦，越麻烦越想。一会儿自己发觉是在拉屎，不觉好笑起来。

今天认识了一个同乡孙成光，是在中华书局的《教育界》杂志当编辑。

太疲劳！又是在睡着写，一点也不舒服。

没有邮票钱，十天没写信给她了。

---

① 上海国立音乐专科学校的校长。
② 上海联华影业公司一厂厂长。
③ 德国亨德米特作曲的《春日》。
④ 指王人艺。
⑤ 音阶练习。

九月十三日

分明是醒了，总不想起床，钟已整整八点，听听楼上楼下都是静悄悄地，忽然想起是星期日。

字条一来，知道又是“南生来……”洗了脸就过去。

到足球场看全运会足球预赛。“暨南”[①] 到底不错，看完已六点多钟。顺便访雨笙，他请我们吃好久没有吃的俄国大菜。到“黄金”[②]看《欲海情天》，虽然是第二次看，却也流了泪。

和老江玩sweep。败者画花脸，我被他画得一塌糊涂，玩时又想起我们从前的“士得喂铺”。

九月十四日

薛老七[③]啊！你太不能原谅人啊！逼我到此境地，我有什么法呢？我知道这是我应该报答你的时候，我之所以能出来不能不说是得你的力，但我的力量只有这一点，如今我已经超过我力量的十倍来帮助你，当的是当光了。就是讲到哪方面，这样为朋友也该得了吧！

他无论如何要借四毛钱，弄了半天才找到，他说除非来还我钱就不再来了。

一天的在心痛，烦恼，这刺激太不小！

九月十五日

把所有拉过的scale都温习过，正拉基本练习的时候，接到家书。我相信当票定在里面，谁知还是一空，连提都未曾提及。

原来薛耕愚是这样出来的。三哥说他生平所积的钱都被薛骗尽了。我回头一想，莫非我也着了他的骗？！唉！越想越可怕！心老是在痛。

写了一封八页的长信回家，不知他看后会作何感想？我懊悔我有些话不该说，他们一定要为我担忧起来！

人家说我鬼，由薛的这事看来我真是太直。这也是处世未深，必然会有的事。

新租了一架钢琴，以后可以有定时的练习，今晚打了两点钟。这烦恼哪天才能消灭？今天写那信，不知咽了多少眼泪！

九月十六日

他又来了！他的亲戚仍没有来，给我要了十几张信纸，八个信封，他说写信向朋友借钱。

---

① 指上海暨南大学足球队。

② 上海的影剧院名。

③ 即薛耕愚。

发了半月的薪，赎了一部分东西就干净，别人都出去完了。有的看电影，有的买东西，剩得我一个人静守在房里，练习了一些中国调子。

九月十七日

收了几块钱的欠账，稍觉开心一点。上午的提琴，特别努了点力，因为计划午饭后出去找教员和看电影。

在七路车里，经过百老汇路，老是想起一些去年的事，看见“东海”的广告，好像是巨片的样子，真想看极，已经和它分离了半年了。

那教员上青岛去，在这几天内可以回来。我很高兴，在我能认识了这个地点，我理想着以后不断地跟他学将会收获不小的成绩！

“东海”，好久不见！现在一进了大门，我真有说不出的高兴！又好像我仍是在过着那所谓商人生活，片子倒也不坏。

昨晚听他们讲《蓝天使》是多么伟大，所以我是非看不可。

这虽然是一部有声对白片，但与别的对白片不同，因为是德国人说英文的关系，里面的对话极少而且很简单。表情和穿插的精密真令人想不到。它描写女色的诱惑和社会一切虚荣的丑态可算无微不至，一个大学教授的下场竟弄到如此惨痛！

薛又来！拿了一件衣一条裤给他，他说亲戚后天来。

九月十八日

公司里来了一个通知，明天要乐师穿礼服拍戏，我没有衬衫，跑到锦晖那里借。和四爷在马路上谈王人艺学音乐的历程，有些地方真可以借鉴。在锦晖处又谈及个人正当发展，也可鼓励起我努力的精神。

回家来做了一些《和声学》的练习。

九月十九日

来一个通知要乐队穿礼服拍戏。这是我们第一次的工作。

莉莉和我化装，用油彩在脸上打，化得好像一个死人一样，这也却是第一次。

拍了不多片子，便是一个整天，从一点钟到晚上十二点钟才回来。

因为摄影场里的灯光太强，把眼睛弄得一点也不舒服。

和史东山谈一些音乐的事，原来他也拉过三四年的 violin，每天七八个钟头。我在他面前吹大炮，看他又有些相信，这样看来，也许他也是在吹牛。

1931年9月20日，影片《银汉双星》中的乐队镜头（领奏者为聂耳）

他说我能演剧，以后有机会我可以来一个。

像这种拍戏，毫无一点意味，老是奏一两个调子，等都等个够。

早上练习作曲，有两个动机是这两天“送别”的心理自然反映出来的。我拿来摆起一奏，实在有点送别的感伤风味。以后我要常常练习，管它好听不好听，合法不合法，总之，以成绩愈多愈好。

九月二十日

昨天没有拍完，今天还要去，大概又是像昨天一样的一天。

今天的拍戏倒没有多少特别可记的地方，不过拍了两个大镜头（见上图），仍是到十二点多钟才回来。

今天——九月二十日，最值得注意的一件大事是报纸上的大字：“日军占据沈阳城，炸毁南满路，……东北军王以哲旅长殉难[1] ……”，这是前晚发动的。

日本的侵略中国，是在意料中的事。试看万宝山、中村失踪等事件，不是它的诡计？现在竟敢大事侵占东北，大施其帝国主义的暴行，什么飞机场、兵工厂都占了。

楼下挂着一个“宣扬艺术”的礼幛，就是“明月”到东北表演时王以哲送的，现在居然成遗物了。

在公司里吃饭时，大家都谈到国事。他们的议论总是一些国家主义的观念，他们就不知道这是第二次世界大战必然会来的动机和导火线，现在有什么办法呢？望靠谁解决都是狗屁，什么国际联盟！它不是一样地在想找饮食吃。

九月二十一日

还在睡着就听他们嚷什么日军到天津、北平，跑下楼一看，几个红大字在《时报》的封面上大注其目：“天津、北平、青岛……”，看了一点多钟把什么消息都看完了，心里很不好过。看起来这事太严重，日帝国主义的侵略，全是有准备、有计划的，报纸上还说什么“……不过是下级警民的冲突，日政府对中国是没有一点敌意的”。他妈的！这种不可隐蔽的事，你到如

① 王以哲此时并未殉难，而是死于1936年底“西安事变”后，东北军的内部火并中。

今还要来欺骗人！

睡了午觉，起来就吃晚饭，完结了第一次的作品。

薛来，答应和他寄一封航空挂号信。

小朋友们给我画些画挂在墙上展览，小白很有天才。

他们从街上回来，带来一张《时报》号外，日本今晨大地震。唉！天有眼睛。

九月二十二日

日军的发展更严重，上海的空气也紧张起来。日本商店门口的标语“庆祝日军占领沈阳”；驱逐舰来沪借口保护侨民；虹口一带密布日警，洋洋得意地对华人做骄态；还有日人汽车插着有标语的旗在马路上示威；同文书院的日学生散布各戏院游戏场，横冲直闯……这些消息代替了早点，午饭减少了一大半。

明天拍一部短片《卖花女郎》，今天到摄影场试排。

晚饭后，上折西家里坐了好半天，把他们游南洋时所拍照片都看完了。我想象那样的生活真是快乐无比，同时又想起照相真有不少的好处，我可惜好些机会应该留纪念的相没拍。回来清理一下相片，真不够资格。

九月二十三日

《银汉双星》[①] 结束，要我们拍一幕歌舞短片，昨天把一切镜头都计划好了，今天开拍。

本来说一点钟开始，我和张昕若先生顺汽车的便到香港路“联华”分管理处兜了一个圈回来，他们还没有化好装，到四点钟才开始。

严华因为不想饰吹号手，嚷了半天请江涛代。真滑稽！一来就想演主角，你究竟有什么成绩表现出来过？莫说是你，金焰在“南国”[②]干了七八年也才不过是一个二等明星。他说了一堆无用的话，越想越好笑。

这些所谓明星，原来因为笨的关系，拍到吃晚饭才拍了四五个镜头，并不十分长。看她们做一个极简单的动作，都是东错西错。这样看来，从前唱的本班自己先拍一片，真是没有实现的好，不然实在有些担心，她们未免看得太容易。

在俱乐部里听了几个 violin solo 腊片[③]，倒也开心。

鼓着勇气全部拍完，到一点多钟才回来。

---

① 上海联华影业公司1931年拍摄的影片，原著张恨水，编剧朱石麟，导演史东山，摄影周克，主演金焰、紫罗兰等。其中用蜡盘收音的方法，穿插了一些音乐和歌唱。

② 南国社为1925—1930年由田汉等人在上海创办的以戏剧活动为主的进步文艺社团。

③ 小提琴独奏的唱片。

我有点不大赞成今天摄的一节 kiss 的镜头，这在中国片里可以找到多少例子？我们何以要去仿效？况且“kiss”在国片里终是使人最讨厌的东西。

华的追逐国，看着真有趣。无意地发现了，步步去注意，卖在有值得玩味的地方，上汽车时的等待和殷勤的服侍。

九月二十四日

昨晚回来后洗了一个澡，睡眠时起码是三点多钟。到十一点钟才起床。

萧友梅给隔壁税局长罗香涛——我们的兼理（副主任之类）一封信，大概是说他们音乐院正组织一个乐队，校外人可以加入练习演奏。他要我们带着乐器到那里奏给一个外国教师听听，然后再决定某几个可以加入。我们听到这消息在先觉得很高兴，好像大有希望似的。但细细地审查一下，他们难免不有着别的作用，至少他们是利用我们的乐器中他们没有人会的去充实他们，相信绝不会有给我们学习的诚意。

我们再三地研究了一下这些利害关系，实在是不去为最好。就是你弄得如何的好，何必要拿给他们去讥笑呢？老实说，我们不去图这种虚名还要干净些，不然将来我们一切的成就，还是要给你说“是某某教出来的”。看着吧！我们只要多努点力，再找两人，请个指挥，大家来比赛比赛吧！

和箶去买牙膏，顺便进大鹏坊，本想上七爷屋里打琴。还不到那屋，箶听见是国的声音从我们面前的楼窗里发出。七爷屋里没有人，她更确信国定是在黑先生的屋里。她抬头一声“严华！”真的三个头同时伸出来。

我是第一次上黑先生的新屋，我从前的理想，算是证实出事实来了。在他，可算还聪明，成功了！可是，那天真活泼的孩子，被这种恶势力的引诱，将会怎样地堕落下去?!我看他们的感情比较从前进步了，他的胆子也大了些！国啊！我可怜你！你的天真活泼将会很快地葬送了，若不赶快觉醒过来。

我和箶走时，他们三人正谈得高兴。华常自己表现出痛苦的样子，同时又在拼命地追逐，我相信他绝不是黑先生的敌手。

四爷和七爷，他们的意见老是反的。七和人说四总是无根据地乱说；而四又说七是根本没有一点用处，全是受了坏人（宗）的诱骗。他们常常冲突，旁观者看得非常有趣。今天说到摄《银汉双星》事，他俩又顶将起来，吵了半天。四走了（和他的亲信张氏弟兄[①]），七约我上“大光明”看德国片《最后之中队》，不料又在戏院里碰着，他们坐在前几排，看后各走各的。

德国片到底比较别的来得高深，导演得也精细。其实故事和演员并不复杂，全靠表情的深刻，动人。看过好几本德片如《肉体之道》、《蓝天使》……之类，它的结果总是悲惨的，没

① 明月歌剧社的男乐师张其琴、张其瑟兄弟。他们曾在湖南参加农民运动，后逃亡到上海来投奔同乡黎锦晖。

有好的团圆的。

……[1]

日军侵华的势力越发扩大，日政府在沈阳出布告说沈阳是被永久占领的，人民各自照常安居乐业。

俄军二万开到哈尔滨，哈市的日军已撤退。

狗屎“国联”说什么“不要扩大中日事态”，“望两方同时撤兵”。他妈的！这叫什么话？领土被占，华军步步退让，所谓两方同时撤兵如何撤法？

在戏院里的日人的表情真有不同，看见华人就做讥笑的样子。

九月二十五日

一醒便起，总要比睡懒觉舒服些，早上反正是睡不着的。

起来时，正下着大雨，天色暗黑的，刚六点钟。

做完《和声学》的第二练习，想总复习一下 violin，才拉完 scale，折西要我带他到白渡桥乐器店看 saxophone。

说了好半天，商定五百元买他的，我们叫他擦一擦，等下午或明早拿钱来取。

看着华、黑一天如此开心，回顾我终日烦闷，想着不觉难过起来。跟张先生借了一块钱，拉着黎泽永看《璇宫艳史》去。

在楼窗看见薛来，想避他一避，谁知他已看见我，不能不下去应酬一下。他赤着脚，说什么在火车站被贼偷了。我到黑炭处想拿我那双旧皮鞋给他，滑稽！他舍不得拿我的给他，因为它比他自己的那双漆皮鞋烂得好些。终于把他的给他。

正在洗澡，雨笙来，谈了一会。景光看《驸马艳史》回，不消说，他自然又是大吹大擂，引得我好像又是非看它一看不可。

谈到国家大事，雨的见解有时显明的表现“××”[2]。黎以为他是怎样一个人，竟在我耳旁悄悄地说：“别告诉他我的住址。”这我倒不可解是什么道理？

他把我的镜箱修好了，约定后天星期日上兆丰公园照相。

明天中秋，休息一天，中饭由公司加菜，晚饭黎先生加菜。可怜我们这些无家可归的人，如此凄凉地去度中秋。

九月二十六日

叫什么中秋节？不要想倒还好。别人都出去，看的看电影，游的游公园，只有我老守在家

---

① 手稿此处涂去十五行。内容为王人路自南京来讲的一个暴露国民党反动派奉承日军将领丑态的内幕新闻。

② 手稿此处二字擦去，改写成“××”。

里看《作曲法》。

早上，和小孩们讲了点故事，猜谜语。

晚上坐在月台上看看所谓中秋的月，一面想着两个美的旋律。小黎跑来无论如何要拖我上七爷家里，在那里打了一会琴，拉拉我自己的蹩脚 violin，到隔壁黑先生处，他们在打麻将。

回家来玩了一会邮票，贴了一点礼物。

九月二十七日

和雨笙约定今早上“兆丰”照相，七点钟起来整好服装等着他，他一来便说去不成。昨天、今天“商务”[①] 都关门，相机拿不着。

他想到“大夏”找王志导，我带他到刘处或许他也可同去。谁知在那里大谈国事，遍阅各种大小报，一混就是午饭时候。当然，又是他请客吃了顿便饭。

他有两个女友来，郑也不去了，各自分手，和他约定后天游苏州。

想补一补昨晚的睡眠，因为月蚀，火炮响到天亮，整夜没有睡着。

倒下床就睡着，一封开口信掷在我嘴上惊醒，是她来的。三小张纸，三句同样的话，是多么刺激啊！

晚上在教室里大运动，翻跟头，跳绳。出了大汗。

九月二十八日

温习了基本练习，拉得高兴。

吃过晚饭，钢琴就被我把持着，直到四个多钟头后。把《拜厄》[②]打了四十几条，有时禁不住地欢喜而大笑起来。

预备明天到苏州，已十二点了。

九月二十九日

很早的自然会醒来，到底是心里有事。洗完脸时间还早，拉了一个《送别》和《Serenade》，和�、国辞了行。

在电车里也曾想到恐怕他又变了卦，然而也不怕，我的准备是让他无论如何都要去的。

真的，一进门，他便说去不成。原因是云南的运动选手到沪，其中他理想的小姨普琼英约他今天去找她，或者明天要陪他们游江湾，后天才能前往苏州。

---

① 商务印书馆。

② 德国钢琴家拜厄（Beyer）编写的初级钢琴练习曲集。

一看见那几位女同乡真有些看不惯，态度之羞涩倒把自己弄得难为情起来。你问她们一句，便是答一句，不然便是她们各自写她们的信，一言不发。

小普进来，还有一个姓黄的陪着她。这两个到底比她们活泼得多。

在雨笙屋里阅小报《文艺新闻》[①]。忽然觉得左手腕酸痛起来，拉开袖子一看，一个骨头高高地突出，肘与手臂的骨头好像脱离了关系一样。我慌了！赶快加紧运动，用力摩擦。在当时——"新新"[②]楼上滑冰跌下时并不觉有什么不舒适，到现在我真担心会挫坏了骨头不能拉琴。

同时和我在他屋里等他的还有一个广东人，他也替我担心这不是"推板"[③]的。

笙回来，时间已经相当的迟，不能到"兆丰"去找他们。他教那小孩数学，我倒在床上看书入眠。

看着一本《反杜林论》[④]。他弹起三弦来，脑力一点也不能集中，只有放下书索性和他一块研究三弦的种种奏法，进一步理解到用西乐的奏法真方便，更实用得多。最高兴的是发明了应用 position[⑤]时，想到以后将它们组织整理一下，预备出版一本《三弦弹奏法》。

晚饭后和他译了一个工尺谱[⑥]。又到"新新"，遇张、罗、沙宝成、聂雨南，他们问收滇片事，我介绍他们到胜利公司[⑦]接洽。

九月三十日

笙看她们昨天的扫兴，今天不愿再提议到那里去玩。要是昨天跑到"兆丰"才是白跑狗[⑧]。所以决定今天上苏州。

面包早点后，往火车站坐九点十五分的特快车。

在车上难免不想到往南京的车中。

到苏州车站换坐人力车往旅馆，沿途所见的一切都与上海两样了。街上没有汽车，所以感得不少清静，虽然路上是那样的拥挤。

住阊门外三新旅馆，房子倒还不错。时间正好是吃午饭时，我们马上吃了饭。

到宪兵队访他的朋友唐竺仙团副，也是同乡昭通人，出来顺便到留园一游。

久闻大名的留园也不过如此而已，它的形式显然是像大观园那类的东西。在一进门碰到一幅留园全图，等游到里面，那无一处不同的走廊，休息室的单纯的风景，真叫人扫兴，那假

---

① 1931年3月至1932年4月在上海出版的左翼文艺周刊，编辑袁殊等。

② 新新公司的游艺场里设有旱冰场。

③ 上海话"差、低劣"的意思，这里作不能"轻视、忽略"解。

④ 恩格斯著的马克思主义经典理论著作。

⑤ 乐器的把位。

⑥ 中国古代最初可能是由一种管乐器的指法符号演变而成的传统记谱法之一，因采用工、尺等汉字记写唱名而得名。

⑦ 上海的美国唱片公司。

⑧ "白遛腿、白跑一趟"的意思。

山之多也是会叫人讨厌。我们真呆不了多少时间，随便兜兜就回来吃蛋炒饭。

他要我慢慢走到城里玩玩，走着走着又快起来了，也许他一点想不起我的湿气痒。

边走边谈，从大路绕小路，硬摸到东吴大学找到王志符，看他们里面的生活倒还令人羡慕。真的，我常是想念着学生的生活。

路上常常听见汽车的喇叭声，还在老远的我就准备着让，其实都是什么人力车、脚踏车所装的喇叭。有时仅在你背后一揿，真吓人！

坐人力车回来才觉得我们走了不少的路。

到旅馆里练习电灯下摄影。

白天写了信给少甫和黎、严。

十月一日

清早便起来租驴子玩山，麻烦极，费了不少时间才做成，苏州的车、马伕真厉害。

过天平山到灵岩山。在灵岩寺门口可观太湖全景，眼界极宽。

在寺里吃素菜素面，和和尚谈天。

一座古塔在山顶，是明朝时建筑的。

木渎产桂花有名。为了看桂树，绕了一个大圈，到了并未看见一株桂树，失望之极！最倒霉的是往来都在驴上跌跤一次。

在天平山的时候最长，我在墙上写了“云南聂耳博士偕其七叔郑雨笙于民国二十年十月一日游此”。还作了三句不落脚诗：“灵岩游后忆桂树，七弯八转到木渎，驴子作怪跌两跤，桂树不见要哭！”还写了别的特别东西，也吃了面。

夕阳西下到寒山寺，慌慌忙忙往虎丘，驴上加鞭跑得快，想登山眺望田村。

美的云，千变万化地送我们到阊门才消失。下了驴子，坐上黄包车，上火车，下电车，骑两脚车[①] 到长沙商栈[②]。

十月二日

还有四张片子没照完，一早起就到“兆丰”拍完。

回家来的空气大为紧张，国正在我房里和严华们谈话，我跟他们都握了手。

给她吃的糖，还剩了给我，在我弹那新抬来的小钢琴时。

我知道莉[③]还没有吃着，所以留着给她。下午才看见她，我诚恳地给她，她打开便吃了一

① 即步行。
② 郑雨笙在上海时的住处，是湖南人专为客商开办的旅馆，位于老西门附近。
③ 黎莉莉。

个，“吐！吐！吐！”谁知全是一些杨梅核，我却上了那群小孩的大当！很对不起她。

洗了一个澡，洗了大批衣服。国要我给他没有的风景小像，又耽搁了我洗衣的时间。

晚饭后出去洗缺额的相片，买了一部《小乐园》和小玩具——清官磕头换帽、小猴子，我倒欢喜它们，送给小孩子。

这次的变换生活还算很满意，我倒是出我料想之外的聪明，会如此东想西想“充壳子”[①]，引得谁都以为是真的，以后倒可以再试试。

虽然拿了薪水，到底还是不够分配！violin不知哪天才能学得成？管它呢！有三块钱还是学一点钟再说吧！

几天的日记做一天赶，终于也赶完了！

写了一封信给她，为什么她又是不来信，不是你老是以为我快乐而忘了她吗？不会的吧！

聂耳的奥地利籍小提琴老师普杜什卡

十月三日

一吃完饭就跑去汇山路找教员。还是那老妇人来开门，她指给我往楼上去，上到半楼梯时便听见有violin的声响，我随着找去。

他[②]（见上图）正在教着两个外国学生，我进去时他招呼我坐在旁边。

我非常注意他们的姿势和手指，结果把我弄得心慌起来。他们完全和我的两样，好像很随便似的，手指按音时也不用尖端。在先我只想这是初入门的笨学生，后来看见那教员接过琴来教他们拉，也是这样。

他们都走了，剩我和教员。

他问了我好些当然要问的话，我指给他我所拉过的基本练习。他看着我好像很不错的样子，后来他在一个抽屉里取出一只弓，打好松香，叫我随便拉点。

我拉的是那个G调scale练习，拉时他只是在我周围看，不久他便叫我停止，因为错了。

他改正了我的手指、弓法和姿势的基本错误，然后叫我从头拉起。在这时，我倒感到不少困难，出了一身大汗。

和他商酌决定在每礼拜六的午后一时去。

在“冠生园”照了一个小美术照。

---

① 云南话“瞎吹牛、瞎编故事”的意思。

② 聂耳的奥地利籍小提琴教师普杜什卡（Podushka）。

接两封信，一封家信和庚、晖的，当票却是附在庚信里。

晚上到锦[1] 处听“胜利”收音的样片，谁知刚被人拿走。在那儿打了琴，谈了天，十点多钟才回来。

十月四日

“联华”也要爱起国来，突然组织起一个“联华同人抗日救国团”，今早十时在光华戏院开第一次全会。

到会的有一百五十多人，当然全是“联华”职演员。我们一小队人步行去，已经早开会了。

陶伯逊[2]的报告开会理由，扯得太远，耽搁了很长的时候。

通过简章，简直闹得一塌糊涂，有的不懂开会常识；有的图得女子可以取笑，发表最无聊、最顽皮的意见；或是无谓的争执。这样一个严肃、感慨的会，哪里能容你做那些浪漫行动？

在未去开会之前，董芳菲[3]在门口说我“真爱国”。

今天听 violin solo 片的时候很多，我听着这类东西，可以忘掉一切。

十月五日

早上合奏了一个调子，是新拿来练习的。

睡了午觉，约三个钟头。

今天和知乐小妹妹和好，有两个月零四天没有说话了。

替国买了一部《儿童小乐园》，小猴。

正在听腊盘，忽然外面有人叫我，原来是薛耕愚来了。他剪过头，修过面。我猜定是他的亲戚到了，一问才知他在街上无意碰见他的外甥——基督教徒、救世主，所以他才能有一安身之所。他是有笑容地在和我说长说短。他送了一盒儿童玩具给我。

十月六日

拉琴的时候多，爱国运动也紧张。这是今天的总结。

郑送相片来，他和我照的多半照坏了。一部分风景片都被小白拿去。

和老宋上老宗那儿看乐队照片，鄙人成绩最佳。

谁都是相片狂，一时翻出多少来看，越看越有味，发了一点洋财[4]回来，国的也找到一张。

---

① 黎锦晖。

② 上海联华影业公司上海分管理处负责人。

③ 明月歌剧社女演员。

④ 意为得到了一些相片。

十月七日

许多小事应该今天出去办完，昨晚用手折记下：在抛球场下车，到“冠真”[1]，底片已失；“王开”[2]加映照片；“开明”[3]，五线谱；“商务”，日记簿；“长沙商栈”，借三弦。一齐都做清了。

笙的二哥从雁宕[4]回来，大谈其风景之绝佳，瀑布之伟大。

在大马路遇知乐、国和她们的所谓教师。他那态度之可憎，真难用笔形容，满脸擦的粉，满头涂的油，走起路来就是一个花旦，加之他碰见我时还做出难堪的态度。

什么教书不教书，那些小孩子哪里知道他另外的作用?！他妈的！你教你的，谁也管不着你的事！他还在她们面前讨好卖乖，破坏人家的名誉。

晚上有钢琴的合奏。钢琴实在太差，有时他恼羞成怒，一抓着人家的一点小错误就不肯放松地扩大指责，使得他在那些孩子们的面前增长虚荣，藏蔽自己的丑处。

今晚心里难过极！想到那些孩子可危！

《驸马艳史》终于还是要到价廉的戏院里开映，昨天看“奥地安”的预告就决定了今天要去看的。

知乐跟我去，在电车上遇老宋和阿谭也是同道。

希佛莱[5]的东西总是这类的，他总做不出规规矩矩的样儿。这部片子到底还是导演得不错，他常注意在细小地方的穿插，使人无不发笑。

笙照了一百三十几张苏州照片，取回细致一看，好的真没有几张。

莉要我伴她到第二厂看拍片子，他们正拍《南国之春》的一个病室景。蔡楚生导演，那样年轻的一个孩子，加上这么一个名，真有点不像，试问他有什么经验？由此也可想见他所导出的东西，也不会有多稀奇。

我看着他们拍戏，我想演的心又勃发起来。

一天老是哼着 1· 3 5 1 3 5 1 3 —— 印象太深。

十月九日

蒋南生写信来给[6]我借钱，我还不是一样在穷，明天的学费都还没有着落。

我的钢琴练习决定不再打基本练习了，有空我是尽量地打调子，先还是从进行曲入手。

今晚指挥[7]来，把练习过的三个调子都奏了，他称赞我们的成绩还很不错。若是再多有几

---

①② 均为照相馆名。

③ 开明书店。

④ 即雁荡山，郑雨笙的二哥郑一斋当时在昆明经商。

⑤《驸马艳史》中饰主角的演员。

⑥ 云南话“来向”的意思。

⑦ 原上海工部局管弦乐队的长号乐师里加斯匹（菲律宾人），被请来训练明月歌剧社乐队。

种乐器，violin 加多几个，便是中国顶完美的乐队。

奏乐时龚秋霞来，后在严家[1] 里。国和知乐还以为我也和别人一样地要跑去看。我知道又是那华蛋[2]瞎说的鬼。

自来水笔被老宋拿去，费我找一两个钟头。在他们屋里谈天，十二时才睡觉。

十月十日

刚起床要穿裤子，李家鼎跑上楼来，他穿了新西装。

在刘大成处空坐了好些时候，我辞别他们，想去找学费。蒋作出不高兴的样子，说些胀气[3]话，实在并无半点事。

和张先生找得三块钱，吃过饭已经一点钟，快走。

在门口偏偏又遇他三位先生，拉着要和他们一齐走。

他对我所练习的功课非常满意，又指定了好些练习。他介绍我到一个提琴制造厂修理violin。

回来在白渡桥附近看烧房子，不小，现在鼻子里还有烟火味。

本来今晚指挥要来，他却失了信，我们自己合奏了两个多钟头，到底比较紊乱。

十月十一日

重新精细地照谱弹《马赛》[4]，从前总是乱来。

打定主意和从前某时期一样，除吃饭不下楼，老是苦练我自己的工作。

把昨天教师指定的课程拿来练习过，终归是比自己拉（无人指导）要好些。

十月十二日

除吃饭、打琴，就不高兴到教室。心里整天都在不好过。

把修好的琴拿来拉得爱不忍释，觉得真比从前好听又容易拉。

我真不愿看他们那些鬼脸。

打琴时听说他们去看电影。

在谭房谈国事，不禁兴奋。

---

① 严折西家。

② 严华。

③ 云南话“使人生气”的意思。

④ 即《马赛曲》，1795年被定为法国国歌。

十月十三日

这把提琴越拉越不想放，拉基练时好像比从前的趣味浓厚。

在阳台上见薛[1] 从隔壁基督教徒宿舍进去，我追去看，原来他已找到如此一个混饭的地方。人真不少，谁都抱着本《新约全书》或《圣经》，那些可憎样儿！

似乎是好久没有上公园了。心里正如此想，老宋便提议到“兆丰”去看书。我没答他，跑去穿上外衣就走。但一数铜子，车钱不够。运气还不错，四先生加入，我们只想车钱有了着落，原来他连一个子儿都没有，最后他给会计借了一元钱。

他是第一次上兆丰公园，自进门直到出来，无时无地不在赞美。

天气有点凉，不在太阳处还觉得冷。

本来是一个看书的好环境，不知从哪儿吹来一阵中国喇叭声，听着简直心不在焉，无限的感想涌上心头。

学着拉腊盘里的《Serenade》，学得像一点觉得非常高兴，琴又凑趣，自己听就好像差不多了。可惜找不着留声机的钥匙，不能多听听。

十月十四日

起得最早，没洗脸就拉了一调。有趣，我一开始，钢琴也响起来了（楼上的）。

到七爷那里拿谱，顺便找张先生拿钥匙，他们还在高枕安眠。

好久没有和少甫合过那本黑壳书，今天从头合起，似乎很容易地 pass，又合了“黄壳”，也没有多少问题。最近看谱较熟。

晚上，到下面看报，小孩们来，好像好久不见一样。

十月十五日

谁都希望着的快乐之日十五号算来到了，她们都充满高兴地在填领薪水的收条。

然而我，根本就不敢希望，到此刻当然若无其事地照常拉着琴。我的钱早支了给学费、买书，即使有剩余的两三块，已经是有债主替我去取。

七爷借我三块钱买了一本 violin 练手指的书，还有一本也是要在这礼拜买的，但没有五块钱。

男的通通都出去花钱去了。我无聊，躺在床上已睡觉。树桂[2]把我叫醒，请我买软片替她们照相。

晚上的合奏到底“拆滥污”，一点也不起劲，除我们三人团[3]外总是太差。

---

① 即薛耕愚。

② 韩国美原名韩树桂。

③ 聂耳（小提琴）、张少甫（大提琴）及其弟张弦（长笛）。

洗了大批衣服。

十月十六日

不到六点钟，自然会醒。我不管他们甜梦不甜梦，放开量的拉琴。头一声一响，他们在被窝里的表情真好看。

照了些小相，背景都是门口附近。两辆救火车飞奔来隔壁爱文坊停下，救火队员慌张地四处看看，弄得我有些害怕，原来就是隔壁新建房子处烧了一小间。

指挥来，都是合些旧调，所谓新练《Hope March》[①] 倒是最早练的。因为钢琴不成，一直到现在还弄不清。

"梅花"的龚秋霞、徐粲莺来。

十月十七日

* * *

好像是上公园去玩，常在一块儿的小孩都在。神仙妹妹和我一道走。她疲乏了，我拉她走，然后背着她，她在我背上打瞌睡。面接触面，她问："谁的嘴唇？"仍是闭着眼，她哭了！好像发了脾气走了。

又在一处，和小白说明天我们要分离，因为我要打起精神来做自己的工作，不能和你们在一处玩了，这是一个告辞的礼，她不听跑来了。

一时好像群众示威，这些小孩初从我面前走过，大呼口号："打倒镊子[②]！打倒缺德的镊子！赶走在团里胡闹的鬼镊子！"

突然枪响起来，是日军和华人的巷战，就在爱文义路，我在楼窗上还可看见他们。响得厉害，有流弹飞入，我急忙到门外躲避，刚到房门口，觉得右腿一刺，知道中了流弹。在房门口有墙处一看，擦破了皮，像一只小眼睛，老宋说用生鱼油擦就好了。

* * *

醒来时手还在摸着枪伤，真的有点痛。回想一切，"这是梦"。要是事实？

给张先生借了五元买书去上课，每课都得"Very good"[③]。

下起大雨来，到"王开"又取不着相，只有跑"冠生园"。在"冠真"遇"皇后"一幕中情人[④]、胖[⑤]、国、白、枝[⑥]等。

---

①《希望进行曲》。
② 由"聂紫艺"转化而来的绰号。
③ 很好。
④ 明月歌剧社女演员万美君（万茜）曾扮演的角色。
⑤ 明月歌剧社女演员章锦文的绰号叫"胖子"、"胖姐姐"。
⑥ 明月歌剧社女演员杨枝露。

在浙江路见美、筎，我在电车喊她们，她们说："这是七路。"我急忙跳下，在"五芳斋"吃水饺，又到"王开"洗相。

晚在锦晖处。他病卧在床。

金焰来拿谱，他害怕。他送了一张照片。

十月十八日

四爷来，谈起公司对"歌舞班"的阴谋和这次表演的无意义，有时他会根据新思想来说几句话。

晚上，在七爷家里玩了好久。

十月十九日

今天把我的课程严格地分开钟点练习：

J.D.Loder① —— 3.Lessons(one & half an hour)②

H.Schradieck③ —— 3.　　H.E.Kayser④ —— 3.

Chinese⑤ —— 2.　　Pieces⑥ —— 5.

晚上因到"大中华"收音场预备《银汉双星》配音，所以差四个 pieces。

什么有声片？简直狗屁！一点钟才回来。

十月二十日

今天的课程倒也不差，合中国调子还超过一点钟。

晚饭后见黑先生又在会客室巧言绘色地欺骗那小孩，我有意跑去旁听。

他和我辩论什么哥哥弟弟，后来又扯些他的爱人徐粲莺，胡吵了半天。

雨笙来，他瘦了些，原来是在南京患了痢疾。

十月二十一日

史东山的弟弟结婚，有请柬给我，听说还要请我奏乐。我们知道难免不是联华公司的那

---

① 劳德尔（的练习曲）。
② 三课（一个半小时）。
③ 史拉代克（的指法练习曲）。
④ 开塞（的练习曲）。
⑤ 中国乐曲。
⑥ 小曲（外国的）。

位和“歌舞班”的黑人相等的伟大人物弄的鬼，我们谁都不愿意去。

教员（指挥）配了《银汉双星》开场曲的谱拿来合奏。

和少甫们出去散步到法租界，回来已九点钟。

这两天又是起不来了，从明天起应恢复早起习惯。

1931年，联华歌舞班拍摄影片《银汉双星》时的合影

右起：

1. 张昕若　2. 余省三（摄影师）　3. 英　茵　4. 摄影师助手
5. 杨枝露　6. 张　静　7. 王人美　8. 聂　耳　9. 董芳菲
10. 黎锦光　11. 韩国美　12. 魏也娜　13. 宋廷璋　14. 胡　笳
15. 白丽珠　16. 谭光友　17. 于秀文　18. 黎莉莉　19. 薛玲仙
20. 严　华　21. 宗维赓　22. 严折西　23. 江　涛

十月二十二日

你若果看见所谓教师或黑的做爱国运动的时候会生气，那末，你先解答这问题：“你到这里来究竟干吗？”

你如果听见有人说你的 violin 拉得不好，不如王人艺等类的话时会不好过，那末，你先解答这问题：“你是从哪天拉起琴的？你正式给教员学习有了几点钟？”

陶伯逊代表公司来答复昨天的联名签字反对表演，结果还被他们花言巧语欺骗了，二十八号将在“黄金”公演。

十月二十三日

昨天听他们谈论，从前王人艺拉中国调子也曾经下过一番苦功夫，我似乎不能不来仿效一下。所以今天除拉基本练习的时间外，都是详细地研究比较难的中国调子，注意指法或弓法。

今天最值得高兴的是过去视为头痛的调子《蝴蝶姑娘》，今早用2nd position[①]，再加精细的小节练习，已经没有问题了。

这几天我就不愿意多说话、多理人，只管做我自己的工作。换句话说，真没有闲话时间去干闲事。但是想不到竟会有些人乱猜疑我是想些什么，他们给我一种怪可怕的眼光。

今晚合奏的成绩简直不良，倒是合中国调《湘江浪》、《桃花江》我觉得很满意。但奏完后折西又是无根据地说什么《桃花江》的高音没有拉准，这明明是因嫉妒而起的土风头主义，一方面也是他们必然要有假面子。

十月二十四日

本来不高兴理人，男的方面也好像对我有些误会。最讨厌的是那徒弟严励拉熟一个小调要来考考我，作出种种骄态。固然，我知道这也是我自己有时的骄傲必然会产生的结果。以后我要严格地纠正这种坏脾气，人家拉得怎样错都不管。

当了一件夹衫交学费。我看他收那三块钱时好像很难为情，我然后才和他解释了一会。

家鼎和“小动物”[②]来，谈了半天，好久不见他们，真舍不得让他们走。

全都出去了，睡在床上看了点小说。

十月二十五日

虽然是礼拜天，也没有地方走。

还是六点钟起床。

写了信给两个晖。

这几天的我可以象征中国：脑里的搏战，内心的矛盾，外力的侵扰。

十月二十六日

一个从未见过的西装少年来会我。他说是薛耕愚的亲戚，我还以为是从天津来的，也许是薛介绍他来找我认识认识。他老是问他最近来这里没有，坐了半天才知道他就是他说在街

---

① 第二把位。

② 云南同乡伍钟祥的绰号。

上所碰着那外甥。薛就是住在他家里，今早忽然拐了好多东西跑了。因为他常说是到我这儿来，所以人家特来找他的。到现在，我才知道他是一个什么人！管他妈的，也不用抱怨，反正他有过恩惠在你头上[①]。

在那些不相信我的人们面前显点本领，这是早就想到是必要的，尤其是七爷眼里看我拉的中国调子。

最近已有相当准备，今日约到他家里合奏要表演的节目。结果，我的作用算有效了。

指挥来，练习了些旧调。他听我们的《春天的快乐》时，他要我身体摇摆。哼！他简直是Jazz[②]味十足的人，这哪里能这样？!

今天加订了好些大小报，以后要多抽出点时间来看报。

十月二十七日

因为公演有一笔临时消耗费，我打算买点顶好的弦线，所以我非陪着张先生一同去买不可。

一去就耽搁了三四个钟头，买了一百多块钱的音乐用品，分量只不过两三小包，所有弦线都是买顶贵的。

和他在青年会吃大菜。

想想我们真幸福，别的任何歌舞团有这样的力量能像我们在表演前花这么多钱买弦线？他们只要能接应得上，随便的弦线的供给也就算是好的。

我借了这机会买了一个《Serenade》谱，三本《Mazas》[③]。

十月二十八日

今天在“黄金”表演，“联华”应得都捐入抗日救国团。

“上下客满[④]，明日请早”，这套把戏在上海却是第一次。在有两千座位的“黄金”能有如此成绩，倒是出人意外。

鄙人的violin倒也出了点风头。

十月二十九日

六点钟起床来拉基本练习，虽然昨晚十二点才睡。

① 薛耕愚是“云丰”商号的股东之一，聂耳是借去该店在上海的申庄当店员，才乘机离开昆明的。
② “爵士音乐”，起源于美国黑人的一种舞蹈音乐。
③《小夜曲》谱，法国小提琴演奏家马扎斯编写的小提琴练习曲。
④ 剧场里楼上楼下都满座。

她们见我都拍手祝贺，说我的琴拉得“好”。

还是满座。晚上，奏乐倒也起劲。

十月三十日

晚上罗明佑、锦晖、百代公司的收音技师来。韩国美在台上发脾气，《春光好》的音乐奏得多起劲，她捣了乱。

十月三十一日

上课去，有两个练习简直没有拉好。

本来想借上课可以来迟一点，但回来时还没有到时间。

第一个前奏曲是《梅花三弄》，这一倒霉简直霉到底，跳的跳错，奏得更是错得一塌糊涂。

正吃饭，四先生和七爷吵将起来。原来为四先生贴一个条子和女的开玩笑，这事引得王人美大哭。

晚上吃了啤酒，一点问题没有，奏得又起劲，也没有错。又是一个“上下客满”。

十一月一日

早上跑到教员处送书，他还没起。

日夜都满了座，晚上我又错了一点。本来面目，没有话说。

十一月四日

表演以后，着了伤风，所学的功课又不能不拉，但简直不能持久，再加经济的困难，心灵一点也不安定。

今天做了一件素来所讨厌、所卑视的事——向资本家乞怜。资本家的那副铁铸的面孔，算是今天真正地看清了。

我去请求总理，以我这种特别情形酌给一点津贴。他说不能当时答应我，他对我的这种行动倒是很表同情，他最后说他注意这桩事就是。

在长沙商栈吃午饭，在“冠生园”照了一个小相。

表演的最后一晚，我们的尊严的“皇后”[1] 买了些小吃和胖子在包厢里吃，我也在场，说

① 明月歌剧社女演员万美君扮演过的角色。

了好些话，这倒是值得光荣的事。

十一月五日

到百代公司收音，全是应付，调子也做得随便，奏唱得也是马马虎虎。十二点钟回来还有两片没收，真讨厌。

十一月六日

吃过午饭接着去收音。到徐家汇路附近，很像海防、东京一带的马路。

今天听得一个顶可笑的消息：昨晚在我们去收音后，许曼丽[①] 在家里自杀未成，原因不过是为很小很小的动气的话。她自杀的工具是用一把小洋刀，绝命书是老早就给人的。她向茶房借磨刀石，一面磨刀，一面哭。他慌张了，去找张先生，一会儿陶伯逊也请到。

十一月七日

天气已经冷得可观了，在当铺里的冬衣，好像再不能拖延下去。张先生昨天答应今天借我二十块钱，等到吃了午饭还不见来，上课的时间又快要到，听说他上公司里接《卖花女郎》片子，我顺路找了一趟，他又走了。

到教员家时间已迟，另一个外国同学在上课，我只有等候着，这一等我倒觉得很满意，因为在旁边看着他教很可以揩一揩油。我马上想起一个主意，以后最好改作后来，已经得了他的允许。

折西兴高采烈地买了一张 Jazz 腊片（公司里买的），他大吹大擂地称赞多好多好。在我听来，这种味道不过给人快活快活，到底还是没正派的老调子深刻。

今天是胡笳的生辰，她请我吃了寿面。

十一月八日

找张先生支了十块钱，加上收音的十元，把当了七个月的大衣赎了出来。回来谁也不在，还是练我的功夫吧。

七爷约去看“梅花”，先到普益公四爷处，他们留在那儿吃湖南菜，没有看成。晚上和黎、笳一道回来。

---

① 明月歌剧社女演员。

在家也是无聊的，约了老宋跑马路，由五马路绕山东路转着回来。沿途尽说无意思话，还有趣！

和金焰们在教室里大跳基本练习，出了一身大汗，急忙睡在被里。多出汗是治伤风的好办法。

十一月九日

老严[①] 有“梅花”的送票，当然要去光临。七个人的大队人马排到中央戏院，观众真有点可怜。

一幕话剧《一个铁血下的女性》，是一个以此次中日事件的一部分做出来的投机东西，剧情是本来的、清淡而容易动人。然而他们表演出来，总给人感到不够，应该有紧张的谈话时，却被一些很平淡的声腔减煞了本意。新排了一些歌舞，所谓《草裙艳舞》简直肉麻，《仙宫艳史》乱七八糟，这是在整个的批评上说。若在几个个人的歌唱和跳舞，到底是有了进步。音乐呢？还是不成。他们总是爱用些外国电影歌曲，换上中文，大唱其音同字不同的中西调。其余弄得最多的是老进行曲调，都是我会的。

五个人上天津小馆子，吃得痛快极。

上锦处，碰到久闻大名唱《飘泊者》的温先生。听了“胜利”收音的几张样片，我的2nd violin很少听得出，因为中音乐器太多，sax[②]又响。

十时半才到“大中华”唱片公司收音，“卡尔登”乐队还正在配奏。

《努力》、《蝴蝶姑娘》全没有拍子对拍子，奏起来讨厌极。后来改变方针，不跟唱，各自依拍奏乐。

回家三点钟，在汽车里肚子疼。

十一月十日

昨晚只睡了两个钟头。今早到七点就不能睡。

我们的“皇后”明天要回北平去了。我睡了午觉下楼去，他们很多人坐在阅报室，有人说我像哭，其实是睡眠不足，眼皮有点肿。

小陈[③]在教室里突然倒在地上大哭起来，一时全屋空气凄凉万分。我也有点不好过，跑到街上游了一趟。

晚上遇胖姐姐，她脸上的表情也是与往常不同，她说她[④]明早八点钟走，我打量去送一送行。

---

① 严折西。
② 萨克斯管的略写。
③ 陈情。
④ 指万美君。胖姐姐即章锦文。

和小白在楼下唱《小利达之死》[1]，想到在南京的表演。

十一月十一日

预备早起来送万姐姐的行，被楼上的钢琴声惊起，已经快七点半了，她们在唱《送别》，显得异常凄凉。外面下着大雨，有浓雾。屋里是那样的暗淡，我听见这类的歌声，真想哭。

我和少甫到火车站，他们还没有来。我们正躲在一辆车里吃面包，他们来了。

送行的占了不少位子，依然是很少说话。车开了，我们才回来。

又搬一架钢琴在房外，一天到晚吵得讨厌，对于我的功课很有妨碍。

十一月十四日

生活的平板，使人一点也感不到乐趣。想到记日记，好像没有什么非记不可的。一天、两天，这样马马虎虎地混过了。

一天总是觉时间不够用。早上睡醒时总是睡不够，然而又不能不起。等到把工作做得好像完了，又是非睡觉不可的时候，莫说日记，再比它重要点的也不想干。

自来水笔，常常被人借去，每天晚上都不会归家。

以上都是停了这几天日记的主要原因。

向七爷借了四毛钱坐车上课。

我真莫名其妙，那本练手指的书，为什么老拉不合他的心，今天已是第三次 repeat。[2]

我常常拉错，总是犯开始练习时"快"的毛病。

昨晚指挥来，练习一个新调，我居然能对谱拉很高的音，我高兴极。

昨天万给筎来信，我看了一点，真有点可怜。她还请筎谢谢我和少甫送她的行。

从明天起，拉琴要"慢！慢！慢！"

Don't make mistake[3]。

十一月十五日

明天发薪，在我还是没有这回事。十元钱的大衣预支，二元的送礼，扣了只剩五角钱，可怜！

没有钱花，好像很习惯了些，但是一想到要买些必需的东西，还洗衣服的账，剪发——头发、胡子真够长了，……心里总是暴跳。

---

① 黎锦晖1927年创作的儿童歌舞剧。

② 重复，指这条作业已经第三次要重复回课。

③ 不要错。

津贴的事，我也早预料到无非是一时敷衍罢了。算了，别想它吧！

昨晚上"大沪"① 听音乐，简直不成，哪里会有初听时好。两点钟回来，今早还是一样的六点钟起床。

伤风老是这样延长下去。

十一月十六日

在报上看见电影广告中有个《牡丹花下》，不觉吃了一惊，这名字不是从前锦晖说我和万主演的？！现在居然出现了。但这是外国的。

有人看了回来说还不错，恰好是在"光华"②映，公司送了票子来，当然非看不可。

蒋南生来请我和他买一个提琴，到吴淞路白跑一趟。一同到"光华"，楼上几乎全是歌舞班的人。

一对情人为在牡丹花下的享乐，结果弄到女的被打胎死，男的投水自杀，然而，她的母亲还在大唱教育高论。这部片子主要便是表现教育家的虚伪。

上四爷处坐了一小会，跑路回来。

晚上和谭③、宋、严到大和的学校。

领了三毛钱的薪水。

十一月十七日

这几天的筋子好像发狂，我知道她心里是有着无限的痛苦！我呢？也未尝不是如此。今天我们俩说话很对头。

晚上到"大中华"试收音《新婚之夜》。到底是腊盘配音，总是令人讨厌。

十一月十八日

世界第一的伟大提琴家 Heifetz④要在"新光"独奏。虽然票价很贵，但着实是一个顶难得的机会，向张先生借了两块钱火速订座。

和阿谭、宋、严⑤们到北四川路买东西、赎衣服，四五点钟才到"谋得利"⑥，头两天的票

---

① "大沪"跳舞厅。
② 上海一电影院名。
③ 明月歌剧社男乐师谭光友。
④ 美国小提琴家海菲斯。
⑤ 即严励。
⑥ 上海最老的琴行名。当时琴行代售音乐会的票。

已订满了，只有等到十二月一日。

五个人在一块，不消说又是想到吃小馆子。还是老地方，“五加皮”四两！

吃得同样的痛快，跑马路回来。吃倒是吃了，我的钱还是欠账。

今晚正式收音。结果还不错，若是在拍片时精细地注意一下，真是一部尽善尽美的有声片。

太辛苦，到两点半钟才回来，第二本还没收好。

十一月十九日

我对于我们拍有声片觉得很乐观，当试演时听着那音乐的好，我会怀疑这哪里会像我们奏的？！

我想采“God sees the truth but waits”① 的故事来编一幕电影剧。用极简单的对白，再配音乐歌唱，相信没有不对的。我赶快来开始这工作吧！

十一月二十日

前晚陶伯逊在“大中华”告诉我，今天到管理处一谈。我知道总是关于学习津贴的事，也许是要我拍戏的事，管它什么，我总觉得不会没有一点好处，我充满着热望地去了。

和他座谈了约一个多钟头，结果，从十二月份起加薪。

我从管理处出来，不知怎样才好，心里的愉快，真不易说出。

街上的募捐队特别多，老远看见只有躲，若是有钱，当然不会这样做。

我唯一的毛钱在电车上捐了。

今晚继续收音。很顺利地收了，到十一点钟回来。

十一月二十一日

因为前个礼拜拉琴（在教员家）错误太多，这礼拜特别用了功。今天上课，每个 lesson② 都得到说声“Very good”。旁边带小孩的一位老头也在称赞，他问我拉了好久，我说半年光景，他们惊讶起来。实际说来，真是半年都不到。试问我未加入这里的时候我能看什么五线谱？不过是极浅淡地能辨别几个调的1 2 3 4 5而已。到入团好久好久，才弄清楚手指和谱表是有一定的位置，并不是先看了几个＃号，叫什么调，再去找1 2 3 4 5。好笑我曾和他们无理地辩论过，我老是固执着我这种自己发明的意见。

我正式学拉琴要算从南京回来，说到真正地、正规地学，当然是由找到教员学拿弓、按手

① “上帝已经看见了真理，但是还要等待。”

② 功课。

指的那日起，这是我对自己的良心话。有时忘了这种实情，总是觉得如自己吹的三年多工夫。老实说，关于这种情形，也不能不加点吹，就以功夫说吧，谁敢不相信这是像三四年的功夫？！我自己真是自豪。

算了吧！收着些！就是五年、十年又算什么？不要回想，也不要空望！切勿疏忽目前一分一秒的努力！没有不会成功的。

十一月二十二日

早起，在办公室拉琴倒是极好的地方，也不吵人的睡眠，又清静。

吃过饭蒋南生来约去看《捷足先登》。本来不高兴出去，无如他一个礼拜天特别跑来找你，也不该太固执。

想到最近对于音乐理论的疏忽是应当注意的一事，我决定预备一下明春去考音乐院①。

基本练习的功效到底不弱，只要合调子便知道，好些新调子，好像很容易地可以奏得下去。

十一月二十三日

整天没有出大门，用得一点功算一点，一生能有几时是如此可宝贵的青年时光？！况且你能在这样好的环境里生活着！

阴郁了好久的天今天算晴开了，很早便有太阳射入室内，好像心里很快活似的。

办公室好像成为我个人的一样，除了我，哪里去找一个办公的职员？有时有两个小气鬼会跑到里面躲着吃早点。

没有钱花的日子过惯了些，就是如何窘迫，好像也很平淡。

十一月二十四日

加薪的通告来，他们都向我祝贺。这是几月来用功所应得的报酬。

我们小组今天合了两次，每次都合完黄壳书，和《玛尔塔》②等。若天天照这样合下去，在这两年期内已经是成样子的了。

十一月二十五日

在琴行门口对着 Heifetz 的像凝神，我崇拜他，我爱他，我心里一团莫名的热火在燃烧着，

① 上海国立音乐专科学校以前的名称。

② 德国作曲家弗洛托作曲的歌剧《Martha》的选曲。

站了好半天，快努力吧！

身上没有一个铜子，遇了三次女学生募捐队。第一次，“对不起！不方便。”第二次，“我刚刚从东三省避难来的，没有钱。”第三次，是在光华戏院楼厅坐着，当然照老法子去应付，然而不行，“没有钱还来看影戏吗？”最后只拿赠票给她看，那是不花钱的。

十一月二十八日

王人艺寄了一封信来，万姐姐到平时报告了我生活的一部分。他每次不论给谁写信都是离不了干妹妹的。

昨晚、今晚都合奏。

少甫和我同去上课，顺便问了请介绍一个 cello 教师。原来老巴[①] 也能教，但学费太贵，五元一 lesson。

今天的课程倒满意，因为他看到我的进步，他便给我一个很难的练习，在《Mazas》的后面。

最近记日记简直没有话说，若是这样下去又有什么意思？然而又不能不记，还是认真些吧！

十一月二十九日

礼拜天，无聊透。人都出去玩了，男的只剩我一个，女的有小白，小陈，杨三个小孩。“镊子！我下来陪你玩吧？”“好的，我买桔子请你们吃。”“格吱”闯了祸，我的耳力得一百分，其实是我猜想的。我的 Violin 小枕头。一对火棒，十足的表现孩子的天真和可爱。和她们在下面讲故事，玩得太高兴。乐极生悲，不知怎样又惹了她们，又是不理人，老玩艺。

晚上和七爷们一块谈天，他讲他好些次恋史的经过。后来打了桥牌。

十一月三十日

虽然是孩子气，总是给人心里不痛快。晚餐由七碗变一碗，莫名其妙！

在锦晖家里听 opera 腊盘[②]，给我鼓励真不少！

十二月二日

渴望了好久的 Heifetz Violin Solo[③]总算望到了。我们因为希望太过迫切，一吃完晚饭便慌

---

① 即普杜什卡。
② 歌剧的唱片。
③ 海菲斯的小提琴独奏音乐会。

着去。到那里太早，马路上兜了圈，跑到里面坐着谈天，少甫要我讲一讲我的历史。我自我的父亲死说到现在，已经是够长的一大篇演讲。原来不是他所需要的，他要我说所谓爱的历史。好在和他说说也无关系，我把我们纯洁的短少的恋爱经过，谈了一个大概。我问他曾经过这种比较纯洁的恋爱生活没有？他只笑着说："没有，如你说的未免太费力！"

人已坐满，还有不少买站票的站满在两旁和后面。

启幕，一架大钢琴摆在台上，每个人的视线都集中在台上，等了半天还不见有人出来。我的心在跳，预备他一出来就给他热烈的拍掌，同时注意他一出来的样儿是不是心里所猜想的。

第一节目是 Beethoven 的《Sonata Kreutzer》①，听完后，只觉得情感的起伏太厉害。并且觉得那本领之高，真是我第一次大开眼界。

节目逐次奏完，其中一个全是 staccato②，手腕不断地在摇，真佩服！啊！要上锦晖处送银盾，不写了！

昨晚十二时听完才回来！

十二月三日

一顿吃一碗饭，别人都看我奇怪。实在我是有意给他们寻开心，早上拼命吃七碗饭，晚上只吃一碗。

我瘦了些！这是最近用功所致，然而这功又不能不用。

十二月六日

生活总是照例死板地过下去，简直没有一点儿特别要想写的资料。今天想，无事可记；明天，无事可记；这样推来推去，一混又是几天、几月、几年也容易。算了吧！忍耐着些！这种不易养成的好习惯，还是不断地保持下去吧！

我欢喜和小孩子在一块玩，这是我的特性。我爱小孩子胜过于爱我的爱人，因为他们是纯洁而天真，随事没有虚伪地说和做。他们是世界上最值得爱的人们！

我不敢说这里面的小孩都是纯真的，没有虚伪的，除了小玲，然而我总觉和他们在一块玩要比和大人——指女性，不一定是成年——玩得高兴。委实地，我真爱每一个小孩（有个范围：大概是在十三岁以下，然而当中有的有大人气，我还是不承认她是小孩），自从加入了这里以后。

小孩，我未尝不是一个小孩？如果我会怀疑我不是小孩的话，那我仅可以自省我自己的行动，没有一桩不是有孩子气。譬如前礼拜天在教室里玩得高兴时一会儿得罪了她们，我自己

① 德国作曲家贝多芬的《克来策奏鸣曲》。
② 断奏、顿号。

疑心她们不会再和我一块讲笑话了，也许不理我的老花样又抬了出来。越疑越像真的，几天没有说话，可怜我这脱离了轨道的星球，气得一顿只吃一碗饭，做事也没有精神，心里老想着怎样才能再和她们要好。到昨天，向她们道了歉才算马马虎虎和好，但总有些勉强，不过心里觉着开展了些。

由这样的事实看来，谁敢说我不是小孩？！至少也有孩子气。

今天小白见我就跑，好像不理我、恨我，我又生了气！到下午又说了话，心里又觉无事，自己想着会好笑！

王人艺说他从前本想玩弄玩弄女性，到现在却被女性玩弄了。他为他的干妹妹不顾一切地跑到北平去，原是一场空！弄得他说不出的苦！这也是一桩趣事！那女子的心！

小苏[①] 从东北逃到北平，现在到南京请愿，前天来找我。他跑出云南如此短的时期中有着这些起伏的经过，倒也不平常。

七爷的老婆前晚由北平抵沪，半夜把他拖去接回家里安眠。第二天他见我只是叹气，摇头。这怪谁？不是自讨苦吃？！结了婚，生了孩子，已经是够累了，你还要东弄一个，西扯一个的干吗？弄到现在当然只有摇头，叹气！

他本来昨天要和我一块找先生学提琴，这一来，当然又是等于鸡蛋[②]！

少甫听到满太爷[③]说，北平有人散布谣言说他和 W[④]订了婚，他气得想跑去解释，脱离了这团体。我劝他冷静些，这些事尽可不理，我们还是干完这两年再说，谈到一点钟才睡觉。

白天在锦晖处坐了好久，谈到天一公司制片之速度真出人意外，今天试演第二部有声片《最后之爱》，听说收音成绩还胜过《歌场春色》。

明天要去联华一厂拍戏，讨厌！又要穿礼服。

联华抗日救国团开全体大会，我没出席，罚团费一月。在家里练基本练习，写了一封信给春。少甫也没有去，我们合了指挥给我的 violin piece[⑤]，还好听。曲式的组织很完善，虽然是一个很简单的小调子。

十二月七日

头一部电车出来便醒，起来时天还没有亮。近两月来养成的早起的习惯，实在是我自己觉得顶高兴的事，真没有一天睡过懒觉，宁愿白天稍补一点睡眠的不足，也不愿不早起练习。

要到第一厂拍戏，随便 pass 了基练，七点钟便出发。

一部车去接七爷，等了一会儿，只见他垂头丧气地出来，一进车门又是那一句："真不行！

① 聂耳在昆明时的同学及友人苏树勋，他曾在沈阳亲身经历了"九一八"事件。其父为昆明求实小学校长苏鸿纲。
② 即等于零（○）。
③ 黎锦光的堂兄黎锦炯。
④ 即王人美。
⑤ 小提琴曲。

简直一点事不能做！…… 老婆—— 小孩子 —— 气死人 ……！！！”我替他难过！活该！不是自找的？

到那里待好几个钟头才吃饭，化装，左等，右等。一会儿 waltz[1]，一会儿又 waltz，老是反复那两句，奏得打瞌睡。到晚上七八点钟拍完，不过很短一点片子。

在折西家里逗留了一会，回家和小白弹炒豆，倒很有趣。

换礼服减了衣裳，又着了凉。

十二月八日

和少甫同到 Alois[2]修 cello。到那里他们对我特别殷勤，老板介绍他一个教员，便是在音乐院里教 cello 的。他欠账买了一本基本练习。

在电车上碰见魏[3]，同时到七爷家。看见七嫂子便有无限感觉，那样一个妻子，处到这种境地实在太可怜了。实在说，既已到这步田地，他真不该取那样恶毒的态度对她。

她简直是云南女学生风态，尤其有点像吴琼英，心里不觉又荡起不安的波纹。

在锦晖处听片子，到十二点才回来。

十二月九日

买了一对老鸳鸯，一看见它俩摇头就开心，不禁沿途都在笑着。

等了一整天，“百代”的唱片还没有来，我先回来玩我的小玩艺[4]。

拍了一会皮球去听“百代”的片子，“胜利”的也拿来。我知道“胜利”的听不见我的声音，和中音部声音混合难辨，所以我也不十分希望、要紧。只是“百代”新收的全是我拉 1 st—v[5]，而且只希望那预料成绩不差的《醉卧沙场》、《快乐家庭》，因为是拉高音。真的，不出意外。

十二月十一日

这两天时兴弹炒豆，有一点点闲时和他们玩玩也还有味。

到“玲珑”买小明星照片，顺便到四马路听听有没有我们的新片播放，失望了！

一个人慢慢转“先施”、“永安”[6]，愈转愈有味。高兴地走回家。

---

① 圆舞曲。
② 上海一琴行名。
③ 明月歌剧社女演员魏也娜。
④ 可能是指那一对“老鸳鸯”。
⑤ 第一小提琴，在乐队合奏时，它主要演奏高音的旋律声部。
⑥ “先施”、“永安”均为当时上海的大百货商店。

指挥来，人不够，不能奏。听老片，谈闲话，在楼上，合口味。

十二月十二日

天气大冷而特冷，睡了懒觉，九点钟才起。寒暑表降到十一度，一起来便是脚冻得僵。老宋、严励、谭在教室里打架。

在电车上坐着，简直一动也不敢动。到教员家时，什么都木了，烘了半天火，那时所感到的快乐真难形容。

课程很顺利地 pass，更难的当然继续而来。我倒欢喜像这样维持下去，真是没有难事！顺便上"百老汇"[①] 看《情种》。

回来坐汽车，在先人多还不觉冷，后来下得只剩三四人，简直冻得浑身发抖。

第一次上小白们屋里，就好像去了一个很生的地方一样。她们也把我当客人看待，这样客气，倒有些不舒服。弹豆是不可少的玩艺。

《银汉双星》明天在"南京"戏院开映。登了两幅大广告，我看未免太铺张了！结果总是会给人骂的。

十二月十三日

老宋约去看电影。在史东山家坐了一会，他妹妹已经把票买来，一块到"新光"看《断桥残梦》。内容是一个女子和一个士兵的恋爱。

大广告的《银汉双星》今天开映。史东山导演长吁短叹地抱怨公司里的主事者，他要预备请长假。

我们看完，他也看了自己的片子回来，他是灭灯后进去的，出来时当然是早退。可笑！明明知道是这回事，就不应该如此扩大宣传，这算什么有声片？

到"卡尔登"听音乐，仍是工部局乐队[②]，有几个三重奏是特聘的，clavicembalo[③]倒是第一次听过。听过 Heifetz 的琴来听听那个什么 Waschitz，到底平常。

十二月十四日

今天有计划地睡了懒觉，九点钟才起。

这几晚做梦都梦见小白，常和她在一块儿玩，她对我态度和从前一样。她，我真莫名其妙，

---

① 上海的电影院名。

② 上海工部局管弦乐队每年冬季在剧场内举办音乐会。

③ 古钢琴。

近来对我什么都变了。

虽然她是一个十二岁的小孩，她可以使我快乐，懊恼，疯狂，只在她一瞬间的表情。我不可解。

我细细回想一下，她在过去曾热烈地爱过我（这不能说如大人一样的爱字讲），如她现在爱金焰一样。但是在那时，我全没有感觉到，自从这次“不理”后，什么都完了。她是小孩！小孩！我知道。我深深地知道！为什么她能支配了我的心灵？！在理智上，我并不敢有丝毫野心，她究竟懂得什么？

我们在合奏，她们在外面吵。金焰也在。她纯洁奶气的天真，使我讨厌又可爱！

我和少甫合奏完一个又再奏一个，越奏越有味！一方面cello修好声音好得多，再方面是夜深人静，听音准确。奏起悲调，引起心事，到十一点半才上楼。

十二月十五日

听说今天拍《野玫瑰》[①] 的外景，她们很早就出去。嘿！这么冷的天气，跑到吴淞那些地方也真够受！

写着春、令的信时，听得楼梯跳得特别响，小白和小陈嚷着上楼去。“我们快死了！倒霉！……死了！死！”当时听了虽然感着一点惊奇，想到会出了什么意外的事，但又想这小孩常常以很小的事弄得大惊小怪，所以仍是不去理她。

金焰和黑炭在教室外谈话，我从他们身旁走过，金把我叫回来握了握手，“几乎永别了！朋友！”他狂笑着说：“我开了一部小汽车，装着人美，小陈，老宗，小白到吴淞拍戏，转弯没有慢车，压过树碰在电线杆上，车坏，人只轻伤。Lucky[②]！五条性命！”

吃过晚饭出来，金在外面喝什么“Five Stars”[③]牌的啤酒，小白也在喝着一杯。他得意地在笑。我讨厌极！这还有什么可光荣的？！自己爱显本领出风头，结果还是没有本事。

拉了琴下来烤火，教室里打得天翻地覆。我知道金要成心装疯的，我不理他。

筋子哭起来，把她拉到老宋房待了一会下楼，她把手巾向炉子里丢，我两次冒险抓出。

讨论“想人”的问题，我不能不供出我这几天所尝的想人的滋味，黑炭谈了一些半年前的往事。

金的疯发到二楼严励床上，把三楼刚贴出的“注意！三楼系女员宿舍，凡男宾或男员绝对禁止上楼”撕得粉碎。十一点多钟老宗来把他送了回去。

许曼丽也疯狂似的，三四度地大哭大笑，像透了《断桥残梦》里那歌女在疯狂时的表情。我真不解这些傻男痴女，会沉醉得如此厉害。

---

① 上海联华影片公司1932年拍摄的影片名，孙瑜编导，主演王人美、金焰、郑君里等。

② 真幸运。

③ 五星。

十二月十六日

发薪，扣得只剩七块钱。到北四川路修皮鞋，换弓毛。跑到四马路买些书预备做新年给小孩的礼物。

一个人跑马路，心里老打算着一桩事，总不觉疲劳。今天从北四川路跑到五马路，又由五马路跑到“新新公司”剪发，心里总想如何去支配这几个钱，左也不够右也不够。

晚上上“光华”看《茶花女》，片子太旧，情节也没有多动人。本想预备去哭一哭，到底一滴泪也流不出。

回家进教室烘火，只见一处摆着老宗的衣物，近火炉处有草毡一床，好像是躺着烤火用的。一会儿老宗从楼上下来，之乎者也不知他说些什么。我看这嫌疑之地真不可久留，Good night[①]。

四先生睁着一对大眼睛规规矩矩地睡了，我进门他便问：“回来啦？”

他被窝一掀，嘴一尖，拖着鞋，拿了一个玻璃杯，“他妈的！”骂着往外面跑，我心里有数他是要发老宗的脾气，我说了好些“算了”，他也不管。玻璃杯，丁丁当当下了楼；痰盂缸哗啦啦啦跟着走；一会儿洋铁桶，洗脸盆，墨水瓶，西班牙鼓，接二连三地滚下楼。夜静更深，听到这声响，真有些胆寒。我不敢多说话，各自安心睡觉。

过了一会，听着许们上三楼，我替她害怕！

他老先生的这种花样，我知道会在这两天玩的。他实在太直了！把自己弄得太痛苦。

十二月十七日

早起，满楼梯都是碎瓦片，看来不止碎了一个痰盂。

吃稀饭时各人的谈话真有趣，有的以为追贼，有的以为闹鬼，有的也想到是四先生发脾气。

国家多事之秋，少管些闲事吧！静心地拉基本练习。

男的都出去了，只剩我一个。在火炉旁写日记，笳在打琴。

心里常常总记起那孩子，夜夜的梦都离不了她。她这孩子，她现在已被明星的虚荣所迷惑了！可危！

到大成处坐了一会，他最近很痛苦。因为宋部长[②]不能再干，新官上任，旧官退堂，他们必然会在被淘汰之列。我看见他那愁闷的面孔，联想到我过去在生活动摇时所感苦痛，真不易支持哟——在上海。

四爷、七爷们大谈其赌钱，他们说如今想发财只有赌钱和中彩这两条路，到底还是中彩可靠。当时你一句我一句，都说万国储蓄会的彩票大有希望，于是谁都决心从明年起联合储蓄

---

① 晚安。

② 国民党政府的财政部长宋子文。

或结伴储蓄。

我问四爷要是中了五万元的头彩将如何处置，他说得有趣极了。

“你先以一千元做服装、租新屋费，其余全存银行。然后结六个老婆（分开住，非仪式的——我说明），每月只给各人五十元生活费，长此过这靠吃利息的享乐生活。将来有大群的孩子，等到高中毕业才给他互相认识他们的父亲和兄弟姐妹。”我们为这个问题展开出许多笑话。譬如：

“你贵姓？”一学生问他的同学。“我姓聂！”“我也姓聂。”“尊大人叫什么名字？”“聂耳。”“……”“……”

“妹妹！我爱你！我们虽然同姓但不知是在几千年前才是一个祖宗，没有关系。”等到开集合会的那天，父亲揭破自己的秘密……

好久没有像今天这样大笑过，越讲越起劲。

十二月十八日

我的恋爱观之确定大半是受了柯伦泰夫人的影响，在两年前看了她著的《恋爱之路》以后。

今天重新找到这本书，看完了附录《新恋爱道》，脑里激起较从前更彻底的对她表示同情。

有的人已在忙圣诞节的贺片，我收到两张。

近几次的合奏简直少有成果，钢琴是老不练新的，就是旧的每次合奏都是他错得多。别的人呢，总是差，除了我们三人组。今晚简直太不成，又是第十五、夏威夷。

昨天各省、市学生在南京总示威，军警打死一个学生，伤了几十，《中央日报》馆被捣毁。……这些消息传来，真使人兴奋如狂。

十二月十九日

下着毛毛雨，穿了长袍去上课。《Schradick》有错误，总是慌。《Mazas》结果顶好。他给了我最后一课 pizz[①] 练习，我很满意。

他问我一些我的生活状况，我很诚实地报告他。

坐上公共汽车，本想一直回家，中途忽然想起还要买本书，到抛球场就下，在“光华”买了一本《文艺方法论》。

约着刘大成上光华戏院，看《新婚之夜》试片，在途中遇小陈等，到那儿在映《茶花女》。

在未试之先，谁都猜疑着不会像当时收音回出[②]一样的对。果然，无数次重映，没有一次对马口[③]，哪里会像什么有声电影？有时开口不闻声响，有时发出肉麻的、颤抖的怪声，最可

① 拨弦。
② 录完音以后播放，试听录音的效果。
③ 指影片的画面与声音不同步，没有对齐。

笑是薛玲仙唱《休息五分钟》会唱出最低音的男声。总之，腊盘配音绝不会有好结果的。

看完以后比较满意点的倒是那音乐的确可以听听，尤其是那一点点鄙人的 solo。

花四毛小洋请客在“九星”[①] 看《爵士歌王》，真好看，全部五彩歌舞，布景之美真是第一次开的眼界。

十二月二十日

宋庆龄发表了一个宣言，邓演达已枪决，今天无处不谈这个问题。

蒋、苏来，要听我拉拉琴，欢迎他们到办公室，玩到五点钟才回去。

赴“卡尔登”的音乐会，在看节目时，使我感到英文的退步，想赶快努力补救。具体些说吧，以后决定订一份《英语周刊》，平常多找英文书看，最好关系音乐的。

听得最高兴的是第三节目《罗密欧与朱丽叶》[②]，因为我对于本事还稍稍知道一点[③]，再加多半看懂了说明，更加指挥的起劲，使我理会到这曲趣的一部分。

说到指挥的神情，也算是第一次看见过，他简直大表演一下，如临大敌的样儿。有人送了他鲜花篮。

第一、二节日也很好，后者伟大，情感的变换比较复杂，而且曲调很长；前者是小巧轻快。最后一个似乎比第一个还要动听，可是因疲劳的关系——也许是音乐的刺激性不觉睡着了。总之，这次比上次是好得多。

明天早起努力吧！切实地拉基练、读英文。

十二月二十一日

这次的基练，拉得格外开心，虽然很多，而且难。

换了毛的弓拿回来便拉，更高兴。

晚饭后在刘处坐了一个钟头，谈周玉麟的事去掉半个钟头，又谈江应梁的叔叔杀他，又去一半。

带小孩上“九星”看《爵士歌王》，在路上又闹翻脸，回家叫门只是赌着脸[④]。

十二月二十二日

不知和张先生说了多少话才借到三块钱，跑路上大马路买礼物。本想买丝织风景（送教

---

① 上海的电影院名。

② 俄国作曲家柴可夫斯基的交响幻想曲。

③ 1929年聂耳曾在昆明扮演话剧《罗密欧与朱丽叶》中的朱丽叶。

④ 云南话“赌气绷着脸”的意思。

师），恰好看见美术模范工厂摆着小圣诞老人银盾，价钱合适，$2.10，马上买了回来。

晚上合完一本黄壳乐谱。写了信回家，附寄合同。

十二月二十三日

还有一张赠票，和四个孩子一同上“光华”看《离婚律师》，内容的一部分是反对结婚。有的和我的理想极表同情，但总不透彻。

晚上和老刘谈天，修皮鞋。回家玩豆。

十二月二十四日

金焰自闹酒疯后便没有上歌舞班来。今天却破了自己发的誓“再去歌舞班枪毙”，又出现于教室了。

送礼去，在电车上碰见小土耳其朋友[①]。他现在已没有读书了，想来还是和从前一样的难维持生活。他们搬了家，但仍在公平路附近。

接庚的信，提到春和奂[②]的一点闲话，我看了很少会起作用，这不是和她隔离了这年多而冷淡的缘故，实在是我深信她绝不会有十分过火的行动。我想她也是一样地相信我才敢这样，在她，不见得是稀奇事的。C[③]之所以给我知道这事，而且劝我不要烦恼，这是思想的问题，不去理它吧！

不久，接到“逸乐”电影院演《野草闲花》的宣传品和特刊，看了说不出理由的会高兴，想不到我对于云南电影界和“联华”会发生如此一个关系[④]。

到孙瑜家里，刚遇吃饭，不客气，抬起碗来便吃，可惜饭太少，自己生数些[⑤]，和他谈了一会。上折西家，又吃一台，他们也一样地感到无聊。一块去看七嫂子，她真可怜，她的眼睛总是红的。我们进去时她和小孩都已睡下，他已熟睡了，想来她定是在看着那可怜的孩子流泪。

很好的月夜，但无法去赏玩，看着月，只感觉自己的孤单。

女士们都被请到联华第一厂过圣诞节。许小姐[⑥]在家和双严扯三角。上海严[⑦]吃酒，大发其疯，我一回来便吓得跑上楼来。后来秀文叫我去玩豆，他们还在扯，上海严和她吵得太不

---

① 聂耳在公平路云丰申庄当店员时的邻居——土耳其侨民的儿子。

② 袁春晖和李奂若，均为聂耳在昆明的友人，后两人结为夫妻。

③ 即张庚侯。

④ 聂耳曾将联华公司拍摄的影片《野草闲花》，介绍到张庚侯等友人在昆明开办的“逸乐电影院”放映。

⑤ 云南话“自己要知趣，头脑里要有数”的意思。

⑥ 许曼丽。

⑦ 即严励。

像样，互相骂了起来。北平严[①] 到现在当然是红人，大得其宠，那些表情，我真不敢看。

何必！吃酒装疯是多么下流的事。我看过去这里吃酒装疯的没有一个不是为了女人。他妈的，这些傻瓜！

胖姐姐进医院，表演《牡丹花下》的一幕。哼！世间上形形色色的好戏，慢慢地欣赏吧！

这两天，七爷的嘴脸真不好看。他时时刻刻总想把自己老婆弄脱[②]才甘心，最近因搬家的事常常口角。他怀着野心想和胖结婚，这是我今天才知道的。哼！这样的人！

我一听见别人为婚姻、为恋爱而麻烦的新闻，我只为我自己庆幸。不错，多看些、多听些吧！好给自己做些参考。

在外面过两个年了。虽然没有多少痛苦的事，总不会感到一点趣味。去年好像还比今年高兴些，什么贺年卡，做新衣，买玩具，…… 今年却一样也不想。

从明年起，重新拟出更精细、更完备的工作计划吧！想入音乐院也应该着手预备了！

十二月二十五日

在锦晖处坐了三个多钟头，和他谈话真谈得开心，吃晚饭才回来。

七爷鼓动了好些人到锦晖那里敲竹杠当东跳舞，他马上答应。去了十几个人，坐着感不到半点趣味，簧[③]、弦、我三人先走。Jazz，莫名其理的讨厌。

所谓享乐圣诞节，到底没有一点意思。

接春的84号信，但没有83。被人偷了吗？她还给我贺年片。

十二月二十六日

送了教师一点礼，态度就有些不同，他约我晚上到青年会找他听音乐。我没有弄清楚究竟是什么样的音乐会，想象一定很伟大，因为略略看见节目上有《Poet and Peasant Overture》[④]、《William Tell》[⑤]等 orchestra 演奏，心里抱着很大的热望。

跑到西侨青年会，没有这回事，无疑是中国青年会。下着很大的雨，雇了黄包车去才找到。

一进门发现沪江大学音乐会售票处，我心里有点点失望的成分。等一个穿礼服的西装少年很恭敬地带我从楼上绕到后台会见老头，慢慢一看节目单，简直大失所望了。

没有整个地听了第一组节目男女合唱，虽然都是中国人唱，总是外国味道，纯粹的，而且还是耶稣歌之流。

---

① 即严华。
② 上海“摆脱”、“弄掉”的意思。
③ 张少甫进入明月歌剧社后改名为张簧。
④ 奥地利作曲家苏佩的歌剧《诗人与农夫》序曲。
⑤ 意大利作曲家罗西尼的歌剧《威廉·退尔》。

所谓 orchestra 出现，五个 violin，一个 cello，piano，flute，cornet，drum[①]，奏的是《William Tell Overture》[②]，简直和我们合的没有多少不同，他们省略当中的跳弓，我的老师指挥。

这 orchestra 原来还有一个小批："Variety orchestra。"[③]

我老师的 violin solo 倒大出风头，我看差 Heifetz 也不多。

中国人有两个 solo，英文儿还不错[④]。

十二月二十七日

刘大成介绍一个屁同乡。参观一下，在他那儿谈话。

跑到杭州饭庄，才知道记错了日子。郑雨笙、陈北辰的请帖是二十六日。加速度地到长沙商栈找他，吴和[⑤]已经出狱。

一会儿他和一位陈北辰女士来，原来他们在北平订了婚，前三天才转来。他讲了这两周间的进行的经过，以至于达到目的。

十二月二十八日

三毛钱游了"北平"[⑥]，本来是杨请客，后来变为少甫请我。他们已先到"光华"，老实说，要他们请还是有点不好意思。

合奏倒很起劲，可是仍是老调。

我们的三重奏请他指导，有的不知慢了多少倍，我们自己还觉得算无问题了。照这样看来，现在奏那样的东西，实在功夫太差，心里不觉又不高兴起来，只有努力！

好久没有洗澡，实在不能再懒了，那污垢之多！

十二月二十九日

家鼎来，想带他和她们一块上第四厂看拍戏，汽车坐不下，自己生数些！

找刘谈了一天，在那儿吃饭。

送黎老太爷一个云南龙颜古碑[⑦]，他高兴极，听说他要写对子送我。

从八点回来和少甫合到十二点才上楼（钢琴、提琴）。

---

① 由五把小提琴及大提琴、钢琴、长笛、短号、鼓各一件组成的管弦乐队。

② 歌剧《威廉·退尔》序曲。

③ 非正规管弦乐队。

④ 有两个中国人独唱英文歌曲。

⑤ 云南留日学生，1928年底回国后，因参加"反日大同盟"，在上海被判刑。

⑥ 意为看了有北平（今北京）风光的电影。

⑦ 把该碑的拓本送给黎锦晖的父亲。

十二月三十一日

一九三一年的最后一天，写了信给晖，报告我明年的新计划：1.多看英文书和社会科学书。2.努力作剧本和作曲的工作。

昨晚睡到半夜，一部汽车在门口碰电灯杆。七爷、黑炭、张四先生都起来看。大概是一个外国人吃醉了酒，一个女子受伤，他安慰她。

“Do Kiss me”① ！”她醒来时说。

七爷为老婆不通知他便搬了旧屋的东西，他急得把我的violin拿去，想把它卖了到南京去。但他始终没有对我直接说。要是他真要这样做，那我便不客气，请求他就卖给我，以后慢慢再给钱。它是已经给我拉合了手的②，我实在舍不得离开它。

在刘大成沙发上睡了几个钟头，回家领了薪水。

金焰约我到联华第一厂过年，谭、宋都不去，我辞了。

老太爷真的送我六张字，写得很不错。他对我如此客气，我倒是想不到。

七爷们大批到“大沪”，我上锦晖处送四爷的行。他这博士③，到现在才算找到了事情，到北平一个什么教育委员会。

和锦晖谈到十二点钟才回来。

王人艺快要来了。一方面是因他大哥出事不能实现他的计划，再一方面是他不花钱学习的提琴教师想利用他抓钱，所以现在决定赶快回上海仍和公司签约。他来了，对我着实有些好处，有了他，相信我会加速的进步起来。

钢琴到底还是要练，不管基练也好，调子也好，总之不要简直摸都不摸，或是一摸就是乱来，什么Op.45等花样，少来些吧！退一步说句话，你将来不能做音乐家，到家乡去当一个音乐教员连琴都不会打，这未免笑话，赶快从明年开始吧！！！

预备考音乐院的事，还是不要看轻，时间不能再多待了！

这一年当中，算是有了一点成绩。在我的前途上，生活最充实的只算是下半年，对于音乐的认识和技术的进步是出我意外的神速。明年，应该多加几倍吧！

过去的算是过去了！以前的一切可以在这年终结一个总账，各项欠账都应想法很快去补偿，预备一个新的登记。

明天！一切都是新的开始，不倦地保持着，努力地往前跑吧！

一九三一年十二月三十一日夜十二时

即一九三二年一月一日零点

---

① “亲吻我！”

② 云南话“拉顺了手”的意思。

③ 黎锦晖的四弟锦舒（黎明）1926年获德国柏林大学博士学位。

一九三二年

一月一日

昨晚，不，今早到三点多钟才睡觉，八点钟起来基练。

去年剩下几张聂守信的贺年片，叫周师傅送到楼上，她们还在睡觉，这才是合理的拜年。

要出去买吕宋烟送老师，约着老宋、二严跑到城隍庙，后来到法大马路[①] 才买着，三块六毛一盒。

晚上和少甫合琴，仅练熟《Meditation》[②]和《Romance》[③]。

太疲劳，早些睡，明日早起。

一月二日

带着琴、书，又提着一盒雪茄，上下电车真讨厌极。这雨天坐车的人又特别多。

还剩十块钱，交学费又差两块，找到了张先生。

仅是一盒烟做新年礼物，在我觉得太薄，但由他表情看来已够他高兴，因为已是两次的缘故。

我要在先学，他允许了，而且很用心地教。

那俄国孩子已经学了一年，看起来太不行，我相信我能照这样继续到一年，那一定比他强几倍，他还没有拉《Mazas》呢！

---

① 今上海金陵东路。

② 俄国作曲家格拉祖诺夫的《沉思》（或《冥想曲》）。

③《浪漫曲》。

谭先生[①] 接一封信，看完便流泪，我知道定有不幸的事，拿来一看，原来是他母亲病重，恐怕命在旦夕，叫他急速回去料理。我看了心里不禁难过起来。自己会有些害怕。

和小孩们辩论贺年片的事，自己想着会好笑，我真想不到我居然会滑头得如此厉害，不知从哪儿学来的？！

好些人都去送谭的行。我在洗东西，穿脏了的袜子又不见了两双，越穷越见鬼！

一月三日

小孩子总是爱贪点小便宜，谁给他买吃的，请他看电影，他便忘了一切地和他好。平常鄙视那大姑娘的小白，今晚居然在她屋里大谈大笑，后来一块去看电影，什么人也不理了。他妈的，谁要想我拿钱向人讨好，他也是够傻了，我的钱绝不是瞎用的。这些势利孩子！我何必一定要你们对我好？要我请你们看电影吗？靠不住！

白天只有我和少甫在家，我拉《Mazas》的二十九条，越拉越起劲。他报告我一些好听的新闻：配对数的在楼下幽会又换了班，黑白对居然进展到三楼——平常事，胶贴对在教室里共弹钢琴。

这有什么特别？他们不如此鬼混，哪儿有他们做的事？反过来说，若是我们也和他们一样，哪儿又会如此用功？！还是本分些好，基练多拉一遍是多留一点成绩。

杨枝露的钢琴进步得真厉害，我听着，想到自己拿一本练习从头弹起，真有些惭愧。

借了一块二毛钱赴音乐会，这次仅是 Wagner 和 Beethoven[②]的作品。

第一节目《Preludio“Lohengrin”》[③]，大半是弦乐奏，尤以 violin 的分奏为最多，那音的幽柔徐缓，忽高忽低，具有特种风味，简直不像过去所听过的。慢慢次第加强，全乐队合奏，到最后依然用迟缓的弓反复了前面的一部分，慢慢沉静下来，如死一般结束了这 theme[④]。

Beethoven 作品的演奏最起劲，是第四节目。第五交响乐 (C 小调) 用三个同度半拍音起始的地方很多，并且常有同旋律的轮奏，这时，各人尽量地显本领，老头的第一 viola solo[⑤]真好，cello 的花样也特别多。总之，各种乐器独奏时总换了另一种情绪。

指挥还是前次那小矮子，当然一样的起劲地表演，每节目一完，只看他的汗流。

在厕房里遇老头，他特意问我对他的 solo 如何。我知道他脾气，“Very,very nice！”[⑥]捧得他高兴得了不得。他每月有二百八十两薪。指挥有七百五十两，哼！这待遇真算肥也哉！

好西洋音乐的中国人，好像比所理想的要多，在这演奏会上看来。而且他们的程度都好

---

① 谭光友。

② 瓦格纳和贝多芬。

③ 瓦格纳的歌剧《罗恩格林》序曲。

④ 主题。

⑤ 聂耳的小提琴教师是上海工部局交响乐队的首席中提琴师。

⑥ “非常，非常好！”

像比我高，在我隔壁坐的几个四川、湖南人带了 Beethoven 的谱在对着听，我偷看了一点，那真是联合总谱表。有时他们还讨论节目中说明的正误或参考速度等，好像有很深的研究也似的。我心里不知起一种什么感觉，只是不住地在跳。

回来半天，他们看电影才回来，我才不高兴理他们。

一月四日

在这时代转变的狂风暴雨的前夜，
暴日的残杀仍在猛进。
环境的紧张，使我们悲叹、激昂，
悲叹里呈着人生的末期；
失望是世纪末的征象，
时代的大轮在不停地推动着。
它告诉我们：
不要把白云飘忽的人生消失在坟墓里，
时代的进展会给我们新的希望。
强暴的岁月悄悄地夺去人间的宝藏，
第二十一个新年的来临更是一个激厉的沉痛的创伤；
虽然，可怖的灰色仍在前途酝酿，
但我们不悲叹，更不要绝望。
朋友，为了未来的出路，为了我们前途的光明，
要这样把奋斗之火，燃着牺牲的巨焰，
在这闪耀着红色的血光里，揭起纛来，
闯到革命的战线上！

万茜　1931年除夕

这是出我意外而意外的事，我会猜疑到也许是梦境。

我的血在沸腾，情绪紧张，心在跳…… 当胖姐姐拿了这张万的贺年诗给我看时。

这东西姑不论是她自己写的或是抄袭来的，它总给我值得注意。对她思想的惊讶，我真是几千个想不到。

就说她是抄袭来的吧！她也得要了解了它的意义，在当中找到同情，才会拿来做自己的表现，这已经是算得不错的了。本来，这类的文字一点也不特别，都是看得很多，而且自己也曾常用，但来自那样一个女子的信封里，着实给我一个很深刻、激烈的印象。

她把它寄给她的朋友们作贺年片之用，这倒是顶好的礼物，可是这里面的人除了老张哥（昕若）和我，相信就没有一个人看了会起作用，如杨枝露、韩国美们我敢说不会看懂十分之

一。我觉得她给她们太过多事，太可惜，为什么不寄一张给我呢？

在如此一个团体里，有这样一个女子真不容易，我不知道她在这里怎样混了这几年？她是一个怪脾气的、硬的女性，不善和好动的同伴一块玩，一天只躲在房里看书，她有这样的成绩，也许就是从这里锻炼出来的。

若是我从前知道她思想的不错，相信我可以帮助她增加不少认识。可笑，在她走时我还用一些虚伪的、有闲阶级的理论解释给她，劝她不要走。现在我越想越觉惭愧，早知她是那样一个人，我何必要戴上那一个假面具呢？使她给与我和常人一样的藐视！

内心的矛盾太厉害！好像有着不可解决的大事蕴藏在心里，忽而彷徨于十字街头，忽而凝想前途的可怖。咦！又是想不到，它会给我如此之刺激！

刘大成已沉醉在恋爱的迷网里，他居然大谈而特谈自己的经过，表情上觉得很自豪。我听了，看了，只觉讨厌。

这两天天气不怎样冷。我的睡眠特别少，每晚只有五六个钟头，白天也不疲劳。

一月五日

送来一色信封的一札信，老远看去就知道是贺年片之类。而且我很快地认识是万寄来的，因为我昨天已经看得很熟。

翻了半天，没有我的，张弦[①]、少甫都有，我难免不会有点奇怪。不错，我们并没有认识几天，她绝不会把这种自己认为得意的东西送给陌生的异性。想了半天好像还有一个理由可以找出：若果她真是如她所表现那样的一个人，那末，她对我在走前所给她的劝告是根本鄙视的，而且她已经够认识我是一个醉生梦死的无革命思想的青年。然而，再想下去，她给别人未见得他们都会给与同情。

做完下午的功课回到寝室里，桌子上摆着同样的东西，拆开一看，一切的猜想当然抛到九霄云外。

和老张哥谈起这问题，他没有像我奇怪得这么厉害，他说她平常并不多看什么书，这未免太滑稽。他想到她也许是和一个如作者之流发生了关系，是别人拿给她来出风头的。这种推想我觉得相差太远，这事实有点滑稽我是承认，但觉着她已经是算比较进步的了。

晚上打了钢琴，试弹《Martha》，自己很高兴。若是我用点功规规矩矩地打打基练，自信是很不错的，无如时间总不够用，如像做和声学的练习也是必要的工作。但在此刻，练技术的时间实在是要这么多才勉强可以。

别的人真像过年，有的拜朋友吃酒席，看电影当然是更热烈的事。好多好片子都集中在这一时间放映，他们一天到晚总是讲电影，我倒是连两毛小洋的蹩脚戏都没看过。

---

① 明月歌剧社男乐师，张少甫之弟。

公司送六张北京戏院的赠票看《银汉双星》，七爷先抢了一张，其余的用抽彩法取得。我真希望得如醉，我花不起四毛钱去看，要是中了彩，岂不好吗？但失望了！

一月六日

拉着屎，突来一个动机，赶快在琴上一试，记了下来，拉基练也没有心。

白天继续做好，很高兴，并没有费多少时间。

家鼎和志导来，我留他们坐了好久。我简直不去找他们，这时当然和他们多谈谈。

正在整理曲谱缮写的时候，于斯咏弄来两张票子邀去看《银汉双星》。看得气死人，什么东西！

一月七日

一个上午把调子通通做好，自己反复地拉，觉着还没有讨厌的地方，好像恰到好处。后面的几处修改得比昨天的完善。

这一做于我是感到很深的趣味，但别人总看不起。这当中表现最显著是七爷，如昨天吹毛求疵地说我那装饰音短了，一面又作讥笑的面孔。今天来他看都没看清便说："你这个简直不对，没分小节。"我指给他看，他不好意思，走了。

我不管一切，总是自己尽量做去，慢慢才显本领给他们看。

好久没吹口琴，今晚高兴地吹一两个钟头，好像比从前更进步些。

一月八日

做了两个口琴曲，一个 march，一个 waltz，还不错，通通只费了一点多钟。

有时吹口琴自来调[①] 真好听得了不得，始终没有记录过，以后必须把纸笔预备在面前才能吹，这真是取不完的作曲资料。

看一本《戏剧与音乐》[②]创刊号，觉着很满意，它是站在大众化立场说话的。着实，现在我必须要这个来指导一下对音乐正当的出路，不然，自己想着有时的思想居然和社会、时代冲突起来，这是多么危险的啊！

"音乐是社会的意识形态，社会意识形态是社会心理的组合物。"

"音乐不是难以把握、神秘、超一切的艺术。""音乐是绝对现实的东西，是人类底意识和感情的形态的组织化的表现。它与文学不同仅是表现方法——即是以乐音——的各别。没

① 自己即兴吹奏、创作的曲调。

② 郑导乐（沙梅）、谢韵心（章泯）主编的左翼刊物，1931年创刊，上海艺术书店出版。

有人类的意识，决没有音乐，事实上音乐不能超脱一切，音乐并不是从天上降下来或是地中产生出来的。”

“同时要知道，所谓人类底意识也决不是超一切的神秘的东西，先有了社会的环境中的物质条件而造成作家的感触而得的意识，然后将这意识整理好，用五线谱、音符、演奏呈现出来。任是描写的花儿、月儿、山水，都算是宇宙的现实的东西，因此无论是自然界的感触，或作家主观的情感，都是在一定的时代生活必然所形成的，被时代、社会决定着的。所以人类在何种时代要被那种时代的社会生活形成何种思想……”①

一点半钟了，写得高兴。

一月九日

老头从来没有过的高兴和教的认真，他听了我拉完那 pizz 舞曲，他连声说“Very good”。他说以后有音乐会，我便可在他之后列一个节目。

他给几个较难的练习，分量特多，又教了跳弓。

到“Alois”买了一根 A 弦，那老板很殷勤地送我一本日历，我和他们已经很熟了。

合奏了那《March》，在三楼，还相当好听。

老汉来找我，在教室里谈两三点钟话。他现在已感麻烦了，他不满意他的对方。

他发现她的情书。在她出去的时候，把钥匙忘带了，他打开箱子偷看一个饱。

这是必然的，在我意想中的，根本他们这事不该如此快。如今他想设法慢慢脱离，多麻烦啊！

我劝他在这时候不要把观念弄得太混乱。多观察确有的事实，也不要过于猜疑。再从另一方面说，你何必自私，未必她与你订了婚便没有爱一个旧情人的自由吗？说到某种危险和利用一层，倒是应该防备。

我现在觉着我自己很清静，而且觉着我对这麻烦事的聪明，是出我意外的。我对他说了一些自己的经验。在她的生日的今日，我尤其高兴谈。

洗了一个很舒服的澡，换了臭衣服，又是十二点钟了。少甫还在那儿做《东西乐制之研究》②。他对理论研究，真算下得苦功，我很佩服。为什么我总打不起精神来做和声学练习？！这恐怕不对吧，他干音乐的开始不是和我一样吗③？

一月十日

“联华”抗日救国团第四次的全体会，我们去奏了团歌。罗明佑的所谓训词简直狗屁到极点。

---

① 以上均摘自《戏剧与音乐》创刊号中，夏蔓蒂著《音乐短论》（郑导乐译）。

② 中国留学德国的近代音乐学家王光祈的音乐理论著作。

③ 张少甫原为北平师范大学数理系三年级学生，1930年进入明月歌剧社以后，陆续学习了二胡、大提琴和作曲。

拉中国调子觉着太生疏，以后应当多练习。今晚拉拉，有些地方真是太勉强。

一月十一日

昨晚拉了中国调，手指受了影响，拉起快的基练大可活动一下。

白天在严房里谈天，后来笳也参加。谈话的范围总离不了爱、吃醋的故事、闹。

指挥病了，睡在医院里，我们自己练习。他们都丢生[①]了好些，最厉害是钢琴。孩子们在一旁看，我不理。

打了琴，又是提不起劲，还是根基不够。

一月十二日

在老宋房玩“捉曹操”，闹到十一点钟。奇奇怪怪的处罚，闹得太“开心”。参加者有莉、美、笳、宋、二严、曼、江，后来秀文小孩也来玩了最后一次。

一月十三日

罗靖华的朋友张某[②]在南洋教育界服务最久，他曾出席过全国代表大会，还认识敝省的龚自知。和他谈了一个上午，给我提起过动的生活的旧愿[③]，跑南洋一转，似乎有这种可能。

和严励跑路到白渡桥修弓，来回都不断地谈话，一点也不觉得疲乏。

在办公室谈起旧话，又是一桩高兴的事。我看自我进来到现在，不论什么都变得太厉害。尤其是那些小孩简直越变越危险。

一月十四日

和隔壁房的感情好像比从前好得多，因为有过几次痛快的谈话，所有过去心里的误会、怀疑、嫉妒都开诚布公地解释得干干净净。同时也是双严[④]的觉悟，使我减少了那些轻视的眼光，肯和他们谈谈正经问题。他们也不像过去那末沉醉，一天老是在教室里配三角。

昨晚来一个通知，要预备音乐，试验片上发音机。

起得很早，六点钟不到。励也起来，我看他只是尽量地忙着洗脸，想在我之先拉琴。其

---

① 云南话“因搁置而生疏了”的意思。

② 罗靖华是明月歌剧社的男乐师。张某即张国基。

③ 1928年至1929年中华歌舞团（明月歌剧社的前身）曾去新加坡、马来亚（今马来西亚）、泰国、印尼等地巡回演出。聂耳加入明月歌剧社以后，曾希望有机会再做一次这样的巡回演出。

④ 严华、严励。

实我比他更高明，一向是不抹雪花膏、梳光头的。到底还是我先开始，奏了我的创作。

奏完觉得不如从前一样的满意，而且错了还瞎奏了些（没有看谱），谁知还能感动了人：严华说他听了只是想哭；老宋说不知何等难过。到现在我才觉得稍稍相信我的鬼聪明，自己对良心说，那作品真不算是抄袭的，全是耳朵的素养。

先到管理处，收音处就在隔壁三号三楼，一间小屋，四面都是吸收杂音不会回声的厚纸板，装了很多的新的摄影灯，当中围着摄影机。

音乐唱歌拍了两三百尺片，陶伯逊跑来现出不高兴的样子对七爷说："我们这试验并不是专为'歌舞班'的，将来还要拍大的节本，有声对白，全是唱歌音乐有什么意思？"好在还有一百多尺片子，找到我和莉莉做对白。

先试了一遍，她讲《春天的快乐》引言。当中滑稽的对话，真出意外的好，谁都表示欢迎。到第二次，受了张先生说要庄重的影响，简直不大自然，反没有第一次的成绩好，不知拍成什么样？哼！我倒不错，以后便成为"联华"拍有声电影的最老前辈。

和严华、秀文[①] 一块上"光华"看《罗斯福战史》，路上他和我讲完一段他二哥和他嫂子离婚的故事，他今天接到信非常烦恼。

自己合奏，好像越来越没有从前起劲。倒是咱们三人组试合《Martha》（大的）简直顺利得很。黑炭叫我好几次，后来杨又叫，原来是"捉曹操"。人比上次多了英、七爷、老宋、枝露，旁观的有小白、国美。这次玩得规矩得多，因此也就不会感到多少趣味，不一会都扫兴而归。笳子最先发脾气。

奇怪！人真有点"贱皮子"[②]，人家对你客气点你又要拿架子；等到不理你，又要来讲和。小白和我拉了手，这孩子有点怪脾气！

像最近的努力，真是什么也不难！几年后一定大为可观，赶快继续干下去吧！不要虎头蛇尾！

想材料、碰动机、练耳朵，再作第二曲，莫非肚子里只掏出这一点吗？

一月十五日

励无形中和我竞争起来。我以为今早定在他先起，我还在穿袜子，他已在调弦。好吧！大家竞争一下也好，那末明早我就要和你比赛一下。

上"九星"看《故宇妖风》，有的实在怕人。

闲话少说，已十二点钟，预备明日早起！

---

① 明月歌剧社女演员于秀文。

② 昆明话"自己不尊重自己"的意思。

一月十六日

看了鬼片子，想到回家闹鬼吓人。昨晚费了好些力，布置在隔壁房里，预备严励回来睡觉后开始动作。谁知他和少甫在折西家打牌到四点半钟才回来，熄了灯又出去跑马路，他们都以为他已睡了。大闹了半个多钟头才发觉他不在，自己闹自己。

六点钟起床，空气冷静极，少有车过。只听鬼叫般烟囱在吼，那声音之可怕，简直和昨晚片上的没有两样。急忙开了灯，洗脸拉琴。一会儿励上来，当然赶快拉起，但还没有睡觉。

等张先生来发薪，好去上课，三点钟还不见来。找人美借得一块钱作车费。

老头在打瞌睡，我知道他已够等，看他很不高兴，影响得我一点也不起劲而且慌，预料今天成绩必不佳。结果把最满意、最熟的一个练习慌错，又是 repeat。总之，他今天太马虎，一会儿便完事。

到“黄金”把侦探片《蝙蝠案》当鬼片看，简直失望。

老江、老宋、我邀着励跑马路，给七爷和严华有一个布置的机会。他请我们吃了小元宵，跑两脚马回家。

一月十七日

闹鬼被严励发觉是人闹的，当然没有多少意思。

五点半起来拉了一会琴，写晖和家里的信，都写得很长。

接到“三人”的两张照片，很不大清楚。摄影的技巧还没有我行，不知是谁摄的?

领了半月薪二十元，还了欠账，和老宋出去随便买点零物只剩十元。这钱，花起来真是多少也不够花。

知道《最后之爱》不是怎样一部了不得的片子，他们看过的都劝我值不得花钱去看。然而片上发音的国声片我却一部没有看过，管它怎样坏也该去开一开眼界。老宋去剪发，我便上“奥地安”，在那儿遇人美去接国美。

收音和摄影真和外国片没有两样，这是当然的事。戏剧情节、表演、对白简直说不上，太随便!

一个人上广东馆子，肚子饿得叫，等得很久才得吃，人太挤!

到价廉的理发店剪了发。回家又是昨天那批广东人在教室里，他们约她们跳舞，无论如何要我陪去，以免种种的不便，我真无法推辞。到“大沪”坐了一个多钟头。有人美、箔、曼丽、国美，和那些广仔[①]，有一个是“奥地安”卖票的。

当中有一个人（广东人吧！）不很高兴，略略听得好像是为了莉莉。这事给我不自觉地意

① 广东籍的青年人。

识到和我有关系吧！我居然被人家玩弄了还不知道。

昨天上课回来在办公室拉琴，莉莉跑来把我拖下楼去，一面对我说："我要去气一个人！"进教室一看，全是生人，有广东人模样。她也没介绍便抓着我叫我去打当中的一个较幼的西装少年，我什么也不知道，只不住地说："怎么回事！""不好意思。""陌生的人，闹得太难为情！"……不论怎样说她还是迫我要去打人。那时我已经知道她的用意，她明明是利用我在那姓万的（她已介绍）面前出出风头，或是报复报复。但我拿不实他们是否好过，看那样儿倒很像。我不管三七二十一，向后转逃跑到楼上来躲着，绝不愿当这傻瓜。

这事过去了，一点也不觉到什么。直到今晚才豁然贯通了！莉莉厉害！我遭了冤枉！给别人痛苦死，视我为情敌！倒霉！

这位姓万的今晚一点也不高兴，常常表现要哭的样儿。据那个所谓 James① 说：他知道莉另有好朋友，他们一提起她，他便伤心。所谓好朋友，这不是明明指昨天的事实说吗？我越想越像，越像越巧。

他俩送我们回家，万在汽车里老是叹气，到门口一看，好像哭过一样，这傻蛋！我细细回想，他随时随地都有着不自然的表情对我。他妈的，又好气又好笑！男子们居然被女子如此耍来耍去，自己还睡在鼓里！

这冤枉，要赶快想法解除才对！

一月十八日

又是整天无由的烦恼，一点精神也没有，做事总提不起兴趣。

"光华"看《血溅鸯鸳》，很不错。到后半部真叫人不能不哭，我咽了不少眼泪，终于还是流出来了！

散戏，不愿和他们一块走，绕道而行。在旧书店里翻了半天，买得几本便宜的乐谱。

走得疲劳，心里又不高兴，再拖去合奏，实在难得支持，不像过去一样起劲，好像谁都是患着点懒病。

金焰来，小白的疯狂，真使人难堪！这聪明的孩子，居然对于这点会如此之傻！我替她可惜而且危险！

莉和我解释前天那事并不是有意的利用，我倒什么也无所谓，有什么可解释的必要？！

一月十九日

起床就吃粥，有的讥笑我："今早不早起用功。"小孩子的心理总是这样，给我害羞起来，

---

① 英文"詹姆斯"（人名），他是上海北四川路"奥地安"戏院的职员，与王人美、黎莉莉是南洋高商附属英语专修学校读书时的同学及朋友，他常带同事们来明月歌剧社找王、黎玩。

倒也是一个鼓励，我很感谢她们。

老宋们煎年糕吃。国美在“黑炭”失踪的近几日，好像格外开心，别人提起黑先生来，她便在旁边插嘴阻止谈及，而且做出很讨厌他的样子，大概又是发生问题了吧！

装死玩，好像真的一样，把杨枝露弄得真哭了起来。

在办公室工作，国、枝、白跑来怪吵。不知怎样会谈到互相批评个性，我的是：“装假”、“爱说气人不高兴的话”。

一月二十日

今天的工作非常充实，弥补昨、前天的疏懒。

练习好一个跳弓 solo，觉得简直没有费多少力。钢琴谱给小张先生。

起得太早，不能不睡午觉。

合了《Martha》，好像进步了一小点。晚上的不健全的合奏，还是不起劲。

有到音乐院里学习的希望，以后当然在哪方面都比较好。

一月二十一日

又买了一些便宜乐谱，拿回来就练。

好些人想起来要读英文，从字母拼音读起，我看还是一头高兴，不会弄长的。

老江回来了，他那消瘦的面孔好像另是一个人一样。他完全误会了张先生，听别人造谣，昨天几对面在公司里当面扯清。

一月二十二日

这个意外的消息，给我异常的舒畅，好像周围充满无限的希望。

公司有意思要“歌舞班”到国外旅行表演，路线大概是向南走，到南洋群岛各埠，回头再到安南返国。他们主要的目的是想要“歌舞班”造出偶像，使得将来在电影界的基础比较坚硬，并不想赚钱的。

所以，赶排新节目是目前最急需的工作。他们都上锦处商谈，我没有去参加。

这次好像比从前谈去美国的计划要实际得多，而且这是公司本身前途兴败的关系。他们能这样想到倒也算聪明，不然左一部片子也是金焰、阮玲玉[①]，右一部也是阮玲玉、金焰，谁都会看厌的。老实说，它将来的生命还是被把握在“歌舞班”。

---

① 金焰、阮玲玉为联华影业公司的男女主演。

要是真的能去，我将停止了我的学习，难免不受影响。想到这点，我又不希望去。

一月二十三日

照例六点钟起床，每天都是我先起，他们在甜梦里听我的《悲歌》。

预料今天的功课定有好结果，谁知错得一塌糊涂，老头几乎生气。

真莫名其妙！在家拉得透熟的反倒错得多，到底只怪我不带自己的琴去，换了一个琴真有影响。

心里烦极！跑到四马路逛书店、“永安”，怪无聊地又回家。

去南洋的计划转变为先去汉口，大概在旧历年后便要动身。

晚上和老宋在下面钉被，玩到十一点钟来睡觉，稍解了一些烦。

一月二十四日

虽是礼拜，也不愿睡懒觉，仍是五点半起床。小小心心地习了昨天的生课，在家练习一点也不觉得难，拉得很顺手，自己听着都不错，但想到上课时的慌，心又跳起来。

写着鹂的信，家鼎、钟祥、志导来。老二穿了军服，像一个美国兵；“小动物”就像一个日本浪人；志导还是那瘦样，穿了曲线美的细长袍更显长。

看了李府[①]的照片，小孩都长大了，尤其是小四[②]特别高，看来一点也不使人欢喜。

又被强迫拉调子给他们听。

到隔壁“觉园”游了一趟，空气还比较清静，谈电影的话顶多。

轰的一响，地面和靠近我们的大洋房同时震动起来，在我们刚出“觉园”的里门时，这显然和过去所经过火药爆发没有两样，我们想到会是日本人在打炮或掷炸弹，即刻跑出去探消息，老宋加入。

静安寺路一家汽车公司的样子间门面的四块大玻璃震得粉碎。我想好新闻还在后头，拖着他们往前跑，向大马路走去。

碰到家鼎的教官，是云南人。他说法界更震得厉害，碎的玻璃很不少，到底不知是什么回事。

跑得无聊，一无所得，在石路分手，他们到五马路，我和老宋回家。

罗先生[③]听得消息是日本人在十六铺掷炸弹，七爷听得是船上的火药爆发。究竟是什么对，要明天自然知道。

晚上练习了一会中国调子。

---

① 聂耳在昆明的友人李肇锡一家。

② 即李家英。

③ 罗靖华。

近三四天上海市的空气比较紧张，大前日，二十一日晨，日人纵火焚烧三友实业社工厂，午后千余日人在北四川路大示威游行，口号是制止抗日运动。打死巡捕，捣毁了商店，昨天又有日舰到沪，大有捣乱上海之势。

一月二十五日

昨天这一“轰”还是七爷说的对——火药爆发。

这次火药爆发与昆明“七·一一”惨案[1]没有多大分别。在各种情形上，譬如：“七·一一”是在内战期间自城外火药库运火药到城内使用，在中途失慎；这是在外侮时期，自浦东火药库运到高昌庙，也是途中失慎。在这种情形之下，在没有得到确报的当时，谁都会猜疑到是敌人在捣乱。“七·一一”云南的空气不是一样的紧张吗？

两个火药爆发惨案所不同的是，“七·一一”是在陆地上，爆发时是灰土满天；这是水花四溅。

找严励来合了些中国调，家里的人少极。

指挥亲自来告假，他的病还没有好妥，我听他说话的声音和走道的样子实在太可怜。

张先生来说，大概很快地便要离开上海，也许不会到过旧年。还有，从汉口回来即刻便赴香港。

这事在我个人倒不起作用，要走便走，可是张先生和七爷因了节目不容易排和办事的烦，两人在那里赛着发气。好就好，不好便大拆其滥污！

公司里办事未免太糊涂，要预备公演，还要来拉人拍戏。我接到一个通知，是后天《野玫瑰》穿夜礼服的，不知是什么角色，我有点讨厌去。

读英文的来把我赶出办公室，简直是叫花子赶庙主。

听老江讲南洋风俗习惯，听得不想睡觉。

一月二十六日

昨晚睡得很熟的时候，少甫回家把我叫醒，要我起床时叫他。不到五点钟便起来。

他和七爷去火车站接王人艺，跑了一个空。昨晚接他自南京打来的长途电话说已经上了车，今早准到。大概又是改期了吧！谁都很失望，尤其是我。

到锦晖家坐了一会，和少甫再去接五点钟的车。先接一辆快车没有，后来是我发现了等一会还有一辆特别快车来，真的被我接着了。

旧友一见，谈叙旧话，多么高兴！多么开心！

---

① 指1929年7月11日昆明城里的火药库大爆炸。

听他拉了好些调子，他又进步多了。他曾在清华大学独奏过。

送他到大鹏坊故寓。十二点钟回来，还有他的枝露。

一月二十七日

没有拉多少基练，人艺来，又得到不少见识。

拍戏，无聊透，耽搁了一天。借故颈上的小疮，偷了懒，着实也痛得厉害。

到刘大成处谈。

一月二十八日

四先生说："今天二十八日，本来下午想到北四川路看一看，为什么呢？就是日本派来大批军舰威迫我们中国，令当局要我国军队完全撤退上海。军队不听命令，竭力抵抗，民众们恐慌已极，纷纷迁入租界，一时交通断绝。……"本来我想多写一点，可是今晚合奏的时间很久而且很高兴，奏完之后，脑袋已经昏了！我谢谢他帮了我的忙：我头痛不能用脑，他给我日记材料，我笔记下来。

一月二十九日

醒来便听四先生们在嚷昨晚有炮声，又是什么天不亮有飞机环绕天空，他起来看时是"正沿爱文义路飞过"。

已经是六点多钟了，还不听见电车走过，就是汽车也少，街上异常的清静。我起来时下着大雨，向天空仔细检查，真的有飞机高飞云际，越看越多越可怕，那是红头红屁股的双翼水上飞机，无疑是来自日本航空母舰。

在下面和张弦、人艺正合奏那跳弓的组曲尾声，刘大成来，他带来一些骇人听闻的消息。

原来夜晚十一时半起中日军在闸北开火，北站、天通庵、横浜桥等处巷战，直延至今晨才算稍见缓和。日军想占闸北，未成，仍占领着北四川路一带的日人区域。到天亮，自靶子路以下都被日军布防。飞机在闸北掷炸弹，宝山路民房起火，日人不许救火。

他在宝山路朋友处住了一夜，饱听一个通宵的枪声，饱得多少新闻。当他在教室里宣讲的时候，好些人都在洗耳静听，因为他讲得精细传神。他们留他吃了午饭。

和日军抵抗的华军是十九路蔡廷锴的，他们曾几次被调遣赴湘、赣"剿共"，但他们[1]死守上海。现在既有这样机会，当然只有和矮鬼干一干，要比打自己的弟兄好得多，也是他们唯

① 手稿此处擦、涂去约十个字。

一的出路。[①]

好奇心，老宋、江、严华、《时报》新闻记者张，一块步行到北四川路探消息。一出门便呈现着恐慌的气象，店铺都关了门，甚至于大马路中外大小商店。战斗机旋绕天空，嗡嗡声不绝于耳。满街都是搬家的汽车、黄包车、小车，一看便知他们是自华界逃向租界来的。火烧房子的黑烟，有三四起之多，到北四川路看着，简直大得可怕。枪声忽断忽续地在响。

很多人挤在靶子路口，好像有什么等待一样，其实他们也是和我们一样的闲人，想看看热闹。搬家的更加多起来，阻碍了交通。我们不能前进，也和他们一样站在马路口等待，凑热闹！

乒乒乒乓乓乓！！！忽然在不远的地方响了起来，好像就在"奥地安"附近。一会儿只听见吼声，那一大群等待着的人如墙倒似地向一个方向飞跑。老宋本来拉着我的，这一来他用力甩脱拼命地往后跑，别的人也不见了。我一点也不慌，还想等待，看风景，但人都跑光了，也不得不凑一个兴跟着跑起来。枪声继续在响，飞机也在头上追着来。

在大马路买了《大美晚报》，一面走一面看。北站被炸；商务印书馆起火；金利源码头掷炸弹，炸伤三人；日军死伤百余人……这些消息倒是今早所不知道的。

街上有工部局宣布戒严的布告；在北四川路还有"大日本帝国海军陆战队布告"，大意是以统治者的口气安慰民心，商店门口有的贴出"日兵犯境，罢市御侮"。

锦晖请满月客在中社吃大菜，喝酒简直不痛快。在去的途中还遇南生、家鼎、志导、树勋。

这次的聚餐比较有意义的是回娘家的人[②]都到齐了。昨天李果到，今早光友到。我最高兴的还是人艺，和他喝了酒，划了拳。

本来要合奏，指挥没有来，听七爷讲鬼故事。

到晒台上听枪声，战争更紧张，红光满天，不知又是烧了那儿的房子。

贴布告后第一次上小白们屋里，因为顺路而且是她们再三地请。看了小白挂的那些相片会讨厌，她心目中就没有一个喜爱她的"博士"[③]，她有的是大明星金焰，好人王人艺。但我并不恨她，她是一个不知事的小孩！

第二次上晒台，机关枪更响得厉害，好像越来越近，在前楼都很显明的听得清楚。

夜静极！有狗吠声，钟摆声，有时机器脚踏车骇人地从门口驰过。枪声，当然不断在响。一点钟了！

一月三十日

昨晚做了两个奇梦：（一）我一个人坐了一只小汽船到黄浦江，忽然发现一艘日舰。探海

---

① 手稿此处擦去一行半，仅改写为"Gmtc"。

② 指一度离开后又返回明月歌剧社的人。

③ 去年8月24日联华影业公司的同乐会上，多才多艺的聂耳即兴表演了一个"聂耳博士讲演"的节目。这里聂耳以此自称。

灯四射，我急忙卧下，但已被一哨兵看见，抬起枪便打。我的左手中指觉得很痛，一看正在第一节当中被子弹穿过，有一小孔，流了血。后来登陆，又被日人追，还有老宋和我一块。我只心焦着从此不能拉琴了。（二）和小白们去游海源寺，我们很高兴，很快乐。

《时报》上大红字是“大胜”两字。十九路军和日军的激战到昨日更厉害，日飞机被击落三架，我军占了日海军司令部，击退北四川路一带日军。…… 今日日领事提出休战，但蔡[①]坚决反对。巷战仍未停止，日舰续到沪。

今天给王人艺学拉调子，会了一点，这一天很够开心。

罗靖华的朋友张[②]来，他是自战区逃出来的，听他说了不少有趣的新闻。“奥地安”被烧了。

昨天真算万幸，枪响时正是在上海大戏院附近激战。

本来要去上课，谁都阻止我，结果我也慌起来，还是不去的好，那一带也是危险区域。

枪声又渐渐响得厉害起来，同时还有炮声，现在已十二点钟。

一月三十一日

十七架飞机布满天空，谁都以为是中国的，他们都欢呼起来，我到底有些怀疑。等飞近时我发现上面有红日旗号，大家都失望。

下午没有电车，街上仍是充满搬家的难民，空气特别惨淡。

拉着新教的调子，杨枝和小白敲门，说有人说闲话，不许弄音乐，只得暂停。

她们到我们屋里和少甫、人艺玩得顶高兴，只有我垂头丧气，独自躺在四先生床上，我也说不出原因。又在楼窗上看街，一会大雨淋漓，逃难的依然络绎不绝，那些小车上堆满了家具行李，坐着小孩、老妇，一身浸得水淋淋地在催促那车夫快走。他们，不知是怎样纷乱的一个感情，能脱了险的幸运，期望着很快得到新的安息。有的人背了被、提了箱在马路上徘徊，由他们怪可怜的表情上看去，便知道他们是无家可归的避难者。看了这些惨痛的景象，心里更难过起来。

没有钢琴或任何音乐的声响，内外都很清静。我在沉思中入了梦乡，他们还在闹。

金焰来，人美把人艺、小白喊了下去。

张主任传来一个消息，说小沙渡路已干了起来。这屋里的人心，稍为之动，一会儿找的找地图，看看还离多远就是自己的房子；讲的讲，谈的谈，谁都有着恐慌的表现。

晚饭后得到一张《时报》号外看。今天又打落两架日机，虹口、闸北一带仍有不时的小接触，因为日兵继续开到，情势更加紧张，沪西一带亦成危险区域。静安寺路、爱文义路、戈登路都在装炮台，日内定有更激烈的大战。

由老宋屋里移居到三前楼（人艺和我），玩了一点多钟后又回到自己屋里。小陈无论如何要看我的日记，随便择了几则给她们看。她们以为小白成为主角似的，我也有点默认。

---

① 十九路军的军长蔡廷锴。

② 张国基。

人艺唱了两个他自己作的歌。我听不出多少可以代表他所表现的情感，就好像他在那儿用半国语、半湖南话念出他干妹妹作给他的诗。他自己倒觉得很得意，这是当然的，譬如我自己作的调子，别人不一定和你一样地看重，然而在自己，始终是值得得意的。

上晒台听枪声，完全没有这回事。夜特别地寂静，虽然才十点多钟。十一点一刻有炮声，有二十多响。

二月一日

今晨三四点钟从梦里哭醒，四先生连声地叫我“镊子！”我依然在放声大哭，虽然我已经知道那伤心事是梦境。严华进来开了灯，张着两只大眼睛问我是什么一回事，我还是在哭。约五分钟后才报告他们这段伤心的故事：

在某摄影场拍片子，门口有繁华的街市，靠大门的左旁有一栅门在街端，外面好像是荒郊。同我一块去的有小白、杨枝、小陈、秀文等。她们在里面，我一人站在门口看街。突然发现栅外升起一个气球，球下连系着一些带子，上面有字，被很多工人群众拉着预备放升，我只呆看着那些带子上的字。一会火炮四鸣，传单乱飞，人群拥挤，口号震天，我全身的细胞里充满了兴奋和恐慌，找到附近一家小铺里躲着看热闹。不久，枪声大作，人群驱散，我由这小铺出来，跳上一部公共汽车，枪声仍然从背后追来。我突然想起还有同伴在后面，当车驰过两站的时候，急忙下车向后转走。这时枪声已息，但看不见一个拿枪的，满街摆满了死尸，一个个地排列在马路当中。有的还没有死，不时发出极悲惨的哭声。我数一数死伤的人总在三十以上，他们都是工人。走到摄影场门口，她们已坐上黄包车，迎面跑来，我也雇了一部在她们后面跑。死尸一条条地从脚下踏过，无意中会在死尸堆里发现一个小白子的下半身，她穿了和平常一样的黄线袜，黑绒鞋，花棉袍。等车走近时仔细一看，唉！简直就是她，没有错。她满脸糊着很厚的血。这时，我的心如刀戳般的刺痛，回头再想多看，车已拖很远。“喂！我们五个人，怎么只有四个了？”我喊着问她们。杨枝答我：“哎呀！小白不见了！”“呀！不错！我……我看见她已被枪打死了！”我大声地喊了起来！这时我已自觉我真流出不少眼泪，等到回家躺在自己床上，简直痛哭欲绝。小陈和枝露在旁边嚷着：“非到联华公司去吵不可，她是为公司拍戏死的！”我不能说出一个字，任她们在我耳旁反复地说。

醒来时枕头都湿了大半边，心里想着又好气又好笑。

银行不开门，不但不能发薪，恐怕还有饿饭的可能。公司里恐慌极，张先生费尽九牛二虎之力，才弄到三十元钱来维持伙食。

白天和人艺拉了一天调子，合基练。读英文的来，又被赶走。

独坐房中，开始要写日记。枝、陈、人美来谈，又反复了那梦境。她们都瞎闹。少甫来，枝做媒介，拉人美要和他讲和，闹得很久。我在一旁看《时报》号外。

早餐时见白，有点难为情。看她是个活人，又有点奇怪。

今晚十时起租界施行特别戒严，马路不许通行，所以更为寂静。门口过的都是巡捕，机器脚踏车。

昨晚无十分激烈的大战，今晚听到的枪声更少。报上又说：外国人鬼，今晚颇危险！

折西的家住在闸北，事变后逃到乡下，躲在田里，三天三夜没吃一粒饭。今天他找到一家当铺的后门进，弄得十块钱，才把他们救出来。

为了哭得太伤心的缘故，整天没有精神。

二月二日

情势更严重，社会秩序更紊乱。搬家的有的自西到东，有的自东到西，不知他们怎样去找一块安息的土地？！

心里一样的在烦，站在晒台看街，一时两架飞机环旋天空，街上的行人有的跑，有的抬着头辨别是中国飞机还是日本的。我呢？和三楼楼窗上的人谈闲话。

和艺跑了两趟，一次拿书，一次搬床。他的姐姐、姐夫自施高塔路逃难到这里来。

南生来，他们迁住爱多亚路的小旅馆。现在想计划回滇，在先想到香港，我也主张他们快回家，现在这种时局实在太危险。

闸北下午起开火。日机在法界、南市、城内、天通庵掷炸弹，炸伤好些市民。

和艺在合调子，他打琴，传来一个消息说：今晚八时半起上海的电灯全部熄灭，他们都预备好洋烛。

不知是哪儿的谣言，等到现在，十一点多钟还不见灯熄。

街上的情形和昨晚一样，枪声仍是冷落地在响，离战区很远，不能听到十分热闹。有时细心地可以听到很远的机关枪声慢慢响起来。

和严们谈各地婚姻旧习惯。

我不知怎样才能解除近两天来内心里的冲突和烦恼？！

二月三日

原来人美的姐夫是一个作家李季先生。他有好些社会科学的著作，最近出版一部《我的生平》。今早他送了一部给罗靖华，随便看了看自序和目录，内容好像很不错，里面可以说是包罗万象，有游记、有批评、有反胡适的长论。我相当地欢喜他，在认识了他以后。

在锦晖家和老太爷坐了一会。他非常胆小，东北战起，继而天津大乱，他怕得要死。白天坐着轿子躲在山上避免炸弹的轰炸，晚上又回来，天天如此，也不是常法，索性搬到上海。二十八日的事变，又使他寝食不安，总是怕死。现在又想离开上海躲避，他征求我的意见，我也不敢主张。

走到法界，交界处都是电网密布，小路口不通行，八仙桥、公馆马路、外滩都摆着坦克车。

搬家的更热闹，行人异常拥挤，但商店多半照常营业。

找老郑“敲竹杠”，四罐火腿很容易地到手。四先生还拉了胡琴。借《反杜林论》。好久没有归家的白的相片在这书里发现，当然顺便搞回。

买了些小吃，预备做明天寿辰的消耗。

上七爷家。和人艺合了小调子，送他回家。看借来的书。

〔阅号外：日飞机在哈同路掷炸弹，伤三华人。据我们的推测，它是想炸中华书局，离我们很近。〕[①]

二月四日

大炮给我祝寿辰[②]。自清晨五时响起，到下午四五点钟还没有停止。吴淞、闸北有激战，日舰被击沉一艘，飞机击落一架，焚毁民房很多。

在三楼前楼玩“捉曹操”，有人艺、老宋、严励加入。玩得不十分开心，因为小白和我没有一次被罚，人艺占的便宜顶多。看着发生一种特殊的情感，这情感，我自己会讨厌我自己，但终不能抑制下去。玩到吃晚饭，扫兴而归——只是我。

他们都说我不应该这样不高兴地过一个大生日。的确，今天虽有如此热闹的集会，我总是强笑为欢，没有一时是真实的高兴过。我的假装的功夫不到，当然会显露在人家眼前的。这有什么？心里不知有多少说不出的隐痛啊！我要哭，我要伤心地去多哭几场！

整个的世界已经在开始动摇了！帝国主义的冲突，第二次世界大战的伊始，到现在已经是无可隐蔽的事实。我的出路问题在这时候也好像随之动摇起来，所谓研究艺术，似乎不给你长远继续的可能，因了社会环境的决定，常常感到障碍和刺激，况且现在自己所重视的classic music[③]是多么反革命的啊！

为了混乱的思想的盘旋，使我近来大不安起来，尤其在廿岁生辰的今天。

再想下去吧！至少也要对于自己的生路有个比较可靠的估量。你知道，一切都在转变了！

二月五日

在这时期，我们还能领到薪水，还能安闲地弄着音乐，真是太过舒服了！

教室里特别热闹，每人都拿着领薪单向张先生的办公桌一摆，露出极舒畅的表情。

各人领了薪，又是全楼一空。人艺约我到锦晖家，一会罗、张、莉、茵来，知道今晚七爷家有会餐，每人出一元。

---

① 这一段原写在2月3日日记顶端的空白处。

② 本日为农历腊月二十八日，聂耳二十岁的生日。

③（外国）古典音乐。

他客气起来，不要我们出钱。

楼下打麻将，我和艺在亭子间练琴。我看他打 sonatina[①] 倒一点力也不费，我看着似乎也容易打，但自己实际一试，却成问题。

十四五个人围坐两张联合方桌，吃八块一桌的合菜，喝四斤黄酒，划了拳，还算热闹。吃完刚到戒严时候，一小部分回家，其余打一夜的牌，就像真过三十晚上一样。

上着楼梯便听见赌钱的声音，老宋房里大掷其“三猴”。曼送了一个大桔和大苹果做生日礼，被请到前楼，又是在大打其骨牌。待了半天，无意思，兼艺上来加入玩，独我不会。在一旁看看书，爬上窗子，躺一躺，看一看他们的高兴，更感无聊，跑下来掷“三猴”。

人数渐渐加多起来，我赢了好些铜子。借给小孩们作本钱，后来又赚得好些回来，黑炭和老宋大输。

吃了年糕，一点多钟睡。

二月六日

五点钟，街上便有卖报的，吵得怪热闹。

八点钟起来基练，隔壁屋里有不少人在吵闹，鄙人并未参加。

近两日来的战争转入空战，黑炭到真如，却饱了眼福，但所受惊骇亦属不小。据他说中国机五架，日机三架在空中斗了好些时候，结果日机败逃。

到三楼掷“三猴”，—— 只是小白、秀文。不知艺怎样把小陈弄得伤心地大哭起来，只有赶快离开。

和艺在教室合了调子，他打钢琴。

写信给三哥和晖。

晚上，补昨日日记，洗澡。

二月七日

“怎样去作革命的音乐？”整天地在想，终没有想到一个具体的计划。

所谓 classic，不是有闲阶级的玩意儿吗[②]？一天花几个钟头苦练基本练习，几年，几十年后成为一个 violinist[③] 又怎样？你演奏一曲贝多芬的《Sonata》[④]能够兴奋起、可以鼓动起劳苦群众的情绪吗？

---

① 小奏鸣曲。
② 手稿上此句系由“不是资产阶级的特有物吗”涂改而成。
③ 小提琴演奏家。
④ 奏鸣曲。

不对，此路不通！早些醒悟吧！你从前是怎样一个思想？现在居然如此之反动！

照世界现在的情势，你想能给你很顺利地每天拉基本练习吗？像此刻的混战，简直不能安心地工作，以后不知还有如何厉害的转变？！

没有拉基练。

昨晚洗完澡睡觉，太舒服！闹得多厉害，我一点也不知道。据说昨晚的战争算是顶激烈，每分钟平均响两炮，还夹有机关枪、排枪声，近且响。正在枪炮砰砰的当儿，大约十一点多钟，两个美国兵拿着枪敲我们的门，谁都不敢开，后来一人从铁门翻入，手枪对着守巷的阿根，他赶快开门把那人放入。他们跑到第一巷第一家敲门找日本人，要酒吃，闹得半天才走。

主任吓得赶忙挂出一块招牌“联华影业公司音乐歌舞学校”。

合了《Martha》，吃晚饭。

晚上无事，在谭房里看报鬼混。

十几夜同人“不黑”[①]的梦境，真奇怪！我看将会继续到哪天？今天落了雪。

二月八日

日军变更战略，专攻吴淞，炮声仍不绝。一二日内恐有更激烈的大炮战，因为日本已办到不少野、山炮，现已装在虹口公园一带，中国也有准备。

在锦晖家谈，他讲一个有趣的消息：昨天日军马队冲锋，华军并不还击，只埋伏着掷出一些炭箩阻着路，马队跑来，只见人倒马跌，因为马的脚已入箩里，我军乘机扫射，马队全军覆没。

昨天报上还有一个同样有趣的消息：救火不用水，全用小便，这是大学生的机灵。

在七爷家坐了一会，那里很热闹，打牌。和张借《新俄游记》。

老江的同乡吴某拉了提琴独奏曲 —— 和艺在北平预备演奏的调子一样，看来倒很纯熟，但有时音不准，姿势不对，因为没有投师。

落一天的雨。

二月九日

正预备出去买书，伍钟祥和两个同乡来。他们一点也不活动，谈起话来很不自然。我欺骗他们说我三点钟要开会，一块出来。他们回家（住在国立音乐院，一个在里面当军事教官的同乡宿舍），我到大马路。

好多商店仍是关门，走到四马路跑逛书店。买得《世界大势》、《戏剧与音乐》、《小朋友的日记》给丽珠的。

---

① 白丽珠的隐语代称。

散文《一个冒险的摄影故事》中帮聂耳说情的美国士兵

1932年，“一·二八”战事后，聂耳偷拍的日本军舰

莉约去embassy[①]看电影，遇宗、史小姐、人美、枝露。

晚上在宗处喝了两杯“五加皮”。人艺处坐了半天，隔壁的马来人鬼吵！

被严励喊去证是非，把我弄得火起！无聊的这些动物！

二月十日

小白的生日，送一本《小朋友的日记》做礼物，附了一张简单的说明，大概是这样写的：“送你这样微的礼物不过是表示一小点点意思而已 —— 小孩长尾巴。望你细心阅读，更望你就从今天 —— 你的生日起开始记起日记来，因为日记能使你的思想…… 一切一切无形地进步，长一岁了！祝你的知识和年龄并进！”

晨课时，大成来。他已脱离了税局。他送我两张中国画。到西摩路华侨中学访“暨南”的同乡，一个也没在。

没有吃晚饭，拉cello。

白天合奏。

二月十一日

②

“Can I take a photo with you for a remembrance ? ”[③]

他们[④]当然愿意，一排地站在美国旗下，沙袋旁，任我支配。和他们拍了三张（见上图），回头又拍了那两只军舰（见下图）。

---

① 大使馆。

② 此处略去散文《一个冒险的摄影故事》原稿（1934年发表于《电影画报》第八期）。参见本书中卷。

③ “我能不能给你们照张相留作纪念？”

④ 指《一个冒险的摄影故事》中，帮聂耳说情的那些美国士兵。

要是没有多预备了一卷软片，那末，还是跑一个空，一点纪念没留。

到两点钟才吃午饭。在一个馆子里，两客蛋炒饭。

看了教员，这礼拜可以去上课。

找辉南[①]，认识一个从日本回来的云南小孩马愚，很有趣！

在雨笙处吃麦片、面包、云南火腿，他们自己做。

认识了吴的姐，也是刚从日本来。

三哥大概七月结婚，雨笙告诉我的。

跑路回来，到锦晖家谈了一会。

回家便写"一个冒险的摄影"[②]，现在已三点钟。

二月十二日

精神异常的疲劳，睡到吃午饭才起床。

对他们讲了这惊奇的故事，无不钦佩我的勇敢、胆大。

在晒台上拍完剩下的三张底片，即时送去冲洗。

自上午八时起至十二时停战四小时，以救济战区的难民。在这时期中，马路上简直大感人满之患，难民之多真是从所未见。

到"长沙栈"替黎老太爷问到汉口的船期，他老先生现又改变方针决定回湖南。

在黎处吃晚饭，到九点多钟回来。小白来看我，又讲了一次冒险故事。

晒台上听枪炮声，打得太厉害。这回当然可以尽量地大战。

接嘤的信，她发表了一点恋爱不占有的小言论。我觉得现在她所处的环境，是应该早就要和我如此说的，她终于现在才敢说出。

"恋爱不独占"的舆论是我很早很早便对她表示过的，而且在信里时常谈及到。但她始终没有明显地和我表示过同意，虽然她都接受我的见解。

记得在我出省的头几天曾和她谈到这个，便是如她现在所说的："我不愿你为了我的这句'我永远爱你'的话，而打失了[③]许多你可以得到的爱的机会！"

她还哭了一大场，她听了这话使她太伤心。好笑！她如今才明白，我不是也应该要大哭了吗？！

明天要上课了，早些起来拉基练！

---

① 聂耳在昆明时的同学郭辉南（耀辰）。

② 正式发表时定名为《一个冒险的摄影故事》。

③ 云南话"丢失了"的意思。

二月十三日

冒雪去上课，结果很好，以后可以拉调子了，我格外高兴。

合奏《Martha》，比较有进步。

晚上在谭房里赌“钱多”，我猜想他们一定是穷得要命，哪里能和我比？！我装有两块多钱，谁知道和谭一比，他一张五元票便胜了我，被罚小洋两毛。江又和谭比，谭有百元之多，江却比他还多，但都不是他们自己的。

罚金两毛，六人平分。掷“三猴”，每人八枚铜板，竟玩到十二点钟才散场。

二月十四日

“光华”开“联华”抗日救国全体会，谁也不愿意去，男的只有张昕若代表，女的倒去了几个。

拉完基练和艺到锦处谈天，五点钟上“卡尔登”听音乐，这是战争后的第一次。

A.Foa① 独奏《Souvenir de Moscow》② —— 人艺在北平演奏过的。

老头的 viola solo 着实好得不可言状，情感之浓厚，只要看我那时的表情，全是出于心的深处。

今天的节目比较认真，最后有一点进行曲，很起劲。

到艺处遇小白们玩牌，打手心。我打了两牌，一块回家。

二月十五日

昨天听了那 solo，我和艺都起了作用。他整天便是温习这个调子，我当然顺便揩油多听。这一听，引起不少趣味，我摆起谱一试，居然能拉好些。

二月十六日

并无特别可记的，但又不愿空一天，还是随便写写吧！

近来的苦闷，着实也是应当的时候，梦里总遇见这些我爱的、爱我的人们。

上午在三前楼坐了一会，好久没有去了。和艺上七爷家太无聊，先回家。

玩“三猴”，有人美和白。

领了薪水，打六折。

---

① 富阿（亦名法利国），上海工部局交响乐队的首席小提琴师。

②（波兰）维尼奥夫斯基写作的小提琴曲《莫斯科的回忆》。

二月十七日

爱之魔力，为何如此之大？？？人的感情，为何能生出这种不可解的力？！

我累累提及的小白，着实是产生了这种情感的表现。她是一个小孩，活泼天真的小孩，我发现了我爱她是在不久以前。我爱她，我真的爱死了她！梦境依然继续着！

但是，我这爱，也不过是一般的爱而已，并不会想到什么特殊的企图。只愿她能当我自己的小妹妹一样，因为她是这么小的一个小孩。

上面的废话一堆，要是仔细分析一下，未免有些笑话，所谓新思想的革命者！

怪无聊地和严、宋、谭跑一转马路，回家冻得发抖。火是没有，只有瞎喊，瞎闹，疯了一天。

二月十八日

“赌宝”这个名词倒是听得惯熟，今天才算实地看见。

晚上练了钢琴，上楼就听着怪吵。原是老宋房里用硬纸画些小圈，老江坐当中怪叫，围了好些人在向那些小圈上摆钱。看了好久才知道是“赌宝”，老江大概便是所谓宝官。

一个铜板摆在“三个四”上，一开碗也是三个四，当时便胜一百二十枚。使我看得眼红，即刻回来搬运资本。输到一元了，用二毛摆一个“三四”，够本，不再来。

艺买了片子请我拍照。和小白、杨枝们跳了绳。

二月十九日

谈到恋爱问题，总是不计时间长短地谈下去。

和人艺坐在床上谈了一次，和少甫也在同样的地方又谈了一次，在老宋房里大谈一次，睡觉时仍然继续着。

老太爷回湖南，在先本是少甫送，后来又改为细张先生[①] 送。他们上了船，但后天才开。不知老太爷睡在床上又将加几倍的害怕。

大成来后志导来。耽搁了我多少基练时间。

和艺取相片，跑到“长沙栈”。一事不做又回来。

二月二十日

几天来的天气都很晴朗，影响心理也一样地开展，虽然战争仍是继续地打。

---

① 张少甫的弟弟张弦。

昨天日本提“哀的美敦书”[①]向中国无理要求，若无圆满结果便要采取适当手段，所谓适当手段便是总攻击。

中国方面坚持抵抗的消息登出以后，社会秩序顿起不安。英美领事通知虹口区侨民迁居，市府也通告战区人民移出。大小报纸总是吹着今晚有大战：日军准备六万人总攻，我军也有预备。看来真像要大打一下的样子。

照例去上课，拉了半天门铃，一点也不响。由隔壁两个俄国人告诉我，他们已在五分钟前搬到法租界去了，我失望地回来。

简直挤不上电车，从百老汇路走到“王开”取相。马路上充满了搬场汽车、人力车、小车、挑子，挤得水泄不通。一眼看去，只见被包堆如山高，避难者一个个挂着焦愁的面孔，静静地坐在车上监视着四围的东西，期待着平安之神的到来。

在石路等了好久电车，同时有两位北平密斯也在旁边等一样的车（因为七路过了，并不上）。从她们手拿着大音乐书，知道她们是学音乐的同志，她们见我提着 violin，时时对我表现出说不出的表现。上了同一电车，我总想找一个机会表示表示我也是北平人，等了半天，却随心所欲：见小黑炭，谈了好久话，他到卡德路下去。不知道她们听见我发音没有，她们是坐在最里面。真巧！她们也和我一齐下车，我不禁暗笑了！看着她们从小沙渡路走去。

晚上，有人提议“元宵节要赌钱”。我以两个铜板为本，最后赢了三毛钱。

二月二十一日

今天写日记，找不着材料，请小陈女士宣讲，鄙人笔记：

“今天上我们房间里去了，待了一会就买了一个大‘文旦’（香港柚子）。费了好半天的工夫才吃成。小白子就说镊子：你别睡在女人床上。你就说了：没有关系。我想不出来呀！对了，还有啦！我们给对门的孩子打架，后来，我就到二层楼的小晒台去打去了。你走了！我们看见你的影儿上电车，对不对？完了！没了你也甭写了！这个钟让我碰倒了，不说了。”[②]Bye bye[③]。

一夜的怪梦，影响睡眠不足。到十点钟才起床。随便拉了琴，接家信，慰甚！

上三前楼，玩得相当高兴。

已经四点钟了，光了头跑到大马路“王开”取相。

晚，在宋屋里待一晚。玩了骰子，十时才散。

小陈和人美要看我的日记，她们发现我日记中全是小白，我自己也好笑。

---

① 即最后通牒。

② 手稿此处画有两只摇动的手。

③ 再见。

二月二十二日

聂耳与王人艺（右）、张少甫（左）的合影

少甫在七爷家喝了酒，话多起来，昨晚。

他和我谈到白和我的问题，他愿我在这时种下一个苗给她，如父母对待儿女一样地去教养她，使她成为一个很好的孩子。

我反复地对他表示我对所谓爱的问题的态度，我真不愿多找麻烦。尤其是对于这小孩子，总是白费力气的，总会有痛苦吃的。

起得比较早，拉调子的时候多。

几个小孩本来要和我们一块去拍便宜的照片，后来不知怎样会想到节省这无聊的耗费做急要时的需要。我对他们这种意见极表同情，结果只是艺、甫和我。

一元四张的美术照，价钱倒是便宜，但时间却太不合算，等了一点多钟才拍成。我拍单相，和艺二人，又三人（见上图）。

一个人到环龙路找老头新搬的家，未遇。一个不相识的冷面孔美国人替我写了信留给他，要他复我。

在“长沙栈”坐了一会，雨笙谈南京参观日俘虏的趣闻。

法界的空气比较紧张，尤其是法大马路一带，每接华界的各马路口，都筑起坚固的、有枪眼的堵头[①]。看着便恐怖起来。

晚，在三前楼，白似乎比往日高兴些。她直接对我说了平日所不敢说的，而且不愿听的话：“真的，我们从前有一时期好得太过度了。”“我要看你的日记，听说你的日记里都是些小白子，不是吗？快拿去！要不然我就不和你好了！”

和她理了书，收拾了小箱子。一会儿小陈又呜呜地大哭起来了，不用她说我就知道定是艺和她闹。

每日下午四五时许，大马路充满了卖号外的报贩。他们拼命地喊、跑，太热闹！

自总攻以来，激战三日，仍是我军胜。今晚的枪炮声格外听得明，大概又打得近些。

二月二十三日

早晨，没有拉基练，打了琴，自觉很满意，到底是被人刺激过一下。

---

① 指用沙袋在街口临时筑起的用于防守的街垒。

白天，陈情和小白上我们屋。鼓励了白做一个有为的好孩子，抱一个做音乐家的大希望。

晚上，三前楼，讲山野、海洋的冒险故事，教她们写日记。她们的闹，好像更进一层。玩到十点钟下楼。

接了大哥、二姐的信。张静母亡，捐了一元。

二月二十四日

温习了些旧课，没有机会练钢琴。

和艺去取相片样子。三人的简直不对，各人表情都不自然，尤其是我的苦笑。

和锦晖谈了几个钟头。

艺搬到办公室，好多人朝贺新屋。我讲了不少故事。他和杨又进步了。

二月二十五日

上午打了两点钟琴。

照老规矩拉拉基练，沉闷地混了这一天。

到底是孩子，今日态度冷如秋水。别当成一回事吧！

金焰穿了乡大爹[①] 的衣装来。

二月二十六日

合奏、基练、打钢琴。看骑脚踏车。肝火旺。

二月二十七日

从来便感到在电影里拍戏没有一点意思，老是用跳舞厅。

通知十点开拍，但十二点还没有化装。我上课的钟点已到，借此逃过难关，告假回府。一路寒风凛凛，吹得我四肢麻木。到家再吃一顿午饭。

骑两脚马到环龙路找老头上课，虽然未曾接他的通知。

他的一个高大的女儿带我到霞飞路另外一所房子找他，知道他已写过信。今天的时间已经迟了，改在后天上午。

遇伍钟祥和杨化弟兄，一同到徐家汇路东陆中学他们的住所。坐了不到一点钟。从亚尔

① 云南话“乡下老大爷”的意思。

培路底直跑回来。

在张主任家待了一会，打了琴，一块回家晚餐。

借得一本《何典》，鬼话连天，也还有趣。看了一晚。

二月二十八日

钢琴还没有送还，早晨偷了懒，睡到八点钟。

近来很挂念令晖，今天又写了信问候她。看她还是老不给我信?

很想念“三人”，前年的这个时候，我们是多么快乐地玩。

教了小孩们骑车，和黑炭跑路听音乐。有四重奏、管乐器曲。A.Foa 的独奏，不十分满意。

二月二十九日

坐黄包车到法界上课，加了 scale study[①]。

和少甫去取相片，在锦晖处坐了一小会。

晚上在人艺屋，最无聊、最不高兴地混过。

昨天以来中国军打了败仗，今晚有闸北失守一说。

心里总是无由烦恼，尤其是到人艺屋里鬼混的时候。

管他妈的，还是照例用我的功，不多理这些鬼孩子!

三月二日

严励说:“我们不久要分离了! ……”

昨天起实行我的新“每月计划”。大纲是:

提琴方面:(一)自作聪明;(二)绝对服从;(三)始终有劲。

钢琴方面: 有恒。

一切方面:(一)置之度外;(二)从大着想;(三)新陈代谢。

午，正在拉基练，张昕若主任告我到他家里一谈，当时我想到是薪水问题或是跑外埠。

“公司关闭! ”这样意外 的恶消息装入每个人心中，我不禁也有些恐怖起来。

在张家、锦晖家讨论了好久，结果是要公司履行合同，赔偿六月薪水。看明天的答复怎样。

这是很严重的关头，不知将会有怎样一个下场? 今晚睡觉时细想一下吧!

今日报载我军总退却。

---

① 音阶练习。

三月三日

一切都变动了，自从这消息打入脑里后。

昨晚想了好多路，总难得走通，还是回家好些。

没有心拉基练，早晨弹了两点钟钢琴，上楼向太阳[①]、谈天。七爷说什么新新舞场，到湖北去，都是些空话。现在只能烧吃不能熟吃，两三天内便没有饭吃的。

小孩们在门口跑来跑去，高兴地买糖吃，晒太阳。

在爱文坊当脚踏车教师回来，屋里只剩四先生，一块到七爷家听好消息。全体男员都坐满张主任的前楼，他还没回。

“公司是无条件地辞退‘歌舞班’！”这是今天最简单的答复。他妈的！这是公司无理的威胁，听了真气死人！他们知道我们没有力量[②]和他们打官司，他敢大胆地放出如此不要脸的屁！又说一句吧，就是能和你打官司又会有我们胜的吗？反正法律都是保护他们的[③]。

讨论的结果还是要坚持原议，并且想了许多步骤。在对付公司方面要取坚决的、硬的手段。现在和平的交涉，你若不给钱便是到管理处冲锋，打死几个人再说。在团体的生活方面，当然只有积极进行别的活路，如向别的公司接洽。但在这种时局下，恐难成为事实。好在锦晖正进行着与一家外国公司收有声电影，这事如果成功，那希望更大！

可爱的小朋友们，快和她们分别了！我真有些舍不得，心里说不出的难过。

晚上被少甫、人艺请上三楼“捉曹操”，太无聊！讲了些空话，谈到将来的境遇，越说越高兴。也许我们会去卖报纸、拉洋车。

三月四日

公司来了一个正式通告，辞退的办法是将二、三月份薪水发完便算了事。大家对于这通告还没有讨论出对付的方法，一个意外的、惊人的空气扰乱了会议。

有人从三楼跑下来说，枪炮响得太近、太厉害，许曼丽吓得大哭。

通通跑上三楼，真的打得太可怕。我们以为是在南市打起来，再一听，周围都是响声。仔细一听简直不是枪声，完全是在放鞭炮，一会儿门口附近也放了起来。正看得热闹，巡捕来抓人，一部外国兵车也停在小沙渡路口捕了好些放鞭炮的，巡逻车来往不绝。

自下午七点半钟响到九点钟还有零碎的鞭炮声。

究竟不知是怎么一回事，传说是日本新到陆军上将白川死了，这是庆祝。

锦晖接洽的事，有希望。最近要试演一次，他们觉得满意便试拍一片，成绩好便订立合同。

---

① 云南话“晒太阳”的意思。

② 手稿“和”字前擦去“资本”二字。

③ 手稿“保护”后擦去五六个字，改写为“他们的”。

不好，片子给我们。

三月五日

今早没有早饭吃，睡了懒觉。人美来闹醒，请我吃早点。

十点半开全体会议，正式发表通告，我被推为主席，讨论结果有二：（一）用团体名义向公司交涉履行合同。（二）若不答复，请陶、朱[①]二人来“歌舞班”直接谈判。会议空气，团结精神颇强硬。

张接洽有进步，公司已稍有让步。

三月六日

小白和我开辩论会，她说我摆架子，我说她先摆了我才摆。老实说，我这几天本来不高兴看她那怪虚伪、怪讨厌的态度。

晚在折西屋谈天，有我的干妈[②]、莉，谈话多重大湖南主义。

三月七日

带了几本调子去学，抱着热烈的希望，结果跑了一个空。老头又搬回汇山路原址，改在明早十点钟。

在马路上想不出到哪里去消磨点时光，解解愁闷，无意碰到郭耀辰。他说令晖已到上海住亚尔培路，她已结了婚。

我听了这样一个可喜的消息，不禁在马路上狂笑。说自来话[③]，要是那时有人发觉我的态度，无疑要认为我是一个疯子。我加速地向步高里走去。

一所小房子，楼下堆得乱七八糟。他们出去看船，和赵远坐谈了半天他们才回来，陶汝泽一进门便被我紧握住他的手。我见了令姐，禁不住一跳，她说我变矮了。

老实不客气地吃了午饭，有三位女同乡。听她讲起昆明土语来，简直听不惯。

走到七爷家，打了瞌睡，合了调子。张先生来，谈判无结果。回来召集全体会，依然我主席。议决明日由张主任交涉让步到四月，不答应再由大会产生的四代表（黎景光、聂、钱太太[④]、王人美）直接交涉。工作进行，大概会在后天表演。

---

① 陶伯逊、朱石麟。
② 黎莉莉的母亲张振华。
③ 云南话“自言自语”的意思。
④ 黎莉莉（原名钱蓁蓁）的母亲张振华是革命烈士钱壮飞（后牺牲于长征中）的夫人。

写信给令姐转二哥，三晖，附寄相片。

三月八日

汇山路上课。虹口秩序已恢复，日本兵也很少见。

老头很高兴，教的时间很长，功课比较多，教了piece,J.B.Accolay:《Concerto No.1》[①]。下课接着到令晖处送信，饿着肚子回家，两点钟才吃早饭。

精神不大舒服，刚躺不久，被余师父“快信！快信！”叫醒。一封三哥的，一封庚侯的，他们都好像认为我十之八九要回家，和我筹旅费。

剪了好多同学的照片贴在一个小本上，从晚饭剪到十点钟才歇。

三月九日

拉琴很不痛快，老是有cello和京二胡在吵。有时吵得火起，因此耽搁好些时候。

进隔壁屋，总是看人冷面孔，火更绿起来[②]。

把那小相片给他们签字，到十点半钟才弄完下楼。

落一天雨，闷煞人。

三月十日

violin

关于学提琴的秘诀，应该随时记住的：

1.姿势要正确。立势以重心置于左脚，坐势身体要直。

2.持琴的第一把要准确，食指下骨要靠紧。

3.腮托要夹紧。尤其在换把位时，中指滑下完全是腮力，指头紧压指板，大指放松用力拖下。

4.持弓要紧。长练习空打弓，大指自然有力。

5.不用全毛，除非跳弓。

6.下弓将手稍向外下用一点力，不然有“弓拖不直”之弊。

7.跳弓要点是腮夹紧，腕动肘不动。用中弓、全毛，毛的距离须短小。

8.过弦用腕肘力较快，且不易碰它弦。

9.手指要用力打下，基练绝不许抖。

10.强音要抖，指头用力压住（调子）；弱音紧压不动，用小部分毛快拖，持弓稍松。

---

① J.B.Accolay的第一小提琴协奏曲。

② 昆明话“更冒火”的意思。

11. 换把位要确实，不论何位总是第一指先压好，手位不要摇动。第一位注意大指和食指下骨；第二位注意第三指的试空弦，手和第一位的拿紧；第三位注意手靠紧上侧板；第五位注意大指的正置柱根和第三指的试泛音。以下高位总别忘了第一指要先压。所有的换位是手逐次向内弯，左上臂尽量向内夹紧。

12. 拉调子要知道乐句，弓法要操内工。一样的用力。

13. 3—4与7—i间总不要忘记两手指挤拢。别把半音程也是当全音程一样，把位越高更要注意。

14. 拉装饰音要快，一指打下去，好像要从下一弹。上面的指头要按得紧紧的。

15. 快的short stroke[①]要注意把位的确实，左手腕朝下用力。

16. 八度也要用腕力，两手指原有距离绝不可松，而且要硬；不论上下总是先移动低音，但不要听得出是先后两个音。

17. 手指下降时要带弹才有力。

18. staccato无论如何要从最尖端起，下弓时用力。右手腕稍内压，换弓时即速转向外压。

从七爷家回来，晚饭已吃过。正在弹琴，白和杨来，她们笑我太笨，白说我还没有杨弹得好——本来是如此，于是杨坐下大出其风头。

九点钟回来，和少甫合调子。

杨来和艺在我们屋里大吃其豆腐，隔壁屋里的人有意要和他们开玩笑，每人都来玩了花样。最新样的是严华穿着睡衣来开灯对钟。

没有吃晚饭，饿得没办法。到小铺里赊东西吃也碰钉子，终于忍饿睡觉。

三月十一日

随便打了一下钢琴，拉了四五个钟头基练，觉得太少。不像从前那样有规律的时间练习，颇觉憾事！

回了聂士秀的信。正听着艺奏，雨笙来，谈了我们变迁的事。他最近想到北平一转，我有意思陪他去，等公司有相当结果时。

在他那里吃饭，七点多钟出来。电车早已回厂，冒着大雨走到上海学生宿舍赴王志导、刘大成的约。

走到家已十点钟，想到今天一天没有见那孩子，应该去照看一下。

她总是说对不起，并且叫我以后也照样报复，我哪里会是这样小气的人！我们谈了好多闲话，到十二点才下楼（有艺陪我）。他们都笑我练习生有了成绩，居然想到别的上面去，未免神经过敏！

---

① 短击。

三月十二日

向我的储蓄部取了一块钱，今天轮到我买早点。和七爷、人艺去买《Sonata》，拿回来和艺合了一点，他打琴，觉得很有趣味。

晚，送胖锦文到七爷家，拿了一本谱来。

和杨枝、国、张静讲故事，又在折西屋里谈天。

听说金焰请客，他的生日。几位他所爱的都被请。

白天召集了临时会，报告工作情形。

三月十三日

老是做梦去上课迟到，醒了几次又睡着。

今早点心无人负责，上楼揩油。

老头和我看好一个琴，声音还不错，料子差点，他居然放心给我带回家试用。提了两个琴上下电车，多讨厌！

在电车里想法买琴，终于想得十分周全。吃过饭便去找雨笙，有老宋陪我。

找他不着，失望非常，留了字给他。

走道回家沿途吃零嘴，花五个铜板测字[①]。还不到家便落了很大的雪，一会儿已堆白。

换新弦于新琴，拉得很起劲，决定买它。

静、国、枝、秀、珠[②]围着，被要求讲故事，最后仅剩白、情[③]。我谈南京往事，居然会有那末多。

三月十四日

上午没拉基练，被拖去踢毽子，拍皮球。

白天拉了一天，新琴还差不多，价钱也并不贵，我真不肯放弃。等一天雨笙，他没来。

晚上照常上课。

三月十五日

起床便去找雨笙，他答应我的款明天可以送来。他还是主张上北平进学校。

---

① 一种算命的方式（把汉字的偏旁笔画拆开或合并，作出解说，来占凶吉）。

② 明月歌剧社女演员张静、韩国美、杨枝露、于秀文、白丽珠。

③ 白丽珠、陈情。

没有出去，拉一天，新琴快姓聂了。

晚在楼上讲电影故事，有酒疯闹。

三月十七日

清早跑路去找雨笙，原来他昨晚已找过我。听差看我不在二楼，以为我出去了。

他交我一百块钱。他二哥已回沪，和他大谈游历的事，他非常高兴。上了羊肉馆。

在那儿（郑处）遇吴家蓉、周咏先、李绍漠。

回家拉琴，吵得不安宁。

晚，姚志瀛、王志导来，他们和从前一样好玩。白听我们说云南话，后来踢毽子。

三月十八日

不知要怎样才能改好我这“爱表现于脸面”的脾气？！不论大小心事，总是会在脸上挂招牌的，有时使人很明显地知道我心里所想的事。记得有人还批评过我的个性是装假，由这种事实看来，我哪里会装呢？！

我不可解！我任怎样思索也不可解！我居然被一个小孩子支配着我的情感。每天的高兴、快乐、感伤、疯狂……都在她的一言一笑中转变着。

她们都上小妹妹家去了，琴[1]要我踢毽也无心去理会。走到筛子屋，什么James们在，也无半点意思。放一个子在牌九桌，总是输。我讨厌起所有的人们，连我自己。

脱离“联华”后的问题，总是犹豫不决。回家吗？上北平吗？

以我前途上说，当然是不回家为好。但家里这样的关心我，旅费已经在我手里，良心上总有些过不去。

这两天好像简直没有想到回家这回事，口口声声总说上北平，就是心里也是如此想。但仔细一想，到底危险！能否进“艺专”还是问题，经济的来源也是空虚。

他们天天谈的“明月音乐会”计划，我看也是太过理想。能做成固然很好，但仅靠每人所得的二、三月薪水为基础，总是难于维持，根本就不能生产。

说来说去，还是回家为妙。不，回家“一转”。

回去商量一个升学的办法再出来。不错，便是这样决定。

三月十九日

昨晚上楼站了三分钟。她已经不理人，我不感一点不好过，因为全部的思想都偏到将来

① 明月歌剧社男乐师张其琴。

的计划。下楼写了家信和情书，告他们我已决定回滇，到一点钟才睡。思想太复杂，很难入眠。

九点钟才起床。正洗脸时，曼丽在外面大叫："镊子，上楼去看是怎么回事？"原来是我的"丽珠银行"倒闭，陈情代付现款。我仅感谢这银行经理以一个谦恭的鞠躬，"谢谢！要是没有你和我存款，相信我这几个钱早已花完了！"她依然不理人，现出极不自然的表情。

当我接到存款时，我想到这是再爽快没有的结束，使我的心能有一个断然的安静。我倒乐了，我微笑着和小陈踢毽。

收音的事已在准备，人艺、少甫在配谱。

拉完基练，在家里很无聊。想去买点旧谱，关着门。身上装了几个钱，想到逛北京路。看了几个 violin 皮箱，讲到差不多的价钱，又舍不得买。和一个上海人辩论中国人造的冒牌的弓，他说我是"假内行"。

走到北四川路，市面非常冷落，除了几个鞋店和肉食店开门外，大部分还是铁铁地关着。看到这种凄惨现象，心里说不出的恐怖、感伤，不愿再向前进去看那炮灰、焦土。

由吴淞路转到百老汇公司买了两张夜景照片，沿外滩走到五马路一个馆子吃了两客蛋炒饭，四个包子。

北平，还是想去一转，就是回滇也得先去玩几天。越想越有这可能性，反正到那儿的食住有雨笙，只需预备二三十元的旅费。若果在那里有了很妥善的出路，能够使家里十分的同意，回滇的念头当然可以打消。

到几个买船票处问了往天津、香港的船。

天已晚，沿法大马路想步行回家。在平安旅店门口遇王志福、周耀，他们由苏州来进"暨大"。

伴他们到上海学生宿舍访志瀛、志导，等了好久不见来，周留字，我们就此分手。

回家，一个人在屋里拉琴。知道张先生们在隔壁谈今天交涉的经过，听着有不少的人在喧嚷，有时好像有白、陈们的玩骨牌声。我不愿去凑这热闹，结果迟早是会知道的。

在锦处，听若谈交涉的转变：罗明佑昨天到沪，对"歌舞班"事另有办法，便是减低每月生活费（由九百元减到五百元），再重新订三月合同。工作是到南洋表演，所得除开销外对分，每人每月五元零用也要在公演所得扣还公司。三月后若不能维持，发一月薪遣散。

这样苛的条件当然没有谁愿接受。讨论的结果是：愿到南洋去，在先需发给三月份全薪及二月份欠薪。无论胜败或日期逾限三月需将全体送回国。三月后解散办法仍保留发三月半薪的办法。他们如果否认，当然还是要拿我的一百二十元。

去南洋，着实是一个好机会。不论团体、个人的发展。跑一转回来总要好得多，尤其是我，又多跑了一处地方。

三月二十日

一件顶使我快乐的事，便是老巴给我免费学习 violin。他待我太好了，送了我一个腮托，借一把好弓。

为了能免费学习，当然上北平的计划要暂缓，好在公司交涉的事还有新希望。

雨笙约今天到李子固[①]家听中乐演奏，饿着肚皮去跑一个空。走道回家已两点钟，吃了蛋炒饭。

付了琴钱，心里很快活。

一头高兴，想起要到七爷家合调子玩，艺、甫、我三人收拾行装便首途前往。合《Martha》时的二重提琴真是好听到没有说处。张先生来报告交涉经过，打断我的兴趣。

公司给了两个最后的办法，随我们任择其一。一游南洋。每月连零用钱（各人的）及一切缴用为六百五十元，其余照昨日所谈。二遣散。三月份薪全发，再给二月欠薪。

这事明天正式开会讨论。

晚饭后和她们踢毽，有白，说了话，态度极冷淡！

雨笙和北辰来找我坐了一会，拉了调子给他们听。

三月二十一日

召集全体大会讨论昨天的两个办法。结果除玲仙外都赞成维持团体，到南洋去。这结果是用投票的办法所得，每人所写，都具有特殊趣味。

今天的主席仅说了“宣布开会”、“宣布散会”，因为心里太烦，不愿多说话。

他们主张今天的交涉有多去几个人的必要，推了我、景光、光友和昕若一块去。

抱着很大的希望去做最后的解决，谁知什么都转变了。陶伯逊否认昨天说的话，两个办法都大加修改。

（一）解散办法依然发给三月薪，但我们所用乐器和服装不能借用，公司要将它卖给我们或别人，然后才能付钱。换句话说，便是公司不能拿出很多的现款，以这些东西作抵。其价值一二千元，三月薪总合不到三千元。

（二）继续维持，另订三月新合同。昨天说从四月起现在改为三月起，三月内已支各费应由三月份所得六百五十元内扣除。昨天说每月经常费是无论公演与否都要照给，现在改为公演时应由公演所得对拆项下支出，期满后发给两月薪。

从下午三点钟到管理处，张先生代理说话，我们坐会客室等，直到八点半还无结果。饿着肚皮和罗明佑直接谈判，他的态度仍是一样的坚决，更施其□□□[②]大肥猪恶毒的恐吓。

到“大三元”吃饭，谁都是垂头丧气地叹冷气。张先生谈话太多，他现在说话都不接气了，太可怜！

由这次交涉看来，张昕若已是够厉害的一个，谈话极有把握。

---

① 郑雨笙的云南友人、艾思奇的叔叔，他会弹奏七弦琴。

② 手稿此处涂掉三字，遗迹似“资本家”三字。

回到锦晖处谈，他总是闲话太多。他打算明天找罗明佑谈一次话，他也有他的合同扯[①]。

今天的谈判太使人伤心！

为了自己的生活维持，想明天到黄金戏院自动接洽表演。

虽然办着别的事，但整天没有忘了我那小朋友："六六。"

回家已十一点半，刚到戒严时间。看见郑雨笙、他二哥[②]一齐留字约我吃广东口味。

三月二十二日

心里不知如何苦恼！拉基练也没有劲。再加吵合奏，更是胀气。

吃了两口饭，实在再不想多吃。上楼拉琴，心里越加难过，只有出外散步。

出门想到坐通一路车参观战后的北四川路，等了半天才有车来。

日军巡察车来来往往，红边帽日陆军的装束简直和从前云南军队没有两样。他们骄傲的态度，实在难看。见了中国人，表情更奇怪。

烧毁的房子太多，玻璃窗上的枪孔特别美观。奥地安戏院也烧得干干净净。沿途玻璃打得一塌糊涂。

到北四川路底要有 Pass 才能进闸北，有日本兵堵着搜查行人，我到那儿便回头。

一个守路口日兵和一个中国苦力学中国话，他一面用笔记录。日本小孩追着一个中国老乞丐瞎闹。日本妇人一对对地坐人力车笑容满面地参观。

到"长沙栈"，知道郑一斋今晚上船赴港回滇。同上"大三元"吃饭，回去坐到九点钟才走。

代交一封信给王志导。遇好些同乡。拉了三根弦的 violin。

白依然不理我，只是冷讥热骂地说我表情不自然。吃两口饭……下楼时说"明天见"，也是装耳边风。小陈送下来，我知道好些作用[③]。

前天杨枝露对小陈说："△△[④]对三个人好过，国、秀、白，终于没有一个好成，现在轮到你小陈了！"由这点看来，白最近的言行莫不受此影响？她是有意联合起来，拿我寻开心，现在给小陈来试验。我诚恳地说一句："除了小白外，以后再不会跟谁好了。"她们所说的三个人，也只有白算是真一点。

三月二十三日

艺配他的谱，我可以清静地拉琴。想到麻烦的事心便跳了起来。

---

① 黎锦晖也要与罗明佑谈有关自己合同的事。

② 郑一斋。

③ 意为"小陈使我知道了好些起作用的内情"。

④ 指聂耳。

交涉算是有了结果：一切服装、乐器、用具为团体所有，公司再给二千元为解散费。昨天开会我没有出席，议决维持团体，共吃甘苦。各人都签了名，我当然也是如此遵守。由我实际的利益说，也只能维持下去。回家、上北平都是太虚空。

在七爷家合奏，起劲异常。

晚饭后上三楼，这孩子的态度总给人怪下不去[①]，算了吧，何必找麻烦？！我愿她每天多打几点钟琴，多看书，写日记。一切旧情暂告一段落吧！但我并不会怨恨她。

和人美到锦晖处，他喝几杯酒，什么话都说。谈到团体的将来，简直想入非非。他现在环境也是太不得了，明晖和郑国友[②]翻了脸。郑向他要两千多欠款，十天以内不还便要起诉。此外的账也是欠得一塌糊涂。

团体的维持固然是这样决定了，想到后来还是空虚，但我们绝不因为想到有危险的事便不去做的。若果我现时要是个人行动，未免给别人看不起。

昨天接三哥的信，还是催我赶快回家，我预备今晚详细报告一下。

三月二十四日

因为日记常被人强看，自己的事让人知道，到底有点不好过。有些本来无关，但提到小白的事，被她自己看见，实在太难为情。所以以后写到人名，有用代名的必要。

正在熟睡，被Y[③]来吵醒，她嚷着已十点钟了。过一会P[④]从楼下弹完琴上来，Y要她叫我，说我是得什么相思病。结果被她们吵得不能不起来，着了伤风，头很疼，应该多睡一下。

和P谈了话，她一切态度也变了些。玩了半上午，她们所谓不自然的表情似乎也自然了起来，午饭也吃了五碗，我自己也好笑！

跑了四个钟头马路找房子，没有一幢合适。不是价太高，便是屋子太小。我们的要求是房子好，价钱少！这当然不容易找。

走得两腿酸痛，到七爷家歇气，躺在床上便睡着。

在锦晖处谈美国公司的接洽，他们已决定请我们试拍一部音乐歌舞对白片。限期两月，试拍期间有生活费，以后看结果的好坏又再订新约。

晚饭后开全体会，签了解散“联华歌舞班”的正式通告。商量美国公司的待遇问题，我们照“联华”办法每月给一千七百五十元，先给二成，他们是已经答应。

同昕若、景光到黄金戏院接洽表演事，有成的希望，不能当时答复。我所顾虑的是节目的问题。

---

① 昆明话“总是使人不好责怪，不好发脾气”的意思。

② 黎锦晖的女儿黎明晖，郑国友是她的男朋友。

③ 即杨枝露。

④ 即白丽珠。

伤风愈更重起来，不能不花钱买药吃。

三月二十五日

早晨拉基练，外出散步，随军乐队听军乐。

开了事务会，讨论分配银钱，精神颇集中。

到锦晖家，有明晖的情人被枪杀之消息。

三月二十六日

今天算是多拉了一会，P也正式不理人，好！我很爽快！并不见得只会吃一口饭，就这样延长下去吧！免得讨厌。

和少甫上七爷家座谈，商量排节目。实在难办，左也不够，右也不够。

看到一所房子，非常满意，决定迁居。

三月二十七日

昨晚天气稍暖，太放心，睡觉没有关窗子。半夜被风吹得咳嗽，简直不能入眠，很早便起来基练。

上课去白跑一趟，他已到礼拜堂奏乐。这几天是外国清明[①]。

到"福兴公"问问段维善寄存的铁箱，东洋老板娘说已被人偷去。我想要的是里面几本书，他们引我到后楼一个书箱里翻了半天，没有一本是我的。找到两本日文书，她们让我随便拿走。

睡了一天午觉，吃晚饭才起来。

到"卡尔登"听音乐会，也是白跑。想找老头问上课时间。

三月二十八日

若果再忍着痛拉基练，恐怕脑顶要炸裂了。昨晚的心痛、脑痛恐怕是近半年来所未有。起床便出去散步。走到"暨大"参观，遇周耀、志福、李绍漠，我和他谈想入"暨大"里去混。又到上海学生会找志瀛，吃了早饭。

电话找老头。两点钟上课，四点钟回来。睡了午觉。

晚上和四先生、谭谈团体事的话谈的顶多。

---

① 即基督教纪念耶稣复活的"复活节"。

一点钟了，还没有睡觉。

三月二十九日

今天要写的事太多，无如精神已来不及，整整忙了一天。

早晨拉了不多基练，圆桌会议讨论许曼丽、老宋走的问题。张昕若、景光、少甫、光友到公司办理解散手续。早十时去，下午四时才办清。毁销合同，领了两千块钱。

到锦晖家谈，美国公司有望，他说我们应努力维持团体。

晚饭后开会，这是和“联华”正式脱离关系，明月社第一次全体社员大会，我被推选为起草委员。

拟了一个简章，十二时才弄好。

七爷、人艺们和老宋大辩论，后来近于争吵。老宋要坚决脱离，但他对维持团体的决议案签了名。

今天黄花岗七十二烈士[①] 纪念日，是我们明月社二十七人向“联华”解约之日。

---

① 1911年同盟会在广州发动武装起义失败后，当地群众将72名烈士遗体合葬于黄花岗。

（四）在上海明月歌剧社

1932年3月30日—1932年8月7日

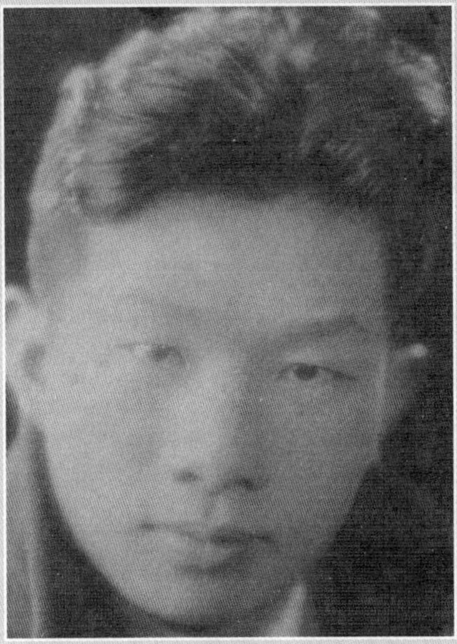

1932年2月22日，聂耳摄于上海

聂耳（后）与明月歌剧社女演员王人美（前左）、胡笳（前右）、于知乐（前中）

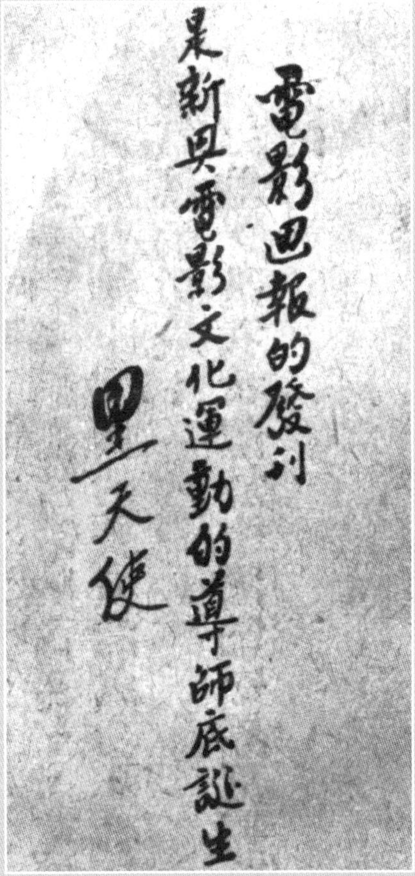

電影畫報的發刊
是新興電影文化運動的導師底誕生
黑天使

聂耳以笔名黑天使为《电影画报》题词

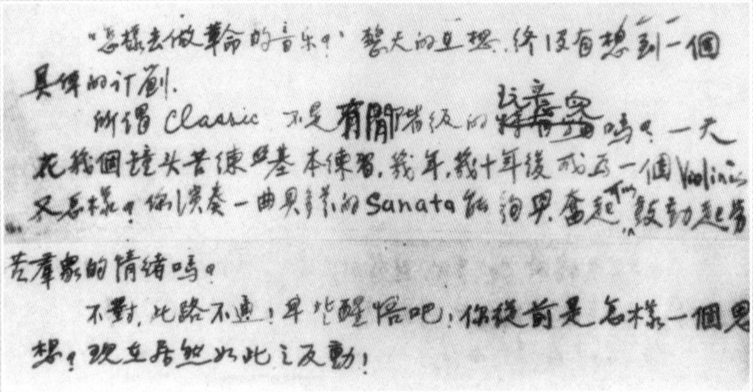

“怎樣去做革命的音乐？”整天的空想，终沒有想到一個具体的计劃。

所謂Classic不是有閒階級的音樂嗎？一天在几個鐘头苦練基本練習，几年，几十年後成為一個Violinist又怎樣？你演奏一曲貝多芬的Sonata能夠興奮起、鼓動起勞苦群衆的情绪嗎？

不對，此路不通！早些醒悟吧！你從前是怎樣一個思想？現在居然如此之反動！

1932年2月7日日记片段

明月歌剧社表演《最后之胜利》的剧照

聂耳在跳绳

聂耳与明月歌剧社演员白丽珠（中）、黎明健（左）合影

明月歌剧社表演《葡萄仙子》的剧照

明月歌剧社表演《三蝴蝶》的剧照

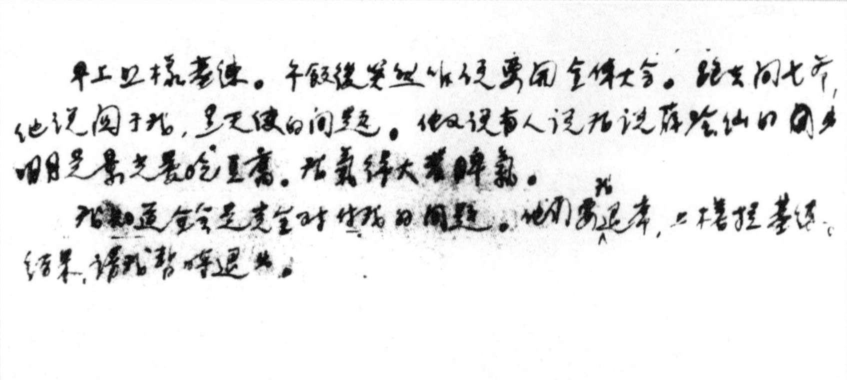

早上四楼琴练。午饭後黑天使说要开全体大会。跑去问七爷，他说关于我，是黑天使的问题。他又说有人说我说葡萄仙子的闲[illegible]明明是黑天使[illegible]。我气得大发脾气。

我知道全会是专全对付我的问题。他们要我退席，上楼提琴练。结果，请我暂时退出。

1932年8月5日日记片段

明月歌劇社啓事

前本社社員聶紫藝君・茲因故退出本社・以後所有聶紫藝君對外一切言語行動・與本社無關・特此聲明

明月歌剧社启事（原载《时报》1932年8月10日）

一九三二年

三月三十日

天气异常阴郁，下着毛毛雨。为了搬家好些东西没有装处，不得不买一只箱子。回家已九点多钟，他们都收拾好了，我什么都摆得乱七八糟。昨晚的睡眠不足，越收越乱，头疼得要命，又咳嗽，又发烧。

各人的东西收拾好，贴了名字、房号，预备用搬场汽车很快地运送。

我和人艺提着琴先到新屋，看着比第一次来看时还要好几倍。这时已没有下雨，也没有太阳，气候极暖和。我们倚着楼窗铁栏眺望远处参差矗立的洋房，门前一条清洁的黄土马路，心里不知如何开展！好像有着多少新希望似的。

我和四先生住楼上亭子间，比任何屋都好。我们高兴地收拾，布置得很美观，要不是到吃晚饭的时候，还舍不得放了手里的揩布呢！

晚饭仍在爱文义路旧址，四桌都开在楼下。

饭后开全体大会，推选出十一个执行委员，我也是其一。大会散会续开执委会成立会。议决宋廷璋、李果的退出，可发两月薪水，但下不为例。许曼丽脱离，她请求搬到新屋借住二三日，执委会否认，由私人设法。四月一日要开茶话会，大家联欢一下。

上二楼，人艺发现有热水，洗了一个最舒服的脚，是在脸盆里洗的，用三个板凳架高凳坐，别开生面。

今天每人都充满着欣喜，露着微笑，十时回新屋。

三月三十一日

昨晚的睡眠还相当舒服，今早醒得很早，非常寂静，有鸟叫声。

上午和艺晒太阳，拟简章。午饭在旧屋吃，晚饭在一家北京馆子喝八两“五加皮”，是我请客为老宋饯行，有严华。回家陪艺、枝吃面。他们出去洗澡。拉一会琴，写家信和“三人”的。在下面谈天。时间太晚不愿写。

四月一日

今天开执行委员会讨论简章草案，解决人选问题，我负责音乐研究股。散会便吃晚饭。

饭后开全体大会，通过简章。意见的冲突，闹得会场秩序大为紊乱，四先生发起脾气来。

四月三日

坐十路公共汽车去上课，倒很方便。虽然这星期因搬家、开会忙，练习时太少，但今天却也得了几个“Very good”。

几个茶话会筹备委员商量了一下，明天这种集会非要吃个痛快不可。除公款十五元外，又自由捐了十几元。

上课回来，P还我的水笔，坐谈了一小会。她出去不久只听她大叫：“镊子！”我以为和平常一样喊闹。跑出去一看，原来她的腿上被马蜂刺了一箭，痛得大哭起来。我用盐擦了半天，又用万金油把肿毒揉散，给她好好睡觉。

已和她报了仇，打死了那马蜂，送入马桶，冲到“水晶宫”。

晚上和人美布置会场，贴了“明月”两个大字，美观异常。

算是很清静地拉了一个上午，小孩子们无事跑了进来，我不客气地请出。多心也是这样。

和人艺放风筝，他比我还高兴。孙瑜放上去一次。没有风，线又重。又买了棉线，回家已到开会时间。

来宾演说有孙瑜、黎锦晖、张国基[①]、宗维赓，他们都是鼓励这团体努力地团结。我“代表”了罗明佑演说“小小联华歌舞班和大大明月歌剧社”[②]。

余兴中我有一个“非洲博士讲演”，王人艺译湖南话，谭光友译上海话，严华译北平话。别人都捧腹大笑，我当然是怎样也笑不起来。

锦晖听了我们的三重奏，感到非常满意，弄了一点多钟。

和艺送许出去，顺便偷了一根竹子，明天还要做一个大风筝。

老宋要回北平去了，小陈和P在他房里写送别字，他给了我一张小照片。

---

① 张在印尼等地任教多年，此时作为南洋教育界华侨代表致辞。

② 这是聂耳借机讽刺联华影业公司，并展望明月歌剧社的远大前景。

四月四日

放风筝不吃午饭，拉到门口，被电线所绊，不知谁拉断，即刻飞去，在天空飘了一天，到晚还没有落。睡了午觉，和艺做了大风筝。

开常委谈话会，讨论乐器问题，同时接锦晖通知："天一"要拍歌舞短片。想到用《可怜的秋香》是再好没有。上楼写了一些关于布景、分幕、镜头，到十二点才睡。

读四爷[①] 的长信，他的科学的理想颇有道理。他要找路子参加苏联艺术运动，我认为是再好没有的出路，但别人听着太可怕。

四月五日

上午放大风筝，成绩颇佳。

上锦晖家，和"天一"孟某[②]谈。关于拍片事有望，大概先拍一二卷短片插入大片中，再拍一有故事的小短片，如《可怜的秋香》。

和七爷上小馆子吃饭，每人四两"五加皮"，头稍有点昏。回家小孩们批评我的个性还是显鼻子现眼睛。

这脾气不是我今天才知道，我不知怎样去改?! 再记住吧!

四月六日

今天算是倒了死霉，走了恶运：从早晨算起，一睁开眼睛心里就有点儿说不出的难过。洗完脸已没有稀饭吃。皮鞋破得难看，不得已要买新鞋。吴淞路到底不行，随脚在马路上绕圈，心里怪着急。坐电车到华记路找"王春兴"老主顾，找半天没有找到。又坐电车到抛球场，到外滩便跳下来，走着路到抛球场，最后在"大华"皮鞋店买一双，十只"大洋"[③]。

遇少甫和人美，和他们一块坐车。人美到美美公司下，少甫和我回家。

七爷和光友要预备去"天一"，等我换了鞋，他们已走了。心里又是干着急，碰着Y，她还是不理人。说来也无意思（为了和她跳绳时被人艺喊走去买风筝线，生气不理人），这好像太无理由。

坐车又走路到锦晖家，他们并没去。只有坐人力车直到"天一"，恰好在"天一"门口遇他们也刚到，有黎莉莉。

---

① 黎锦晖的四弟黎锦舒（黎明），与朱德共同留学法国时加入中国共产党，回国后曾参加邓演达组织的中国国民党临时行动委员会（中国农工民主党的前身）。

② 即时为上海天一影片公司编导的孟君谋。

③ 上海话"十块钱（银元）"。

参观了小摄影场，那装置和我们在“联华”试拍的一样。正在拍戏，听他们讲北平话有点太惨。

谈到生意，短片事缓办，插大片的小歌舞卷给他三个节目，算五百六十元，有一刻钟的东西。

谭要我请客吃小馆子，七爷、莉也加入。本来想到“又一春”天津教门馆①，七爷偏要上“三和楼”。吃了不多的菜，花四块钱，吃拼东②。

我和谭每人六两“五加皮”，有醉意。他俩丢我们上“南京”③看戏。回家带香蕉给小孩，把严华的韩国美的花相片撕破。

④

自然，本来在上海并不算一回什么事，但来自山国的我，初长这样时髦的见识，在心理的自觉上着实要两样一点。

笳子⑤说她爱我，我听了这话不会起丝毫的作用。因为在这种特殊的环境里，这样的玩笑是尽可大开的。但在实际上我知道也许会有一点点可能，这也不过是一时的感情冲动而已，我自信是绝不会当一回事的，不论对于这团里的任何人。她说我像她的表弟，什么性情、对人，没有一样不像。这样，我又想起很久以前“小弟弟”在团里的极盛时代。所谓“小弟弟”的称呼的来源，便是她几度地说这句话：“你像我的表弟，他已死了！以后你叫我姐姐，我叫你做弟弟吧！”此后我不仅叫她姐姐，只要是比我年长的都喊一声姐姐，因此谁都叫我小弟弟，甚至于比我小的也随着叫起来。

看《同心结》后给我激起不少心事，回想学生时代的甜蜜生活和过去一年中零碎的艳史。想到“三人”，当然很够回味。想到P，委实也有些叫人难忘的地方，譬如她一次对我谈话——八九月前吧！“你的心我也知道，哼！”正是领秀文看《驸马艳史》回来。我只简单地答她：“你慢慢地看吧！”一次在教室疯狂，学习钢琴，……这些着实是出自她天真的赤心的。咦！一个人转变起来却也容易，虚伪包围她的脑际，什么也没了。

Fox电影公司⑥来接洽拍新闻片，定本星期六或日。回头一想，简直没有节目可拍，内容实太空虚，似乎除了给“天一”的几节外，再也想不出别的花样。闲时不烧香，急时抱佛脚！

牢骚一堆，越扯越长！时间太晚，明天再谈！

四月二十日

小白，我又想起多少的往事来了！记得那次在教室的讲故事，是她对我的真爱的最高度，

---

① 上海称回民饭馆为“教门馆”。
② 大家都出钱，合着做东道主。
③ 上海的影戏院名。
④ 由碎纸的痕迹可以看出手稿此处撕去了两页，4月6日与4月20日的日记不全，中间的各日日记均缺。
⑤ 明月歌剧社主要女演员胡笳的绰号。
⑥ 美国二十世纪福克斯电影公司。

我永远不会忘记。我第一次听她说:"对不起!"是去年夏日和她买箱子。自那天以后,算是开始输爱给我,但我总没有发觉。一天,在阅报室看报,她要我请她看电影,我说没有钱,就是发钱也没有,我倒要她请我看。"为什么别人又不这样?"这是她的回答。……

上午玩了好一会,吃小烧饼。

和严华谈话,我不客气地对他说我是恨他,他对我的个性有些非常诚恳的批评,我非常感谢他。所记得的大概是如此吧:(一)我是团中顶厉害的一个。(二)我不肯占人便宜,如要我请客倒很爽快,但不见得会给人乐意而反使人讨厌,似乎觉得是应当的。(三)虚伪,比他还厉害。上面三点是比较主要的,别的闲话谈的很多。他对于P的态度是主张和平,反对斗争的。他举了黑炭和国的例子。他话虽讲得如此漂亮,我也觉得他未必没有一点野心!

请景光、张簧、其琴、白、秀到"九星"看《兽国春秋》。回家在少甫屋吃叉烧,玩"翻手掌"。

晚上去"天一"收《月下花前》,十时回来。

四月(?)日[①]

近来心理的变态,着实呈为异样的怪。常常会无由地忧虑、玄想。有时想入非非,好像前途非常光明;有时想到消极,感到人生无味。

昨晚本想早睡,补一补近两日不足的睡眠。刚要入眠,阿谭进来谈了两三点钟的话。他看到近来纪律之坏,他不愿负训育部的责,预备了一封辞职的信交执委讨论。

我们估计这团的生命着实非常危险。现在外力的引诱实在不是这些懦弱的女子可以抵御的。老实说一句,她们不是受物质条件的支配吗?!

几天来的胡思乱想,弄得神志昏乱。

九时起床,坐九路汽车往青年会访伯勋(周)[②],谈音乐、戏剧、电影。我为要找一个以后的退步,问他西安的教育情形,并且明显地和他说我以后要到西安游历。他马上便抢说那里正缺乏音乐教员,以后他可以帮忙介绍。托他和汉[③]约明晨晤谈。

找雨笙,推开门不见一个人,一切行装都收拾好摆在床上、桌上。茶房说他们今天上船。我等好久,他才来,谈了近来生活状况,他感到十二分羡慕,愿我暂时不要离沪,继续活动,切勿误过这种良机。我觉得这简直是决定我一生的一个紧要关键,一点不要放松地艰苦地做去。

……[④]

---

① 本日日记的日期部分缺佚,经分析似为4月21日。

② 左翼电影工作者周伯勋,祖籍陕西。

③ 即中国左翼戏剧家联盟负责人、中共上海中央局文化工作委员会成员田汉。

④ 由留有的痕迹可以看出手稿此处以下撕去了一页。可能是因为记载了他与田汉会面的情况。

四月二十三日

才是出路。[①]

弄一个下午，配的并不多，不知成绩如何？这是第一次。

加工赶排新旧节目，加上夜课。箭子和我在院里唱歌，用 guitar 合起来特别有味。后来人艺（曼得林）、少甫（cello）加入，更奏得起劲。James 们来，我到七爷屋谈天，便是这样混一晚。

堆了几月的手巾、袜子，一天推一天，总懒得去洗。今晚不知打多少主意，才鼓着勇气通通塞入盆里，预备洗到三点钟睡觉。

P 进厕所，请我暂出，我以平常态度对之，只希望她快些出来。想不到她会肯帮我洗，不到半个钟头，什么都洗干净了。她着实是一个天真可爱的孩子！

总是十二点后才得睡觉。

四月二十四日

起得比较早，吃早饭。这几天他们闹箭和我好，早饭时人美和她自己也闹起来，把我闹得不好意思。

人艺对我的钢琴谱加了修改，我很感谢他。P 把昨晚和我洗的衣物自晒台收下，我更感谢她。

午，在人艺屋合《Mighonete》[②]，又合 duet[③]。头弄昏了，跑一转马路，罗靖华处兜了一圈，买小包子吃。

汉来过一转，和他谈的很少。

我的 guitar 居然也能随便自己配奏起来，昨晚和箭合，今晚和四先生合，七爷加入拉花鼓戏[④]，我仅用小调主和弦奏得十三分开心。

在 P 屋待了一会，胖姐姐不知什么病，仅是两脚发冷，盖了四五床被还不会暖，我送外套给她。P 似乎对我又好起来，秀文小妹妹也两样一些，记得去年游南京时，她和我很好。

南京“世界大戏院”经理在下面订合同。

四月二十五日

看他们排戏，很容易地混了一天。

---

① 本日日记的以上部分缺佚，仅余此四字。

② 乐曲《马格霍特》。

③ 二重奏。

④ 湖南主要的地方小戏。

这几天来谁都忙得不得了。少甫在涂布景，我替他们拍登记的小照。

蓬子和一个四川人来，谈话中知道他的来意，但环境不好，不能透彻地谈。晚饭后在谭床上躺着，屋里有情、�のは、美、莉。

在院里玩，枝露跳舞。

四月二十六日

看《野玫瑰》试片，遇锦晖。送老头古碑，翁家拿书，回家练习黄壳书。

晚，谈表演事，在美屋公开她的信。很浪漫的谈话。

经过的事越多越不想多写。

第二次。

四月二十七日

在周耀、王志符家谈。取相片。

四月二十八日

早，上“暨大”宿舍。午，合奏。晚，开会到三点半。

四月二十九日

简直忙得厉害，自己钉被，枝露帮忙。

下着大雨，人艺拖上汽车买弦线，冒雨买箱子。吃春饺。晚上收拾行李，明日上船。

四月三十日

别了！上海。虽然是很短的别离，但总有些说不出的情感，好像各人间的感情特别的好。

伴了我干姐姐[1]去烫头发，钱不够又跑回来找干妈拿，共二十元。和弟弟[2]在魏也娜处吃午饭。

到“暨大”宿舍找雷[3]，他交一份诗稿请我转投。我想找蓬子，时间已来不及。

---

① 黎莉莉。

② 黎莉莉的弟弟钱镗（钱江）。

③ 中国左翼作家联盟成员、聂耳的云南同乡雷溅波。

孙瑜和郑君里[①] 来，谈电影。

晚七点钟汽车来，到公平路华顺码头上船，不觉又想起从前的跑冰、乘凉。

艺、篑、弦和我同房。整理好床，弹了一会 guitar。

各房都走了一转，十时半来睡。

五月一日

床老是在抖着。一夜睡得很熟，五点钟起来，船还没有开，在甲板上看日军舰的教练。

八点半开船，经吴淞口，到处只见日本旗。

出吴淞口，进扬子江，江面稍觉开阔。有的很是惊奇，因为她们是初开眼界。

整天待在甲板上，风很大，有大太阳。P、Y 们挤坐在一个木箱上，杨大和这傻蛋非常有味。

烟筒里冲出的浓烟遮住太阳，呈现一个金黄色的大饼，直看到太阳落，云的变化。

七爷请客在一间小房舱里喝酒。香肠、花生米、皮蛋。

和张昕若谈团体的将来问题，给我有不少感觉。

（一）我们要找好目标。（二）训练自己的本领，一方面做出版工作。（三）我当切实做我的具体工作：a. 研究音乐，b. 编歌剧，c. 多读书，d. 培养表演技能。

心里总是玄想，做将来发展的计划，不想写闲话。

五月二日

“快起来！看日出！”天还没有亮便听见美在对面舱嚷着，一会儿过来把我叫醒。

“小陈！懒骨头！快起！”我也跑到七爷屋去捣乱。

在长江里想看什么日出？不过是陪他们凑个兴而已。甲板上居然站了十几个人在那里期待着。

在船上，总是容易想到许多航海的故事。胖姐姐和我谈她的经过，她觉着在南洋旅行半年，是她过去生活中最快乐的一段。

吃早饭，不能再谈。

一对衣冠褴褛的老夫妻从我背后倒着走过来，回头一看原来是一些难民被查票员推着、抓着，从船旁的走廊上推到账房间门口。

“为什么不买票？”“没有钱！”“没有钱胆敢上船吗？”“实在是没有法子想！”

“搜！”账房气忿地说。这一搜在一个人力车夫袋里搜得两个日本铜子，马上打得一塌糊涂，指他为“日本汉奸”。—— 我对不买票的人只觉可怜，而且认为他的这行动是应当的。

① 上海联华影业公司男演员。

船靠码头，罗靖华来接。在马路旁等汽车，太阳最热，脚烧得跳。

在世界戏院隔壁租了一间洋房，可以省汽车费。

看《断桥残梦》，真是好片。大和和我睡。

五月三日

他妈的！近来所谓团体事务完全被两三人包办，动辄便是讲什么主任不主任。这次招待新闻记者，张昕若竟敢不经常委会全体委员商量，便用常委会名义出通知，指定各部主任带女员出席招待新闻界。这事被王人艺否认，撕了通告，和老张吵了半天。

不写“三人”的信，总觉心不安。也只是有心写了她的一封，别的再也提不起兴趣来写。

湖水激荡着小舟，无节拍地汩汩发响，向五洲公园驶去。

去年游玄武湖似乎没有闲心慢慢地在公园里踱来踱去。今天突然地乘兴一人独游，特别感觉畅快。

游人也不少，虽然天气是闷忧忧地阴着。几个南京本地女人嚷着“那里去，那里……”，已经一年没有听到这种声音了。

两只小船在湖里打桨战。一家家，一对对地漂过。

在一个亭子里正写得高兴时，P、Y、秀、英、干妈、人艺、四先生们也来游五洲公园，Y先跑来叫我。他们都奇怪我为什么一个人来。

本想到后湖来写日记，背《小小画家》，配谱。他们这一来，什么也没有希望了。P、Y、秀加入我的小船，绕全湖一周。快到岸边的时候，在斜阳的水影中发现迎面来的一只较大的船向我摇手巾，原来是他们也下水了。我们加入在他们船里，再游一周。

和四先生去问包饭，外面散步很凉爽。回家，排剧、开执委会。决定出特刊。伴她们拍跳舞基练照片，十二时回。

五月四日

“你怕难为情吗？我们回过头去不看你，快起吧！”箭们洗着脸说。“有什么可怕的，怪懒的。”

起床的人愈多，自己再不好意思老睡着。

天有晴的希望，小雨也停止了。

从来没有合过音乐，多少新东西连谱都没有对过。今天就要上演，不能不准备一下，上午在“世界”合了一点多钟。还没有吃午饭便有人买票进来，我们只有赶快让开。

人并不多，表演不大起劲。所谓《芭蕉叶上诗》，简直不成东西。剧情的结构太模糊，音乐也配得不恰当，至于当中所加的对话，更是乱七八糟。

唐槐秋[1] 来看。他说我们的小东西以及音乐实在好，但《芭蕉叶上诗》便有待研究一下。他也希望我们将来有一个合作运动。

遇小苏和钟嶽。

第二场营业不大好，表演有进步。夜场满座。

“老板娘”[2]看“梅花”归。他的批评是：她们的东西已不成歌舞了。有香艳的草裙舞，京调反二簧，变化奇怪的布景。

大和约到“上海咖啡馆”。遇谭、励。喝啤酒，吃春卷。

有人说我变了！我自觉也是变了，P说什么没有良心。

五月五日

P们已在吃稀饭，大概看见我穿裤子，问我羞不羞，其实我穿着短裤呢！

虽然她现在不爱我，也许恨我，但是我总不恨她的，永远是爱着她的。在我内心里，近来的稍稍冷淡，是她对我的态度必然有的反应，为了痛苦和麻烦，还是这样好些。

一、二场满座，三场有八成。分款六百多。听说“梅花”场场满。

五月六日

今天换节目，时间不够，第二场加演《麻雀与小孩》。人美演《民族之光》时在台上跌跤。夜场秩序不好。纸箭满天飞，《小小画眉鸟》，“嗤”。

落雨，营业不行，只分三百五十多元。

五月七日

整天落雨。音乐和表演都比较纯熟了些。收入和昨天差不多。P给我一小朵玫瑰花，她本出于无意，我也便无意将它保存。她，太…… 了。

---

① 著名戏剧家。

② 南京一家小报记者的笔名，他是胡笳的姐夫。

五月八日

本想叫这几个淘气鬼和我照一张相。去到“光千”，挤满了军人，因为今天是星期日。仅陪P们拍几张化装相便走。

今天的广告做得很好：“最后一天，更换精彩节目。”天气也好，我们料想会有好买卖。

看排练今天的节目，她们总爱瞎闹。

第一场关铁门，休息后的节目太冷静，秩序非常紊乱。第二场更糟，演《大饿之下》后，便“大吃[①] 之下”，有人喊退票。我的心只是跳动不已，谁都害怕晚上的秩序，要是真的退起票怎么好呢？和黑炭、严励正在谈话，忽然台前打将起来。急忙跑去收乐器，老江的椅子已在空中摆来摆去，但始终没有落在人头上。

秩序更紊乱起来，巡查队的手枪在台上作预备放的姿势，台下人也有的在袋里摸索。一时吼声震天，“打，打，打！”我跑到后台告诉她们不要在台上看热闹，恐怕发生意外。

最后才知道，不过为抢一个位子，竟打成这样。一普通人被捕。

谁都在心慌着夜场表演的捣乱，我一坐下乐师席便心跳。等No.11尾声的前奏曲做完，台上演着一幕幕的沉闷的跳舞。《大饿之下》的节目一翻，黑炭给我做一个怪样，想从椅子下面躲，我只低着头不管事。

谢天谢地，也算平安无事地“派司”过去了，不但没有人“嗤”，有的还笑了笑，这不能不说是打了一次架的好处。因为他们闯祸人的心理是这样：他们不愿再度滋扰，使一般人讨厌；一方面觉得内心里有些对我们不起，就是我们做得坏一点他们也可以原谅。

表演完了总是很快活的，况且今天的生意顶好，差不多三场满座，更使各人非常高兴。照总收入分配，我们共两千五百元。

我们还谢谢“老板娘”带人来捧场。

五月九日

开执委会讨论津贴分配办法。议决女的分为七等，男的三等，单位的比例是6，5，4，3.25，2，1，0.50。我是三等。

提出一部分，发了两个半单位[②]。拿了十块钱。

小陈和七爷都是第一次游后湖，其余小白、人艺们可以算“半老枪”[③]了。

拍些小照，光线总是太过。

在船中，玩水，拾菱角。

---

① 吃与“嗤”谐音，有双关意。

② 一个演出单元的报酬计算标准。

③“老枪”原意是指多年的抽鸦片烟者。这里指小白、王人艺前几天已经来过玄武湖公园，有些熟悉了。

唐三[①] 请客，唐槐秋作陪客。小白、秀文吃醉酒。八时多回。

取相片，买东西。在床上谈天，一夜到天亮。

五月十日

白要我伴她出去买吃食，已经十二点钟了。有新生张粲新。

和美谈她的过去。秀文抱着我的一瓶大曲酒跑来跑去。江涛配八音杯。

昨晚简直没有睡好，两个人那样的睡法实在太苦。老江和“老板娘”闹一夜到天亮，四点多钟起来收拾行李。

七点多钟到下关，上招商局“江新”轮官舱。两人一间房，老江和我。

在二号房（P、莉住的）打瞌睡，很舒服。回到自己屋睡觉，十二时起来吃饭。

晚上在二号房谈天，隔壁小陈和人艺吵嘴。船抵芜湖，正落大雨，买干豆腐下白干酒。和英[②]们谈天，十二时睡。

五日十一日

长江的风景着实太好，当太阳初升，斜阳西下的时候，特别显得出那自然的美。朦胧的落雾笼罩着江面，远远的帆船隐约可以看见，几个不知是喜鹊还是老鸦，老是跟船在空中盘旋，仿佛对我们有所寻求似的。我心里荡起一些悲欢的幻想。

吃过午饭，便和P们站在船边眺望两岸景色，江边张网打鱼的很多。有时我给她们讲一些农村生活的故事。

远远看见一座白塔，那儿便是安庆。和P们试眼力看岸上的字，到底是P比我行。经我们上岸到近处考察，她说的“魏万新”、“裕中烛皂厂”都对。我不好意思，只有骗她说“王荣记”为“三荣记”。

干妈的姐姐到船上来，我们也同在二号房抢东西吃。最痛快的是在下层抢楼上P的饼干吃。用手巾绊了她的脚。

送他们上岸，沿途充满着抬面粉的苦力。P和一个小兵吵嘴。走不远便下起大雨来，回到船上再依着栏杆看趸船上的形形色色。

莉可算是一个慈善家，每见乞丐总是会给钱的。船靠稳码头，一个老太婆从趸船上想跨过来，没有一个人肯帮忙她，莉把她搀了过来，原来她是一个乞丐，看见我们便跑着要钱。

一个白发的老头划着一只小破船来要钱，喊出怪凄惨的声音，莉和P都掷了些铜子给他。

回房看《聊斋》。黑、白总是整天守在我房里，什么也看不进，只有睡觉。吃晚饭才醒来。

---

① 唐生智的三弟唐生明。

② 明月歌剧社女演员英茵。

太阳将落，金色的晚霞散在江面的一角，映红了半边天；岸上矮树林立，茅屋零落地置在绿草的平原中，真是再好没有的美术画。和枝露跑过左舷看远处一座小山，等了一两点钟才到面前，那美处就别提了！

正在看西方的残云，我的帽子落到江里去了，好吧，就此留作一个纪念。

在七爷屋谈南洋和他们过去吃醋的故事。莉说什么二三十岁的李矮子，死心地爱上了她这个十三四岁的傻小孩的趣事。我不觉会联想到我自己，我现在的对P也有点这样的趋势。但仔细一想，我绝不是李矮子那样思想，也绝不会花很多金钱作虚荣的进攻。再进一步说，现在的P也绝不是像那时的莉。

夜十二时半抵九江。一个群众的吼声振荡着我的心灵，它是苦力们的呻吟、怒吼！我预备以此动机作一曲。

近来总觉动笔很不大畅快，这是吸收不够的缘故吧！想到写信便头痛。四爷的信懒到现在还没有动笔。

今天又是不能睡觉，外面吵得太凶。

五月十二日

昨晚船到九江时，来卖瓷器的很多。写完日记到外面走走。

我躺在沙发上和莉们谈小学时的故事。她要我就在那里躺一夜，免得她起来和我关门。这一夜，我睡得非常舒服，虽然没有垫的，枕头是一个化装箱，仅盖了P的衣服。

清早起来遇国在外面看风景。这时正经过一处有古城墙的江岸，倒影被朝阳映在江里，那美处，就别提了！为了再回去睡觉，什么也不想看了。

小码头都没有靠岸，所以四点钟便到汉口。四先生坐小船来接，已经预备好汽车直送到长江戏院夜花园里。这里比南京的住处更方便，更舒服。

和艺去吃面，我全说云南话，特别觉得方便。“大光明”有郎德山表演。

开房间洗澡，顺便洗衣服、理发、逛马路。和艺吃锅贴、四两玫瑰酒。

白天在枝露房（船上），她对着我的耳朵低声说：“刚才艺和P打了一个Kiss。”我说：“与我有什么关系？！”她老是闹什么醋不醋，我觉着讨厌起来，不知她们（Y和P）是些什么心理！

五月十三日

汉口的街道有些像广东，比较南京舒服多了。

艺带我到武昌游黄鹤楼，一个好像和尚坟的石堆原来是孔明的七星灯。有两座高楼，前面的叫奥略楼，后面的因为没上去便不知。经过首义公园，走过狭窄的破街，到武昌艺术专科学校，遇贺某[1]，拉了琴，吃了午饭。

去坐火轮，来坐小划子，跑马路。所谓热闹的后花楼不过如此！

在青年会招待新闻界，他们要求人美唱歌，张昕若给他们比较气忿的教训。当时吵了起来，有的退席。经他道歉，人美、莉莉合唱《勇健的青年》。

合奏。

心里不知想着什么，多少材料要写，竟一点也写不出。

五月十四日

这次的表演算是顶倒霉。昨天来这么一下，使我对汉口的新闻界留一最坏的印象。今天有一则新闻是讥讽“明月”的，名字是《如此歌舞》。

教育厅的交涉没有办好，今天只许演两场，都没有满座。表演和音乐都不起劲。

起床和艺跑马路，做衬裤。在四川咸菜铺买两条葛笋在马路上一面走一面吃，好些人都看着我们笑。第一次吃冲鸡蛋。

五月十五日

门口摆着一块大牌：“今日演四场：一时、三时、六时半、九时，奉教育厅令三时开演。”我们看了非常奇怪，回来一问才知道是教育厅要和市政府对争面子，罚停演二场，昨晚一场，今天再补这一虚账。

艺以这次宣传不好，交涉欠妥，找总务部发牢骚。老张[2]又是向例不服他的教训，说着说着大吵起来。艺说什么他今天不拉，我听了非常不高兴，也加入战线，声音比他们还嚷得大。由他们这次的口角给我不少刺激，想到这团体的所谓新希望，着实悲观得很，同时讨厌这种不死不活的生活。

第一场演完，下大雨，大电灯上也流下水来。

我常说我是以一个小小的孩子对待她，到现在我自己觉得惭愧起来了，我自己讨厌起我自己来了。我哪里会当她是一个小孩子呢？就说她吧！她自己也没有当她是一个孩子。哼！说什么漂亮话？自己骗自己！自欺欺人！镊子实在该死！

和老张、严华谈人生问题，华说他自己太傻，他也一样地在痛苦着。据我的猜想，也许他和我差不多。我不也是傻瓜一个吗？何必要自讨苦吃，醒醒吧！

---

① 即贺绿汀（此时在武昌艺术专科学校教授音乐理论课）。

② 即张昕若。

五月十六日

算是在这里面鬼混了一年多了。在这么容易混的这一短时间中，音乐算是学得一点，但是对于音乐外的一切学科已经是大退而特退步了。最使我伤心的是白白用了不少脑筋去瞎想一些无聊的事，有时竟受了无限的打击，弄得不能做一点正事。

所谓革命新青年的我，是不是应该有这样的行动？一天还沉醉在爱不爱的迷网里！

时代的巨轮不住地向前飞转，现在的我，现环境的我，应该负起怎样一个使命，艰苦地干去。

晨和艺跑马路，一切和昨天一样。

开执委会，决定汉口演完不再到别处，即回上海。二时睡。

五月十七日

前夜睡沙发，昨早落大雨，漏湿我半床被。于斯咏把我叫醒，后来她们都逗我“尿床”。今早来叫我的还是她，她几乎把我骗信了。

说到真正的能同走一条路，同一思想行动，还是我的“三人”好。好久没有接她的信，不知她还是以前的思想吗？今晚接由上海转来的她的信，安慰了许多。

拉一上午的基练。

“长江”要我们明天还是演三场。本来合同上订好，礼拜一卖不到九百二十四元，从礼拜三起只做两场。明天的报纸广告已经改好，“长江”又自行改为三场，一面来向我们交涉。我们为顾及到演员的身体，实在吃不消了，只有坚决的否定。当局对张昕若的态度也变了，我看这事恐怕会决裂。

秩序非常坏，观众并不是对我们所表演的不满，而是三场连续卖票的害。便是“随时入座，均可全看”，因此随时都是出入不绝。

第二场的《双鹅舞》拉错了，弄得舞台上也随着错起来。有人还以为是艺错，其实是我错。《月明之夜》倒是他错。

在别处表演《蝴蝶姑娘》掌声很小，甚至没有人拍掌，这里却是从开幕便响到底。

虽然演了三场，我的精神还好，回来总想打架。

五月十八日

生长到这么大，算是第一次看见这样可痛心的事。一个二十几岁的大男人痛打一个小女孩。我为这事要流泪，要发狂！太使人过不去了！

严华骂小白一句孙子，她大发牢骚，他气得起来便打。先用漱口杯向她一掷，没有中，后来重打了一拳、一掌，她大哭起来，一面吵嘴。

[1]

他妈的，为什么总是碰到这些无知识的人？前途茫茫，所谓“明月”，不过如此！算了吧！别想什么有望无望，另走他路吧！着实不愿再看这些不平的事了。

我的心在痛！要想写的还多，但什么也写不出。

五月十九日

今天表演两场，松闲得多。表演《小小画家》的“先生”[2]比昨天有进步。

晚上这场的人还不少，但票总卖得少。散会和艺出去吃点心。

写四爷的信，到四点钟。

“天一”的事，多半无望。别的进行，似乎渺茫。回到上海，如何下场？！外力诱惑，防不胜防！办事人员，荒里荒唐。“明月”前途，着实悲观！

五月二十日

很早便听她们吵，四先生的基练，少甫的 cello，闹得不能睡觉，还没有睡到三个钟头。

落很大的雨，第一场有一百人左右，第二场所多有限。

“爱是很神秘的东西，天天拉在一处谈倒没有意思。”严华在谈爱。我听他和张昕若在那儿谈，我加入。

五月二十一日

长江戏院来一个违反合同的最后通牒，他倒说是我们违反，他有确证，从明天起他要开映电影。

连[3]过去七天都对拆。到下午四时我们没有答复，他们把广告通通改了，外面的相片也收回来，大有要决裂的样子。

晚上有好些新闻界记者出来做中间人调停，完全是替影戏院说话的。有时讲的流氓话，有时总是以军政的大帽子吓人。

三点半还没有解决。吃酒席。上 P 屋。

---

① 手稿此处画有一曲线，想系愤慨之极，不能尽言。

② 黎景光在儿童歌舞剧《小小画家》里饰演的角色。

③ “连”字前擦去约七八个字，字迹似为指责戏院违反合同事。

五月二十二日

谭病。替他做《剑锋之下》，还不错。七爷的“先生”不行。

陈[1] 真是双料猪猡，今天费了力订新合同，他得罪了新闻界，合同撕碎，最后又道歉，承认合同。

五月二十三 — 二十四日

说话总是说话，吹大炮总是吹大炮，只要实际干起事来，什么都可看出。七爷是一向好吹的一个，不，他们黎氏弟兄都是这样。不论什么事，他总是吹他怎样能干，怎么比别人成，但常常露马脚，自己却还不知道。

他常说他从前做《小小画家》的“先生”是怎样的好，我们看他那神情，也好像是很不错，谁知上台会糟成那样！表情过于做作，使人讨厌。唱歌的错误，扯得一塌糊涂[2]。

天气特别闷热，一起床便是满身大汗。洗了七爷的剩水澡。

她们都有爱听故事的脾气，我只要和她们坐在一块，总是要被抓住讲故事。我从来是不会记住什么故事在肚里的，要我哪里去抓那末多故事来讲？！然而，我每和她们在一块，总是我讲得多。谁知道我那些所谓神鬼奇事，简直是当时瞎编出来的。

昨晚在女宿舍编故事，最高兴的是英、胖姐姐。一会儿莉哭了起来，她说有男人在屋不方便睡觉，于是我们不能不走。今天英一见我便叫我讲，我宣言不再上她们屋。

胖姐姐请我宣讲爱的教育，“六千里寻母”。虽然我的喉咙都说哑了，我觉着特有兴味。她听了只说惨极了。

张粲新发病，因为吃了冰淇凌又洗冷水澡。在先喊肚子疼，她请我代领钱。胖姐姐扶她进房，简直哭喊起来，我奏完前奏曲化装，听说她已失了知觉，我急忙跑进去一看，她睡在床上滚来滚去。钱太太已经给她吃过“十滴水”，混身刮得通红[3]，她的眼神已呆了。来了一个卖票的在她身边捏筋，她的神志才渐渐清醒。因为她睡的床太热，上面又有电扇，我把她抱到外面的藤床上，这时可以说话。外国医生也来了，打了针，用冰冰头，花了三十多块钱。这医生是德国人，他可以讲七国语言，可以写中国字，长得很漂亮。我对他起无限爱慕。

今天两次的《剑锋之下》，比剑都没有受伤，第一场是人美做。

演完在电扇底下一坐，英要我讲故事。当时又编了几个，最好的“王大妈”，其次“宿枢所”、“奎星楼”都还不差。

“长江”因为今天总收入只有两百零九元，他们向我们提出以“宣扬艺术，普及民众教育”

---

① 长江戏院经理陈立夫。

② 昆明话“乱得一塌糊涂”的意思。

③ 已经用民间“刮痧”的方法进行了治疗。

的名义要减低票价。老张为避免交涉的麻烦，约我到对门万国咖啡馆吃西点。他不说我还不知道，昨天出来调停的新闻界中间人陶、徐、叶，今天找别人转告我们要点报酬费。老张答复他们，我们已有准备，这报酬是高尚的，文雅的。具体些说，不是送钱。

在外面和茵、枝露讲一宵的话，有时张粲新蹬开被，我们招呼招呼她。我谈话最多，告她们我的过去，好像叙说一篇小说一样。

天亮时落大雨，我们肚子饿得叫，守在门口买油条吃。

没有睡多少时间，精神不十分好。

新闻界敲竹杠的简直拉明叫响[①]地讲起价来，三家报社各报一百元，另一转告人也要所谓水利。

和茵们讲故事，一个"三小孩访仙记"、"李家福和渔翁"。

到"大智"洗澡，到戒严时间回来。

五月二十五日

白天被茵逼讲故事，"开锌矿的旅行队长"。晚上和茵、静、枝、白讲"新娘鬼找人"，她们说"血溅鸳鸯"，又讲"父亲的魂附在听差身上"、"女鬼附男身"。最好便是最后一个，我也不知怎样会编得如此妙。

到"中央"洗澡，和艺吃刨冰，回家和于斯咏闹聂家村。

讲故事渐感很深趣味，以后常练习，相信不会没有益处。

五月二十六日

一些捣乱分子以《漂泊者》的主演王人美换人为借口，乘机大捣其乱，当严华唱"干！干！干！"时，楼上嚷着退票。闹了五分钟久，秩序依然恢复。

休息时回家问明情形，老张报告他的危险经过：

"我听说闹退票的人已经走了，我要到律师处，一出大门便有三四人从戏院追出。'喂！Mr.张，我们和你开开玩笑，走！'几个人抓着我的后领，一会儿又冲上来一批，我看势头不对，脱了雨衣便向戏院里跑。雨衣里有五六十块钱，还有一份拿错了的合同，新合同拿成南京的废合同。"

罗先生和几个友人商量结果，决定明天停演，由警备司令部来命令给"长江"，以今晚会场捣乱事作为借口，明天有便衣队保护上船回沪。

谈得很晚，现在四点钟。困极！

---

① 云南话"明目张胆"的意思。

五月二十七日

今早接着讲昨晚没有讲完的故事，情节有点像“God sees the truth but waits”①。小白说她都听得快哭了。

奇怪，近来真不愿把日记给别人看。从前给P看过好多次，觉着好些麻烦。我决定不再给她看了。

她不知抢过多少次，今天终于被她抢到手了。

我坐床上写，她轻轻走过来一把抓住，幸好我拿得紧，互抢了半天。我发明了新的抵抗武器“咬手”，她败了，被我咬了两三口。虽然抢不去，闹得一点也不能写，只有放在箱子里。谁知我走开的时候，她已偷偷地取出，我一把抢上去，肉搏了半天，日记本已揉得不像样子，我松了手。既然给她，只许她在这儿看，不许带走，因为用代名的关系，她也看不出头绪。吃饭的铃响了，我收回。

快到表演的时候，什么消息也没有，什么命令也没有到来。饭后在白床上抓子，到表演时才散。

连演三场，屁股都坐得怪痛。每场的人是少得可怜，但奏起乐来倒也清静。

戏院的钱是不付，新闻界敲竹杠的也是追得紧。老张、罗靖华又不出面，陈②找来捣乱的流氓也向我们敲起竹杠来。今夜演完后，四先生报告这些经过，我们几个男的讨论出一个对付方法，总是把责任推在张、罗身上。对新闻界尽量采取客气的态度，拖过这两天，最后由黎、谭代表说话。

关于命令停演事还没有进行妥当，大概明天可以到。四先生找罗催办。

要伙食钱的也是在逼命，费了多少口舌才送走了。

现在我们只期待着那命令的到来，能够脱离这可怕的恶窟。至于以后的交涉，当然诉诸法庭，由罗靖华负责办理。

做了一个呈文到警备司令部，报告张被抢事。

人艺说我和小陈调戏他，他睡在被里连声地叫他的保护者枝露，我们大笑。

我都脱了鞋预备睡觉，秀文叫我过去，讲了两个小故事。和枝露医肚饿病，茵要我还她一个故事，因为前几天骂了她一句“大丫头”。小陈也要讲一个。正要走回来睡觉，静和白也在那儿讲。听了她们的，不能不又还一个。

今天天气比较冷，蚊子少，人又疲倦，一定可以睡好觉。

五月二十八日

这次到汉的表演，算是绝大的失败。这失败，是必然的，是在预想中的。

---

① “上帝已经看见了真理，但是还要等待。”

② 手稿上“陈”字后擦去“立夫”二字。

武汉艺术学会写一封信对“明月”是取进攻的态度，指出音乐、表演的缺点，我对这信非常表同情。一点没有说错，尤其对于几个无意义的、瞎凑的所谓伟大歌舞剧，他们已经看穿东拉西扯的黑幕。对于音乐上他们观察出提琴的出风头，便是艺制止别停奏的事实。他们排了一个歌舞团的等级，是“梅花”、“霞云”、“明月”勉强、“桃花”。这倒要斟酌一下，因为别的歌舞团很少看。

报纸上也大骂起“明月”，所批评的缺点都不能给我们有半点反驳的余地。根本自己的节目不行，表演、排练不熟，大明星的嗓子也是倒得一塌糊涂，常常换人替做。最使人不满足的是《漂泊者》，连我们自己都看不过去，哪里还会使观众满意呢？！《芭蕉叶上诗》的对白，简直糟透。严华讲的是北平话，有土音，“这会儿哪有你的爱人儿？”他那鞭子向台下一指，这算是唱京戏吗？说到表情，太装作平板，讨厌！

原来钱太太也观察出罗卜条[①]的丑态。他妈的，我真替他脸红，这可怜的饿鬼！其实这么一个小孩子，她能给你感到什么？态度如此显明，自己还不知道自丑！唉！

命令还没有来！今天依然表演三场。

上午和钱太太取裤子，吃冲鸡蛋。

第三场演《剑锋之下》，打败仗时碰了小白，她骂了一大套。我不理她去卸装，回来向她道歉，说了“对不起”。

秀文、茵、陈情来逼我讲故事，当时又编了一个“活神仙访铁风寺”，一个短笑话“顽皮的小学生”。正在讲得起劲，秀文的眼睛只向别处凝神，有时发出笑声，有时一只手盖着嘴作惊喜之状。我知道她绝不是听我讲的故事发笑，当我停止我的谈话时，她轻轻地对我说：“镊子！你快看那边有好把戏看，哈哈！”我抬起头来一看，真的，啊！严励和许曼丽，特别快的严华、张粲新……

时间已经不早了，所谓把戏还没有散场。小孩们要我和他们开开玩笑，我高兴地起床从后门绕到前门进来，进门便问：“张先生在哪里？”完全用的湖北口音，这一来吓得他们魂飞天外。

茵说给我一个短故事：“一个人被他的爱人骂。写完日记，哭了。气得睡在床上。完了。”

第一场演完后，和严华排练新剑法，滑一跤在石地上，碰坏了左手腕，晚上两场都没有拉琴。干妈、胖姐姐、艺、景、秀、陈帮我上药，揉擦，我谢谢他们。由这点小事看来，可以清晰地知道人的对我。

五月二十九日

秀文小妹妹每天有空便抱着她那小洋娃娃，近来对我还不错，常要我讲故事给她听，我观察到她近来的脾气变好了一些。

---

① 罗靖华的绰号。

干妈把我叫醒，出去买软片。吃过午饭到前花楼，民权路，买五味姜。她待我真像我的母亲一样，她和我洗衣服。

谭在昨晚找过老张一趟。他出去躲了这几天，原来是用公款开十二元的房间，惬意地住着。大家都对他不满，清早便吵得一塌糊涂，你一句我一句地批评他的不对，素来不多话的严励，也发了一大堆牢骚。本来太使人过不去，我们在做牛马，给他们管钱的自由享乐。

又被“敌人”碰伤右臂，奏乐休息一场。第三场因为是最后一场，谁都愿意特别用点功夫，我忍痛去奏乐，似乎比以往起劲得多。

胡笳病了，常去招呼她，演完在她床旁谈天，有茵、胖姐姐。又是谈到爱，不知怎样扯到罗卜条。胖说他们在南洋时她不过是像小白这么大的小孩，他竟对她常常欺骗揩油，正如他现在之对小白一样。我又想起一天早晨他和P在会客室，P坐在他身上哭，我问为什么，他说是他招她的，一会儿又说是她身体不舒服。其实我什么都看得清楚极了，一定是罗对她揩油。

谈了一些无聊的话，过后想想又懊悔，何必要给人取笑我？！

十六天的牛马生活终于耐过去了，要是再演下去，恐怕会死人。昨天笳子曾昏倒在地下，医生要她今天不要上台，她的角都找别人代。别人呢？也是病得怪可怕，每天十二个药罐，谁的脸色都是苍白得难看。

“长江”找我们去结账，他从前说住夜花园是不要钱的，现在他算每天三十元的租金，其他水电、煤费，共欠他九百几十元，这简直是大敲竹杠，我们否认。明天请客开谈话会。

船票已定好，明天下午上船。

老江和少甫、七爷在谈团体的将来，他们感到有排新节目的需要。老江在大吹大擂，七爷在打和声，少甫总以老行家的态度摆臭架子。我看到这态度总是讨厌得了不得，不愿多半句嘴。

五月三十日

决定今天上船。起床便乱着收行李，被艺拖去吃湖南米粉。因为心里总觉得今天的事多，还出来耽搁这么长的时候，所以一点也不高兴。

想加入我们的那小孩聂挹芝老早就跑来，他那可怜的眼儿向我们每一个人凝视，看他几乎想疯了。

几个人讨论要不要他来的问题，结果是到上海再答复他，由我代表和他说话。

昨晚又坐一通夜，到今早六点钟才睡，有黑炭、七爷、少甫。

午饭后，大家都收好东西预备上船。床、桌搬走，篱笆打破。在夜花园和“长江”间的走道中休息等候。和杜家小孩玩。

吃过晚饭汽车来，四部漂亮的敞篷新汽车摆在门口。他们上车时拍了一张照，时近黄昏，光线不好。

很平安地到码头，上“怡和”公司的“公和”船。坐房船，比“招商”的官舱干净。我的同房是七爷、艺、弦。

开船前一刻钟张昕若、罗靖华到，留张其琴在汉追款。据说今午宴会谈判结果颇佳，敲竹杠的新闻界也到。便是这样应付了，没有再给钱。

老张在我们屋谈，有时又和艺吵嘴。我们催他赶快清账，他说起来倒是容易极了，只要一两个钟头便可弄好。现在的经济管理已分散为四份，张、严、罗、四先生，我看他们怎样报销？

特别疲倦，不敢晚睡。他们正讲得高兴。

不觉又混了一月，再回到上海了。这次回上海应当多想一下。自己的工作问题。

五月三十一日

昨晚睡得相当舒服。起来看风景，各屋都走了一转。

上午九时抵九江，我在写日记，他们打字牌。和人美、秀文、张弦上岸，走了好几家瓷器店，什么也没有买成，拍了两张照。

回来探问详细是十二点开船，弦、艺、秀文、我再上岸去替美买风碗。上一家小馆子吃小包子、鸡丝面，秀文怕我们误时，气得她什么也不吃，老催我走。

谁都买了江西瓷器，在船上摆的摆，送的送到屋里来。我本来不多花钱的，看着他们买得热闹，我也买了一元伍角之多，到各人屋里走一走，都摆起瓷货摊来。

日落时到安庆，船没有靠码头，打了两个圈便向前走。

拉了凳子坐在船旁走道看书，讲故事。胖姐忽然哭起来，我看见别人哭，几乎也把我的眼泪引出来。我猜想她的烦恼不见得不和我差不多。

晚在房里"捉曹操"，处罚很规矩，玩到尽兴时，搬凳到外面讲故事，编"金殿"。风冷回屋，又讲"可怜关里月"。

胖姐姐总是哭，惹得我心里更难过。

回房睡觉，又碰钉子，我说我要睡觉，他们都态度显明，带发脾气地走了。

抵大通①，刚预备睡觉，出去看热闹。枝露们叫去讲故事，英、陈、杨、聂联盟不睡觉，我勉强答应慢慢支持着看。终于睡了半点钟。在这一夜，我编了"双鬼迷人的皮鞋店主"。试验脉搏、心搏，英、茵被气走了，本不是我自愿说的。天快亮来睡觉。

六月一日

钱太太和茵来把我叫醒，茵说对不起，这倒是出我意外。

白天和秀文玩了些时。

---

① 安徽铜陵县南的长江航运港口。

一个人在船旁思想这次公演的结果，又想到回沪后的工作问题。

这次旅行在我个人的观察，可算是大部分的失败。

个人方面：

1. 预定旅途中的工作计划一点也没有做到。
2. 湿气加重，身体较前瘦了些。
3. 常受刺激，心灵不安。

团体方面：

1. 节目不良，嗓子坏，布景褴褛。临时换人，使观众不起好感，大嚷退票。在京、汉留污点。
2. 汉口新闻界的纠纷，弄得胆颤心惊。
3. 内部纪律的放肆，意见的分歧，常阻碍事务进行。
4. 汉口营业不佳。
5. 熊福熙[①]话剧派的进攻。
6. 可怕的病人。

虽是如此，但也有一小部分的成功，是女生着制服，不化装，是别的歌舞团所不及。对外庄严，不以香艳肉感为号召，提高歌舞界地位，不然汉口人总以为歌舞团必是“梅花”之流。

晚开第五次执委会，在我房里。讨论事项很多，如催报账，发酬劳，张粲新…… 十二时散会。

六月二日　午夜一时一刻

洗完脸，船便进吴淞口，九时一刻便靠元芳路怡和码头。下着毛毛雨。

坐汽车经过大马路，各人都觉异常的快活。雨更大起来。

到家十点钟，张国基住在我的房。各处都收拾得极干净，一进门便舒服。

院子里的草也长长了。那个被刀刺破的心仍摆在墙上，难免不要我想到疯狂破脸时期的生活。

给弟弟一个珍珠瓶。曼丽要去一张 violin 影相，秀文小妹妹要去一张长城风景。

今天是去年自南京回来整一周年纪念，也是六月二日到上海。那时，打碎汽车玻璃、火车茶壶。秀文的眼睛像我的。

午饭后到锦晖家，谈作中国歌曲和今后我们研究音乐的出路，应当从中国音乐上多用点功。我也常如此想，经他今天更深说一下，使我很兴奋。

“联艺”公司由潘家瑞办一新艺歌舞团，前一向请锦晖主考，并无其他背景。在先我们还

① 即戏剧家熊佛西。

以为是他捣的鬼。

"新光"演"天一"出品《有夫之妇》[1]，里面插有我们拍五彩片《小小画眉鸟》。艺提议去看，我主张弄赠票。最后决定看齐天舞台中外合演的《可怜的秋香》、《三蝴蝶》。

在"又一春"吃饭，有七爷、艺、谭、我四人。抱着热望看歌舞，进去还只有十人在座，买了小报来等时候。

开幕了！变把戏、少林拳，休息五分钟，独唱《可怜的秋香》、《三蝴蝶》。所谓火奴鲁鲁歌舞团，便是从前和老江在"九星"看的花子洋人弄 guitar，吹号的所办，现在更不如从前，简直狗屁、胡闹、浅薄。还有那电术更是讨厌。

我想起那拉提琴的样子，马上便想吐。还有钢琴 solo。

今天本来最快活，碰了这个鬼，谁也不高兴。七爷想到"荣兴公司"试一试，抓回三元四毛的冤枉钱，或是要倒霉到底，谁知还没有开张。

气总是下不去，到"大世界"走了转，稍稍解了点愁闷。回家坐洋车，又冷又困。

六月三日

预备今天做很多事，结果瞎跑了一天。

睡到十点多钟才起，很舒服。随便一混便吃午饭。发了一个单位，到折西家，送他们一对小花瓶。后来和七爷、人艺、谭去"新光"看《有夫之妇》。

这部片子，在国产声片中算是进步了些，在情节方面已稍带有前进意识。描写工人生活的一部分，着实是过去中国片所未有过的。从头看到底倒是不十分有讨厌的地方。

在工人受伤，夫妻二人的谈话，应当还要加长些，有力些，使得深刻到每一观众脑里，因为那是再好没有的可以鼓动的良好机会。就我看到的这点，料想他们会如我所想的去说的，谁知他们胆儿太小了。

结果的两响枪声，太不使人紧张。至于最后的收场更是减色不少，法官叫带下去，究竟是算怎样？

去这趟京、汉，我的体重减轻八磅，136—128。

在永安公司和他们分手，到"大世界"取相。第二卷又废五张，都是曝光过度。小孤山也拍坏了。

剪了发想到"夏令配克"看《血溅情鸳》，到那里才知道是猪表演。票价太高，懒得看。

洗澡，洗衣服，身上觉着轻松了许多。

孟先生来谈"天一"拍片事，我们认为今天所看《有夫之妇》中所插《小小画眉鸟》的五彩片，简直太"拆滥污"。他说这是试验，以后再不会发生了。

---

① 上海天一影片公司1932年拍摄的影片。编剧高天栖，导演李萍倩，摄影吴蔚云等。

想到我们的五彩片，实在可怜，音乐声太小，人影不清。比和他们配奏的《月下花前》还不如。

关于订约事，明天开执委会后再答复。

罗卜条、张国基、南洋人黄某、小狗们都在我房瞎闹、练功夫。

阿新踏断蚊烟香，十一点还出去买。路上掉过一次，回家又落地一次，碎得不可收拾。

要回家信和"三人"的信，又是两三点钟才能睡觉。

六月四日

从梦中醒来，好像见人美的影子开门出去。她穿着练跳舞的短衣，向我微笑了笑。

就此起床，已经八点钟。带着阿新、秀文到静安寺寄信和买《三星歌集》，顺便到折西家，他们如从前一样生活着，似乎更快活些。玲仙差不多拍完了一个片子，小玲还跳"胡拉舞"。

回家开执委会，到吃午饭还没有讨论完"天一"合同。饭后续议，大概有这么几个议决：(一)决定和"天一"拍片。(二)收音，起码一百元一片。(三)开拔前所发四元津贴，不作比例算，一律平均。(四)现在暂不扩充，汉口的家门暂不收;江涛介绍的黄某有允许的可能。(五)四先生在汉口交涉的来信说，他的意思以和平解决为妙，至少能拿到五百也就算了。我们同意。(六)严华、张昕若辞职不准。

吴和来，他说郑雨笙已回沪，住吕班路德律楼上。

孙瑜、金焰来。金说我们努力地干一下，他做出很知道我的神情。在房卖力，打翻痰盂。在院里练功夫，满身灰汗。

到锦晖搬的新屋，他认为我们所商量的已经妥当，他有事先走了。

突然想到从声乐上去努力，越想越觉可能。我的年龄、体格、气功已经够资格。马上买书去，老主人不在，他女儿大敲竹杠，懒得买。

晚饭后在院里乘凉，秀文做软骨人，累得我要死。张粲新和华谈情话，英和于斯咏大唱十里长亭，惹得她大哭起来，因为明天就要和情人分别了。

自从回到上海，总想往外面跑。七爷都预备睡觉，谈得高兴，又穿了衣服约了黑炭、黄[1]、少甫、我到"新新"打弹子。我到底不行，简直瞎碰。

上小馆子吃汤面，跑路回家。沿途打了磕冲，做了梦，竞了步。到家两腿酸痛，黑炭只想找人按摩。

六月五日

找周玉麟谈了一个多钟头，她和邹的事早已解决，她打量明年回滇一转。

① 明月歌剧社男乐师黄鸿儒。

周耀、王志符家坐了半天，约到“暨大”宿舍吃午饭，遇很多同乡。他们问到我这次表演情形，发出使人怪可怕的、讥笑人的眼光，我想难免不是受上海的小报造谣的影响。他们索性痛痛快快说出来还好，这样一来，着实令人不好过。

到“大鹏坊”访周咏先，他病卧在床。谈些艺术运动的话，批评国产片的退步。她（吴家芷）比以前胖得多，正给那发着热的小孩吃奶。他俩都在焦心着，“小孩也病了，怎么得了？！”

周耀得黄胆病，胆汁流出，满脸现绿黄色，眼睛都黄的。

剩我、箴子、钱太太在家。在先和秀文跑冰，她被人拉走了。

我决心好好地打一天琴，拿了《Sonatina》开始工作。倒霉！坏了一键，简直不能耐心地打完一遍。

小章来，箴叫去谈天，吃藕粉，回来睡觉。

四爷来信，附寄《农民周刊》[①]一份和给少甫的信。

他首先一件事便提到万山青，和我打起醋罐子来。他对我谈“明月”意见，非常同意。他总以为游苏俄是唯一出路。

孟来谈“天一”事，他因戏剧协社[②]要开会，坐不到一刻钟便走，没有谈别的多话，大概他们快公演了。

请和我们看房子的张国基、黄先生、阿新在中社吃西餐，主人家是我、莉、谭、七爷，靖华是陪客。

P又来抢日记看，到底是我胜利了。后来在她们屋和胖姐姐谈话，她说我自汉口到南京时心里想的事终于是会成功的，她说得我摸头不着脑[③]。但细想一下，她刚才曾和张静在院里谈话转来，她突然提出这话，必然与此有点关系。相信定是轮船中坐夜事由张静报告了出来，她便以为我是真的来，其实我才做梦都没有想到。在先我还以为她很能理解我；我看不过是部分地知道我而已。老实说，美和箴还能真的多知道我一些。

看了P的照片。在抽屉里翻着日记，她也不许我看，于斯咏多嘴“情人抢情人的日记看！”“什么话，缺德！”两人如放连珠炮般地吵了起来。

箴子说她也同样地遇到可怪的眼光，并且有人坦白问她谣言事，人家都希望她脱离。她现在的大个，已经是相当地占领着她的心灵了。哼！这孩子的病也好了！

天气渐热，门前空地的蛤蟆也奏起乐来，多么可爱的夜！

六月六日

胖姐姐的弟弟在他的家乡青浦烧香过生日，这里请我们到她家里吃面。五部车九个人，

---

① 中华平民教育促进会定县实验区1931—1938年编辑的期刊。
② 应云卫、洪深等人1921—1933年在上海成立的话剧团体。
③ 昆明话“摸不着头脑”的意思。

拖到菜市路小菜场对门一家豆腐店楼上。小小的一间前楼，挤了这么多人，倒也有味。她父母对我们很客气，但言语很不大懂。我冒充说几句上海话，还可随便应付。

阿新陪我到“王开”洗照片，认识人美的同学陈某。

“天一”布景主任沈西苓和七爷谈，他知道我是怎样一个人，谈起来非常投机。孟来，同到锦晖家。又定后天端阳讨论剧本，我带了故事来看。

靖华请客到“大富贵”吃饭，后来邀了张国基，昕若来作陪客。

在国、美屋翻看照片，今晚的P十分好，似乎有复原的样子。但我敢相信绝不可以持久的，还是少想些吧！

把玩照片的兴致翻了起来，回舍又翻了好久才睡。

好几天没拉基练了，有时间都伴小孩们跑旱冰。

六月七日

起来便跑冰。金焰来，拍了小照，谈了汉口事，他也替我们着急。他一有机会也来一点直接进攻的方式。留他吃午饭。

打一天球，冲凉洗澡。茵请我吃了面。和枝露谈天。

看《深闺梦里人》，连看两场。导演刘别谦当然不用说。至于表情真令人佩服。老江在讲话，什么也写不出。

六月八日

端午节，家里预备了粽子，我吃一个的四分之一。

今天第一次拉基练，自到上海后，拉起来手特别酸。午饭后拉《夜花园里》给枝露唱，我相当欢喜这歌。

周耀来找我，说我母亲已出来，是我的一个亲戚姓冯的送来的。我听了非常诧异，急忙跑到周处，原来是冯四维，一个大胖子。他是和王志符的母亲一块来的，周听错了。

我带他到家，谈半天话，他向我借一二十元钱给店账，我哪里去找钱？！只有对不起他了。

在锦晖家等“天一”的人来谈剧本，失约了。我们在那里吃晚饭，喝烟台啤酒。

六月九日

什么希望都成为泡影了。乌正阳角[1]还是无望，我知道一切作用，也只有自己告退，免得

① 影片《芭蕉叶上诗》中聂耳想要饰演的一个角色。

讨人厌。他妈的，任你多大天才，想在“明月”发展总是靠不住的。

早上周伯勋来，他留起胡子来，演《续故都春梦》。

白天和箭们谈，在她们屋乘风凉。

老江谈得有味，他是打混饭吃主意。

六月十日

醒，睡在床上，P来找江闹半天，回头又叫我起床。我懒极，不理她。

小箱子一开，日记在她手里，穿着短裤背心便跳下床来和她赛抢。她终于抢去看了一天。

拉胡琴、唱歌，便是这样混一上午。

今天是预备到苏州去的。生活的有变动，使人忘了一些心事。

江拿国的箱子，我向P借绿布箱，在这点上我得一点点安慰。但临行时给她拉手，她竟不出房门，装腔作势，太使人失望。

走到老张家，和张国基、罗靖华坐了一会。两部洋车，一直拖到火车站。

被炸弹炸毁的房子，触目皆是。火车站除了月台和几间卖票房存在以外，简直破得不成样子。

没有开车便睡着了，直到青阳港才醒来。

下午五时半到苏州，人力车拖到三元坊暨南中学部。许赞成招待吃饭。

所谓海威伊[①]音乐队已登了英文广告。晚上合奏有 guitar 2，mandolin 1，ukulele[②]，我的口琴独奏。

散步到公园，电影院就在这里面。回家写信给姐妹们。蚊虫多极，被招待到楼上，傅某让床给我睡，这儿蚊虫还少。

六月十一日

虽是短时期的分离，随时都会想念着她们。尤其是P，她的小脸，肥美的腿和手，随时都在我眼前闪动着。

一个人在公园散步，感到分外的孤寂。我这么想，要是永远别了她们，我将会怎样的难过?!然而，终于是要分离的，我总觉此地非我久留之所。在“明月”感受到的酸辣，到现在是不能再忍受了！我的心不住地震颤着。

总会忆起她抢日记这回事。在现在，我所能得到些微的慰安，也不过至多如此而已。至于想恢复到从前那样，她主动地对我好，也只能想想罢了！想实现，真是梦想！！！梦想！！！

---

① 现夏威夷在当时的一种译名。聂耳他们去苏州参加演出的音乐团体。

② 两个吉他：一个曼陀林，一个四弦吉他类弹拨乐器“约克里里”。

她过去对我的好，使我一刻不能忘记，过去了！过去了！过去的一切都是快乐的！忘了吧！过去的一切！从新开辟新的道路！

坐在小亭子里玄想，公园电影院的音乐奏起《春天的快乐》来，给我思想从美洲拖回恒德里来，又转移到往事的回忆。

我的"非洲博士"演说，想不到又会跑到苏州的舞台上来。表演结果还不错，观众多是学生。

想到材料的无意义，改变一下方式做反帝宣传，结果大失败，因为他们不懂国语。

这是苏州唯一的公园，来来往往，成对成排，白衣黑裙，简直是云南的景色，不禁想起庾庄之游。

整天的大雨，没有一刻停过，也许是节目《Singing the Rain》[①]的神灵吧！也就好像在汉口演《三蝴蝶》时总是落雨的。

从公园回校，正是大雨倾盆之际，一把小伞遮住两个大人，走到学校，混身没有一处干的，两袖可以拧下水来。

由校到公园，两人坐一部洋车还加一把伞，依然混身透湿，坐得又不舒服，我一动他更大笑起来。

晚场不来宣传，加奏 banjo[②]，mandolin，也不大行，心里很不高兴。

回校雨已停，垂头丧气地去睡觉。

六月十二日

起床较晚，报载"世界闻名的海威伊音乐队"，这未免宣传过火。但广告却比较在汉口的"明月"神气得多，中、英文都有。

无事阅《读书月刊》，看完田汉的《梅雨》，乱翻一阵。总觉日子特别长，说不出的不耐烦！

带了小洋两毛到小馆子吃炒面、咖啡。看许赞成不见得有昨天高兴，对人的态度也两样些。无疑是"Angro，Angro"的失败。看看他们的冷眼，我对我立脚不稳、不能自信的表演更胆怯起来。

听他们说："《Singing the Rain》后，《黑人舞》便出去。"这显然有排斥我的意思，我自己有数。索性一个滑头，正好我不愿意把我这特有的技能，大放盘[③]给那些不懂国语的人鉴赏。

站在场后看白戏，听音乐，可惜声音太小。老江的唱歌也不敢放大胆地叫，只见他那小腿颤抖。黑人舞太简单。总之，到底浅薄，一点也不会给人感动。音乐的成效，起码要给听众受音的激动而震荡当时的情感。奏完有人"通"、"嗤"。

和老江游公园、跑马路。他怕见人难为情，决定今晚不再回校，演完直到阊门外住旅馆，

---

①《唱雨》。

② 一种五弦的弹拨乐器"班卓琴"。

③"大拍卖"的意思。

明日返沪。

在后台唱的歌《夜花园里》、《夜来香》、《芭蕉叶上诗》唱得怪有味的。谈到恋爱，他总以经验者来当我的教授。他以国的美，和他俩的稳定而自豪。的确，本来值得自豪。

场内充满了黑衫子白马褂，这几位海威伊高兴得发狂，他们的风头主义原来是为了这个，不能不算是他们的成功。跑出跑进地追逐，吊膀子，看着怪可笑！

在公园椅上随便记一记这几天的经过，游人走来走去，写得不很痛快。

雨后出了大太阳，心境顿觉开展，游人也增多了。

第二场完，和江在公园椅上闲谈，喜鹊嘎嘎地在头上叫来叫去。

“老江！赶快找，凳子底下有皮夹子没有？”我无意地笑着喊了起来。“不错，一定有点喜事到来。”他一面答我，一面真的低下头去，我们两人的眼神都在周围的杂草丛里搜寻着，话也不讲了。

在公园里徘徊，看“暨南”学生追逐女性，他们对于这一门，着实有超人的本领。一个在我眼里看还不差的苏州姑娘——学生吧，被他很轻易地便勾上手。一个相貌比较文雅的小黑脸上前说话，一会儿便开始并走着。他们不敢并肩，距离在五尺以上；又表现着极不自然的表情，一看便知是吊膀子勾上的。

日落、黄昏、入夜，大自然的陶醉。不愿进院里去喝热空气，我们的腿已走得相当的累，想到那边围树的椅子坐一坐。游人已经少了，这里特别的寂静。

“咦！那是什么东西？”他没有说完，摆在椅上的一个小钱包紧握在我手里。我禁不住地喊了起来“哈哈！喜鹊显灵，找皮夹竟应了我的口！”“快走！到那里去！不然……”

我一面走一面摸索这小宝贝，想在这铜子袋里会发现大洋或角子。我们在另一排椅上坐下了，偷偷摸摸地把铜子倒出来。总共小铜子四十四枚，找不到一个白的东西[①]。

在穷得没有一个铜子的时候，发了这笔大财自然是喜出望外。马上跑到小店里小《加力克》[②]一包，三十枚，是老江的；剩下十四枚，该我买糖吃。

和卖票的谈天，老江又得到大吹其牛的机会。他自荐他是《野玫瑰》里的打鼓佬，他曾做过多少多少影戏，他还可以叫王人美来此地表演。这次音乐队请他来只待两三天的原因是要回去拍戏，那人当然对他好感起来。

第三场完，在账房等钱，老江想多搞几文，结果两人得十元，他们说是通通平等。弦线生意也做不成，他们也是穷得很。

老板请我们到“大华”吃夜饭，特别招待，有“大光明”经理做陪。

这几个“海威伊”在席上特别规矩，话也少说，吃菜又文明，这倒是出我意外。

十点半钟才散席。店铺大都关了门，沿途问着警察向阊门外走去。在“孙天禄”买不少食品，麻烦了好半天。走路太苦，到底还是要花两毛钱坐车。

到三新旅馆，一间小房间，却比暨南舒服。想起去年和雨笙之游。

---

① 指白色的银币。

②《加力克》牌的小盒香烟。

洗脚，和江算平等账，他真会打算。拿两块钱给我包办一切。

六月十三日

老江睡懒觉，喊也喊不起，到车站已十点钟，要到下午两点半才有车。不知怎样混过这四个半钟头？

在茶馆吃面，尽量地去挨时候。时间坐得太久，自己也难为情起来，又叫了一笼小包子，这是要现蒸的，又可挨过些时。

任你怎样不要脸，你总不能在茶馆里整坐四个半钟头，人家有客来，不能不让。花六毛多钱，混过一个半钟头。

用小箱子当座位，在售票处、月台，等得太讨厌。买份《时报》来看。读孙瑜一封公开的回信有感。他好像有希望起来。郑君里、莉莉、钱镗合演的片子有宣传，我想投银幕的心更切。到了上海，决计要去活动一下。

煤灰跑入老江的眼中，在北四川路一家香烟店要冷水洗，看他难过得要哭，发脾气跳马路。

一进门遇曼丽、英茵："镊子回来咯！"秀文从楼上下来："啊！镊子！"箭子的花衣，胖姐的变样，眉毛镊得细而长，寡言寡笑，好像有多少说不出的心事。枝露在打琴，蒙她的眼。

自从到家以后，又是烦躁不堪！除了给她们东西吃的那一霎时。

和胖姐谈，她说她算是这团里最不幸的一个。只有安慰她，诱导她向幸福之路走去。一个人真的不幸的话，那末他已经脱离了人世，只要一个人能够生存在社会，他总不是不幸的，因为每个人都可以有一条同一的幸福路走。

想来想去，"明月"无望，P的麻烦，可说绝望。各自想开些吧！何必！

"不见又想见，见了又难过。"这是张二老爹从前常说的，现在我却经验了。

接令、春晖信，令要出来了，春也想出来，但要后一步。她们都要我去考中央大学音乐系，我看无论如何是不可能持久的，经济便成大问题，现在若再去从头考起，到底有些不妥。

在人美屋谈她们看的好片《舐犊情深》和梅花的《后台》，这是唐槐秋的著作。这两个都很想去看看，但袋里是空的。

七爷自杭州回。

六月十四日

院子里装了一个铁杠，七时起床，下去翻了几下。早饭后补上这几天的日记。

白天和胖姐谈心，看了她几则日记，她要我也给她看。后来枝露也来，差不多成为公开形式。

便是这样鬼混了一天。晚饭前拉琴，小白来捣乱，只有躲开她。

晚在秀文屋，又在楼下黄床上鬼吵。

六月十五日

昨晚三点钟才睡，给“三人”写信，要她勇敢地出来。又想写点稿子投《电影时报》。

早上运动、基练，一个整上午工作得特别有趣。

正在吃午饭，见老金自七爷屋出来便走了，筛子跑出去追。我为要看他给照的照片，也跑出去追他。看他那表情，好像生了很大的气。叫他回来坐坐也被拒绝，和他约下午到第一厂。

他会和这些小孩发这么大的脾气，实在想不到。我猜想这绝不是平常的生气，至少是人美得罪了他。

借了一块钱，到第一厂，填访客单，“有终身大事访金焰”，笑得周伯勋气都换不过来。

原来是他请客看电影，有人美。早上打电话找孙瑜，老宗来接电话，知道他请人美这回事。老宗马上跑到这儿来找人美，他明知老金在里面而不进来，大概也是来约她看电影的。后来小陈向金说要他今天玩到五点钟回去，他发觉老宗的破坏性，他马上便走。

谈起“明月”、歌舞、黎锦晖；拉琴，弹 guitar。沈西苓来，谈“电艺”[①]事，现在预备出版。

他请我看电影，“国泰”的《奈何天》，还好！在场里遇筛子、曼丽、于斯咏，是什么 James 们请客。人美大概赴老宗的约了。

回来合三重奏，月下唱《祝您晚安》。

〔所谓社会教育、儿童教育，自己有着一班失学的儿童还不去教育，这是多么笑话的事。我的革命的艺术的出路已渐渐入门了，努力去吧！〕[②]

今晚不知胖姐又是受了什么刺激，那末伤心地哭，我去劝她也被赶走了。她，自然也是有着不可言状的隐痛，不然哪里会有那末多的眼泪？！

六月十六日

P，总之是绝望了！本不应当去理会她的一切行动，然而偏偏又会碰在我眼里。虽然我深深地知道，她是没有真的爱我的可能，为什么我还要那样忠心地追逐？！我由许多事证明了我的傻得不可言状。同时，使人们很容易误解我。明明知道是不应当说的话，不应当做的事，而偏偏在一时的高兴时说了出来，做了出来，说后做后又要懊悔。从今天起——我说出来有些害怕，不知能否实行？！自己惭愧起来，对于 P 的态度，当有一个正确的决定。

她说：“什么最近，哼！说话碰钉子，要是再不碰钉子，那更不得了！”由这话我更深地了解她这一向对我的态度的由来。你不要看她是小孩子，她的厉害处是我所不及的，因此更给我感到无望了！

在决定对她的态度之前，我再把她的个性做一比较精细的分析：(一)她是活泼的孩子，她

---

① 即左翼期刊《电影艺术》(周刊)。

② 以上三行原写于六月十五日一页日记顶端的空白处。

的天真已渐渐转为虚伪。很明显地，在从前和我要好时，着实是一种天真之爱，后来因为一些虚荣的诱惑（这包括很宽，如爱大明星，电影中学来的怪样，金钱引诱……），骄傲，骂人，种种坏脾气的自由发展，使她的天真不能不必然的转变。(二)知识的关系。对于人家给她说的话，不知好歹。(三)真正爱她的，她尽量地和人家摆臭架子，同时欺负得人家一窍不通。至于和她不相干的人，她又自己找着去和人家好感，有意做给他看，使得她对他的架子特别增高。

说来说去，总逃不了虚伪、幼稚，特有的怪癖，反正我是清清楚楚地知道而有些说不出来的。

我看现在要决定今后对她的态度很简单，便是赶快打断了爱她的念头。同时要根本推翻我一向所发表的爱的言论，这言论并不是出于真心的，而是投机的漂亮话："我爱一个人，就是她不爱我，我也是永远爱着她的。"这话昨天还和黑炭、国美们明白地解释过。

若是我要保持着这言论去找一个态度，任你怎样换花样，总是会给你感受痛苦的。

有时我想痛痛快快地写封信或是当面问她："你到底爱我不爱我？为什么从前我不爱你时你要对我那样好，现在发觉你已经爱过我，我开始来爱你，你又摆臭架子来了。爽爽快快地说，若是你还有一点儿爱我的可能，那我的心保持现状。否则，拉倒！"

再想下去，她是这样怪脾气的小孩，料想她当面的回答绝不会是从内心里发出来的。她说了一个"爱"或"不"，未见得会使我相信，我又何必如此傻？！

事实已经告诉我，再不能拖延下去了！爽爽快快地拉倒吧！忘了过去的一切！

翻翻过去的日记，简直是一些无聊的记载。心里本不愿意如此写法，无如在此环境，只能给你写到这些。要日记的内容变，当然要看你的生活变；要想看着自己的日记不会讨厌，也只有赶快去找自己不讨厌的事干。

金焰在《电影时报》发表一篇《献在爱好我的观众之前》。他大发其牢骚，说明他对时代的认识。不过他个人的力量太薄弱，现在不免是尽一"电影戏子"的责任。他指出中国电影必要走的而且是唯一的出路，只有赶快打消对帝国主义、资产阶级的幻想，集中起力量来打倒帝国主义。他的态度表示得很明显。

一时激起我的发表欲，想对他来一个相继的意见。

好久少运动，现在每天早起翻铁杠，晚上觉浑身酸痛。

晚饭后掷球，一件漂亮的衬衫被她们撕成几百条，真倒霉！越穷越见鬼，越冷越刮风。

胖姐的哭原是为七爷要她到娘家借三十块钱，被母亲大骂一顿，而且牵扯到七爷的关系。

六月（?）日[1]

大东有声影片公司请我们里面的一两人助演和教唱歌，艺去拉琴。他给我看一个调子，我拿来练习了一会，自己跟着唱，箭也来唱。

① 本日日记日期缺佚。

《芭蕉叶上诗》的对话拿来，我嚷了两遍，好像从前背剧本时的神情。乌正阳角，看来着实适合我的个性，可以自信能做，而且会好。然而，碰到了这般人又有什么办法？何况这剧本毫无意义，社会所不需要的东西。

锦晖来讲剧本，听了只想睡觉。焰来，说明晚电影协会开会，今晚和老大[①]们聚餐。美留他在这儿吃饭，我替他证明他有要事。他借去我一本 Guitar 基练。

锦晖听她们唱歌，艺高兴地在拉琴。

昨晚三点钟睡，今早四点半醒，蚊子大队自窗入。五时起床叫她。[②]

六月二十一日

虽然昨晚四点半才睡，七点钟起来运动。没有拉琴，抄稿寄《时报》，睡午觉，洗衣服。

晚上开执委会，同时是分账会议。“天一”的二千元，景光做出一个比例表，他有意把自己弄少，要这么假客气一下。结果他和折西一百元，艺、甫一百一十元，我八十。最高的一百五十元，最低的三十元。

所谓开会，总是瞎闹，景光不知道什么，讲些狗屁不通的胡话，他还以为他的理由正大。

十一时和江吃宵夜，本该再继续工作，睡神已临，不能支持。十二时半。

六月二十二日

在此刻，生活中算是没有发生什么吵嘴的事，还比较过得去。

借了几块钱，和老江上北四川路找 Legaspee[③]未遇。一人到“百老汇”看《芳兰姑娘》。回来做裤子。

当东西买帽子。游“大世界”，无聊极。东西吃得很杂。

六月二十三日

睡眠不足，精神不支，在桌子上打瞌睡。老宗来叫醒，他说稿子可以通过，要我继续再写。

指挥来，合奏新调，技术上较前要用点功夫，也很好听。

午饭后他们奏中国调给他听，我带秀文到 Podushka 家，他已在午睡。我送他江西细瓷器，他很高兴。

他老婆很喜欢秀文，老头走后，她特别招待茶点，听留声片。四时才回家。

---

① 即田汉，当时通称他为“田老大”。

② 手稿此处有撕去两页的痕迹，缺6月？日末尾，6月21日开头及其间的各日日记。

③ 明月歌剧社乐队约请的指挥理加斯匹。

晚上贴一晚小相片，到十一时去吃宵夜。不能睡，院里沙发上，门外，洗衣。两点多钟不能不睡，蚊子大会。

六月二十四日

起床较晚，练习新调。

伯勋来拍照，我拍了翻铁杠（见右上图）。带他到第二厂找孙瑜交稿，遇郑君里，同到他家，在马路上拍吃包子照（见右下图）。永安、冠生园、四川馆。谈话很多，偏重对“明月”的希望问题。

回家并蚊帐大会，各人借了公款买布帐子。

聂耳在练单杠

六月二十五日

艺非常爽快地给我两毛钱做上课的车钱，一个素来称人是小器而自己是小器的人，能有这种举动却是不容易的。虽然他还说要我还他，那当然是开玩笑的。

老师母在门口带着那些北平小狗仔向我迎着笑脸，照例被招待在楼上。墙上所挂的图画，桌椅的布置，一切给我异样的感觉，忆起从前的上课情形，简直不像此刻的胆怯。这是没有钱交学费的缘故吧！

怪无聊地等候着，翻看床上摆的英文报，也是感到无味，只有拿出提琴来催他。真的，弦没有对好便听见楼梯响。

他说我前天把话听错了，不是今天来，是下礼拜六。今天两点半约好一个新来的女生，不能教我。我请求他在可能的这几分钟内给我一个练习的范围。

要揩油他的弦柱粉[①]，结果给他和我做了半个钟头的苦功。我觉得十二分对不起他，但他那老脾气本来是如此，活该！

在电车上或公共汽车上打瞌睡本是普通事，但从

聂耳与郑君里（左）拍的吃包子照片

① 即松香。

来没有失过事。今天真算吉日良辰，下课后坐十路汽车，从北京路打起瞌睡，到曹家渡才醒。我问卖票人到赫德路没有？他笑着说："老早过了！"旁边的人只微笑地向我凝神。我并没有现出难为情的样子，只想着怎样折回去？并且好笑起自己的万幸：violin 算没有被人偷走！

不愿再花二十个子坐车，提着琴懒洋洋地向汽车路开着倒车。好像是很远的路程，到家两腿已酸。因为穿了无底牌改造袜子，走了这么远的路，那块压在脚下的破袜底，特别感到非常的硬。

"我一向是一个口松的人，有时竟把不愿对人说的话在无意中流露了出来，常常自己自责。"在跑马路时这样想："今天这打瞌睡的事最好不要和她们说，我决定了！看能不能坚决地做到？！要不然简直是不可救药的口松的人！"

终于说出来了！这说不说没有关系。不过可以见得我这毛病的不容易改，连这么一点意志都坚定不起来。这虽是小事，我自己担心着别的有关系的大事。

为了昨晚蚊子入帐子的事，P 和我大吵起来。后来自己又自觉过来，向我道歉。

"发脾气找阿 O"，"玩玩找阿 Mai"，"× × 找赵义"①，"……"，"谈谈心找镊子"……这是笳子对男人的路线，我拿它们互相比较一下，到底还是我占优胜些。今晚和她逛马路，由新闸路、康脑脱路经过恒德里后面兜了一个圈子回来。在她的谈话中值得注意的一点是她觉到读书的需要，这不能不说是我对她的鼓励。我愿在可能范围去诱导她，她们当中的几个人不是没有希望的。

她已在"大东"订了合同拍一部有声片，饰要角。她今天自公司回来，面上呈极高兴的样儿，和我报告了许多公司里鼓励她的话，望她在这片里特别努力，他们之对她——新进者，是有着很大的希望。

曼丽给我看一篇她写的随笔，由那东西看出她是有文学天才而且肯看文艺书报的，可是太过感伤，找不到她正当的出路。若果她能再找些比较新一点的书看，也是很可造就的一个孩子。

枝露和英在我屋里看照片，我总是劝她们多看书，并且自己要想一想自己的将来究竟要做一个什么人！给了她们小照片，好久才去。

黑炭不知是什么外国人邀去打鼓，从头到脚都是借来的，穿得十三分的漂亮，连袜子也是借的。

头疼了起来，吃阿斯匹灵。

六月二十六日

睡到半夜冷了起来，天亮下大雨，更冷。起床时头更疼得厉害，我用全力去抵抗，不要受"有病"的心理作用的影响，支持着拉了两个钟头的基练。

---

① 阿 o（上海话谭与蛋谐音）是胡笳的男朋友谭光友。阿麦（Mai）是暨南大学学生。赵义是原明月歌剧社男演员。

严励来谈这里面一些不平的事，谈到账目的不清楚，七爷也上楼来，越说越火起。我们简直是些猪猡，被人如此剥削还不做声。

他妈的，在台上那样卖力地表演，拉提琴不能歇一歇手，凭血汗赚得几个钱，拿给他俩这样揩油。我就说华在最近会如此漂亮，从头新到脚，电气烫头发，请女孩子看电影、吃饭，据他说是在姑父处借了一百元。至于老张呢？更不用说，住的洋房，不在社吃饭，养了老婆？…… 更是阔得不得了。我们呢？当衣服、当裤子、卖文字，还不够他们请客一次。

午饭后查账，一部分单据是临时造的。问华，他说不知道，完全推在老张头上。翻了半天，疑问非常多，七爷忽然冷下去，不要去管它，我也就此停止。老实说，他们若是不敢把握我们会查出弊端，他们就不会公布出来的。他们既敢公布出来，他们已是拿实在了我们看不出毛病，就是老张说："费几夜的苦功夫，是要把它弄得一分一厘不错。"

焰来，今天"电协"的全会不开。我因头痛得厉害，睡了两个钟头午觉。醒来更疼。

P来翻日记看，看到五月七日的玫瑰花。她要我解释P是谁，我老不肯说，后来她看见后面"P送我一朵玫瑰花……"看她的表情已经是知道了。旁边有枝露和秀文，她们也当然知道了。

她们翻我的软箱子找她们从前画给我的图画，无意发现了那张汉口镜框装的，从未给第二人看过的P的玫瑰花照片。这一来影响到枝和秀给我一种莫名其妙的表情，尤其是秀，她做出恨我、讨厌我的样儿，而且有着失望的眼光。唉！我真替这般孩子危险！

晚饭后在院里和七爷尽量发疯，想忘了头疼，事实上更厉害起来。躲在笳子床上听她和曼丽在那儿剪报纸凑诗，我觉得太无聊。

黑炭回来了，他很骄狂地夸耀他和外国人怎样怎样。又是住了Cathy Hotel① 是怎样的阔！说得他的国美大开其心，那末一抱，够甜蜜也乎哉！休息了两天了！

午睡时听他们合奏新调，很想起来参加，但总起不来，身上没有一点力。

人美和宗看《赖婚》回来，我催她的稿子，她总说不会写。和她说了一大套英文话。

湖南人都到锦晖处上课去了！奇怪，近来我很不愿去那儿。

罗靖华也编起剧来，用张资平的《群星乱飞》小说改编，里面一个会拉提琴的男主角是预备给严华做，我又对它失望起来。

文字依然没有登出，总提不起再写的趣味。《电影艺术》也要稿子，我应当努力一点才对，不要落伍！在过去一年中，着实看书太少了，以后再不要疏忽！

六月二十七日

醒来觉得头疼比昨天轻松得多，这完全是得昨晚加了那床棉被。为身体起见，应该休息休息，没有拉基练。

① Cathy 旅馆。

和七爷、阿谭三人分一碗面吃，虽然少，但觉特别爽口。正在分面的时候，千里[①]来，他昨天去看了“梅花”后台，他对于男演员批评得特别的坏，女的他只看得上龚秋霞。他说话时总是现着一些很骄狂的态度。

几个女孩子在我屋里看着脱衣服，她们是有说明在先，不怕难为情的。因为孙瑜请她们帮一帮，今天在第二厂拍戏，所以要收拾得比较漂亮些。

《火山情血》[②]里有一个南洋酒店里的海威伊乐队，便是严、谭、江、我四人担任。没有吃午饭便去，到两三点钟才开始拍。镜头颇不少。莉莉的《Hula Hula Dance》[③]真有点肉麻。

一个南洋酒店的布置，里面坐着一些像日本人样的男女顾客。什么 boxing[④]，那些女子的装束，看了便肉麻！据老江说简直不像南洋的实景，那些女的简直是像要去洗澡的样儿。

拍戏用的白裤子是借用的，台上一坐，加了不少黑色。周围都是黑色恐怖。乐器有两个 guitar, 一个 ukulele, 一个麻绳 mandolin。奏乐还相当起劲，很像苏州表演时的神情。音乐可以发响的只是我和老江的 guitar。

吃晚饭才完，伯勋来拍照，耽搁了些时间，他们已吃完，我叫了一客蛋炒饭，正合口味。

出第二厂遇“暨南”的同乡，随便逗留了些时候，周听了我的云南话。走到赫德坊口，他说要到弄堂里找朋友。我问他：“是不是头道门？”“是。”“是女的？”“是。”“对了！我也有朋友，一块去找吧！”他的朋友没有找到，我找到周玉麟，坐不久。出来分手，他去吃饭。

箶子要上锦晖家，阿 O 说她一个出去必是吊膀子，两人生了气。箶约我一块去，有意气 O：“走！我去吊男的，你可以去吊女的啊！”我正在犹豫究竟应不应当去，因为她的手已抓着我，简直是要我非去不可的样子。“镊子！有要事和你说，等我吃完饭！”老宗看看阿 O 这样说，我马上意识到他是有意阻止箶的拉我走而气 O。我坚决地不去，她发脾气走了！“你怕我一个人不敢去么？”

张粲新到这里来，她们把华叫上楼，我也上去。玩了好一会，秀文总是做怪样。

人美说今天老金气她，今天起不再理他了。

今天碰了箶子的气、秀文的气、人美的气，使我又觉得人的傻，自寻烦恼的无聊！

和美到锦晖家，半路是箶一个人回来。那里有折西、景光、人艺、张弦。人艺挂着一个怪难看的脸，我一进门便对着我说：“今天也没有合乐！”他的嘴一撅，似乎是要和我算一算今天拍戏的账一样。我没有理他，只给他一张老周和他拍的翻铁杠的照片，他一会高兴得什么也忘了。

我和锦晖谈话的第一句是请他帮我介绍做有声电影，练习练习上镜头。他说明星公司正

---

① 明星影片公司电影演员钱千里。

② 上海联华影业公司1932年拍摄的影片。编导孙瑜，摄影周克。

③ 夏威夷土风舞（胡拉舞）。

④ 拳击（比赛）。

在需要人，现在已在接洽，他们是要整个明月社包拍。今天郑正秋[1]给锦晖来信，好像很有诚意，至于详细的条件要等我们多商量一下再谈。他们推定我伴锦晖做交涉员，等定好时间，便到“明星”去。

每到锦晖处一次，我总觉他着实有相当的麻醉力！无时不是在表现着他的个人主义，大湖南主义！难怪这般人的不会觉醒，诚然麻醉已深！尤其是——主义者！

他讲了一个《卖歌寻女》剧本故事，情节悲哀，他想给“明星”。

回家写了一点短文《下流》，是谈蔡楚生预备要出的“下流”的影片，给他一点影响。到两点钟才睡。

老江在查账，我看他也是困难查出，白费力气！老实说，他们已深信我们这般孩子是猪猡，他们做的鬼绝不是我们这些以打钢琴、拉 violin 的本领可以想得到、查得到的。

四先生在汉口的交涉未了，他老先生害起瘟病来。前次寄的钱因为搬房子没有收到，现在又写信来要钱，今天又寄了二十元给他，真麻烦！这次倒霉的旅行，真花不少的冤枉钱！

P 和阿新，近来算是相当的热。他是一个聪明的、过去很沉默的孩子，现在在这么大年龄便陷入这样的迷网，可危！

六月二十八日

接母亲亲笔写来的信，她谈到我的婚姻问题，她想去问问“三人”家。三哥已定九月十三日结婚。翟淑仙因生孩子生不下死了。她要我还是回去好……

想到她老人家用那颤抖着的老手慢慢地在描写的情景，心里太难过！

淑仙的死，太可惜！还不是怪她自己，从前她和我谈多少漂亮话，现在居然堕入火坑！淑仙！你死了！你还记起你的四干爷爷[2]和你讨论的问题吗？“Marriage is grave！”

他妈的，这鬼孩子！人家好好地在拉着基练，她来把书拿走，大捣其乱，开小箱子翻日记，弄得没有一点儿心做事，结果她还要发脾气。你会发我未尝不会发，你把谱推倒，我却比你踢得高。

起床后便把稿子抄好，投《电影艺术》，交周伯勋。

华近来尽量拉连[3]感情，借钱给黑炭，请枝露——他所迷恋过的看“普天同庆歌舞团”。我和他开玩笑，要他请我，他老实不客气地说：“不请男人，请女人痛快些！”

本来要洗衣，澡盆被谭占去。看了一本日记——有我的哭，“俯首鞠躬”，问将来，这三段比较值得回味，忘了吧！过去的一切。

晚合奏中曲，和老江“绑七爷的票”[4]，真铜板，假角子。

---

① 上海明星影片公司协理兼首席导演。

② 这是翟淑仙对聂耳的称呼。

③ 云南话“拉拢、联络”的意思。

④ 与黎景光开玩笑，“绑票”原意为以扣押的人质敲诈、勒索钱财。

六月二十九日

回母亲信，“三人”的。

除了躲开她，简直没有第二个法子。人家不招她，她偏要来和人家吵，骂人。我从来没有看见过这么不知事的孩子！气得我爬上屋顶写日记。

老宗请(请他请的)上“新光”看歌舞。好倒好，太少。电影《儿子问题》看了使人打瞌睡。人美被她二哥人路接走，秀文和我到“永安”买相片。打电话给锦晖。吃广东面。到“光华”看《野玫瑰》。人力车回家。

六月三十日

指挥来，合新调，很起劲。

和人艺去买弦线，得四元六便宜。下午上“天一”摄影场工作①，两点钟才回来。

那些服装，不知是什么时代？布景、舞台不近情理，有歌舞没有乐队。表情都差，国有孩子气，不传神。

七月一日

和胖姐交换日记看，看了一上午。她到底是真爱七爷的，里面也有些好玩的事。

午饭后大汽车接到“天一”，等了好久才开拍，闷极！打瞌睡！

严华这狗子，他算什么，做了这么一点臭角便摆起臭架子来。他妈的，你会摆，也许我还比你摆称些②！

今天发脾气的很多，导演③不很高兴，镜头也拍的少。

送白、静、情、曼先回，再到“天一”，已散场。吃凉绿豆汤，一点半回。老宗在家，他今天去“天一”参观，他说“天一”不行。

七月二日

起来去叫P，半天才醒。这孩子真睡得熟！

带了秀文去找雨笙，同往虹口公园。到汇山路老头家，和他谈作曲家的事。秀文肚子饿，在汽车上闻汽油想吐、睡觉。

---

① 明月歌剧社当时在天一影片公司拍歌舞片《芭蕉叶上诗》。

② 昆明话“也许我比你更有资格摆架子”的意思。

③ 天一影片公司导演李萍倩。

回来已一点多，他们十一点就走了。坐洋车到"天一"，还没有开拍，看北斗，打瞌睡。整天只收了《毛毛雨》和《等一等吧！》的过门。

金焰、千里、伯勋来参观，瞎闹了一会。他们对这剧的评价是全不值得去细评，《璇宫艳史》类之服装，什么东西！伯勋：衣服还好看。苏：在十五六世纪，西班牙与葡萄牙的交界有某酒店名"芭蕉酒店"。意思还不坏。

时间简直牺牲得太不值。

很多人到张昕若处开谈话会。借书，是给玉麟的。回家在我屋谈团的将来。五点钟。

七月三日

乐队等了一天，完全没有收音，最后要收《安眠》，突然收音机坏了。

昨晚没睡，天亮老江邀去吃稀饭，回来已天大亮。Ⅱ piece①。

郁达夫②、孙瑜、蔡楚生、周克③来参观。

晨送书给玉麟。她要我这礼拜多去几次，她要离开上海。

由"天一"来接过两次人。

叫 P 吃稀饭，她熟睡。

七月四日

可纪念的一天，起床去叫 P，她醒了！我溜之大吉，料想不会出乱子。第十八号门牌。找折西，冒雨取款，他借我钱买帽子，取相片。吃俄国大菜。

到"新光"看试片，成绩还不错。回家看"三人"的信，说什么"谈话"。

七月五日

洗了一上午衣服，十一点钟大车来，照例拖到"天一"。肚子饿极，吃饭不少。

老等，到四点钟还没有开拍。和导演商量明天再拍，今天休息，我们要回来开会查账。

遇王次龙④，他的片子也快开拍，我想和他演个角，他表示很愿意。

回来便写信给张昕若来召集全会，直到吃完晚饭半天才来。华这样无知的人，实在无办法，他在门口故意骂给我听，说什么"我有钱做新衣"，"揩油明月歌剧社"……何其浅薄？！

---

① 第二首乐曲。
② 现代小说家、散文家。
③ 上海联华影业公司摄影师。
④ 上海联华影业公司演员、编导。

从八点钟开到十二点钟，大查其混账，弄得张昕若、严华下不了台。他妈的，用公款借名义买私用物，揩油电灯顶费。

改组，选举张四、人艺和我管图章存款，人艺为会计主任，阿黄为记账员。

七月六日

到张处同到银行提款一百二十元，由“大陆”移到“中孚”[①]。

在“天一”遇唐槐秋，谈公演事。他们正排着予倩[②]的《买卖》。

和从前到云南的朗华公司大胖子谈去云南做影片事，很有可能性，我负责写信探问云南消息，他负责找摄影机及工作人员。

晚看《人道》试片，带秀文去的。

想做夜工，写文字、写信。

七月七日

写好《看人道试片随笔》[③]，合奏时交给老宗。我因提琴不在家，休息了一半。奏完后，突然人艺大哭起来，小陈、人美也跟着哭，据说是为团体事而伤心。

午，写伯民的信，商量到云南摄影片事。洗衣，冲凉，便是一天。没有到“天一”拍戏。

晚，赴“丽娃丽妲”[④]的消夏同乐会。她们唱了歌，我寻到“蒙面女郎夏佩珍”，得了奖品。

玩得很无聊，十二点钟回。

七月八日

看“光陆”[⑤]《十九路军一兵士》试片，和李萍倩、司徒[⑥]同回“天一”。午饭后到王次龙家谈。到锦晖家谈（继订拍片事）。回家写影片评[⑦]。到“天一”，王决定给我做一角。晚到伯勋处（民国路），他明天到陕西去了，拿些照片回来。

---

① “大陆”、“中孚”均为银行名。

② 欧阳予倩。

③ 见本书中卷，发表时更名为《和〈人道〉的导演者的对话》。

④ 上海当时一个类似夜总会的游乐场所，位于今长风公园处。

⑤ 上海一电影院名。

⑥ 司徒慧敏。后为中共上海中央局文化工作委员会电影小组成员。

⑦ 见本书中卷的《十九路军一兵士》。

七月九日

和王次龙、苏怡[1] 商量服装。

韩兰根[2]要我替他“大东”的角，没有十分决定答应他。

七月十日

上午收拾房间，下午看“卡尔登”《三十六行》，简直是聂耳博士在“联华”的讲演。节目中有很多我可以做、能做，而且是做过的。

晚到“天一”，和锦晖在电话里谈收音事。一时回。

七月十一日

工作忙起来，日记简直不能痛快地写。

今晚替阿谭唱《等一等吧》。

七月十四日

近日生活：拍戏、写文字。今日《电声日报》来函请撰稿。

七月十九日

日记休息了好几天，自己想着也过意不去，今天拿来整顿一下吧。

P 方面，算是痛快地没有理会到这回事，我觉得省了不少麻烦。有时她也曾找机会来和我说话，我总是不看、不理。因为我对她的态度是那样坚定地决定了！没有多话说。

写稿方面，不算不努力，做过几个夜工，成绩还不坏。为《电声》的稿，写了一个通夜《批评杂谈》[3]。

卜万苍看过我的《评人道》，听说他大骂黑天使。他说：这不是批评，这是瞎骂。金焰和他争辩，说他是有成见的，要不是他导演的片子，恐怕不致如此说吧！前天在老金处，他们知道黑天使是我。金当面说他骂我，使得他难为情起来。这事既公开了，我顺便也不客气地再批评了一点：“好处是有一点，但我没有把它指出来。所评的坏处，我总觉得到底没有说错。”

---

① 上海天一影片公司编剧。

② 上海联华影业公司男演员。

③ 此文缺佚待查。

请他们吃云南火腿。在楼上老金屋试衣服样子。孙瑜、老宗、人美、莉莉来，他们游泳去。我睡午觉，被老金的 guitar 声惊醒。

“天一”拍戏，多半是在晚上，有两晚到三四点钟才回来。每天所拍并不多，等得讨厌。

雨笙处借了一百元做拍戏资本，买了日用品，吃冰，做衣服。

天气奇热，晚上睡觉大成问题。已在院子里睡过两晚，帐子挂起来，还是不透风。月色特别美，有些故乡风味。

满脸起了痱子，所以特别注意身体的清洁，每天冲三四个凉。

昨天到一个外国游泳池游水，有人美、莉莉、七爷、阿黄。老宗请吃俄菜。今早到“交大”[①]取衣，又新做。

七月二十日

这是应当自责的一事，以为近来多写过一点文字，便疏忽了日记的日常工作。写文字，好像拉调子；记日记，是基本练习。两者是要同时并重的。

为了要拍片子，不得不讲究一点点漂亮，这也是逼出来的事。再到“交大”找那便宜裁缝做了两套衣服，钱已经不够了。

天气虽然热，只要物质条件稍稍满足一点，心里总是快活的，所谓心静自然凉。

和阿谭到北四川路吃冰。代罗先生买枕头，买自己的鞋子。

张国基要到南洋去了，后天便走，预备送他一点火腿罐头。

为要送新做的麻布衣服去改，和人美们乘去“天一”的车送到霞飞路。回来在电车上遇雨笙，他约我加入西南商店[②]，明天开发起人会议。他们同到“天一”看拍戏，时间太晚，早回。

在饮冰室遇君谋、萍倩、西苓，顺便请便宜客，花一元钱。

看见西苓在读日本书，使我觉得他读书的精神胜过我百倍，自己又空虚起来。影片[③]里需要的情书是小汤写的，那天晚上昭昭焚稿时，谁都读了起来，好像真的一样。女孩们竟对这情书制作者好感起来，我说起来，他们很好笑。

和七爷睡，挤得油淌。我的扇子碰他，他跳起来，喊着被怪虫子咬了一口，我不响只暗笑。

七月二十一日

内心的矛盾，给我一个很大的不安，为什么我近来的生活要如此浮荡？所谓讲漂亮，借来的钱一点也不知道节省。素来所讨厌的跳舞场生活，今天会如此高兴地请客跳舞？！等进了场

① 上海交通大学。

② 郑雨笙等人集资开办的经营云南特产的商店。

③ 影片《芭蕉叶上诗》。昭昭是该片的女主角，小汤即汤晓丹。

又觉无意思。

自己觉着读书的不够，也是一个不安。快些觉醒读书的重要，你看你近来，不，自加入这里以后，你读过些什么书？！

昨晚和人美、斯咏到金焰家，一点多钟才回来。在张国基家睡，今早送行。

皮包被人偷了，真倒霉！

七月二十三日

好些人都在关心着这团体的比较有天才的人，常常指示给他们怎样去找一条正当的出路。譬如人美，自从她稍有声誉后，她接到不少赞美她、鼓励她的信；同时，人家说她这时不是谋职业的时候，希望她不要在这里面鬼混。有的希望她念书，有的希望她找别的路去发展。那些信的一部分，我是亲眼读过的，有些着实是生意经。

她把在天津接的某大学生给她的信给我看。和她分析读书与职业的问题，尤其对于歌舞团体的鬼混有着很合理见解，我相当地和这人表同情。

上午便是这样混过去，我看人美也是东翻西弄地混，我问她日常也是如此吗？她说像这样的日子多。我不免对她的浪费时光感到有些可惜！

午饭后搬了席子在后楼睡觉，后来人美来吵。

老宗来，在这儿吃晚饭，他刚吃完，四先生叫人请他去谈话，我知道定要扯疯[1]。果真，我还没有吃完，七爷屋里便吵将起来。四先生大声赶老宗出去，老宗只规规矩矩地坐着。

四先生发起脾气来，打破七爷桌上的东西，七爷也就此向四先生发气，一会儿两人吵得一塌糊涂，几乎动武。四先生说"明月"全是七爷弄糟了的。少甫也帮四叔的忙，和七爷对抗。

到"天一"的车已经去两部，今晚是全部动员。我要试衣，先坐七路汽车到"交大"。裁缝病了还没动工。直接上"天一"。请国、黑、黄吃冰。

做一个通宵的夜工，到天亮快用乐队时，导演因布景不合意，发脾气打碎布景走了。我们也只得忍口气回来。天已大亮，马路特别的美，在这黎明。

回家吃稀饭、赛跑，在后楼睡觉，九点多钟起床。

午饭后想到写《人道》评得过火，并且已被卜万苍知道是我，恐怕以后会有意外的纠纷，所以有打电话给老宗停登的必要。到"暨大"、煤气公司，都不通，有人打。

百代公司的任君[2]来谈话，合奏中乐给他听。他打了几次钢琴，着实有点真功夫，坐下去便自己配起来，看他打得怪起劲的。锦晖听了我们的合奏，他也很佩服。

晚饭后在院里乘凉，我在杠上跳天鹅舞，艺在下面拉我的脚，我怎样松了手，从第三层上跌了下来。这时，我已经不醒人事了。

---

① 昆明话"失去理智的争吵"的意思。

② 任光，时为百代唱片公司音乐部主任。

他们怎样和我揉，阿黄把我背上来，我什么也不知道，直到九点多钟才醒过来。四先生扶我到院里，我想上“天一”去工作，被他们阻止了。小孩们从小妹妹家回来，秀文和我讲故事，P 和她争论天上的双星。

十二时回到自己屋睡。

七月二十四日

买得一个大西瓜在莉屋里吃，人多，特别有味！

小陈要和我借裤带，她要穿男装，我要她自己去拿。回头她叫我来：“镊子，我要偷你一样东西。”一面说，她掀起我的枕头，拿出一封信，不是信封的封面上写着“聂先生收，丽”。不等我去取，她便不客气地打开看起来，于是枝露，秀文也加入，抢了半天，我才得看。信是这样写的：

“聂耳：我们不说话以后，我一想起我从前对你那样，真是不对！但是你也要小心一点，现在我一想起你来就要流下泪珠。咳！我们从前在爱文义路时，是多么的好呀！没想到现在能成这样。

你现在是想我还是恨着我呢？我现在整天地想你呀！

我的以前的错处请你都丢开了吧！我希望你以后也改过你的错处。

望你来信

丽珠　一九三二．七．几号了？”

这倒是出我意外的一个消息，但，也不必大惊小怪，相信她完全是一种小孩气的情感冲动，绝不是出自内心的。即使是她真心的话，也应当以正确的眼光去理解，不要以一时的糊涂，弄得又像过去一样的痛苦。

领小陈、秀文看“黄金”的《长歌寄意》。小孩的表演真好。

整天的头疼，今晚要回一回信。

七月二十五日

好久不拉基本练习，不拉也便不想拉，一拉起来总舍不得放。温习了一些手指练习，再拉几个调子，便吃午饭。

和人美、丽珠一块去看《火山情血》，她们穿男童装，在路上买了一个大西瓜。

《火山情血》的主演是：郑君里、谈瑛、黎莉莉。剧情是一个农村（柳花村）的曹姓官僚抢了一个老农的女儿（谈饰），把她的小弟弟打伤，把她的父亲、哥哥入狱。官僚强迫女子应婚，放出她的父兄。女见之从窗外跳下，官大忿，叫人打死老农。跌伤了的女孩在她的哥哥怀里抱着，慢慢地送到家里，姐弟因伤重死了（解绳）。他和老表漂泊异国做码头工人、汽车夫。

在异国某酒店有一名舞女表演，因被酒家调戏为宋（郑饰）所救，而认识。久之，种下情苗，彼此相爱。某日，姓曹的在咖啡店里见宋，收买了店主把他关在地窖，为使女探知，即报舞女。伊将曹诱卧室，醉之，抽空将宋救出。宋在窗外睹辱其爱人者为杀父之仇姓曹的，一时打得天翻地覆，正值火山爆发，郑被追至火山顶，两人打得气尽力竭，宋立火山口旁，以乱石击之，曹忽然被自己所杀的老农、宋妹、弟之灵魂所逼，失足堕入火山矣。宋以仇已复，大半之助却在舞女身上，两人遂为伉俪云。

字幕上出现好些东西，似乎还没有知道导演、编剧是谁？一匹古典味的骑士马在一个黎明的布景前奔向光明之途。编剧、导演孙瑜的大名渐渐映出，那显示着他的伟大、新颖，充满着新的气象。

导演的技巧是较《野玫瑰》差。编剧的结构倒是很紧凑。

孙瑜总是爱注意小穿插如：谈瑛问："这臭蛋是不是你生的？"鸡摇头，再问一个，点头。舞女和白鹦鹉的对话，"好"，毛一疵。"解绳"穿插得适当，小孩临死，求上天"解绳"，宋独坐异国陋室也利用这点做他思家的表现。妹妹会皱鼻子，舞女也会皱，因此宋与舞女才有好的可能。宋去问天去，打倒香炉。这些都是导演成功之处。至于后来在火山角斗时，忽然现老农等的影，一会儿姓曹的便自动堕入火山。我们不管是鬼迷也好，神经错乱也好，我个人总觉得这神秘的穿插尽可以不必。姓曹的死，可以由宋推下去不是更爽快些，并且还更合情理些。若果要为特别表示报仇的意义，我想在字幕上是很够表示的了。

一部分的字幕很能刺激到每一个观众的脑髓里，使人看了如炎暑饮冰时的痛快。

布景还可以，尤其火山一段倒很逼真。摄影平常，soft① 镜头似乎多了一点。

郑君里是一个新进男星，他在剧中饰宋某，似乎不像一个农夫。说他是一个不笑的人，他算是做到了。在打架一节，着实卖力，因此特别热闹动人，至于别的表情也还差一点。

黎莉莉是第一次上镜头，剧中饰舞女。因为她原是歌舞明星，所以给她做这样一个角，当然可以尽量发挥其天才与技能。表情方面，第一次上镜头能有如此自然，却是难得。

袁丛美是老牌反派角，表演的熟练，着实令人佩服。火山上的肉搏，他有几个顶出色的镜头。

钱镗是莉莉的弟弟，表现着一个天真活泼的、可怜的小孩，在他临死时一节还比较动人。一双小手解完了绳，便和他的哥哥永别了！

以上是关于《火山情血》的种种，预备做以后写片评的材料。

"天一"的孟君谋、沈西苓、司徒慧敏也来看试片。金和我打电话，后来也来了。和千里谈关于莉莉的稿子，她为黑天使在《电影艺术》一篇《中国歌舞短论》加以解释，文字内容大部分是出自锦晖的。

在我们的立场上来看这篇《中国歌舞短论》，不但没有加重言语，况且这是事实问题。在锦晖，以至于从事歌舞事业者是应当要虚心接受的，何必再来反攻一下！莉莉无疑又受了利

① 轻松的。

用。她本身为了风头主义的实现，做做工具也无妨！

编辑委员会后天在俄菜馆开会，要我列席。

晚在自己屋听隔壁无线电播音、写日记。和七爷闹鬼，到两点钟。隔壁“通”。

七月二十六日

一上午的基练、温习 Kayser。

天气较凉，白天练习也少出汗。景光叫去游水，有箭、美、黑、黄、莉。到虹口，人多极，遇卜万苍、黎民伟。八时回。

在院里席地和莉、黄谈恋爱问题。莉表示她的恋爱观也是游戏，因为她已受了三个人刺激：第一、万，二、赵义，三、金焰。

七月二十七日

清早起来，精神愉快，写了开股东会议的假条。到第一厂，金已出去，我知道他准在“交大”打网球。等了半个多钟头的电车，好在那十字路口还很风凉。

到“交大”，孙瑜也在场。看他们打得也不见得高明，打完吃绿豆汤。

老卜家吃饭。孙、金一块到南京饭店出席“电艺”编委会。

老卜的《三个摩登的女性》因为谭雪容病得只剩一架骨头，再找不到一个摩登女明星来。今天有一个新来投考的，是某赌场的女招待。卜说临时演员倒有资格，若是做“三个摩登女性”之一还是相差太远。

感到读书不够，同时也觉得运动也应该加紧提起，如游水、球戏等。

老沈、苏怡、千里、老宗已先到，各人都贡献意见。1.增加有趣味的文字。2.兼评外国片。3.加照片。4.招登广告。5.扩大销路。6.每四期改封面一次。7.出月刊。

喝五瓶俄国汽水，坐了两个多钟头。

再回到第一厂，翻了铁杠。老孙跳杠跌了一大跤，吃一嘴的土，吸一鼻子的灰。

《晨报》有洪深[1]的《中国的导演论》。据他看简直找不出一个好的，还是外国人好。《电影日报》有《替〈人道〉说公道话》，老卜特别向我说得很细，他说对这篇很表同情，这是当然之理。

孙瑜的《火山情血》已经接受我的劝告，后面的火山上的打架，取消现灵魂一节，今晚补镜头。

他昨晚写了一个剧本的大纲，名《天明》。他给我看，我很表同情。这是一个在思想上比《野玫瑰》进步的作品。剧情是一对农村情侣，因为农村的破产而跑到都市做机械的奴隶，后

---

① 现代戏剧家、电影编导。1916—1922年赴美国留学，曾在哈佛大学学习戏剧。

因幻想的幻灭而产生出一个悲壮的死。伟大的新希望（这是他所要想做成的结局，但还没有想好）。

莉莉为《中国歌舞短论》写了一篇文字投《电艺》，全是锦晖改的，我看很好笑。她问我会不会登，因为她怕他们有成见不会登，我说我担保。

P 好像是和我说话了，并不痛快。请吃西瓜。坐洋车去“天一”，拍到三点钟才回。

七月二十八日

指挥来，睡不够便拖起来合乐。

吃完午饭补睡眠，到吃晚饭才醒。

在“天一”遇小洛[①]，他要我写点关于“短论”的东西，在第五期上发表。拍《夜来香》，沉闷死，唱不好，跳也不行。

小玲和她妈[②]来“天一”，大出风头，这孩子真有希望。

回家便写文字，从三点半到六点钟。

今天还没有说话，不知怎样一个心理？！

七月二十九日

昨晚做夜工，今早三时回，写了《电艺》稿《黑天使答黎莉莉女士》[③]，到七时才睡觉。睡了三个钟头，裁缝来试衣服。

出去买信纸。看“夏令配克”的《两孤雏》。

在折西家吃晚饭，莉莉在孙先生[④]家，“天一”车来，一同去。到化装室，她说什么人心难测，后来我突然跨进化装室，茵问她是咱们团里的吗？莉莉说：“是。”又说：“你们万想不到，人心难测。”“谁告诉你的？”“我今天到第二厂，孙先生家……”我知道黑天使的秘密已经拆穿了，我打量明天找锦晖直接讨论一下这个问题。

到三点钟回家，她们还在拍。

七月三十日

到底是和锦晖说好呢，还是保守秘密？想来想去，他终于是会知道的，还是坦白些吧！

---

① 《电影艺术》编辑陆小洛。

② 薛玲仙和她女儿。

③ 因《电影艺术》停刊，此文未刊出，缺佚待查。

④ 孙瑜。

午饭后到他家，他正从楼上下来吃饭。先谈了些关于“天一”、“明星”的琐事。后来我问他看过那篇文章没有？他说那是没有十分了解的人，简直不对。至于在相片上题字，那是更糟的，所谓“香艳肉感”，我们明月社并不是完全反对香艳肉感的，实在是不得不适应一下社会。我自己觉得我的表情不自然起来，不愿即时说出，等他多骂几句，他终于没有再骂了，转说到别的话。

到了楼上，他慢慢收拾桌子，把一支香烟摆在嘴上，把藤椅拖在我对面坐下。我开始说：“我坦白地和你说，那篇文字是我写的。所谓油腔滑调是不应该，但它的原意并不坏。”

他很会滑头地谈话，一面接受，一面又解释他不革命的苦衷。后来谈了一些“明月”之将来，他似乎很容纳我的意见，好像即时就转变达于高度。三点钟，要到“天一”拿钱。

一部破汽车送到“天一”，邵邨人[①]和我接头，说没有钱，晚上送来。

陪许曼丽、江涛到“两江”[②]。汽车没华界照会[③]，跑了一大段冤枉路才知道还离得很远，扫兴地归来。

曼丽没有穿袜子，走在那些背街[④]上（那些平民住户的门前是少有摩登男女的足迹踱过），好像特别引人注意，高跟鞋在那不大平的马路上走，臂部和两手动摇得可笑，更是使人不能不多看她几眼，因此她的表情也不自然起来。

拉四先生拉的我的破 violin，越拉越起劲。

吃饭后再跑“天一”，看孟君谋的表情，我知道今晚的钱又是无望。真的，当面和邵三[⑤]谈，至早也要到二号才能给清。

片子是今晚可完结了，还有三个调子没收音，我们预备不给钱不收音。

千里来看拍戏，谈起这些导演都拍起下流的剧本来，不禁哄堂大笑。她们都互相说大明星长，大明星短的。人美说大明星是要戴黑眼镜的。

“天一”的老板和自己捣乱，自己塌自己的台，是多么傻的事。办事人员们都是为公司的发展，常常贡献意见给他们，竟一点也不接受，反责骂办事人。萍倩、君谋谈起非常灰心，他们恐怕不久要脱离。苏怡今天已正式脱离“天一”到“联华”去了。他给我的临别纪念是一瓶桔子汽水，昨晚。

汤晓丹[⑥]的漫画今天才算知道，过去我总看他是不很行的人，原来他是闷头才子。

电影实在是骗人，海滨的布景竟如此简单，在银幕显映着是和真的一样。

听说明天有一个集会到海滨游水，有第二厂大部分导演、明星们。孙瑜约黎景光。我很想去玩，但是没有人约我。打了电话问老金，他也去，五块钱的餐车费由他和我负责。

---

① 上海天一影片公司老板兼编剧。
② 私立两江女子体育学校。
③ 当时上海的汽车牌照有华界与租界等多种，互不通用。
④ 偏僻的小马路。
⑤ 邵邨人在邵氏兄弟里排行老三。
⑥ 上海天一影片公司编导。

严华穿了军服回家换便装，他有点像希佛莱，他如果会模仿一下，可以做中国的希佛莱。

接"三人"的信，她那坦白的态度着实叫我佩服，奂已经Kiss过她了。

十一点多钟到家，景光在作曲，又在凑歌词，看那橡皮擦了又改，改了又擦，实在有些可怜。自信自己会比他成些，若是肯干的话。一时激起我的作曲欲。

我看这是可能的，练习练习写点普罗[①]的歌曲。你绝不要忘了人家和你介绍新朋友时"音乐家"的头衔，你会觉得惭愧吗？不要喧宾夺主！你干的哪一门？你的特长在哪里？不要"半途而废"，赶快打起精神来吧。

七月三十一日

睡得很熟，还不到六点钟便给七爷叫醒。我还想睡，又恐怕车来时的匆忙，不能不早些起来预备。冲完凉，穿好服装，等待着车子来接。

正吃稀饭，孙瑜来。老宗已坐在外面汽车上等。车驶到卡德路时坏了，另换了一部，到大马路外滩上船。老金、陈燕燕[②]、黄绍芬[③]、史家[④]、周克已在码头等候。多好一个西瓜抬在手里咬，被老金打下水去，气死人！

金戴了一顶海军帽子，大出风头。殷明珠[⑤]被我认成周文珠，我问她次龙的剧本写好没有，她大诧异起来，我知道弄错了人，一会儿转弯也转不过来。船上大送《电声日报》他的拍照以资宣传。

十块洋钿从老金的袋里掏出交给史东山，他现在才知道他们所订缴费办法：男子每人五元，已婚女子五元，订婚女子二元五角，处女零元。他听了大发其牢骚，大喊其不平等。

今天实在是不该来玩，《电影艺术》出版大成问题[⑥]，我们把这十大元捐去，不是可以有点帮助？他妈的，花了有用的钱，拿给小姐们来寻开心。

和孙瑜坐在一块，又讨论起他的剧本来。《天明》的收尾，他务必要固执着女的被枪毙。老金的意思要牵扯到现在一般青年人所迫切需要的结婚、生孩子的出路问题。他说只要再以一对已婚生孩子的夫妇衬出。我总觉得这问题很大，不是在这个剧里可以解决的。我想，若是写这种的剧情，最好从新再来一个。

船到高桥镇登岸，头上顶了一大包杂物下船，引得他们好笑。

等公共汽车，新闻记者照相忙。在江边扔石子，老金很不错。殷明珠戴了海军帽，有男性美。最后一趟汽车。

---

① 法文"无产阶级(prolétariat)"的音译简称。
② 上海联华影业公司二厂主要女演员。
③ 上海联华影业公司二厂摄影师。
④ 史东山、华旦妮夫妇。
⑤ 上海联华影业公司五厂主要女演员。
⑥ 左翼刊物《电影艺术》因财力不继，此时出版了第四期后即被迫停刊。

聂耳与电影、音乐界友人在上海高桥海滨
前排左起：黎景光、周克、聂耳、黎莉莉、陈燕燕、史文华、华旦妮、殷明珠
后排左起：蔡楚生、史东山、王人美、孙瑜、黄绍芬

已经坐了够长的一条汽车道，又要换小车，有三四里路才到海滨浴场。

第一次坐小车，颠得厉害。大吊嗓子，唱中歌西曲，南腔北调。小车坐完，要走过一个小土坡才可以到海滨。一大包啤酒、面包又在我头上，一直顶到海滨，碰坏一瓶啤酒。

在田里换衣服，感到大不方便，好在有较高的草丛遮着。

沙滩不很好，水底的尖石子很多，风浪大，水色黄，游得一点也不痛快。用救生圈浮在水里倒也舒服。

老宗介绍周世勋等新闻记者给老金照相，使他大不高兴。当然当面不好说，后来他责备老宗不该这样。过了半天，老宗说："我是来玩的，不是受教训来的。"金说："就是教训你，你这种人不教训是不行的。"两人近于口角形式。老宗气得倒在帐棚里，一动也不动。他们随时的顶嘴，着实是有背景呢！

新闻记者慌慌张张，团团围着王人美们拍照，简直好像看电影一样。

没有感到多少趣味，看见七爷已换好衣，我也跟起他来。两人在 Bar① 吃蛋炒饭，打盹，遇马陋芬。

喝啤酒、吃面包，吃的倒还丰富。但是游水的趣味很少，倒是在帐棚里躺躺倒还舒服（见上图）。

---

① 酒吧间。

他们在那边收拾，我一个在藤椅上打盹。五点钟动身，坐小车，还是我和老金一对。谈老宗的心窄，老宗的思想，他看不起的苏怡（因为在会议席上发表什么受人利用）。

到高桥码头日将落，一幅美景使人留恋。上船抢位子，又喝汽水，老宗发饼干，老金开玩笑，客气极。

殷明珠和老金的谈话，显然是特别要金好感。我一面听他们讲香港、青岛又广东。我又打盹了，头上挨了一下打，醒来被蔡楚生请走谈话。首先说对对的寻求：老孙走了，找他的莉；绍芬走了，找他的燕；史对呢？永不脱离。后来谈到他的新作品《都会的早晨》，这是一个思想上打量过一下的剧本。他说是两大阵营的对写，暗示给我他对黑天使写的《下流》他是同情的。过去认为自骄的蔡楚生，现在却敬佩起人来。

汽车在"永安公司"一停，老蔡们吃四川馆，老金和我上"大三元"吃广味。谈到人美事，他又是失望。在过去，他曾对这问题用很大的力，但结果给他如此坏，他觉得她的转变是无望了。在感情上，他竟说了一句带酸性的话："我不应该去和老宗抢的。"

喝两瓶啤酒，脸由晒得红变紫红。他的老同学运动家来坐了一会，人很直爽。回家冲凉。十二时半写完日记。

八月一日

黑天使问题，似乎要扩大起来。景光在忙着写信质问黑天使，桌上摆着第三期《电影艺术》，特别在那篇文字上画有许多记号，大概是预备反驳之处吧！我希望这种斗争尽量地扩大起来，因为没有斗争是不会进步的。我的要起来挑战，也就是想由这种斗争找出一条歌舞的新出路来。

锦晖来讲剧本，名《浮云掩月》，是一幕小喜剧，在趣旨上好像比《芭蕉叶上诗》容易给人寻味些。

大部分人好像都知道黑天使是我，说话时都是带有刺的。最显著的算是莉莉，她说第一厂的人都说她的来稿是锦晖做的，她当了锦晖的面说给景光听，其实是和我唱隔壁戏的。

我这样想："要是这事闹到感情破裂，或是他们对我不大满时，我实在有一走的必要。因为这样地鬼混下去，精神上是会受痛苦的。况且理智地说一句，我实在不该和这般没有希望的人去鬼混，我要做的事还多着呢！我是一个革命者，在这样的生活中，已经是该打屁股。说到走的问题，一会儿想回家一转，一会儿又想更激烈地去干。切实点说，他们不会让我轻易地走吧！也许不至于到这一步！"

我自信，我的中心思想是不会变更的了。任你怎样麻醉也是等于零。我由今天的讲剧本，施麻醉剂者的有本领和被麻醉者的呆笨，实在有着显明的表现。

拉琴的时候较多。昨夜四先生梦喊，我喊得更厉害，打起来。

八月二日

看了景光写给黑天使的一封信，看这情势好像更严重起来。我决定了我的路线:（一）回滇。在这机会，着实有回滇一转的可能。一方面隔离现环境，一方面可以看看离开了两年的故乡。仔细一想，再出来时，恐怕会有很大的麻烦。（二）到陕西，游地方，隔离现环境。（三）入“联华”，专干电影，增进别的思想与技能。以上三桩，比较上去陕西要够味些，因为去了相当时回来，一样地可以谋别的职业。

好像是全体男员都在严励屋里围着看那封信，各人的面庞上都表现着很快活的样儿，好像对这封信非常的表同情。

拉琴、读英文时总是想到这回事。突然想起有向他们解释的必要，反正他们都已知道。这样的开玩笑似乎太无聊，要吵，便痛痛快快地来一下。

终于和景光说明了。

“你给黑天使的信发了没有？”

“没有邮票！”

“不要麻烦了吧！请交给我，我就是黑天使！”

他表情不自然起来，在先有点不想给我的样子。“你未必还不放心我吗？我定会交给编辑先生呢！”他听了这话，不能不给我。

我们正式谈判起来，他反驳我的主要点在文不对题，这一点我是承认自己的错误和荒唐。我和他辩论总是根据着事实问题，并且居于我们的立场。

我希望他不要把观念混淆，这种事是另一回事，绝不要牵扯到团体的问题。我由这两天的观察，他们对我的态度完全两样。

这事说清以后，似乎心里爽快些，马上赴《电艺》编辑会，没遇小洛。

于斯咏的父亲来，大块头一个，和他玩得很高兴，有点吹功。

和艺合调子，楼上木拖鞋响得讨厌，原来已十点半钟了。

八月三日

开执委会讨论和“明星”订合同问题，细则和“天一”差不多，指定景光、光友、我三人为接洽人。

《浮云掩月》中的男演员有我一个，本来锦晖写剧本时，“任南云”是给我做的，后来因严华提出做不出“大麟”角，同时人艺、莉莉都说他的个性适合做南云，所以给我做大麟。老实说，什么角我都能做。

人美的角因为个性上有点不大对，她有些不高兴做。看她这两天有些苦闷，不知为什么？

翻阅去年的日记。千里来，过后楚生来请客到“南京”看电影，有我一个。到孙瑜家叫他，他将睡觉。剩得我和老郑后到。

听说这戏是一部悲剧，本来预备去流眼泪的，事实上看了打瞌睡，少有动人的地方。

到霞飞路吃俄大菜。经明星公司，玻璃棚里透出强烈的电光，我们知道是在拍戏，由楚生带我们去参观。无声片摄影场在拍古装戏。有声摄影场还不错，没拍戏。

由“明星”步行而归，到家已一时半。

楚生特别对我好感。

八月四日

《时报》上得一个消息，王次龙的戏因他要自己带一个camera man①，邵醉翁②不同意，以致双方冲突，取消合同，由邵自任导演，张振铎、胡珊主演。

到“天一”问明这消息确有，我辞了。顺便替“明月”拿钱也没有拿着，因为他们和老板闹意见，正在谈判。他们想脱离“天一”加入“明星”。

第一厂访金焰，和老苏③谈剧本，五时回。

晚在院里乘凉，“梅花”的个凡④等来。和枝露、少甫坐沙发。

八月五日

早上照样基练。午饭后突然听说要开全体大会，跑去问七爷，他说关于我，黑天使的问题。

他又说有人说我说薛玲仙的出“明月”，是景光爱吃豆腐。我气得大发脾气。

我知道全会完全是对付我的问题。他们要我退席，上楼拉基练。结果，请我暂时退出。

晚饭后到西南商店、时报馆，都没找着人。到雨笙处，等了好久才来，他可以解除些我的苦闷。

回家，听说锦晖找我谈话，明天去。

八月六日

早上找金焰，“联华”事大约有望。

预备回来吃他们的饯行饭，原来他们并无准备，我只有措辞说吃过。

决定到北平一转，白天在家收拾行李。到锦晖家，我知道他要和我谈的是什么话，我当然

---

① 摄影师。
② 上海天一影片公司老板兼编导。
③ 苏怡。
④ 即严个凡。

很圆滑地去应付他。

空了肚子找雨笙，未遇。两个小面包解决一天的肚子问题。

雨笙来，他介绍我住在他亲戚家。

八月七日

六点钟起来收拾行李，P们已起来，空气异常惨淡。斯咏要我和她说话，她把我们俩的手拉上。

四先生送我上船，要一点钟才开。我们上岸到老师家，吃早点，在码头闲坐挨时候。又在船上谈，他走了。到四点钟才开船。因为昨晚睡得不够，老早上床补睡眠。

（五）在北平（今北京）

1932年8月10日—1932年11月7日

聂耳在北平的住处“云南会馆”
（北京宣武门外校场头条三号）

聂耳（前右二）在云南会馆内与同乡们的合影

聂耳(左)与同乡友人陈钟沪(中)、许强在颐和园

聂耳(后左)与许强、李纯一(前左)、陈钟沪合影

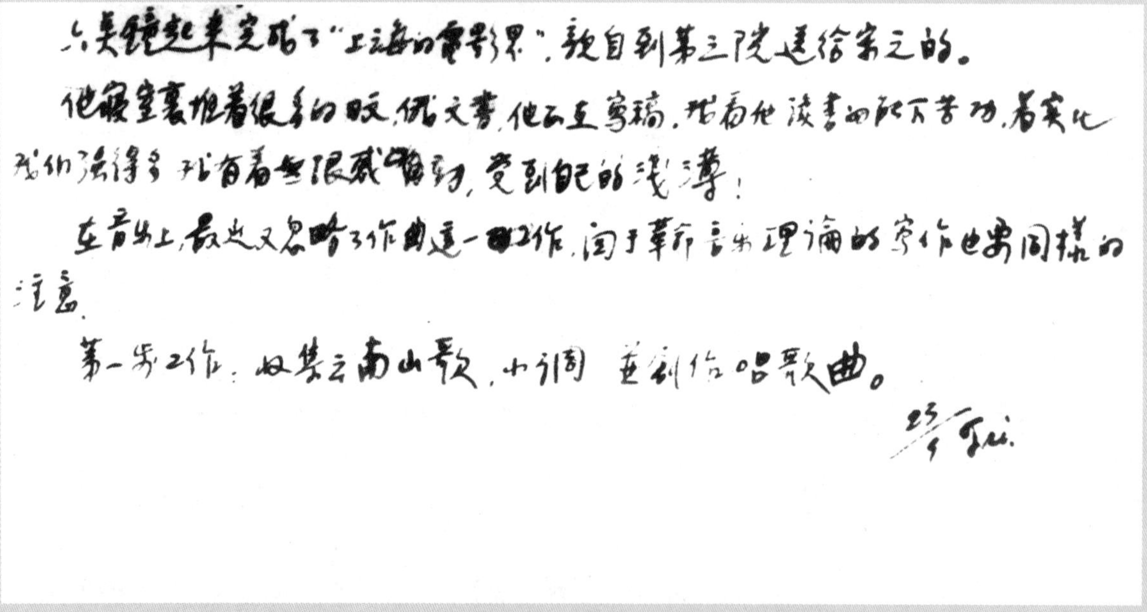

六点钟起来完成了"上海的电影界",亲自到第三院送给宗之的。

他寝室里堆着很多的日、俄文书,他正在写稿。我看他读书的工夫,着实比我们强得多,我有着无限感动,觉到自己的浅薄!

在音乐上,最近又忽略了作曲这一工作,关于革命音乐理论的写作也要同样的注意。

第一步工作:收集云南山歌、小调,并创作唱歌曲。

23/9 Nie.

1932年9月23日日记

一九三二年

八月十日

风平浪静，三天三夜后今晚漂到大沽口。由码头坐无灯火车到塘沽，搭九点半夜车到天津，住旅馆。一宵没睡，写了二十八封信。在船上遇金焰的老同学，同住一小屋。

八月十一日

取行李，花席丢了。坐九点半早车，十二时半到北平正阳门车站。坐洋车到宣武门外校场头条云南会馆，在门口遇李纯一、许强、陈钟沪[①]。吃蛋饭、谈天、收拾房间。晚饭后和许、桑即藩游中山公园，钟沪后来。十时回，拉琴。

八月十二日

脑痛，日记改做账簿式。

晨被洗衣妇女叫醒。坐洋车至前门外西湖董振华商行找老宋[②]，刚好他昨天下午回津。原车拖回小五条找杨枝露家，遇其父，交谈多时，同往达智桥甲七号访万山青，刚遇她在门口，坐谈约半小时。

坐洋车到西四宫门口后坑白丽珠家，她妈出门，有白老太太者说丽珠是她侄孙，约明早在杨屋等其母。杨请客吃小馆子。扁豆酱、莲子、子鸡、鱼。午饭后找四爷[③]，谈话多时，告详情，

---

① 许强、陈钟沪夫妇都是聂耳在昆明时的学友。李纯一是陈钟沪的表姐。

② 原明月歌剧社男乐师宋廷璋。

③ 黎锦晖的四弟锦舒（黎明）。

他要我到欧洲去。晚，马匡国[①] 请客到“青云阁”听大鼓、杂耍。洋烛完。

八月十三日

昨晚接四先生、黑炭及转来廖伯民的信，劝我对于“明月”的那些人还是不要太把他们看高了。伯民对于影片公司事也无具体办法。

到枝露家赴白母约，她因事未到。和杨父谈，留“联华”团体照片给他们看。午到“法大”[②] 洗澡，淋水浴。在单牌楼“英林”吃冰淇淋，到“华北饭店”找“梅花”未遇。回家用破木板做谱架拉基练。吃云南火腿。晚在钟沪屋瞎唱。许强伤风卧床，后在杨哲夫屋唱京、滇戏。

八月十四日

接黎四爷电话，他有事不能来。午饭和钟沪谈。和许找张老师，栖凤楼。东安市场吃冰。五时半看“中天”[③]《情种》。

晚和夏钟岳谈。

八月十五日

上午在万山青家里谈，她介绍她的三哥万芸，谈话颇投机，送了我两本新出的杂志。午饭后和钟沪同往西直门小后仓林太太家，我一人找四爷，他的吹工太大。在林家晚餐。晚在院里谈话，拉琴。有张梧冈、李安廷来。

八月十六日

游中南海公园，晚在“洋车夫”[④]屋放小电影。中元节，夜游北海公园，一时回。

八月十七日

晨在桑即藩屋谈。午至“法大”洗澡。打乒乓球。晚放电影，吃冰淇淋。

---

① 原昆明政府当局的便衣侦缉队队长，1930年曾在昆明参与搜捕聂耳。

② 即法政大学。

③ 北平一电影院名。

④ 杨哲夫的绰号。

八月十八日

晨起游北海。陆万美[①]、钟沪、何思恭、陈汉、小博士、“碰团儿”喝十一杯茶。到灵境胡同九号韩国美家，遇其姐。

八月十九日

一个人由会馆坐洋车到西单牌楼，乘一路车（红底黑字）到西直门。走出门外一看，简直像透了昆明的大小西门。再坐原车到太平仓换坐四路到北新桥，经后门，又由北新桥坐二路到天桥。这儿是一个低级社会的缩影，什么卖艺的、唱戏的、变把戏的，无奇没有。因为我来得时间太早，没有饱尝滋味。坐一路车回到西单。

小白的母亲来找我两次，第二次在我刚进门的五分钟之前。到枝露家，杨父说她已回去，谈了一会便回。

许强向我借了二十元钱汇给陈少贞，我很高兴地帮忙。他问我和钟沪代考学校事，我有点不敢答应，英、数、理、化实在无把握。

晚上在杨哲夫屋开“草包大会”时，李纯一提议去看中华艺团。已经九点半钟，忙着赶到“中天”，《铁与血》演了一半，休息后才开始卖艺。

有乐队、钢琴、提琴一、trumpet、soprano saxophone[②]各一、鼓一。各乐谱面书有 Joy, Fun, Toy，这是他们的团名。奏乐全是平凡的 Jazz 味。

表演节目中最能使人佩服的有巧舞火棒、玩响簧、倒唱歌曲等。全场情绪，紧张非常。台柱讲各国及国内各省的方言，也颇有趣味。

步月而归，沿途称赞不已。联想到古时的飞檐走壁之事，不见得是虚传。

摸黑睡觉，想到蝎子的故事有点害怕。

八月二十日

何宏远把我叫醒，我忘了他请我游万牲园[③]这回事。急忙坐在咖啡店吃早点。

出西直门坐洋车不远便到。门票两毛，怪无聊地好像走一趟“兆丰公园”出来。再回到西单牌楼，吃凉米线。遇同乡杨春洲，他夫人也是在学提琴。

回家知韩国美的姐韩树芳来找过，留有名片。

在宏远屋看《时事新报》，有电影栏，全是过去《电影时报》的撰稿人尘无、聋人、水草，

---

① 北平左翼作家联盟负责人之一，此时也住在云南会馆内。

② 小号、高音萨克斯管。

③ 今北京动物园的前身。

不知他们是如何的变动？有王人美拍《都会的早晨》消息。阅《读书月刊》，遇同乡陈、王等，打乒乓球。

晚，认识“联华”第五厂某君①，是万美、宏远的朋友，谈了不少“联华”事。“他也认识金焰”，这是他们特别标明给我听的。其实，有多稀奇？

一天从早到晚，写信也没有功夫。晚在自己屋和“洋车夫”谈，他赞成我仍回到电影界去，也有道理。

八月二十一日

昨夜起夜拉泻，这肚子好像简直坏了。我总以我这健康的身体自骄，不理它。

听说北平礼拜天的早电影是给青年学生幽会的好机会，今早到“真光”②去赶热闹。《错尽错绝》，去得太早，整整在那空气污浊的戏院坐了三个钟头。我算好，和小陈汉逛了一转东安市场。但走出电影院来，头已经是够昏的了。

肚子里又动作起来，不能再等，市场里去解放了。

犹豫了半天，终于决定到和平门外“清华楼”吃水饺。“我的身体是强壮的！”我常作如此想，所以就是肚子泻成这样还在空肚子里喝了汽水，接着吃八个大水饺，半碗大油馄饨。

钟沪要我吃泻油，他们说起这油的效用很大，把她的经验谈告我，怎样吃，几点钟后肚子里泻得干干净净。似乎很不费半点力就能医好了这病，我也和他们作同样想法。

中午来已变成痢疾，吃泻油后三个钟头又变泻，这当然是药见功效。他们又说鸦片烟可以医肚子，并且这正是时候。我有相当信仰，晚上便工作起来，在一间屋里，谁也找不到，烟床的谈话，谁也听不到。只敢来三四口，一点钟才睡觉。

八月二十二日

什么药的功效？烟的治病？原是空气一泡！今早又是大解其痢，平均每刻钟跑一次。午饭后何宏远、许强陪去找医生，西长安街中国医院。时间已过又拖回来，这一等要到下午六时才能看病。多半的同乡还是主张吃泻油，说昨天并没有吃得痛快。

和昨晚情形差不多，但次数较多，一夜不能安静地睡上半点钟。

八月二十三日

今早已成赤痢。为省钱计，找门口崔松泉大夫开了一个药方，上午吃过两次，到晚饭时没

① 中国左翼戏剧家联盟成员许可（又名许多）。

② 北平一电影院名（今东华门中国儿童剧场）。

有一点作用，又吃一次。晚上照样工作，次数更多。许强搬在我屋里陪我。

八月二十四日

再找崔医生，照样工作，无效。下午病势加重，起床都费力。

往北京医院就诊西医姚大夫。打了针，用玻璃管塞在屁股里洗肠子，吃黑药水。一天只喝了两碗米汤。

钟沪也拉起痢来，前两天她还来招呼我，今天她也上“北京”来看病。

收效少，痢未止亦未转，次数也差不多，做夜工太难支持。

八月二十五日

再洗肠子，吃黄色药水，味像果子露。痢变泻，热水袋功效大。

八月二十七日

精神稍稍恢复，再上医院，给二日量的黄色沉淀药水。次数减少，可以多吃一点稀粥。用热水袋催泻，特别有效。食前吃药，食后拉泻，这样有规律地过了两天。

八月二十八日

早饭前吃完最后一次药，食后当然地拉，有很好黄稀屎。下午的次数少极。晚在钟沪屋谈天，李表姐[①] 在谈最近一对特别快的恋爱故事。她又比较和批评摩登女士和旧道德的女子，由此可知她仍是一个旧道德观念很重的女子。她考“北大”落第了。

今天是一对同乡马希融、万家静举行订婚典礼，听说他们只经过五天的恋爱生活。这倒有趣！

几天没有出房门，今晚能串门子，谈天，心里异常高兴。

八月二十九日

许强到“中国大学”看榜归来，他和钟沪都考取了。正在陈家胡同大佛寺门口谈笑之际，张凤歧、何宏远要往“师大”洗澡，扯着手巾便跟他们去。

---

① 即李纯一。

到“师大”自习室找人借肥皂，等了半天不见人，自己到盥漱室里去翻，偷偷地出来。他们说去找张梧冈借，结果是在大门外买了一块。到了沐浴室，热水已罄。我用冷水摩擦，他们很担心怕着凉，我觉得很舒服。张凤歧的跳舞，草包哉！

他们要看书预备明天的第二试，我去剪发，游中山公园，在里面吃面点，价钱比较“荷兰号”贵一倍。

晚饭吃了一碗干饭。在一号房坐了一会，让陈老弟[1]读书，闯门子到三号。

谈起玩中乐，一会儿他们把会馆的乐器搬了出来，有三弦、笛子、二胡、四胡等，合奏《梅花三弄》还可以听听的。

睡了这几天，腿也软了，瘦得只剩一架骨子，我那些肥肉不知跑到哪儿去了？！

八月三十日

他们去复试。我七点钟出门往中山公园，想碰碰那奇怪的老洋人[2]。在里面游二小时之久，什么也没有。

坐电车至东单栖凤楼，访张老师，未晤。顺便到六十四号于秀文家，坐了一个钟头。她的父母、哥哥、姐姐都在。她母亲想让她哥哥、姐姐加入“明月”，请我帮忙。

坐三号车至西四，十四枚的洋车拖到宫门口后大坑白家，她母亲又不在家。和那老人家站在门口谈了一会，见她的小弟弟。

正和洋车夫嚷着“九号！九号！”韩树芳在车前面走着回了回头。她是从西口出去。我下车，她向后转，我也跟着她走，好像要说的话已经说完了，到底走到她家有什么意思？我一时聪明起来，告她不用回去。我叫了洋车，就此分手。她的左手因坐洋车跌坏了，就医。

回家吃午饭时，他们还没有回来。饭后大雨，下跳棋。

送热水袋还黄五姐[3]，她们屋里很热闹，请我按风琴。她们都要留我过“中秋”，萧大汉[4]跑过来约到“农大”过“中秋”。看他们都是很诚恳地要留我。

天晴了，突然听他们说要上西山，马上便走，赶三点半的汽车。当然，少不了我，拾了一床毯子便出发。在西单牌楼等一路车，他们又去买东西，只剩我和一位素来少说话的Miss 袁。结果李表姐没等来，我们先走了。到了西直门，她也在同一辆车上下来，原来她跑在前面。

---

① 即陈钟沪。
② 原为昆明海关的外籍高级职员，退休后此时住在北京六国饭店。
③ 黄香谷。
④ 萧光汉的绰号。

挤在破汽车上待了半点钟才开，颠了一个多钟头才到香山脚，颠得我绿嘴绿脸[①]。

被洋车夫敲竹杠，由香云旅社门口到邱房（正黄旗）十七号，三十枚一辆。

主人都不在家，上卧佛寺洗澡去了！纯一、梧冈、何宏远、光汉、袁芝芬我们六人走到葡萄园，先吃饱再买，我只是看着他们吃。

新认识的同行者侯奉昆、高仁夫、高衮父，其余周伯珊、周鼎祥都是从前知道一点的。

自己做饭吃，忙得怪有味。喝了点酒，饭量也增加了些。

晚上在左屋里谈，少有兴趣。周伯珊的学郑文斋唱戏，并不高明。十点钟便睡，何、萧、我三人挤一床，横睡。

八月三十一日

起床和肖、何、袁出去散步，爬上一个小山坡，在山顶上可以眺望北平城内的北海塔、景山，四周一看，心里感到无限的开展。我简直舍不得下山，这一片绿黄色西郊，看去有着初秋意味。香山上的别墅、寺庙沉静地立在那些绿绿的林丛里。玉泉山的宝塔雄伟地耸在山顶，村里和半山上突出的堡垒，形势极其庄严。围着我们的住宅的四个堡垒，真像四颗大印。

他们已下山去买烤白薯，我还在山上慢慢地眺望，想给它留下很深的印象。由往“八大处”的汽车路走回，汽车驰过，跟着涌起一团黄灰，我不由己地骂出“他妈的”!

从离家还没有吃过水豆腐，想不到在此地可以吃到这么嫩，这么鲜味的“豆腐脑”，我一连吃了四碗。

他们领着游香山，先至宫门，有一对雕刻精致的铜狮立在宫门两旁。从前这儿是一所宫殿，现在只剩一道大门。

入宫门，登小山坡，有熊希龄[②]的“双清”别墅，里面布置得雅致，胜过“叶家花园”[③]十倍。登山有洋式住宅，一个小池里挤满了金黄色小鱼，也有一小部分黑色的。她们听我的指挥：“向后转”，我们说笑话，“这是熊希龄的教育”！

以慈善致富的熊希龄办的“慈幼园女子师范”也是在香山上，现在因外面虎疫[④]盛行，不许游人参观。

通过香山饭店登半山亭，石桌子上剩有一盘未完的残棋，萧、何对战。半山亭上哭寡男人，骗得四个从未吃过的北平特产小白梨。

步行去游“卧佛寺”，基督教青年会在这儿开什么“美以美”会。有一游泳池，水来自山泉，看他们游泳。侯兄听说是这儿的大健将，看他游水的姿势和时间的持久，果真是名不虚传。

---

① 云南话“面无血色”的意思。

② 曾任袁世凯及北洋军阀政府的总长、总理，1932年后任世界红十字会中华总会会长。

③ 上海的一个私人花园。

④ 即霍乱病。

走到“碧云寺”，登最高层，原是中山故陵，现在是他的衣冠墓[①]。寺后有密密的白皮松围着。在寺前正坐在石阶上，可以远眺北平市，我们都不想动了。

走道回，已经六点半钟，病后走了这么多路着实太疲倦。

这晚饭特别合口味，吃了一只鸡。

饭后在院里谈天，李纯一、张梧冈各讲了一个妖精故事，简直是拿“聂耳博士”寻开心。他们逼我表演了好几个节目，使他们笑声不止。

今晚高仁夫进城去，睡他有帐子的床，厚厚的被，睡了一宵的舒服觉。

九月一日

高仁夫很早便从城里赶来，他带来《世界日报》，有沪形势更严重消息：日军在沪西示威，日舰集中黄浦江，向市府提出禁止报纸上反日言论和一切抗日运动。市民以为将再演第二次沪战，所以近来满城风雨，马路上只见搬家的人。最近还有日人组织的和“血魂除奸团”等对称的团体大肆捣乱，空气异常紧张。他们都劝我暂留北平，可是我听到这种消息越想赶回去赶热闹。

主人之一张儒翰回来，原来也是从前知道的。石屏人又加一个，他们占七人，差不多大部分是迤南人[②]的势力。因为我说的是石屏话或是还有别的关系，他们要我算半个石屏人。萧光汉也是这样。

正在吃饭，姚祖佑赶到。豆篷下一张床板大餐桌上围了十四个人，这是从未有过的盛举。

昨天走得太疲劳，不愿出去，在家里看门。袁、萧、何游山转来，不辞主人便走。今早的菜是 Miss 袁做的，她算是还清了债，一走了之。

肚子特别饿，自己冲鸡蛋，吃冷面包。

晚在屋里被请再度表演，我做一个“周游世界”，累得我头疼发热。张儒翰用石屏话讲“秀才写信”，特别有味。

九月二日

吃羊奶鸡蛋早点，肚子胀得会打连珠屁，这是好现象。在去游团城道上，我站着打屁，李表姐以为我是走不动。

团城是皇帝阅兵之处，城前大操场，现成果子园。张公用石屏话念碑文，当然传神。绕了一个大圈游牧场，偷苹果，捉小鸡。

回家老许和钟沪来，这是出我意外的。这样，我可以陪他们再玩两天，不然，我真在

---

① 1925年孙中山在北京病逝后，曾停柩碧云寺。1929年移灵南京中山陵后，在碧云寺留有衣冠冢。

② 元代至清代都把云南省划分为迤南、迤东、迤西三个道进行治理。迤南为今云南南部。

不住了[①]。

午饭后带他们游“卧佛寺”、“周家花园”。钟沪洗脚。

晚饭后出去散步，回来讲鬼故事。

九月三日

鬼故事一般：苏中心，开黑店，日本小学生与白布包，尸变用白布拉，漏比老虎厉害。红灯笼裤脚，大红脸在门头上。

香山上的鬼，她们吓得倒洗脚水都不敢出去。

好一个阴森的空气。

早晨带了望远镜游双清、半山亭，什么玉皇岭、颐和园的十七孔桥、昆明湖都很明显地看得清。

由后山绕到对面的半山亭，下山走错路，钻刺蓬，走险道，陈老弟跌好几跤。

穿着拖鞋往周家花园洗澡、洗衣。今天算是最快乐的一天。**3 5 3 5 6· 3 5**。

周伯珊上山来，带来一个恶消息：有一个电报交云南学会转我的，说我的母亲病，要我速回云南。

晚，碰ㄔㄨㄦ[②]，闹到一时才睡。

九月四日

很早起床，心中有事，大不快活，写信回家。吃了早点赶七点半的汽车已开，在宫门内桥上等，九时离香山。

回家继续写信，说明我的病况和回滇的困难，我只有到上海去拼命，拼命想法回来。

钟沪请看“平安”的《Ben Hur》[③]，从前看的是无声，现在却是配音的。在技巧上、布景上、表演上着实伟大，可惜是宣传宗教的。因为看三时时间已过半点，逛市场，在“国强”吃冰。

白丽珠母又来，刚我走后。真是无缘，我去找她，也是碰不着。

张福华由青岛来，谈了半天，十时就寝。

九月五日

起床很早，本想上“协和”看伤风小毛病，没人陪我又懒得去。写雨笙的信，补日记。

---

① 云南话“呆不下去”的意思。

② 似为原注音字母，相当于现在汉语拼音的“chu er”。

③ 译名《亡国恨》（又名《万古流芳》）。“平安”为北平一电影院名。

睡午觉，看上海报纸直到吃晚饭。只有我和小博士吃。

老许和那外国人简直是一日千里的感情。今天送他照片。

晚补日记。

九月六日

晨起游太庙[①]、中山公园。我一个人游三殿。

午饭后阅报、打球。张鹤来，白丽珠母来。

晚在黄香谷屋谈考学校事。她们主张我考艺术学院。

九月七日

从到天津便唱着的“去清华”，到现在才算去成。起床后等张福华，已经过了预定时间，八时动身，汽车也赶不上。四辆洋车颠了一点多钟，半路的让车很讨厌。看那些车夫却很平常，他们互相的礼貌却是使人佩服。

全是欧化的洋式建筑，图书馆、大礼堂特别漂亮。我们走了一转，在合作社吃午饭。

“清华”有一个历史传下的规矩，凡新生入学后，老班生要公开地大玩弄新生一番。今天正是新生注册之日，门口挂着“欢迎新同学”的大字，男女招待员守在门口迎接。签名后的头一关是到医院体格检查。再进一个宏大的建筑便是所谓的招待处，这儿是体育馆，这儿是新生们人人必经的难关。这儿有比马戏、狗戏更新奇的人戏。

我们进了体育馆，正是他们玩人戏热闹之际。周围围了参观者老学生，有些带有小红布条上写指导员、招待员等字样者，他们是专门干这种工作的执行者，他们是刽子手。应考的新生们是穿着一件内衣背心和一条短汗裤。在人声嘈杂的笑声中，他们板着面孔任凭那些刽子手的支配，那新鲜的花样给你不能不笑。就是那些表演者，虽然心里是怎样的不高兴，有时却也逼出可怜的苦笑。

爬单绳的出了风头，一阵掌声，吼声包围了他，他竟不知道这是他的不幸，身体越好的越给你玩得不得下场。

爬在地下用鼻子推进一个皮球，停在一个相距七八尺的小圈内。这看来简直像演狗戏，又像猪用鼻子在地下觅食。

令你在水桶内咬水果，等你的头刚低下，两三个人往水里一按。在你起来吐水咳嗽时，他们大慈大悲预备好一块手巾给你揩鼻涕、眼泪。

地板上写好了东南西北，要你站在当中蒙了眼睛，四五人围着你像推磨般的旋转，站定的

---

① 明、清两代皇帝祭祀祖先的地方，今为北京劳动人民文化宫。

时候要你指出你是对那方?

睡在地下打滚，这简直是玩弄小狗。

要你披着一个大褥垫从东墙跑到西墙再回来。只听着那光脚板打在地板上发出极沉重的声音。

蹲在一根荡木上甩来甩去，令你拿取地上一个立着的木棒，这木棒的位置是恰好给你的手差五分才够得上。这是猴子的玩艺儿。

“反对者下水”贴在游泳池门口，一个云南同乡熊君已玩过这套把戏，幸好他会游水，不然闷不死也要吃几口水。

听说今晚睡到半夜还有人来拉他们的被，要有一个 model① 被掷到大操场上。

我们已经看了相当长的时候了，这种表演却是拿钱都买不着看，过后只替那些新生可怜!

新生们对于这种玩弄，不见得会像旁人样的觉得可怜，因为他们还有着报复的希望的。好像婆婆待媳妇一样，一代还一代。

在杨雪芳屋里找着一本《音乐的常识》看，这使我感到异常的趣味，因为我想到要去考艺术学院②，不能不有相当的准备。

“清华”的环境着实太好了。我玄想着要是我现在是里面的学生，我将会很自由地跑上大礼堂去练习音乐，到图书馆去读书，到运动场去打球，…… 一时思潮起伏，追忆起学校生活的乐趣。

我想到若是进了平大艺院，重新再度学生生活，这会给我感到何等的悠闲，更想到以后来参加“清华”的乐队演奏。但是，回头想想过了两三年的平静生活以后将怎样?！算了吧！还是不要异想天开！赶快决定走哪条路：1. 在北平？ 2. 回上海?

在昏黯的夜暮里徘徊于“清华”园中，蝉声在唱她别离之歌。我发现了我的思潮又潜伏在考学校的玄想中。

九月八日

拿了《音乐的常识》一面散步一面看，在这样新鲜的空气里增进不少的记忆，这种滋味已是二年多没尝过了。当我走过运动场，几个练跑的从我书旁掠过，跟着一阵气喘之声随风飘过，这种情景无异于在“省师”的体育场上读书。

到阅报室我总是先找《时事新报》的电影栏，我每看后的感觉总是这样：快回上海工作去!

怎么《天明》、《都会的早晨》、《春潮》都是高占非演，不知他们是闹些什么?

小张楫陪我到“燕京”参观了一趟，到底没有“清华”讲究。

午饭后仍是洋车拖到西直门。张福华、何宏远昨天已回去，今天加了小张楫。我俩都在车上打盹，直到西城才醒 —— 只有何大子称了英雄。

老实说，考什么学校？我何必要这样软化下去 ?！我回到上海去有着我紧要任务，试问

---

① “模特儿”，这里意为一个作为榜样的人。

② 国立北平大学艺术学院。

我进三年的学校比做三年的事是哪一样的希望大些？！就说学音乐吧，在北平，尤其是在“艺院”，绝不会比上海好的。何况我在上海还有免费的教员。

我决定了。决定回上海去，过了陈老弟的生日，Zimbalist 的演奏会，十六日走。

和许、陈试洋服，买高跟鞋，在“上海大鸿楼”吃饭，“国强”喝汽水。今天特别开心。回家和他们写请客帖子。

九月（？）日[①]

白天李廷媛、钱云环在五姐房，她们请我按风琴。……[②]

九月十日

……

不过四五人，我仅坐在接前排的后一排，要是买二元的票不是太傻吗？

装饰得小巧精致的台上摆着一架崭新的桌面钢琴，它发出几种有色彩的亮光，因为在它的旁边立了一盏美化灯罩的站灯。由台上的布置看去，使我忆起几次提琴独奏会的情景来，想不到这却是一个中乐的演奏会。

在沉静的会场里，仔细地读了秩序单。

与其穿了衫子马褂伴着一位洋 miss[③]拿提琴独奏来现丑，不如规规矩矩地“翘着二郎腿”多奏几个琵琶曲，这是我感到朱子栽的傻和这演奏会的一个大缺憾！也许他要特别表现他是中西俱通的缘故吧！

开始是九个人的“协和国乐研究社”的合奏，当中拍鼓板的大概就是朱子栽，因为他们的广告上已经介绍了他是“协和国乐研究社”的导师、师范大学音乐导师。一连奏了四个合奏曲：《行街四合》是快板，有舞曲味；《渔樵耕读》是柔板，旋律很美，着实有农村生活的风味；《五节锦》便是明月音乐会的《五月落梅花》，虽然有些节拍不同的地方，我们当然很容易听出的。轮奏一段是用笛子、三弦、笙、月琴、二胡各奏一句。二胡的指法很不错，听众听完他的 solo 后好像都有很愉快的情感流露出来。笛子还可以，三弦、笙平常，最糟要算月琴，弦都没对准，这个调子全被他弄坏了。后面快板合奏还很紧张，但在我听来还是没有我们奏的入耳；《云庆》是行板，多促音的旋律中有些连续的颤音，有点祈雨的味儿，但和《渔樵耕读》总是一味的东西。

“忽雷”是一种古乐器，最早的时候只是蒙古人所有，后来慢慢传入中国宫中，在现代简直没有人拿来做公众的演奏。它的形式下部像小琵琶，上部像三弦的颈，没有品，两条弦，弹

---

① 本日日记的日期部分缺佚，可能是9月9日。

② 手稿此处撕去一张，缺本日日记的以下部分及9月10日日记的开头。

③ 外国小姐。

用，音色似大鼓三弦，但较之柔和响亮。

这是朱子莪的独奏，他抱着坐在前面，当中背面有二胡和笙的伴奏，这哪里会叫伴奏，简直是齐奏。《登楼》有大鼓味，《混江龙》便是《春天的快乐》第一段。弦总是没对准，听来耳朵有些不好过。

无意识地料想在小提琴独奏时他会换了衫子、马褂，穿上比较方便点的衣服，谁知一开幕在台中立着的还是他那点猫样（他的脸有点像小白猫）。伴奏钢琴的却是一个洋密斯。他很不自然地调着弦，摆出了一个怪不好看的姿势。

《Traumerei》①奏完接着是《Chaconne》②，没有什么高明的技巧，手指的颤动很好。《Traumerei》的弓法拉错，最后一句用上弓，最后的F在弓弦上跳起来。

二胡独奏很平常，像他这样的在上海听过很多。

琵琶独奏的技巧虽不如朱荇菁，可是所奏《阳春白雪》和他自己的作品《商妇泪》，还能刺激每个听众的感情。

《商妇泪》是描写一个唐时皇宫里的宫女，经战争的混乱而失了她在皇家的荣誉，后来和一个穷商人结婚。这种生活的转变使她在她的生命之途上感到万分的悲哀。

九月十一日

拉起基练来，肚子也不知道饿。早上拉基练算是这回比较长些，温习了手指练习。

在半道突然想今天该去找一找托诺夫③。我的车由东单转北，他俩④到苏州胡同取衣，再去看“中央”⑤的《花烛之夜》。

问过好几个外国人才找到他的房子。他出去了，一个肥胖的老太婆招呼我进去留字。我为省麻烦起见，懒得写，在他那教室里打量一周，对老太婆说下午六时再来访他。

由东交民巷闲走，商店、洋行都关了门，因为今天是礼拜。马路旁的树木很多，街道非常干净，有几处走着像在上海的霞飞路。

原来东交民巷是那末长的一条马路，走到前门时我的腿有点酸痛。在正阳门车站问讯处问了到上海通车的时间和价钱，我才知道什么行李、换车，一点也没有麻烦，从北平到上海只需整两天，行李可以直运上海再取。

徘徊在车站的时候我决定了无论如何十六日便动身，刚好“九一八”可抵上海。

钻入了一个低级社会。在这儿，充满了工人们、车夫、流氓无产阶级的汗臭，他们在狂吼、乱叫，好像些疯人样地做出千奇百怪的玩艺，有的在卖嗓子，有的在卖武功，这些吼声，这些

---

①《梦幻曲》。

②“恰空”（源于西班牙的一种$\frac{3}{4}$拍子的法国舞曲）。

③ Tonoff，北平当时著名的俄国小提琴教师。

④ 陈钟沪与许强。

⑤ 北平一电影院名。

真刀真枪的对打声，锣鼓声…… 这是他们的生命的挣扎，这是他们向敌人进攻时的冲锋号。

一个老头挂着一副惨白的脸在地下滚来滚去，起来时满身都是泥，由他那可怕的脸和两手的运动正像扯疯的样儿，看了半天才知道是卖武功。

由天桥乘二路车再到托诺夫家，他没有回，约定明天上午十时会。

“四大天王”和陈老弟庆寿，到东单“大鸿楼”吃晚饭。表姐和五姐对坐于我和许强，寿星在当中而且是上席。是自然坐成这样的，也就有趣！

向她祝寿，用报纸垫在地下磕了三个头。

接“三人”的信，她简直误解了我对电影运动的观点，并且希望我进一个国立大学。雨笙的信不希望我很快地回上海。

我决定试一试国立艺术学院。

九月十二日　钟沪的十八岁生辰

好像作文章一样地写了封长信给春，大概地解释给她电影运动的意义和我对电影运动的正确观点。她太误解我了，她以为我是想做明星！

托诺夫鼓吹我入“清华”，只要能 pass 过入学试验，你尽可在里面把音乐当饭吃。和他谈王人艺的事，他非常夸奖他。他问拉过什么 piece①没有，他是主张拉 piece 的。他叫我礼拜六带着提琴和所拉的书来试一试。

陈老弟穿了洋服，新的秋大衣。两团毛皮在脸的两旁，烫着发，长裙高跟鞋，左胸上还插了一朵大花。阿门！看去简直是像一个大明星，大少奶奶。

原来杨瑞安和徐茂先都是教过我们的，他们要先奏一曲，正奏《Traumerei》时进来一批客，空气大为嘈杂，stop②。

首先就欢迎“小四狗”③的提琴独奏，《Traumerei》、《Souvenir》，简直大受欢迎。接着有“洋车夫”唱余叔岩的京戏。

共有十二座一桌的四桌，我坐在第四席的上八位（上十二位）。在这席上的一切言谈举动都非常随便，因为差不多都是“香山会议”的老同志。

杨瑞安、徐茂先、李安庭都敬我小杯白玫瑰，祝我成为将来的大音乐家。“玉溪跑堂”和聂耳的 Chinese English④演讲简直大闹“忠信堂”⑤，笑声震天。

和杨、徐们闲谈，他们都愿我从这条路继续地苦干下去，同时不希望我到什么艺术院去鬼混。到底他们比较内行。

---

① 小曲子。
② 停止。
③ 聂耳的诨名（在家乡时曾扮演花灯《四狗闹家》中的男主角“四狗”）。
④ 中国化英文。
⑤ 当时位于西单的一家饭馆名，宴会所在地。

乘汽车至北海公园，刚到刚关门。我们只看到月色之美，而没想到已经十点钟。

寂静的中山公园，被我的琴声的号召，一会儿就围了不少的人。

经过白鹤的公馆门口，她听见我琴声的尖锐而嗓子发痒，居然在夜深人静时随着我的琴音大唱起来。

今晚非常高兴，走着站着都在拉琴，当然，他们更高兴地得饱耳福。尤其高兴的算是陈老弟，她的这生辰过得如此充实，着实难得。

虽然吃了酒席，我们三人却觉得肚子饿，到快关门的"英林号"楼上一坐，吃了点心，尽兴归来。

回家十二点多，一层薄云盖了明月，后面还跟着成块成团的黑云追逐过来。

九月十三日

取相片去报名，那张假修业证书毫无问题地报了。艺术学院比我理想的要大一点。

陈老弟回去拿大衣，老许到"中大"注册，我一个人在"英林"老等了半个多钟头。老许带来一个不好消息："中大"的证书成问题，不能注册。我看他们俩都有些不好过，我只有用些话安慰他们。

到东、西交民巷"中国"、"正金"银行，都关了门。他们带我到"老便宜坊"（骡马市大街米市胡同）吃烧鸭。我又在他们面前显了吃的本领，和他们相等外，我又吃了三碗饭。

明天要考试了，什么也没有预备，在三十三号鬼吵鬼闹到十二时才睡。今晚的侯兄非常有味，他也去了"老便宜坊"，但我们没碰着。他大概喝了不少的酒，素来不会说笑话、开玩笑的人，今晚却玩出好些花样。他大概十六号启程赴日。

九月十四日

早晨临时去借毛笔、墨盒，到校已有很多人挤在各走道、各教室门口。我找到桑即藩、徐克娴、张孝机一块儿谈话。一堆堆、一团团的小组都在谈论着关于考试的话："你考哪一系？""我一定落第了！""听说音乐系的最多！""喂！你丢 pass[①] 的时候得看好后面没有人！""唉！我的数学不行！""……"

铃儿一响，都集合在礼堂门口，这儿是第一试场。我等了很久才点到我的名，是一百〇四号。座位是一人行，这是防止偷看的。教台上摆着一块大牌，上写着极严厉的投考规则。

党义试题：1. 略述三民主义之内容。

2. 根据民生主义拟你的家乡的农村经济的办法。

---

① 考试时掷答案给考生。

3. 国难期中研究艺术的学生之责任。（这是我作的）

国文试题：1. 何谓艺术。

2. 吾人对于艺术之使命如何？

3. 各自写理想的精神之寄托。（这是我作的）

数学试题：1.a. 试解下列之算式

X^{-1}，X^{0}，$\frac{0}{0}$，$\frac{0}{1}$，$\frac{1}{0}$

……

懒得抄了，一共两个代数，两个几何，两个三角，我的狗点子好[①]！作对四个半。

英文试题是作短篇文描写北平，英翻中两小段。

晚到中南海找外国人，他已回去。上"真光"看《野玫瑰》。

九月十五日

今天是中秋节，同时是日本承认满洲国的日期。街上戒备很严，因为"九一八"这恐怖日也快到了，他们恐有意外。

空跑一转中国银行，各银行都放假。

拉一天琴，吃晚饭很热闹。小浦琼英、袁芷芬也来和我们过节，吃得不亦乐乎！

约杨瑞安去听音乐，在那儿认识几位日本留学生，他们请我先奏给他们听。

老洋人的汽车来，接到北京饭店。我们是穿中国礼服，因为是顶高的票价，不穿礼服很不大适当。

Zimbalist 好像比海菲斯老得多，前部分的技术顶高，后面有短小的舞曲，这比较适合一般的心理，他又重奏了一遍。他的姿势没有海菲斯的规矩，听了还很满意。

喝了汽水，听 Jazz 曲，看交际舞，汽车送回。过节，一时半睡。

九月十六日

以后吃饮食该特别小心了，昨晚临睡前的所谓过节大吃其水果、月饼，我不该把月饼和茶一块吃，今早又闹起肚子来。因为自己闹肚子有经验，急忙喝些泻油。

别人正提倡"九一八"绝食，我们为闹肚子而绝食。钟沪不但泻而且疼。

基练拉出趣味，昨晚的音乐会不无影响。一连拉了五个钟头。

陆兄[②]送些看新戏的参观券，虽然时间已迟，我觉得就是能看一幕也要去，况且剧本很多（《血衣》、《九一八》、《炸弹》、《战友》、《一个烧饼》、《第一声》、《S.O.S》）。我对它们抱着满

---

① 昆明话"脑子聪明、运气好"的意思。

② 陆万美。

腔的热望。

看见“法大”的铁门是关着的，第一个感觉是人满，时间迟，不能进去。等看见里面站着好些军警，我的观念马上转移到另一方面去。虽然有旁门可入，我还犹豫着是进去还是打转。恰好一个学生从这旁门出来，我问他演戏没有，他说已经被禁止了。我又原车拖回。

近几天来北平市的空气特别紧，各学校和民众团体都积极准备“九一八”的示威运动、搜查日货运动、演剧运动，虽然政府有明令禁止却当成耳边风。昨有学生和军警的冲突。

看这几天的上海《时事新报》电影栏，感不到什么趣味，文字也平凡。在图书室看报打盹，回来睡午觉，到吃晚饭。

布告处有一张所谓“T.T.T. 团”最近将向会所里的同乡有“亲热表示”的布告。据说是几位“草包”所组织，他们要学“清华”学生对付新学生的四人分尸的把戏和新同乡开玩笑，听说今晚九时动员。

十点多钟，会馆里突然发出一些喧嚷的吼声、笑声，我知道他们已在开始工作，我在寝室里看书等候着他们的到来。一阵轻轻脚步声在我的寝室周围站住，一会儿张楫进来。他们所谓的诱敌，我不等他开口便倒在他身上，叫他们抬着手脚的来，我很舒服地给他们运动了一回。

九月十七日

陈老弟在考民国大学，她比我起得早。

预备一上午的基练，到时去找 Tonoff，还有一个学生没下课，所谓他的高足一“清华”学生也在。

先叫我拉 scale，后来问我《Mazas》怎样。我说第一本已练完，他要我拉第二本 No. 32, Legato Exercise①，《Schradieck》拉 7 th position②给他看，调子拉《Souvenir de Moscow》，《Gypsy Air》③、《Minuet》（Mozart）④，他非常满意。

他说我的左手很好，右手持弓是德国的老派持法，现在这些 violinist 都不是如此持法。他把我的食指移进来，多部分的握着弓，这样觉得比较紧些。

他说来上课是好像赴演奏会一样的庄严，到了课堂，从开始演奏到完，不应当有丝毫错误的。在家里自己练习时尽可以错了再来，特别难的多来。

我对于我这毛病实在抱了很大的缺憾，赶快在改换教员的现在纠正过来吧！

以后要练仅是 scale，《Kreutzer》，因为还有 piece，后早再去。

---

① 法国小提琴家马扎斯的《连弓练习曲》。

② 第七把位的指法练习。

③ 西班牙作曲家萨拉萨蒂的小提琴曲《吉普赛之歌》。

④ 奥地利作曲家莫扎特的《小步舞曲》。

由今天上课的结果，我以后当注意以下的几点：

1. 全弓时一定要弓屁股到尖。

2. 用全毛，手腕是平的。

3. **慢！慢！慢！**

4. 在家注意小节练习，到课堂交功课，**不能有半点错**。

5. 闲时别乱拉，慢拉 scale 或背基练。

6. 换弦时小指需紧压前弦，尽可能慢地放开。

马三哥[①] 请吃羊肉，坐电车到天桥兜风，酒醉饭饱步月回家。

九月十八日

今天是“九一八”，上午去天安门开市民大会。街上戒备极严，在天安门附近的军警更多，门是关着的，我们知道又是被压迫着解散了。西长安街来往的人很热闹。

到王府井中华乐社买 violin piece。真穷，什么也没有。

“艺院”已出榜，老桑、我都落第了。

因为“艺院”的失败，有时想回上海。

老洋人约去六国饭店吃咖啡，谈了三个多钟头话。他对中国的认识，简直比我们还博。

在杨瑞安家吃片汤，到十点钟才回。

九月十九日

交了学费，他借我 piece:Viotti No. 22[②]。下大雨，车钱很贵。

坐汽车送“杨车夫”和汤如媛的行，赶迟了。晚贴相本。

九月二十日

拉琴的时候多。晚和钟沪谈我和“三人”的事。

九月二十一日

正在写信，有李君者来访，他名片上有《戏剧与电影》通讯社记者的衔。他说是上海赵某[③]介

---

① 即马匡国。

② 意大利小提琴家韦奥第的第22号《a 小调小提琴协奏曲》。

③ 中国左翼戏剧家联盟的负责人赵铭彝。

绍的，谈话和姓任[1]的差不多。他给我一份《戏剧新闻》[2]，并且要我写稿。

到第三院看"苞莉芭剧社"[3]排高尔基的《夜店》，认识些戏剧界的人。他们剧本没改好不能排，闲坐谈天，到九时回。

九月二十二日

《戏剧新闻》社和我要稿，要我写点关于上海电影界有系统的记载，今天一有空便在房里埋着头写。臭味扑鼻，蚊子包围，感到十二分的讨厌。

刮起大风来，已经有点冷意，我今年的冬衣不知在哪儿？!

近来心绪稍觉安定，虽然今后的生活费还没有着落，好在这儿的生活程度低，少焦心吧!

九月二十三日

六点钟起来完成了《上海的电影界》[4]，亲自到第三院交给宋之的[5]。

他寝室里堆着很多的日文、俄文书，他正在写稿。我看他读书能下苦功，着实比我们强得多，我有着无限感动，觉到自己的浅薄!

在音乐上，最近又忽略了作曲这一工作，关于革命音乐理论的写作，也要同样地注意。

第一步工作：收集云南山歌、小调，并创作歌曲。

九月二十四日

在未去上课之前，心在跳，在路上常常活动着左手指，想着要背出的功课。

演奏时，越慌越易错。今天成绩非常好，他说我交的第一个功课使他非常满意，他顶欢喜这样的学生。

这是一定的道理，只要拉得好，下次的功课总来得多，今天的 piece 很难而且多，下星期照样要背出。

离开教师后心里总慌着："这样难！怎样交账，回去非下苦功不可。"

我由今天的成绩看来，我的免费计划大有实现可能，这也是鼓励我非用功练习不可。若是以后的这三礼拜都没有错，那末，我便好开口了。

中华乐社买《音乐通论》、《音乐的性质与演奏》，要买好的弦线，简直没有。

---

① 北平左翼戏剧家联盟的负责人任予人（于伶）。
② 北平左翼戏剧家联盟的机关报。
③ 宋之的、任予人领导的左翼剧团，取名于俄文"Борьба"（斗争）的音译。
④ 此文缺佚待查。
⑤ 北平左翼戏剧家联盟的负责人。

在洋车上看新书，车到门口都不知道，跑过了一大截。

蒋南生来，我知道他会请我奏琴，我抓住他的心理先奏了《Humoreske》。他说我比在上海时大有进步，其实这调子还没有他在上海听时拉得好。

满桌子堆的乐谱、音乐理论书籍，床上不规则地摆着提琴、弓、盒。箱子架搭的破木乐谱架，斜扯着靠在墙上。下面有扫铺刷，皮鞋有破纸盒装着，盖痢疾痰盂的芭蕉扇，擦屁股的旧报纸，擦皮鞋的破袜子。

自从在这屋拉琴的经验，蚊子敢追着来咬颈子、活动的两手，它完全是跟着这尖锐的声音而来的。这几天我细细观察，简直是这样的：非停止拉琴是赶不走的，它总是跟起你跑。每天至少有十个新伤痕，在手上、颈子上。

这几天的工作自然地有程序起来。早晨写电影、戏剧文字和拉基练，肚子饿了煮三个鸡子。午饭后在一号谈一阵话，喝杯浓茶。过来拉 piece，因蚊子骚扰和屋里的臭气，至多只能工作三小时便头昏、抓痒，所以只得离开小房子到乒乓球场，进图书馆，一直可以挨到吃晚饭。晚上看一次夜报，和姐姐们鬼混一阵。回来研究音乐理论一直到十二时灭灯。

九月二十五日

到北平来算是第一次拉了这么长的时候，自上午八点钟拉到下午四点钟。这也是逼得不能不如此，托诺夫太把我看高了。他给我这 piece 是一个显技巧的东西，作曲者 Viotti 是和大演奏家 Paganini① 同享盛名的，曲里着实有困难的地方。

到“华乐园”看科班“富连成”②，唱、做工都特别卖力。我对于旧剧的趣味到底没有他俩浓厚。

舞台上很多不合情理的事与物，看了会讨厌。剧场秩序太紊乱，茶房扔手巾的最讨厌，但看他们那接的功夫是再准没有，左右，上下，远近，简直百发百中。

九月二十六日

“double stops”③太苦了我，手指都痛了，今天比较纯熟些，练习时间也相当多。

好些同乡去考法学院编级生，因为文凭露了马脚，谁都不高兴，本来事前太荒唐！

想到外国语的必要，我应当努力干下去，我的日文和英文算是有了根底的。

晚饭后在钟沪屋听她念五年计划的故事，她讲得很起劲，听的人也感到很深诱惑性，谁也

---

① 意大利小提琴家帕格尼尼。

② 京剧科班名（初名喜连成），1904年由叶春善等创办于北京，培养了喜、连、富、盛、世、元、韵七科学生七百余人，1944年停办。

③ 按双弦。

不愿离开，竟延续了二三小时。

独自在这破寝室里写着日记，觉着会馆里特别清静。远处传来有原始意味的土人舞的锣鼓声，尤其感到这夜的沉静。突然火车经过宣外铁道，惊破了这夜的沉寂。一会儿隔壁学校的钟声响了，忆起当年的学生生活。

？月？日[①]

自从痢疾好了以后，没有一天不会注意到自己身体的珍重。饮食的小心，大便的审察，已经是不会遗忘的事。

有时照着镜子发现脸上长了些肉，禁不住向镜子里的我狂笑了起来。有时在街上走着，坐在洋车上，觉得我已不是病人，于是挺了胸膛不自觉地露出骄傲的微笑。

因为这屋子的气味太闻不过去，昨晚开了门掀开帘子睡觉，今早起床上厕所时衣服没扣好受了凉，突然咳嗽起来。洗脸时摩擦身体，一会儿功夫便好了。

"民国大学"去看榜，钟沪已考取政治系一年级，回头要走时车夫包围着抢[②]……

十月三日

昨晚还是和许睡一床，因为暖和，起得较晚。

天气冷起来，我的冬衣还摆在上海当铺里，不知今年的冬天怎样过去？！

去年这一向也是努力提琴技术的练习，不时又领小朋友们到"九星"看电影。

交学费的日期快到了，想起来却有些茫然。管它，到那时再谈吧！

十月四日

今天是我主席，讨论一个组织大纲[③]便占去一点多钟，王浩兰也出席。

和老丹[④]到艺院领文凭，四处参观了一周。想找那 cello，已是下课的时候，他早回家了。

说着什么吃牛肉，看"富连成"，真的马三哥便邀我们去吃牛肉面，李洪恩请客看"哈尔飞"[⑤]的"富连成"。《法门寺》还不错，叶盛章[⑥]的《雁翎甲》我看还没有《巧连环》的套数多，看得我打盹。

---

① 本日日记的日期部分缺佚。
② 此句未完，手稿此处撕去多页，缺本日日记的后半至10月3日之间的日记。
③ 讨论北平左翼音乐家联盟成立的组织大纲。
④ 北平左翼音乐家联盟的负责人王丹东。王浩兰是他表妹。
⑤ 北平一剧场名（今西单剧场）。
⑥ "富连成"班"盛"字科中的武丑演员。

十月五日

高衮父和李琼英要回云南一转，她和钱密斯[①]都要我买东西带给春晖，并且提议买一只“小四狗”。这么一来，弄得我拉琴也无精神，草草收束便跑向西单商场去，顺便在三院打了一个转。一个人逛得怪有味，有本事从一点钟逛到五点钟才舍得离开，到底只买了一个小橡皮洋狗。

加入联合饯行，上“老便宜坊”吃烧鸭。这些诗人作了不少打油诗。

在十三号房大唱其京、滇戏，直到灭灯才散场。

从今天起，做着去日本的梦，随时在想，随时在谈。

十月？日[②]

许和陈今早请吃饯行饭，当然有这尾巴狗[③]。“上海大鸿楼”上又作起诗来，有钱子、镊子又杨子、陈子、李子并许子，有高子无舟子。

写信给高转雨笙借赴日旅费，照我那说法想会有实现可能。

陪陈去“同仁”医眼睛，睡了一大觉，回家刚赶上送行。在汽车里告高，这信不要给检查。

东车站新搭有花牌坊。中西要人，各团体欢迎班禅[④]，热闹异常。

车开了，钱密斯，李廷媛密斯哭得拖都拖不走，钱的脚麻叫妈。

高仁夫请吃小小饭馆，八人吃四斤黄酒。他们想玩玩女招待，留日学生也者，抬了半天的一杯酒依然又倒在自己嘴里。多么无聊！

据说她们的生活很苦，每日从上午八时起到下午十一点止都在招待着，每月除伙食外只有五元钱。

叫了好几次聂先生的电话，钟沪告我今晚要到“六国饭店”听音乐，要我早些回去。

我还以为什么了不得的音乐，原来是跳舞会一个。我规规矩矩地坐在火炉旁看报，吃、喝，他们看跳舞，我只管听音乐。有一 Tango[⑤]非常好，是弦乐三重奏，cello 特别可爱。……[⑥]

十月十二日

…… 没有决定。

---

① 即钱小姐。“密斯”为英文 miss〔小姐〕的音译。

② 本日日记的日期部分缺佚。

③ 聂耳在昆明时即有“小四狗”的诨名，在北平时又经常跟随着陈钟沪（其家是经营云南宣威火腿的商人）、许强一起行动，因而被戏称为“尾巴狗”。

④ 九世班禅额尔德尼1924年由西藏来内地。返藏途中1937年病逝于青海玉树。

⑤ 探戈（起源于非洲黑人的一种两拍子的拉丁美洲舞曲）。

⑥ 手稿此后撕去若干页，缺本日日记的后半部分直至10月12日的最后四个字之间的各日日记。

十月十三日

在北平居然混了两月，生活仍是动摇着。很贵族地学琴，现在也学不起了。要想望他免费，我看也是梦想！即使真能免费，你的生活费又有谁供给？

说什么去日本？也是渺渺茫茫！这几天弄得心绪不宁，坐卧不安，现在且把今后的生活路线做一个简短的分析：

去日本：

好处——有读好日文的希望，算是跑了一转国外，考察音乐、戏剧。

坏处——没有进学校的可能（因为经济）。日文程度太低，不能去直接活动。

在北平：

好处——托诺夫着实是个好教授，他很注意 piece 演奏，常学下去一定可以学很多的 concerto[①]，他看我的技术还不低。空气好，北平话好听。

坏处——没有生活费、学费，心神不定。生活一点也不紧张。会馆里不能充分地用音乐功夫，换句话说，这不是学音乐的环境。

回上海：

好处——有收入，有现成的免费教师，有加入乐队演奏的希望，有紧张的生活，听的机会多。

坏处——现在就想不出有什么坏处。

照这样地分析下来，当然只有回上海好。

今天本想去看《人猿泰山》，到东安市场看旧书，买了一本《Piano Pieces-The Whole World Plays》[②]，八毛钱，等于看电影。

〔宝塚歌舞团[③]——国际性的音乐、戏剧者。

街头音乐家。周游世界的音乐家。满洲国。小演奏会〕[④]。

十月十四日

“明月”在“友联”[⑤]拍片，叫《燕子飞飞》，十一日已在香港路强生公司开始拍摄内景。我可以想到他们生活的一般。

若是有点勇气，还是跑日本好，反正我冒过的险也不少，多来几次又何妨？

现在回到上海固然有很多好处，但去日本一转再来，不是好处更多吗？总之，从稳处走便

---

① 意大利文“（小提琴）协奏曲”。

②《世界钢琴曲集》。

③ 即日本“宝塚歌舞团”。

④ 以上两行，手稿是写在本日日记顶端的空白处。

⑤ 上海友联影片公司。

是回上海；去日本便是冒着险打张彩票。

计算日期，郑的款应该汇到，不知他还会有什么怀疑？据我推想：(一)爽爽快快地如数汇来。(二)措辞没钱，缓延日期。(三)先汇一部分。置之不理的事想来不会有的吧！

据最近的经验所得，对于音乐知识的修养不但要常听，而且研究音乐理论应当是和基练一样的日常工作。有时我曾对音乐抱过消极的态度，但读了一些音乐家的历史会即时鼓起很强的勇气。Wagner 的一生都是和苦痛奋斗着。

前进吧！由日本而美、欧，有什么可顾忌的？！

十月十五日

学提琴的一月计划，现在已到期，拿着书到托诺夫那儿去退学。

“我接到电报谓我的家乡有□□[①]，此后我的生活费和学费会大成问题，所以需请假一月回去看望一转”，我很庄重地说。

“啊！这是一个顶大的障碍对于你的功课上。你是一个顶聪明的孩子，你将来的提琴会拉得不错的。”他有忧郁表情地说。

violin 不论上行下行换位时，第一指无论如何紧压弦上，先把握着正确的把位再打别的指。

他和我指定了一个月的功课练习。piece 交给他，但钢琴本被我骗了。

音乐会[②]简直是死气沉沉快要坍台的样子，老丹大发牢骚，表示很灰心的样儿。其实谁不是如此想，根本这种工作一时不会做好。

如此万里无云的月夜，我们逛到中南海，坐在凉棚下，喝着清茶。海中的四川人用口琴吹《璇宫艳史》，别人在大哼大唱，这深秋月夜的寂静被他们捣毁了！

随口哼起《祝您晚安》和 guitar 的分律[③]伴奏，往事的追想是不可抑制地频频而起。

遇萧光汉和袁芷芬，她在先装没看见向前走。他们是初恋，这样的甜蜜生活是怪有味的。

三人身上才凑出一元钱不到，南海喝了条，还要来“英林”消夜吃烤面包。

十月十六日

老丹来电话要约着老李[④]们的口琴队和唱歌队参加“朝大”[⑤]民众学校的募捐游艺会，还要我去提琴独奏。

走到中南海找老老[⑥]，未遇。风大极，我走得出汗。

---

① 手稿此处涂去二字。
② 指北平左翼音乐家联盟举办的音乐会。
③ 吉他的分解和弦。
④ 北平左翼音乐家联盟的负责人李健（李元庆）。
⑤ 即朝阳大学。
⑥ 北平的钢琴音乐家老志诚。

又走不少路才到"朝大"，遇老任，他们参加演剧：《一个烧饼》。要去日本的老陶[①]也在这儿给介绍了，他和我的情形差不多，他也是在等钱。

我没带提琴去，他们都很失望，我加入了"非洲博士讲演"（节目单见下图），颇受欢迎。

托诺夫在艺术院的演奏，全是些小调子，总的批评是还不错，详细的已经记好在心，只要看着节目单便可以忆起各曲的趣味。

在会场里认识了托的高足"清华"学生陆以循，谈起王人艺，他去年冬天在"清华"的演奏原是替陆拉，因他的手坏了。还有两个学提琴的女同乡也到。

夜里停了风，我们步月归。

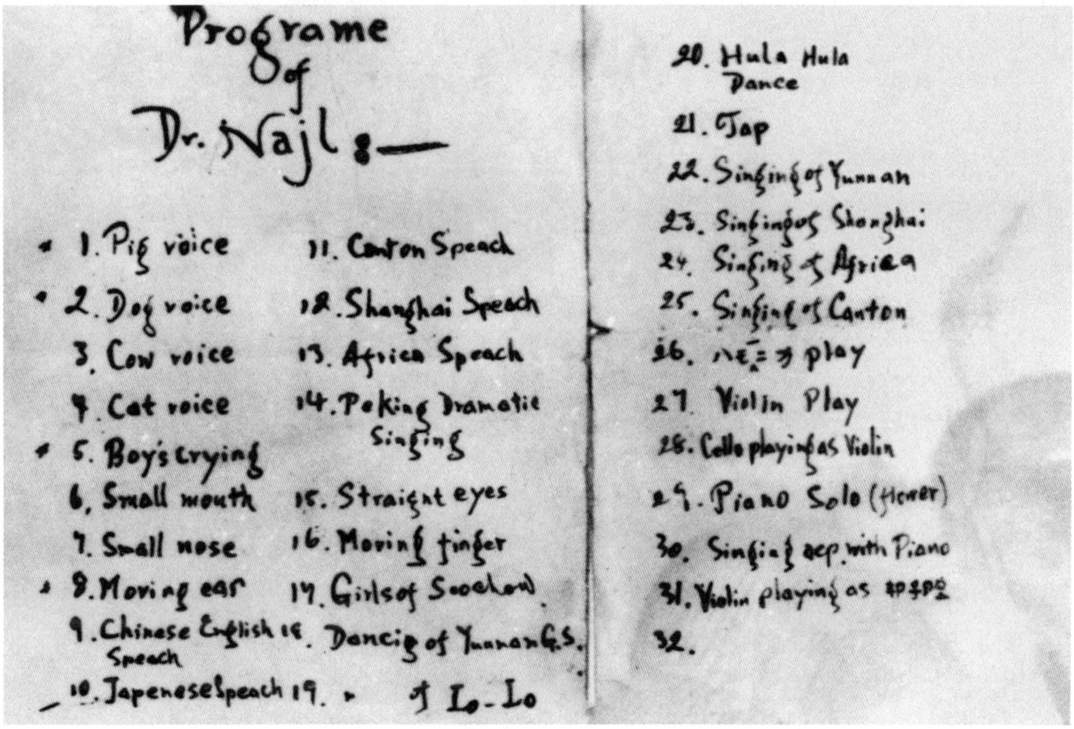

〔译文：

1. 学猪哼哼	11. 说广东话	21.（不明待查）
2. 学狗狂吠	12. 说上海话	22. 唱云南歌
3. 学牛长鸣	13. 说非洲土语	23. 唱上海歌
4. 学猫咪叫	14. 唱京戏	24. 唱非洲歌
5. 学小孩哭	15. 斗鸡眼	25. 唱广东歌
6. 努小嘴	16. 舞动手指	26. 吹口琴
7. 挤小鼻子	17. 学苏州姑娘	27. 拉小提琴
8. 扇动双耳	18. 跳云南舞	28. 把小提琴当大提琴拉
9. 说洋泾浜英语	19. 跳倮倮舞	29. 花式钢琴独奏
10. 说日语	20. 跳夏威夷土风舞	30. 在钢琴上自弹自唱
		31. 在小提琴上奏梆子腔〕

① 北平左翼戏剧家联盟成员陶也先（林成）。

十月十七日

一天的大风。天气虽冷我仍是没有加衣服，早上摩擦身体，工作时候多，所以简直不觉得怎样冷。

今天开始自己定功课练习，趣味很浓。

上海报载“明月”在“新世界”参加“路政展览会”表演歌舞，有胡笳的新节目《提倡国货》，这便是他们所谓爱国的表演吧！

晚，在许屋看他们吞云吐雾[①]。后来在一号谈思想问题，他们要我给他们一个现生活的批判。五姐和表姐参加，我们的谈话便转移到云南的一切。

十月十八日

天气简直冷得不是一床薄被可以御寒，我有点害怕北平的冬天。我的冬衣，什么都当光了，要躲避这可怕的冬天，只有趁早离平。

想到钱到现在还不到，我又着急起来了！雨笙真的不理我了吗？

和张鹤、大佛门逛西单商场。回来和鹤谈上海的生活，一时的感情冲动，又想回上海。

十月十九日

拉琴正起劲时，觉得自己很有希望。一时会有如此一个幻想：

云南人学音乐成行点的我算得一个，等再学有相当成绩时可以回去开几次演奏会，使教育界的都听到我的专门技术，我可以要求到国外留学。

要是去不成日本，回上海可以到国立音院混津贴，同时在“联华”工作。

和鹤正开晚饭，茶房送好些信来，我看有几封牛皮纸封的，我想无疑会有我一封。等他一个个地分发完了，却都是别人的。唉！这几天望信的滋味是够尝了！一天起码问十次。

一卷报纸是雨笙寄给张鹤的，我们都很怀疑他为什么要寄这么些无聊的小报来。他说恐怕里面有信，我忽然意识到有这种可能，随便一张张地清理过，什么也没有。

无意地翻阅那些报纸，一张信掉出来了。在我没有打开之前我拿定是我的，因为给别人的信着实没有如此秘密的必要。等打开一看，开头便是鹤兄，找不到关于我的一个字，我深深地失望到底了！

我终于不可解，一封不关痛痒的信何必要夹在报纸里寄，既可以把别人的信夹在报纸里，为什么我的事竟一字不提？这事简直太玩弄了我的感情！

---

① 即吸鸦片烟。

他俩都不在家，我今天感到十分的孤寂。常在一处倒不觉怎样，突然离开一天，似乎找不出可以谈得起话的人。计算今天拉琴、看报的时间也不少，但一闲便去看他们回来了没有，总希望着他们能早些回来。

十月二十日

想不到去日本的这机会瞎摸瞎碰地却碰出正路来，老陶可以找到音乐学校关系，一切无问题。登岸手续只需交一张百元日金票，他们看你有钱便不会猜疑到是来做工的或是其他危险分子。既到以后的住食问题都有人招呼。

这些弄假成真的事我不知干过多少，自己越想越有趣，我将自称曰“活神仙”。

好些人都认为我“不回朋友的信”是一桩顶不好的习性，我自己也觉到这是一个绝大的缺憾，我以后将尽力克服。

昨晚和张鹤、宏远发歪疯，十一点钟还鼓吹他们陪我跑马路，他们也觉月色可爱，便兴高气傲地手挽着手跑出去，三个活泼精悍的小孩，不顾一切地向前跳跃着。风虽冷，没穿长裤外衣的“小四猫”和光头无领的“小四狗”还觉得心里发烧，因为我们沿途讲的青年人漂泊吃苦的事。他们很愿意听我讲去广东、湖南的经过。

“英林”吃完点心出来，觉得冷风逼人，跳到会馆，已是灭灯的时分。

今早起来继续写雨笙的信。从来不会对人诉苦的我，今天却和他大诉起苦来。我除催他速汇赴日旅费外，还告他回上海的第二步计划。若是他一时不方便的话，可先汇够回沪的旅费，回上海再多方筹借。我报告他这儿冬天的可怕，我的冬衣一点都没有带。

写金焰的信和老宋的一明信片。

白天李健来谈，他总是说“乐联”[①]无望，处处感到困难。我说他们过去不该用如此大的招牌。在先我并未曾想到仅是五六个人，在我接到老丹给的宣言时。

他请我奏曲给他听。

怪无聊地翻信看，想起应写封信给人艺和严励，我的提琴朋友。

大风一起，我便有些害怕，没有冬衣，在北平的冬天是不可随便开玩笑的。唯一的出路只求能早日离平。

北平，着实有它可以使人留恋的地方，但是为了生活，只能说一声“后会有期”！

十月二十一日

刚从杨瑞安家回来，因为今晚和他谈话的起劲，使我充满了创作欲。正在情感高涨的此

---

① 北平左翼音乐家联盟。

刻，随便将它拟出一个计划来：

题材：以我由云南至广、湖的实际生活为取材，写成一篇长篇小说。

意识：以一个青年学生的对社会仅有浅薄的认识，而感情地走入士兵群众中生活，赤裸裸地暴露他的思想的无系统。但因客观环境的成熟使他渐渐理解他的现生活、现社会，因此，他才坚决确定了中心思想，踏上一条正确的大道。这是它的中心意识。

结构：车别为开始，以邓的送行的话介绍出主人翁的第一个性——嗜好文艺、动的个性，纯感情的。叙述招兵时相约报名的情形，多么踊跃地、高热地、有生气地，结果只剩一个人，显露出李、邓、郭、胡的胆小、畏缩。在此结束云南省的记述。

滇越铁路的北端，昆明车站的月台上，拥挤着人群。紧靠月台旁这一长条列车，将在二十分钟后开向安南去。

由海防至广东一段全是实生活的描写，以一个弟兄请写信一直联系到底。在每封信里都有悲愤的情感，尤其在他阵亡前的一封家信里，充满了血和泪，他始终是一个可怜的人。

到广东发新兵衣服，生了很大的感动，自己觉着今后的生活会可怕起来。但因旅途所见一切新的气象，在极吃苦的时候总觉是无上的快乐，那些可怖的幻想早已幻灭了。

入郴城后所遇到的眼光，恐怖的想象实现在眼前。到营里无意听见有人叫自己的名，原是旧友。这时的情感，一面是得到慰藉，一面是深悔为什么不在广东开小差。一时莫名的眼泪雨水般地涌将出来，也不怕难为情。

接着是一大段新兵生活的描写，直到开小差为止。此时期的主角是赵、陈、他三人。

由新兵至文书上士的生活的转变，此刻如登天堂。连长室堆着没人盖的被，勤务兵来烧火盆，从此没有人凶凶地叫你的名字，耳旁只听见些师爷的称呼。

客观环境中有兵变，年三十晚，毙人，狱中，小孩的歌唱，女人的租贷，农民的谈话。

录事生活的思想是：暂时的安息，想再度学生生活，遇旧友桂，谈话，借书看，思想上起了很大作用。刊物的影响，想入 × 军，想从事文艺生活，想编常识问答，想当电影明星，想开飞机、汽车，但没有想到当官。实生活是：预备功课、写短文、讨论问题、追密斯、和陈进行开小差的事，请假不成，请拨入军官团。

换连长，一个是摆架子，新来的，我可以摆他的架子。新连长的恋爱史，请我代写情书。（这时期的思想和行动都是混乱的，尤其在对 × 半知不解的此刻。）

描写录事生活，多半偏重赵、耳二人对小资产阶级的幻想的失败，到加入军官团时已有比较健全的意识，一切行动都是有意义地干。

坐大木船至北江、韶关，上滩的拉船想起 Volga 的船夫曲①。离郴时出发情形有西线无战事意味，妻室女儿的送别。他俩经第二营，勤务兵叫师爷。老赵途中的赌钱，北江的挫折，鼓起勇气提着箱子便走，身上只有一元多钱，只想此后脱离这种生活，到广东去做工都干，结果

① 俄罗斯民歌《伏尔加船夫曲》。

又入军官团。

时局转变，他俩都被遣散，拿着旅费住小旅馆，这是新的生活的开展。

二人同到上海，箱子里的书闯了祸，请保人才算了结。平安旅馆，亭子间生活，有关系，杨四姐，都会的早晨，两年以后，到湖北去。

* * *

对于我的音乐生活的转变，也想做一个有系统的文字。从幼时爱好音乐说起，买提琴，练习 Hohmann，入"明月"，个人教授，所谓 classic，沪战起，革命的音乐，北平来，日本去。

这样大概的结构可照上述，但需要再深刻些再写。这是贡献给时代的音乐家。

* * *

老陶来，他只有一二日汇款便到，他什么都预备好了，我听他的报告登时着急起来。

"笙请即汇二百元急耳马[①]"，下午三时打了一个电报，看他理不理！

咱三人游到中南海后面的隐士海心亭，坐在石阶上眺望夕阳烟景，真舍不得离开。

西单商场吃大菜，逛到"义丰"买小瓷人，我看中一个有美的舞姿的半裸女，她那肌肉发达的均匀，各部的曲线，真是恰到好处。我想到"德来西士特儿"们是比我还要欢喜，要是我能送给他们的话。

孔老接大高转小高的信，他竟把李生萱[②]的住址忘了，直到现在打听到，信交去没有还是问题！

……[③]说起云南的柯仲平[④]的创作精神，使我觉到我自己也可能做出和他差不多的作品，我有的是充分的材料。

以后将更勇敢地去实践人生，在这里面取得伟大材料，创造伟大的作品。

十月二十二日

作小说是要有充裕的时间，像我每日的基练几占一日工作时间的一半，不知所理想着要写的小说要几时才能完成！

在会馆里生活，每月若是有几十元的进款，一天拉拉琴，打打球，看看报，倒也安闲！我想到我要到日本去，恐怕不能天天看到上海报纸，注意电影、戏剧的消息。

接"三人"的信，一封三百多字的信竟有一百多"！"，平均三个字用一个！由此可知她是太情感了！太痛苦了！

---

① 当时电报的末尾是用韵目的汉字代替日期，"马"字即21日。

② 艾思奇的原名。

③ 手稿此处涂去二十余字，痕迹为"我感觉到今晚和□□（此二字看不清）的谈话，着实使我有莫大的影响，他"。

④ 现代著名诗人，云南广南县人。

她在前信说："…… 你想入电影界的热，就如一个人盲目地爱他不该爱的人一样的热，所以我无法劝阻你，让你去试一试。" 我的回信里将其原意简言之曰："你以 '盲目求爱' 的狂热的眼光来勉强同意我。" 她现在却倒反误解起这句话来！我不怪她，她身体弱，她的记忆绝不会记住这些小事的。

联华话剧部将在 "兰心" 公演托尔斯泰的《复活》，由田汉、欧阳予倩、应云卫[①] 为指导。

晚在二十五号房讲起宜兴鬼哭的故事，一时引起多少鬼故事来，讲得大家都毛骨悚然！外面刮着冷风，更添上悲惨的情调！

李表姐离会馆一礼拜了，今天才来，觉得特别亲热！她今晚和沪睡。

十月二十三日

看到《舐犊情深》的广告，急忙跑来报告这好消息，晚上五姐请我们三人去看。

《舐犊情深》是久已闻名的一个伦理片，描写父子之爱，由贾克 · 库柏传神的表演，更使人有很大的感动。他能叫人跟着他笑，跟着他哭，观众的感情全被他支配了。

片中有几处结构特别表现有力的地方，是一匹骏马的交易；狄克生气时他父亲所要的微笑；吐泡运气的口水。这三处差不多是从头联系到底都觉得它们有插入的必要，而且是恰到好处，这不能不算是导演的成功。

使我流泪的地方是第六号赛马倒地时跟他哭的，其次是狱中看他父亲，最后是他父亲的死。

据我散戏时的观察，有十分之八的观众是带着一双流过泪的眼睛。

回来乘洋车，很冷。到家已熄灯，我们又谈了半天才睡。小狄克的映像，终夜都没有遗忘。

十月二十四日

这两天贪热被窝，起床较晚，今天竟没有摸着提琴，简直太不行啦！

到故宫[②] 太和殿看热闹，老桑也挤丢了。咱们不是什么佛教会或捐过公德，没有红条就上不去，只得在远处看看。

班禅到底没有什么了不得，我们不等看他登座便出来。

得到一张 "时轮金刚法会" 印送的《班禅国师开示》，看了简直讨厌。他把他的佛教和政治联系起来，使众生能知道行善弃恶，谋国家的巩固，求一切众生的安定。最后他还替它们做宣传，刷标语："…… 已有经验学识丰富的政治家，著有详细而美好的教训，希望详加研究而奉行之 ……" 由此可见现政之一般！

大摇大摆地进中南海，没有人问票。身上仅有的一个大子已给了叫花子。沪丢了二毛五

① 中国左翼戏剧家联盟成员，著名戏剧、电影导演。

② 北京明、清二代旧王朝的宫殿。

的铜子票，仅有的一元去看眼睛。

遇老阿[①]，谈音乐的话很多，他的有趣的话："这天气不是很好吗？""今天的天气不是很像春天吗？"

晚上和陆万美、张鹤们作《舐犊情深》的介绍，和北平所谓《殉情记》即《牡丹花下》的检讨。

在五姐屋玩，见有侯[②]自日本寄给张梧冈的信和画片、书签，他问起我到日本事能否实现。

十月二十五日

早起，记日记，读日文，指定新的练习，拉了两个钟头。

今天的琴音特别响亮柔和，简直爱不忍释。白天的功课很起劲。

有计划地让老洋人请客再看《舐犊情深》，五点多钟汽车已在门口等着，老许还没有回来。

我老早想到老阿不会跟我们去的，因为过去几次他都不曾和我们一块去玩过。

我们三人在汽车里想着会好笑，没有哪个的身上可以搜得出一个大子。然而，却坐了汽车，上一等戏院的楼座。

喇叭在门口一揿，茶房出了门，他们也不问吃饭没有，因为他们当然可以想到坐汽车看电影，到这时候才回来，不用说是用过饭了。

老许想到这事的滑稽竟为难起来，他说："那末，我们怎样办？"

陈老弟急忙答他："当然叫他开饭！这有什么……"

我笑着说："我们莫非还要在茶房面前争面子吗？"

眼泪倒底忍了好些咽下肚子，喉头总有些不好过。

算望到雨笙的来信了。生萱传交的信，被他六哥先看过便随便丢了，他最近才发觉。笙认为我日本之行单纯地是打量去进学校的，他和我打一打算盘，二百元当然是区区小数，他竟没想到另一重的关系。

他说对我的……[③]是充分同情的，照现在的情况说来，也只是能充分同情罢了。

计划失败，当然只有回上海工作之一途，但旅费的来源还不知到哪儿去开辟？

十月二十六日

他们有钱了，晚上请五姐、祖嫁[④]张梧冈看"中央"的《殉情记》，着实好。

今天的心境非常快活，什么心事都没有，总觉到这样安闲的生活，只有在北平能够享受几

---

① 即老志诚。

② 即侯奉昆。

③ 手稿此处撕去一块，约缺五六个字。

④ 云南对祖母的称呼。这里是张梧冈的绰号。

天，那末我何不随他再玩几天，不好吗？

十月二十七日

话虽如此说，不过能早去上海一天总是早好一天，这安闲的生活还是少享几天的好！

我想，在这月内到上海，马上入“联华”工作，以每月所得，先把这些旧账偿清，再作出国的想法。若是环境还不错的话，当然可以长干下去。

在西单牌楼一家小面馆吃晚饭，逛西单商场到十点多钟才转来。老丹来找我，他正预备留学。

明晚“清华”毕业同学会在“清华”礼堂开义勇军募捐游艺会，请我去帮忙音乐，有“剧联”的四五个剧本。

跑路到中南海找老老，他已睡了。他答应伴奏钢琴，明早来练习。

回舍已灭了灯，和他们谈了一会话便睡。

很难入眠，心里想着明天的演奏，[①]

十月二十八日

早起跑到李健家，约他晚上到“清华”，要了二十几个子坐车到中南海找老老练琴。决定演奏 Ligaspee 给的那《第五变奏曲》。

不论在洋车上、走道时，脑里都在回旋着《International》[②]的旋律，预备晚上 solo。

五点半由中南海起身，西直门坐洋车去的，几个冷包子、干烧饼便算混过晚饭。

刚入礼堂将到开幕时间。即时奏完了事，可惜钢琴不能摆在台前，而且有重重的幕景，台下很听不见！遇“清华”的同乡们，全振环也在。

所演出的剧以《战友》为差，其余《S.O.S.》、《一九三二年的月光曲》、《乱钟》还不错。

在食堂遇从前在“联华”的吴宗济，他现在“清华”。到他寝室里，他把去年罗明佑生日联欢会的签名簿给我看，多有趣！我写的是“送给您一点礼物：耳耳耳耳”。还有很多名人、明星的签名，看来想起那晚的乐趣！

还是和杨协芳睡。

十月二十九日

到来宾宿舍找着“许多”[③]和何思恭，一块往古庙拜访宏远、南生，他们还正在熟睡。

---

① 此句未完，手稿此处缺一块，正是10月25日日记撕去的那一块的背面。

②《国际歌》。

③ 中国左翼戏剧家联盟成员许可的绰号。

发现一些攻击“剧联”的标语，他们表示很大的不满，马上召集全体大会讨论出几个议决案。主要的是要东北同乡会发宣言，申述请“剧联”公演的意义，并解释标语上的谬论，结果他们承认了。

在大礼堂门口等车，他们请我跳非洲舞，我说：“你们别忘了这儿是 gentlemen's university[①]，多么庄重?！多么伟大?！”

汽车上的“上海女子宣讲员”，使他们会大声发笑，这是因为他们从未听过的缘故，他们之对我，太好感了！

刚进云南馆的门便得到一个可爱的消息：马哲民在“北大”二院讲演《陈独秀与中国革命》。我饭也不吃了！约着小鹤、大佛由中山公园下车走到“北大”。谁知临时改地点，在“朝大”。

走到那儿，表姐、沪、强们都遇在一块儿。

第五教室里挤得满满的，讲演者从人丛中挤到台上，……[②]一位密斯简单地说几句道理话被鼓掌欢迎！

讲完后有一广东人上台替托洛斯基帮忙，被哄打下来！

西单小饭馆解决肚皮问题，回家写“明月”的信。

十月三十日

阅《日语研究》的《草枕》评，感到很浓的趣味。

到师大约祖嫁们上“中央”看早电影《义欲之战》，考尔门又是少不了情字。在“师大”午饭后，大闹会客室。三点钟赴音乐会，三重奏听得很满意，大提琴独奏也很好，高音、中音独唱还不错，小提琴独奏到底差。

很热闹地在会馆一号房吃晚饭。七点快到，往第三院跑。

在校门口遇一个洋奴失业者，我以广东话对付了他。

我决定过了“朝大”和商学院的演剧再走，从明天起要去排剧，我有好几个角。

接雨笙三十元的汇票，“三人”的信，颇慰。……[③]

十一月二日

……

今天最有趣的是攻打礼堂门，“你不拿钥匙开门吗？喂！挤！”不知哪儿来这么多人！全

---

① 绅士的大学。

② 手稿此处涂去十余字。

③ 以下手稿撕去一页，缺10月31日至11月2日前半部分的日记。

礼堂的楼上楼下，台上，走道中都挤满了。

晚上谈天，谈剧本。

十一月三日

沪没钱去医眼睛，我提议把我那三十块取出，我不是还可以看《人猿泰山》？

到“真光”看《Tarzan》[①]，在小人国打战时，我却熟睡了。

到“开明”才知道“□剧”的戏演不成，因为条件不对而冲突。看了他们的跳舞和新剧，简直讨厌，赶快离开。同乡刘润泉想以他们国剧社的《法门寺》留住我，那当然是不可能的事。

八点半才开饭，和老许、大佛，二十八号谈云南的往事和他们□□[②]情形。正谈得津津有味，钟沪也是看《Tarzan》转来。十点钟回屋读剧本睡觉。

十一月四日

上午逛西单商场买礼物：小皮壳手折、风景照片、珐琅铜瓶，算是没上当。

我决定后天走，仅以二十五元勉强维持到沪。这儿的伙食钱请他们担负。

刮着大风，天气骤冷，我光着头，还是那末一套西装，到慈慧寺[③]排戏，临时写了一关于□□□□□□□□□[④]，当了提琴教师，办了在平剧务手续事。

第三院和舍饭寺都是空跑一趟。

晚饭后和陈老弟到林家，正和小孩们讲故事，林老伯回来，打断了我们的小集会，他们太可爱了。

林是刚从云南转来，今早到平，他在上海时遇雨笙，知道我的一部分情形。满口说些为要迎合我的漂亮话。

因为林说起西南商店的话，沪想起他们的火腿罐头有在上海找条销路的可能。我俩在电车上也谈，在黑暗的胡同里也谈，也不知冷，也不知路远，不觉到了杨瑞安家门口。

时间已是十点多钟，除杨老师外都睡了，和他谈了一刻钟话，顺便辞行，他知道我所以要去日本的真相，我之所以要这样，其作用全是鼓励他。

今天的工作最忙碌且紧张！

送了一张云南古碑给老阿，据老许回来的报告，他很高兴地接受了。

---

① 即美国影片《人猿泰山》。

② 手稿此处挖去一小块，仅余“被”字的左半部分，疑为谈许强在昆明被捕的事。

③ 北平“剧联”机关的所在地。

④ 手稿此处挖去一块。据于伶推断此几字当为“聂耳在北平的材料”。

十一月五日

今天天气已经是够冷了，起得早，洗了身，写了几个给万姐姐辞行的字。

下雪了！多美！这是今年北平的第一次下雪，她庆祝我在北平第一次演剧的成功！她欢送我明天的离平！

已经冷到华氏零度，我穿了许的毛背心、大衣、便帽，和大佛一道到商学院。十点钟，他们的庆祝会才举行。

大佛带我到一个女同乡家坐，她是《血衣》里的小青，我们曾在秋季大会上见过。她提到赵释和赵晓镜[①]的话。我……[②]他们都在商院。

哥哥没找着，杨女士把赵晓镜带到后台来找我，谈了半天。好像她很愿意听“明月”的消息。

昨天弄的象征剧命名曰《起来》，排演结果还不坏，可惜晚上因时间不够而取消了。我仅拉了琴。

同乡去的不少，我一出台他们便喊“小四狗！”我的《血衣》算是演成功了。

随便钻到哪儿都是冷，在台上起立时只发抖，正好是剧里所需要的抖。

……[③]商院里是训练好一些强悍的纠察队，扛着大木棍四处防卫，一面叫学校当局不许放进一个。

我是带着提琴的，不等剧完便先走，回家收拾行李。

北平！算是告了一段落吧！二次重来，不知又待何时？

十一月六日

拿着小红本到各号签名忙、接电话忙，直到三点五十分才起身到车站。在二十五号坐最后一次的车。

送行的还不少，有几个很像要流眼泪的样儿，想不到他们会对我如此好！

十一月七日

旅费还是陈、许们的帮助，我深深地感谢他们。

同车的山东大胖子，谈话颇投机。我知道他是到广州去的一个干政治工作的人，但是他总不肯放一句话。

---

① 赵晓镜原为明月歌舞团女演员。

② 手稿此处缺一块，正是11月4日挖去处的背面。

③ 手稿此处剪去一行多约三十余字。

（六）在上海联华影业公司、百代唱片公司

1932年11月8日—1935年4月1日

1933年，聂耳摄于上海

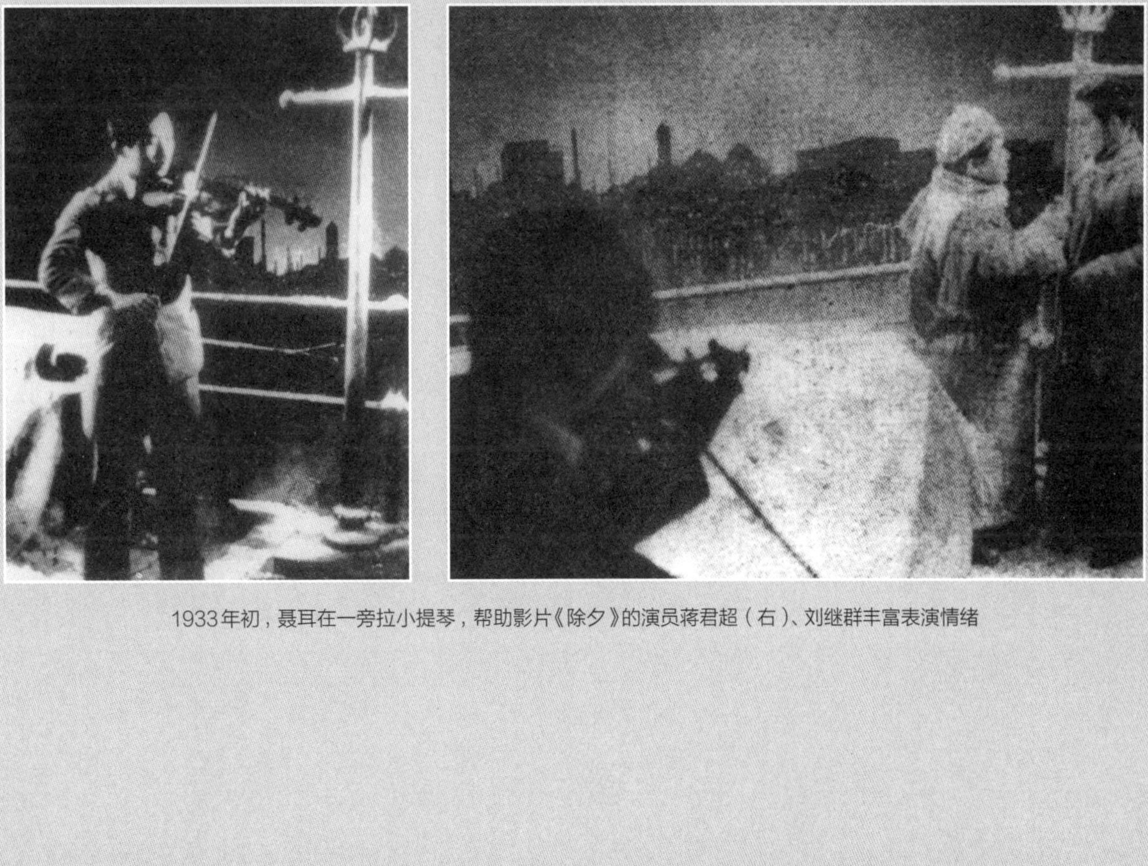

1933年初，聂耳在一旁拉小提琴，帮助影片《除夕》的演员蒋君超（右）、刘继群丰富表演情绪

1933年初，聂耳由田汉（右）介绍加入中国共产党

1933年春节，聂耳在苏州

聂耳与友人在研究音乐创作

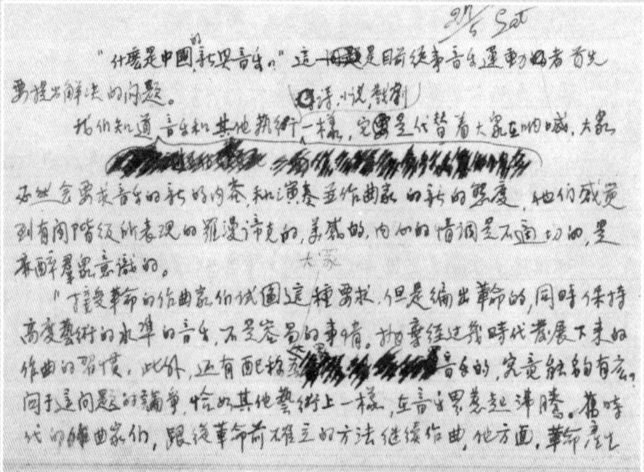

3/6 Sat

"什麼是中國的新兴音乐？"這是目前從事音乐運動者首先要提出解决的问題。

我们知道音乐和其他艺術（诗、小说、戏剧）一樣，它是代替着大众在吶喊，大众必然会要求音乐的新的内容，和演奏並作曲家的新的態度，他们感觉到有閑階级所表现的羅漫谛克的，美感的，内心的情調是不適切的，是麻醉群众意識的。

"擁護革命的作曲家们试圖這種要求，但是编出革命的，同时保持高度艺術的水準的音乐，不是容易的事情。打破拿經过幾時代發展下来的作曲的習慣。此外，还有配給大众音乐的，究竟能够有么？关于这问题的論争，恰如其他艺術上一樣，在音乐界惹起沸騰。舊时代的作曲家们，跟着革命前確立的方法继续作曲，他方面，革命產生新的時代音乐家们，根據对于生活和艺術不同的態度，貫注生命。"

討論音乐研究會成立已有头緒。

1933年6月3日日记

聂耳正在抓紧时间写作

镜中弹吉他的聂耳

影片《母性之光》的剧务聂耳与饰演舞女的演员谈瑛拍片之余的留影

1933年，聂耳成功地在影片《母性之光》中饰演了一个黑矿工。图为陈燕燕向他表示祝贺

1933年9月18日，聂耳与黎民伟（中）、吴永刚（左）进行空中摄影之前

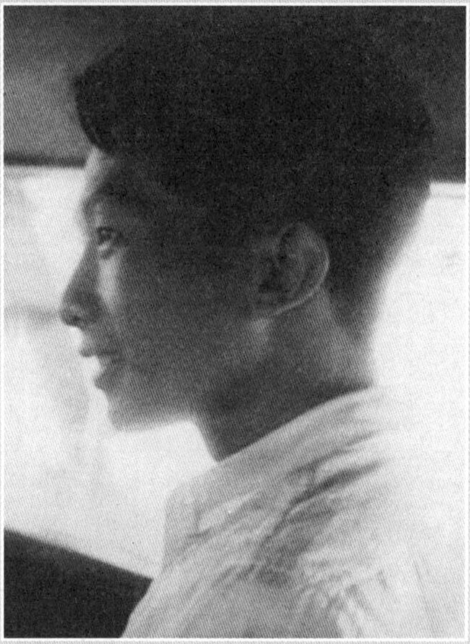
聂耳在飞机里

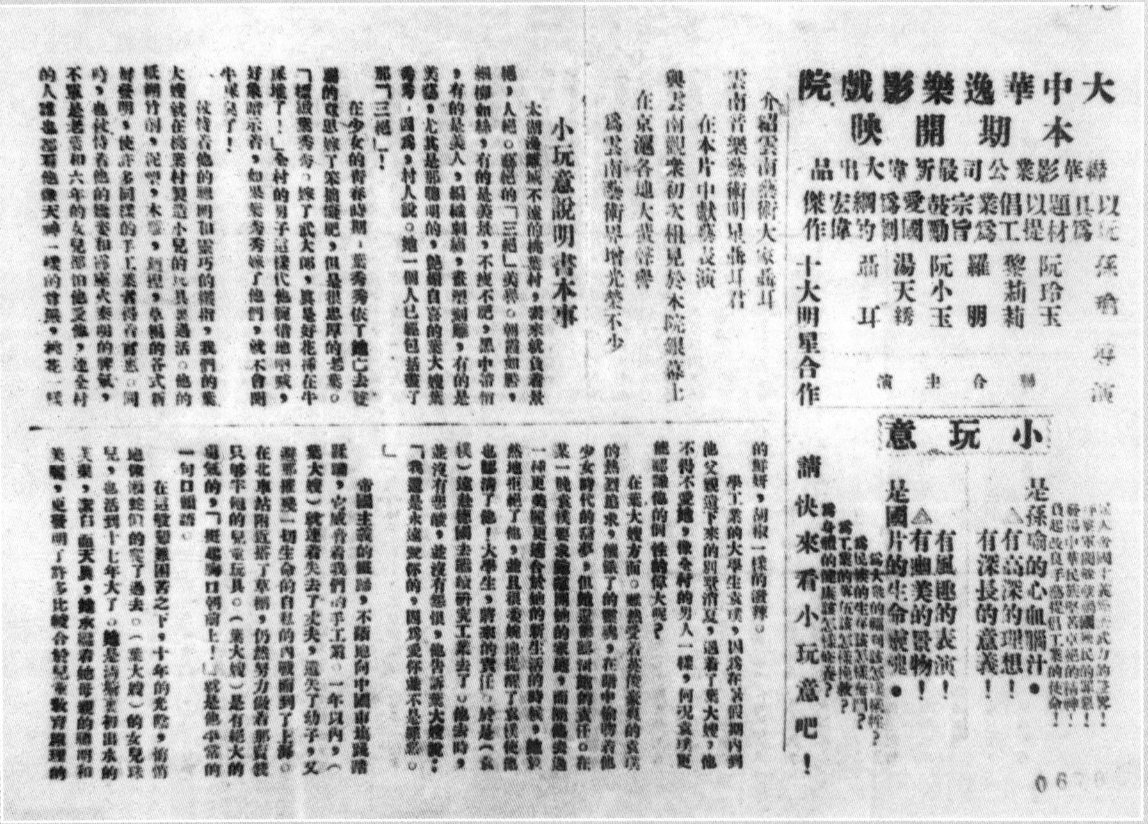
大中華逸樂影戲院
本期開映
以玩具爲題材 以提倡工業爲宗旨 鼓勵愛國爲劇綱的宏偉傑作
孫瑜導演
聯合主演 阮玲玉 黎莉莉 羅明 阮小玉 湯天繡 聶耳
十大明星合作
小玩意
是孫瑜的心血腦汁●
有高深的理想！
有深長的意義！
是國片的生命靈魂●
有幽美的景物！
有風趣的表演！
請快來看小玩意吧！
介紹雲南藝術大家聶耳
雲南音樂藝術明星聶耳君
在本片中獻藝表演
與雲南觀衆初次相見於本院銀幕上
爲雲南藝術界增光榮不少
小玩意說明

昆明大中华、逸乐影戏院编印的影片《小玩意》的说明书

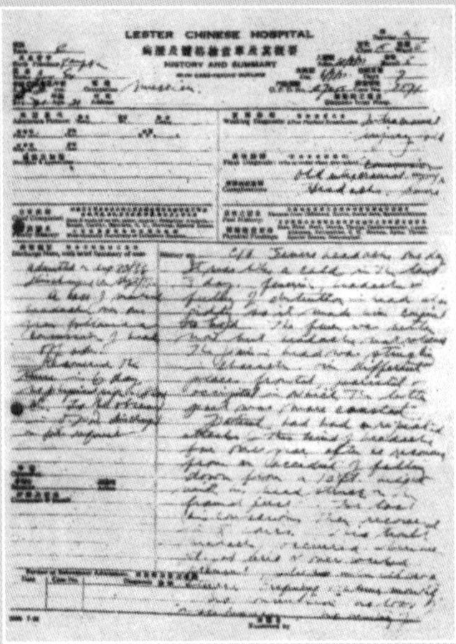
LESTER CHINESE HOSPITAL
HISTORY AND SUMMARY

1933年8月30日—9月6日，聂耳在上海仁济医院住院时的病历

1933年9月29日，摄于影片《渔光曲》的外景地浙江石浦的海边（右起为聂耳、王人美、蔡楚生、罗明）

1933年冬，聂耳为这个女报童“小毛头”（后名杨碧君）写了《卖报歌》

1933年冬，聂耳与金焰（右）、吴永刚（左）合影

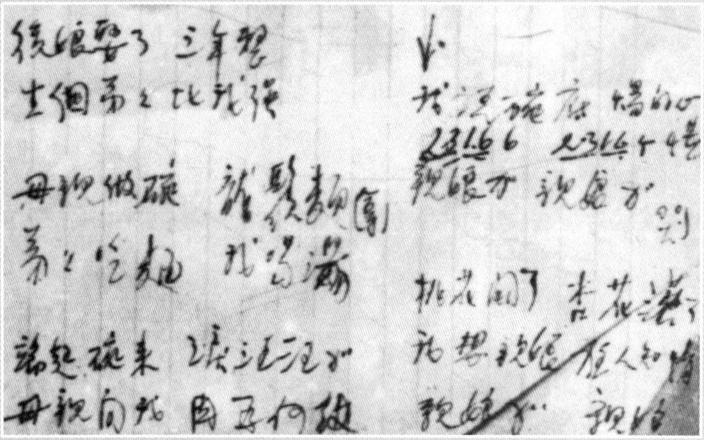

聂耳抄录的河北民歌《小白菜》的歌词

1933年冬，聂耳养病期间在上海郊外散步

1934年元旦，聂耳在联华影业公司的新年晚会上（前排左二为聂耳）

1934年元旦，聂耳在金焰、王人美的结婚典礼上（后排左三为聂耳）

参加金焰、王人美婚礼后的聂耳

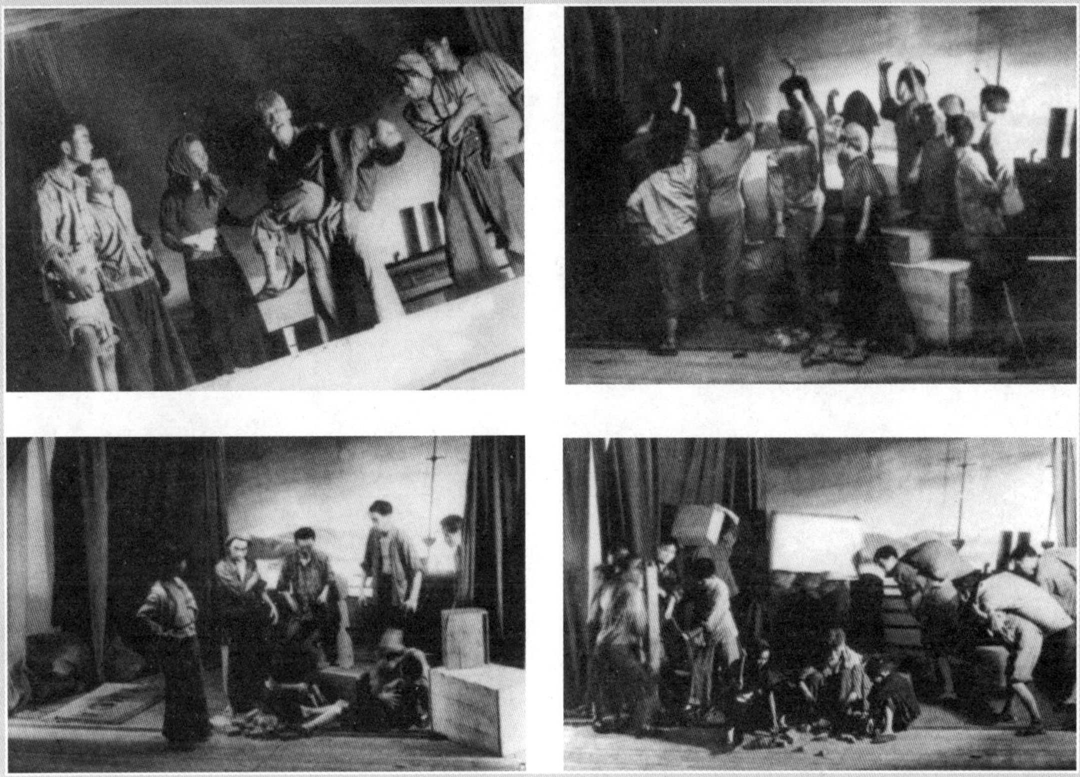

1934年夏，聂耳作曲、导演、主演的新歌剧《扬子江暴风雨》的剧照（左上图抱小孩者为聂耳）

《扬子江暴风雨》中的打砖工人老王（左，聂耳饰）与《警报》中的老农（袁牧之饰）神妙的化装

1934年夏，聂耳、田汉（右）与王素姐妹合影

各地纷纷来信索要影片《大路》的歌谱

1935年春节，在影片《新女性》的首映式上，聂耳指挥身穿女工服装的联华声乐团登台演唱《新女性》组歌后的合影

聯華影業公司聲樂團女子隊徵求隊友

本團爲聯華影業公司所屬職演員之業餘組織。爲俾純正之歌唱藝術普遍推行新的音樂空氣起見，擬自民國廿四年起，每季舉行若干次之非職業的播音或表演。關於女聲部份，現擬公開徵求女子隊隊友三十人。如有合於左開條件而有志參加者，本團免費教授新歌，並得與本團共同參加上述性質之播音或表演。如荷贊同，請注意左開條件。

（一）資格：1.曾修聲樂者 2.能說國語者

（二）職業：現在之學生或有正當職業者

（三）年齡：十八歲以上三十歲以下

（四）手續：請於本月三十日以前備函填明1.姓名 2.年齡 3.資格 4.住址等項。投函本埠延平路聯華第二廠本團收

聂耳为联华声乐团撰稿的招生启事（原载《申报》，1934年12月27日于上海）

1935年，聂耳摄于上海

聂耳仿照南洋的风俗，戴着花环，自弹自唱《回春之曲》的歌曲

中国左翼戏剧家联盟以“上海舞台协会”的名义举办的公演广告（原载《申报》，1935年2月1日于上海）

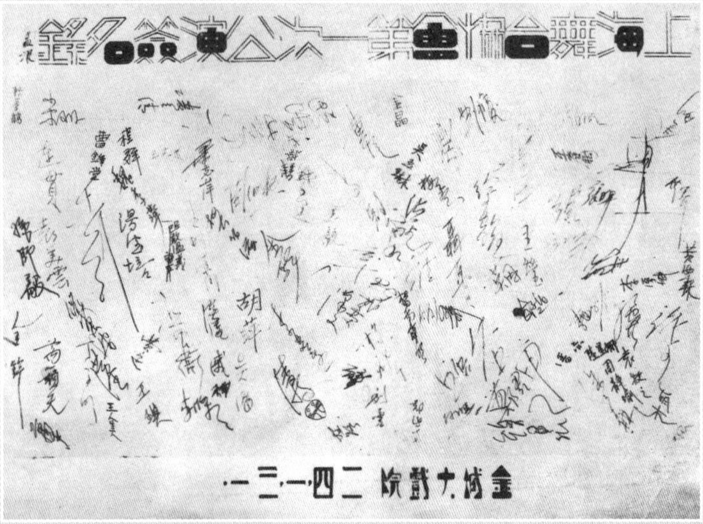

上海舞台协会第一次公演参加者的签名录

《回春之曲》的伴奏乐队在后台的合影（前左为聂耳）

在《回春之曲》的后台（左起为聂耳、张谔、顾梦鹤、王莹、吴湄）

影片《逃亡》在河北张家口拍摄的外景

聂耳与赵丹（左）、唐纳（中）合影

聂耳在上海时的住宅一角

《义勇军进行曲》的影写谱（原载《电通》画报，1935年6月1日第二期）

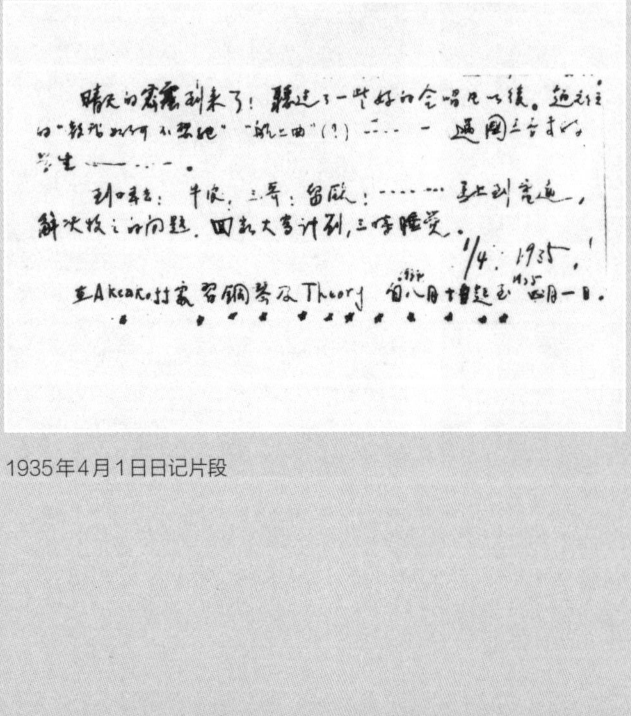

晴天的霹雳到来了！听过了一些好的合唱之后。过去往的"教我如何不想他""船夫曲"(?)……——遇国立音专的学生……。

到日本去：半年，二年：留欧：……马上到苏联，解决技术的问题。四年大学计划，三年[illegible]。

1/4. 1935.

在Aksakoff家习钢琴及Theory 自1934八月十号起至1935四月一日。

1935年4月1日日记片段

聂耳赴日前在上海的最后住处（箭头处的三楼）

一九三二年

十一月八日

整两天到上海。今早到浦口时买南京《中央日报》看，“明月”在“金大”[①]义务表演。到北站不能取行李，搭电车到郑雨笙处，他们正吃饭。晚写信。

十一月九日

早上取行李。到“联华”，等好久金焰才来，他愿意我到这儿来一块干。

在卜万苍宅午饭后往“明月”取箱子，遇七嫂子。四处参观一周，一切如故，可是凄凉多矣！七嫂子好像比以前活泼些，对我很好感。

把箱子送到西南商店[②]再来“联华”，决定今晚搬。……[③]搬到老金屋里，找不着电灯开关，黑暗里在床上躺一会，……[④]睡地铺。他和老卜说的结果是：“等想想法子。”据说我来的时候不对。

---

① 南京金陵大学。
② 郑雨笙当时在上海的住处。
③ 手稿此处缺一行多字，正是11月5日剪去处的背面。
④ 手稿此处剪去一块，仍是11月5日剪去处的背面。

十一月十日

拉基练很起劲。和卜[1]谈音乐与电影的关系着实密切，我总是暗示给他，音乐在电影上应当居于重要地位。

午饭后，口琴合奏、简直有世界口琴名曲所不及之美，有意味，恰好他的是一个低音琴。

写老宋和许强的信。梨花、鲁史[2]来。

下着雨，借雨衣，坐顺便车到老大[3]处，找到由北平介绍所要找的人，做了所要做的事。很满意。

两人喝了五瓶啤酒，乐极！两架单车驶往折西家。“明月”遇胖姐姐，我们都在四处留字。

睡时他谈了一段 Romantic 的故事，打嘴巴，哭，[4]……

十一月三十日

箭子到吃饭时才来，她带些苏州的食品来。

到“明月”，见了国美，斯咏们。枝露陪我们到任光家，找了全“四明邨”都找不到，扫兴地回来。四先生在家，谈了很久话。一些人对我都还好感，这倒是出我意外。

回家叫门不开，到公司和老石[5]睡，他要我谈谈我的过去。

十二月二十九日

今天开始拍《除夕》[6]，派我担任场记，一切只感到生疏。想到生活的转变，觉得很有味。

日记又停了一个月，一方面是因为忙，它方面却也是因为没有写的地方，我实在不愿意给人看见。

是在二十六日开始办公的，在先说作演员，后来又说管服装，到底是剧务。

简直没有闲空拉琴，我只觉得太可惜。为了没有送圣诞节礼物，老师那儿也没去了。

《三个摩登女性》受了好几次的检查，结果修改几个字幕通过了，今天已公映。

想写几篇文章，到现在还没有动笔。打起精神来吧！完成我的一年计划，预备第二年计划的开始。

就是这样的生活如何的枯燥，尝试一下再说吧！

心绪非常烦乱，不知要想写些什么？要是再不活用一下脑筋，不知将会迟钝到哪一步？

---

① 卜万苍。

② 鲁史是联华影业公司演员。

③ 田汉。聂耳向他转交了北平剧联写给中国左翼剧联的报告等材料。

④ 手稿以下整页撕去，缺11月11日至11月30日前半部分的日记，中间也可能有若干天未记。

⑤ 联华影业公司职员石寄圃。

⑥ 上海联华影业公司1933年拍摄的影片。编剧罗沐，导演姜起凤，摄影黄绍芬，主演陈燕燕、蒋君超等。

一九三三年

一月三十日

下一个决心，无论如何都要忍苦耐劳地继续写日记！从今日起！

去年今日，我还劝别人要不断地写日记，在此刻，我应该自己劝自己。

1933年，聂耳（左）与廖伯民在上海的合影

廖伯民此次的来沪（见右图），对于我的现生活给与一个很大的动摇。在先想整个放弃这边，回云南去。后来一想，这种动摇性的危险，将会陷于不可收拾之地。最近的决定是：要是他们的旅行团能实现我才回去，目的在收集民间歌谣、乐曲。并不是整个放弃这儿的工作。虽然是请假，但随时要与公司发生关系，影院或影业社。

我爱所谓“动的生活”，是我的好处，同时是我的缺点。根据几年来的经验，得到不少的教训，以后该给它一个正确的理解：什么时候该动？什么时候该静？

听了锦晖处新收的唱片，音乐却有很大的进步，嘴上虽在骂，心里却不安；自己实在浅薄，何敢去批评人？！你骂他不对，你不但不能做出比他好的东西来，连你所骂的都做不出，这有什么意义？！

照近来的生活看来，我已显然脱离了音乐之途，外面挂着空招牌，肚子里拿得出的是什么？

做了一桩未了之事，心里总是痛快之至。今天忙一天，却做了不少事。

小白的生日（正月初五日）。买新鞋二双，看足球。任[①]从北平来，在“交大”遇。折西处谈演剧事。到伯民处写灌片稿。

一个有奋斗精神的女性！全出我意外。

音乐之途！！！

一月三十一日

这是家里的心理：以为飘泊在外，总是有很大的危险性似的。二哥给我的来信说要我回滇去发展，所谓发展，我不知他们想要我成为一个什么样的人？！

我向他报告一些我在外面的所谓发展，若非意外的必要时，我是不愿回去的。

伯民来，和黎民伟谈了很多话。和“联华”合作事大概一时不能实现，根本没有准备过拍什么剧本，这工作是要我们自己干的。我想，此次若能随这考察团跑一趟，相信可得不少材料，也许将来我们在云南要拍的剧本都会产生自我之手。

他的脚生冻疮，走路很吃力，我送他上电车。

今天和 violin 的感情特别好，有空便回来拉，开过三次琴箱。

晚拍《除夕》街道景，燕燕坐在雪地上，看她冷得可怜。一个小热水袋在她的双手里迅速地抚弄着，看来也不见得会加暖多少。一个表现女子被欺侮时忍痛说：“…… 他太欺负我了！”的镜头，使她真情地流泪不止。等她回到房里休息的时候，我对导演说了一句笑话：“她是冻哭的吧！”

影片公司里最苦恐怕是算演员了！想到她那五年的合同，最后一年才能拿到百元的月薪，太苛了！

想起红小姐[②]的事，也就可笑，他们竟以为真的，其实他们已给我开了玩笑。他们以为所以有如此成绩者，全在昨晚小白的寿餐。

拍十六个镜头，到三点半才完结。

二月一日

抱着并不高的希望去看《天明》[③]试片，倒是出我意外的好。现在来给它一个短批：

在意识上算是没有[④]像《奋斗》那样混乱、讨厌，至少它还有许多地方是暴露现社会的罪恶。

在戏剧的组织上说，它的线索还很清楚，它有一贯的联系。但在结局处稍觉松懈，原因是

---

① 任予人（即于伶）。

② 小红（即后来的周旋）。

③ 上海联华影业公司1933年拍摄完成的影片。编导孙瑜，摄影周克，主演高占非、黎莉莉等。

④ 手稿“有”字后涂去五个字，经辨认系“反动的地方”。

导演拼命地学外国戏，后面有些不近情理的地方。

导演的技巧总脱不了《野玫瑰》一个味儿，利用小聪明的地方很多，很趣味地穿插着。

表演方面，莉莉比在《火山情血》好得多，但不能表现出一些力。一个革命者在刑场上的死，绝不是那样怯懦的，这是她失败之处，不过我觉得她很有希望。高占非简直没有戏做，这是导演着重女人的缘故，尤其是莉莉。

摄影简直是开国片之新纪录，有几个镜头简直可以和外国片相比，如荷花池等，简直是美不可言。

总之，国片都能如此片，够矣！

在光华戏院中所遇的熟人太多，干妈和莉莉都来了。

教阿铿①唱歌。这孩子真是天才。

看打篮球，在“交大”，大明星们！输得可怜！

到“乾记”找雨笙，买火腿。

老宗、阿谭在家吃饭。他们要听我小提琴 solo，退步了。

二月二日

细心地回了祖�张梧冈的信，再写五姐黄香谷的，装在一信封里。信封写坏了，只得另写一个，谁知只拿出一封信便把它撕碎。后来发觉丢了一封信，急忙在字纸篓里检查。没有时间另写，将那些碎纸片寄去。

汉文②来，他说他近来也在 in love③了，每天有空便跑到胡萍④那儿，程度已经相当的高。谈了些恋爱经，我不觉恐慌起来了。

回家阅《马克思传》，趣味很浓。他们大谈性爱问题，似乎一点也不能吸引我的注意。老吴问我：“镊子，怎么不叹气？”他们说今天的我，在谈性爱问题时不叹气这倒是例外。

⑤

榆关失守后，北平的同乡们纷纷南下，病腿诗人陆万美来访，他告诉一些我走后北平演剧的情形。他问我是否有病，因为我已没有离平时那末胖，同时在这无血色的面庞上挂着一副失眠的眼睛。

这是无法的事，为了饭碗，哪里还顾得了什么失眠不失眠！

---

① 上海联华一厂厂长黎民伟的儿子黎铿，当时的电影“童星”。

② 中国左翼戏剧家联盟的成员辛汉文（舞台美术家）。

③ 恋爱。

④ 上海艺华影片公司的主要女演员，中国左翼剧联成员。

⑤ 手稿此处涂去一段（共三行），内容与上文读《马克思传》有关。可辨认的字迹为“看马克思的生平（以下四字看不清），显然和以前读马克思的著作时，有着异样的感觉。我今年二十一岁了，对于一切的知识实在空虚之极。他在（以下二字看不清）岁时已懂得（以下二十余字看不清）”。

二月三日

宣传了很久，所谓轰动全世界的巨片《大饭店》今天算是看了，是金焰请客。

剧情也平常，不过看看大布景、大明星。

几个明星努力地做戏，当然没有问题的好，我最欢喜的是嘉宝和约翰·巴里摩。

晚拍六个镜头，布景是老翁家及三嫂家门口，有大风雪，利用大风扇，空气颇紧张。

迷恋着金焰的陈碧华，近来的表现更可怜了！今天在她的办公桌上瞎写些什么"你是我亲爱的榆吗？"和金焰的女朋友们的名字，好像故意给人摆着看也似的，走开了。不久，老金顽皮地加了好些批，使她痛苦非常。

甘草西瓜子倒也好吃。

总是睡不着，想搬一搬家，搬到老吴[1]房倒是清静些，到公司也可以省点钱。

二月四日

老早就应该搬家，但总找不到适当的房子。最近老吴要想搬家，老金的意思要我搬到他那小房子去，我正犹豫着。

同王斌[2]谈起搬家事，一头的高兴，日记也不写了，马上跑出去找房子。在月明公司隔壁，两人合租了一间前楼，兴奋地跳着，嚷着："Our new life will begin!"[3]"咚"的一声，我的有脑病的头碰在矮房顶上。

到 Lazaro[4]退钢琴，大块头很客气。

想继续读日文，把在北平买的《日语研究》拿来翻阅几页，没有什么趣味。忽然想到要是续读《日语汉译读本》，趣味或者会浓些。

一个商务印书馆的店员说："这种书现在已经不卖了！"我听了很奇怪，是不是抗日便日文都不许读了吗？

我坐在三等车上，车到赫德路站看见�子和英茵，我以为她们要上来，我急忙跑过头等去。"有朋友来，等一会自然会补票。"我对卖票人说。谁知她们并没有上来，电车已开走，我知道又是自己和自己开玩笑了。卖票人发现我的票是三等票，我说我到西摩路便下去，他才许可我不补票（我的三等票是十五分）。车到西摩路，卖票人向我要票子，我当然不会给他，他一面关门一面骂着："买三等票子坐头等！"我觉得他还没骂完，我已跳上前面小三等。卖票人问我，我说："客人已走了！"他笑着看看我的票，点点头。过了几站，他很客气地："先

① 吴永刚（联华影业公司布景主任，后任导演）。

② 上海联华影业公司演员。

③ "我们的新生活即将开始了。"

④ 上海一琴行名。

生！你抛球场下吗？”我笑着接过他手里的揩油票，点点头。——当时发觉自己这种虚伪的可怕。到折西家，�和英在那儿，谈起“明月”事，�子大发牢骚。她说这次表演后她将脱离“明月”，到北平读书去。她常接万姐姐和赵晓镜的信，希望她赶快脱离。

记得在小白的生日那天，我把洪伟烈[①]的小孩当作我和枝露的小孩，和她大开其玩笑，我想她以为我是故意的，其实我什么也不知道。我觉得很对不起她，无意中给她感受使她痛心的事！

晚在家拉琴，唱歌，京戏一来，不能多待一刻，跑到公司听无线电，红莺[②]在俱乐部烧书信、日记本之类。

聂耳与黎铿的合影

二月五日

上午搬家，高兴极！布置新屋，处处都讲究美。一块破蓝布做桌布，上面有最美的图案，大小也非常适合。一直布置到晚。

他们在“交大”比篮球，遇斯咏和小陈。

没有电灯，过洋烛生活。

二月六日

林楚楚[③]说黎铿很听我的话，他每天早晨起床时都念着：“先生叫我写字，写好了要记分数，不写要打手板。”像这样一个孩子，真难得（见上图）。

顾文宗来，关于请薛玲仙拍所谓社会教育片的事，今天大概可以决定。我跑来跑去和他们作介绍人，不算不顺利地作好，觉得很开心。

和顾一块到折西家，他刚预备出外。谈了一会，什么条件都妥善了，顾和折西同到张冶儿处取款（共酬洋二百元，先取一百元）。

两个女主角本来是人美一个，玲仙一个，听说人美已经吃过他们的酒席，现在却不答应，使他们很不满意。

到“乾记”取几本书回，遇某同乡。他们办一个小报，请我招登广告，担任电影戏剧方面文字。

又催一次搬回钢琴，代玲仙取了两张保单，她想租琴练习唱歌，锦晖和她编了两个新歌收

① 联华一厂的摄影师。

② 原明月歌剧社女演员欧阳飞莉，后改名为红莺。

③ 黎铿的母亲，联华一厂女演员。

聂耳的醉态

聂耳："我就要开车了。"

音：《粉红色的梦》、《南海美人》。他近来专干投机事业，维持饭碗。

叫娘姨今晚开两客饭，她报告我金先生屋里"有咖"[①]朋友喝老酒。她对我很好感的。

原来是和吴永刚新迁贺喜，他的妈妈蒋耐芳和他坐在一方，主人金焰，傻瓜唐[②]也在座。

我和金焰合唱催眠歌，我的女高音唱得很好。这时我觉得有醉意（见上左图），要是这时候起不再喝下去，相信一定玩得有趣，接着几杯白玫瑰装下肚，我知道这是十足的醉了。傻瓜送我回新屋，在老卜门口吐了一堆，不知怎么走到家里。睡了一会，他送了一个桔子给我吃。

二月（？）日[③]

这次搬家的目的完全是为建立我的新生活。说到舒服、方便，当然是在卜万苍家好，然而在日常生活上所受的坏影响却非浅显。金焰近来的动摇更显著地暴露，使我觉到非常的失望，不肯实地做事，漂亮话是要说的。

上午正补日记，万苍请我到老大那儿代他催一催字幕。他说他昨天已去过任光那儿，听了他为《母性之光》所作的曲，很好听。任光很不错。

到老大家，他已出去。到春秋剧社[④]，老李和老五弟下象棋，一会鲁史来参战，我喝了一杯甜玫瑰花茶便走。打电话给任光，不在家。

吕班路遇[⑤]两个女同乡，她们好像很安闲地在逛马路。我们分手后，我便忙碌地往前跑，

① 上海话"有着"的意思。
② 唐纳。
③ 本日日记的日期部分缺佚。
④ 1932年田汉、阳翰笙等人领导建立的左翼话剧团体。
⑤ 手稿"遇"字后涂去六个字，痕迹可看出是后面那两个女同乡的姓名。吕班路为今上海重庆南路。

低着头。

燕燕有病，不能拍戏，我在制片厂捡废片玩（见上页右图）。

任光打电话给我，他等我吃晚饭，到那儿已七点多钟。他正作曲，一位从未见过的女士从里面出来。他介绍是同乡，我当时便猜想到是那杭州的老情人。

听了他的新作，我觉很满意，很有情感。它的旋律、拍节、和声，都表现着特殊的味儿，听去不曾感觉到是从外国东西抄袭来的，但也不是完全的中国味。

①

二月十二日

〔《生路》给我们的是：苏联五年计划的建设者不是社会的上层人物，而是大众；它的成功不是偶然的，而是群众的力量。〕②

任光、安娥③、槐秋我们四人在一家天津小馆吃饭。他俩说着法语，我俩说着她和老金的事。

音乐研究会④，从今天开始，他改正我很多在“乐句”与“味儿”上的错误。

晚在安娥家里谈，到十二时才回，在任家睡。

二月十五日

伯民十五号晨赴香港。Nothing⑤。

黎锦晖的吹功。

王斌看我想得难受。

陈燕燕唱歌。

二月十六日

萧伯纳明天到沪，电影界、文学界联合各团体开欢迎会，汉文来送请帖。

整天大雨，晚带燕燕到任光家唱歌。

---

① 手稿此处撕去一页，缺本日至2月12日之间的日记。

② 这一段原写在本日日记顶端的空白处。日记正文开始是评论《我所知道的〈生路〉里的音乐》的草稿，该文见本书文稿部分，此处从略。

③ 词作家安娥也是中国左翼戏剧家联盟音乐小组的成员。

④ 全名为“中国新兴音乐研究会”。

⑤ “什么也没有。”指廖伯民来上海与联华影业公司接洽在云南联合拍影片事，什么也没有谈成。

二月十七日

欢迎萧伯纳

幽默的老文豪萧伯纳氏在七十七岁这样高寿还游历到中国来，一般努力新兴文学戏剧运动的人更是感到异常高兴的事。

中国电影界和文艺界召集了一个欢迎会预备到码头去迎接，晚上便把他请到青年会吃西餐。

新关码头[①]上拥着人群，“中国电影文化协会”[②]的旗帜下站满了熟人，“Good morning！”“オハーヨ[③]！”“早啊！”“Hello！四只耳朵！”都围住了我，拉手的拉手，脱帽的脱帽，老G[④]总是捏我的耳作为见面礼。

我们的主任[⑤]听说是罗明佑的父亲和肖同船来，当然拿了camera来拍两本新闻片。他那袖珍小相机是随时不离手的，机会一来便看见他闭了一只眼在那儿看西洋镜，嗒嗒地至少要拍五张。他的脸总是挂着一副和蔼的笑容，在他拍照的时候。

从上午九时站到下午一时，还望不见有萧伯纳的影子，据说是被宋庆龄半路邀去了[⑥]，这些抱着热望要见肖老头的接客都失望地离开了码头。有的好像不相信这种说法，还站在那儿老等，两眼眺望黄浦江头。但，有的却在失望的归来的途中不断地咒骂着。

晚上的聚餐当然不成功，我到青年会空跑一趟[⑦]。

三月一日

到“明月”去

人美化好了装在锦光房里飘飘然地哼她们的新歌，丽珠坐在光友床上洗耳恭听。原来她也是化了装，别的，小陈、国美、枝露都是一样。

“Dry brother！你运气真不好，你好久没来了，今天来找我们玩，我们又要去拍照。”这是我的Dry sister的头一句话，她停止了她的唱歌，在我进门之后。

“镊子！”小白子在叫。

“镊子！”小红的声音。

“镊子！”这是两个人同时在叫。

一会儿答应不了那末多，知乐跑了过来，“你不理我吗？”

---

① 今上海外滩七号码头。

② 在文委电影小组领导下，1933年2月9日成立的电影界的群众性组织，由夏衍、聂耳、沈西苓分别担任文学部、组织部、宣传部的领导工作。

③ 英文、日文的“早上好！”

④ 即金焰。

⑤ 黎民伟。

⑥ 宋庆龄赴轮与萧伯纳长谈后，10时半邀其由杨树浦码头上岸，径至宋寓与鲁迅、蔡元培等人共进午餐。

⑦ 当日18时萧伯纳已乘原轮北上去了青岛。

斯咏从男宿舍跑出来，“啊！镊子！”我觉得她的体重增加了。

“Dry brother!”小陈也这样地叫着：“你等着我们回来再走吧！”回头，知乐抢着说：“镊子！我陪你玩，我是在家的！”

“这几天我就希望有谁来看看我，哪晓得谁都没有来，你怎么知道我有病？”箢子很感伤地拉着我的手说。

“我今天是特地来看你的，因为郑君里说你有病。谁知你们又要去拍照，不能陪我玩。”我巧妙地回答她，一面拉着她的手走到教室里。一会儿阿麦来了，当然从我的手中把她夺过去。

聂耳辅导陈燕燕唱歌

小白子在弹钢琴，大概是新的基本练习，弹得很流利，似乎进步了些。

……

只要一跨进“明月”的门，好像到了另一世界似的。他们不知天有多高，地有多厚，整天只知寻快乐，只知唱歌、弹琴，别的是再管不着的。不错，这儿是另一世界！是月宫！

所谓为歌舞——黎锦晖的歌舞奋斗到底，这是他们的标语、口号，那班黎锦晖的忠实信徒，没有一天不反复地背诵着。然而，事实摆在我们面前，这班信徒，甚至于黎锦晖，只觉得可怜！肉麻！

他妈的，什么叫 Be careful[1]？！这到底是什么用意？要你管我做什么？什么狗屁导演？！

*　　　*　　　*

“明月”便是这样瓦解了！

人美大概是没问题的和“联华”订了约，我们谈起过去最快乐的时期不禁感伤几至流泪。她说“明月”的尾声是 **2 2 $\underset{\cdot}{7}$ - ‖**，这是一个没有静止的尾声。

三月七日

写信比写日记重要。

注意现生活的充实，不要过分地理想将来的生活。

音乐上的修养：1. 经常地写谱。2. 尽可能地参加乐队演奏。3. 注意云南的音乐。

---

① “小心点、仔细点”。

三月十六日

《除夕》拍完，导演先生要我写一篇稿子登特刊，听说这是宣传委员会的决定。

我从来没有写过吹牛拍马的宣传文字，不知从何说起，吃了人家的饭，又不能不听人家的命令。

《母性之光》开拍的第三天——今天，可以痛快地休息一下，要是再像前两天那样辛苦下去，恐怕我的脑袋快破裂了！虽然辛苦，却有相当代价——得到一个实习导演的机会。

老实说，这场戏不要我是不行的。

大场的演戏，感到另一种风味。像我们这样蹩脚的上海话，居然凑成功一个反帝的上海语话剧[①]。

三月十五日是田老大的生辰——昨天。今晚请吃面，多么有意义的一个宴会，听了不少演讲。到跳舞场弯了一下，华[②]和我们谈到善钟路！

回家还在拍戏，翻阅以前日记，又是负了很多的债！

三月二十二日

"对于这一门，我倒是门外汉，非请老聂导演不可。"卜万苍很客气地对办公室的那些职员说。在事前，我也知道他必定会如此说的。

可笑！可笑！写这么点东西竟提过四次笔还没写好，近来的忙着实是从未有过。

自从导演陈燕燕唱歌（见上页图）之日起，脑袋没有一天舒服过。

三月二十一日起搬到主任室办公[③]。

近来差不多每天都在过开会生活，单"联华"方面就有什么航空救国会、俱乐部会、话剧剧本讨论会，前天从早晨开到深夜一时。

"联华"航捐会执委、话剧剧本起草委、音乐股主任、联华一厂俱乐部执委、秘书、中国电协组织部秘书、电协组长、电游艺会筹备委员、中国新兴音乐研究会发起人。戏剧方面，公司工作，自己练琴、看书、运动、作曲、教唱歌、写信等，便是我的日常生活。

本来想补日记，但也没有什么意思，反正是在上面那些东西里钻来钻去。

恋爱空气非常沉寂，简直想都没去想它。

十八号那天到仁济医院看田老大的病，他从汽车上跌下来，伤了！

《都会的早晨》试片的这天早晨，差不多满戏院都是熟人。我的 Dry sister 坐在最后一排，

---

① 为纪念田汉的生日，3月15日聂耳随着田汉等左翼剧联的成员去上海郊区的大场，演出了一个田汉当场编写的反帝话剧。详见本书下卷的侯枫《忆聂耳》。

② 华汉（阳翰笙）。中共上海局文化委员会委员。

③ 聂耳此时起担任联华一厂音乐股主任。

她介绍了她的 First lover[1]、闻名的顾梦鹤。

今天俱乐部新执委上任，我被选为秘书，事务更麻烦了！

四月七日

本来决定要到黄克体育馆去练身体，已经把钱预备好，老金[2]一番煽动（也可以说解释）马上动摇了。再仔细想想自己所得的薪水若干，每月花十多块钱的车费、学费，实在不合算，结果决定不去了。

老金要我将这学费交给他，他可以每日负责叫我早起。他倒会讲生意经，有钱可赚，自己也可早起。

下了决心自己克服自己，每日早起，加长室内运动时间，已经实行了五天了。

交通大学的工业铁路展览会举行以来，差不多每天都去跑一趟。“联华”成绩展览室里每天都可抓着偷相片的贼，有一天竟有十五个之多。

坐着公司车跑了一天，为了租借《母性之光》音乐会大厅所需的乐器。我带了�子一块去，利用不花钱的汽车到胶州路看人美，听说她已从杭州回来。到那儿只有顾梦鹤和田老大在，她已出去看电影。

田老大的伤好以后，精神大减。他说等他再休养几天，一切工作应努力干起来。彭飞来，他们走了，我们上锦晖家。

话剧老是排不成气，我看前途未见乐观。

想写文章，但肚里太空，需要努力读书。

四月十八日

昨天替黎民伟送照片给人美签字，在那儿玩了一天。所谓“新月”[3]的大台柱白丽珠女士到锦晖那里练歌。那臭狗架子，我真不要看。和梦鹤讲广东、湖南话，把哭着的人美都逗笑了。

在史东山家里开“联华”第一、二厂同人联合会[4]第一次执行委员会。东山请客吃晚饭，到深夜二时这会才结束。今天一早又有人来家里开会，整天没有精神。

同仁医院看王斌，已经拔去五个牙，脸上一边瘦着，一边肿着。可惜！他在这“粉红色的四月”，反尝失恋的悲哀！

① 第一情人。

② 金焰。

③ 新月歌舞团。

④ 即工会联合会。

……[1]

四月十九日

这两天突然冷起来，下着绵绵春雨，闷煞人也。

和黎民伟、卜万苍们筹备俱乐部的乒乓球比赛，预备在明天举行。

为《电影画报》[2] 检照片，头也弄昏了。“电协”开各组联席会，只有请假。

和老苏上“雅洁”晚餐，谈起公司事，议论特多。

约阿蒋[3]到我房里吃可可，大谈其出路问题。他在王斌的床上睡。

四月二十日

我觉得有病的预兆，每天总是头疼发热，但对工作，仍是不停地做下去。

每晨的洗身运动已经停了好几天了，今早脱开衣服一看，好像肉松了些。

看《除夕》试片，比赛乒乓球。

昨晚读了几篇日记给阿蒋听，我们都互相鼓起写日记的兴趣，我决定继续好好地写下去。

四月二十一日

昨晚带陈燕燕去唱歌，顺便揩油听竺清贤的有声影片。试映一本老宗拍的天主教学校，收音技巧似乎比《春风杨柳》进步多矣。

任光作好《母性之光》里所用的南洋歌曲，他自觉很满意，本来也好听。有如说它是南洋，不如说它是中国味。

燕燕听了这新曲高兴得了不得，黄绍芬当然也要顺风扛一下旗，表现似乎比她还更热烈欢喜这歌。

任光作曲时所想到的唱者当然是燕燕。但他从来不知道在戏里是给黎莉莉唱的，今晚我告诉了他，他感到很大的失望。后来我们商量的结果是无论如何要让燕燕收这张唱片。

但杜宇[4]开拍有声片，今晚请我去配点娃娃哭的声音。洪伟烈告诉我非去不可，我为了朋友的面子，就是昨夜的睡眠不足，我也不愿偷懒。

十点半从任光家出来，坐了两次黄包车，直到联华第四厂。在车上想着“我们的导师”怎

---

① 此处以下为《影界漫语》（包括《男性的呐喊》、《吴淞洋行》、《音乐会大厅》三篇文章）的草稿，该文已收入本书中卷的文稿部分，此处从略。

② 主编郑伯奇（中国左翼作家联盟的发起人和常务委员）。

③ 上海联华影业公司一厂男演员蒋君超。

④ 上海艺华影片公司电影导演，下文殷明珠是他的妻子。

样给它填上美的旋律，并不觉得路长，只觉得冷得发抖。大衣当得太早了，真吃了不少苦。

等到十二点多钟才开始。韩兰根化装成卓别麟样在看护着一个小孩子，嘴里哼着陈玉梅的杰作《催眠曲》，小孩的哭声（我的哭声）总是和他找麻烦。他那副尴尬面孔做出种种丑态，别人都笑了，为什么引不起我的真笑？

杜宇和殷明珠表示很感激的样子，我的嘴唇已经发肿了。

汽车送回，到家刚四时。

今早本想多睡一会儿，谁知九点钟便有人来叫醒，说什么卜万苍请我。

一个戏院布景，会场摆了一百多座位，台下奏乐的地位什么也没有，我知道这是我的事务来了。

钢琴是在月明影片公司借的，别的乐器要我想法，于是到 Lazaro 租了两只 cello, 为省钱只买一副弦线，那只只有用麻绳代替。

我觉得我拉 cello 比拉 violin 好，特别在今天，cello 给我很浓的趣味，整天抱着舍不得放。也许是乐器好的缘故吧，我拉得比从前好。

今天所拍的这景是全剧的最末一场：一个托儿院的游艺会。一百多观众在台下嚷着、吵着，为了到时还不开幕，什么瓜子壳、香蕉皮、飞箭向台上乱掷，会场秩序大有不可收拾之势。一会儿幕开了，燕燕抱着死小孩慢慢走到台前，她的眼神呆了！她的头发乱了！她像一个疯人样的可怕，于是观众的情绪突然寂静了下来。

找了许多小孩临时演员，我最欢喜的有四个：燕燕的英文教师的小孩，“雅洁”广东饭店的两姊妹，公司后面的小美人（三四岁）。我带着他们玩，讲故事。

一个假的死小孩在我和燕燕的怀里换来换去，一会儿头掉了，一会儿脚又跑了出来，她很听从我的导演。

老郝在摄影场跑来跑去，处处想出出风头。像这样的人只要在我的眼里闪过一眼，我便知道他将在一个钟头内所做的事。

�子来，她对于公司订合同事总抱消极态度，我对她这次的搬走更可以看出她对任何事情的动摇性太大。当然，不住在公司里，恋爱问题总是自由得多。

商学院来比赛乒乓，到金焰家去叫他，揩油吃红豆饭。他们所吃的菜饭，到底两样一点，总有点怪味，那碗豆渣真不敢领教[1]。

近二日来，饭后漱口却特别讲究。

乒乓比赛打败了，一比六。

钢琴和 cello 合奏起《Martha》来，不禁想起入明月社的头半年，南京鼓楼饭店的合奏，令姐来看我。

我大显钢琴本领，骗骗不懂的人，弹来弹去还不是四年前的几支进行曲。老金唱了《Sing me to sleep》[2]，我的假嗓子黑人调，都受人欢迎。

---

① 金焰是朝鲜（现韩国）人（后加入中国籍），常吃朝鲜风味的饭菜。

②《唱我入睡》。

已经十二时还打了几次乒乓球，这不能不说是比赛乒乓所提起的兴趣。约石寄圃到我屋里睡。

听说王斌还要拔三个牙，腮上要开刀。我替他想着真值不得，为了一个小女孩而受那末大的痛苦，虽然牙疼不是其直接关系，但可以说全是她弄坏的。要说她既然爱他，为什么她得到他病的消息都不来看他，并且简直说："我不去！"

谈起健康和大便，老石总说是夜里拉好，我总说是早晨好。我讲了我在北平病的经验给他听，他才相信了。

四月二十二日

睡到十二点钟才起床。到公司，上午戏已拍完，演员都在吃饭。老石看见我拿着钥匙上厕房去，他说："你是刚起来的吧！因为你大便总是在起床之后。"我无言可否认。

午饭时听苏怡说今天《申报》关于彭、陈案的审判[①]有一看之必要。回到公司，一口气看完了那长的审判经过，陈独秀的辩护颇为动人，章士钊律师的补充也特有劲。

练了两小时的基练，感到没有教师的痛苦，细想对提琴技术拼命的深造，实觉空虚。要是每月多几个钱的话，我还是决定去学声乐。

千里来打扰了我，带他到老任那儿交稿；看见他们的长篇宏论，自己内心里只是着急、惭愧，又觉着自己太空虚了。

送 cello 还 Lazaro，顺便到四马路逛书店，买了两本旧书：《写给青年创作家》、《文学术语辞典》。买了点原稿纸，走到大自鸣钟坐电车回来。

在马路上走着，看看手里拿着的东西，自己想着好笑，简直好像预备做作家一样。

绍芬和燕燕都没回来，也许她自己到任光那儿去了，我偷懒在俱乐部打球、听无线电。

"不同生活接触，不能为生活的著作；不锻炼自己的人格，无由产生伟大的作品。"

四月二十三日

主任慌忙地在收拾着 camera，赶九点钟到码头迎接罗明佑，得到他的许可我们去拍俄大使到华的新闻片。

人美、筱子、小陈在俱乐部我都不知道，一见之下，不免又是几声"Dry brother！"

约人美一块到"雅洁"吃饭，她和我谈起她的合同问题。她说现在已成僵局，"联华"方面也不提起，而她自己更不愿意去提。说起筱子的可怜，我总说她是自讨，好好住在公司，何以会到这地步，月底也许可以发点薪水。人美要替她向老金借十二元交房租，我想很难办得到。

---

① 国民党政府以"共党托派首领等危害民国案"对陈独秀、彭述之等进行审判。

聂耳与金焰的合影

天气分外燥热，跟他们到商学院看篮球比赛。看着输的可怕，我不看打球了，把袋里装着的《创作与生活》拿出来看了好多页。

老金、伟烈、人美、我们四人，四点一刻才从公司出发，到新关码头不久，俄大使便登岸了。

群众很拥挤，多半是“国民御敌自救会”会员，有各分会的大横旗、小红旗，他们在讲演、呼口号、发传单。在爆竹声中有俄文口号的高呼。巡捕、包探密布着。新闻记者抱着照相机跑来跑去，老洪的 camera 找不到地方摆，终于没有拍到一个 close up[①]。

俄使鲍格莫洛夫和他的老婆、小孩坐上汽车，在我面前停了些时，后面的群众拥上来，前面的巡捕又往后推。人美夹在我和老金当中，看她挤得怪可怜。

一股示威群众从爱多亚路想冲过英租界，巡捕阻止了好几次，到三洋泾桥终被法国兵冲散了，囚犯车也开来，…… 老洪的摄影机在动了，好材料，好机会!

请马包探打听俄使所住的地方，回到家已有电话来过，本想再去补拍几个镜头，可惜没有片子了。

在老金家吃饭，有两样朝鲜菜实在不好吃，怪味无穷。

人美总是打我的头，我也很重地还了几下报仇。

四月二十四日

今日天气晴和，不免跑到郊外走走。从“交大”后门外绕到前门，身心都觉十分舒畅。

本来香耶[②]要来，我到家里来等，他到公司找不到人便回去了。

在家写着情书，老金来。他不但看见藏在书底下的这封未写完的情书，而且发现了我的日记本，他无论如何要抢了看。

明早有人来，没做夜工，十二时睡。

---

① 近镜头。

② 手稿上此二字系由“杏邨”改写而成。钱杏邨（即阿英）是中国左翼作家联盟的发起人和常务委员，文委“电影小组”成员。

聂耳拉小提琴为陈燕燕伴奏

四月二十五日

在看着音乐理论书籍，人美打电话给我说今早试映《春潮》。回去叫老金，他还没起，时间已经来不及。

正预备到人美家，忽接一上海女子的电话，把我吓得心跳。原来是我的Dry sister。洪、吴、金我们四人去的，要了些照片，她不给那一张。

在孙瑜家开执委会，菜很好吃，讨论谣言事。

到第四厂补收一点小孩哭，在千里家喝咖啡，三时返。

四月二十六日

“电协”干事会没开成，在电话里和瑞兄[①]谈。

因为昨天公司里的人都走光了，主任把名字都记起来，大发其牢骚。和人美、笳子、茵出去，写了一张请假条。

张昕若请客在小小食园吃饭，到“新月”看北平新生，外国人教跳舞，参观了黄克体育馆。

到任光家练燕燕的唱歌（见上图），带了提琴去。胡蝶[②]来。Hawai Band[③]几位南洋华侨来，他们要我加入他们合奏。

四月二十七日

公司托我借跳舞衣拍戏用，打电话给人美，据说已送到“新月”去了。听说红莺和笳子都在那儿，等一会洪伟烈、吴永刚都要去。

我是负了使命在外工作，当然可以借此玩玩，于是跑到人美家。

一上三楼，他们正打得热闹，一会儿我也加入战团。因为怕痒，处处失败。

---

① 手稿上的“瑞”字系由端字改写成。夏衍（沈端先）是文委“电影小组”负责人，与聂耳当时同为“中国电影文化协会”的执行干事。

② 上海明星影片公司主要女演员。

③ 夏威夷乐队。

《你不要说不》[1]我和老金表演，他吓得跳窗子。

吴永刚请客"坐飞机"[2]，表演倒飞行，我跌在地下头擦破了！

喝"高粱"又喝"五加皮"，有六分醉意。大跳其Hula Hula[3]舞，大讲演其"非洲博士"。由八点钟闹到十二点。

梦鹤讲鬼故事，我们三人躺在地板上，到一点多钟才送她上楼睡觉。

下来睡地板，我俩谈老宗的故事。

今日拍外景，在龙华附近黎灼灼的外国朋友家，很有味。

上午和黎民伟吵，为了把宣传照片给卜万苍签名的问题。

四月二十八日

早上去找张昕若借衣服，他答应送来。到公司一转，又跑到五马路取箱子，买了几本音乐书。

中午在家收拾书桌。晚在郑应时[4]家开执委会，算是蔡楚生请客，讨论明天对于罗明佑召集谈话会的准备。推举卜万苍为代表，死咬着我们的原议：书面答复。

二时始散。

四月二十九日

罗明佑的谈话来得非常厉害，软硬都有。他说以后要是每月不能出二部影片，他决不再办下去，我们可另寻好的待遇。

代表卜万苍表示全体意见后，他要我们再选代表多人共同讨论，散会。

接着便开执委会，坚持原议，暴露种种阴谋。大家都主张使其更尖锐化，明天用信催其从速答复。

晚到任光处唱歌，完全是谈了一晚话，燕燕非常清楚。

四月三十日

等借钱，到一点多钟才借到，黎民伟和卜万苍整谈了一上午的话。

到任光家，安娥总是唱什么《甜蜜的梦》。原来他们曾谈论过我的恋爱问题，并且替我指出谁有资格，无聊！我不急，他们却替我干着急。

---

① 黎锦晖作曲的一首庸俗爱情歌曲。

② 把人用同一侧的一只手和一只脚拎起来转圈。

③ 胡拉胡拉舞（夏威夷的一种土风舞）。

④ 上海艺华影业公司导演。

聂耳（拉小提琴者）与任光（弹钢琴者）在合奏

"新光"看《古国艳乘》。回来在"永生"听老任和老张谈生意经，在"大三元"吃饭。

到严折西家，约儿童节目和国货商场奏乐事。

坐黄包车换坐外国人的大黑新汽车，从海格路送到公司，他到回力球场。

五月一日

我们的 May day[①] 到来，我们要沸腾起热血去纪念它。

昨晚左想右思，还是凭自然吧！没锁门，关照过老陶[②]，先走了。

失望地回来。

任光家唱歌，他改正我拉提琴的许多错误。本来要拉好一支曲子不是容易的事（见上图）。

五月二日

汉木[③]们来，一上午。

拍戏，苏州有李藜丁来访。今日感到怪无聊，教燕燕唱歌。

晚开执委，讨论罗明佑的复信，决定在明日大会提出最后通牒。

五月十三日

五月九日下午六时赴杭州，夜十二时到，住西湖饭店。

第二天休息，因天气不十分好。上午打篮球、游船至平湖秋月、三潭印月，下午游里湖，逛岳坟等处。夜，游船至十二时。guitar，violin。

① 五一国际劳动节。

② 与聂耳同住在一个楼里的中国左翼剧联的成员陶也先。

③ 手稿上的"木"字系由"文"字改写而成，即辛汉文。

第三天拍戏，我饰一黑人（见右图）。夜，游船。

第四天上午在平湖秋月拍“人儿是细语在木兰舟上”，所谓杭州的“三个摩登女性”！下午睡觉，小孩来吵醒，收得镊子[①]礼物。六时半快车赴沪，十二时到。睡在蒋的床，臭虫成群结队跑出来，一夜不能安眠，起床看书。

今天白天睡午睡，晚拉琴，小店女来玩，和王斌谈恋爱问题。

装扮成黑矿工的聂耳（右）与何非光在杭州的合影

五月十四日

想起杭州之游，着实像“明月”的跑码头。当我们在车站上闲谈时或到了旅馆找房间时，简直没有想到是和“联华”来拍外景。有机会想细致地补一下日记。

今日是Mother's day[②]，老金和他的叔约往“国泰”[③]参加纪念会，据说有美国兵的军乐演奏。

去迟了，军乐已过去，只听了几只耶稣赞美诗，全会场简直充满了基督教的空气。美丽的美国少女给我戴上鲜花，艳福不浅。

到任光家，他们几乎不认识，因为我穿了一身南洋的服装，手里拿了根粗的手棍。

任和安正讨论着新音乐的倾向问题，要我参加讨论，没有什么结果。我的意思是：西洋音乐的发展如中国一样：西洋的古典派而歌剧而Jazz而新的——；中国的古乐而京昆戏曲而歌舞曲而——……这些预备另写文字。

作好一支半歌曲，他不正确的批评，我不愿接受。

国货商场看时装表演大会，和胡蝶、萍、艾霞[④]们寒暄了些时。徐来[⑤]还记得起小弟弟，虽然我戴了黑眼镜。

“电协”开会，到的人很少，死气沉沉。孙瑜发表长篇谈话，千里把《电影文化》编好提出辞职。

吃了国货啤酒，肚子胀得难过。从“四明邨”走回，夜已深。

在途中有两种矛盾的思想：想静静地找出新兴音乐理论的系统写一篇文字；同时想在半途碰上女朋友。

---

① 聂耳的绰号。
② 母亲节。
③ 上海的电影院名。
④ 艾霞是上海明星影片公司女演员。
⑤ 明月歌剧社创办者黎锦晖的妻子、著名电影演员。

聂耳（左）拉小提琴帮助影片《母性之光》中的演员陈燕燕丰富表演情绪（中为卜万苍、右为黄绍芬、后为鲁史）

五月十五日

昨夜被蚊虫大扰，终夜未寝，燃灯看书。

决定借钱买蚊帐。写了十五元的支条，结果减成十元，还惹得主任说不少闲话，因为我已借到下月的钱了。

正教黎铿唱歌，忽来大雨大雷，外面也停止拍戏。

雨停，吴淞路买回大圆顶蚊帐一顶，七元五角。

布置可爱的小屋，换了新式样。

宗维赓和几个人来，燕燕和他谈判用照片给人做广告事，他以认错而缓和她们的气忿，老着脸再要一张。他送了《现代电影》第三期。

五月十六日

昨晚睡得非常舒服，起得很早，扫了地，洗了身，拉了琴到公司。

拍戏。洪伟烈的小女儿却费了不少力。要一个笑的镜头，特别去把她的祖母接来逗她。

和老苏辩论男女明星混合足球队和“天一”比赛的浅薄，说得他下不了台。他总是坚持着他的道理。

天气异常闷热，在院里翻杠，人很多，练得很起劲，虽然满身是汗。

王琰请我伴她去买蚊帐，在电车上她告诉我她从天津来的经过，又是一个奋斗的女性！

燕燕为了安娥的多话，不高兴再到任光那儿去唱歌，她总怪我为什么不和她一块练。

寄圃、王琰、红莺同到老金家约他到“光华”看《蝴蝶夫人》，半道遇大雨，在老金家喝完茶便返。

五月十七日

耐芳[①] 和香耶来老金家里谈。人美打电话来，我要她来这儿吃中饭。吴永刚的老婆明天要返苏州，我们几个苏州游客[②]在洪伟烈家请她吃饭。喝了早酒，很兴奋，大唱其京戏。

拍悲剧，老卜要我拉琴，帮助燕燕表情（见上图）。有一镜头使她大哭不已，她说我的

---

① 席耐芳是“左联”的发起人、常务委员郑伯奇的化名。

② 1933年春节，金焰、聂耳等人去苏州游览时，曾住在吴永刚家里。

影片《母性之光》拍摄结婚镜头后的工作照（站立者左二为聂耳）

violin 为什么要拉得这么悲！

和人美到家里来，给她杭州带来的小扇。后来在公司拍了几张照，周伯勋弄得走光了。

音乐会大厅所丢的书，今天还了十五元。

电灯来电了，高兴极，把丽丽[①]的 guitar 借来弹到十点多钟。

五月十八日

原订计划是买一本 violin concerto[②]，后来一想，不如买几本比较有用一点的。"Alois"[③]买弦和《Songs of the Hawaiian》[④]。再回到"Lazaro"[⑤]买《violin pieces》[⑥]没有，"永安"买了《The First Step How to Play Hawaiian Steel Guitar》[⑦]。

"电协"开会，聚餐。四点钟便跑去，一面看新书，一面等。

散会已十一时，和金焰消夜，喝五瓶啤酒。

五月十九日

拍戏，结婚礼堂，小燕的新娘还好看，拍了一张工作照片（见上图）。

---

① 似为莉莉的笔误。

② 小提琴协奏曲。

③⑤ 均为上海的琴行（乐器店）名。

④《夏威夷群岛之歌》。

⑥《小提琴曲集》。

⑦《夏威夷吉他初级演奏法》。

晚，到任光家唱歌。

五月二十日

搬任光的钢琴到大东公司，他去校琴，晚拍末场有声。

Dry sister 来。

想写几篇关于《母性之光》的音乐的文字。

1. 作曲的经过。

2. 初试。“情感”、“空气”，决定了。

3. 教授唱歌。

4. 开矿歌。

5. 所谓造空气“灼灼”、“燕燕孩子死”。

6. 情感培养，收音前的准备。

7. 收音详记：空气，骂，肚痛，听筒，哭，wonderful[①]，笑。

五月二十七日

几天来忙得连睡眠的时间都没有。

要想干一种运动，不是谈何容易的事，更不是空谈一些理论便可以做到的。我一向感觉到这种拉夫式的工作方式不是一个正当的方法，由过去很多事实告诉我们，根本是走不通，即使可以勉强维持，到底还是空的。

什么乐队、音乐研究会，未尝不是我时时刻刻在心的事。当然，等到一切抓着路线的时候，建立一个强固的组织是不难的事。安娥近来的言论，有些固然在理论上可以说得通，但她并没有比较深刻地认识事实。

说到整个的音乐运动，更是一桩难做的事，不是畏难而不做，而是要认识这难的存在，先把自己的基础打好，才有资格去领导人。老实说，我自己知道自己的空虚、浅薄，还没到领导人的程度。

任光和安娥的话：“你要去争！加薪，要酬劳，不要太傻！你每月所得二十八元，但给他们做的事太多了，不要受人利用！”

吴永刚的话：“蔡楚生说，一个人若是还没有成熟的时候，最好少说话。你虽是觉得音乐在电影上的重要，但资本家看你并不在眼里，而是可要可无的，他们总是尽其剥削之能事。我希望你在此刻拼命地学习、研究，预备在将来去用。若是没有用的机会，在这一生里不断地

① 精彩极了。

学习、研究，倒也是极快乐的事！”

卜万苍的话：“老聂是一个导演人才，做戏或者还少有希望，但有自由主义的色彩。”

郑君里的话：“最好在他们的工作时间内不要专去做自己的事，使人的印象不好。”

有人说：“在这失业恐慌的社会里，有碗饭已经算是不错的了！”

老卜近来被王琰迷住了！行动颇为人注意，我还和她一块去买过帐子，看过影戏，以后要当心些！

明天端阳节，不想到任何地方去玩，本来人美约到她家里过节，但想到要送礼，还是少多事！

六月三日

“什么是中国的新兴音乐？”这是目前从事音乐运动者，首先要提出解决的问题。

我们知道[①]音乐和其他艺术、诗、小说、戏剧一样，它是代替着大众在呐喊。大众必然会要求音乐的新的内容和演奏，并作曲家的新的态度。他们感觉到有闲阶级所表现的罗曼蒂克的、美感的、内心的情调是不适切的，是麻醉群众意识的。

“接受革命的作曲家们试图这种要求，但是编出革命的、同时保持高度艺术水准的音乐，不是容易的事情。抛弃经过几个时代发展下来的作曲的习惯，此外，还有配称为大众音乐的，究竟能够有么？关于这问题的论争，恰如其他艺术上一样，在音乐界惹起沸腾。旧时代的作曲家们，跟从革命前确立的方法继续作曲；他方面，革命产生的新时代音乐家们，根据对于生活和艺术不同的态度，贯注生命。”

讨论音乐研究会成立已有头绪。

谈瑛的故事，想不到。

〔一周间的 romance〕[②]

七月一日

电影演员应当有音乐的修养：——到底没动手写出来。

《母性之光》在六月二十七日拍最后镜头，二十九日晚在“光华”试映。

---

① 手稿上“知道”二字后删去二十余字，痕迹为“在帝国主义占据东北，一面（以下三个字看不清）屠杀大众的现在”。

② 这一行手稿原写在本日日记顶端的空白处。

聂耳在影片《小玩意》中扮演卖油炸臭豆腐的商贩

七月二十日

半年计划：

A. 经济的：1. 生产："联华"工作每月二十八元，写文字每月十元，作曲不定。

2. 消耗：饭十元，住四元，车费十元，零用四元。

B. 学业的：音乐，电影，戏剧。

为了"联华"同人会的第二件大事——张石川纠众打伤詹汉连①，二厂又拍《小玩意》。接着第三件大事——黎主任发脾气，宣布一厂停办。…… 忙得什么东西也不能写。好在昨天把这件大事结束了，一切从今天再开始吧！

*　　　*　　　*

一月来大事记：1. 张詹案。2. 一厂风波。3. 明星同人会成立。4. "百代"收了大批唱片，我收一张《开矿歌》。闹了不少意见，结果通都不出版。5. 拍《小玩意》臭豆腐②（见上图）。6.romance 的进展。昨天七月十九日三个欠下了，一个全的对消了。

*　　　*　　　*

九月十二日

《人生》剧本提出讨论，在戏的结构上和意识上有着很多毛病，费穆③ 将原剧本修改过重新提出，我们贡献了不少意见，结果通过了。

*　　　*　　　*

信条：不说漂亮话　不出风头　多读书

多写作　多拉琴

*　　　*　　　*

八月三十日在南京路永安公司门口发神经病，被送到仁济医院住了七天。医生说是脑冲血，叫我不要把这病看轻。曾请了一个神经病专家来和我医治。

在病期中，每天平均有三人来看我，谈瑛次数最多，其次邢少梅。

医药住院费共三十九元，全是公司负担，因为是在工作时昏倒的。

---

① 张石川是上海明星影片公司老板，詹汉连是上海联华影业公司汽车司机。

② 聂耳在影片《小玩意》中扮演卖油炸臭豆腐的小商贩。

③ 上海联华影业公司一厂编导。

九月六日出院，九日搬了新家。请假一月，没有薪水，好在还有《小玩意》的酬劳。

非常可爱的新屋，却花了不少钱去布置，买了新床、桌、椅、凳、马桶、痰盂……啊！记得太无聊！

总之，世界上最可爱的便是我这间新屋！

这才算真正的新生活的开始，每日生活非常有规律，读书和工作时间较多且效果较大。

不断的，**努力！努力！努力！**

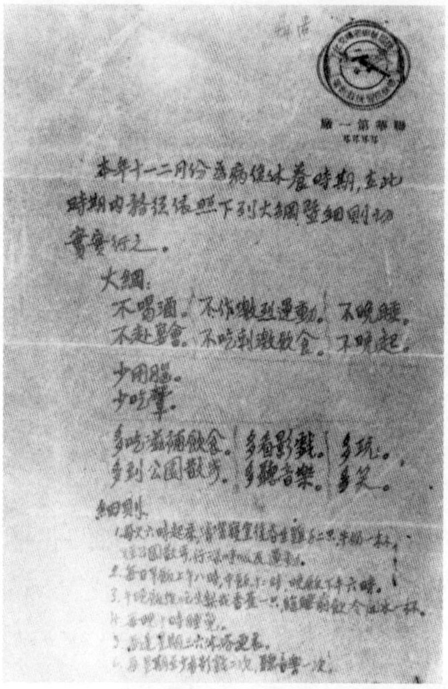
本年十一二月份為病後休養時期，在此時期內務須依照下列大綱暨細則切實奉行之。

大綱：

不喝酒。不作激烈運動。不晚睡。

不赴宴會。不吃刺激飲食。不晚起。

少用腦。

少吃葷。

多吃滋補飲食。多看影戲。多玩。

多到公園散步。多聽音樂。多笑。

細則

1933年冬，聂耳制定的“休养大纲”

十月十九日

每月预算：房租$11.00，饭$10.00（连小账），娘姨$2.00，洗衣$2.00，车资、零用$10.00.共$35.00。

现在每月收入只有三十元，事实已经不敷应用，只有赶紧想法**生产！**

1.写剧本。2.写文章。3.进行演员事。4.教授提琴。

* * *

脑病！缠了一个月，生活发生恐慌。“九一八”到厂销假，占三天便宜，到月底可以拿到十五大元。

拍外景，谁不认为是最快活的事。一个意外的通告，二厂要我到浙江石浦去做《渔光曲》的音乐工作。头天在厂收了请假牌子，第二天又挂上“在外工作”的蓝底白字。多么惬意！

我成一个好人也似的，背了包袱，左手提violin，右手提guitar，冒雨走了半天才喊到洋车到二厂。啊！他们，都那末快乐！我的Dry sister。

* * *

要是照预算两礼拜回沪，我决不会患喉症的，我自己知道。一方面固然是吃东西不谨慎，再方面却要怪自己对这种医药常识的疏忽，尤其在我——医生的儿子，是大不应该！

在身体瘦下来的时候，你才觉得在身体健康时的骄傲是不该，这和去年在北平患痢疾后有同样感觉。

刚到上海时，每人的见面礼是“啊！为什么瘦得这样厉害？”你的心会怦的一跳！

十一月十四日　星期二

病算是好了！决定本年十一二月份为病后休养时期，曾订大纲及细则如下（见上图）：

大纲：

不喝酒　不作激烈运动　不晚睡　少用脑

不赴宴会　不吃刺激饮食　不晚起　少吃荤

多吃滋补饮食　多看影戏　多玩

多到公园散步　多听音乐　多笑

细则：

糟了！眼睛坏特[①]了！不能写！[②]

十二月九日

患了这两场大病，却把眼睛弄出毛病来，好像是远视眼，但它的远度常常会变动。他们说是脑神经还没有复原的缘故，不要紧的，我放心了些。

有规律的生活，实行不满一月，身体已完全恢复健康了，此后该如何继续努力我的工作?！

想写文章，想写剧本，想继续日记……这些，从明天慢慢地开始起来吧！因为身体好了！

十二月十日

自从我寻到这所我理想的住宅，不到半月便搬来一个新的邻居 Miss 谈[③]。昨天，又增加一个了，他不是别人，却是留德的跳舞专家陈梦庚先生[④]。他为了在大菜馆楼上开跳舞学校而被工部局禁止了，只有搬到这儿来住着。“预备写文章，译东西”，据他说。

他高兴地收拾着房间，告诉我怎样开始他的新生活。不出去，整天埋着头写，生活费只需二十三元，拿稿费来生活已是多多有余。

他也是听到谣言的一个。他问我和谈的关系，我向他解释了很多，他也能相信我。他妈的，真倒霉！想到这种冤枉事，真是不高兴再住这房子！

---

① 上海话“坏掉”的意思。

② 由聂耳的亲属交给云南省博物馆收藏的聂耳遗物中，有一页单张的“休养大纲及细则”，兹抄录如下以供参考：
“本年十一二月份为病后休养时期，在此时期内务须依照下列大纲暨细则切实实行之。
大纲：（同上，此处略）
细则：1. 每天六时起床，清洁寝室后，吞生鸡子二只，牛奶一杯，往公园散步，行深呼吸及运动。
2. 每日早饭上午八时，中饭十二时，晚饭下午六时。
3. 午、晚饭后，吃生梨或香蕉一只，临睡前饮冷开水一杯。
4. 每晚十时睡觉。
5. 每逢星期三、六沐浴更衣。
6. 每星期至少看影戏二次，听音乐一次。”

③ 谈小姐（电通影片公司女演员谈瑛）。

④ 陈梦庚1934年参加聂耳组建的百代国乐队，演奏打击乐器。

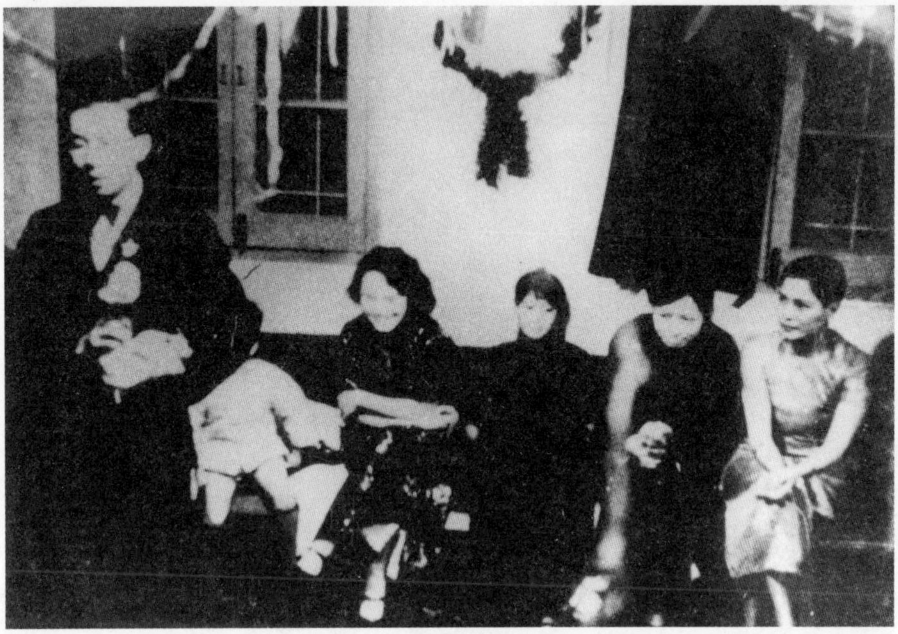

1933年12月17日，聂耳主持“联华同人联欢大会”

十二月十一日

昨晚的睡眠相当充足，起床便拉基练，预备晚上赴交响乐队[①]的演奏。

我是热烈地期待着每个礼拜一的到来，这是第二次了。

前次上了一个当，法国学堂没有小便处，今天却先在华龙路上解放了。

这次的地点改在楼上大礼堂，Podushka的门徒小法国人已在里面跑来跑去地拉什么concerto，我进去他停止了。刚坐下不久，王人艺和小张来，少甫的先生也跟在后面。

先奏的比较难，他们已合过五六次，我更感到不顺手。后一个倒很容易，只是1st violin不很齐。

① 法租界业余的法文学会交响乐队。

一九三四年

一月二十九日

一九三四年是我的音乐年。

在去年的十二月份算是重新开始了音乐生活，自从加入了交响乐队和到人艺处上课，更提起了我努力研究音乐的兴趣，我决定这样继续下去。

从今年第一天第一时起便不断地努力练习 violin，每天在公司的俱乐部里办我自己的公。

一月二十四日接到联华公司的信说请我休养身体。好！领了欠薪、双薪，走之大吉。我倒不在乎，但同人会和别的地方都大加讨论，着实也应当。现在我是黑炭[①] 的同志了。

报上登着我要到德国学习音乐，今天到联华二厂补《渔光曲》戏，他们都问我这消息确不确实。

二月二十四日

需要画上几笔，已经一个月没写了！

这一月内的生活完全变更了，似乎比从前惬意得多，简直不像一个失业者的生活。

“百代”收音、作曲，配音——《人生》，自己练琴，赴演奏会唱歌队，便是这一月的主要工作。

景光约我到南昌“怒潮”去，已经答应了又打了回票，原因是不应当去！[②]人艺去了，我预备再到老头那儿上课去。音专失败。[③]

最近收入较丰。

---

① 原明月歌剧社男乐师江涛此时也处于失业状态。

② 聂耳动身去南昌的前夜，从左翼剧联负责人于伶处得知，“怒潮”管弦乐队，是蒋介石为指挥第五次军事围剿而设立的“南昌行营”政训处下属的机构。聂耳马上就改变了原来的打算，取消了行程。

③ 1934年2月，聂耳曾报考上海国立音乐专科学校的小提琴选科（主考人为A．Foa教授），未被录取。

上海百代公司旧址

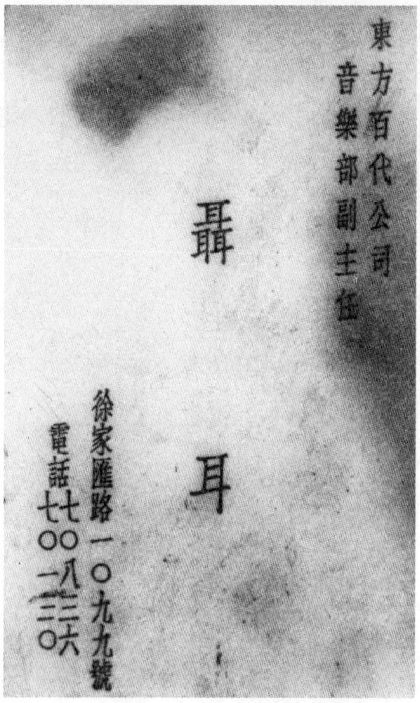

聂耳的名片

四月四日

四月一日起入“百代”工作（见上左图），第一次和厂长谈话，使他非常满意。他要我做的工作是帮助任光的一切收音工作，经常地教授歌者，抄谱，作曲（见上右图）。

从这天起，每日提早练琴时间，六时或六时半起床，总在起床后半小时便开始练习，又恢复了在爱文义路时的晨课。

交响乐队开过两次演奏会，我对于这乐队的兴趣更浓，每礼拜二次夜工，不论怎样疲倦我都不愿缺席。最近又练的是 Tschaikowsky 和 Gluck 的 Symphony①，技巧比较难，Slutsky②预备以两月功夫练熟。

从此每天有弹琴机会，可以实际开始研究《对位法》及继续研究《和声学》。

照常上课，每礼拜的功课都不错，常常得到老头的夸奖。

听过一次 violinist，Robert Polake 的 solo③，是揩油的。

---

① 俄国作曲家柴可夫斯基和德国歌剧作曲家格鲁克的交响乐。

② 上海法租界法文学会交响乐队的指挥斯卢茨基。

③ 小提琴家罗伯特·波拉克的独奏。

继续加入合唱，tenor[1]到底吃力。

音乐研究会近几周都是在我家里开，每次开会时的空气倒很紧张，但实际的事却做得不多。

同人会向公司商量结果，只给我一月薪水。他们问我的意见，我发了牢骚，坚持原议，一直硬到底。

全是机械式的生活，没有一点爱的滋润，苦矣！然而实际上也无半点寻求恋爱的暇时，奈何？！

自从《南洋大观》[2]的配音工作开始，便停止了交响乐队和合唱队的练习，这是一个莫大的损失，但实际上也真没有那末许多功夫。

《渔光曲》的配音花了两个礼拜，真忙死人，算是在六月十四日正式在“金城”大戏院公映了。音乐和音响的效果还算不错，各报倒是一致地赞许！

《渔光曲》[3]

1. 音的F.i、F.o[4]。

2. 音的Desoph[5] { two records[6]。 / 人工剪接法。 }

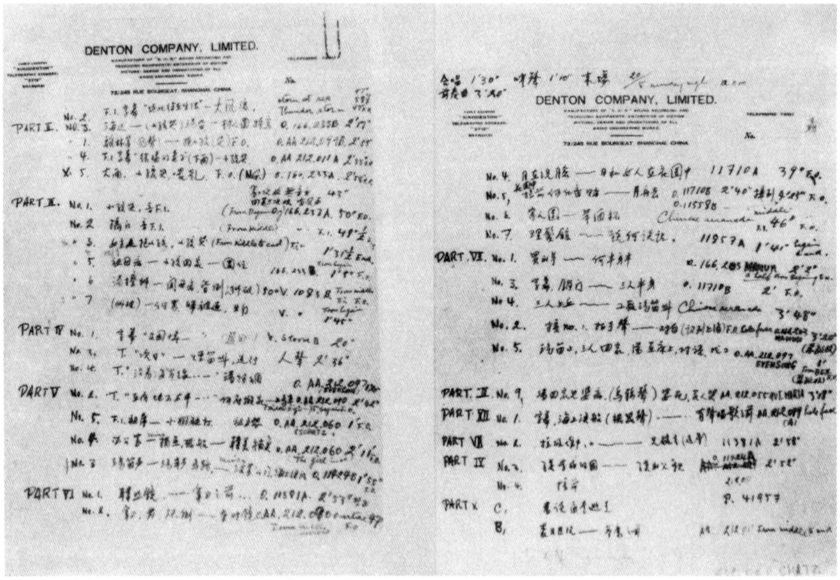
DENTON COMPANY, LIMITED.

DENTON COMPANY, LIMITED.

聂耳为影片《渔光曲》配音的计划手稿

① 男高音声部。

② 1934年夏，上海联华影业公司拍摄完成的纪录片。

③《渔光曲》及以下1—7条，手稿原写在本页日记顶端的空白处。

④ Fade-in，声音逐渐进入、渐强。Fade-out，声音逐渐减弱、消失。

⑤ 语义不明。

⑥ 两张唱片。

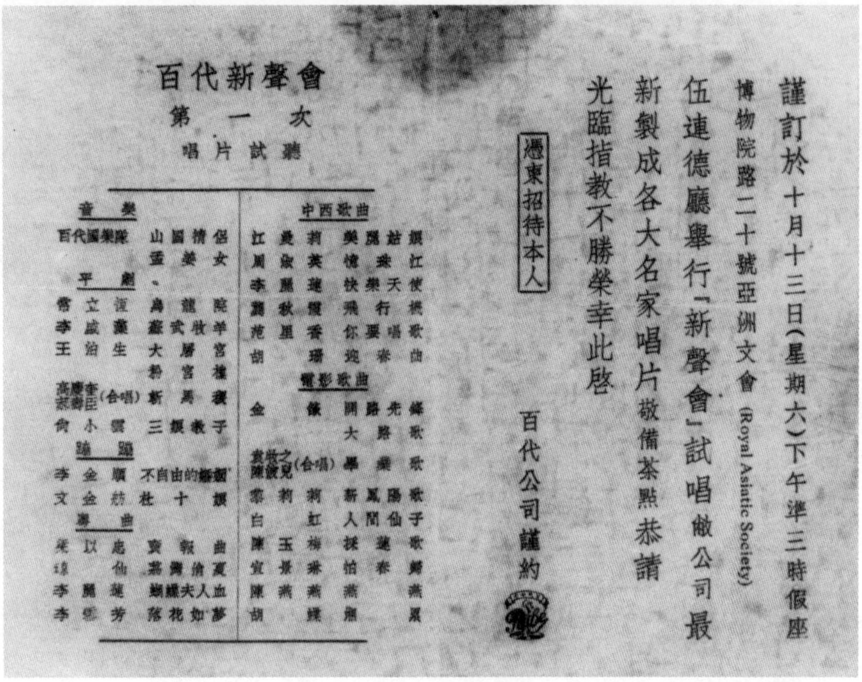
百代新聲會
第一次
唱片試聽
音樂
平劇
粵曲
中西歌曲
電影歌曲
謹訂於十月十三日(星期六)下午準三時假座博物院路二十號亞洲文會(Royal Asiatic Society)伍連德廳舉行「新聲會」試唱敝公司最新製成各大名家唱片敬備茶點恭請
光臨指教不勝榮幸此啓
憑柬招待本人
百代公司謹約

1934年，任光、聂耳主持举办的第一次百代新声会的请柬

3. 说话，音响，同时用唱片。

4. 枪炮声，碎物声，其他一切杂声，均可用计格数的插入法。

5. 一本详细的片长，时间表。

6. 雨声、机器声、乌鸦叫、火烧声、人声、风声。

7. 几个标准唱片。

任光到香港收音，上海一切事务全是我负责，乐队[①]的训练非常有成绩。

森森音乐社[②]在青年会演奏，风头十足。

我将导演一歌剧，我自己主演。[③]

《桃李劫》作曲，《大路》作曲。

《大路》事件，暴露了他的阴谋；百代“新声会”[④]试音的影响（见上图）；他们到北平去。《飞花村》的作曲，在“胜利”灌片；十一月底向“百代”提出辞职。搬了家，租了钢琴。

十二月做《大路》配音工作，新年开映，批评甚佳。[⑤]

---

① 1934年初夏，聂耳领导建立的百代国乐队。

② 百代国乐队在业余时间演出时的队名。

③ 新歌剧《扬子江暴风雨》。

④ 10月13日任光、聂耳主持举办的百代新唱片欣赏会。

⑤ 从“自从《南洋大观》”至“批评甚佳”手稿上均无具体日期，所记的内容也长达半年多，可能均是后来补记的。

一九三五年

一月，进二厂[①]，声乐团的训练，也费了一番功夫[②]（见下页上图）。旧年公映，登台唱《新女性》歌[③]。《新女性》收音糟透。

影片《新女性》中的“侮辱”新闻记者问题，闹得十分严重。

三月八日

阮玲玉自杀了！《静夜》应该成为纪念她的曲子了。

四月一日

便是今天，“联华”两厂合并，我去走过一趟。和孙瑜的谈话，据说《无愁君子》想找我配音，新的经常关系将会重建起来。这时我倒憧憬着一些新的希望：“联华”将拍有声片了！牧之[④]的Music Comedy[⑤]，许多电影曲子要作（见下页下图）。…… 啊！我慢步踱入百代公司。去年今日开始进“百代”的，今天来跑一趟倒有相当意义。

---

① 1935年初，聂耳任上海联华影业公司二厂音乐部主任。

② 1934年底，由聂耳主持，通过登报招考、建立的群众业余歌咏团体“联华声乐团”。

③ 1935年2月2日（农历除夕）夜，影片《新女性》的首映式上，聂耳指挥身穿女工服装的“联华声乐团”演唱《新女性》组歌。

④ 袁牧之是中国左翼戏剧家联盟成员，著名戏剧、电影演员及编导。

⑤ 音乐喜剧。指袁牧之后来在电通影片公司导演的音乐喜剧片《都市风光》。

1935年初，联华声乐团成立时的合影（后排左起为孙瑜、聂耳，左五为阮玲玉；后排右起为蔡楚生、孙师毅、陆洁）

1935年，聂耳（右）与袁牧之的合影

晴天的霹雳到来了①！听过了一些好的合唱片以后：赵元任的《教我如何不想他》、《江上撑船歌》②……遇国立音专的学生……

到日本去！牛皮！三哥③！留欧！……马上到“电通”④，解决牧之的问题。回家大写计划，三时睡觉。

在 Aksakoff⑤家习钢琴及 theory⑥，自一九三四年八月十日起至一九三五年四月一日。

〔校记〕第（二）—（六）部分日记据中国艺术研究院音乐研究所藏手稿校录。

---

① 据于伶讲这时聂耳听到了国民党政府要逮捕他的消息。

②《教我如何不想他》与《江上撑船歌》，均为赵元任作曲，百代公司录制有作曲者本人演唱的唱片。

③ 聂耳是假借“去找做牛皮生意的三哥”的名义去的日本，其实他曾在日本“云南远东皮毛公司”工作的三哥，1930年已返回昆明。

④ 1934年，在中共文委电影小组协助下成立的上海电通影片公司。负责人为司徒逸民、龚毓珂、马德建、司徒慧敏。

⑤ 经贺绿汀介绍，聂耳曾师从于上海国立音专的俄籍教授阿萨柯夫。

⑥ 理论。

（七）在日本

1935年4月15日 —1935年7月16日

聂耳（左一）与同乡友人张鹤（左二）、杨式谷（右）等在日本东京隅田公园合影（蹲者为聂耳的家庭日语教师渡边妙子）

聂耳在日本为友人弹奏吉他

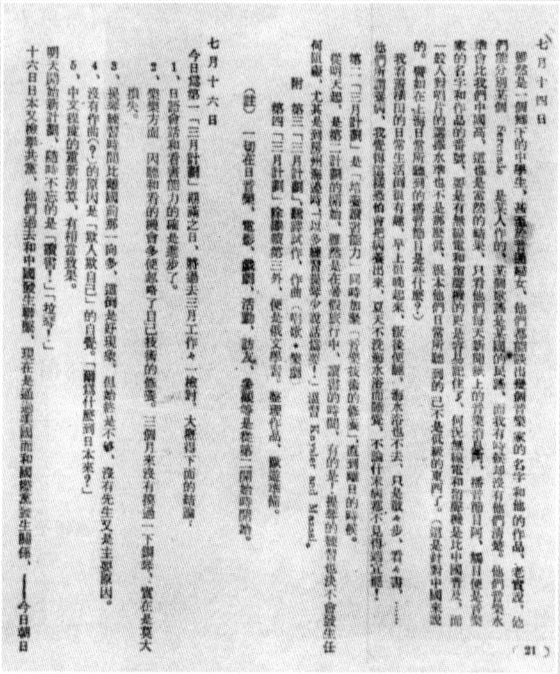

七月十四日

雖然是一個鄉下的中學生，甚至於普通婦女，他們都能說出幾個音樂家的名字和他的作品，老實說，他們能分別某個 serenade 是某人作的，某個旋律是某國的民謠，而我有時候卻沒有他們清楚。他們的音樂水準會比我們中國高，這也是當然的結果，只看他們每天新聞紙上的音樂消息，播音節目呵，節目便是音樂家的名字和作品的介紹，還是有無線電和留聲機的更是容易記住了，何況無線電和留聲機是比中國普及，而一般人對唱片的選擇水準也不是那麼低，根本他們日常所聽到的已不是低級的東西了。（這是針對中國來說的。譬如在上海日常所聽到的播音節目是甚什麼？）

我看着羨日的日常生活很有規，早上很晚起來，飯後便睡，海水浴也不去，只是散々步，看々書，……他們所需要的，我覺得這些恰會把病養出來，夏天不洗海水浴而睡覺，不論什麼病都不見得對它好！

第二「三月計劃」是「培養讀書能力」同時加緊「音樂技術的修養」，直到離日的時候。

從明天起，是第二計劃的開始，雖然是在暑假旅行中，讀書的時間，有的是，提琴的練習也決不會發生任何阻礙，尤其是到房州海濱時，「以多練習提琴少說話為要！」溫習 Kreisler and Mozart。

附 第三「三月計劃」，翻譯試作，作曲（小歌・樂曲）

第四「三月計劃」除掉前第三外，便是俄文學習，整理作品，歸還準備。

（註）一切在日音樂、電影、戲劇、活動、訪友、參觀等是從第二開始時開始。

（21）

七月十六日

今日為第一「三月計劃」期滿之日，將過去三月工作々一檢討，大概得下面的結論。

1、日語會話和看書能力的確是進步了。

2、樂器方面 因聽和看的機會多使忽略了自己技術的修養。三個月來沒有摸過一下鋼琴，實在是莫大損失。

3、提琴練習時間比離國前那一向多，這倒是好現象，但始終是不夠，沒有先生又是主要原因。

4、沒有作曲（？）的原因是「欺人欺自己」的自覺。「跑到什麼到日本來？」

5、中文程度的重新清算，有相當效果。

明天開始新計劃，隨時不忘的是「讀書！」「提琴！」

十六日日本文檢舉共黨，他們過去和中國發生關係，現在是通過滿洲國而和國際發生關係，——今日朝日

1935年7月14日、16日日记

1935年5月19日，聂耳（二排右四穿黑西服者）随“东亚日语补习学校”去海边“潮干狩”

聂耳遗留的小提琴、吉他及乐谱架（均藏云南省博物馆）

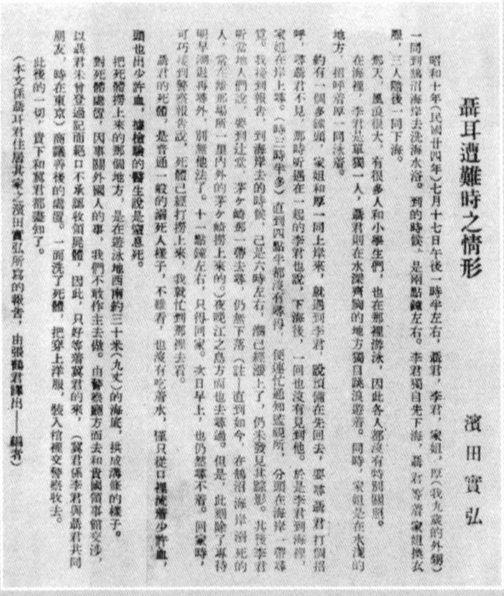

聶耳遭難時之情形

濱田實弘

昭和十年(民國廿四年)七月十七日午後一時半左右，聶君，李君，家姐，厚(我九歲的外甥)一同到鵠沼海岸去洗海水浴。到的時候，是兩點鐘左右。李君獨自先下海，聶君等着家姐換衣服，三人隨後一同下海。

那天，風浪很大，有很多人和小學生們，也在那裡游泳，因此各人都沒有特別關照。在海裡，李君是單獨一人，聶君則在水深齊胸的地方獨自跳浪遊着。同時，家姐是在水淺的地方，招呼着厚一同泳着。

約有一個多鐘頭，家姐和厚一同上岸來，就遇到李君，說預備在先回去，要尋聶君打個招呼，尋聶君不見，那時所遇在一起的李君也說，下海後，一回也沒有見到他。於是李君到海裡，家姐在岸上尋。(時三時半多)直到四點半都沒有尋得，便連忙通知監視所，分頭在海岸一帶尋覓。我接到報告，到海岸去的時候，已是六時左右，潮已經漲上了，仍未發見其踪影。其後李君聽當地人們說，要到辻堂，茅ヶ崎那一帶去尋，仍無下落(註—直到如今，在鵠沼海岸溺死的人，常在辦那場所一里內外的茅ヶ崎撈上來的。)夜晚江之島方面也去尋過。但是，此刻除了專待明早潮退再尋外，別無他法了。十一點鐘左右，只得回家。次日早上，也仍然尋不着。回家時，可巧接到警察報告說，死體已經打撈上來，我就忙到那裡去看。

聶君的死體，是普通一般的溺死人樣子，不難看，也沒有吃着水，僅只從口裡流着少許血，鼻頭也出少許血，據檢驗的醫生說是窒息死。

把死體撈上來的那個地方，是在游泳地西南約三十米(九丈)的海底，拱成溝條的樣子。

對死體處置，因事關外國人的事，我們不敢作主去做。由警察廳方面去和貴國領事館交涉，以聶君未曾登過記而絕口不承認收領屍體，因此，只好等着冀君的來，(冀君係李君與聶君共同朋友，時在東京)商議善後的處置。一面洗了死體，把穿上洋服，裝入棺裡交警察收去。

此後的一切，貴下和冀君都盡知了。

(本文係聶耳君住居其家之濱田實弘所寫的報告，由張鶴君譯出——編者)

1935年7月18日，聂耳住处房东写的情况介绍《聂耳遭难时之情形》（原载《聂耳纪念集》，此文已收入本书下卷）

一九三五年

四月十五日

所谓“牛皮”生意，经过十五天的准备，居然能在今天告一段落了。

一件冬大衣送给洗衣师，他帮了我不少的忙，否则我这几大件行李，真有些讨厌。

到汇山码头①已经八点钟，“长崎丸”的三等舱里挤满了中国人。

还是没有人来送行好，省掉不少的麻烦，好在他们都能谅解我的苦衷，真的一个都没来。

四个苏州朋友，那个“劲儿”，有些吃不消！

船开不久，检查官来了，我有的是文凭，惬惬意意“派司”②了。

四月十六日

下午一时二十分到长崎，登岸吃了中国馄饨。五时开船。

四月十七日

下午三时抵神户。伴苏州朋友到大阪（乘电车），“红兰亭”的宁波大师傅请吃中国饭。夜十时坐快车往东京。

这一夜，睡眠太不舒服。和日本人的谈话，颇有趣。

四月十八日

上午八时半抵东京车站，汽车直达张鹤的住所。“东亚”③听了两个钟头的课。

---

① 今杨树浦路公平路码头内。当时是日本邮船公司停靠的码头。

② Pass〔通过〕的音译。

③ 东亚日语补习学校。

写七封信，主题是“牛皮生意”[①]。

四月十九日

“东亚”报了名，拉四点钟提琴。

和鹤到大冈山访孔老，在吴诚格[②]的新居大谈其往事。十一时返，自己坐电车回来的。夜市，好便宜的书！

四月二十一日

和鹤、谷[③]到日比谷赴陆军户山学校军乐队演奏会，最值得注意的是以“满洲国”为题材的行进曲《戴冠式の钟》，行进曲《兰花》和幻想曲《日满亲善》。

短小的《东京市歌》，是东京市歌制定的时候悬赏征求得来的歌词（高田耕甫），由山田耕作作曲。

行进曲《戴冠式の钟》，“一个神圣而庄重的乐曲，在举国举行皇帝戴冠的盛仪时，伴着圣钟齐鸣”。（原注）

行进曲《兰花》（原注缺）

幻想曲《日满亲善》（原注缺）

以上三曲，在作曲技巧以后者为优秀，但免不了东偷西抄。两个行进曲颇富于鼓动性，尤其是《兰花》的主题，是优美而活泼的中国风旋律。其余几个是西洋曲。指挥者冈田一太缺少气魄。

四月二十二日 （星期一）

银行取款，走了许多马路。下午七时半在日比谷公会堂听新交响乐团的演奏，有 pianist, Arthur Rubinstein[④]的独奏。

指挥 Hidemaso Konoye 还好。乐师共六十余人，除 1st solo violin[⑤]是西人外，其余全是日本人。佩服！佩服！

cello 独奏时太糟，oboe[⑥]独奏也有毛病，由此证明一般个人演奏技巧之不行。

---

① 指聂耳报告亲友他以“找做牛皮生意的三哥”为名来到日本。

② 孔祥越、吴诚格均为在日本留学的云南友人。

③ 在日本留学的云南友人杨式谷。

④ 美籍波兰钢琴家阿瑟·鲁宾斯坦。

⑤ 第一小提琴声部的独奏者（乐队首席）。

⑥ 双簧管。

四月二十三日

这几天跑马路的成绩相当不错，东京市的方向算弄清楚了。昨天和今天跑的地方真不少，没坐过一次电车。

下午六时，同鹤、谷看“宝塚”少女歌剧。“东宝”剧场的建筑着实是一个现代歌剧场的建筑法，花一块钱参观一下都值得，莫说还看了四个钟头的节目。

四月二十四日

和鹤、谷到新宿第一剧场看“松竹”少女歌剧，现代的舞踊[①]比“宝塚”多，也是四个钟头节目。有《世界之满洲国》一剧，用连环电影。《东京踊り》[②]的最后场面颇伟大！

自分の话として。[③]

全日本映画竞映会拾零。

“电影是一设大众最亲密的娱乐，它的影响不但能鼓动国民的精神，而且大有转移国家文化之势。这次举行全日本电影竞映会的目的，便是为着促成商业电影的进步、发达，从侧面给与一种刺馬[④]的作用，以完成电影的国策。在另一方面，所谓‘大众的’，不单是以他们本身的低俗的兴味为本位[⑤]，而且艺术地把握着优秀的内容。在这种意义下，把各影片公司最自信的影片集于一堂，举行这竞映会，对于我国国产电影界的划期的[⑥]（？）举行，起了非常的sensation[⑦]。由各方面的赞辞，证明这是可靠的。”

ナンヤンスー13.June 34.[⑧]

六月二十五日 （星期二）

今晨在两个钟头以内，看日文书的量，算是打破从到日本后的纪录。就是在质的方面，懂的程度，也似乎进步多了。

ソ联[⑨]的婚姻制度 —— 外交评论。

法国乐坛近况 —— 1.法国全作曲家联合协议整顿放送事业，为了设备之完整及节目的腐

---

① 日文“舞蹈”。
② 日文《东京舞》。
③ 日文“用我的话来说”。
④ 日文“刺激”。
⑤ 日文“兴趣为基础”。
⑥ 日文“划时代的”。
⑦ 英文“轰动”。
⑧ 日文“无聊”、“胡说”——1934年6月13日。
⑨ 日文“苏联”。

旧。2. 音乐批评家和管弦乐的正指挥打官司，告批评家损坏名誉。3. 作曲家发明新弦乐器，类似 viola①。

苏联戏剧祭② —— 九月一日 — 十日。——《世界知识》七月号。

看中国的电影 ——《改造》杂志。

王莹③的爱人在上海被捕 ——《每日新闻》。

七月七日

近来简直没感到记日记的兴趣，以前我可算是一个有“日记精神”的人。从今年来，一直没有连日写过，这也许是一种损失；然而，在事实上实在没有那末多时间。

不愿老生常谈，“从今天起，要每日继续了！”但以后总希望尽可能地每天写一点，以免事后懊悔的痛苦。

为了弥补以前的损失，只有用一下统计的法子。

音乐方面

1. 五月二日、三日于日比谷公会堂听全日本新人演奏会。主催为读卖新闻社，参加学校有日本高等音乐学校、日大艺术科音乐部、东京音乐学校、东洋音乐学校、东京高等音乐学校、中央音乐学校、武藏野音乐学校、大阪音乐学校、神户女学院音乐部、帝国高等音乐学院。节目分二日奏完。第二夜鹤和谷要去“参观听众”，在休息时，我的大衣被窃，袋里有皮手套一只，《日华字典》一本。在占位子时我们简直同声赞美日本的所谓“民间道德”，谁知道他不争气，马上便出了这末大的乱子。报告事务室时，才知在这堂堂的公会堂里，同样盗案，已有过不少登记。算了吧！以后还是少赞美些好！第二天去根究，警视厅的包打听向我们打了招呼，说正在调查，等有结果时再为通知。

这天有老侯和吴琼英，他请我吃了日本食“大虾饭”，在“银座”④散步后上吃茶店。借吴的光才有上二阶⑤的资格，否则便是在一阶做“单身”。后来上跳舞场，看了半天，两人都虚伪地说着不一定跳，但是脚底是痒得可以，结果他忍不住了，说：“既到这儿，不跳有些难为情的，买十张跳舞票两人分跳吧！”我当然没有反对的理由，于是吴琼英开始和我们选择舞女了。真倒霉！顾到面孔的样子，就顾不到身长的高低，实际上坐着是比较难于勘定⑥。已经跳了四个矮子了，吴希望我抱一个穿和服的跳一次，结果，这最后一员打破了前四员的纪录。吴

① 中提琴。
② 日文“节”。
③ 中国左翼剧联的著名女演员。
④ 日本东京最繁华的街区名。
⑤ 日文“二楼”。
⑥ 日文“推测”。

看了很感到兴趣，于是我大开其讲习班，弄得他莫名其妙！“理论到底是理论！”

2.五月十二日午后五时至九段军人会馆举行的儿童舞踊会，主催者为岛田儿童舞踊研究所，门票推销员是我们的渡边妙子[①]先生。因为她太热心的缘故，使我觉着很有趣味，而怀疑到那三张票子是人家送给她的。看来也着实可怜，在整个的日本妇女没有得到解放以前，她们只有用这类方法来弄几个钱。鹤买的票，结果他牺牲了，为了艺术聚餐会的不肯退席。节目有二十三个之多，大半为日本舞踊和西洋舞踊。歌曲多系童谣，独唱者顶大不过十二三岁，顶小的五六岁都有。有的用 record[②]。最有趣的要算是幼儿舞踊，他们毫无顾忌地尽管在台上错误，观众大笑不已，但他们都极镇静(Dark change[③]时家长领入)。节目中《支那之手品师》(中国的变戏法者)是用两个日人所理想的中国怪装儿童，手执小棍，东跳西跳。最后一场是“樱花舞”，踊者大小二十余人登场，也就是岛田研究所的全体。岛田自己也出来领头大跳，但在头上蒙了一块花布，不给人看出他的真面目。今晚看得太满意了。

3.五月二十四日午后七时三十分在日比谷公会堂举行提琴巨匠 Efrem Zimbalist 的提琴和新交响乐团的定期演奏，提琴协奏曲有 Mozart 的 No.5.Amajor[④]和 Mendelssohn 的 Eminor.[⑤]，新响管弦乐有：Michael Glinka 的 Overture to the opera op.64，《Ruslan and Ludmila》[⑥]和 Fredrich Smetana 的交响乐诗 No.2《Moldau》(河名)[⑦]。遇侯和吴琼英。我买了一张 Zim.氏的照片，想找他签字，向一个外国人打听一下，他说要在散场以后，那时我也没有这样的兴致了。

戏剧方面

1.老陶[⑧]介绍一个朝鲜朋友给我(李相南)，他是日本著名的照相家远近雄的门生。虽然朝鲜籍，但因在日已八年多，简直和日本人一样。我们虽是第一次见面，已经是和故友一样，毫无拘泥地玩着、闹着。到新桥漕船[⑨]的时候，我们谈了到满洲、朝鲜、哈尔滨的旅行计划，我觉得我的日语有些进步了。以后我应该抓住这一类的经常关系。

本来那晚(五月二十八日吧)是由老李介绍看“新桥”演舞场的《蝴蝶夫人》的，为了老陶弄得糊里糊涂，时间也没拿准，结果空走一遭。正在扫兴的当儿，我提议到“筑地”剧场去见识一下，看一看这左翼剧的策源地。恰好这里正在演着新筑地剧团的《坂本龙马》，我们更高兴了，虽然毛毛雨下得闷人。快到开场时才有人来卖票，生意异常冷落，警察走来走去。从开场到末尾，没有给人会感到疲乏的时候，虽然话是简直听不懂。剧作者将历史用新的手法

---

① 她是聂耳住所房东的妹妹，又是聂耳的日语家庭教师。
② 唱片。
③ 舞台上暗转(以更换节目)。
④ 奥地利作曲家莫扎特的《A大调第五小提琴协奏曲》。
⑤ 德国作曲家门德尔松的《e小调小提琴协奏曲》。
⑥ 俄国作曲家格林卡的歌剧《卢斯兰与柳德密拉》序曲。
⑦ 捷克作曲家斯美塔那的交响诗套曲《我的祖国》的第二乐章《摩尔塔瓦河》。
⑧ 即陶也先。
⑨ 日文“划船”。

表现出新的意识来，代解答了崇拜英雄偶像之不可靠，以个人力量推翻一种旧统治势力，结果新的统治势力依然连连而生，这非与集体的力量配合起来去斗争不可的。这戏里有着革命的热情，有着血的奔放，随时会使你的情绪紧张起来。

有一天新筑地剧团在“东亚”三楼开演讲会，我整站了三四个钟头。听了岛田敬一讲《日本新剧之活动》，《坂本龙马》的导演佐佐木孝丸的《新剧的现状》，最后是脚本之朗读、独幕剧，《取引にめうず》[1] 全体演员就在讲台上大读其台词，导演坐在台旁，有时也居然加入动作表演，至于面部表情，却是随时注意到的事。

2. 六月二十九日午后六时半，“飞行馆”、“创作座”[2]的第七回公演，借老李的光，揩油看的。他带我参观后台及舞台上的灯光装置，到底比中国有些道理。他们的灯光管制完全是有组织的，而且事前有充分的预备，应用时一点也不感吃力。三个独幕剧《母亲》、《筑地明石町》、《赤鬼》。据说这剧团是重技巧的，在我看来，似乎也不见得有什么特出的技巧，也许我们不懂也说不定。内容方面简直不必提，简单的三句话便可代表：第一剧者家庭琐事也；第二剧者日本女人换衣服也；第三剧者买卖式之婚姻也。实在不够劲儿！

3. 四月二十八日晚在一ツ桥，一桥讲堂观《雷雨》公演，导演：吴天，刘汝礼，杜宣。第一、二幕还大致不差，第三幕简直失败，收场时该是导演负十足责任。演技以瑞茜还比较过得去，老仆近文明戏，常常以装作的滑稽过多而破坏整个空气。长子最糟，次子还有那种傻劲的个性。第二次预备公演时，突被公使馆禁止，说“有伤国体”。

电影方面

1. 五月十四日东京每日新闻社主催的全日本映画コンクール[3]在神宫外苑日本青年馆举行，我参加的是夜之部。公映影片有松竹蒲田摄影所出品《若旦那春烂漫》[4]和日活[5]现代剧《里街之交响乐》。导演和演员都出台讲演，大有《新女性》献映之夕的风味。这两个影片以后者较好，但无内容，无非从美国音乐歌舞片东偷西抄而来，有时完全照抄，甚至剧本的构成也是全部模仿，一元的票价实在有些不值得。

2. 六月二日上午十一时到水道桥和老李约会，往日活摄影所参观，认识一新女友，还相当有味。她常找我说话，我不懂时也不辞劳苦地再三解释，我倒有点心动了。在电车遇我们久候没来的日本朋友，新宿换车至多摩川，走不远便到日活。门禁也相当严，介绍信送进去半天了才有人来，结果还不是所要找的人，又等了半天，才被招待进去了。看了两个摄影场，一切并没有什么特别，等于到“艺华”去走一遭一样，职演员们的吊儿郎当劲儿还是那末一套。到多摩川游园漕船，遇难，裤子浸湿，游泳，脱裤子，他们都笑了，我却连声地喊着“大丈夫”

---

①《不是交易》。
② 两个日本剧团名。
③ 日文“全日本电影竞映会”。
④《年轻丈夫的浪漫曲》。
⑤ 日本活动电影制作所的简称。

（没关系）。在新宿吃茶店和日女友分手，送她一短程路。我和老李上日活摄影所开的支那料理店[1]吃饭，"武藏馆"揩油看《复活》。八点钟从新宿跳上电车，知道裤子内部还有许多水分，小腹有些不自然。好容易到了神保町车站，急忙飞入钱汤[2]里，三十分钟后，"大丈夫"是也。

其他

1. 五月二十六日　和谷、老李様[3]到大冈山东京工业大学，参观时间约三小时。吃午饭后遇吴琼英。饭后往洗足池散步，沿途和吴诚格大谈政治问题。天气太热，脱上衣又被人说"失礼"，真是苦极了！大冈山喝冰茶，大吃云南口味，到家整十一时。

2. 四月二十七日　和鹤、谷、小高（衮父）游明治神宫外苑。

3. 六月二十日　和鹤、谷游井之头公园——遇日本美人。

4. 六月二十七日　和鹤、谷游植物园——追小白兔。

特殊事件

1. 剃胡子，从容自若地把剃刀放下，嘴揩干净了。

2. 早稻田校歌——"这是尔[4]先生欢喜听的！"忘れならない……二度と三度[5]——

3. "小猫！ Mi Mi" ライオン[6]齿磨时。主妇之友有什么手相，防空预习。

4. ヨサン、ヨサン！いらつしやい[7]……！艺术聚餐，第五次会上，中国艺术活动的报告，violin 独奏。

第六次会上，欢送张教授，大唱雄壮歌。

诗歌座谈，三阶，"诗精神"日本语，台湾朋友，留东新闻之聚餐会记事。一九三五年。

七月八日

虽然是短期旅行，收拾起行李来也就讨厌，什么都想拿，什么都觉得有用，但想到搬行李上下车的麻烦，自己又该发脾气了。最后决定带小皮箱一只，布包袱一个，Violin 一具。

旅行期内的日语研究，预定读完两本日文与日语书，《日本语はじめ》[8]第三册，《音乐社会学》，Violin《Kreutzer》[9]。

---

① 日文"中国饭馆"。
② 日文"公共澡堂"。
③ 日文"君"。
④ 日文"你"。
⑤ 日文"难以忘怀的……二次和三次"。
⑥ 日文"狮子"。
⑦ 日文"×君！欢迎！"。
⑧《初级日语》。
⑨ 法国小提琴家克罗采的《练习曲》。

“日本女人的脸色变化和日本的天气变化一样”，的确不错！近来我这位房东太太真有些吃不消，假期房租减让的事，已向她说过三回之多，到现在还没有明白表示。由她今早的面部表情看来，大概是有点不高兴的样子。上两次我还可以忍耐一下子，这回可确实受不了，要是到晚上再无答复，决定搬走。

换上新洗来的夏季西装乘汽车往“飞行馆”赴老李的约会，预备一块儿去访林和先生，这是欧阳予倩介绍的戏剧批评家。前几天问过老李，他说并没有这样一个朝鲜人（其实是我的错误，他是百分之百的日本人）。等我给他介绍名片看时，想不到他们不但熟识，而且是住在同一ビル[①]，对照互相的地址，完全证实了。

飞行馆旁边的小吃茶店里一坐，叫了一个冷咖啡，半口半口地喝着。时间坐长了总有些不自然，想找点事情做做，于是大写起日记来。客人走光了，再来的也走光了，第二杯咖啡也快要当酒一样地喝完了，他妈的，还不来！…… 正写到这儿，“聂耳様！”他在外面喊起来了。

林和先生出门去了，要下午四时后才可返东京，我们决定再走一遭。但正在四时以前的空闲中，总得找点事做做，于是和他到有乐座，什么写真研究所 …… 等一处一处的辞行。后来到丸ノ内松竹馆访那天在一块游河水的大坪様。看了两个半场日本有声映画[②]，一个是《噂の女》[③]的后半场（现代剧），又一个是时代剧[④]的前半场。前者的印象还不错，后者实在有些看不惯，冗长的歌舞伎座[⑤]场面，真讨厌！

快五点钟了，再访林和先生，仍是没回来。我把自己的名片和介绍名片交给那位颇谦和的事务室职员，请他转告说我避暑后再来拜访。记住了！是银座七丁目，五，三ツ喜ビル[⑥]三楼的“戏剧改造社”。从海滨回来，第一件要做的大事。

银座大街上的漂亮姑娘真不少，我不禁地喊着wonderful[⑦]。乐器店买弦线，松坂屋买礼物。

从小公园穿过，《早稻田校歌》，似乎有去一遍的必要，—— 太无趣味了，十五分买卖，空坐半小时便走。

约鹤到楼下吃饭，ヤえコ[⑧]还是不在，午饭时就没有看见了。问ノブコ[⑨]说还是到那边洋服店去，我会怀疑到她也许改行了。今晚的定食[⑩]特别好，ラバサン[⑪]大有饯行之意，ノブコ也有恋恋不舍之感，可是不能和ヤ[⑫]说一声“サヨウナラ”[⑬]实在是一个遗恨，至于ライオン齿

---

① 日文“同一公寓楼”。
② 日文“有声电影”。
③ 日文“被议论的女人”。
④ 日文“古代剧”。
⑤ 日本一种古典的民族戏剧。
⑥ 日文“三喜大厦”。
⑦ 英文“令人惊奇的”。
⑧ 人名“八重子”。
⑨ 人名“信子”。
⑩ 日文“包饭”。
⑪ 日文“房东大娘”。
⑫ 八重子。
⑬ 日文“再见”。

磨的理想[①]，不过理想而已。

和鹤散步时大发牢骚，关于日本的留学生生活，小资产阶级的劣根性，我到日本来的意义，以至于我对华的领导问题，还背出昨天给他的信“…… 我们目前的幸福将会葬送了将来的生命，要是不从速醒悟的话”。

晚上和房东太太的形势严重化，妙子也在，弄成僵局。郭様也明白说过，她仍是不干脆地说出要多少钱。等我决定明天搬走时，她才讲出可以打七折。因为今晚我的态度相当硬，说话也颇厉害，否则她还是“没有明白你的意思”。

杨様正向我报告着今天到房州找房子的经过时[②]，妙子送了两个冰淇淋来。谈话不久，她说也许我们以后看不见了，她回故乡后，十有八九是不会返东京了，因为母亲想念的缘故。寐前她又到我房门外请求我拉一次提琴，意味浓厚。

七月九日

闹钟上在四点半，结果就醒了，五时出发，ノブコ还没起，我在“玄關”（大门），听见“聂様”叫了一声。

乘电车到大门，“芝富士馆”门口前静候，才五时半。少年（二十一岁）警察来找我闲谈，他还问到中日问题的意见，我说我们研究艺术的人是国际主义者，不管那些国家与国家间的政治纠纷。

七时上汽车，李様与大坪様和汽车夫颇谈得来，汽车夫的学问颇渊博，什么问题都可以谈一下，兼有绅士风。

经横滨时见一吃茶店员，穿着肉感的内衣在门口和一小孩打闹着，想到人家说“上横滨”、“到热海”这类笑话。

八时半到藤泽，我们半天才找到李様的朋友家。滨田様原来也是干照明的，在“飞行馆”的照明部任职，看这人颇老实，有点夫子气。

早饭后到江の岛[③]，只要五分公共汽车费就到。二分门票过长桥便是岛，岛上风凉的原因是大树多。除卖土产及食堂外，似乎没有什么东西。到后面，绕到岛肚子里，简直比什么地方都有味，海浪滔滔，《渔光曲》拍外景时的回味，岩洞的深，较无锡、圆通山[④]不知好几百倍。又坐公共汽车至对山海岸，沿海边走了不少路。李様下海，一会功夫便上岸喊肚子痛，这便是不听我们劝告的缘故，哪儿会有刚吃饱饭便洗海水浴的道理？再沿海边走，过了好几处有浴场的地方，可是人并不多，可以点缀一下风景的及格者还没有，也许还不是时候吧。

① 日文“狮子磨牙的声音”。
② 杨式谷等云南友人准备去房州海滨度暑假。
③ 江之岛 —— 日本藤泽鹄沼海滨的著名游览地。
④ 昆明城北的风景游览地。

太疲倦了，在电车里大打瞌睡。到家就快往烧汤入浴，哈哈，运气真好，简直是…… 因为三人一起去的，不便多看，同时想到“那个”，还是不看为妙，出来时就简直没有了。

一个十五岁的朋友，却比我高，英语发音也还不错。第一次吃日本名食“生鱼”，也算没出毛病，好像比老金做的生牛肉[①] 好吃。横田的姐姐说明天可以弄好些。

拉了 violin 给他们听，讲解了中文对联，他们渐渐对我熟起来了。十时到小朋友家拿被褥，被招待去弹风琴，简直糟到没有说处，自己非常着急，想到丢了几个月的钢琴练习，将来如何补偿？直到睡觉时仍是感到不安。

七月十日 （水曜日）[②]

六时便醒，昨晚睡得太舒服。

横姐往东京做事去了，他们还睡得很熟，补抄昨日日记。相当感到讨厌，从他们起床到吃早饭，我没有说上三句话。

等大坪様到一点半还没有来，滨田様又要听听我拉 violin，他不但记得许多提琴曲的名字，就是每曲的作者也顶清楚地背得出，看起来倒是颇像一个懂音乐的人。他的留声机唱片中有交响乐曲、提琴独奏、独唱等，由此可见日本人一般的音乐程度。

有一张《Souvenir de Moscow》是 Elman[③]的独奏，开始的几小节和弦奏完便接 Andante。[④]

午饭后甚疲倦，天气也热得可以，我和李様整装预备出发海滨浴场。我那黄短裤、大帽子的夏装，差不多年年如此。要是到房州海滨去给吴琼英们看见，不免又说“洋里洋气”。

乘公共汽车（六分）到鹄沼（くげめま）海滨。这儿的海岸似乎比江の岛多些，人也不少，花布伞、花布棚的点缀，海岸显得更美了。江の岛孤立海中比从镰仓看到的江の岛秀丽得多。

肚子里好像还十分饱满，我提议多休息一会再下水，李様受了昨天的教训，今天也不那末性急了。

我在一个比较人少的地方，坐下换上游泳衣，第一次尝到日本的海水。

跳了几个浪便往人多的地方去散步，兜了一个大圈，没有一个人不经过我的检阅，并无什么收获。

郊外散步，和李様大谈恋爱观。他过去曾恋过三个日本女子，但是现在已经完了。他主张不结婚，也想到欧美去游历。

大坪様到七点半才来，昨晚住在横滨，为了朋友的约会而误了我们的时候，今晚就回东京。

大喝啤酒，五香花生是下酒菜。到八点多钟才吃晚饭。

① 老金即金焰。生牛肉为朝鲜风味菜。

② 日文“水曜日”为星期三。下文的“木曜日”是星期四。

③ 美籍俄国小提琴家埃尔曼。

④ 指该曲的行板部分。

李様向横姐们报告今天的经过，说到我是一个十分有趣味的人，说我穿着一件女游泳衣到处参观，结果是别人来参观我。我当时否认，我的游泳衣绝不是女的，我已经穿了三个夏天了，在上海并没有谁笑过我。虽然我不断地辩护着，他们总是大笑不已，那比我高的小朋友笑得最起劲。最后我说："我才不相信，瞧着看吧！明天我穿到海滨去，并且要喊着'御覧なさい！'（请看！）"大家又笑了。其实我老早已经怀疑过这件游泳衣，但从来没有人笑过我，因此也就放心了。再想一想它的来历，当然也是可能的。在上海似乎着实不大注意，在这儿可两样了。明天决定另外买一件新的。

送大坪先生到车站，散步到艺妓[①]住所附近。什么花样也看不见，还是和普通的人家一样，门口好像是多一盏灯。

今晚天气突然冷起来，回家快十一点了，床铺蚊帐已全部弄好。啊！到底是日本的妇女。

七月十一日（木曜日）

鸟叫声、邻居小孩们的嬉笑声、钟摇声、他们两人熟睡的鼾声……多么寂静的乡村哟！我从来也没有想到我会到这样美的地方来安闲地住着，更没有想到会和日本人弄得这样亲切，居然住人家，吃人家。

天气不大好，有点寒意，也没有到海滨的兴趣。在家翻地图，决定到有名的温泉（别府）一游。在这几天内，也许会到箱根、热海去一回。到了这里还不去这两处名所，真是太不值得了。现在只等新协剧团的回信，然后再定。

大概他们都有晚吃饭的习惯吧，今天又是到一点多钟才吃午饭。是横田様弄的咖喱饭，我太客气了，肚子还有一半没饱。

散步到东海，经过了一个学校，健美的女性（？）——不过比都市女子肉色黑些，在打着篮球。她们都十分注意我的大帽子。

一个大神社，颇像公园，里面有一株大树，和黑龙潭的松柏差不多，幽静处也有黑龙潭的意味。

到小朋友家，他正在用功，预备学期考试，我们不愿进去打扰他，但是那位女主人（不知是他娘还是他的什么人？）无论如何要招待一下。只在门口坐坐，糖果、果子露也弄出来。一会地震起来，小朋友奔来奔去，我倒一点也不在乎，很快也就停止了。

洗热汤，没有什么。

晚饭后正在研究英日会话对照的时候，外面有带头马的一样的铃声[②]响起来，第一次知道"号外"的到来。

"静冈地方的大地震！市内起火灾！房屋倒坏多数！"原来就是刚才的事（午后五时

---

① 日本饭馆中从事陪饭、陪酒及表演节目的女招待。

② 云南驮运货物的"马帮"，领头马的脖子上均系有铜铃铛。

二十五分），我们所感到的不过是微震而已。

横田姐弟们渐渐对我感到趣味了，无论如何要我唱歌、跳舞，后来居然作起跳舞教授来，大教其 Waltz。横田和李様却也是想诚心学一学，“一，二，三！一，二，三！”陈梦庚的教授法原本搬出来，留声机也开起来了。

晚上颇冷，十时睡觉。

七月十二日

窗外小孩们的歌声把甜梦惊醒，横姐还未出发。拿朝报一看，地震消息占着大的篇幅，接着丁零当啷地，“号外”又来了，满幅都是地震的照片，真有些可惨可怖！

天气似乎比昨天还要冷。饭后便看看书，和李様读《Little woman》[①] 的英日对照本。因为天气不好的缘故，什么地方也不想去。

在附近乡下散步，不论走到什么地方都有游公园的感觉，到处都是大树、小山。走过一些精致曲折的小路，进了神秘的森林，我真说不出是到了一个什么美境?

風吕[②]，十三四岁和十岁左右的在这里和他们的[③]一块洗，样子也十分美。

我已决定今天到箱根、热海去，坐十点五十分的车，四十五分才从家里动身。在半途一看钟，有的已经过了十一点了，有的已是五十五分，眼看着没有希望追到，中止了。

当然坐下一次车，横田様和我到松崎丰（小朋友是也）家，要他给我画一个案内[④]。弄了半天，我感到麻烦了，天又快要下雨，我索兴不高兴去了。

松様有三四个同学和我们一块到家里来，听我拉了提琴，他们都向我表示欢迎。那种可爱的样儿，真有说不出的羡慕，全是十五六岁的孩子！

横田様，李様，松様，我们四个人到海滨散步（鹄沼，公共汽车六分）。因为天气不好的缘故，不预备下水，看看打鱼的，在沙地上走走，谁都是无精打采的样子。在藤泽下了公共汽车已飞着小雨，到家后在席子上一卧，感觉到今天太无味了。

正扫地时，进来一位戴眼镜、穿洋服的少女，手里提着包袱，好像是从东京来的样子。在没有人介绍以前我是好像没有看见她一样，后来自己要求李様给介绍，原来她是横姐同事，是从东京来的。

她提了包袱进我们睡的房间，关门时特别关照小孩子绝对不要开门。那刚和她滚在地下打架的小孩子，仍是顶顽皮地向她笑着，她又再三叮嘱着：“绝对不能开的哟！”那顽皮的小孩子已爬到窗子上去，仍是嘻嘻哈哈地模仿着她刚才谈话的动作。

---

①《小妇人》是当时很风行的一部西方小说。

② 日文“洗澡”。

③ 此句的语义不明，可能是手稿中有漏字。

④ 路线图。

过一会，她已换上一身粉蓝大花的和服出来，背上背的大印也是相当考究而且漂亮的，这时看起她来，似乎比刚才美得多了。眼睛虽然小小的，但有着她特别的美、日本妇女的美。她常常露着笑容，眼睛只是两条小线，谈话的腔调，大有映画[①]对白的意味，那种温柔处，可说是代表了日本的女性。

晚上电灯线坏了，三个人（李様，她，我）围着一支小洋烛谈话，别有一种风味。她和李様也好像有过些"往事"，他们常有含意深沉的谈话。

修电灯者来，我们三人出去散步。已经九点多钟了，他们还有兴致想到江の岛去，我当然同意。买了三张票（每张十分），走过来时伊居然从袋里掏出十分钱来还我，我拒绝了，她说了一声"すみません"[②]，啊！这是日本人的特征！

从岩本楼别馆的大石桥走过，看见桥下有许多boat[③]，大家不约而同地叫起来"ボート、ボート！"[④]不等我们到码头，那租船者便把桨送到船上，拉着船边恭候着我们，李様漕船，我坐船尾，她坐当中。

从江の岛那边去，长桥上的游人已经是稀少了，江の岛神社的鼓声隐隐地可以听见。我们的船快到海边时，便不敢进去，回过来往小河里去。

人是那末静，水是那末平，要是摇桨停止了，只有虫叫声和自己的呼吸声，简直寂静得可怖。两边的密林阴森森的，前面泊着几只小船，……（他们叫着到海边去，简直写不下去了！）

从海边走到鹄沼海滨浴场，路上没有遇着一个人。民谣，蛇叫，啊！想不到竟是到藤泽来最有意思的一天。在鹄沼等电车时已十一点半钟了。

七月十三日

昨天太疲倦的缘故，睡到八点才起来。まるやま様[⑤]刚起来的样儿，要是给我们的张鹤博士看见，一定会大增分数。她穿着睡衣，拖着草鞋，在院子里玩弄着树叶，她那没有戴上眼镜的眼睛，似乎比较大了些一样。当她笑起来的时候，两排白牙露了出来，两只眼睛又是成为两条细线。

早饭后，大家都很高兴地收拾着东西预备到海滨浴场去。只有李様却闷闷不乐地打着不去的主意，因为他的"梦三妹、幻しい三妹"[⑥]，今天下午两点钟要由东京到此。

我们对他过度的开玩笑，他实在没有法子拒绝，只得要求我们容许他在两点钟的时候回来。

李様、まるやま様、丰様、他的小弟弟、横姐一行六人到海滨时，人已经多极了，因为是星期天，而且又是好天气的缘故，简直是热闹得可以称为"鹄沼银座"了。

---

① 日文"电影"。
② 日文"对不起"。
③④ 英文与日文"小船"。
⑤ 人名"丸山君"。
⑥ 日文"梦想、思念的三妹"。

到处都是十五六岁的小女孩，尔要是和她们笑笑的话，她们无有不同样给尔笑一笑的，尤其在跳浪的时候，好像特别要尔注意她的动作似的。有时侥幸跳过一个大浪，她马上回头来看一看尔，给与一个骄傲的微笑，有时连跳一个小浪都会跌了一跤时，她蒙着脸含羞地大笑起来了。

两点钟时大家都上岸了（まるやま様没下水），李様第一个先换好衣服，本来在先讲明一块回去的，但等我们换好时，他已逃走了。

小孩和丰様溜冰（陆上）去了，我和两位女士上了公共汽车。一会儿小孩哭哭喊喊地在车外叫起来了，知道他并没有和丰様在一块，找我们半天没找到。

车开了，まるやま様问说："聂様！昨晚！这里是么？"原来是到了昨晚我们摸黑路听见蛇叫的地方。我说："对了，我们从这里过去就找到电车站了。"

回家一看玄關[①] 里并没有客人的鞋子，李様在里面叫着："客人没有来哟！"我们都替他惋惜。

四点半才吃中饭，客人仍是没来。李様坐卧不安，一会儿出去了，一会儿又回来了；一会儿把刚洗来的衣服穿上了，一会儿又脱下了。看着真有趣，结果半天不见他回来（两位女士们也和友人早出去了）。

拉琴的时间相当长，横田様约到外面散步，又走了一些好地方，这时正是日落时候，满天布着美丽的云霞，像这样的乡村生活是很久没过了。

所有的人回家了，提琴、留声机、英日会话、笑话，跳舞突然热闹起来。在十分钟内和李様学会了一个朝鲜民谣，他们都称赞着"旨い！旨い！"[②]，其实这是再简单没有的工作了。当まるやま様放着 Gossec 的《serenade》[③]的时候，大家都肃静了，使我忆起过去对 violin 最努力的时候，也是 romantic 生活最充实的时候。

晚饭后，已经九点钟了。虽然是十四的月亮，实在已经够美了。李、横姐、まるやま様，我们四个人照样到昨晚的旧地。和昨晚所不同的是有月亮，有风浪，多一个人，船大一点。

航程较昨晚远多了，小河的曲折处也比昨晚来得多而且有诗意。何况有那末明的月亮，每个人的面庞都可清晰地看出。

江の岛桥上的红绿灯增多了，原来今夜是神祭的本祭[④]。

到车站已十一点，等二十七分开的车，我已打盹了。车来，まるやま打我打得相当重。可是到了电车上还没醒透，要不是她和我谈那末许多话，我真有本事在电车上大睡其觉。

真惬意！回家时床已铺好了，钻进帐子便睡。

---

① 日文"门厅"。
② 日文"好！好！"。
③ 比利时作曲家戈塞克的《小夜曲》。
④ 正式祭神的日期。

七月十四日

虽然是一个乡下的中学生，甚至于普通妇女，他们都能谈出几个音乐家的名字和他的作品。老实说，他们能分别某个 serenade 是某人作的，某个歌谣是某国的民谣，而我有时候却没有他们清楚。他们音乐水准会比我们中国高，这也是当然的结果，只看他们每天新闻纸上的音乐消息啊，播音节目啊，触目便是音乐家的名字和作品的番号[①]。要是有无线电和留声机的更是容易记住了，何况无线电和留声机是比中国普及，而一般人对唱片的选择水准也不是那末低，根本他们日常所听到的已不是低级的东西了（这是针对中国来说的，譬如在上海日常所听到的播音节目是些什么？）。

我看着横田的日常生活倒很有趣，早上很晚起来，饭后便睡，海水浴也不去，只是散散步，看看书。…… 他们所谓养病，我觉得这样恐怕会把病养出来，夏天不洗海水浴而睡觉，不论什么病都不见得适宜吧！

天气很好，十二点多钟才预备到海滨。

约了丰様、横田也一块去，但并不下水。

天气热极了，海边的人比昨天礼拜还多。有一个小学校来旅行，男女学生约百余人，由教师一组一组地带到海里去，好像一群小水鸭一样的，口笛一响，叽哩哇喇地又挤上岸来。啊！那群母鸭，顶大的不会过十六岁的样子。

今天的跳浪运动比较进步了，下水三次，日光浴三次，皮肤晒得通红。

上午十点钟吃了两小碗早饭，到家已五点钟。横田各自睡着看书，毫无预备吃饭的动静。这次算是真感到肚子饿得痛苦了，早上不要吃的生桃子也拿来吃了，可惜只有一个。李様看出我的饿态，他问我："尔要是肚子饿的话，可不必客气，出去吃点吧！我们是大丈夫！"现在我才知道全是些吃饭不依照时间的胃病鬼。我假客气之后，急忙整装出发。在车站附近吃了一个カレーライス[②]好像没有多少效用，又到一家再吃一个シルワとパン（牛乳和面包）。

慢慢在街上溜溜，买了一册便宜的《现代语辞典》。路上遇横姐，救了我的迷途，浴汤也可以找到了。

皮肤简直痛得如针刺一样，我仍是和热汤抵抗，等出盆时，已是红得发紫。后来用毛巾摩擦，实在有些受不了。

本来预定明天动身的，为了李様要等大坪自东京的来信，只得多延一天。后天清早出发，游热海、箱根，夜车到京都。也许横田姐妹也会同游热海。

真正的日记是记出每天自己的心里的变化，加以分析和批判。再，当日国际政治情形的记载也是非常必要的。至于把每日所做的事，正面的记出来，这是再无味没有了。

---

① 日文"编号"。

② 日文"咖喱饭"。

意大利和阿比西尼亚[①]的冲突，到现在是最尖锐化的时候了。墨索里尼驾着自己的爱机从罗马出发监视和鼓励远征的军队。而另一方面，黑人备战之忙，也足以给黑衫党一个很大的威胁。如我们在新闻影片所看到的《阿比西尼亚军队出征》，那些黑人，忙忙碌碌地抬着大炮，擦着枪。不要看不起这些黑人，他们倒有这勇气和所谓法西斯大国来干一下。再看一看地图，阿国的国土，差不多快要用刘别谦的导演手法了——显微镜。同时在美洲的几十万黑人也在吼起来了。

七月十五日

下雨，在家睡觉，看书，收拾好行李，决定明日出发。

横田姐回来，她已请了两天假陪我们玩，在先我不大明了这种情形，还是坚持明天走。后来一想，在人情上实在有些过不去，于是决定多延一天。

读一本日文对照的《英文作文》，兴趣非常浓厚。这是一本非常好的文法参考书，上面所选的日译英的例题，全是各学校试验得满点[②]的答案。我重新感到读书的乐趣了。

一时高兴，想跟李様到朝鲜玩一转，十月一日以前到他的家乡，十月一日到京城，他去作新建剧场的灯光主任。后来仔细考虑一下，似乎也得不到什么东西，花费了那末多的时间去空走一遭实在有些不值得。还是早些返到东京，实现"音乐技术修养"与"第二计划"。快快找到先生，钢琴继续练起来，和声学开始学习起来，这样便宜的生活费、学费，不加紧努力等几时？

第一"三月计划"算是在月前实现了。按照目前说日本话的程度，已是超过预料之外，自己向自己喝一杯吧！

第二"三月计划"是"培养读书能力"，同时加紧"音乐技术的修养"，直到离日的时候。

从明天起，是第二计划的开始。虽然是在暑假旅行中，读书的时间有的是！提琴的练习也决不会发生任何阻碍。尤其是到房州海边时，"以多练习提琴少说话为要！"温习 Kreisler[③] and Mazas。

附：

第三"三月计划"，翻译试作，作曲（唱歌，乐剧）。

第四"三月计划"除继续第三外，便是俄文学习。整理作品，欧游准备[④]。

（注）一切在日音乐、电影、戏剧、活动、访友、参观等是从"第二"开始时开始。

---

① 现译名为"埃塞俄比亚"。
② 日文"考试得满分"。
③ 美籍奥地利小提琴家克莱斯勒的作品。
④ 聂耳原计划途经日本，去欧洲的意大利、法国、德国、苏联学习、考察。

七月十六日

今日为第一“三月计划”期满之日。将过去三月工作作一检讨，大概得下面的结论：

1. 日语会话和看书能力的确是进步了。

2. 音乐方面，因听和看的机会多便忽略了自己技术的修养。三个月来没有摸过一下钢琴，实在是莫大损失。

3. 提琴练习时间比离国前那一向多。这倒是好现象，但始终是不够，没有先生又是主要原因。

4. 没有作曲（？）的原因是“欺人欺自己”的自觉。“尔为什么到日本来？”

5. 中文程度的重新清算，有相当效果。

明天开始新计划，随时不忘的是“读书！”、“拉琴！”

十六日日本又检举共党，他们过去和中国发生联系，现在是通过美国而和国际党发生关系——今日《朝日新闻》有着很详的记载。

〔校记〕第（七）部分日记根据中国留日学生集资于1935年12月31日在东京出版的《聂耳纪念集》校录。

附 录

文稿年表

向延生

篇名[笔名]	文 体	出 处	备 注
1925年			
我之人生观		云南第一联合中学第二学年第一学期作文簿	写于本年下半年
我读小说所得之利		同 上	同 上
戏剧为社会教育之利器		同 上	同 上
论谣言之害		同 上	同 上
近日国内罢工风潮述评		同 上	同 上
旅行西山之感想		同 上	同 上
谈戏剧		同 上	同 上
昆明市铜币缺乏之原因及其补救之方法		同 上	同 上
滇省金融问题		同 上	同 上
扫墓兴感记(未完成)		同 上	同 上
1926年			
我的年假生活		云南第一联合中学第二学年第二学期作文簿	写于本年上半年
拉伕		同 上	同 上
观本校学生会成立之演剧以后		同 上	同 上

（续表）

篇名［笔名］	文　体	出　处	备　注
科学与国故及我国现时应提倡科学之原因		同　　上	同　　上
滇垣近日对外汇水大落其原因甚多，试各就所知以对		同　　上	同　　上
1927年			
论文学之价值		缺　　佚	据聂耳笔记本记载
评某日击球斗争事		云南第一师范学校作文簿	
我的人生观		同　　上	
文章之繁简		缺　　佚	据聂耳笔记本记载
研究国文之经过		缺　　佚	同　　上
国语文法之研究		缺　　佚	同　　上
斜阳		云南第一师范学校作文簿	
1928年			
何谓逻辑		云南第一师范学校第一学年第一学期逻辑课试卷	
资本主义与社会问题		云南第一师范学校第一学年第一学期社会科学课试卷	
试论研究心理学之方法并比较其优劣		云南第一师范学校第一学年第一学期心理学课试卷	
无题（黄昏时）	短篇小说	手　　稿	写于9月6日
无题	短篇小说	手　　稿	
1929年			
轮船上　〔TY〕	散　　文	云南《省师周刊》第二期（9月14日）	写于8月21日
薄暮	短篇小说	缺　　佚	据2月21日致二哥信

（续表）

篇名〔笔名〕	文 体	出 处	备 注
碎煤	短篇小说	缺　佚	据2月21日致二哥信
1932年			
一个冒险的摄影故事——“一·二八”的回忆〔噪森〕	散　文	上海《电影画报》第八期(1934年2月15日)	写于2月11日
下流〔黑天使〕	评　论	上海《电影艺术》第一期（7月8日）	写于6月27日
和《人道》的导演者的对话〔浣玉〕	评　论	上海《电影艺术》第二期（7月15日）	写于7月7日
十九路军一兵士〔黑天使〕	评　论	上海《时报》副刊〈电影时报〉（7月10日）	写于7月8日
黎锦晖的《芭蕉叶上诗》〔黑天使〕	评　论	上海《时报》副刊〈电影时报〉（7月13日）	
对教育电影协会随便谈谈问问〔蓝天使〕	评　论	上海《时报》副刊〈电影时报〉（7月14日）	
中国歌舞短论〔黑天使〕	评　论	上海《电影艺术》第三期（7月22日）	写于7月13日
批评杂谈		缺　佚	据7月19日日记
黑天使答黎莉莉		缺　佚	据7月29日日记
上海的电影界		缺　佚	据9月23日日记
1933年			
我所知道的《生路》里的音乐	述　评	上海《晨报》副刊〈每日电影〉（2月20日）	写于2月12日
电影的音乐配奏〔噪森〕	评　论	上海《电影画报》第一期（7月1日）	写于4月14日
影界漫语　〔噪森〕	散　文	上海《电影画报》第二期（7月15日）	写于4月22日
时代青年	电影剧本	手　稿	
前夜（初稿）	电影故事	手　稿	写于8月26日

（续表）

篇名〔笔名〕	文　体	出　处	备　注
前夜（修改稿）	电影故事	手　　稿	写于9月13日
本事（未完成）	电影故事	手　　稿	写于9月1—6日
1934年			
看俄国歌剧杂谈〔噪森〕	述　　评	上海《中华日报》（11月11日）	
1935年			
一年来之中国音乐〔王达平〕	述　　评	上海《申报》〈本埠增刊〉（1月6日）	
观中国哑剧《香篆幻境》后〔噪森〕	评　　论	上海《电通》半月画报第七期（8月16日）	写于3月25日
日本影坛一角	报　　道	《艺声》第三期（8月）	
法国影坛	报　　道	《艺声》第三期(8月）	
苏联影坛	报　　道	《艺声》第三期（8月）	

《聂耳全集》编辑委员会

（1985年版）

增订版

聂耳全集

下卷·资料编

《聂耳全集》编辑委员会 编

文化艺术出版社
Culture and Art Publishing House

聂耳

1933年摄于上海

1985年，文化部和中国音乐家协会委托聂耳、冼星海学会在武汉召开的“中国聂耳冼星海音乐创作学术研讨会”（薛如英供稿）

1985年，文化部在哈尔滨举办全国聂耳、冼星海声乐作品演唱比赛（参加合影的领导与评委会成员有周巍峙、孙慎、时乐濛、黄友葵、唐荣枚、沈湘、郭淑珍、高芝兰、仲伟、张非、李刚、程云等）（李宪章、苗笛、陶亚兵供稿）

1992年，建于上海淮海中路与复兴路口的聂耳铜像

1992年，云南玉溪市聂耳故居落成的汉白玉聂耳雕像

1995年12月，文化部、中国文联等单位主办的“中华人民共和国国歌——《义勇军进行曲》创作六十周年纪念座谈会”在北京举行

1995年12月，云南省委省政府在玉溪市聂耳公园举行“纪念《义勇军进行曲》创作六十周年大会”

2002年2月15日，中央民族乐团专程赴玉溪举行纪念聂耳诞辰九十周年专场演出

2004年5月25日，云南聂耳音乐基金会的领导与专家学者在聂耳音乐厅前合影（前排左七为周巍峙、左四为孔祥庚、左三为赵季平）

2004年5月25日，中国文联主席周巍峙指挥演员和观众高唱《中华人民共和国国歌》

2006年7月，云南聂耳音乐基金会和玉溪聂耳音乐研究课题组在玉溪市举办“聂耳音乐学术研讨会”

2009年6月18日，首届中国聂耳音乐（合唱）周闭幕式文艺晚会“万众一心”，在玉溪市聂耳音乐广场隆重上演

2010年7月，玉溪市聂耳纪念馆举行开馆仪式

2010年7月，在玉溪市聂耳纪念馆召开的"聂耳精神与和谐文化"研讨会

2010年11月24日，《聂耳全集》增订版部分编辑人员在文化部会议室合影（右四为主编周巍峙、右五为副主编孙慎）

目 录

二、回忆文章

三、研究文章

图片目录

一、纪念文章

二、回忆文章

三、研究文章

编者说明

聂耳1935年不幸罹难后，日本、上海等地很快都举行了悼念活动，出现了最早的纪念聂耳的文章。他的战友、亲人、他的歌曲的传播者，都以各自不同的方式，表达了对聂耳的怀念和敬仰。他们强调聂耳作为“划时代音乐家”，对当时和以后中国音乐的发展道路都具有重要的历史意义。

早期纪念聂耳的活动，曾经遭到国民党政府和外国租界当局的压制。1936年6月，刘良模指挥民众歌咏会成员和数千名群众，在上海西门公共体育场集会合唱《义勇军进行曲》等歌曲时，不仅警察到场弹压，该会此后还被中外当局禁止活动。纪念聂耳逝世一周年时，由于当局的干涉，一直租不到正式的纪念会场。只得在最后一次集中排练时，在法国巡捕的坐镇监视下，临时把排练变成为纪念会。

抗日战争全面爆发，国共两党再次合作后，纪念聂耳的活动才得以公开举行。1937年7月17日在上海大戏院三千余名民众集会纪念聂耳逝世两周年，国共合作的军事委员会政治部1938年在武汉主办了聂耳逝世三周年纪念会（主持人刘雪庵）。在国民党的军队里，也经常回响着《义勇军进行曲》雄壮的歌声。参加台儿庄战役的滇军官兵，更是在战斗中自豪地高唱云南人写作的《义勇军进行曲》。在陕甘宁边区与晋察冀抗日根据地，在“大后方”的云、桂、川以及解放战争中的东北解放区等地，也都多次举办了纪念聂耳的活动。1946年朱德总司令出席了延安纪念聂耳的大会。

《义勇军进行曲》不仅传遍中国的大地，而且回响在法国、马来亚、埃及、印度等国家的天空。美国黑人歌唱家罗伯逊在美国、苏联、捷克，以《起来》为歌名录制出版了《义勇军进行曲》的唱片。1944年即将取得第二次世界大战的胜利时，《义勇军进行曲》被美国国务院选定为联合国庆祝胜利凯旋之日，代表中国的演奏曲目。

新中国成立时，《义勇军进行曲》被确定为《中华人民共和国国歌》，纪念聂耳的活动进入了新的阶段。特别是1950年、1955年、1960年和1965年，全国都大规模地开展纪念活动，周恩来总理等领导人出席观看演出，并在演出结束时与观众起立同声高唱《义勇军进行曲》。各地出版了多种聂耳的歌曲集、纪念文集等著作，发表了许多学习、回忆和研究聂耳的文章，组建了许多以聂耳命名的合唱团体。中央音乐学院民族音乐研究所1955年就专门设立了“聂耳纪念室”，聂耳当年的战友于伶、郑君里、赵丹等人，为庆祝新中国成立十周年，合作拍摄了传记艺术影片《聂耳》。

“文革”期间，在否定一切的错误思潮影响下，除了《东方红》、《国际歌》等四首歌曲，包括聂耳作曲的歌曲在内的其他歌曲都被禁止演唱。后来有了有曲无词的国歌，集体改词的聂耳等人的“革命歌曲”。冼星海夫人的上书得到毛泽东主席批准后，1975年才举办了“人民音乐家聂耳、冼星海音乐会”。

进入改革开放的新时代，聂耳的纪念活动步入了又一个蓬勃发展的阶段。1980年之后昆明开始修建聂耳新墓，举办了“纪念聂耳报告会”、“聂耳音乐周”、“聂耳生平展览”等纪念活动；北京举行了隆重的纪念大会；武汉成立了“聂耳、冼星海学会”；中国艺术研究院音乐研究所的“聂耳纪念室”，经过充实后重新开放。

1978年，全国人民代表大会颁布了以《义勇军进行曲》的曲调，集体重新填词的《中华人民共和国国歌》，但是一直难以流行。根据广大群众数年的强烈要求，1982年全国人民代表大会又通过决议——恢复《义勇军进行曲》为《中华人民共和国国歌》（2004年更把“中华人民共和国国歌是《义勇军进行曲》”，列入了《中华人民共和国宪法》）。

1985年，聂耳逝世五十周年时，文化部和中国音乐家协会联合在全国举办了盛大的系列纪念活动：在北京，隆重召开纪念大会和演出了四场专门的纪念音乐会，汇集了50年来学术研究成果的《聂耳全集》出版发行；在昆明，举行了聂耳新墓、雕像和纪念馆的落成典礼；在玉溪，举行了聂耳公园和铜像的落成典礼；在哈尔滨，举办了“聂耳、冼星海声乐作品全国演唱比赛”；在武汉，举行了“聂耳、冼星海音乐创作学术讨论会”，编辑出版了会议论文集《论聂冼》，聂耳、冼星海纪念文集《永生的海燕》。1995年，中宣部、文化部、解放军总政治部、中国文联等单位，在北京人民大会堂隆重举办纪念《国歌》创作六十周年音乐会与座谈会，江泽民等党和国家领导出席并观看了演出。

聂耳的故乡云南玉溪市，近年来以大手笔开展纪念聂耳的工程——修复展出了玉溪北门街的聂耳故居，兴建了聂耳文化广场，成立聂耳音乐基金会，召开聂耳音乐学术研讨会，出版会议论文集《聂耳音乐研究文集》，建成了聂耳剧院、聂耳纪念馆、聂耳图书馆、聂耳艺术学院和总面积多达656亩的聂耳音乐广场，把7月17日定为全市放假的公共节日“聂耳节”。

聂耳创作的几十首音乐作品，许多都是具有历史意义的传世佳作，加上他遗留的著作、日记、书信、图片和音响，为后人认识和研究聂耳提供了珍贵的资料。但是聂耳只有23年的短暂生涯，留在人间的遗产毕竟有限。再由于时间的逝去、无情的战火以及“文革”的摧残，聂耳至少有上百封书信散佚了；聂耳创作力旺盛的1933—1935年，由于工作、学习和事务繁忙，多年来坚持写日记的聂耳，也未能坚持这一良好习惯（1934年聂耳只留有三天日记及一些笔记），这都为后人认识和了解聂耳造成了某种程度的困难。

自1935年以来，聂耳的亲人、战友、同学和同事陆续发表的众多纪念、回忆聂耳的文章，许多专家学者以聂耳为课题进行了深入的学术研究。这些文章著作在各个历史阶段以不同的角度，对聂耳的生平和创作进行了多方面的记录与审视，补充了聂耳本身原始资料缺佚的遗憾，为人们全面了解聂耳提供了更为广泛的宝贵资料。

由于时间的久远和地域的差别，人们现在已经很难找到和看到这些历史文献。为此，这次为纪念聂耳诞辰一百周年出版《聂耳全集》的增订版时，《聂耳全集》编辑委员会决定特别增补了下卷列为"资料编"。把有关聂耳的纪念文章（以发表时间先后为序）、回忆文章（以聂耳的成长阶段为序）和研究文章（以发表时间先后为序），汇集起来提供给读者。把这些相关文献纳入《聂耳全集》，虽不同于一般的全集类书籍的体例，但这正是《聂耳全集》增订版的创新与特色。

这些文章中，由于时间、地点、年龄、经历或每个人所了解的情况、观察问题的角度不同，对一些事情的看法和叙述，就难免会产生一些不够准确的地方。如：

1. 聂耳逝世时的年龄究竟是23岁还是24岁。聂耳生于1912年2月15日，逝世于1935年7月17日，共度过了23年半的人生旅途。因为以前都说的是虚岁，故而是24岁；后来都是按照周岁（实岁）计算，于是就成了23岁。因此一些文章里，就有了23岁与24岁两种不同的说法。

2. 聂耳歌曲的数目。1985年版《中国音乐辞典》和1989年版《中国大百科全书·音乐舞蹈卷》都认为是37首（均由郭乃安审定，认为《无题》与《雪》是两首不同的歌曲，再加上一首《静夜》）；1985年版《聂耳全集》和1998年版《音乐百科辞典》都认为是35首；另有人认为是39首（把《新女性》组歌分成6首歌曲计算）；还有人认为是34首（35首里缺《伤兵歌》）或36首（35首再加上《静夜》）。《聂耳全集》增订版仍然认为应该是35首（《无题》与《雪》应该是同一首歌曲），另外一首缺佚并待确定的"聂耳歌曲"《静夜》的资料，已收入本书下卷的研究文章部分。该部分还编入了一篇《聂耳歌曲创作编年考》供读者研究参考。

本书下卷有关文章里的聂耳歌曲数目，就不再逐一注释了。

3. 明月社的名称和演变。黎锦晖1927年初夏组成"中华歌舞团"赴南洋巡回演出，1930年初又改名为"明月歌剧社"赴北平、天津、东北演出。次年以"联华影业公司音乐歌舞学校"（9月5日双方才正式签订合同）的名义在上海登报招生，聂耳前往应试并于4月考入该校。"淞沪战事"后联华公司因经营遇到困难，于1932年3月28日解除合同停办了歌舞学校，再度恢复为"明月歌剧社"。聂耳于同年8月7日离开该社。除了上述正式的名称，黎锦晖组织的这个演出团体还曾经被许多人称为"明月歌舞团"、"明月歌舞剧社"、"联华歌舞班"等不同的俗称与简称。本书就不逐一进行订正了。

4. 聂耳的生日。他自己在日记里就有1929年2月7日、1931年2月14日、1932年2月4日过生日的不同记载。原因是聂耳母子都认为阴历辛亥年的腊月二十八日是聂耳的生日，而阴历的那一天在阳历里每年对应的日子是不同的。根据他母亲的叙述，聂耳认为自己是出生于阳历的1912年2月14日（见聂耳1930年10月19日日记里自己所写的年谱）。但是查对荣孟源编辑三联书店1953年出版的《中国近代史历表》、北京气象出版社1991年编辑出版的《万年历》里，阴历辛亥年的腊月二十八日，并不是阳历1912年的2月14日，而是2月15日。可能聂家最初在换算时就弄错了一天。

5. 音乐研究所的沿革。在中央音乐学院研究部的基础上，1954年成立了该院的民族音乐研究所。在李元庆、杨荫浏所长领导下，次年该所就设立了“聂耳纪念室”。1959年该所改名为隶属于文化部艺术局的中国音乐研究所，1964年划归给中国音乐学院，1973年后归属于中国艺术研究院。一般简称为“音乐研究所”。

数十年来该所都安排有专人从事关于聂耳课题的研究，出版了一些有关聂耳的著作，协助国内外的有关单位和人士开展纪念与研究聂耳的工作。承担了《聂耳全集》1985年版和这次增订版的具体编辑事务。

其他关于人物、时间、地点等方面的事情，需要说明、查对和订正的问题，就无法一一列举和加以解释了。这些由许多人在不同的时间、地点撰写的文章，难免有许多重复和误传之处；对一些人、作品和事物的看法与评价，也难免具有时代的局限性、个人的见解甚至是失于偏颇之处。有些文章，本书编者曾经与原作者进行过核对，订正了一些事实。

本书下卷的编辑出版，旨在为读者提供一份资料。因此，在编辑时我们尽量保留文章发表时的原貌，但为了防止造成歧义，方便读者的阅读，我们对某些文章进行了下列编辑：

1. 统一了文章的体例，核实了一些时间、地点，修改了错别字和容易产生歧义的语句。

2. 将文中的人名、称谓进行了统一，如“聂子”统一为“镊子”、“王丹东”统一为“王旦东”、“肖友梅”统一为“萧友梅”、“邸确”统一为“的确”等。

3. 文中插入的乐谱统一改为五线谱，聂耳所有歌曲的词曲均按上卷音乐编收入的歌曲统一校正（特殊情况见该文的编者注）。

4. 文中引用聂耳的书信、日记、文章，按照本书中卷相应部分校正；引用郭沫若的诗、夏衍的文章、中岛健藏和秋田雨雀的话，按照相应原件校正（特殊情况见该文的编者注）。

5. 下卷共收集文章140篇，其中有大量内容重复，我们在选编时将某些重复的内容进行了删除，并在篇名处标有“摘录”二字。

由于编者的所见所闻、能力水平以及本书的容量限制，本书下卷目前所纳入的文章只能是挂一漏万，难以全面和妥当。为此，本书下卷的最后特别附录了《有关聂耳的著作、文章篇目索引》（初稿），以供读者检索和参考。

一、纪念文章

（以发表时间先后为序）

悼聂耳

郭沫若

雪莱昔溺死于南欧，
聂耳今溺死于东岛；
同一是民众的天才，
让我辈在天涯同吊！

大众都爱你的新声，
大众正赖你去唤醒，
问海神你如何不淑！
为我辈夺去了斯人！

聂耳呀，我们的乐手，
你永在大众中高奏，
我们在战取着明天，
作为你音乐报酬！

原刊《中华日报》（上海）
1935年10月31日

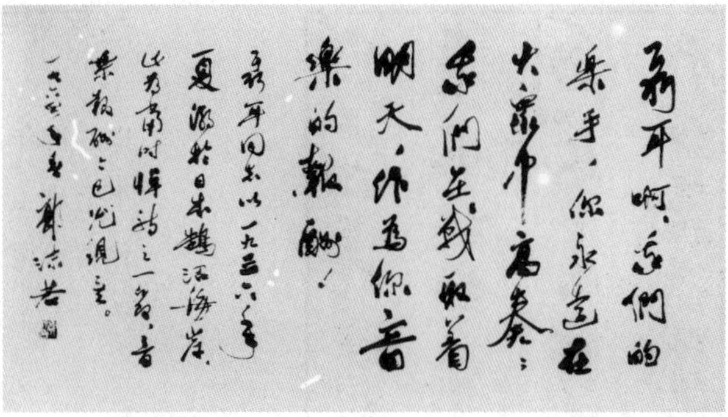

郭沫若《悼聂耳》手书第三节[1]

1955年，郭沫若率领中国科学代表团访问日本时，专程到藤泽市向聂耳纪念碑献花

作者简介： 郭沫若　时为躲避国民党政府的“通缉令”客居在日本的中国著名学者。此悼诗1935年作于日本。

---

① 编者注：《悼聂耳》手书的个别字句与原刊《中华日报》的原作稍有出入。聂耳去世的时间也记忆有误。

致聂耳的挽联

华汉（阳翰笙）

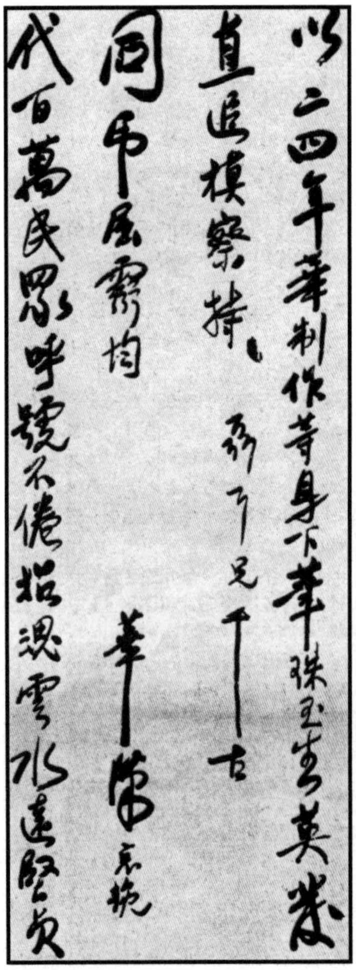

华汉（阳翰笙）致聂耳的挽联

聂耳兄千古

以二四年华制作等身，
下笔珠玉生英发，直追模察特①。
代百万民众呼号不倦，
招魂云水远坚贞，同吊屈灵均②。

华汉哀挽

原刊《电通》画报第7期1935年8月16日

作者简介：华汉　阳翰笙的笔名，时为中共上海局文化委员会委员。曾任广州黄埔军校政治部教官，参加北伐与南昌起义。1930年在上海任左联党团书记。1938年在武汉任政治部三厅主任秘书，后在重庆任文化工作委员会副主任。新中国成立后任周恩来办公室副主任、中国文联副主席兼秘书长。

---

① 编者注：现译名为莫扎特，奥地利著名作曲家。
② 编者注：灵均是战国时楚国著名诗人屈原的别字。

悼聂耳

唐 瑜

和他最初认识是在四年前，那时他是在联华属下的明月歌剧社中担任职务，后来又知道他对音乐极有造就。但明月社是在《妹妹我爱你》的黎锦晖领导之下的一个团体，那么，他在受着那种专作淫靡歌曲的作曲者的熏陶下，我以为最多也不过是一个对“风花雪月”的歌曲有所造就的作曲者而已。

然而，有一次我发现了在《电影艺术》刊物上，用“黑天使”的笔名作稿的人便是聂耳，使我感到万分的惭愧。他并不是如我所想象的那种淫靡歌曲的提倡者，相反的，他却是抨击淫靡歌曲最猛烈的人啊！

其后，他脱离明月，在联华一厂担任年余剧务方面的工作，又加入百代。去年，他所谱曲的《毕业歌》、《大路歌》、《开路先锋》等相继出版后，对这一位天才的作曲者，才给人们以深刻的认识——聂耳是一个向淫靡歌曲声讨的先锋啊！

他今年只有24岁，虽则《毕业歌》等的成绩是那么优越，但他并不自满，他孜孜不怠想再求深造。他的勤奋与聪明，使他在东渡日本之后三个月，即能说极流畅的日语。孰料年轻的天才作曲家竟肇此意外之不幸，怎不使人万分哀痛呢！

不过，在哀悼聂耳之余，我们的新的作曲者，将如何更努力地继续着他的推动新兴音乐运动之壮志呢？

原刊《中华日报》（上海）

1935年8月16日

作者简介：唐瑜　时为左翼电影评论人，曾主编上海《中华日报》的《电影新地》、《银座》。新中国成立后曾任广东省文化厅厅长。

我们怎样纪念聂耳先生

周巍峙

1936年，周巍峙编辑出版的《中国呼声集》被当局查禁后，他化名“何立山”，于次年改名《民族呼声集》再版

纪念聂耳先生，我们——

（一）要仿效他的刻苦用心的研究精神；要仿效他的严肃的工作精神；要仿效他的为人类呐喊的奋斗精神。

（二）要动员每一个音乐工作者；要动员每一个诗词的创作者；要促进“质”的进步，“量”的增多。

（三）要努力接近大众；要将歌词通俗化（但非庸俗化）；要将旋律简易化（但非平易化）；要克服“民谣”的缺点，发展民族的优点；要每一支歌都能代表大众的呐喊，而不是个人呻吟。

（四）要担负起“国防音乐”的一切任务；要唤起民众的觉醒；统一救亡的意识；要努力将救亡的呼声传布到全国去，使大众一齐怒吼起来！达到民族解放的目的！

原刊《立报》（上海）1936年7月19日
聂耳纪念特辑

作者简介：周巍峙　时为上海抗日救亡群众歌咏运动的领导人之一，曾任上海读书生活出版社编辑、新生合唱团团长兼指挥。

划时代的音乐家聂耳墓碑文

——向不醒的世界作预言的喇叭

徐嘉瑞

聂耳死了，是怎样巨大的一个损失！他是划时代的音乐家，革命的歌手，国防音乐的前哨，在斗争的征途中，他在巨浪中完结了他悲壮的一生。他是玉溪县人，名守信，与民国同年诞生，4岁丧父，全赖他寡母抚养。求实小学卒业时，才11岁，已深有音乐天才。相继毕业于联合中学和省立师范高级部，民国十七年（1928），十六军招学生军，他从军到湖南、广州各地，不久情形变迁，他转到上海加入明月歌舞剧社。民国二十一年（1932）到北平，任音乐教授，后受联华公司之聘，折回上海，主持音乐事务，复任百代公司音乐部主任，组织国乐团。继续创作《大路歌》、《开路先锋》、《毕业歌》、《义勇军进行曲》、《扬子江暴风雨》等曲，音调雄伟，全国播唱，声名大振……民国二十四年（1935）到日本，拟赴欧洲作更高深的研究，不幸7月17日午后2时，在日本鹄沼海滨浴溺毙，时年24岁。火化后，遗骨运滇，民国二十五年（1936）皈葬此处。

历史的巨轮在转动着。在重重枷锁下面的中国大众，他们不要万人合奏的德意志皇帝进行曲，也不要感伤颓废的悲怆奏鸣乐，他们是要一种提当式的音乐来做国防的前奏、杭育的回音，在这样的时代下产生了他的《大路歌》、《开路先锋》、《毕业歌》，充满了生命的旋律，从同胞的血管中注入新鲜的血轮，从旋律中使中国再生了。

克夫那给贝多芬的信说："语言是被锁着的了！幸而音乐是自由的。"

听吧！"……大家努力！一齐作战……背起重担朝前走！……"

这是革命的足音，庄严的步伐，时代的灵魂，在音乐里再生，可是聂耳死了！我们深深地哀悼，革命的歌手——聂耳。

从前太丢士用七弦琴指挥斯巴达军队打败强敌，挽救垂危的国运，帝国主义炮口下的中国，正需要鼓舞万众的音乐，听罢！

"同学们！大家起来，担负起天下的兴亡。……

年年的国土沦丧。我们是选择'战'还是'降'……"

1937年10月1日，参加昆明西山聂耳墓落成典礼的聂耳亲友（左起：聂耳的二哥、三哥与徐嘉瑞；右起：林志音、×××、徐继祖、×××、冯素陶、楚图南、杨一波、郑一斋）

1939年，音乐家任光（右）在聂耳二哥聂子明陪同下祭扫昆明聂耳墓

钢铁似的坚强，玻璃似的明朗，可是，他长眠了！我们深深地哀悼，国防音乐的前哨——聂耳！

代表封建势力的国剧和国乐，盘踞在人人心中；代表崩溃阶层的浮靡的音乐，更是风行全国，他从中国人的心中把亡国的声音驱除。听罢！

“……把我们的血肉，筑成我们新的长城……冒着敌人的炮火前进！前进！”

雄健的声音在我们耳中响着，可是，他死了！我们深深地哀悼划时代的音乐家——聂耳！

“雪莱昔溺死于南欧，聂耳今溺死于东岛；同一是民众的天才，让我辈在天涯同吊！”（郭沫若挽诗）

安息吧！你英勇的灵魂，这儿是你的故乡，在你的进行曲中，正如贝多芬所说：“我的故乡觉得和我离开她时一样，是永远美丽的，永远光明的。”

民国二十五年（1936）双十　徐嘉瑞敬撰

作者附记：此碑乃1936年云南省文艺界同志楚图南、郑一斋、杨一波、冯素陶、林志音、徐嘉瑞（云南大学中文系教授）等所立，命徐嘉瑞撰文。在国民党反动派阻挠仇视下，终于在西山聂耳墓前屹立二十余年。于1954年施工不慎被毁，只存拓本三份，其一存中央音乐学院，此本赠云南省博物馆，在碑文中所云悲怆奏鸣乐，系指一般带感伤性的乐曲；又碑文中所云代表封建势力的国剧和国乐，系指旧时代的糟粕；又碑文末所云聂耳离开故乡的时候，正是大革命潮流澎湃全国，毛主席领导秋收起义的时候，云南也在革命的高潮，所以说它是光明的、美丽的。

原载《春城文化》2004年4月

向你致最诚恳的敬礼

冼星海

1937年，冼星海（右）与歌唱家盛家伦在上海

聂耳的创作精神和不断的努力是在中国一般青年音乐作曲者中我很佩服的一个，我虽然没有和他会过面，我却被他的大众歌曲所感动。他给我们力量，他给我们鼓励和希望。目前中国处在一个非常时期当中，我们忘不了聂耳给予国家的最宝贵的贡献；并且他指示一条新的路径给年轻的中国音乐作曲者们，他的歌声，增强了我们的国防，并且慰藉了千千万万的英勇战士们。

我们纪念聂耳，我们不忘聂耳，我们向他致最诚恳的敬礼！

拿我们的努力来纪念死者！

原刊《立报》（上海）1937年7月17日

聂耳逝世二周年纪念特辑

作者简介：冼星海　1926年后进入北京艺术专门学校、上海国立音乐院学习，1930年赴法国学习小提琴，后入巴黎音乐院师从杜卡学习作曲。1935年回国至上海投身抗日救亡群众歌咏运动，1938年在武汉任政治部三厅艺术处戏剧音乐科中校主任科员，1939年任（延安）鲁迅艺术文学院音乐系主任。

纪念聂耳先生

刘雪庵

聂耳先生所写的歌曲，大都是反映现实的，因此很受到民众普遍的欢迎。虽说歌曲的创制是由词句来决定音乐的内容，可是聂耳先生能够选取着那些歌词来制谱，自然他对当前的民族危机是早就认识清楚了的。他正想百尺竿头更进一步跑到日本去继续从事于技术的研究，以期学成归国，作更大的努力与贡献，不幸竟于三年前的今天溺毙于海滨。这于我国音乐文化界，是个莫大的损失。

关于聂耳先生的作品，在技术的修养上，不用讳言是还有待纯熟的境地，这一点当然不能求全于聂耳先生。但聂耳先生的好处就是知道不足还要再去研究，在未去作高等研究以前，他知道他愿意把他仅有的音乐技术尽量运用出来，配合着当前时代的需要，直接地实际地收到了唤起千百万被压迫的同胞的民族意识，激起千百万被奴隶的同胞的反抗怒潮，为祖国的独立生存、民族的自由解放而奋斗而牺牲的效果。这就是聂耳先生成功的地方，伟大的地方，也是聂耳先生在逝世三周年纪念当中，值得歌咏界同人文化界同人及一切不愿做奴隶的同胞同声痛悼的地方。

聂耳先生逝世的三周年，就是抗战已一年的今天。在这个相当长的时间当中，音乐界同人是否每个人都像聂耳先生那样低首细心地尽其所能来苦干到底？我们可以回答的是做得非常不够。在敌人以极端攻势来夺取我国的心脏——武汉的当前，我们要求音乐工作的同人，拿出更大的决心和力量来从事民众抗战歌咏运动，以达到抗战必胜建国必成的目的。这是纪念聂耳先生最好的方法。

7月14日晨于轰炸声中的武汉

原刊《新华日报》（武汉）1938年7月17日
聂耳先生逝世三周年纪念特刊

作者简介：刘雪庵　1930年入学上海国立音乐专科学校，师从黄自学习作曲。抗战时曾任教重庆中央训练团和国立音乐院。新中国成立后任华东师范大学、北京艺术师范学院、中国音乐学院教授。此时为军事委员会政治部少将设计委员，作有《长城谣》等多首抗战歌曲。

在抗战中纪念聂耳

——为聂耳逝世四周年而作

冼星海

记得我在上海北四川路上海大戏院开第一次纪念聂耳同志的会时，我们拥有几千的群众在座，并且唱出最雄亮的《义勇军进行曲》的歌声，好像要向日本帝国主义的走狗（特务机关）示威。当时的情形非常兴奋，使民众感觉到民族的呼声的伟大，不愿做奴隶的正义，反帝的坚决信念。

今年我们在抗战中去纪念聂耳，已是他逝世的第四周年了！在我们遍地炮声的国土里，而我们同时又是在遍地雄亮的抗战歌声里，我们每一个为民族解放斗争的国民，不应该忘记我们民族唯一的民众真正的歌曲家，他无时无刻不是站在我们抗战勇士的前面。

为了纪念他，我们要了解和学习他，尤其我们一班喜欢研究音乐的人和对中国新兴音乐有伟大发展前途的音乐工作者！

聂耳同志原名守信，他是云南人，出身贫寒。在师范毕业后，他当过兵，流浪过一段时期。当他流浪到上海时，他在一个歌舞团服务过。他自己非常用功和虚心学习，在服务的两三年时间里，他学习了不少的音乐，建立了一些基本的音乐学识。不久他在上海的联华影业公司、百代公司工作，在这时期已写了不少划时代的作品。如《大路歌》、《开路先锋》、《新的女性》、《义勇军进行曲》都是这时期的作品。因为他不满足自己，所以他有到苏联学习的期望，以期达到技巧和理论双方并进。经过日本时他要多学习一下，就停留在日本，不幸就溺死于日本海滨了。

他虽然只有24年的短促生命，但他从不浪费他的时间，对于学习，尤其苦心，他宁愿过着很穷苦的生活，从不曾放弃过学习音乐。他不浪费时间在恋爱上，他不做无谓的空想。

他的作品是战斗的，他要用歌曲唤醒民众；他的作品又是反帝、反封建、反军阀的，是有历史意义的伟大产品。他的作品能反映中国群众的需要，为千百万群众所接受与传诵。他是新音乐的创作者，利用民谣形式加上新内容的第一人。他的全部作品，虽然不过几十首，但已是代表民族的现实生活的反映。

许多人说他是欠缺修养和音乐上的最高技巧，这并不是全对的。从他的努力、现实生活及创作的成绩而论，已超过许多所谓“音乐大师”或什么“作曲家”之流。正因为他觉得自己

鲁迅艺术文学院在延安桥儿沟的校址

不够，他在虚心和努力学习里已在无形中超过许许多多的有名无实的“音乐大师”。

我们纪念聂耳同志不是“人云亦云”，我们要纪念他是我们民族的一个伟人；是代表时代，代表我们民族发出反抗呼声的一个永远不灭的伟人！

他没有死！他永远是年轻的，他生长在每个年轻人的心里。在抗战期间，他领导着我们高歌着雄亮的进行曲。他永远鼓励我们前进！

1939年7月17日于延安鲁艺

原刊《冼星海全集》编辑委员会编《冼星海全集》第一卷
广东高等教育出版社1989年版

纪念聂耳同志

吕骥

今年的7月17日，是我们的伟大的先行者聂耳同志逝世六周年纪念日。在激剧的战斗中以短促的时间，追忆我们的战友和导师犹如他活着，战斗在远方，使我们清楚地记忆起他的光辉的战斗成绩，无疑地，将给我们以莫大的教育和鼓励。

我们首先应当记得他是把音乐从少数人的奴役中解放出来，使之服务于民族和广大民众的第一个战士。他不但自己这样做了，并且以他的事业教育了我们，使我们了解这事业本身深远的意义。在他之前，我们只有着抽象的民族音乐，那与广大民众是无关的，也从来没有别人的音乐像他那样与民众生活紧密地结合着，为民众所热爱。可以告慰于他的是，当抗战以来新音乐继续向这方向更大地发展了。尽管今天还有人想以服务于少数人的虚伪的民族音乐来代替服务于广大民众的新民主主义的音乐，可是民众摈弃了虚伪的民族音乐，新民主主义的音乐更发展了，与民众结合得更紧密了。大后方被强迫的千人大合唱的“壮观”，并不能粉饰服役于少数人的“民族”的音乐之虚伪，难道我们没有听见各抗日根据地内，无数万民众每天自发地热忱地唱着他们自己的歌曲吗？难道那不比“千人大合唱”更有力量，更令人感动，更伟大，更具有实际的战斗意义吗？我们必须坚持沿着这方向前进，因为这即是中国新音乐的方向，只有在这个方向中，新音乐才得到发展与成长。我们必须在实践中把那些企图使音乐永远服务于少数人的观点战败、消灭，使新音乐迅速成为民族争取独立、人民争取自由斗争之锐利武器。使它永远服务于广大民众利益，永远属于广大民众。

我们必须记得，他是中国音乐史上第一个新现实主义的作家，他虽然没有许多作品，可是他的作品建立了中国音乐史上最初的新现实主义。从他的作品中我们感染到一种完全新的情感，鲜明有力的节奏，朴素明朗的曲调，使他的作品区别于同时代的某些作家。他所创造的这种新鲜活泼的风格，恰恰表现了革命民众战斗的情感，虽然有不少的人企图以“浅薄”、“幼稚”等容易使人“眩惑”的字眼来骂他，抹杀他，混乱我们对他的作品的认识，难道我们不记得，把广大人民从黎锦晖派的糜烂的曲词中苏醒过来的不正是他吗？难道我们不记得，把大多数都会青年知识分子，从金元国家的爵士音乐中拉出来的不正是他吗？难道我们不看见，给予一向沉湎于旧民歌小调中的人民以新的歌曲的不正是他吗？以他的歌声把我们醉心于西欧音

1941年底，鲁迅艺术学院音乐系在延安举办大音乐会后的合影（前排右四为吕骥）

乐之梦想中的青年震醒过来的不也就是他吗？所有从事新音乐运动的人们，在建立民众音乐上都失败了，但他成功了，他替我们创造了真正的民众音乐，这不仅依凭他的天才，更重要的是他的新现实主义的创作方法。我们有不少的作家企图以华丽的曲调，奇特的节奏，流俗的趣味，在音乐上来作投机事业。可是新音乐已经由他奠定于新现实主义的基础上，丝毫不能有所改变，一切企望都将失望消灭，我们要继续他的道路前进。

我们也应当记得他是虚心研究、力求进步的模范，他从来不自满于自己的成绩，每天切实地刻苦地实行技术训练，虚心地学习，这正是我们应当学习的。他不是为技术而追求技术，他给了自己以创造中国新音乐的重任，他知道这必须不断地克服技术上的落后，方能成功。所以我们看见他正式学习音乐的时间虽然很短促，可是他的进度是非常迅速的，无疑的，是由于他虚心研究，力求进步所获得的，可惜还没有完成他的学习，就离开了我们，致使他不能留给我们以更多的创作。

我们今天正在他所开辟的道路上前进，虽然他离开我们才不过六年，我们已经看到他的事业胜利地发展了，我们坚信，随着民族解放的胜利，他的事业将日益扩大。因为他的事业，即是民族解放斗争中的一部分。民族解放斗争和全人类反法西斯斗争结成了一体，激烈地展开在我们眼前。新音乐工作者应当学习聂耳同志战斗的精神，为民族解放斗争反法西斯斗争的最后胜利而努力！

原刊《歌曲旬刊》（延安）1941年7月

作者简介：吕骥　1930年入学上海国立音乐专科学校，是聂耳在上海从事左翼音乐工作时的战友。并继聂耳之后，于1935年4月接任中国左翼剧联音乐小组的组长，组织与领导业余合唱团、歌曲作者协会、歌曲研究会。时为延安鲁迅艺术文学院音乐系主任。

1954年聂耳墓碑文

郭沫若

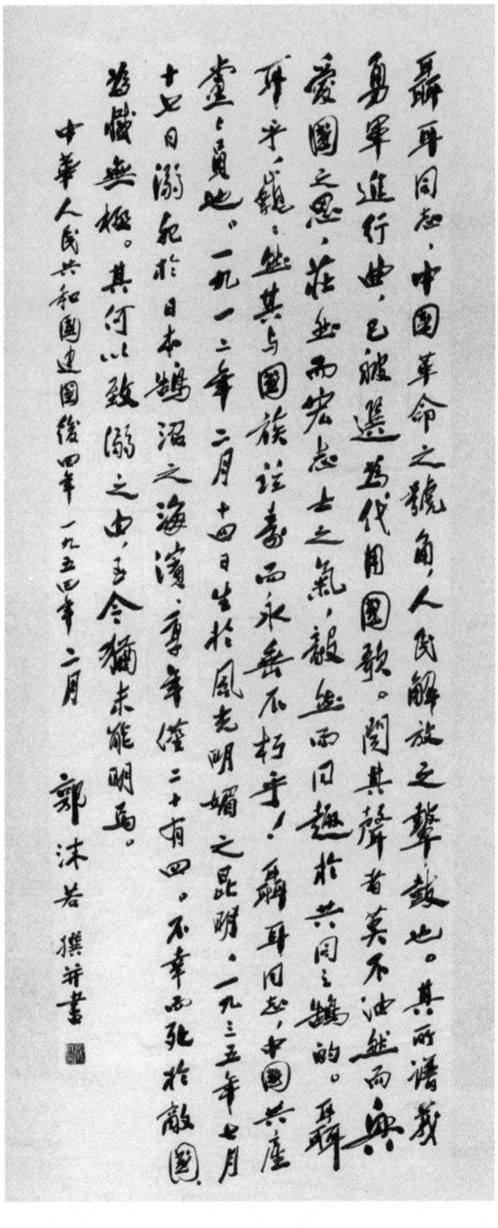
聶耳同志，中國革命之號角，人民解放之鼙鼓也。其所譜義勇軍進行曲，已被選為代用國歌。聞其聲者莫不油然而興愛國之思，莊然而宏志士之氣，毅然而同趣於共同之鵠的。聶耳乎，巍巍然其與國族并壽而永垂不朽乎！聶耳同志，中國共產黨黨員也，一九一二年二月十四日生於風光明媚之昆明，一九三五年七月十七日溺死於日本鵠沼之海濱。享年僅二十有四。不幸而死於敵國，為憾無極。其何以致溺之由，至今猶未能明焉。
中華人民共和國建國後四年 一九五四年二月
郭沫若撰并書

1954年，昆明市人民政府在原址修整聂耳墓时，约请郭沫若撰写的墓碑文

聂耳同志，中国革命之号角，人民解放之鼙鼓也。其所谱义勇军进行曲，已被选为代用国歌。闻其声者莫不油然而兴爱国之思，庄然而宏志士之气，毅然而同趣于共同之鹄的。聂耳乎，巍巍然其与国族并寿而永垂不朽乎！聂耳同志，中国共产党党员也，一九一二年二月十四日生于风光明媚之昆明，一九三五年七月十七日溺死于日本鹄沼之海滨。享年仅二十有四。不幸而死于敌国，为憾无极，其何以致溺之由，至今犹未能明焉。

中华人民共和国建国后四年

一九五四年二月　郭沫若撰并书

作者简介：郭沫若　时为中国文联主席，后任全国人民代表大会副委员长。

日本藤泽市“聂耳纪念碑”文

秋田雨雀

这里是中华人民共和国作曲家聂耳的终焉之地。他于一九三五年七月十七日，于此地避暑，在游泳中突然溺没于波涛之中，成为“不归之客”。聂耳，一九一二年生于中国云南，曾就学于欧阳予倩先生，在二十几年短暂的生涯中，留下了歌颂中国人民大众劳动的《大路歌》、《码头工人》等大作。现在成为中华人民共和国国歌的《义勇军进行曲》也是由他作曲的。如果用耳倾听，我等今日仍然能听到聂耳的亚洲解放之声吧！

这里是聂耳终焉之地。

一九五四年十月　秋田雨雀

附：凝结着中日友谊的聂耳纪念碑

1949年中华人民共和国成立后，规定《义勇军进行曲》为代国歌。现任日本神奈川县藤泽市市长叶山峻的母亲，当时根据英文版“人民中国”译出了有关代国歌及其词曲作者的介绍。藤泽市人民才知道，他们所敬慕和思念的“不归人”聂耳是新中国国歌的曲作者。为了深切悼念聂耳和推进日中友好事业，藤泽市人民发起了一个捐款、捐物、献计、献工的建立聂耳纪念碑的活动。这个运动声势很大，反响强烈，通过运动涌现了一批日中友好活动的积极分子，也成为战后在日本国土上开展的最早的日中友好活动。

当时的日本政府是追随美帝国主义、采取排华政策的，是敌视新中国的。而建立聂耳纪念碑的活动从一开始，就具有反对美帝国主义霸占日本、反对日本政府追随美国，反对从经济上封锁新中国，从政治上孤立新中国，主张大力加强日中友好关系的意义。因而使得日本政府反动的当权者很恼火，所以，他们在纪念碑的修建地点、占地面积等问题上，多方面地刁难藤泽人民，甚至派出特务进行种种阻挠和破坏。许多藤泽市人民到建立聂

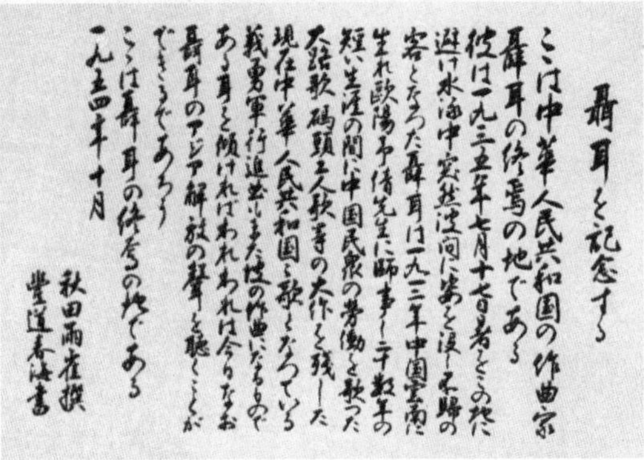

聶耳を記念する

ここは中華人民共和国の作曲家
聶耳の終焉の地である
彼は一九三五年七月十七日若くしてこの地に
遊び水泳中突然波間に姿を没し不帰の
客となった聶耳は一九一二年中国雲南に
生れ欧陽予倩先生に師事し二十数年の
短い生涯の間に中国民衆の労働を歌った
大路歌 碼頭工人歌等の大作を残した
現在中華人民共和国の歌となっている
義勇軍行進曲もまた彼の作曲になるもので
ある耳を傾ければわれわれは今なお
聶耳のアジア解放の声を聴くことが
できるであろう
ここは聶耳の終焉の地である
一九五四年十月
秋田雨雀撰
豊道春海書

1954年，日本友人秋田雨雀为藤泽市“聂耳纪念碑”所作的碑文

中国红十字会代表团团长李德全向藤泽市的聂耳纪念碑献花并发表讲话

耳纪念碑行动委员会来捐款，都不留下姓名。这一方面表现了捐款的诚意，另一方面也是为了防止日本政府的寻衅和迫害。

1954年11月1日，功到碑成。时值以李德全同志为团长的中国红十字会代表团访日，因而应邀出席了聂耳纪念碑的隆重的落成仪式。

1956年，由27号台风引起的海啸，席卷了鹄沼海岸的建筑和设施，聂耳纪念碑也遭到损坏，主体部分随海水流失了。

1963年6月1日，藤泽市人民组建了聂耳纪念碑保存会，又发起了一个再建聂耳纪念碑的群众活动。1965年2月，又进行了一次群众性的募捐，而这些募捐的特点，是和日中友好的宣传活动紧密结合着进行的。4月，由著名石雕设计师山口文象先生完成了对纪念碑的总体设计。6月，应聂耳纪念碑保存会的请求，郭沫若同志挥毫题写碑铭，写了“聂耳终焉之地”六个大字。7月，日本著名的书法家丰道春海先生，书写了日本进步戏剧家秋田雨雀先生题赠的碑文。秋田雨雀（1883—1962）是聂耳生前的友人，他在1954年第一次建碑时，题赠了这个碑文。1965年纪念碑再建时，秋田先生已成故人。

1965年9月，聂耳纪念碑的再建工程完成。聂耳纪念碑保存会的全体成员及廖承志—高崎达之助办事处的中国首席代表孙平化同志和藤泽市人民数千人参加了盛大的揭幕仪式。

摘自韩冈觉的文章《聂耳在日本》

原刊聂耳、冼星海学会编《纪念聂耳诞辰七十周年文集》

1982年内部资料

作者简介：韩冈觉　时为吉林艺术学院副教授。

聂耳胜利的道路

——纪念聂耳逝世二十周年

田　汉

一系金陵五月更，故交零落几吞声。高歌共待惊天地，小别何期隔死生！
乡国只今沦巨浸，边疆次第坏长城。英魂应化狂涛返，好与吾民诉不平。

从南方视察回来，偶尔翻《大众电影》十三期，发现了这首被我忘去已久的悼诗，使我回忆起跟聂耳同志相处和合作的那些日子。

最初会见聂耳，那时他还叫聂紫艺，是在黎锦晖先生领导的明月歌舞团。聂耳是一个有音乐才能的青年，更难得的他是一个爱国者。他参加了当时党的群众组织上海反帝大同盟（简称“上反”），在沪东区工作得很积极。他对我低低地但很热情地谈到他到上海前后的不平凡的奋斗经历，谈到他的一些政治见解和艺术见解。他痛恨国民党统治，对当时音乐界的颓靡消沉，也深致不满。他是那样地仰慕党、寻求党。他说他决心很好地学习，把他的才能贡献给党。

那时在中国正是影片试制的初期，他参加了联华影片公司工作，为影片《新女性》作曲，为此他为公司组织了一个小小的乐队和合唱队，亲任作曲和指挥。《新女性》影片献演时，他和他的合唱队的幕前演奏，给了我难忘的印象。聂耳也是很优秀的演员，他在《母性之光》里，扮演过一个黑人矿工，拍戏时，把满脸满身涂得漆黑，并不以为苦。他也演过歌剧《扬子江暴风雨》中的老王，那简直是很优异的成就。

我和聂耳最初的合作，是在影片《母性之光》，他为《开矿歌》作曲；以后，我们在影片《桃李劫》、《风云儿女》，话剧《回春之曲》，歌剧《扬子江暴风雨》中合作过。《义勇军进行曲》就是他为影片《风云儿女》作的曲子。我们也曾在另一联华公司出品写江南大旱中农民抗旱斗争的影片合作过[①]，他为其中《采菱曲》和《打长江》作曲，可惜那时他跟联华公司的关系已

① 编者注：据程秀华著《中国电影发展史》此片名为《凯歌》，由上海艺华影业公司拍摄。

经闹翻了，因为他批评了公司经理的市侩主义，结果公司没有用他的曲子，另由任光同志作曲。这样我们便有了两套《采菱曲》和《打长江》。《采菱曲》的任光作曲是美的，而《打长江》则不及聂耳的豪壮和明快。

聂耳在千叶海滨遇难的那年才二十四岁。他的创作活动最旺盛的年龄是二十二三岁，但已经留下了不朽的歌曲。高尔基说："天才就是劳动。"聂耳正是那样一位勤学苦练的天才的艺术劳动者。他是一个穷苦青年，他没有机会受正规的音乐教育，他连自备一把合用的小提琴也费了很大的气力。他的那一点宝贵贡献是跟他的艰苦不懈的自学精神分不开的。

当然，聂耳的学习也不是孤立无援的。1933年党为拥护苏联，加强中苏友谊，发起了苏联之友社（简称"苏友"），成立了经济、教育、戏剧、音乐诸小组。音乐小组有吕骥、任光、张曙夫妇、安娥和聂耳等。他们经常在当时哈同路民厚南里任光的家里开会。任光同志任职百代公司音乐部，家里有钢琴、管乐等设备，他们就在他那里讨论工作，也讨论他们的创作。他们团结得很好，但在创作问题上时常争论得面红耳赤，各不相下，直到他们发现共同承认的真理，然后以兄弟般的亲切互相帮助修正缺点，补充新意。他们的许多作品包括聂耳的一些重要创作就是这样产生的。新的歌曲慢慢地多起来了，他们组织了试唱会，很公平地放奏各种类型的歌曲，从《毛毛雨》到《义勇军进行曲》，邀集文艺界音乐界人士和一般听众来欣赏批评，这其实也是一种音乐竞赛，由于当时人民群众革命情绪日益高涨，聂耳等的歌曲恰恰表达了人民的普遍感情，所以在竞赛中是胜利的，同时也开始迅速在全国范围普遍传唱，成为大众的声音，对唤起人民醒觉，鼓吹团结抗战，起了相当大的作用。

聂耳的作曲之所以如此迅速受到人民的欢迎，首先是由于他有饱满的政治感情，他不是为作曲而作曲，他是自己真正站在痛苦的人民中间喊出了他们的愤怒和要求。他的创作是把革命的世界观和进步的创作方法结合得很紧的，这也正是艺术创作无往不胜的道路！

他的创作也不断受到学院派的攻击和抹杀。那些先生们不从聂耳作品的思想质量和政治效果去估价，而急于去挑剔他的技术上的某些缺点，加以夸大。当然聂耳没有受过正规的音乐教育，他的作曲是存在一些技术上的缺点的，可是在善于继承祖国民间音乐传统、接受欧洲音乐的健康豪迈的作风和准确有力地处理中国语言方面，聂耳却有别人难于企及的长处。这些他们当然是不愿提到的，因为他们的目的就是要来压抑这一叫嚷着争取存在发展的新事物，来维持腐朽颓靡的统治，但新事物是注定了压抑不了的。

聂耳加入中国共产党是我介绍的，由夏衍同志监誓。我们无限荣幸地能为党吸收这样一位青年有为的音乐战士。但当1935年夏我走出金陵狱窗的第一天就得到聂耳的噩耗，其给我们的震动是可想而知的。真是"高歌共待惊天地，小别何期隔死生"！日子过得真快，他离开我们又是二十年了。所幸的是他所热爱的祖国已经成为一个强大的自由独立幸福的国家，而且已经进入第一个五年计划的第三年的第三季度了。他所作曲的《义勇军进行曲》作为新中国的庄严的代国歌，被六亿中国人民歌唱，由他的死所形成的音乐界的巨大损失也终将得

1959年，田汉在家里会见中国戏剧界大师（左起：欧阳予倩、马师曾、小白玉霜、李玉茹、田汉、梅兰芳、马连良）

到补偿充实，因为中国已经是一个有声的能歌的中国。聂耳、冼星海和许多先烈已经在音乐创作上给我们开辟了一条胜利的康庄大道！

原刊《中国青年报》1955年7月16日

作者简介：田汉　1930年曾任中国左翼作家联盟执行委员、中国左翼戏剧家联盟党团书记、中共上海局文化委员会委员。1938年后任政治部三厅少将艺术处处长。新中国成立后曾任中国文联副主席。中国著名戏剧和电影作家、诗人。时为文化部艺术局局长、中国戏剧家协会主席。

永生的海燕

——纪念聂耳同志逝世二十周年

夏 衍

中国人民的歌手、新音乐运动的奠基人聂耳同志，在日本鹄沼海岸逝世已经整整二十年了。他真像暴风雨前的一只海燕，骤然而来，倏然而去，从1933年到1935年这短短的两年中，用他豪迈明快、充满信心的歌声，对亿万受难的中国人民，表达了他对革命暴风雨的预感。高尔基在《海燕》中写着：

> 暴风雨！暴风雨快到来了！这勇猛的海燕，在闪电中，在怒吼着的海上，得意洋洋地飞翔着，这胜利的预言者在叫喊："让暴风雨来得更猛烈些吧！"

这正是我们这位天才艺术家的最恰当的写照。

聂耳同志是在1930年——暴风雨快要到来的前夕，闯进到上海这个斗争最剧烈的漩涡中来的。当时，他还是刚满十八岁的青年。一到上海，他就参加了"上海反帝大同盟"，后来又参加了"苏联之友社"，他奋不顾身地工作，为了要求自己能有一个"稳定的、正确的立足点"，他在白色恐怖最严重的1933年加入了中国共产党。

在短短的两年中，他创作了三十几首不朽的歌曲。这些作品，全是他在参加紧张的革命运动的间隙中创作出来的。在革命的暴风雨中，他真表现了"得意洋洋地飞翔"的姿态。他演话剧，当电影演员，组织业余歌咏团，为革命工作"跑腿"，关紧了门学小提琴，老远地跑到任光同志家里去练习钢琴……他永远不知道疲倦，不论什么工作都"抢"着去做。他不止一次同我说："有哪部电影要作曲？我在抢工作。"

"抢工作"，是的，他不仅不推诿工作，他一直是抢着做工作的。记得1935年，田汉同志被捕，留在我手边的是一个电通公司决定了要拍的、写在几页十行纸上的《风云儿女》的影片梗概。我替他改写成电影文学剧本，交给了导演。几天之后遇到聂耳，他第一句话就是："听

1955年，夏衍为音乐研究所的“聂耳、冼星海纪念室开幕式”剪彩

说《风云儿女》的结尾有一个主题歌？”我给他看了电影剧本，这个剧本的故事是他早已知道的，所以一拿到手就找最后的那一首歌，他念了两遍，很快地说：“作曲交给我，我干。”等不及我开口，他已经伸出手来和我握手了。“我干！交给我。”他重复了一遍，“田先生一定会同意的。”——这，就是很快地唱遍了中国、在抗日战争中给了爱国人民以极大的鼓舞力量的、后来的国歌《义勇军进行曲》。

聂耳像一个天真的孩子。他欢喜花，欢喜书，欢喜孩子，欢喜运动，欢喜用种种方法来逗朋友们开心。总之，他热爱生活，热爱生活中的一切健康、美好的事物。在他当时处身的那个社会，天真老实是注定了要吃亏的。他上过当，失过恋，不止一次受过他所认为“朋友”的人们的奚落和欺侮，但是，我从来没有在他脸上看到过苦闷和忧愁，他可以说是革命乐观主义的化身。他到一个地方，这个地方立刻就会发出欢笑、活跃和一种蓬勃的青春气息。

聂耳的乐观主义精神，发源于他对革命事业的坚定的信心。我看见过他曾为战友的牺牲和被捕而切齿痛恨，但是他懂得，只有加紧工作才是对敌人的最有效的回击。高尔基对海燕的描写完全适用于聂耳：“在它的叫喊中，有的是对暴风雨的渴望，愤怒的力量，热情的火和对胜利的信心。”

聂耳离开我们已经二十年，假如他活着，今天才只有四十四岁，他死得太早了。但是，聂耳死了，聂耳的精神，聂耳创作的歌声，已经肯定地永生不朽了。中国人民已经“起来”，中国人民在中国共产党的领导之下，“正在做我们的前人从来没有做过的极其光荣伟大的事业”。我仿佛又听到了聂耳同志的笑声，聂耳同志笑得更爽朗了。

原刊《人民日报》1955年7月18日
作为《聂耳》图片集的“代前言”，
1982年发表时曾经作者修订

作者简介：夏衍　1930—1937年曾任中国左翼作家联盟执行委员、中共上海局文化委员会委员兼电影小组组长、《救亡日报》总编辑。新中国成立后曾任上海市文化局局长、中国文联副主席、中国电影家协会主席，中国著名文学、戏剧和电影作家。时为国务院文化部副部长。

聂耳的道路

—— 纪念人民音乐家聂耳逝世二十周年

焕之（李焕之）

一、天才就是劳动

聂耳是中国人民天才的作曲家。聂耳的一生，是战斗的一生，是顽强劳动的一生。聂耳是一个出身穷苦家庭的青年，他不仅没有机会受正规的音乐教育，就连普通的教育也不得不用母亲的辛勤劳动，到处借钱和自己的刻苦学习 —— 甚至手抄课本 —— 换来的。

对于先进思想和新鲜事物的敏锐感觉和勇敢的追求，是聂耳从少年时代起就表现出来的优秀素质。他生长在中国共产党所领导的人民民主革命的大风暴中，新的时代给他的影响是很强烈的，他大大不满足于从学校教育中所能获得的有限的知识，因此他用功阅读各种有意义的书籍。他的强烈的求知欲望，说明他急切地要认识现实生活中新生的东西，并且要求自己在大时代中成为一个具有先进思想和品质的人。

学习 —— 提高自己的思想修养 —— 成了聂耳从不间断的劳动习惯。因为他认识到："不论你从哪条路跑，你对于哲学的基础不稳定，终于是难得走通的。""脑筋若无正确的思想的培养，任它怎样发达，这发达总是畸形的发达。那末一切的行为都没有稳定的正确的立足点。"（聂耳的日记）当他离开学校到社会上做事情以后，不管工作多么繁忙，他仍然能经常阅读马克思列宁主义的经典著作，因为他认识到学习是没有止境的"新的脑子的培养，不是用一个模型一套便一次铸成，永不会腐破的。它正如一棵嫩小的植物，随时需要合理的灌溉，你若是天天不给它应得的养料，或不平均地给它，忽饥忽饱，它的一生总是枯萎不振的"。当他在明月歌舞团时，实在忙得抽不出工夫来读书，但他从不因此而原谅自己，他问自己说："我感觉到我最近在读书方面着实在太退步了。是不是一天这样疏懒下去便可了事吗？"他是如此严格地要求自己思想的进步，他不懈地辛勤学习，并积极地参加革命斗争，他终于成为一员工人阶级的坚强战士。

聂耳从小就显露出他的艺术才能，他的天才是多方面的。他很小就接触自己民族的音乐，十岁时就学会了多种中国乐器——笛子、二胡、三弦和月琴。他也是一个天才的演员，而曾经一度（十八岁）还以为自己可以做文学家呢！他对于音乐具有更高的兴趣，他从小就具有对音调的敏锐的感觉力，他的顽强学习、刻苦钻研的艺术劳动使他成为中国人民的天才作曲家。

聂耳的创作生活是从二十二岁才正式开始的，这一年也正是他确定了共产主义的人生观，参加了中国共产党。从此他的创作生活很快就进入了异常丰富而活跃的时期。他的大多数作品——也就是他最优秀的作品——都只是在1934年到1935年4月以前产生的。在这短短的一年多的时间里，他能写出这样多卓越的歌曲，就充分显露出他具有丰富的生活体验，对于新鲜事物的敏感和优越的创作才能。他以极严肃的、审慎的、对人民和革命事业高度的责任感来从事他战斗性的创作劳动，每一首歌曲的创作，都经过深思熟虑，而且经常步行很远去体验、观察劳动人民的生活。一曲既成，还得仔细地反复推敲，征求并虚心听取朋友们的意见。

“天才就是劳动”（高尔基语），这句话在聂耳的战斗的一生里得到了证明。

二、光辉的道路

聂耳对于先进思想的不间断的追求、钻研，以及对现实生活的视野的不断扩展，是他成为革命的人民作曲家的基础。在《聂耳年表初稿》（洪遒作）中记载说：“二十足岁生辰的那一天，他感触很深，决心要赶上时代，对于自己单纯追求音乐、脱离实际革命斗争的生活，作了无情的批判。他问自己：‘一天花几个钟头苦练基本练习，几年、几十年后成为一个 Violinist（小提琴演奏家）又怎样？’‘你……能够兴奋起、鼓动起劳苦群众的情绪吗？’他自己回答自己说：‘不对，此路不通！早些醒悟吧！’（2月7日日记）。从这开始，给自己提出重要的课题：‘怎样去作革命的音乐？’”从此，他在艺术思想与艺术创作上都努力表明了他是如何去实践他为自己提出的课题。

他写了一些战斗性的短文，尖锐地批评明月歌剧社的黄色艺术的颓废作风，提出了：“我们所需要的不是软豆腐，而是真刀真枪的硬功夫！”①因为他目睹阶级的矛盾是如此尖锐：“资本家住在高楼大厦大享其福，工人们汗水淋漓地在机械下暗哭。”②艺术要反映这个时代，就必须真实而深刻地反映现实生活中的尖锐的阶级矛盾，仅只有一点反封建意识是大大不够的。艺术该向何处去呢？聂耳看得十分清楚：“你不听见在这地球上，有着无穷的一群人在你的周围呐喊，狂呼！你要向那群众深入，在这里面，你将有新鲜的材料，创造出新鲜的艺术。喂！努力！那条才是时代的大路！”这号召多么响亮，思想多么明确。他在1933年6月3日的日记中写道：“音乐和其他艺术、诗、小说、戏剧一样，它是代替着大众在呐喊。大众必然会要求音乐的新的内容和演奏，并作曲家的新的态度。……接受革命的作曲家们试图这种要求，但是编出革命的、同时保持高度艺术水准的音乐。”

---

① 《中国歌舞短论》。
② 《中国歌舞短论》。

就在这一年，聂耳以《饥寒交迫之歌》和《开矿歌》开始了他的战斗的创作生活。在中国近代音乐史上，聂耳是第一个如此充满热情、充满着光辉的信念来歌颂劳动人民，歌颂工人阶级的力量。

在聂耳之前，有哪一个作曲家像他这样勇敢地擎起人民革命的大旗，投身于工人阶级先锋队的行列中，把音乐的事业同革命的事业紧密地联结起来，让音乐服从于革命斗争的需要，以音乐作为阶级斗争和民族解放斗争的有力武器？聂耳用歌曲的形象真实而深刻地刻画了被压迫的工人阶级和广大人民的生活和斗争，从来不是站在旁观者的地位。所以他的作品总是充满了豪迈的工人阶级的主人翁的感情，像在《开路先锋》中那样自豪地歌唱着："我们是开路的先锋。"总是满怀信心地预示着革命斗争的胜利，像他在《自卫歌》中那样坚定歌唱着："今天是被压迫的民族，明天一切属于我们自己！"

聂耳正确地理解到以工人阶级为领导的中国革命群众的壮大的力量。在他的作品中是那样广阔地表现了各个阶层的被压迫的人民大众，包括广大的贫苦农民、城市手工业工人、苦力、卖报童和歌女……还有像聂耳自己一样出身的革命知识青年。人民大众的命运是连接在一个反帝反封建的共同斗争目标上，他们汇合成一支不可战胜的、广大强壮的革命队伍，就像他表现在《前进歌》和《义勇军进行曲》中那样浩大的气魄。这样，聂耳的歌声成为时代的号角，成为中国人民民主革命斗争中的强大的鼓舞和组织的力量。

聂耳的创作道路是现实主义的道路，他总是细心地倾听生活的音调，倾听劳动群众的生活音调。他在日记中写道："不同生活接触，不能为生活的著作；不锻炼自己的人格，无由产生伟大的作品。"因此他经常到工厂和码头及各种劳动人民的工作场所去体验、观察。在郑易里的《回忆聂耳二三事》一文中记述了聂耳创作《新女性》的情况："《新女性》的创作是相当艰苦的。他为要体会纱厂女工上日班的情景，不得不在清早从霞飞路赶到沪西路大自鸣钟一带去观察。需要去得很早，又没有电车，他就不得不趁着星星在天、寒霜遍地的秋夜，步行一个多钟头，赶到纱厂附近去。同时，他又找他教歌的女工们谈话，到她们住处去访问，到她们的车间去观察，然后心中有了谱才开始创作。"

由于聂耳是这样热切地追求对于广阔的现实生活的认识，对于人民的劳动与斗争有着无比的热情，他才有可能把现实生活的音调构成他作品中的音调基础。更由于他正确地理解人民，他已经把自己和革命群众的思想感情融然无间地结合起来，这样，他成功地创造了歌曲音乐中的革命群众的典型形象。他的曲调是本质地体现着中国人民在为争取自由和独立的斗争中，所具有的英雄的、崇高的品质和精神面目。

三、深刻的人民性

聂耳为中国近代的音乐创作开辟了社会主义现实主义的道路。聂耳是中国第一个能够正确地继承民族音乐传统中的优秀素质，并创造性地发展了它的作曲家。聂耳从小就接触自己民族的音乐，他对音乐的热爱越来越强烈的时候，也就是他对民族音乐的学习和研究越来越深、越来越广的时候。从他的日记和书信中可以看出：聂耳是一贯地重视民族音乐的，他学习和记录民间歌曲，他熟悉多种民族乐器的演奏技巧。当他在上海百代公司任职时，他还整理了四首民间器乐曲并灌制成唱片。他在音乐的气质方面，是深深地扎根在民族的音乐传统中的。因此，民族音乐的音调体系和现实主义的美学原则给予他在构思音乐形象时以重要的影响。

如果把聂耳的全部作品仔细分析一下，我们不难发现民族的音调特征并不是偶然地出现，而是一个普遍而鲜明的特征。不论是他的战斗性的进行曲和劳动歌曲，或者是抒情性的民歌和戏剧性的独唱曲，他都能按照不同的体裁构成鲜明的民族特点。聂耳作品中对各种民间调式——re 调、la 调、do 调和 sol 调等——的广泛的应用，民间劳动歌曲的节奏和音调的经常出现，更是非常突出的现象。《大路歌》所用的调式，绝不是欧洲型小音阶的再版，它的减四度音程的跃进，不但构成了劳动呼声中自然语势的特征，而且增强了劳动情绪的力量。我们还可以找出他的许多曲调是和民歌的曲调近似的。民间音乐对他创作的深刻影响是很显然的。

民族的音调体系在聂耳的创作中表现得十分富于生命力，具有新鲜活泼的特质。我们不必要过多地寻找例证去说明聂耳的曲调出自哪一首民间曲调，仅只这样并不能本质地说明他在音乐的民族形式上的创造性工作。

民族的音调体系是每个民族在特定的历史发展中形成起来的，体系本身固然有它比较稳定的一些因素，如调式、节奏、体裁、语言的表现、语言的装饰、民间乐器的演奏技巧及音色等，但这些因素只能作为音调体系还要向前发展的基础。体系本身总是向着越来越丰富、越来越多彩的方面去发展的。这个事实从音调体系形成的历史过程就已得到了充分的证明。另一方面，民族音乐的音调总是以人民的生活作为它无限丰富的源泉，在现实生活中就存在着丰富多样的音调形象，这是构成音乐形象的声音原型。历代人民及其音乐家在特定的经济生活的条件下，发挥其创造的才能，把现实生活的音调提升为音乐的形象，而在久远的历史发展中形成了比较稳定的音调体系。在这过程中，各个民族在物质生活与精神生活的互相交流，也成为民族音调体系构成上的重要影响。

聂耳的创作实践，证明了他十分懂得民族音调体系中的现实主义的美学原则，他就是正确地继承了中国人民音乐传统中的现实主义的原则和方法。他一方面十分尊重自己民族的音乐传统，另一方面他也努力钻研并借鉴世界革命音乐及古典音乐的成就。而人民革命的现实生活中的丰富的音调——包括诗的语言的新特质、战斗的号召、劳动者抗争的呼声……总是聂耳歌曲创作的音调基础。因此，聂耳的创作不为民族固有的音调体系所局限，他从音阶、节奏和节拍等方面吸收西欧的先进因素，尤其是苏联革命歌曲的战斗性的表现方法。这样他在自己民族固有的音调体系中增加了新的音素，创造了民族的战斗性进行曲的新音调，扩展了抒情歌曲的表现形式，同时他从革命诗歌的热情的语言中，寻找到能够发掘诗的语言的美的音调。

聂耳就是这样优秀地继承了民族音乐的现实主义传统，创造了和中国人民新的生活面目相适应的音乐风格和形式。这些使聂耳的歌曲具有深刻的人民性。

四、明朗的音乐形象

聂耳在曲调创作上是有很高的才能的，他的歌曲都有着鲜明动人的音乐形象。

聂耳对于音词的感觉非常敏锐，他的音乐形象的构思因而也十分丰富。他善于根据不同的诗歌所反映的不同的生活感情内容，去创造不同的音调特征，构成非常明了的音乐形象。因此，他的每一首歌曲的性格是异常鲜明的，它所反映的生活内容是异常集中而突出的。譬如在他的许多劳动歌曲中，我们很难找出它们互相雷同而陷于一般化的状况。只要把《码头工人》、《大路歌》、《打长江》、《打桩歌》、《打砖歌》和《新女性》中的《回声歌》等比较一下，就可以了解到聂耳的音乐想象是多么丰富，它们不论在旋律和节奏方面都创造了劳动人民的音乐形象的多面性。

他的战斗性的进行曲也都是各具特点，譬如《义勇军进行曲》具有严正不容侵犯的雄伟的音调特征；《自卫歌》具有斩钉截铁的沉着坚定的音调特征；《前进歌》具有巨人般的无坚不摧、勇往直前的气势；《开路先锋》是具有自豪的、有信心的排山倒海般的气势；《毕业歌》创造了热情而富于理想，朝气蓬勃的青年人的形象；《新女性·奴隶的起来》却表现了英勇不屈、顶天立地的工人阶级的伟大气魄。

聂耳的优异的曲调创作才能，是从什么地方得到的呢？我想除了他具有一定的音乐素养之外，就是因为他有着丰富的生活实践，有着对生活的深刻观察力。他的每首歌曲的创作过程都是经过对生活的反复体验和深刻的观察，直到心中有数，音乐形象的构思才有了根据。他喜爱倾听生活中的音调，善于透过种种生活的现象去捕捉生活中本质的特征，去发掘人们感情生活的深处。他的劳动歌曲的形象，都十分鲜明地具有劳动生活的音调特征，譬如《打砖歌》中那种不间断的节奏（全曲没有一个休止符）；《码头工人》中那种生活在重压下的沉重的足音，那种对被剥削生活的呼唤和抗议；《回声歌》中那种在黎明前的朦胧夜色中，工人们被那冗长的汽笛声一声紧似一声地催促着上工去的生活景象和心情；《卖报歌》中那种日夜在大街小巷为生活而奔走呼号的音调和节奏——这些都雄辩地证明了，生活是曲调创作的无比丰富的源泉。

聂耳善于运用简洁精练的音乐语言来塑造形象，他的乐旨都是十分明了，不随便用过多的音和过广的音域，节奏的处理也十分集中而有组织。对于诗的语言的音调，他也都经过仔细的推敲和体味，他并不停留在表面的抑扬顿挫的安排，而用独创性的丰富的音乐想象来更广阔、更深刻地发挥诗的内在的美。所以他的曲调和诗的结合是融然一体，但却不是千篇一律的。

在处理歌曲的结构上，聂耳也具有高度的组织才能，他善于按照诗的情绪内容的发展，安排着对比的音乐形象。像他在《打长江》、《打桩歌》、《大路歌》和《自卫歌》等歌曲里，是那样统一而富于变化。而对于一些在形式上不很整齐的诗歌，更表现出他的十分完美的结构技巧，譬如《毕业歌》的没有段落的重复，词句也长短不一，但聂耳在音乐的章句法上那种流畅性和完整性是十分令人折服的。对于奇数的小节或乐句，聂耳不仅从不忌讳，还应用得十分频繁，他不会为了要构成豆腐块一样的格式而人为地让奇数的小节或乐句弄成偶数。譬如在《毕业歌》中间乐段的三个乐句："我们是要选择战……青云直上。"这是用一个问句和两个答句构成的乐段，由于中间终止的妥善安排，使三个乐句显得十分均衡。又如《打桩歌》中间乐段的三个短乐句："哎呀！太阳……惬意啊。"它的第二个短句以向上的进行作为第一个短句的引申，继而用中间终止式构成了十分肯定的语气的停顿。还有《码头工人》中的短乐汇群的连续："笨重的麻袋、钢条、……为着两顿吃不饱的饭。"四个短乐汇所积累下来的重量，都集中到两个强硬的第四度音"压吧"上，接着停顿在愤慨不平的第三度音上作为中间终止。

这些乐段的处理，都表现了聂耳的巧妙的组织才能。他从诗的朗诵的音调中，体会到那种感情毫无拘束地奔流的纯朴性，因此，他能把这些不整齐的句子毫不费力地组织成非常流畅的乐段。

五、结语

聂耳以他短暂的勤奋的一生，以他战斗的创作劳动，为中国人民革命的音乐事业开辟了道路，树立了以社会主义现实主义为创作原则的光辉榜样。他的三十余首遗作是具有确定不移的划时代的意义和非凡价值的。

今年是聂耳逝世二十周年纪念。中国人民已经从艰苦的革命斗争中站立起来，取得了史无前例的光辉胜利，现在正进入第一个伟大的五年计划建设的第三个年头。让我们回顾一下二十多年来人民革命音乐事业的成长——那是聂耳、冼星海以及许多在革命斗争中牺牲了的优秀的作曲家、音乐家们的血汗所培育的，还有我们广大的忠实于人民的音乐工作者用艰巨顽强的战斗和劳动所建树起来的。我们应当更加切实地遵循聂耳所开辟的道路，加强我们的战斗，让我们的创造工作无愧于二十多年来人民革命音乐事业所获得的成就，无愧于我们的先行者聂耳和冼星海的不朽的业绩，无愧于伟大的中国人民用无可估量的血汗所建造起来的美丽的祖国！

原刊《人民日报》1955年10月30日

作者简介：李焕之　1936年入学上海国立音乐专科学校特别选科，师从萧友梅学习和声。1938年入学延安鲁迅艺术学院音乐系，师从于冼星海学习作曲和指挥，次年毕业后留校任教。1945年后任华北联合大学文艺学院音乐系主任、中央音乐学院音乐工作团团长。时为中央歌舞团艺术委员会主任。

聂耳的歌声永远在中国回荡

洪　道

解放以前有一段悠长而困难的年月，聂耳所作的一些歌曲，不断地给我鼓舞和振奋。时间飞逝，二十多年前的事情，有许许多多都记不起来了，可是我和一些同甘共苦的同志一起学习他的歌曲的情景，总是忘不掉的。

30年代，中国政治黑暗，民族危机严重，革命高潮暂时低落。我在白区，抗日有心，却"请缨无路"！时时感到无限苦恼。每每唱了他的歌，心里就产生了乐观和希望，对革命胜利的信心也就增强了。小资产阶级出身的青年知识分子，情感脆弱，无病呻吟，几乎是一种通病。在那政治气压很低的时日里，由于自己的幼稚，对民族的出路，革命的未来，虽然在理性上也略微有了一些认识，但总是热情冲动有余而沉着坚毅不足。不知有多少苦闷彷徨是自己无端找来的，现在回想起来，非常可笑。每当有这种心情的时候，就喜欢放声高歌一曲。唱了他的歌，心里的疙瘩也就融解了，马上感到自己不是在荒原上独行的一个人了；看得见强大的革命集体的力量就在我的周围。和这股力量融合在一起的情感就油然而生；看得见这股力量在带动着我奋勇前进，号召我作韧性的坚决的战斗，我是有了依靠的。他的歌的确解决了一些我的思想问题，对我来说这是永远难忘的。

真是永远难忘的啊！当我们有一年纪念"三八节"，在流过"五卅惨案"烈士鲜血的南京路上示威游行，而被骑着高头大马的外国巡捕用棍子凶蛮殴打的时候；当我们自己编的戏，由于戏里有一句对话"东北是我们的"，而被禁止在租界的戏院里上演的时候；当我们在学校整集队伍高举旗帜响应"一二・九"北京学生爱国运动，被特务"学生"用杀人武器袭击而流血的时候；当我们要求抗日的列车在京沪铁路上被两千个国民党宪兵重重包围而不能前进的时候；当我们要求民族的自由解放，要求我们民族应有的尊严和独立的地位，而这种合理的要求受到残酷的压迫的时候，我们就唱起聂耳同志作的一些歌曲。在那种场合，聂耳同志的歌，最能表达我们的感情，像一个火山喷火口似的，喷出了我们心里的怒火。这些歌，是我们最精锐的战斗武器。我没有上过战场打过仗，我手无寸铁，但当我面对着帝国主义和卖国政府的水龙、洋枪、棍子的时候，他的歌，就是手榴弹、就是炸弹、就是迫击炮、就是火箭炮。

我想，聂耳的伟大就在这里。是的，聂耳短促的一生，留给我们的宝贵遗产并不多，就是三十多首群众歌曲和几首民族器乐曲。据说现在还有人认为聂耳“只有”几首“简单”的群众歌曲，“没有什么了不起”。这种论调，我是绝对不能容忍的，我以我亲身的经历和感受来证明他的伟大。

列宁称《国际歌》的作者，是“一位最伟大的用歌来作为工具的宣传家”。这个评价对于聂耳来说也是很相称的，他正是这样的一位宣传家。

他创作的群众歌曲，完全出于他的政治责任感，他的对工农群众的热爱和他的为革命献身的理想。他的歌曲是革命浪漫主义和革命现实主义的高度的结合。能够创作这样歌曲的，在中国音乐史上，他是第一个树立了崇高榜样的人。

聂耳短促但是光辉的一生，已经全部贡献给人民的解放事业。假如他不是死得那么早啊，他还将为我们创作多少火焰一样热烈的歌曲！回想起他的噩耗从日本传来的那些日子，回想起当年追悼会上大家激动地唱他的歌的情景，那印象是多么使人永远不能忘怀啊！

一个以人民大众之心为心的人，一个以他的全部生命力歌唱出人民大众的意志和感情的人，人们是永远也忘不了他的，聂耳的声音已经永远在中国回荡了。当我们唱着国歌的时候，当我们唱着一切声情激越的抗战歌曲的时候，聂耳那纯真勇敢的面貌，就清晰地浮现在我们面前了。

原刊《羊城晚报》1959年7月17日

作者简介：洪遒　早年作为“左联”诗人，在成长的过程里，曾经深受聂耳写作的歌曲的影响。自20世纪40年代初起，长期致力于有关聂耳的资料的收集和研究，曾发表《聂耳年表》等多篇研究成果，还计划写作《聂耳传》，拍摄关于聂耳的电影。后来由于上海电影制片厂1959年拍摄了影片《聂耳》，洪遒担任（广州）珠江电影制片厂厂长工作繁忙，身体健康状况又欠佳，就把所收集的有关聂耳的资料都移交给了中国音乐研究所（现名中国艺术研究院音乐研究所）的“聂耳纪念室”（包括抗战末期从聂耳亲属处暂借的聂耳日记手稿）。

写在藤泽市“聂耳纪念碑”重建之时

中岛健藏

日本藤泽市聂耳纪念碑保存会制作的纪念币

当日本人民亲手将聂耳纪念碑重建之时，我不仅深感喜悦、再次缅怀这位中国音乐家的一生，而且使我深切悼念之情更增添了新意。

被规定为中华人民共和国国歌的《义勇军进行曲》，使聂耳成为不朽的名字。但是，使聂耳之名成为不朽的并不是这一曲之功，也不仅仅是因为他在短暂的一生中留下了一批不朽的音乐作品，他的艺术创作的动力，来源于他对中国革命事业的忠诚和献身精神。因此，聂耳的光辉不朽的形象才不可动摇地确立起来。

聂耳应该载入中华人民共和国音乐史的第一页。在论及中国革命音乐时，是无法离开聂耳的名字的。这是理所当然的。但是，仅仅说是先驱是不够的，聂耳和他的战友们所开创的音乐道路，一直被继承和发展到今天，成为最富有广阔前途的基础，被实践证明了的这条正确的道路，是决不应该忘记的。

聂耳短暂的生涯，结束在日本的鹄沼海滨，7月17日成了日中两国人民共同关心、永远纪念的日子。我衷心希望象征着日中友谊的聂耳纪念碑，永远矗立在鹄沼的海岸上。

摘自韩冈觉的文章《聂耳在日本》
原刊聂耳、冼星海学会编
《纪念聂耳诞辰七十周年文集》1982年内部资料

作者简介：中岛健藏　时为日中文化交流协会理事长。

聂耳和我

叶山峻

聂耳结束了二十四岁短暂的生涯，那还是我幼年时的事情。那个年代的鹄沼，只有青翠的松柏和美丽的沙滩，在黎明时刚刚下过细雨的清晨，海边松树根下会悄悄地冒出几株青乳菇[①]，麦蕈[②]也会亮出它深褐色的皮肤。

父亲喜欢在傍晚风平浪静时游泳，因而，经常领着幼小的我从引地川河边到鹄沼海岸散步。河边的沙土道旁，长着茂密的野草，老牛车和手推车压出的车辙，分成三股一直延伸到海边。可观的是在群生的虎杖[③]和夜来香之中，偶尔点缀着红色的野草莓，交织出大自然美的鲜艳色彩。也许是由于出生在风光秀丽的昆明湖畔的缘故吧，聂耳是那样地喜欢游泳。

那一年的4月，上海文化界的进步人士相继被捕入狱，聂耳决定逃离，并且为了学习音乐，确立了路经东京去巴黎再转莫斯科的计划。4月15日他由上海出航，经长崎达东京，之后又于7月9日来到鹄沼滨田实弘先生家中寄宿，每天都要到鹄沼海边，从不间断他最喜欢的海水浴。

但是，7月17日下午2时许，聂耳不顾风大浪高，泳向深处，终于成为“不归之客”。

他的遗体顺水势流往横滨方向，在流过的地方，岸边散落地开放着旋花，好似在深情地悼念夭折的青年作曲家。

我的耳朵一听见贝壳摩擦声和海浪作响就引起深深的怀念——约翰·柯库妥[④]曾这样地唱过，或者我也是生在湘南[⑤]长在海边之故吧，每当听到海浪的轰鸣，就激起一种难以形容的感慨之情。

---

① 青乳菇：又名青头菌，野生蘑菇的一种。
② 麦蕈：高等菌类，如香菇等。
③ 虎杖：一种野生植物。
④ 约翰·柯库妥（Jean Cocteau，1889—1963），法国著名作家。
⑤ 湘南：日本东京都西南相模湾一带称湘南。

1980年7月17日，与昆明结为友好城市的日本藤泽市市长叶山峻（前排右三）率领代表团，在聂耳的三哥聂叙伦（前排右一）等人陪同下，向昆明聂耳墓敬献花圈

如今，在引地川入海口附近横跨的鹄沼桥左岸，屹立着一尊模仿“耳”字的聂耳纪念碑，碑旁一块碑石上刻有聂耳在东京结识的从事话剧运动的友人秋田雨雀先生题赠的碑文“……如果用耳倾听，我等今日仍然能听到聂耳的亚洲解放之声吧！这里是聂耳终焉之地”。

韩冈觉译自日本聂耳纪念碑保存会印发的活页资料

原刊聂耳、冼星海学会编

《纪念聂耳诞辰七十周年文集》1982年内部资料

作者简介：叶山峻　时为日本藤泽市市长、聂耳纪念碑保存会会长。

我请朱德委员长为聂耳题词

宋　平

为纪念中华人民共和国国歌的作曲者聂耳逝世三十周年，在聂耳的故乡以及他学习、成长的地方（聂耳23岁的短暂生涯里，有18年是在昆明度过的），根据各方面的意见和要求，昆明市领导决定重修聂耳墓（原墓1937年由家属建于昆明西山，1954年更换了由郭沫若题写的墓碑）和筹建聂耳纪念馆。为此，领导上派我去北京、上海收集有关聂耳的资料。

我的丈夫潘朔端原为国民党60军184师师长。抗日战争胜利后，被蒋介石调往万里之外的东北战场打内战。因不满国民党政府的反动政策，于1946年5月29日，他在海城率领一个整师的部队起义，站到了革命人民一边。由于他是解放战争时期头一个带领一个整师部队起义的国民党将领，毛主席、朱总司令特发专电向他表示祝贺，并亲自介绍潘朔端加入了中国共产党。1949年新中国成立后他一直担任昆明市市长（1978年病故）。

朱德委员长的夫人康克清大姐当时担任全国妇联的福利部部长，我曾任昆明市妇联的福利部部长，因而在工作中或去北京开会时常有接触。接受了征集聂耳资料的任务后，我就想到了要请曾经在云南讲武堂学习过并参加了云南辛亥革命的朱德委员长为聂耳题词。

1964年4月我到北京后，就请全国妇联的办公室主任张元同志帮我联系、安排这件事。张元当时又是周总理的秘书，就住在中南海西华厅的厢房里，她与邓大姐、康大姐都很熟悉。那天就是她带领我去见朱德委员长的。

当时我们原想先去看望康大姐，然后再请她出面与朱德委员长讲题字这件事。但是去的那天刚巧康大姐不在家，我们就直接见到了朱德委员长。张元同志向朱委员长介绍我时，朱委员长连说认得认得。1950年我曾随潘朔端去东北参观，路过北京时适逢“十一”国庆节，朱总司令曾经接见过我们，这次见面时他还记得那次的情景。

我向朱委员长讲了请他给国歌的作曲者、云南人民的优秀儿子聂耳题词的事。朱委员长很高兴地就答应了，他还问聂耳墓准备修建在什么地方？我说将建立在翠湖公园里。朱委员

昆明市市长潘朔端、宋平夫妇
在北京北海公园

长对昆明很熟悉，他说翠湖公园的地方是否小了一些（后因各种原因，一直到1980—1985年聂耳墓才在昆明西山新址分期落成）。

我想朱德委员长的工作很忙，题词的事不会那么快，只是准备离开北京之前，再打电话去询问一下。不料没过几天，张元同志就按我留下的号码，打电话来告诉我说朱德委员长给聂耳的题词已经写好了，问我准备什么时候去拿。我说朱委员长的工作很忙，这次是否就不惊动他老人家了，题词就先放在你那儿，我尽快去取。当天下午我就去张元同志那儿把题词取来了。

（1979年5月31日向延生记于昆明，在座的还有昆明市文管会干部丁学仁）

原刊文化部《新文化史料》1992年第1期
朱德委员长的题词现存昆明市档案馆

作者简介：宋平　时为云南昆明市市长潘朔端的夫人。

“我是为社会而生的”

——纪念聂耳同志诞辰七十周年

吕骥

聂耳同志生于1912年，假如现在还在世的话，也不过70岁。可惜他逝世已经40年了，逝世时才不过23岁。依现在的情况，23岁的青年大学刚刚毕业。聂耳同志因为家庭经济困难，没有受过高等教育，高师（相当于高中）毕业后，就开始自谋生活，在工作之余，自学音乐。然而他在音乐方面的贡献，却远远超过一般受过高等音乐教育的人。

我们说聂耳的贡献超过一般受过高等音乐教育的人，不是指他的作品数量，也不是指作品的某些艺术技巧，而是指作品所起的教育作用和作品的社会影响，以及他的作品的创作方法在音乐上所开辟的道路而言。

如果我们不从社会历史发展规律，不用马克思主义观点来分析，我们就不能正确认识这个问题。一个业余自学的音乐青年竟能超过高等音乐学校毕业学生，这岂不是不能令人相信的神话吗？然而铁一般的事实摆在我们面前，是不容置疑的。聂耳所写作的《义勇军进行曲》、《毕业歌》、《大路歌》、《铁蹄下的歌女》、《新女性》、《前进歌》等歌曲在很短的时期内，迅速受到全国广大人民群众的欢迎，流行于大江南北。首先是由于他的歌曲作为时代的战歌，揭露了当时社会生活的主要矛盾，唱出了当时全国人民的心声，鼓舞起群众抗日救亡的斗争意志，使得在严重的白色恐怖下的群众情绪沸腾起来，给了国民党反动派统治的妥协投降政策以沉重的打击。正是由于他的歌曲的流行，阻止了靡靡之音《桃花江》、《妹妹我爱你》的泛滥，缩小了资本主义金元帝国的电影歌曲《大军进行曲》、《花生米》的市场。使得一些具有较高水平的欧洲艺术歌曲中的一些爱情歌曲《小夜曲》、《我的太阳》、《鸽子》黯然失色。使同时代的电影歌曲《天伦》、《姊妹花》、《芭蕉叶上诗》中的主题歌显然失去了魅力。更有意思的是电影《凯歌》中的《打长江》几乎不为人所知，但聂耳用同一首词谱写的《打长江》却流行于群众中。而这样一些作品却不是出自受过高等音乐教育的作曲家之手，而是出自一个业余学习音乐的青年之手。这岂不是历史事实吗？

要理解这个问题并不难，我们只要不怀成见，客观地研究当时的政治经济历史，我们就会看到当时农村经济日益破产，民族资产阶级的工商业日益受到帝国主义经济侵略的打击，日本帝国主义步步进逼，民族危机日益严重，各阶层人民都迫切要求团结御侮，以求得生存。聂耳为进步电影所作的歌曲和电影本身一样，是顺应时代需要而产生的。聂耳的出现不是偶然的现象，而是历史的必然。聂耳的作品完全不是什么天才的创造，而是在中国共产党领导之下，在列宁、斯大林领导的第一个社会主义国家所培育起来的社会主义、现实主义音乐艺术影响下而形成的产物。

从他的整个生活历程来看，他考入初中，正是国共合作，进行第一次国内革命战争时期。他从15岁（1927）开始读马克思的论著，16岁（1928）参加共青团，1930年到上海不久，参加了反帝大同盟、苏联之友社。1931年“九一八”事变后开始读《反杜林论》，1932年“一·二八”事变后，感到潜心学欧洲古典音乐不切合时代需要。8月去北平前在上海已参加了左翼剧联，抵北平后即参加北平左翼剧联的工作。同年11月，回上海后，仍参加上海左翼剧联工作；1933年1月前后田汉同志介绍他加入中国共产党（据于伶提供材料）；1934年2月接受党的指示，决定不去江西国民党“复兴社”控制的“怒潮剧社”乐队，留上海左翼剧联工作。

从思想发展过程来看，聂耳也完全是在党的思想和马克思主义理论的指导下成长起来的。从他自己的日记书信以及别人的回忆所能看到的资料都说明，他于1927年进入省师高级部（相当于高中师范科）以前，就开始接触进步思想，看进步文艺书刊，这年的寒假，他在家开始读马克思著作，到1928年下半年被批准加入共青团以后，就在团的领导下，学习《共产主义 ABC》；1929年5月23日和24日的日记做了读马克思著作的笔记：“唯物史观，经济条件绝对律：人类意志的决定，是绝对受经济条件之支配。马克思说，物质为历史的重心，唯物史观认为生产方法的变动为一切制度变动的标准。”“马克思说，阶级斗争是社会进化的原因。要有阶级斗争，社会有进化，阶级斗争是社会进化的原动力。”“马克思说，资本家所得的利益，是剥夺劳动者的过剩劳动产生的剩余价值。马克思说，资本集中是资本主义自己造坟墓。”

1930年下半年到了上海，读革命文艺刊物《拓荒者》，在10月或11月的日记中有这样的记载：“看了几篇革命文学论文，指示给我现在艺术运动的主要任务是要大众化。”“今后我的研究和创作文艺的方针将改变了，不再作个人的呻吟或以个人的革命性的表现去影响群众。微小的力量不能说没有，但总不如更深一层地往前跑，向着新的艺术运动的路上跑去。”

聂耳同志非常注意思想理论的学习，1931年8月16日的日记中有这样的话：“不论你从哪条路跑，你对于哲学的基础不稳定，终于是难得走通的。假使你要是无目的地去混混，那当然不在此例。”“新的脑子的培养，不是用一个模型一套便一次铸成，永不会腐破的。它正如一棵嫩小的植物，随时需要合理的灌溉，…… 所以新的脑子要随时装与新的养料，才能向着新的轨上发达。…… 脑筋若无正确的思想的培养，…… 那末一切的行为都没有稳定的正确的立足点。”“我已经是一度地受过充分的培养而现在遭饥荒了。由这种饥荒的结果，影响到生活没有中心思想，常常被感情支配着一些应以理智判断的事，这是一个极大的危险。”大约一个多月后，他开始读恩格斯的《反杜林论》这本哲学著作（9月29日日记）。这年年底他提出了下年的工作学习计划，第一条就是多看英文书和社会科学书籍。1933年2月2日日记中记了“回家阅《马克思传》，趣味很浓”。以后，他的日记中虽未完全记载他读过些什么书，但从他所记载的书名来看，他已开始注意读写作方面的著作，1933年4月22日买了《写给青年创作家》、《文学术语辞典》，4月23日有“把袋里装着的《创作与生活》拿出来看了好多页”的话，前一天还摘录了“不同生活接触，不能为生活的著作；不锻炼自己的人格，无由产生伟大的作品”这样的话来提醒自己。1934年可能因为工作学习很紧张，日记只有三篇，最后一篇似乎是概括八九个月的主要工作和参加音乐活动的简记。1935年出国前记得更简略。到日本后记得比较经常，有时虽比较简略，但很具体，7月7日的日记中，在旅行期内预计要读的书目有山根银二译自德文的《音乐社会学》（作者是马克思・魏伯）。7月14日的日记计划了以后工作和学习的主要内容，其中有这样的话：“读书的时间有的是！”7月16日的日记除了总结了第一个三月计划的收获之外，对新计划的中心内容特别提出：随时不忘的是“读书”！“拉琴”！可见他在逝世之前一直注意阅读、加强思想理论方面的学习。

聂耳同志的理论学习是密切联系实际的。十六七岁他还在学校学习时，就已经对社会问题有所注意，对于罢工、金融等资本主义社会问题都能发表自己经过观察、考虑的意见。当然，这些意见还不是有系统的分析，但已表明了他的思想倾向，说明革命理论已经对他的思想发生了影响。离开学校以后，走进社会，观察了复杂的社会现象、人和人的关系，虽曾有过彷徨近乎消极的情绪，由于环境的变化很快就克服了，终于20岁（1932）在给他母亲的信中，为了回答他母亲向他提出的婚姻问题，明确地写了“我是为社会而生的，我不愿有任何的障碍物阻止或妨害我对社会的改造，我要在这人类社会里做出伟大的事业”。这信中的话，确定了自己生活的目标。1931年4月，他加入“明月歌舞团”后，一直到1932年8月间离开，他对这个团始终在观察，不满意团的工作，越到后来越觉得不对，终于在1932年的7月间写成《中国歌舞短论》，用“黑天使”的笔名发表于《电影艺术》。开始可能为了想保持在“明月歌舞团”拉小提琴的职业，不想公开和该团分裂，后来事态的发展，已无挽回的余地，就坦率地向团的两个主要领导人承认了自己就是“黑天使”，并且和他们当面谈了一些问题。承认文章中有某些缺点后，情况并未改变，才决定离团去北平。这篇短论比较客观，但观点非常鲜明，它所批评的不只是黎锦晖的“明月歌舞团”，而是针对当时社会上流行的低级歌舞。他对黎锦晖并没有全部否定，一笔抹杀，对他的《小小画家》、《可怜的秋香》、《夜花园里》、《小利达之死》这些作品的某些积极意义，明确肯定了，而且对于他创办歌舞团体、创建歌舞艺术的劳绩，也作了肯定。因此，对于作为歌舞的鼻祖和歌舞本身并未绝望，他认为还有发展的余地，只是面对尖锐的阶级压迫应该深入地揭发，应该寻求更能揭示阶级矛盾的题材，创作健康的新的歌舞艺术，不要为歌舞而歌舞。文章中说“黎锦晖的作品当中，并非全是一塌糊涂。有的却带有反封建的元素，也有的描写出片面的贫富阶级悬殊……”“所以，我之对于歌舞和那鼻祖，还有着一线的希望之路。”“你想，资本家住在高楼大厦大享其福，工人们汗水淋漓地在机械下暗哭……”“你不听见这地球上，有着无穷的一群人在你周围呐喊，狂呼！你要向那群众深入，在这里面，你将有新鲜的材料，创造出新鲜的艺术。喂！努力！那条才是时代的大路。”“我们所需要的不是软豆腐，而是真刀真枪的硬功夫。”表面上看起来，这只是对某些低级歌舞的批评，实际上这是两个阶级的文艺思想斗争在歌舞领域的交锋，对于聂耳来说，也可认为是为他后来的艺术实践打下的坚实的思想基础。因为在这篇文章的前后，他写过一些有一定思想性的电影音乐的评论文章，不过都没有集中地深入地涉及创作方向的论述。而他后来两年多时间内的歌曲创作，可以说正是朝着《短论》所提出的新的路向前进的开始。不幸的是，当他准备继续向前发展的时候，离开了我们，使得他不能够在更广阔的音乐领域中为人民作出更加光辉的贡献。这是我国音乐上的巨大损失，尤其是我国革命音乐上的重大损失。

这篇短论的观点是怎样产生的呢？是他偶然想出来的吗？不是。是革命文艺理论对他的影响，是现实生活中民族危机日益加深，阶级斗争日益尖锐，促使他从纯艺术的追求到为大众的艺术观点形成的集中反映。

1932年1月8日的日记记载了他读了郑导乐（沙梅）、谢韵心（章泯）主编的《戏剧与音乐》（1931年创刊的革命文艺杂志）后，对其中《音乐短论》（夏蔓蒂著、郑导乐译）一文作了详细摘记。日记中说，读了“觉着很满意，它是站在大众化立场说话的。着实，现在我必须要这个来指导一下对音乐正当的出路，不然，自己想着有时的思想居然和社会、时代冲突起来，这是多么危险的啊”！

“一·二八”日本帝国主义武装进攻上海，十九路军抗击日军，他目睹这次事件的发生和结束，亲自看到日军轰炸、炮击、枪杀，战火下人民家室财产被毁，全家有的散失，有的扶老携幼逃亡。1月31日的日记中记了他看到避难者的情况后，“心里更难过起来”。2月4日的日记中写道：“整个的世界已经在开始动摇了！帝国主义的冲突，第二次世界大战的伊始，到现在已经是无可隐蔽的事实。我的出路问题在这时候也好像随之动摇起来，所谓研究艺术，似乎不给你长远继续的可能，因了社会环境的决定，常常感到障碍和刺激，况且现在自己所重视的Classic music（古典音乐）是多么反革命的啊！”2月7日的日记有这样一段话，“所谓Classic，不是有闲阶级的玩意儿吗？一天花几个钟头苦练基本练习，几年，几十年后成为一个Violinist又怎样？你演奏一曲贝多芬的《Sonata》能够兴奋起、可以起鼓动劳苦群众的情绪吗？不对，此路不通！早些醒悟吧！你从前是怎样一个思想？现在居然如此之反动！”这时候，他处在矛盾中，对当时的政治形势不可能有更深刻的分析，政治与艺术的关系也还只有一些较简单的理解，他还缺乏足够的艺术实践经验，所以这天的日记中有这样的话：“‘怎样去作革命的音乐？’整天地在想，终没有想到一个具体的计划。”这只有在几个月以后，在明月歌舞团经过去汉口演出，亲自看到一些节目观众不欢迎甚至要求退票，报纸上的批评，文艺界的忠告信，进一步看到“明月歌舞团”演出的失败，才促成他在7月间，写出了《中国歌舞短论》这篇代表了人民群众意见、具有鲜明革命倾向的批评文章。明确提出要深入被压迫的工农群众，创作为被压迫群众的大众艺术，鼓舞人民群众参加革命斗争的新的艺术，不是“软豆腐”，而

1955年，吕骥在音乐研究所“聂耳、冼星海纪念室开幕式”上致辞

是“真刀真枪的硬功夫”，那就是建立在革命现实主义基础上的革命艺术，为工农群众的现实主义艺术。那就是站在革命的立场，用马克思主义的科学方法分析社会现实，帮助群众对复杂的社会现象获得正确的理解，给参加斗争的群众以鼓舞，坚定他们的斗争意志和胜利信心。

可能有人说，不错，你所说的革命现实主义艺术，只有文学、戏剧、电影才能达到，音乐是不可能的，因为音乐不可能分析社会现实，更不可能帮助群众对复杂的社会现象获得正确理解，顶多能够给群众以鼓舞，而坚定他们的斗争意志和胜利信心也未必能做到。

对。这正是下面所要研究的问题。

我们说聂耳的歌曲创作是革命现实主义的，这包含两重意思，首先他的歌曲的词是革命现实主义的，然后才是对他的音乐讲的。正如夏衍同志去年在一次会上说到聂耳的歌曲时，说过这样的话，“没有田汉，就没有聂耳”。这意思是说，如果没有田汉的词，就不可能产生聂耳的歌曲，因此也就没有了今天我们所纪念的聂耳。从歌词对于歌曲的重要性来说，这句话完全正确。但这句话只说明了一方面的情况。从另一方面来看，也可以说，如果没有聂耳，今天就可能不知道作为词作者的田汉。因为《义勇军进行曲》之被选定为国歌，应该承认，聂耳的音乐是一个非常重要的因素，如果不是这首歌曲从30年代起就流传在全国群众之中，鼓舞着全国人民群众参加救亡运动、抗日战争、解放战争，一直到全国解放，又怎么可能被选定为国歌呢？

这首歌，不仅被全国人民肯定了是代表我们国家的歌，还在新中国成立之前，1944年美国国务院提出的在联合国胜利之日演奏的各国音乐中，聂耳的《义勇军进行曲》就被选定为代

1985年，中国音乐家协会名誉主席吕骥（前排左一）参加在武汉召开的“聂耳、冼星海音乐创作学术讨论会”（薛如英供稿）

表中国的音乐（见1944年7月17日云南省《正义报》“大千”副刊），印度德里广播电台也选了《义勇军进行曲》作为对华广播的前奏曲（同上）。

关于《义勇军进行曲》的音乐，请大家先读读词作者田汉同志的话：“感谢聂耳同志的作曲，把这短短的几句话处理得非常豪壮明快和坚决有力。他的曲子充满着饱满的政治热情。在全国人民忍无可忍、迫切要求反帝抗日的时候，这几个简单的音节恰恰表达了千万人的心声。”在《聂耳胜利的道路》这篇文章中，田汉同志对聂耳的作曲成就作了正确的分析，文章说：“聂耳的作曲之所以如此迅速受到人民的欢迎，首先是由于他有饱满的政治热情，他不是为作曲而作曲，他是自己真正站在痛苦的人民中间喊出了他们的愤怒和要求，他的创作是把革命的世界观和进步的创作方法结合得很紧的，这也正是艺术创作无往不胜的道路！”这意思是说，他的思想感情和人民群众的思想感情融合在一起，根据表现内心思想感情的需要而进行创作，同时运用革命世界观所决定的现实主义原则。他的分析不足的地方，是没有对他的音乐方面所达到的成就作出更具体的分析。我们需要在这方面来加以补充。

聂耳的歌曲所揭示的音乐上的现实主义原则，主要体现在对于现实生活的深入分析，对人民群众思想感情的体会，又能运用独创的音乐语言，把人民群众的思想感情准确无误地、生动地表达出来，构成富有感染力的音乐形象，给人以鼓舞向前的力量。他虽然没有进过音乐学院的作曲系，没有受到长期的一整套的作曲技术训练，但他在自己的艺术实践中卓越地掌握了作曲的现实主义原则，这就是他在音乐创作上所作出的最宝贵的贡献。他的一些最有代表性的歌曲创作，都经得起严格的检验，是合乎革命现实主义（也包含了革命的浪漫主义）原则的。可以说，这个创作原则是他的革命世界观和长期的群众斗争生活的体会，加上他的长期艺术实践经验融合在一起而形成的。这决不是当时音乐专科学校作曲系的作曲法和其他各作曲学科所能教给他的。革命现实主义的创作方法，当时是不可能在学校中学到的。实际上就是现在一些音乐学院的作曲系师生对于这样的创作方法也不一定能给以足够的重视。所以在那个时代首先出现的、具有鲜明的时代精神、最有代表性的作品出自聂耳之手，而不是从音乐专科学校师生中产生出来的。但是要说明的是，聂耳并不反对掌握作曲法、和声学、对位法等作曲艺术，而且积极地进行学习。1932年他虽没有考上北平的艺术学院，1934年也没有考上上海的音乐专科学校，远在1931年9月，萧友梅曾同意为他们办特别班（每人每期交学费60元），并且给“联华”的领导人写信，同意他们参加学校的乐队练习合奏(当时“明月歌舞团”在“联华”)，但他们未去参加。1932年12月“明月歌舞团”中几个人（他和王人艺等）参加了法租界工部局由司劳特斯基（Sloutsky）指挥的交响乐队。在北平时曾向托诺夫学过小提琴，在上海时一直和公共租界工部局交响乐队的中音小提琴家勃杜施卡学小提琴（勃氏知他经济困难，相当长时间免费教他），向音专的钢琴老师（在俄罗斯曾教过作曲课）阿克沙可夫学过钢琴和和声学。如果当时他掌握了更多的作曲技术，当能在更多方面作出同样出色的贡献。这当然不是一般人所说的他学得不够，似乎因此他在音乐创作上所作出的贡献是微不足道的。那是贬低他的话。我们切不可因为他在某些方面还学得不够，因而忽视他在创作上所作出的光辉贡献，因而否认他在我国革命音乐上作为革命现实主义奠基人的历史地位。这决不是对他加以神化，而是正确评价他的历史功绩。当然，他的同时代的作曲家和在他以前的作曲家，在别的方面作出过其他贡献也不会因此而被抹杀。反之，我们也不能在肯定他的前辈和同时代的作曲家的某些贡献的时候贬低他的历史功绩。

今天，在纪念他诞辰七十周年的时候，我们国家正沿着党的三中全会制定的路线，向四个现代化宏伟目标大踏步前进，在各条战线都取得巨大成就的时候，音乐方面同样取得了很大的成就，为了进一步发展繁荣音乐艺术，我们应该继承他为人民、为共产主义理想而奋斗的革命传统，应该学习他在我国音乐创作上创立的革命现实主义（包括了革命浪漫主义）方法，深入到工农兵中去，把音乐艺术和四化建设、各族人民生活结合得更紧密，进一步提高音乐艺术的水平，更好地为人民、为社会主义现代化建设服务，创作出振奋民族精神的作品，建设我国的社会主义精神文明。

原刊《人民音乐》1982年第3期

作者简介：吕骥　1949—1985年担任中国音乐家协会主席（连任三届），曾任中央音乐学院党委书记兼副院长。

中国无产阶级革命音乐先驱者的道路

——在首都举行纪念聂耳诞辰七十周年大会上的讲话

周巍峙

今天，我们在这里隆重集会，纪念中华民族优秀的儿子，中国共产党的优秀党员、人民音乐家、中国无产阶级革命音乐的先驱者聂耳诞辰七十周年。

七十年前，辛亥革命起义的枪声刚响过不久，1912年2月15日，聂耳出生于云南昆明。这位"夭折的天才"，1935年7月17日在日本藤泽市鹄沼海滨游泳时不幸溺水逝世，年仅23岁。

聂耳短促的一生，正处于中国人民从苦难中奋力求解放的时代。中国民主革命重要一页的辛亥革命，未能使中国摆脱半封建半殖民地的处境。五四运动以后，无产阶级作为革命领导阶级登上历史舞台，中国革命开始进入了一个崭新的阶段——新民主主义革命阶段。聂耳勇敢地投身到这伟大的革命洪流中，将音乐献给人民，服务于人民的革命斗争，以他卓越的音乐活动，成为中国无产阶级革命音乐的一位开路先锋。

聂耳自幼喜爱音乐，热爱家乡的滇剧、花灯音乐等。小学时参加学校乐队，已能演奏笛子、二胡、三弦、月琴等多种民族乐器。在中学和师范读书时，正是大革命时期，受到马列主义及其他进步思想的影响，1928年革命处于低潮时加入了中国共产主义青年团。1930年到上海，先后参加了"反帝大同盟"、"苏联之友社"、"左翼剧联音乐小组"等革命群众组织的活动。1933年初加入中国共产党。入党后的聂耳，以更大的革命热情投入革命工作，和工人、学生等革命群众有了更密切的联系。在他广泛从事左翼电影、戏剧、音乐等活动的同时，开始了音乐创作。在两年多的时间里，他和当时著名诗人、作家田汉等同志合作创作了近四十首歌曲。聂耳也改编了几首民族器乐曲，但主要是歌曲。他那些优秀的歌曲创作，在中国人民的生活里，在争取民族解放的斗争中，产生了巨大而深远的影响。

30年代的中国，正经历着黎明之前的漫漫黑夜。1931年"九一八"事变后，由于国民党政府对日本帝国主义的侵略妥协投降，实行不抵抗政策，而对内则对中国共产党领导的革命势力进行反革命的"围剿"，残酷压迫革命人民，大片国土沦丧，人民处于水深火热之中。正如聂耳的《义勇军进行曲》中所唱的："中华民族到了最危险的时候。"当时在音乐上充斥于社会的是《毛毛雨》、《桃花江》、《妹妹我爱你》之类的靡靡之音，在麻醉人民，像蛀虫啃吃着我们民族的躯体。人民需要有战斗的歌声，时代需要有战斗的歌声，恰在此时，聂耳以他的歌曲创作打破了音乐上那种消沉、迷惘、颓废的气氛，推动了革命群众歌咏蓬勃开展的伟大局面。正如冼星海所说：这是"中国音乐一个沉默的时代，也是中华民族处在一个灾难严重的关头。但他（指聂耳）冲破了这大革命时代前夜的沉默"，"以最新的姿态，以革命的、划时代的斗争音乐出现"了。经历过那个时代的人，都能清楚记得，聂耳的那些战斗的歌曲出来之后，在当时人民的音乐生活中引起了多么巨大的反响，它那昂扬的歌声激励着人们奋勇前进的步伐，它像一股强劲的新风，荡涤了社会上污浊的音乐空气，聂耳的音乐，开一代新的乐风。

聂耳的歌曲是时代的号角，人民的战歌。他的歌曲创作，植根于那个时代广阔的社会生活之中，面向着那个时代深刻的社会矛盾，紧紧地把握住当时最迫切的主题——中国人民反帝爱国斗争，用他富有独创性的音调，十分响亮地唱出了时代的最强音，鲜明地体现了时代精神。在《大路歌》、《开路先锋》、《码头工人》、《新女性》等歌曲里，塑造了觉醒了的、英勇地战斗着的中国工人阶级的音乐形象，他们作为时代的主人、革命的先锋得到热情的歌颂。这些，在过去的音乐创作里是从未有过的。在《义勇军进行曲》、《毕业歌》、《自卫歌》等歌曲中，我们听到那以激动人心的旋律所发出的中国人民同仇敌忾的吼声："起来！起来！起来！""掀起民族自救的巨浪！""驱逐我们的敌人出中国去！""明天一定属于我们自己！"充分地表现出中国人民不畏强暴英勇奋斗的革命精神。

聂耳这些扣人心弦的歌曲，在中华民族生死存亡的紧要关头的30年代前半叶的出现，恰如鲁迅所期待的"于无声处"的"惊雷"，震撼了中国的大地。在中国现代音乐的历史发展中，开辟了一条新的音乐道路，具有重大的历史意义。他的歌曲，以其鲜明的深刻的时代精神，获得了不朽的历史价值。

聂耳的歌为什么恰在那时出现，为什么一出现就以雷霆万钧的力量打破了乌烟瘴气的黄色音乐市场？聂耳的歌为什么能开一代乐风，在人民的政治生活、音乐生活中产生那样大的艺术感染力？这是因为：中国已经进入了无产阶级领导的人民革命新的时代，而聂耳的歌曲创作正是以无产阶级的、革命的世界观作为指导的。

聂耳的世界观是马克思主义的、自觉地为革命斗争服务的世界观。远在20年代，他在云南省师学习时，便开始有一个共青团员的自觉，并在《我的人生观》一篇作文中提出"打倒恶社会建设新社会"的奋斗目标，积极地准备着"交战"。1930年他到上海，作为一个音乐青年，已经觉悟到"今后我的研究和创作文艺的方针将改变了，不再作个人的呻吟或以个人的革命性的表现去影响群众"，他要"向着新的艺术运动的路上跑去"（1930年10月5日的日记）。一年多以后，1932年2月7日的日记里这样追问自己："一天花几个钟头苦练基本练习，几年、几十年后成为一个Violinist（小提琴演奏家）又怎样？""能够兴奋起、可以鼓动起劳苦群众的情绪吗？"他的回答是："不对，此路不通！早些醒悟吧！"于是，他开始孜孜地探求"怎样去做革命的音乐”的路。对聂耳来说，时代的要求，人民的要求，就是他的一切行动的出发点。正是这样，他创作了那些和革命人民同呼吸共命运的歌。在他的歌曲中，战斗性特征和号召力量是无产阶级世界观在歌曲创作领域中绽开的最美的花朵。

聂耳的世界观是《国际歌》当中讲的劳动群众创造世界并通过革命斗争自己解放自己的世界观。工人阶级和革命群众是他的歌曲的主人。他是中国音乐史上第一个塑造出工人阶级英雄形象的作曲家，也是第一个使中国群众歌曲体裁提高了艺术价值、奠定了这种体裁的历史地位的作曲家。马克思主义的深刻的剖析能力帮助他认识到群众斗争中蕴藏着的革命精神，群众唱他的歌，也从中更深地认识了自己的力量。聂耳在《中国歌舞短论》中说过：“你要向那群众深入，在这里面你将有新鲜的材料，创造出新鲜的艺术。喂！努力！那条才是时代的大路！”他的歌正是忠于他自己这一思想的。

聂耳的世界观帮助他在音乐创作中历史地认识中国人民的过去，把握住当前的斗争，并对光明的未来具有充分的信念。在聂耳之前，没有一个现代作曲家能像他那样准确地按照时代的风貌展现出中国人民的性格和中国工人阶级英勇豪迈的革命乐观主义精神。《开路先锋》中“关山千万重”，《大路歌》中“铁磙重如山”，正是30年代我们整个民族背负着革命重任的历史形象，而在《义勇军进行曲》中，中华民族已经万众一心，踏着庄严的步伐，向光明的未来进军。

聂耳的歌是民族的革命战歌。虽然他在民族音调的艺术积累上已有雄厚的基础，但他并没有单纯着眼于民族形式的刻意模仿，而是革命的世界观帮他从更深的本质上去把握民族精神，从而创造了崭新的民族形式。他的歌曲，不仅在题材和形式上都表现出多样性的特点，尤为突出的是：它们总是那样准确、鲜明地把握住生活现象的精神特质，给予生动的表现，创造了多样的富于艺术感染力的音乐形象。同时，在歌曲的形式上，也能打破陈规，大胆创新，创造了与音乐形象协调无间的独特的歌曲形式。说明聂耳不但善于深入地体察生活的底蕴，而且能得心应手地运用创作技巧，表现出卓越的艺术才能。

聂耳的无产阶级世界观是在斗争中逐渐形成起来的。从中学时代起，他便积极地投身于当时的革命斗争。这以后，他当过兵，做过商号的职员、歌舞团的乐师……无论职业是什么，他始终没有在思想和行动上离开过当时的斗争，始终是和革命人民同呼吸、共命运。因而他能够成为一个在革命斗争中诞生的、群众自己的作曲家。与此同时，聂耳也在斗争中不断地改造着自己。从他的日记中随处可以见到他经常地进行自我反省，随时定出新的奋斗目标，不断努力提高自己的觉悟。1931年8月16日他在日记中写道：“不论你从哪条路跑，你对于哲学的基础不稳定，终于是难得走通的。……新的脑子的培养，不是用一个模型一套便一次铸成，永不会腐破的。……新的脑子要随时装与新的养料……”否则“一切的行为都没有稳定的正确的立足点”。从这可以看出，聂耳总是在学习和实践中不断地自觉地提高自己的思想，使之符合于时代的需要，人民的需要，使他成长为一个坚强的革命战士。正像夏衍的著名短文中把他比作“永生的海燕”那样，他总是迎向暴风雨，奋勇地搏斗着，热情地歌唱着，永远不

1982年，周巍峙（右一）、张庚（左一）等人参观经过充实后的音乐研究所"聂耳纪念室"

知道疲倦；也像郭沫若写的碑文把他比作革命的"号角"那样，他怀着对人民革命事业的无限忠诚，吹响了进军的号声。

从聂耳热情地开始他的革命音乐创作，到现在已经过去了半个世纪。半个世纪以来，中国已经发生了翻天覆地的变化。今天的中国远非30年代初期的中国。时代变了，也就是说，革命的内容和形式，人民的思想、感情和愿望，工作、生活的条件等等，都已经发生了变化。因此，我们既没有必要，也没有可能去重复聂耳所做过的一切。但是，聂耳所开创的中国无产阶级革命音乐的道路，音乐和人民群众密切结合的光荣传统，至今仍有其巨大的现实意义，值得我们继承和发扬。

聂耳的音乐创作的巨大价值，就在于表现了时代精神，在于反映了那个时代前进的潮流，以及亿万人民的理想和愿望。今天，我们的国家正处在一个新的历史时期，新时期的中心任务是实现四个现代化，把我国建设成具有高度民主、高度文明的社会主义现代化强国。这是时代的需要，也是全国人民的共同愿望。全国人民正以新的姿态，积极地投身到这一新的斗争中去。我们作为新时代的音乐家，要像聂耳那样，善于倾听时代的声音，紧跟时代前进的步伐，和人民同呼吸，共悲欢，创造出反映我们时代的真的、善的、美的音乐，去丰富人民的精神生活，培养共产主义情操，提高人民的精神境界，树立起良好的社会风尚。让我们的音乐在社会主义现代化建设中发挥它应有的积极作用。

为了创造出无愧于我们伟大时代的音乐，就需要我们像聂耳那样，和人民群众保持着血肉的联系；为了我们的音乐能更加准确和完满地反映我们的时代，就需要我们像聂耳那样学会运用马克思主义的世界观去观察社会、体验生活、指导创作，就需要我们像聂耳那样，在不断地通过革命的实践和学习、思考，努力提高自己思想的同时，认真研究和掌握民族音乐的优秀传

1962年，中国文化代表团楚图南（中前右）、周巍峙（中前左）等人向日本藤泽市的聂耳纪念碑献花

统，刻苦钻研业务，得心应手地运用创作的技巧，这样才能创作出更多更好的符合广大人民期望和要求的优秀作品。这些都说明，聂耳的生命虽然短促，他所留下的作品也为数有限，但他所开辟的中国无产阶级革命音乐的道路，也像他那些不朽的作品那样，具有不可磨灭的历史价值。沿着聂耳的道路前进，我们必定能在更加广阔、更加繁荣的前景中，创造出无愧于我们伟大的时代的社会主义的民族的音乐艺术！

原刊《人民音乐》1982年第3期

作者简介：周巍峙　抗战全面爆发后赴华北前线从事宣传工作，1937年在山西临汾参加八路军。次年参加西北战地服务团，后率领该团至晋察冀前线工作，兼任边区文委委员、音协主席。1944年返回延安担任鲁艺文工团副团长。抗战胜利后任华北联合大学文工团团长、音乐系主任，天津军管会文艺处处长。新中国成立后曾任中央歌舞团团长，中央实验歌剧院院长，文化部艺术局副局长、局长，音乐出版社社长，中国音协副主席、顾问。时为中华人民共和国文化部副部长，后任中国文联主席、名誉主席。

继承发扬聂耳革命音乐的战斗传统

孙　慎

20世纪20年代末至30年代中，我国正处在一个新的革命历史时期。这个时期，正如毛泽东同志所指出，一方面有两种反革命“围剿”：军事“围剿”和文化“围剿”；另一方面又有两种革命深入：农村革命深入和文化革命深入。就在这一革命深入过程中，产生了我国无产阶级自己的第一个伟大歌手——聂耳。聂耳创作了真正无产阶级的战歌，这些作品，以崭新的内容和形式，深刻地揭露了帝国主义和国民党反动统治对人民的奴役和压榨，鲜明有力地表达了工农大众争取解放的空前高涨的革命情绪和他们乐观主义、英雄主义的精神。它们典型地、生动地塑造了工农群众作为历史的推动者的战斗形象，并且创造了群众喜闻乐见的新的形式和风格。因此，这些歌曲一经出现便迅速地流传于广大群众之中。在我国近代历史上，是聂耳第一个将音乐作为无产阶级革命斗争的武器，为革命写，为人民大众所利用。他写出了人民的心声，民族的呐喊，塑造了真正的工农群众的英雄形象，他的歌曲鼓舞着群众团结一致向敌人进行英勇的战斗。聂耳为我们开辟了一条无产阶级革命音乐的道路，他将永远作为我国无产阶级革命音乐的光辉的开拓者和奠基人而受人敬仰、被人学习。

聂耳离开我们已经四十七年了。在这四十七年的革命历程中，我国千百个作曲者继承和发扬了聂耳的战斗传统，创作了千千万万支革命的战歌，在民主革命和社会主义革命、社会主义建设中，鼓舞着人民群众的革命斗志和劳动热情。今天，当我们的祖国进入建设四个现代化的新时期，我觉得我们的音乐工作者有必要继承和发扬聂耳的战斗传统，学习他的革命现实主义的创作方法和经验，用具有鲜明和典型的音乐形象的作品来反映我们伟大的时代和伟大的人民，来鼓舞广大群众向“四化”进军。聂耳的战斗传统，有多方面的内容，这里谈一谈其中的几个主要方面。

一、明确的创作目的

作曲家的崇高使命，是要使作品真实地反映深刻的社会矛盾和人民的思想感情，成为团结人民、鼓舞人民推动社会向前发展的力量，成为培养人民高尚的精神境界和美的情操的手段。聂耳所处的时代是阶级矛盾和民族矛盾相交织、人民抗日救亡斗争不断高涨的时代。在他20岁那年，他针对自己一度脱离革命斗争实际的思想作了无情的批判。他在日记中写道："一天花几个钟头苦练基本练习，几年，几十年后成为一个Violinist（小提琴演奏家）又怎样？……能够兴奋起、可以鼓动起劳苦群众的情绪吗？"1932年7月，他在《中国歌舞短论》一文中又表示，音乐要反映"资本家住在高楼大厦大享其福，工人们汗水淋漓地在机械下暗哭"的残酷现实。1933年6月3日，他又在日记中写道，音乐和其他艺术一样是代替大众在呐喊。聂耳为自己树立了如此明确的创作目的，并在短短的三年的创作实践中加以实现，创作了三十余首为大众呐喊的无产阶级的战歌。这些作品，有写煤矿工人、纺织女工、码头工人和筑路工人生活的；也有写农民和旱灾作斗争的以及以农村姑娘、牧羊女、歌女为歌曲主人公的；还有写青年学生、少年儿童、报童生活的。在仅仅三十余首歌曲中，它们所反映的劳苦大众的生活是如此广阔，揭示了当时社会的主要矛盾，唱出了时代的最强音，从而成为团结、鼓舞人民英勇战斗的武器，成为抗日救亡斗争的号角。今天，作为新长征中的音乐工作者，要不要像聂耳那样十分明确自己的崇高的社会职责，努力使自己的创作深刻地反映各条战线的人民群众为"四化"而奋斗的新的思想？要不要使自己的作品成为反映社会矛盾、推动社会前进的力量？要不要使自己的作品成为培养人民高尚的精神境界和美的情操的手段呢？人民群众在充分肯定了当前音乐战线所取得的成绩的同时，又向我们提出了进一步的要求；要求提高创作质量和多方面反映他们的丰富生活。的确，我们现在还需要更多反映工人、农民以及各行各业在"四化"建设奋战中充满朝气的歌，需要好的鼓舞人心的群众歌曲，需要更多的优美、健康的抒情歌曲。目前有些歌曲反映生活比较肤浅，有的抒情歌曲还存在着格调不高的缺点，等等，对于群众的这些意见，难道不值得我们首先从作曲家的社会职责这个角度认真地加以思考吗？我们应该以聂耳为榜样，继承和发扬他的战斗传统，放声讴歌新的时代。

二、生活是创作的源泉和基础

聂耳的创作之所以能够深刻地反映现实，重要的一个原因是由于他深入了人民的斗争生活，密切地联系了群众，和群众同呼吸共命运。聂耳在学生时代就积极参加党领导下的各项革命活动。16岁那年，他加入了共产主义青年团，1933年又光荣地参加了中国共产党。在党的教育和帮助下，他始终满腔热情地投入斗争的洪流，积极完成党交给的各项工作。只要是革命需要的，他都抢着干。通过斗争生活，使他不仅认清了黑暗势力的腐朽，认清了人民必胜的光明前景，树立了革命的人生观，而且使他深刻地了解了人民的思想感情和要求，激发起他要在音乐中表现人民，写出人民的呐喊的强烈愿望。通过斗争生活，聂耳认识到：生活是创作的源泉和基础。当他进行某些歌曲的创作时，他并不满足于自己已有的生活积累，而是根据作品的具体内容，不顾当时十分困难的条件，一次又一次认真地去熟悉生活，高标准地要求自己的创作能够真实而深刻地反映生活。例如，为了写《新女性》这首歌，他花了不少时间在星星满天、寒霜遍地的秋夜，步行一个多钟头赶到纱厂附近去观察和了解女工们的生活和思想。为了写《码头工人》，他经常到江边码头观察和了解搬运工人的劳动情景和他们的思想感情，记录下他们劳动的节奏和音调，并运用到自己的创作中去。就连一首短小的儿童歌曲《卖报歌》，也是经过他多次对报童的卖报生活的观察，甚至亲自为报童卖报后才写出来的。聂耳的深入生活是跟群众打成一片，使自己成为群众的一员，并且努力在生活实践中改造自己的世界观，力求用马克思主义的观点去观察生活、分析生活的。所以，他能够由表及里地认识生活的本质和历史发展的方向，并使他有可能在创作中那样生动具体地刻画出各个阶层不同人物的典型情绪和典型性格，表现出作为历史主人公的工农群众的革命乐观主义和革命英雄主义精神。

今天，我们反映新时代的作品之所以不够深，其主要原因之一，是在于我们深入生活、认识生活不够深。比如，有的同志提出："今天群众需要的是休息、娱乐性的音乐。"而工人同志都不同意这种意见，认为："今天的时代，还是艰苦创业的时代。娱乐性的音乐是群众所需要的，但是仅仅这些是远远不够的。"群众还迫切需要反映他们在四个现代化建设中的新的思想和英雄业绩的音乐作品，以鼓舞他们的斗志。当然这样的作品可以是雄壮的进行曲，也可以是优美的抒情曲。我们的同志和工人群众对于音乐要求上的这种差距，不正是反映了我们深入生活、认识生活不够的问题吗？当前在歌曲创作上仍然存在的一般化和缺乏具有个性特点、生动感人的音乐形象的问题，也是跟作者深入生活不够有直接关系的。要想使我们的创作能满足人民群众的需要，我们必须以聂耳为榜样，深入生活，密切联系群众，满腔热情地投身到火热的斗争中去。

三、艺术上的创新精神

聂耳的作品之所以得到广泛传唱，一方面是由于它们的内容深刻地反映了社会的矛盾，表达了人民的愿望和要求，成为时代的最强音；另一方面还由于它们在艺术上富有独创性。聂耳的每一首作品都有鲜明的个性和确切的音乐形象。例如以《开矿歌》、《码头工人》、《大路歌》、《开路先锋》、《打桩歌》、《打砖歌》、《打长江》以及《新女性》等歌的某些段落为例，他们所表现的虽然同样都是劳动生活，但是却各有自己的特点。聂耳善于根据每一首歌词所表现的不同的思想感情和劳动特点，提炼出富有个性的音乐形象。我们只要把上面举出的几首作品抛开歌词将曲谱一一加以比较，就立刻可以感觉到它们之间的明显的区别。它们各自的特征是何等鲜明！每一首曲调都是一幅特定的劳动画面。又如《义勇军进行曲》、《自卫歌》、《毕业歌》和《前进歌》，虽然同属进行曲的体裁，但是它们的音乐形象却是各不相同的。在音乐语言和歌曲结构方面，聂耳也善于根据歌词内容的要求作出新的创造。他善于运用生动、明快、简洁而平易的音乐语言表达出深刻的思想内容，也善于创造与歌词的形式相适应的曲体结构。《义勇军进行曲》就是这方面一个典型的例子。田汉的这首著名歌词极富有号召力，感情热烈奔放，因之形式也比较自由。它虽然很富韵律感，但词句却长短不一，在音乐上是不太容易处理的。聂耳天才地对这首歌词作了创造性的处理，全曲结构完美，词曲浑然一体，特别是“中华民族到了最危险的时候”，这一句歌词的处理更是独具匠心：

《义勇军进行曲》

他把这句歌词在“到了”之后加以停顿，使“中华民族”和“最危险的时候”都得到了充分强调，使词曲情绪的结合是那样吻合，唱起来极为顺口流畅。《义勇军进行曲》传唱之初，音乐界曾经有人从保守的观点出发批评聂耳的这首歌曲违反语言规律，认为“中华民族到了最危险的时候”是完整的一个句子，不应加以分割，显然这是不懂得艺术上的语言不同于生活的语言。为了使语言的含义在音乐中更加突出而不是相反，是可以而且有必要在艺术上作加工的。事实胜于雄辩，《义勇军进行曲》的广泛传唱，完全证明了聂耳是正确的。聂耳在艺术上的创新，是立足于民族音乐传统（包括“五四”以来的现实主义传统）的基础上，同时又与批判地吸收外国音乐的创作经验相结合的。因此，他的作品既具有新的气质，又不脱离民族的音乐传统，真正做到了革命的内容和作品形式相结合，这也就是为什么他能够得到广大群众热烈欢迎的原因所在。聂耳在艺术上之所以能够创新，是同他努力提高自己的理论修养和刻苦钻研艺术技巧分不开的。由于提高了理论修养，从而得以确立正确的创作思想，由于刻苦钻研艺术技巧，从而得以获取创造性地创作的自由。学习聂耳的这种解放思想、勇于创新的精神，必将有助于我们克服目前创作上的一般化和缺乏鲜明个性的特点。

四、向资产阶级黄色音乐进行战斗

聂耳的短短一生是战斗的一生。他不仅向帝国主义、国民党反动派进行战斗，而且还向资产阶级的黄色音乐和反动音乐进行战斗。30年代初期，中国的音乐界的状况是非常混乱的。由于蒋介石对革命进行血腥的镇压和实行文化“围剿”，音乐界一部分人继承“五四”的传统创作了一些具有爱国主义、民主主义思想的进步歌曲。有一些人则打着为艺术而艺术的招牌，写一些逃避现实、粉饰现实的作品，还有的人大搞麻醉、毒害人民的黄色音乐，另有极少数人则为国民党反动派写歌功颂德的反动歌曲。上述几种音乐，有意无意都起到了维护帝国主义殖民政策和国民党反动派卖国政策的作用。其中，由于黄色歌曲流传较广，对群众的危害更大。当时，是聂耳树起了反对黄色音乐的大旗。他在1932年7月22日出版的《电影艺术》杂志第三期上，用“黑天使”的笔名发表了《中国歌舞短论》这篇战斗檄文。聂耳在这篇文章中，尖锐地批判了麻醉青年儿童的黄色歌舞，并指出了面对人压迫人和人剥削人的现实，艺术家要走的道路是：“你不听见在这地球上，有着无穷的一群人在你的周围呐喊，狂呼！你要向那群众深入，在这里面，你将有新鲜的材料，创造出新鲜的艺术。喂！努力！那条才是时代的大路！”聂耳不仅发表了这样一个革命的宣言书，更重要的是他创作了真正反映现实的、深深打动人心的完全新鲜的音乐艺术，成功地打击和抵制了黄色音乐以及其他唯美主义的、粉饰太平的和反动的音乐。聂耳就是在同形形色色的资产阶级音乐斗争中开辟了一条无产阶级革命音乐的新路的。

资产阶级的黄色音乐在我国久已销声匿迹，但近年来随着对外交往的增加，资本主义社会的某些庸俗低级、颓废消沉的流行歌曲也乘机流入我国，在一部分青年中产生了有害的影响，在有的边疆少数民族地区也存在这一现象，这个问题值得引起我们的重视。我们应该继承和发扬聂耳的战斗传统，对一切不利于“四化”建设、反映剥削阶级意识形态的音乐进行有效的斗争，努力提高我们的创作质量，写出具有高度思想水平和艺术水平的歌曲，来取代从资本主义社会流入的形形色色的靡靡之音。当然，反对国外流入的靡靡之音同批判地学习、吸收外国一切好的音乐艺术的经验，是截然不同的两回事情。介绍和借鉴外国的优秀的音乐，洋为中用，发展我国社会主义的民族的音乐艺术是我们坚定不移的方针。让我们创作出更多、更好的革命的、前进的、健康的音乐作品，去占领整个社会主义音乐阵地吧！

五、创作上不满足于个人创造，虚心听取不同的意见

1932年，聂耳先后参加了党领导的《苏联之友》的音乐小组和左翼剧联的音乐小组。小组的成员除聂耳外，还有吕骥、任光、张曙、安娥等同志。他们经常开会、讨论工作和研究创作。田汉同志在纪念聂耳的一篇文章中对音乐小组的活动作了这样的描述：他们团结得很好，但在创作问题上时常争论得面红耳赤，各不相下，直到他们发现共同承认的真理，然后以兄弟般的情谊互相帮助，修正缺点，补充新意。他们的许多作品包括聂耳的一些重要创作，就是这样产生的。谦虚、谨慎，善于听取不同的意见，是任何一个革命者应有的修养和美德。聂耳作为一个无产阶级的音乐战士，也同样具有这样的修养和美德。他不是把音乐创作看做仅仅是个人的活动，而是把它作为党的一个事业。因之，他对自己的创作有高标准的要求，乐于随时虚心听取别人的意见以改进自己的创作。这一种可贵的品质多么值得我们认真学习啊！现在我们也多么需要像音乐小组那样的创作集体对创作进行切磋，相互帮助，修正缺点，补充新意。如果我们的许多作品都经过这样的过程后再拿来发表，那么就会在质量上有所提高，从而有可能更好地满足群众对音乐创作的需要。现在还有的作者，特别是有的青年作者，在取

1980年7月17日，吕骥（墓碑右一）、孙慎（墓碑左二）与云南文化界人士祭扫昆明聂耳墓（丁学仁提供）

得某些成绩以后，听不得一点批评意见，似乎以为批评就是对作品的否定。这是一种误解，对于提高和改进他们的创作是不利的。我们应该向聂耳学习，既要听取专业工作者的意见，也要听取广大群众的意见。这样做，对于发展社会主义的音乐创作是大有好处的。

聂耳留给我们的虽然只有三十几首歌曲和几首民族器乐曲、几篇论文，但是体现在这些作品中的战斗传统、创作经验和他所开辟的无产阶级音乐的道路却永远值得我们学习、继承和发扬。让我们在党的为人民服务、为社会主义服务的方向和“百花齐放，百家争鸣”的方针指引下，以聂耳为榜样，努力提高自己马克思主义的水平，深入“四化”建设的实际生活，刻苦钻研艺术技巧，创作出更多无愧于我们伟大的时代和伟大的人民的音乐作品，为四个现代化建设和培养社会主义的新人作出应有的贡献吧！

原刊聂耳、冼星海学会编《永生的海燕》
人民音乐出版社1985版

作者简介：孙慎　1935年后在上海加入左翼作家联盟、业余合唱团、歌曲作者协会。抗战期间在浙江、两湖和两广开展宣传工作。解放战争时在昆明、广州、上海从事音乐工作。新中国成立后任文化部艺术局音乐处处长、《人民音乐》主编、音乐出版社社长兼总编辑、中国音协秘书长。时为中国音乐家协会党组书记、驻会常务副主席。

从聂耳的功绩谈起

李　凌

一个青年来访，和我谈了许多乐坛目前的情况，也谈了一些同志对聂耳的功绩的看法。随之，他提出希望听听我的意见。适逢聂耳诞辰七十周年纪念日，感想颇多，就从这个话题谈起吧。

聂耳的功绩

关于这个问题，近来有几种不同意见：

第一种说法是，聂耳虽然对抗日救亡的音乐运动起了很大的作用，但作为一个“中国新音乐的奠基者”，还感到单薄，他的创作只是几十首歌曲。假若一定要说奠基者或开路者，应是萧友梅或黄自；另一种说法是，聂耳虽然很年轻就逝世，但他在民族灾难深重的时候，起而一扫颓风，以其歌声唤醒全国人民，使音乐艺术成为革命的有力武器，其功力之高，是同时代作曲家中最突出的，堪称新音乐的开路先锋。还有一种此亦是彼亦是的说法。在几次音乐座谈会上，这几种说法都有所披露，有的甚至见之于文字。

聂耳在我的心目中，好像一颗灼热的星火。他以无畏的精神、高涨的热情投身到当时充满了荆棘、污泥的音乐艺术战线，他呼吸着、观察着、思考着。后来觉醒了，他看到民族的危难、劳动人民的艰辛，看清了各阶级的本质和人民的出路，他耐不住，从污泥中爬出来，以他那充满活力的歌曲，喊出了当时全民族被压抑已久的呼声，“起来，不愿做奴隶的人们”。这歌声像燎原的火种，划破黑暗，放出光焰；这歌声是那样的雄壮嘹亮，给亿万人民以无限的鼓舞，成为民族解放的号角，直到全国解放，它仍然鼓励着人民大众勇往向前。

聂耳的短暂的一生，实际上只放射过三四年的特殊光彩，写了三十多首歌曲、几个话剧插曲、一个活报剧、几首民乐曲，在创作体裁上、作曲手法上比当时的一些作曲家是显得幼弱一些。但如果把他们的作品和当时的民族命运联系起来看，和亿万人民的愿望联系起来看，和人民大众的音乐欣赏水平、接受能力联系起来看，那么聂耳的作品所产生的社会效果，比其他作曲家就重要得多了。

30年代初期的中国，是一个封建势力统治下人吃人，而又要被众多的洋人吃掉的国家。它阴森冷酷，到处充满血腥，正如鲁迅先生指出的那样，连他最初认为总是比较好的青年，也有堕落到杀青年的，广大群众愚昧且带有沉重的奴性，此时的中国确如沉睡的雄狮。国家要改革，民族要解放，人民要翻身，聂耳是带着这种明确的思想从事着音乐创作，他的创作赢得了广大劳动者的热爱，《开路先锋》、《码头工人》、《新女性》、《扬子江暴风雨》不都充分地表达了劳动群众（包括他自己）的志向和心愿？！从这个意义上说，不管是萧友梅、赵元任还是黄自，都是于他不及的。人们常说格林卡如何对俄国音乐的新兴作出伟大的贡献，这是事实。在俄国，格林卡首先看到"洋为俄用"，他的作品，从思想上、艺术上对他的国家和人民作出了空前的贡献，我们评价聂耳的功绩也正是从这个角度出发的。我想一个人，在他所开创的领域内，作出了丰功伟绩，他的思想、他的精神指引并鼓舞人们，使人们遵循他所开拓的道路方向奋斗不止，这固然是先驱者，像马克思。但也有一种先驱者，由于条件的不同，只在某一重要的方面、某一阶段获得某种开拓性的业绩，这也是不可多得的、伟大的，不要因为没有前者，就连后者也不承认。况且这样的问题对不同的国家、不同的民族说来，总是相对而言的。记得在一次座谈会上，正当上述两种意见发生争执时，我说了这样的话："谁是我国新音乐的开拓者且先不说，我想问问，我们所说的新音乐，是不是和我们所说的新文艺有关系？如果说，不管音乐艺术所反映出的社会性质，我认为我国音乐的开路者、祖宗是孔仲尼，或者是《广陵散》的作者（可能不是嵇康）或者是姜白石、魏良辅……如果说我国的所谓近代新文艺是指'五四'以来的带有社会主义性质、以鲁迅为旗手的新文艺的话，那么作为带有社会主义性质的音乐艺术的先行者，我认为还是聂耳比较恰当一些。至于他的作曲技艺，的确比较幼弱，他没有写过繁难高深的大合唱、交响乐，他的整个成就，的确不是我国现代的音乐创作高峰，但作为一个无产阶级新音乐的开拓者，那是无可厚非的。"

关于传统

这个问题，目前也有几种看法：

一种是认为我国音乐现状发展得不够理想，有些人受"聂耳传统"的束缚，不大注意音乐创作的艺术性，提出要突破这种框框，恢复黄自的传统；另一种是冲破聂耳传统，提倡港台"流行音乐"，认为目前内地作曲家还没有超过他们，如果作曲家不迅速学习之，很难挽救青年不喜欢他们的作品的困境。甚至有人提出要恢复30年代流行歌曲的传统，决心把30年代的"时代曲"注入新的血液，创造"新的时代曲"；第三种看法认为，聂耳的传统还是要发扬，一个国家应当有代表时代精神的音乐，沉溺在风花雪月的、消极的音乐当中是不行的，不能与时代格格不入。

我想传统问题是比较复杂的，我国音乐传统，比我们提倡的聂耳以来的革命音乐传统所包括的内容要广泛得多，不管我们主观承认不承认，客观上是有好些不同的传统在发展着，其间不过是有大小、显隐、暂久之分而已。因此，我觉得对革命的音乐传统也好，旧民主主义传统也好，民族民间（包括几千年来的）音乐传统也好，黎锦晖的舞场音乐传统也好，都应该研究、分析。看它们各有什么特点，有什么值得我们认真坚持和发扬的，有什么值得吸收的……只有经过认真的研究，才能弄清问题。比如，我们通常所说的新音乐的传统，也是有些问题可以总结的，过去我们常把这个问题给单纯化或绝对化了，认为只有那些革命的音乐家的作品，才配进入这个行列。而实际上我们应以聂耳所开拓的道路和取得的成就作为中心，同时把在当时起过作用的同辈的探索和功绩加在一起，才能构成一个比较宽广、深厚的体系（暂且这么说吧），应该把赵元任、黄自等人的创作算进去，把萧友梅在音乐教育上、王光祈在音乐理论研究上以至黎锦晖早期的作品和丰子恺在音乐启蒙活动中所起到的作用和成绩都算进去。不然新中国音乐艺术的根基就不那么宽广，不那么深厚，也不会发展得那么快。更何况这些人的各种活动本身就互有影响，否则，我们就不客观了，容易再犯“左”的毛病。实际上，黄自的《山在虚无漂渺间》、《玫瑰三愿》，特别是《天伦歌》在民族风格的尝试上，比我们早了二三十年，甚至半个世纪；青主的《我住长江头》、郑志声的《朝拜》，无不表现出他们在创作自己民族的音乐上花费的许多心血；还有赵元任在新的语言音节上的创造，至今还为我们所钦佩，唱唱他的《海韵》、《上山》便会领略他在这一方面的苦心。这一切的一切，只要我们加以认真地总结，不难发现我们要继承和发扬的东西有多少。

黎锦晖的音乐也是中国新音乐的传统吗？我想，答案应当是肯定的。尽管他后期的东西不好，但总还是一种传统，况且从音乐艺术本身看来，也有一些值得我们研究的地方，如《可怜的秋香》，写得多么感人。只要清醒，放开眼光，“恰如吃用牛羊，弃其蹄毛，留其精粹，以滋养及发达新的机体，决不因此就会‘类乎’牛羊的”。

有人说：“继承聂耳、星海的音乐传统，是为了发扬，离开‘发扬’二字，传统实际上是一种历史的阻力、惰性力，只是一种消极因素。”乍听起来，好像也有些道理，但不要绝对化。

传统问题包括思想内容、形式、技法、风格、民族的习染的许多方面，而且各种传统的流行范围、对象也不一样。有的当其出现就是历史的阻力，有一些一直光照世代；有的过去是积极的后来成为消极的，有的虽然经历了许多时间，始终起积极作用。何况艺术传统中，还有一部分是属于艺术科学方面的呢，想用简单的方式对待一切事物，结果总是与初愿大相径庭。这里且不说那些古老的神话、童话、古曲，至今仍给人以活力和美感，就如《国际歌》已经够有历史的了，它们的作用是阻力还是惰性力？其消极因素何在？扬弃什么？再如苏联建国初期的《快乐的人们》等等那些真正宣传共产主义思想而艺术上又比较完整的歌曲，是阻力吗？我认为共产主义思想与人类和平友爱思想的发扬，在一二世纪以后还将起感召作用。

还有，前人在音乐美学上的一些见解，有些已过时了，但有如“急处臻悠闲”、“以意为主”、“即意生情，以情带声，情声并茂”、“字正腔圆”的说法，依然起积极作用。再如“过刚则直，过柔则靡”[1]的辩证论点，也依然有意义的。因此，不能只是因为它是旧的就反对，“新”的就视为宝贝。

自人类有了社会以来，没有传统的东西是不存在的。任何国家（指旧社会）民族都有两种文艺，一种是民主的，一种是反民主的，这两种文艺都有自己的传统，而新的民主的文化，总是在斗争中不断地发展壮大起来的，而腐朽的传统，也总有蔓延滋生的社会场所，我们应当处处留神。

关于遗产

遗产问题是和传统有关的，但又有区别。传统是指其思想、原则和它的表现形式、手法、特点、风格…… 主要东西。遗产则指这一传统和别的传统（包括国内外）的艺术在创作上所遗留下来的财富。是财富，则任何传统都可以从中摄取有益的东西。传统也是这样，所谓“衣钵相传”、“一脉相承”，也就是说，好的传统要继承其精华、特色，否则传统就消灭了。我们说，要发扬聂耳以来的革命音乐传统，以这些传统中有生命的因素为核心，同时要对我国其他的以及世界的优秀音乐文化遗产进行研究，吸收其中对我们有益有用的因素，包括音调、创作演奏技巧，来充实整个的音乐文化生活及音乐创作，要敢于拿来，勇于学习。

新音乐艺术毕竟非常年轻，还存在很多弱点、缺点，在创作和表演的手法、技巧上和世界上较先进的音乐艺术相比，有些还存在着一大截差距，风格也不够多样。对此，我们要心里有数，凡是感到差不多的思想，都会耽误我国音乐的发展。但是盲目学习，或者立足点根本就不对，那也学不到什么东西。

我们有些同志，不去研究我国的历史，对聂耳、星海的传统不了解，热衷于港台“流行音乐”，有些音乐会，整场充斥着这些东西，他们把这些东西当做“新艺术”，批评人家对“新的因素不能容忍”。是不是新呢？新在哪儿？《三笑》几乎是人人皆知的江南民歌，《夜来香》、《蔷薇处处开》是老掉了牙的曲调，《读书郎》是我国音乐工作者早期创作的作品，《卖汤圆》是潮汕一带的民歌，只不过是被纳入了舞场音乐之列。

这里，我想起聂耳当时和黎锦晖的讨论来。聂耳为生活所迫，参加了黎锦晖创办的明月歌舞团。黎锦晖早年受五四运动的影响，曾写过许多优秀的音乐作品，创办明月歌舞团之初，还是比较好的，后来到了南洋一带演出，受到当地舞场音乐的影响，情况就急转而下，创作出《桃花江》、《特别快车》那样的脂粉东西。聂耳看到这种情况，曾予以忠告，他又写了《中国歌舞短论》对此进行批评，他提出音乐要反映“资本家住在高楼大厦大享其福，工人们汗水淋漓地

① 来自姚姬传的“阴阳刚柔，并行而不容偏废，有其一端而绝无其一，刚者至于偾强而拂戾，柔者至于颓废而阇幽，则必无与于文者矣”的观点。

在机械下暗哭”的残酷现实。他劝告黎锦晖：“你不听见这地球上，有着无穷的一群人在你的周围呐喊，狂呼！你要向那群众深入，在这里面，你将有新鲜的材料，创造出新鲜的艺术。喂！努力！那条才是时代的大路。”但是黎不但不接受，还在他编著的《新歌集》引言中反击说：

至于音乐关系于国运之兴衰，与民气有颓废或振作的关系，即便孔子再生，也不免含笑喟然叹曰“杀鸡焉用牛刀”。

不懂得一点社会科学的“老粗”也明白肚里饥，身上冷凄凄，男中音高唱爱群爱国，一旁配着妻儿哭啼。凭着你音乐怎样雄壮，到末了一样饿扁归西。

咱们同志，干的是音乐，给大众的是快乐而无痛苦，更无所谓麻醉，并且各色各种的歌曲，应有尽有，喊喊口号，发发牢骚，开开玩笑，抒发现代合理顺情的恋爱而绝对不关风化的歌曲，爱唱便唱，爱骂便骂。

是的，黎锦晖当时没有接受聂耳的劝告，依然坚持他错误的观点，结果就被抗战粉碎了。

对待遗产的态度，要沉着、勇猛、有辨别、不自私。有辨别就是要头脑清醒，只要头脑清醒，对什么遗产都不要害怕。这包括港台的夜总会式的“流行歌曲”。不自私，就是不因为个人的得失而妨碍整个学习。鲁迅在应该怎样对待遗产时说：

譬如罢，我们之中的一个穷青年，因为祖上有阴功（姑且让我这么说说罢），得了一大宅子……那么，怎样办呢？我想，首先是不管三七二十一，“拿来！”但是，如果反对这宅子的旧主人，怕给他的东西染污了，徘徊不敢走进门，是孱头；勃然大怒，放一把火烧光，算是保存自己的清白，则是混蛋。不过因为原是羡慕这宅子的旧主人的，而这回接受一切，欣欣然的蹩进卧室，大吸剩下的鸦片，那当然更是废物。“拿来主义”者是全不这样的。

他占有，挑选。看见鱼翅，并不就抛在路上以显其“平民化”，只要有养料，也和朋友们像萝卜白菜一样吃掉，只不用它来宴大宾；看见鸦片，也不当众摔在毛厕里，以见其彻底革命，只送到药房里去，以供治病之用……只有烟枪和烟灯……但我想，除了送一点进博物馆之外，其余的是大可以毁掉的了。还有一群姨太太，也可以请她们各自走散为是，要不然，“拿来主义”怕未免有些危机。[1]

鲁迅先生还细心地指引青年不要无条件地“拿来”。他说“既是采用，当然要有条件，例如为了流行，特别取了低级趣味之点，那不消说是不对的”[2]。记住吧，同志们，别再“进房里，

① 《拿来主义》，《鲁迅全集》第6卷。

② 《鲁迅书信集》致魏猛克。

1941年，李凌（右）在昆明向聂耳的三哥聂叙伦了解聂耳的生平事迹（李妲娜供稿）

大吸剩下的”毒品。

我认为，当我们在思想上有了问题的时候，温习一下我们的历史，回顾一下我们的先辈的经历和思想认识，是大有好处的。

离开聂耳愈久，就愈感到他的事业的意义的重大。

原刊《音乐研究》1982年第2期

作者简介：李凌　1938年至延安入鲁迅艺术文学院音乐系学习，师从于冼星海。次年冬到重庆创办新音乐社及《新音乐》月刊，并任育才学校音乐组主任。解放战争时期在上海、香港创办中华音乐院。1949年参与创办中央音乐学院并任副教务主任、音工团团长。后任中央歌舞团团长、中国音乐学院院长、《中国音乐》主编。时为中国音乐家协会副主席、中央乐团团长。

高举聂耳的旗帜前进

——在云南省《聂耳音乐周》开幕式上的讲话

赵 沨

同志们：

今天，在无产阶级革命音乐家聂耳同志的故乡——昆明，举行《聂耳音乐周》隆重纪念聂耳诞生七十周年。首先，请允许我代表中国音乐家协会向大会表示热烈的祝贺！我们深信，由于云南省委，昆明市委，省、市人民政府和省、市文联的关怀和指导，由于省音协和全省音乐工作者和音乐爱好者的辛勤努力，大会必将取得圆满成功！

在党中央领导下，全国上下，同心同德，努力建设社会主义现代化强国的今天，《聂耳音乐周》的举行，有着十分重大的现实意义和深远的历史意义。

赵紫阳同志在政府工作报告中明确指出，在努力建设社会主义物质文明的同时，必须努力建设社会主义精神文明，因为，这是保证我们物质建设的性质和方向的。同时，更明确指出，精神文明的建设包括道德品质、生活情趣和审美观念等内容，这就给我们音乐工作者指出了光荣的神圣任务。

特别是过去一个时期，在一部分的青年群众中，在一部分城镇中，港台风格的“流行音乐”污染了我们的音乐生活。这虽然一方面可以说是我国对外开放的必然结果，另一方面也是“四人帮”在十年浩劫中倒行逆施所造成的恶果。十年动乱中，年轻一代受到了摧残，他们对一时从外边流传进来的貌似新鲜的东西良莠不分，香臭不辨，这并不奇怪。遗憾的是我们部分音乐工作者对这种污染，不仅没有义正词严地予以批判，反而去迁就以致迎合，特别是音乐领导机关和干部，对此种情况有一定程度的放任自流，我们即使不应轻易地戴什么“自由化”的帽子，但至少说也是一种软弱涣散的表现，是一种失职的行为。

《聂耳音乐周》的举行，给我们提供了一个机会，向群众公开地表明我们提倡什么，允许什么，反对什么。

今天，让我们高举起光荣的、战斗的旗帜，这就是聂耳的旗帜，在这一光荣的旗帜下，“前

1982年，应邀参加“聂耳音乐周”的各地来宾，在昆明西山瞻仰了聂耳墓后同声高唱《义勇军进行曲》（前排右三老者为赵沨）

进！前进！前进进！”

原刊聂耳、冼星海学会编《纪念聂耳诞辰七十周年文集》
1982年内部资料

作者简介：赵沨　1940年在重庆与李凌主编《新音乐》月刊，1947年与李凌在香港创办中华音乐院，1949年任中国音协副秘书长，音乐出版社社长。1956年后任中央音乐学院党委书记兼副院长、院长、名誉院长，1963年曾兼任中央歌舞剧院院长。时为中国音乐家协会副主席，中央音乐学院院长。

继承和发扬革命的音乐传统（摘录）

——在天津纪念聂耳诞生七十周年大会上的讲话

王　莘

（前略）

聂耳从一个进步的知识青年，在党的教育下成长为一个共产主义战士，成为一个杰出的人民音乐家。他热爱祖国，热爱劳动人民，把自己当做其中的一员，与他们同呼吸，共命运，他自觉地刻苦学习马列主义和音乐艺术。他短短的一生给我们留下了四十多首各种体裁的光辉的音乐作品，其中包括进行曲、抒情歌曲、儿童歌曲和改编的民族器乐合奏曲等。它是我们中国音乐宝库中极为珍贵的财富。

我是1932年秋到上海去当店员的。当时租界里到处播放着黄色歌曲靡靡之音。1934年，我看影片《桃李劫》时，听到聂耳作曲的《毕业歌》，使我很振奋。歌中唱道："我们是要选择'战'还是'降'？我们要做主人去拼死在疆场，我们不愿做奴隶而青云直上……"那饱含悲愤的歌词，那激昂慷慨的音调，激动得我流下泪来。当我听到《大路歌》、《开路先锋》，那沉重有力的节奏，那充满胜利信心的劳动歌声，又给我们以莫大的鼓舞。1935年12月9日，北京爆发了声势浩大的抗日救亡学生运动，这运动迅速传到上海，席卷全国。聂耳、星海等音乐家创作的抗日救亡歌曲立刻成为广大工人、学生、店员们抗日示威游行时最强大的斗争武器。大家唱着："起来，不愿做奴隶的人们！把我们的血肉筑成我们新的长城……"游行队伍不顾国民党警察水龙、棍棒的袭击阻拦，唱着歌曲英勇前进。当时的上海，曾经喧嚣一时的黄色歌曲靡靡之音，经不住革命的正义的歌声的冲击，好像秋风扫落叶一样，一时销声匿迹。聂耳的歌曲成为广大青年热爱的歌曲，它表达了四万万中国人民共同的心愿。

抗战开始后，在延安，在许多敌后抗日根据地，聂耳的歌曲深入到广大军民中去，一队队八路军游击队，唱着它去向敌人冲锋陷阵，英勇作战。一群群包着白色头巾的青年农民妇女，唱着它抬担架，送伤员，送弹药，送军粮支援前线。一队队扛着红缨枪的儿童团，唱着它去站岗放哨。根据地、解放区大批青年音乐工作者，把聂耳的革命歌曲当做典范教材，健康地成

1955年，王莘在波兰华沙肖邦墓前

长起来。

聂耳的音乐作品，充满战斗的活力，又很优美动听，既有鲜明的时代特点，又具有浓厚的民族风格。聂耳的歌曲和音乐，广大人民易于理解和掌握，又有着高度的思想性和艺术性。他所塑造的工人、农民、义勇军、妇女、侨胞、报童……的形象是栩栩如生的。他谱写的曲调长久地留在人们脑中。聂耳的作品丝毫没有伤感消极的情绪，没有缠绵颓废的情调，总是乐观向上，朝气勃勃，充满胜利的信心。在今天"四化"建设的新的历史时期，在大力提倡精神文明的时候，继承和发扬聂耳的革命音乐传统，仍然有着十分重要的意义。让我们努力发展健康、优美、广为群众喜爱的音乐创作和演唱演奏事业，为祖国的"四化"建设作出更大的贡献。

原刊《天津日报》1982年2月15日

作者简介： 王莘　1935年在上海参加抗日救亡群众歌咏运动，1938年底入学延安鲁迅艺术文学院音乐系、华北联合大学。1942年后任晋察冀群众剧社音乐队长、副社长。新中国成立后，历任天津市音工团团长、天津歌舞剧院院长，作有歌曲《歌唱祖国》。时为天津音乐家协会主席。

要像聂耳一样抒爱国之情

张 权

2月的昆明，春光格外明媚，色彩格外斑斓。我们来到这里参加纪念聂耳诞辰七十周年的音乐周，有很多感触。

当年，聂耳生活在国家生死存亡、风雨飘摇的年月，他用他的歌抒发了对祖国对人民真挚的爱；他用他的歌表达对敌人强烈的憎恨。他确实是一位真正的人民音乐家。他总是用自己深邃的理解与真切的感情去谱写音乐，使音乐与歌词紧密融化在一起。他的作品，写出了不同的人的不同的思想和感情，而这心灵深处的“情”并不仅仅依靠歌词内容去表达，而是用自己的音乐把“情”完美地倾泻出来，使人听到它们就能理解当时的社会，亲身体会到处在水深火热中的人民的灾难。

记得我们唱《毕业歌》时，我还是一个中学生。但每当唱起这首歌，总感到热血沸腾，觉得自己的双肩担负着解救祖国的重任，应该义不容辞地冲到抗战的洪流中去，认为那才是中华青年的天职。聂耳的《义勇军进行曲》，如此雄壮有力，慷慨激昂，理直气壮地抒发了有着悠久历史的中华民族顶天立地的气魄、决心和广大人民要团结一致地用鲜血和生命誓死捍卫祖国的雄壮意志。聂耳的抒情歌曲是多种多样的，它们从不同的角度反映了当时的社会和各阶层人民的思想感情，曲调不仅优美而且健康明快。它们在群众中广泛流传，鼓舞着人民去为新的生活奋勇斗争。

聂耳的创作态度是严肃的。他之所以能写出这样一些有价值的抒情歌曲，正因为他投入到了生活的深处，真正接触到了肥沃芳香的泥土。因此，他虽然只活了短短的二十三年，却给我们留下了极其宝贵的精神财富。他的每一首歌曲，每一部音乐作品，以及现在纪念馆中所珍藏的他的生活工作的日记片断，无不闪烁着爱国热情的光辉。我想，今天我们纪念聂耳应该是真心实意，表里一致地学习他的这种创作精神。如果总在抱怨中等待未来或懒汉似的拾一些别人扬弃的渣滓来欺骗腐蚀人民，这不但和聂耳的创作道路相背离，而且也和我们的时代

著名歌唱家张权演出照

格格不入。

音乐周开始，在各种民族民间的音乐报告、介绍和研究之外，那十几台包括二十多个民族的各种器乐声乐的音乐会，表达了每个民族的特点，使我惊叹不已。我们民族的艺术宝库，是这样阔广、这样丰富，犹如昆明的鲜花，令人鼓舞，更催人自新。过去，我们也常常想到和谈到要重视民族艺术，要学习和挖掘这些艺术中的珍品，可是，我们并没有真正深入这个宝库。想到这里，我心里感到十分羞愧和内疚。

我又想到了聂耳。他在创作过程中，从来是如此沉湎于自己民族的感情，在作品中充满了民族特色，他是以民族艺术为基础，并以此为自己的骄傲。我们确实应该组成一支庞大的队伍，像聂耳一样，向民族艺术这个宝库浩荡进军，去学习，去整理。我们决不能再看着这些蕴藏多年的宝贝沉睡不醒，更不能让它们被外人偷窃。只有这样，才能在我们的作品中抒发出像聂耳一样的真正的中国人民的感情。

我愿以此纪念聂耳，并向音乐界同行们呼吁：多创作一些像聂耳那样的抒情歌曲吧！

原刊《新观察》1982年第3期

作者简介：张权　1936年后入学国立杭州艺术专科学校、重庆国立音乐院，后任教于该院及北平师范大学。1947年赴美国留学，1951年获伊斯曼音乐学院硕士学位后回国任中央实验歌剧院演员，主演过《秋子》、《茶花女》、《兰花花》等歌剧。时为中国音乐学院副院长、著名歌唱家。

像聂耳那样关心儿童

寄　明

云南是聂耳同志的故乡，民间音乐是如此丰富多彩，这次我有机会参加聂耳音乐周，使我有美不胜收、目不暇接之感。在少年儿童的专场中，看到新的一代在党的关怀下，他们优异的才能得到充分的发展。我衷心祝愿云南的同志们在今后的音乐活动中取得更大的成就！

聂耳是我国革命音乐的开路先锋，在他的音乐中第一次表现了自觉地为民族解放而斗争的工人阶级的光辉形象，他在中国音乐史上的重要地位是人所共知的。我想着重谈谈他对儿童的关心，并且希望大家以他为榜样，把儿童音乐推进到新的水平。

在上海召开的纪念聂耳的座谈会上，当年的小报童，现在已经年过半百的杨碧君同志谈到聂耳同志关心她的情况。她那时在霞飞路吕班路口（现在的淮海中路重庆路口）卖报；聂耳经常经过这里，为了不使她失望，总是要买她的报纸。这样，他们之间就结下了友谊。以后，聂耳就以她的生活为依据写了《卖报歌》，写成后亲自教她唱。这首歌的生命力非常强，不仅当时迅速流传开来，直到今天仍然是儿童们最爱唱的歌曲之一。这首歌为什么会如此长唱不衰呢？我想，这和聂耳同志关心儿童，并细心地观察儿童生活，而他自己更是一直保持着一片纯真的童心有关。

在聂耳的二哥聂子明、三哥聂叙伦两位同志的回忆文章中，谈到了以下一件事："某年清明节，我们到郊外去祭扫父亲的坟墓，在中途茶馆休息时，聂耳便去和两个村里的小孩玩，很快就混熟了，接着附近的儿童一时来上二三十人，把他包围着。于是聂耳便教小朋友唱起歌来，并替他们担任指挥。花了很长的时间，儿童们都高兴得了不得，紧紧拉着聂耳不许走。"

从以上两件事来看，聂耳是一贯热爱儿童、关心儿童的，因此，他为儿童所写的音乐非常流畅自如，易于上口，虽然已过去半个世纪，仍然能在儿童中流传。

今天，我们已经生活在社会主义时代。儿童是人类的花朵、祖国的未来，是共产主义事业的接班人。我们应该为少年儿童的健康成长创造更好的条件，音乐是儿童教育中的一个重

著名作曲家寄明工作照

要组成部分，对形成他们新的思想和意识有着很重要的作用。我们应该以聂耳为榜样，为少年儿童贡献出更多、更美的精神食粮，使音乐艺术在培养一代新人的伟大任务中，发挥更大的作用。

原刊聂耳、冼星海学会编《纪念聂耳诞辰七十周年文集》
1982年内部资料

作者简介：寄明　1937年毕业于上海国立音乐专科学校钢琴科。1939年到延安入中国女子大学，1941年调任鲁迅艺术文学院音乐部研究员。后任东北鲁艺文工一团演出科长、东北音乐专科学校副校长，上海电影制片厂作曲家、《中国少年先锋队队歌》作曲者。

学习聂耳，做新时代的歌手

李　坚

今天是我国国歌的作曲者、人民音乐家聂耳的七十周年诞辰，我们怀着十分崇敬的心情来纪念他、学习他。聂耳同志的一生是短暂的，但却是光辉的，是在时代风云的熏陶中不断觉醒、在党和人民的抚育下不断成长的一生；像海燕一样，在革命风暴中不断搏击奋战的一生；是自觉地以音乐为武器，唤醒民众前仆后继奋勇前进的一生。他的音乐创作活动，为激发人民的斗志、鼓舞人民英勇斗争发挥了巨大的作用，在我国革命音乐的道路上，作出了不可磨灭的贡献。短暂的二十四个年头里，显然他的革命理想还远远没有实现，他的聪明才智也没有得到充分的发挥。但是他为时代、为人民谱写的光辉不朽之作，却至今保持着旺盛的艺术生命力，仍然是新长征道路上响亮的战斗号角。

今天我们来纪念他，首先要学习他为理想而奋斗，为人民而创作的革命精神。尤其是聂耳故乡的音乐工作者，我们处在祖国边疆的第一线，在粉碎“四人帮”后，民族音乐从文化禁锢主义政策下解放出来时，外来的一些不健康音乐却在乘隙而入。在三中全会，特别是六中全会以来，经过广大音乐工作者和人民群众对真善美和假恶丑的对比，提高了对音乐的鉴赏能力，健康音乐得到了广泛的传播，使我省音乐园地呈现一派百花齐放的繁荣景象。但是同时也向我们音乐工作者提出了新的更高的要求。

我国正处在社会主义四化建设的新时期，在建设高度物质文明的同时，要努力建设社会主义的高度精神文明。有的同志认为“锣鼓响不响，庄稼照样长”。这是片面的，我们一定要敲起锣鼓，振奋精神，鼓足劲头，让庄稼长得更好，各项事业都得到发展。十亿人民不仅需要丰富的物质生活，还需要丰富多彩的精神文化生活。音乐已成为各民族人民现实生活中所不可缺少的一种精神武器和艺术享受。同时，人民对音乐创作的品种、数量和质量上的需求，也超过了任何一个历史时期。积极努力地去满足各族人民的这种日益增长的要求，正是我们这一代音乐工作者责无旁贷的历史重任。我们要积极创作有时代精神的战歌，也要有感情健

李坚（左一）陪同赵沨（左二）等人瞻仰昆明聂耳墓时的合影（前排右起：王莘、黄虹、张锐、李同生、唐荣枚、李原）

康、丰富的抒情歌曲，不仅让人们有好歌唱，而且还得有好曲听；不仅要听山歌和小曲，还需要有交响乐、合唱曲；不仅要有好的歌曲，还要努力创作演出各族人民喜爱的具有自己民族特色的歌剧。

音乐要起到激励革命斗志，培养高尚情操，有益身心健康，美化丰富生活的作用。为此我们要学习和继承聂耳同志的革命精神，走“从人民中来，到人民中去”的创作道路。说人民要说的话，唱人民要唱的歌，谱人民要听的曲，让我国无产阶级革命的音乐传统不断地发扬光大。愿我们以聂耳为榜样，把音符变成时代的号角、人民的心声，永远激励群众前进的步伐。愿我省音乐工作者在党的领导下，坚持正确的政治方向，坚决贯彻双百方针，团结一致，鼓足干劲，在“四化”建设的大道上迈步前进。真正成为时代的歌手，谱写和高唱出更新更美的歌声！

原刊《云南日报》1982年2月15日

作者简介：李坚　抗战后期入上海国立音乐院学习声乐，后加入中共地下党，组织开展进步学生运动，1949年随解放军挺进大西南。曾任重庆中学军代表、云南省歌舞团团长、云南艺术学院副院长。时任云南省文化局副局长、云南省音乐舞蹈家协会主席。

鹄沼岸边忆亲人

聂叙伦

去年11月，聂耳一生一逝的昆明市和日本藤泽市结为友好城市。在党的关怀下，让我参加了以昆明市市长朱奎同志为团长的昆明市友好代表团，赴日进行友好访问，签订两市结为友好城市的《议定书》。

11月4日这天，我们代表团一行六人，在藤泽市市长叶山峻先生和各界友好人士一百多人的陪同下，瞻仰了藤泽市人民为聂耳修建的“聂耳纪念碑”。这碑是建立在聂耳遇难的海边。我万万没有想到，隔了半个世纪，还能亲自到弟弟遇难的地方，凭吊他的忠魂。如聂耳有知，

1986年，聂叙伦（右揭幕者）应邀赴日本藤泽市参加聂耳纪念碑广场上聂耳浮雕铜像的揭幕仪式

也会含笑于九泉啊！

在纪念碑前，我向弟弟献了一束鲜花。在默哀中，聂耳的童年和青少年时代的情景又涌上心头。面对着波涛汹涌的海浪，我的心情是很不平静的。我暗暗地诅咒着这无情的“海神”，为什么把我的弟弟吞噬了？

聂耳是日本人民喜爱的音乐家。他虽然只在日本生活了三个月就完结了他的宝贵生命，但他的生平和创作却深深地铭记在日本人民的心中。一位日本朋友对我说：“聂耳不仅是中国人民的音乐家，也是世界人民的音乐家。”藤泽市人民为了纪念他，从新中国诞生之日起，就积极开展了以聂耳为中心的日中友好活动。于1954年建立了一座聂耳纪念碑。不料，1958年因遭受强烈台风的袭击，纪念碑被海啸冲倒流失了。藤泽市人民又于1965年重建了一座“耳”字形状的花岗石纪念碑。规定每年7月17日为“聂耳祭”的日子。每到这一天，日本各界友好人士来到纪念碑前，举行悼念仪式。十几年来一直坚持到现在。

在访问期间，我们还看到藤泽市中心区十几层楼的一家“爱诺登百货商店”里，专门开辟了面积相当大的一个陈列室，除展览聂耳的生平事迹和照片外，还设有彩色电视机，放映云南电视台录制的《故乡亲人忆聂耳》的电视片。藤泽市广播电台还定期播送“云南之路”的节目，专门介绍聂耳故乡的情况。这一切都充分体现了日本人民对聂耳的缅怀和崇敬。我作为聂耳的亲属，深为日本人民的这种珍贵友谊所感动。

原刊《云南日报》1982年2月27日

作者简介：聂叙伦　聂耳的三哥，曾任云南省政协副秘书长、云南省工商业者联合会副会长。

在“全国聂耳、冼星海音乐创作学术讨论会”上的讲话

李焕之

中国聂耳、冼星海学会主办的“聂耳、冼星海音乐创作学术讨论会”，是由文化部、中国音乐家协会委托召开的，这是新中国成立以来首次规模盛大的音乐理论研究会议。会开得很好，对今后理论工作的开展有着现实意义和深远意义。

今天在座的有老中青音乐理论家、作曲家、音乐教育家……说明了理论队伍在成长、发展、壮大。虽然音乐理论战线还较落后于实践，但是我们理论队伍还是很努力的。在近四五年来，音乐理论建设有了很大的发展，而且涉及的范围很宽广，包括音乐学、音乐史学、音乐教育学、民族音乐学、音乐美学、比较音乐学，以及对作曲家的评论和对当前音乐问题的讨论。与新中国成立初期相比，呈现的盛况是很可喜的。

这次会议的特点是：许多中青年的理论工作者的发言有较好的水平，进行了专题探讨，思想境界比较开阔；许多中老年理论工作者更是深刻地分析评论了聂耳和星海在创作上各方面的杰出成就，很有见地。这些发言使我受到很大启发，今天我就以下四个问题谈谈个人的看法。

一、关于新音乐运动历史的连续性和阶段性

这个问题大家谈得很好，尤其是中青年理论工作者，思想比较开阔，对于如何评价两位人民音乐家的功绩和在历史上的地位，发表了很值得我们研究讨论的观点和论述，在这一点上，我们有着许多看法是共同的。

根据毛泽东同志的论述：中国新文化运动是从五四运动开始的，新文化运动开创了中国

文化新纪元，新音乐随之兴起发展。从“五四”到新中国成立以前，是一个比较长的历史时期，属于新民主主义革命时期。其中又经过了许多发展阶段，但又有一个明显的时代前进的思潮的连续性，这就是爱国主义，民族意识的觉醒，反帝、反封建，提倡科学与民主。从“五四”以前的沈心工、李叔同以及后来的萧友梅、赵元任、黄自和音乐史学家王光祈等，一直到30年代在党领导下的左翼文化运动，聂耳、冼星海及其同时代的战友吕骥、贺绿汀、周巍峙等同志，他们在音乐文化建设上有着明显的共同愿望：希望建设中华民族自己的音乐文化。对于如何普及与提高国民音乐素质，致力于创造民族新兴的音乐，改变中国音乐文化从落后的状况发展到具有高度音乐水平的国家，在他们的音乐里都充满着民族奋起的精神。星海早期就写过《普遍的音乐》，文章里阐述过这种思想：要在民族音乐各个领域里广泛开拓、发展。聂耳离开我们太早，星海继承了聂耳的道路，身体力行地实践着。

还有一个共性，不论是爱国主义音乐家或在共产主义思想指导下的音乐家，都共同反对社会上庸俗的靡靡之音，这些共性形成了一整个历史时期音乐文化特点的连续性。

历史的发展又是有它的阶段性的。在总的历史时期中，共产主义思想对中国革命运动的指导作用，以及共产党人领导中国革命走向胜利的历史事实，表明了我国新音乐艺术的发展，产生了新的、质的变化，这是毫无疑问的客观历史发展必然性。在共产主义思想指导下的音乐家，如聂耳、冼星海及其同时代的战友们，共同创造了一个新的音乐风貌。他们的艺术作品所表现的题材具有鲜明的时代特征。工人阶级、劳苦大众成为他们艺术作品的主人翁。从艺术风格、表现手法、创新精神、作曲家的独创性以及对于民族音乐传统的继承发扬等，都表现了炽热的民族感情。整个音乐文化进入到一个崭新的阶段。

在讨论一个作曲家的时候，常常有不同的侧重点。过去长期以来对聂耳、冼星海都是以无产阶级音乐的奠基人和无产阶级音乐的先驱来评价的，这是因为他们是共产主义者，在共产主义思想指导下、在党的领导下进行工作，他们看到从“五四”以来他们的同辈和同时代的许多音乐家的不足之处。比如，如何为人民大众而创作，如何为发展民族音乐而创作，如何让音乐具有更加鲜明的时代性、民族性和人民性。他们认识到当时中国正处于危亡之际，必须要唤醒大众，如果音乐仅停留在少数人之中，音乐的社会作用就不能很好地发挥，就不能动员全国人民起来反对当时腐败政府的卖国行为，以及反对帝国主义的侵略，不能有力地振奋人民的爱国主义热情。通过他们的创作实践，开创了中国新音乐运动的一个新的阶段、一个更高的阶段，他们的功绩为后人所敬仰是当然的。

但是，对五四运动以来，爱国主义、民主主义和一些杰出的音乐家应该如何评价他们，给他们一定的历史地位呢？这是近年来正在开展讨论的问题。如萧友梅、王光祈、赵元任、黄自，他们究竟属于哪一个革命历史时期？是属于旧民主主义革命时期，还是新民主主义革命时期呢？他们所创造出的音乐财富是属于资产阶级的呢，还是属于全体人民的呢？对这些同志，过去有过不少争论，也存在着不同的看法。

30年代，在党领导下的左翼文艺运动，聂耳、星海创作了许多优秀的音乐作品，这些作品无疑是具有无产阶级性质的，但那也是为了全体人民。一个作曲家，在那样的社会环境下，当他做出了对整个国家有贡献的工作时，他并不仅仅是为了某个阶级的利益而创作，着眼点还是为了全中国广大的人民群众。

前面我们说过，新音乐运动的发展，有许多在总的方向下共同的东西，特别是为了民族的觉醒，为了要中国不受外来的侵略，为了中国要振兴、强大起来。不管是不是无产阶级作曲家、音乐家，如萧友梅、赵元任、黄自，甚至黎锦晖，尽管他们受到了许多局限，受他自己阶级环境的局限、世界观的局限，但肯定他们都是有一定贡献的，他们的作品在一定范围内的人民大众中传播开来，起到一定的社会作用，宣传了爱国主义思想，宣传了科学民主的思想，也希望创立中国新的音乐理论。他们的作品也具有不同程度的时代特点和民族特点，都应看做是我国整个民族音乐的宝贵财富，而不仅仅是属于某个阶级所有。

诚然，聂耳、星海所开创的道路具有更高的水平，进入了更高的阶段。但对于其他音乐家也应给予实事求是的评价，不必要给他们戴上民族资产阶级的帽子或旧民主主义的帽子，这是不能以理服人的。我们就是要做更深入的学术理论上的探讨，来阐明研究不同历史阶段的音乐家们，在音乐文化发展进程中的建树和所达到的水平。这里，很可以从比较音乐学的角度来研究，从不同历史时期的发展来比较研究。要用比较音乐学来发扬聂耳、星海在音乐事业上所达到的杰出成就，但不必要因此而贬低或抹杀与他们同时代或他们的先行者的音乐家的功绩。如从比较来说，赵元任在歌曲创作上所达到的艺术水平是相当高的，如《教我如何不想他》、《劳动歌》、《织布谣》等歌曲与聂耳、星海的作品艺术特点就不一样。聂耳、星海的创作不能代替其他人的在创作上的成就，我们欣赏聂耳的《梅娘曲》、赵元任的《教我如何不想他》、黄自的《玫瑰三愿》、萧友梅的《问》和星海的《夜半歌声》时，有着不同的美的感染力，它们都表现了一定的时代精神面貌，在艺术境界上开拓了各不相同的我们民族的审美情趣和不同的思想感情深度。萧友梅的作品特点似乎比较温和，不如聂耳、星海的歌曲那样气势蓬勃，具有激发人们向前的巨大力量。而他写的《春江花月夜》，虽然借鉴西洋手法多一些，但也有一定的意境，他写的《问》，也能激发人们的爱国热情。

“五四”以来的音乐家，为我国艺术宝库积累了可贵的财富，是中国人民共有的文化遗产，成为后人欣赏的艺术品，对我们的精神境界起着一种丰富、充实和提高的作用，值得我们很好地爱护。回忆抗战初期在延安，有时思想比较解放，诸如《海韵》、《旗正飘飘》、《抗战歌》、《九一八》、《热血歌》和《玉门出塞》等，都演唱过，后来还唱过巴赫的《弥撒》、达哥密日斯基的《金色的浮云》等，广泛吸收。从全世界范围来说，古典主义、浪漫主义，到印象派以及现代的一些优秀的音乐作品，都成为全世界人民共同的精神财富。尽管贝多芬的作品产生在资本主义当权时代，但对作曲家本人就没有必要加一顶资产阶级音乐家的帽子。他的作品的艺术成就达到了一个高峰，而他后来的作品也达到了他们自己的艺术高峰，但我们不能说只有贝多芬是最高的，超过了其他作曲家，难道柴可夫斯基不也是一个高峰吗？这不能从音乐美学和音乐理论上服人，要看到这些艺术大师们各自的长处，各自在艺术上独到的成就。譬如，奥地利、德国在晚些时候的交响音乐作曲家，也达到了自己的艺术高峰，如布鲁克纳、马勒，他们的交响乐作品有着独到的气派，交响音乐的创作思想、手法，有很多新的创造，他们对社会、对生活、对人生的解释有一定的深度，但我们也不能下定语说布鲁克纳、马勒已经超过了贝多芬，这种说法是不科学的。

过去我写过的一些论文，也有过不少幼稚的观点。不适当地贬低"五四"以来有些作曲家的成就。从历史唯物主义观点来看，应该承认作曲家的阶级属性。聂耳、星海是共产主义者，他们的贡献是伟大的。但是，在评价某个历史人物时，不应该只从阶级属性、革命历史阶段来论述，而还要从艺术上的成就做深入而精湛的阐述，否则就把问题简单化了。无产阶级不但要解放自己，而且要解放全人类。无产阶级胸怀最宽广，要把前人所创造的文化遗产的优秀成果，都拿来为我们今天所用，承认前人在历史上所达到的地位。

二、从更广大的范围加强音乐界的团结

对聂耳、冼星海的音乐创作进行评价时，不能不涉及音乐界的团结问题，也必然要涉及对当前音乐创作的看法问题。我想从以下几点来说明我的意见。

（一）音乐界要在振兴中华的共同目标下团结起来

在建设现代化高度物质文明和精神文明的伟大目标下，不少青年奋发有为，勇于进取。但是，也要看到社会风气存在的问题。音乐生活中有些创作和表演存在着不能令人满意的现象。如有些青年人民族意识、民族感情薄弱，更谈不上什么爱国主义思想，对两个文明的建设缺乏信心。音乐界外流现象严重（当然为了学习目的到国外留学也是必要的）。个别过去在运动中挨过整的人，心有余悸，他们不敢相信今后还会不会有第二次文化大革命。表现在音乐创作方面，有些作者并不去深刻理解80年代伟大的历史任务，以为某些海外的音乐情调就是80年代的音乐情趣，一味去模仿、抄袭，认为模仿得越像越好。他们不是为了繁荣发展自己民族的音乐去创作，而是一味地投合社会上某些不良风尚。我们出国留学的青年来信批评国内社会上的流行音乐现象说：为什么连民族自尊都丧失了呢？这种缺乏民族自尊和民族自豪感的东西，尽管风靡一时，盒带销售达十万以上，但他们的生命不会长久，不会像聂耳、冼星海的作品生命力那么强大，也不会像萧友梅、赵元任的作品生命那么长久。不少青年人对音乐缺乏鉴赏能力，只觉得这个好听，那个对味，这个合乎他此刻的忧伤情绪，那个合乎他绵绵柔情、追求享受的思想。

民族感情薄弱是一种危机，针对这种状况，摆在音乐工作者面前的历史任务就是应该在党中央提出的"团结全国人民振兴中华"的伟大号召下团结起来，通过音乐艺术，在青年中大力宣传爱国主义思想，增长他们的民族情感。今年，纪念伟大的抗日战争胜利和反法西斯战争胜利四十周年时，各地举行了许多音乐活动，不少地方唱了《黄河大合唱》，广大青年学生、工人和中老年同志从中受到深刻的爱国主义教育，激发了民族自豪感，有了民族新的觉醒。

群众的审美观也在不断变化，艺术团体的优秀演出，拥有了越来越多的听众。希望我们的作曲家、歌唱家，更多地创作和演唱反映伟大时代和具有民族情感的优秀作品，为这个共同目标作出贡献。

最近很多新闻界的同志让我谈谈当前流行音乐的观感。我的观点很简单明确：对通俗音乐（并不等于流行音乐）不能一概反对，情绪健康的通俗音乐应该大力提倡。通俗音乐（为了从概念上区别于流行音乐，我愿意用“通俗音乐”这个叫法）有着广泛的群众性，群众可以从中受到教育和鼓舞。我们所要提倡的通俗音乐，就是近年来表现深厚民族感情、反映当代人民精神面貌、在群众中受到非常喜爱并广为流传的歌曲和音乐，或者是非常抒情的，或者是进行曲风格的，但很动情感人。如早几年的《祝酒歌》、《边疆的泉水清又纯》、《美丽的心灵》、《年轻的朋友来相会》、《大海啊故乡》、《在太阳岛上》、《在希望的田野上》和近年来的《在那桃花盛开的地方》、《党啊，亲爱的妈妈》以及最近的《十五的月亮》等，这些才真正是我们民族自己的抒情音乐、通俗音乐，它能激发我们民族自豪感和对美好生活的热爱，体现了民族优秀的品质。

（二）在“百花齐放，百家争鸣”的方针下团结起来

目前，从音乐创作来看，好像很繁荣，每个省市甚至某个组织都有音乐刊物，发表的作品比50年代不知多了多少倍。但是，还不能说已经百花齐放了，而常常是一花、两花在那里放。人民的生活是非常广阔丰富的，但创作的题材、体裁、风格和手法还不够多种多样，还不能体现我们现实生活的丰富多彩。除了对美好生活的歌颂外，我们对某些表达青年中某种不幸、烦恼、挫折、忧伤的作品，并不一概排斥或贬低。只要写得好，题材有现实意义，同样能启发人们对生活的思考，促使我们去改变生活中落后和不健康的状况，使生活更美好起来。哪怕作品反映了生活中的阴暗面，我认为也是有积极意义的，与那些高昂、前进、战斗性强的作品，同样会起到不同的社会效应。

在歌唱艺术方面百花齐放了吗？我觉得不太令人满意。电声唱法（有人叫做通俗唱法）几乎成了压倒一切的优势。各地音乐刊物所刊登的歌唱演员的照片，百分之九十都是拿着话筒。为什么要大量宣传电声唱法呢？我建议刊发照片也要百花齐放，不要一花独放。各种演唱形式都应该让它们得到很好的发展，电声唱法只能说是一种不同的艺术流派。过去我们唱聂耳的《梅娘曲》、星海的《夜半歌声》、赵元任的《教我如何不想他》，如用所谓“通俗唱法”或电声唱法，就达不到这种艺术品种所要表达的既深情又感奋的动人情怀，达不到像盛家伦演唱《夜半歌声》那么感人。

音乐理论战线和学术研究上怎么贯彻“百花齐放，百家争鸣”呢？这次聂耳、冼星海音乐创作学术讨论会，做到了各抒己见，这很好。有共同的看法，也有不同的见解。每篇论文和每个同志发言都对聂耳、冼星海以无比的热爱和崇敬，给予很高的历史地位，这是共同的特点。但是，如何评价聂耳、冼星海都还有着不尽相同的见解。我很欣赏王震林同志论文前面提到的几句话：“以新时期的远大眼光，以广阔的开放心灵，以历史唯物主义的态度，科学地

李焕之在音乐创作会议上发言

评价他们在中国现代音乐史上的地位。”在学术研究方面，应贯彻这种精神，真正做到“百家争鸣”，而不是有话不敢说，或只说一半。中央再三提倡创作自由，其实在学术理论研究方面也应提倡民主自由。我们要在音乐的各个领域里有新的突破，更好地在贯彻“双百”方针下团结起来。

（三）在祖国统一大业的博大胸怀中团结起来

音乐工作者当前肩负着重大的历史使命，不仅在国内要搞好团结，我们还要面向全世界，还有台湾、香港回归的问题呢！

近年来，在美国、加拿大的多伦多、香港等地，多次演出《黄河大合唱》，有的也以此抗议日本军国主义企图抹掉在教科书中侵华史的罪行。在纪念抗日战争胜利和反法西斯战争胜利四十周年时，在香港又组织举行了盛况空前、气壮山河的千人合唱——《黄河大合唱》，来自海外的同胞、港澳的同胞和美籍华人、一千多炎黄子孙聚集一堂，在民族统一、赤子之心的感情激发下高歌，表现了每个中国人反对帝国主义侵略，争取和平的信念和自豪。归根到底，就是表达了对伟大祖国的热爱，对伟大中华民族的深厚感情和对伟大人民音乐家聂耳、冼星海的无限缅怀之情。

我两次参加亚洲作曲家大会，都和台湾的作曲家有所交往。当他们听了我带去的大陆最近所创作的音乐作品录音后，对大陆出现了这么多好的作品，对我们音乐创作发展的速度，表示钦佩，都表示很想到大陆来观光学习，来听听大陆的民间音乐。我们相互赠送了音乐资料的纪念品，这种感情交流和艺术交流，就是基于祖国统一大业的精神团结。对港台的音乐家也要以相互尊重、相互支持的态度相待。我们常用“港台音乐”的提法，是带有贬义的，应该更确切一些。我们不赞成的是那些庸俗低级的流行歌曲，而通俗音乐中，港台音乐也有不

1985年，文化部和中国音乐家协会委托聂耳、冼星海学会在武汉召开“中国聂耳、冼星海音乐创作学术讨论会”（薛如英提供）

少好的，如《我的中国心》、《万里长城永不倒》等。只要内容健康、音调动情、能激发爱国心的，就应该予以赞赏。我们要以博大的胸怀团结起来，为统一祖国大业作出贡献！

根据1985年11月在该研讨会上的讲话录音整理

原刊《李焕之音乐文论集》
人民音乐出版社2006年版

作者简介：李焕之　1985—2000年担任中国音乐家协会第二任主席。

试论聂耳、冼星海作品的社会效益

孟 波

聂耳、冼星海这两位人民音乐家，一个离开我们已有半个世纪了；另一个也离开我们将近半个世纪。他们都是正在年轻有为的时候不幸死在异国他乡。他们是中国新音乐的旗手，反法西斯的勇士。我们要继承和发扬他们所开创的无产阶级音乐事业，就必须对他们在历史上的作用和地位，作出正确的、实事求是的评价。

"判断一个人当然不是看他的声明，而是看他的行为；不是看他自称如何如何，而是看他做些什么和实际是怎样一个人。"①

邓小平同志《在中国共产党全国代表会议上的讲话》中，提出思想文化教育卫生部门都要以社会效益为一切活动的唯一准则，这是党中央指导文艺工作的一贯方针。

音乐是一种精神产品，通过音乐形象的感染，对人的思想、意识、道德、情操等起着潜移默化的作用。因此，评价一个音乐家最主要的要看他的作品，而作品的是与非、高或低、真善美还是假恶丑，都离不开它所产生的社会效益。作品是否具有长久的艺术生命力，也必须接受时代和人民的检验。

聂耳、冼星海所处的时代，正是日本帝国主义步步侵略，祖国上空乌云滚滚，四万万同胞生活在血雨腥风之中，民族矛盾成为社会的主要矛盾。他们二人都来自社会的底层，参加了群众的火热的斗争，他们没有也不愿意回避社会的尖锐矛盾。

他们紧紧围绕抗日救亡这个最大的主题，把握住时代的脉搏，采取多种多样人民群众所易于接受的体裁、形式、风格，使用丰富的音乐语言，与歌词完美的结合，创作了一大批民族化、群众化的音乐作品（本文对他们在这方面的独创性以及如何继承、借鉴前人和外国的音乐艺术成就不作具体分析），在人民中广泛传唱，产生了巨大的社会效益。

---

① 恩格斯：《德国的革命和反革命》，《马克思恩格斯全集》第八卷，第94、95页。

我虽然比他们年青一些，但也是生活在那个时代，当听到“起来，不愿做奴隶的人们”这醒雷般的吼声，使我们感动得热泪盈眶、热血沸腾，给了我们斗争的力量和信心。也可以这样说，我是在聂耳、冼星海的歌声中不断前进、不断成长的。

1936年11月23日，党领导的全国各界救国联合会在上海发动了一次要求缉私（即要求查禁走私日货）的爱国示威游行，就在将要举行游行之际，沈钧儒、邹韬奋、李公朴、沙千里、史良、章乃器、王造时等七位救国会领导人突然被捕。集合在天后宫桥一带的群众，被驱散到各个角落。有的躲到里弄、商店，有的跑到苏州河里停泊的小船上，连附近的公共厕所里也都挤满了人。不久，领导下达通知，为了抗议帝国主义和国民党反动派的迫害，决定继续举行示威游行。可是队伍已被驱散，武装和便衣的巡捕严密地监视着每条路口，行人都不能随便往来，怎么能集合起众多的队伍呢？在这紧急的情况下，我们在天后宫桥下集合了一批歌咏团的同志，分东西两路突然冲上河南北路，边冲边引吭高歌“起来，不愿做奴隶的人们”！愤怒的歌声变成了嘹亮的集合号进军号。霎时间，像火山爆发一样，四面八方都响起了“起来”的歌声，潮水般的人群随着歌声纷纷涌向河南北路，迅速组成了一只手挽着手、肩并着肩的浩浩荡荡的示威游行队伍。原来那批耀武扬威的武装和便衣的巡捕，被这突如其来的革命洪流冲得七零八落，如似斗败了的公鸡，他们只能在游行队伍的两侧跟着，把我们送到预定的集会地点——宝山路东方图书馆旧址。沿途还有许多学生和市民，被嘹亮的歌声和口号声所召唤，踊跃参加我们的队伍，像滚雪球似的，示威游行的队伍越来越庞大。

上面这类事例还很多。《义勇军进行曲》、《毕业歌》、《前进歌》、《救国军歌》等革命歌曲，在上海、在全国各地的抗日救亡运动中，特别是在“一二·九”、“双十二”等著名的历史事件中，都发挥了重要的战斗作用。

“起来”这时代的强音，不仅响彻祖国的前线、后方、工厂、农村、课堂，而且越出了国境，飞向五洲四海。

1949年新中国成立前夕，我去看望刚从国外归来经天津去北京参加全国政协会议的刘良模，一见面他就兴奋地告诉我一件动人的事情：1941年在美国纽约著名的罗易桑露天音乐广场，成千上万的群众在听著名黑人歌王保罗·罗伯逊的音乐会，唱完了预定的节目之后，罗伯逊突然伸出手来叫大家安静，他说今晚我要唱一支歌献给英勇抗战的中国人民，这支歌名叫《起来》，他便用准确的中文唱我们的《义勇军进行曲》。我听了一面觉得兴奋，一面觉得骄傲，而群众还热烈地要求他重唱《起来》，不久，《起来》一曲就在美国进步人士中传唱。以后罗伯逊又和华侨青年歌咏团一起灌了一张唱片，从此借着罗伯逊雄壮的歌喉，“起来，不愿做奴隶的人们”的歌声便传遍美国，到后来，连美国的中小学生们都会唱《起来》。①

苏联、捷克等国家，也都灌制了《义勇军进行曲》的唱片。印度以及英美各广播电台，都经常可以听到这“起来”的歌声。

① 以后刘良模又写了《罗伯逊与〈义勇军进行曲〉》一文，发表在《世界知识》第20卷第15期。

1944年美国国务院根据美国著名广播音乐指挥伏尔希斯的提议，在同盟国胜利之日演奏的各国音乐中，聂耳的《义勇军进行曲》被选定为代表中国的音乐[①]。

抗日战争之前，许多外国人常常把中国称为"睡狮"。"起来"的歌声，象征着"睡狮"的觉醒，因此，《义勇军进行曲》也可以说是一首中华民族的觉醒之歌。

聂耳逝世时我正在上海，噩耗传来，不仅是音乐界、文艺界，而且许多并没有和他见过面的工人、店员、学生和普普通通的市民，都感到十分悲痛。

上海杨树浦的一批纱厂女工含着热泪对我说："聂耳先生是中国第一个为我们工人写歌的人啊！他的《新女性》、《码头工人》等，不是可怜我们或者仅仅是同情我们，而是在诉说我们工人痛苦生活的同时，唱出了我们工人阶级的力量和志气。"

在今年8月18日举行的纪念音乐会上，这批30年代爱唱聂耳、冼星海歌曲的青年女工，如今已都是白发苍苍的老人（年龄最大的七十七岁），她们自动集合起来，在音乐会上深情地演唱了《新女性》。8月19日的《新民晚报》有一篇特写报道，标题是"当年新女性再唱《新女性》"。

人民教育家陶行知（全国各界救国联合会的领导人之一）在聂耳逝世后著文说："聂耳先生之死是中国大众音乐的一个最大损失，几乎是等于音乐之国里失掉一个东北，东北可以收回，聂耳不能复活，这是一件令人伤心的事啊。中国有音乐天才的人素来也有一些，多数现在还是站在大众战线之外，享受个人的自由幸福。这些朋友到现在还写不出一件为大众欢迎的作品，这不是很可惜的吗？但是我相信，只要他们一加入大众的队伍和民族的大灾难，开始拼命，就不啻是聂耳先生一个又一个地复活了。"[②]

日本进步戏剧家秋田雨雀说过："聂耳的作品，是属于中国民族的、劳工大众的，……他不仅是中国无产阶级的音乐先驱者，而且是亚洲解放之声的号手。"

日中文化交流协会会长、著名文艺理论家中岛健藏在聂耳纪念碑重建时著文写道："被规定为中华人民共和国国歌的《义勇军进行曲》，使聂耳成为不朽的名字。但是，使聂耳之名成为不朽的并不是这一曲之功，也不仅仅是因为他在短暂的一生中留下了一批不朽的作品，他的艺术创作的动力，来源于他对中国革命事业的忠诚和献身精神。因此，聂耳的光辉不朽的形象才不可动摇地确立起来。"

这些都是对聂耳非常确切的评价，也说明了他的作品所产生的社会效益。

聂耳逝世不久，冼星海风尘仆仆地回到了祖国的怀抱，他的被海风吹黑了的脸上倦容未消，就毅然投入抗日救亡的洪流。他继承聂耳遗志，高举新音乐的光辉旗帜，在战火纷飞的十年中，行程千万里，创作了数百首歌曲、两部交响乐、四部大合唱、一部歌剧、几十首管弦乐曲和独奏曲，在任何艰难困苦的环境中他从来没有停过笔。正像他自己说的："我还要写，

① 1944年7月17日云南《正义报》"大千"副刊。

②《生活星期刊》第1卷第4期。

要到我最后的呼吸为止。”①

冼星海在上海期间，由于歌曲作者协会经常在他家里开会以及编辑《大众歌声》等关系，我有较多的机会和他接触并向他学习。他坦率、诚恳、热情，外表像一位朴实的农民，内心里燃烧着一团烈火。他爱人民所爱，恨人民所恨。他把对亲人、对同志、对人民、对祖国的热爱，倾注在所有的作品之中。他在介绍对《民族解放交响乐》的构思时，非常激动地说：“我们生长在这块大地，我们应该高歌，应该奋斗，甚至为这块大地而死，死在这块大地上是最痛快不过的，因为我们爱护她，为她争取自由和解放。”②

在他众多的作品中，《黄河大合唱》是抗战中所产生的最成功的震撼人心的作品。

著名作家茅盾在回忆录《延安行》中有这样的描写：“那天鲁艺演出了《黄河大合唱》，舞台上站了二百多人。冼星海的《黄河大合唱》使我大开眼界，使我感动，使我这个音乐的门外汉老觉得有什么东西在心里抓，痒痒的又舒服又难受。它那伟大的气魄自然而然使人鄙吝全消，发生崇高的感情，就像灵魂洗过一次澡似的。我到延安时冼星海刚刚离开，没有见到他，但我从《黄河大合唱》这组歌中认识了这位天才的音乐家。”③

1940年和1941年，我们在新四军部队里多次演唱《黄河》，每一次都受到指战员们的热烈欢迎。

刘少奇政委听演唱后对我说：“部队里就要唱这样能鼓舞士气的歌。每一个有热血的中国人听了都会感到振奋。”陈毅军长听后连说“好歌，好歌”。1945年他到延安开“七大”，一天他派警卫员到桥儿沟鲁艺送信给我，说是好久没有听《黄河》了，要我找一份《黄河》的歌谱，他可以自己唱唱。这说明他是非常喜爱《黄河》的。

1940年初夏，我们在淮河附近的马坝为新四军五支队演唱《黄河》，歌声一停，在热烈的掌声中，突然一个巨大的有节奏的声音在呼喊：“唱得好，唱得妙，再来一个要不要？”全体指战员异口同声回答：“要、要、要，要、要、要。”我一看原来是司令员罗炳辉站在台前，正挥动着一双粗壮的大手，边喊边指挥，广场上坐着的黑压压一大群战士，变成了一个庞大的拉拉队。他见我已指挥得汗流浃背，抗敌剧团的同志们头上也都在冒汗，罗炳辉就跳上台来和我握手表示慰问，同时又伸开双臂不让大家下台，他热情而恳切地说：“谢谢你们，再唱一遍吧！你们不唱，队伍不散。”我们唱第二遍时，他一直站在台上听，我们唱《保卫黄河》时，他激动地跟着我一起挥手打拍子。我们唱得满头大汗，他也听得满头大汗。那次演唱《黄河》的动人情景，至今令人难忘。

聂耳、冼星海的代表作《义勇军进行曲》和《黄河大合唱》以及其他一大批优秀作品，为什么有那样深刻的感染力和这样持久的艺术生命力呢？中国新文化运动的旗手鲁迅，指出了一个颠扑不破的真理：“可以宝贵的文字，是用生命的一部分，或全部换来的东西，非身经战

① 冼星海《创作杂记·黄河》内容。

② 冼星海《创作杂记·民族解放交响乐》内容说明。

③《新文学史料》1985年第1期。

1959年，上海音乐学院党委书记孟波（右）、副院长丁善德（左）指导该院学生何占豪、陈钢创作小提琴协奏曲《梁山伯与祝英台》

斗的战士，不能写出。”[①]

敬爱的周总理讲：“许许多多的青年人，是唱着聂耳、冼星海的歌曲走向革命的。”这是对两位人民音乐家的作品的社会效益，非常概括、确切的评价。

今天，在十亿人民建设社会主义精神文明和物质文明的斗争中，他们所塑造的，从苦难中挣扎、拼搏、奋起，并将永远屹立于世界东方的中华民族的音乐形象，将继续鼓舞人们“前进！前进！前进进！”

1985年11月

原刊聂耳、冼星海学会编《论聂冼》
1985年内部资料

作者简介：孟波　1935年起在上海从事抗日救亡群众歌咏运动。抗战全面爆发后任教于新四军鲁迅艺术学院、延安鲁迅文艺学院、中央管弦乐团。新中国成立后曾任上海音乐学院党委书记，上海市音乐家协会副主席，上海市文化局局长、电影局局长，中共上海市委宣传部副部长，上海市人大教科文卫委员会副主任。

①《毁灭·译后附记》，《鲁迅译文集》第7卷，第458页。

光辉的过去照耀着灿烂的未来

——略论聂耳、冼星海之路

程　云

一、时代、民族、大众

苦难，对任何一个民族都是严峻的考验；对我们这样一个古老而伟大民族的各阶层的成员，既是考验，又是猛醒、奋起的催化剂。

我国从1840年的“鸦片战争”开始，就充满了不幸与屈辱。卑鄙者投降了，懦弱者丧气了，血性儿女则拍案而起，为祖国的命运呼号、抗争，在各条战线上前赴后继。他们留下了业绩，也留下了足迹，他们是我们民族的精英和脊梁。

从1931年的“九一八”起，日本帝国主义成了我国最凶狠的敌人。东北失陷、华北危急、华东吃紧……民族灾难空前严重。苦难激励着我们需要奋起抗争！ 20世纪30年代提出的这样一个紧迫而又伟大的课题，摆在每一个中国人面前。

在这样一个大时代面前，音乐，这个戴着桂冠的缪斯在中华大地上应扮演怎样的角色呢？

当时，曾经有过一首向学子们推行的歌：“卿云烂兮，纠缦缦兮。日月光华，旦复旦兮。”这叫《卿云歌》，是被重新谱曲的一支远古时代的颂歌。还有人曾把它定为“国歌”，很可悲！它用以怀古尚可，用以济世则是十足的阿Q了。

“商女不知亡国恨，隔江犹唱后庭花。”当时不是也有新翻后庭花之类的音乐在流行吗？黎锦晖先生是位很有才能的作曲家，他写的歌曲通俗、流畅、易于上口，音调与语言的结合上有独到之处（很显然，聂耳在这一点上也受到了他有益的影响）。在他创作的素材中，民歌占有显要的地位。他是我国近代儿童歌舞剧写作的大师，他所创办与领导的歌舞团，培养了不少艺术人才，也演出过一些积极的、好的作品，在这一方面应受到我们特别的尊敬，在我国现代音乐史上他是作出过优秀贡献的作曲家之一。但是，在民族危难关头他却写出了像《桃花江》、《毛毛雨》那样的作品来。这些相当标准的“土特产”一时流行甚广，黎先生在功勋之外，犯了在“东亚病夫”的刀伤口上抹胭脂的错误。这是令人惋惜的，也是任何理由都不能原谅的。

除了愚昧与污秽的东西之外，貌似清高，“为音乐而音乐”实为遁世的音乐也还相当有影响。民族的沉疴不是一下子所有的人都能感受到的。不仅音乐界是如此，文学、美术、戏剧诸艺术门类都有着自己小小的“与世隔绝”的领地——“象牙之塔”。在血与火还不曾直接给这些玲珑剔透的“艺术之宫”以无情的洗礼之前，它是不大容易自我倒塌的。

“诗言志，歌永（咏）言。”在这个时代的风暴裹着搏斗的血腥到来之时，咏什么言，言什么志呢？从作曲家的谱纸上去寻找答案吧。

日本帝国主义的血腥侵略，使我国有血性的艺术家们心头在滴血，血在燃烧，在化为作品。最早谱写抗日歌曲的不是聂耳，也不是冼星海。“九一八”时，聂耳还只是个酷爱音乐的十九岁的贫苦青年，而星海尚在法国苦学。从笔者手头仅有的资料看，陈洪先生在1932年（“九一八”的第二年）就写出了一批呼号抗日救亡的歌（如《冲锋号》、《战歌》、《把敌人赶出去》、《怒吼》、《上前线》等）。这是非常可贵的。何安东先生也是一位较早谱写抗日歌曲的可敬的前人。但是，1932年是抗日歌曲创作的早期，几位作者还没能找到为大众所乐于接受、易于接受的音调，歌词也较生涩，多数作品未能得到广泛的流传。

1933年到1937年抗战前夕，整个中华民族已进入觉醒的新阶段。中国的新文艺，不论是戏剧、美术、电影、诗歌还是音乐，民族解放、人民解放已升华为第一主题。这是时代的要求。时代给艺术以新的生命，艺术给时代以伟大的推动力。大量爱国的、革命的艺术家们手中高举的是号角和战鼓的旗帜。

当时我国最高音乐学府——上海国立音专的师生们以黄自先生为首，积极地投入了抗日歌曲的写作。他的《抗敌歌》、《旗正飘飘》等不仅唱出了中国人民要求奋起、团结、抗敌的宏愿，而且开了我国当代多声部合唱艺术的先河。这些作品情绪激越、结构严谨、手法新颖，有浓厚的民族风格。在30年代早期的合唱作品中，最优秀的是黄自先生的《抗敌歌》与《旗正飘飘》。这些作品是为那个时代而写的，也是难能可贵的珍品。但多声部合唱艺术形式对当时的大众来说是太繁难了，而只能在部分知识分子及有一定音乐素养的青年学生中流行。对大众来说，它只能是“阳春白雪”。当然，“阳春白雪”也是非常需要，非常重要的。如果那个时代所产生的歌曲竟没有几部在艺术上堪称精品的合唱曲，也是非常令人失望的。

在为民族的命运而呼号的同时，“为大众而写作”，这在当时是个非常重要的创作思想，力量的源泉在大众，大众需要歌曲去鼓舞，大众更需要自己去放声高歌。大众需要的是具有时代精神、民族风格的作品，更需要大量的在前者的前提下能为自己乐于接受、易于接受、广为传唱的作品。于是，从1933年起，众多新时代的歌曲作家们现出来了：任光、吕骥、贺绿汀、聂耳、麦新、孟波、孙慎、周巍峙、冼星海、张寒晖、沙梅、江定仙、吉联抗……写过《何日君再来》的刘雪庵先生也奋起投入抗日救亡歌曲创作的行列中来了。他不仅写了多首广为流传的好歌曲，也为救亡歌咏运动做了一些有益的工作。黎锦晖先生也不再写《毛毛雨》，而写了《我是中国人》这样值得称赞的作品。

大时代的洪流，把中国绝大多数作曲家卷到一个伟大的阵地上，把才智贡献于民族解放这一时代的神圣召唤而为同一目标战斗着。

“七七”抗战爆发。中华民族怒吼了，怒吼的歌声响彻了神州大地。应当指出，不少歌曲是全面抗战爆发前产生的，它为民族、大众的怒吼提供了精神武器。“七七”之后，在血与火的洗礼中，从1937年7月到1938年10月武汉失守的抗战初期，又涌现了更多的为抗战而呐喊的作曲家。张曙、舒模、夏之秋、郑律成等具有代表性。

众多的作曲家来自各个方面，事实上形成了一个广泛的音乐界的抗日民族统一战线。

抗日救亡歌曲作家们所使用的是新式武器——用新的作曲手法为同一目的而写作的诗人、歌词作家们，新的文学语言谱写中华民族新的战歌。如果说“五四”时代还是新型音乐教育的发蒙期，还是只有怒吼而没有歌声的时代，那根本原因是没有或极少有我国自己的作曲家。“学堂乐歌”从内容到形式都还赶不上时代的需要，而到了30年代就不同了。萧友梅、黄自先生等所主持的新型音乐教育事业及音乐知识在社会上的普及（当然只能是一定程度的），都为风起云涌的音乐运动作了知识的、干部的准备。这也是非常重要的。萧友梅、黄自先生是中国现代音乐教育的奠基人，为此作出了历史性的贡献。他们应当受到我们的尊敬，应当享有这种历史地位。

众多的作曲家把时代精神、民族风格与大众情趣结合起来，是这个时期歌曲创作的客观要求，也是已经出现的鲜明特色。结合得最出色、最有创造性、最有影响的作曲家，首先是年轻的聂耳。

这位不曾受过专业作曲全面严格训练的青年，有着坎坷的人生经历，在苦难生活中接受了先进的无产阶级世界观，并不断地接受着他的前辈、同辈人中进步的、革命的新文化的影响。他有着惊人的音乐“悟性”，有着炙热的创作热情，有“初生犊儿不怕虎”的闯劲，有刻苦自学的耐心。这些素质是他成功的基础。

1933年（聂耳当年不满二十二岁）他开始了歌曲创作，还没有引起人们足够的重视。除《卖报歌》外，其他几首如《开矿歌》、《饥寒交迫之歌》、《小工人》、《一个女明星》等还相当稚嫩。然而，可以看出他在进行非凡的探索——为新兴的、正在发挥巨大威力的中国工人阶级雕塑音乐形象。

1934年，轰然一声，一代作曲巨人“开路先锋”冲出来了。他昂首阔步地走在“大路”上。他的歌最有新意，也是从广大群众心底喷发出来的火热岩浆。因此，立即得到了最迅速、最广泛的流传。这一年，他的成功率是惊人之高的。《大路歌》、《开路先锋》之外，如《毕业歌》、《新女性》、《码头工人》、《前进歌》等名作均产生于这一年（作者是年二十三岁）。如果说1933年是他的起飞之年，1934年他已冲上了云天。他的歌流传之快、流传之多、流传之广，破了当时作曲家写作的新纪录。这一年他写了十支歌，其中特别值得重视的是中国工人阶级从此有了自己被广为流传、为之扬眉吐气的、新型的战歌。

不止是中国工人阶级。他的歌的题材涉及妇女、儿童、青年。

他的歌以狂飙之势在中国大地上翻卷着。表现了中国人民大众已经觉醒了的英雄气概；人民大众在他的歌中也找到了自己，并加速了觉醒。

1935年聂耳继续冲刺。上半年（也是他最后的半年创作生涯）他写出了《告别南洋》、《梅娘曲》、《春回来了》、《伤兵歌》、《塞外村女》、《打长江》、《自卫歌》、《铁蹄下的歌女》以及他最后的杰作《义勇军进行曲》等十二首歌曲。他的笔又触及到了士兵、村姑、歌女。他的歌一问世，绝大多数就引起了千人唱万人合的热烈场面，这在中外音乐史上也应当说是罕见的。

众所周知，在抗战兴起之前，《义勇军进行曲》就在全国范围内广为流传了。抗战开始后，在前线、后方、工厂、学校、街头…… 一切有中国抗日军民集合的地方就有"…… 冒着敌人的炮火，前进！前进！前进！进！"的歌声。《卿云歌》没有人再哼唱了，《义勇军进行曲》成了实际上的国歌。

当时与聂耳的歌同时流行的相当多。何止百首？如果说当时是歌曲的怒潮时代，聂耳的则是歌海中裂岸的惊涛，是最高的潮头。

聂耳是天才，但天才不是从天上掉下来的。在一个民族命运大转折的时代，往往是最需要天才的时代，中华民族的优秀气质养育了那一代的艺术家们，也更"优厚"地养育了聂耳。先进的政党领导着、教育着他；许多同时代优秀的艺术家是他的良师益友；同时代作曲家优秀的作品也感染了、陶冶了他；如火如荼的进步电影、戏剧事业也给了他以用武之地，也大大帮助了他作品的传播。这些，是他成功的重要因素，当然，起决定因素的是他的主观因素，这将在下面论述。

五十年前的7月17日，年轻的聂耳不幸逝世。在祖国音乐界及人民最需要他的时候他却离去了。他深感自己不足，他是为了在业务上力求深造而离国出洋的。这是一个悲剧！

就在他离去的那一年夏天，从远洋轮上走下了从法国苦学归来的三十岁的冼星海。

星海的"武装"比聂耳要齐全，"武器"比聂耳要锋利。但更重要的，是他同样有一颗热爱祖国、忧国忧民、一心一意要报效祖国音乐事业的赤诚而火热的心。而这颗心是"半个工人"的心，与人民贴得很紧、很紧。正因为他与聂耳在世界观上是一致的，他与聂耳就是同一个战壕中的战士，他也最有资格接过聂耳的接力棒。

1935年夏到1937年夏，星海在上海两年的时间内，写出了《救国军歌》、《热血》、《黄河之恋》、《青年进行曲》、《拉犁歌》、《流民三千万》、《茫茫的西伯利亚》、《夜半歌声》等名作，鼓舞了中国音乐界，更振奋了抗争中的人民。国民党反动派用检查、禁止、没收、销毁唱片等卑劣手段对付他，但有什么用呢？歌声是禁止不了的。田汉在失去了聂耳之后，又获得了一位新的合作者。大诗人塞克也找到了"最佳知音"（塞克语）。他的歌轩昂、深情、富有内在的魅力。抗战、革命歌曲进入了高潮期，星海的歌是最嘹亮的一部分。

1937年10月到1938年10月，星海在"抗战中心"的武汉工作了一年。他既是最有力的歌咏运动的干部之一，又写下了更多的作品。《到敌人后方去》、《游击军》、《在太行山上》、

《江南三月》、《赞美新中国》等均产生于这一阶段。

星海在国内的创作期共约五年（1935—1940），可分为前三年（1935—1938）与后两年（1939—1940）。前三年的成就与贡献是重要的，但后两年的贡献与成就更加重要。主要标志是他的以《黄河大合唱》为代表的大型音乐作品随着抗战的持久与深入，把抗战时期的音乐创作推向了一个新的阶段。这不是数量的增加，而是质量的升华。

武汉失守，抗战进入了艰苦的相持阶段，星海到了革命圣地延安。抗战歌曲不能仅限于呼号了，从形式到内容都提出了新的、更高的要求，它要求从人民的内心发掘更坚韧、更深沉的感情；它要求更新颖、更有力的形式。正像街头剧发展为舞台多幕剧，街头诗发展为叙事诗一样。看起来似乎有些“消沉”的歌曲创作及歌咏运动，只不过是走向新阶段的表面征兆而已。写过《五月的鲜花》的著名诗人光未然，把《黄河》组诗交给了星海；星海以惊人的速度，写出了前所未有的气势雄浑的《黄河大合唱》，这部作品淋漓尽致地表现了作者的个性及才华；这部作品既鼓舞了艰苦抗战的军民，也鼓舞了音乐界。不胫而走，立即传遍了前线及后方；这部作品是星海的代表作之一，也是我国音乐宝库中最有光彩的遗产之一。

在不到两年的时间内，星海在延安，除社会文化活动及授课外，写出了《黄河》、《九一八》、《生产》、《三八妇女》、《牺盟》五部大型声乐曲，《军民进行曲》、《滏阳河》（接近完成）两部歌剧及众多的歌曲。他是夜以继日地在劳动着。高产、优质对他来说是当之无愧的。他不仅忘掉了休息，也忘掉了自己的健康。

聂耳与星海有许多不同点，但却有着许多明显的共同点。所以，我们常常把他们二人的名字联在一起。

1. 他们有着共同的先进的世界观。这些是老生常谈了。但是，“常谈”的话题都往往容易被人们忽略。

世界观不能决定谁会成为一位作曲家，但世界观却决定着获得了作曲技巧的人成为一个什么样的作曲家；决定着他的作品在人民心灵天平中的分量。难道不是这样吗？任何伟大艺术家都是属于一定的阶级、民族、时代的；任何伟大的艺术家都是他那个时代的弄潮儿；都是时代先驱者行列中的一员。在谈论聂耳、星海的时候，千万不要忘记或忽略了这一点。更何况他们正是处在那样一个大时代，不谈时代精神还有什么作前提呢？

2. 他们以创造中国新的音乐作为自己神圣的使命。当然，不仅是他们，而是那一时代成群音乐家的共同愿望与努力目标。

我国音乐有悠久的历史、深厚的传统。民族民间音乐的土壤极为肥沃。但是，随着国运的衰微，音乐的发展也极为缓慢，明末以来几乎处于停滞的状态，而西欧音乐在此期间却有着长足的进步，当清末民初欧洲音乐由各种渠道被引进我国时，它已由古典派、浪漫派进入了德彪西（Claude. A. Debussy，1862—1918）称雄的印象派时代。相形之下，我们是十分的落后了！

落后者是非常需要向先进者学习的，但千万不可自惭形秽，不可把自己的东西看得一文不值、一无是处，而一味去膜拜、仿效他人。文化、艺术在交流中可以，也应当互相影响、互相促进，但绝对不能代替。而落后的一方往往在相当一部分人中容易滋生自卑感。盲目自大的抱残守缺或一味复古者不可取，而唯洋是崇的民族虚无主义一味以模拟为能事者亦不可取。

30年代的救亡音乐运动，是中国音乐发展的重要历史阶段。它要求并刺激了中国音乐向现代化发展、迈进。但它既不是古董的复制品，也不应当是欧化的模拟品。

以聂耳、星海的作品为代表的歌曲作品既是时代精神的，又是有新鲜气息及民族新风格的中国作风、中国气魄的艺术品。

3．为大众而写作。他们创作的目的是明确的，不是为了炫耀自己，也不是为了媚俗。他们不仅能把握群众的心灵，也深深了解了群众的接受能力。“适应”是为了“提高”，而不是为了迎合。星海在《序：“抗战歌曲”第二集》中说：“…… 我感到目前缺乏工农、妇孺、伤兵的歌曲的原因，就在一般作曲者不肯到民间去 …… 要克服这一点。”又说：“在抗战期间，不容许我们有自我的，为艺术而艺术的作品。”郭沫若同志在《吊星海》一文中说“他是站在人民立场上的人，他要把音乐服务于人民，让自己成为人民的响亮的号手”。马思聪先生说星海“他向人民学习，人民滋养了他的灵魂，于是，他讴歌人民的苦痛、希望与光荣。在中国乐坛上，没有人比他表现得更淋漓尽致的了”。

他们本身的生活经历告诉人们，他们本人就是来自人民底层的一分子；他们长期与劳苦大众生活在一起、呼吸在一起。贫苦知识分子本身就是劳动者。从这一点说，贫困、流离、失业、失学，也成了他们成为人民音乐家的“优越”条件之一了。

评定聂、冼的成就，我以为应当注意以下五点：

1．注意我国近现代音乐发展的特征及历史规定的必然性。从清末开始的“学堂乐歌”到20世纪30年代初期，欧洲音乐进入我国的实际生活领域才只有四十年左右的短暂历史，而且局限在学堂及部分知识分子的狭小天地中。正是由于抗战救亡歌咏运动，才大力地推进了新型音乐在实际生活广阔天地中的迅猛发展及广大群众的传播。它的特征是 —— 也只能是群众性的歌咏为主的运动，不可能 —— 也不会是室内乐、交响乐、歌剧为标志的运动。这是历史使然。谁适应并推动了这种潮流，他便是一代音乐历史功臣，如果躲开民族命运、时代使命，而“埋头”写事实上无法上演的“高级品”，那也只能留给后人去评说并成就，而与当时的时代、民族、大众几乎是不关痛痒的。因为这等于“闭门谈禅”于炮声隆隆、腥风阵阵之中啊！

2．既不能机械地以欧洲音乐大师们在艺术上已经达到的成就去衡量他们，也不应以今天（他们的后人）所能够或已经做到的某些科目去强求他们。而只能问：他们比之我国的前人及他们的同时代人所能够、所应当做得如何。一个特定时代的先驱、巨匠，并不是永恒的全面的冠军。抛开历史条件及特征去评论历史人物是不妥的。歌曲时代比赛的是歌曲，正像足球场上比赛的是足球而不是高尔夫球一样。

3．30年代的音乐运动中群星灿烂，聂、冼都是众多音乐家中的一分子。他们的优良品质及所遵循的方向、道路，在他们许多战友、伙伴中也同样存在。只是在他们身上表现得更为集中、更为鲜明而已；道路是大家走出来的，只不过他们是走在前列、脚步最为响亮而已。在光荣的时代中、光荣的队伍里，他们是光荣的表率、代表人物。表彰、颂扬他们，是他们功绩卓著、众望所归。这丝毫不意味着否定或贬低别人的贡献与成就。

不要离开他们的队伍、战友去评说他们，他们也是在他们中间成长起来的。他们是群山中的崔嵬者，而不是平地突兀拔起的奇峰。但是，不承认他们是崔嵬者，来个“人人有份儿”的平均主义，也是开历史的玩笑！

4. 他们的生活历程是艰辛的，道路是曲折的，时代所能给予的条件是苛刻的。他们都有着自己的缺陷与不足。他们不是——也不可能是完人。他们的作品也并非首首神奇、句句铿锵。对任何人都不能——也不应当求全责备，对贝多芬也一样。对聂、冼吹毛求疵是没有道理的。

5. 每一个伟大的民族，在各个领域里都有其优秀的代表人物。在音乐方面，德国人为有巴哈、贝多芬，捷克人为有斯米塔那，俄罗斯为有格林卡、柴可夫斯基、肖斯塔科维奇而感到骄傲。我们应当为聂耳、星海对民族的贡献而自豪。难道有意或无意地贬低或否定了他们才是值得骄傲的？何况是贬低不了，更是否定不了的。

二、昨天、今天、明天

聂耳离开我们半个世纪了，星海离开我们也已经四十年了。我们追念这两位可敬的前人，从他们巨大的足迹中再一次辨认他们所走过的道路，对我们回顾我国现代音乐发展中他们曾经作出的贡献；对于今天、明天中国音乐事业建设的壮丽前景所能给予的启示是很有裨益的。

道路是前人走出来的。聂、冼与他们同时代优秀的音乐家们的艺术实践及社会反响告诉我们，这条路就是革命的、民族的、大众的音乐建设之路。敬爱的周恩来总理在60年代初期提出的我国文艺（特别是音乐、舞蹈艺术）应当走“革命化、民族化、大众化”之路，正是由以往中国新文艺的可贵实践中科学总结出来的。

回顾一下40年代以来这条道路的简单历程是有意义的。

聂耳早逝了，1940年星海去了苏联。这条道路并没有中断，而是越走越宽、越走越坚实。因为队伍是广大的，后继者是广大的。

1940年至1945年抗战胜利这一时期，音乐创作、运动有些什么新的发展特点？提出些不成熟的看法供参考：

1. 题材越来越丰富了。艰苦的抗战军民，要打仗、要生产、要建设和保卫各敌后根据地，要学习（从扫盲的各类型的训练班、学校的创建）甚至还要开展反顽固派的斗争……这些社会生活与抗战初期是大不相同的。歌曲艺术反映了、讴歌了这些变迁了的生活；从《大刀进行曲》到各抗日根据地部队歌颂自己的战斗英雄、神枪手；从《卖报歌》到《二小放牛郎》；从《五月的鲜花》到《七月里在边区》；从《保卫山西》到《我们自由的走、纵情的唱》；从《打长江》到《开荒》…… 歌曲不仅反映了人们持久抗战的坚毅精神，也进一步深入地、广泛地反映了抗战军民前后方的生活。

2. 体裁、形式向多样化发展。合唱艺术，不论是在后方还是在前线都有了长足的发展："大合唱"、"联唱"等形式也日渐多了起来；新歌剧的探索在《农村曲》、《军民进行曲》之后，又在新的基础上举步，《兄妹开荒》之作引发了陕甘宁边区的"新秧歌运动"。1945年《白毛女》诞生了，在大后方则有更多借鉴欧洲手法的歌剧《秋子》的大胆尝试，不论它的影响如何，但探索精神是可贵的。

如果30年代群众歌曲是音乐艺术的主要形式的话，而40年代在群众歌曲继续占主导地位的同时，音乐艺术的体裁、形式则是大大地扩展了。

3. 作曲家们更自觉地把自己的创作与丰富的民族民间音乐宝藏结合起来。音乐界在理论上重视民族民间音乐，与收集、整理、研究民族民间音乐的工作当然不是在40年代才开始的，但40年代（特别是毛泽东同志发表《在延安文艺座谈会上的讲话》）以来，它才真正地成为了一个运动。

安波的《兄妹开荒》、郑律成的《延水谣》、吕骥的《开荒》、张鲁的《运盐小唱》、刘炽的《胜利鼓舞》以及安波、马可、张鲁、刘炽、关鹤童等同志的《七月里在边区》，李劫夫的《二小放牛郎》、《忘不了》等等之所以给人以清新的气息，以及《白毛女》歌剧的音乐魅力，都与向民间音乐的开掘、发展与运用有关。当然，这里只能是举数例而难免挂一漏万。

民间音乐的大量运用，使得作品风格更趋异彩纷呈。在30年代的歌曲作品中，如贺绿汀同志在《马路天使》中的几支插曲，聂耳的《塞外村女》，星海的《江南三月》、《二月里来》，张曙的《丈夫去当夫》等（当然不止这些）尚是歌曲艺术中有鲜明民间音调特色的一小部分，而到了40年代后半期则是大量涌现，是新乐风的一个鲜明特色了。这一特色的出现与下面一点是紧密联系的。

4. 歌咏运动向农村、革命部队中日益深入。1938年前，知识分子、学生、工人、城市居民是歌咏运动的主要对象。八路军、新四军是从红军时代起就有高唱革命歌曲传统的部队，但数量还不大。在国民党部队中普遍开展抗日救亡歌咏活动还有诸多困难。1938年后，敌后根据地的普遍建立，革命部队的日益发展，这种新的形势，使战士、农民成了歌曲的主要对象，在华北、华中、华南、华东大中城市相继沦陷之后，那里的抗战革命歌声只能转入地下，而在抗战的农村、部队中却进入了高潮。

歌曲的对象变得更广大了，作曲家不能不加倍注意他们的审美趣味与接受能力。这就是民间音乐因素更多地与新的歌曲艺术相结合的背景。

5. 音乐干部、团体大大增加了。抗战初期，艺术团体寥若晨星。最活跃的是若干个"救亡演剧队"及"孩子剧团"。支持他们活动的不是经济条件，而是热血与信念。他们是在极端困苦中工作的。业余歌咏团队是大量的、主要的。

1938年之后，由政治部三厅主持改编的几个抗敌演剧队，同时也担负着推广歌咏运动的任务。他们仍然是大后方及在国民党部队中从事抗战、进步、革命文艺的主力军。曾在延安及各抗日根据地（几乎是每个军分区）都相继建立了各种规模的文工团队，军队的、地方的、专业与半专业的、业余的…… 真如雨后春笋！团体多了，歌咏干部也越来越多了，作曲的人才也日益增多（专业的与非专业的），作品当然也越来越多了。

6. 音乐教育的发展。在最艰苦的条件下，边区与大后方都在根据各自不同的条件与需求在为音乐事业培育人才。

延安创办鲁艺和敌后各根据地联大鲁艺、音乐系等，那是抗战、革命的急切需要，不可能也不应当办正规专科制 —— 三年五载才培育出一批音乐人才来。前方急需，不断向实际工作中输送干部，只能根据这个特点去制定教学方案。而之后在重庆青木关办的音乐院，却可以 —— 也应当以较正规的教学大纲去培育音乐人才，情况、条件不同。实践证明，这两种学制的学校都是在老一辈音乐家主教下开办的，都为我国的音乐战线培育了人才，这些人才在不同的岗位上为中国音乐的发展作出了不同的贡献。这种情况一直持续到新中国诞生。

评说哪一种学制的“优”或“劣”，是离开客观历史条件为前提的，也是不明智、不利于团结的。正如现在的军事学院与过去的抗日军政大学是两种历史条件的产物一样，现在各地区的音乐院与过去的鲁艺及各根据地办的鲁艺，也是两种历史条件的产物。

40年代上半期的蒋管区，政治上是处在低气压之下，在那里生活与工作是艰辛的，武汉失守之后，那一部分地区的歌咏运动渐渐走向了低潮。除了政治局面的因素之外，大批作曲家奔向了延安及各个抗日根据地。加强了前方，也就势必相应地减弱了大后方。沸腾起来了的热血很难要求保持在一个恒温水平上。何况那里情况复杂、生活艰辛。然而，延安及各抗日根据地的佳作一出现，立即就能够在重庆等地欢腾地流行起来。《黄河大合唱》是如此，《兄妹开荒》也是如此。这正是前后方音乐界同声相求、始终是同一条战线的明证！在抗战胜利之后，正是大后方的作曲家们写出了像《古怪歌》、《你这个坏东西》、《茶馆小调》等投枪、匕首之类的佳作，与《咱们工人有力量》（马可）、《团结就是力量》（卢肃）、《没有共产党就没有新中国》（火星）、《民主青年进行曲》（焕之）、《解放区的天》（刘西林）等交映生辉。

道路，是通向明天的途径，而不是一个固定不变的建筑物；道路上的行者关心的应是方向，而不是先行者迈步的模式，历史在发展、情况在变化，客观现实及音乐艺术发展本身的规律都不断提出更新、更高的要求，40年代后半期的发展可以认为一直贯穿到整个解放战争时期。战争的性质变了 —— 从民族解放战争到人民解放战争，但战争的局面在全国大部分地区存在。因此，它就与在和平、建设时期发展音乐事业的前提是不同的。从这一点上说，30年代初到40年代末，不能不说是一个狂飙式的历史阶段。

新中国的成立，宣告了一个被压迫的民族，终于奋斗成为一个站立起来的东方巨人。我国的新音乐运动是伴随着、推动着这段光辉的历史前进的。

新中国的初期，在和平建设发展较为顺利的年代，音乐艺术的发展也是以新的姿态、新的速度在飞跃发展着的。中央及各大区音乐院、音专的建立，各类文艺院团的建立给音乐事业的发展提供了前所未有的良好条件。1952年全国第一届歌曲评选，1956年全国第一届音乐周的举行，都是在丰收、胜利的喜悦中举办的。《得奖歌曲集》中反映了新时代的风貌，也反映了新人、新作、新的成就。

历史进程是曲折的，极"左"思潮在文艺领域中也表现得极为突出，1957年之后"左"上加"左"。把文艺历史发展进程简单化了，把文艺与政治的关系简单化了，把文艺创作思维简单化了，把复杂的中与外、古与今的关系简单化了，把学术问题、思想问题、政治问题也简单化了。简单化的结果只能使事情复杂化起来，只能使我们各方面的事业（包括音乐事业）受到严重的损失。从"写中心、唱中心"到灾难性的"文革"期间的"语录歌"，把整个国家、时代的面貌扭曲了，它与马克思主义的文艺观是背道而驰的，与30年代以来的音乐发展道路是背道而驰的，与聂耳、星海的创作思想、方法也是背道而驰的。

新中国成立以来在"左"的危害日益严重的岁月中，总的来说，音乐事业也仍然在发展着，只不过总是在起伏的"马鞍形"中发展而已，各项事业大体上均如此，音乐事业亦不例外。

在解放战争中，歌曲仍然是主要的形式，在解放区，军歌占有显要的地位。从庄映的《说打就打》、安波的《打倒蒋介石，解放全中国》到亚威的《淮海战役组歌》，到乐濛等的《英雄们战胜了大渡河》…… 可以说是在歌声中迎来了一个新时代。

新中国成立后，王莘的《歌唱祖国》、刘炽的《祖国颂》、巍峙的《志愿军战歌》、瞿希贤的《全世界人民心一条》、焕之的《社会主义好》、美丽其格的《草原上升起不落的太阳》、劫夫的《我们走在大路上》直到晨耕等的《长征组歌》…… 都是前十七年中歌曲创作的重大收获。

在粉碎"四人帮"之后，施光南的《祝酒歌》、《在希望的田野上》，王立平的《大海啊，大海》，吕远的《泉水叮咚》，谷建芬的《八十年代新一辈》以及近年来出现的《在那桃花盛开的地方》、《党啊，亲爱的妈妈》、《十五的月亮》以及许多健康而富有民族风格、新颖的抒情歌曲，则在更广阔的领域里开拓了一个歌曲创作的新时代。

从30年代到40年代，我们用歌声也可以唱出一部"抗战史"来；从40年代中期至末期，我们用歌声也可以唱出一部"人民解放战争史"来；从50年代至80年代，我们同样可以用歌声唱出一部"新中国建设史"来。当然，艺术决不是"史"，但它却可以是"史"的"镜子"，因为它是"史"的产物。

我这样挂一漏万地举出一些众所周知的例子，更重要的目的，是提醒大家注意：这些不同历史阶段的作品，就其创作思想、创作方法、审美趣味，难道不是30年代我国以聂、冼为代表的创作道路的延伸、发展而来的吗？所以说，这条路不仅是存在的，不仅不曾中断，而且在继承中发展了、光大了。

这是不以任何个人的主观意志为转移的，时代、民族、大众在审听着、取舍着作曲家的作品。愿意走这条路的，如果机械地、形而上学地去学习他们，未必能做出成绩来；尚未在理性上理解这条道路，或尚不大承认这条道路，但只要是一位严肃的、热诚的时代歌者，对民族、对大众是合拍的，他便已经或必然走在这条大路上。

当代许多我国的音乐家们说："我是唱着聂耳、星海的歌走上革命道路的"；"我是唱着聂耳、星海的歌投身于音乐战线的"；"我在音乐上是喝聂耳、星海的'乳汁'长大的……"当然，说"聂耳、星海"并不只是指他二人。同样，我国的以及世界优秀音乐文化的乳汁，都在滋养着我国的音乐家们。之所以如此说，只是指聂、冼的作品对后代音乐人才影响之巨大而已；之所以如此说，是我国当代许多音乐家是自觉自愿地以聂、冼为表率、为可敬的先行者而已。

现在是80年代了，不再是——也不应当是以群众歌曲为主的时代。我国的音乐事业要全面发展，也正在全面发展。纪念这两位前人，不是要把音乐界拉回到半个世纪之前去，不会有那样的蠢人企图去办那种愚不可及的蠢事。而是应当温故知新，学习他们及老一辈音乐家们忠于祖国，拥抱着自己所处的时代，倾诉着人民的心声，为我国音乐事业奋斗终生的高贵品质。为建立有自主、自尊、自己的鲜明特色的中国新的音乐事业矢志不移、顽强工作的意志。

"文为时而发。"我们应当盯住中国今日音乐建设的新课题，放眼世界音乐发展日新趋向，从实际出发，团结奋斗。把我国的音乐建设为有鲜明的时代特征、民族气派、大众情趣、技巧新颖而高超的事业。中国音乐应对世界音乐宝库作出自己独特的、卓越的新贡献。

任重道远。

聂耳、冼星海同志千古！

1985年9月20日第三稿

原刊聂耳、冼星海学会编《论聂冼》
1985年内部资料

作者简介：程云　曾任延安青年艺术剧院教师、枣园文工团乐队队长，冀察热辽鲁艺音乐系主任。新中国成立后曾任中南音乐专科学校校长，武汉人民艺术剧院院长。时为中共武汉市委宣传部副部长，聂耳、冼星海学会会长。

人民的伟大儿子

—— 祝贺玉溪市聂耳公园落成

瞿 维

今年是我国无产阶级音乐的奠基者聂耳同志诞辰七十五周年和逝世五十二周年。玉溪市经过长期的筹划，建成了聂耳公园，以表达家乡人民对自己的伟大儿子的缅怀和热爱之情。

郭沫若同志为聂耳所题的碑文中写道："聂耳同志，中国革命之号角，人民解放之鼙鼓也，其所谱《义勇军进行曲》已被选为代用国歌，闻其声者，莫不油然而兴爱国之志，庄严而宏志士之气，毅然而同趣于共同之鹄的。聂耳乎，巍巍然其与国族并寿而永垂不朽乎！"

这是对聂耳历史功勋的最恰当的评价。玉溪市由于有了这样伟大的儿子而引以为自豪；同样，全国人民也由于有了这样一位伟大的人民音乐家而引以为自豪。聂耳不仅属于玉溪市，也是属于全国人民的，他是我们伟大民族精神的体现者，他永远鼓舞着我们为实现远大理想而奋勇前进。

聂耳的影响又不仅局限于本国，而且扩大到国际范围。日本的进步戏剧家，也是聂耳生前的友人秋田雨雀先生说过："聂耳的作品是属于中国民族的、劳工大众的，他是第一个成功地为中国工人阶级写作歌曲的作家，他不是出于对工人阶级的怜悯和同情，而是出于相信工人阶级的力量。在这个意义上，他不仅是中国无产阶级音乐的先驱者，而且是亚洲解放之声的号角。"中国聂耳、冼星海学会的特约会员、日本明治大学教授岩崎富久男先生也说："人民音乐家人民爱，聂耳和冼星海不仅属于中国人民，也是属于日本人民。"

聂耳的历史功勋是伟大的，但是他的伟大却寓于平凡之中。他从小家境贫困，经受了生活的磨难。他当过兵，做过店员、歌舞团的乐手、电影厂的场记……他追求理想，向往光明，在人生的历程中不断地和逆境斗争。通过自己的切身体会，通过观察和比较，他找到了真理，这就是马克思主义的立场、观点和方法。他用这个锐利的武器去解剖和分析社会现象，使他从一个爱国主义者成长为一个共产主义的战士。他终于在白色恐怖最严重的时刻，在革命与反革命斗争的旋涡中心 —— 上海，参加了中国共产党。这在他的生命史中是一个飞跃的突变。从此在他的面前展开了新的一页。

聂耳的生命是短暂的，被海浪夺去生命时还只有23岁。可是，他在有限的生命中迸发出了多么耀眼的火花啊！他留下的作品从数量上说是有限的，但却为无产阶级音乐事业开辟了道路，其历史功绩是不可磨灭的。

近百年来，我国人民在三座大山的压制下曾经进行过无数次英勇不屈的斗争。但是，在聂耳之前，人民的革命意志还从来没有在音乐艺术中得到充分的体现。聂耳是第一个自觉地站在无产阶级的立场上，运用了革命现实主义的创作方法去反映人民生活并且取得了成功的作曲家。在他的作品中展现了以工人阶级为主体的广大劳动人民生活的图景，他们不是消极的群氓，而是掌握了自己命运的历史创造者。因而他的作品才能产生强大的鼓舞力量，预示着人民必将成为历史主义的客观趋势。

聂耳是人民的忠实儿子。他来自人民，得到人民的哺育而成长壮大。他从人民的生活中汲取创作的源泉，经过他的创造性的加工后形成感人的作品，再回到群众之中去鼓舞他们的斗争。他像燃烧着的煤炭那样发散着光和热，把自己的全部才智奉献给人民。他的行动证实了他的誓言："我是为社会而生的。"

人民音乐家聂耳永垂不朽！

写于1987年

原载《文化资料》1992年第1辑

作者简介： 瞿维　1935年毕业于上海新华艺术专科学校。1940年任职延安鲁迅艺术文学院音乐系、东北鲁迅文艺学院音乐系。1959年从苏联留学回国后担任上海交响乐团作曲。曾任中国音乐家协会副主席。

时代的号角　人民的知音

—— 回忆人民音乐家聂耳

傅庚辰

从1935年问世之日起，到中华人民共和国成立后的半个多世纪，《义勇军进行曲》那高亢激扬的旋律，总是激荡着每一个中国人的心。每当人们聆听或高唱这首不朽之作时，也总会想起它的曲作者、伟大的人民音乐家 —— 聂耳。

90年前，聂耳出生在云南昆明一个清贫的家庭。小时候，母亲就经常给他讲一些神话故事、民间传说，教育他辨别善恶忠奸、真假美丑，学习立身做人的基本道理，培养中华民族的传统美德。中学时代，聂耳就开始关心政治。他从15岁开始读马克思的著作，16岁加入共产主义青年团，1933年在上海经田汉介绍加入中国共产党。这个时期，他除了学习《共产主义ABC》之外，还认真阅读了《反杜林论》、《马克思传》、《写给青年创作家》、《创作与生活》、《音乐社会学》等著作以及大量的进步报刊。对真理的追求，对光明的渴望，对黑暗社会的愤怒，对帝国主义侵略的仇恨，对广大劳动人民的同情，终于使他从一个幼稚的、自发的进步少年成长为坚定、清醒、自觉的革命者。他曾在日记中这样写道：“脑筋若无正确的思想的培养，任它怎样发达，这发达总是畸形的发达。那末一切的行为都没有稳定的正确的立足点。”他在20岁时写给母亲的信中说：“我是为社会而生的，我不愿有任何的障碍物阻止或妨害我对社会的改造，我要在人类社会里做出伟大的事业。”这掷地有声的铿锵话语，说明聂耳已决心献身中华民族的解放事业。这种在马克思主义指导下，站在人民群众立场上，深切同情劳苦大众并愿意为改变他们的命运而斗争的世界观、人生观、艺术观，是聂耳成为无产阶级战士，成为伟大的人民音乐家的思想基础。

聂耳之为聂耳，绝不是偶然的，而是时代的土壤和他个人的觉醒与奋斗结合的结果。在他之前，我国已出现了萧友梅、赵元任、黄自、黎锦晖等对民族音乐发展产生重要影响的音乐家，但就音乐特别是歌曲的革命化、民族化、大众化而言，聂耳是一代新风的开拓者。正如伟大的人民音乐家冼星海在《中国新兴音乐的创造者》一文中所指出的：“他是个划时代的作曲家，他是个民族呼声的代表者。…… 聂耳先生能摆脱旧社会音乐的环境，而创造出新时代的歌声来，就是他给中华民族新兴音乐一个伟大的贡献，他创造出中国历史上前所未有的一种民众音乐。…… 他已给我们开辟了一条中国新兴音乐的大路。"①

聂耳是中国无产阶级革命音乐的开拓者和奠基人。反映工人阶级和劳苦大众生活的作品，占据了他全部创作的主要部分。《饥寒交迫之歌》、《开矿歌》、《码头工人》、《大路歌》、《开路先锋》、《新女性》、《自卫歌》、《前进歌》、《打长江》、《打砖歌》、《打桩歌》、《卖报歌》，等等，都是把创作的焦点对准生活在社会最底层、挣扎在死亡线上的工人和劳苦大众，反映他们的苦难、抗争和希望，从而成为工人阶级和广大劳动人民自己的歌曲。

聂耳在创作时非常投入，可以说是全身心地深入到作品所反映的生活中去，力求真实生动准确地塑造典型环境中的典型形象。为写好《卖报歌》，他多次到一个卖报小姑娘那里去观察，听她叫喊卖报的声音，和她谈话，了解她的家庭情况，《卖报歌》写出来后又接受小姑娘的建议，把"七个铜板就买两份报"这句说白，加到歌曲当中，大大增强了作品的艺术表现力。在创作《新女性》时，为了体验纱厂女工的生活，他顶着满天星斗，踏着遍地寒霜，走上一个多小时，到纱厂去了解女工们的工作情况。影片《新女性》的编导蔡楚生同志曾这样回忆对这首歌曲的感受："我很快就忘记那是歌声，而觉得那是'人'的呼声，并被引进了现实生活与斗争生活的场景；我看到了许多被剥削、被践踏而失血的女工们匆匆赶路的情景，我听到了工厂中机器的轰鸣，听到了她们在工人阶级先锋队 —— 中国共产党的教育下，所发出的觉醒的呼声；看到她们在愤怒中和男子们一起，汇成了奔腾澎湃的巨流，勇猛地向前冲着，为夺取胜利的明天而作坚强的战斗！"

聂耳的创作还开启了一代新风，开创了群众歌曲创作的新时代，那就是把音乐创作与中国共产党领导下的人民革命斗争紧密地结合起来。20世纪30年代，日寇的铁蹄踏破了祖国的大好河山，中华民族到了最危险的时候。作为无产阶级先锋队战士、共产党员的聂耳，作为杰出爱国者、人民音乐家的聂耳，昂首站在了时代的前列，高扬起救亡的号角，高唱出《义勇军进行曲》、《毕业歌》、《前进歌》、《铁蹄下的歌女》、《告别南洋》、《慰劳歌》、《自卫歌》等一系列反侵略的战歌，用他的笔做刀枪，用他的歌做炮火，向着万恶的日本侵略者和黑暗的旧社会展开了猛烈的攻击，用他从心底爆发出来的歌声向亿万人民发出了战斗的号召。聂耳曾说："我们所需要的不是软豆腐，而是真刀真枪的硬功夫！"聂耳所创作的如枪、如箭、如火、如战鼓、如号角的雄壮旋律，是那样的激动人心，是那样的所向披靡！那些为劳动人民发出内心呐喊的歌声、那些向着敌人进行战斗的歌声、那些为中华民族呼唤光明的歌声，说明他的创作已经从个人情感的小天地中跳出来，融入革命时代的洪流，汇入群众斗争的海洋，并从中找到了取之不尽、用之不竭的源泉，吸收到无穷无尽的营养。反过来，他的作品又给群众斗争以鼓舞，给人民解放以力量。正是因为如此，他的创作才在中国人民解放斗争的历

① 编者注：本文首刊的标题《聂耳，中国新兴音乐的创造者》，载《新华日报》1938年7月17日，此处据首刊校正。

史上，在中国革命音乐的发展史上，留下了光辉的一页，并且永远鼓舞后人，向着中华民族伟大复兴的方向继续奋斗。这也就是1935年他与田汉合作的《义勇军进行曲》能成为《中华人民共和国国歌》的根本原因。

作为人民的知音，聂耳的一切创作都是为着人民的，从内容上是这样，从形式上也是这样。为了更好地让人民去理解和接受，他的作品不论是歌曲还是器乐曲，在音乐语言和歌曲的旋律上，都有着鲜明的民族风格，与广大人民群众的欣赏习惯、接受能力、审美趣味有着很强的亲和力。聂耳的那些在民歌、戏曲基础上加以改进、提高后产生的优美动听、生动活泼的曲调，是那样富有民族性和群众性，是那样鲜明简洁、通俗易懂。《义勇军进行曲》、《码头工人》、《卖报歌》、《开路先锋》、《毕业歌》等无不如此。即使是像《铁蹄下的歌女》那样抒情性的独唱，他也写得富有民族韵味，曲调优美，情意真挚，哀怨中发人深省，悲泣中催人奋进，深刻地表现了反侵略反压迫的时代主题。他创作的鼎盛时期不过一两年的时间，然而竟有这么多作品广为流传，这不能不说是个奇迹。之所以能够创造这个奇迹，归根到底，就是因为他走了一条革命化、民族化、大众化的道路。

聂耳仅仅活了24年。他的人生虽然短暂，但他走过的道路却是光辉的，他留下的作品却是不朽的，他留给人们的启示却是弥足珍贵的。我们要学习他，继承他，把他的未竟事业进行到底。

学习聂耳，就要走音乐为人民服务的道路。聂耳作品的生命力就在于他的作品是为人民而创作并被人民所喜爱和传颂的。江泽民同志在第七次文代会、第六次作代会上的讲话中提出，希望广大文艺工作者牢记人民是文艺工作者的母亲、生活是文艺创作的源泉这个真理，坚持深入群众，深入生活，努力把握时代的脉搏。充分认识建设有中国特色社会主义的时代意义，充分认识最广大人民群众的根本利益，充分认识人民群众对文艺发展的基本要求。这是当前与今后文艺创作的方向和指针。广大文艺工作者要遵循这一精神，踏着先辈足迹，努力奏出时代的强音，反映人民的心声。

学习聂耳，就要走音乐与时代相结合的道路。聂耳作品的生命力就在于当中华民族处在生死存亡的关头，它发出了战斗的号召，唱出了民族的希望，燃烧起反侵略的怒火，成为时代的号角。聂耳生活的时代已经远去，今天的中国正处在改革开放和现代化建设的时期，处在中国共产党领导中国人民为实现中华民族伟大复兴而英勇奋斗的时代。但聂耳作品中所蕴涵的团结统一、独立自主、爱好和平、自强不息的中华民族精神却是我们世世代代都要继承，并结合时代和社会的发展要求不断发扬光大的。当代中国的文艺工作者，应该遵循先进文化的前进方向，自觉投身改革开放和现代化建设的伟大实践，努力创作出弘扬民族精神和时代精神的作品，为发展中国的先进文化，培养一代又一代有理想、有道德、有文化、有纪律的社会主义新人作出自己的贡献。这是我国当代文艺工作者的庄严使命。

学习聂耳，就要深入火热的生活。"问渠哪得清如许，为有源头活水来。"聂耳作品的生命力来源于生活，特别是来自于以工人阶级为代表的劳动人民的生活。聂耳真诚地、深入地、不辞辛苦地去观察体验生活，去汲取那取之不尽用之不竭的源泉。文艺发展史告诉我们，脱

中国音乐家协会主席傅庚辰

离人民、脱离生活的艺术，矫揉造作、无病呻吟的作品，不可能有感召力，也不可能有生命力。社会主义现代化建设，就是亿万群众演出的艰苦创业、威武雄壮的历史活剧。文艺要讴歌英雄的时代，反映波澜壮阔的现实，深刻地生动地表现人民群众改造自然、改造社会的伟大实践和丰富的精神世界。只有虚心向人民群众学习，向生活学习，在人民的历史创造中进行艺术的创造，才会有美的发现和美的创造，才能在人民的进步中造就艺术的进步。

学习聂耳，就要创造为人民群众喜闻乐见的艺术风格。由于心中有了人民，所以在艺术上，聂耳既不搞食古不化，也不搞食洋不化，而是以人民需要不需要、满意不满意为唯一的艺术尺度，在博采众长中力求把音乐谱写到人民群众心灵的深处。有如人们想过“河”，必须先搭“桥”一样，他找到了音乐和人民之间的“鹊”桥。中国五千年的悠久历史和灿烂文化是一座无尽的宝藏，广大文艺工作者要继承和发扬中华民族的优秀文化传统，继承和发扬五四运动以来形成的革命文化传统，积极学习和借鉴世界各国人民创造的一切先进文明成果。坚持古为今用、洋为中用，以推进我国文艺形式、风格、流派的充分发展，实现体裁、题材、主题的极大丰富，使人民群众不断提高的精神需求得到满足，使弘扬主旋律与提倡多样化完满地统一起来，创造我们今天更加灿烂辉煌的文化。

学习聂耳，特别要强调学习他的创新精神，聂耳作品的生命力就在于大胆的革新创造。正是他那些从内容到形式、从语言到体裁都有别于前人的“离经叛道”之作，使人耳目一新，获得了巨大的生命力和深远的历史影响。继承传统与开拓创新是统一的，继承是创新的重要基础，创新是继承的必然发展。创新是艺术发展的生命，是艺术进步的动力。今天的现实生活丰富多彩、气象万千，国内外的变化日新月异。“与时俱进”是生活的要求，是时代的要求，也是艺术发展规律的要求。广大文艺工作者要牢记自己的历史使命，投身改革和建设的伟大实践，不断提高思想道德修养、科学文化素养和文学艺术素养。充分发挥主动性、创造性，描绘人民群众奋斗的多姿多彩的图景，奏响祖国发展的昂扬高亢的乐章，创作出更多的反映时代精神和具有中国风格、中国气派的优秀作品，努力为建设有中国特色社会主义文化，实现中华民族的伟大复兴贡献力量。

原刊《聂耳——玉溪人民的骄傲》
中国民族摄影艺术出版社2006年版

作者简介：傅庚辰　1948年起入东北音乐工作团、东北鲁迅文艺学院、东北音乐专科学校学习。1957年后任志愿军文工团、总政歌舞团、八一电影制片厂作曲。1983年历任总政歌舞团团长、解放军艺术学院院长。后任中国音乐家协会主席、名誉主席。

今天怎样学习聂耳

孔祥庚

今年是聂耳去世七十周年。聂耳，一个家喻户晓的名字，伟人赞扬他，人民怀念他，国际友人敬仰他。虽然他在这个世界上仅生活了23年，但他的精神流传至今而不灭。他创作的《义勇军进行曲》的旋律，永远激荡在每一个中国人的心中。

这位天才成长的起点，在云南玉溪青山秀水间。他4岁丧父，家境贫困。靠着母亲维持生计，聂耳如饥似渴地学习着。云南各民族的优秀传统文化，引起聂耳强烈的兴趣：弄箫笛，拉胡琴，弹拨三弦，无所不能；唱花灯，对山歌，装男扮女，惟妙惟肖。16岁开始，他练习小提琴，弹奏簧风琴、钢琴，描画五线谱，在《国际歌》旋律的熏陶中，悟出了用高超艺术手法表现人民意志的奥妙。

聂耳积极参加反压迫反侵略活动，18岁后在上海结识了田汉、夏衍，加入"左翼剧联"音乐小组，为《开矿歌》等进步歌曲谱曲。他屡经艰险不气馁，执著地追求音乐真谛。1935年3月，他开始为田汉的电影《风云儿女》创作主题歌《义勇军进行曲》。1935年7月17日，聂耳在日本藤泽市不幸逝世。但是，《义勇军进行曲》成为时代号角，成为人民心声，成为代表一个国家的民族气质和精神面貌的国歌，传遍中国，传遍世界。

聂耳是伟大的人民音乐家，是中国历史上第一个真正的民众歌曲家。他离开我们70年了，时代发生了翻天覆地的变化，但聂耳仍然值得我们学习。

聂耳具有强烈的时代精神。他在辛亥革命的欢呼声中降临人世，在五四运动的思潮中读书学习，在中国共产党诞生成长的阶段接受先进思想，在国民党反动派大屠杀中成为进步学生，在"九一八"事变的枪炮声中加入中国共产党。时代的激进演变，铸就他特有的责任感和敏锐性，他毫不畏惧地走在时代前列。今天，我们学习聂耳，就是要紧扣时代发展的脉搏，坚定理想信念，挺立于时代潮头。

聂耳正确世界观的形成，得益于中国共产党的先进思想。聂耳所处的时代，是"中华民

2005年，孔祥庚（前排左三）与玉溪聂耳音乐研究课题组成员的合影

族到了最危险的时候”。拯救中华民族的中国共产党，站在了这个时代前列，代表了这个时代的先进思想。聂耳紧紧地抓住中华民族的时代基调，在音乐的旋律中，反映了母亲的呻吟、民族的呼声、祖国的召唤、战士的怒吼，他用血液中奔涌的爱国激情，呼唤着不愿做奴隶的人们起来，奔向拯救中华民族的战场。今天我们学习聂耳，就是要像他那样用先进思想武装头脑，用实际行动报效祖国。

聂耳对音乐产生兴趣，源于玉溪的花灯调子，他的音乐艺术的基础是云南各民族丰富多彩的文化，他的音乐艺术的升华是人类社会的先进文化。他短暂而辉煌的23年，有18年生活在云南，而在他离开故乡之后，正确地选择了自己的道路，先进文化造就了这位伟大的音乐天才。今天我们学习聂耳，就是要像他那样孜孜不倦地学习和追求先进文化。

聂耳对人民怀有深情，这也正是他思想升华和艺术飞跃的动力。家难、民难、国难深印于他的脑海里，他为民而喊、为民而呼、为民而唱。《大路歌》、《毕业歌》、《码头工人》呈现着大众的呐喊，传递着聂耳的深情。正如田汉所言：“他是自己真正站在痛苦人民的中间喊出了他们的愤怒要求。”今天，我们学习聂耳，就是要像他那样扎根于人民群众，努力反映人民的心声。

聂耳永远活在人民的心中。

原刊《人民日报》2005年5月10日

作者简介：孔祥庚　时为中共云南玉溪市委书记、云南聂耳音乐基金会发起人。

二、回忆文章

（以聂耳的成长阶段为序）

访问聂耳的母亲（摘录）

杨　梅

一个从不知道疲倦的老人

第二天，我们去拜谒聂耳同志的母亲。

她出来了，身材并不很高，从一双如茧的手看来，就可以想到她是“一个从不知道疲倦的老人”。对着我们，她显露出一种异常亲切的微笑，向我们述说许多不可遗忘的往事。

首先，使她想起的是聂耳同志的出走：“那时我家很穷，他要走了，反动派逼着他离开故乡，临走时连一床被子都没有，还是向一个老师借了两块半钱，买了一床破棉絮，就这样走了，虽然大家说他是我抚育长大的，他却从没有得过我的一鞋半袜……”

在一个慈爱的母亲的心坎里，自身的辛酸她可以一字不提，把它看作“理所当然”的事儿，倒把儿子的苦难看作刺心的内疚，终生也念念不忘。其实，像大家所知道的，1916年7月11日这一家自父亲死后，二女三子围绕在她的膝前，一个年轻的女人怎样能养活这一群嗷嗷待哺的孩子呢？守着一个小药铺，一切得自己动手，惨淡的门面维持不了全家的生活，夜间只好傍依灯下做些针线活儿，带着疲乏的睡眼瞧望床上熟睡的儿女，一针一线地还得挣扎下去……

数十年来的风风雨雨，她是从不放在心头的，唯一的希望是不让儿女尝受半点苦味，这就是她生活的第一个特点。从十七岁嫁到聂家来，她走的是一条艰辛而又悠长的道路。天灾、兵祸、孤苦、欺凌……都尝尽了，靠着一双劳动的手和一颗善良的心，永远地屹立在困苦之中，她是不会被生活所吓倒的。

这时，在座的还有聂耳的两位哥哥作陪，一位是子明，一位是叙伦，两人都在省市的机关工作，他们根据二姐蕙如当时的笔记作了补充：“在当晚一家临别的团聚中，聂耳故意地显得特别愉快，还逗得大家忽笑忽哭，又应姊兄们的要求，演奏了一次舒曼的《梦幻曲》给大家听听。”

可是，最后他却严肃地暗暗对着二姐和三哥说：“明天我是非走不可的了，今早小□通知我，他们可能就要采取行动，昨夜又逮捕了几个上了电刑，姓饶的供出了我，又说出了一些细节，我走了以后，途中万一出了岔子，千万别告诉母亲。”

这是1930年的夏天[①]，聂耳参加云南共产主义青年团的活动，都被伪地方法院的院长知道了，黑名单就压在他的桌上。

有谁能想到呢？这一别就成了永诀。

聂耳的诞生

关于聂耳出生时的情况，我们翻开他自己刚刚起草而即中止的自传，开头就这样地写着：

“在先东边放一枪，然后西边又放一枪。继续着二枪，三枪…… 天哪！炸豆般的枪声响得实在怕人！我忙把窗子关起，抱着你三哥跑下楼来…… 桌子底下有两个面盆还飞来一颗枪子哩！妈妈富有表情地把一件惊人的故事原原本本地和我们说过……

“我真觉得可惜，当时不能亲眼看着烧房子，听听枪声，只静静地躲在妈妈的肚皮里任她到哪里我便到哪里。直到这‘正’已反了，旗子换了，枪声也停止了，我才脱离了那紧紧地压榨钻到另一个世界来。我现在想象那时怀了一个大肚皮的妈妈，她是如何的痛苦哟……”

我们念到这里，每个人都感觉有些激动，这位天才的革命歌手的诞生，原来是在那么动乱的日子里。按年岁算来，聂母告诉我们：“这天是一九一二年二月十五日，正是农历腊月廿八日，年关到了，家庭生活也正是紧张的日子，听着四周的连夜的枪声，我也不知道当时想到的是些什么。”

由于聂耳同志这段真诚朴素的遗稿，引起她重又回到记忆的领域，为了不让她过多地回味那些过去的酸辛，我们的谈话也暂告停止。

人生七十如赤子

过了两天，她亲自带领我们去瞻仰聂耳出生的故居，地点就在昆明市甬道街七十二号，靠近在新建的胜利堂。前面是一片圆形的广场，场内栽满鲜花，对着这座房子，她指点聂耳出生时，就在楼上，当日那张木床，还摆在家里，是由两个木柜拼成的，这几件遗物，〔使人感〕* 到四十四年前的景象，犹如正在眼前。

我们很惊讶她一点也不健忘，76岁的年纪没有让她为难，聂耳幼年的一切，她丝毫也没有忘记过的。从家里到这地点她是走着来的，由渐次的谈话中，我们知道她每天都积极地参加许多的社会活动，学习、开会、讨论，都是一个人跑着来去。晚上看些报纸或新书，常常直到夜半，有时也戴着眼镜来做些针线活儿。

---

① 编者注：此文原刊中国音乐研究所编《聂耳专辑》（三）时为“秋天”有误，现据聂耳日记校正为“夏天”。

很早以前，我们也曾听说过有关她的一些感人的故事。她是一个医生，自己开方、自己配药，一些祖传的单方曾救治过不少的病人。但在贫苦的病人家里，她会不收诊金，反将药费相赠，这些事实已是有口皆碑，随处可闻，因此，相邻的群众对她都怀着一种特有的挚爱。

对于一般的年幼者她总是那么亲切地关怀和抚爱，和对待自己的子女一样地无微不至。因此，她又是年轻人中间的一位亲切的朋友。

看到她闪烁的目光和兴奋的笑容，时时流露出一种孩童般的恳切和欢笑。如果说，顽强可以战胜磨难，76年的岁月，在她的脸上是找不到什么余痕的。

常说的“人生七十如赤子”，聂母的确无愧于“犹保赤子之心”的，那便是正直与诚恳，这里面自然也包含了慈爱等等。

她的笑容就像一片温暖的阳光一样不管照在谁的脸上，都会热辣辣地感到亲近的幸福。

“我是为社会而生的！”

“母亲！”这是多么有力的字眼啊！

对于母亲，聂耳幼年就是一个最能体贴妈妈苦衷的孩子。这之间的母子之情，完全是建立在相互的爱怜上面，妈妈没有钱，聂耳从不轻易问妈妈要过，他知道一点一滴也是妈妈的心血。有时没奈何开了口，妈妈无钱可给，马上就痛悔自己的不该，请求妈妈饶恕，妈妈更是痛苦万分，自觉对不起疼爱的儿子，这样，两人相抱大哭。这类事实，在聂耳同志遗留的日记中是不难找出的。

1928年，聂耳为了想开始革命的战斗生活，不辞而逃地离开了故乡，被骗去湖南当兵，遣散后独自流落在广州。这个十七岁的少年，想起母亲往日的抚爱，写下了一段不可忘却的追忆：

> 妈——我亲爱的妈妈：
>
> 你是世界上最爱我的一个人了。你对我的爱是无所不至的……记得一个严寒的冬天的一早，校舍里的同学们都议论纷纷地在烧火保暖，雪花片片地飞扬天空，渐渐地积成了一个白色的世界……用破烂的木器来做燃料，始终没有木炭那样响得自然、舒服，大家都不高兴了，都摸着被烟秋坏的眼睛又走到别处去。
>
> 这真是一件值得纪念的事，谁料想得到雪里送炭的事实会在这里发生了！长贵来了，他提着一篮黑炭，一个人力车夫抬了一炉烧好的红火，送到我的寝室里。……
>
> 妈，这便是母子真诚之爱的一个最大表现！……

在聂耳笔下记述的有关母亲的挚爱，这不过是其中的一个例子而已。

无论什么事，聂耳从不隐瞒妈妈，总爱把自己的思想告诉她，向她倾诉，和她讨论。我们在一些纸堆里找出了一封珍贵的信，全函只写了一半，就此搁下，虽然是寥寥的几句话，已足够说明聂耳对党的革命事业所抱的忠诚不渝的基本态度：

亲爱的妈妈：

您的信我已接到了！我看了流了不少的眼泪，我也不知到底为了什么？……

您们记得我在家里常常发表的舆论吗？……我一向总是抱着一个正当宗旨："我是为社会而生的，我不愿有任何的障碍物阻止或妨害我对社会的改造，我要在这人类社会里做出伟大的事业。"

"我是为社会而生的"，这是聂耳当年坚定的誓愿，二十四岁的生涯，也已如铁证地说明他的生活是为了什么！

是慈母，也是良师

几天之后，我们在不断的访问中，了解了更多的事实，说实话，在我们面前许多的"奇迹"，把我们都给呆怔住了。

现在该谈到她的往年生活了，她说：

"我娘家在云南峨山县城，姓彭，那时家境非常贫苦，指望着父亲卖些醪糟（即甜酒）度过的。哥哥勉强上了私塾，那时我们女孩子不许上学，提起念书，就得挨骂，一辈子也别想了。我看哥哥在灯前背书，念得那么好听，我就躺在床上偷偷地跟着默念。白天没人看见，就借着他的书揣在怀里，一个字一个字地指划着猜摸，慢慢地我就读完了《三字经》和《大学》这两本旧书。十七岁出嫁了，聂耳父亲鸿仪先生是个读书人，给了我许多的鼓励，心里有了底，渐渐熟读了一些医书，又学会了配药煎药。他去世后，由我挂起这个'成春堂'的牌子直到现在，人家都把我叫做聂成春，其实我的原名是叫寂宽，在旧社会里，女孩子是无所谓姓名的。……"

"聂耳没有上学之前，我教他认了五六百个字。"她拿出给聂耳学习的字片，方块的纸片上，大半是她工整有力的字迹。接着，她又叙说下去："那时我总爱看一些'苦书'，爱听一下'苦事'，书中人物的遭遇越凄苦，我把它念给儿女们听，有的是弹词，有的是小说，每夜我念一些。聂耳听了，每次总是眼眶红红的，擦着晶莹的泪，低头地对着我说：'妈妈，我要做一个好孩子，永远也不淘气，好吗？'他是特别会体贴我的……"

从一些聂耳幼年同学的口中，我们得知聂耳爱好音乐，最初也是由于母亲的鼓励。六七岁时，母亲给他买的笛子、箫……现在还留存家里。那时候，这一家还有一个小小的乐队，夜间关了店门，弟兄们合奏起来，惊动了不少的行人在门前倾听……

如果有人问道：是谁替聂耳的音乐生活砌上第一块的基石呢？这答案我想可以在这儿找到。

跑到毛主席的路上来了

聂耳的母亲彭寂宽晚年留影

1950年中央访问团到了昆明，曾来慰问聂耳的母亲，这是她生平的一件大事，她显得特别的激动和不安，党所给予的温暖和关怀，一辈子也不会忘记的。问起那时的情景，她对我们说："我这个人不会说话，一句话也说不上来，我还能说些什么呢？聂耳是党所教养出来的，有我的什么功劳？大家倒来慰问我……想了好几天，吃不安，睡不安，只想了一个办法，去买了一束鲜花，托他们带回北京，代我献给毛主席，我不会说话……"

中央访问团完成了她的心愿，她算喘了一口气，对着家里的人说："我算尽完了一点心愿，他们带去我的鲜花——它就是我这颗感激的心。"

1952年7月，在云南文艺界的一次座谈会上，聂母对到会的同志谈道："聂耳是从贫苦的家庭出身的，由师范毕业后，就想出外，东跑西跑，还算好，跑到共产党的路上来了，跑到毛主席的路上来了，得到党和毛主席的教育，才能成长起来。他从小就爱好音乐，作歌作曲也是由于许多同志的帮助和得到党的指导，并不是我教育出来的。在家一天去读书，在我面前也没有多少的日子，我只知道守着一个小药铺来扶养他们姊兄几个人。"

正如她的概述，聂耳从在省立师范时期加入共产主义青年团起，一直受着党的教育，逐渐成为一个坚强的共产主义的音乐战士，为中国人民的解放斗争吹起"前进！前进！前进！进！"的号角。长期地接受党的领导，和忠心地不辞劳苦，决不是一件偶然的事件。远在聂耳的童年七八岁时，他就幻梦地誓愿将来要做一个人民的号角。一天，他游戏地拿起了一支铜号，给自己胸膛戴满装饰的勋章和鲜花，像一般孩童模仿成人地右手执著一支烟卷，天真地让人拍照，这张儿时的照片，现在已留在云南省博物馆里。这标志了在聂耳小小的心田里很早就孕育了革命的种子，无怪乎以后他在学校生活的日记中写着："并不是教员偷懒，只怪我一天去唱革命。"从此，把生命全部地献给斗争，永远献给了党。

然而，在襁褓之中，在学步之后，在他刚刚睁眼来认识人生的时候，用同情心与正义感来感染这个年幼者，使他不至陷于馁冻沟壑，并用全心全力来抚爱与保护这个年幼者，使他养成坚立于风雪之中的力量。此中经历的劳苦，自该属于这位伟大的母亲。

难言的告别

转眼之间，我们又得匆匆地踏上归途。

任何的惜别都不能比拟我们的心情，离开了这位健壮的老人，除了用记忆把她的一切言语带走这一个办法以外，我们多么遗憾不能更多地常常看望着她。短短的几天，她教我们认识了生活的意义。在她的眼睛里，我们看见了一条遥长的路程，这道路是从七十六年前开始伸展的，她跟着祖国从那遥远的血泪和愤怒的年代一直走到今天。辛酸的路程已走完了，她又将随着祖国和年青的一代走向我们美丽的明天。到处都是欢笑，聂耳的歌声和名字，已成为祖国音乐战线上永远飞扬的旗帜。

听着她七十六年的脚步声，我们将会不难地分辨她的坚强的足印，那是大步的，倔强的——不可摧毁与磨难的——巨人般的足印。

聂耳生前曾坦直地道过母亲的为人，“关于家中的生意，我非常赞同，但我想到您老人家在这大的年纪还在奔波劳苦，实在有些不应该。可是反问一句：在现社会中，能像妈妈这样的女子，数得出几人？”①

这一句话，不是已说尽了我们深藏心头所有要说的话儿了吗？我们用不着也不可能再说些什么生动的话，只能在挥手再见的那一刹那，从心坎，向着她，向着祖国，呼声唤出一句我们的愿望：

“祝好啊！

祝您寿比南山……

每个人都将会每天地为您祝福。”

附：

“只有这样的母亲，才会有那样的儿子。”

——和徐梦麟先生的谈话

原刊中国音乐研究所编《聂耳专辑》（三）

1964年内部资料

① 见聂耳给母亲的信，1933年5月28日端午节早晨。

征集聂耳文物工作琐忆

黄　林

1953年8月我从昆明师范学院（现云南师范大学）艺术科毕业，国家统分到云南省文化局艺术科领导的音乐工作筹备组（以下简称“音工组”）工作。全组只5个同志，组长杨放也是刚从云南省文联调来不久。当时分配我的第一项任务就是和李叶同志（女，已故）一起征集聂耳的文物，并提示我们要先从拜访聂耳的母亲彭寂宽入手，然后再访问其他知情人，逐步扩大征集范围……也许是刚到一个新岗位，又是第一次接受新任务的原因吧，这件事在我记忆里留下的印象格外深刻。如今我已步入垂暮之年，此情此景有如刚刚发生在眼前那样清晰、通透，令人激动、难忘。

初识聂妈妈（彭寂宽）印象

那时聂家早已搬离聂耳的出生地（甬道街72号），又经威远街、端仕街等几番辗转，落脚在南屏街和威远街之间平行的庆云街48号，门头上挂有“成春堂药房”的字号，我和李叶就是在这里第一次与聂耳母亲会面的。老人家当时已是70挂零的人了，但身体硬朗，精神矍铄、衣着整洁得体，风韵尚存，一身清末民国时期城市里常见妇女——耳环、手镯、戒指、小脚的典型打扮。体态稳健、毫无龙钟之态，目光炯炯有神，眉宇间闪现出端庄、雅致、朴素、慈祥的面容，真可谓是气度举止不凡。老人全神贯注地倾听我们自我介绍和说明来意之后，热情邀我们进屋，让座、沏茶，并亲切谦和地对我们说：“聂耳文物的征集是桩好事，我义不容辞。你们说的这些事其实也都是我应该做的，我们不分彼此，相互配合，大家共同圆满完成任务。”老人家对此项工作积极自觉的态度和高瞻远瞩的认识以及坦荡高远的胸怀是我们始料不及的。几句简短朴实发自肺腑的坦率吐露，立刻把我们之间的距离拉近了许多。我们心中感到格外惊喜和振奋，仿佛一股暖流直奔心底，催人奋进，给人力量。我心中暗自庆幸遇到如此通情达理的长者，霎时觉得自己似乎定能圆满完成任务样地充满自信。

再又想到这位非同寻常的母亲，从一个未曾入过书院庙堂读书认字的傣家村姑，成长为一个知书达理、医德高尚的悬壶郎中。她的大部分生涯都是在所谓人生三大不幸中的中年丧夫之苦和老年丧子之痛中挣扎过来的，真可谓是历尽世上坎坷路，尝尽人间辛酸苦。面对多灾多难的窘迫，她仍然不屈不挠笑对人生，单枪匹马担当起全家生活重负的艰辛……我深切感到聂耳乐观向上、追求光明、勇往直前、坚忍不拔的高尚品德，与眼前这位慈祥的母亲是何等相似啊！不由自主从心底深处油然生发出一种崇敬仰慕之情。如今有幸亲眼目睹老人的风采，还能近距离面对面交谈，不能不说是人生一大幸事。

聂妈妈一片丹心献文物

此后，我和李叶隔三差五就登门拜访，倾听聂妈妈讲述她自己坎坷艰辛的生活经历和聂耳怎样奋斗成长的故事。老人家常常边讲边将珍藏的聂耳遗物一一展示给我们看。其中我印象最深的有大量零散日记、家书和随录笔记以及和友人的往来信件，其次是照片也不少，另外还有几张为数不多的上海百代公司灌制的唱片，其中有好几首都是聂耳创作的歌曲。最为珍贵的是还有聂耳自己演唱的《码头工人》、《前进歌》、《大路歌》等，他略带乡音的呐喊："一辈子就这样下去吗？不！弟兄们！团结起来！"云南人听来格外感到更有一番滋味在心头。还有聂耳在日本穿过的和服、衬衫、木屐以及锻炼身体用的拉簧健身器等。老人家也常常随着实物或信件给我们讲述其时间背景和精彩内容，时而欢喜时而落泪。

那时我们音工组一切设备都很简陋，既无相机更无任何录音器材，这类采访只有靠手写笔录。三四个月下来，我和李叶每人都记录了四五个笔记本，可惜这些东西后来都丢失了。

有一次我出于好奇，同时也想更深层地了解老人家的心理状态，提了一个很唐突的问题。我说：聂妈妈，这么多照片中您觉得最有趣、最有意思的是哪些？老人听后不但不生气，稍微整理了照片，反而饶有兴致地为我们讲开了。她指着聂耳在求实小学音乐团弹三弦的一张说："这张好，你们看，多机灵的样子！"接着又指了指8岁学吹号的一张说："怪模怪样，太调皮啦。"抽出1928年聂耳戴眼镜的一张说："他装斯文，其实他眼睛很好，根本不戴眼镜。""1929年'九九'音乐会和1930年要去上海之前两张照片上的小守信也都很真实，当时他就是这样的。"她指着聂耳在上海穿长衫的一张以赞叹的口吻说："真像个做生意的，有点小老板的样子。"我看她的思绪蓦然间又回到了遥远的过去："小守信啊！从小就这样，穿戴什么就像什么。"接下来她又指着聂耳在上海明月歌舞团与王人美等在一起合照的两张说："这时候真好！已经长成顶天立地的男子汉了。"提到女人我倏忽想起聂耳与袁春晖的言传，不知是真是假。本来这是属于个人隐私不宜涉及，但是我很想消除心中的迷雾，希望从老人口中追寻一点较为确凿的说法，不揣冒昧地问："我们听说聂耳在昆明时期曾经有过女友，是真的吗？有没有照片，请让我们看看。"聂妈妈似乎有点难于启齿，稍稍停顿了一会感叹地说："这都是过去的事了，现在都各有归宿啰，不说啦！”接着她随即抽出袁春晖、李家珍等三人合照的相片，指着右边的漂亮女孩说：“喏，这就是她！”看得出老人心中有着许多的无奈，不便深究只好就此打住，转移话题。

最后她手有点微微颤抖，指着1932年聂耳摄于上海（也是现今各种报刊媒体用得最多的一张）的照片说：“这是守信生前寄给我的最后一张照片了……”她话音刚落，我发现老人眼中已是泪水盈眶，泪珠滚落在满是皱褶的手上，当即我非常后悔不该如此莽撞，触动老人的伤痛。实在不忍再往下说了，只好诚挚地道了声：“对不起！实在对不起！”我们沉默了许久许久……此间，我隐约地感觉到每每提及来访过她的客人时，老人总是异常兴奋，尤其是涉及聂耳在上海时期的音乐友人时，老人的思绪更是魂牵梦萦激动得不能自已。

在老人心灵深处仿佛对所有的音乐人都有着一种特殊强烈的亲和感，凡是我们提出的要求，无论事情大小，数量多少她总是有求必应从不拒绝。当我们要求她把这些文物捐献给国家时她毫不犹豫满口答应，唯一的要求就是“有几张照片，希望再复印一份给她留做永远的纪念”。另外还以征询意见的口吻很委婉地叮嘱说：“关于守信给袁春晖的那些信，是不是就不要太公开了。”我们非常理解老人事事总是想得很周全，时时也总是为别人着想的悲悯情怀。满口应承一定把意见向领导汇报，一定尊重聂妈妈的意思。

最后我们也没有出具任何字据（老人家也从不提及这类要求），就把老人保留的聂耳遗物，全部搬到了音工组办公室（青云路1号），这种做法现在看来既不合理更不合法。但是老人家不仅兑现了我们初次见面的承诺，而且此中深藏着老人对政府或人民事业的无限赤诚，真可谓是一片丹心献文物啊！

爱子容颜再现，妈妈留影纪念

多年来，昆明的音乐工作者每逢聂耳逝世纪念日（7月17日），大家都会自觉地去看望聂妈妈。献花、送锦旗、挂幔帐……用各种不同的方式缅怀伟大音乐家聂耳，向这位慈祥的老人致以崇高的敬意。

50年代初云南的音协、舞协都尚未成立，全省只是屈指可数的几个会员，称作“西南音乐工作者协会云南小组”（既无活动又无办公地点，实为有名无实）。当时的文化局音工组既承担音协的工作又完成政府部门的任务，双重任务一肩挑。全国无论单位或个人有关音乐方面的大小事务，无不由音工组办理。与聂耳家的一切书信往来或偶尔寄来稿费等也都由音工组转交。

1954年是音工组成立后迎来的第一个聂耳逝世纪念日，领导指示要组织隆重纪念。我因承担过聂耳文物收集工作，与聂妈妈又有过较多交往，此项任务自然也就落到了我的肩上。记得在筹划时制定了几条基本原则：第一，需要制作聂耳的画像或雕塑，把主题明快的突显出来；第二，演出、演唱的节目要以聂耳作品为主，适当穿插部分较优秀的节目；第三，请省文化局陆万美局长讲话；第四，邀请省、市领导，尤其是宣传、文化部门的领导出席。计划报批后，局长批准了我们的计划方案，同时又另外加了两条：第一，制作聂耳半身塑像为好。第二，一定要邀请聂耳母亲出席、观看演出。

聂耳塑像的制作最为棘手，文化局长陆万美（聂耳当年在北京的战友），亲自带领我，找到当时在昆明已很有名气的画家、雕塑家袁晓岑，恭请他协助完成聂耳塑像。袁先生当即慷慨应允，但要求我提供聂耳各个时期的照片及简要文字介绍，此后我就多次来回奔走于聂妈妈与袁先生之间，不断传递材料，沟通信息。直到初步定型时又请聂妈妈亲去审视、定夺。聂妈妈看后连声赞叹“塑得像！”、“塑得好！”、“很精神！”。默默沉思后又自言自语地轻声说：“要是全身的就更好啦。”我知道这是老人内心的殷切期盼，安慰老人家说：“您放心，以后一定再塑全身的。”

7月17日纪念会举行了。在我记忆里这是云南自新中国成立以来，由政府主办聂耳逝世较大规模的第一次纪念活动。演出完全按照预定的计划进行。经联系后驻昆部队文工团也提交了两个节目：一是当时在社会上有反响但也存在争议的雷漫天（现今看来实属民间艺人）的小提琴、口琴独奏。二是女高音张启秀的独唱[①]。云南省文工团刚刚在全国乐坛声名鹊起的黄虹，以及20世纪30年代曾与聂耳在上海百代公司共事的林志音先生等（伴奏）也奉献了精彩节目（有演出剧照，黄虹身后就是经聂妈妈首肯的袁晓岑先生创作的聂耳半身塑像）。晚会最后由云南省文工团话剧队演出聂耳的作品《扬子江暴风雨》[②]。时任导演的姜季益先生（曾任抗敌演剧队演员）除执导外还兼饰剧中的工头，李文伟饰老工人（聂耳曾饰演此角）。聂耳妈妈亲眼观看、亲耳聆听演出爱子的作品这还是第一次，她全神贯注心旷神怡不能自已，直至晚会落幕仍余兴未尽，转身抱起献给她的花，我请记者为她在聂耳塑像前留下了满心欢喜的倩影，她还嘱咐我一定要留一张给她做纪念。

絮语闲言话沧桑

此后，因为音工组随时要开展活动，与群众交往频繁，和政府机关在一起多有不便。经四处打听得知金碧路金马坊南侧一小巷内（紧邻建新小学），闲置有一旧舞厅，内有一小吧台和跳舞场地可供开展活动。经领导批准音工组从青云街搬迁到此地工作，聂耳塑像和唱片等遗物也随之转移到这里存储，聂耳塑像就陈列在小吧台中央。1955年我因病独居此地疗养，闲暇之余就读书、练琴、听唱片（音工组有300多张古今中外唱片都听遍了），其中也就有聂耳的作品。当年我正是风华正茂，不幸被病魔缠身，心中实在郁闷不已，也许是急切需要精神力量的鼓舞吧，聂耳的《毕业歌》以及他亲自演唱的《码头工人》最让我激动。那处于水深火热

① 此情节曾专访当年该团男高音歌唱家高保年确证无误。

② 此情节曾专访当年在《扬子江暴风雨》中扮演工人的马绍云同志确证无误。

玉溪聂耳音乐研究课题组采访云南老音乐家黄林（右五）和吴学源（右三）

中的工人悲惨形象刻画得如此之准确，真可谓是入木三分；挣扎在死亡线上的不屈不挠精神又是呈现得那样淋漓尽致，催人奋进。我差不多每天都要听几遍，含英咀华仔细品味，从中汲取了力量增强与疾病斗争的自信。半年后我的病情迅速好转，随即开始了辅导昆明少年儿童合唱团活动。当时我和一个个活泼可爱、天真稚嫩的孩子们在一起心情特别舒畅，除了练唱外，我还给他们讲音乐故事，其中当然免不了介绍聂耳。记得有一次我播放聂耳的作品给他们听时，个个欢呼雀跃，十二万分的激动，很久很久……也不能让他们安静下来。

1956年北京派来音乐研究所的谢柳明同志、组长杨放先生接手了文物的交接。为写此文，我最近还曾专程登门拜访，杨放（已年逾九旬）说："全部聂耳遗物，当时已如数交出，带走什么，留下什么，不便过问，一概不知。"现在更是什么都想不起来了。

2010年7月2日草成于昆明翠湖畔寓所

补充

近年来常有人谈及在《聂耳全集》及其有关陈列或展览中都未曾见到过有关聂耳给袁春晖的书信，其中的原委我无法知晓。估计此问题的提出可能与我在有些场合（如与玉溪聂耳研究课题组来访谈话等）曾谈及此事有关，借此机会我想就我所亲历的史实做一点说明。

我们在向聂妈妈征集聂耳文物中看到有几封聂耳给袁春晖的信是千真万确的事。记得聂耳母亲虽然把聂耳家书及其给袁的信搁在一起，但两者又是明确分开存放的（有无信封已记忆模糊了）。就在给袁的一沓信中分别夹有不同的两张16开大的信签纸，一张上面只写了一个很大的"爱！"字，另一张上写有两字"爱！爱！"。这种表达情感的方式我们看来实属罕见，我和李叶在老人面前不敢放肆，只是相互悄悄对视了一下就赶快往后翻过去了，可是余兴一时难平。此事成了我们俩当日回家路上的议论中心，我们说个没完，对聂耳情感之丰富都一致赞叹不已。记得当时我脱口而出说了句很幼稚的笑话："今天我总算找到，为什么聂耳

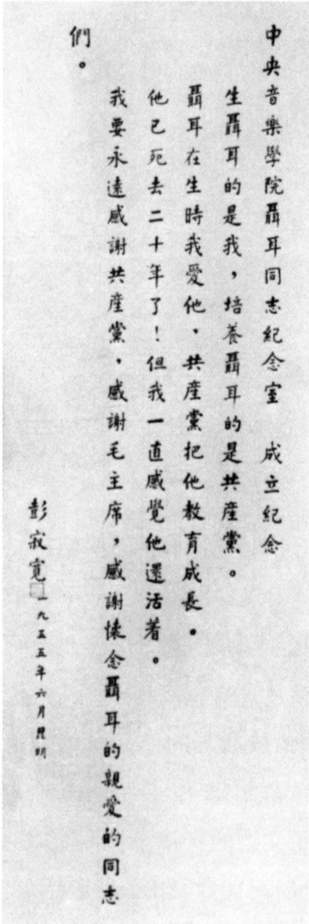
中央音樂學院聶耳同志紀念室　成立紀念

生聶耳的是我，培養聶耳的是共產黨。

聶耳在生時我愛他，共產黨把他教育成長。

他已死去二十年了！但我一直感覺他還活着。

我要永遠感謝共產黨，感謝毛主席，感謝懷念聶耳的親愛的同志們。

彭寂寬　一九五五年六月　昆明

聂耳的母亲给中央音乐学院民族音乐研究所聂耳纪念室的亲笔题字

能写出如此激动人心的杰作原因啦。”此话虽有些片面，但对聂耳感情丰富的溢于言表确实是由衷的。大概是印象太深的缘故吧，后来在组内汇报工作时我们又再次提及此事，大家听了都非常为之动容。实事求是地讲，当时我们在各方面都还很幼稚，想得非常单纯，领导分配做文物征集工作，努力完成任务也就算是尽职尽责了，根本不会想到可以由此去进行理性思考，更不会像如今从事音乐学研究者那样从理论的高度进行学术性探讨。另一方面我们总觉得聂耳母亲很不愿意触及此问题，加之又向老人有过承诺，“不多说此事”，就此也就再没有仔细深究了。这也就是60年前国内音乐学发展状况客观现实的一个侧面。

为弄清楚这一问题，2010年7月5日我电话采访云南省博物馆经办聂耳生平展览的徐继涛研究员。对话记录于后：

黄林(以下简称“黄”)：我有两个与聂耳有关的问题向您请教。

徐继涛（以下简称“徐”）：甭客气！请讲。

黄：我知道您是云南省博物馆聂耳生平展览最早的初创者。

徐：是的，没错。

黄：在省博物馆聂耳生平展中，有没有聂耳给袁春晖的信？

徐：我印象中没有。

黄：我在1953、1954年征集聂耳的文物时，清楚地记得有聂耳给袁春晖的一些信，其中有两页16开大的信笺，一张纸上只写了一个“爱”字，另一张写了两个“爱”字，您见过吗？

徐：对此我一点印象也没有。我是1960年才到博物馆工作的。

黄：您知道在您之前是谁参与接收聂耳文物的吗？

徐：不知道。我到博物馆时聂耳的文物已经存放在博物馆了，这些东西怎么征集来的，我不清楚，很对不起。

编者按：1979—1984年编辑《聂耳全集》时，该书的执行编辑向延生（音乐研究所研究员）曾经5次前往云南省博物馆查阅相关材料，见到该馆保存有编号多达700余号的聂耳遗物。从日本带回来的两皮箱的聂耳遗物，昆明聂家历年来保存的聂耳遗物，由聂耳的亲属捐赠给国家后，基本上都保存在了该馆。但是也没有见到聂耳致袁春晖的信。

作者简介：黄林　曾任云南省群众艺术馆研究馆员、《中国曲艺音乐集成·云南卷》主编。

故乡亲人忆聂耳

刘　绮

7月的昆明，天气温和而清新，像一双母亲的手抚慰着人们；鲜花遍地，树叶常青。在一个晴朗的下午，我访问了人民音乐家聂耳的母亲——聂老太太。

聂老太太的家，外面是药房，里面是住所，一座小小的家院，房子里摆设很简单，而最惹人注目的是茶几上摆着聂耳的石膏塑像，和墙上挂着的中央音乐学院送的锦旗和聂耳纪念会的签名缎，使你随时会忆起聂耳，而且感觉到他的存在。

我进去时，聂老太太正坐在沙发上看着一本医学书，桌上摆着一封刚启口的信。从信封上，我知道他是昆明市的政协委员。我见她的初次印象是：严肃、硬朗，想不到她已经是77岁的老人了。

当我说明来意后，在她深沉而有神采的眼睛里，闪现出一种怀念与骄傲的光芒。二十一年的时间了，但母亲对儿子的记忆仍是那么清晰和深刻，就像这一切只是发生在昨天，她指着聂耳的塑像对我说："聂耳在家是老四，他还有一个姐姐，两个哥哥。当他四岁的时候，父亲就因病去世了，家里的生活全靠我开小药店维持。他父亲生前是个医生，我常常当他的助手，因此也学会了配药看病。同志，你知道，在那种时候，靠我一双女人的手养活他们也是够难的，人情冷暖啊！穷，教会我看透别人的心，再怎么困难，也要让孩子们立志做人。"说着说着，她的嘴角现出一种刚毅的微笑，变得有些兴奋起来。接着她又继续说："那时候我对他们很严格，我不准他们当着客人面要钱，不准他们去有钱的亲戚家吃饭，我是穷有穷的志气，劳动有劳动的骨气，我不让他们羡慕那些'官派'的豪华的生活。晚间空闲的时候，我就跟他们讲些刻苦求学的故事，三弟兄眼都不眨地听我讲，老四听着听着就流眼泪了。他悄悄地跟哥哥说：'别让妈妈生气了。'我听见心里又高兴又难过，唉，小小的年纪就这样懂事。为了少花钱，他抄课本来读书，他书读得好，得过奖状。我记得有一年，昆明意外地下了雪，冬天变得比往年冷，老四穿的衣裳很单薄，我看着心痛，要他今天别去上学。他倒来安慰我，说：‘妈妈，我不冷’，一面搓着手，哈着冷气去上学了。”聂老太太声音变得有些嘶哑，眼睛也湿润了，大概她回忆起，当年她是怎样的倚在门边，看着儿子幼小的身影，冒着雪慢慢向着学校走去。

接着我又问他：“聂耳小时候喜欢些什么呢？”

聂老太太稍稍抬起了头，嘴角又现出了那样刚毅的微笑了。

“我们家住在甬道街，以前那是昆明最热闹的地方，过年过节，别家的孩子都买小关刀、大花脸，我不愿意给他们买这些。我担心他们喜欢武打，读起书来不上心，其实三弟兄都喜欢静，从不争着要。我们家隔壁住着个老木匠，会吹笛子，我买根小笛子给老四，他高兴得跳，一会就学会了。过了些天，隔壁搬来个拉小提琴的教员，也不知道什么时候，老四就跟人家交上朋友了，而且学会了拉小提琴。还有一回，我领他回峨山看外公，在路上歇店，店主人告诉我们，路上不平静，有土匪，老四听见了也不害怕，第二天还是一跳一跳地跟着我走。路上，为了宽我的心，他随手折片树叶，就吹出些什么调子来，老四学音乐真心灵，两个哥哥也喜欢玩乐器，都没有老四吹得好，唱得好。有时三弟兄在阁楼上合奏，街上就围了一群人来听，喏！你看，现在那些笛子还保留着。”我顺着她手指的方向看过去，墙上挂着几根笛子，笛子的颜色和光润说明了它们悠久的历史。

“可惜那时候，家里苦，老四很少得看戏，只得去茶馆听听滇戏清唱；到了过年的时候，近郊的农民请来唱花灯，老四就钻到人群里踮着脚听，等到晚上回来，老四就能唱给我听。”聂老太太又向我补充道。

我心里想，难怪聂耳的歌曲和自己的家乡有着那样分不开的渊源，他善于吸收丰富的民间音乐，接受优秀的民族传统。虽然他没有做很多的记录，但据很多在上海和他一起的朋友说，他常常谈起云南的民歌，在游艺晚会上，能随口唱出家乡的小调。因此当他从事艰苦的创作劳动时，翻腾在他心里的故乡的音律，就会很自然地涌现在他的构思中，出现在他的曲谱里。比如根据洞经调的“宏仁卦”，他写出了器乐合奏曲《翠湖春晓》，根据云南流行的民歌“玉峨郎”，他写出了《山野情歌》(原名《山国情侣》)。这些优美的曲子，正是他向民歌学习，又使民歌丰富发展的明显例证。

正谈时，一个中年男人走进来了。他是聂耳的二哥聂子明。聂老太太介绍我和他认识以后，又很有风趣地插了一句：“现在常有些红领巾来访问我，要我跟他们讲聂耳小时候的故事，我就叮嘱他们要勤写日记，省得将来像我一样，聂耳的小事就记不起来了。”聂子明同志也马上加入了我们的谈话，他说：“四弟很早就热衷社会活动，读中学时，他就加入了学生会组织，那时省中校园里，有一个居高临下的小亭子，四弟最喜欢到那里去，而往往当他离开那里，柱子上就出现了激动人心的标语。有一次，他乘火车到开远去，他看见一个捡碎煤的孩子，因为没钱买票被推下车碾断了腿的残酷事实。四弟非常气愤，跑了几十里路，亲自去动员伤者的父亲陈大爹向政府请愿要求抚恤。1929年，昆明发生火药爆炸事件，四弟马上又投身于组织灾民的紧张工作。至于在每次为赈灾或募捐的游艺晚会上，那你总能听到四弟的歌唱和

1950年秋天，中央西南访问团里的中央音乐学院人员郭淑珍（右三）、廖胜京（左一）等人，在昆明向聂耳的母亲及三哥（左二）献旗

看到他的表演。他从小就具有正义感，而且干起工作来就忘却一切。”

和聂老太太告别后，我一边走着一边想，一个人的生活本身就能教会他很多东西。聂耳从小经历过贫困，具有较明显的阶级同情心，而这种同情心以后在实际斗争中，又逐渐锻炼成为对旧社会的反抗意志。他对生活充满信心，充满了饱满的乐观情绪。聂耳少年时代的特征，在人生道路上形成了有益的萌芽，——但当亲爱的党吸收他加入了自己的队伍，他的生命就迸发出光芒，在艺术创造上达到了最高的成就。他把自己短促的一生，完全献给了民族解放事业，他以音符作武器，打击了敌人，鼓舞了人民的斗志，唱出了人民的希望，他是个杰出的战士和歌手。

聂耳离开我们已经二十一周年了。这二十一年祖国有着多么巨大的变化啊！要是聂耳能够活着看到祖国的今天，那他该会多么高兴，为了纪念聂耳，我们要高唱“起来！”，大踏步地走向我们祖国更光辉的高峰——社会主义和共产主义社会。

原刊中国音乐研究所编《聂耳专辑》（三）
1964年内部资料

作者简介：刘绮　曾任云南省作家协会秘书长。

想起了聂耳

晓龙（郑易里）

民国十八年（1929）春天，我由乡下上省，家里的人和朋友们对我都有一种新鲜的感觉。有一天，侄子介绍他的朋友聂守信来家里认识我。一个比我年轻的人，穿着深蓝土布的学生制服，风姿很聪俊。听说他是一个爱演新剧会玩音乐的人，我对他并不热情；我那时生活比较严肃，爱好音乐的心情，简直成忌恨音乐了，所以当时对他的印象，就像对雪那样，虽然纯洁可亲，但却冰冷欲避，他也无兴趣，不久就走了。侄子对我说，他的思想很不平凡；我心情上忽然感觉到像丢了什么东西似的。在这短促的一次会面以后我就到上海来了。

次年秋季，知道聂守信已到上海，在一个办香烟的云南申庄里做事，我就去找他，他们的庄号设在虹口公平路一个极污浊嘈杂的巷堂里。楼下住的是房东，福建人，也是办货的庄号，伙计很多，常常在很窄脏的通楼梯口的过道上洗猪肠、小菜和淘米，弄的遍地是污水，湿臭逼人。楼梯没有路灯，而且坏了一级，房客们在黑暗中摸索着上下，却从来没有怨言。他们的庄号租在向北的一间二楼厢房里，正房隔出一条通路给对过厢房里一家白俄夫妇进出。白俄夫妇在楼头过道上烧饭，一切就正向着而且紧接着他们的门。他们房门口有两个小炉子，两套烧饭的器具，两张铁床，同住着两个同事。一个是中年的旧式商人，一个是回教老头子。聂耳常在无聊时候和那中年同事下象棋，回教老头子独自在床上烧一炷香念经。他们因为生活习惯完全两样，兴趣也就绝对相反。回教老头脾气很孤僻固执又很腐败恶俗，别人吃饭时候偶尔拿错了筷子或是烧菜时候一滴菜汤溅到他的器具上，他就喋喋不休，说他们有意破坏他的清规。有时候老头子不在家，聂耳特意弄点猪油拌在老头子的剩菜里，满肚皮好笑，捏着一把冷汗，等他回来开荤。说也有趣，老头子一顿饱餐之后，竟然相安无事。

对过白俄夫妇有一个十三岁的男孩子，会说一口洋泾浜英语，因此和聂打得很好，他常常找聂解数学题目，他妈妈也就因此常来找聂借双筷子或是一把调羹。老两口常常吵闹，有一天老头子醉醺醺地上楼来，正遇见他的太太和聂借用具，就大发雷霆，说聂调戏他的老婆，年轻的聂守信倒也觉得意想以外的有趣；他们老两口竟然闹得墙壁都要裂开似的。

当时我参加闸北区反帝大同盟里工作，就介绍他加入虹口区的组织。有一天碰见他和一个工作中的湖南朋友大讲湖南话，我很奇怪。继后他同我讲，他曾经到过湖南，在郴州一带住了三个月。原来民国十七年范石生派人到昆明秘密招兵，表面上宣传培植家乡青年，到广州进军事学校，限额考送三十名。实际上是不拘年龄，不论程度，也不限名额，只要有愿意去的，一经报名，就可以及格照送的。他因为没有能力自费出外留学，于是就和一百多个被骗的老乡踏上了往广州的旅程。出乎意料以外，这一百多考送的学生当中，真真像一点青年学生样子的，竟然只有五六个。他们到广州后不满一礼拜，就被送到湖南边界的云南军队中做勤务兵。这样一来，他的苦头就吃得十足了。不久遇见一个熟人是刚由别处开来的一个尉官，他难为情极了。尉官很奇怪他何以肯干那样的差事，在明了一切经过以后，就介绍他当了一名起码的录事。三个多月以后，他觉得那仍然不是他的活路，就请假回家。

由湖南到广州时，在报上看见欧阳予倩主办的戏剧学校招生，那正合乎他的希望，他就去报了一个名。虽然只会讲一点起码以下的广东话“係”和“没係”，但凭了他那表演的天才，公然碰上了运气。然而又是意料以外的失望，他们研究的尽是广东旧戏！不到三个礼拜，他只好仍然回昆明。回后不久，就到上海做生意来了。

他东家做的生意原来是走私生意，不上一年就在昆明出了毛病，他们的申庄也就必须要结束。仍然回昆明吗？怎么办呢？正在左右为难的时候，忽然在新闻报分类广告栏中发现黎锦晖主办的明月歌舞班招生。限额是三名，考的是提琴和国语，待遇是供膳宿外每月津贴三元。“供膳宿外每月津贴三元！”他想，“怎么这样好呢？黎锦晖的学校不唯不收学费，还供膳宿外每月津贴三元？！”当时那简直是他梦中的天堂！但只收三名，他不知凭他那随便弄会的提琴和随便说说的北京话，能不能碰中这个运气呢？他后来发现报名的竟有一百三十多名，去投考简直等于想打头彩！

有一天他连走带跳地来找我，原来已经打中了彩了！他们的歌舞班住在爱文义路沿马路的一幢三层楼的巷堂房子里，楼下作演奏用，二楼是男生宿舍，三楼是女生宿舍。那时候，班里的歌舞主角是薛玲仙、王人美、黎莉莉、胡笳、韩国美。黎明健和白虹（当时叫白丽珠），还是十二三岁的小姑娘。第一把提琴是王人艺，新加入的学生名“聂紫艺”。他顽皮得可爱，每天厮混在一块打打闹闹的歌舞小姐们常常连笑带咒地叫他“孽子”，孽子就孽子吧，外形虽然不好受，反正内心里是一包纭，从此“孽子”就没埋了“聂紫艺”。但有时候她们也一本正经地称他为“耳朵先生”。

有一天，名震一时的联华影业公司总经理罗明佑做生日，当天晚上公司里开了一个盛大的庆祝式的同乐大会。明月歌班那时候已成为联华公司的一个特约组织，所以全体人马都去庆贺。那个同乐大会，在中国恐怕算得十足以上的牢牢实实的“同乐”大会了，因为去参加的人们全是能在舞台上各有一长的撩人心眼儿的朋友。听说，当天晚上的笑声和掌声，简直就没有断过一刻钟。明月歌舞班里也多得是表演，但因为当天晚上没有多的时间让她们上台去像瘙痒一样地哼几支粉红色的新歌，就公推了她们的“耳朵先生”去致一致祝辞。“耳朵先生”所编的祝辞，本身就已经很恰当而又够有趣的了，怎么还经得住他那丰富的表情和意外的滑稽呢！他应用了云南广东湖南北平江苏等省所特有的出色的土话和土腔，又穿插进了猪狗猫鸭等动物所特有的天然音调，更加上各得其当的种种表情，由此融合成一个令人倾倒的祝辞。假如说当晚到台上献演的艺人都被人看得很红，那么“耳朵先生”当天在艺术上给人的印象，的确可以说是“红得发紫”了；第二天，冷静的歌舞班里收到一篮花和几样珍贵的小礼物，上面吊着一块团团红纸牌碑，上写着下面几个字：

“聂耳博士惠存　　罗明佑敬赠”。

“聂耳！”他现在真的成为纯纯粹粹的“耳朵先生”了。“聂耳！”叫起来也很顺嘴。从此，他把四只耳朵一直线地连贯在一道形成他的签名，斜斜看起来就像意大利那座名闻古今的比萨斜塔。

“九一八”后，他忽然发现隔壁统税局里有一个职员是云南老乡，在这茫茫人海的地方，觉得分外亲切。我们在隔壁老乡房里谈天，歌曲像“毛毛雨”一样一阵阵飘进来，统税老乡不断地摇头说：“商女不知亡国恨，隔墙犹唱后庭花！”实际上，班里的小姐们自从“九一八”后，或者也可以说自从聂紫艺入班以后，心情也慢慢变了。从前虽然每人只有一点点拉到东来补不了西的津贴，虽然每天只吃得一饱，每天除了按照钟点像上课一样练习歌舞以外，还要偷闲自己缝衣服、洗衣服和看看书，每一个人都十分勤苦，但是她们心中总怀着一个远大的前程。现在，时势似乎逆转了，充满着希望的远景渺茫起来了。在这苦闷的氛围当中，他们和她们又切身感觉到自己的待遇太苦，但大家又忙解体的危险，所以表面上仍是安分守己，内心里却渐渐起了发酵作用。

那时候，上海有一个《时报》，它的学校消息和游艺消息特别丰富而又敏速。它不唯编排活泼动人，而且态度还较公正合理。比如说学校风潮吧，它所登载的消息会特别详细确实，而且常常是站在多数学生利益上讲话。又比如当时人们对汉字那种麻烦的部首所引起的小小的争论吧，凡是有意见投去的，它都一字不漏地登载出来，以便引起更多更好的意见。一向弥漫遍了中国社会的靡靡之音，也当然漏不了它的摘发。我们在它上面看见笔名中夹杂着一个“黑”字儿批评当时歌曲和演剧的文章，那便是聂耳写去的。时报因为能有这许多感人的新的倾向，所以极为当时青年大众所爱护和另眼相看。但同时夹有一个“黑”字儿署名的聂耳，也渐渐明白起来，也渐渐被黎锦晖所“另眼相看”了。

不久，“一・二八”的炮声响了，全上海陷入了死灭和惊恐里。但不久又“和平”解决了，明月歌舞班也在苟延残喘中搬到胶州路。有一天黎锦晖忽然叫聂耳去谈话。警告聂耳说，既要吃他的饭，就不应该写文章骂他。实际上聂耳对他的先生（黎锦晖）毫无恶意，他不过希望他把他的聪明和才干拿去创作一些对国家社会有益一点的东西罢了。他（黎）既然不谅解他，他在歌舞班里就从此不安起来，何况老蹲下去又有什么好处呢？

碰巧，有一天翻玩铁杆，正在脚朝天头朝地的时候，被班里闹惯了的小姐们寻了一个开心，就一跤跌了下来，头震得险些儿没了命。在能行动以后，他就和我商量趁此借赴北平养息为名脱离了明月。

在北平三个多月后，金焰忽然写信给他，想介绍他入联华公司工作。他因此一头高兴回到上海，进联华后的月薪是二十五元，除房租伙食外，所剩不过三四元，但在当时的聂耳已很能够快活和满足的了。人总不是铁打的，衣裳破了要换新的，身体病了要请医吃药，聂耳的厄运不久也就临头了。

他跟着导演家蔡楚生到石浦去拍外景，不知怎的，喉头忽然白了一点。因为人生地不熟，那里又是穷乡僻壤，同行的替他找了一个弓腰驼背的中医来。这一来就糟透了，那个医生竟然说他是白喉！白喉还了得？同行的人们都吓起来了，就赶快把他送到市上隔离居住，一面又另外找了一个比较认真一点的西医来看，真是吃了生姜又辣椒，那个西医随便看了看，摇头说："你嫖过没有？老老实实告诉我，那是梅毒的表现呀！"假如那是法官判罪的话，聂耳就冤枉透顶了，他哪儿来的梅毒呢？他断定这个西医还不够半瓶醋，还是原先那个中医比较有道理，于是又另外请了一个中医来看。这个中医说，那是一点小毛病，只要把它擦破，用药一上就好了。聂耳心里大快，就由他用一根金属棍按了进去。这一来，不唯忍受了他平生以来所没有的疼痛而外肿烂也更加扩大了。起先还能照常吃饭，现在弄得只能喝点清水了。他看这不是来头，就决定独自一人勉强回上海。

在石浦冤冤枉枉医了六七十块钱，全是公司替他垫的，占去了两个多月的薪水。到上海后，本来应该住院治疗，那即使医生医好了他的病，经济上也要逼了他的命。他只花两角钱到红十字会挂个普通号，配了一点药水来漱口消肿，另外经朋友的努力，找了一个义务的中医药方，开了一单生地、大黄等凉药给他退热。他当时住在霞飞路口的牛奶公司对过一个沿马路三层楼房间里。房东住在隔壁历代相沿的平房内，是当地土著，殷实厚道。房东老太太似乎已守寡多年，有一个大姑娘，一个儿子。她平常对聂耳印象很好，很爱护他，约他到她家里搭伙食。现在聂耳又病倒了，老人家像看护自己儿女一样，亲自来同他煨药，烧稀饭，泡开水。他病的一切经过，我当时还毫无所知，只心里计算，他应该是回上海的时候了，就跑去找他。进门去，他瘦骨干筋地躺在床上，一个穿一身粗土布破旧衣裳的老太太在旁边，无言无语。他看见我，脸上现出一点喜欢，比着手势勉强向我解释他的病状。我要他张嘴一看，那不过是轻微的扁桃腺发炎。我知他素来同我一样是一个火体，就把家乡有名的阮氏上清丸给他吃。结果竟然一天比一天好了起来，上清丸不到一盒，病就好妥了。这在他生活中是一场大大的苦斗，他不唯借用了公司三个多月的薪水，而且又耽误了一个月的工作，他不得不设法抵补。

他本来没有正式学过作什么曲，不过他常常在现实生活的接触中蓄积了许多歌曲的资料。打桩工人和码头工人的呼声，时刻萦绕在他那深沉的内心里。那是他们本能上发泄出来的极自然的曲调，它喊出了动作的和谐一致，它引起了工作的快活，它也配着褴褛的衣裳和幽怨的韵律而表露出了自己的难苦和不平。聂耳用他所有的音乐知识把他内心里蓄积着的天然音律写成曲谱又汇着工人的心情编成了歌词，由此作成《打桩歌》和《码头工人》。

当时百代公司的音乐主任是任光。聂耳因为种种关系认识了他，就把所作的两个新歌拿去找他，并且当面在洋老板面前配上乐队唱了一遍。中国新歌素来都是软性的，需要女明星的喉管。男唱家只在西洋流行，因此洋老板是极有赏鉴能力的。聂耳唱出来的这个中国歌曲，洋老板认为很精彩，很新异（因为格调和支配着当时社会的黎派作品完全两样），所以不管它是红是黑，也不管它是否适合于当时的政治环境，就马上决定收成蜡盘出版了。这是聂耳作曲成功的第一步，也是中国新音乐的头一声。

《打桩歌》和《码头工人》发行以后，联华公司拍摄《母性之光》，请他饰演黑奴矿工，同时为他自己所演唱的角色制作了一首《开矿歌》，矿山外景是到杭州去拍的。他为了生活同时也为了艺术，用粘腻的煤烟在闷热的天气下涂黑了全身，使自己变成一个道地的黑奴。这样一种牺牲身体舒服的化装表演，除了他自己内心里留下一个难于抹灭的印象外，在影片上只一晃就过了；假如不特别提起，观众恐怕感觉不到。在另一影片中，他又饰过一个卖油炸豆腐的半老头子。那是和一般临时演员一样的，每天不过拿到一块钱的额外报酬。

上海文化界在八仙桥青年会公演歌剧《扬子江暴风雨》，聂耳不唯是一个重要的热心的导演，并且替它创作了《打砖歌》等插曲之外，还亲自饰演六十多岁的工人老王。聂耳当时不过二十二岁，却把一个老头子的姿态性格表现得出神入化。事后谈起来，他说：“老头子比小姑娘好演得多了。男人终归是男人的底子。”原来他在中学的时候，是专门演青年女角出名的，朋友们都叫他“玛丽亚”。

联华公司拍摄《大路》，请他制作了《大路歌》和《开路先锋》歌。从此跟着帝国主义侵略中国的炮火，《轰轰轰》的歌声轰遍了全国，轰动了每一个中国人的沉闷的心。从此，“聂耳”这个称呼上面也就被人们加上了“前进作曲家”五个字。从此，“聂耳”这个名字使电影界增加了无限的光彩。从此，各影片公司都争着要聂耳作曲。从此，电通公司《桃李劫》中的《毕业歌》，艺华公司《飞花村》中的《飞花歌》、《牧羊女》歌，又《逃亡》中的《逃亡曲》、《塞外村女》，联华公司《新女性》中的《回声歌》、《天天歌》、《一天十二点钟》、《四不歌》、《奴隶的起来》、《新的女性》，电通公司《风云儿女》中的《铁蹄下的歌女》、《义勇军进行曲》，以及田汉所编舞台剧《回春之曲》中的《春回来了》、《慰劳歌》、《再会吧南洋》、《梅娘曲》等等，带着满腔的热情和愤怒，深入了全国男女老少的心坎中，变成了他们自己的呼声。千万遍在斗争中喊了出来。

聂耳在创作歌曲的过程中，感觉到自己的学识极端不够，曾经由朋友的努力想插入国立音专去学习，但被学校当局拒绝了。当时，聂耳的歌曲虽然成为一般老百姓表露自己心情的呼声，同时也成为绅士阶级的耳中之刺。他们像堵水那样防止前进歌曲的泛滥，但它却由每一个缝隙中奔流了出来。

聂耳创作的歌曲，多半都是像铜铁那样，发出亮光，发出铿铿锵锵的音调，这表现出聂耳是一个爽快干脆的人。又由它那血泪交流的雄壮的呼声，表现出聂耳是极热情的青年。唐纳在《给亡友聂耳》中这样写："…… 在我们这一群好玩，孩子气特别重的年轻人之中，你并不超群。深夜，把你从床上拖起来，要你陪我们出去玩，你还是会揉揉眼睛从床上跳起来陪我们去的。身畔没有多余的钱，人们要你请客的时候，你会很慷慨地把仅有的财产全部掏出来会钞的。你好玩，你孩子气也许比我们更重，但是你对于事业的认真，不苟且，做事的精细，缜密，对于朋友们的忠诚，却是我们这一辈人所不能及的。有时朋友到你家里来，你正在上学习钢琴的课程的时候，你决不肯就此轻易停止了你的课程；有时谈话到你上课的时间，你会马上结束谈话，提起书包就走，决不拖延一二分钟。……"

民国二十三年（1934），我住在霞飞路杜美路附近的一家花店楼上，聂耳则因避免某种讨厌的谣传而移住在距我不远的一家洗衣店楼上，我们晚饭后无事，常在一道用扑克牌捉乌龟。说也巧妙，一连三次都捉到聂耳做乌龟。第一次用集体的方式在他脸上画花脸，第二次三次罚演旧戏。他一个人忽的装出打鼓，忽的装出敲锣，忽的装出拉胡琴，把老生、小生、青衣、花旦，以至小丑等各有特色的主要台步和唱腔完全表演出来。我们本来都很讨厌旧戏，恶俗旧戏，但经他这一来，大家全笑得东歪西倒。他在大家笑声还没有停息的时候，就一溜烟跑了。他忘记了脸上还有许多奇形怪状的笔迹，惹得外面的人们尽都好笑起来。那简直是戏中之戏，滑稽外的滑稽。

和我同住的天虚兄决定到日本留学，我们就把刚好满期的房子退了。他上船的时间又刚好是第二天清早。当夜就把行李搬到他房里。天虚有一个宁波小爱人，聂耳不忍让他们放弃这分离前的宝贵的最后一夜，就留他们在他床上安歇。那时正是冬季的最后一个月，万不料他去相投的那个朋友（唐纳）当天夜里又回来得特别晚，他披着大衣在冷阴阴的马路上独自走来走去，一直等到十二点半。

三个月后，上海局势渐渐恶劣起来。热血沸腾的艺人们也只好跟着《逃亡》一类的影片往别处逃亡去了。聂耳为要继续深造，又为了将就经济情形，于是就决定到日本去跑一转。不断这一去就结束了他艺术活动的一生。1935年7月17日，年青的聂耳只二十四岁，竟在日本鹄沼海中淹死了，去给他收尸的就是天虚。他把他的尸首化成了骨灰带到上海，继后又打成邮包寄到昆明，安葬在昆明湖旁边的碧鸡山上。现在温暖明媚的昆明湖中荡漾着这划时代的青年音乐家的歌曲，他死后的时代是更合乎他生前的理想的。

聂耳精神永远活跃在青年的全中国。

原刊《新音乐》1941年9月第3卷第2期

作者简介：晓龙　聂耳的同乡亲友郑雨笙的化名（后改名郑易里，是聂耳三嫂的七叔）。

黑天使时代的聂耳

——聂耳前期杂忆

郑易里

聂耳的时代是一个“嘴被封住，耳朵还自由”的时代。有一次云南同学开同乐会，要他表演，他就把面部涂成漆黑，变成一个非洲博士，登台讲演，使会里的人开开心心地大笑了一场。那时候，政治空气坏透了，红帽子成了屠杀青年的唯一国法，青年人不知道牺牲了多少，所以大家都有一种对现状不满的共同苦闷。散会以后，朋友们带着愉快的心情，好像是对非洲博士表示感谢似地问聂耳说：“你怎么会想得出这样有趣的节目来呢？”聂耳说：“怎么想不出来呢？说道理话要犯法，笑还不受限制，所以我到台上瞎胡闹一阵那还不容易吗？”

凡是认识聂耳的人，都觉得聂耳很有一些天才；他常常能很快地把耳朵里听到的有趣腔调或一般声音由他的嘴里反现出来。照旧式的说法来讲，他很有耳聪。他在黎锦晖主办的明月歌舞班的时候，他的名字叫聂紫艺；他常常学嘴，常常引得同班小姐带羞带笑地骂他一声“耳朵”！渐次渐次，人家都不叫他的名字，人家都直接叫他做“耳朵”了。这除了因为他姓聂，耳朵堆成山以外，实际上还是因为他的耳朵厉害；从他耳朵里进去的，没有不能从他嘴里活跳出来的。跟他处熟了的朋友，无论是江西老表也好，宁波阿拉也好，广东顶呱呱也好，都怕他向自己学嘴，然而都欢喜听他学嘴。有一天联华影片公司开同乐会，请歌舞班的人去参加，歌舞班推聂耳做代表，那节目是“聂耳博士演讲”，聂耳表演了一个三十六行无所不会的节目，使大家饱笑了一顿。会后“联华”总经理送了他两件礼物，上款也把他称作“聂耳博士”。从那天以后他才自觉“耳朵”这个名字是被人叫定了。他说：“他们硬要把一只耳朵送我，也好也好，你看，四只耳朵连成一串不是像一个炮筒吗？”“真像！真像！以后你就用它轰几炮吧！”我说。

聂耳退出歌舞班以后，到北平兜了一圈子，然后才进了联华制片厂做一个起码职员，生活很穷。有一天听他吹口琴，我问他复音是怎样吹出来的？他说：“对了对了，我从前也很奇怪，总以为人家的口琴好，构造复杂，自己的口琴不好，构造简单，实际上才好笑呢；喏，就是舌头的作用呀，在没有买书看以前，总不知道嘴是还有一个舌头，看了书以后，才奇怪自己怎么这样笨，吃饭咬痛了嘴，还嫌舌头在嘴里绞呢。”我们由“舌头的发现”上推论到其他，认为只要努力学习，还可以发现不少能力，“在音乐上说”，我说：“你没有发现出来的能力一定还很多。比如歌曲吧，你既然不满意黎锦晖，可想见你已经具有一种潜能，已在你心中发痒。使你对歌曲怀有了新的要求。你不妨找本书看看，练习。”

原来他退出明月歌舞班，是因为他屡次用“黑天使”的笔名在《时报》上抨击黎锦晖。黎锦晖发现黑天使就是聂耳以后，有一天很严厉地对聂耳说：“你既然吃我的饭，就不应该骂我！”聂耳说：“我何尝是骂你，我不过是希望你改变改变作风罢了。难道你丝毫没有感觉到时代已经不同，靡靡之音已经没有生命了吗？”聂耳从此深深感觉到黎家班的饭毫无意味，他就借养病①为由，断然退出歌舞班到北平去了。

聂耳到北平以后，本想找个音乐学校进进的，但因为种种原因终于不得不回到上海进联华电影制片厂工作。从此，一粒种子才算在石头缝里生下了根，渐渐发出了芽，长了起来。

他在短短一两年内，由“联华”到“百代”，由“百代”到各影片公司做作曲客串，他越生长环境越使他感觉到到处是石头，他在石头缝里也遍处引起了爆破石头的轰轰轰的巨响。石头始终是无生命的，生命的力量能粉碎它，能根本变革了它的性质。可不是嘛，聂耳这一棵幼苗（聂耳死时才二十四岁），在石头缝里既遭干旱的威胁，又遇到水淹的惨祸，然而现在新音乐已把石头缝改变成广阔的良田了。

现在嘴是自由了，歌声到处是武器，就是石头也到了要长出耳朵的时代了。

原刊《新音乐》1949年7月18日第卷第2期

作者简介：郑易里　早年在北京和日本学习农科，1928年在家乡玉溪加入中国共产党。地下党组织遭破坏后至上海经商，历时数年从事《资本论》等马列著作的编译和出版，曾任读书生活出版社董事。新中国成立后曾任中国农业科学院研究员、全国政协委员。曾历时40年从事工具书《英汉大辞典》的编写和修订；历时十余年的电子计算机汉字输入方法的研究成果（郑码），1996年荣获全国科技信息优秀成果一等奖。

① 他有一次在班里练习翻铁杆，正在倒挂着金钩，一不留神，脚一松，头就冲在地上昏了过去，一直休养了23天。

回忆聂耳二三事

郑易里

聂耳的故乡玉溪，不但是一个风景秀美而且是一个富有歌舞传统的地方。玉溪离昆明不远，由昆明出发，乘帆船穿过昆明湖（滇池），再走八十里路就到了。

玉溪，整个说来纯粹是个农村，那里的人民主要是农民。他们有一个接土地菩萨的风俗习惯，秋收后，最先完毕的村子就抢先到土地庙去，把土地菩萨接到村里来过节。家家杀鸡宰鸭，人人换穿新装，热闹不上三两天，邻村就来催逼着把土地菩萨接走了。从他出庙时起（约在农历十一月前后），等到周游全县各村庄回到庙中的时候，已是次年的农历二三月左右了。

迎接土地菩萨的时候，农民们都打着大锣大鼓，唱着“花灯”，甚至还要着龙灯。这种节气虽然带着浓厚的迷信色彩，但是实际上除了农民们享受享受一年来劳动的果实外，还含有观摩、访问、交流经验、促进生产的作用。

在这个盛大的节日里，人民最喜爱的花灯非常普遍。“花灯”就是云南农村里过节在空地上演出的一种歌舞剧。最简单的花灯剧团只有一男一女和一个“打岔的”老头，乐器伴奏只是一把胡琴或月琴。如果演出的不是《渔翁和蚌精》一类成套的戏，通常就是各人拿着一把扇子，一面起舞一面唱。起舞时扇着扇子，进两步退一步，腰杆一闪一闪，头跟着扇子而摆动。花灯曲调优美动人，伴奏悠扬和谐，十分引人。

在聂耳的少年时代，这种热闹的气氛，吸引着所有的玉溪人，吸引着每一个玉溪的青年。每当和聂耳谈到这个灯节的时候，他无不眉飞色舞、手痒脚痒的。

这种表现农村丰收景象的盛况，不久就随着地方军阀的兴替而衰落了。当时反动政府横征暴敛，军阀混战，民不聊生，盗匪蜂起，地主豪绅的压榨变本加厉，农民的生活陷于极度贫困的境地，灯节歌舞也因而沉寂下去了。

当聂耳常常回忆到故乡的情景时，在他心里就燃烧起热情的革命的烈火。他痛恨当时的豪绅地主军阀官僚，痛恨不合理的社会制度。他认识到只有共产主义的道路才是光明的，所以那时他积极参加了共产主义青年团的活动。他用他从小以来耳濡目染所培养成的艺术才能投入群众活动中。聂耳有时搞音乐歌舞，有时搞戏剧，有时又搞杂耍。音乐吧，三弦二胡、提琴风琴，有一样弄一样。戏剧吧，新剧旧剧，男角女角，老头青年，无论任何场合，他总是即时应景，补空补缺。在当时，他是以扮演话剧中的“玛丽亚”这个年轻女角而出名的。当时，在学校中男女合演是绝不可能的，同时男子中愿意演女角的也很少，因此他就把这个艰难的任务承担下来了。

他到上海是在一家云南商号的上海办事处做事。同事一共三人：一个回族老头、一个中年商人和他。他们住在虹口公平路华德路附近的一个弄堂里。房子是带有东西厢房的二楼石库门。周围的环境很不好，一到夏天，空气里飘着尘埃和腥臭，白天苍蝇飞，夜晚蚊子扰，那种嘈杂肮脏的情形，在上海是十分典型的。

这个院子里还住着一对白俄夫妇和办杂货的福建商人二房东。楼上楼下，常常打麻将，一片乱糟糟。聂耳生活在这个环境中，很快就和同院的每一个人熟识了。人们觉得聂耳活泼多趣而又热诚可亲，所以一认识后就很自然地来接近他。

他的住处离黄浦江码头不远。有一天夜里我去找他，天气正热，屋里很闷，他约我到码头上去乘凉谈心。他忽然打断了我们的话，好像发现了什么似的举起一只手拦在我面前轻声而又短促地说：“听！听！”原来在浪声、风声、汽笛声中飘扬着一种优美有力的旋律，那就是不远处码头工人们搬运货物的简单、重复的劳动呼声。静听了一会儿，他连声说：“美妙极了，美妙极了！”

原来聂耳帮工的这家商号做的是走私漏税的生意，不久就在昆明败露了，他因此失业。虽然，这时他急切地打算找一条出路，但并不愁闷悲观。他经过我的一个朋友的辗转介绍，和虹口区的反帝大同盟发生了关系。

有一次他参加南京路的示威游行，无数的人不约而同地朝一个方向流动着，前面刚爆发了“打倒帝国主义”的呼声。当少数帝国主义的武装爪牙跟着鬼子巡捕往人流中扑过去的时候，后面和马路两边又爆发了更多更壮大的喊声。此起彼伏的呼声，像地雷一样，在饿狼周围爆发着。这呼声沉重地打击着帝国主义的爪牙，也深刻地教育和启发着被压迫的中国人民。聂耳穿着一件蓝布大褂，兴冲冲地回到住处，两个同事问他：“这半天哪里去了？”他说：“街上过节，有武打，有歌唱，人山人海！”

在这个时候，他不愿意离开上海回云南去。他想，即使不能在上海念书，去做工、做店员也可以学到很多的东西。他天天看报，特别注意广告中的“招聘”栏。有一天发现了“明月歌剧社”招收三名团员的广告，他马上去报了名。有一次我去找他，他正在练习小提琴。我很奇怪他怎么拉起提琴来了。他就对我说：

“是的，我自从离开学校差不多一年多没有拉提琴了。老实说，我还根本不会拉提琴，现在才算开始认真练习。”之后，他告诉我他在报纸上的意外发现，因此近几天来才成天下工夫做基本练习。

考取了“明月歌剧社”，他的高兴是无法形容的。我好像记得，他以他仅有的钱买了一床垫单和一双皮鞋，四五天以后就搬到歌剧社去了。在学习期间团里供吃住，还有每月三元零用，他觉得非常满意。

这时候，他已参加过歌剧社的几次公演，卖座不见得好，起初以为是由于上海次数演得过多，所以不景气，但是跑了几次码头，仍然打不开局面。大家又以为是梅花歌舞团的影响，在上海弄倒了招牌。而聂耳心中已经感到这种歌舞完全不是中国广大群众所喜闻乐见的东西，不过是投合都市糜烂生活中少数公子哥儿买办阔佬们的低级趣味而产生的玩意儿，和群众的生活完全不相干。聂耳曾经向黎锦晖提过一些意见，但是毫无影响。他心想：“道不同，不相为谋。”于是就用“黑天使”这个笔名给当时较为进步的报刊陆续写了一些批评黎锦晖的文章。聂耳除写文章外，还秘密参加《电影艺术》杂志编委会。在这时，聂耳认为既然黎锦晖的靡靡之音不好，自己就应该拿出革命歌声来。从这时起要写作“革命歌声”这一个念头已经牢固地埋在聂耳这个具有革命热情的青年的心里了。他努力学习当时所能找到的音乐理论书籍如《作曲法》、《和声学》等。有一天他和我在静安寺路一面走一面谈，他提出这样一个问题：“有没有思想进步的作曲法这一类新书？”我说：“唔，在苏联一定会有的，可惜没有翻译。”

“一·二八”淞沪抗日战争爆发了，难民像洪水一样向租界里奔流。聂耳非常激动，他找难民问长问短，并且跑到前线去看士兵们怎样打日本鬼子。他回来向大家传达了一些使他最兴奋的情景，同时，也谈到慰劳队进入战区去唱歌、演戏慰劳部队。有的社员就嚷着说：“我们也可以组织慰劳队呀，我们不是会唱歌跳舞吗？”大家都说：“对！对！”于是，“明月歌剧社”的慰劳队，不二三日就向抗战前线的闸北方面出发了。在慰问当中，有一个问题发生了：“唱什么歌，跳什么舞呢？”他感觉到这是一个非常迫切的问题，一定要解决。

“一·二八”前数月“明月”曾一度和联华影片公司合作过。在战后不久，“联华”资方感觉无钱可赚，就把“明月”全体社员遣散了。聂耳打算进“上海音专”，但是被拒绝了。继后到北京想进艺专，也没有成功，在北京待了三个月左右，又回到上海进“联华”工作。

这时，他早已认识任光，并且已经是党组织活动中的一分子。他们成立了“中国新兴音乐研究会”。他在体会了矿工的生活以后就创作了《开矿歌》，这是他开始正式创作的第一页。从此“革命歌曲”这个概念就开始变成为实践了。

在这段时期，他的创作力非常旺盛，写出了许多表现工人阶级生活和反对帝国主义和反动统治的斗争的歌曲，如《打砖歌》、《码头工人》、《前进歌》、《大路歌》、《开路先锋》等。他经常到工厂去教唱，在深深体会到女工比男工更甚的痛苦以及她们那种反帝、反封建的深藏在心中的革命热情后，写成了别具风格的《新女性》。

有一天，在一辆往南京路驰去的电车上，聂耳忽然要我注意听车上两个年轻姑娘小声唱着的歌声。我听了一下，听不出是什么歌，但觉得歌声中有一种令人兴奋激动的力量。聂耳低声对我说：“那是《开路先锋》歌，不久以前才写成的。”他觉得他的歌曲已渐渐在人民群众心中生了根，他的创作劲头也更大了。

他为了创作，用他微薄的收入（约十二三元）租了一架钢琴。白天上公司去工作，清早又不便吵人，因此，只好常常利用晚饭后的时间在钢琴上进行创作。有一天晚上，我去看他，他就指着白纸上画好的一些音符对我说："房东说我不好好弹琴，总爱扑在琴上画豆芽菜玩儿！"

这正是他创作《新女性》的时候。

《新女性》的创作是相当艰苦的。他为要体会纱厂女工上日班的情景，不得不在清早从霞飞路赶到沪西路大自鸣钟一带去观察。需要去得很早，又没有电车，他就不得不趁着星星在天、寒霜遍地的秋夜，步行一个多钟头，赶到纱厂附近去。同时，他又找他教歌的女工们谈话，到她们住处去访问，到她们的车间去观察，然后心中有了谱才开始创作。

聂耳不但对旧戏有深刻的研究，同时最感兴趣而且体会也最深的还有云南的花灯和其他种民间歌舞。他有一个最大的愿望，就是想尽量地搜集家乡这些宝贵的民间音乐，用新的观点和新的方法把它们整理成为一种真正的新的民族音乐，可惜他死得太早了。然而，新中国成立后，他这个愿望在人民政权的大力扶持下已逐步实现了。今天，玉溪花灯已大大发展，拥有大型的乐队和几十个男女团员，还拥有固定的大戏院，除了不断在昆明上演，也经常到各农村去演出。今天的玉溪，农民已经分得土地，过着幸福愉快的生活，因此，逢年过节，更是兴高采烈。当每年正月间举行花灯、龙灯大会演的时候，其盛况更是空前未有。这和聂耳在世时的情况是不可同日而语了。

原刊《人民音乐》1955年8月

回忆我们的四弟聂耳

聂子明　聂叙伦

一

聂耳和我们的死别，到今年已经是20年（1935—1955）了！加上死别前五载的生离（1930—1935），算来25年的时间虽然相当长，可是我们对于他在家时一切形象的记忆，依然是那么新鲜，就好像过去不久的事一样，并没有随着时间的消逝而淡忘。

聂耳是我们最小的弟弟，他原名“守信”，字“子义（紫艺）”。聂耳是到上海后才改用的。

我们的父亲是一个中医，1916年聂耳才4岁时，父亲便逝世了！那时家境极为贫苦，丧葬费用都是向亲朋们拼凑借来的。父亲死后，抚育我们弟兄三人和一个姐姐的重任，便落在母亲肩上了，聂耳年纪最小，母亲格外疼爱他，但并没有让他沾上半点娇生惯养的习气。母亲十分关心我们的日常生活，同时，对我们的教育也从不放松。譬如说，每天要我们按时读书写字，不准说谎话，不准不经母亲同意随便接受别人赠予的食物或银钱，不许在宾客之前向大人索讨零钱……这些家规是我们一定要遵守的，谁违犯了就会受到严厉的责备，所以我们从小这几方面都受过较为严格的教育。聂耳5岁时母亲已教会他认得五六百个字，他的记性特别好，教过的都不会轻易忘掉。他非常爱听母亲给他说书和讲故事，差不多在每天夜晚临睡以前，母亲总喜欢坐在床上说书给我们听。说的尽是一些流传民间的木刻故事，像《柳荫记》、《孟姜女》、《安安送米》、《鹦哥记》……一类的东西，那些书尽是七言或十言句写成的，可说可唱，通俗易懂。聂耳在听母亲说书时总是聚精会神的，书里面悲欢离合的情节常易使他感动，如果听到善良的人受了委屈，他一定愤慨不已，有时还替书中人流洒几点同情之泪。

为着家庭经济的困难和抚育我们责任的重大，母亲有时会在暗地里伤感。聂耳很知道安慰母亲，只要觉得母亲心里不太高兴，他就用种种动听的言语或真情毕露的小孩姿态去安慰母亲，请求她不要难过，有时会把流着眼泪的母亲逗得笑了起来。

聂耳童年时平静的家庭，曾受到一次暴风雨的侵袭，几乎拆散一家人！那就是母亲生了一次大病，大家都认为没有希望了，接近的亲友们都来帮忙计划后事，因为我们弟兄3人年纪还小，所以商定由3家亲戚分别负责领去抚养，我们心里难过极了，只好抱头痛哭！好在后来母亲的病还是治好了，我们的家庭才算安稳了下来。

母亲不忍让自己的孩子们失学，不管怎样困难也要设法供我们进学校。我们3人都已进入小学的那段时期，家庭经济是十分困难的，一到学期开始，买书和交学费的钱就成问题，当然只好向人拉借或者变卖家里能卖的东西来应付。有一次把母亲平日最喜欢听的一架八音闹钟卖了！到晚上再听不到报时悦耳的钟声，家里显得格外寂静，我们感觉非常难过！可是聪明的弟弟却发表了他的意见，认为只要我们能够认真读书，母亲就会比什么还高兴。我们都同意这种看法，并由此激起我们要勤学苦读以慰慈母的决心。

聂耳在求实小学读高小时才不过10岁，学校曾发给他第一号褒状，他拿回家来母亲见到后非常高兴。他还对母亲说："妈妈，您家看着，以后我还要越发努力取得更好的成绩，将来您家还会更高兴哩！"

聂耳很知道体贴家庭经济的困难，他从来不羡慕其他同学穿着较好的衣服鞋袜，自己有什么穿什么。但在整洁方面他是重视的，即使一件补了又补的衣服，不穿时他也要把它折叠得平平整整，穿脏了就自己洗。为着节省一部分买书钱，他就自己抄写课本。他说这样不仅可以练习写字，还能帮助记忆。

1925年聂耳小学毕业后进中学是一道难关。因为那时的中学收费很高，并且要在校包伙食和住宿，我们家里实在没有力量供给。好在他去报考昆明等十一县联合开办的一所中学，得到录取了，还提为一年级下学期插班生，5个学期后便可毕业。由于这个学校是走读制，不需缴纳膳宿费用，所以负担较轻，投考的人大半是家境较贫寒的子弟，每届投考时应考人数很多，而被录取的却为数很少。聂耳既经考取，算是解决了升学的困难，并从此开始了他的中学生活。

聂耳中学时期的学习生活比小学紧张，但他每天放学回家后，从未忽略帮助母亲做家务以减少母亲过度的操劳。聂耳对学习非常主动积极，大雨大雪也不轻易缺一次课，老师和同学们都喜欢他。学习中他常喜欢把学得的东西拿来做实验。像学过物理的光学以后，他很快就学会照相，还自己制造一具幻灯来玩；在学校中看过化学试验，他在家里会用白铁香烟罐做成一个蒸馏器打算制酒精。从这些地方看来，聂耳随便学什么都能够下工夫去钻研，并懂得用理论来结合实际。所以他对学校所授各项学科，都具有一定的收获。

1927年7月，聂耳中学毕业后，接着就考入云南省立第一师范高级部外语组，这是一所专门造就师资的学校，外语组着重培养英文教员。聂耳本来是没有这个志愿的，不过当时自己根本没有进高中以至大学的经济力量，只好借此达到继续升学的目的。高师学程是3年，实际聂耳只读过两年多。因在1928年11月至1929年5月这段时期内，他曾离开学校到湖南去度过几个月的军队生活。以后才又回昆明重返学校继续修完最后一年的课程，于1930年7月毕业。

他中途离开学校外出的原因，主要是他很不满意当时云南的学校生活，幻想着走到另一环境可能会符合理想一些。所以碰到有一个云南军阀驻湘军队（范石生率领的第十六军）派人到云南来招考学生，聂耳便和一个同学去报名参加，并且也不告诉家里就走了，等他到了阿迷以后才来信给我们说："我这次的出外，完全是环境的支配，使我不能不这样做，我感觉到云南不是可以发展的地方。谈到读书，外面挂了高级师范的名而没有高级师范的实。我想，现在我已经从中学毕业，入了三学期的高师，还有三学期又是高师毕业学生，究竟拿得出什么实学来呢？不是我一个人是这样，实在是云南教育界的根本问题……"然而，事实是和他的理想完全不符合的，他到达湖南以后才知道上了当！原来在昆应考时所听到的一些什么话尽是骗人的鬼话，被哄去的大批青年学生都穿上军服做了新兵。于是聂耳才后悔此行的不该，但事已至此只有忍受下去，月余后得到相熟朋友的帮助，算是转到连部里去做了一名录事。又过了几月，因为那个队伍缩编裁员，聂耳才争取遣散回乡。在那四顾茫茫毫无出路的情况下，他只得于1928年5月回到昆明，并依然回省师续修他未完的学业。但是，他向外发展的意志并未因这次的挫折而消沉下去，在思想上已经作好再度外出的准备。

二

提起聂耳来，我们再也忘不了他在家时那副天真活泼喜说好动的性格和健康、朴素、经常保持乐观的形象。他是一个富有广泛生活兴趣、无论对什么也不会疲倦的人。除读书外，他从不忽视其他方面的各项活动，如体育运动、郊游、爬山等，有时还下下象棋。音乐、戏剧、美术、文学等都是他爱好的东西，尤其对音乐有很大的兴趣。聂耳爱好音乐也热爱每一个和音乐接近的人，幼年时我们邻居住着一位木工师傅，当他每天工作完毕以后常爱用一支短笛坐在门口吹奏小调，调子虽然简单，但听起来很悦耳。聂耳常爱去找他聊天并看他怎样吹法，不久自己便买了一支苏笛来学，并且很快就会吹了。学搞西乐是学会国乐以后的事，那时我们隔邻楼上有时传来小提琴或曼陀铃的声音，原来是住在那里的一位小学音乐教师张庾侯经常在练习。这种乐声竟吸引了聂耳去和他交朋友，并建立很亲密的友谊。慢慢地他借用张先生的乐器来学练，居然也会搞了。接着聂耳又认识了一位家里置有钢琴的朋友，他因此能够常到这位朋友家里去弹钢琴。起初不过学会一些基本弹法，后来是向一位法侨业余钢琴家柏希文请教了许多有关乐理方面的问题，并不断地研究练习，从此对音乐才算奠立了初步的基础。

聂耳在学习音乐的过程中，兴趣一贯浓厚，也引起了我们的同好，几乎每一天晚上我们三人都要约上一两个会玩乐器的小伙伴，在家里进行两三个钟头的合奏，乐器的种类为胡琴、笛子、三弦、月琴等。当时我们爱合奏的乐曲有《梅花三弄》、《苏武牧羊》、《木兰辞》、《昭君出塞》、《三蝴蝶》等。我们的家是临街铺房，乐声起后就引得成群的路人或街坊伫立不去，乐声停了还有人要求我们再来一个。记得有一年中秋之夜，我们曾在明月照耀的翠湖堤上玩了一整夜的音乐合奏，天快亮了才回到家里。还有值得回忆的是聂耳刚学拉提琴的时候，常喜到郊外风景区去练习，他最爱去的是西山，那里有一个“美人峰”遥对昆明，风景很美，他每次到那里去玩都要流连多时。有一次，天下大雨了，他还在别人撑着的雨伞下面，更起劲地大拉提琴，直到云散雨止，方才尽兴而归。电影、戏剧、云南花灯等都是聂耳非常喜爱的，他在中学时就开始参加学校的话剧演出，在省师时更成为学校中话剧组织的骨干。他扮演过好几次女主角，像《女店主》中的杜九娘、《罗密欧与朱丽叶》中的朱丽叶等。

聂耳平时喜欢练习写作，并常以生活中实际体验到的东西作为题材。如省师校刊发表的《在轮船上》，就是他去湖南时在从海防到香港船行途中亲眼看见帝国主义统治下殖民地劳动人民悲惨生活的一篇写实。后他经过阿迷（现名开远）车站时目睹一个捡碎煤的贫穷女孩因无票乘车被帝国主义爪牙推下火车致被碾断一足的惨状后，曾在湖南写过一篇题名《碎煤》的小说，寄到上海去发表。由此可以看出当时聂耳对帝国主义已经怀着强烈的憎恨，同时也反映了他对当时社会极度不满。

聂耳是一个使人容易接近的人，因为他对人的态度非常诚恳。对年纪大的人他知道怎样尊敬，对比他年纪小的，他也懂得如何去抚爱他们。记得某年清明节，我们到郊外去祭扫父亲的坟墓，在中途茶馆休息时，聂耳便去和两个村里的小孩玩，很快就混熟了，接着附近的儿童一时上来二三十人，把他包围着。于是聂耳便教小朋友们唱起歌来，并替他们担任指挥。花了很长时间，儿童们都高兴得了不得，紧紧拉着聂耳不许走。后来还是我们大家前去解围，答应下次一定再来找他们玩，他们才把他放走。

聂耳和同学朋友们在一起常常是谐趣百出的，不管什么场合有他在总感觉格外热闹。他不仅爱说爱笑，还爱和旁人随时交换彼此心里的意见。要是扯起什么问题来谈得投机了，他坚持一天半天也不感觉疲倦。所以凡是认识聂耳的人都容易和他打得拢，很少有讨厌他的。

聂耳从小就知道友爱，表现在他小学时期发生的一件事情上。那是某年的一个暑天，他被一个同学约到郊外去玩。那个同学的目的是下河洗澡。聂耳没有学过游泳不敢下去，就在河岸看着衣服。不料一刹那间那个同学被陷在泥沼里了！两只脚都拔不动，吓得大哭起来。聂耳看着十分着急，当时四下又无旁人。他情急了就脱掉鞋袜大胆地走下河去，涉水到同学身边。想把他拉起来，谁知聂耳也被陷住了，不动还好，越动越深，于是两人都一同哭喊起来。幸得附近的种菜农民闻声赶到，才将他俩救起。在这件事情发生以后，聂耳不仅没有造成以后再也不敢下水的印象，相反地他觉得一个人学会游泳非常必要。接着他就经常偷偷地和同学去河里练习游泳，后来终于学会了。这也说明聂耳童年时代的坚毅和勇敢。

三

谈到聂耳学生时代参加政治活动的经过，我们认为他在联中时期就已开始，进入省师以后就更活跃。他是一个努力学习、积极工作、关心一切社会生活的活动者。平日他很爱看书，裤子口袋里常常装着用报纸密包封面的书册，一有空便拿出来看。有时看得出神了连吃饭睡觉的时候也不肯将书搁下。他经常看的刊物有《奔流》、《环球旬刊》、《生活知识》、《世界周刊》等。研究社会科学和其他方面的书籍，他看过到现在还保存着的，有《世界社会史》、《社会变革的必然性》、《鲁拜集》、《现代新兴文学诸问题》等。其他向别人借来看的书很多，书名已记不起了。聂耳对自己所看的书，有些保藏得十分慎重，从不轻易给别人翻看。在白色恐怖猖獗、学校内深夜有人被捕的时期里，他的书就藏得越更严密。家里的天花板上以至坛坛罐罐里，都成为他放书的地方。

聂耳从中学开始，一直都参加学生会的组织，担负某些重要职务，对社会活动他很热心。如1929年7月11日昆明发生火药爆炸的事故，震毁房屋数千间，死伤成万的居民。学生方面就出现了一个“七一一青年救济团”，除做一些救灾工作外，主要是动员和组织灾民向当时的政府要求赔偿损失。聂耳便是这个团体的发起人之一和积极的工作者，他曾废寝忘食地奔走了好几天。后来因为政府敌视这个团体，对它施以种种压力，便被迫解散了。

此外，凡是为着社会公益的事业——如赈灾、办学筹募基金之类而举办的游艺会演，只要找到聂耳，他都尽力参加，绝不推辞，参加时总肯把自己所会的东西完全公开出来。他在这种游艺会中演出过的有话剧、双簧、相声、口技、提琴或其他乐器独奏等。还有一些属于个人创造的节目，如斗鸡眼、两耳自动、模仿某些地方的方言等，颇受观众的欢迎。

1930年7月聂耳刚要从省师毕业时，意外的事就发生了，因为当时反动统治者们对进步青年的迫害日渐疯狂，一些被认为有“赤色”嫌疑的进步分子，随时遭到秘密或公开的逮捕，捕去的人不是被杀害就是坐监。有一位姓李的和伪法院某高级职员有亲属关系的朋友，告诉我们一个消息说：“在法院审讯中已经有人牵扯着聂守信是共产党分子，恐怕会来抓他。”我们听到以后非常着急，为了趋吉避凶，不得不筹谋对策。最后大家商定让聂耳马上离开云南到上海去。一则逃出这个随时可能出事的地方；二则也能实现出外发展的夙愿。于是聂耳便仓促收拾行装，辞别亲爱的母亲和我们，取道越南到上海去了。

四

聂耳到达上海以后，直到在日本逝世前将近5年的时间，我们之间的通信是比较频繁的。我们虽然没有生活在一起，但我们非常明了他初到上海那一两年内的生活十分刻苦，工作并不安定，有些时候连买大饼充饥的钱也成问题。然而，在那纸醉金迷、藏垢纳污的旧上海社会里，他是经得起物质诱惑的。不管在什么环境，他始终还是保持着他那纯洁、朴素的本来面目，从来没有走错一步路。正如他来信说的：“……繁华的上海，藏污纳垢，您的弟弟早深深地感到。请您像以前一样的相信他，他决不会误入歧途的。”他在失意的时候也不消极悲观，这就是他有他的看法。他写信和我们说过：“时光是挡不住地往前跑，我们的别离转瞬已是两年有余了。滇越车站送行的情景还未消蚀和上海的新的印象才刚刚装入脑里，不知不觉的又是离家半年多。这些可怕的事实，实在叫人想都不敢想，想起来是会给人不寒而栗的啊！一个人

1982年，聂耳的亲属在昆明西山聂耳新墓前

的成功和失败往往便是在这些杂乱的思想中挣扎出来的。我常这样觉得，若果他认为光阴的易逝而感到人生的渺茫，一天只是玄想、伤感，那末他必然是失败的。反过来说，如果他知道光阴的易逝而应该爱惜，不做无谓的伤感而只知向着他自己应做的事业去努力，尤其是在青年时代一点也不把它滥用，那我们可以武断地说他的将来必是成功的。所以我常常驭制我自己往后者的一条路上走，这是近来我在修养方面值得报告你的一点。”

他在信里曾对我们表示过他的事业方向。他说：“……我不愿把一分一秒有用的光阴耗之于无聊。音乐、戏剧、电影，便是我一生的事业，我愿在这一生里去研究、学习。”真的，他已经初步实现了自己的愿望，开始为这些事业而努力。他把主要的力量都贯注在音乐事业上面，从1931年起他便着手创造新的歌曲，先后完成了30余首。

聂耳在音乐、戏剧、电影工作中，一贯表现非常积极负责。他为联华影业公司搞影片《新女性》的配音工作，会三天三夜不睡觉。1933年8月应某电影公司之约写一个剧本，很快就要提出讨论，他熬了两三夜便写出一个革命的学校剧《前夜》来。因为用脑过度，第二天他参加拍摄影片《人生》外景时，就发生脑充血昏倒在南京路永安公司门口。幸而急救得快，住了多天医院后，才算恢复健康。

1934年是聂耳在自己事业上进展比较顺利的一年。他来信中充满了乐观和信心。他自己作曲自己参加演出的歌剧《扬子江暴风雨》获得舆论的好评。上海很多杂志和报纸，都登载出这次演出的照片，就是苏联《国际艺术》杂志上也介绍了聂耳的照片和姓名。

那时，聂耳离开我们才4年，但他在各方面的进步却是如此的飞跃，这不仅使得每一个知

民族音乐研究所的谢柳明、周昌璧（右）陪同聂耳的三哥聂叙伦（中）参观该所聂耳纪念室后留影

道他的人感到惊异，就是我们也觉得有些出乎意料。当时，有一个最重要的事实——他已成为一个共产党员，是很多人所不会知道的。根据事后所得资料，聂耳直接和间接在共产党的教育培养下，已非一朝一夕的事。1933年他参加共产党以后，就更直接地在党的领导和同志们的帮助下进行工作了。所以他的劳动成果能够那样反映现实，反映人民呼声而形成具有真正内容的东西并不是偶然的事。

聂耳作为一个人民的歌手只算开始，但他的抱负是远大的。他决心要把自己的终身献给人民音乐艺术事业。他决心要继续努力学习来充实自己。因此他才在上海工作发生变动时，于1935年4月15日离开上海乘船前往日本。

按照他的预定计划是先在日本考察一段时期，然后就直赴欧洲。谁知由于不幸的意外发生，他竟在1935年7月17日那天，在藤泽市鹄沼海里完结了年仅24岁的宝贵生命。

这篇回忆录是为纪念聂耳逝世二十周年而写的。让我们在此向读者们致以家属的敬礼。

原刊中国音乐研究所编《聂耳专辑》（三）
1964年内部资料

聂耳的第一次接近音乐

紫　铭

有人说:“聂耳是一个天才音乐家。”这话的确不错,因为他既未进过专门学校,也未请过训导名师,而对于音乐居然能够获得相当成功,这是足以证明他音乐的素养,便是他固有天才的施展,以后继续的进步,乃是由他坚定的意志和刻苦的精神里,埋头苦干磨炼出来的。

我们的邻居 × 君,置有一具提琴,每当夜阑人静拉奏起来,抑扬的琴声,会不断地从壁隙窗缝里播送过来。聂耳每一听□□〔见就〕* 生异样的感觉,即□〔在〕* 读书或写字的时候,□〔也〕* 静止的凝神起来。□〔他〕* 的整个心灵,这时已被那琴声陶醉了!后来他和这位 × 君由认识而成为很要好的朋友,× 君的提琴,也便成了他唯一的良伴,学罢饭余,他不肯牺牲片刻的时光继续训练着,经过相当时日以后,在某某□校的游艺会里,他便公然做过几次演奏而博得一致的好评。

他梦寐不忘的前进计划,终于在民国十九那年实现了。由昆明去到上海不久,便踏入音乐界之门,从此更贯注全部精力以音乐为食粮。几年来他虽然在桃色似的气氛里生活着,可是他始终能超然自重,并不习染丝毫浮华的气质。他宁愿在严冬天当大衣来付提琴的学费,不愿使他自修的课程突然中辍;他也肯利用睡眠时间写文章赚稿费来买几本有关音乐的书籍,他的作品,便是在这个时代里开始产生的。他后来到日本,是去欧洲深造的初步准备,但是万料不到他的一生,就在那里结束。他满怀的壮志,竟永远地沉没在太平洋里去了!

聂耳的死已经三年了!当我们听到大众在歌唱他的曲谱时,我们立刻会发怔地想念起他来,“我们的弟弟还没有死吗?”一个疑团,每每会在神经恍惚中涌上心来。

1938年7月15日夜

那时他大约才有十岁,我们向京货店里买□〔竹〕* 笛,弟兄三人,轮流着吹。我们的嘴

聂耳（前排右二）在二哥聂子明的婚礼仪式上

几乎吹歪了，也发不出半点声音来。轮到聂耳，□〔几〕分钟，他便能吹出柔□〔和〕*悦耳的音调，这他也自然做了我们临时的导师，指导我们怎样摄口，如何运气，我们用一面镜子对照着，照他所□〔教〕*的方法去练习，虽□□〔然能〕*发出声音来，但那声音是破裂的、沙沙的，不堪入耳。

原刊中国音乐研究所编《聂耳专辑》(三)
1964年内部资料

作者简介：紫铭　聂耳的二哥聂子明。

临行的前夜

聂子明

1930年一个夏日的傍晚，天井内淅沥淅沥地落着微雨，楼上厅堂里已开了电灯，因为电压不足，显得暗沉沉的。我们一家人刚吃过饭，收罢碗碟，大伙儿围坐在那里，同院住的小坤和会真两个女孩子也走来加入了。这样的聚谈是经常的，可是今天总觉有些不同，每一个人都好像心有些沉重，说一句话，笑一下子，都没有往日那样起劲，原因就是四弟决定明天要离开家庭到上海去。所以大家心里都有感触，觉得这是临别前最后一次的团聚。

“聂四哥，现在请你给我们拉一次提琴好不好？你这次走了以后不晓得要到什么时候才能再听到你的琴音了。”小坤打破了沉静的空气，提出这个请求来。

四弟接受了小坤的意见，马上拿出小提琴，调好了弦音。“好！我拉，你们都唱。来个什么调儿？”四弟做好拉琴的准备姿势向大家发问。

“《葡萄仙子》、《三蝴蝶》之类唱得腻了，来几只老歌好不好？”

于是相继奏起《远足歌》、《渔翁乐》、《满江红》、《雪中行军》…… 大家齐声随和琴声高唱着。

“让我来拉一支《梦幻曲》给你们听。”四弟说着就拉起来了 …… 幽怨的琴声把大家的精神吸住了，不约而同地都去注意着他按弦移弓的双手，忽然发觉一滴一滴的水珠落到提琴上。“怎么四弟你哭了？”二姐问。

“笑话我哪里哭，看看你们才是哭了啊！”四弟放下提琴说。

那时在场的每一个人，都抑制不住情感，真的伤心大哭起来了。四弟哭得更厉害，连鼻涕都流出来。他用手捏着一把鼻涕说：

“不准哭了！谁再哭我就用鼻涕敬他。”说着向每一个人做出要放射手里鼻涕的样子，同时又做出一些滑稽举动来。

大家害怕他鼻涕的进袭，一面侧身躲避着，一面都止住了哭，接着又被逗得笑起来了。笑和哭一样按捺不住，一个个笑得肚痛泪流，简直和那些疯子一样。

后来母亲从亲戚家回来了，把借的几十元滇币交给四弟说："这点钱你拿去添着用吧！一路上要格外小心。到一定的地方就写信回来，我的精神很好，你不用挂念我。在外面找到工作，须以事业为重。以后有了成就，再和这次逼迫陷害你出走的那些魔鬼们算账。"说着她的眼眶里为热泪浸满了。

"妈妈，你放心好了！我一切会小心的。我这次离开你是暂时的，很快我就会回到你的面前……"说到这里四弟的声音也有些颤动了。

外面的雨越下越大，我们问四弟是否可以过一天再走？四弟背开母亲对我们说：

"不能，明天实在非走不可了！今天小黄又来通知我说：他们对我可能就要采取行动了，昨天晚上又逮捕了几个，都被上了电刑。娃饶的前天供出我是同党后昨天晚上又说出一些细节来，为了免吃眼前亏，早走一步好一步。不过我明天离家以后，还不知道中途会遇到什么，万一出了岔子请你们千万不要给妈妈知道，因为她实在经不起较大的刺激。总之我随时是会机警防备的，请你们也不用焦心。"

我们继续谈论了一些零碎事体后，才帮着四弟把应带的行李收拾好。这时邻家的公鸡已开始高唱着报晓曲了。

作者按：聂耳走出时我在楚雄邮局工作，本文系后来根据我姐蕙如口述当日真实情况写成的。内中"我们"字样是指我的二姐和三弟们，特此说明。

1952年7月14日夜

原刊中国音乐研究所编《聂耳专辑》(三)
1964年内部资料

作者简介：聂子明　当时任职于云南楚雄邮电局，1931年才返回昆明工作，新中国成立前曾任云南易门县县长。20世纪80年代后曾任昆明市第七届人民代表大会代表、昆明市盘龙区人民医院老中医。

回忆聂耳（摘录）

张仓荣

我和聂耳同志相识，是在1924年到1925年之间，那时我在云南省立第一师范学校十七班念书，家住在昆明端仕街二十四号。聂耳同志的母亲开着一间“成春堂”药铺，离我住处只隔一间铺面，可以算是紧邻。当时聂耳同志大约十三四岁，考入云南第一联合中学初中读书。他和他的两个哥哥聂子明、聂叙伦（聂子明当时在电报局工作，聂叙伦在市立商校读书）时常在晚饭后一齐在药铺里玩乐器，笛子、胡琴、三弦、月琴之类乐声悠扬，很觉悦耳。我从门口路过，总喜欢站着听，听了很多回，后索性推门进去和他们攀谈。我也是一个音乐的爱好者，有时随便拿起乐器和他们一起合奏，从此便认识了。后来我向朋友借得一把小提琴，我自己还有一架日本造的三组风琴，在楼上学拉提琴，聂耳同志有时也在大门口站着听，我见了便拉他上楼来一同学着玩，他拉提琴，我按风琴，一人一样，也就无师自通地奏起来了。那时我们俩在夜间同时在威远街英语学会补习英文，老师柏西文（名柏励，父亲是法国人，母亲是广东人，在英、德、法等国多年，民国初年就在昆明办英语学会，专教英文。死后葬在西山华亭寺东侧，徐梦麟曾为他作过墓志铭）钢琴弹得好，我们请他教我们弹过几次，他才指点我们什么叫基本练习，如何学指法，学看五线谱；我们对小提琴、钢琴的学法，才算摸到一点门径，从此我们在音乐上算是正式开学，我们的友谊也随着更加亲密了。此后聂耳同志进了省立第一师范十九班，我在省师毕业后留在母校当附属小学的音乐教师兼高级一年级级任教员。我们经常在一起，他的家又搬来和我同院住，像亲弟兄似的朝夕相处。后来他到上海，我们的通信一直没有断过，他到日本的前一年冬天，我到上海和他欢聚了差不多一个月。我和他分手回云南时，他送我上轮船，临别依依，谁知竟成永诀。现在回忆起来，时隔多年，他的音容笑貌，还宛然如在眼前。

聂耳同志生于1912年2月14日，他的父亲聂翼廷（云南玉溪县人）是一个中医师，在昆明甬道街开设聂成春药房（后迁至威远街，又迁至端仕街，再迁至威远街，最后迁至庆云街。

他母亲死后即停业）。他母亲彭寂宽（云南峨山县人，1956年冬逝世）也习中医，特别是医治疮科很有名，辅佐着他的父亲诊病制药，抚育子女。聂耳同志原名守信，字子义，后改紫艺。他有三个哥哥两个姐姐，大哥守拙字古抑，大姐兰茹是前母生的。同母生的是二哥守诚字子明，三哥守先字叙伦，和二姐蕙茹，他是最小最聪明的一个，到三岁就由父母教他认方块字了。1916年7月他父亲因病逝世，那时他才四岁，家庭很困难，其母除继续开设药房诊病卖药外，还连夜赶做一些针线，帮补着生活费用。1918年春天，聂耳同志已六岁，母亲送他到象眼街昆明县立师范附属小学读初级小学，他已能认两千多字了（据日记自述）。1921年冬初小毕业（那时的学制，小学包括初小四年高小三年毕业）。第二年春天考入文庙里求实小学的高级一年级，这时他开始喜爱音乐，向一位木工学会吹笛子，后来又学会拉二胡、三弦和月琴，他的音乐天才在校中已显露头角了。到1924年冬高小毕业，成绩为全班第一，曾在毕业典礼会上演过话剧《青春之梦》的主角，这是聂耳同志第一次演话剧。1925年春他考入云南第一联合中学（在富春街岑公祠）初中第九班为插班生，插入初中一年级下学期。这时他家已搬到端仕街，白天去学校读书，夜间我们一同在威远街英语学会（后迁至武成路改为达文学校）补习英文，经常和我同去同来。我们那时由于对音乐的爱好，已由邻舍而成为很莫逆的知交了。在柏西文老师的指教下，他已学会拉小提琴，不但已逐步学会弓法指法，而且能拉得十分婉转动听了。这时他已十四岁，据日记自述，他开始接触革命思想，曾阅读过《东方杂志》的列宁专号。1927年秋初中毕业，考入云南省立第一师范学校十九班（相当于高中，当时学制称为后期师范）外国语组为公费生。那时正值北伐大革命时期，昆明的学生运动开始蓬勃发展，他进省师的第二年对革命已有迫切的要求，这一年秋天由共产党员李国柱同志介绍秘密参加共产主义青年团，初步接受了共产主义的思想，在学校里的团小组参加活动。

聂耳同志考入省立第一师范学校不久，我刚好在省师十七班毕业，留在母校附属小学任教，每天下午他下课后总喜欢到我那里来练琴。不久云南办了一所美术专门学校（在双塔寺东侧，设有绘画、雕塑、音乐等系），柏西文老师便是音乐系的钢琴教授，我们常抽空跟柏西文老师到美专去听课。那时在风气闭塞的昆明，学着演奏西洋乐器尤其是小提琴、曼德琳、钢琴之类，还是极少有极时髦的事。聂耳同志因在学校从事革命活动，受到反动政府的注意，要逮捕他，他得到消息，急于离开昆明。恰驻粤滇军范石生部（当时称为国民革命军第十六军）在昆明招收学生军，他趁机和几个同学秘密报上名，于1928年11月29日随同新兵经滇越铁路由海防赴香港转广州韶关等地，到了湖南郴州。过了一段时期的新兵生活，由一个同乡军官的帮助当了某团某营某连的文书上士。1929年3月，十六军被改编，将他们这一批人送进广州燕塘第八路总指挥部（属于陈济棠）军官团。未满一月，又被遣散。聂耳同志尝尽了生活奔波的滋味，曾一度投考广东戏剧改进研究所，以兴趣不合，进去一天又搬了出来。于5月仍回到昆明，继续在省立第一师范原班读书到毕业。

我在省师附小教书时认识一个学生的家长廖伯民，他也是一个音乐的爱好者，自己虽不怎样精通，但家里却钢琴、小提琴、曼德琳什么都有。我们经常把他的小提琴曼德琳借来学着

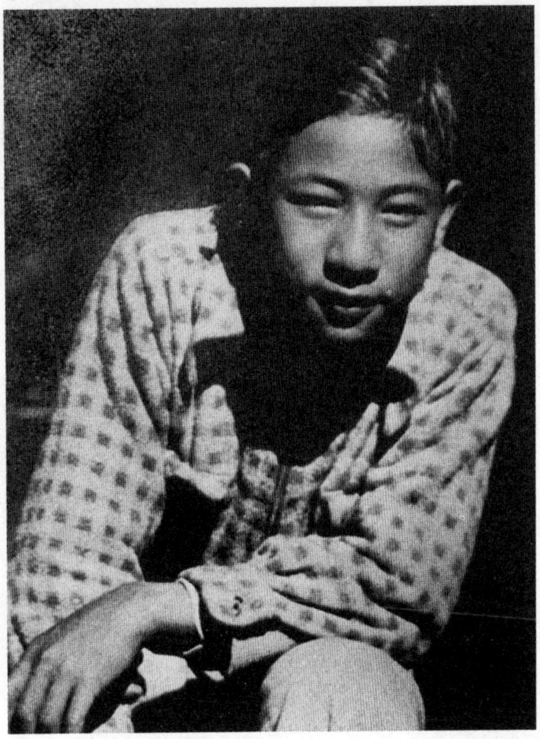
考入省立师范时的聂耳

玩。廖伯民创办了一个“生生保育园”（昆明最早的一个全托的幼儿园），为筹集开办费，曾举行过一次募捐游艺会，我和聂耳同志头一次出台去参加节目，并为小朋友们表演《月明之夜》、《葡萄仙子》、《天鹅歌》等歌舞剧时作音乐伴奏。廖伯民家住在翠湖东路十二号，临湖楼上有很宽一道走廊，我们常到他家去玩，每当夕阳西下，或月朗风轻的夜晚，在走廊上合奏起来，引得过路人一大群在湖边驻足欣赏，很久不散。省师附小和省师母校经常举行恳亲会同乐会，每次都少不了我们俩人参加。后来达文学校筹集基金和武汉水灾救济委员会先后所办的募捐游艺会，我们都去演奏过，聂耳同志还在武汉水灾救济募捐的游艺会上演过话剧《女店主》的女主角。当时我们被称为洋吹鼓手，在演出上简直和美专音乐系的学生们分庭抗礼了。我和聂耳同志还经常到威远街李家珍同志的家里玩。李家珍和我家是亲戚，她的父亲李肇锡很好客。她的弟弟李家彝（后改名为李涛生），妹妹李家瑛又是我的学生，我们每一个星期里总要去两三次。李家珍的两个表姊袁令晖、袁春辉和省师附小一大群教师也常在她家里玩，聂耳同志拉着小提琴，我弹曼德琳，李家珍、袁令晖、袁春辉们唱着，唱的多半是当时的一些流行歌曲：如《杨花》、《寒衣曲》、《春朝曲》和萧友梅作的《渐渐秋深》、《饯春》、《闺怨》，和一些古典歌曲《木兰辞》、《明妃怨》之类。记得有一次聂耳同志拉一曲《最后之玫瑰》（英国名歌），她们唱着，真美妙极了。现在我们云南有名的国画家周霖同志那时也在省师附小教绘画，和我同事，当时也在，他那天喝了酒，真被聂耳同志拉的旋律陶醉了，竟伏在地下朝聂耳同志的足背吻去，说拉得真好。后来聂耳同志和袁春晖的感情很融洽，我们在一起玩时，他俩总是在一起，谈得很亲热的。我所知道的，聂耳同志只有袁春晖是他生前比较亲密的唯一的女友。在这一段时间，我们一大群男女青年，只要有空总爱到昆明郊外的风景名胜去度假日，翠湖、圆通山、大观楼，草海里的庾庄、陈庄、西山、黑龙潭、金殿、筇竹寺、海源寺、虚凝庵、妙高寺、桃花庵、玫瑰田，远至安宁温泉、呈贡果子园、晋宁盘龙寺无处不到。特别是西山，去的次数最多，时常一住三五天。聂耳同志最喜爱太华寺三清阁之间的一座美人峰，那是太华寺右前面的一座突出在湖边上的石峰。到峰顶站着一看，湖光山色，一碧万顷，渔舟点点，风景如画，真美极了。聂耳同志每去都要约我拿着乐器去那里演奏，大有仙乐缥缈、人间天上之感。我在1956年陪中央音乐学院民族音乐研究所的谢柳明同志（那时他到云南专门搜集有关聂耳同志的资料）到那里去的时候，曾建议把聂耳同志的坟墓迁葬到那里去，风景很好又是聂耳同志平素最喜爱的地方，而且就在公路旁边，也便于人们到那里去瞻仰拜扫，实在是再恰当不过了。

1930年聂耳同志已经19岁了，7月1日师范毕业，由于他在校中对革命活动更热情，曾担任全省学生联合会的宣传部长，被反动政府注意，又要逮捕他，他不能不再度离开昆明。经他三哥的介绍，找到一个熟识的商人薛振青（又名薛耕恩），于7月10日随薛去上海，就在薛振青开的云丰申庄做店员。

聂耳同志自小生活很俭朴，上学时经常穿一套绛紫色细格花布的中山装，放假期间常穿一件月白竹布的褂子，从来不戴帽子。从来不见他独自一人上饭馆吃零食。对人极诚恳和蔼，不论老人小孩都和他谈得上玩得拢。他最孝敬母亲，很听母亲的话，从来没有惹母亲生过气。他自小就爱劳动，只要在家，总是抢着做家务事。自己的衣服一直是自己洗，并时常把母亲换下来的也悄悄地洗了。对哥哥姐姐极友爱，吃东西用东西从来不争多嫌少。更没有见他发过脾气和闹过别扭。他家里没有自己的房子，而成春堂药房又只是一楼一底的实心铺子，极狭窄，他尽管十八九岁了，却没有自己的床铺，更不用说自己的房间了。读书期间，除住学校外，每遇回家他总是和母亲睡，或者和我一床睡。他用钱极省，绝不肯浪费一分钱，省下钱来偷着买一些进步书刊看。少年时候的聂耳便显出极高的音乐天才，不论见了什么乐器，只要一学便会。每当听见一种声音，不论是街上叫卖东西的声音，或是牛车马驮过路发出的声音，以至鸟雀叫，风雨声，每一种声音都能用符号记下来，哼给我们听，还说："你听！像不像？"特别喜欢吹树叶子，并且吹得很好。还喜欢搜集民间歌曲，各地的山歌、秧歌对唱、花灯曲、洞经调等记住不少，时常用树叶子吹给我们听。他在学校里常演话剧，最出色的是演《女店主》。写过小说《拾炭的孩子》，可惜没有留下来。

聂耳同志初到上海，人生地不熟，过着乏味的店员生活，每天跑街记账提货送货，虽然有饭吃，但觉得和自己的志趣很不相合。他写信给我经常说希望有一个读书的机会，能再有学音乐的机会最好。过后不久，在9月份，廖伯民的表弟马庶绩到上海，要和一个会理同乡龙绍游到汉口做事，廖伯民曾写了介绍信给聂耳同志去找他，希望马庶绩在汉口替聂耳同志找一个适宜的工作。聂耳同志去找过好几次，终于没有成功。聂耳同志给我的信上说："我到汉口的事，恐怕一时不会实现，所以仍然暂住云丰……我简直没有去处了，也罢！算算账，记记账，誊誊账，吃吃饭，机械地过下去吧！"后来他积了一点钱，买了一架最起码的"白朗宁"鹰眼照相机（美国柯达照相公司出品，每架大约是六元）学着拍照，作为消遣。在这一年底，经同乡郑雨笙的介绍，加入"上海反帝大同盟"虹口区的组织，秘密从事反帝救国的斗争。1931年春天，我和廖伯民、苏镜川一些朋友合伙在现在胜利堂前面大水池的地方，开设逸乐电影院，当时昆明已有十年没有放过电影（1922年春天，财盛巷贵州会馆开设的大乐天电影院被火烧了之后，昆明市即禁放映电影）。预料开幕后，营业必定好，就托聂耳同志在上海打听一下租影片的事。聂耳同志找到美兴申庄的掌柜柴炎卿，这人和天一影片公司的经理邵醉翁交情很好，经柴的介绍，向天一公司订合同按月供应影片。合同订成以后，逸乐电影院送了聂耳同志一百元钱，聂耳同志除寄给母亲外用剩下的钱买了一把小提琴，买了一些基本练习的曲谱，开始在业余的时候，正规地学拉小提琴。到3月间云丰申庄生意不好停业，刚好黎锦晖、黎明晖办的明月歌舞社招聘人，聂耳同志用聂紫艺的名字去投考，被录取为该社乐队的练习生，借这个音乐环境刻苦地学拉小提琴。当时明月歌舞社演出的，多是些黄色歌曲靡靡之音，但聂耳同志并没有被那些靡靡之音所麻醉，他仍然保持着纯洁的生活和坚定的信念。到9月底明月歌舞社改为联华影业公司的歌舞班，聂耳同志代替了王人艺（王人美的哥哥）为该班的第一小提琴手。这时他的收入也有所增加，就找了一个外籍提琴家普杜什卡正规学拉提琴。

1932年1月初聂耳同志开始练习作曲，作成第一首习作的圆舞曲和另一首吹口琴的进行曲。这时正是"九一八"事变过后，日本帝国主义者侵占了我东北全境，又大举向上海进攻，中国人民在共产党的号召与领导下，展开了轰轰烈烈的抗日救国运动。聂耳同志在二十一岁生日的几天精神苦恼极了，有一次竟在梦中哭醒了，对自己单纯追求音乐，脱离革命的实际斗争，作了深刻的反省与批判，立志迎头赶上时代，并给自己提出任务"怎样去开展革命音乐"。由于"一·二八"沪战的影响，联华歌舞班解散，3月底明月歌舞社恢复成立，改为委员制，聂耳同志被选为执行委员。4月间聂耳同志与革命诗人及剧作家田汉初次会面。7月间聂耳同志用"黑天使"的笔名在《电影艺术》周刊上发表了一篇题名为《中国歌舞短论》的文章，公开批评明月歌舞社用靡靡之音麻醉群众的落后倾向，提出音乐必须与当前实际斗争相结合的正确主张；遭到该社很多人的不满，被迫离职，于8月11日赴北京，住在宣武门外云南旅京学会。9月14日投考国立北平大学艺术学院音乐系，试题为"国难期中研究艺术的学生之责任"，和"各自写理想的精神之寄托"，答案不用说很不合主考人物的要求，当然不会被录取。后来他经常到天桥贫民区去体验劳动人民的生活听取他们发自内心的呼声。尽管那时北京的天气很热，他天天勤苦地练习提琴并未中断。曾参加云南旅京学会演出话剧《血衣》。是年11月8日由北京回到上海，在同月26日仍进联华影业公司一厂担任场记工作，正式改名为聂耳。第三天又见到田汉。就在这一年，他和上海的左翼进步文艺活动有了经常的接触，随后上海剧联成立左翼音乐小组，聂耳同志和任光、张曙等同是最早的成员。

1933年是聂耳同志较有成就的一年，这年他22岁。他进一步认识到音乐和其他艺术同样应该体现劳苦大众的革命意志和革命要求，作曲家必须作出既是革命的又要保持高度艺术水平的歌曲来，才能够表现大众的呼声，又能鼓舞大众前进，赢得大众的喜爱。2月间聂耳同志和任光等发起成立"中国新兴音乐研究会"，试图从事新的音乐创作。在这样的思想基础上，聂耳同志作了《饥寒交迫之歌》、《开矿歌》。这时他已担任了不少工作，既是联华一厂的音乐部主任，俱乐部执行委员兼秘书，又是剧本起草委员，同时又担任中国电影文化协会组织部秘书兼组长。此外还要经常到学校工厂开展左翼演剧活动。由于事务繁忙，用脑过度，8月底在拍摄影片的工作现场突然昏倒，不省人事，休养半个多月后，体力慢慢恢复，又参加电影《渔光曲》的配音工作。这一年的9月，逸乐电影院请聂耳同志向联华影业公司订租影片，联华的影片在当时是比较进步的，很受观众欢迎。聂耳同志接洽好了，专等逸乐派人去订合同。9月底我和苏镜川被逸乐电影院董事会推派到上海办这件事，10月初到达上海。我们去找聂耳同志，费了很大工夫，走了不少路才找到他住的地方，霞飞路的一千八百八十六号。那是一座临马路的三层楼房。他住在第三层，二楼住的是谈瑛和程步高。他有自己的住所了，很明亮的一间屋子，布置得很简单，一张木床，一个藤篾编的书架，一张五抽书桌，一只洗脸架，两把木椅，一个茶几，墙上挂着几幅照片。我敲开门走进去，他正在谱架前面拉提琴。一见到我他连忙放下提琴跑过来拥抱着我说："我左盼右盼，盼望到今天你总算来了，我们可以好好地玩几天。"我们把彼此的近况谈了以后，就一块儿出来到吕班路"洁而精"云南饭馆吃豆腐园子，他已有好几年没有吃到家乡口味了，价钱虽贵，总还有点儿家乡味道。那天晚上他和我就住在跑马厅西藏路口的新东方饭店里，谈了一整夜。第二天我们到联华影业公司订合同，顺便参观制片厂看阮玲玉拍电影。他又约我们到金焰、王人美、黎莉莉的家里去玩，他们称聂耳同志为"四只耳朵"。我们还一齐去看过一场电影。过后几天还去参观过天一和明星两个影片公司。之后聂耳同志每晚都到旅馆来和我一起住，到早晨他再上班去。记得有一次我们去看在上海表演的著名的德国海京伯马戏班，我受了凉，突然头晕起来，路都走不稳。他送我回旅馆，上电梯，扶我睡在床上，我一直是迷迷糊糊的；他去请医生、拿药，照料我到第二天早晨我好了他才回去。我们总是有那么多谈不完的话，谈到电影事业，谈到他的工作，他的理想……他那时只有唯一的女友袁春晖远在昆明，在上海却没有另外比较亲密的女友，也不想过早地结婚。他告诉我他要终身从事于人民大众的音乐事业，除开加紧地练小提琴而外，还想着重在新歌曲的创作，和民间歌曲的搜集和整理方面下工夫。他想慢慢积一点钱准备到欧洲去，先到苏联去学习，再到英、法、德、奥、意等国去观摩考察。还说他要三十岁后才打算结婚。这时他的经济还不十分宽裕，他在病中向联华一厂的导演卜万苍借过六十元钱，过后不久卜万苍死了，卜的家属向聂耳同志要债[①]，我替他还了。到11月中旬我接到我父亲在昆明病逝的电报，便匆匆忙忙赶回昆明，他送我上船，真是依依不舍，说今后不知何日再见。他劝我不要去做官，我如去做官，我们的距离便会愈隔愈远。谁知就是这样短短一个月的欢聚，竟会成为永别了呢？ 1933年初，他经过田汉的介绍，光荣地加入了中国共产党，从此他在工作与生活上有了正确的方向，在党内参加了上海电影工作小组的活动。后来还参加了法租界工部局由Slovtsky领导的交响乐队，担任小提琴手，在当时中国人能参加这个乐队是很少有的。

1934年是聂耳同志最有成就的一年，这时正是中国政治上最黑暗、民族危机最严重的时期。日本帝国主义的铁蹄占据了我东北三省，深入关内，包围平津，控制着整个华北。蒋介石国民党在所谓"攘外必先安内"的幌子下，对敌人不惜采取妥协退让的政策，对内则拼命向爱国人民加紧压迫，配合着对各个革命根据地的围剿，在其统治区的各大城市对抗日救国运动、工人运动、文化运动，实行着残酷无比的绞杀。在白色恐怖的包围中，聂耳同志并没有被

① 编者注：据聂耳1933年11月5日致母亲信，此时卜万苍脱离了联华公司，催要聂耳还清欠款。

吓倒，他站在斗争的最前列用革命的音乐作武器，创作了更多的歌曲，和反动派进行斗争。他的全部作品中的十之七八，都是这一年完成的。他为田汉的歌剧《扬子江暴风雨》作过《打砖歌》、《打桩歌》、《码头工人慰劳》、《前进歌》。为电通公司影片《桃李劫》作了插曲《毕业歌》。为联华公司影片《大路》作了主题歌《大路》和序歌《开路先锋》。又为联华公司影片《新女性》作了主题歌《新女性》。为田汉的舞台剧《回春之曲》作了《告别南洋》、《春回来了》、《慰劳歌》、《梅娘曲》。又为电通公司影片《风云儿女》作了主题歌《义勇军进行曲》和插曲《铁蹄下的歌女》等歌曲；以坚强不屈的革命热情，表达了民族解放和革命洪流的雄壮呼声，无情地回击了敌人的疯狂进攻。这时他经常到码头、工厂和工人们接近，深刻体会到劳苦人民的真实感情与愿望。不久联华影业公司的资本家们借口“请他休养”将他辞退，他准备投考“上海国立音专”，托人进行，竟遭该校拒绝。4月1日聂耳同志进法商百代唱片公司协助任光做录音工作，在百代公司成立了百代国乐队，聂耳同志亲自指导并作了《金蛇狂舞》、《翠湖春晓》、《山国情侣》诸曲，广泛融合了云南民间歌曲、花灯曲、洞经调。又和任光等人举办了“新声试唱会”，每次新歌试唱，总是进步歌声压倒了靡靡之音，当时在中国音乐界确实是一个巨大的改变，对中国新音乐的发展影响颇大，所以他后来被称为划时代的音乐家。6月30日他参加了《扬子江暴风雨》的演出，饰演剧中主角“老王”（苏联出版的《国际艺术》杂志曾刊过他的照片，并作简短介绍）。8月起从国立音专钢琴系作曲系教授Aksakoff学钢琴和作曲。11月底向百代公司辞职，12月为联华公司影片《新女性》做配音工作。

1935年聂耳同志24岁，1月重进联华影业公司担任第二厂音乐部主任，该公司成立声乐团，由聂耳同志亲自教练。两个月后，声乐团公演《新女性》歌，极受大众的好评。由于《桃李劫》、《大路》、《新女性》、《风云儿女》等一系列的影片陆续放映，他的歌曲很快得到全国广大群众的喜爱，不论工厂、学校、城市或农村到处都响彻了他的歌曲，成为强烈鼓舞群众的有力武器。因此引起了反动政府的恐惧，4月初得到消息，上海的反动当局要逮捕他，他得到党的同意离开上海，计划第一步先到日本，从事作曲和研究日本的音乐艺术，然后再到苏联学习。为了避免当局的注意，他对朋友说，到日本大阪去找他哥哥做牛皮生意（其实他的三哥早已由日本回国了）。4月15日他乘轮船离开祖国东渡，18日到达日本东京。

聂耳同志到日本后，自己订了三月计划：积极学日语，继续练小提琴，观看日本各地的音乐、歌舞、电影、戏剧的演出，以便深入研究日本的音乐艺术。4月21日在比谷公园听日本陆军户山学校军乐队演奏，4月23、24两日看《宝塚》和《松竹》少女歌剧，5月2日在日比谷公园听全日本新人演奏会，5月12日看日本儿童舞踊会。5、6两月着重学日语。7月间聂耳同志正打算到海滨去避暑，因日本新协剧团将在东京、大阪等地公演，有朋友约聂耳同志去帮忙。约好在剧团之先出发，想一路在沿途各地游览。7月9日自东京起程经横滨到神奈川县的藤泽海滨，还计划着要到日本的著名避暑胜地热海、箱根等处。到藤泽后，住在一个日本朋友滨田宏实的家里，经常到海滨去游泳。7月15日第一个三月计划完成，日语的熟练程度已超过预料，正继续订出第二个三月计划：“培养读书能力”，“加紧音乐技术的修养”，“学习俄文”，

云南昆明翠湖公园园名碑（丁学仁供稿）

以便积极作游欧准备。刚开始实行的第三天，7月17日聂耳同志和日本友人滨田宏实的姐姐、外甥以及朝鲜友人李相南等到海滨游泳，午后一时风浪大作，我们年轻的伟大的早期社会主义现实主义的作曲家，人民的歌手，竟在日本神奈川县藤泽町鹄沼海滨因海水浴而被淹死。

……

原刊云南省政协编《云南文史资料选辑》

1984年第21辑

作者简介：张仓荣　聂耳在昆明时的挚友、音乐伙伴，又名张庚侯。

聂耳的初恋

徐 演

聂耳在日记里，曾怀着质朴的深情谈到了他在昆明的恋人。

在离开昆明前的一段时间里，他和女友真挚相处，建立了纯洁的感情。但在关于聂耳的许多回忆录里，这一重要情况却鲜见于文字。

去年秋天，听说聂耳当年的女友袁春晖尚健在，为了更深地了解聂耳的这一段重要历史情况，我于是专程赶到袁春晖家，拜访了这位年逾古稀的老人。

在云南红河州的个旧市，走入一座两进两耳的小院，再登上后院的小楼，我见到了这位思念中的老人。只见她孤独地躺在床上，清瘦蜡黄的脸孔，零乱灰白的短发，透出一股凄清之感。招呼她的一位大妈忙着来为我们倒水，攀谈之后，才知道袁春晖老人已经七十三岁了。她的丈夫原是一位进步的工商业者，在当地颇有些名气。但1957年的错划，1967年的浩劫，终于把他折磨致死，春晖老人也遭受了极大的磨难。当这些劫难风卷之后，她已经气衰力竭，再无能支撑精神和体力的消耗了。几个月前，严重的冠心病又使老人卧床不起，两眼也逐渐失明。当孩子们都去上班时，老人便孤寂地躺在家里，沉浸在深深的暗影中，咀嚼着遥远的回忆……

春晖老人听说我要了解聂耳的事，眼里立即闪出异样的光辉。她颤抖着说："要了解聂耳吗？哦，你来得正好。前天晚上，我还梦见和守信在一起呢，他……"一阵呜咽，使她难以诉说，两行浊泪也从眼角滚到了枕上。

每个人都有着青春时期最美好的回忆。春晖老人含着热泪，以甜蜜而酸楚的心情，为我讲述了她的往事……

袁春晖的伯祖父袁嘉谷，是清代云南第一个特科状元。袁家向以诗礼传家，在云南省内颇有影响。春晖的父亲亦精通诗文，不幸的是，此时已家道中落，他便在云南省立第一师范学校担任了国文教员。当春晖还很小的时候，父亲又因病去世。寡居的母亲拖着她们姐妹二人，家境日愈贫困。因而，春晖勉强读到初中毕业，便到昆明市立第五小学担任了“本堂教员”。除教国文和算术外，还兼任着音乐课，以微薄的收入来补足家用。

春晖在叔伯姐妹中排行第三，是家中最小的姑娘，人们都叫她“小三晖”。她喜欢音乐，喜欢歌唱。那时，她的小舅爷爷张庾侯（仓荣）也是一个音乐爱好者，他和聂耳家同住在昆明端仕街的一个院子里，是第一个教会聂耳演奏小提琴的老师。张庾侯比聂耳大五六岁，两人常在一起唱歌、练琴，探讨音乐上的问题。由于有共同的爱好，又经常地走亲戚，春晖在张庾侯家认识了聂耳，他们便成了音乐中的好朋友。后来，春晖又兼任了一所职业学校的代课教员，聂耳的二姐恰好是她那个班的学生。这就使她和聂耳一家更为熟悉了，有空时也常到聂家走动。

春晖天生一副好嗓子，声音清脆而甜美，唱歌简直成了她的第一爱好。每次去到张庾侯家，她总是抓住聂耳和小舅爷爷来伴奏，自己纵情歌唱。聂耳和张庾侯也非常乐意为她伴奏，有时还情不自禁地一齐唱起来。当时他们唱得最多的是黎锦晖的《小小画家》、《葡萄仙子》和《三蝴蝶》。后来，这些歌曲满足不了他们的需要，张庾侯便找来一些古诗词，和聂耳一起为它们配上现成的曲子，教给春晖唱。他们的许多欢乐时光，便是在这些优美的乐声和歌声中度过的。

有一次，云南省立第一师范学校举行校庆游艺会，聂耳特意邀请了春晖去参加演出。春晖在聂耳和张庾侯的伴奏下，独唱了《三蝴蝶》等歌曲，受到了热烈欢迎。在20年代，一个年轻姑娘敢于在一所男生学校里登台独唱，实在是大胆而突出的举动。这事一时传遍了昆明城，都知道袁家有个三姑娘很会唱歌。

音乐的媒介，使聂耳和春晖结下了纯洁真挚的友情。特别是1929年聂耳从湖南当兵回来后，他们的感情便越来越深了。两人常常相约相聚，但在封建礼教的束缚下，春晖始终不敢让家里的人知道。若与聂耳相约，她便推说是到舅爷爷家里去。

聂耳比春晖大一岁，非常调皮。他有时故意把“小三晖”叫成“吹吹灰”。春晖也不甘示弱。她见聂耳养了一只小黑狗，经常在他周围跳来跳去，有时也就故意把“聂四哥”叫成了“聂四狗”。他们常约着一起去打网球，去较远的风景区旅行。每次见面，聂耳总要给春晖带一点吃的东西。有时是一些松子、瓜子，有时是几块糖。有一次，春晖无意中提到，她听说有一种很贵很好吃的巧克力糖，可是还没有看见过呢！聂耳便暗暗记在心里，攒下钱为她买来一块。这是春晖第一次吃到巧克力。但是，调皮的聂耳有时也会握着个空拳头骗春晖说：“吹吹灰，我给你好东西吃！”等春晖伸手去接，他却在她伸着的手上打了一掌，乐得哈哈大笑。春晖扭过头生了气，聂耳又才掏出松子糖果向她赔不是。他们都喜欢吃牛肉。有时春晖领到工资，两人还凑钱到昆明小西门外一家有名的牛肉馆里美美地吃一顿呢。

春晖家有一棵繁盛的缅桂花树，她常常摘下一串，用洁白的棉线拴住，挂在胸前大襟的纽扣上。聂耳非常喜欢缅桂花，更喜欢闻那缅桂花干枯后的清香味。在夏天缅桂花开的时候，每次相会以后，聂耳都要把春晖胸前的缅桂花要回去，夹在各种书里，并且一直把这些花瓣带在身边。聂耳在日本鹄沼海滨遇难后，人们还在他随身携带的箱子底下发现了许多干枯的缅桂花的花瓣。

聂耳很会演戏，是学校里演剧队的骨干。那时，他们常找一些中外名剧来排演。但苦于没有女角，男同学都不愿意去扮演。聂耳的个子较小，又很有表演才能，会学多种腔调，常被安排扮演女主角。每逢聂耳演戏，春晖就到处帮他去借女子的服装，有时还为他化装。至今，春晖老人还清楚地记得聂耳在扮演《女店主》主角时的潇洒风姿。有一次准备排演《雷雨》，聂耳被安排扮演鲁贵。他邀春晖去演四凤，春晖不乐意地撅着嘴说："我不和你演这种隔着辈的角色。要演，就要演我们两个相般配的角色。"一席坦白话，说得聂耳脸红红地笑起来。

聂耳和春晖常常相约着去游玩，他们最喜欢去的地方是玫瑰花田和西山。

玫瑰花田在昆明南门外的西坝河边，河埂上挺立着许多高大的桉树和杨树。沿着河埂，便是大片大片的玫瑰花田，就像铺开了紫红的绒毡，散发着一阵阵沁人的浓香。这里很少有人来往，他们常带着一些便宜的葵花子，边吃边谈。天南海北地谈理想、讲笑话，然后是纵情地歌唱，每次都要把会唱的歌全部抖搂出来唱个够。临走时，春晖还要聂耳悄悄地摘一两朵玫瑰花带回来。在这里，聂耳还曾鼓励春晖要努力求进步，介绍她看一些有意义的书籍。聂耳离开昆明到上海之前，他和春晖的最后一次聚会也是在这里。那时正值玫瑰盛开，浓香四溢。他们穿行在花田之中，边走边唱，完全沉醉在幸福之中。当时，他们谁也没有想到，几天以后就将永远分手！

20年代的昆明，交通极为不便。平时到西山风景区游览的人并不多。聂耳带着春晖还不敢在人多的地方露面，便常乘着渔家的木船到西山去游玩。

滇池的水清碧透明。在大观楼外的草海一带，可以一眼看到海菜花摇曳的根茎和水草中嬉戏的小鱼。船到这里，春晖就忍不住地要在船边上洗手玩水。还要脱去鞋袜，把双脚泡在水里，一边扑打着水花，一边唱着歌。聂耳也喜欢打水、玩水，不时溅起水花去逗春晖。他还常常把春晖的鞋袜藏起来，让她叫着到处去找，直到船家催着上岸时还不想还给她。有一次春晖下了船，站在岸边水中那烫人的大石块上跺着脚找鞋袜，边叫着："我要回家了！我不去玩了！"聂耳于是笑嘻嘻地走过来说："我背着你上岸去。"春晖白了他一眼，也只好搂着聂耳的肩，甜滋滋地让他背着上岸去。

登临西山的三重胜境——华亭寺、太华寺、三清阁，要走很长的路。在漫长的山路上走累了，春晖就会要求聂耳学一次狗叫，或是学小娃娃啼哭。要是不学，她便以"不理你！""我要回家了！"来威胁。聂耳这时总是让步的。他不仅学小娃娃啼哭，学猪叫、狗叫，还学两只狗打架，打得难舍难分，打败的一只还夹着尾巴惨叫着跑走了。真是学得惟妙惟肖！使春晖笑个不停。一阵笑声解除了疲劳，两人又奋力向山上走去。聂耳的这一口技是绝妙的，学什么像什么。以后到了上海，他还常在朋友聚会时表演这些口技，逗得大家捧腹大笑。在韩兰根主演的一部滑稽影片中，大段与婴儿逗趣的哭声就是由聂耳配音的。

登上华亭寺，聂耳常乘春晖不备时藏躲起来，悄声地叫着："小三晖，吹吹灰！"急得春晖到处去找。有时找到了，两人总要追打一阵。找不到时，春晖便假意嚷着要独自回家去了，聂耳又只好自动钻出来。有一次，聂耳竟然从四大金刚的身后爬了出来，一头一脸的灰尘，还故意做着鬼脸，惹得春晖大笑了一场。还有一次，春晖找他找得很生气，真的要独自回家了。聂耳走出来，不仅不安慰，还学着狗叫来逗她。春晖生气地问："你还在这里做什么？"聂耳调皮地说："我在学你叫！"春晖一听他把自己比作狗，气得眼泪也出来了。聂耳这才急着来安慰她，一边说："莫急，莫急。我善咐你，给你磕几个头都得！"这一次，春晖下了很大的决心要使性子。任凭聂耳怎么道歉、说笑，直到回家，她仍然坚持不说一句话。可是过了两天，他们又像往常一样，在一起唱歌、谈心了。

在西山上，聂耳最喜欢站在龙门下边的一个山冈上唱歌拉琴。对着山下波光潋滟的滇池，拂着脚下轻轻飘过的白云，心胸豁然开朗。他们常常在这里纵情地歌唱，忘记了一切。今天的聂耳墓，正是遥对着这个山冈。站在墓前，一眼便可看到当年聂耳拉琴唱歌的地方。

就这样，聂耳和袁春晖就像两个天真的孩子一样纯洁地相处相爱。聂耳到上海后，他们还常常通信。聂耳曾打算攒一笔钱，也把春晖接到上海去。可惜的是，春晖迫于家庭和社会的压力而违背了自己的意愿。在聂耳走后几年，她便和别人结婚了。聂耳也把初恋的甜和苦掩埋在心底。不久以后，他的一切美好追求也全被那无情的大海吞没了。

在那被封建礼教窒息着的社会里，聂耳的初恋是纯朴而大胆的。尽管他们相处得亲密无间，却很少去侈谈爱情，更没有那些卿卿我我、悲风悯月的闲情。聂耳的绝大部分精力，仍用在刻苦地学习和对艺术的钻研上。母亲要为他去提婚，他不同意。他甚至在日记上写下"marriage is grave"（结婚就是坟墓）的警语，而反复要求自己："身体健康"、"人格伟大"、"意志坚强"、"忠诚友爱"。聂耳执著追求的是更广阔的生活道路。

袁春晖老人讲完了这段往事，仍沉浸在青春的回味里。她不断地感叹着："唉！这些都好像是昨天才发生的事啊！"

原刊《音乐爱好者》1985年第3期

作者简介：徐演　云南著名学者徐嘉瑞的孙子，时为云南省歌舞剧院院长。

回忆聂耳同志早年事

苏鸿纲

聂耳同志小时曾在私立求实小学读书。他好音乐、爱同学、敬师长、有正义感。学业是全班最好的一个，而且爱好活动，对体育、美术、音乐都喜欢，音乐尤其是他的特长。他以最大的兴趣热爱着音乐，也热爱着每一个同学。那时，学校里组织了一个音乐会，教导同学们练唱，领导同学开展活动，聂耳同志就是这个音乐会的积极支持者和参加者。现在，我身边还有一张音乐会活动的照片，每当聂耳同志逝世的日子，我都把他拿出来看看，追忆着他们的面貌和活动。

求实小学所在的昆明孔庙的大门

聂耳同志小时候就具有正义感和与恶势力斗争的精神。记得1920年，求实小学拨得孔庙的名宦、乡贤两祠为校址，上课才一个多月，就被孔庙当局以修理为词，勒令迁出，我们只好租屋上课，等待修理；谁料房子修好，那些封建势力和一些封建卫道者又借故“有碍孔子尊严”、“圣庙不能办学”为词，把大门锁了起来，不准我们搬回去。这时，求实小学的同学没有固定校址上课，东奔西逐，无法安心。聂耳同志就约了很多同学来说：“他们这样无理，不让我们读书，我们应该和他们争，一定要把学校要回来！”我们终于在这些热心同学的支持下，取得争执校舍的胜利。学校感于聂耳同志的正义行为，曾发给一号褒状鼓励他。

原刊《云南日报》1955年7月16日

作者简介：苏鸿纲　原求实小学的创办人与校长，新中国成立后曾任云南省第一届政协副主席。

同学——聂耳守信的回忆片段

郭辉南

我和守信在1919年至1922年在昆明城内象眼街县立小学同学，这是第一段同学时期，他比我小三岁左右，是班上年纪最小（身材也小）的同学之一。老师杨实之，戴近视眼镜，教学还好。另一位教“手工”的老师，脾气最坏。挥动着教鞭，动辄凶恶地打人，我们很怕他。聂耳做的洼泥桃子、茶壶、葫芦……每次都在八十分以上，因此脾气凶恶的老师对他比较好些，最多用鞭子指着他骂几声：“狗拿妈？”但是别的同学被鞭抽的却很多（手工老师高而瘦，眼睛深凹，鼻子突出，穿衫子马褂，常戴一顶黑色毡帽，手提一个黑色皮包）。

守信在初小时是活泼的，喜欢活动，喜欢和同学们玩各种游戏，喜欢打排球，也喜欢到郊外游玩，常到的地方是“海心亭”（在翠湖公司里）和“大观楼”。

1923年至1924年，守信到求实小学上高小部，我仍在县立小学。

1925年我考入云南第一联合中学（初中），又与守信第二度同学。校长赵济，鼓励学生写字，守信和我都是班上写字较好的，成绩展览会中，我们都写了对联展出；我们又被鼓励开同学会，我和守信都喜欢吹笛子，调子是《梅花三弄》、《昭君和番》、《木兰从军》、《工农兵联合起来》等等。那时我们由图书室的书籍中，首次看见《东方杂志》的李宁（即列宁）专号，只是好奇地翻阅一些，实际不了解内容。当时学生运动高涨，焚烧日本货（仇货），模糊地知道广州军北伐胜利等等。我们平时常看的书是商务印书馆所出的《学生杂志》、《小说世界》，后来渐渐喜欢看创造社出版的书籍和杂志，以及创造社那班人写的单行本，当然，张资平写的许多三角恋爱小说，那时也影响着我们。我们也喜欢看厨川白村所著《出了象牙塔》。我们一同在1927年夏季毕业。

接着我们两人又一同考入了省立第一师范的高级部外国语组，最初同学很多，后来陆续退学，只剩下七人，一直到毕业（1927年秋至1930夏）。守信很聪明，成绩一向是好的。有暇即弄音乐，参加演戏活动。这时，蒋介石已经叛变，白色恐怖加剧，我们一同参加了共青团的秘密活动，在学校后面的僻静地方，经常过小组生活，学习《共产主义 ABC》。学习使用油印印刷机，印刷传单和小报，书写标语，在校内散发和粘贴在墙上，有时也到附近地区及翠湖一带粘贴和散发。守信的活动技术很高，学校（原制台衙门，地点在现在人民胜利堂）内有两个亭子，他能一面和生疏的同学周旋着，一面反手就把标语贴在柱子上面。由于他经常的文艺活动，学校当局对他并不怀疑。当时我们的斗争内容随着领导的指示而决定，大概内容如下：反对豪绅资产阶级的政权、反对日本帝国主义侵略、打倒李伯英（国民党官僚党棍派来云南屠杀学生者）、反对国家主义派在省师校内的活动。这时期内，突然来了一次昆明城北火药库爆发事情，我们就一齐参加了“济难会”的工作。在这个半公开的组织掩护下，我们筹募捐款救济灾民，同时也接济了一部分被反动派搜捕关在牢里的同志们，如甘汝松同志等。甘后来被反动派政权枪毙。

我们做秘密印刷工作的地点，最初是在东寺街租了一间小屋的楼上，后来迁移到水晶宫附近胡佩的家里。夜深人静时，我们才起来把写好的蜡纸放在油印机上，天亮时把油印刷品卷成一筒筒地趁邻居还未起身就送出去，在预定地点，就有同志前来领取分发。我们的油印技术一天天进步，这是由于一位有经验的李国柱的领导同志亲自教会的，他后来和吴澄一块，为反动派枪毙掉。

1929年前后，我们都感到一种苦闷的心情，也可以说是一种急躁的心情，觉得敌我势力悬殊太大，我们的事业不知何时才能推进得快些，想起来从事军队活动，迫切要求。范石生来滇招兵买马赴广州，我和守信同时前来报名，他一考就取了，我因眼睛近视没有录取，我很懊丧地回家。守信随同其他被招募的兵，由滇越车站起行，我送了他的行，但他没有让家庭知道[临走前夜，他到母亲（的）那儿取（衣服）（暗自）给他的（母亲道别）]。随后，我和别的几个同志找到朱晓东的部队，投入九十八军三师政治部工作，离开了学校，开拔到曲靖。两个月后又开回昆明，在这两个月中间，我们吃了许多苦，如夜间行军、吃饭不饱等等。对于军队生活开始有些摇动，回昆明后就离开军队，重入学校，一直到毕业。而守信则直到他的部队遣散了他，又才回到昆明，也重新回到学校，一齐毕业。我由曲靖回昆明的第二天，聂伯母（守信的母亲）以为他和我们在一起，特叫人找我到端仕街聂伯母家里问明一切。伯母知道了他并不是和我们在一起的，并没有一起回来，非常焦虑。

守信终于回来了，第一个显著的变化，便是身体魁梧而且结实，面色有些黧黑。他亲口对我说，他了解了士兵群众的痛苦，也感到和士兵生活在一起的快乐。他能弄音乐，讲故事，谈天，士兵对他都要好；他又能写字作文，常为士兵写家信。后来被挑选为文书上士，一直到遣散回家。

1931年，我因白色恐怖压迫，由会泽县、昭通、叙府而逃往上海，找着了我的哥哥，他在那里做生意。这时守信也来到上海，但是不常见面，我知道他搞某申庄(采办货物回昆明销售）的事，后来又投考了明月歌舞剧社。

1934年，我第二次到上海投考肖道纺织学校，这时又会见了守信，地点在法大马路长沙

昆明县立师范学校附属小学旧址

商栈。他转着几张唱片说这是他的作品，在留声机上我们欣赏了他的作品，大家都感到高兴，我印象最深的是《打砖歌》（也许是《码头工人》吧？）。

最后一次见他的面也在上海，大约在1935年，他住在霞飞路一个小亭子间里，我们是在马路上碰见的。他说："喂！老朋友！你好吧！你到我家里去玩一会儿吧！"接着我们乘了一段电车，到了他的住处。进门一看，满屋放着乐器，一个大吉他，给我的印象最深，窗子上悬挂着胡蝶赠给的照片，称他为四耳小弟弟。他开始说话了："我正在努力学习拉提琴，我在影片公司的收入，几乎半数是送给教提琴的先生的……"

原刊中国音乐研究所编《聂耳专辑》（三）

1964年内部资料

作者简介：郭辉南　聂耳在昆明时多所学校的同学。

给洪遒的信

郭辉南

洪遒同志：

刚才聂叙伦同志转来你2月6日的大函，询问我关于聂耳同志生前的一些问题，谨就我的模糊记忆所及，奉答如后：

一、关于他在昆入团的年月，记不清了，大约估计是在1928年的秋天。在此以前，他是在团的外围做了一些群众工作，如协助发散传单等等。

二及三、聂耳同志入团是我介绍的，我当时的学名是“郭耀辰”，但在活动中则用代名，代名也用过几个，记得其中一个是“梁月”。那时介绍入团手续很简单，小组通过，领导批准是必经的手续，当时团的代名是“中学”，党的代名是“大学”。我们的小组活动，头一段时期是由本校的“大学”组织领导，后来展开了校外活动，曾由团的上级李国柱同志亲自领导过。我们的小组生活是非常严肃的，但因为在反动派残酷的白色恐怖压迫下，活动非常秘密，有时不能按规定时期开会，地点也常常变动。同志间联系，只限于本小组的同志，校内也有其他小组，彼此很少互相认识，“大学”里一位名叫“李德和”的同志曾经和我们联系，他现在还在昆明二女中教书（二女中在昆明书林街）。我组人数不多，并且曾经几次变动，其中有的是外县来昆明就学的同学，姓名也记不起了，但面貌还记得清楚。小组生活的内容包括理论学习，传阅和讨论上级文件（红色油印、字迹清楚），学习秘密工作方法，开展批评与自我批评。在当时我们算是最好的油印技术，是李国柱同志亲自教给我的。秘密工作方法中，我记得最清楚的有一项：同志们如何在街头碰面联系？…… 关于展开批评：有的同志喜欢抽纸烟和吃瓜子，则被批评为小资产阶级气息。

1930年夏我们由学校毕业，我被聘赴会泽中学教书，守信在我离昆后去上海，因为我先走。后来听说昆明爆发了李国柱、吴澄同志的牺牲事件，从此共青团的组织便横遭破坏了。

四、我们分别参加军队的时期，共青团仍有活动，因为那时的组织领导是很坚强的，但那时活动的内容，就不知道了。

五、聂耳同志日记里提到的“七一一”事件，就是火药库爆发事件，与我所写的昆明城北火药库爆炸就是一件事。这件事发生于1927年秋季。这一年（1927）是云南政局变动很大的一年。由于北伐军进军胜利的影响，云南都督唐继尧部下胡(若愚)、龙(云)、张(汝骥)、李(显庭)四个军长发动了“二六政变”(2月6日)迫使唐继尧下台后，胡、龙、张、李各不相下，发生内讧，后来转变为胡、张、李联合对龙云，并把龙云囚禁起来。龙的部下，孟友闻、卢汉、朱晓东、张冲等挂起国民革命第三十八军的旗子，率领部队由滇西进攻昆明，撵走胡若愚，杀掉张汝骥，救出了龙云，于是取得了云南的军阀统治政权。但是不久，孟、卢、朱、张等又不满意龙云，照样来一次联合倒龙运动，发生同年6月14日的政变，即所谓“六一四政变”。但龙云自己是过来人，他早已有了准备，闻风逃避，政变因而失败，结果龙云仍然返回昆明。这时唐继尧的兄弟唐三（名继虞）乘龙政权内乱，想为乃兄复仇，将率兵来攻昆明，风声很紧。龙云为了准备守城，因而把城外北教场堆存的大批火药迁入城内圆通山附近收藏，在搬运中火药漏出引起大爆炸事件。这件惨案的性质是国民党军阀在互相争夺政权混战中产生的祸国害民事件。灾情非常惨重，死伤附近居民和搬运工人共千数百人，炸毁大小房屋达数百幢。

六、国家主义派分子名易忠孝，投考省师被取录入学，为了不让他们的反革命活动在校内开展，所以我们在“大学”领导下，参加了对他们的宣传斗争。

七、李伯英即李宗黄，是蒋介石反动派伪中央委员。当1926、1927年，北伐战争的潮浪滚到云南时，首先在学生群众中引起了巨大的反应。学生和一部分进步教师在云南法政学校组织了拥护孙中山三大政策的党部（后来被称为“法校党部”），展开群众运动。而同时蒋介石叛变后派李伯英来滇与二三反动分子又在昆明圆通寺内组织一个反动派党部（后来被称为圆通党部），双方当时斗争非常激烈，学生群众拥护法校党部，向省府要求撤销圆通党部并提出对政治经济改革的一些要求，结队请愿。不料在游行队伍中，李伯英竟派特务在武庙街用手枪打死了成德中学学生梁元斌，引起学生和市民的极度愤怒，抬了梁烈士的棺材第二次结队请愿，要求惩办凶手李伯英，撤销伪党部。此即李伯英之血债。

八、“济难会”的具体工作，主要就是援助革命遇难同志，“七一一”事件发生后，济难会便成为半公开组织，募集捐款援助在狱同志和贫苦受灾难民。关于具体援助过哪些同志等详情，我因未经手办理，不知其详，但募捐工作是与聂耳同志等共同搞过一些的。

九、关于甘汝松这个人，据最近向友人处了解所得，他并不是党团同志，而仅仅是一个比较进步的青年，也是省师的学生，喜欢自学世界语，有一些“国际主义”思想，因而引起了反动派的注意，被捕囚禁，后来竟至枪杀。聂耳和他个人平时往还并不多。吴澄是一位女共产党员，当时主要负责妇运工作，口才很好，在男女学生群众中有很高威望。后来被反动派注意而转入地下活动，至1930年下半年与李国柱同志为反动派所杀害。至于李国柱同志主要是领导共青团活动的，他对我们小组的教育和领导是令人永远不能忘怀的。

十、在1927、1928年，云南学生运动高涨时期，马克思主义思想的传播主要是靠学生群众的互相讨论学习，总的领导人是王德三同志。据说他后来改名田贵转入个旧锡矿做矿工运

原云南联合中学旧址的大门

动，被反动派杀害。当时由于秘密工作的必要，许多这类情况都是不可能完全清楚知道的。在历次学生运动中，省师学生都站在最前列（因为来自各县的贫苦学生不少），而学校当局和教师则比较落后的。

十一、聂耳脱离军队重入学校后时期很短，便要毕业，这一段时期内的活动主要仍在文艺、音乐、戏剧方面。

十二、我们毕业离校后，接着又有白色恐怖来临，由于一个姓谢的出卖，那时我已离开昆明，我的家中曾被搜查，屋顶上也站满了人（家中去信这样说），书房里每一本书都被检查过。笨拙的宪警们，真是可笑，检查不出一点点证据，最后为了回去好交差，把一本叫做《科学的改造世界》的书籍带走了，那里面谈的是蒸汽机的发明，电灯、电话等等的发明。由此也可以说明反动派是敌视科学、文化和进步的，守信有无类似被迫离昆情形，我已离昆，所以不清楚。

十三、反动派宪警特务在校内搜查是家常便饭，常在夜间进行，凡有可疑就被带走，同志们得了风声事先躲开几天，这类的事是常有的。当时守信也可能有躲开的事情，不过在当时，他有爱音乐和戏剧的外衣掩护着，他的躲开不会引起人们的注意。

十四、胡佩在某段时期内是我们小组的同志之一。后来（1930）被姓谢的出卖以后，在反动派压力下，他不能坚持立场，终于叛变了革命，为反动派伪省党部服务。到新中国成立前一二年，还当了反动派的县长，新中国成立后曾自首登记，以后情况不明。我组同志，虽有多次的变动，还有印象的除胡佩、守信外，还有一位戴眼镜的，穿粗布大褂的姓谢的（已叛变），昭通籍的同学小朱（一个短胖清秀的青年，他不是我校同学，政策路线认识很清楚，我曾为他顶替投考云大预科以便他进入学校工作）等。李国柱同志则是上级的领导同志，不时参加我们的组织生活，给予指导，我们都很爱戴他。

十五、守信参加的部队，确是范石生招募的。范石生与朱培德的关系不详。

以上各点，拉杂写出请你参考，此致

敬礼！

郭辉南二月十二日启

原刊中国音乐研究所编《聂耳专辑》（三）

1964年内部资料

缅怀聂耳

邓 涟

1927年秋季我考入云南省第一师范高级部外语系编在高二班。聂耳（守信）和我同时入校编在同级同组，寝同室、餐同桌、娱同乐，生活学习常在一起。

当时昆明的学生运动蓬勃发展，各种组织也不断出现。突出的有“法政国民党”（系当时地下党领导），竭诚拥护孙中山的三大政策，为全市学生运动领导核心。与此同时有“圆通国民党”明目张胆攻击三大政策，并以金钱蜜饵收买各校学生进行特务活动，我班亦发现个别圆通分子。守信对此辈恨之入骨，耻与为伍。他常说：“离开三大政策还有什么革命性，岂不成为军阀买办党、官僚党啦！”因此他对圆通党、议会党深恶痛绝，视如寇仇。

时蒋介石爪牙李宗黄到云南活动，省学联决议扩大宣传揭露其阴谋，唤醒群众驱逐李宗黄。各校学生热烈响应，到大街小巷进行宣传。成德中学学生梁元斌正在武成路向群众宣传三大政策揭露蒋介石反共反人民的阴谋之际，李宗黄派遣特务持枪追杀，梁元斌同学被特务开枪击中，登时殒命。全市同学对此义愤填膺，于次日举行了声势浩大的示威游行，列队到原省政府请愿惩办凶手。大中学生数千人自华山南路至正义路接踵不断，严正停立听候答复。忽有特务大吼：“军队开枪镇压了！”队伍立时骚动，后队不明真相，蜂拥朝两廊奔避，两廊店铺柜玻璃多被踩踏损坏。数分钟后见无异状，队伍又重新集合，我回到原处见守信屹立未动。我问他：“你为什么不避一下？”守信说：“怕那样，如果军阀蛮横开枪，死就死嘛！我们要用一腔热血来唤醒民众。血也不会白流的。”从此守信更加仇恨军阀，随时发出雄壮的歌声。有一次在上课时间，老师缺课未到，同学们在课堂黑板上自由书写，有的画画，有的写诗，守信也大书特书，可他既不作画，也不写诗，他写的是英语：“Get up men who don’t like to be slaves.”（起来，不愿做奴隶的人们！）我们看后投以鼓励和赞赏的目光。

随着蒋介石反革命的步步升级，云南军阀镇压革命的罪行也变本加厉。一天上午我和守信与陈祖武同学由省师附小出来到大门，有两个便衣特务跟上来说要同陈祖武谈谈话，即把陈带走。不上两周，陈祖武同学就被枪决了。面对反动派的血腥屠杀，昆明的学生运动并没有丝毫减弱，它犹如添了油的炉火愈烧愈旺。反蒋（介石）反龙（云）的传单、标语天天照样贴在大街上，守信和我也曾积极参与过这样的工作。云南军阀无可奈何，竟逞其淫威，终于在1929年秋季下令关闭全市大中学校，彻底清党反共，有觉悟要求进步的青年均被借故清洗出校。守信无意再读死书，决心深入军队做士兵工作。时值范石生到云南招收军士队，守信毅然报名参加。离滇之日，我亲往相送，依依惜别。与守信报名同往的还有昭通赵家钰，他是双塔高中学生，这是1929年秋季的事。

守信天真活泼爱唱爱跳，口琴风琴管乐弦乐，样样都能，特别是小提琴更是他的特长，只要有空他总是歌不离口，琴不离手，任你有多大烦恼，只要一听到他的琴声，就顿改愁颜。

我对音乐素乏兴趣，喉腔又非常别扭。但在守信的感染下，也逐渐爱唱起歌儿来了。由于我记忆较差，唱会的歌儿易忘，守信仍耐心辅导领头歌唱。如当时风行的曲子:《寒衣曲》、《悲秋》、《梅花三弄》等等，我非常向往，但离开歌本就哼不出来。守信发现我善忘，便在我坐侧顺手把我的一本“自由”日记拿过去，把这些谱一首一首写下来，我照着练习歌唱。节奏拍子，音符高低强弱，他虽信手划来，可唱起来却准确无误，十分合拍。事隔数十年，每逢兴致来时，哼起当年旧调，守信那天真乐观的音容笑貌历历如在目前。

守信原籍玉溪，但是生在昆明，长在昆明，已经是道道地地的昆明人了。可是学说起玉溪话来，使你无法分辨真伪。他那富有特色的玉溪腔，常惹得同学们哄堂大笑。他又擅长模仿，课余饭后，学起那些常在省教育会跳舞的先生们的模样来，叫你笑破肚皮。他的滑稽舞更是精彩多姿，忽而像小猴攀树，忽而又如猛虎扑食，观者无不啧啧称叹！

由于他非凡的艺术天才，颇得在昆各校进步师生们的喜爱，凡是排演文明戏（话剧），多要特邀聂耳亲临指导，而聂耳总是有求必应，从不推辞。除耐心辅导外，一些难演的角色，他还主动承担扮演。不论什么角色，经他一演，都能形象鲜明，给人一个难忘的印象。

特别使我难以忘怀的是：一次省师要组织学生旅行，同学们公推几人组成筹委会提前赴黑龙潭，安排好食宿工作之余，在公园漫步。我们来到了薛尔望先生墓旁，守信面对薛墓不胜感慨，情不自禁讲起了薛先生的民族气节，宁为玉碎不为瓦全，以死殉国的事迹。守信泪流满面，大声疾呼：中华！中华！我深深感动了。当时，我无法表达自己感动的心情，默默地走上前去紧紧地握着他的手，两个青年泪眼相对，心中充满了对那个黑暗社会的无比憎恨。

1983年2月

原刊昆明市政协编《昆明文史资料选辑》第三辑

1983年12月

作者简介：邓涟　聂耳在省立师范时的同学与共青团小组长。

聂耳在云南省立第一师范学校

李德和　口述　　范道桂　整理

人民音乐家聂耳逝世44年了，我早就想写一点纪念他的东西，但一直未能如愿。

多年来，每逢休假，我都要到守信（聂耳原名）的墓地去看看。有时低首徘徊流连于墓地，有时侧卧墓旁，仰视雄鹰翱翔太空，远眺滇池的碧波银帆；有时凝思遐想，神驰扶桑鹄沼海滨。这时，守信的模样便会活生生地浮现在我的眼前：他头戴一顶深灰色的毡帽，身穿一件雅布长衫，脚上穿一双春花色的袜子，踏着白帆布胶底鞋。他时而微笑、时而拉着琴、时而唱着歌、时而做一个鬼脸，逗你发笑……

于是，我的思绪又被带回到了50年前那风雨如磐的年代。

一

1927年秋，我从家乡景东来到昆明，考入云南省立第一师范高级部——即中级师范读书，那时守信在昆明联合中学毕业，怀着深造的目的，亦考入这个学校。我们同在高二班学习，他在外国语组，学英语；我在文史地组，学习文史地。到毕业那一年，他和我住在宿舍两隔壁。在校期间，我参加了“大学”，他参加了“中学”（“大学”是党组织的代名，“中学”是团组织的代名），成为同志和战友。

当时的云南，正是“多事之秋”，英帝国主义又控制着滇西，法国控制着滇南。在昆明就设有不少帝国主义的洋行，如法国的歌卢士洋行、若丽玛洋行，日本的保田洋行等。在省内，各大小军阀为争夺云南统治权而互相火并，先后发生了倒唐（继尧）的“二六”政变和倒龙（云）的“六一四”政变。而农村，封建压迫与剥削越来越残酷，弄得兵匪遍地，民不聊生。

政局的动乱，引起了各阶级和政治派别的分化和改组。国民党内部分裂为两大派，一派是以法政学校为中心的国民党左派——法政派。其主要人物有王复生、王德三。当时共产党主要通过法政派领导着工会、农会、妇女会和学生联合会开展活动。另一派是以李宗黄为代表的国民党右派，即圆通派。云南省立第一师范学校的学生多数是来自各县的贫苦人家子弟，革命要求比较强烈。我们党一向重视对学校学生的领导。因此，我们省立一师也就成为各中等学校青年学生进行革命活动的一个强有力的堡垒。

守信是同学中年纪较小的一个。他天资聪颖，容易接受新事物。特别是由于他4岁丧父，家中兄弟姐妹5个，全靠母亲一人行医卖药维持生活，从小吃过苦，对被压迫阶级一向同情。他耳闻目睹了帝国主义的侵略、军阀混战及地主豪绅压迫人民的罪恶，感到十分愤慨。记得当时在滇越铁路昆明段有一个农村孕妇因买不起车票而被法国鬼子从车厢里丢出来摔死，激起了昆明人民的极大愤怒，昆明地下党决定以此掀起反对帝国主义侵略中国的斗争。第二天巫家坝机场空军学校的学员聚集起来摇动小红旗拦下了火车，将几个法国鬼子狠狠揍了一顿，全市人民拍手称快。我们班几个同学在一起议论这件事情时，守信慷慨激昂。一个同学问他："小聂，如果当时你在场要怎么办？"守信说："我要是空军学员，包定是摇小红旗的那一个。我们不仅要揍他们，还要把这些洋鬼子通通赶出云南，赶出中国！"

他入省师的那一年，适逢李宗黄派特务暗杀成德中学进步学生梁元斌，更激起了他的无比愤怒。他积极参加了各中学学生到五华山云南省政府请愿示威的行列，夜里又走在示威队伍的前面，和同学们一齐冲到圆通山李宗黄国民党党部的巢穴，打碎了国民党党部的招牌，齐声高呼"捉拿李宗黄"！

当时全国的革命形势虽然已开始由高潮转入低潮，但由于云南是一个偏僻的"山国"，大革命的余波尚在。学校里的音乐老师仍然教同学们唱《国际歌》、《工农兵联合起来》、《少年先锋队歌》、《伏尔加船夫曲》、《快乐的人们》、《马赛曲》等革命歌曲，守信对这些歌曲兴趣很浓。他不仅在课堂上满怀激情地歌唱，还热情地给那些不会的同学教唱练习，这些歌曲对他后来在创作歌曲上的成就是起了一定作用的。学校里的"学术文"这门课仍然讲授马列主义理论，一些革命刊物如《新青年》、《向导》也还在若断若续地发行；领导学生进行革命活动的学生会、学生联合会也还未完全停止活动。这一切，都对守信产生了良好的影响，使他开始认识到人民不革命就不能生存，而要革命就要参加到革命的组织中去。他多次向接近他的革命同志表示了这个愿望，希望他们帮助解决这个问题。后经同班同学郭耀辰（郭辉南）的介绍，在那年秋末的一个晚上，与共青团的一个负责同志李国柱在翠湖会面，直接提出了参加共青团的要求。李国柱同志对他的要求给予了热情鼓励，希望他创造条件，尽快实现自己的愿望。同时指示接近他的同志多多帮助他。

1929年秋天，唐继虞兵临昆明，龙云为了守城，将堆放在城外北教场的火药搬运到圆通山附近收藏。在搬运途中，由于不慎引起火药爆炸，死伤数百人。事件发生后，昆明地下党立即动员"济难会"（这个团体后来改名为"救济会"，救济被国民党反动派迫害的革命同志及其家属）。守信也参加了这个组织，同大家去慰问受伤人员和其家属，为了帮助他们解决临时住宿及就医问题，还进行了募捐，乘机进行革命宣传，指出军阀混战给人民带来的灾难，说明要安居乐业非起来革命不可。守信很会演讲，他的声音是那样动人，很能扣动人们的心弦，使不少人感动得流下了泪。由于他对人真诚热心，因而博得了大家的喜爱。

二

形势一天天地恶化，党、团组织完全转入了地下活动。但是党、团组织仍以各种形式对守信进行教育，帮助他学会独立思考和单独作战。同时根据他的爱好和专长，要他担负起音乐、话剧这方面的组织工作，对企图独占音乐、话剧舞台进行反动宣传的谢策勋、张永泰、许俊、张宗祥这一小撮人进行斗争。为了给他创造工作条件，党组织除动员党团员和外围群众支持他以外，还帮助他和各中等学校游艺会等文娱团体接上头，扩大活动范围，壮大斗争力量。为了增强斗争本领，守信不仅悄悄地阅读昆明地下党发的内部油印刊物《斗争》外，还阅读《新青年》、《中国青年》、《思想》、《新思潮》、《向导》、《唯物史观》、《创造月刊》、《东方杂志》的“列宁专号”、《共产主义 ABC》和鲁迅的《野草》、苏联小说《毁灭》、《铁流》及日本厨川白村的《出了象牙之塔》等革命刊物和小说。因家境困难，他从不吃零食，偶尔从母亲那里得到一点零花钱，他便和团小组长郭耀辰到文明街买一些进步书籍来看，由于他认真读进步书刊受到团小组的表扬。他说：“处在痛苦而又伟大的年代，只把食物往肚子里塞，不放一点革命的东西到脑袋里是不行的。”不仅如此，他还利用业余时间努力学习音乐知识。和他同住在一起的同学常常发现他在午睡时将头帐放下来，躺在床上拿着一本五线谱凝思，有时嘴里低低地哼唱。平时他还抽空学习二胡、三弦、箫、笛等乐器，但特别爱好拉小提琴。他的母亲就是他幼年时的第一个民间音乐启蒙教师，她给守信讲故事时常常唱一些似花灯、扬琴和滇戏曲牌之类的曲调。而且总是根据书里五言、七言等诗词的规律、音韵和喜怒哀乐情感而即兴编唱。她唱得很入神，它像种子一样，深深播在守信幼小的心灵里。以后他创作的歌曲，大部分以云南民间音乐为素材。另外据他哥哥说，他家住在端仕街时，同院有一个省师附小的老师，很爱好音乐，对守信影响较大。他出面组织了一个小乐队，作为团结宣传群众的一个团体。他还喜欢收集家乡玉溪一带有名的花灯小调和其他县的民歌，自己哼唱，有时拿铅笔在本子上练习编写曲子。学校里开文艺晚会，他不仅清唱，还化装表演。

守信除爱好音乐外，也喜欢话剧。每次演出，他既干事务性的工作，也亲自扮演剧中的重要角色。他扮演的多是青年学生和年轻的女主角，如高尔基《夜店》中的女店员，莎士比亚名剧《罗密欧与朱丽叶》中的朱丽叶。有时他在开演前和另一个同学表演双簧，从“王婆骂鸡”骂起，一直到学校行政上的一些不合理措施及帝国主义、军阀和土豪劣绅，很受欢迎。

当时在音乐、话剧这个文艺阵地上斗争是很激烈的。在国民党反动派支持下的张永泰、许俊、谢策勋、张宗祥这些家伙，不论是开幕前的讲话，还是正式演出，他们都要争露头角，对中国共产党及其领导下的革命进行攻击，散布毒素，甚至对演出进行破坏。守信在组织的帮助和群众的支持下，总是巧妙地把对手击败。记得有一次，许俊指使张宗祥攻击守信在一次游艺会上的演出，一个同学马上就进行反击，说："妈的，你又歪嘞，你出什么臭风头！你不得，就去告嘛！"又回头对守信说："小聂，干！有什么事我们撑着，不怕！"弄得这个家伙面红耳赤，无地自容。而守信只是笑一笑，说一两句谦逊的话，便去工作了。守信这样做，并不是软弱而是巧妙灵活，因为他早就在群众中做好了对付这一小撮人的工作了。因此，这个音乐话剧舞台，始终是在我们的掌握之中。

在守信的努力下，舞台已成为我们的重要宣传阵地，每次演出前，我们都希望一些同志上台讲话，揭露敌人的阴谋。有几次是要求学校当局改善伙食，撤换反动教员，解聘反动训育主任。

原来省师校址属于清朝时的制台衙门（即今昆明胜利堂周围一带）。在唐继尧统治时就有风声，要借口改变街道出卖省师校址，因群众反对未得逞。龙云上台后，到1928年秋，又借口要开辟商场，准备将省师校址卖给法国商人。其根本原因是因省师是当时学生运动的堡垒，龙云想拔掉这颗眼中钉。当时地下党决定戳穿这个阴谋，组织护校运动。当即成立了护校指挥小组，由普光宗、雷同及本校革命学生李世宗3人组成。为了使护校运动不致遭到反动派的破坏，发动各校同学参加，由指挥小组组织了一次游艺会，并在各校作了安排。这次会由本校同志李世宗出面主持，戏剧方面守信负责安排，演苏曼殊的《断鸿零雁》，守信自己扮演女主角，邀请各校师生参加。当戏将要上演时即由李世宗向大家报告了护校原委，希望各校给予支持。此事立即得到各校学生的响应，马上到礼堂外面集会，上街游行，要求当局停止出卖省师校址，并呼吁各界人士予以支持。据说当时龙云的侄女也来看了戏，回去后把事情告诉了龙云。龙云由于上台才一年，怕闹出事来影响他的统治，被迫取消了这个阴谋。

三

1927年国民党反动派进行"清共"，镇压革命，激起了人民的愤怒，准备拿起枪来进行武装斗争。江西南昌起义、湖南秋收起义形成一支革命武装后，更激起革命人民进行武装斗争的热潮。

1929年守信与同班同学郭跃辰（共青团员）商量，准备到湖南找革命队伍。凑巧驻扎湖南的云南人范石生派人到云南招收学生军，他想利用这个机会，在旧军队士兵中进行活动，拉一支革命队伍。应征后经广东韶关到了湖南郴州，然后通过同乡军官的关系想去黄埔军校，后因他不是军官，未能录取，随即便由部队发七十多元钱遣散回昆。回昆后仍入省师复学，读了一个学期的书就毕业了。

他在范石生滇军部队里当兵时，经常和一些老乡在一起。有时和大家摆龙门阵；有时拉拉胡琴，唱上几句家乡小调和大家解闷；有时帮人家代写书信，因此和大家关系处得很好。后来他回忆这段生活时说："这段生活使我的肩膀粗壮多了，身体也更结实了，吃老仓米和杂粮，甚至吃不饱也习以为常了。"又说："在军阀部队里讨生活，好比一群牛，鼻子被穿得牢牢的，任凭人家牵着走。我们拿人家几文臭钱去卖命当兵，监视着一点不肯放松，屙屎屙尿也互相监视着。生病才麻烦，要靠命牢才熬得过，这叫做国民革命军？"在谈到下级士兵的生活时说：

“他们很多是失去土地的农民，是很老实的。”从这里可以看出他对那些下级士兵怀着多么深厚的阶级同情，而对于变了质的“国民革命军”是何等憎恶！

1930年前后，云南的形势进一步恶化。宪兵、警察经常夜里捉人，搞得人心惶惶。同学们每天早上起来的第一件事就是问“昨夜有没有发生事情？”大家都知道，深夜里只要教导处的灯一亮，那就是商量捉人。有一天夜晚，我们班也有两个同学被捕。第二天清早一探听，被捕的虽不是地下党团员，但多数是进步学生。有一个学生因桌上放着一本《马氏文通》，他们认为和马列主义有关，不问青红皂白将这个同学抓了去。还有一个同学因放着一本红壳书，他们又认为与“红军”和“赤化”相连，也给捉了去。这次被捕的人当中，有一个恰好和守信同住在一个寝室。过后，有同学似关心又似开玩笑地问他：“抓人的时候，你吓了一跳吧？”守信不在乎地笑了笑说：“怕什么，过两天我还准备去看看他们的！”说罢，便照样蹦蹦跳跳地出去了。但从此，他更机警起来。

当国民党反动派疯狂抓捕和屠杀共产党人和革命学生的时候，“国家主义”这个反革命派别在昆明逐渐抬头。他们不断地指派其骨干分子打入各机关、学校和团体，以扩大组织，从事反革命活动。1930年夏天，有两个“国家主义”分子以学生的身份钻进了省师，上级指示要给他们以迎头痛击。我接到指示后便决定发动“中学”和革命群众配合行动，并开展斗争。接着就去找省师“中学”负责同志郭跃辰布置工作，连夜在学校各处张贴标语口号，守信也参加了这一行动。第二天凌晨，当残月将落，天尚未亮明之时，发现还有十多张标语未贴出去，正在商量时，守信说：“这件事交给我来干吧，包定完成任务。”大家认为，天快亮了，干这件事有危险，但又感到他机智勇敢，就让他去完成这个任务，另外派几个人帮他望风掩护，并要他马上拿到一进大门的八角亭里去张贴。当守信到达八角亭时，已有两个同学在附近，一个在低头看书，一个背着手眺望园景。他不慌不忙，镇定灵活地将标语从背面叠成一个小方块，把浆子打在棱上，纸头先在柱子上一贴，再将下端的纸脚一拉，顺着纸条用手一按。很快将十多张标语贴完了，谁也没有发觉。贴罢，便高高兴兴地回到宿舍，向我们汇报了这场紧张战斗的经过。

守信在省师毕业前夕，白色恐怖已达到极点，昆明地下党团组织经常遭到破坏。有的同学由于叛徒出卖而被捕或惨遭杀害，同学们的组织关系也经常中断。此时聂守信已被敌人监视，有一个守信三哥的同事的父亲是昆明地方法院院长，看到他父亲桌上黑名单中有守信的名字，立即告诉了他。他便在三哥一个朋友的介绍下离开了昆明，到上海云丰申庄工作。

从此，他在上海找到了地下党，参加了一些革命的文艺团体，进行了他的音乐创作活动。他用战争的歌曲吹响了中国革命的号角，敲响了人民解放的战鼓，在战斗中成长为一个伟大的人民音乐家！

原刊《思想战线》1980年第1期

作者简介：李德和　聂耳在省立云南第一师范学校时的同学。

参加《新声会》的感想

虹　子

艺术是一种思想，同时也是一种教育，音乐不过其中之一部罢了。在文化部门以内，是有着它相当位置的，因此，我们不能忽视。

在资本主义国家，艺术是特种阶级的，是帮助特权者们享乐的；美国的音乐，便是摆在我们眼前的、铁的说明。

然而，属于中国次殖民地性质的民族，应该有什么表现呢？数年来，事实告诉我们，由都会至乡村，由幼稚园至大学堂，六七岁的孩子，便已能够知道怎样堕落自己，和怎样做名起码的妓女。这是黎锦晖先生的教育成绩，也便是他的无量功德（关于黎系歌舞，当另文论及）。

无论如何，这是一种新发现，难得的好现象：当昨天在百代公司《新声会》第一次唱片试听里，我听到几个崭新歌曲时。

这几个歌曲是《大路歌》、《开路先锋》、《扬子江暴风雨》、《毕业歌》。这是由数年来黎系烂糜歌曲的缠绊里挣脱，而且赶前迈进了的东西；是响起了死灭方兴即艾的黎系歌舞及其背境的先声，同时，也暗示这展开的无限光明的前途！

词和曲，在形式上和内容上都配合得十分恰当。这里，我们特别要注意的是，这几个歌曲的制作者聂耳君的天才。他的每个曲，都把歌词的每字每句的音意作了极适当的配合，而将原来词里的蓄意，奋发般挥出了。然而，这不仅是他天才的成功，乃是他能够去向大众学习，去理解大众，消化大众的意识而得的结果。所以，我们是并不奇怪那通俗、雄烈或者悲壮的每个音节。虽则当中仍旧有着不少旧有曲调的因素，但这是新雏形的必然现象，是不能减煞他刚健前进的姿态，我们是能预期他的成功的。

词的方面，虽仍多架空的说白，因为不是生活的果实；然而，显然是标新立异地露出了头角来！如像陈瑜的《毕业歌》，在我们初看这标题，觉得也许是些努力呀，鹏程万里呀，前途幸福呀之类。然而，社会生活，使得毕业生们却不敢也不能憧憬这些美丽的幻想了。社会的重

百代唱片公司音乐部主任任光、副主任聂耳（均为中国左翼剧联音乐小组成员），以发行赚钱的电影歌曲为名，录制出版的众多进步歌曲唱片

担已沉沉压在肩上："听吧！满耳是大众的嗟伤！看吧！一年年国土的沦丧！"紧跟着又把拦来跟前的问题叫出来："我们是要选择'战'，还是'降'？"

可不是吗？现实是现实，严重的问题是现实造成的；绝对不像黎锦晖辈，自欺欺人《一场春梦》所做得了的。

看看吧，这一个孕育的产胎！

原刊《中华日报》（上海）1934年10月19日

作者简介：虹子　为聂耳的同乡挚友，中国左翼作家联盟成员张鹤的化名。

搜索着我们过去的历史

——1935年于日本忆聂耳

张　鹤

《新文化史料》编者按：

人民音乐家聂耳1935年7月17日在日本不幸逝世，他多年的同乡挚友、时在日本留学的左联作家张鹤，只身前往现场确认、收殓、火化了聂耳的尸体后，7月27日撰写的这篇文章（原载《云南游沪学会会刊》第3期，1935年10月30日出版），深情地回顾了他与聂耳在昆明、上海、北平、日本数度的交往，体现了他们二人之间诚挚淳厚的情谊。此文内容丰富翔实，生动感人，是作者亲身的经历与体验，对于了解和研究聂耳具有一定的史料价值。由于此文发表的时间较早，流传的范围很小，一般人现在已经很难看到。为此本刊特予转载（略有删节），以纪念中华人民共和国国歌的作曲者聂耳诞辰八十周年。

那已经是过去六七年的事了，我们的故乡——云南因为把火药由城外搬到城里来，造成了空前悲惨的“七一一”火药爆发。正义感动的青年学生们，用纯洁的人类天赋的同情心和热血结成了“七一一青年团”，帮助那些丧了家亡了人而无依无靠的数千难民请命。除教育和领导外，还预备开游艺会募捐。那时我在东陆大学预科肄业，为的爱好艺术便也让这波浪卷入。每天到土主庙去，在那些相熟的、陌生的青年中间来往。

那一天时间较早，我和许强君走进二门，他和一个坐在栏杆上满面笑容的人打招呼。经介绍，那人是省高师的学生，名字很熟：聂守信——你！

跟着是情感和思想把我们捏在一起了，我更深地知道你，由家庭直到个人生活。

你是玉溪州城人。但你从小生长在昆明。你怎么会生长在昆明的？因你爸爸行医来到昆明，来这里照顾你是方便的，但你很小时他便死了。由你母亲一面卖药，一面也为人看病，抚养着你的两个哥哥守诚、守先、一个姐姐和你过活。

高师里读着书，因为内战，全省学校停办之时，你曾勇敢地去参加军队，这使你了解了和你一样的千万小兵们的命运。最后军队失败，你奉老母慈命，不得不转回乡里结束学业。我们认识的时候正是你刚卸去了征衣。

此后我们相熟了，在省师甚至全省教育界的一切课外活动，几乎都离不了你。游艺项目，你就常担任主角，演剧里最重要的女人，就都是你。有一个时期，玛丽亚这名字曾代替了大家熟知的“聂守信”。在昆明市千百学生口中呼叫着，那是因为在《克拉维哥》一剧中你艺术的表演感人至深。那时候，为了剧情的需要你曾被装过一次棺材①。

我们来往较密切，你是朋辈中最不能少的有趣人物。我们从没有见过你在任何时候皱过眉头，有你的笑声处，空气从不会沉滞的。

记得有一回，我和别的朋友，到南门外玫瑰田畔。一个颇富诗意的微雨的郊外。朦胧罩在烟雨中的西山，静待在昆池上面，一株大树下滴着小雨珠子，打落在一顶雨伞上。我大声叫了，惊觉了下面的一对青年男女。是你和我们东大的同学袁女士。

在封建思想漫布着的昆明，这是罗曼斯的奇迹。那种兴之所至使我忍不住写了那篇《玫瑰田畔》，而且就做了作文。不妨给教师的女儿看见了，她和袁女士是同宗同班，自然是最好的朋友。于是我的文字便被她们全班传观，弄得袁女士很难为情。我觉得对不起你，向你去道歉，不料你却说这是最光明的事，我们青年本身是负着反抗旧社会一切恶习的。结论是你鼓吹我把它投到报纸副刊去。于是昆市的青年几乎没有不知道玫瑰田畔的故事，这影响以后反对封建有了怎样的意义呢！

大胆坦白是你天赋的特性，然而即使就是在这些玩笑的罗曼斯上，也不曾把社会意义忽略过。

跟着便高师毕业了，小河中哪能养得住大鲸？昆明那样闭塞的山国，又岂适合你生存？你有勇气有天才和抱负，命运注定你必须要在污浊的空气中奋斗。你便哼着“不顾生死往前奔！”冲出山国，作第二度流浪。这时你可不是去当兵，而是跑到上海，为了生活帮一家同乡的小商人做事。

我到上海来，你和雨笙到平安旅店找我。他乡遇故知，我欢喜如何，我把你一抱摔在床上，极度的欢快压倒我们，除了疯狂的笑，什么话也不想说。耳！还记得吗？

不久，商业凋敝的浪潮，把你依靠的那小商号也冲倒了，失业群里加上了你。你慈爱的母亲同哥哥们，速速来信促你归里。你坚决的意志，毫不为情感所动。毅然地回信说：我不会回来，也不要你们为我的生活担忧，我自己想办法，自挣自扎奔自己的前程。

你热心看报，固不自那时始。然而那时，你是特别热心起来。每晨第一件事，便是拿着份《申报》或《新闻报》看。你固然没有放弃看每天的政治经济及各方面的消息，而此刻特别引你留心的，是一般失业人们所特别注意的副张广告。你想在人浮于事的上海滩上，重新建筑起生活的基础来。

耳！你那时候的生活是怎样呢？是一般醉生梦死的少爷们所能想象得出理解得出的吗？

---

① 编者注：1929年聂耳曾经在昆明学生的话剧演出里扮演《罗密欧与朱丽叶》的女主角。

然而，在如今这时代里，像你那样挣扎着的人，正不知有几千几万呢。

在一般平凡的人里也许感到无生活的勇气，而向着浩渺的黄浦江找安慰了吧。但，这永远也不会在你脑里发生过的事情，此刻也当然想不到。“努力挣扎”，照着你时常悲壮地哼着的“不顾生死往前奔”的原则，不屈不挠地和人生的苦难之恶魔相搏斗。耳！你今日的稍稍成就谁说是偶然的？

终于在报纸的一角，使你发现了黎锦晖主持的明月歌舞学校招生的广告，便如发现了珍宝，这是你久思未得的机会，你的提琴本来自修的有相当根底。报了名，为迎合主考者的味道，买了许多《三蝴蝶》之类的歌曲，赶着练习。赴考的时候，你曾失望过，你看到许多应考的人中不乏专家，你这半路出家的，休想抬这碗斋饭。所招的人，男的不过三四个。然而出你意外的，初试后不久即得到通知。心惊胆战地赴了复试，结果你被录取了。

此后你就由小商号的栈房里，搬到爱文义路文德坊隔壁的学校去住，每日过着你适意的生活。

当明月歌舞学校在奥地安大戏院公演，我在第一排看着自己的朋友“聂紫艺”高兴地拉着小提琴时，心里有一种说不出的高兴，同时预感着你将来有无限的前程。耳！古今中外的天才哪一个会是偶然登天的呢？

各学友们都对你好，这当然是你对每个人都一样亲切有趣的缘故。由你们的师母（？）徐来以下，比你小的王人美以至于和我们，都叫你小弟弟。

明月音乐歌舞学校改为联华歌舞班以后，跟着你与黎氏的意见——也可说是思想不合，便退出歌舞班到北平去旅行，那时我也在北平的一个学校里念书。我们相谈起分别后的生活，叹息而又自慰地说：想当年在家乡时的许多友人们，都像钢心铁志的英雄，然而曾几何时，时代的铁轮竟无形中跨过去了，朋友们死的死，走的走，变的变，病的病。一贯地坚持着从前那种精神的，还剩得几人？说的时候我俩不禁黯然地相对，作了同情安慰的笑。

你努力于音乐，我在校里虽则学过工，改学政治经济，但自己喜欢文学，我们的目标有共同处。你翻着我的一本诗歌，曾对我要求说：“我们互相需要，你可以为我作许多词。”耳！想起来很遗憾，我竟辜负了你，我自断绝了诗的生命，也从不曾给你作过一首词。

不久，我利用暑假到普陀去旅行。返平后不多几天，你又转上海去了。随即你加入了联华公司，在音乐部任职。

这时期，我们音讯比较隔阂。由于生活匆迫，再则也是相隔太远的缘故。信件也少来往，只思想和情感仍旧把我们紧紧联系着。

画着红太阳的飞机，越过山海关的炮火烽烟在北平上空成群结队地高翔低飞时，在一般惶恐的避难人们当中，我是为了厌倦北平生活也跟着到上海来。

此刻，你已不是高师学生和店伙的“聂守信”，也不是歌舞班的“聂紫艺”。跟着你的环境变动你的名字，已改为“聂耳”，担任了联华的音乐部主任。在《扬子江暴风雨》上演后，你自己自作自唱的《码头工人》、《打砖歌》等在百代公司收成蜡盘。第一次你最得力的向最痛恶的淫调制作者黎氏放了一个进攻的大响炮。第一次创造了新兴音乐内容与形式的雏形。

你得意地说：我由工友们的口里学得了上海土话，从他们的生活里了解他们的内心。我必定尽我所有的才能用音乐的艺术表现他们，颂歌他们，叫出他们的不平。

北方的风云消散（？）了。我没转回就蹲在上海。因为都是努力文化工作，我们情感特别融洽。虽则我们都为了各人的事业很少闲工夫聚在一起，却隔断不开我们精神的联系。

为了某种关系，你退出联华，随又投入百代公司任音乐部副主任。

你一向是横跨在音乐、电影、戏剧甚至文学上的。《扬子江暴风雨》一下子便把音乐有力地搬上舞台。1934年，自任光、安娥作的《渔光曲》以伤感气氛迎合了一般市民，掀起音乐与电影合流的风潮以后，每部片子出世必须有音乐配合，而十之九都是你一人支持。一直到现在还没有止息的音乐与电影合流的巨浪，首功者，谁不承认是你？你知道艺术的力量，并不尽迎合群众，而是要领导群众。跨越过感伤气氛的《大路歌》、《开路先锋》、《毕业歌》、《义勇军进行曲》等一个比一个尖锐的调子，被庞大的群众接受了以后，划时代的革命音乐家的你，遂为大众至深地认识并拥护了。

去年，为了有人说你专为田汉谱曲而被注意，搬到霞飞路1208号住所。冬间，我和雨笙们也搬到你的隔邻。我们常到你那里弹琴，你总是埋头工作。有时你到我们那里吃饭，谈话时我们不免又谈到“朋友们抱着一贯精神干下去的几十人中，剩的几人”的那种旧话。

种种事情不如意，上海生活我又厌倦了，决心到日本再准备几年。你很兴奋地说：无论如何把目前积下的工作做清，以后不再接活做，约三四个月，便到东京来找我。

虹口码头上，你、雨笙、溅波和菲4人的寂寞视线紧紧扣着我，长崎丸把它们挣断了，我们也就这样地分别了。

我等待着三四个月以后，再和我活泼有趣的老友在异国的土地上携手。

却想不到我到日本才刚满半月，你便突然出现在中村坊我的眼前。

当时你就和我同住、同吃、同玩，也一同上课。这时我有些恨你，因为我在上海时常是由8点钟睡到次晨8点钟的。你到东京后，每晚和我讲话，和我出去玩，听音乐，看歌舞，因我爱这个，我不能拒绝你。常常是12点以后，2点才睡。你后来为了怕拉提琴妨碍邻住的人而搬开了。

你搬开了，形式上我们虽然分开着，但那咫尺的路，我们每天上课、吃饭、游玩大多仍在一道，星期日还到汉阳楼聚餐。加上马希援和常在一起的杨式谷去游公园，调剂我们久累的身心。

你在朋辈中最自骄，常常鼓起臂上的栗子肉，弹弹坚阔的胸脯，哼一声，叫一声。

你是天才中的幸福者，属于歌德、托尔斯泰、贝多芬这一流。以你的体质，将给你一个很长的发展天才的寿命，谁料到23年的活命便算作了你的一生？

记得我们常把人的体质和寿命连起来谈，我告诉你我两个哥哥死了，大约是妈妈加意调理使得我从一岁到三岁的苦病中活下来，从小失了健康直到现在。一贯的生活方式，使我没有恢复元气的机会。今年我们一道大概是生活过得太平安了，使我忽然想起五六年不曾想起过的生日来。式谷同你都说聚餐一回作纪念。我玩笑地说，四年前在普陀，一个朋友做生日，我们为她祝寿，吃长寿面，过生日不久，她便害真性霍乱死了。我出来五年虽未病过，但我这样虚弱的身体，要死也很容易。结果我们聚餐了，聚了餐还到井之头公园去玩。我没死，想不到那玩笑却成了对你的谶语。

我们素来不大喜欢谈家常，最近大概是没话可谈了，我所爱听的作为小说资料的你的许多经历已经烂熟在耳中。此刻你常常和我谈你的母亲，你说你来东京时寄了150元给你妈妈，她回信说给你存银行，等你回去用。我想起你那戴了眼镜的白发老娘，她将怎样地来担负如今这种悲痛啊。

在东京每礼拜早晨，杨式谷我们三人常常一同研究日文，谈论着一种杂志的论文。报纸上有的问题，各人也发表些意见。

跟着艺术聚餐会要我介绍你去参加第一次见面礼，是你对中国音乐、戏剧、电影作了精确而透彻的分析报告，在狂热的掌声中结束了一点多钟的演说。使留日的四五十个青年，认识了我们的天才音乐家。不但能唱歌、作曲、玩乐器，而且能说动人的话；不只懂得高深的音乐艺术理论，社会科学的头脑也武装得很结实。

暑期来了，戏剧座谈会的朋友们多到房州避暑，说在那里排练剧本，暑假后转回东京公演。洪叶约你担负重要工作时，你慨然允诺了。此后，便是我们等待着海滨的快乐时期。

快放暑假时，你告诉我们，在北平时认识一个干戏剧的姓陶的朋友，他给你介绍了许多日本干戏剧的朋友。一位朝鲜人李相南君，是日本有名的照明主任，他准备回朝鲜，你要跟他一道去，并帮助将作旅行公演的新协剧团同去，你可到各剧场各影院参观。我们劝说你不要失此机会，而且与他们同路相处，你学日语的心愿还可提前完成，早日遂行你到欧洲的计划。

同乡们把暑假房子找在保田。你说先到藤泽等新协剧团同行。如不到朝鲜，等公演完毕8月初就可以同我们一道洗海水浴了。

你们决定7月9日动身，8日晚我一人和你收拾了行李。我们谈着离别的话。这晚谈的话很多，可以说是到东京来谈话的总结。由你从小的生活，直谈到现在。你谈到关于无锡的王如何领导，南京的邱如何指拨。还谈到我们自身，我们痛恨丧心的所谓留学生，也为自己的环境深感不满。我们同声愤慨地说：能够不为环境的恶习所染的人太少了，就如同世人平凡的居多，所以拔萃者少也才伟大。我们各人自勉吧！努力吧！反正现实我们是不满的，我们有的是勇气，我们还年青，我们固然不是超人，但也不要把平凡许以自己。

我们又谈到国内的友人们，各人举出些例子来褒贬，同时也就是策励自己。……使由之吧，自甘没落的人是无法挽救的。

不到一月就见面了，当晚深夜分别，你说次晨5时就离开你的家，我也便没有想到一去送行。

你走后我们的心也怪不安，等不得学校结束，13日我就和式谷搭车到保田来了。

18日的早晨突然接到一个怪电报“× 死了快返”。

一来是“聂”字在日本很少用，读音不统一，电报上不是我们熟悉的字音，再则也是意想不到会死。在这个雨天的早晨，我彷徨地怀着颗疑惑、阴暗的心搭了去东京的车，3点多钟的时间挨过了，在两国驿下了车，即刻叫汽车冲到住处。

“你来啦！你来了！聂耳死了！你知道吗？溺死了！”

好像是宣布我的死刑似的，我浑身一阵痉挛，我怔住了，耳膜也僵了，这话声音并不大，但我听来就像暴雷。半晌静下来后，我才详详细细地听着他说。

今晨一个朋友到这里来，说青年会有个姓冀的出了一张通告说，聂耳洗海水澡溺死了。招来他的挚友商谈善后。随即跑去问那出通告的冀君，他是聂耳到东京来认识的朋友。与聂同去的李君也认识他，事情发生后，李打电话到东京把他叫到藤泽来，但他也不能做主，尸体又无下落，他即赶回东京出了那张通告。

我即刻去找冀君，因为东京的乡友们全都避暑去了，打电话也来不及，便和冀君马上搭车到藤泽。在车里我心里还想，也许你约着李君们到车站来欢迎我们，或者我们到李君家，你正高兴地拉着提琴。最不济也不过被浪卷进去之后又打救起来，此刻睡在床上静养哩！海水固然有威力把一个活生生的人淹死，但千万人之中难道就偏偏降临在你头上吗！

但是我们到警察署的时候，一个日本警察说尸体已在正午12时找到了。我心一冷，觉得世界上真就没有了你了吗？我此刻侥幸的心理仍旧想着：你被浪卷到一个地方，像我们早前看过的许多小说里写的被人家捞起了，此刻还没回来，说是你的那个尸体，一定是警察当局掀脱担子，随便拉上一个尸体说是你。反正像黄浦江里一天有多少具无名尸首，谁又能分辨得出谁是谁。

然而你，我是知道的，当我同着冀君、李君及你住所的李君朋友滨田实弘家一家大小男女，送着你的尸体到火葬场，耳！多么凄凉啊。我叫掀开棺盖，里面的人如果真是你的话，那么永无再和我们立在一道的时刻了。

不是你是谁呀，特别张开的你说是生来听音乐的耳朵，右颔下拉提琴磨起的青块。耳！不是你是谁呢。耳！你还能挣扎起来？起来吧，起来，跳起来，唱起来。笑吧，然而你的脸青肿，七窍流着血。一丛山花在你脚下。你是永远这样地躺着了啊！这悲惨的结局，永远决定了你一生和你一生的命运。

你的棺材被放在葬炉里，我战栗着一颗心，痛苦着一颗心，看着开了门。一阵电火声哄唧的时候，我猛然像觉得自己所在的不是人间。

我像做着梦，一个可怖的噩梦。

在上海时，我做过这样的一个梦，梦见你死了。你的尸体静谧地躺着，我的心阴暗恐怖，我抱着你哭起来。醒来时一身冷汗，心还跳着。然而不久隔邻早间的钢琴声，清脆地鼓到我的耳膜上来，我于是笑了，那是你早间必做的功课啊！

噩梦是会醒的，醒了是快活的。然而，耳！到了这恐怖凄凉的高峰，以素来的习惯，素来做梦的习惯，此刻应该是醒了的。

然而这噩梦竟长久地延下来了。

完了！完了！仅23年的生命，完了！使未曾爆发的才能完结了你平生的一切。

耳，刚出头的天才，刚发光的巨星，你竟这样地与世永辞了。

11点多钟，冀君们把你的尸灰盒子捧回，那么小的一个盒子呀，能装住活灵暴跳的你吗？！

你的相片还笑着，香烟缭绕着。凄凉的情思在我心里是怎么也理不清啊！

人间永不再得的好友！老母再盼不归的爱儿！社会伟大的天才，人类的明星，新时代的歌者，开路的先锋，此后叫人们再到何处去找你这无涯的遗憾？叫人们怎样消受啊？

你悄悄地来到这动乱的时代里，你唱出了最明亮的歌声。然而这歌声，还没有宏大发扬时，你又悄悄地随海水的泡沫消殒了。但是千万人唱着你的歌，即便死后你的灵魂是不会寂寞的。上帝待你太残酷，群众是不会辜负你23年的苦干奔忙！

狂乱动荡的时代正奏响着你的歌声。

搜索着我们过去的历史。直到现在，即使被人称做铁石心肠的我，投笔竟也不能不颤手了！

1935年7月27日于日本保田

〔标题为编者摘自此文中之句〕

作者简介：张鹤（1911—1941），字天虚，云南省呈贡县（现为昆明市呈贡区）人。在昆明省立一中读初中时就加入了共青团，并在学生运动及文艺演出中与比他小一岁的聂耳结为挚友。1930年秋中共云南地下党组织遭受破坏后，他被迫离开云南到了上海，仅以写作为生，经常有文章在报刊上发表，不久参加了中国左翼作家联盟和中国共产党，历时两年多写成了有30万字的长篇小说《铁轮》。其后他曾在上海、北平上大学，经常参加党领导下的“飞行集会”等革命活动。1935年3月底赴日本留学，参加左联东京支部领导的文艺刊物《东流》的编辑工作。曾把所作《铁轮》送请郭沫若指教，郭老阅后为其写了序言。聂耳在日本不幸去世时，是张鹤前往现场验尸与料理后事，并把聂耳的骨灰送回了上海。西安事变后，他奔赴革命圣地延安，1937年抗日战争爆发后，他参加“西北战地服务团”，随八路军去山西做战地宣传和群众工作。受党组织派遣，1938年初至云南部队60军184师做政治工作，参加了台儿庄战役和武汉保卫战。1940年初“第一次反共高潮”中被迫离开军队，后在昆明与缅甸仰光的报刊担任编辑工作，继续宣传党的抗日主张，终因肺病积劳不治，1941年8月10日病逝于昆明西郊。友人遵张鹤遗嘱，把他安葬在昆明西山聂耳墓北侧的紧邻（1980年聂耳墓又迁移至西山靠近龙门处的新址），显示了他与聂耳至死不渝的莫逆之交。郭沫若1941年11月为张鹤撰写的墓志铭为：“西南二士，聂耳天虚，金碧增辉，滇洱不孤。义军有曲，铁轮有书，弦歌百代，永示壮图。”

原刊文化部《新文化史料》1992年第1期

忆聂耳在昆明、玉溪

李树德

回想起聂耳（聂守信）来，我本人总是有这么一种感想：不论什么人，相识的、或不相识的，只要有机会和他在过一块儿，听过，看过他的某些表演的，对他的乐观情绪，爽朗胸怀，诙谐、优美的言谈、气概，是很难忘怀的。

几个朋友在一块儿谈天，他来了，没有特殊的仪态，可以引起较大的注意。突然，他背过脸儿，发出一声猪叫，或是一声狗叫，顿时气氛变了，活跃起来了。在座的人，也尽量表演起来，什么牛呀、羊呀、猫呀、鸡呀的叫声，全都有了，欢快的笑声，就少有停止了。在比较沉闷的时候，他的眼睛、鼻子、耳朵、嘴，常是不会静止的：一时，两眼分开向两边外视，两眼珠各自移到外眼角处；或是两眼集中视力在鼻梁中间，两个眼珠，移到中间眼角外；或是鼻子翘翘绉绉，耳朵扯扯动动，手嘴的名堂，可就更多了。其他熟练的动作，一点也不牵强。当别人照样仿效时，就感到不容易，少不了表现出一些嘴歪眼斜的怪现象，难免又引出一些笑声来。

有年轻的在座，就会更热闹些，不是拍掌左右两手交叉捏鼻子、耳朵、嘴，就是拍击左手，由右手摸鼻子、耳、眼、嘴。急忙中有了错动作，又是忍不住的只有笑了。

在座有爱吸纸烟、烟瘾较大的人，常是喜欢吐烟圈作乐。一个大烟圈，又大、又圆、又浓，慢慢升起，煞是好看；或是大圆圈内装个小圆圈，或是两个、三个大圆圈互套起来……花样多多。当他也来表演时，各种花样，都能照吐出来。但为了对纸烟交往少，功力差，圆度、浓度，不够理想，他就眉头一皱，另来一套。他尽量大吸一口烟，撮尖了嘴唇，用右手在右腮上轻轻拍击，拍击一下，嘴中跳出一个小圆圈，不断均匀地拍击，小圆圈也一连串地跳出来，数到一百七八十了，还不见跳完。别人照样试试，数到三五十个，就没有了。

有人刚想说再来一套，他的半截烟头，已放进口中，鼻头一皱，胸膈一伸缩，鼻孔中还冒出点烟雾来，加上些烟头落肚中，被烧难受的动作，旁人无不惊奇。看他筋罪受够了，嘴一张，半截烟头又照样拿出来。动作利落，看不出有什么破绽。若是旁边有乐器在，不论是小提琴、曼德林、二胡、三弦、月琴、风琴、手风琴、笛子、箫……他都能随意弹吹演奏，件件精通；与在座的合奏，音调都是十分动听的。大伙听后，无不同声的赞扬："真是音乐天才！"

这些表演动作，都是简易平常，人人都会的；可是在五十多年以前，在那半封建势力，旧礼教压制下，讲究尊严、规矩的情况下，又是多么新奇，多么大胆、无拘束的倡导呀！这也就是他的思想前进，目光远大，对前途充满信心，敢向旧势力冲击的坚强意志力的表现。

他入云南省立第一师范学习，是在第十九班（省一师在第十七班以前，系五年毕业制。自第十八班起，改为六年毕业制，即初级三年，高级三年。第十八班简称高一班，第十九班为高二班）。他专学外语（英语），成绩优异，他的英语，可以和外国人随便交谈。有一次，我曾和他去过大绿水河东头，那所西式房屋的外国朋友家，他同他们常有交往旅游。那次是去说明（用英语）次天，他有事情，不能参加去普吉游玩了。

当时，昆明市的中等以上学校，每逢校庆，或是特殊纪念日，各校都举行庆祝纪念会，表演新剧、歌唱、音乐节目。省一师在一次庆祝会上，他主演了莎士比亚名著《罗密欧与朱丽叶》一剧，表演精彩，轰动一时。同时，他单独化装的少女舞蹈，衣、裙、服饰，系他由外国朋友家借。借来少女的、外国新式的、最讲究的，他自己想象创作些美妙、灵活的姿态，轻盈、奇巧的舞步，人们看了，感到新奇，认为是特意约请来的外国少女表演的。在换幕布景时间，他在台前合奏的小提琴、三弦等，都得到各方面的赞赏称道。

他在省一师的籍贯，填报为玉溪籍。各校的玉溪同学，原已组织"玉溪青年改进会"，后改为"玉溪青年学术研究会"，会址在民生街玉溪会馆内，每星期开会一次。约他参加，他表示同意，说明他别方面活动多，时间紧，有空才能来开会，记得他来参加会议的次数较少。

每年的暑假、寒假，同学们都组织回玉溪做宣传工作——举办演讲会，办平民学校、开游艺会，宣传新思想，时局新形势，改革教育，破除迷信，取消封建遗毒，如妇女缠足……

有一年的寒假，同学们回玉溪时，他也同意参加，他说明要稍后几天，为了不能一起排练剧本，不参加新剧演出。在演出的头一天，他到玉溪了，同学热情欢迎。他高兴地表示他的节目，准备了：高矮人讲话，舞蹈。高矮人讲话，形式虽简单，但很新颖、奇特。他演矮人，头部化装为：有胡须的外国小老头，上身穿件童装，两手套童裤，作为两脚杆，两手指着小鞋为脚面（两手是否另有人在后面合作，记不清了）。矮人，自头顶到脚掌拄在八仙方桌上，约二尺左右，显得很矮小。我本人身材较高，配演高人。如何才能显得高呢？于是请身体结实的王品同学合作，由我骑在王的脖子上，用床单围了当长衫，这就成为高人了。表演时，他说着奇列格勒的外国怪腔调，哇哇啦啦地讲话，我听了翻译出来。有时装着没有听清，照怪腔调回问两句。讲话的内容，临时编凑。首先，小矮人说：他们国家，人民都是矮小的。每人每天的饮食，都要吃一大簸箕，只屙一点点，可就是不会长高、长大。他们生来喜欢旅游，各国的名山奇景，快要游遍了。这次，是来昆明要西山，登龙门，游滇池，听说玉溪风光好，也来看看。现在游了九龙池、大龙潭、黑龙潭，果然是幽美的好风景；看了人民的勤劳俭朴，男耕女织，习俗很好，心中很高兴。同时，看到人们到处烧香、拜佛、求财、求子、求平安，这些封建迷信，太落后了。

尤其是看到妇女们都缠小脚，把一双有力的天足，缠得尖尖的，怪模怪样，走起路来，东歪西拐，太难看了！太好笑了！……这时，小矮人就“卡拉、卡拉”的大笑起来，大家看了，也忍不住地跟着笑起来。

他表演的外国少女舞蹈，也是向外国朋友借去新式华丽的衣裙，化装起来，和在昆明学校中跳的差不多。当时，在玉溪时新的舞蹈，是流行的《寒衣曲》、《清朝曲》、《毛毛雨》……由幼小女孩表演的。现在看到这么新鲜、活泼、美丽的外国少女，跳得这么新奇，灵活如仙女般窈窕的舞姿，哪能不感到欢喜呢！

音乐节目，同他演奏的，是县乡师范绍文老师约去的杨小姐，演得十分协调动听，给玉溪人民留下了深刻的印象。

他在玉溪，时间很短，演后就提前回昆明了。

后来，他在上海创作的《义勇军进行曲》，已经使全国人民振奋起来了，亦鼓舞着玉溪故乡人民前进。

1984年10月于昆明市

原刊《玉溪市志资料选刊》第六辑

作者简介：李树德　聂耳在云南省立师范时的同学。

我与聂耳在玉溪同台演出

杨瑢波

我认识聂耳是在我读小学的时候，当时我的哥哥杨维璋与李树德、聂耳同在昆明省师读书，他们一同参加了玉溪旅省学会。旅省学会的学生经常利用寒暑假回玉溪办贫民夜校，并进行一些有关宣传活动。聂耳虽然来玉溪的机会比其他同学较少，闲暇时曾来过我们家，我就叫他哥哥，他叫我小妹。当时我对他印象还不是很深。印象最深的是1930年的一个暑假①，玉溪旅省学会的同学来玉溪举办一个同乐游艺晚会，参加这个同乐晚会的旅省学生虽然很多，但我印象最深的是聂耳。

演出的地点就在现在的玉溪军分区里面，也是当时乡村师范和希圣小学的大天井，台子是现搭的，挂着大红布标，上面写着“同乐游艺晚会”。我记得来看演出的人很多，坐满了一大院子。演出的节目有：“双簧”、“高矮人讲话”、“卖花姑娘”、“孔雀东南飞”、“外国女郎舞蹈”、乐器演奏和杨氏两姊妹表演的葡萄仙子以及集体舞等。

开幕式的欢迎舞是我一个人跳的，有音乐伴奏，我还记得歌词是“校旗飞舞、琴音悠扬，欢迎、欢迎、欢迎满座嘉宾……”

开幕式后的第一个演出节目就是聂耳主演的“高矮人讲话”，聂耳演矮人，他用特技化装成一个仅有二尺左右的外国小老头，李树德演高人，骑在王品的脖子上，用床单围起来当长衫就成为很高的人了。演出前聂耳叫我帮忙到台下借顶红帽子。我跑到台子下边慌慌张张、东钻西窜地找红帽子却没有找到。还是一位老大爷说：“小姑娘，你去哪里找红帽子？”他把头上戴的小帽拿下来翻过来说：“你看，这不就是红帽子。”我拿着帽子跑上台交给聂耳，他高兴地说：“好！好！”

聂耳演的矮人说话很滑稽，模仿童话故事里奇列格勒的声调讲，说他们国家的人都长得很矮小，每天每人吃饭吃一簸箕，屙屎屙一点点，可人就是不会长高。人们都喜欢到处旅游，

---

① 编者注：据考证应该是1930年初的寒假。因为暑假前聂耳就已经离开云南去了上海。

1930年初，聂耳在玉溪简易师范学校演出的旧址

各国的名山奇景都游过来了，这次是来昆明要西山游滇池登龙门，听说玉溪风光好也来瞧瞧。现在游了九龙池、白龙潭、黑龙潭。果然是风景很幽美，不仅如此，还看到了玉溪人民勤劳俭朴，男耕女织，习俗很好，心中非常高兴。只是有些人还到寺庙里磕头、烧香拜佛求财求学，这些是封建迷信不好，不要搞。还有女孩裹小脚，一双好好的脚要裹得七歪八扭，走起路来，东摇西拐太难看了，劝大家不要裹小脚了，又伤身又不好看。

他用怪腔怪调讲出来，由“高人”翻译给大家听，引得全场观众“哈哈”大笑，掌声阵阵。

聂耳还单独表演了“卖花姑娘”。他上身穿件农村女孩穿的红衣服，下身穿条黑裤子，头上戴着小姑娘戴的帽子，上边插上鲜艳的花，手上提着装满五颜六色鲜花的篮子，边走边唱，边喊：“卖花啦！”“卖花啦！”声音清脆优美，赢得台下观众欢呼拍掌，掌声不停。

聂耳多才多艺，还演了“外国女郎舞蹈”，衣服是从昆明借来的华丽晚礼服，男扮女装化起妆来还真是一个美丽多姿的少女，翩翩起舞，如仙女般地窈窕迷人，使观众们看了痴迷忘返。

晚会最后聂耳还和范绍文等人表演了器乐合奏。

这次演出，时间虽然不长，但是节目的精彩给玉溪人民留下了永不磨灭的印象。而聂耳演啥像啥的生动形象，优美动听的演唱，永远留在了我幼小的心灵中，使我终生难忘。现在我已经是83岁的老太太了，与聂耳的短暂友情是我一生中最宝贵的记忆。每当《国歌》回响耳畔，聂耳的音容笑貌就浮现在眼前，聂耳随同《国歌》活在每一个中国人的心中。

原刊《玉溪日报》1999年11月5日

作者简介：杨瑢波　云南省华宁县人民政府离休干部。

聂耳同志在明月社时期事迹纪略

黎锦晖

弁言：聂耳同志在明月社时期的情况，四年来有一部分传闻失实，正和他的遗像也绘得不大正确的一样。最近正拟征求当时社员们共同负责来搜集他在那一阶段的事迹和相片，汇辑起来交音协整理。以下所记是临时仅凭遥远而模糊的回忆写下来的片断，不详尽不确切的地方只好留待将来补充和改正。

聂耳同志在明月社时期的事迹，因需要各方面调查、证实，才能认为真确。兹仅就记忆所及的片断回忆略述一二以备参考。

一、1930年11月，明月歌剧社全体四十人从东北回到上海，（五）*（至）*大中华公司收灌唱片。关于改组为联华影业公司歌舞班的计划也在酝酿中，约在1931年3月间开始洽商，至9月初才正式订约成立。事先登报招考演员和乐队，聂耳同志于4月1日应考，22日迁往社中。

二、1931年9月至1932年8月，是他苦学苦练的阶段，也需要一部分社员回忆（也许还有可供参考的文件），尽量搜集，相互引证。如下列各事必须经过调查才能肯定，所举的不过简要的项目而已。

1．他来爱文义路（今北京西路）1298号联华歌舞班应考乐队（练习生）*时，是我亲自参加考试。还记得他的身体相当健康，精神振作，常识丰富，胡琴有根底，小提琴刚习不久。立时决定录取，其时名字还是“紫艺”。“聂耳”是后来改的。

2．他在一年多的时间中教学与自学的简况：

a．乐理：用的是丰子恺先生编著的《音乐入门》和《音乐的常识》（初版）。

b．小提琴：初学。由王人艺同志指导，每日练六小时，进步很快。

c．二胡：已有根底，后来对于京胡、高胡、板胡、椰胡、四胡、坠子、低音大胡琴，都能上手；弹弦乐器，大半学会；也懂得各种吹乐器的性能。

d．民族传统音乐：七弦琴谱、昆曲谱（工尺谱）、各地民歌、戏曲、雅乐谱以及各种唱片，

明月歌剧社演出剧照

他都钻研过。

e. 赏鉴能力：古典的国际音乐，新兴的——所谓“现代派”的和流行音乐的唱片与乐谱，也多能理解，并能批判好坏。

他孜孜不倦地经过十四个月，苦学苦练，既专且博，坚强的意志，卓绝的精神，终于获得惊人的进步（具体情况容再补充）。“联华”拍了四部彩色歌舞短片——《民族之光》、《娘子军》、《蝴蝶姑娘》、《小小的眉画鸟》，他都参加了演奏工作。

三、因“一·二八”战争爆发，联华公司节员简政，1932年3月遣散了歌舞班，仍恢复了明月歌剧社，迁社于赫德路（常德路）恒德里，我和家属迁住静安别墅。该社由“班主任制”改为“委员制”，我和他在一起的时间比较少一点了。在这时期内，聂耳同志思想飞跃前进，企求深造的意志也迅速地加强。现在举出两段事实如下：

1. 他这时已开始作曲。因体会了民族风格的新歌曲必须注重曲调与语言结合，决志练习注音字母，研究国语知识，我记得他在一昼夜间就熟练了别人需要学习一星期的课程；不到二个月，他把国语概论、发音学、国语声韵、声调的规律与变化法则、词汇、语汇的结合方法，大都理介明晰并能掌握。那时研究作曲的社员除他之外，还有张簧（cello与二胡）、张弦（flute与箫管）、严励（小提琴）、张静（女、钢琴）一共五人，谁都佩服他用战斗的精神来求学的毅力（除张弦已故外，张簧在武汉当大提琴教授，严励、张静在印尼雅加达教书，我将联系他们供给资料）。大约在1932年[①] 深秋的一个月夜，他到我家来，在室外阶前共谈，那时他已觉得明月社的事业和我的写作态度必须转变，必须投入挽救国难和协助革命事业的斗争中去，接着便拿出《义勇军进行曲》的初稿和我研讨。他把歌词的每一个词汇分析得很精密，如“筑成我们新的长城”一句，前三个双音节词儿之间都加上附点；在“我们万众一心……”二小节中，前两个双音节的词儿也加了附点。我大约这样说：“短语，万众一心，内容是主从关系（千万人民合成一条心），但语汇中单音节的结合是并列式，‘万’与‘众’二个音节间，不用附点比较有力。”他听了，很高兴地接受了我的意见，可见他不仅虚心，而且有敏捷的判断力。后来就用这一乐句作为乐引，也删去了“5”与“5”二个音符间的附点（解放初期有人还反改正）。从这时起，我也接受他对我诚挚而又亲切的批评与启示，写了好几首比较正派的歌。

我跟他最后相晤的一次（有田汉、任光二位先生在场）[②]，他又一次亲切而又严肃地对社、

① 原书校注：此处年代之记忆有误，按《义勇军进行曲》为1935年的作品。
② 编者注：最迟于1935年2月田汉被捕之前。

对我个人贡献许多宝贵的意见，我深为感动。我曾说：“…… 我酿成了火灾（指我作的流行曲泛滥不可收拾），现在需要大家动手用水龙来救火。”（请参看整风文件稿中的四点）他对我热情善意的劝勉，终于使我结束了坏歌曲的写作。

1930年，黎锦晖在北平的留影

2. 他在社，待己甚严，从不讳过；待人也很诚恳、爽直。在恢复了明月社时的一个阶段，有不少社员是趋向于前进之路的。他一直团结并启导他（她）们，使大家不断地进步。另一部分重视谋求个人闻达的社员，生怕优秀的社员不满意社的表现，暗中发生矛盾。据我了解，并不曾有明显的摩擦，因为他爽直，扬善而不隐恶，致前进分子爱戴他，叫他做“镊子”，比喻为外科医生镊取人身腐烂肌肤，被镊取的人是不免要感到痛楚的。因此落后分子可能不甘容忍，对他发生芥蒂。至于外传他是被开除出社的，在我的记忆中毫无这印象，须待调查方能明了。他有优秀高贵的品质，当然反对同流合污，与染有半封建半殖民地恶习的人总是格格不入；虽然有时候不经意，表现了青年人急躁脾气，可是他不但能辨别是非善恶，也含有善于克己的修养工夫。所以他对人并不暴露粗暴的态度，他秉着正义感和同情心，有时正言厉色，有时带点善意的讽刺，来矫正朋友的错误，这是抱有革命人生观的人一种勇敢的表现。所以大多数社员对他很尊敬，包括我自己在内。

1954年7月14日

原刊中国音乐研究所编《聂耳专辑》（三）
1964年内部资料

作者简介：黎锦晖　原明月歌舞剧社创办者和领导人、中国著名作曲家。所作12部儿童歌舞剧和24首儿童歌舞曲风行于全国；“九一八”事件前后写作的上百首“家庭爱情歌曲”一时风靡于社会，被誉为中国流行音乐的鼻祖。但是与抗日救亡的时代精神不符合，受到社会各方面的批评，经友人田汉劝告后离开上海。“九一八”事件时也写作了多首抗日救亡歌曲，“七七”事变以后投入抗战的洪流。新中国成立后任职上海电影制片厂。

聂耳学琴

王人艺

1931年，我和聂耳一起在联华影业公司歌舞班乐队共事，我一面跟原上海工部局乐队中提琴首席奥地利提琴家普鲁什卡学习，一面辅导聂耳拉琴。我每次给他上课他都很认真地在乐谱上记下各种要求，下次“回课”总能按要求拉出来。我和聂耳同岁数，可能比他还小几个月，但他十分尊重地称我“小老师”。

那时歌舞班在现在的北京西路1298号，在不到20平方米的房间里，住了七八个人。我们两个经常是站对角练琴。聂耳在排练演出之余，一有空就练。

1931年9月我曾去北京，离沪前把他介绍给我的老师普鲁什卡学琴。第二年1月当我回沪时，普鲁什卡用英语对我说：“聂君进步非常快。”能得到这位外籍老师的称赞是非常不容易的，因为普鲁什卡要求很高。

聂耳很穷，但他的性格却很开朗活泼。他的耳朵会前后摆动，按现在的说法是有点“特异功能”。歌舞班的女孩子常跟他开玩笑，要他动耳朵，他从不拒绝。他在歌舞班什么都肯干：摆道具、打灯光，以至台上缺人时，上台去跳舞演戏，一切做得都很认真。

“一·二八”事变后，一天，聂耳突然借了一个照相机，到杨树浦去偷偷拍摄日本侵华时的飞机、军舰，可惜被日本军官发现，胶卷被拿出来曝光。那天他回来后在宿舍里闷闷不乐，晚上整夜翻来覆去睡不着觉，第二天就告诉了我这件事。那时，在聂耳心中早有着强烈的爱国热忱了。

原刊《舞台与观众》（上海）1982年

作者简介：王人艺　联华歌舞班乐队的首席提琴师，年龄比聂耳还小半岁。后来历任重庆中华交响乐团乐队首席、国立音乐院、上海音乐学院小提琴教师。

王人艺先生谈聂耳[①]（摘录）

陈聆群

今年3月我从北京工作回来，就打算去王人艺先生家拜访，为了《聂耳全集》的编辑，就聂耳日记中一些不易理解之处向王先生请教。但一打听，王先生因病住院了，后来又得知他动手术，医院暂时不让太多人去探望，就这样迁延下来，谁知这一迟误，竟致再也听不到见不着王先生的音容笑貌了！

说起来，我同王人艺先生只是从1980年开始，才有那么几次交谈，但给予我的印象却很深。满头银发的王先生，什么时候见到了，他总是绽开着带有孩子气的笑脸，他那沙哑的带着浓厚湖南乡音的话语，总是说得那么朴实、自然，宛如孩子那样的真诚、透明，毫无一点造作和虚饰。

我和他比较集中和时间较长的两次交谈，一次是在1980年，一次是在1984年，都是由他邀约了他在明月歌舞团时的老伙伴黎锦光和严华同志，在他家里同谈，第一次则还有聂耳的侄女聂丽华同志以及向延生同志在座；此外，便是有时在学校里碰到他，或者一起步行回家时，随口聊上一会儿。由于工作的关系，每次交谈几乎都不出同聂耳、黎锦晖以及明月歌舞团有关的一些历史情况的范围。王先生不仅提供了不少有价值的史料，而且作为一个历史见证人，对聂耳、黎锦晖这样一些中国现代音乐史上的历史人物，作出了中肯的评价。我觉得自己有责任追忆记载下来，以告慰王先生在天之灵。当然，由于王先生每次都是片言只语地随口说的，现在不得不依据我当时的简略记录和事后追记，稍稍按问题归纳整理一下，本来是分好多次零零星星地说的，现在集中在一起，许多地方已做不到照录王先生的原话了。如果有什么误记，责任当然在我，这是需要说明的。

关于聂耳

王人艺先生和聂耳是在“联华歌舞班 — 明月歌舞剧社”时的同事，聂耳称他为自己学习小提

① 编者注：原标题为《陈聆群音乐文集》时标题为《王人艺先生谈聂耳和黎锦晖》，本文摘录了谈聂耳的部分，标题也作了删减。

琴的“小先生”，两个人是很亲密的师友之交。因此，我多次向王先生询问聂耳学习小提琴的情况。

王先生总是从评论电影《聂耳》中的主人公演奏小提琴的姿势谈起，说：“聂耳不是那样拉琴的。哪里像电影里那个样子，摇头摆尾的，拉着拉着还转个圈子。聂耳拉起琴来是一本正经的，很正规的。他这个人个性很开朗，喜欢开玩笑，顽皮。但是，他学习抓得很紧的。正在说笑着，一看练琴时间到了，马上停下来练琴，这个时候，谁也干扰不了他了，很严肃，姿势总摆得很正的，从不马马虎虎。像电影里那个样子拉法，我没有见过。”

王先生还谈到聂耳学琴很刻苦的情况。他说：“我刚开始学琴的时候也是很用功的。一天要练足八小时，从不间断。有一次发疟疾，冷起来要盖上四条被子，但我还是爬起来练琴，黎锦晖先生要我撒手我也不肯。可是，到聂耳进团的时候，我已经不那么用功了，我看到聂耳拉琴的劲头，那比我刚开始的时候还要足，他也是每天限定自己要练足八小时，从不间断。那个时候大家住在一起，人多，没有地方练琴，他就找了一个门边三四尺宽的地方，还说‘这是我的门角落学校’。有一次我发现他有病，热度很高，硬拉他去看医生，回来又劝他休息，可他还是把闹钟校准了，到时候就爬起来上课去了。”

王先生还回答了我提出的关于聂耳向黎锦晖学习了些什么的问题。他颇有感慨地说：“现在总是说聂耳批判了黎锦晖。其实，聂耳在‘明月’的时候对黎先生还是很尊重的，他向黎先生正式提出过学习作曲。因为聂耳是云南人，国语（就是现在的普通话）讲不准。黎锦晖就要他先学注音字母（那个时候用的注音符号），要求他用四十个字母，拼出四百个音来，改掉他讲话时带出来的昆明方言。聂耳这个人很聪明，也很刻苦。他就用一个通宵，开夜车突击，熟记了四十个注音符号，而且能够运用。后来，黎先生又要他记熟每个音的‘五音四呼’。聂耳就在上衣口袋里装满了自注的注音卡片，随时随地抽出来认，只用两三天工夫，就记熟了千把个字，掌握了国语音韵的基础。所以，现在我们听起聂耳的歌来，普通话是很正的，没有倒字的现象。黎锦晖的歌也是这样的，没有像现在有些歌那样，唱出来字是倒的，‘我爱中华’，谱上曲子唱出来，听起来成了‘我爱种花’。黎锦晖的歌，聂耳的歌，就没有这种情况。我看，这就是聂耳向黎锦晖学到的东西。”

当我问到聂耳既然已有志于学作曲，那么他在“明月”有没有作品时，王先生很幽默地说：“我那个时候和他共事，又不知道他后来会成为革命音乐家。要是早知道，我就会去把他的作品拿来保存起来了。我看，那个时候他主要是学习，没有见到他拿过作品出来，也没有听他说起过。有时候，他在我隔壁拉琴，会冒出几声不知什么地方来的旋律，是不是他在试验作曲？我当时没想过，也没问过他。”王先生总是那样有一说一，不夸饰，更不杜撰，丝毫没有因聂耳现在已是我们国歌的曲作者，而表露出任何一点夸耀当年与聂耳交往的神情来。这是弥足珍贵的品格。

原刊《陈聆群音乐文集》
上海音乐学院出版社2004年版

作者简介：陈聆群　上海音乐学院音乐学系教授。

聂耳与“黑天使”事件[①]（摘录）

王人美

你要我谈谈聂耳化名“黑天使”批判黎锦晖的事，这件事我知道得不多。不错，我和聂耳关系很好，我们以干兄妹相称，来往密切。你如果有兴趣，以后可以专门谈谈我对聂耳的了解。“黑天使”事件本身我确实知道得很少，这样吧，我给你说说当时的概况。

1932年1月28日，日本侵略军进犯上海，十九路军奋起抵抗。这件事震动了全上海。聂耳、金焰也约我到闸北前线去观战。我们亲眼看到日军的炮击，看到百姓的家室财产被毁，也看到英姿勃勃的十九路军官兵。记得从闸北回来的途中，聂耳慷慨激昂地说，我们应该有抗战的音乐、革命的音乐；抗战的舞蹈、革命的舞蹈。言下之意对明月社的歌舞很不满意。说句老实话，当时明月社的歌舞是和时代发展相脱节的，我们的演出除了一些黎锦晖先生20年代创作的儿童歌舞剧，增添的只是荒唐的爱情歌舞。1932年5月我们的江南巡回演出以失败告终。失败的原因自然有国民党党棍和丘八的欺压、破坏，更重要的是我们失去了青年的支持，居然有青年观众要求退票。你想想看，当时金焰正和我恋爱，他也当面骂我是卖大腿的。大约这一年的7月，聂耳化名“黑天使”，在《上海时报》副刊上发表了《评黎锦晖的〈芭蕉叶上诗〉》，在《电影艺术》第三期上发表了《中国歌舞短论》，批判黎锦晖为歌舞而歌舞的艺术观点，这件事在明月社掀起了轩然大波。我记得明月社宿舍在赫德路（今常德路）恒德里一幢房子里，我住在楼上。有天中午突然通知我下午开全体大会，我下午到了楼下排练厅，发现气氛很紧张。记得会议是黎锦晖的七弟黎景光主持的。他请聂耳离开会场，聂耳走后，他读了那两篇文章，说是聂耳写的。会场上七嘴八舌，一阵骚乱。有人骂聂耳忘恩负义、吃里爬外等等。这次会议以后不久，聂耳就离开了明月社。

你关心我当时的态度。真惭愧，怎么说呢？那两年，我同时参加《春潮》和《都会的早晨》

① 编者注：原书中的小标题为《黎锦晖为什么写情歌》，本文摘录了此文的前半部分并加了标题。

这两部电影的拍摄，又要参加明月社的演出和排练。我的生活被拍片、唱歌、跳舞占满了，没有时间也不想挤时间读书、看报，更没有可能认真思索一下人生的道路。1931年10月底，鲁迅先生写了篇《沉滓的泛起》，其中也批评了明月社的歌舞表演，还点了王人美、薛玲仙、黎莉莉的名。那时我既没听说，也没看到。新中国成立后我找到这篇文章，读了真出了一身冷汗。我想，如果当时我能读读这篇文章，也许能使我头脑清醒，认真想一想我们的歌舞究竟对社会起了什么作用。

"黑天使"事件发生后，我也感到明月社每况愈下，分崩离析。不过我一方面觉得，黎先生是我敬重的师长，聂耳是我信任的干哥哥，我不愿卷入他们的争论，对事件本身持回避态度。另一方面我又认为我从13岁进明月社，五年来，我的成长离不开明月社，只要明月社不解散，我就有义务留下。尽管不少社员陆续离去，到1933年春，已经走散了五分之四社员，我仍然留在社内，参加了明月社在春节前夕的演出。之后，明月社社员公议散伙，我才离开了明月社，正式加入联华影业公司。在"黑天使"事件中，你可以清楚地看到我的弱点，我学习不够，思考更少，又容易满足，满足于自己忙忙碌碌地工作，满足于自己没做对不起良心的事。我的弱点在我从舞台走向银幕之后更加突出，这些留着以后一起说吧！

新中国成立以后，每当纪念聂耳，总要提到"黑天使"事件，我也就要回想"黑天使"事件的前前后后，想来想去，心里总觉得有些话要说。

我先想说的是当时聂耳并没有全盘否定黎先生的歌舞。近几年来，我反反复复看过聂耳署名"黑天使"的两篇文章。我觉得这两篇以批判为主的文章还是肯定了黎锦晖有反封建的意识，也肯定了歌舞节目中有健康、向上的因素，因此，对黎锦晖也寄予希望，自然，文章有讥讽的口吻和激烈的言辞，但是，我后来听说，当"黑天使"事件扩大后，聂耳曾经主动找黎锦晖和黎景光谈话，承认文章中有过于激烈的、不太妥当的措辞，还表示自己热爱明月社，采取这样的行动是想促使明月社进步，走上歌舞的新路。我还听说聂耳当初并不想离开明月社，只是明月社的领导不能理解聂耳，不但不阻止个别人对聂耳的诟骂，而且"请"聂耳暂时退出明月社。聂耳在《新闻报》上刊登启事，措辞相当婉转，只说"因志趣不合，自愿脱离明月社"，并没有透露他自己因"黑天使"事件在社内受到的不公正待遇[①]。我总觉得聂耳对明月社还是持一种爱护的态度，为什么一些纪念聂耳的文章、影片非要把明月社打入十八层地狱呢？

原刊王人美著《我的成名与不幸》
团结出版社2006年版

作者简介：王人美　原为明月歌剧社主要女演员，后转入电影界亦是著名电影演员。

---

① 编者注：作者对此事的记忆有误。本书编者查阅了那年7—8月的上海《新闻报》，未见聂耳刊登的启事。事实是明月歌剧社1932年8月10日在上海《时报》刊登了启事。

忆聂耳

田 汉

一

1932年[①] 春的某一天，我在上海黎锦晖主持的明月歌舞团里，会见了一位从事音乐工作的青年聂紫艺。

那是一个弦歌满耳、衣鬓相接的环境。我们找了一个僻静的房间，做了一次亲切的交谈。这位二十一二岁的青年来自辽远的西南边疆——云南省，有着不平凡的经历。他有一位勤劳贤惠的寡母，他自己从小爱好音乐。中学毕业后，他离开家乡，闯荡江湖，在湖南、广东当过一阵子大兵。在广东还考进著名戏剧家欧阳予倩主持的戏剧研究所，住过很短的日子。两年前，他同一位云南商人来到上海，后来考取了明月歌舞团，当小提琴手，恢复了他对音乐艺术的追求。

他像许多贫苦学生一样追求革命。由一位进步的同乡学生的介绍，他参加了当时的进步组织“上海反帝大同盟”，在上海西区一带做过群众工作。他想找中国共产党，想学习更多的革命理论，知道更多的国内外形势。他爱音乐，他迫切想掌握音乐技术、小提琴和作曲；他想知道通过这些音乐武器能为革命事业做些什么。

在谈话的最后，他说，他也爱明月歌舞团，这里的艺术青年们还是有生气的，但他不满意黎锦晖的领导。他认为黎的某些不健康、不严肃的倾向毒害了这些生气勃勃的青年，使他们失去了对封建事物的冲击力。

之后，我们的联系频繁了。我介绍他参加了另一进步的文化团体“苏联之友社”的音乐组。这个组人数不多而阵容甚强，有吕骥、张曙、任光、安娥等。他们也有一些政治学习；也参加保

① 编者注：原刊《新观察》半月刊1959年第23期时“1931年”有误，据聂耳日记校正为1932年。

卫苏联、保卫中国苏区、保卫世界和平、保卫人权的政治活动；他们还出色地展开了反对当时黄色音乐和资产阶级艺术至上观点的斗争；他们通过理论和作品。给敌人和反对者以有力的回答。

作曲家任光这时刚从法国回来，任百代唱片公司音乐部主任。他的寓所里有一架很好的钢琴，所以音乐组多在他家开会。他们也在这儿互相推敲作品。为了帮助作曲者改正缺点，他们常常争论得面红耳赤，但达到共同承认的结论后，又心平气和，毫无芥蒂。正因为这样，在一次年终音乐赛唱会上，这些进步的、充满战斗激情的歌曲战胜了流行的“靡靡之音”和一些封建法西斯的可耻的叫嚣，赢得听众的赞赏。随着《毕业歌》（1934年影片《桃李劫》主题歌）、《大路歌》（影片《大路》主题歌）等的迅速流行，聂耳的名字放出了惊人的光彩。到《扬子江暴风雨》和《义勇军进行曲》出世，聂耳就成了民族歌手和新音乐的奠基人了。

二

聂紫艺是1932年秋进上海联华影片公司以后才改名聂耳的。我跟他的第一次合作是《母性之光》影片里的《开矿歌》：

开矿，开出来黄金黄；
我们在流血汗，人家在兜风凉；
我们在饿肚皮，人家在餍膏粱。
我们大家的心，要结成一板墙；
我们大家的手，要联成百炼钢；
我们造出来的幸福，我们大家来享。

这支歌通过南洋荷兰资本家对当地矿工的严重剥削，揭露了当时的阶级矛盾，初步发出被压迫人民的呻吟呐喊。聂耳自己扮一个矿工，把脸上、身上涂得漆黑，领唱那支《开矿歌》。

另一次聂耳显出作为歌剧演员才能的是1934年演出的《扬子江暴风雨》。在这个被称为中国最早的新歌剧中，他扮演了码头工人老王。当帝国主义者向码头工人开枪、打死了他的孙儿小栓子的时候，老王抱起他的小孙孙向码头工人高唱：

同胞们，大家一条心，挣扎我们的天明！
我们不怕死，（白）“不用拿死来吓我们！”
我们不做亡国奴，我们要做中国的主人！
让我们结成一座铁的长城，
把强盗们都赶尽；
让我们结成一座铁的长城，

向着自由的路，前进!

他唱得抑郁慷慨，激起了观众激昂无比的反帝情绪。

当时，在进步的音乐界中，作词、作曲、演出的工作是结合得非常紧密的。当我们还比较自由的时候，还可以当面对作曲者提出要求；听了试唱之后，我也常常提一些修改的意见。及至白色恐怖严重化，我们完全转入地下，直接联系困难了，但通过间接联系也还是能迅速解决问题的。1934年我写了三幕剧《回春之曲》的一些歌词，全是通过间接联系交给聂耳的，但他还是处理得那样合乎要求。其中的《告别南洋》写得有些像中国旧体诗的七言古风，我怕作曲者很难处理，有心改写，但聂耳还是无难地谱好了，而且谱得那么有力，这给我很大鼓励。

我和聂耳合作的歌曲不少，绝大部分是电影、戏剧中的主题歌或插曲，都在演出中采用了，只有《打长江》是例外。这是一部描写旧社会里江南农民抗旱故事的影片的主题歌之一，原是聂耳作曲的，但可能由于聂耳对这家影片公司不满，把曲子撤回了，改由任光作曲，曲调不如聂耳所作的感情激越、拍节铿锵。尽管影片中没有采用，聂耳所谱的曲子也仍然在人民群众中得到了广泛的流传。

《扬子江暴风雨》的演出我没有看到，《回春之曲》在上海金城大戏院上演时，我忍不住想去看一下，便穿起长袍、马褂、毛线衫、皮帽子，扮作一位女同志的老父，扶着她的肩头走进剧场。不久，我被捕入狱。这一套“行头”后来也成了我在国民党狱中的打扮。

我入狱后不久，敌人的魔爪伸向聂耳。这时他已是光荣的中国共产党党员了。党为了爱惜这位天才富赡、忠勇备发的艺术斗士，并想进一步发展他的才能，批准了他到日本去。到日本后，聂耳一面按照计划进行学习，一面还负责完成在国内承担的工作。我在1934年写了一部描写知识青年由象牙之塔断然走向民族民主战场的电影剧本《风云儿女》，其中的主题歌《义勇军进行曲》的曲谱定稿，就是他从东京寄回来的。《风云儿女》拍摄时我已入狱，聂耳以高度责任感和同志情谊争取这主题歌的作曲。他在国内写成初稿，又带到日本加工。这个歌曲后来很快为全国人民所传唱，有力地鼓舞了当时抵抗日本帝国主义侵略的斗志。

1935年7月17日，聂耳在日本神奈川县的鹄沼海滨游泳时不幸遇难。人们对于他的突然牺牲无不感到意外，也正是因为大家对他有无限期待的缘故。这一年7月，我从南京国民党宪兵司令部的监狱出来的那天，听到聂耳去世的消息，真是无比震悼。党失去了一个年轻有为的音乐干部，我失去了一个很好的合作者，这痛惜是双重的。当时我曾写了一首诗寄给在上海举行的聂耳追悼会：

一系金陵五月更，故交零落几吞声。
高歌共待惊天地，小别何期隔死生?
乡国只今沦巨浸，边疆次第坏长城。
英魂应化狂涛返，重与吾民诉不平!

郭沫若同志听到聂耳溺死也曾写过一首悼诗，把他的夭折和英国诗人雪莱的不幸相比。说实在的，中国新音乐界一些天才战士所遭遇的不幸，又远在雪莱之上：聂耳被迫流亡，死于非命；在政治上、艺术上给聂耳影响很大的作曲家张曙两度在上海入狱，受尽折磨，抗日战争中在桂林于敌机轰炸中牺牲；跟聂耳同在“苏联之友社”音乐组的作曲家任光，在抗战后期由重庆远赴江南，参加党所领导的新四军，1941年在抵抗国民党反动派的突然进袭的一次突围战斗中倒下了。

1944年我到了云南省会昆明，由聂耳的哥哥聂守先引导，在昆明湖附近的一所庄子里，拜见了聂耳的母亲，还采了些山花野卉，献在我这年轻战友的坟上。那是一个风景胜处，五百里浩淼的湖波拥抱着灵秀的山峰。对一个革命的音乐家来说，这也算是一个合宜的长眠之处了。

三

关于聂耳在音乐上的成就，很难用几句话去概括它。但也不是全无可能。他的第一个音乐先生是他家乡的一个劳动人民。云南和各地的戏曲音乐也给了他一定的影响，尽管他后来向西洋音乐刻苦钻研，但他从没有放松过对民族音乐的注意，这不止使他对处理祖国语言，即在把祖国语言音乐化上发挥了才能，也使他的全部作曲带有民族色彩。

其次，聂耳的明快刚健、豪迈慷慨的旋律是别的作曲家所难于企及的。这种旋律突出地表现在《扬子江暴风雨》和《义勇军进行曲》一类的战歌，也表现在《打长江》、《开路先锋》等劳动歌。也有一些作曲家写同样题材，有的听起来空虚苍白，没有真正的感情和气力，因而音乐形象树立不起来，聂耳的作品就能使你闻其声如见其人，你不能不在他的旋律下感奋兴起。聂耳的创作盛期是1932年到1935年之间。日本侵略者的炮声唤起了中国人民普遍的民族觉醒，而国民党反动派却再三向江西苏区和革命人民进攻。聂耳的伟大是他通过音乐语言表现了中国人民对民族敌人无比的愤怒，他的这种民族感情又是通过阶级感情表现出来的。由《开矿歌》、《码头工人之歌》① 等，聂耳第一次刻画了工人阶级的音乐形象，他的劳动歌苍凉抑郁中充满着战斗情绪，没有哀伤消沉的调子。这就说明他的成功不是单纯技术问题，而是政治问题。聂耳不是普通的音乐工作者，而是有着火热的政治感情的革命音乐家。

聂耳的作曲不止有悲壮慷慨的一面，也有轻快幽婉的一面。他的《卖报歌》、《毕业歌》、《梅娘曲》、《铁蹄下的歌女》及一些情歌、民歌便是好例。那是因为聂耳是一个愉快活泼、多情多感的二十二三岁的知识青年，他具有这种感情。这些是被当时知识青年欢迎的健康的歌曲。聂耳通过音乐鼓舞着小资产阶级知识分子走向革命，而不是把他们从革命道路引向颓废，这是他受过某些前辈音乐家的健康影响，而断然摈弃了那些不健康的东西。这正是聂耳成功的地方。

---

① 编者注：即《码头工人》。

四

中国有句古话说："有志不在年高，无志空长百岁。"聂耳正是这样。他不过活了二十四岁，他的创作旺盛的日子也不过三年，但他却给我们留下了很出色的、影响巨大的作品。聂耳的乐曲不止代表了当时中国痛苦中的人民的嗟伤和吼叫，也正确有力地回答了当时摆在中国人民面前的疑问：抵抗侵略者还是屈服？而他坚决发出战斗的号角，这是他的作品何以那样迅速传唱的最大原因。他解决了艺术和政治的正确关系问题，他用他的全部艺术为政治斗争服务，但他并不轻视技术。他没有一天放弃技术锻炼。他曾在"苏联之友社"音乐组同志的帮助下不断改进他的作曲技术。他尽量借鉴西洋音乐，也勤慎地学习传统。他当过兵，在上海时不断接近劳动人民，从他们的生活中汲取养料。在他的作品中，有一种难于企及的健康豪迈的气概和准确有力地处理中国语言的技巧。他不止善于处理现代语言，也能把中国的旧体诗词安排得生动易懂，有情有致。

当时一些资产阶级音乐家恶意地攻击抗战歌曲，挑它们技术上的毛病。当然，作为一个贫苦家庭出身、没有受过较长时期正规音乐训练的青年音乐家，他的作品不可能没有毛病。聂耳也并不爱惜那些毛病，倘使真是毛病的话。再加，聂耳对自己期望甚大。他从不以现有成就为满足，他想要更好地为党的音乐事业工作。演出《扬子江暴风雨》以后，增加了他创造民族新歌剧的信心，但也增加了他的音乐技术上的苦闷。他迫切地需要学习、学习。这也就是他何以那样高兴地暂时离开上海火热的斗争到日本去的缘故。谁也没有想到，竟会让意外的不幸夺去了他的宝贵生命！

如一般年轻人常有的情形，聂耳是尚气的。他曾以反对资本家老板市侩主义的经营方法而辞去百代公司音乐部副主任的职位。他这种不妥协的脾气在是非混淆的旧社会是有其积极作用的。他这种为着崇高理想、不顾一切甚至生活的保障、坚决与腐朽事物决裂的青年面目，给了人们很深刻的印象。

聂耳离开我们已经二十四年了。在党的领导下，中国由一个半封建半殖民地国家成为今天空前统一强大的中华人民共和国。聂耳和他的战友们所开辟的人民音乐道路，正由无数思想锻炼、技术装备更完全的战士们在继续奋斗，战果辉煌，前程无量，庆祝新中国成立十周年之际，以他为主题人物的音乐巨片《聂耳》也问世了，当足以告慰这位音乐界的"开路先锋"了。

附记：本文中的两首歌词与上卷收录的有出入，悼念聂耳的诗与其他文章引用的也有出入，此文保留原貌，未做校正。

原刊《新观察》半月刊1959年第23期

影事追怀录（摘录）

田 汉

二、初步接触阶级矛盾的《母性之光》

…… 谈一谈1933年在联华公司摄制的《母性之光》吧。这也有好处，倘使《湖边春梦》还有若干唯美主义的残余，《母性之光》就开始较明确地接触到社会矛盾了。导演也还是卜万苍，但从“明星”到“联华”，由于时代的发展，大家都有了一定的进步。

当时为什么要写这样一个戏呢？现在想起来还是有理由的。1931年，正是我参加革命的前夜。一般的反帝热情之外，我已经具备一定的阶级觉悟。由金焰扮演的家瑚，当然是我最感兴趣的人物。由于封建军阀的政治压迫，和南洋矿山资本家的无情剥削，他已经痛切地感到革命的必要。听家瑚唱的《开矿歌》吧：

开矿，唉哟哟，开矿，
开出来黄金黄，
我们在流血汗，人家在兜风凉，
我们在饿肚皮，人家在餍膏粱。
我们终年看不见太阳，
人家还嫌水银灯不够亮。
我们大家的心要像一道铜墙，
我们大家的手要像百炼的钢；
我们造出来的幸福，
我们大家来享。

荷兰统治时代，矿山资本家是把中国工人当“猪仔”来买卖的，奴隶们流血汗就是为压迫者剥削者增加利润。这在以前也是当作天经地义的，没有人敢怀疑它。但《开矿歌》已经不是

“猪仔”的歌，而是有较高觉悟的工人的歌了。已经看出劳资的矛盾，已经要求阶级团结，已经理想到生产者与消费者的结合：“各尽所能，各取所需。”这支歌是聂耳作曲的最初的社会歌曲。他那时刚由明月歌舞团转入联华，组织联华合唱团；也才参加苏联之友社音乐组，与任光、张曙、吕骥诸同志交好，共同商讨作曲问题，进行与当时流行的黄色音乐的斗争。由这个曲子可以听到聂耳同志不同凡响的刚健新锐的调子。聂耳同志除作曲外，他当时还扮演剧中黑人矿工，把一身都擦上黑的。

还有一首《母性之光》的主题歌，是片中女主人公小梅（陈燕燕饰）唱的：

女士们，先生们，给你们介绍：
这是我的女儿，她名叫莲绛，
她现在是死了，但她的笑容，
永远活在我的心上，
我由她学会了做娘。
你们知道一句古话：
“女人本弱，为母则强！”
她爸爸是个小矿业大王，
我和他恋爱，生下这个孽障。
她爸爸丢弃了我，虽是伤心，
但她还是我最后最大的希望。
天哪，哪里知道她遗传了她爸爸的毒，
她收了她的笑脸儿，
她离了她的可怜的娘。
天哪，我不能想，
想起来要碎我的心，要断我的肠！
孩子，你也别怨你的爸，别恨你的娘！
你要恨那吃人不见血的大魔王。
大家来打倒那大魔王，
让黑暗中的孩子们看见阳光，
让贫苦的孩子得到教养！

后面这几句话应该是《母性之光》的主题了。这里叫人家别怨恨个别的人，而要大家“恨那吃人不见血的大魔王”，“大家来打倒那大魔王”，这大魔王是什么呢？显然就是人压迫人，人剥削人的万恶的制度。也只有新制度下穷孩子们才能普遍见到阳光，得到教养。

按说，这支主题歌一定也是聂耳的作品，但他的作品里没有发现这一首，我也一直没有看见过曲谱，不知这主题歌是谁作曲的，音乐界的老友们有谁能回答这个问题吗？①

也还有几点值得说明的：我虽至今没有到过南洋，却因种种缘故，对南洋兴趣很高，特别是对印度尼西亚。我研究过南洋各地的地理、历史、风俗、人情，我非常愤慨于荷兰殖民主义者对印度尼西亚人的压迫和对我国侨民的屠杀。在这个片子里我暴露了南洋矿山情况，后来我还在话剧《回春之曲》里也描写了一些南洋的生活，还插入了好几支咏南洋的歌曲。我想什么时候总该去看一下。

……

七、《凯歌》和两首歌曲

艺华公司的事本来谈完了，我老觉得还有一个写引长江抗旱的片子，证据是至今留有任光和聂耳同志作曲的《采菱歌》和《打长江》。但是叫什么片子呢？我怎么也记不起。

感谢《中国电影》编辑同志的努力，不只知道了这片子叫《凯歌》，而且还找了故事的梗概和一些报纸评论。这真是使人高兴的事。

剧本也是以“卜万苍编导”的名义发表的，被宣传为继《幼年中国》的又一杰作，但那一“杰作”的确再也记不起了。

《凯歌》一开始，写江南最美好的时候。大家知道，江南田野常常是充满诗意的，多彩的。杏花带着春雨，碧波走着白帆。桑叶肥，稻花香，菱角熟，都是江南儿女赏心乐事的时候。且听那平塘浅水之中采菱的歌声吧：

六月江南天气晴，
姐在塘中采红菱，
菱角尖尖刺痛手，
赤日炎炎晒煞人。
天哪天，没见过黄梅时节不下雨，
未见过十八岁姑娘不嫁人，
菱花镜里想青春。

但好景不长，这样梦幻的场面被破坏了。

民国二十三年（1934）江南遭遇空前的旱灾，田土龟裂，禾稼枯槁，农民仰天愁叹，只好求龙王爷下雨。每天迎神赛会，香烟成雾，鼓乐喧天，但天上还是炎炎赤日，万里无云。

老农民张大公见邻家的田里还有些水，人穷志短，便偷偷决了一个口放入自己田里，这被

① 编者注：根据百代唱片上的署名，现已查明影片《母性之光》的这首主题歌是任光作曲。

邻家发现了，把张大公毒打了一顿。那时他的孙女桂英正到她外婆家里告贷去了，她表兄松茂邀她去看灯会，到傍晚还不放她回去。她公公被人打伤了也不知道。

沈二公也是张大公的邻家，为人和善可亲，他孙儿春生也是个欢喜帮助人家的青年。他一面照顾负伤的张大公，一面去把桂英找回。

村里有一所农民子弟学校，就设在龙王庙里。教员徐思源，平日多方劝导农民破除迷信。旱象将成，他又对农民解释天旱的原因和解救的办法。也对要了钱不替农民办事的有所责难。一些落后农民受当地恶棍“三大爷”的煽动，说天不下雨就因为在龙王庙办学，得罪了龙王。他纠集愚民举行集会，捣毁子弟学校，把龙王爷的神像也抬回来了。

但这样做了，也没有能使龙王爷回嗔作喜，沛然下雨。教员徐思源因那儿离长江很近，极主张集众开坝，引江水入田。起先，人们不理睬他的话，幸而沈二公头脑比较清楚，冒险向群众宣传徐老师的建议，说“人定可以胜天”，只有靠自己才能解决困难。那时候因拜天求神并无灵验，大家也像有些失望了，就同意开坝。于是各村男女老少，浩浩荡荡涌到江边，在锣鼓歌声中发挥群众智慧和干劲，不到天晚渠已经开成了，打通长江水，高奏凯歌回。

《打长江》的歌词是这样的：

你哟，你打桩啊，
我哟，我拉绳，
我们不靠天哪，
我们不求神；
只靠大家一条心哪，
只靠大家一条心！

天啊，只管热，
汗啊，只管流，
不通长江誓不休，
不通长江誓不休！

你哟你一筐啊，
我哟我一篮，
不要笑我老哟，
不要笑我憨，
一篮一篮堆成山哟，
一篮一篮堆成山！

你哟你煮饭啊，
我哟我斟茶，
你敬我的哥，
我敬你的爹，
老百姓本来是一家哟，
老百姓本来是一家！

天啊快要晚哪，
田哟快要干哪，
禾快要枯啊，
棉花快要残哪，
打通了长江吃晚饭啊，
打通了长江吃晚饭！

吃晚饭哪！
吃晚饭哪！
吃晚饭哪！

这里说明一下，《采菱歌》是任光同志作曲的。原来歌词较短，安娥补写了一段。《打长江》原是聂耳同志作曲，但后来可能因录音上的人事问题，电影公司用了任光的。任光同志的《采菱歌》的作曲轻快婉丽，很能传达出江南情调，但《打长江》的作曲就较软弱，不如聂耳的气势磅礴，节奏豪壮，片子里没有用它是一个损失。

这片子的演员，有袁美云、魏鹤龄、王引、秦桐、王桂林等，记得他们去浙江拍旱灾的外景，田里真干枯得裂开一两寸宽的缝，使人看见了惊心动魄。引江入田，用锣鼓歌唱鼓舞农民群众的干劲，这在今天已经是到处可以看到的，极平常的事，但在当时便看做离经叛道，成为艺华公司挨打的罪状之一。

故事中写流氓"三太爷"纠众捣毁农民子弟学校迎回龙王神像，是根据一桩痛切的经验写的。我是长沙师范的学生，这学校原是徐老（特立同志）的校长，起先校址在善化学宫，后来移到荷花池。在姜济寰先生当长沙县县长的时候，学校又搬到左伯侯庙，那原是一所城隍庙，学校搬进去了，当然会破坏迷信，与神争地。北洋军阀张敬尧入湘，屠杀进步人士外还提倡神权。一天同学正在烧一个神像的时候，地方的某某流氓等煽动落后市民起来"抢救城隍庙"。他们涌进学校，不止是捣毁教室教具，还把同学包围起来，好几个同学被他们丢在火里给烧死了，直到姜先生派人来弹压，才把他们驱散了，不然一定有更多的同学做牺牲。

写《凯歌》的时候就用了这个例子。

……

八、《风云儿女》和《义勇军进行曲》

1934年春的某一天，我被邀参加一家新影片公司召集的会，那好像是在马德建先生的家里。那时候有声电影已经很盛行。年轻的中国电影界也已经有几位专家创制了自己的有声摄影机，其中就有马德建等三位创制的"三友式"。他们把"三友式"做基础，创办了电通影片公司。司徒慧敏同志是这家公司主要发起人之一，夏衍同志也参加了这家公司的创办工作。

这时应云卫兄导演的《桃李劫》刚完成，这算电通首次出品，这个片子是讽刺当时大学生毕业即失业，号召大学生们要参加反帝救亡运动，"大家拿出力量，担负起天下的兴亡"，才有前途。我用"陈瑜"笔名为这个片子写了一首主题歌——《毕业歌》，由聂耳同志作曲。

由于这家公司跟党有很深的关系，在一次会谈上我也承担了一个剧本，那就是以亭子间奇遇开始，以长城抗日结束的，写知识分子由象牙之塔断然走向民族民主战场的《风云儿女》。

我交出了故事不久就被捕了。公司为了重视这个剧本，请夏衍同志写电影台本，从天一公司调许幸之任导演，演员阵容有袁牧之、王人美、谈瑛、陆露明、顾梦鹤诸位，算很强的。主题歌全由聂耳同志作曲。1935年秋7月我由南京宪兵司令部出狱的那一天，正逢《风云儿女》拍成后首次放映，我从该片第一个特刊上看到"起来！不愿做奴隶的人们！"的横栏大黑体字，使人非常兴奋。及至知道作曲者，我长期的战友聂耳同志在日本千叶海边游泳的时候溺死了，我痛哭了。当时写了一首诗：

一系金陵五月更，故交零落几吞声。
高歌共待惊天地，小别何期隔死生！
乡国只今沦巨浸，边疆次第坏长城。
英魂应化狂涛返，好与吾民诉不平。

聂耳同志虽死，他作曲的《风云儿女》主题歌——《义勇军进行曲》却很快流行全国，由北京南下做救亡宣传的学生们，各地鼓吹抗日救国的青年男女们，甚至像沈衡老那样的爱国老人们，同情中国革命的国际朋友们都在唱这支歌。可以说《风云儿女》这个电影作品被《义勇军进行曲》这支主题歌给掩盖了。

亏着残留的《电通》半月刊画报第二期，我们还可以看到《风云儿女》文学故事的原文。这是分成下述的十五个章节的：

一、亭子间的奇遇；二、宴会席上；三、"天上的福音"；四、在医院里；五、新家；六、女同学；七、不测的风云；八、狱中风景；九、在风景地青岛；十、"铁蹄下的舞女"①；十一、无限的惆怅；十二、投到祖父的怀里；十三、诗人与战争；十四、血写成的诗；十五、凤凰的再生。

---

① 编者注：因田汉后来被捕入狱，许幸之作词的歌曲名为"铁蹄下的歌女"。

《义勇军进行曲》这支歌是作为诗人辛白华《万里长城》长诗的最后一节，紧附在第十五节后面的。但据孙师毅兄说：这支歌不写在故事里面，而是写在另一张包香烟的锡纸的衬纸上的，衬纸被茶叶水濡湿，字迹模糊，他们从衬纸上一字一字地抄下来的。但关于这，我的记忆跟字迹一样的模糊了。

《义勇军进行曲》跟后来唱的略有出入，显然是作曲者加了工。原文是这样：

起来，不愿做奴隶的人们，
把我们的血肉筑成我们新的长城。
中华民族到了最危险的时候，
每一个人被迫着发出最后的吼声。
我们万众一心，
冒着敌人的飞机大炮前进，
前进，前进，前进！

原文重复了一段，〔倒数第二句有差别〕* 是“冒着敌人的炮火前进”，别的没有什么不同，而“冒着炮火”和“冒着飞机大炮”差不多，没有重复的必要，因此把两节合成一节是完全对的。也可以知道当时执笔一定是十分匆促。记得原是要把这主题歌写得很长的，却因没有时间，写完就丢下了，我也随即被捕了。感谢聂耳同志的作曲把这短短的几句话处理得非常豪壮明快和坚决有力。他的曲子充满着饱满的政治热情。在全国人民忍无可忍，迫切要求反帝抗日的时候，这几个简单的音节恰恰表达了千万人的心声。

比起来，作为电影作品的《风云儿女》的摄制却不免有些逊色了。导演者把当时革命知识分子在深重的政治压迫和民族危机前面从苦闷、彷徨，奔向民族民主革命的明确过程从一种所谓“风云莫测”、“变幻无常”的“意念”去掌握，也就是不从政治要求去掌握，而从心理的艺术的要求去掌握，那怎么不要把一个应该是革命号角的东西搞成唯美的抒情诗呢？听吧，在受到一些批评之后，许幸之同志是这样表达他对剧本的解释和他个人的艺术主张的，他说：

“《风云儿女》这故事的形成正和他的名字一样，是风云变幻中的儿女常情。他们在现成的环境中相识，他们被感情所冲动而结合，他们为外界的压迫而受难，他们为生活的鞭挞而到处漂流。他们的一切的悲欢离合，和他们为了正义感的被激动而从戎抗敌，这一切都是仿佛从风云莫测的变幻中演成的人生悲剧，他应当用风云莫测，变化无常的手法来完成它的姿态吧。

“此后，《风云儿女》的导演和演出方法便根据这一意念进行着，不断地进行着。……

“因此，从分幕到分镜头，从演出到剪接，我一刻没有忘记对于这一风云莫测的事件，对于这变幻无常的儿女常情是应当用风云莫测，变幻无常的手法来处理它的。”（见《电通》第三期许幸之《〈风云儿女〉的自我批判》）

但《风云儿女》怎么能单纯说成是“风云变幻中的儿女常情”呢？这一故事的形成，只是在于写出在紧迫的政治情势下，一群青年男女由迟回瞻顾到勇敢抗敌的过程，并通过这些形象唤起广大青年的觉醒。我丝毫没有意思要孤立地刻画一出“从风云莫测的变幻中演成的人生悲剧”来加以欣赏。半封建半殖民地的旧中国遭受帝国主义的铁蹄蹂躏，使人民流离颠沛，是一种必然的民族命运，不是什么“风云莫测的事件”，一定得唤起人民跟这种命运作斗争。处理这种现实斗争决不能用什么“风云莫测、变幻无常的手法”，而且，那究竟是什么样子的手法呢？

田汉在写作

由于导演者对剧本做了这样非政治的解释，采取了这样从技术出发的手法，就很难使观众接受应有的感染。他虽则在某些细节上做了设计，甚至“大胆的尝试”，如镜头从请柬移开到亚洲酒楼的换场，如白华从街头彷徨走向史夫人家的足印，与衬衣丢上浴室门扉的暗示，如车轮中看阿凤与他的祖父重逢，如白华打碎花瓶与马蹄的接织，如地窖中许多特写的连续等，都“被观众们轻轻放过了”。这是必然的，当时的革命观众要求我们更本质地有力地传达主题，而不太留心一些次要的细节。幸之同志对此感到惆怅，甚至引起他“无限的疑虑”。

他说：“究竟应当适合观众的心理来制作呢？还是应当提高观众的心理和视觉的标准来制作呢？”

这其实是从政治出发，还是从技术出发的问题，从群众观点还是从个人兴趣出发的问题。这个疑问我不知道今天已经解答了没有？

当前年《风云儿女》安排重演的时候，袁牧之同志曾经提出异议，但最后还是重演了。由于片子的主题歌光荣地成为代国歌，观众似乎还是以很高的兴趣欣赏这个片子的。由影片和主题歌不同的成就使我们明确地感到两种不同的创作方法的优劣。一种是从政治出发的，充满政治感情的；一种是从心理的技术的兴趣出发的，较少地注意政治要求。这里有着政治主题和艺术思想的矛盾。我们应该更好地向前者学习，向聂耳同志学习。

附记：本文中的《开矿歌》、《打长江》两首歌词与上卷收录的有出入，悼念聂耳的诗与其他文章引用的也有出入，此文保留原貌，未做校正。

原刊田汉著《影事追忆录》

中国电影出版社1981年版

我忆聂耳

尤　兢

在失去了聂耳这整整的一周年中，读过了多少熟识和不熟识的友人们哀悼、回忆、记叙、评论他这人或作品的文章，我却从来不曾写过关于他的一个字一句话。从“聂耳死了”这一消息的被证实到友人们忙着筹开追悼会这个时间中，我简直写不成什么，每回提笔时的惨痛会叫我只能相信他，我们这年轻矫捷、朝气、热情、聪敏、勤苦的友人聂耳并不曾死——不是吗？在我们的电影、戏剧与音乐运动中，不，在整个民族解放运动战线上，没有了聂耳这损失实在太大了——同时，当街头、深巷、工厂、田庄和大众的行列中，到处唱着聂耳谱写的雄歌的时候，谁又能相信他已经死掉了，而且已经死掉一周年了呢？

记得是1932年的暑天，我和一些友人刚从长城外的绥远演了一个礼拜的剧回到北平，在拂去塞外远征归来的疲劳与尘土中，接着从上海来的一封信。——让我在这儿也纪念这位给我信的朋友吧！去年今日也正是他的厄劫期，被黑的魔爪扼在坟墓里几乎一年，至今还被夺去了他宝贵的健康的！说有一位聂君到了北平，要我去他住的会馆找他，说是已经介绍我，给他做了北国唯一的朋友了。

是一个急雨后的晴晚，我们〔在〕古旧破落的云南会馆的一间低屋中，第一次握紧了我们和这古旧破落的屋子极不相调和〔的〕年轻的狂热的手。他告诉我，他几乎是因为有人逼他弄什么《芭蕉叶上诗》的无聊诗，而挟着提琴悄悄地逃往北国的。他那些朝气、矫捷、热情、聪敏、勤苦的优点，大大地激动着我，我们北平的友人们那时对演剧的“一往情深”也给了他莫大的惊服。于是我们成为息息相关的友人。

聂耳在北平的短短半年中，他没有空过去一点儿时刻，他不曾放过去一星星机会，他刻苦地学说北方话，勇敢地战斗地参加话剧演出与音乐演唱，热心地和一些音乐同事与爱好者交往。

——半年的北平生活是把我泛滥洋溢的热情与兴趣汇注入正流的界堤。——是他回到上海后给我的信里的话。

不久之后，我也到了上海，和他同住在他服务的“联华”附近。

记得是他第一次离开“联华”之后的一个长时间中，他的心境一度非常恶劣！那时他住在霞飞路曹家弄口的街面楼上，一个清晨去看看他时，他正在忙着收拾东西，见我一进去就把我寄在他那里的一包书捧还我，说是“走了，有机会给你”可以利用。当他说明那是可以“挂皮带的音乐”什么时，我肯定地阻止了他。那是至今还是中国唯一的新兴歌剧《扬子江暴风雨》的尝试谱写和演出的成功之前，更是作为他开拓了自己的作曲的纪念碑式的电影歌曲《开路先锋》、《大路》和《新女性》等之前。这我不但想，而且过后我们也当面谈笑过：要是那朝晨他走成了，前面的歌剧和《开路先锋》等他就不会作出来，那么非但以后在他作曲过程中占着高峰的《毕业歌》、《义勇军进行曲》和《打长江》等能否作得出成了问题，而聂耳的生前和死后将给予人们和现在不同的姿态是必然的。不是吗？电影和戏剧界中挂皮带或半官性的朋友的例子不是少有的，而他们所表演的是怎样一种姿态呢！

这些仿佛还是昨天的事。可是聂耳已经死去一周年了！

聂耳所作的歌曲为大众疯狂地接受，有些人简单地认作是因为它大众化、民歌化、简朴、明朗、容易演唱，这是忽略了内容的不正确的理解。这儿可不必详论的，就按聂耳的学习过程中看，其实也不尽然的。他固然是来自田间，带着浓重的乡土气（特别是《打长江》），不甚深受学院派、古典音乐的教养，但对这方面的热忱向往，也正和他对民间音乐的努力同样的。在北平他甚至于像我这样对音乐几乎是聋子，而到塞外又只不过十来天的人，也绝不放过地追问着绥远内蒙古的民歌及音乐情形，同时也不曾放过设法去和清华大学西乐指导托诺夫教授讨论斯拉夫音乐的机会。他时常到天桥一带北平的底层去作北方民间音乐的巡礼，同时也节衣缩食地花五块钱这样大的数目到北京饭店去听欧洲名乐人的演奏的。

他的《开路先锋》等歌曲已经在他作曲的前途上开了较成功的先路之后，他就更加用心于摄取外国名歌的养料了。他曾经从遥远的北方之国去订购的那世界著名的音乐民族进步、民族的古典的与新兴的 piece 来学习。这对于他后来的作品中那些雄伟壮烈的气魄和奔放豪昂的调子，不是没有影响的。

这是我该对亡友聂耳追悔，与表示无穷的遗憾的；当时未暇把他托我翻译的歌词全翻译出来。遗留在我抽斗里的几个 piece，简直成为我对亡友追悔的苦痛的刑具了。—— 这儿我告诉我亡友，我在不久之前已经把它给了你生前的挚友，你死后他更努力了的展青君了。

这些仿佛还是昨天的事。可是聂耳已经死去了一周年了！

在我们失去了聂耳的一周年中，我们民族的厄难更加深了比之他生着时的几倍。他，“冒着敌人的炮火，前进”的聂耳要是活着，将会谱写出多少更足以答复敌人，更足以鼓慰我们的雄歌！

原刊《大晚报》（上海）1936年7月20日

作者简介：尤兢　于伶的笔名，此时为北平左翼戏剧家联盟和中国左翼戏剧家联盟负责人。新中国成立后曾任上海市文化局局长，市作协、剧协和电影家协会主席。

聂耳在北平

陆万美

聂耳同志1932年8月到北平，这是他战斗生活史上又一次重要的转折。从上海明月歌舞团职业艺术家的生活被“排挤”出来，一下突然转到火热的民族解放斗争前线的北平，进入北平云南会馆的一大批同乡朋友复杂混乱的生活圈，后两月又积极参加了北平左翼的戏剧、音乐活动。这对他是一种重要的锻炼、鼓舞，也是一种新的充实和前进。正如他以后回到上海时写给于伶同志的一封信上所说：“是把我泛滥洋溢的热情与兴趣汇注入正流的界堤。”的确，这热烈多变的短短三个月，对于他1933年以后光辉的新音乐活动和革命歌曲创作，在思想、政治上，艺术激情上进一步打下了更坚实的基础。

去年，北京的同志[①] 专程来昆明搜集有关聂耳同志各方面的历史资料，也找到我，并把中国音乐研究所编印的聂耳日记给我看了。在北平的一段日记，本来就记得很简单隐晦，不大容易了解他思想、政治活动的真实情况；有的还被他自己涂抹了一些字句或者把极重要的几次活动的情况给完全撕去了。为了帮助对聂耳进行研究的同志提供一些历史的真实情况，他们要我写一点回忆资料，我觉得无论从哪方面说，都是应该的，必要的。

聂耳同志来到北平，一直住在宣武门外校场头条三号，云南会馆的第一号房间里。这时，我恰巧住在二号房间。正因此，我对他当时的生活、社会活动以至思想状况了解得比较具体。特别对后一段他参加北平左翼戏剧、音乐活动的情况也有一些了解。因我当时恰好在北平文总，常委分工是和剧联、乐联进行联系工作的。最近，我翻阅了大量的文字材料和访问了一些当时有关的同志，认真地相互启发、进行回忆，力图把一些尽可能记住的、日记上不好写或被涂抹、撕去的事实记下来。

聂耳同志是1932年8月11日到达北平的。他在第二天的日记上，开头就写了一句：“脑痛，日记改做账簿式。”这句话并不能只简单地从字面上理解。他突然要做这样的改变，是有深刻意义的。他是碰上了一种新的严重情况的冲击，经过考虑，才决定这样改变。这究竟为的什么呢？

---

① 编者注：中国艺术研究院音乐研究所向延生。

这一天的日记，原来还有两小段，在音乐研究所编印的日记里被删去了。特别最后有一句:“晚，马匡国请客到‘青云阁’听大鼓、杂耍。”这件事绝不是一件普通的事，马这个人也绝不是一个平常人物，这是一个心毒手辣的特务骨干分子，在昆明曾亲手带领一批侦缉队逮捕过许多革命同志。1930年7月在昆明准备要逮捕聂耳等人的黑名单，就是他参加确定的，那时，他是国民党省党部的“肃反委员会”的重要成员，具体职务是侦缉队队长。幸而聂耳在前一天得到进步亲友的通知而逃避开了，以后就想尽各种办法，去当职员，改变身份，得到掩护，才离开昆明到上海。两年多以后，这个特务重新在北平见到聂耳，他心里当然有他的鬼想法，聂耳和很多同志对他也是深有了解的。

特务马匡国血债累累，作恶多端，1952年已被云南省军管会镇压了。他在1932年夏，突然从云南跑到北平去，实际是负有特殊任务的。此人1926年前后到过北平，整天闲游浪荡，并未正式投考学校。他善于投机取巧，还曾一度混进当时秘密的革命组织C·Y（社会主义青年团）；但很快他就赶到南京，投入国民党办的中央政治学校第一期。1927年毕业后就被派回云南担任侦缉队长，专门从事侦察、破坏革命组织，逮捕、拷打革命同志的罪恶勾当。他是国民党反动头目裴存藩的得力走狗，正干得起劲儿受到重用的时候，为什么一下竟自跑到北平呢？他口头放的空气是“要投考大学深造”。但按他的经历和年龄（那时他已三十四五岁），大家都绝不会受他欺骗，相信他的鬼话。当时我们一批20来岁的同志分析，大体有两种可能：一是他们特务系统内发生了派系间的狗咬狗的矛盾，把他排挤出来，他暂时跑到北平，进个野鸡大学，混个资格，待时机再说；其次，他是带了专门了解云南学生的情况（当时我们编印、发行回省的《云南学会会刊》，有些文章是宣传革命思想，揭露了云南军阀、国民党的反动统治），来配合北平的国民党市党部，进行侦察、破坏活动。以上两种可能，按以后马匡国在云南学生中的一系列活动和他与国民党北平市党部以及后来的宪兵三团的密切联系，最近和几个熟识的朋友交换意见，一致都肯定：他的主要目的是后一种。

马匡国在聂耳到后第二天就邀请他听大鼓，以后在日记中又看到曾先后两次请聂耳吃牛肉或羊肉（日记内后改称“马三哥”），10月6日的日记上，聂耳还愤愤地写了一句“当然有这尾巴狗”。对此，聂耳不能不十分警惕，与之慎重地周旋、应付，记日记的方式也决定改变，以后他的整个生活方式，待人接物，都不能不受到这一险恶政治情况的影响。但他在原则性问题上，却是态度鲜明的。他们要拉他演旧剧《法门寺》，他立刻坚决拒绝。一次他们搞突然袭击，在全体同乡的年会上要操纵会务，我们坚决反对，聂耳同志也毫不犹疑地站起来支持我们。理解了这些情况，对于以后聂耳在北平的生活、思想、学习、工作等才会有进一步的了解。

当时云南会馆内部的一些斗争情况和日记上涉及的各种人物的政治面貌和生活方式，在此也应略为作些介绍。云南会馆本来是专为接待云南学生到北平考学校暂时住宿的一个招待所，但历史上却是一个极为重要的地方，是在逐步创建云南共产党的过程中一个最早的基地。在蓬勃开展的五四运动中，云南的青年不仅反帝、反封建的政治觉悟得到大大的提高，而且一部分较进步的学生已经开始建立了一个学习社会主义思想理论的组织“大同社”，办起刊物

《滇潮》，公开宣言“不畏势力，不服强权”，“建设新社会”和激烈地直接抨击封建军阀的腐败黑暗统治。这个“大同社”的成员，1922年后多数都陆续到了北平。就在这个云南会馆，云南旅京同学会中部分进步同学结合起来，共同改建为“新滇社”。他们50余人，每月在会馆集会，学习马列主义，办了革命刊物《铁花》，发行到省内，大力宣传革命理论，分析中国社会的实际斗争。他们也和武汉、南京、上海的滇籍进步青年联系，建立了各地“新滇社”的分社，而积极准备到云南省内也发展组织，进一步开展革命活动。1925年，“新滇社”的部分成员已先后参加了地下的中国共产党，这个社实际已成为党的外围组织，培养了一批党的工作骨干。以后回到云南，正式建立“中国共产党临时省工委”，主要的也是这些人。因此，从云南省地下党的产生和发展的历史看，云南会馆确是一个很有光荣历史意义的中心；而对于各个时期的反动统治者说来，从唐继尧到后来的国民党，都咬牙切齿地痛恨着它，不断地注视着它。

聂耳到北平时的云南会馆，情况比起1925年前后已有了很大改变。馆中立着一座纪念碑，下面埋葬着1926年“三一八”时流血牺牲的两位烈士（滇籍的青年学生，师范大学的范士融、艺专的姚仲贤）的骨灰；但大多数人都已漠然视之，不闻不问。北院设有一个图书馆，购置了不少书刊，却很少有人去借阅。这时，刚经过‘九一八’民族解放斗争，住宿在馆内的近四十人，大体有这样几种：（1）思想、政治上比较进步，在云南1927年前后曾参加过一些革命活动，或者还曾参加过革命组织C·Y或互济会（但都未带出组织关系来，因1929年至1930年云南地下党团组织遭受了大破坏），少数同志刚从监狱里释放出来，就赶快离开云南，跑到北平准备考学校读书。这批人中，不少在“九一八”整个民族垂危的刺激下，又重新参加到解放斗争的热潮中，后来还找到了组织关系。如黄洛峰、徐栋及张鹤等。（2）原来也参加过革命活动或坐过牢，这时则对政治不愿再过问了，一心一意想补习功课，考进大学，真正学些系统知识，毕业后再回省干一番事业。这一类，为数也不多。（3）最多的是家庭富裕的公子、小姐，到北平只为见见世面，混个资格（可以进个私立大学混张文凭），将来回省仍可凭靠当官的亲友，找一份好差事。这批人有的也在私立学校挂个名，偶尔去一两次；有的则根本也不愿去进学校，整天闲游浪荡。他们衣冠阔绰，西装楚楚，吃喝玩乐，打麻将（有一连两三天不下牌桌而最后晕倒在地的），抽大烟，逛窑子，胡作非为。（4）政治上反动，生活上糜烂的，如马匡国和其他一两人。他们侦察一些同志的情况作为情报送给国民党市党部，因而专门利用吃喝玩乐引诱一些人，甚至出坏主意、干坏事。他们把云南会馆逐步引向腐化堕落混乱的乌烟瘴气中去。总之，那环境是较复杂的，混乱、颓废、肮脏的气氛越来越浓浊地占了主要地位。

聂耳到北平，最亲密的朋友是许强、陈钟沪（日记里经常称她陈老弟）和张鹤、李纯一（日记中称作李表姐）等。许、陈照料聂耳很周到，为他安排食宿，带领他参加各种游乐活动。他闹痢疾时，许还干脆搬到他房里日夜服侍他。但他们却是用自己喜爱的生活方式引导聂耳向“安闲”、“软化”的方向发展。许强、张鹤在云南的学生革命活动中，原来和聂耳一起工作过，在斗争中结成了较深的友谊。许被捕，住了两年监狱，被保释出来，立即跑到北平来找他的爱人陈钟沪。陈是云南宣威火腿公司大老板的娇贵小姐，生活富裕阔绰。“九一八”后，北平学生南下示威的爱国活动，许、陈也参加了，以后则逐步趋向追求生活享受、衣饰富丽堂皇，每天沉迷于欢乐游耍中。

聂耳刚到北平的第三天，就用破木板制作了乐谱架，计划着每天拉小提琴的基本练习，但最初个把月实际根本不可能。他每天都被约出去活动，即使回到会馆里，也照样被拉着去瞎唱，开“草包”（云南土语，即傻瓜）大会，尽要他一个接一个地表演各种逗人笑破肚皮的节目。这样的生活，在聂耳，一方面自然是被迫的，为了要和大家搞好关系，同时也为了对付特务马匡国等，制造假象，让他们产生错觉，只把自己当做一个“照样喜欢吃喝玩乐，吊儿郎当的艺术家”。但他的内心深处则是很不满意这种“安闲、软化”的鬼混生活，他多次提到“有许多紧要的工作要做”，能有点空隙就去读报，了解政治形势的发展，就抓紧时机坚持小提琴的基本练习。而且还想尽办法，克服经济上的困难，去找著名的小提琴教师托诺夫进修深造，他也用自我讽刺的口吻，批判当时的生活，说：“别人正提倡‘九一八’绝食，我们为闹肚子而绝食。”这些，充分说明了他作为一个革命青年，在这样混乱、污浊的环境里，仍然坚持着一个共青团员的先进思想。特别在后来连续遭受三次打击，他更表现出具有难能可贵的勇敢和毅力。直到9月下旬，上海赵铭彝同志将他的正式组织介绍信寄来，他和北平的左翼剧联取得联系，参加到左翼群众文化斗争高潮中，受到北方学生的炽热战斗激情的鼓舞，他的生活才开始“汇入热情洋溢的正流”。

上文所说的“三次打击”，这儿也需要简单介绍几句。聂耳在上海的“黑天使事件”，自然是一次英勇的革命行动。他一马当先，用“黑天使”的笔名，向当时“中国歌舞的鼻祖黎锦晖”，向黎创办的“明月歌舞团”十几年散播到全国去的“香艳肉感，热情流露”的流行歌舞，展开了尖锐的抨击和揭露。他批判他们“为歌舞而歌舞”，实际是“被麻醉的青年儿童，无数！无数！”他要求“创办歌舞的鼻祖”，要了解“劳苦大众的痛苦”，“贫富的悬殊，由斗争中找到社会的进步”，“创造出新鲜的艺术。喂！努力！那条才是时代的大路！”这都是从左翼文艺的坚定立场，在挽救民族危亡的爱国热潮中，向腐朽落后的歌舞界发动进攻的震动全国的响亮号音。但今天回头来看，当时，聂耳同志进入“明月歌舞团”已一年多，树立了一定的威信，若他能教育好一部分群众，并恰当地领导开展教育和斗争，也有可能把这一有影响的歌舞团体逐步加以改造，使它发挥出对整个国家民族和当时的革命斗争较有益的影响。但他用笔名猛烈斗争的结果，却是使聂耳同志显得比较孤立了，不能再继续待下去，而被“排挤”出来。这对他本人无论如何应算做是一次挫折或打击。

聂耳同志独自离开上海到北平，当时仍然满怀战斗的信心，朝气蓬勃，毫不气馁。上海的朋友郑雨笙等热诚地劝他北上，一方面可能为了使他接触一下北方前线的战斗气氛，同时也确希望他投考正规的艺术大学，可以系统地学习、深造（当时，云南的旧政府教育厅，设有一种奖学金，规定凡本省学生考入平沪各地大学的，每年可得补助一百五十元）。他到后，也确去报考了北平大学艺术学院。当然，他的思想上也有不少矛盾。他认为：“我何必要这样软化下去？！……试问进三年的学校比做三年的事是哪一样的希望大些？！”因此，等到第一次出榜就“落第”了，虽然对这一“失败”感到情绪上受一些打击，但立刻考虑到“想到日本或回上海”，他的精神上还是愉快、活跃的（按他的学识，大家都估计会考取的，但究竟是因为当时大学院校的录取标准有着一些特殊界限不肯要较进步和有才能的学生，还是因他自己几年已未搞学校课程的一套，较生疏了。他到北平后，被那落后环境所包围，从未得正正经经地温习一下功课，成绩不算很好，也是可能的）。

第二个打击是，他曾经去找到在朝阳门内的北平私立美术学院教书的同乡王旦东，要求帮助介绍他去“教点课”，一来可解决起码的生活问题；二来也可有学费向托诺夫去进修、学习。王当时曾尽力为他活动，向学校当局和学生做了推荐。学生中普遍对聂耳的热情诚恳、演奏艺术上的纯熟和富于感染力有好感，一致向学校要求，欢迎他来教小提琴。但校长王悦之是投靠国民党的死硬分子，他怀疑聂耳“有色彩”，坚决不接收。这对想在北方学生的火热斗争中多体验、多做些工作的聂耳，又是一次重要的打击。

再就是：聂耳找到托诺夫，把大衣暂时送进当铺交学费，每周两次去学习小提琴（每月20元，在当时是很高昂的报酬）。他发现托诺夫的教授方法确实好，自己也尽最大努力刻苦地学习。托也一再表扬他的才能和成绩，纠正他的缺点。聂耳同志满心盼望由于自己的才能和努力，可能获得“老洋人”的喜爱和同情，为了培养出一个优秀的青年，以后“老洋人”会让他“免费学习”。但很快聂耳就发现自己是太天真了，虽然托诺夫是社会上普遍尊敬的名流，音乐界威望很高的名手，他教授学生收学费却是一分钱也不能少的。那“老洋人”最后带着忧郁的表情答复聂耳：“啊！这是一个顶大的障碍……你是一个顶聪明的孩子，你将来的提琴会拉得不错的。”这对于当时一心盼望着好好学习，提高一步，然后再到日本和欧洲去考察音乐的聂耳，又受到一次最沉重的打击。这也让他深深认识到资本主义社会的腐朽落后，人与人之间建立在金钱关系上的虚伪庸俗（这对我们今天有着各种有利学习条件的青年同志们，也该是多么值得深思的问题啊）。

一个接一个的障碍和险阻并没使聂耳同志产生丝毫的悲观、气馁，他仍凭着一贯的“不顾生死往前奔”，勇猛向上的精神和刚强毅力，继续去开展工作，冲开生路。恰好这时上海的组织介绍信转来，他和于伶、宋之的、李元庆（日记上名李健）等同志接上了关系，认识了许多左翼戏剧、音乐界热情工作的同志，他投入到火热剧烈的革命文艺的斗争中，就更为充满信心、欢欣鼓舞地努力工作。

本来，他刚到北平，我们就考虑过让他参加左翼革命文艺组织活动的问题。张鹤（后用笔名天虚）在云南时曾和他一同参加过“互济会”的革命斗争和学生业余的戏剧活动。他们相知较深，可以无话不谈。他们不仅交谈了过去在家乡工作中的一些问题和以后许多人的巨大变化，也谈了“九一八”后学生运动的情况：他们还谈到1931年冬北平学生轰轰烈烈的南下示威行动是怎样展开的，在长江两岸的怒吼、歌唱是怎样震天动地，在国民党政府前的面对面斗争是怎样尖锐、剧烈，国民党怎样以大队的军警来开枪镇压，许多英勇的同学是怎样地威武不屈（有的被推下秦淮河淹死，有的被捕到宪兵司令部），这些高度的爱国热情和英勇剧烈的斗争，使聂耳激动异常。张鹤还悄悄告诉聂耳：我们几个同乡已秘密参加了左翼的文艺活动。

我和聂耳在昆明时有过几次接触，虽然相交不深，但还有一些了解，知道他是趋向革命、很有才能的文艺工作同志，所以也曾几次和他个别交谈过。一天晚上，我故意搬出椅子在槐树荫下乘凉，听他拉小提琴基本练习（屋里蚊子多，他正在门前练）。过了一会儿他停下来，问我："也喜欢西洋音乐吧？"（他知道我还会弄弄中国的胡琴、三弦之类的乐器。在昆明，有一次我到他们省师宿舍一姓杨的朋友处，他就跑过来一同拉胡琴，唱滇戏和花灯调）我答说："也略微喜欢，去年还曾自学过《霍曼》的第一册练习曲，但后来很忙乱就未搞了。"他居然动了念头，要考考我，先后拉了两个乐曲，问我是表现什么情感的，我根本不太懂，只能说出自己的一些简单感受。他说："大体还差不多。"然后也搬出椅子来，详细对我解释两个乐曲所表现的内容和情感。跟着，我们就谈到他在上海向工部局交响乐团一个白俄琴师学习的情况，接着就扯到他在明月歌舞团的工作和"黑天使事件"的经过。我也谈到昆明街头一个少数民族老倌每晚卖山橄榄时所唱的山歌调子怎样引人，春节时农村花灯小戏怎样优美，又扯到看他演出《女店主》（爱尔兰的女戏剧家格苗戈垒的作品，即我国观众熟悉的《月亮上升》独幕剧的作者）时我的美好印象和在云南《民众日报》副刊所写的一篇剧评。还对他介绍了一些北平的戏剧活动：从熊佛西的艺术学院到许多青年戏剧团体的演出。他希望能看到一些话剧表演，能认识几个戏剧、音乐界的朋友。之后，我即送他左翼团体演出的入场券，也答应向他介绍几个熟识的朋友。这晚我们谈得很长，直到槐叶浓荫洒下的点点月光都已西斜，才各自回房睡觉。以后，我又曾专到他房里长谈过两次：一次即10月21日的"着实有莫大影响"的谈话；一次是10月24日晚，他、我和张鹤一同讨论电影、戏剧创作问题的"检讨"谈话。这一段时期，因看到张鹤废寝忘餐地在那里写《铁轮》，他也曾动念头要写自传性的小说。

记得我曾把他到北平来的情况告给了剧联常委的3个同志：任于人（即尤兢，后名于伶）、宋之的、老陶（当时我在文总，经常去参加剧联的常委会）。上海赵铭彝同志寄来他的介绍信之后，于伶即亲自来云南会馆和他见面，以后他也不断到李阁老胡同平大法学院三院的宿舍，找宋之的等人；另一方面，我也把许晴（当时名许多，抗日战争中在"华中鲁艺"任戏剧系主任，1941年在日寇大扫荡中牺牲）和当时一个编电影小报的同志介绍给他。

9月中和剧联同志们接触后，他不只"心绪稍有安定"，而是热情积极地以更多的时间参加各种工作、活动。他为剧联的刊物写稿，也参加排演高尔基的《夜店》。他非常兴奋、活跃，大家都感到他热情真诚，很快就把他列入活跃分子的行列中，喊出了"许多、耳朵、的确、周道"的顺口溜（后两人是女同志，据说现仍在北京和哈尔滨坚持戏剧、电影工作）。他看到大家生活都很艰苦：喝点开水，啃点大饼就咸菜，穿着很破旧。有的夫妻两人还带一婴儿就挤睡在一窄小的行军床上，但他们工作起来那样热情苦干。写稿、读书很下苦功夫，各人藏的日文、俄文书刊都不少，不仅阅读，还有计划地翻译作品，他心里"无限感动"，觉得他们"着实比我们强得多"，也很虚心地想到"自己的浅薄"，决心要加倍努力。

聂耳同志在北平参加的政治活动，突出的有：（1）西单牌楼的"飞行集会"。当时，参加集会的人们手挽手，声势浩大地前进，喊着口号直到国民党市党部门口，砸了它的招牌（大门早已紧紧关了，未冲进去）。我看到聂耳在队伍里，挺胸阔步，满面红光，带头唱起革命的歌曲；回到家里，见面时虽未说话，他却微笑着连连点头，显出斗争胜利的喜悦。这就是日记上10月1—2日被撕去的好几篇，不知他写了多少精彩的描写和感想。（2）10月29日，他认为是得到“可爱的消息”，饭也不吃，步行十余里赶到朝阳大学，听马哲民的讲演《陈独秀与中国革命》，而且还看到对一个托洛茨基分子抢上台去辩解时所展开的剧烈的面对面斗争，群众高涨的革命情绪，使他受到极大的鼓舞和深刻的教育。

聂耳在北平的左翼文艺活动中，主要做了两件事：（1）积极参加“北平乐联”的筹建工作；（2）参加了两次影响较大、令人难忘的戏剧演出。

“北平乐联”的筹建，本来很早就提出来让王旦东、李元庆等同志负责，他们两人热情虽高，但组织经验却不足，聂耳同志参加活动后，才找到更多的音乐界同志共同战斗。最初开筹备会，草拟组织大纲及准备开成立大会等，主要都是聂耳主持。10月下旬，“北平乐联”正式成立，我看到的人，总数已有20余位，是在西四北面一个教会的女子中学的二楼的教室里开的。从门口到楼口，他们布置有女学生警戒，较严密。这学校，本来男人平常都不能进去。这天是礼拜天，女学生都外出回家了，所以开了快两个钟头的会也未受到干扰。这天，我是受北平文总的委派去参加会议的，我的讲话先讲了半个钟头的形势与任务。主持会议和筹备工作报告都是由王旦东同志负责，最后选举是由筹备组提出名单，举手通过的。事前酝酿时，本来要推聂耳同志负责，但他很谦虚，一定要推王旦东、李元庆等同志负责。他一再强调不久要回上海，但大家仍选他担任执委，“在未离北平前还要多负责任”。实际上，“北平乐联”的建立，聂耳起了重要的作用，由于他组织活动能力强，业务修养较高，在音乐界有一定威信，所以他一参加，很快就建立起来了。

1932年北平的左翼戏剧演出活动，每次都是在战斗中进行的。当时虽然已不断写文章提倡“街头戏剧”，但真正的演出主要仍在剧场进行，所以还要考虑一定的灯光、布景。如我第一次看到《炸弹》，一开幕那红色的光束集中照射着高高坐在帝王宝座上的金脸的统治者（由平大艺院学生李树芳饰，他后在绥远牺牲），就给人深刻的印象。每次演出的准备也是复杂的（还没创造出《放下你的鞭子》这一类广场演出的戏），特别要严密地组织纠察、保卫的队伍，随时要准备和反动军警斗争。聂耳第一次收到参观券，满腔热情地去看戏，就碰到这样尖锐斗争的场面。这晚是在宣武门里国会街法学院一院的大礼堂（袁世凯和北洋军阀时代“猪仔国会”的礼堂）演出，有好几个独幕剧（《血衣》、《战友》、《S.O.S》等），聂耳赶到，看到铁门紧紧关闭着，先还以为是自己来迟了，再仔细观察，才看到里面站着一些军警，并立刻打听到“是当局禁止演出了”。在戏剧文艺宣传活动中，革命与反革命的这样尖锐紧张的斗争，对聂耳是一次深深刺激心灵的震动。特别是学生们为纪念“九一八”所准备着的各项革命活动，更使他兴奋不已。

聂耳在北平正式参加过的演出活动有两次：一次是10月28日晚在清华大学礼堂的演出。

这是以东北学生自治会名义邀请芭莉芭（俄语“斗争”）剧社去演出。那晚我没去，听他第二天回来说：斗争剧烈，情绪高涨。演出前，他们准备了《国际歌》。但开幕前，自治会的主席张露薇不同意演，台下的右派学生乱哄乱闹，但聂耳毫无畏惧，勇敢地站到台上演奏，下面情绪很好，一直坚持演奏毕。跟着，四个独幕剧也坚持演了，效果也是好的（宋之的同志说聂耳曾参加演了《战友》，我记忆中这次好像他没演）。当晚，整个清华园内空气紧张，右派学生写了“打倒普罗剧社”等标语，次晨贴满全校。剧团坚决斗争，提出抗议，面对面地谈判说理，最后，自治会才赶快去撕了标语。到第二天上午，在校门口等汽车回城时，许多人请聂耳跳非洲舞，他跳得活跃而欢快，大家都非常高兴。他又带头唱起革命歌曲，大家都兴奋地跟着唱。雄壮嘹亮的歌声震动着清华园，很多围着看的同学都热烈鼓掌欢迎。聂耳很激动，唱了一个又一个，《国际歌》唱了好几遍，在汽车上一直唱到西直门。

第二次他参加的是11月5日晚在东单外交部街平大俄文商学院的演出。这是一个大院子，他们在屋里化装，到台上演戏，观众冻坐在院里的长条凳上，情绪却一直很高涨。这晚，聂耳扮演了《血衣》中的老工人，演得很感人，他自己也掉下眼泪。本来他们还准备了一个象征剧《起来》，排练得很好，不知什么原因没演出，另外聂耳一人演奏的乐曲，颇为感人，场里全静静地听着。这晚的演出很成功，反应很热烈，但场外却是紧张的，同学们挑了不少彪形大汉扛着大木棍在四周防卫。

聂耳同志就是带着这样热烈战斗的激情和人民胜利的欢笑，于11月6日下午离开北平，重返上海的。3个月来在他的头脑里，深印着种种形象：东交民巷口操场上，日本士兵操练劈刺时，凶恶的喊杀声；日寇逼近山海关前的炮火轰炸，不时成群结队的飞机在头顶上嘶鸣；国民党蒋介石政府对敌人的卑躬屈膝，一再退让；对内的残酷镇压，屠杀青年，压榨工农，而本身则又荒淫无耻，腐朽堕落；天桥一带“下层社会劳动人民”的极端穷困，衰老贫苦艺人的拼命表演的悲惨生活……这些都给他留下不能磨灭的印象。最重要的是他生活在革命青年和左翼文艺工作者中，看到他们不避一切艰险，不怕杀头坐牢，满怀远大的共产主义理想，充满无产阶级战士的胜利信念和团结斗争的热情，更进一步鼓舞着他要英勇斗争，阔步前进，去上海担负更重要的斗争任务。

我站在月台上，看到人们对他热情欢送，心里静静地想着：聂耳确是极聪慧的全面人才，无论音乐、戏剧、文学都禀赋着惊人的才能。上小学时，我晚间走过他家住的黑暗小街或在翠湖旁，听到他们小型民族乐队演奏的优美乐曲，总不免要伫立很久，沉醉欣赏。舞台上他创造的各种生动感人形象，更使广大群众长期把他亲昵地喊做“玛丽亚”（《克拉维歌》一剧中的女主角）或“小四狗”（花灯剧《四狗闹家》中农村青年）。读了他少年时的作文和后来计划写的自传性小说的提纲，我更深深感到，文学创作上，他也有着敏锐的思想、丰富的生活和强烈的表现能力。但正像他和天虚当时所常议论的那样：“古今中外的天才，哪一个都不会是偶然登天的。”他有刚强刻苦的毅力，多少次的艰险转折，都“不顾生死往前奔”。但更重要的却是：聂耳已掌握了前进的思想、科学的真理和得到革命组织的领导，在他参加革命斗争前后的

1932年10月28日，北平左翼剧联在清华大学礼堂演出了四个独幕话剧，同去的聂耳在舞台上用小提琴独奏《国际歌》

思想情感不是有着最显明的不同吗？我相信他将来对祖国、对人民一定会作出重要的贡献。

果然，在民族解放运动的高潮里，聂耳非凡的才能得到了充分发挥。正因为具有对广大贫苦劳动人民的深深同情，对灾难深重的祖国的无比关心、热爱，使他处处要去亲近工农兵，时时要去倾听他们的心声，自然才能唱出时代的最强音，创作出鼓舞亿万人的强烈歌声。他的歌在码头、在工厂、在农村、在战场都受到欢迎，激励着英雄们创造伟大业绩。聂耳和他的战友们开辟了中国新音乐的道路，唱出了无数支雄壮的战歌，引导着历史悠久的古国走向新生。45年以后的今天，我们还将沿着这条道路，唱出时代的声音，鼓舞亿万人民向更辉煌的“四化”进军，创造社会主义历史更加灿烂的篇章。

45年了，翠湖已经真正春晓。聂耳同志！你在西山葱郁的红梅、山茶丛林中，一定会更欢快地瞭望着滇池畔广大人民在勤奋工作，你还将看到日本藤泽县和全日本人民以及世界各国人民将要不断来向你祝贺这十亿人民巨大的胜利！

原刊《音乐研究》1980年第3期

作者简介：陆万美　时为担任北平左翼文化总同盟常务委员的聂耳的同乡友人，抗战时为政治部三厅下属的抗敌演剧六队队长，新中国成立后曾任云南省文化局局长。

许多 耳朵 的确 周道

周 道

虽然是二十多年前的事了，现在一想起来，尤其当看到洪遒同志信上提到的“许多耳朵的确周道”这八个字，和聂耳的片断日记的时候，他的健壮坚毅的形象，马上又浮在我的眼前了。

那是“九一八”第二年，老任（于伶）、老宋（之的）、老陶（林成）和我在左翼戏剧家联盟北平分盟分担常务、组织、宣传、书记等职务的时候，我们正在北平大学法学院排《夜店》（后来没演出）。我一到场，看见一个非常结实、满面笑容的青年，那是我们戏剧界没看到过的人物，我愣了一下。后来宋之的介绍说他是上海来的，“自己人”（来北平干什么忘记了），我们马上像老朋友一样，我们告诉他北平的情形，他告诉我们上海的情形。

他在大家欢迎他讲话的时候，把宋之的叫宋之“得”，他说这是按新学的北京话说的。

他第一次在北平“工作”，是在去云南学院附中（在东四附近）一次演出中，主要剧目是“工厂夜景”。但是在开始演之前，由聂耳和一位会舞蹈的男演员（名字忘了）临时编了一段序幕。表演一个满身拖着大铁锁链的劳动者，在痛苦万分的枷锁下，挣扎着，挣扎着，最后挣脱了束缚，极有力地站了起来，并用暗黑转到鲜红的灯光衬托着。全部舞蹈过程，是由聂耳一把小提琴伴奏的，记得大家非常满意这一杰作。

还有一次，记不得是在国会礼堂还是海淀小学的演出，大约聂耳是参加了，不过我不敢肯定是不是演的《血夜》。当时我们主要剧目是《血夜》、《梅雨》、《S.O.S》、《瓦刀》、《屏风后》、《放下你的鞭子》、《父归》…… 还有临时现编的记不得名字了。

他在北平待了不太久，什么时候去的也忘了。

在北平一段，是和老宋、老陶、老任、我、杨君丽（白扬）、许多（白扬当时的爱人，后来牺牲）、阿邸（现在中影，就是的确）常在一起的。为了避免“黑大褂”和警署的注意，所以我们差不多都叫外号，并把许多、聂耳、阿邸、周英学叫“许多 耳朵 的确 周道”。

蒋介石放弃了榆关之后，在北平镇压得更凶了，我们经常“上台”的人，被“黑大褂”跟踪得不能活动了，什么戏也演不了，“总联”叫我们到上海去，因之又和聂耳聚会，并且还和他住在一起。

那是一座背向着静安寺路那边（好像是向北的）的小楼，地址在霞飞路底和联华公司只有一箭之隔（已近郊区）。二层住的房东是“江北人”，住在楼下，聂耳和王斌（《影片桥》的导演）住在亭子间，老任（于伶）住在后楼，我和老陶住在前楼。过了几个月，宋之的由北平来也住在我们这，在后楼打地铺，这样，整个楼上都成了我们“一家人”的天下。因之，剧联是经常在这里开会的，由我到楼下和老板娘闲谈兼“放哨”。

他当时在联华公司搞无声电影的配音乐工作，但是他却什么工作都做，只要拍戏，他总是忙到后半夜才能回来，甚至到天亮，工作是极繁忙的。

因为这个“家”里，只有我一个女人，又是同志、好朋友，所以在生活上我是经常照顾这几位“小伙子”的，像到老虎灶打开水、弄饭、收拾一下屋子、缝缝补补……这是常事。

他每天起得很早，我们常被他的提琴声叫醒，他要练两小时的琴（每天都如此）才到公司上班去。如果哪天回来得早，他还要拉一两小时。他虽然爱说说笑笑，但是他很正经、和气，尤其是非常努力钻研。

记得他每天回来，不管早晚，总要到前楼来与我们大家谈一阵子，我们谈谈演戏的事，他多半谈联华的事。他经常告诉我们陈燕燕、金焰、老板娘（林楚楚）、王人美、卜万苍等人的有趣的事，他学他们的说话和动作，学得非常像。有时回来晚了，也必还来敲敲门：“婶，你们老两口睡了吗？”这个称呼我忘了是不是因为演戏而来的，反正他和王斌总是亲热地这样叫我。

我的记忆中，他总是很愉快、有信心、努力地生活着，好像他把什么都看得透透的，按着社会发展的规律，渡过那个艰苦的阶段就是光明大道了，而且他自己是在准备力量来推动这个后来的车轮。

有一次当我被邀到联华拍摄费穆导演、阮玲玉主演的《人生》中一个妈妈的镜头时，我化好了妆，走进摄影场，他热情地抓住我喊了一声“这回真像个婶了”！

有一件事是我奇怪的，据我所知，他没有搞过恋爱，也没有看见过他特别接近过哪个女孩子，当时王人美、胡笳到他的亭子间来过，他也和她们玩过，但是他说是和对一般的朋友那样对待她们。

他生活很朴素、整洁，总是那么干干净净、整整齐齐的，屋子里除了简单的行李和乐谱、谱架、小提琴、书籍之外，就是一点日用品，再没有什么了。这些情形，王斌是不会忘记的，可能比我记忆得更多。

当剧联以“新地”剧社的名义在霞飞路一个白俄经营的小剧场为遭水灾难民捐款公演时，聂耳曾亲自为陶也先编的《淹没》一剧，在后台用提琴和钢琴（那时没有什么音响设备）配音，我当时扮演剧中一个主角，田汉的兄弟“老三”管理灯光（这种情况很多，一时想不起都是什么剧了）。

北平左翼戏剧家联盟的旧址：北京地安门内黄化门大街路北的慈悲庵

1933年聂耳曾和老陶商议过几次，一块去东京学音乐的事，但是等老陶都准备好了要走的时候，他大概是因为钱没拿到而不能一同走（记得是《渔光曲》的提成）。

1935年在东京和老陶又遇到了，他们曾两次研究参加日本的左翼剧作家联盟，并组织中国在东京的音联、剧联。但是当暑假老陶回国后，听到了聂耳同志不幸的消息。

关于李相南，老陶记不清是否是1931年在北京参加反帝大同盟时认识并介绍给聂耳的。但是记得李是搞舞台灯光的，和他一同看过几次戏，他很热情地向聂耳讲过当时日本戏剧的一些特点，思想比较进步。别的记不清了。

本文据音乐研究所藏作者手稿校录

作者简介：周道　时为北平左翼戏剧家联盟和中国左翼戏剧家联盟成员。又名周英学、周静。新中国成立后曾任黑龙江哈尔滨市人民广播电台的领导人。

伤逝二章

—— 悼聂耳君

每戡　新珉（董每戡　董新珉）

一

这真是意外的事，恰在我病痛期中，又无端地袭来一个打击，由弟弟传来了友人聂耳君的死耗，顿时袭击得我神志模糊，莫名的辛酸味沁入了我的心，热泪不期而然地流出了眼帘。“聂耳君溺死于神奈川县藤泽町鹄沼海岸”这一个 Title 清晰地映在我的脑幕之上，唉！悲剧，聂耳君的悲剧就这样迅速地演至终束，放下舞台的幕布了！

幕布下了，剧中的主角倒可以就此完了在人世的任务，从此可以悠然地到另一个世界去遨游，过另一方式的生活（假如有所谓灵魂的话）。然而观众依然怀着忧郁文章的心，实难止住同情的泪，像和主人公有了直接关系 —— 相当交谊的人，自然不能无动于衷，纵有理智也不能制止感情之波的动荡。

若估量我和聂耳君的交谊，还不能说怎样的深厚，我和他的认识似乎是在两三年以前，不过在未面之前早已知道他。那是友人赵铭彝君告诉我的，他对我说不久会有一位对于戏剧艺术有深刻认识且对音乐有特殊教养的人自北平回沪，好容易等到他真的到了上海。某一个清晨在友人金德麟[①]君的寓所中握了第一次的手，当时正因为有一个戏剧艺术方面的问题在讨论，我就初次听到了他对于戏剧艺术的见解，同时我知道了他确是一位颇有艺术教养的人，我们的交谊也就从此开始。

尔后，我和他不时地见面，而且见面时总是互相谈论学术，晤谈的地点以德麟君处较多。我依稀还记得某一个疏星淡月的初秋之夜，我和他自某剧场出来，一同边走边谈着直至霞飞路口才分手，我向他问起德麟兄的近况，我说德麟兄虽然坐上了银坛的宝座，还需要努力修养。

① 编者注：金焰从事电影工作以前的原名。

他说他确是极有希望的，不过须友朋们在旁督促勉励他，他就能努力前进。从这一次谈话之后，我更知道了聂耳兄有着坚毅的精神，而且对友朋非常精诚。

差不多我每次到联华公司去访他们，一进院子的门，常听见歌声和琴声。上了楼就见聂君手拿着小提琴（Violin）站在放着歌谱的架子之前，德麟君也有时正把大提琴（Viola）靠在腿弯上。显然地知道聂君自己在练习，金君方在随他学琴，这就更证明了聂君平时的勤奋，而且能使和他交游的友人努力向上。最近，听人说金君会弹吉他（Guitar），这也许是他教授的成绩吧。

1933的冬末，我离开了上海，迄今未见聂君，因为自己的心境过于恶劣，和一切故友都没有通信，关于聂君的动定自然也不明了。今年春天内子返国了，伊正学弹曼德琳（Mandolin）。那时我还想写信去请聂君教伊，免得半途而废，但又因为自己懒散，把信搁着好久未写，同时得到弟弟的报告，据说他已来东京。有人劝他进松竹少女歌剧团去学习，他意未定，拟在东京勾留些时再到法国去专学音乐。于是我要弟弟去访他，顺便还可请教他关于弹吉他的方法，因为弟弟也正在学吉他。后此，弟弟又说已在"戏剧座谈会上"遇见他，他仍殷殷地向弟弟问我的近况。居然也还有人会不忘于我，倒使我感到温情的爱抚。

溽暑到了，我的宿疾复发，在缠绵席上的期中，最初知道聂君到海滨避暑去了。接着就是他溺死于海中了，海水本无情，然我未曾料到会夺去了聂君的生命。他的身体素来健壮，绝不像我这是多病之身，我尚未因病死，他却意外地夭折了，这是多么的惊异，多么可哀怜痛惜的事啊！世上固不乏以死为入涅槃之境的人，然而我们决没有这种思想，对于死虽然不感到恐惧战栗，嫌厌之心至少是会有的。聂君居然走上他未必希冀的路了，而且这又不是生离，而是死别。生离已是使人有难忘的苦痛，死别自然更多永久不会忘去的苦味！

二

"我每对生离感到忧戚，自然对死别更感到伤悲，在病席上得聂耳兄的噩耗，虽没有为之呜咽失声，热泪已潸潸下了！我真不明白，为什么'不幸短命而死'的尽是些英俊？真的人不可以成为俊彦，古往今来所谓人才非困厄颠沛地过其一生，就得夭折。聂君是人才，而今也夭折了，和他有过一段深挚的交谊的我，如何不哀悼呢？"

我得到聂耳君溺死于神奈川县藤泽町鹄沼海岸的消息，在伤悼之中便写快信通知病在长崎的家兄每戡，因为他和聂君有很好的友谊，以上的一段话就是家兄复信中语。

回忆起我和聂君的认识，已是好几年前的事，但只是认识，过去谈不到什么交谊。那时他在联华公司，我和家兄也同住上海，记得是某一个晚上在某一个剧场中由家兄介绍我和他认识，然我不善交际，所以他来访家兄时我只有和他点点头，从没有普通寒暄语以外的话。一直到今年听说他也来东京了，事实上却未曾一见。有一次我在给家兄的信上就顺便提起了这一个消息，家兄回信要我打听他的住址，然后去访问他，当时我也很赞同，于是去向人打听他

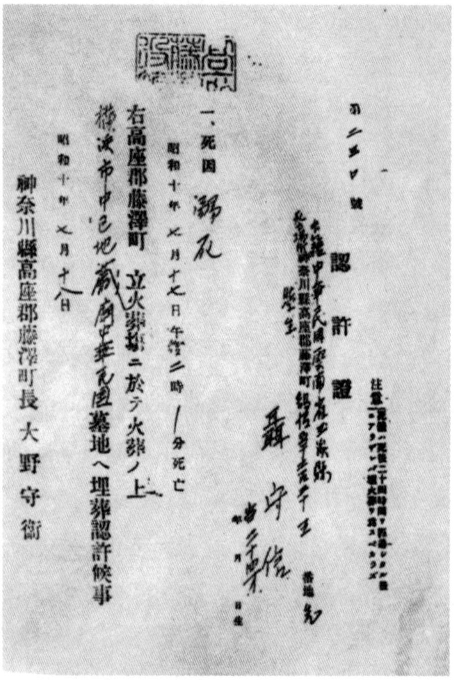
認許證

聶守信

一、死因 溺死

昭和十年七月十七日午後二時一分死亡

右高座郡藤澤町立火葬場ニ於テ火葬ノ上

横浜市中区地藏

墓地ヘ埋葬認許候事

昭和十年七月十八日

神奈川縣高座郡藤澤町長 大野守衛

1935年7月18日，日本藤泽町长签发的聂耳死亡认许证

的寓所。不久，意外地我们在“戏剧座谈会”上晤面了，居然他也还殷殷念及家兄。

从此我和他已不是仅点头招呼及说寒暄话的朋友，较在国内时亲近得多了，每一见面总互相讨论学术，因为同是爱好戏剧电影艺术的人，感情也就渐渐地融洽起来。不料就在我也束装将赴海滨之前，他的噩耗就传来了。他的花一般灿烂的生命，居然被无情的海水掠夺去，要我不为之感伤流泪吗？怎么能够！

聂君确如家兄所说，是一个人才，他对于艺术戏剧有相当认识。他原是学音乐的，除了会弹奏几种乐器之外，作曲便是他的拿手，不只做得好，而且做得快。我还记得有一次家兄为着某歌剧团公演的需要，一夜工夫写成了一个独幕剧——《饥饿线》，其中一支摇篮曲——《饥寒交迫之歌》，家兄就将歌词抄下寄给聂君，请他作曲。那天傍晚聂君接到了歌词，第二天早上就将曲寄来了，而且那短促的音阶配着那沉痛的歌词，更显得悲郁，幽怨的旋律颇能使听者起黯然之思。这件事真使我惊异他的天才的卓越！一个艺术家固需要天才，当然要丰富的学历，聂君有其独特的天才，而又能孜孜向学，这确是难得的事。然而，这样的人才终于夭折了，教和他有过一段交谊的我，怎生不悲悼呢！

原刊《聂耳纪念集》
日本东京1935年版

作者简介：董每戡　时为中国左翼作家联盟与左翼戏剧家联盟成员。新中国成立后曾任广州中山大学教授。

从麦伦中学的游艺会出来

白　薇

像彗星拖长着光辉的尾巴在空中，歌剧《扬子江暴风雨》正拖长着骄傲的荣光，在中国幼年的舞台上。

与《走出后的娜拉》以三件不同的题材所构成全戏相仿佛，这里以三部不同的码头工作而构成三角的舞台形式。这种形式，在中国舞台是创见。

三部工作，平衡地工作着，不杂不乱，井井有条地平均动转着。这种新的形式，既处理妥当，又写得有力，更配上歌曲的旋律。甲边响而乙边应，丙边强时甲边弱，互相强弱互高低，递相响应递唱和。这样，把舞台的演出弄成活像"三重唱"，多有趣？多新颖？新的形式哟，可爱的新形式！

动转动转的三角边，推移推移的旋律在旋转，"叮叮叮！"的打砖声，"咳咳咳！"的打桩声，"哼哼吼！"的运货声。旋律的工作，旋律的歌声，旋律的动荡。扬子江码头上的苦力和脚夫，起初流着臭汗牛马似地工作着，随后浴着权威者的弹林和炮火，最后觉醒、团结、奋斗，在血泊中跃起！前进！反抗我们的敌人，飞跃地前进！伟大的民族的解放哟！扬子江的暴风雨，晴天就在后面等着。

好听的音乐帮助了剧的优美，后台的效果增进了演出的成功。《扬子江暴风雨》，彗星般拖着骄傲的荣光！

海南饰孙儿很不错，王瑛饰脚夫有力、逼真，最好是他的眼光如流火。苦力们不但演得真实、有条理，就是每个的互相关顾的表情，也为从来演的群众剧中所仅见，又有力，又紧张。聂耳先生饰的老头子，演来沉着、逼真，在中国可以说是好到没有话说。

《警报》是描写水灾的剧本……

我从麦伦中学的游艺会出来，很满意、很高兴。在高兴中写出了这些。

原刊中国音乐研究所编《聂耳专辑》
1959年内部油印资料

作者简介：白薇　时为中国左翼作家联盟和左翼戏剧家联盟成员。《走出后的娜拉》、《扬子江暴风雨》、《警报》是1934年6月30日晚上左翼戏剧家联盟组织演出的剧目。

忆聂耳

许幸之

今天，1982年2月15日，是我国人民音乐家聂耳诞生七十周年纪念日。

我和聂耳同志是在祖国正处于内忧外患、危岌存亡的时刻，结成了战斗友谊与难忘的合作关系的。那是1935年，日本帝国主义者正以长驱直入之势，侵占了我国东北，并将进犯华北大片领土。国民党反动派节节退让，步步投降，而一切爱国志士和人民，无不痛感“国家兴亡，匹夫有责”，共同奋起浴血抗战，抵御侵略的时刻已经到来。文学艺术界也结成了广泛的统一战线，担负起宣传抗日救亡的神圣使命。影片《风云儿女》就是以鲜明的抗日救亡为主题，出现在中国影坛上。

当时，著名的剧作家田汉同志被国民党反动派逮捕入狱，周扬和夏衍同志仍在上海坚持文艺领导工作。1935年初，夏衍同志参观了我和吴印咸联合举办的绘画、摄影展览之后，约我谈话，建议我们从天一影片公司，转移到电通影片公司，接受《风云儿女》的拍片任务。

夏衍同志把拍片任务交代给我时说：“田汉和华汉（即阳翰笙）被捕，大概你已经知道了。《风云儿女》是田汉入狱以前写好的剧本，是以号召文艺青年起来抗战为题材的，对当前的政治斗争有推动和鼓舞作用，我们要尽快把它拍出来，以配合当前的革命形势。”又说：“为了和反动派作斗争，就得拍好这部影片，这是我们在外面的同志们应尽的责任。”最后，他严肃地对我说：“我和司徒慧敏、孙师毅商定，请你担负起导演的责任。”我不是党员，组织上对我这样信任，我决心克服一切困难，完成这一光荣任务。

夏衍同志把拍片任务分配给我的同时，把作曲任务分配给了聂耳。聂耳主动来找我，热情地对我说：“把作曲任务交给我吧！我保证好好完成！”

这虽然是我们第一次见面，他那主动要求工作的作风，那种热情、坦率而又诚恳的年轻音乐家的气质，给我留下了很深的印象。使我感到他仿佛是一团火，在我面前燃烧着，连我自己的心也被他点燃起来。因此，我们初次见面，便一见如故似的谈笑风生了。

聂耳不仅有音乐家的天禀，还具有演员的表演才能。初次见面，我就发现他和剧本里的一个角色的气质有共通之处，因而，我直截了当地问他：

“聂耳，除了作曲任务之外，还有一个任务要分配给你，你干不干？”

“什么任务？你说吧！”

我介绍了《风云儿女》剧本里，主角辛白华和阿凤，已经由袁牧之和王人美分别担任，重要配角辛白华的好友梁质甫，是一个富有革命理想的热血青年，还没有找到人。我说：

“我一眼看中了你。因为无论从气质上、性格上、体态外形上，这个角色由你老兄来扮演最为理想。怎么样？”

“行！”他爽直干脆地答道。

此后，我们之间的接触渐渐多起来。聂耳身上那热情、勇敢、乐观、富于朝气的劲头，如像野火一般，吹到哪儿，哪儿便燃烧起来。他幽默风趣，走到哪里，哪里就响起一阵阵嘹亮的歌声和开怀的欢笑。他领导了一个歌咏队，歌咏队里有当时影剧界的明星，几乎每个星期都要到电通公司来练唱。平时，他和大家一起总是嘻嘻哈哈，有说有笑，但等到他一拿起指挥棒指挥，却极其严肃认真，一丝不苟。

在创作影片《风云儿女》主题歌过程中，他曾经告诉我说：

“为创作《义勇军进行曲》，我几乎废寝忘餐，夜以继日，一会儿在桌上打拍子，一会儿坐在钢琴面前弹琴，一会儿在楼板上不停走动，一会儿又高声地唱起来。房东老太婆可不答应了，以为我发了疯，跑到楼上来大骂了我一顿。末了，我只有向她道歉了事。”

“没有把你赶走，或者把你送进疯人医院去，就算便宜你了。”我俏皮地说。

“是啊！”他半开玩笑地说，“可惜的是，我练琴的时间被耽误了啊！”

“等以后挤出点儿时间补补课就行啦！”我安慰他说。

在通宵拍片后的一天清晨，睡梦中，听到重重的叩门声。打开宿舍门一看，原来是聂耳。他一跨进门就举起乐谱兴高采烈地对我说：

“好啦！老兄！《义勇军进行曲》谱好了。”

“好极啦！”我高兴地说，“你能不能试唱一下？”

他便一手拿乐谱，一手在我的书桌上打着沉重的拍子，连续唱了好几遍。曲调激昂、轻快，仿佛催人跨着矫健的步伐前进似的。它打动了我的心灵。我沉浸在他的嘹亮的歌声里，忘记了一切。突然，他停下打拍子，问我对他所谱的歌曲有什么意见。

“对音乐我可是一窍不通啊！”我支吾其词。

“你就干脆把你的意见说出来，我好修改啊！老兄！”

我这才消除了顾虑，说：“整个曲子谱得很好，激昂、轻快，但‘起来，不愿做奴隶的人们’的起句显得低沉了一些，而最后一句‘冒着敌人的炮火前进’还不够坚强有力。是否应当减少一些装饰音，形成一个坚强有力的煞尾？”

聂耳经过一番思索之后，便拿起桌上的铅笔，修改起来。修改后，我们两人不约而同地合唱，起句比原先激昂得多了。末尾原句式是："我们万众一心，冒着敌人的炮火前进！前进！前进！前进！"改为："我们万众一心，冒着敌人的炮火前进！冒着敌人的炮火前进！前进！前进！进！"

由于增加了叠句，最后三个"前进"以铿锵有力的休止符来煞尾，把那坚决、勇敢、跨着轻快的步伐挺身前进的情绪，表现得更加明快、强烈。这就是日后成为家喻户晓、人人传唱的《义勇军进行曲》，新中国成立以后，成为我们伟大的中华人民共和国的代国歌的曲子。

随后，我把刚写好的影片《风云儿女》的插曲《铁蹄下的歌女》的诗稿交给他看。聂耳读了一遍，很感兴趣。他要我朗诵给他听，我朗诵了一遍，他不满意。

"不，"他说，"我要你用歌谣的调子唱给我听！"

"一般的歌谣我不会唱。"我说，"我只能用家乡的山歌加上我平时唱的调子唱给你听，行不行？"

"行！"他说，"你唱吧！我来记。"

我拿起诗稿，按照山歌和唱诗的调子唱起来。他边听边用铅笔在纸上记下了许多音符。他要我连唱三遍，然后把诗稿连同他当时记下的乐谱一起拿走了。

大约过了两个星期，他把《铁蹄下的歌女》的歌谱带来试唱，给我听。哦，是那么一首哀婉动人的歌曲啊！这首歌词，没有进行任何修改，但谱了曲后，比原诗更哀婉、更悲怆、更有色彩、更抒情和富有诗意。我仅仅听了他初次试唱，就被感动得流下泪来。而且，从此以后，我再也无法用山歌和唱诗的调子吟唱了；只要一唱起，便唱出聂耳所谱写的曲调，可见这首歌曲的魅力是多么深刻感人了。

聂耳把两首歌的作曲任务完成并灌了唱片[①]之后不久，便向我提出他想东渡日本，在音乐上进一步提高和深造的愿望，并告诉我，由于要出国进修，原来商定担任梁质甫那个角色的初议作罢，要我换别人来担任。他诚恳、谦虚地对我说："我总感到自己在音乐方面的基础不足，所以急于想出国去进修。这是我多年来的愿望，现在总算时机已经成熟了。"其实，聂耳出国以前，已经创作了大量脍炙人口的革命和抗战歌曲，如《大路歌》、《开路先锋》、《苦力歌》、《码头工人》、《新女性》、《毕业歌》、《扬子江暴风雨》等等。在《风云儿女》影片放映以后，《义勇军进行曲》和《铁蹄下的歌女》更是广泛流传，而且，通过爱国华侨的传播，已流传到了国外。特别是《义勇军进行曲》，迅速成为鼓舞士气、推动全民抗战的嘹亮战歌。在敌占区，已成为革命烈士们从容就义时的正义歌。

"能到国外去深造，那当然很好啰！"我劝他说，"你是不是等把戏拍完了再走呢？"

"不行，等把戏拍完，势必拖到秋天，那就要打乱我预定的进修计划了。"

"那末，后期录音呢？"我想尽力挽留他，"你把音乐合成搞完了再走不行吗？"

"后期录音和音乐合成部分，我已经交给吕骥[②]全权负责。"他安慰我说，"你尽管放心好了。"

---

① 编者注：据司徒慧敏等人说《义勇军进行曲》的定稿是这年4月底聂耳从日本寄回来的，5月9日录的唱片。

② 编者注：据1935年6月1日出版的《电通》画报第二期报道，影片《风云儿女》的配乐工作是由贺绿汀负责的。

我想起过去在日本勤工俭学期间所遭受到的歧视，以及日本便衣警察和宪兵们监视与追踪的痛苦经历，建议他："与其到日本去进修，还不如到欧洲去，例如法国、德国、意大利或奥地利等音乐的故乡去深造。"

"很难筹划那么一笔庞大的路费啊！老兄！"

"当然，路费是要比去日本贵得多，但是，你可以向联华、电通或百代公司预支一笔工资和酬劳，不足之处，再由朋友们来凑足不行吗？"

"谈何容易啊！老兄！工资和稿酬该支付的早就支付掉了，朋友之间也都是一批无产者，从哪我能筹划到那么一大笔路费呢？"

我看他出国深造的意志如此坚决，就不再劝阻他了。我关心地问他："是你一个人去，还是和别人一起结伴同行呢？"

他回答说："我已经约好和一位朝鲜朋友一起去。"

聂耳同志临走前，我因为忙于拍片工作，没有到码头去送行，只在电通公司摄影厂前的空场上和他紧紧地握手告别。万万没有想到，这一次握手，竟成了难以忘怀的永别了。

聂耳在逝世前十天，即一九三五年七月七日，还给孙师毅写过一封信，信上得意地说："…… 老兄：你该庆祝我的第一'三月计划'二月成功！"又说："我决定九日和一个灯光专家往游富士山，住在他家里。十七日起赴京都、大阪、神户参加'新协'的旅行公演，并参观剧场及摄影场。二十六日起赴四国松山洗温泉，七月底返东京，八月初和云南同乡们赴房州海滨，约九月初回。……"

这是一个多么生龙活虎、多么自信、多么乐观的令人难忘的形象啊！怎能想到，十天后的一瞬之间，被那万恶的"海龙王"吞没了他年轻的生命呢？亲爱的聂耳呀！在你逝世的当时我不敢相信，甚至到如今我还不能相信这样不幸的事会降临在你那生动活泼、无忧无虑、精力充沛、仅仅活了23岁的、一个才华横溢的音乐家身上啊！

在聂耳逝世后不久，我曾写过一首题名《悼聂耳》的诗。今天我要续写三节，聊表追念之情：

聂耳呀！虽然大海夺去了你年轻的生命，巨浪吞灭了你那风华正茂的青春，但你的理想已经实现，红旗已在祖国的上空飘扬。

激扬轻快的《义勇军进行曲》，已经成为国歌，曾经鼓舞过抗日救亡的歌曲，而今已成为歌颂社会主义祖国的绝唱。

这歌声不仅响遍了中国，并已响遍了东方。一切不愿做奴隶的人们，将用自己的斗志筑成新的长城，高唱你那雄壮的歌声前进。

原刊《人民日报》1982年2月15日

作者简介：许幸之　影片《风云儿女》的导演。新中国成立后曾任中央美术学院教授。

在暴风雨中诞生

——追忆聂耳创作《义勇军进行曲》的经过

司徒慧敏

1934年秋末，一场暴风雨袭击了上海，掀起了黄浦江的怒涛。那样一个惊险的夜晚，星月无光，狂风暴雨。我和一位朋友从西郊虹桥冒着风雨回到市区，为的是赶虹口区的融光电影院散场以后，去审看经过四次修改了的《桃李劫》的样片。同去审看影片的有田汉、阳翰笙、阿英、郑伯奇、孙师毅、尤兢（即于伶）、石凌鹤、应云卫、袁牧之、陈波儿等。黄子布（即夏衍）当然也在场，因为最后的定本是他领着头，加上吴蔚云、张云乔等共同修改完成的。

那样天昏地暗的暴风雨之夜，也如同我们当时所处的社会和政治环境，反映到我们每一个人的心境一样，笼罩在紧张、恐怖之中。自从1931年九一八事变以后，国民党反动派在上海租界采取恐怖、绑架等威胁手段，迫害爱国进步力量，强逼电影公司如联华、明星等排斥左翼电影工作者。1933年的冬天，田汉、阳翰笙等所支持的艺华电影公司在金司徒庙的摄影场被反动派唆使的暴徒捣毁了。这个形势迫使我们下决心，全力支持新筹建的电通电影公司，完成这个公司的第一部影片《桃李劫》。因为这部影片的成败是关系到当时左翼电影工作能不能立足的关键。经过进步电影工作者的艰苦奋战，《桃李劫》终于摄制完成，于1934年11月上映，并且得到公众舆论的好评，与《渔光曲》、《大路》等佳片一样，映出盛况空前。《桃李劫》中由聂耳作曲、田汉用陈瑜的笔名作词的《毕业歌》，鼓舞着所有要求进步的中国人的革命斗志。

有一天，聂耳和我一同由斜桥斜土路的电通摄影场步行到百代影片公司途中，听到工厂下班的工人放声歌唱《毕业歌》的时候，他面有喜色地说：“我以为只有学生爱唱，想不到它得到如此普遍的爱好。”然后他又说，歌曲有些地方有些段落，如果是改成这样或者那样就会更好了，他随口把修改过的段、句唱出来。他还说，在他创作《毕业歌》的过程中，他自己的脑海里又逐渐浮现出另一个乐调。他说《毕业歌》不过是由学校的课堂想象到战场，而他的新的乐调却应该是直接写战场，写战斗行伍的壮烈内容和气氛。我告诉他说，电通公司完成第一部影片《桃李劫》以后，还打算制作由田汉同志写作的《凤凰涅槃图》，是描写知识青年参加抗日义勇军战斗的故事。那时田汉同志只写了十来张直行的稿纸，不依行格、用毛笔细字写成。这仅能称作故事梗概，夏衍、阿英、孙师毅和我读了都很高兴。当时由于田汉忙于别的工作，环境的险恶也不容许他自由自在地进行创作，而眼见《桃李劫》已经上映，电通摄影棚除了为联华公司几部新片的录音之外，迫切地要求尽快有新片开拍，为此，田汉就把改编电影剧本的任务交给夏衍去完成。仅费了两个星期，夏衍就赶写成这个电影摄制台本，并且把《凤凰涅槃图》这个片名改为《风云儿女》。我告诉聂耳说："剧本中有一首《义勇军进行曲》的诗词，希望他能谱写成歌曲。"聂耳很兴奋，他说，田汉曾告诉过他，他自己也有这个思想准备。他认为自己的斗争生活还很不丰富，但是生活在暴风雨时代，耳闻目睹帝国主义的侵略，深感军阀战乱的痛苦；他还为祖国的壮丽河山，以及中国人民的勤劳勇敢所激动。他有几分谦虚，但也很有信心地说他一定努力去完成。

1934年末和1935年初的那几个月的形势，对于我们确实是一个很不平凡的时刻。正当《风云儿女》在电通公司摄影场开拍的时候，中国人民正处在内忧外患之中。日本军国主义侵占我东北三省以后，继续在我国土地上蠢蠢活动，国民党反动派对外巴结帝国主义，对内压迫人民。就在这一年春节刚过，田汉和阳翰笙同时被国民党特务绑架，夏衍、阿英被搜索追捕。这时更激发了聂耳的热情、勇敢与智慧，在不长的时间内谱写出《义勇军进行曲》的初稿。与此同时也正是聂耳出国学习的繁忙时刻，他仍然和以前一样，把他写成的初稿去向青年学生、工人、知识分子、中年人、老年人，甚至文化程度不高或者不识字的人请教。他像一个天真的孩子一样，不管你愿意听或者不愿意听，他总是引吭高歌。他又像小学生一样，每节、每句地听取别人的意见，不断地加以修改完善。在离开祖国的前夜，还亲自到电通公司荆州路的摄影棚来和我们一同练唱，最后还仔细倾听朋友们的意见，决心尽最后的努力去修改。可是出国的船期已经逼近，只有两三天了。这时他向我提出，要求把未完成稿带到日本去修改。尽管我表示担心赶不及《风云儿女》的后期录音，但他那种追求艺术上的完美、永不满足的精神和毅力说服了我。大约在4月末5月初，他就把歌谱的完成稿由东京寄给了我。我们几个当时的年轻人，有爱唱歌的青年盛家伦，有当年演过《大路》的郑君里，有正在排演《娜拉》的金山，有《风云儿女》的演员顾梦鹤，有新演员兼场记员施超，把不善于唱歌的我也滥竽充数地凑上去，共六七个人。在吕骥、任光等同志的鼓励下，我们组成一个小小的临时合唱队，经过几天的练习，第一次在百代唱片公司录音棚内录下了这首至今已举世闻名的《义勇军进行曲》。其后经过多次的电影胶片上的录音，我们的音乐家、电影导演和技术家们都认为不如最初一次的录音，于是我们就决定把第一次唱片上的录音转录到电影胶片上来。那时我们没有自己的乐团，也没有正式的歌队，而影片的上映日期又逼迫我们在端午节以前完成。今天，如果观众中有人听得出歌声中还夹杂着一些广东语音的话，那就是郑君里、顾梦鹤和我三个广东人留下的破绽。这也说明当时我们在十分困难的条件下，为了赶时间完成任务，担当了力不胜任然而勉为其难的事。

《义勇军进行曲》已经在抗日战争、解放战争的烈火考验中，以它坚强有力、奋进庄重的

1956年，中国电影代表团访问英国时的留影（左一为司徒慧敏）

曲调激励过亿万人民，赢得了一个又一个胜利。今天我们的党、国家和人民，已经把《义勇军进行曲》作为我们庄严、伟大、美丽的国歌。我们为聂耳的才智和他那永不停息的努力感到欣慰。当我们听到我们人民的歌声传遍了祖国以至全世界时，每一个中国人都感到自豪！

原刊《大众电影》1982年10月

作者简介：司徒慧敏　时为上海电通影片公司摄影场主任，中共上海局文化工作委员会党的电影小组（由夏衍领导）成员。新中国成立后曾任国务院文化部电影局副局长、文化部副部长。

怀念聂耳

孙 瑜

聂耳是中国共产党的一名优秀党员，是中国新音乐的奠基人。他的生命是短促的，四岁上死了父亲，青年时期从云南到上海过着困苦的流浪生活，可是他从小就具有对音乐的热爱，正像春草的幼芽，在旧社会的压迫下茁发，在党的领导和培养下坚持了勤修苦练的学习，于1933年到1935年创作了三十几首歌曲。1935年夏，在24岁的早年就不幸于求学中途意外地溺死在日本藤泽市鹄沼海滨。他的骨灰运回中国后葬在昆明西山，去年在昆明市西山修建聂耳新墓，竖立了郭沫若先生题的墓碑："人民音乐家聂耳之墓。"

聂耳同志的生命虽是十分短促，可是他在短短两年半的创作期间所写的几十首歌曲，却以雷霆万钧的力量推进了中国新音乐运动。他的创作除了代国歌《义勇军进行曲》外，还有《大路歌》、《开路先锋》、《码头工人》、《前进歌》、《新女性》、《毕业歌》、《卖报歌》等名曲。在蒋介石卖国集团向帝国主义屈辱投降的外交政策下，聂耳以排山倒海的旋律表达了全国民众迫切要求发动民族抗日救亡战争的怒吼；从颓废堕落、适应反动统治的黄色歌曲靡靡之音的浊流里，聂耳的慷慨激昂的曲谱唤醒了酣迷沉睡的灵魂，暴露了反动统治阶级的卑鄙无耻，燃起了劳动人民求自由解放的坚强斗志和胜利信心。聂耳踏着他年轻的、强健的、结实的步伐，冲破了当时旧音乐界"学院派"的轻视和黄色歌曲的双重包围，第一次使祖国劳动人民的健康洪亮的声音胜利地响彻云霄，并为祖国的新音乐从内容到形式，从观点、立场到创作方法奠定了新的基础，为音乐的社会主义现实主义开辟了道路。

他的歌曲的特点之一就是他作品中的人民性。在党的领导、培养下，他掌握共产主义的世界观，深入群众，从人民生活深处去汲取创作源泉，以他的创造性的劳动结晶为劳苦大众做代言人。他编写《卖报歌》时曾多次停留在八仙桥电车站观察卖报孩子们在风雨中喊着沙哑的嗓子从乘客和路人手里收取几枚铜元。"走不好，滑一跤，满身的泥水惹人笑……饥饿寒冷只有我知道"的词曲里包含着多少血泪啊！写《码头工人》和《前进歌》等曲谱时，他以压抑、仇恨的调子——“成天流汗，成天流血，在血和汗的上头，他们盖起洋房来”——喊出了劳苦大众的悲愤；而气势磅礴、怒潮汹涌的节奏又唱出了工人阶级战斗必胜的决心：“让我们结成一座铁的长城，把强盗们都赶尽！让我们结成一座铁的长城，向着自由的路，前进！”

聂耳同志写出以上那些充满了生活气息的曲调决不是一个人关在亭子间里，或徘徊在迷人的丁香树下写成的。他投身到饥寒交迫的劳苦大众中间，和他们一道斗争。劳动人民的脉搏就是他曲谱里的节奏；劳动人民的喘息和怒吼就是他的震动天地的歌声。

充满了青年的革命热情的聂耳，一开始就努力使他的曲谱从内容到形式和人民结合，尽力使它们为我们广大人民所“喜闻乐见”和“听得懂”。他尽可能使词句的发音符合或接近人们说话的高低。我们试唱“起来！不愿做奴隶的人们！把我们的血肉，筑成我们新的长城”几句，就可以听出：唱聂耳的曲子和朗诵它们是多么接近。他经常把他正在写作中的曲子唱给各阶层的人们听。回忆在他赴日前开始酝酿写《义勇军进行曲》时，拿着小喇叭把曲子的头几句吹给导演司徒慧敏的老母亲听，请她提意见——令人想起唐朝诗人白居易常把他的诗念给老大娘们听，并请她们指出不懂的地方以作修改的故事。聂耳深深地认识了自己是在为什么人而创作。

我认识聂耳同志是在1932年，后来听到了他的《卖报歌》、《毕业歌》、《码头工人》几个曲子，但和他不大熟。1934年春天我约他为《大路》电影的序歌《开路先锋》和主题歌《大路歌》作曲；我才能从以后的七八个月里，在共同劳动和游息的时期中对这一青年音乐家有了进一步的认识；因而获得了一些永远不会磨灭的深刻印象。他是那样热忱和虚心地和我们一道研究主题歌的词句和如何用音乐表现。他认为：在表现筑路工人们艰苦沉重的步伐的同时，更应强调青年们团结作战、负起重担、争取自由解放的那一种青春蓬勃的节奏和胜利乐观的信心。

他把歌词拿去一个多月后，有一天他兴致勃勃地来到了联华二厂附近我住的延平邨。不等打开皮包取出歌谱，他就在客室里做着工人拉起大铁磙压路的姿势，哼起《大路歌》来。他做得那样认真，唱得那样起劲，雄浑豪放的旋律深深地抓住了我，也迷惑了我五岁的孩子和他的两个弟妹。他们瞪着大眼睛望着那一位奇怪的客人，停住了手里的玩具飞机，完全为这客人的杰出演唱所吸引住了；而我，根据他拉铁磙压路的熟练动作和他脸上新近添加的一层褐色油光，也猜出了他为了写这个曲子在过去的一个月是在什么地方度过的。

《大路歌》曲谱初稿的写成，立刻使聂耳和我愉快地大步跑到隔邻金焰的家里，由聂耳弹着钢琴，带头领着我们五六个人热闹地合唱起来。我们祝贺他的好成绩，也提出了一些意见，他对金焰所提的对某一小节的小修改虚心地倾听着。聂耳坐在窗前，灵活的手指在钢琴键子上弹弄着，五月的明朗阳光透过碧纱，照亮着他松松的短发——窗外我的两个孩子正学着他拉着小妹的车子滚过——微笑在我们的音乐家黑黑的脸上出现，青春的火花在双眼里闪过……他骤然用力按下琴键，站起来兴奋地高叫：“这样不就行了吗？”接着是一阵对琴键的冲击。就这样，一个激动千万劳动人民心弦、充满了革命的乐观主义节奏的杰作完成了！

我怀念聂耳同志，不仅把他作为一个献身革命事业的新音乐家，同时也把他作为一个热情的、善于启发和帮助同志们的益友。他对人诚恳坦率，使你感到一种无拘束的亲切。在无锡太湖拍摄外景的半个月中，他对生活的正确态度和对工作的忘我热情是感染人的；他流着大汗在筑路工人当中和炸山捶石的崖壁间跑上跑下，指挥着打拍子，使我们用无声摄影机拍摄有声唱歌的镜头，从他的创造性的劳动和智慧中得以顺利解决。在工余休息的时间，聂耳和我们登山涉水，在大自然的温暖怀抱中激发了对祖国壮丽湖山的热爱。他带着我们和一些筑路工人摇着一只运石头的大驳船游湖，在明月下的太湖弹琴唱歌、大笑大嚷，使那古老沉寂的、遗留着西施和范大夫游迹的五里湖响遍了青年一代热烈的豪放的笑声；而从聂耳的琴韵歌声里，可以听出：人民做我们美丽湖山的真正主人的日子就快到来了！

聂耳和我们在游息之余，并没有忘记访问那些靠太湖为生的农民和渔民，可是谁能比得上聂耳对他们生活的真正关心和深入体验呢？谁能在当时像聂耳那样地和劳动人民打成一片，不是站在一旁去“同情”和“表扬”他们，而是深入到他们中间去作为他们当中的一员，呼吸着同样的空气，怀着同样的思想感情而去接近、了解、描写和真正地热爱他们呢？

聂耳同志离开我们二十年了。我们深深地记得他是怎样在党的领导和爱护下成长，怎样在当时革命的文化战线上以音乐家的身份和电影工作者并肩作战；怎样以正确的观点、立场和新的创作方法，在内容和形式上为人民音乐事业坚持了不屈不挠的斗争而获得了胜利，并遗留给我们以许多首在革命艰苦斗争中起鼓舞作用的名曲。他最后的伟大创作——田汉同志作词的《义勇军进行曲》——是在1935年夏他到日本后邮寄回国的。我们想象他带着已开始酝酿而尚未写成的曲子，乘着海船离开上海的情景：他看到祖国疮痍满目的两岸上，挣扎着流着血汗的劳动人民；帝国主义者的兵舰大炮：美国的、英国的、日本的和法国的，张牙舞爪地出现在他的船舷边；伟大的代国歌的旋律在他的激动的胸中孕育着、跳动着……“起来！不愿做奴隶的人们……把我们的血肉，筑成我们新的长城。……”风起了，狂风掀起浪花猛扑在青年音乐家的脸上、发上、身上……“中华民族到了最危险的时候，每个人被迫着发出最后的吼声……”雷声在震动，电闪在飞炫，暴风夹着骤雨，海洋飞溅起的怒沫，冲击在热血沸腾的聂耳的身上、心上……他高举着双臂在海上大喊：“起来！起来！起来！……”吼出了六亿人民声音的代国歌的伟大曲谱诞生了！

聂耳的歌声掀起了巨浪，今天千万人民带着胜利的欢笑唱着他的歌曲，他的每一首歌曲都发出惊天动地的巨响，使人们永远纪念着这一个中国人民的优秀的儿子——聂耳。

原刊《文汇报》（上海）1955年7月31日

作者简介：孙瑜　1923年从清华大学毕业后入美国哥伦比亚大学、纽约摄影学院公费学习电影编剧、导演、摄影等课程，是中国最早去国外学习电影艺术与技术的人。1926年回国后为上海联华影业公司、上海电影制片厂的著名编导。

回忆聂耳

蔡楚生

在这叫喊声里——有的是对暴风雨的渴望！愤怒的力量，热情的火焰和对于胜利的确信……

——高尔基《海燕》

聂耳和冼星海一样，同是中国人民伟大的革命歌手，也同是中国社会主义现实主义新音乐运动的奠基人和导师。

聂耳的一生中创作了三十几首——包括我国的国歌在内的歌曲，这些歌曲作于1933年至1935年短短的两三年间。在这期间，苦难深重的中国，正值“九一八”事变之后，和“七七”抗战爆发之前。日本帝国主义者的强行侵略，国民党反动派的认贼作父，使全国人民的愤怒已至无可遏止的地步！

因之，这期间也正是一个暴风雨到来的前夕！

聂耳在中国共产党的教育下，用他热爱祖国、热爱人民和交织着对国内外的敌人无比愤恨的那种烈火般的激情，雄健地唱出了中国广大人民大众要求自由、要求解放、要求战斗的呼声！

暴风雨终于来临了！中国人民在中国共产党和毛主席的领导底下，进行了长期而艰辛的胜利的战斗！在八年的抗日战争和四年的解放战争中，聂耳所创作的那些激越雄壮、表现了正义必将获得最后胜利的、充满了革命乐观主义的歌曲，一直在城市和农村，在前线和后方，在进军时，战斗中，成为鼓舞广大人民大众向国内外的敌人进行英勇战斗的号角！

聂耳逝世虽已二十年了，但他所谱的雄歌，在二十年中却从未间断地响遍全国。所以在我们的感觉里他并没有离开人世，他始终还是那样充满着激情和正义感地和我们一起生活过来，战斗过来，并随时在鼓舞着我们，激励着我们！

二十年并不是一个很短的岁月。许多往事，某些人物，已随着时间的逝去而在记忆里消失了，但对聂耳的印象，却越来越觉鲜明。在聂耳的生前，我们有过共同工作的机会。对他的创作工作和思想感情，在那时觉得是有些了解的；但现在回过头来一想，却感到和实际实在相差得太远了！

聂耳在党直接的教育下，加上他自己的刻苦努力，很快就掌握了社会主义现实主义的创作方法。他冲破了当时弥漫在他身边和洋场中的黄色音乐的迷雾，英勇地揭发了现实中帝国主义和半殖民地中国的矛盾，揭露了国民党反动派和被压迫的人民大众之间的矛盾，他用人民愤怒而响亮的声音来从事他激发人心、鼓舞群众的歌唱。他的作品受到了广大人民大众日益热烈的欢迎和爱好。随着他的作品在群众中的影响的深入和扩大，年复一年，每次当重听到他的歌声时就产生了一种新的感情，新的爱慕，而对聂耳的印象，也就越来越觉亲切、越来越觉鲜明了。

我们的歌手不幸逝世时还只有二十四岁。因此，尽管是在过了二十个年头之后再来回忆起他，但他所留给我们的印象却还是那样年轻，那样质朴、壮实而富有活力。

在他逝世二十周年的今天，作为一个和他曾经一起工作过的伙伴，我想略述几桩他生前和我们在工作中的一些情形，用以看他对待工作、对待生活、对待朋友的态度，和对他表示衷心的怀念。

第一桩令我难忘的事情是一次有趣的误会。

时间在“九一八”和“一·二八”之后。聂耳和我正在联华共事。我们某些电影工作者，因感于民族危机的深重和受了革命理论的影响，已在开始转变作风，倾向进步。《共赴国难》就是这一行动的起点。但因为那时联华的资方和国民党反动派有着勾结，文艺界也不乏特务分子的监视，所以我们都只能采取一种极审慎的、地下性质的活动。那时，某些试图暴露现实的黑暗和描写贫苦的劳动人民生活的电影正在上海受到观众热烈欢迎，这给我很大的启发。我觉得关于这样的生活我还懂得一些，就怀着兴奋的心情，开始在收集材料，计划着写作《都会的早晨》。也不知是哪一天，某位半资方的负责人忽发怪论，慨叹于那种“下流”的电影（即描写劳动人民生活的电影），不知怎么会大卖其钱（即受群众的欢迎）。我听了很气愤，但在这种场合中我们照例是不在表面上和他们这样的人争持什么的，就带着讥刺的口吻告诉他，我也正在准备着写作一部“下流”电影。

那时我记得聂耳是在场的。隔了不久，聂耳用“黑天使”的笔名，写了一篇题名叫《下流》的短文，发表在某一个新出版的电影刊物上。文章的内容是讽刺有人把劳动人民看成“下流”坯子，并说如果用这样的观点来从事创作，必然就会是反动的作品等等。看了这篇文章，我很高兴——因为我觉得我和他的看法并没有什么矛盾，只是失悔那时没有给他作单独解释，就特地跑到他住的明月歌舞社去找他。我告诉他说：他的文章意思很好，只是我却不是他讽刺的对象——我绝不会把劳动人民看成下流坯子，并把《都会的早晨》的主题和故事告诉他，请他指正。

至此，我们的误会才消解了。我们进一步成为很好的朋友。我总把他看成“畏友”，从此并得到他很多真诚恳切的帮助。

第二桩令我难忘的事情是拍《渔光曲》外景时的石浦之行。

在《都会的早晨》之后，我曾邀请聂耳担任《渔光曲》的配乐工作。在1933年9月19日下午4点多钟——在飓风过沪后的一天，他夹着小提琴和吉他，和我们外景队三十几个人一起乘舟山轮到石浦去。

石浦是浙东象山县的一个镇集，面临东海，市面并不发达，但却是渔船的荟萃之地。我们就分住在两家小旅馆里。原来的计划是准备在那里工作一个多星期，但因遭到接连的阴雨，结果是在那里逗留了一个多月。

除了天时之外，我们在石浦还有三种威胁：一是那是一个海盗的出没之地；二是传说和海盗勾结的国民党的党棍们对我们的女演员不怀好意；三是水土不服，好多身强力壮的人也都病倒了。

天气偶然放晴，我们就得进行紧张的工作。但因为有几个演员病倒了，当摄制剧中渔民们因被船主逼讨租税冒着风雨出海，结果是覆舟漂流回来的场面时，我们不得不临时商请聂耳饰演一个幸存的渔夫。他毫不踌躇地答应了，这使我们很快地完成了这一场戏的工作。

但是我们整个的工作却是进行得非常不顺利的。风雨、疾病、海盗、党棍、旅店的臭虫、海边失足死人的凶讯，加以队伍的内部尚有不可调和的矛盾等等，这就使我们整个队伍的情绪低落到不可收拾的程度。小演员们哭了，陪孩子们一起来的母亲们也哭了。聂耳是最疼爱孩子的，他看孩子一哭就慌了，为了使孩子们不哭，他经常给他们讲故事、唱歌、拉提琴，一直忙个不停。有一天晚上，大家的情绪实在太坏了，不管他怎么逗乐，孩子们还是愁眉不展，他便召集了大家，宣布要开个娱乐晚会。除了他组织别人的一些节目之外，他涂了黑脸，扮个他自己独创的“非洲博士”。这位“博士”是万能的，他一连表现着口技、日本人的演说、某老板的讲话……最后是火奴鲁鲁的土风舞。这一晚他不只是再次引得孩子们哈哈大笑，全队的人因此也都受到了很好的鼓舞。

但是，聂耳并不是任何时候都乐于作这种表现的。当石浦那些国民党的党棍们（我称他们为“党棍”是一点也不冤枉的，我刚到石浦时在旅馆中就看到那位“主任委员”正在叫妓作乐），听说我们“能歌善舞”，就纠同当地的绅商，在一个庙里开一个欢迎大会，把我们当“明星”请去“表现”时，聂耳就愤不可遏，说为这种人表演“是对一个艺术工作者的侮辱！”所好的是那晚出席的也还有许多朴素的渔民，这才使他和大家的心里觉得好过些。

当我们在石浦的工作快要结束时，不幸聂耳也病倒了。他患的是严重的扁桃腺发炎，饮食难进，体温常是在四十度以上的高烧。更不幸的是在这时发现聂耳所演的那段戏的底片在上海洗出来后有部分很不如理想；但大家为了聂耳的身体，都不主张补拍。可是当聂耳知道这消息时却坚持非要补拍不可，甚至从床上爬下来跳跃着、言笑着，用以表示他的“没病”！

这样，在第二天我们就不得不带着谨慎而沉重的心情到海边去补拍他的戏。他扶病在大太阳下汗流浃背地坚持着工作了近四个钟头。他为了使大家不觉得他是极勉强在工作着的，而丝毫没有露出疲病的神色；但当工作完满地完成时他已惫不能兴，并使病势加剧。因当地医疗条件太差，终于不得不专人护送他兼程回沪医治。

石浦之行，聂耳在生活中所表现出来的强烈的爱憎，以及对工作高度负责的精神，就是如此之鲜明地留在我们的印象里。

第三桩使我难忘的事情是1934年8月至1935年初，在《新女性》的制作过程中。

为了暴露旧社会的黑暗和批判小资产阶级出身的知识分子的软弱性，我们用当时某女演员的自杀的事件作为影子，写一位女作家有过一些很好的创作（《新女性》等），但终于经不起旧社会的侮辱迫害而自杀了，并塑造了一位坚强不屈的女工形象，构成了《新女性》的主要人物和主要内容。剧中的许多人物，聂耳和我们都是依稀认识他们的。但对工人阶级的生活和感情，聂耳尤其有着深刻的体会。所以一开始即约好他为本片中的女工所唱的歌曲谱曲，并担任全片的配乐工作。

聂耳感于当时好的女声合唱团几乎很难找到，为了适应这工作的要求，也为了联华确乎需要有这样一个组织，就公开登报征求有志于歌唱的女青年，成立了一个"联华声乐团"。这个声乐团的工作，从考试到训练几乎全由他一人负责。每周中，他定时来给团员们上课，他不厌其详地给大家讲解乐理，或边弹边教，有时是对个人，有时是对全体，我总看见他常常工作到满头大汗。

《新女性》中共有两个歌曲。一个是用《桃花江》的曲调加以变化和改编歌调而成的极激越的《黄浦江歌》。这个歌的目的在反对帝国主义对中国的侵略，也在反对泛滥的黄色歌曲，但后来终于被所谓租界当局勒令在银幕上抽去。主要的一个歌即《新女性》，聂耳在谱这个歌时，作了很多实际的体验和研究，耗费了很多时间和心力。他对工厂的生活，他对妇女在被剥削的劳动中所受的苦痛，以及在斗争中明天将获致怎样的胜利，都有着极深刻的体会认识，因而他能以他充沛的感情思想赋予这个歌曲以血肉生命，从而完成了一个这样完美生动的创作。

我永远必须以虔敬的心情来回忆起这样的一件往事：我听过聂耳亲自指挥的《新女性》歌最动人的一次演唱。

那是一个和往日一样平凡的下午，在上海延平路联华二厂的摄影棚中，靠棚的旁边有着一列普通的木板楼房，就在楼上尽边的一个小房间中斜摆着一架普通的钢琴和参差错落地站立着近二十个朴素的女歌手，我们天才而年轻的、充满着智慧与力量的聂耳，正严肃而全神贯注地坐在钢琴前准备给大家的演唱作伴奏。

我偶然走过那楼下的摄影棚，遥闻他们正在开始准备弹唱，就静静地坐在一个小水箱上谛听着。

从那里飞越出来的歌声，是那样和谐，明快，有力，有着美好的音色和动人的旋律。但是我却很快地就忘了那是歌声，而觉得那是"人"的呼声；并被引进了现实生活的场景，与斗争的场景。我看到了在晨光朦胧、街灯暗淡的街头，许多被剥削、被践踏而失血的女工们正在匆匆赶路的情景；我听到了工厂中机器的轰鸣，看到了人们成为特权阶级和机器的奴隶那种悲惨的景象；我听到了她们在工人阶级的先锋队——中国共产党的教育底下，所发出来的觉醒的呼声，我看到她们在愤怒中和男子们一起，汇成了奔腾澎湃的巨流，勇猛地向前冲着，为夺取胜利的明天而作坚强的战斗！……

歌声完了！我受了强烈的感动，我含着感激的热泪，不觉地跑到楼上想去向聂耳和大家表示我的敬意。但当我看到从钢琴前而站起来的聂耳时，我不禁愣住了。他好像刚经过了一场剧烈的搏斗，他筋脉奋张，满头大汗，眼睛里还在燃烧着斗争的火焰，同时也还在喘着粗气。我一时竟不知应该说些什么——我觉得这时说什么话好像都是没有力量的，而只无言地紧握着他那被汗水湿透了的坚实的手。

但他——聂耳是充分懂得我的意思的。

这以后，我们就进入《新女性》全片紧张的录音工作。

所以要那样紧张，是因为我准备去苏联学习（后因反动派的阻挠而未果），决定尽快结束在上海的工作，让《新女性》在春节上映。那时消息已经宣布了，戏院放映的日期也已经排定了，但离作品的完成还很远，这就非紧张地赶着工作不可！

联华因没有混合录音的设备，录音的场所不得不改借在电通进行。就在摄影棚中那高高的但极窄的小录音亭上，我们和聂耳共同度过了困倦而紧张的一个通宵又一个通宵。聂耳的脑部，过去不幸因曾两度摔伤，一到深夜，血液上升，他就涨得满脸通红和感到痛苦不堪。往往在这时他总嚷着："我的脑袋要爆炸了！"但对所要做的工作却依然一丝不苟地做着，极力在坚持着。

《新女性》定于1935年2月2日（阴历年除夕的前夜）晚上九时一刻在上海金城大戏院作首次献映。献映典礼中有着几个相当隆重的节目，其中有一个就是聂耳指挥"联华声乐团"合唱《新女性》歌。全场的戏票，则在前几天就已全部都售出了。但因全片制作的时间实在太短促了，临到了在开幕前的几分钟，还有三本影片刚印出不久，在滚筒上没有干透，这就使我们不得不像热锅上的蚂蚁，亲自守候在那里等它干透后立刻送到戏院里去。

不巧的是当我们雇汽车送影片到戏院里去时，在路上汽车还出了故障，因此赶到戏院里时，聂耳所指挥的合唱已经下场了。这以后，我颇感遗憾于没有听到他对这歌所作的最后一次的指挥演唱。而我和他在友谊上、工作上这种亲密的合作，也就在这个表面上虽没出什么乱子，但事实上却是紧迫万状、慌乱匆促的献映典礼之后就告一段落了。

隔了两个多月，聂耳就东渡赴日。

又隔了三个多月而传来他在鹄沼海滨的震动艺坛的死耗！

聂耳的死是革命的损失，是党的损失，是中国新音乐运动的损失。纪念聂耳，应在于扩大聂耳作品的社会影响。但是在过去某种属于商业性质或投机性质的"纪念"，最少在今天来说却是必须反对的。我们应该承认，当年的百代唱片公司，由于在进步人士的指导底下，它确收录过一些有价值的唱片；但在聂耳逝世以后所录的《新女性》，由于没有严肃地对待这一工作，却不能不说是一个很大的失败。记得当时被请来指挥的一位先生——他的指挥也许是很高明的；但他要唱歌的人用教堂歌赞美诗的唱法来唱聂耳《新女性》中的《回声歌》，却不能不是一个很大的讽刺！当然指挥和唱歌的人都是尽了他们的努力的，缺点是限于他们的能力，

1933年初秋，蔡楚生与聂耳（左）在影片《渔光曲》的外景地浙江石浦

限于他们的认识，自然也难怪他们。但当时好的——或者说是作风相近的指挥者并不见得没有，只是负责的人却似乎不愿意注意到这些。在听完全歌的预唱后，我不能不痛感到，这已不是聂耳的作品，而只是它的残骸躯壳。它既不能引我进现实生活的场景，也不能激起我斗争的热情。我再也找不到那次在聂耳亲自指挥下全歌所转达出来的工人阶级在被压迫下的悲苦、愤怒，以及其起来作斗争的不可抗拒的力量——特别是所表现出来的工人阶级那种质朴、高贵、勇往直前的英雄气质！当时我觉得这是对聂耳作品严重的歪曲，并即提出抗议，但是并没有获得应有的注意。我既不忍卒听，在愤慨中终于不得不“掩耳疾走”！

我们固然不应对过去所留下来的东西作太多的苛求，但是为了恢复作品的真面目，为了纪念我们一代的革命歌手，选择他某些精粹的作品慎重地重加录音，我觉得应该是非常必要的。

我们亲爱的、年轻的、天才的聂耳，他离开我们已经二十年了。时间的考验，愈益证明他那些光辉的创作对我们这个时代的斗争的重要和对我国正在发展起来的新音乐运动的重要。我们怀着感激与奋勉的心情来纪念他，也还要向他的遗作作不断地学习。所可惜的是我们不能从我们天才的歌手那里接受到更多的创作，聂耳和冼星海都不永其年，这不能不是中国音乐界严重的损失！

聂耳死时只有二十四岁。我想应该是世界有天才和像他这样有成就与有广泛影响的音乐家中最短促的一生了。

天才的聂耳，就像一只雄健的海燕，他高傲地、勇猛地飞掠过我们那个阴云密布、雷电纷驰的时代。当海鸥在海上窜着，潜水鸟被吓坏了，企鹅在躲藏着肥胖身体的时候，他飞舞着，欢乐地叫着：他赞美风景，歌颂战斗；他预言人民一定要胜利，阴云一定遮不住太阳！

聂耳——我们人民伟大的革命歌手，在人民的世纪中他将永垂不朽！

1955年5月——北京

原刊《大众电影》1955年第13期

作者简介：蔡楚生　曾任上海联华影业公司拍摄的影片《渔光曲》、《新女性》的导演。新中国成立后曾任文化部电影局副局长、艺术委员会主任，中国电影工作者协会主席，中国文联副主席。

聂耳的追忆[①]（摘录）

蔡楚生

一条容载不到十个人的小船，从石浦的码头上解了缆，随着刚涨的早潮，在轻风送棹中，漂过了矗立着的海峡，漂入了深碧而柔软的大海的怀抱。

秋云像斑斓的锦蛇，盘踞在海岸线上的青空中；云后透出来的朝光，射在沧溟邈远的海波上，反映出莹晶而圣洁的光芒。靠左，是一派重叠无尽的青山，渔船的风桅，远远地在山下排列着。白色的海鸥，有时散浮在海面上，有时又带着湿羽，冲向天际。海上没有风浪；但，假如因为船身的起落摇荡，而一定要说它是有时，那么，似乎应该说是海体自然的波动。

这样，船在不懂得航线的我们看来，像是无目的地在向前荡去，荡去——

船上除了船夫，载的是六位仁兄大人：周克、君谋、人美、罗明、聂耳和我。每一个人都因为工作的疲劳而软软地靠着或者是躺着……我躺的地方是在船头，把脑袋枕在一个船上拨水用的木壳上，很清晰地，可以听见木壳下船在进行中激动得哗哗作响的海浪声，这声，正和另一个声浪很调协地在应和着——

原来，我们的"眼睛小小，有魄力"的聂耳先生，他始终就没有忘记他是一个音乐家，在我们一同到石浦——1933年9月——来拍《渔光曲》外景的七八天中，每次出门，他总带着一把小提琴或是guitar出来。遇着工作完了，看风景好的地方，他就兴高采烈，奏它一曲，而我们也就跟着他的拍子，在山顶、水边，或是草地上，乱纵乱跳，表演一番谁也不要看的野人舞，直到兴阑天黑，大家这才一窝蜂跑了回来。今天，当然也不能例外，而且他的guitar独奏下的《渔光曲》，因为曲的本身就是"摇船调"，在这山明水净，孤舟容与的大自然环境中，更是显得那么入神和动人，而我们不时也跟着那调子哼起来。

我们的目的地是在距离石浦三十几里水程的江窑，因为听到石浦的故老说，那里有着"虎

---

① 编者注：原刊《联华画报》第6卷第4期1935年8月16日时标题为《五、落壳——聂耳的追忆》，此处标题作了删减。

皮纹”的海滩，而且风浪也很大，听上去似乎很适合我们戏中所需要的背景，于是，我们这些先遣队就先到那里去试探一番，要是风景对的话，然后再带大队的人马前去。

但船行竟是那样迂缓——行了一个多钟头还不到十里海程。爽朗的秋日，虽然炎威还没有减退，但在海上，却只觉得有如春阳般的使人感到和煦和舒适。终于，我在单纯的 guitar 声和着海浪声的调协韵律中，物我俱忘，而入华胥的梦境了——这也许可以算是我十几年来，在劳碌生活中挣扎着的最美的一次睡觉。

等我醒来，船还只突过了五里。“眼睛小小”的聂耳，依旧是那么“有魄力”地在弹着他的 guitar; 此外，就谁也没有声响。我，似乎还留恋在悠悠的梦境中，无心地在注视船夫手里一起一落的划船板上，水滴滴入水面而又散去的涟漪……忽然，我想起江窑不知是个怎么的地方，就向船夫发问：

“喂！朋友，江窑听说有‘虎皮纹’的海滩，是真的吗？——那里住的人多吗？”

“沙滩是有的，‘虎皮纹’不‘虎皮纹’倒不晓得……”船夫抹了一把汗答。

我知道有点上当了，接着他又说：

“……那里住的人也不多，——全都是些烧瓷器的；但是，落壳倒不少。”

“‘落壳’？这怎么解？”

又听到这新鲜的字眼，大家的精神有点旺起来。

“‘落壳’你们都不晓得吗？——哼！‘落壳’就是强盗呀！”

说着，他那满刻着牛马般生活的烙痕的脸上，闪过一阵阴郁的苦笑。

这两个字眼，几天来在石浦好像也听见过，而且，我们也知道石浦这一带的强盗是怎么的遍地皆是，可是因为忙了一点，谁也没有去加以注意；但现在却就成了研究的中心了。

“‘落壳’，是什么出典的？为什么强盗要叫他‘落壳’呢？”聂耳操着不纯粹的宁波话好奇地问。

大家都睁着眼睛等船夫的回答，但他却迟迟没有开口，好像是在说“落壳”就是可恶的“落壳”，谁还乐意去讲他呢！终于，他拗不过我们频繁的追问，就用他那纯粹台山乡音向我们解释，他的意思是说：专门宰杀乌龟时的第一趟的手续，就是先用器具硬脱“落”乌龟的“壳”，但乌龟虽然是无用——低能——这时假如给它逃走了，经过多少年的修炼，就变成“老龟精”，而比什么都凶！所以，叫强盗做“落壳”，也就是形容他凶的意思。听到这不合逻辑的无稽之谈，我们都不禁笑了起来。

可是，聂耳却对这“落壳”两个字特别引起了兴趣，——如果要寻释他对这两个字发生兴趣的理由，那么，应该就是一种年轻的好奇心，和憧憬着英雄思想的表现。他把它来代替一种称呼，而成“落壳周”、“落壳王”、“落壳孟”、“落壳蔡”……于是，大家也跟着他这发明，而“落壳”起来，倒把个船夫听得发呆了。这样，一直从海上“落壳”到江窑，到江窑又因为一切都太不高明，只拍了几张照，和参观了烧瓷和做模的地方；但“落壳聂”因为那做模的捧着泥坯的边沿团团转，他头昏——脑充血毛病又要发作，而大骂“落壳”，回到石浦。

1933年，《渔光曲》的主创人员在浙江石浦海滩（右起：聂耳、蔡楚生、王人美、罗明）

到石浦，记得只在“火炉头”拍了一天戏，天又遮上一层灰幕。于是大“落壳”们望着海空长吁短叹；小“落壳”们生着怀乡——上海——病，躲在房里痛哭一场。看看真是军心大乱，不可收拾！这时，就幸亏这“眼睛小小，有魄力”的“落壳聂”出场，每天他拿“落壳王”的英文课本《天方夜谭》，给小“落壳”们讲讲“山海经”，这才安静了一点。有一天晚上，天气突然又变了，窗外的风呼呼在叫，海啸的声音很清晰地可以听见，小“落壳”们怀乡病的形势，又顿形严重起来：都躲在房里暗暗垂泪。“落壳聂”看洋“山海经”也失掉了效用，就拿出“落壳”精神，召集所有的人，开一个小小的游艺会。地点是在金山旅馆的楼上，不到十尺宽的小客堂中；二十几个人堆满了半个小客堂。开场是“落壳韩兰根”几十年卖不完的“卖茶叶蛋”，接着是“落壳王”来了个什么舞，压轴好戏就是“落壳聂”的“非洲博士”，和据说也很香艳的“草裙艳舞”。把几个小“落壳”笑得捧着肚皮乱跳乱叫；旅馆里的两个茶房，一个是老得门牙也掉了，一个是生着一双斗鸡眼，也偷偷地躲在扶梯口张望，而笑得几乎把两张“落壳”嘴都笑歪了！

原刊《联华画报》第6卷第4期1935年8月16日

我的朋友“镊子”

——那时候朋友们都这样叫他

金　焰

音乐家的朋友们，跟我最接近的是聂耳。从“九一八”认识他起，到他赴日，几乎天天都在一起。

我认识他并不是由于他的音乐，而是先看见了他的文章。那时候他在明月社担任着提琴伴奏的职务。“一·二八”的炮声震动了他的警觉，他批判了他自己，同时批判了那时候的明月社为黄色歌舞。

仅仅是几篇短短的文章，却给了明月社很大的打击。同时也给了他自己一个重大的打击，失业了。

他去北平住了半年①，那时北平的抗战救国的情绪正高。当他回到上海，朋友们以最大的热情，立刻把他拖进了联华②。从此，我们就没有分开过，直到他死。

上海解放后我特别更多的想到他，他终于没有看到解放的日子。

1934年夏天，聂耳（右一）与王人美、金焰夫妇在一起

原刊《文汇报》（上海）1949年7月17日

“聂耳逝世十四周年纪念特刊”

作者简介：金焰　原名金德麟，生于朝鲜汉城，后随反抗日本统治的父亲移居中国，加入中国籍。1928年进入南国社受教于田汉，次年起担任联华等上海影片公司演员，主演《母性之光》、《大路》、《壮志凌云》等影片，1932年曾被观众投票评选为“电影皇帝”。

---

① 编者注：据其日记，1932年8月11日至11月7日聂耳在北平。

② 编者注：金焰等人当时任职的上海联华影业公司。

聂耳的青春活力

吴永刚

长夜难眠，翻阅旧藏照片，所剩无几，都是十年内乱中的劫后余烬。聂耳的几张，幸好尚未发黄褪色，见到他当年的音容宛在，前尘影事不免涌上心头。当年充满了青春热力的“镊子”（朋友们对他的爱称）如健在，今年也将是进入古稀之年，皤然一叟了。

这两张旧照片[①]摄于上海龙华机场，背景中的那架飞机是当年欧亚航空公司德国容克式小客机，也可算是历史的遗迹了。聂耳那张全侧面头像是在机舱里照的。当时我们都在上海联华影业公司一厂工作，我是美工师，聂耳是任场记工作。原定是从空中拍摄一点大上海的都市风光，当时除了达官贵人，一般人搭乘飞机的机会极少，所以我和聂耳见到有机可乘，自告奋勇，怀着对各种生活的探求，争取在这上海上空遨游一番的机会。聂耳自称这是云南土豹子开洋荤。今天回忆，也许是他一生中仅有的一次。

从机前的照片上可以看出他的躯干是个中等身材，虽不高大，但充满了青春的活力。尤其是机舱里的全侧面的头像，轮廓鲜明清晰。1932年“一·二八”后，我在联华影业公司与他同事相识，几年里几乎朝夕相处。他热爱生活，热爱人民，向往革命的未来，终于成了一名中国共产党党员，作出卓绝的贡献。他与星海同志有同样的像火山熔岩般澎湃汹涌的热情，但形象上又有所不同，星海在外形上是比较严峻，但从深邃的眼睛里可以看到他的热情如火；聂耳对待生活、工作是严肃而又乐观的，性格开朗随和，在任何场合中都像一团春风，同男女老幼都能融洽无间。他幽默诙谐，但又不流于浮浪油滑。他律己甚严，规定的工作时间一到，任何热闹的场合、任何人都无法挽留住他，这是他对待生活和工作的态度最突出的一点。所以当他在凝思或创作或指挥一首乐曲的时候，在庄严中可以看到他唇角颊间有一丝内涵的微

① 见本书中卷“三、日记（六）在上海联华影业公司、百代唱片公司”部分的图片。

上海联华影业公司一厂的厂景

笑，这应该是他向往于美好的未来的一种乐观主义的流露。当受到挫折的时候，他从没有出现过悲观消极的情绪，总是昂着头，带着那种内涵的微笑努力工作。也只有他这样坚强的性格，才能在那个时代里谱出我们今天的国歌、当年的《义勇军进行曲》，激励我们在当年和今天永远前进。人民是永远怀念他的。

记得1935年的9月间，我同孙瑜、金焰、孟君谋、王人美、黎莉莉等几个联华公司摄制组的人员到青岛去拍外景，海轮在碧波浩渺的东海中前进，我们由孙瑜写了几句悼词，装在一只空瓶中投到海里，飘向东去，希望它能飘过一衣带水，把我们的怀念带给“镊子”。

原刊聂耳、冼星海学会编《纪念聂耳诞辰七十周年文集》
1982年内部资料

作者简介：吴永刚　时为上海联华影业公司美工师、后为导演。50年间拍摄了《神女》、《巴山夜雨》等30余部影片。

聂耳形象的创造及其它（摘录）

赵　丹

（前略）

第一次相见

我和聂耳相见很晚很晚，大约在他出国以前一年半到两年光景。相处的时间虽短，却成为莫逆之交。以过去的说法，也许是有缘吧，现在看来，这里面当然有许多因素。

这以前，我一直没见过他，甚至连照片都没看过。朋友们常常在我面前谈起他，谈他的有趣的事情，描绘他那勇敢、热情、开朗、诙谐的性格，并且预言："你们两人性格很相像，如果在一起，准会成为好朋友。"奇怪的是，一个热情、开朗、朝气勃勃的青年的影子从此就在我心里生了根。有一天，我们在扬子饭店借一位朋友的房间，刚开完左翼"剧联"的小组会，就听得有人敲房门，我一打开门，看到一个年纪和我相仿的小伙子站在我面前，圆圆的、通红的脸蛋上流着汗，喘着气，宽宽的肩膀，短硕的身材，神采焕发。那原来熟悉的影像突然像闪电一样闯进我的脑海——

"镊子！"我不禁大声喊出来。

"阿丹！"小伙子不约而同伸过一双年青的大手，喊着。我们一下子紧紧地抱住了。

"人家总在我面前说你……说你……"我止不住要把心里的话倾倒出来。

"知道了！别说了！"他大声打断我的话，跟着捶了我一拳，这一拳，差点没使我摔了一跤。

从此，我们的友谊就开始了。

热情中的冷静

相见以后，我们常在一起谈抱负，谈革命的向往，谈艺术，谈人生，谈各自的爱情……

云南学生运动中的友人（由张瑞芳扮演）看完明月歌舞团的演出，在舞台后门外问聂耳："你不是就这样终了一生吗？"（影片《聂耳》剧照）

无所不谈，而且常常争得面红耳赤。

可是日子一久，我发觉他和我有所不同。我的热情泛滥起来控制不住，像失了闸的水，话特别多。逢到这样的场面，就该他敲桌子了："停！停！阿丹！……停！……你又抢别人的话了！又抢别人了！一个人说完了再讲不好吗！"而他，却常是在一旁静静地听着。

不仅热情，他比我冷静。

而且我发觉他的才能是多方面的。他不只是好的作曲家，对电影戏剧中的编剧、导演、表演，都有他独到的见解。他善于模仿人物的动作，有一个时期苏联影片《生路》中的摩斯塔法就是他爱模仿的一个。我们见面不打招呼，镊子做出一副流浪汉的神气，手一伸，我递给他一支烟，他叼着烟卷，身子斜靠着，好神气活现的摩斯塔法！摩斯塔法冲着我笑呢。

"笑！看我抓你！……"我也学起戏里那位派来做流浪儿工作的角色。

"抓！我就逃！"他撒丫子就跑。

"镊子！上哪儿去？"我跟在后面喊。

"卢森堡后边！"他一面大声地喊着，却跑得再也追不上了。卢森堡，是影片《三剑客》里法皇宫廷所在的地方。

他爱用种种办法逗朋友们开心。他到一个地方，立刻就给这个地方带来欢笑，带来蓬勃的青春气息。

忘我的劳动

哪里有工作，他就抢到哪里。除了主要的作曲工作外，他还演话剧，当电影演员，组织业余歌咏团，为革命工作跑腿……他永远不知道疲倦，不论什么工作都抢着去做。我听见他不

聂耳（由赵丹扮演）在上海云丰申庄当店员时，仍然抓紧时间学习小提琴（影片《聂耳》剧照）

止一次地同朋友们说："有哪部电影要作曲？我在抢工作。"

镊子就是这样一个人。

在联华公司摄影场上，人们常常看到他在帮着搬片子，抬机器，充当临时配角。在我们演出的后台，又常见他帮着搬布景，搬道具，帮音响、效果。在"百代公司"看到他似乎是一个组织者、伴奏者，同时又似乎是录音者，有时他还参加合唱。今天在这儿的台上，明明看到他是民乐队的指挥，可明天到那儿的台上，却又看见他坐在乐队席里在演奏二胡了。一句话，只要是与革命有关的工作，事无巨细，他总是干得那么起劲，那么利索，那么认真而又愉快。

"抢工作"，这就是镊子的风格。

当别人有困难的时候，他会立刻向你伸出热情的双手。有一次，我在明星公司拍《女儿经》。《女儿经》是部集锦片，由十个导演分拍十个片段组成。我在其中一个片段担任主要演员，由沈西苓导演。故事大概是这样的：一个失业的知识分子，贫病交迫，家中无米为炊，老婆成天埋怨，精神异常痛苦。某日，丈夫抱着女儿在腿上玩，妻子看到连忙推开女儿，不让生肺病的丈夫亲她，女儿不懂，还缠着爸爸讲故事，男的觉得生不如死，于是萌了自杀的念头。这是秋天，外面下着大雨，男的绝望之余，揣上最后一点钱，独自凄楚地走出门去……

我演丈夫，夏佩珍演妻子。陈娟娟当时只七八岁，演我们的女儿。

戏里有一个镜头，表现丈夫受刺激后，万念俱灰，决心自杀，一面笑着和女儿告别，一面转过身来，恋恋地扫了屋里一眼，然后独自走出门去。这是一个长镜头，长镜头当时是被认为显示演员本领的，演员们都以能演长镜头为荣。而且这是一个人的戏，没有一句对话，许多心理活动要在一个镜头里表现出来。好吧，这正是我显示自己的时刻到了，可是，正由于这个要"显示"，感情反而出不来。场上的灯灭了又开，开了又灭，在等我的情绪。导演一面还极力动员大家耐心，一面劝我别心焦。他越是动员，就越增加了我的紧张。这当口，镊子

聂耳介绍有音乐天赋的穷苦女孩子周小红（后名周璇，由王蓓扮演）加入明月歌剧社（影片《聂耳》剧照）

正在旁边，他目光一闪，忽然说："来，我有办法！"随即从随身带着的破琴匣中拿出提琴，拉起小夜曲来。琴声是那样的动人，刚拉了两三个乐句，我的感情便像淙淙流水似的来了。"开灯！"镊子看到是时候了，一面拉，一面跟导演打招呼，"快！快！"机器动了，随着我的表演，机器向前推移着，于是，镊子拉着提琴，提琴跟着摄影机，摄影机又跟着我，说不清是琴声诱导着我的情感，还是我的情感在指挥着他的旋律，就这样顺利地拍完了这个长长的镜头。而镊子的琴声也同时收录进影片，成为这个片段的音乐配音。

影片出来后，这个片段的表演在整部影片中得到的评语是较好的，而我的表演又以这个长镜头显示为全段的"高潮"。

天知道，没有镊子和他的琴声，这个镜头又会是什么样子呢？

"大孩子"

镊子对人是那样真挚、朴实，让你仿佛觉得面对着的是一颗透明的心。

他交了不少孩子朋友，他跟他们一起玩，一起认真地做一件事，认真地讨论一件事，他甚至跟孩子吵嘴，为着一件什么事生气，他真的生气，因为他对待他们是那样认真。

上海"霞飞路"的"吕班路"口有个叫小毛头的卖报女孩子，跟镊子挺熟，一见面老远就听她喊："镊子！"镊子有时帮她卖报，我们也帮着卖。不知从什么时候起，听她哼起歌来了，这就是《卖报歌》。镊子帮她卖报，还教她唱歌，《卖报歌》就是这样唱起来的。

他爱花，爱书，爱孩子，爱运动，爱生活中一切健康、美好的事物。镊子像一个天真的孩子，他的心永远是纯洁的。

《扬子江暴风雨》

《扬子江暴风雨》演出了。那次是左翼电影和戏剧方面的联合大公演，是继《回春之曲》后对电影戏剧进步力量的一次大检阅，也是对敌人的又一次大示威。同时演出的还有《警报》、《姐姐》和《水银灯下》几个小节目①。《扬子江暴风雨》压轴，由聂耳作曲并主演，张曙在台下指挥和领唱。当时的条件是艰苦的，好像无所谓乐队，参加合唱的就是我们这批演员，有时装还没顾得上卸，就得赶到后台帮腔。我们很多人不是专业歌唱演员，唱得并不好，只凭那股战斗的热情。

我知道镊子有演员的才能，但不知道他真能演戏。看《扬子江暴风雨》的演出，才感到他的确是个好演员。戏演得真挚、感人。当他演到抱着死去的孩子（当时由田汉之子海南所饰）时，我流泪了。正像他作曲或做其他工作一样，他演起戏来那么认真，哪怕一个小动作都不放过。他一卸装，立刻跑来征求我的意见。说实话，我是够满意的，只是有一个地方帽子遮住了脸部的灯光，我跟他说了，建议他在某处取下帽子。“正好，你帮我排一排。”他马上殷切地说，看样子并不打算休息，接着就排开了。什么地方取下帽子，帽子在他手里又产生了另外什么动作，仔细一琢磨，再演出时，效果果然好多了。

镊子是虚心的，在工作面前他从不偷懒，从不取巧。

出国之前

在我们短短的交往中，我从镊子那里学到不少音乐方面的知识，也了解到当时音乐战线上的斗争。反对反动的、黄色的音乐，这是主要的斗争。另外镊子还遭受到一些学院派的人的轻视，他们说他不懂和声，用简谱写作，缺乏技巧，所以他有苦闷。朋友们为他感到愤愤不平：“别听他们唬人！”“什么学府！腐气！”他自己对这些人的意见却采取了分析的态度，一方面不同意他们把艺术放在政治之上的倾向；另一方面，他也承认左翼音乐还需要进一步在艺术技巧上提高。他感到有深造的必要，这大概是他想去苏联学习的动机之一吧。

有一段时期，当白色恐怖加剧的时候，我们很少看到镊子。现在回想起来，可能那时候组织上已经酝酿送他出去了（当时我不知道他是党员，他自己从来没有说过）。只有在最后的日子里，我们又聚会在一起，那是接近他离开祖国的日子。

我们并没有为离情别绪所困扰，却因为对未来的抱负而充满浪漫主义的想象。我们意兴豪放地在一起度过这一段令人留恋的短暂的岁月。我们向这罪恶的都市的最底层搜寻，踏遍上海滩畸形的、悲惨的角落。我们想象再见的日子也许在莫斯科，也许在意大利……

离别的日子到了。牧之、君里和我几个人到码头去送他。我们看着镊子意气风发地上了

① 编者注：据当时上海报刊的报道，《警报》、《扬子江暴风雨》演出于1934年6月30日，《水银灯下》、《回春之曲》公演于1935年1月31日。

出国之前的聂耳（由赵丹扮演）以满腔的热血谱写自己的天鹅之歌《义勇军进行曲》（影片《聂耳》剧照）

船。船缓缓地离开江岸，远了，远了，系在船岸之间的彩带断了。只是在这个时候，我从望远镜里看到他在擦眼泪。离开了伙伴们，离开了多难的祖国，离开了战斗的地方，他，流泪了！这是我见到他第一次流泪，也是仅有的一次！

（后略）

原刊《电影艺术》1963年第2期

作者简介：赵丹　曾为上海明星影片公司、上海电影制片厂演员，主演过《十字街头》、《马路天使》、《乌鸦与麻雀》、《林则徐》、《烈火中永生》等数十部影片。1959年担任上海海燕影片公司拍摄的影片《聂耳》的男主角。

谈聂耳（摘录）

孙师毅

（前略）

聂耳离开“明月”歌剧社时我才认识他。

联华二厂当时是上海主力（老板是罗明佑），还有蔡楚生、陆洁——厂长、沈浮、孙瑜、史东山等人。

当时“联华”给罗明佑祝寿，黎锦晖为给罗捧场，叫“明月”团员参加晚会表演。该次晚会，以聂耳的表演力最精彩，口技、相声什么都有。罗很高兴，送聂耳一花篮，上写“聂耳博士”。

这时正是我国有声电影开始不久。“联华”最早有的有声音（音乐有声，对白字幕）的影片是《母性之光》、《渔光曲》等，聂耳与电影音乐的关系是从《母性之光》开始的。

当时是有计划的活动的，我写《开路先锋》，孙瑜写《大路歌》。有意识要占领各种阵地，从舞台、电影、音乐广播打进去。

那时青年会总干事刘良模是《义勇军进行曲》的推行专家，他大力推行这歌。沪东区的歌咏运动搞得最好，当时的沪东公社是面向工人的组织。党就利用这些组织，发动歌咏运动。1934、1935年，救亡歌咏大大流行。这时正是白色恐怖高潮，我们也以战争姿态来投入战斗，从各方面打进去。在音乐方面，广播是商业电台、唱片公司任光做音乐部主任，聂耳做指挥等工作。

当时“百代”为英国资本的公司。这时任光刚从法国回来。

1935年4月，聂耳要到日本。郑君里、赵丹、袁牧之、唐纳与我一同到扬子舞厅，为聂耳送行。

1935年7月17日聂耳在日本逝世，当时最早发表他24岁的是我。聂耳的追悼会的筹备人之一是我。

《开路先锋》是我第一次与聂耳合作的歌词，开始的“轰！轰！轰！”是想轰倒三座大山。

"轰、轰、轰"前面有笑声，是乐观主义的笑声。那时聂耳住在虹口，为了写这歌，整夜在楼上大步地走来走去，练习各种笑声。第二天，住在楼下的白俄房东大怒，下逐客令。这可以说明聂耳是如何认真地对待创作。

上海电通影片公司的四位导演（左起）孙师毅、司徒慧敏、许幸之、袁牧之

聂耳的另一优点是刻苦钻研。当时学院派对聂耳是看不起的，认为他不懂音乐理论。一方面聂耳没有受教条束缚这是好处；另一方面，他经常感到不够，所以刻苦钻研。他经常为作曲使命，废寝忘餐，所以他想转道日本到西欧深造也就是这个原因。

《大路歌》是以"打夯"为基调写成的。

《新女性》在写词时我就与聂耳商量，分成六个歌好写一些。第一个是《回声歌》，回声是指工厂上工汽笛声，共拉三次。第一次起床，第二次在路上，第三次上工。那时我和聂耳住到"沪东公社"经常可以看到工人上工的情况。《新女性》首次在"金城"演出是由聂耳亲自指挥，演唱者都穿工人服装上台。参加演唱的除"联华歌咏团"外，还有沪东公社唱得好的工人。

《义勇军进行曲》是聂耳在上海最后一个作品。这歌是电影《风云儿女》的军歌，《风云儿女》原先是田汉写的故事，很简单，后由夏衍写成剧本，许幸之分幕。那时田汉被扣禁，以香烟纸写《义勇军进行曲》的歌词，由夏衍交我转给聂耳。这曲最初是用五线谱写成（手稿遗失），当时原歌词是"冒着敌人的飞机大炮"。最后的"前进"只有一次，后由聂耳和我商量，把歌词加以更动。

《扬子江暴风雨》演出时有小乐队伴奏。

（根据师毅同志最近在电影资料馆的一次谈话整理，记录稿未经本人审阅。1959.4.）

原刊中国音乐研究所编《聂耳专辑》（三）
1964年内部资料

作者简介：孙师毅　曾任上海电通影片公司编导兼《电通》画报主编，聂耳多首歌曲的词作者，第三国际和中国共产党特科成员。抗战期间任职政治部三厅，后任香港《文汇报》总编辑，1957年回国后任中国电影资料馆顾问。

给亡友聂耳

唐　纳

在张君的家里，我认识了你。一种率真的挚诚的态度，一种旋律的飞腾的热情，很快地在我的心头烙上了深深的印。

从张君家里出来，我和你都没有雇车，秋风和落叶陪我们走着深夜的遥长的归途。我们并不感到初交的拘泥，话不投机的寂寞。你的一切在方才短短的二小时内已经毫无隐讳地昭示给了我。

我们无休止地谈着话，从过去的经历，现在的举止，到将来的计划；从细屑的水果的嗜好谈到对于恋爱的态度，一条长长的路悄悄地在我们的脚底下溜走了。你是那样的豪放，爽直，坦白，一直谈笑到了你家的门口。

当独自走上死寂的归途，我并不感到一向所感到的单身走夜路的寂寞；因为有你飞腾的热，率真的笑和豪爽的话语在一直陪着送我。我笑着得意的非常满足的笑，在一个偶然的机缘下，我是这样轻易地获得一个不能轻易获到的朋友。

之后，我们便常相聚首，而友谊的开始却好似远在二年之前。

在我们这一群好玩，孩子气特别重的年轻人之中，你并不超群。深夜，把你从床上拖起来，要你陪我们出去玩，你还是会揉揉眼睛从床上跳起来陪我们去的。身畔没有多余的钱，人们要你请客的时候，你会很慷慨地把仅有的财产全部掏出来会钞的。你好玩，你孩子气，也许比我们更重，但是你的对于事业的认真，不苟且，做事的精细，缜密，对于朋友们的忠诚，却是我们这一辈人所不能及的。——是的，我一点也不夸张地可以这样说。

有时有朋友到你家里来，你正在上你练习钢琴的课程的时候，你绝不肯就此轻易停止了你的课程；有时谈话谈到你上课的时间，你会马上结束谈话，提起书包就走，决不拖延一二分钟。

有一个晚上，你细细地告诉了我你所倾爱的对象，和你怎样去进行的步骤，你是那么想得周到，精细，不肯冒失。在极短的时间里你会谱写成一支新曲，但是你会费掉整夜的工夫去考虑着已谱成的每一段音符，每一个节拍。

已经过了午夜，我从一个朋友家里归来，我看见你披了件大衣，挟了一本书，孤单地踟蹰在我家的附近的街头，在伫候着我回来。你告诉我你的家里来了一个明晨就要远涉重洋的朋友和他的爱人，所以特地跑了出来预备留宿在我家里，留给他们两个最后的夜晚，去亲切地尽情地诉说他们的离哀。适巧我不在家，你宁愿独自在街头踟蹰，是那么体谅着朋友！

你从来不在一个人的面前说旁人的坏话，有不对或是错误的地方你会当面很挚诚地劝告，批评。我就是常常在你的热烈的挚诚的感动中，接受了你的忠告和批评。

我和你曾幻想过今年夏天的计划，虽然你也曾告诉过我也许要出国去一趟。但是万想不到当你接到了你哥哥要你去的信后就立刻决定了你出国的日程。

虽然为了你的前途，我们是非常同意你的出国的计划，但是在短短的几天内，一个这样相熟的朋友，就要一别四五年，总觉得有点怅然。几个朋友都劝你过了夏天走，但是无法挽回你坚决的意志。连仅仅为你的谱演奏的布却斯基听到了你出国的消息也感觉到依依，他恳切地约你去参加他家里的小小的欢送会。

在席上，我重又听到了不止一次的他对于你的评价："你所谱写的曲是在一天比一天地进展，一步比一步高，前程真是无限！你的曲是那么通俗，那么容易流传，请相信我的话，《大路歌》不久将会风行全国，连三岁的小孩也会'呀，呀'地哼起你所谱写的曲来！"

就在隔天的早晨，你离别了，带着一种要四五年不看见的惜别的心情欢送你。

到了日本，你写信告诉我说一切都好，还劝我多省一些钱下来，到日本来和你一起生活。

以后我们还时时通着音讯。

忽然，你的不幸的消息像霹雳似地传来，可是我不相信，我不相信，海滨浪涛就真会这样的残忍卷去了我最亲切的最忠实的朋友？

难道四五月的短别就会是永世的长诀吗？难道一天一天在进展，一步比一步高的有天才有希望的青年作曲家，就在没有展其怀抱的时候就休息了吗？难道这样一个对于事业认真，对于朋友这样忠诚的活泼的少年朋友就会得到这样一个报酬吗？

回想起我和你开始认识到现在，我像做了一个梦，一个可怕的噩梦。

你的尸身找到了，而且七孔还流着血……随即火葬了！

呵，我想流泪，我想抱住一个柱子痛哭！

但是一想起了你生前的对我的忠告和冀望，我忍住了眼泪，我将紧抓住了自己的头发，学习着你的对于事业的热情与认真，对朋友的忠实与挚诚，在艰难的路上走着。即使有暴风的吹扑，或是狂雨的拍打，我不会懦怯，即使周围是秋虫啁鸣或是落叶的嗟叹，我不会感到寂寞。因为有你的一种旋律的飞腾的热，率真的笑，一种潜藏的不可遏止的力，一种永远是泼辣的跳动的精神在鼓励着我。

永远不会在我的记忆里遗忘的影子，你，我最忠诚最亲切的朋友！

原刊《电通》画报第7期1935年8月16日

作者简介：唐纳　时为电影评论家，聂耳歌曲的歌词作者。

纪念第一个合作者

安　娥

今天再不得不相信，聂耳是真死了！

既是死了，也就不必去回想，当刚听到他死讯的一刹那的感觉，和这一星期来种种自慰的幻想吧！

提笔的现在，也只好再多加一次公开的自欺，说你还没有死，而我却是在给老朋友写信。

“啊！聂耳：

我们不是常常谈吗？‘天才不足贵；努力不足贵；学问，经验，也不足贵；只有这三种东西合起来，能实际给社会以利益，才是可贵。’但是，聂耳！不幸你已把这宝贵之点，葬于‘水深火热’中了！

啊！聂耳！你一撇手投于了‘水深火热’，但是你也想到，这千千万万的火热水深中的未死者，等待着你的歌呢！

啊！聂耳！这是不能忘记的：两年前，我们合作一本歌剧，虽然那本东西，我们都觉得幼稚得可笑。但自从那时起，你开始了制谱工作，我继续了作词尝试。水深火热中的聂耳啊！我纪念你！”

（聂耳死于水，葬于火）

水火本来是无情的，生死本来是无凭的；悲痛是不可挽救损失的，眼泪是医不活死人的。我们追悼聂耳，不用眼泪！我们补救音乐的损失，不用哀呼！一个聂耳死了，我们要用十个聂耳来代替！我们要用十倍的力量来偿补！

努力文化运动的人们！努力音乐运动的人们！追悼聂耳的人们！纪念聂耳的人们！我们用努力，来偿补这次的大损失！聂耳何尝死！你们听听他的《大路歌》正震响在天空！聂耳没有死！你看看他的艺术根叶正茂长在地上！聂耳是活着！我们想：聂耳的功绩是深印在大众的脑中！

原刊《联华画报》第6卷第4期1935年8月16日

作者简介：安娥　时为中国左翼戏剧家联盟音乐小组成员，聂耳多首歌曲的词作者。

纪念聂耳（摘录）

小 洛

大概是四年前吧，我因为与西苓计划一个小型的电影周刊《电影艺术》，所以常常上西苓服务的“天一”去。记得也是一个这样溽暑未尽的晚上，在“天一”的摄影场外，我与聂耳正式通名问姓地认识了。那时，他在明月社担任奏梵娥铃的职务，而明月社，那时正为“天一”摄一本什么歌舞声片。相交之后，立即谈到《电影艺术》这件事上，出于意料之外的，他竟非常同情于这个刊物的创始；同时，零零落落地发表了他对电影的许多意见；都不是意料中的一位服务于那样的歌舞社的朋友所应有的意见。又因为他那种诚挚的、向上的轮廓，立刻使人对他发生了好感。

在《电影艺术》创刊号发稿的一天，周伯勋兄交来了一篇署名“黑天使”，题名《下流》的稿子，那是对青年导演蔡楚生氏而发的。大意说：自己对这位青年导演有很大的期望，有蔡氏摄制《粉红色的梦》那类作品，则令人起了“下流”之感，那时，似乎《粉红色的梦》正在摄制中。虽然是短短的一稿，但对他的思想，我们就有了更深的认识。

之后不久，《电艺》上刊了一帧明月舞娘半裸体而跷起了大腿的照片，这是叫做“我要你的一切”的一景。我在照片旁题着这样一句：“姑娘，你们要观众的什么呢？”据说黎家班颇不以为然；因为聂耳与这刊物有一点写稿的关系，连带地使他也不大好意思起来。大概一月以后吧，我们这小刊物因为经济关系而支持不下去了；同时，他也退出“明月”要到北平去了。这样，和这相交不久的朋友就分了手。

记得是年底左右，他又南来，加入“联华”，担任了类似剧务的工作，可是我跟他却很少见面。

因《母性之光》中的歌曲，他开始以其音乐的天才与心得移植到电影歌曲上来。风靡一时的《毕业歌》、《大路歌》是他短短的两年的作曲生命中最轰动的作品。在这靡靡之音行将为人唾弃而又渴望着新的歌曲之产生，但是新的作曲人还没有产生的现在，聂耳，不能不说是这青黄不接中的一员大将。

即使，对音乐研究有素养的人看来，聂耳的作品还免不了若干幼稚之处。而我们，听惯了腻耳的摩登十八摸之流的时候，能够听到如《大路歌》、如《毕业歌》那样雄伟激昂的歌曲，

VOL.1 No. 3

公開的鬥爭，理論的研究，
客觀的批判，學術的介紹，
國內電影刊物界
唯一的理論雜誌！

本期要目

異郎……怎樣突破危機？
金𦒿……自已總批判
小洛……蘇聯有聲電影的技術
西苓……導演論
黑天使……中國歌舞劇短論
易英……電影的爸爸
湯小丹……導演狂想曲

二十一年七月廿二日出版
【每星期五出版另售四分】

美資本進攻中國電影界後
怎樣突破目前的危機
異郎

自從報紙上先後發現美國註冊之中國第一影片公司及聯合電影公司之煌煌廣告以來，中國電影界，莫不爲之駭然震驚。的確，這是一件駭人聽聞的事，不僅是中國電影界本身的當前的一個，不可忽視的問題，而且是我們中國整個民族的一個嚴重問題！

誰都知道，八十年來之中國，由於帝國主義者憑藉着進步的科學，挾持着雄厚的資本，以傳敎，興學，創辦實業等文化經濟諸方法爲前鋒，麻醉我人民思想，吸收我人民財力，然後以砲艦政策爲殿，威嚇我當道之權貴，挑撥我軍閥之感情，造成連年的內戰局面，乃藉口保僑，護商等美名，攫取租界權領判權，於是中國愈紛亂，愈疾苦，愈危難，彼帝國主義者則愈能坐收其漁人之利。八十餘年來之中國血腥史上，充分地證明了這種帝國主義文化經濟侵略的毒害！

退一步說電影是供給大衆娛樂的東西，也可以說是教育大衆的東西。換言之，電影是高尚的娛樂工具，也是教育的文化工具。

電影公司是決定電影本身內容的製作場所，它有着採收電影爲娛樂大衆，同時是教育大衆的權力。

電影是藝術，電影公司是藝術的園地，藝術是沒有國界的，（但注意階級性）我們不能反抗外國電影之輸入中國。

然而，過去十餘年來，歷史給我們的教訓

1932年出版的左翼刊物《电影艺术》第三期的封面，该期发表了聂耳（笔名黑天使）著名的文章《中国歌舞短论》

实在已感到相当的满意了。

（后略）

原刊《晨报》（上海）副刊“每日电影”1935年7月28日

作者简介：小洛　时为左翼电影评论人。

和聂耳共事的日子

碧　茵

一个偶然的机缘，我进了上海联华影业公司做职员，聂耳其时也在这个公司工作，那是1932年冬天。

我初到上海人生地不熟，第一次陪我去联华公司的便是聂耳。他中等身材，穿一套半旧西服，手中提了一只小提琴，腋下夹了本琴谱。我们各人自我介绍了一下便上了电车，那时是有轨电车时代，一路上车铃叮叮当当，恰好遮盖了我的拘束和沉默。他似乎也不大善于辞令，用沉默回答我的沉默，好像在演哑剧。

之后，我们成了同事。他的工作确是平凡而琐碎，在摄影场上有时当临时演员，有时管理道具。明星们个个风度翩翩，神气非凡，更衬托出聂耳的朴实无华。大家对他印象很好，亲热地称他为“镊子”。聂耳所从事的事业与专业是音乐，但这个环境只允许他把它当做业余爱好。他日日夜夜练琴，却只能悄悄地练，在人们的忽略中练，如同他生活在人们的忽略中那样。

尽管这样，聂耳对待工作却是严肃认真的，从不敷衍马虎。在影片《城市之夜》中有一个舞场场面，一对对舞伴有如蝴蝶穿花，在急管繁弦中滑翔。乐师的伴奏并不十分重要，但聂耳如同在一个国家大典中演奏一样，全神贯注，一丝不苟，和那种飘飘然的气氛很不相称。

有一次影片需要一位临时演员扮演非洲工人，半裸的身上要涂上一层油，脸上也要抹上深褐色的油彩。没人愿意扮演这个角色，聂耳答应了，而且演得非常逼真。

我们职员宿舍在摄影场附近。一天，聂耳突然闯进来，把桌上的花瓶、水杯、镜架……抓起就跑。原来剧中人的房间缺少一些布置，管布景的人又不在，聂耳就主动管起闲事来了。继《城市之夜》后拍《母性之光》，主题歌由陈燕燕演唱。陈燕燕素有“美丽的小鸟”之誉，但这只小鸟并不大擅长歌唱。聂耳指导她练习了一遍又一遍，不厌其烦。冬天的晚上，富有异国情调的霞飞路，静得如一条不起风的河，迎着凛冽的寒风，一辆小轿车飞驰而去。那是聂耳和有关工作人员，陪陈燕燕到指定的地方去练唱，一练几小时。在这种场合，人们热情地接待陈燕燕，对于聂耳只是淡然处之，因为这时他仍是联华公司一名普通职员。对这一切他毫不在意。

上海联华影业公司第一制片厂的大门

然而，就是在这样一位外表极为普通的青年人的胸膛里，却跳动着一颗充满激情的心！聂耳的故乡在云南，在上海亲友很少，借住在演员金焰宿舍里。他睡在地铺上，他说："老金拍戏辛苦，让他睡在床上好好地休息。"这时已是"山雨欲来风满楼"的抗战前夕，他俩都怀有深沉的家国之痛，时常拨动琴弦互倾心声，有时谈得激动竟相对而泣，把楼下的人们都惊醒了。

后来，聂耳曾投考某音乐院校，却因没有正式学历被拒之门外。这对一位视音乐为生命的青年来说，无疑是一次沉重的打击。但聂耳不仅没被这打击摧垮，相反是以更高的热情去进行事业和人生的探索。

不久，他找到了党，参加了革命。从此，他手中的琴和笔有了真正的用武之地。为了谱写《大路歌》，他天天到筑路工人中去同他们一起打夯。"大家一起流血汗"，他的汗同筑路工人的汗流到一起了，他的歌和无产阶级解放运动的洪流融在一起了。

在内忧外患中，中华民族怒吼了，扬子江在奔腾，黄河在咆哮，聂耳的歌声变成了炸弹、变成了旗帜。剧作家田汉和聂耳共同谱写的《义勇军进行曲》，像《马赛曲》、《国际歌》一样，响彻大地，回荡云霄，震撼人心。

国民党当局震慑了，手忙脚乱地发出了通缉令，要密切注意一切带有革命色彩的电影、戏剧与音乐，"必要时将这些演员作者加以逮捕"。聂耳和许多进步的文艺工作者上了黑名单。

聂耳并不害怕威胁，但为了真理和光明的追求，他决定到另一个国度去作一番新的探索与奋斗。

1935年聂耳在日本海游泳，不幸身亡。万恶的海涛竟胆敢吞噬一个如此伟大的生命，但它吞噬不了聂耳的歌声和他的革命精神。

聂耳离开我们50年了。他走得太匆忙，我没有来得及同他话别。只记得他平日向我讲过几句话："人不是为自己而活着，而是为大多数人而活着。"他送给我一只玩具般的小野兽：一只昂头奋蹄的牛，虽因年代过久已经遗失了，但它那生动的形态永远留在我的记忆中。我常想，那就是孺子牛的形象吧。

原刊《大众电影》1985年第10期

卖报小姑娘与码头工人

周伯勋

最近电台重新播放聂耳的歌曲，听歌如见人，歌声又把我引回到30年代。因为聂耳是我的好朋友啊！我们从1932年开始认识，到1935年送他去日本，这一段时间常在一起，并有好多次一起工作过。

《桃李劫》、《新女性》中的歌曲录音，影片配音，聂耳主持其事，我都参加了工作。

聂耳给《电影画报》写阐述音乐理论的稿子，并向黄色音乐开炮，我是画报的编辑之一。

1934年6月，在八仙桥青年会礼堂，首次演出聂耳导演并主演的《扬子江暴风雨》，我又帮忙搞过前台事务工作。戏里的《卖报歌》、《码头工人》、《前进歌》、《打桩歌》、《打砖歌》等，全部是聂耳谱写的。当聂耳为了创作《卖报歌》和《码头工人》，去体验生活，收集素材的时候，又约了我一起去。

先说《卖报歌》吧。创作时间大约是在1933年秋天。有一天下午晚饭前，聂耳约我到霞飞路（现在的淮海中路）上走走，告诉我，他发现了一位卖报的小姑娘，她把所卖报纸的名字喊得很顺耳也很动听。他已经注意过两次了，现在约我再听一次。

我们从霞飞路的金神父路（瑞金二路）附近，走到吕班路（重庆南路）口，在有轨电车站附近，果然看到有个小姑娘，在那里跑来跑去地叫卖晚报。她看上去不过十岁多点儿，穿着褪色的小花布上衣，深色的布裤子，衣服上虽然有补丁，却洗得清洁。长头发梳了两个小辫子，背了一个大厚布袋子，里面放着报纸，另有一个小袋袋是放钱的。她喊的声音很清亮，叫的报纸名字也很有顺序，还说明几个铜板可买几份报。她真像是唱歌一样的在卖报。有些走路的行人，虽不买报也停下来笑着看她。我们走过去向她买报，记得把所卖的几种报都买了一份。我们边取报，边付钱，动作慢一些。顺便问小姑娘家中还有什么人？做什么事情？她看出我们并无恶态，就对我们说，她家中还有父母，母亲在家，父亲多病没有工作，就靠她早晚卖报挣点钱来养家，很怕遇到下雨天生意不好，卖不了多少报，那家中就要饿饭了。她说过就又去卖报了，

1948年拍摄的影片《群魔》的剧照（左二为周伯勋）

我们也就走开了。

聂耳问我有何感想？我说我完全同意他把这个卖报的歌曲谱出来，把卖报女童的悲惨生活反映出来。他说得去找田先生（即田汉）或安娥写歌词。

过了几天，他来对我说田先生没有时间，就请安娥同志写了，并请她也去从旁观察了那位卖报的小姑娘。现在安娥歌词写好了，歌曲也谱好了，就叫《卖报歌》。他说安娥这首词写得还不错，整个歌词意义很深刻，接着他就给我小声唱了一遍。聂耳说我们还得去唱给那位卖报小姑娘听听，看她听了有什么意见，如她说好，这首歌才算做好了。

于是我们再去看望那个小姑娘。因为去早了，她还没有走过来。我们就在附近马路上走走等等。不一会儿，老远就听到她那亮盈盈的嗓子，一面跑，一面叫，来到了老地方。我们看她那一大袋报纸卖得差不多了，这才走过去向她买报。她已认出是我们，就和我们打招呼。聂耳问她的报卖完了吗？她说还有几张报就卖完了。我就对她说："这位聂先生把你卖报的词句，作成了一首歌曲，唱给你听听，你看怎么样？如果耽误了卖那几张报，现在就由我们全买下来。"她说："我真想听这个歌，请快点唱给我听吧！"聂耳就把她叫到马路边，小声给她唱了一遍。她听了后就跳起来拍手说"好！"接着又静下来想了想说："如果把'几个铜板能买几份报'的话也唱出来，我卖报时就可以唱这个歌儿了。"聂耳说："你这一改非常好！"后来他回去找安娥说了，安娥也同意，就照她的话改为"七个铜板就买两份报"。后来那个小姑娘还真把这首歌唱了出来。

再说《码头工人》的诞生经过吧。

聂耳要写一个新的小型歌剧，反映码头工人的生活，这个主题在他心中已酝酿很久了，曾先后到"公和祥码头"（即现在的上港五区）去过好几次。1934年的初夏，聂耳曾经约我和他一同到这个码头去过两天。他要先看看码头工人劳动的情况，听听劳动的号子声。这时我正在艺

1935年，周伯勋与司徒慧敏、王莹（右起）

华影片公司工作，就用“艺华”的信纸写了一封派我们去参观的公函给码头的“写字间”（即办公室），请他们带我们看看外轮如何卸货的情况。

我们去的这一天，有几艘外国大轮船，停靠在江心中。有一艘外轮正在卸货，好几条木驳船靠在旁边，船上工人正在从大轮船上把货——一个个大木箱子，扛到木驳船上。一装满就把驳船摇到码头边，再从驳船上把货扛上码头。工人们一面挣扎着脚步，一面“咳伊哟嗬”地喊着号子，还唱着别的什么歌。看那箱子很重，工人们都是弯着腰，个个满头大汗。其中有年老的，也有十几岁的童工。我们就看到有个老工人，从驳船上把箱子扛上码头时，脚一软，跌倒在船边，幸亏旁边有人把他拉起来，才没跌到江里去。据说这种情况随时都有的。

我们在码头上待了一天，第二天再去，只看了个上午。办公室的人说，货要明天才卸，我们只好作罢。后来听说聂耳又找辛汉文同志陪他去了几次，有一次还去上夜班。我还听聂耳说，他打算直接找工人们聊聊，他的计划不是创作一首而是好几首歌呢。

《扬子江暴风雨》终于同观众见了面，《卖报歌》也放在里面。聂耳说，他谱完《卖报歌》，意犹未尽，又谱了一首《卖报之歌》。当时匆匆忙忙，也忘了问他是谁作的词，我只能断定那是在1933年秋到1934年春的这段时间内创作的。

聂耳的歌，每一首都有他的个性，有他独特的艺术语言。至今人们还是爱唱他的歌，他的歌是不朽的。

原刊《艺术世界》1982年

作者简介：周伯勋　时为中国左翼戏剧家联盟成员，上海艺华与电通影片公司演员。

回想曲

叶露茜

聂耳这划时代的民众音乐家，我认识他还是在十年前的上海，在为筹募女青年会基金的一个游艺晚会上。那时我刚从松花江畔归来，对于南国的一切风习，都是感到无比的新鲜和惊异。因为这个游艺会是我处女地被邀着演戏，所以直到今天那时的印象还很清晰。通过了这个关系，我就开始了我的演剧生活，同时是这个关系我认识了"镊子"（我们给他的昵称）。这天，他正指挥着一个临时组合的乐队。

在许多陌生面孔的炯炯目光注视之下，我是羞得惴惴不安，整个的心绪是被无端的惊悸所侵扰着。正是沉湎在这惶惑的时候，突然一双温厚的手掌，抚捺在我的因胆怯而软垂的乌发上。那个子不高，精神却显得非常饱满的人，锁住笑容，用着极柔沉和蔼的语调向我说："小姑娘，别害怕！把心静下来，放着胆子走上台去，再把嗓子放开点，这样你就可以钻进戏里去了！"嗯，我顿时好像就添了百倍的勇气。镊子给我初面的印象，可正和他所作的歌曲一样，充满了激昂、热情活泼，以后我们接近的机会就多起来了。他总是爱那么乐呵呵地，用着戏谑的口吻跟朋友们说笑，但他谈起乐理，或是正在作曲的当儿，其态度严肃而可正经哩！他的生命，永远蕴藏着一股朝气蓬勃的青春的活力，他是第一个勇敢地将大众的声音，带进了音乐的殿堂！

音乐本来是最足以表现民族性的艺术，历史的学者想要研究某个国度的民族习性，常从他的民间音乐着手。过去我们的音乐，都是些代表有闲阶级们取乐的《毛毛雨》、《妹妹我爱你》等类的靡靡之音，只是些颓废、阴沉、色情狂的堕落象征。自从聂耳的作曲吼出了群众的声音，写出了我们国家民族固有的自由豪朗的音色。

从此，中国的人民大众才有了自己的声音，在学校里、码头上、田园中、马达间……随

昆明民众纪念聂耳逝世三周年纪念大会的合影

处都可以听见高唱着我们自己的歌曲了！聂耳，他勇敢地把颓废色情的萎靡之音，给无情地埋葬掉；他替中国的新音乐，却垫筑了一条平坦光明的康庄大道。

不久，镊子渡海日本去留学，我们兴奋地互嘱勉励，便自分手了。但是做梦也没有想到，那便是我们的永别啊！

原刊《真报》（昆明）第2期“聂耳九周年祭特辑”
1944年7月16日

作者简介：叶露茜　时为抗战全面爆发后从上海来昆明的左翼话剧演员。

纪念聂耳先生

陈娟娟

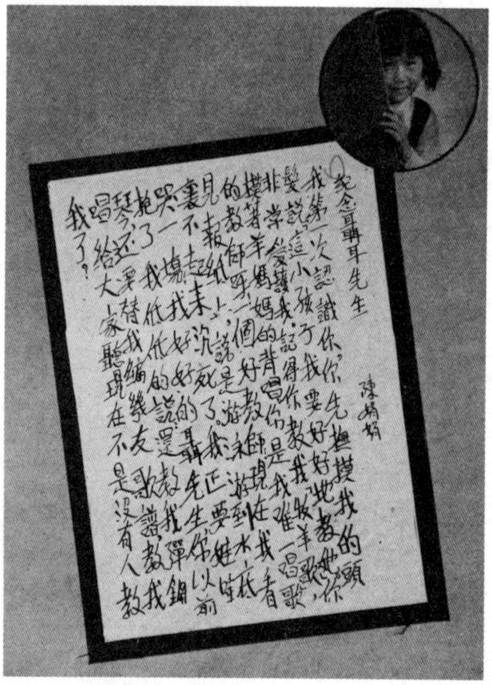

陈娟娟《纪念聂耳先生》手稿

我第一次认识你，你先抚摸我的头发说：“这小孩子我要好好地教她。”你非常爱护我，记得你教我《牧羊歌》，摸着羊妈妈的背唱。你是我唯一唱歌的教师呀！一个好教师！现在我看见报纸上，说是（你）游泳游到水底里不起来，沉死了。我正（真）要娃（哇）哇哭一场，我好好的聂先生！你以前抱了我低低地说：“还教我弹钢琴，还要替我编几支歌谱，教我唱给大家听。”现在不是没有人教我了？

原刊《电通》画报第7期1935年8月16日

作者简介：陈娟娟（1929—1976） 电影“童星”。1934年秋天参加上海艺华公司影片《飞花村》（编剧蔡楚生）的拍摄。孙师毅作词、聂耳作曲的《牧羊歌》为此片的插曲，也是中国的第一首儿童电影歌曲。陈娟娟以稚嫩悦耳的童声演唱此曲，曾为该片增光添彩。

此后陈娟娟参加了《新女性》、《迷途的羔羊》、《小孤女》、《中国白雪公主》、《壮志凌云》、《慈母曲》等影片的拍摄，被誉为“东方秀兰·邓波儿”。

回忆三十年代的聂耳

贺绿汀

1934年我在上海，某日应邀去找聂耳。他住在今淮海中路牛奶棚对面一间新建的店铺楼上，房里陈设简单。我们第一次见面就十分亲切，那时他已经在电影界活动，明星影片公司导演沈西苓要他替影片《船家女》作曲，他介绍我去，我进入电影界活动就是从此开始的。

以后，我和聂耳又有过一些接触，有的因为年代太久，已经记忆模糊了，但是有两次见面的情景，虽然事隔四十多年，现在还是历历在目。一次仿佛是在辣斐德路（今复兴路）老音专附近，他希望我给他介绍一位理论作曲老师，我介绍他跟当时音专的俄籍教授阿克萨柯夫学理论作曲和钢琴。另一次是在复旦大学附近的叶家花园，他穿了一身西装，记得我们还在一起拍了照，这都是1934年的事。在我的印象里，聂耳是个十分活跃而又热情的青年人，生气勃勃，仿佛有用不完的精力。关于他在明月歌舞团、联华影片公司、百代唱片公司等处的活动情况，我只听说过。但是我看过他亲自参加演出并由他作曲的《扬子江暴风雨》一剧，至今还有清晰的印象。

我和聂耳的交往，前后不过两年。这两年也是他生命力最充沛，创作上最旺盛的时期。他的大多数歌曲都是这期间写成的。他的那些富于战斗气息和时代精神的歌曲，通过电影和唱片，冲破当时黑暗社会的阻力，在群众中广泛流行，给苦难的人民以巨大的精神鼓舞，聂耳不愧是一位真正的无产阶级革命战士。我看过一部描写纱厂女工悲惨生活的影片——《新女性》，其中好几首歌曲都是他写的，由著名电影演员阮玲玉扮演的剧中的女主角是被逼自杀的，后来阮玲玉也真的被逼自杀了。当时的黑暗社会就是那个样子。

聂耳去日本以前，我记得曾和几个朋友一起在长江饭店楼上举行茶话会，为他饯行。后来电通影片公司拍了一部新片——《风云儿女》，导演是许幸之，其中的音乐要我帮忙，《义勇军进行曲》就是聂耳为这部影片写的插曲。因为那时他已去日本，便由我去找侨居上海的俄国作曲家阿甫夏洛莫夫代为配乐队伴奏。记得阿甫夏洛莫夫的配器写得比较潦草，我还要

1936年初，上海明星影片公司音乐科长贺绿汀（右二）与该科成员的合影

他修改过。这首歌后来成为救亡运动和抗日战争的号角，新中国成立后又定为“国歌”，可惜聂耳已经听不到了。

1935年某日，我在南京路上走，从报上看到聂耳在日本不幸逝世的消息，真是晴天霹雳！一个充满青春活力的青年人，二十岁刚出头，就被无情的海浪一下子卷走了，永远回不来了。除了回忆，再也不能见到他，固然是痛苦的。但是，他的歌曲鼓舞了全国人民的抗日热情，引起后代人对他的无穷怀念。他的形象始终活在人们的心里，还有什么更能比这使人感到宽慰的呢！

聂耳不幸早逝，是我国音乐界的一大损失。然而，聂耳以他的创作对人民革命斗争所作出的巨大贡献，却是我国音乐界的骄傲。聂耳是不朽的！

原刊《上海歌声》1982年2月

作者简介：贺绿汀　早年参加湖南农民运动、广州起义。1931年入上海国立音乐专科学校师从黄自学习作曲。抗战全面爆发后参加救亡演剧一队奔赴华北前线，后任职于政治部三厅、中央训练团、育才学校、新四军与延安鲁艺、联政宣传队、中央管弦乐团。新中国成立后曾任上海音乐学院院长与名誉院长、中国音协副主席、中国文联副主席。作有钢琴曲《牧童短笛》，歌曲《游击队歌》、《嘉陵江上》，合唱曲《垦春泥》，管弦乐曲《晚会》等名作。

记聂耳的一件事

王为一

正当大家纪念聂耳同志逝世二十四周年，传记影片《聂耳》也在开拍的时候，我想起了一段往事，足以说明他和我们的民族音乐的深厚关系的。

这就是在他已经学习了西洋乐器和西洋作曲法，而且已经作了许多有名的电影插曲之后，还曾为改进民族音乐作过一番努力。跟某些人学了西洋音乐就鄙视民族音乐迥然不同，他倒真是做到了吸取西洋音乐的优点来补我们民族音乐的不足。

大约是1934年，我从报上看到百代唱片公司要招考国乐队队员的广告，就拿着一把经常不拉的二胡去应考。没想到从里屋走出来的主考人就是聂耳，彼此见面不免一愣，他开口就问："怎么你也来考啦？"我苦笑着说："解决吃饭问题呀！"我也转问他："你怎么也会在这里呢？"因为他前些时还在联华影片公司工作哩。他告诉我："这里的老板（当时百代公司是英国人的产业）过去灌了一些国乐唱片，像《梅花三弄》、《行街四合》，还有广东音乐之类，销路比西乐唱片好得多，说明中国人多数还是喜欢听中国音乐的。老板就想自己成立个国乐队，可以经常灌些国乐唱片；同时今后要常常请些电影明星来灌歌唱片，自己有个乐队也方便些。我们把它抓过来，不是可以利用它做些事吗？！"

我原先想考乐队不过是为了混口饭吃罢了（那时我们搞左翼戏剧活动，生活完全要由自己设法解决的），当下听了聂耳的话，觉得这个工作还是有意义的，自然挺高兴。我因为聂耳的关系，也没有进行什么考试就算被录取了。

这个乐队说起来也很可怜，一共只录取了四个人：一个是暨南大学的学生林志音，他会吹笛子（现在云南省歌舞团搞音乐）；一个是姓徐的商店小职员，他会弹琵琶；一个是很年青的陈中，会拉二胡，抗战时给敌机炸死了；还有一个是我。大家的演奏水平并不高。聂耳就是这四人国乐队的队长。据说一时吸收不到什么人，只好先搞起来再说。

聂耳亲自走遍了云南路和城隍庙所有的乐器店去挑选乐器，尤其是选打击乐器锣、鼓、木

原百代公司国乐队成员王为一

鱼等，要求非常严格，音准差一点点就不要。

聂耳天天指导我们练曲，练的是他自己编的《金蛇狂舞》和《翠湖春晓》这些合奏曲。他说要改变中国乐器的演奏技巧，使过去只会齐奏的国乐改为合奏。他想试奏一些中国乐器的轻音乐曲或舞曲，《金蛇狂舞》等可以说就是他这种革新的尝试。练曲时，他时常自己用三弦或打击乐器试奏着各种鲜明的节奏。由于人手不够，他要我们每人多学几种乐器，他写曲子也根据我们现有的人数来考虑，同时演奏的乐器不超过四种，但全曲用的乐器并不少。于是我们演奏的时候常常放下这个乐器又拿起那个乐器，一个人操两三件，听起来也很热闹。

为了要把这种新的音乐介绍出去和了解群众是否喜爱这种音乐，我们这个乐队就瞒着老板进行一些对外演奏活动。聂耳哄老板说队员们放工回家后还需要练习，应该把乐器让我们带回家去。这样，我们这个“地下乐队”就有了像是自己的乐器。聂耳还给这乐队取了个名，叫“森森国乐队”，并且很重视这乐队的演出，我们曾自己凑钱做了一色的服装。记得第一次公开演奏是参加上海民立女中的一个游艺会，平时在家练习时，聂耳自己搞打击乐器，现在他要当指挥，因此请了一个朋友来帮忙。这个朋友姓陈，刚从德国学了舞蹈回国不久，热心教过我们左翼剧团的同志学习新型舞蹈，又是聂耳的邻居。他打击乐器时，形体自然地做出有节奏的动作，增加了演出效果。当台幕慢慢地拉开，虽然这乐队只有五个演奏者，而聂耳穿着整齐的西服，从边幕走到台中，却俨然像一个大音乐指挥家要去指挥一个大型的交响乐队似的，那副严肃的神态，我至今还非常清楚地留在脑中。当时演奏了《金蛇狂舞》和《翠湖春晓》两个曲子，演奏效果非常好，人们听到了老的乐器发出了新的声音，尤其是《金蛇狂舞》，它的强烈的节奏，明快有力的旋律，给人以兴奋和力量。同时人们看到乐队虽小，气势很大，一个人搞三两样乐器，中国乐器演奏也有指挥，这些都引起他们很大的兴趣。

经过这次的考验，我们就把这两个曲子正式灌了唱片，演奏者就用“森森国乐队”的名义。后来我们在八仙桥青年会里也演奏过一次，就是配合《聂耳》电影剧本中所提到的那次《扬子江暴风雨》等节目联合公演时演奏的，同时乐队全部人马包括聂耳自己也都参加了《扬子江暴风雨》的演出。这是个歌剧，主要就是把聂耳当时写的许多歌曲用一个故事串联起来，聂耳自己扮演一个老工人，我们都扮演年青工人。聂耳不但有很好的歌喉，并且表演得也很成功。

他在百代公司工作时期，左翼戏剧家联盟音乐小组成立了。成立会是在吕骥同志家召开的。我原属“剧联”，因我那时已以音乐为职业，便将我转到“音乐小组”去。我和聂耳是一

1954年，王为一导演的影片《山间铃响马帮来》剧照

个小组，他是小组长。

百代公司的国乐队成立不到几个月，公司当局似乎对乐队不很满意，提出要扩充并转为搞西洋音乐为主。聂耳告诉我，公司打算要乐队为黄色歌曲伴奏，他认为不能再干下去了，于是商定我先离开乐队，聂耳也很快地离开了百代公司。

我记下的这件事情可以说明，聂耳曾经在民族音乐上进行过一次革命，使二胡、笛子、扬琴、三弦和琵琶等几件当时几似被人抛弃的乐器获得了新的生命。而《金蛇狂舞》一曲，解放后又重新灌录，时时听到广播和演奏，说明人民还是喜爱它的。一般人都知道聂耳写下了《义勇军进行曲》、《码头工人》和《开路先锋》等名曲，却不大知道他在改革民族音乐上也曾立下了一份功劳。

原刊《羊城晚报》1959年8月7日

作者简介：王为一　原为中国左翼戏剧家联盟及其音乐小组的成员。百代公司国乐队的二胡演奏员。后从事电影编导，20世纪80年代曾任广州珠江电影制片厂艺术委员会主任。

聂耳的工作精神

旦东（王旦东）

随着“九一八”的反帝高潮，靡靡之音逐渐被健康纯朴的新音乐所代替了，这时期的歌曲是采用民谣作风，以反帝反封建为内容，喊出大众的苦痛和要求解放的呼声，是这一新趋势的特点。这一趋势随着抗日游击队的活跃，人民反帝国主义的广大浪潮而从农村来的二十岁的青年——聂耳，就在这时写了他的《义勇军进行曲》（可以说是这一时期的代表作）。借了电影和蜡盘播音为工具，让上海小贩、清道夫、码头工人都唱顺了口，次第推广到内地的山僻农村。既后，新音乐趋势无形中便以聂耳为旗帜，前前后后的新音乐的播种者都望着这一标志前进而发展了八年抗战歌曲的高潮。以及今后争自由争民主的歌曲，仍是循着他的道路行进。

今天人们对于聂的认识，只是有限的几支小曲子，这几支小曲子在当日并不受到友人们的重视，他潜心学习的小提琴和音乐理论，他学习的毅力和进步是惊人的，甚至在湖南过着军人生活的时期，在上海歌舞班混生活的时期和在北平几至饿饭的时期，每日两小时的小提琴练习，也从未间断过。有一次在云南旅平学会年会上独奏小提琴，他告诉同乡说有两年的成绩，大家评判他已有四五年的成绩了。我和他虽然是联合中学的同学，可我们并不熟识，第一次认识是在北平，宋之的介绍他到朝阳门美术学院来找我，介绍他到音乐系来教授小提琴，后来因为院长王悦之已经请了柯政和，所以那次的事并没成功，但我又介绍他认识了北平弄音乐的老志诚、李健等一般朋友。聂耳那时一方面常常到南海公园老志诚那里去和琴，一方面又常和李健（后名李元庆）等大家一处做抗日的活动，所以使我有机会熟习他的学习精神和工作精神。

一、钻头觅缝无止境的学习

聂耳能唱但并不长于唱，专心的是小提琴，因为听到北大、燕大和艺大小提琴教授托诺夫的技术，特地俭省地储蓄了旅费，并设法请假到北平来学了三个月。托诺夫非常称赞他的进步，但是很快的他的积蓄用完了，无力缴学费了，几次请求免费没有得到允许。聂耳在联华公司和百代公司做事的时候，同业的朋友因为都是夜里工作的缘故，早上起得很迟，而他呢，虽然有了盛名，但恨理论没有基础，每天很早就去找专家学习和声学，寒冬酷暑雨雪不断。他不仅对于音乐学习如此，对于人生的各种知识技能都贪婪地学习着，他不仅爱读书还能说熟练的国语、上海话、广东话，懂得一点英语、世界语，并且最短期间学会了日语。自然才二十岁出头的人短期内所学的这些东西程度不会很高深，但是这种向上的精神和努力是艰苦得可惊的。最后在经济困难中挣扎着到欧洲去学习音乐，二十四岁年青的天才聂耳给日本海的狂浪卷去了。

二、长于交朋友处团体

记得第一次见面时候，他打着乡谈，自称聂守信，坦白地说着他的生活和计划，给我一个极纯朴的印象。我见他参加两次会议，在不同的群众当中，几个钟头以后，大家都和他熟识了，像老朋友一样。我有一次在一个工作会议里，和一个朋友辩论太激烈，简直是抬杠。他静静地坐着一言不发，等我们告一段落，他说了他处理会议的意见，一点不动意气，使我们事后反省，非常惭愧。今天事隔多年了，我仍然能忆起年青的聂耳是很能交朋友处团体的，他没有一点骄矜夸耀之气，态度一贯诚挚，谦让，活泼，能谅解人。

三、实际的斗争行动中奋勇当先，绝不后退

大家若还记得报纸上不敢提日本，要用“××”代替的时候，当能想起那时抗日工作是要冒几方面的危险，“七七”和“八一三”抗战是经流过许多鲜血争到的。我还记得那时许多亲爱如兄弟姊妹的朋友，为了要求政府抗日，坐了监牢，送了性命。然而聂耳每一次示威游行请愿，宣传总在众人之前先到那里了，他人矮矮的沉着的在写标语喊口号，唱街头歌曲，有时燃上一支纸烟。他是一个平常人，不是一个超人，他是在群众中学习出来的，难怪很多“音乐专家”鄙视他，骂他，因为在留洋学生和宫廷学院里出身的人们看来，聂耳不过是一个中学生，士兵，歌舞团吹鼓手，一个穷小子。仅仅用一点简谱写几支小曲子，居然全世界有亿万人唱着他的曲子，叫别人眼红筋胀也是自然的事呀！

我因为检讨自己工作的种种失败，检讨自己精神的种种缺陷，愈发思念聂耳、张曙、星海，而痛感到没有人领导的茫然。再看到民主的歌声虽然又高涨起来，主观方面的缺点和恶势力腐蚀着一切，而限制了新音乐的发展。

于大德山冈

原刊《教学唱》第四辑1947年7月17日昆明

作者简介：王旦东　聂耳在北平左翼音乐家联盟认识的云南友人。新中国成立后曾任云南省花灯剧团团长。

聂耳在上海创作和学习的片断回忆

王浩兰　王旦东

一、创作《码头工人》的一些情况

记得那是1934年初夏的一个傍晚，我们到黄浦滩公园去散步，随脚走到码头那边。无意间看到聂耳靠在码头上的矮墙边，右耳上面夹着半截铅笔，手里拿一个硬壳抄本，正专心致志地在倾听着什么，不时摘下铅笔飞快地在本子上记着什么。我们过去和他打了招呼，并问他来这里做什么？他答道："来玩。"但看他的表情，平时那有说有笑、风趣横生的神态不见了，显得格外严肃、认真，好像正在完成一项重要的任务。我们没有打扰他，走开了。

这时的黄浦滩码头，正停放着几艘外国巨轮，搬运工人们正低着头、弯着腰，一个接一个地背着大麻袋、大篾箱，从轮船跳板上往下搬。货物压得工人们汗珠直往下滚，"唉咳哟嗬"的呼号声和工头的吆喝声占据了码头的一片空间，直向在码头上来往的人们冲来。

过了几天，聂耳到我们住地来玩。说起那天黄浦滩相遇的事，他才告诉我们，他是为创作《码头工人》而去，而且一连几天都在码头上。说着，他拿出歌曲的初稿，并深沉地低声哼唱起来，顿时，"唉咳哟嗬"的气氛笼罩了小屋，我们每个人的心上，好像压上了铅块一样沉重。唱完了，聂耳眼睛里闪烁着激动的泪花，并向在场的人们征求意见。所以，现在每当唱起这首歌来，黄浦滩码头的情景，重压下工人们发自肺腑的血汗呼号声，还宛如昨天。

二、创作《新女性》的一些情况

1934年底，聂耳接受《新女性》的作曲任务，开始时他感到比较困难。曾对旦东说："我对女工生活和生产情况不熟悉，歌词又长，情绪的表现很复杂，不易掌握……"但他还是毅然承担下来。据旦东回忆，那时聂耳已搬到霞飞路曹家弄口，为了熟悉女工情况，他每天三四点钟就起床，冒着严寒、饿着肚子，跑到沪西小沙渡路、胶州路和澳门路一带的纱厂去体验生活，有一次还遭到纱厂门口工头的辱骂和搜查。就这样，他逐渐熟悉了女工的生活，经过艰苦的创作劳动，终于完成了《新女性》的作曲任务。每当我们听到这组歌曲，我们就仿佛看到那一个个身体瘦弱、面色蜡黄的女工在朦胧的晨光中，提着小饭盒匆忙赶路的情景；仿佛看到在工厂里，她们做牛做马、挨打受骂的惨状。歌曲的后半部还表现了女工们在党的教育下开始觉醒，团结起来向吃人的社会控诉，为争取解放而斗争。

三、聂耳在上海时学习工作的一些情况

聂耳不论在什么地方，都是抓紧时间、勤奋学习、努力工作的，在上海尤为突出：

1.1933年他在上海先后找了两位外国人学习音乐，其中一人是意大利[①] Podushka 教授。1934年夏季，除继续向 Podushka 学习提琴外，又向当时国立音专的作曲系、有名的俄国人 Aksakoff 教授学习钢琴和作曲，直到他去日本前为止。

2.1932年前后，他还在补习学校学过日语和英语。

3.聂耳平时生活相当艰苦。他把工资的很大一部分用来交学费。他刚到“明月”工作时工资很低，后来在“百代”和“联华”二厂时，每月也只不过七八十元国币。但据他说，每月光学钢琴和作曲的学费就要付40元、钢琴租金10元，还要买音乐书刊，其生活情况可想而知。聂耳经常向朋友说：“我宁愿吃大饼，也不愿欠学费。”

4.聂耳工作十分紧张，时间安排得相当紧凑，这时期，旦东和他接触较多，他经常是早上五点以前就起床，练上一个半小时提琴，然后到公司练一小时钢琴，接着上班（当时，上班也非常紧张，没有一点空闲时间）。下班后，或是去学钢琴、提琴，或是作曲，每周还要抽两个晚上去“联华声乐团”上课。回到宿舍后，还自学或练提琴，很少在十二点以前睡觉。给人的印象是：他好像在跟时间赛跑一样，老是想抢在时间前面，多学些东西、多做些工作。

5.聂耳工作这样紧张、学习这样刻苦，但他总是那样乐观、充满活力，好像在他身上有用不完的力气从不知道疲倦似的；他像一个天真的孩子，对什么都感兴趣，他热爱音乐，热爱文艺；他特别喜欢孩子，总是用各种方法来逗孩子们高兴；他热爱体育，下雪天都坚持用冷水擦身体。他的热情也很容易感染给周围的人，和他在一起相处，总是感到快乐和融洽。

1952年10月15日初稿

1980年7月重新整理

原刊昆明市政协编《昆明文史资料选辑》第一辑

1981年11月

① 编者注：此人应为奥地利籍。见本书里王人艺的回忆文章。

回忆聂耳在东京[1]（摘录）

杨式谷

（前略）

六、东渡日本

那时到日本是比较方便的，不需要出国护照，由上海坐轮船可以直接到日本，上岸时只要有一张中国学校的毕业证书，证明你是学生身份就可以入境。聂耳就是用了他学生时代的名字聂守信，带着一张毕业证书就进入日本的。

聂耳到日本去的目的，除了暂时避开国民党反动派的注意外，他还准备在日本住一个时期，一方面了解日本的音乐，一方面补习外文，准备到欧洲去学习音乐。据他说他老早想到法国去学习音乐，但没有足够的钱，不能在外国久住。日本的生活比上海低，而且那时中国银元一元可以兑换日币一元五，在经济上是个有利的条件，这就是聂耳选择日本做他的欧游的准备地点的原因。

七、永不退缩的革命者

聂耳到日本是秘密的，他先写信给他的朋友张天虚到东京火车站接他，下车后他们两人到我住的神田区神保町的一家"下宿"（长住）来。那家"下宿"接近东亚日语补习学校，中国学生住的特别多，天虚的意思要聂耳也住在那里面，但聂耳觉得那里人多嘈杂，我们就陪他到别处去找，他选择了一家比较小的而且清静的"下宿"住下。以后我们几乎是每天都见面，所以聂耳在日本期间的情况，我比较知道得多一些。而且在谈话中也常常提到过去在昆明读书和他在上海时的一些事，因此在我的记忆中留下了不可磨灭的印象。

在聂耳去日本的前后，中国学生特别是进步文化界人士去日本的很多。作家任白戈、卢跃武、钱亦石、诗人黄药眠、版画家黄新波以及中国左翼作家联盟的许多人都在东京，郭沫若先生那时也住在离东京不远的乡间，聂耳到东京后，和他们都有联系。东京也建立了作协、

---

① 编者注：原刊云南省政协编《云南文史资料选辑》第十四辑时标题为《回忆聂耳生平》，本文为其摘录。

音协、剧协、拉丁语学习会等等组织，在东京出版了一种综合性的文艺杂志（魏猛克主编），剧协还在东京筑地剧场演出果戈理的名剧《视察专员》（即“钦差大臣”，杜宣导演，风子等主演）。还有人把中共中央的文件油印传阅，在留学生中传播革命的思想。在这些活动中还有一个公开的星期座谈会的组织，每隔一段时间举行一次，座谈文学艺术方面的问题，地点在东京中华青年会的食堂，参加的人很多。在一次由杜宣主持的艺术座谈会上，聂耳报告了中国音乐界的现状，他指出了黎锦晖派黄色音乐的毒害，虽然那个时候的黎锦晖已经堕落到拿《毛毛雨》、《妹妹我爱你》这一类色情歌曲供没落的剥削阶级做消遣品的地步，但它对一些落后的群众还起着麻痹的作用。另外一些标榜着学院派的人，一味的模拟西洋音乐，轻视祖国音乐，严重地脱离了现实，脱离了群众。他又谈到从“五四”以来从群众中产生的革命歌曲已经有了很多成就，他在会上唱了一些歌曲，其中有他自己写作的《大路歌》、《开路先锋》、《义勇军进行曲》等。他报告的内容非常生动，加上他那高亢的歌声、雄壮的曲调，使参加座谈会的人都非常兴奋。到了吃晚饭的时间，主席宣布散会，大家都不肯走，就在食堂买饭吃，饭后又聚拢来，提出许多问题请聂耳解答。许多人热情地谈了自己的感想，有人说过去以为黎锦晖的歌曲可以代表中国的现代歌曲，现在才知道那是资产阶级庸俗的低级趣味，不是人民大众的东西。又有人说以前听过聂耳歌曲的唱片，由于唱的人声音不雄壮，听不出味道，现在听了聂耳自己唱的，才真正体会了它的革命精神。那一次座谈会到了深夜才散，聂耳的报告在留学生中间留下了深远的影响。

聂耳在东京除了参加中国学生的文化活动外，还和日本文化界的进步人士如秋田雨雀等人保持接触。那时在日本进步的书刊还可以公开发行，秋田雨雀领导的剧团经常在筑地剧场演出进步的话剧。特别是日本的音乐界拥有不少的音乐家和歌唱家，人们对音乐的欣赏能力也很高，经常有各种演奏会，聂耳对这些都很感兴趣。在日本的朝鲜人很多，他们当中一些进步人士组织有一个“新协剧团”，不时举行职业性的演出，聂耳常去看他们演出，认识了许多朝鲜文化人。不料他和“新协”的接触，竟导致了后来他的死亡，这真是谁也想不到的事。

和聂耳在过一处的人都知道他会讲北京话、上海话、广东话，佩服他懂的方言多，但不一定知道他在学习语言方面有高度的能力：他在日本仅仅住了三个月，就能够和日本人谈话；他和“新协剧团”的朝鲜朋友相处不过一两个月，他就跟他们学会了许多朝鲜歌曲，还学会了一些日用的朝鲜话，这都是令人惊异的。聂耳在东京学日本语时，他除了进补习学校，还请了一位女教师，每天到他的住处指导他学习一小时。他的教师不懂中国话，只有课本上有中文对照，教师用日本话讲解，见面时就用日语交谈，聂耳很快就能说很多日本话，比我们先去的还说得好。现在回想起来，聂耳后来不进补习学校和不愿在中国学生多的“下宿”里面住，重要的原因恐怕还是避免有人认出他来，发生意外，这也可以看出他的革命警惕性是很高的。但他是一个不畏惧敌人的勇敢的革命者，他不论到哪里都要干革命活动的。所以日本的警察还是知道了他是聂耳，日本警视厅特高课的“刑事”（便衣特务）光顾过他的住处，盘问他到日本的目的，由于他应付得好，没有出什么问题。他也并不畏缩，仍然参加各种革命活动。

八、在东京的生活点滴

聂耳身材不高，但身体非常健壮，特别是胸部和两臂的肌肉很发达，一鼓起劲肌肉就凸起来，这是他经常做体育锻炼的效果。他每天起床后要做体操，随身常带着一副扩胸器，他能够把五条拉链拉直，在胸部连续拉多次。他说在国内时每天早上体操后就用冷水擦洗皮肤，即使在冬天最冷的时候也不例外。到日本后，他对日本的澡堂很感兴趣，因为日本的澡堂非常简单适用，澡堂里面有一个方形的池子，可以容纳十多个人同时蹲在里面。池子里不断地有很热的水流进流出，经常保持一定的水位和热度，洗澡的人只能在这里面泡一下，不许在池水里擦洗，因此池子里的水一天到晚都保持干净。洗澡的人在池子里泡了后，从里面出来，四周的墙壁上装有几十对冷热水龙头，可以坐在水管旁边，用小木盆从龙头上取水洗身。这种澡堂每条街道都有一两个，只要花两分钱和十分钟的时间就可以洗上一次，从早到晚随时都可以洗。聂耳每天早上体操后，就到附近的澡堂，先在池子里泡到皮肤发红后，出来用冷水从头到脚一冲，这样一热一冷的刺激，可以促进血液循环，增加皮肤抵抗力，但也只有像他那样锻炼有素的人才受得了。我们一般的人在池子里不敢多泡，出来后也多半用热水冲洗。聂耳常说，身体是革命的本钱，应该好好锻炼，才经得起艰苦。他也以他的身体结实而自豪，他说过："像我这样的身体，就是拿大棒棒也把我打不死。"我们也非常佩服他锻炼身体的那种坚强精神。

聂耳在日本，依然保持他的一贯的俭朴的生活作风。他住的那家"下宿"一个月要收九元伙食费，聂耳就不在"下宿"搭伙，每天到"御料理"（一种廉价小饭馆）去吃一角一餐的日本饭。这种日本饭是很简单的，只有一大碗饭，一碟小菜，一小碗豆酱做的汤。聂耳第一次去吃，把饭吃完觉得有点不够饱，向堂倌再要了一碗饭，旁边吃饭的日本人都望着他微笑，原来日本人吃饭不论在家里或是在饭馆里每餐都是吃一大碗或一大盘，养成定量的习惯。聂耳后来也吃惯了，他说像日本人这样定时定量吃饭，对身体确实有好处，开始吃时一碗饭觉得有点不够，吃惯了就不想多吃，吃了一碗也就够了。那时我们在日本的中国学生，如果不在"下宿"搭伙，多半到中国人开的"支那料理"或者到日本人开的"西洋料理"去吃，像聂耳这样去吃日本饭的确实是很少的。

聂耳的衣着也很朴素，平常只穿一件布衬衫、一条布裤子，和日本朋友见面时才穿上他唯一的一套旧西装，是黑哔叽呢子做的，可是已经穿了好多年了，从来不见他戴帽子。他在上海的后两年，收入逐渐多了，在上海那样享乐腐化的环境里，特别是电影界，有许多比较进步的演员都沾染上资产阶级的恶劣习气，讲究时髦，而聂耳却始终保持艰苦朴素的作风，这确实是值得我们学习的。

九、聂耳之死

1935年7月，"新协剧团"要由东京到京都巡回演出，他们请聂耳参加指导。聂耳本来已经决定和我们十几个云南学生一道到保田海岸避暑，那时正是暑假期间，日本学校的暑假有三个月，学生多半到乡下海滨去度假期，选择一处有海水浴场设备的乡村，租几间房子，少则数人，多则数十人同住，早晚读书，白天到海滨游泳，在沙滩上休息，生活非常有趣。而且乡下物价较低，又是自己做饭吃，花的钱比在东京还要少。像这样有海水浴场设备可以避暑的海岸在日本全国有几百处，当我们即将去保田海岸和聂耳分别时，他还以肯定的语气说：等到京都的演出结束，一定来保田，不料竟成永别。

聂耳和友人一道在7月9日早上由东京坐汽车出发，一个半小时就到了神奈川县的鹄沼海岸。那些天他们就在海滨洗海水澡，聂耳还在他的日记里记下了他对海水浴的乐趣：一个浪头迎面汹涌而来，把身体对着浪头俯冲过去，刚好从浪花上面像燕子一样的飘过去，第二个浪头又涌来了，照样浮过去，一个接连一个，直到力乏了才站起来，真是十分愉快。17日午饭后，他又和一些友人去海滨，由于海岸宽阔，有的人只在浅水处玩，有的人游到深水处，到了午后三时多友人要返回到住处，看不见聂耳了，他们派人去找也没有找着他。到第二天早上，海边发现了一具尸体，已经被海水泡得肿胀，他们去辨认，根据身材和左腮下的紫疤，确定为聂耳的遗体，便打电报到东京中华青年会转云南留日学会告知这个不幸的消息。电报转到保田海岸。大家都很悲痛，推举张天虚立即赶到鹄沼料理后事。他们到鹄沼后，把聂耳的遗体送到火葬场火化，把骨灰收在一个瓷罐里送到东京寺庙寄放。这个骨灰罐后来由天虚和郑子平带回上海，交给聂耳的哥哥带回昆明，葬在西山华亭寺旁，使名山更为生色，西山的聂耳墓已经成了大家对这一位伟大的人民音乐家崇敬纪念的一个胜迹了。

我们大家对于聂耳之死，都觉得死因不明。虽然海面风浪大，聂耳喜欢破浪游泳，有被浪头打入水内淹死的可能，但我们知道聂耳是会游泳的，而且在海水浴场有许多安全设备，很不容易出事故，所以我们怀疑他有被日本反动派谋害的可能。前面已经说过聂耳在东京被日本便衣特务盘查过，可见日本反动派对他很注意。那时候国民党反动政府勾结日本反动派迫害留学生的事也是常有的，中国学生常被日本警察局叫去问话，无理拘禁，或者押送回国，我自己也是被押送回国的一个。如果日本反动派要谋害聂耳，在那茫茫大海之中置一个人于死命是很容易的。所以当时就流传着聂耳被中日反动派谋害死的说法，这是很有理由的，遗憾的是聂耳死时没有一个中国人在场，无法证明他的死因。后来郭沫若院长替聂耳作墓碑时，也只好说“其何以致溺之由，至今犹未能明焉”。

（后略）

原刊云南省政协编《云南文史资料选辑》第十四辑

1981年

作者简介：杨式谷　聂耳在日本相识的同乡友人。

“天才损失年”悼聂耳

蒲 风

6月2日，在东京中华青年会馆内举行的第五次艺术界聚餐会会场上，聂耳先生的关于中国的音乐界的报告，引起了整个会场的兴趣。虽然，他的报告，足足讲了两个钟头，而且，那时大家都在半饿中。他的口音是那么的清晰，对于抓住听众的关心方面，他又是那么样的机警。尤其是说到中国新兴音乐界方面，他一方抨击靡靡之音的黎锦晖，一方又力说《渔光曲》之不足为例，是《孟姜女寻夫》的旧调子的发展。同时，他更歌唱出来，指摘出雷同处，给我们以事实上的证明。后来，说到他自己的作曲，最先就提起了“中国诗歌会”主编出版的《新诗歌》旬刊上的《码头工人》，使我心里感到兴奋的跃跳，想着：“原来，这就是我们的《码头工人歌》的作曲家呵！”接着，他还说起了《开路先锋》、《大路歌》等曲作。

继着长长的演词的，那是以上所述诸曲的歌唱。每一曲都在听众的热烈鼓掌下完结，而《大路歌》和《码头工人》里头的做工时候的音节，更使我们留下深刻的印象。

在聚餐的时间中，我跟他作了一个联络。我说：“此后，我们诗歌界应该多多和音乐界合作。”同时，我要求他参加我们的诗歌座谈会。当我的要求得到满意的答复后，他说：“在上海时就要找寻‘中国诗歌会’，只是忙……”

6月16日，聂耳同志非常早地就出现在我们的座谈会上。连我们指定的届时去他寓所，同他一道前来的朋友，也后了一脚。那一天，中心的题目是关于抒情诗。因为抒情诗跟音乐有密切关系，他于发表意见后，动议了下次应该研究的题目，“诗歌与音乐的关系”，这动议，马上得到了大家的赞同。

这一次的会场上，他唱一些民间的情歌。而一次二次应我们的要求而唱的是《码头工人》。那时有两个日本朋友，经过了小小的解释后，也听得兴致勃然。

正因为有日本人在，有一次，日本通的通译还没有翻译出来的话，倒是来日仅有两月的他先翻译出来了。在大家的惊奇下，我感到他那种可敬佩的天才。

座谈会是由下午四点一直延到十点。在散会前，他又唱了《义勇军进行曲》，使我们在朦胧的灯光下，耳朵里仍留着“…… 前进！冒着敌人的炮火前进！前进！”的壮音。

后来，是炎夏了。当我又一次看见他时，我问他是否也到房州去。他的答复是：“迟一点会来，现在还有点事。”不久我到了房州，朋友们为我传来的他的消息是：打算登富士高山，已离开了东京。

1935年7月19日，朋友们告诉我一惊人的消息，说是日本的报上，有聂耳先生的在相州溺死的消息。接到报纸一看，姓名年龄是丝毫不差，只有住址被披露出的是中华民国青年会。

可是，尽管报纸上是那样的披露着，我们心里都还是不敢相信。我们的意见是：为什么那么一活泼的24岁的天才音乐家会这么快的死去？

但是，昨天，东京传来的消息，说是他的尸身已经化灰！

尸身已经化灰，我们有的是沉痛！沉痛！我想起了他自己编谱制歌的《毕业歌》，我歌唱：

我们是要选择“战”还是“降”？
我们要做主人去拼死在疆场，
我们不愿做奴隶而青云直上！

可是，聂耳同志，我们哪里去找尔来“弦歌在一堂”呢？如今！不错，我们要“掀起民族自救的巨浪！”不错，这“巨浪！不断地增长！”但是，我哭尔悄悄地便殒身于海上！尔，为什么不再跟我们同来“担负起天下的兴亡”？

一位朋友说，田汉在牢中听到了阮玲玉的死讯时，执笔而挥“天才损失年”五字。现在，要是田汉犹康健在牢中，应悲叹不幸这一句话又得到了应验吧！

天才损失年，一个天才的音乐界的明星，在岛国陨落了！陨落了！唉……

1935年7月22日于房州

原刊《聂耳纪念集》
日本东京1935年版

作者简介： 蒲风　中国左翼作家联盟的成员，中国诗歌会《新诗歌》的主编。

永别了聂耳

杜　宣

记得是一个初夏的晚上，焕平来我家商量艺术界聚餐会下次开会的程序，每次我们都觉得开会时关于音乐方面的总没法顾到，所以这次我特别提出这问题来。但意外地，焕平立刻告诉我说："现在有个专门研究音乐的朋友来了，是《大路歌》的作者，叫做聂耳。"我听了这消息，真是莫名的高兴，我一再地嘱咐焕平一定设法把他请来。焕平也很兴奋，因为我们的阵营里又突来了一支生力军，临走时在他瘦削的脸上，仍滞留着一道红光。

在开会的这天，焕平来得特别迟，差不多人都把会场挤满了，他还不见来。因为时间已过，没法再等下去，我只得把签名簿翻开来看，结果大失所望，姓聂的倒有一个，但是叫做聂守信，不是聂耳（这时我还不知道守信即是聂耳）。这姓聂的也许就是他吧？在失望中勉强的想出这一线希望来安慰自己。于是我向大家报告："今天本来有一位名音乐家聂耳先生来参加我们的会，但不知道来了没有？"当我刚说完这句话，底下却站起了一个穿黑西服的壮健的汉子（聂耳！那时我做梦也想不到那就是尔）。自己介绍说就是聂耳，这时全场会场的空气顿时严肃起来了，每个人都以惊讶的眼光投在他的脸上。直到他以两个多钟头的时间来检讨中国乐坛以后，我们立刻觉到他不但是一个进步的音乐家，还是一个大演说家，一个社会运动者。

以后我们常常见面，在谈话中我知道了他是一个勇敢而刻苦并抱负了伟大企图的青年，于是我敬爱他。

接着是暑天了，我们都打算到北条避暑去，他还答应在海滨教我们弹吉他。恰巧那时适逢日本的新协剧团正要到大阪去公演，有朋友约他，他打算跟去，一方面去看看他们的演剧，附带还可以去旅行。他这样决定后，我们于是就分道而别。

在海边我们很热闹，大家到了那儿都似乎不愿读书，天天在海滩上打闹，聂耳，这时我们总是谈到尔，都希望尔能快点来，为学习他还把吉他带到海边来了，专在等尔教呢。但是谁也料不到，尔竟在鹄沼海岸淹死了，这消息起初使我们惊讶得不敢相信，然而后来天虚他曾亲眼看见尔血迹模糊的面孔，他曾亲手把尔浮肿的尸体烧成一包灰白的骨灰，这怎能使我们不相信是真实呢！啊！天！难道就这样的结束了这健壮的青年，就这样轻轻的完结了这青年斗士的一切吗？至今仍使我有点迷茫。

尔的死，带给了我们无限的凄凉！海边的空气也就似乎浮上了一层寂寞，当我们大家聚会的时候，每个人都好像少了点什么似的，总提不起劲儿来！啊，聂耳，当我每天到海边的时候，我看到这一片蓝黑的怪物，还在张着那血腥的巨嘴，吐出像獠牙似的浪花，这是多么难看的一副吃人的怪相啊！我不禁的有点愤恨。

聂耳，当我一想到尔的死，尤其是尔那临死前的一刹那，我便会感到非常难过。我虽然没有濒死时的经验，我虽然没有面对过死，但我想得到尔在尔临死前的片刻，只要当尔自己意识到尔是要死了，尔的一切都要熄灭了的时候，尔该是多么的在悔恨自己的孟浪。那时尔内心的苦痛，也不是我们能想象得出来的。

当这黑夜中正在战取着天明的现在，一个英勇的斗士，是多么值得珍惜的呵！正因为一个人的损失，也就是全人类的损失，为了要完成全人类给予我们伟大的使命，我们该特别珍重自己；而聂耳，尔正在这尖锐的时候，竟因疏忽而致死了，在尔自己固然是抱恨终天，但在后死的我们也感到无涯的怅惘了。

聂耳，在今日追悼尔的时候，我没有什么来安慰尔这屈死的灵魂。我们只有跳进这现实的洪炉里，去攫取我们最后的胜利。魂兮有知，当含笑于九泉吧？

1935年11月1日午夜，于东京

原刊《聂耳纪念集》
日本东京1935年版

作者简介：杜宣　为中国左翼戏剧家联盟成员。后曾任上海市文联副主席。

在聂耳墓畔（摘录）

——纪念聂耳同志逝世二十五周年

林　林

记得1935年春，聂耳刚到东京的时候，住在神保町一间三席宽的小“贷间”（出租的房子），他引我到过他的住房玩了一阵。我看过他的照相簿，那里面有一幅歌剧《扬子江暴风雨》，他扮饰着工人老王，抱着死去的小孩子，充满对帝国主义者的义愤。他对这张照片好像是非常心爱的。

他对我说：来到日本也不容易，他很爱惜时间，计划要好好学习，首先是日本话，要交日本朋友，可练习日本话。他说：来到日本，有许多书不能读，有许多朋友不能谈话，这多么苦啊！

到暑假的时候，他就愿意跟日本朋友到海滨去。当时我感到聂耳同志那股学习的热劲，真是十分强烈！

在神保町一间茶店的楼上，中日两国诗歌工作者举行了一个座谈会，聂耳同志是为这座谈会所欢迎的对象，他报告了中国近代音乐发展的情况。当时我对祖国的音乐发展情况，可以说毫无所知，对聂耳的报告，觉得非常有趣，印象也很深刻。起初以为聂耳同志是个作曲家，哪知道他同时也是一个很好的音乐理论家。他在理论上说明了许多问题，又用他带在身边的那只小提琴随时演奏，并且随时口唱，作为他的论证的说明。记得他谈到黎锦晖（明月歌舞团的主持人）的时候，他指出黎锦晖的作品，多少接近了民间，但又有靡靡之音的倾向，坏处在只迎合小市民，不接近劳动大众、反映劳动大众。他又指出新音乐应该吸取中国民间音乐的精华。顺便他又提到当时很风靡一时的《渔光曲》（任光作曲，安娥作词），它的旋律是从民间音乐《孟姜女》脱胎来的。我们从没有想到这两者有着关联之处，经他这一唱那一拉，对照之下，就清楚地听出痕迹来了。

暑假到了，在东京的中国同学们大多到房州海边避暑去，而聂耳同志就同日本、朝鲜的朋友到神奈川鹄沼去。哪知道他这一去就不复返，终成永别了。据当时传说，7月17日那一天，是一阵漩涡把一代天才的聂耳卷入大海深渊了。聂耳同志的许多歌声的锋芒，正是对着当时的日本军国主义者的，但是当时我们年轻不懂得警惕。郭沫若同志在墓志铭上还说："……不幸而死于敌国，为憾无极，其何以致溺之由，至今犹未能明焉。"

那时候，我们听到他不幸的消息，不用说是万分震惊和悲痛的，就商量请张天虚同志到鹄沼去办理他的后事。天虚同志含着眼泪带着他的骨灰回来了，后来交给在云南的聂耳的母亲。

我们那些同志给他举行了一个相当隆重的追悼会，也出版了一本纪念册，其中有郭沫若同志的一首悼诗，他把聂耳和英国诗人雪莱相比，他们都是年轻时溺死在海里的。黄新波同志还刻一幅木刻封面画，刻聂耳手提着七弦琴。给聂耳同志召开的欢迎会，给聂耳同志召开的追悼会，相隔的时日是那么短促啊！

聂耳原名聂守信，也叫做聂紫艺，作为音乐家喜欢用"耳"字做名字那是容易理解的。按高尔基的话说，作家应是阶级的心脏、耳朵、眼睛和喉舌，我们的音乐家也应和作家一样。聂耳同志是很懂得怎样使用他的耳朵。他终于成为中国现代音乐的"开路先锋"。

聂耳是从贫苦家庭出身的，他当过大兵，当过店员，他也爱他家乡的民间音乐，虽然有了不少作品的成绩，仍然坚持学习。在东京的时日，我还听他说过希望从日本到别的国家深造。聂耳的音乐明显的特点，是用明朗刚健慷慨豪迈的旋律，成为"中国革命之号角，人民解放之鼙鼓"。他的作品，无论是《大路歌》、《开矿歌》、《码头工人》以及《义勇军进行曲》等等，都是听了党的话，沿着正确的阶级路线前进的。他的艺术服从于政治，没有政治热情，能够这般动人地歌唱吗?

原刊《人民日报》1960年7月17日

作者简介：林林　时为中国左翼作家联盟日本东京支部负责人之一。

忆聂耳

侯　枫

当我在土肥海滨避暑的时候，对于聂耳的死讯，在疑信参半中总极力地希望着那是谣传，或者是同姓同名的另一个人所发生的。然而，铁般的事实，终于把我的希望打破粉碎了。呵，聂耳！你竟真的死了，死在异国的海洋中。

聂耳到东京来，在先因为没有通讯，所以，我并不知道。有一天，在神田的一家中国饭馆里面遇着了，异国逢故人，不禁皆大欢喜，互相诉说在上海别后各自的遭遇。他告诉我：田汉同志等被反动的国民党政府勾结帝国主义者的工部局抓去，已被解押到南京，监禁在牢狱里；因为整个上海笼罩在白色恐怖之中，他终于决定离开上海往由日本到法国和苏联去进修。因此，现在是在东京稍事逗留。谁知大志未偿身竟先死呢！

我认识聂耳，及今不过短短四个年头。然而，因为彼此生活比较的接近，所以，留下的印象是深刻的。记得在中国中部各省洪水泛滥那一年（编者按：1933年初），上海各界假座“新世界”举行游艺会募捐的那一个月中，我差不多每夜从报馆出来，便跑到“新世界”的话剧后台去帮忙。有一次，我在后台遇见一个饶有风趣的青年，竟然一见如故地攀谈起来，从上海文艺界当前进行的各种工作情况，到如何集结力量对国民党政府勾结帝国主义工部局的文化围剿进行突破和反击。可是，我们并没有互通姓名，通过安娥的介绍，我才知道他就是聂耳。

后来我和聂耳不但见面的机会多，而且在一起工作过。当大道剧社被压迫得无法进行公开活动的时候，我们曾经主动地结束了大道剧社工作，邀请白薇、聂耳等参加，另行组织上海剧社，假座上海八仙桥基督教青年会举行集会，开展活动，可惜坚持的时间不长。当时因为无法租到剧场进行公演，我们就改变了方式，利用各种关系，到各个学校的礼堂和近郊的农村去演出。

记得有一次我们应约到大场去，这是一个初夏的时光，我们——田汉、辛汉文、安娥、郑君里、舒绣文、聂耳等从市内出发，经由北四川路转入江湾路，到达大场。我们除了带一些简易的化妆品和道具之外，还带了一个排球。一路上打打玩玩，说说笑笑地行走着，就像一支郊游的队伍，抵达目的地时，受到主人热情地接待。我们稍事休息后，即分组出去进行采访，再把采访所得的材料向田汉同志汇报，由他综合集中起来，编成一个故事，并规定剧中人的各种关系和每一幕的中心内容，台词经由演员按照剧中人各自的情况和需要进行设计、编排。这个剧本写的是农村经济为什么会破产的题材，剧名为《棉花》。这就是我们当时经常采用的活报剧。因为我们的演员太少，角色不够分配，便决定由刚在台上拉过一曲“梵华林”（小提琴）下来的聂耳和我扮演两个讲广州话的十九路军的将士。由于聂耳高超的语言才能得到了高度的发挥，惹得台下的观众笑个不休。从此，聂耳也就肩起了抗击日本帝国主义侵略的光荣的革命军人的绰号。但又有谁知道：他竟会抱着未竟的大志而葬身于异国呢！

1935年中秋节后于东京

原刊《聂耳纪念集》
日本东京1935年版
现据修订稿手稿校录

《新文化史料》编者按：聂耳1933年3月16日的日记中写有：“大场演戏，感到另一种风味。像我们这样蹩脚的上海话，居然凑成功一个反帝的上海语话剧。”聂耳在日本不幸逝世后，中国留学日本的学生1935年12月31日出版了一本《聂耳纪念集》。其中侯枫写的《忆聂耳》一文中，提到了他与田汉、聂耳等人那次去大场演出的事情。我在编辑《聂耳全集》收集资料的过程中，1980年曾在广西南宁拜访当年中国左翼戏剧家联盟的成员侯枫同志，并约他将1935年写的《忆聂耳》再补充一下。后来他调回家乡广东担任省潮剧院副院长时，寄来了这篇《忆聂耳》的修订稿，不久后他就病逝于广州。值此纪念聂耳诞辰八十周年之际特予发表，以使读者能够了解聂耳除了音乐、电影活动之外，在中国左翼话剧活动中之一斑。

向延生1991年11月25日附记

作者简介：侯枫　时为中国左翼作家联盟成员。

普通的生活　高尚的心灵

—— 冯绍京同志回忆聂耳在日本的二三事

韩　溪

为纪念聂耳逝世五十周年，我刚刚写完《聂耳，你写出了华夏国魂》，追念这位音乐巨人的情丝，久久在心头萦绕，忽又得悉聂耳在日本的一位同学 —— 冯绍京同志正在唐山。出于对聂耳的敬慕和学习的欲望我起了个大早，乘车到新区拜访这位冯老。由于新区文化馆馆长杨胜利同志已经作了预约，今天又有他和新区文教局副局长徐宝山同志作陪，所以，一走进冯老的住室，我们就一见如故了。冯老十分兴致而极其珍重地从书橱里找出一本美国版本，英、法两种文字对照的小提琴练习曲《霍曼》。冯老说："这是1935年聂耳同志代我买的，他还代我买过一把'铃木'小提琴，一有空就指导我练习，乐谱上面还存有他当年给我上课时画的红道道。可惜那琴在战争年代丢失了。"冯老一面说，一面把这本珍藏了半世纪的书递给了我。冯老接着说："我是1934年到日本学习的，1941年毕业于日本东京明治大学政治经济学部。归国后，五箱子书全部丢失了，唯有这本《霍曼》我还保存着……"我翻着书，听着冯老讲述聂耳的往事。

一

冯老说："我的老家原在河北省丰润县（今丰南县），由于无法生活，祖辈闯了关东，东北沦陷后，我到日本读书，开始在东京东亚学校学习，这是个专门给中国留学生补习日语的学校。我住在东京市神田区神保町二町目十二番，房东是一位由美国学习回来的高级裁缝，名叫梶原胜次，他家有栋三层楼房，我住在二层。1935年的一个星期天，声声动人的琴音引起了我的好奇 —— 这是哪来的小提琴声。我追音寻人，当我走到三楼一个多边形的亭子间，终于找到了：他是个个子不高的青年，虽然身着日本大学生制服，但不是金（铜）扣，在日本人眼里，就是一个普通佣人。他见我进来，放下了手中的琴。我们攀谈了起来，知道他是云南人，刚到日本不久，名叫聂守信，也在东亚学校学习。他当时告诉我，想取道日本去意大利学音乐。今天看，显然没有告诉我真意。

“我是个音乐爱好者。小学学会了认五线谱，中学在学校乐队里吹笛子和笙，出国时，还把心爱的竹笛带在了身边。一天，聂守信到我屋子里，看到这把笛子，拿起就吹，那优美的音调，灵巧的手指，让我大吃一惊，他不仅提琴拉得漂亮，还能吹一手好笛子。由于音乐做媒，我俩来往更多了。一天从报上看到，日本新交响乐团要演出贝多芬第六（田园）交响乐。他就跟我说，交响乐是音乐艺术的最高形式，在中国目前是看不到的，只有上海工部局有个交响乐队，成员也大都是外国人。他拿出了袖珍总谱，给我讲这部交响乐的主题、每个乐章的内容。尽管当时我是第一次听到交响乐这个名称，更是第一次知道这么多音乐知识，但他那认真而又深入浅出的讲解，一下子使我着了迷，并跟他一块买票看了这场演出。由于事先给我作了讲解，听完后大开眼界，进一步懂得了音乐的价值，并从此开始向他学习小提琴。他教我是非常严格的，一切都是正规的，一个指法，一个弓法，乃至一个记号，都不能马虎，练习曲上的红道道就是我出错时他给我画的，让我自己练时注意。后来，有的行家说我的小指用法灵活，那就是聂守信教的。遗憾的是我没有坚持学下去，改学了政治经济学，但我还一直热爱音乐，音乐是我生活中的重要伴侣。在我回国的轮船上，那滔滔的海浪，阵阵的海风，使轮船一直在颠簸中行进，它就像遭难的祖国。我默默地看着，想着，忽而流出了音乐，我写下了它，并起名叫《风浪曲》，抒发了我的爱国之情，忧国之心。当时我曾想过，如果聂守信还活着，看见我这篇作业，一定会高兴的，而现在我只能用口琴自个儿吹一次。”

冯老已近七旬，时隔五十多年的旧事，连时间、地点都记得如此清楚，实在出乎我们的意料，同时也促进了我们谈话的深度。当话题转到聂耳的生活和思想时，冯老说：“当时，他的生活很困难，月底经常连吃饭的钱都没有，只能借钱度日。他的屋子里只有一个木头桌子，一把椅子，一个小行李，最珍贵的财产要算他手中的那把提琴和二尺来厚的一垛乐谱，无疑，这是他的心爱物。日子久了，我发现他宁可不吃饭，也要买书、听音乐会。为了他的健康，一到月底，我就主动帮他付饭钱，但他手里有钱，就立即还我。”

“他桌子上还有几本相册，里面贴的大都是明星的照片，像王人美、黎莉莉的，还有明月歌舞剧社跳舞的。聂守信告诉我，他曾待过的这个团的老板（即指黎锦晖先生）经营的歌曲多是靡靡之音，也曾登报批评老板，但那里的孩子们是好的，纯洁的，只是老板不好。”当我翻到阮玲玉的照片时，他心情非常沉重地说：“她死了，她是个难得的好演员，太可惜了，是中国的社会把她杀死了！”

冯老告诉我们：“在同一个楼里还住着一位姓李的朝鲜人，聂守信对他比我还亲。我当时很不理解，我们是同宗同祖哇，可聂守信却说：人家亡国了！后来我参加革命才懂得，这是国际主义精神啊！”

“我在自己的屋子里，几乎天天可以听到聂守信的琴声。开头经常是练习曲，有时也拉拉流行歌曲。他拉得最多的是舒曼的《梦》和德尔德拉的《回忆》，那饱含深情的琴声，常常唤起我的思乡之苦。”冯老讲到这里，我插了一句：那时聂耳刚刚完成他一生最后的一支战歌，也是他的代表作——《义勇军进行曲》，铿锵的战斗旋律还在胸中迸发。他不仅在用《回忆》倾诉自己的恋国之情，而且是在暗暗向人民呼唤，“起来，不愿做奴隶的人们”，要“冒着敌人的炮火前进”。冯老说：“可惜当时我只知道他是一个穷学生。今天看来，他很会保护自己，经常拉拉流行歌曲，对别人就是最好的迷惑。”

冯老接着说：“那时我18岁，比聂守信小，他的字写得很好，还说一口漂亮的英语，听我英语发音不准确，就耐心给我纠正，真像一位老大哥，我非常尊重他。说来也怪，论装束，他穿的最次，但房东女主人渡边幸子特别尊敬他，一口一个‘聂先生’，她妹妹渡边妙子是个教师，对聂守信也格外尊敬。一到星期天，他屋里经常有客人，有时多至一二十人，从服装上看，大都是东亚学校的学生，其中有上海人、广东人，大家把他围在中间，听他拉提琴、弹吉他，尽享南国之音的美妙。有一次，大伙把用鲜花编织好的花环，套在他的脖子上。每当这个时候，我就坐在屋子的一角，分享他们的欢乐。我也看得出，聂守信是这些人的中心。”

“一晃暑期到了，他邀我假期去洗海澡，由于我思家心切，一放假我就回国了。当我在开学前返回东京时，一进门，渡边幸子就沉痛地告诉我，‘聂先生淹死了！’我听了这个消息，简直惊呆了。急步跑到三楼上，人去楼空，只有他用过的小提琴和他读过千百遍的乐谱，还守护着主人的房间。我久久地望着它发呆，我失去了一位兄长，一位乐友，一位老师！我回到自己的住室，很长时间都有孤寂感。开学的时候，教室黑板上用中文写着‘聂守信于七月十七日在鹄沼海滨游泳淹死’，日本《朝日新闻》还发了消息，从中可见聂守信的威望。”

“大概是1936年春，我在东京街头的书摊上，见到一本聂耳纪念册，当我翻阅时，才知道聂守信就是聂耳，是位了不起的音乐家。1945年10月，我在黑龙江省望奎县民主政府参加了革命工作，当时的县长叫冯耕夫。在和我谈话时，得知我曾在日本学习，曾向我问及聂耳，我告诉他我俩住在楼上楼下。冯县长以极其崇敬的心情对我说，‘聂耳是位共产党员，是我们党的音乐家，他逝世的日子被定为中国音乐节。’从此，我常常回忆我俩相处的日子，努力从我的脑海里追寻他的一言一行，想从中了解一位伟大无产阶级音乐家的生活和心灵。”

二

听完关于聂耳在日本二三事的追述，面前的冯老，忽然在我眼里年轻了好几十岁。我的思绪也回溯到半个世纪以前，因为这都是一个18岁青年眼里所看到的聂耳，当时不仅不知道他是一位音乐家，更不知道他是一位共产党员，只知道他是一位想去意大利学音乐的穷学生。一句话，一件事，都是白描，没有夸张，也没有着色，是那样的普通。但在这普通的生活里，却透出极其高尚的心灵。请看——

第一，自己在以音乐为武器来拯救多难的祖国，同时又处处都在宣传音乐的作用，努力培养音乐人才。他代人买提琴，买练习曲，买音乐会票，还挤时间义务教学、讲交响乐，要知道，这是正在准备出国留学考试的“一寸光阴一寸金”的时刻呀！我想，假如我们今天的音乐家，每个人都像聂耳这样，为发现人才、培养人才、宣传人才尽一份力量，我们音乐队伍一定会很快壮大起来。

第二，“他不仅提琴拉得漂亮，还吹得一手好笛子”，同时“宁可不吃饭也要买书、听音乐会”。从这里看，在聂耳的头脑里，是没有“土洋”之争的。他是不分国界、不分民族、广学博采的，以他炎黄子孙之心，熔铸成足以反映华夏国魂的伟大作品。聂耳在这方面为我们做出了榜样，他的创作生活，正处国难当头、民族存亡的时刻，他不仅写出了《开路先锋》、《前进歌》、《毕业歌》、《大路歌》等音调高昂、激愤，节奏坚定、有力的战歌，他还谱了《塞外村女》、《梅娘曲》等感人肺腑的抒情歌曲；他还根据民间乐曲《倒八板》改编了《金蛇狂舞》，以昆明民间曲牌《宏仁卦》为素材创作了《翠湖春晓》。这一切都说明聂耳的创作，题材、体裁、形式都是“百花齐放”的，而又具有民族的、大众的、时代的特点。这不都是值得我们学习的吗?!

第三，他心中有一杆秤，虽然在日本由于环境、任务的原因，他不能明确表露自己的胸怀，但也能抓住恰当的时机，用含蓄的语言，说出明确的态度。像面对朝鲜人比对自己的同胞还亲，这是因为“人家亡国了”！从他这句话里，我已经体味到“中华民族到了最危险的时候”的这句歌词，在他心中曾激起过多大的波涛。回过头来再看一看“最”字前面的那个八分休止符，犹如晴空霹雷，让人警醒，催人出征，是否也可称为“无声胜有声”。对阮玲玉之死，他一针见血地指出，“是中国的社会把她杀死的”，对明月歌舞剧社，在他眼里“老板不好”，“但孩子们是好的，纯洁的”。我们听一听《铁蹄下的歌女》，那凄切、悲凉的音调，不正是聂耳在为她们控诉吗?! 一位作曲家，只有和社会、时代同步与人民同甘共苦，才能写出富有社会价值的作品。

第四，“论装束，他穿的最次”，但大家却把他视为“中心”；身处战争中的敌对国家，却能得到异国人民的“特别敬重”。这是为什么？因为聂耳有足以让人敬重的人品，他时刻都在实践着“不锻炼自己的人格，无由产生伟大的作品”的诺言。这个真理，在今天是何等的重要啊！

1985年9月18日于唐山

原刊聂耳、冼星海学会编《论聂冼》
1985年内部资料

作者简介：韩溪　河北省唐山市的专业作家。

聂耳遭难时之情形

滨田实弘

昭和十年（民国二十四年，1935）七月十七日午后一时半左右，聂君、李君、家姐、厚（我九岁的外甥）一同到鹄沼海岸去洗海水浴。到的时候，是两点钟左右。李君独自先下海，聂君等着家姐换衣服，三人随后一同下海。

那天，风浪很大，有很多人和小学生们，也在那里游泳，因此各人都没有特别关照。

在海里，李君是单独一人，聂君则在水深齐胸的地方独自跳浪游着。同时，家姐是在水浅的地方，招呼着厚一同游着。

约有一个多钟头，家姐和厚一同上岸来，就遇到李君，说预备先回去，要寻聂君打个招呼，寻聂君不见。那时听遇在一起的李君也说，下海后，一回也没有见到他。于是李君到海里，家姐在岸上寻（时三时半多）。直到四点半都没有寻得，便连忙通知监视所，分头在海岸一带寻觅。我接到报告，到海岸去的时候，已是六时左右，潮已经涨上了，仍未发现其踪影。其后李君听当地人们说，要到辻堂、茅ヶ崎那一带去寻，仍无下落[①]。夜晚江之岛方面也去寻过。但是，此刻除了专待明早潮退再寻外，别无他法了。十一点钟左右，只得回家。次日早上，也仍然寻不着。回家时，可巧接到警察报告说，死体已经打捞上来，我就忙到那里去看。

聂君的死体，是普通一般的溺死人样子，不难看，也没有吃着水，仅只从口里流着少许血，头也出少许血，据检验的医生说是窒息死。

把死体捞上来的那个地方，是在游泳地西南约三十米（九丈）的海底，拱成沟条的样子。

对死体处置，因事关外国人的事，我们不敢做主去做。由警察厅方面去和贵国领事馆交涉，以聂君未曾登过记而绝（借）口不承认收领尸体。因此，只好等着冀君来（冀君系李君与聂君共同的朋友，时在东京），商议善后的处置。一面洗了死体，穿上洋服，装入棺里交警察收去。

此后的一切，贵下和冀君都尽知了。

（本文系聂耳君住居其家之滨田实弘所写的报告，由张鹤君译出——原书编者）

原刊《聂耳纪念集》
日本东京1935年版

---

① 直到如今，在鹄沼海岸溺死的人，常在离那场所一里内外的茅ヶ崎捞上来。

聂耳在日本

—— 在吉林省纪念聂耳七十诞辰大会上的发言

韩冈觉

今天是中华民族的优秀儿子、中国共产党的优秀党员、人民音乐家、中国无产阶级革命音乐的先驱者聂耳同志诞生七十周年。

我国各地的文化界都在隆重集会纪念这位伟大的人民音乐家。

在一衣带水的日本，也有成千上万的友好人士在深切怀念着这位“夭折的天才”。

请允许我以《聂耳在日本》为题，对聂耳同志在日本的情况和聂耳同志逝世后在日本的影响作一些追述和介绍。

战斗的“三月计划”

1935年春，在当时上海地下党组织的安排下，聂耳同志制订了一个经由日本转道法国巴黎，最后去苏联莫斯科学习、考察和进行创作的计划。

从聂耳同志的日记、通信和谈话中，都可以知道，聂耳同志到日本有几个“三月计划”。这些计划是聂耳同志在出国前就制订了的。在白色恐怖统治下，作为已经上了黑名单的地下党员，他的行动是不可能经过长期酝酿和准备的，一旦组织决定就当机立断，即刻行动。从1935年4月9日，聂耳同志写给母亲的信中可以看到这一点。信中说：“亲爱的妈妈：生活变迁之快，实在给人想不到，我将在最近两三天内要动身到日本去。”翻看聂耳同志在1935年4月1日的日记，其最后一行是——到日本去！牛皮！三哥！留欧！……马上到“电通”，解决牧之的问题。回家大写计划，三时睡觉。这里写的“牛皮”是指他的三哥曾在日本大阪经营过牛皮商，他这次去日本的公开理由是到大阪协助三哥经商（而实际上聂耳同志的三哥已回云南并不在大阪），这个“放风”的目的是为了躲避国民党的盘查。这里所说的大写计划，就是指拟订到日本后的学习、考察计划。

为了在异国能够顺利地进行学习、考察、创作以及开展革命音乐活动，聂耳的第一个三月计划的重点是突破语言关。同时进行大量的社会调查，结识日本文化界的进步人士，加强与本国左翼留日学生的联系，为开拓无产阶级的文艺阵地，为开辟中国新音乐的道路而奋斗。

聂耳同志于1935年4月15日离开上海港，4月17日抵达日本神户，18日到了东京。从这时起到他7月17日下午二时许在鹄沼海滨被波涛吞没为止，整整经历了三个月，正是他结束第一个三月计划的时候。

聂耳同志的第二个三月计划是在坚持参加各项活动的同时，努力提高读书能力，加紧音乐技术修养，直到离开日本的时候。第三个三月计划是在坚持第二个三月计划的同时，开始翻译练习和创作实践。而第四个三月计划则是继续第二、第三个计划之外，开始俄文学习，整理已有的作品，作欧游的准备（聂耳同志在出国前已经基本上掌握了英文，他甚至在给妈妈写信时，结尾都要加上几句英语）。遗憾的是聂耳同志还没有来得及实现这些计划就仓促地离开了大家。

凡是接触过聂耳同志的人，当他（她）们回忆对聂耳同志的印象时，都会异口同声地说：他是一位不知疲倦的人，充满了青春的活力；他总是在如饥似渴地刻苦学习，分秒必争地拼命工作；他的性格开朗心地明澈，他喜欢花，喜欢书，喜欢孩子，喜欢运动，喜欢用种种方式来逗朋友们开心。总之，他热爱生活，热爱生活中一切健康、美好的事物。在他的脸上，从来看不到苦闷和忧愁，可以说他是革命乐观主义的化身。他每到一个地方，这个地方立刻就会出现欢乐的笑声和明快的歌声。

聂耳同志到达日本后的学习、考察和工作，也是可以以分秒来计算的。

我们的代国歌《义勇军进行曲》就是聂耳同志在东京完稿的。夏衍同志在一篇文章中写到——田汉同志被捕，留在我手边的是一个电通公司决定了要拍的、写在几页十行纸上的《风云儿女》的影片梗概。我替他改写成电影文学剧本，交给了导演。几天之后遇到聂耳，他第一句话就是："听说《风云儿女》的结尾有一个主题歌？"我给他看了电影剧本，这个剧本的故事是他早已知道的，所以一拿到手就找最后的那一首歌，他念了两遍，很快地说："作曲交给我，我干！"等不及我开口，他已经伸出手来和我握手了。"我干！交给我。"他重复了一遍，"田先生一定会同意的。"这是1935年初春的事情。

上影的周伯勋同志在一篇回忆录中告诉我们——《风云儿女》的主题歌是聂耳谱写的。当他写出初稿，征询了一些同仁的意见准备进行修改之际，就仓促出国了。5月初，电通公司拍摄的《风云儿女》，内外景即将全部完成，进入了后期录音工作，导演和制片人都在眼巴巴地盼望着聂耳寄来主题歌，这时，聂耳及时地从东京寄来了主题歌的修改稿。这就是很快地唱遍了全中国，在抗日战争中给了爱国人民以极大鼓舞力量的今天的代国歌《义勇军进行曲》。

此外，像电影《新女性》中的主题歌《新女性》也是在日本期间，通过书信来往和吕骥同志共同推敲、斟酌。这从聂耳同志在1935年5月21日写给吕骥同志的信和吕骥同志于6月24日写给聂耳同志的一封未发出的信中，都可以看出。

聂耳同志于4月18日到达东京，于7月9日上午离开东京去湘南相模湾海滨，期间在东京住了八十余天。这八十余天，他没有假日、没有周日，每天坚持四个小时雷打不动的学习（主要学习日语、音乐理论和小提琴），此外便是进行社会调查和参加各种活动。

他在短短的时间里，结识了一批中国的左翼留日学生，像张天虚、杨式谷、杜宣、蒲风、焕平、陈学书、承箕、洪干、伊文、林蒂、侯枫等人（有些是笔名）。在日本与朋友合照，多次参加中国留日学生星期聚餐会、艺术聚餐会、中国留日诗人诗歌座谈会、中国留日戏剧同仁戏剧座谈会等。1935年6月2日，聂耳同志出席了在东京中华青年会馆举行的第五次留日艺术界聚餐会，以“最近中国音乐界的总检讨”为题，作了长达两个多小时的发言。他的发言，使与会者为之震动，受到启迪和鼓舞。关于这次演说，在杜宣、蒲风等人的纪念文章中都有很生动的描述。蒲风写道：“聂耳一方面抨击靡靡之音的（作者）黎锦晖，一方面又力主为劳苦大众写歌。…… 他边讲边唱，每一曲都在热烈的掌声下完结，而《大路歌》、《码头工人》中工人做工的铿锵音节，给我们留下了深刻的印象。”杜宣写道：“当聂耳以两个多钟头的时间来检讨中国乐坛以后，我们立刻觉得，他不但是一个进步的音乐家，还是一个大演说家，一个社会活动家。”

聂耳同志在短短的时间里还结识了秋田雨雀、滨田实弘等许多日本文学艺术界的进步人士，通过他们与新协剧团、新筑地剧团、创作座等文艺团体建立了联系，观看他们的排练和演出，了解他们所在剧场的设施，剧团的结构、组织领导、创作，还作了一些观众调查。

至于此期间，聂耳同志观摩的音乐、舞蹈演出，更是数不胜数。从著名的新日本交响乐团的音乐会到宝冢少女歌剧团的歌舞晚会，直到一些业余的儿童舞蹈晚会，他都去观看。

像在新桥演舞场观看古典歌剧《蝴蝶夫人》；在新筑地剧场观看左翼新剧（话剧）《坂本龙马》；在日比谷公会堂观看新日响与美籍波兰钢琴家阿尔图尔· 鲁宾斯坦合作的音乐会、著名美籍俄国小提琴家艾弗连·津巴斯特合作的音乐会，回来后都要记日记、写评论。

他在1935年5月11日寄给吴家蓉的信中写道：“…… 到此将近一月，每天大部分的时间总是在音乐会中。日本乐坛的活跃真是有些惊人（当然是比较中国而言），尤其是在这春天，几乎无日没有演奏会，有时每日竟有两三个以上。”聂耳同志于4月18日到东京，但从他4月21日、22日的日记中可以看出，他已经看了几场音乐会了。他非常重视对日本音乐教育的了解，正值日本四大报纸之一的读卖新闻社主办“全日本新人演奏会”，由日本高等音乐学校、日大艺术科音乐部、东京音乐学校、武藏野音乐学校、大阪音乐学校、神户文学院音乐部、帝国高等音乐学院等十所院校的优秀学生参加，节目分两天演完，聂耳同志从头至尾细心地观看了演出。

除了上述日本人的演出外，像留日学生排演的中国话剧《雷雨》，聂耳也决不放过，不仅前去观看，还发表尖锐的评论。

聂耳同志出国之前。曾以“黑天使”、“噪森”、“王达平”等笔名，发表了一些击中时弊的短文和卓有见识的评论文章。到达日本以后，他也从未停笔，除了草拟在各种座谈会上的发言提纲外，还写了“日本影坛一角”、“法国影坛”、“苏联影坛”等多篇评论。

他从不满足于自己的学习进展和工作状况，总是在日记中检讨自己学习的不足和工作的不够。他为了更直接地了解日本剧团的演出情况，决定应邀参加新协剧团去大阪、神户、京都等地的旅行公演。正因为这样，他才没有和绝大部分中国留日学生一起去房州海滨避暑度假，而是通过新协剧团照明部主任（灯光组长）李相南（朝鲜族）的介绍，到了神奈川县藤泽市鹄沼海边洗海水浴和准备登富士山，然后赶到大阪与新协剧团的大队人马会合，参加演出。导致7月17日被波涛吞没的不幸后果。

聂耳同志在日本的三个月，是不知疲倦地学习、工作和战斗的三个月，他是一位刻苦求进、满腔热血的革命战士，他像一个火种，到处撒布着革命文艺的种子。

聂耳同志和张天虚、杨式谷两位云南同志先同住在一个平民家里。后来的房东的妹妹是一位未嫁的年过三十的老姑娘，在某小学担任教师工作，她是聂耳同志到日本后的第一位日语家庭教员。这位小学教师曾表示：我们日本人的生活节奏是比较快的，而聂耳先生的生活节奏比我们更快，这使我感到惊讶！

聂耳纪念碑重建后，至今已有十七年了，藤泽市人民作为对日中友谊的珍重而细心地保存和修缮着纪念碑。纪念碑是用花岗岩制的倒梯形碑体，在一个圆石座上由一根圆石柱支起。碑面是一个耳字，在耳字的左、右、下三面形成四块空白，据说以此象征着四个耳字。纪念碑的左前方是秋田雨雀先生的碑文、右前方是郭沫若同志的碑铭，都镌刻在石碑上。四周是约有一千平方面积的长方形草坪。聂耳纪念碑坐落的位置是日本神奈川县藤泽市鹄沼海滨，在东京东南方约五十公里，处在太平洋一侧相模湾内。它背倚富士山的风景区，是由南侧攀登富士山的必经之地，是疗养、避暑和游览的胜地。

二十几年来，先后有中国红十字会代表团、中国作家协会代表团、中国舞蹈家代表团、中国妇女代表团、中国青年代表团、中日友协代表团、中国体育代表团以及中央乐团、中央民族歌舞团、中央民族乐团、中国京剧团、上海舞剧团、上海京剧团、天津歌舞团等许多去日本演出的文艺团体；中国男排及女排球队、中国乒乓球队、中国青年乒乓球队、中国射击队、中国少年武术队、中国体操队等许多去日本参加比赛的体育团体都专程去藤泽，拜谒了聂耳纪念碑。每个前去的代表团和代表队，都受到了纪念碑保存会工作人员的认真接待和藤泽市人民的热烈欢迎。

每到夏季，日本的鹄沼海滨吸引着成千上万的国内外游人。他们当中总是有许多人来到聂耳纪念碑前，或献上一束鲜花，或静默片刻而后离去，表达了他们对中国人民音乐家聂耳的敬慕和对中日友谊的赞赏。

聂耳纪念碑不是一般意义上的墓地，它象征着中日两国人民的深情厚谊，它是一座凝结着中日友谊的丰碑。

聂耳不仅属于中国人民

在日本，把传统的风俗节日如元旦（一月一日）、追傩节（二月二日）、女孩节（三月三日）、男孩节（端午、五月五日）、星辰节（七月七日）以及八月的盂兰节、九月的望月节、十一月的七五三节等，还有一些国家规定的重大纪念日合起来称为年中行事，就是一年中按惯例要纪念和庆贺的日子。

在藤泽市，7月17日作为聂耳祭被列为地方年中行事之一。每年7月17日，聂耳纪念碑保存会与日中友协藤泽市支部都要举办纪念聂耳的活动。其中包括作专题报告、举行专题音乐会和放映电影等。在逢五逢十时，纪念活动的规模就要扩大，仪式也更隆重。如1965年聂耳逝世三十周年时，进行了聂耳纪念碑的重建，举行了隆重的揭幕仪式。还组织专业和业余的合唱团与乐队，演唱和演奏了聂耳的作品。1975年聂耳逝世四十周年时，藤泽市人民再次举行大规模的纪念活动——聂耳音乐节。1980年，聂耳同志逝世四十五周年时，藤泽市派出了以市长叶山峻为团长的代表团前来中国进行纪念性的友好访问。先后访问了北京、上海、昆明等地，谒拜了坐落在昆明碧鸡山上的聂耳墓，会见了聂耳同志的亲属，邀请聂耳同志的三哥聂叙伦和侄女聂丽华访问日本，并与云南省人民政府领导通过友好协商，决定将昆明市与藤泽市结为友好城市。

总之，在日本有许多有志之士、有识之士、努力推进日中友好事业名士以及纯朴善良的日本平民百姓，他们真诚地敬慕中国人民音乐家聂耳同志。

前面已经提到的日本进步戏剧家、儿童文学家秋田雨雀先生曾经说过："聂耳的作品是属于中国民族的、劳工大众的，他是第一个成功地为中国工人阶级写作歌曲的作家，他不是出于对工人阶级的怜悯和同情，而是出于对工人阶级力量的信任。在这个意义上，他不仅是中国无产阶级音乐的先驱者，而且是亚洲解放之声的号手。"所以，他在题赠碑文时写道："如果用耳倾听，我等今日仍能听到聂耳的亚洲解放之声吧！"

现任日本神奈川县藤泽市市长的叶山峻先生，他一家人都是致力于日中友好事业的，都为建立、重建和保存聂耳纪念碑作过贡献。他的父亲，前任藤泽市市长，是建立聂耳纪念碑运动的发起人，他的母亲运用文笔为日中友好做了大量宣传工作，他本人接任藤泽市市长后，兼任聂耳纪念碑保存会会长。他在《聂耳和我》这篇抒情散文中写道："……在聂耳的尸体流往横滨方向的岸边，散落地开放着鲜花，好像是在深情地悼念夭折的青年作曲家。法国现代作曲家吉安·柯库特有这样一个诗句——我一听到贝壳的摩擦声和海浪的轰鸣，就会引起无限的怀念——也许我也是因为生长在湘南海边的缘故，一听到海水拍岸的声响，就会引起难以形容的感慨之情。"他这一段文字，写的是他对聂耳的怀念。1980年率藤泽市日中友好代表团访华以及提议藤泽市与昆明市结为友好城市的，都是这位叶山峻先生。

已故日中文化交流协会会长中岛健藏先生，在聂耳纪念碑重建时著文表示悼念之情。文中写道：

> 被规定为中华人民共和国国歌的《义勇军进行曲》，使聂耳成为不朽的名字。但是，使聂耳之名成为不朽的并不是这一曲之功，也不仅仅是因为他在短暂的一生中留下了一批不朽的音乐作品，他的艺术创作的动力，来源于他对中国革命事业的忠诚和献身精神。因此，聂耳的光辉不朽的形象才不可动摇地确立起来。
>
> 聂耳应该载入中华人民共和国音乐史的第一页。在论及中国革命音乐时，是无法离开聂耳的名字的。这是理所当然的。但是，仅仅说是先驱是不够的，聂耳和他的战友们

所开创的音乐道路，一直被继承和发展到今天，成为最富有广阔前途的基础，被实践证明了的这条正确的道路，是决不应该忘记的。

聂耳短暂的生涯，结束在日本的鹄沼海滨，7月17日成了日中两国人民共同关心，永远纪念的日子。我衷心希望象征着日中友谊的聂耳纪念碑，永远矗立在鹄沼的海岸上。

还应该提到曾任日中友协藤泽市支部事务局长的岩崎富久男先生（我曾在《北京音乐报》和《吉林日报》写文章介绍过）。他是日本明治大学的教授，是讲授中国现代文学的。岩崎先生在50年代末，从东京移居到藤泽市。从这时开始，他便积极地参加了一年一度的“聂耳祭”纪念活动，并把宣传聂耳的事迹作为日中友好工作的一项重要内容。1966年，赵丹同志作为中国电影代表团的成员访日，曾在聂耳纪念碑前陈词悼念，岩崎先生目睹赵丹同志热泪纵横、失声痛哭的情景，深受感动。那些年，藤泽市人民捐款、捐物、建造以及再度修复聂耳纪念碑的热忱；电影《聂耳》在藤泽市的上映以及赵丹同志沁人肺腑的碑前讲话，一直在激励着岩崎先生。他决心把向日本人民介绍和宣传聂耳的事迹以及以聂耳和冼星海为先驱的中国革命音乐，尤其是伟大的抗日救亡歌曲运动作为自己的义务。他对于日本国内编辑出版的十几部世界音乐家辞典中，没有聂耳和冼星海的名字而感到愤慨，因而，在极其缺少史料和资料的情况下，自己动手编写了《聂耳小传》（实际上是一部较详细的聂耳年谱）和《冼星海的生涯》（上、中，下1、下2未完），这是由日本人编写的第一本关于聂耳和冼星海的传记资料，并被收集到《明治大学教养论集》中印刷出版。岩崎先生曾五次来中国，1979年春应邀到东北师范大学外语系任教两年。两年中，所有的寒暑假他都不去游山玩水，而是利用我国外专局为外国专家安排的旅游之机，踏着聂耳、冼星海的足迹，走访中国老一辈音乐家，了解聂耳、了解冼星海、了解伟大的抗日救亡歌曲运动。1980年10月，他到武汉出席了聂耳、冼星海学会成立，在会上以“伟大的音乐家、伟大的革命音乐”为题作了热情洋溢的发言。1981年2月他任教期满回国，在归途中又绕道广州，去参观冼星海同志的故乡以及青少年时期学习过的地方（此前已经去过昆明，参观过聂耳的家乡）。

岩崎先生在聂耳、冼星海学会成立的发言，最后一段是这样的：

当前中国的文艺界是生气勃勃的，遭到破坏的“双百”方针，开始得到贯彻和执行。近年来在音乐界关于抒情歌曲的创作和演唱方法以及音乐民族化、现代化等问题的争论，反映了音乐家们的思想解放，争鸣如同争艳，是繁茂的景象。以我的浅见，要发展社会主义文艺，在鼓励和保护各种大胆的创新及探索的同时，还必须积极开展社会主义的文艺批评，不能把中肯而尖锐的批评斥之为“棍棒”。好的艺术是批评不倒的，不好的艺术应该批评倒。

我作为一个日本人，非常羡慕中国有以聂耳、冼星海为代表的革命音乐传统。我相信：中国音乐界和中国青年一定会更加珍视这个传统。聂耳、冼星海的创作道路、创作思想、创作方法、创作风格是革命的、崭新的。他们的精神是跨时代的、不朽的，而这个精神的核心就是热爱祖国、热爱人民、为时代而创作。我理解这同样是今天中国音乐家们的创作指导思想。人民的音乐家人民爱，聂耳和冼星海不仅属于中国人民，也属于日本人民。请允许我借诗言志："四海之内皆兄弟，天涯何处无知音。愿日中两国人民结成'琴瑟之交'、'民族知音'，千秋万代友好下去。"

岩崎先生的这一段话讲的是很好的。的确，聂耳不仅属于中国人民，也属于日本人民，属于亚洲人民。

永生的海燕

"永生的海燕"是聂耳同志逝世二十周年时，夏衍同志写的一篇纪念文章的标题。夏衍同志在文中写道：

中国人民的歌手、新音乐运动的奠基人聂耳同志，在日本鹄沼海岸逝世已经整整二十年了。他真像暴风雨前的一只海燕，骤然而来，倏然而去，从1933年到1935年这短短的两年中，用他豪迈明快、充满信心的歌声，对亿万受难的中国人民，表达了他对革命暴风雨的预感。高尔基在《海燕》中写着：

暴风雨！暴风雨快到来了！这勇猛的海燕，在闪电中，在怒吼着的海上，得意洋洋地飞翔着，这胜利的预言者在叫喊："让暴风雨来得更猛烈些吧！"

这正是对我们这位天才艺术家的最恰当的写照。

聂耳同志的确是一只永生的海燕，他为革命风暴大唱赞歌，他用时代的最强音去唤醒民众。

聂耳同志的一生是短暂的。他在日本的时间仅仅三个月，却给日本人民留下了永不磨灭的印象。一位来访的日本音乐教师说："我们敬慕聂耳先生，不是因为他写出了感人的旋律，更重要的是透过这些旋律，使我们看到了他的创作思想和道路。"岩崎富久男先生在进行了一系列专访之后说："资料、史料固然可贵，但我觉得更值得珍惜的是，我接触到了一种伟大的精神。"他还说："以聂耳为先驱，以冼星海为主将的抗日救亡歌曲运动，是在中国共产党领导下产生的一股巨大的精神力量，她宣传了群众，动员了群众，组织了群众气吞山河的救亡歌声和枪声、炮声汇成了巨大的洪流，吞没了侵略兵，打败了日本帝国主义。中国人民的八年抗战是可歌可泣的，抗日救亡歌曲运动是史无前例的。这段历史也必须让广大日本人民，特别是日本青少年知道。回忆过去，观察今日，才能使日本青少年更深地懂得日中友好的深远意义，使他们觉醒起来，珍视日中友谊，世世代代和中国人民真诚友好下去。这就是我决心向日本人民特别是日本青少年，介绍和宣传聂耳、冼星海以及抗日救亡歌曲运动的根本原因。我之所以要这样做，是因为聂耳的精神教育和鼓励了我。”

在即将结束这个发言时，请允许我再引用几位革命前辈的话：

吕骥同志说过：“聂耳虽然离开了我们，但他留下的雄壮豪迈的歌曲，一直被人民传唱着，振奋着人民的感情。要永远纪念他，他是音乐界最初的社会主义现实主义作曲家。尽管有些人有意无意想贬低他的作品的社会意义和艺术价值，但，我们必须坚决地继承他的事业，发扬他的传统，创造新的人民音乐！”

夏衍同志说：“聂耳虽然去世了，但，聂耳的精神，聂耳创作的歌声，已经肯定地永生不朽了。中国人民已经‘起来’，在中国共产党领导之下，‘正在做我们的前人从来没有做过的极其光荣伟大的事业’，每想起这些，我就仿佛又听到了聂耳同志的笑声。聂耳同志笑得更爽朗了。”

田汉同志说：“聂耳加入中国共产党是我介绍的，由夏衍同志监誓。我们无限荣幸地能为党吸收这样一位青年有为的音乐战士。…… 聂耳、冼星海和许多先烈已经在音乐创作上给我们开辟了一条胜利的康庄大道！”

郭沫若同志在为聂耳墓题赠的碑文中写道：“聂耳同志，中国革命之号角，人民解放之鼙鼓也。其所谱《义勇军进行曲》已被选为代用国歌。闻其声者莫不油然而兴爱国之思，庄然而宏志士之气，毅然而同趣于共同之鹄的。聂耳乎，巍巍然其与国族并寿而永垂不朽乎！”

是的，中国人民永远不会忘记，1949年10月1日，第一面五星红旗是伴着《义勇军进行曲》的乐声，在天安门广场的上空高高升起的。

愿我们的音乐工作者，永远继承以聂耳和冼星海同志为代表的革命音乐传统，为人民服务，为社会主义服务，为“四化”大唱赞歌，为“四化”谱写更新更美的乐章，以实际行动来纪念永生的海燕——我们的聂耳同志。

附记：此文为作者在吉林省文化局、中国音乐家协会吉林分会、吉林人民广播电台、吉林总工会联合举办的纪念人民音乐家聂耳同志诞辰七十周年座谈会上的发言稿。

1982年2月14日

原刊聂耳、冼星海学会编《纪念聂耳诞辰七十周年文集》
1982年内部资料

聂耳亭

张 棫

聂耳亭，位于昆明城北螺峰山南部山巅，巍然屹立，远眺翠湖、西山，鸟瞰圆通古刹，是人民音乐家聂耳生前在家乡时，早晚常去练琴之所在地。1935年7月17日，聂耳在日本鹄沼海滨浴场进行海水浴时，不幸被太平洋的海浪吞没。家乡的父老、亲朋以及滇省之文学、艺术、音乐界的人士为了追念云南人民的这一个好儿子，便于1940年底在他生前早晚练琴的旧址建成了一座凉亭，并在亭的上端悬挂了“聂耳亭”[①]三字的横匾。

亭的左右撰有上下对联。

上联是：酒罢客将归，翠海苍茫斜照紫；

下联是：曲终人不见，素峰渺霭暮烟青。

1940年底，建于昆明城北圆通山上的聂耳亭

① 编者注：一说此亭名的横匾是由当时的云南省主席龙云题写。

抗日战争中，一次空袭，亭被震倒。解放后，人民政府拨出专款重建。十年浩劫中重建的“聂耳亭”又遇难遭损而倒塌。粉碎“四人帮”后，政府再次拨款，在原址依旧原样重建，于1980年建成。现在络绎不绝的游客来此地瞻仰。

1980年重建后的聂耳亭，完全依旧原样所建，只是尚未配制横匾和对联。最近，据寇一樵先生与张文渤先生考证，原聂耳亭之对联为大理剑川白族文人赵式铭先生（名赵星海，1873—1941）所撰。同时，张文渤先生还发现并列举了张用修老先生所藏《赵式铭诗文杂录》等抄本中与原亭有出入之处。抄本中除聂耳亭联外，尚有两副赵式铭先生悼聂耳的挽联——

古乐惜无传，我亦雅琴龙德裔；乐府近凋零，学就成连人已逝。

修门嗟不入，君真湛石屈原流；吹台遥怅望，代为精卫客应归。

手抄本中的对联是——

酒罢客将归，一阁苕亭残照紫。

曲终人不见，数峰杳霭暮烟青。

估计手抄本是照赵式铭先生的初稿抄录的。书于亭上时，则是以修改之定稿书。

另外，又据寇一樵先生掌握的资料考证，对联也与原联有一定出入。寇先生的资料中的对联是——

酒罢客将归，一阁峥嵘斜照紫。

曲终人不见，数峰杳霭暮烟青。

看来，寇先生所获资料，也许是赵式铭先生“二稿”手抄。

为了便于读者核对，本文中的着重点（·）是笔者所加。另外，聂耳亭所建地址，原为昆明“八大美景”之一的“螺峰叠翠”佳景地。同时，亭又邻近圆通古刹之接引殿，该殿当年曾开设小酒馆，故此，联中写下“翠海”、“素峰”和“酒罢”等句。谨此附注。

原刊《人民音乐》1982年第1期

中国抗战歌曲在美国

刘良模

1940年夏，我因在国内推动抗战救国歌咏运动，遭到蒋介石反动派的迫害，就决定到美国去。

那时正值中国人民进行抗日战争，美国广大人民十分同情中国人民的抗日斗争，但是他们不了解具体情况。那时，东部同情中国人民抗战的美国人士在纽约组织了美国医药援华会、援助中国会等美国人民团体，他们通过孙夫人宋庆龄女士把药品和其他物资送到中国，支援抗战中的中国人民。为了把中国抗战的情况介绍给美国人民，这些团体邀请我这个刚从中国抗战前线到美国的人担负这个工作。我不但把我所知道的中国人民进行抗日战争的情况告诉美国人民，也把中国人民当时所唱的慷慨激昂的抗战歌曲唱给他们听。这更引起了美国人民极大的兴趣，因为通过这些歌曲，美国人民能更深切地体会中国人民抗战到底的决心。

在纽约的唐人街，有不少爱国华侨青年，他们多数是洗衣工人，我在他们中间组成一个华侨青年合唱团。我们每星期天下午练习一次，我把当时在国内广为传唱的抗战歌曲，如《救国军歌》、《大刀进行曲》、《义勇军进行曲》等教会了他们。他们有机会就把这些抗战歌曲唱给广大华侨和美国人民听。

那时，美国有一个深得人民爱戴的黑人歌手保罗·罗伯逊（Paul Robeson）。他同情和支持世界各国人民争取自由解放的革命斗争，我很想见到他。后经一位美国朋友的介绍，我和保罗·罗伯逊见了面，我把中国人民的抗战歌曲都唱给他听，他最喜欢聂耳的《义勇军进行曲》。他说："起来！不愿做奴隶的人们！"这不但唱出了中国人民争取自由解放的决心，也唱出了全世界被压迫人民，包括美国黑人在内的争取自由解放的决心。他很快学会了这首歌，我把它译成英文，他不但用英文，而且用非常准确的中文唱了《义勇军进行曲》。对于保罗·罗伯逊来说，这是一件他能愉快胜任的事，因为他平时不但学习讲中文，而且也学习写中文。

从那以后，罗伯逊就把《义勇军进行曲》作为他到美国各地举行的音乐会上经常唱的节目之一。美国人民也十分喜爱这支歌，他们把这支歌叫做《起来》。后来，我们华侨青年合唱团

1941年，刘良模（右一）、罗伯逊（左一）与美国纽约华侨合唱团的留影

同保罗·罗伯逊一起录制了一套中国抗战歌曲和中国民歌的唱片，唱片总名称就叫《起来》。出售这套唱片所得的钱，就作为支援中国人民抗战之用。

1941年年底，发生了日本帝国主义袭击珍珠港的事件。美国向日本正式宣战，从此，中国同美国就成了盟国。当时，八九个美国支援中国人民进行抗战的团体，就联合成一个组织，叫做援华会（United China Relief）。我作为讲解员，去向美国各地的人民介绍中国人民是怎样进行抗日战争的。于是我就在美国从东到西、从南到北、从大城市到小城镇、从商会到人民团体、从大学到中小学，不断地讲中国人民的抗战，也不断地把我们的抗战歌曲唱给美国人民听。我想当时听过这些中国抗战歌曲的美国小学生，今天已经是四五十岁的人了，他们一定会是我们中国人民的老朋友、好朋友。

记得在1943年，我曾经把冼星海同志的《黄河大合唱》介绍给美国的普林斯顿大学的合唱团。普林斯顿大学合唱团是美国很有名的一个音乐团体，他们把《黄河大合唱》译成英文，并认真进行了排练。他们的演出获得了很大的成功。《黄河大合唱》被美国的舆论界公认为是中国抗战音乐创作中的一部伟大的作品。

40年已经过去了，但是当时通过中国抗战音乐撒下的中美人民之间友谊的种子正在生根、发芽、成长。

原刊《人民音乐》1982年第9期

作者简介：刘良模　曾任基督教全国青年会学生干事，1935年初在上海发起组成民众歌咏会，教唱《义勇军进行曲》等抗日救亡歌曲。新中国成立后任全国政协常务委员、上海市政协副主席。

美国黑人歌王罗伯逊与《义勇军进行曲》

向延生

近日在北京的人民大会堂、聂耳的故乡玉溪等地举行的“中国聂耳音乐（合唱）周”，届时将开展丰富多彩的活动。其中美国黑人歌王罗伯逊演唱的《义勇军进行曲》的录音，是首次在中国公开播放。

1935年在上海公映了左翼电影艺术家田汉编剧的影片《风云儿女》，作为该片主题歌的《义勇军进行曲》（田汉词、聂耳曲），生动形象地表达了中华民族同仇敌忾抗日救国的坚强意志，深受人们的喜爱，迅速广泛传播。

当时担任基督教青年会学生干事的刘良模先生（1909—1988，曾任全国政协常委、上海市政协副主席），深感群众歌曲对激发民众爱国热情的巨大能力，1935年初他发起创办了群众歌咏团体“民众歌咏会”。吕骥等人随后组织了“业余合唱团”。那时正是国民党政府对共产党领导的以鲁迅先生为旗手的左翼文化大肆“围剿”的时候，他们先是对图书报刊进行严格的审查取缔，不久又对电影片挥起了删剪的屠刀。国民党政府对演唱歌曲有一段时间没有注意，特别是民众歌咏团还有着基督教外衣的掩护，群众歌咏运动于是迅速蓬勃发展起来。

刘良模是《义勇军进行曲》这首名曲的大力推行者，1936年6月7日他在上海西门公共体育场，指挥近千名民众歌咏会会员和数千名听众一起高唱《义勇军进行曲》等救亡歌曲，把到场弹压的警察都感动得掉下了眼泪，成为当时报纸上纷纷报道并载入了史册的一件盛事。此后民众歌咏会就被国民党政府和上海的外国租界当局勒令解散，刘良模被迫离开上海转至天津、广州等地活动。1940年刘良模被青年会派去美国留学，他在美国的华侨里面继续从事抗日救亡宣传，仍然极力推广中国的抗战歌曲。

美国那时虽然还没有正式参加世界反法西斯战争，但是很多美国友好人士都积极支持中国的抗日斗争，美国著名黑人歌唱家保罗·罗伯逊（1898—1976）就公开声讨了日本对中国的侵略战争。罗伯逊的父亲早年就为了改变自己的奴隶身份，投奔北方参加了美国的“南北战争”。罗伯逊受其影响，毕生都以争取自由解放作为自己的奋斗目标，荣获过国际和平奖金。罗伯逊1925年已经在演出中成名，首唱了著名歌曲《老人河》，主演了影片《奥赛罗》。

罗伯逊听到《义勇军进行曲》这首歌曲后非常喜爱，经过友人介绍他在纽约找到了刘良模。刘良模不仅教罗伯逊用英文唱此歌，还教会了他用准确的中文来演唱此歌。不久罗伯逊就在纽约的一次露天音乐会演出里，向数千名听众演唱了这首中国名曲。

此后罗伯逊经常在国内外演唱这首他十分喜爱的歌曲，还曾经与刘良模领导的华侨歌咏队一起演唱此歌。由于原来的歌名较长难以述说和记忆，罗伯逊就以此歌最开始的两个字“起来”作为此歌的歌名。1941年罗伯逊录制了《起来》等中国歌曲的唱片，这是首次在美国出版的由美国人用中文演唱的歌曲唱片。

据说宋庆龄在这张唱片的封套上题词：“中国已经从新的群众歌咏运动中发现了反抗敌人的力量源泉。我很高兴得知保罗・罗伯逊录制的唱片，把一些最好的中国歌曲译唱给美国人，这是所有国家的人民共同发出的声音。愿我们的这些古老民间旋律和融汇东西方风格的新歌曲，成为又一条联系自由人民的纽带。”

据说罗伯逊也在封套上写道：“《起来》是一首被千百万中国人民传唱的歌曲，一首非正式的国歌，我听说它代表着这个民族无往不胜的精神。能够演唱这首歌的英文版本，能够歌唱一个战斗的民族填了新词的古老民歌是我的乐事，也是给我的特殊荣誉。”

刘良模先生的儿子刘抗与我是同学，曾经多次向我讲述他父亲当年从事抗日救亡歌咏活动的情况。经过刘抗的联系，20世纪80年代初编辑《聂耳全集》期间，我曾经去上海拜访过刘良模先生。他向我介绍了当年在上海成立民众歌咏会，开展抗日救亡群众歌咏活动的情况；介绍了在美国时与罗伯逊的交往，还送给了我一张罗伯逊与他指挥的华侨歌咏队1941年在美国费城合唱《起来》一歌后的合影。

为庆祝新中国成立十周年，应英国英中友好协会的邀请，由著名音乐家李元庆担任团长的中国青年音乐家代表团，1959年9月起在英国的多个城市巡回演出了一个多月。那时英国是唯一与新中国有外交关系的西方大国，中国驻英国代办宦乡对这次访问演出非常重视。除了在剧场演出，还安排代表团深入到大学、工厂等地方去参观、联欢，以便与更多的英国群众特别是青年人进行接触，以便他们对新中国有更多直接的认识与了解。

老音乐家李元庆在毛泽东、周恩来等领导人倡议下，于1938年在延安成立的高等文艺学府鲁迅艺术文学院（简称“鲁艺”），他与聂耳更早时还是中国左翼文化运动的战友。聂耳1932年曾经来到北平（现名“北京”），与李元庆等人共同发起组织了北平左翼音乐家联盟，并曾经同台演出。

代表团的成员有歌唱家郭颂、罗忻祖，笛子演奏家王铁锤，板胡演奏家刘明源，琵琶演奏家夏仁根，筝演奏家雷雨声与钢琴伴奏等人。除了演出各种独唱独奏节目，还演奏了《金蛇狂舞》、《春江花月夜》等民乐合奏曲目。

有次在伦敦演出时，当时恰巧也在英国的罗伯逊曾经与中国代表团同台演出，他演唱的节

1959年，中国音乐代表团在英国伦敦与罗伯逊同台演出后，团长李元庆向罗伯逊赠送礼品

目里就有他的保留曲目《起来》。他歌唱得非常深情有力，同样是用英文唱了一遍以后，用中文又唱了一遍。

演出结束时，李元庆诚挚祝贺罗伯逊演唱的成功，并再次邀请他来中国访问演出。罗伯逊回答说："我希望不久的一天会在你们中国，同时也是我的可爱的中国再看到你们。"但是由于当时美国政府的阻挠，不给他办理来中国的签证，双方的这个美好的愿望，最终也没有能够实现。

李元庆向他赠送了《中国民歌》、《中国歌曲》等五线谱版的音乐书谱。罗伯逊回赠的物品有他演唱的歌曲的唱片，其中就有以"起来"为歌名的《义勇军进行曲》。这张唱片后来就一直保存在中国音乐研究所（李元庆是该所的创办人）的"聂耳纪念室"里。

中国音乐研究所现在改名为中国艺术研究院音乐研究所，这次在北京人民大会堂公开播放的罗伯逊演唱的《义勇军进行曲》，就是从该所保存的那张唱片转录出来的。

2009年7月17日宣读于云南玉溪

"中国聂耳音乐周"专家论坛

作者简介：向延生　中国艺术研究院研究员。

美国影片《龙种》与《义勇军进行曲》

向延生

《义勇军进行曲》是人民音乐家聂耳1935年为影片《风云儿女》写的主题歌（田汉作词）。影片公演后，《义勇军进行曲》深受人们的喜爱，并广为流传，很快成为当时全国最流行的抗日救亡群众歌曲。

这首歌曲与美国影片《龙种》[①]又有什么关系呢？这还要从刘良模（1909年生，现为六届全国政协常务委员、上海市政协副主席）说起。曾任上海基督教青年会学生干事的刘良模，是抗日救亡歌曲的热心推广者。1935年春天，他创办的“民众歌咏会”在左翼音乐工作者的支持下，很快发展成上海当时规模最大的群众业余歌咏团体。在宗教外衣的掩护下，1936年6月7日民众歌咏会在上海西门公共体育场举行第三届音乐大会，刘良模指挥近千名会员及数千名群众齐声高唱了《义勇军进行曲》等抗日救亡歌曲。宏伟的场面和奋激的歌声，连奉命到场弹压的警察都纷纷不由自主地跟着群众一起学唱起这些歌曲。多家报纸对这个盛况作了图文报道。民众歌咏会此后却被中外当局下令禁止活动，刘良模后来还被迫离开中国，出走流亡。

在美国期间，刘良模为远离祖国的华侨演唱抗日救亡歌曲，并教会了美国黑人歌王保罗·罗伯逊用中文唱《义勇军进行曲》。罗伯逊很喜爱这首中国名曲，多次在世界各地演唱，为了使听众通俗易懂，罗伯逊还形象地把歌名改为《起来》。1941年他灌制了一张以《起来》为片名的唱片，这支歌也越来越多地为美国人所知晓。

1944年，美国好莱坞五大影片公司之一的米高梅影片公司，拍摄了一部以中国为题材的影片《龙种》，其中采用了《义勇军进行曲》作为插曲。

影片《龙种》（根据美国女作家赛珍珠的同名小说改编），展现的是一个安居乐业的中国农村家庭，在日寇烧杀抢掠罪行的逼迫下，奋起与侵略者进行斗争的故事。制片人伯曼以高度的热情，拍摄了这部反映同盟国中国抗战题材影片。摄制预算高达三百万美元，在圣费格南

① 编者注：首刊此文的《云岭歌声》1987年第4期，误把影片《龙种》的片名，错排成了《龙神》。

美国米高梅公司以美国女作家赛珍珠的同名小说拍摄的影片《龙种》的宣传海报

聂耳的母亲在昆明领取美国影片《龙种》付给的酬金

多峡谷里，建筑了占地120英亩的中国村庄和农舍，还特意把50英亩山地修成人工梯田，种了"稻田"（用大麦代替），专门铺了一条一英里长12英寸粗的管子，输送了五百万加仑的自来水，按剧情要求把这个地区淹没……

此片女主角凯瑟琳·赫本是奥斯卡最佳女主角金像奖四次获得者。她以满腔热情和高超演技在《龙种》中扮演了中国农村姑娘玉子，她在影片中的台词"我不能让我的孩子在日本人的炮火中生长"给观众印下了深刻的印象……

由于影片《龙种》中采用《义勇军进行曲》作为插曲，米高梅影片公司特地拨出了五百美元作为使用此曲的酬金，1944年委托重庆的中国国民党中央宣传部国际宣传处代为寻访聂耳的合法继承人收领。该处经四方查找，得知聂耳的生母彭氏尚健在，居住在昆明。聂母得知此事后，请陈铸律师出具了身份证明书，函请该处代向美国米高梅公司洽领，说这笔筹款将全部作为修整聂耳墓地和印刷纪念册之用。

国际宣传处领到该款后，于1945年1月23日由该部驻昆明办事处如数交给了聂耳的母亲彭寂宽，当时并有美国驻中国的联络人员到场拍照留念。重庆《新华日报》1945年1月27日以《美米高梅公司酬谢聂耳名曲》为标题，报道了此事，并特别写明聂耳是中国共产党党员。

原刊《云岭歌声》1987年第4期

盟国胜利凯旋之歌

—— 聂耳的《义勇军进行曲》当选

美国著名广播音乐指挥伏尔希斯，曾向国务院提议，在联合国胜利之日，电台应有预定的音乐节目广播。因此国务院文化关系科代科长皮格特预定了一个演奏的节目表。

如下：

（中国）聂耳的《义勇军进行曲》。

（美国）巴特斯的《美丽的美利坚》，皮林的《老旦》，拕泽鲁宾逊的《美国人的山歌》，潘尼的《甜蜜的家乡》。

（英国）汉特尔的《哈里路耶合唱》，或英国作曲家如同普西耳爱加迦或伏尔威廉等同一类型的合唱曲。

（苏联）肖斯塔科维奇的《联合国歌》，柴可夫斯基的《斯拉夫进行曲》和《第六交响曲》。

（德国）贝多芬的《第五交响曲》第五或第六乐节中和的[①]鼓声，接着奏贝多芬的《第九交响曲》。说明为什么演奏这些节目以后，举行《第九交响曲》尾声中的大合唱和管弦乐。

（捷克）斯米达那的《我的国家》。

（法国）赛萨佛兰克的《英雄曲》、李斯尔的《马赛曲》、皮齐特的《神羊祈祷曲》、倍尔里威的《安魂曲》。

又最近印度陆里广播电台每天有五次对华广播节目，在广播之初，都用《义勇军进行曲》为前奏曲，重庆中央广播电台，也排为固定节目。在英美各大广播电台也常常可以听到此曲雄壮的歌声。

原刊《正义报》（云南）“大千”副刊第149期1944年7月17日

① 校注：原件如此，含义不明。

忆开国大典时首次演奏《国歌》

罗 浪

开国大典是我一生中最难忘的时刻。六十余年的沧桑岁月，花白了我的鬓发、病蚀了我的身体，但却无法磨灭我对此事的记忆，那一切就好像发生在昨天。

一、开国大典军乐队的组成

1945年抗战胜利后八路军进驻张家口，缴获了日军的小号、大号等二十余件军乐队乐器。那时我担任晋察冀军区抗敌剧社乐队队长，对此感到如获至宝，立即用这些乐器扩充了剧社乐队的规模，丰富了乐队演奏时的表现力。晋察冀军区野战兵团1947年10月在石家庄以北的清风店地区，歼灭了国民党第三军两万余人并生俘了该军的中将军长罗历戎。罗历戎是黄埔军校第二期的学生，被俘后见到曾任该校教官的聂荣臻时说："人被打散了，枪也被缴了，就剩下一个军乐队，算是送给老师的见面礼吧。"

我听到此事后非常惊喜，马上向上级建议说，这个军乐队要保留下来，千万不要遣散，将来可以派得上用场。几天后，时任华北军区政治部宣传部副部长的张致祥，亲自来到抗敌剧社对我说："根据聂荣臻司令员的指示，你赶紧带人去把国民党第三军的军乐队收容过来，以此为基础，成立我们自己的军乐队。"

我带着剧社的学员单洪顺骑着缴获来的自行车，在保定、高碑店一带历时半个月找到了这些军乐队队员，经过组织上政审和调查，最后确定留下二十余人。石家庄解放后，我又从军校的青年训练营里挑选了四十多名学生。加上抗敌剧社乐队原有的二十多人，经聂荣臻司令员批准，改编为华北军区军乐队，由我和王建中担任正副队长，晨耕任指导员。1949年初北平和平解放后，组织上决定由我负责组建一支二百多人的军乐队。于是我联合了20兵团各部队的军乐队成员，并收编了北平警察局军乐队的二十多人，组成了二百余人的联合军乐队，集中在北苑兵营进行训练。新成立的这支军乐队可谓来自“五湖四海”，有解放军的宣传骨干，有刚参军的青年学生，有起义投诚和俘虏的旧军人，有收编过来的北平旧警察等。当时所使用的乐器更是五花八门，基本上都是战利品，多数是日本投降后留下来的乐器。

1949年8月初，我才知道组建的这支联合军乐队将要参加一次重要的阅兵，于是加紧进行训练排练。一般的军乐队队员那时都不认识乐谱，先要教会他们唱一首歌曲，然后才能练习吹奏这首歌曲。一直到9月初，在北京饭店召开的一次各单位领队会议上，我才知道军乐队是要参加开国大典，自己将要举起的是开国大典上那支重若千钧的指挥旗。那时此事还要保密，不许会议的参加者外传。

阅兵指挥部此后在中山公园里面的“来今雨轩”召开会议，各受阅单位负责人一起讨论开国大典的阅兵式上应该采用什么乐曲。有人援引国际范例，建议使用旧军队所用的欧美阅兵乐曲；有人主张“一边倒”，全部采用苏联红场阅兵的乐曲，因为我们是社会主义国家，只能用“老大哥”的乐曲。在座的苏联顾问听到这种意见，乐得咧开了嘴。我提出了第三种方案，就是用经过改编的我国的某些革命歌曲。新中国自己的庆典，为什么不用我们自己的乐曲呢！况且1948年军乐队已经在石家庄，为华北军政大学的毕业典礼搞过一次阅兵式，用的就是经我改编的这些军乐曲，并获得了聂荣臻等军区首长的肯定。

三种意见争论激烈，阅兵指挥部主任杨成武倾向于第三种意见。他让我连夜起草了一份文字方案，一并上报到中央军委。当时所报的曲目是：《东方红》、《三大纪律八项注意》、《中国人民解放军进行曲》、《没有共产党就没有新中国》、《团结就是力量》等这些至今还在人民群众中广为传唱的歌曲。这些已经流传了多年的熟悉的旋律，征服了中央首长的心。聂荣臻与阅兵总指挥朱德总司令磋商后批示：“同意用我们军队自己的曲子，请五大书记审阅。”毛泽东挥笔写下了“以我为主，以我国为主”8个大字；周恩来的批语是“以我为主”。于是，一套以解放区流行歌曲为主，其中穿插了《骑兵进行曲》、《炮兵进行曲》、《战车进行曲》以及后来被中央军委正式命名为《中国人民解放军军歌》为主旋律的开国大典军乐曲诞生了。随之，我抓紧整理配器，整整半个月，军乐队为迎接开国大典那一刻的辉煌，在紧张的排练中，度过了一个个辛劳而兴奋的白天和黑夜。

1949年9月21日正式开幕的政协第一届会议上，军乐队参加了一系列重大活动，政协开幕、闭幕以及给纪念碑奠基的仪式上，都闪现着军乐队队员们的身影。我记得在政协第一届会议的开幕式上，军乐队队员穿着刚发的新军装站在前排的座位上演奏《中国人民解放军进行曲》。会议休息时，毛泽东从主席台上走下来，与第一排军乐队队员握手，后排有的战士因为没能和毛主席握上手还急得哭了起来。

1949年9月27日，中国人民政治协商会议第一届全体会议通过决议：“在中华人民共和国国歌未正式制定前，以《义勇军进行曲》为国歌。”可是有关的工作人员，却忘了及时传达这个重要的信息。两天以后的29日下午，我才接到军区政治部主任张致祥打来的电话，此时距离举行开国大典只剩下40个小时。我虽然熟悉这首名曲，强烈的责任感促使我立即着手为国歌进行配器，为低音声部配置和声。根据我对乐曲的理解和顽强的毅力，经过挑灯夜战，30日清晨终于完成了国歌总谱的编配。上午抄完分谱后，队员各自练习，下午、晚上和1日上午都是全队集中合练。经过反复计算，为配合国旗升到杆顶所需要的时间，那时我决定要将《义勇军进行曲》连续吹奏3遍。

二百人的演奏没错一个音符

1949年10月1日下午，令世界瞩目的中华人民共和国开国大典在北京隆重举行。我和副总指挥王建中率领着号称“礼乐之神”的军乐队，提前于14时就进入天安门广场。军乐队队员以前后左右各相距1米的距离组成方阵，按演习时确定的位置，列队于天安门城楼正前方的旗杆北侧待命。我担任总指挥站在最前面，身后两侧站立的分指挥张则恭、张仁辅目不转睛地盯着我，再后面，200名军乐队员紧盯着分指挥，紧张而急切地等待着那个辉煌时刻的到来。14时30分，我悄悄回首瞄了一眼军乐队，看到队员们个个仪表端庄，军姿挺拔。阳光下乐管泛金，乐鼓流银，心中也由衷的暗暗喝彩。

由于当时还面临着国民党残敌可能发动空袭的危险，前些时候蒋军飞机还轰炸了北京的南苑飞机场。开国大典为此特意安排在15点才开始，也是为了增加蒋军轰炸的困难（那时蒋军还不具备夜航降落的能力，如果三时才轰炸，飞机即使能返航也因为天已黑无法降落而要全部损失）。从阅兵副总指挥聂荣臻到阅兵指挥部主任杨成武，那时都再三强调这次阅兵的意义十分重大，要大家“一切行动听指挥”。聂荣臻向全体受阅人员发出了一道死命令：如遇空袭，要原地不动，天上下刀子也不能动，始终要保持原队形。

秋天的北京是最美的，天高云淡，一切都透着喜庆。参加开国大典军乐队队员的军装和皮鞋都是新发的，就连乐器也都重新喷了漆，在阳光下闪闪发亮。200人的军乐队面向天安门城楼，以20行横队和10行纵队的巨大方阵，等待着奏响一支支威武雄壮的乐曲。我把鼓镲都安排在最前面的第一排：5个大军鼓和5副大镲居中、10个小军鼓分列在两旁。这在当时是一种创造性的思路，是为了展示一种威武整齐的新面貌，是为了造成一种鼓乐喧天的大气势，以宏伟的气势等待着党和人民的检阅。

当时我们还没有报话机，更没有手机这类通信设备，当毛主席登上天安门城楼时，如何通知军乐队开始演奏《东方红》呢？在排练时，典礼指挥张致祥望着城楼上迎风飘舞的红旗，急中生智：何不用块小红绸子在城墙上向我发出信号呢？于是张致祥与我事先约定好：就用这种土办法进行联系（一直到1955年以后，城楼上与军乐队的联系信号才改为挥动小红旗）。

一直守候在城楼西侧的典礼指挥张致祥，注视着毛泽东主席、朱德总司令等中央领导人谈笑风生，缓缓拾级而上。此时，我也正紧张地盯着张致祥。14时50分当毛主席一行登上天安门城楼时，张致祥立即向乐队挥起了红绸子。顿时军乐队响亮的奏起了《东方红》，这是9月30日刚刚确定的欢迎曲，广场上立刻沸腾起来。15时整担任大典司仪的林伯渠宣布庆典开始，

1949年10月1日，军乐队在开国大典上首次演奏国歌（总指挥罗浪）

接着毛主席以洪亮的声音庄严宣告："中华人民共和国中央人民政府已于今天成立了！"

当时的气氛既热烈又紧张，司仪宣布"升国旗"、"鸣礼炮"后，却忘了按照原定的程序接着宣布"奏国歌"。毛主席的话音刚落，我就已经准备着随时指挥军乐队开始演奏国歌，可是这时却未听到司仪发布"奏国歌"的命令。等了大约五六秒钟后，我觉得不能再等，果断地按照预定的程序，自主沉着地指挥200名军乐队队员，精神饱满地奏响了雄壮激昂的《义勇军进行曲》，礼炮这时也响了起来。天安门广场上顿时欢声雷动，开国大典的实况和雄伟的《中华人民共和国国歌》的旋律，通过实况转播的无线电波，瞬间就传播到了全世界。我那时只有29岁，成为指挥演奏《中华人民共和国国歌》的第一人。

司仪紧接着宣布阅兵式开始，军乐队在我和王建中的轮流指挥下，奏响了雄壮的《中国人民解放军进行曲》等乐曲。步兵、骑兵、炮兵和坦克兵等受阅方队依次通过天安门广场，共和国年轻的空军也首次驾机掠过天安门广场的上空…… 军乐队排练的时间虽然非常短，但是全队的热情饱满，态度认真。开国庆典上200人长达6个小时的演奏，竟然没有吹错一个音符，没有一个人中途离队。

回忆国歌奏响那一刻的心情，老实讲，我当时就只有一个念头，就想着执行命令，坚决完成这次任务，不出任何差错。28响礼炮鸣响的时候，整个天安门都在晃动着，我知道这28响代表着28年浴血奋战的成果，军乐一响，整个天安门广场回声四起，好像有许多乐队在同时演奏，场面很壮观！事后回想起来，这的确是一个很激动人心的时刻，而我曾经在那个激动人心的时刻里，扮演了一个激动人心的角色，我很骄傲。

1949年10月1日，开国大典中列队于天安门前的军乐队

当天晚上在北京饭店举行的庆祝晚宴上，周恩来总理的发言里对下午开国大典的成功举办表示祝贺，对各参阅单位的付出表示感谢。对典礼上司仪漏掉了宣布“奏国歌”，军乐队还是按照预定的程序，及时主动地开始演奏国歌，使得开国大典能够顺利地进行一事，周总理对军乐队的良好表现，给予了肯定和表扬。

毛主席对军乐队在开国大典上的出色表演也十分赞赏，后来曾经兴奋地说道：“我们国家这么大，天安门广场又这么大，要有一支千人军乐团嘛！”于是，1951年初，有关部门责成我负责筹建一支千人军乐团。聂荣臻为此作出批示并专门拨出经费用于军乐团的建设。同年7月，新组建的总政军乐团扩编为1000人的规模，由我担任首任团长兼总指挥。

（向延生整理）

作者简介：罗浪　1937年由马来西亚回国到上海求学。抗战全面爆发后，由香港八路军办事处的廖承志安排奔赴陕北。18岁时到达延安，考入鲁迅艺术文学院音乐系第三期学习，师从著名人民音乐家冼星海。1939年随吕骥等人到达敌后抗日根据地晋察冀边区，担任战线剧社、抗敌剧社的音乐指挥。1949年以后还担任过中国人民解放军第一所军乐学校的校长、训练总监部军事电影处处长、中央广播乐团团长、八一电影制片厂军教制片室主任。曾荣获三级独立自由勋章、三级解放勋章。2002年被中国文联和中国音协授予第二届中国音乐“金钟奖”终身荣誉勋章。

我为《国歌》编配管弦乐总谱的前前后后

李焕之

《国歌》乃一国之魂，田汉与聂耳创作的《义勇军进行曲》，不愧是我们伟大祖国、中华民族国魂之象征。在中华人民共和国成立前夕，党和政府就决定用《义勇军进行曲》为代国歌，其后在1982年定为《国歌》，这都是极其英明的决策。

回顾在抗日战争爆发之前，我就很喜爱《义勇军进行曲》，每次唱着它，总是热血沸腾，这首歌激发了全国人民的爱国主义情怀。

新中国成立后，《国歌》更是我崇敬的宏伟作品。1950年在天津中央音乐学院工作期间，我常常在钢琴上探求为《国歌》配置和声。当时，这并不是分配我的任务，我只是出于热爱《国歌》，情不自禁地、不懈地去探寻能与《国歌》相匹配的和声语言。

1951年7月，我参加了中国青年艺术团去东柏林出席“第三届世界青年和平与友谊联欢节”的活动。我们的艺术团是一支庞大的队伍，有一个双管编制的管弦乐队。在出国期间，由于某种仪式举行之际，必须演奏国歌，于是我在8月间，第一次为《国歌》编配了管弦乐总谱。当时，我们参加了联欢节之后，还在苏联及东欧各国，进行了整整一年地巡回演出，我也曾多次指挥演奏《国歌》。

1953年之前，《国歌》还没有一份标准的乐队总谱，也正是这一年，根据中央的指示，要组织作曲家为国歌编配一份标准的管弦乐总谱。于是，由中国音协与中央人民广播电台联合主办这件严肃的工作，在全国范围内进行征集，不少作曲家们都热情而认真地送来了乐队总谱。我记得排练演奏是由中央歌舞团的管弦乐队担任（也就是中央乐团的前身），乐队指挥是韩中杰、张宁和。经过几次请作曲家们在一起审听和讨论并提出一些进一步修改的意见，最后到了1954年又经过评定，选用了我所编配的乐队总谱。同时，我根据总谱的和声、织体写了钢琴谱。军乐队用谱则由军乐团的程义明同志根据我的和声配器移植为铜管乐队的总谱。直到1959年10月，也就是新中国成立十周年之际，才由音乐出版社出版了，并发放到全世界每一个国家，作为标定的“中华人民共和国国歌”的乐队总谱（两种版本）。至于编配者的署名问题，当时中国音协的领导认为不能与聂耳的名字并列，只能在乐谱的末尾用很小的字体标明即可。在“四人帮”横行的那些年中的1974年9月，出版了第二版，但编配者的名字却一概不写了，乐谱封面连国徽都没有。“四人帮”倒台后，1978年又出版了一次，当时，人民音乐出版社的负责人仍然认为不必署编配者的名字，这是我很不理解的。

李焕之在家里进行创作

到了1982年12月，第五届全国人代大会决定“代国歌”正式定为《国歌》，并重新录制立体声的唱片。1983年2月，人民音乐出版社出版了《国歌》的第二版，这一次恢复了用极小号字体在乐谱末尾标明编配者的名字。

四十多年来，《国歌》的管弦乐总谱、钢琴谱与军乐队总谱的产生，可以说一直默默无闻，更不为多数人知道；而这是在50年代经过征集、评选，并由党和政府领导人审听后，决定采用，并在全世界通用的法定版本。

今天在纪念《义勇军进行曲》创作六十周年的大型盛典音乐会举行之际，我愿将以上情况介绍给大家。我能为我们伟大祖国的国歌编配管弦乐总谱，这是一个音乐工作者应尽的职责，我也为此而感到无上荣光！我相信，全国人民在新的历史时期，国歌将永远与国旗、国徽一起，成为我们伟大祖国的象征和标志，激励着我们万众一心，向着光辉的未来，前进！前进！前进，进！

1995年12月于北京

原刊《李焕之音乐文论集》
人民音乐出版社2006年版

三、研究文章

（以发表时间先后为序）

聂耳，中国新兴音乐的创造者

冼星海

今天是聂耳先生逝世第三周年。他死了虽然已经三年了，但我们没有忘记他。因为他是个划时代的作曲家，他是个民族呼声的代表者。

当中国新音乐还在酝酿时期，我们失却一位作曲天才的领导人——聂耳先生！聂耳先生能摆脱旧社会音乐的环境，而创造出新时代的歌声来，就是他给中华民族新兴音乐一个伟大的贡献，他创造出中国历史上前所未有的一种民众音乐。

聂耳先生虽然没有像许多音乐家一样的环境与修养，然而他具有的是青年活泼的创造力和斗争性的特点，因此，他的作品得到了广大群众之爱好与传诵。尤其在目前，不论在前线或后方，都有成千上万的群众歌唱着《义勇军进行曲》，甚至国际上都公认《义勇军进行曲》是中国最雄伟的一首歌曲，聂耳先生的伟大就在此。他永远是个年轻的音乐家，他永远站在青年音乐家的前面，他已给我们开辟了一条中国新兴音乐的大路。

我们在今天纪念聂耳先生，应该学习他努力和斗争的精神，运用音乐的力量来动员与组织更广大的群众，增强抗战力量，争取最终的胜利！

冼星海在延安窑洞里作曲（木刻作者马达）

原刊《新华日报》（武汉）1938年7月17日

聂耳作品的历史性

张　曙

时代的进展是毫不停留的，历史的批判也是毫不容情的。必须你的工作能走在时代前面，你的作品能经得起历史的批判，那你便获取历史的地位。聂耳先生的斗争工作虽只有短短的数年，聂耳先生的作品虽只有很少的三十余首，但是他的作品是经过了历史的批判，并且是展开了歌咏历史的新的篇幅。

聂耳先生的歌曲能够有百万人传颂至今而不厌，决不是偶然的事。那就是倘若聂耳先生的歌不能代表中华民族的吼声，不能代表千百万被压迫者反抗的呼声，那么他的歌早已就无人过问了。因为聂耳先生已认清了并且把握住音乐的政治性与战斗性，而同时更能从工作的实践中去体验被压迫大众、被压迫民族的呼声，且更将那些无数的呼喊，通过了他的政治头脑与艺术手腕，组织成一种巨雷似的音响。

所以今天我们来纪念聂耳先生，必须要学习聂耳先生作品的历史性及他的工作精神，才能算是真正的纪念他。

原刊《新华日报》（武汉）1938年7月17日

作者简介：张曙　中国左翼戏剧家联盟及其音乐小组成员，1926年起入上海艺术大学、南国社、国立音乐专科学校。是左翼剧联领导人田汉在音乐方面最主要的助手。时为国共合作军事委员会政治部三厅艺术处戏剧音乐科的中校主任科员。1938年底牺牲于日本飞机对广西桂林的轰炸中。

关于聂耳先生的歌曲

志音（林志音）

李凌兄：

关于聂耳专集前年即拟付印，当时因无能做锌版者，全部由弟写正谱。后虽有做者其价过昂，以致退延至今。立体出版社弟即帮忙排印，能于六周年纪念前印出为善。

至于所需材料，现抄好《春日谣》、《采菱歌》、《茶山情歌》及《白雪歌》。

《一个女明星》（即《走出摄影场》）、《伤兵歌》、《雪花飞》、《小野猫》、《飞花歌》、《春回来了》（分一、二、三、四等次序）、《采茶歌》共十四支，请查阅。弟近日正做一篇《关于聂耳先生的作品》，俟完稿当寄上。对于他的专集，据弟处所存原稿，及在沪时所记者统计附后，以供我兄参考。《反侵略战歌》许多人都误会了，有些不负责的书店出版的歌集也印上是他作的，其实是任光先生作的，百代有唱片（王人美唱），特此更正。

来示中之《静夜》，原作似无此曲。《一个女明星》曲系云南民歌《玉峨郎》，故注选曲。有数曲作词者无名。余事再谈，即颂。

艺安！

志音　5月8日

原刊《新音乐》第3卷第2期1941年9月1日

作者简介：林志音　聂耳在上海时的云南友人，百代公司国乐队的成员。抗战全面爆发后回云南从事抗战音乐工作。新中国成立后曾任云南省歌舞团创作组长、艺术指导、指挥，云南艺术学院及师范学院音乐教师。

略论聂耳的群众歌曲

—— 为纪念聂耳同志逝世七周年而作

麦　新

中国新音乐运动的旗帜 —— 天才的聂耳，在他二十四年短促的生命中，遗留给我们最为珍贵的一部分是他的三十四首群众歌曲（据志音先生在《新音乐》月刊上的统计），它们所给予新音乐运动的推动和影响是无可比拟的。我们年轻的音乐工作者是应该从聂耳那里获取更多的东西，这一篇粗略而又不完全的短文，是这一愿望的尝试，抛砖引玉，以冀大家更进一步地来研究聂耳的作品。

一、天才的夭折

聂耳，原名聂守信，又名聂紫艺，云南人，昆明高师毕业。在校时爱好音乐与戏剧，大革命时代参加军队工作。1930年去上海，在一家云南申庄里做伙计。不上一年这家申庄结束，依靠自己练出来的提琴，他加入了黎锦晖主持的明月歌舞班里当提琴师。"一・二八"后，因感民族危机日急，而黎仍作靡靡之音，随即脱离"明月"，去北平。3月后仍回上海，进联华影片公司工作，后又转百代唱片公司工作，经常为各影片配音及作曲。他从未受过严格的正式的音乐教育，在上海时曾随白俄私人教员学习提琴与钢琴。1935年为继续求深造往日本，因游泳不慎于1935年7月17日淹死于日本鹄沼海中，时年仅二十四岁。他在"一・二八"前曾参加过反帝大同盟，后加入中国共产党，是一个年轻的优秀的模范的布尔什维克。他的特性是聪明、活泼，具有丰富的想象力；为人富于风趣，好友，善与人相处；对学习是埋头、刻苦、用功；创作态度是审慎而又严肃，一稿既毕常考虑而又考虑，修改而又修改，然后发表。他的创作事业大概开始在1932年，一直到他的死，仅仅是三年短促的时间，遗有歌曲三十四首（详细目录见后），大部分歌曲都是流行全国为广大人民所歌唱。

我想这简史的介绍对于我们在了解聂耳的创作上是有帮助的，正是因为聂耳的天才的二十四年本身就是一首不平凡的音乐。

二、两个重要的特点

贯穿在聂耳全部创作中，我们可看出两个重要的特点，这就是他的“现实主义的创作方法”和“民族化大众化的创作方向”。

1932年“一·二八”前后是“低气压”的年代，民族的危机一天比一天更紧迫，而当时的统治阶级对外实行不抵抗的退让政策，对内则是加紧超经济的剥削，使得农村破产，工人失业，广大的人民（包括工人、农民、城市贫民、小手工业者、下层小资产阶级及知识分子）都在饥饿线上挣扎着。而在军事上、文化上，统治者则用“白色恐怖”、“五次围剿”及“文化围剿”残酷地摧残着当时进步的力量。音乐上，黎派的淫靡的歌曲在当时无疑地帮助着统治者极度地发挥了麻醉人民的作用，而“学院派”中虽有一小部分有正义感的人士开始以音乐出来呼吁团结救国（如黄自的《旗正飘飘》及《抗敌歌》），但绝大部分人仍是被关在屋子里空喊着“技术至上”。聂耳，以一个阶级战士、民族战士的姿态出现在乐坛上，不再是“朱唇粉颈”或“风花雪月”，而代之以“成天流汗，成天流血”，他的作品的绝大部分都是反映那个时代民族压迫、阶级压迫下劳动人民的苦难的生活和呼声。然而不仅止于此，由于聂耳进步的世界观以及他的生活斗争和政治斗争的实践，所构成的他的现实主义创作方法，他不仅写出了人民今天的痛苦，也写出了人民今天的抗争以及对明天光明的热望。《大路歌》的沉着坚毅，《开路先锋》的坚定自信，《前进歌》的果断坚决，《码头工人》的痛苦和愤怒，《打长江》的歌颂集体劳动的愉快和自信，这些都是最显明不过的典型例子。就是在他以《白雪》为主题的抒情歌曲里，他都是以愤怒的音符来谱写这样的字句：

《白雪歌》

至于高声号召人民武装起来反抗民族敌人的《义勇军进行曲》，之成为伟大的抗战的前奏曲在今天已是闻名全世界了。这样一种创作方法是与当时世界各左翼作曲家如Carl Sands, L. E.Swift, J.S.Schaeffer, Szabo, Davidenko等所运用的不谋而合，这是历史的育缘，但也是一种时代的必然性。

至于聂耳作品之“民族化”与“大众化”的创作方向几乎无须在理论上加以说明，因为中华民族千百万歌唱他的歌曲的人民已经回答我们这一问题了。笔者常常愿意向人们询问和研究：人们为什么那样热烈地爱好聂耳？大家回答几乎趋于一致的：“聂耳写出了我们要说而没有说出的东西，他的歌容易唱，他给我们以力量和鼓励！”有时他们又加上这样一句叹息：“唉！如果聂耳不死，我们一定能唱到更多的好歌！”——这话在大众心头的革命作曲家是多么使人不容易忘记啊！从民族的、大众的、丰富的斗争生活中去汲取制作源泉，创造了大家所喜爱的民族形式，又交还给大众并给予他们以力量和鼓励，使他们为拯救自己的民族而斗争——这就是聂耳作品之民族化与大众化的全部意义。

下面，让我们看一看构成聂耳作品特点之一些重要因素。

三、坚决果断的节奏

贯穿在聂耳许多重要的作品中有下面两种节奏特征很鲜明的，当我们一唱到他的歌曲时就会深刻地感觉到的，这是构成聂耳歌曲特点之一个重要组成部分。

第一种节奏特征是：X XX | X X。基于这一种特征，有这样一些变化：X X X（三连音）| X X；X. X | X X；X X | X X；| X. X | X X；X X X | X X；X XX | X X X |。这样一种节奏特征，几乎在他绝大部分的歌曲里都使用着，大都是用在很重要的乐节或乐句结尾上，出现的次数非常多。例如，在《义勇军进行曲》中出现了有十次之多，在《前进歌》中出现了六次，《毕业歌》中出现了四次，《开路先锋》中出现了七次，《卖报歌》中出现了二次。当我们在很多歌曲的乐句或乐节的结尾上唱到这样一种节奏特征时，它所给予我们的是一种坚决、果断、不怕困难、百折不挠的感情，而这正是在“低气压”时期中最前进的阶级所特具的精神。

第二种特征是：X XX | X X。基于这一种特征，有时变化作：X. X | X X；X X | X X；X. X | X X。它们的使用笔法和上一种差不多，也大都用在重要的乐节或乐句的结尾上，出现的次数也非常多。例如《大路歌》及《打长江》两曲几乎全部都是由这一种节奏特征所构成的；在《码头工人》中出现了三次，在《打桩歌》中出现了九次。这一种节奏所要表现的中心情感，基本上与上面一种是一致的，然而是更直接地反映了劳动人民的劳动生活。

当然，这两种节奏特征如果脱离了一定的歌词，一定的曲调，一定的速度和强弱，而孤立起来看是没有意义的。它之所以构成为聂耳特点之一个重要部分，是必须与构成特点之其他部分——歌词的选择和处理，曲调进行，乐曲形式，速度强弱——配合起来，才能构成聂耳特点之整体性以及它所表现的独特的色彩。

四、流利易唱的曲调

人们当唱到一个比较难唱、别扭的曲调时，他们常是带着回忆的声调想起聂耳：“为什么聂耳的歌曲是那样容易唱，而又好唱呢？”

是的，什么样的曲调使聂耳的歌曲“容易唱”而又“好听”呢？

（一）音域

在他全部群众歌曲的创作中所用的音域，几乎都没有超过十度音（只有很少的例外）。这说明聂耳在创作时是下意识地研究了对象的，他很清楚他所作的歌曲不是拿给什么标准的Soprano或Tenor[①]歌手去表现的，而是给一般没有音乐素养的“平凡”的群众来歌唱的，而他对一般群众所共同具有的音域是实际地理解的。当然这跟他在明月歌舞班一个时期中的多方面接触群众的音乐生活有关系，但他的创作态度之不“无的放矢，不看对象”也是很显然的。

（二）曲调的进行

聂耳的曲调进行之基本特点是二度级进，及三度四度和弦跳进，四度以上的跳进比较少用，有时也用一下五度跳进，至于六度七度八度的跳进则是极少用的，同音的重复使用这三个以上也是很少有，这一点是构成他的曲调之“容易唱”的因素之一。有人说他的歌曲的曲调性比较少，但这是不合理的说法，因为曲调性并不是指曲调变化多端，而主要是指曲调的流利动听。如从这点上看则这些没有大跳跃的音符在聂耳巧妙地施以节奏的组织后，非但不使我们感到平淡，相反的是感到清新、流利、顺口。流利顺口本来是黎锦晖曲调的优点，这一点上聂耳是批判地接受了黎锦晖的长处。

（三）长短音

聂耳很少使用长音，超过二分音符以上的长音在他的曲调中几乎是很少见的，主要是为他使用的节奏特征所规定了的。而八分、八分附点及十六分音符的短音，则是最为经常被使用着。

（四）结束法

在他的曲调中有一种特殊的结束法，即是很多中间静止或乐句都结束在主音上，这按照作曲法的规则说来不是最合适的，但在他的曲调中却发现出他自己的一种独特的处理法。那就是“多用短句少用长句”，使每一句都干脆地清楚地打入听众的内心。当然这一种处理法是为他所要表现的内容以及词的特性所要求的。

《义勇军进行曲》

例如：

《自卫歌》

① 编者注：女高音或男高音。

（五）调式

一般地他都是使用西洋长音阶，几乎很少使用西洋短音阶（这与他所创作的歌曲的内容有关）。而在使用前者时，他很少用 Fa、Si；就是用，也终是将 Fa、Si 作为经过音、装饰音或很巧妙地将它们连接在前后都很容易唱的地方。最可贵的是他在创作中尝试了使用中国调式，他使用是根据新的内容而加以新的手法来改造和处理的。例如《大路歌》一般人都说它是西洋短音阶，其实是中国调的 La 调式（那个升 Sol 是多余的）；《打长江》是 Do 调式，《打桩歌》是 La 调式，《茶山情歌》是 La 调式；上面这些调式都是用的 Do、Re、Mi、Sol、La 的音阶排列的方法；而从一个绥远民歌改编过来的《塞外村女》，则是用 Fa、Sol、La、Do、Re 的音阶排列方法的 Do 调式。这些民间调式的使用，我们看到不仅是丰富了聂耳的曲调，而且更重要的是使他的曲调带上了强烈的民族色彩。而这样一种色彩在我们看来是感到亲切和熟悉，但与旧的民歌又有绝大的区别；同时又和今天某些所谓创作民谣不同，因为后者是更趋于模仿的，而聂耳在使用中国调式时则是以反映新的生活为基础而加以新的手法来处理的。当我们今天提出曲调要民族化和尝试来使用中国调式的时候，这一点是值得大大地向聂耳学习的。

五、“曲与词牢固的吻合”

苏联有名的群众歌曲作家杜纳耶夫斯基曾这样说：“曲和词牢固的吻合，便是决定大众歌曲特点的基本条件。”当然这是指以具有进步思想的歌词与曲调为前提的。

聂耳的曲调不但与他所选择的歌词牢固地吻合着，而且由于他自己独特的歌词的处理法是给予后者以更光辉的色彩的。不管某些先生们抓着他的歌曲中某一个字的配法不合于他们主观上的想法（实际上是书本上的一套公式），就随便污蔑他不懂中国文法（如《义勇军进行曲》中的“中华民族到了”的“到了”两字后休止半拍），但事实上不懂的是这些先生们自己。这是因为聂耳对歌词的处理并不是按照个别的字来配音的，而是依据整句语气和它在全曲中所占的地位以及所要表现的感情来处理的。试问：为什么不可在“到了”两字后休止半拍，如果作者为了要强调后面“最危险的时候”那一句，以使它更警惕地打进听众的心中去；而从“音势”上来说这不但是容许的而且是应该的，而无数的歌唱者唱到这里时，也从来不感到别扭或因文法不通而好笑。假如这些先生们再要求指摘的话，那聂耳的歌曲中将有好多字的配法是为他们所不了解的。例如《打长江》结束时的“吃晚饭哪”的“吃”是动词，为什么配在不重要的音上呢？然而这些为他们所不了解的歌词处理法正是聂耳独到的地方。

六、打破旧的一套 ABC

在乐曲形式上，聂耳是不幸的但又是幸运的。由于他没有受过严格的乐曲形式的训练，使他的某些歌曲结构组织不够严密；但又由于没有被旧的一套乐曲形式教条迷惑，他又能更自由地来使用形式而不受任何束缚。新的歌词所给予他的启示，加上他自己丰富的想象力使他创造了各种形式，不管某些先生们怎样谩骂他的乐曲形式“乱七八糟”或“瞎奏”，而实际上这正是他的优点，他之被谩骂只是表示他并没有走进这些先生们所拟定的公式圈套里罢了。

乐曲形式必须被作曲者掌握和支配以表现一定的思想内容，而不是让乐曲形式的“紧箍咒”放在作曲者的头上把思想束缚住，聂耳在获取了仅有的乐曲形式的知识后的使用法就是这样。

七、是不是民族形式?

有人直至今天还在怀疑：在新音乐的创作中到底有没有民族形式？这是把民族形式看得过于神秘化和抽象化的一种天真的问语。对这样的问语，笔者可以肯定地答复：聂耳一部分的创作就可以称之为民族形式，因为这些歌曲的特点以及它们在群众间的流行是完全符合于这样一个说法的：“新鲜活泼为中国老百姓所喜见乐闻的中国作风、中国气派。”

八、向聂耳学习什么?

聂耳是新音乐运动的旗帜，我们在创作上向他学习什么？是不是来一套模仿呢？这只是变成公式主义的最好办法罢了。可惜，抗战以来有些青年的作曲者正是这样教条地向聂耳“学习”（？）的。所以，再重复申诉一遍是必要的：我们向聂耳学习的是了解他的现实主义创作方法和民族化、大众化的创作方向（在他的具体作品中所贯彻着的），以运用到我们自己的创作中去。

这一篇短文的目的也就是如此。

1942年6月23日于鲁艺

校记：新中国成立后，此文发表时，一般所据的版本是1948年3月25日—4月8日在蒋管区发行的《时代日报》“新音乐”副刊（因当时政治条件关系，较此有所删节，不足为据），今据1942年7月1日延安鲁迅艺术文学院编辑出版的《民族音乐》1卷3、4期合刊本首次发表稿校录。

作者简介：麦新　1935年起在上海参加抗日救亡群众歌咏运动，编辑歌曲集《大众歌声》，作有著名歌曲《大刀进行曲》。时任延安鲁迅艺术文学院音乐系党支部书记。1947年，在东北新解放区遭敌人袭击，在战斗中英勇牺牲。

研究聂耳札记

王震亚

1931年“九一八”与1932年“一·二八”以后，热河绥远相继失陷，日本帝国主义的势力蔓延到整个华北地区，企图进一步灭亡全中国。蒋介石正在加紧内战，自1930年至1934年向红色革命根据地发动了五次所谓“围剿”，而对日本帝国主义则采取妥协投降的政策。民族危机严重，激起了全国人民的爱国热情。在中国共产党领导下，全国抗日反蒋的爱国运动蓬勃开展，在爱国运动中出现了一批以聂耳为代表的革命的作曲家。

聂耳早在1927年就已接触了马克思主义，在其1929年的日记中已记下了他对马克思主义的社会发展规律与阶级斗争理论的心得。他的生活与作品都证明这种思想在他身上不断地成长，他在1933年加入了中国共产党。

聂耳写了一批优秀的描写工人阶级的劳动生活的作品，其中包括:《开矿歌》、《打砖歌》、《打桩歌》、《码头工人》、《大路歌》、《开路先锋》、《新女性》(《打长江》亦可列入这一类)。这些都是聂耳作品中数量最多质量亦很高的作品。这些作品反映了工人阶级沉重的劳动与悲惨的生活。例如《码头工人》的开始，节奏是沉重的，好像是码头工人沉重的脚步，曲调中表现的心情亦是沉重的:

《码头工人》

但是，聂耳的作品中并没有绝望的呼喊与眼泪汪汪的哀伤的叹息。常常在一首歌曲中，

一方面坚强地抗议现实生活中的不平，一方面又充满了乐观的情绪，对工人阶级的光明前途充满信心，并且号召工人阶级起来争取光明的明天。在《码头工人》的结尾，唱到“向着活的路上走”时，曲调豁然开朗，成为全曲最有力、最突出的乐句。这种乐观的情绪与坚定的信心，在《打长江》与《开路先锋》中表现得特别突出。

他在《开路先锋》中表现出对作为革命的领导力量的工人阶级的信念，在《新女性》中又表现出工人阶级顶天立地的气魄。例如：

《开路先锋》

《新女性》

过去从来没有一个作曲家这样充满热情地歌颂了工人阶级，对工人阶级寄托了这么伟大的希望，对工人阶级的光明前途的信念如此坚定，能够如此深刻而生动地描写工人阶级的生活、情感与希望。只有新兴的工人阶级的阶级战士才能具有这种思想与情感，聂耳是第一个这样的战士。

聂耳自己是置身在工人阶级中间的作曲家，他熟悉他描写的对象。在作品中充满了对他所描写的劳动生活与劳动人民的心情的真实感觉，因而每一支歌的音乐形象都是鲜明的。例如，《打砖歌》中表现出来单调的不间歇的劳动节奏和打砖工人对自己的痛苦的抗议；《新女性》的《回声歌》可以把我们引进曙光微明中女工上工的情景里面；《大路歌》可以使我们感觉到背负着千斤重担的人们的坚实的步伐……

描写工人阶级的生活思想、情感，应该是工人阶级作家的重要任务。

工人阶级代表着全国人民的利益，聂耳站在工人阶级的立场就必然要用工人阶级的观点，去观察表现广大的人民群众的思想感情。他写作的题材自南洋华侨到塞外村女，儿童歌曲亦占很大比重。这些作品极广泛地表现了人民群众的各种情绪，他们的苦难与苦难的原因。

工人阶级是新民主主义革命的领导力量，工人阶级的作曲家在民族危机严重的关头应该担负起动员全国人民抗日的任务。聂耳就担负了这个任务，救亡歌曲是他的作品中最重要的作品。其中包括《义勇军进行曲》、《前进歌》、《自卫歌》与《毕业歌》。这些歌曲在全国到处流传，成为鼓舞人民投入救亡运动的有力武器，成为反对蒋介石卖国政策的有力武器。这些歌曲体现了中国共产党坚决抗日的态度，体现了党在救亡音乐运动中的领导作用，这些歌曲使革命音乐在整个革命斗争中成为有力的环节。

这几支歌是“九一八”与“一·二八”以后，中国人民爱国主义的集中的典型的表现。它们表现了六亿人民的意志，因而显得波澜壮阔、气魄雄伟。像许多优秀的苏联歌曲一样，其中“已经混有了……高亢的重音和音调，已掺有整齐的节奏，在其中能听到千百万人的步伐声。”① 例如《前进歌》与《自卫歌》：

《前进歌》

《自卫歌》

这是具有多么强烈的鼓动力与号召力的音乐啊！

① 聂斯契耶夫：《苏维埃音乐中的社会主义现实主义》，载《苏联音乐论文集》，新音乐出版社版1953年版，第45页。

在作品中表现广大人民群众的生活、思想、情感与愿望，敏锐地、正确地表现了现代重大的政治事件；在作品中体现了坚定的工人阶级立场、贯穿着工人阶级的思想，这在聂耳的歌曲中是表现得非常鲜明和突出的。

聂耳的歌曲具有鲜明的民族特点。

聂耳的日记与书信一再说明他非常重视民族音乐遗产。他的很多歌曲，如《采菱歌》、《塞外村女》、《采茶歌》等，都有着大家所熟悉的“民谣风”。这说明他熟悉民歌，并追求自己作品的民族风格。他曾领导百代公司国乐队灌了一些国乐唱片，这说明他对民间器乐很有根底。他在研究民族音乐上下了一番工夫，并且从他的日记中知道，他还有更进一步研究民族音乐遗产的计划。他熟悉民族音乐遗产，又熟悉中国人民，他对音乐的民族形式有正确的理解，因而他不仅研究民族音乐遗产、模仿“民谣风”，更进一步随着新的内容的要求，成功地发展了民族的音乐形式。不这样，像《义勇军进行曲》、《自卫歌》、《大路歌》、《开路先锋》…… 歌曲的内容就不能获得完满的表现。这些歌曲真实地表现了中国人民的情绪，和中国的语言也结合得非常出色，是生动活泼的，人民大众喜闻乐听的，就是其曲调的外形亦和民族音乐语言的外形有很多联系。这些歌曲出现了新的节奏、新的音调、新的风格，是民族音乐形式的新发展。

赫连尼科夫在谈到民族形式的道路时曾经指出：“片面地热衷于将过去的许多封建特点加以美化的历史主题，就必然会引起美化民族音乐中那些古董式的过时的因素的结果，就必然会以同样态度去对待民族的音乐形式和人民某种封闭的、麻痹的、仿佛是永远固有的音乐意识。”这种倾向就必然要“保持着在遥远的过去所形成的那些音乐形式和形象的不可侵犯状态”①。

这种情况在中国的作曲家的作品和批评家的批评中确实是存在着的。聂耳和这些人不一样。他随着新的内容的需要发展了民族的音乐形式，不拘泥于某些“仿佛是永远固有的音乐意识”，也没有粗暴地破坏音乐的民族风格。

聂耳善于掌握他所表现的体裁的特点，用最简洁的音乐手段来刻画鲜明的多样的音乐形象是聂耳作品的重要特点。《打砖歌》不过十小节，而打砖的单调的不间歇的劳动节奏与打砖工人的痛苦与愤怒已表现得非常深刻生动。甚至表现有关中华民族生死存亡的主题，也只运用《义勇军进行曲》这样短小的形式，中国人民的爱国热情与抗日的坚强意志在这样短小的形式中表现得多么充沛。打桩工人、码头工人、卖报的小孩、铁蹄下的歌女、爱国华侨等形象在聂耳的笔下都是生动的。善于运用简练准确的形式刻画生动真实的音乐形象，这正是音乐艺术中的高度技巧。

为了刻画多样的形象，聂耳运用了各种各样的音乐语言。救亡歌曲多带有进行曲的格调，描写劳动的歌曲中常常运用在劳动呼声与劳动节奏的基础上发展出来的短小的乐句。《梅娘曲》是运用朗诵式曲调的尝试，《塞外村女》、《采茶歌》等则具有浓厚的民歌风味。必要时自由地在歌曲中加入朗诵，之后，歌唱带着新的力量继续下去，也是聂耳常用的方法……

---

① 赫连尼科夫：《苏联歌曲创作的状况和任务》，载《苏联音乐》1952年第1期。

聂耳的作品把平易性和独创性结合得很好，这样朴素，没有任何技术的炫耀。他赋予外表上非常平易的曲调以全新的含义，因而显得新鲜，一直到今天仍旧吸引着我们。例如：

《自卫歌》

这种情况在聂耳的歌曲中到处都是。有些看来非常拗口的曲调，因为和表现的情绪结合得好，和歌词结合得好，和前后连接得好，就显得异常平易，例如《开路先锋》：

《开路先锋》

《毕业歌》

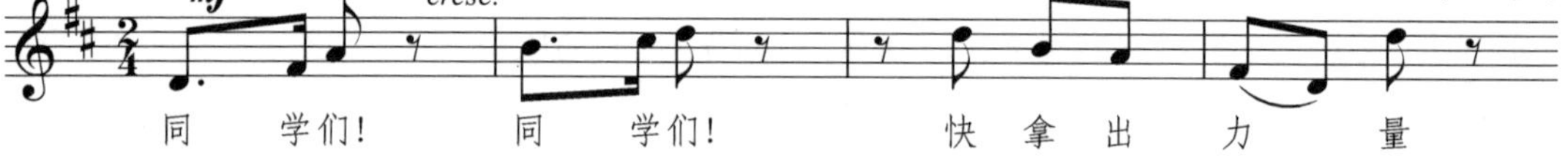

用三个整齐的小句子构成一个独立的小乐段，应该是相当困难的，但是看聂耳处理得多么新颖，例如《打桩歌》与《毕业歌》：

《打桩歌》

《毕业歌》

聂耳的歌曲表现的情绪都很明白易解，而且是非常深刻。他的曲调很容易上口，包含着相当丰富的节奏与变化。例如：

聂耳运用节奏、曲调、曲体的特点及其善于处理歌词与曲调之间的矛盾的问题，在麦新同志《略论聂耳的群众歌曲》一文中已说得相当详尽，这里不再赘述。

聂耳的歌曲能够这样地广泛流传，这样地鼓动人们的爱国情绪，能这么持久地吸引我们的艺术兴味，都说明这些歌曲不但表现了饱满的政治热情，集中反映了群众的意志和要求，而且能通过比较易于流传的形式，表现了高度的艺术性。

中央音乐学院原副院长王震亚教授

"九一八"以来，聂耳作品中表现的坚定的工人阶级立场、思想性与饱满的政治热情、新的民族风格与高度的艺术性，成功地反映了当时重大的政治事件，并在群众中起了巨大的政治影响。他是中国伟大的人民音乐家，真正称得上是社会主义现实主义音乐的开路先锋！

我国音乐中的社会主义现实主义在聂耳的群众歌曲中茁壮地成长起来了。聂耳的方向是完全正确的，聂耳的歌曲无例外地都具有进步的思想。诚然，像一切新生的东西一样，聂耳的歌曲也不是完全没有缺点。例如，《茶山情歌》与《采茶歌》的曲调局限于所谓民谣风，缺乏独创性；《饥寒交迫之歌》的曲调中表现的情绪过于软弱；《飞花歌》曲调的表现过于轻松，和其表现的主题思想相矛盾（歌曲的情调与"种花人清泪落花前"等词句那是不恰当的）；《采菱歌》的曲调中亦有杂芜之处。这样的歌曲在聂耳的歌曲中为数甚少，是无足轻重的。这样的缺点一点也不影响聂耳之成为一个社会主义现实主义的作曲家，聂耳及其后继者曾经使革命的音乐繁荣起来，我们应当全面地正确地学习聂耳。

聂耳在创作上所达到的这些成就，应该作为音乐中的社会主义现实主义传统的重要部分加以继承和发扬。为了克服我们目前所存在的创作落后于现实的现象，进一步提高我们的创作水平，使音乐艺术能更好地为国家在过渡时期的总路线和总任务服务、更有效地鼓舞人民为建设自己社会主义祖国和保卫世界和平，研究聂耳和向聂耳学习是我们的重要任务之一。

原刊《人民音乐》1955 年 6 月

作者简介：王震亚　中央音乐学院教授，曾任该院作曲系主任、副院长，《音乐创作》主编。

聂耳的歌曲与民间音乐

王　树

聂耳是我国伟大的社会主义现实主义作曲家，他的全部歌曲创作是我们民族音乐遗产中最可珍贵的财产之一。在他的歌曲中，不但接受了近代国际革命歌曲和西洋古典音乐的优秀特点，更主要的是他创造性地继承并发扬了民间音乐的优良传统，因而他的全部革命歌曲都有着浓厚的民族色彩，歌曲中的革命内容都得到了真实的、完美的表现。

在接受近代国际革命歌曲和西洋古典音乐的影响方面，聂耳不是将其优秀的特点生硬地搬运过来，而是创造性地借鉴和吸取。也只有如此，这些外国音乐文化中的优秀成果，才能成为他创作中国革命歌曲时一种有积极意义的东西。这些已被借鉴和吸收过来的因素，成为他歌曲创作中一个有机的组成部分，构成他的歌曲中的民族风格的一个特点。如《义勇军进行曲》等歌曲中：

《义勇军进行曲》

《开路先锋》

《码头工人》

以上这些例子，虽然都富有西欧曲调的进行特点（如开始时的弱拍后半拍的四度上跳、大调的音阶级进、和弦内音列的连续上行、从属音四度上行到主音的结束形式等）和西洋进行曲的节奏特点，但它们都是与我们民族语言的语调、语气和歌曲内容的昂扬情绪极相吻合的。就是在《开路先锋》中那种西欧典型的属七和弦音列的旋律进行也不例外。在《码头工人》中不但曲调与语调相吻合，而且由于用了这种含有半音在内的音阶起伏进行，和在强拍上的第四级音上的激烈停顿，更形象地刻画了码头工人的苦难生活与呼吼的反抗情绪。

聂耳的歌曲最重要的特点，是它的音乐语言的丰富性以及战斗性与抒情性的有机结合。由于他创造了这样的音乐语言，逼真而深刻地刻画了斗争着的人民的精神世界，所以他的歌曲有着极大的战斗号召力。

这种战斗性与抒情性的有机结合，一方面表现在简朴有力的乐句或乐段，与咏叹性的乐句或乐段的连接（有时在同一个乐句之中就有这样的变化），如：

《打桩歌》

《毕业歌》

例子很多，这里就不一一枚举。这种连接是巧妙而多样的，但并不是在单纯地追求乐句或乐段的对比与变化，而是由于歌曲内容在感情上的推进与变化，以及要求多方面刻画形象的结果。

聂耳歌曲中的战斗性，一方面除了受近代国际革命歌曲和西洋古典音乐的影响，另外也受了我国民间劳动歌曲（特别是城市工人的民间歌曲）的影响。如在歌曲中常用简捷有力的短句，不但在一些吆号性的乐句是如此构成，就是在一般的主题性乐句和咏叹性乐句也是多用旋律短句。如：

（甲）吆号性乐句——

《开矿歌》

《大路歌》

（乙）主题性乐句——

《码头工人》

《打长江》

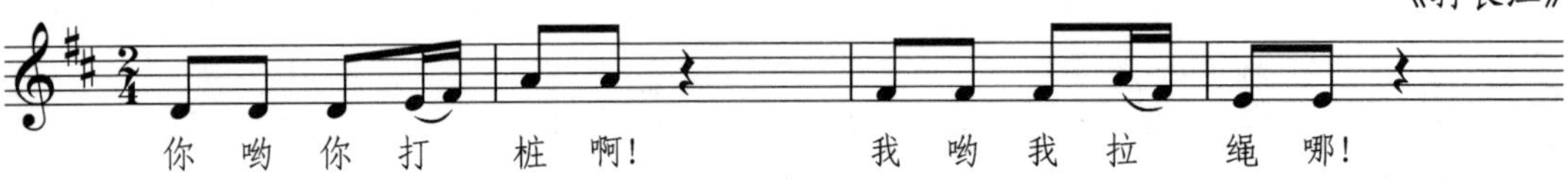

（丙）咏叹性乐句——

《打桩歌》

《大路歌》

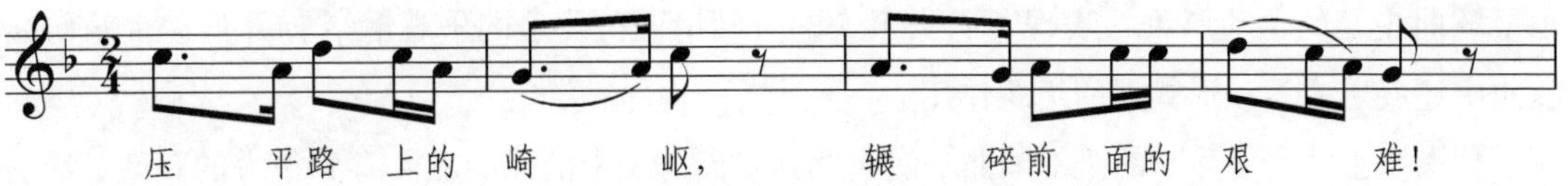

有时为了突出内容、加强语言的战斗性和号召性，也运用旋律短句的特点，把一个整句分为几个有力的短句，如：

《前进歌》

《开路先锋》

以上这些关于旋律短句的例子，除了有些是直接采自实际劳动生活中的吆号节奏和音调，其他都显然是受了民间劳动歌曲和近代革命歌曲中那种处理语言的高度简洁性和目的性的深刻影响。此外，像在《义勇军进行曲》、《码头工人》、《前进歌》、《慰劳歌》、《开路先锋》中那种斩钉截铁的结束手法，也是接受了民间劳动歌唱和革命歌曲那种豪迈气质的影响。

至于聂耳歌曲的战斗性与抒情性的有机结合，另一方面又表现在战斗性的节奏与抒情性的音调的融合。其所以说它们是融合，就因为两者并不是孤立存在的，或两者是混合的，而是互相渗透互相作用，并交织融合在一起的。如《码头工人》中的吆号性乐句：

《码头工人》

它是一个富有战斗性的抒情性乐句，它的节奏是直接来自码头工人劳动时的吆号，它的曲调就是民间音乐中常见的旋律结构，如广东梅县山歌中就常有这样的旋律进行：

《广东梅县山歌》

这个由战斗性的劳动节奏与抒情性的民间音调交织融合而成的乐句，在五度音程内就展示了歌曲主题的生动形象，表现了码头工人的劳动情调与斗争的乐观情绪。并且这个乐句在歌曲中还起着内容和形式上的组织作用。

翻来覆去唱完了聂耳的全部歌曲，使我感到它们与云南的民间歌曲有着很大的联系，特别是聂耳歌曲中那种抒情性，很显然是受了民间音乐的影响。我虽然并没有发现到较多的创作是直接来自民间的一个完整的或较完整的曲调，但它们之间在音调的感觉上和某些调式结构的特征上，都有着内部的深刻联系。在《大路歌》中开始时那句吆号性的乐句与下面两首民歌的开始句有相似之处：

《大路歌》

《九月的太阳》

《看郎调》

《打长江》的开始句与下面几首民歌的开始句也有相似之处：

《打长江》

《螃蟹歌》

其他地区的民间音乐也同样影响着聂耳的创作，如《慰劳歌》中的最后一段，就与安徽

《凤阳歌》后段的音调有些近似：

《凤阳歌》

《塞外村女》是他歌曲创作中富有北方民间曲调性格的一首歌。它的旋律的朴实性和曲调的基本结构，以及歌曲中那种凄苦的生活情绪，使我不禁联想起内蒙古河套和晋西北一带流行的一首反映农民过去苦难生活的民歌——《走西口》：

《走西口》

上面所举的《慰劳歌》和《塞外村女》都与民歌的音调和结构有很多相近之处，但他往往在最有特性的结束部分却用了大调的结束手法转换调性。我认为这是聂耳创造性地利用民间音调的特征，使其有利于表现歌曲中的昂扬情绪。如在《慰劳歌》里他只吸收了民间 Re 调式中那种优美抒情的成分，批判了民间音调中某些低沉柔弱的情绪。在倒数的第三小节，他用第六级音的持续作为转换调性的桥梁，并运用旋律短句的结束特征，把歌曲中那种安慰和鼓舞的情绪引向到有力的结束；最后接着来的一句诵白“对啊！守住我们的家乡，把敌人赶出去！”更增加了歌曲情节的生动性。《塞外村女》虽是一首具有北方民间音调性格的歌曲，但是由于旋律的华彩性和结束部分的调性转换，所以就减少了像民歌《走西口》那种幽暗性，而且又由于他运用了X X X的节奏，因此歌曲中塞外村女那种纯朴凄苦的形象就更得到细腻的表现。聂耳虽然在《塞外村女》的结束部分运用了大调的结束手法，但这种四度关系的交替调式，又是民间多么常见的形式，并富于北方民间调式的趣味。

在他的很多歌曲中都几乎是在大调中融合着富有民间调式的音调趣味（特别是云南一带民歌中的 Re 调式和 La 调式的音调趣味）。当然我们不去谈那些富有典型的民间调式及其音调的《大路歌》和《打桩歌》，就是在《义勇军进行曲》、《前进歌》、《毕业歌》、《开路先锋》这些含有西欧音调趣味较多的歌曲中，也常常极有特性地出现大调第六级音和与它前后联结的曲调关系。像在《义勇军进行曲》、《开路先锋》、《铁蹄下的歌女》中，大调第六级音是它们全曲的顶峰音，且最富特性。在其他很多歌曲中，虽然大调第六级音不是它们的顶峰音，但同样是最富有民间 Re 或 La 调式中那种抒情特征性的音及曲调关系。又如在很多歌曲中，常在一句或一段大调型的曲调进行后面，随即转入民间调式中小调型的音调或丰富了歌唱语言。如《义勇军进行曲》：

《义勇军进行曲》

《开路先锋》

在歌曲的结束形式上，除一部分歌曲是运用西洋传统的结束手法（V— Ⅰ）外，其他一部分歌曲则运用了民间音乐中（如皮黄戏中的西皮音乐）常见的三音列结束形式，或者是三音列曲调的变化形式。如：

《码头工人》

《天天歌》

《卖报歌》

《卖报之声》

《飞花歌》

以上所谈的一些聂耳的歌曲与民间音乐的关系，只是自己初步学习后的一点体会，而且也仅粗略地涉及社会现实主义音乐创作中人民性问题的一个方面 —— 聂耳的歌曲与民间音乐的联系。但聂耳的歌曲之所以能鲜明地表现民族性格，并积极地成为帮助培养人民的革命斗争意志的武器，这决不仅是像我上面所谈到的一些与民间音乐在外表特征上的联系，更重要的是他和劳苦大众接近的生活态度和创作思想。

原刊聂耳、冼星海学会编《永生的海燕》

人民音乐出版社 1987 年版

作者简介： 王树　时为中央音乐学院教授。

形式的创造者（摘录）

——聂耳创作学习笔记之二

李业道

（前略）

艺术表现是有自己的规律的，革命的艺术也不能离开这些规律。音乐形式的基本规律之一是形式上的均衡，聂耳是遵循着这个基本规律来进行他的艺术创作的。

我们看看他的《打长江》：

《打长江》

聂耳的这个歌曲的骨骼是架得非常稳妥的，乐句之间和乐段之间的分量很匀称，节奏有着紧密的呼应，音乐动机的连续性和发展也很鲜明。这可以看出，如果表现上需要的话，聂耳是如何严谨地遵循一般音乐逻辑来表现内容的。

在许多歌曲中聂耳很注意他的音乐的均衡。如《塞外村女》，在三小节对三小节的乐句之后，又是二小节乐句对二小节乐句。三对三之后的二是不平衡了，但二之后的二又取得了平衡。

在音乐创作上这是一个很简单的问题，一般地说，对一个作曲家的形式是无须从这个角度来进行研究的。我们之所以要指出这一点，第一，因为有人曾经攻击聂耳的音乐不讲究这个形式问题，是乱七八糟的，这算是对他们的回答。第二，也的确有这种情况，一些年轻的歌曲作者有时是忽略这种问题，忽视这些基本规律对内容表现的重要性，甚至有人误认为这是聂耳的“经验”。第三，形式的统一和变化、平衡和不平衡的矛盾是形式创造上基本矛盾之一，是值得研究的。

为什么需要形式平衡呢？是由于内容表现的需要。当然，在同样的理由下也就可以从内容表现的需要而去突破一般性的平衡 —— 纯形式的平衡。聂耳在这方面有许多创造。

《新女性》

这里，在三个整齐的乐句之后的第四个乐句突然增加了一个小节，从表面的形式看来是不平衡了。但在内容的表现上却因此有了强烈的效果。把“要”字处理为四分音符，把“劳动”二字处理为二分音符，成功地增加了“我们要劳动”的表现力量，在音乐上形成强烈的半终止。如果为了整齐的八小节把这句处理为  的一般进行，生气就减少了很多。这种突破平衡的处理从音乐效果上来说，完全没有给人不平衡的印象。

《毕业歌》

这本来是两个呼应得很好的平行乐句。但在 * 处突然有了新的变化，把第二个乐句的重点也改在它的第二小节去了。结合着歌词内容来看就知道，这种乐句的扩充使歌词“掀起民族自救的巨浪”这句得到了完全必要的强调，在音乐上就有力量来“掀起巨浪”了。在小节数目上是不平衡的，但在音乐内容上却完全平衡。

《前进歌》

这里的第四个乐句多了一小节，使最后一字结束在弱音上。而且用一个休止符把一个词句隔断了。这似乎是不“规矩”的。然而，正是由于这样处理，充分加强了音乐的气势，使“前进”二字特别突出，充满着饱满的冲击力量。最后停在弱拍也和前几个乐句停在弱拍相呼应。这段震撼人心的音乐的结构是非常完整的。

聂耳为了内容的完美表现，甚至把一个词句完全分开来：

《开路先锋》

这里不但强调了“我们”，增加了“我们”的大无畏气魄，而且为后面的强有力的音乐倾泻似的进行作了准备。如果去掉头两小节而用平铺直叙的方法来处理“我们要把……”，这会减弱“轰！轰！轰！”和之后的江涛奔腾的气势。

按照创造形式的规律来突破形式、按照内容表现的需要来突破形式，最后的结果是创造完美的形式——在形式之中，又在形式之外。聂耳正是这样一个优秀的形式的创造者。

四

聂耳的主要的成就是战斗性的歌曲，但在创作抒情歌曲和戏剧性的歌曲方面也有着良好的开端。可惜他的生命太短，没能走得更远、更宽。然而，在艺术形式的创造上，战斗性和抒情性、戏剧性体现在一个作曲家身上这件事，却是非常重要的。

聂耳的抒情歌曲中我最喜欢的是《塞外村女》、《铁蹄下的歌女》和《告别南洋》。

谁能够不为这个婉转、清新而略带忧郁的音乐感动呢？

《塞外村女》

这个歌曲的旋律进行和音调，有农村生活的特质，有女性的特质。曲调的流畅性又和伴奏乐器竹笛的特点有关。战斗的聂耳，在他考虑一个纯洁的农村少女的形象的时候，采用了完全新颖的表现手法。

《铁蹄下的歌女》则是另外一种形象，是城市中被蹂躏的但是是善良的女性的呼声：

《铁蹄下的歌女》

这首歌曲是略带呻吟的控诉。单纯从歌词语言的处理来看，“到处”的“到”字是不宜占两拍时值的。但在艺术形象上，“到”字的拖延充分地表现了控诉的口吻，装饰音的处理也完全符合旧社会的歌女的性格。由于生活内容的不同，音调上、节奏上等各方面又和《塞外村女》不同了。这里所表现的痛苦比《塞外村女》是更为深沉的；生活的暗影是更为浓厚的。

而《告别南洋》，又有另外的不同特点：

《告别南洋》

聂耳在这个歌曲的处理上用了三拍子，这在聂耳的歌曲中是少见的。我们从歌词语言处理的强弱关系上看，这样处理是完全符合语言的表现的。在这个三拍上聂耳用舒缓的节奏和温柔的语调，恋恋地呼唤那被大海碧波围绕的椰林海岛。聂耳的表现手法在这里又有新的发展。

在聂耳的歌曲中，还有着戏剧性表现手法的萌芽。这虽然还只是萌芽，但是是可贵的，是民族形式的一种新的发展。

聂耳的戏剧性是表现在抒情性和朗诵性的结合：

《梅娘曲》

整个说来《梅娘曲》仍是一个抒情歌曲，但在语言的处理上有很明显的朗诵性，在乐句上不像一般群众歌曲那样均衡，而是随着语言朗诵和情感抒发的需要作淋漓尽致的发挥。像  这种不同节奏连续地运用，有着浓厚的戏剧性味道。

流传很广的《慰劳歌》的朗诵性也非常突出：

《慰劳歌》

整个歌曲除了最后一段伤兵再唱一次以外，没有一个重复的乐句。从头一句开始顺着语调一直写到最后一句，这和群众歌曲创作的方法完全不同。虽然这首歌曲的戏剧性不很鲜明，但我认为是一种戏剧性的手法，是聂耳的一个重要创造。新中国成立以后几部大型新歌剧朗诵调的创作一直是一个大难题。从聂耳在这方面已经取得一些经验来看，在戏曲音乐以外创造新的民族的朗诵调并不是不可能的。

聂耳的这种创造给我们什么启发呢?

现实生活的内容是多方面的，每个作品的具体内容都是不相同的。要真实地表现现实和完美地处理不同的题材，就必然要用各种各样的手法，不同的歌曲也就会有不同的特点。这是真实地表现了现实生活的必然结果。热爱生活的革命作曲家的艺术联想应该是广泛而敏锐的，就不应该只从一个角度来表现而应该从各个角度来表现生活。对生活的接触面广，对生活的理解也就会深，这样，才能有现实主义表现方法的深厚基础。所以，作品内容的多样性常常是接触生活和理解生活的深刻程度的表现。在表现方法上，表现各种各样的生活必然产生各种各样的手法，这样也必然使作曲家的表现技巧丰富和成熟，形成自己的独特风格。任何单一的手法都会对表现生活带来局限性。所以题材的广阔性和形式、表现手法的多样性对一个作曲家的成长来说是一个值得注意的问题，在这方面聂耳已经给我们树立了良好的榜样。

是的，我们要求表现方法的多样性和独特性。要求作曲家有自己的个性，作品有自己的个性。这和形式创造上的共同性是有矛盾的，而作曲家的形式创造正是要解决这个矛盾。

创作上的共同性，大致是民族特点、时代风尚、音乐形式的结构和发展的基本规律、和声对位等技术的基本规律等等。共同性是形式创造的基础和起点，没有这个基础就无法表现、

话剧《回春之曲》第一幕里男主角高维汉（金焰饰演）唱《告别南洋》

无法创造；同时，任何现实主义的作曲家都在一定的共同基础上有自己的独特方法和独特风格，每一个成功的作品也一定有自己的独特性。如果作曲家和作品没有独特性、个别性，而只有共同性，就没有真正的作曲家和作品。因为假若聂耳和冼星海一样，就没有聂耳、也没有冼星海了。假若《塞外村女》、《前进歌》、《卖报歌》都一样，这些作品就不会在人民中流传了。实际上，不包括个性的共同性是不能作为艺术形式存在的。配器法、和声学等基本规律并不是艺术，真正的民族特征也不存在于理论归纳的条文中。艺术创造上的独特性、个性，是作曲家的艺术生命，也是每一个作品的生命。当然，只有在不断地表现现实生活的艺术创作中锻炼了成熟的技巧才会有真正的艺术个性，单纯在形式上要花招不但不会有什么艺术个性，反而是在破坏艺术的个性。

聂耳在他的短短两三年的创作活动中给我们留下了三十几首歌曲，在我看来其中有一半以上是成功的。聂耳的创作意义是很广泛的，只从形式的创造来看，已经有着许多重要的经验。这些经验还不是一般的创作经验，而是革命音乐的创作经验。我们并不认为聂耳的艺术已经达到革命音乐文化的顶点，但作为一个开拓者来说，他的一分两分的成功都是十分可贵的。何况聂耳的成功绝不是一分两分，而是解决了革命音乐艺术创作的许多基本问题。聂耳并不是顶点，但我们要达到顶点，却是和开拓者聂耳的功绩分不开的。

作于1958年10月

原刊中国音乐家协会编《音乐建设文集》下册
音乐出版社1959年版

作者简介：李业道　曾任《人民音乐》副主编、《音乐研究》主编。

聂耳早期作品《静夜》的疑似谱

联抗（吉联抗）

聂耳同志的作品，已经收集出版了《聂耳歌曲集》。但这还不是全部，因为《雪》和《静夜》这两首歌曲的谱子一直没有找到。最近因为研究黄色歌曲问题，我翻了一些陈旧的歌本，却在一本残缺不全的歌本中发现了一首《静夜曲》。这个谱子的谱头上并没有印明词曲作者的姓名，但我认为可能就是聂耳同志的早期作品《静夜》。

印着《静夜曲》的歌本是《人民音乐》编辑部的资料，已经没有封面和封底了，前面缺了22页（23页上印的是柯灵词、黎锦光曲、白虹唱的新华《武则天》插曲《太平春》），后面到284页（这一页上印的是黎锦晖作、《红羊豪侠传》戏中主题歌《天下太平歌》），不知道以下还缺几页。这一个歌本的整个内容很驳杂，但也反映了抗战前流行在上海市民层中的歌曲的基本面貌。这里有洋文歌曲，有电影歌曲，有黄色歌曲（《毛毛雨》、《桃花江》、《特别快车》等），有革命歌曲（《大路》、《热血》等），有早期的歌曲（《木兰辞》、《湘累》、《尽力中华》等），有晚期的歌曲（《新女性歌》，这首歌曲是电影《新女性》的主题歌，这部电影是1935年初才开始放映的）。从歌本里没有收入电影《风云儿女》插曲《义勇军进行曲》和《铁蹄下的歌女》，以及在聂耳作品《伤兵歌》上印着“聂耳遗曲”字样看来，这个歌本的出版时期大概是1936年底。因为这时聂耳同志逝世的噩耗早已传到上海，而电影《风云儿女》上映还不久。

《静夜曲》在歌本的101页上，原谱如下：

这样一个谱子，没有作者的姓名，排印很粗糙——高低音乱点，节奏线也很凌乱，为什么我要认为它可能就是聂耳同志的早期作品呢？

现在把我分析这个问题的过程介绍在下面，请同志们批评研究：

一、《静夜》和《静夜曲》在歌名上只差一字，而这个单个儿的“曲”字与“进行曲”、“圆舞曲”不同，是可有可无的，正像歌曲《新女性》也可以叫《新女性歌》一样。

二、谱头上没有作者姓名，固然没有告诉我们作者就是聂耳，但也没有限制我们不能设想作者是聂耳。事实上这个歌本里有许多歌都没有印作者姓名，而我们是早已肯定地知道作者是谁的。这些像《卖报歌》的作者是聂耳，《湘累》的曲作者是陈啸空，《劳动歌》的作者是赵元任，《狼山谣》的作者是任光，《黄海大盗》的作者是张曙等。但是这些作者的名字在这个歌本里都没有印明。

因为这两个原因，引起我作了这样的假设：《静夜曲》就是《静夜》。同时反复地哼唱了几遍，并替它打了谱（借用挖掘古琴曲的说法）。打谱的结果如下：

对于这一个谱子，我的看法是：

一、曲调基本上是流利的，唱的部分最高音一般在♯D音或D音，虽然也有♯F或者F音，但那是作为经过音使用的，因此就是对于一般人来说，也是可唱的。

二、具有聂耳同志早期作品的某些作风，如像用“★”标出的几处，更形显著。★1这一乐句的处理可以和《雪花飞》、《白雪歌》等比较。★2这一乐句附点后的三连音及配词的特点也是聂耳同志早期作品中所经常出现的。★3这样的进行也可以和《白雪歌》等早期歌曲作比较。

三、整个曲调虽有浓厚的昆曲影响和一些黎锦晖歌曲的影响，但这正是聂耳同志早期作品中经常出现的情况。我们知道聂耳同志从小就善于演奏各种中国乐器，1932年他研究过昆曲，就在这时前后他在黎氏的明月歌舞社里，经常接触到黎氏的作品。因此这也构成聂耳同志早期作品的特点之一。

作为一个值得研究的问题，我在这里提出，希望引起更多同志的注意，通过各方面的印证，或者否定我的假设，或者肯定我的假设。

附带的问题是：一、我打的谱是否合适？二、印着这个歌的歌本叫什么名字？三、这个歌本的出版时期？因为我认为弄明白这些问题对明确这首歌曲的作者是有帮助的。

原刊《音乐研究》1958年第3期

作者简介：吉联抗　时为《人民音乐》副主编。早年在上海从事抗日救亡群众歌咏活动。抗日战争全面爆发后在“大后方”开展抗战音乐工作。新中国成立后任职中国音乐家协会，“文革”结束后任中国艺术研究院音乐研究所顾问，《聂耳全集》（1985年版）副主编。

聂耳在处理歌词上的独创性

黎英海

以《义勇军进行曲》为代表的聂耳的革命群众歌曲，不仅真实深刻地反映了20世纪30年代中国人民的苦难及民族危机，而且成为号召人民起来斗争的时代号角。聂耳的歌曲洋溢着革命斗争必然胜利的信念，是鼓舞斗争的有力工具。这些歌曲在抗日救亡运动及人民革命运动中曾起过巨大的战斗作用和组织作用，直到今天对我们还有强烈的感染和鼓舞力量，它是我国无产阶级音乐文化的重要组成部分。

聂耳歌曲的音乐形象十分鲜明，每一首都刻画了规定的情景、人物和事件，每一首都具有自己的特色，聂耳的歌曲朴实易解、容易上口、亲切、容易记忆，力求通过最简练集中而又准确深刻的语言和结构来达到群众化的要求，这是他的群众观点在音乐中的表现。民族化也是在这个前提下决定的；我们从聂耳的作品中可清楚地听出它跟民族民间音乐传统的联系，听起来具有中国气派。这些因素都是使聂耳的歌曲能为广大群众所喜爱和乐于传播的原因，因而这些歌曲的现实作用也更为巨大。

聂耳不受任何陈规的束缚，勇于在歌曲中运用新的形式，鲜明地塑造各种形象。在保持民族特点的同时，大胆地吸取国际工人运动中所产生的革命群众歌曲的一些新因素（主要是进行曲节奏、大调的号角式音调），把外来的表现手法和民族的特点密切地糅合起来：如采用分解大和弦式的旋律和五声音调的结合；进行曲和劳动号子的混合；朗诵调的较自由的结构和进行曲结构的交替或混合等等。

特别在歌词处理上，也很有独创性。

聂耳善于将戏剧性的语气和曲调的发展结合起来，造成特有的艺术效果；《义勇军进行曲》的前半部分是根据情绪的要求按照朗诵的语调写成的，结构因此也比较自由，其中“中华民族到了最危险的时候”一句，为了加重“到了最危险的时候”的提醒语气，聂耳卓越地处理为以休止半拍，来突出“到了”和“最”字的效果。

《义勇军进行曲》

尽管“最”字被放在后半拍，由于前面的突然停顿及旋律紧接着下行，“最”字在这里仍十分强调，大大增强了对“到了最危险”的严峻时刻的警告作用。

《义勇军进行曲》最后只用一个“前进”的“进”字来结束。

《义勇军进行曲》

这的确是非常大胆而有效的处理，按说这有些不合文法（田汉的歌词是以“前进”结束的）。但在这里，音乐的发展上却有着只用一个“进”字来结束的必然性，以造成干脆果敢的气势，使音乐形象非常明朗完整。

同样，以“前进”结束的《前进歌》，却又用停顿一拍来加强前进的动力：

《前进歌》

聂耳不是平铺直叙地以曲调来配歌词，而是结合着曲调的发展，把歌词的内容作出更充分的揭示。曲调的发展充满着主动性，如《义勇军进行曲》中“每个人被迫着发出最后的吼声！起来！”的音乐决不是客观的被动的描写和一般的号召，而是首先表达了包括聂耳自己在内的“每个人”发出的正义的吼声（结合着向上的号召音调及富于推动力的节奏）。气势越来越大的三次“起来！”的重复，号角式的旋律起伏，富于弹性的步伐节奏以及“冒着敌人的炮火前进！”一句的反复加深，这些都造成强烈的感情和向胜利前进的高度自信。

在《开路先锋》中，“我们要引发地下埋藏的炸药”，“我们是开路的先锋”，处理为“我们，我们要，要引发地下埋藏的炸药”，“我们，我们是开路的先锋”：

《开路先锋》

这种重复、加强的独特手法，对这首歌所刻画的中国工人阶级冲破重重障碍一定获得解

放，为人民革命开辟光明大道的磅礴气势，起了很大的作用。

聂耳并善于在曲调的展开中，发挥戏剧化的说唱性效果。把曲调、声调和语气紧紧地扣在一起。如:《白雪歌》

《白雪歌》

《梅娘曲》

聂耳总是尽力根据内容的要求和歌词的声调语气作朗诵性的处理，像《毕业歌》中：

《毕业歌》

《前进歌》的第一段，《铁蹄下的歌女》的最后一段，也有同样的处理，而在《卖报之声》中又注重发挥了吟诵调的特点。

长短句及带散文性的歌词的处理，对聂耳来说似乎是毫无困难的，他能根据内容的要求很自然而准确地使它和曲调的发展及结构相适应，特别像《码头工人》中的：

《码头工人》

这样的处理是多么卓越，多么富于表现力！把整个乐句的重心一直推到“压吧！”，爆发出工人阶级对剥削、奴役制度的强烈愤怒情绪。

聂耳在一些歌曲中根据情绪发展所采用的夹白加朗诵的手法也十分自然而且内在。像《码头工人》的最后一段以激昂的道白来达到情绪的顶点；《前进歌》开头一段用急促有力的道白来宣告斗争的决心；而在《自卫歌》中更根据新的情感要求，按规定的行进节奏，运用坚决果断的呼喊声：

《自卫歌》

这样的处理，表现了强大一致的革命群众的集体形象，显示出武装的行列以坚定的步伐向前迈进的力量。

由于聂耳是一个坚定的革命者，他亲身参与革命群众伟大的斗争生活，他有着充沛的创作激情；这样，他才可能创作出这些富于创造性的卓越的歌曲。聂耳的创作态度认真严肃，他对他所谱的每首歌曲的歌词内容，有深刻的理解。聂耳不但亲身参加当时的歌咏活动，还积极参加当时的话剧和电影活动。他懂得戏剧、懂得台词，还会演戏，这一切都对他的歌曲创作有很大的帮助。我们学习聂耳，首先要学习他坚定的革命态度，他所走的密切和工农相结合的道路，学习他在音乐创作中的群众观点和民族化方向。而在创作技巧上也有很多宝贵的经验值得我们很好地研究和学习。

原刊《上海歌声》1960年第9期

作者简介：黎英海　曾任湖南音乐专科学校教师，上海音乐学院民族音乐研究室主任，中国音乐学院作曲系主任、教授、副院长。

杜撰和夸饰是介绍音乐家逸事之大忌

陈聆群

这几年，各种各样介绍音乐家珍闻逸事的读物出得不少，其中多数是写得好的：选材精当，言而有据，文笔生动而不违史实，读后能给人以确实无误的知识，又能使人从中受到美的和历史的教益。

但是，确实也有一部分这类读物，写得看似言之凿凿，煞有介事，引人入胜，实际却是以杜撰和夸饰为能事，除了造成历史事实的混乱和引起误解外，并不能给读者以实际的益处。

试举一例：有篇题为《聂耳亭与〈大路歌〉》的文章，原刊《音乐爱好者》创刊号。1982年2月云南举行“纪念聂耳诞生七十周年音乐周”期间，又以《汗水谱出〈大路歌〉》为题，被摘载在昆明《春城晚报》上，传播颇远。文章不长，现据摘载选抄如下：“一九三四年夏秋之交…… 一天，（无锡太湖环湖公路）筑路队里来了个英俊潇洒的青年，戴着和工人一样的草帽，脚穿笋壳做的草鞋。但从白净的皮肤、整洁的服饰来看，人们一眼就看出是个‘书生’…… 青年和蔼地笑笑，把拖动铁磙的粗绳放到了肩上，和大家一起，顶着烈日，在冒着尘灰的路上，迈开坚定的步伐。领头的工人打起了响亮的号子，大家一呼百应，这个青年也放开浑厚的嗓音和了进来。…… 饿了，青年接过工人给他的两个大饼，津津有味地嚼起来；渴了，他把自己的水壶递给工人；休息的时候，他往打号子领头的工人身边一蹲，请他哼号子，飞快地在小本子上记着什么。有一次，大家要他唱歌，他在热烈的掌声中站起来说：‘好吧，我就唱大家用血汗教会我的歌！’他唱了 ……‘合力拉绳莫偷懒，嗬嗬咳！团结一心，不怕铁磙重如山。’‘是拉磙号子！是我们心里的歌！’…… 以后，大家知道了这位朝气蓬勃的青年，就是人民音乐家聂耳。原来，聂耳是随当时的进步影片《大路》摄制组来无锡拍外景的。为创作方便，聂耳就寄寓在无锡鼋头渚后山北麓一个名叫陈家花园中的亭阁上。这以后，这座简朴的亭阁便被命名为聂耳亭了。”

读了这篇文章，大概谁都会认为，这可真是难得的材料。你看，聂耳在20世纪30年代白色恐怖下，竟能如同今天一般深入生活，与工人同甘共苦一起劳动，现场采风，现场创作，又在现场向工人歌唱，既直接从筑路工人号子中汲取素材，又直接听取工人对自己创作的意见。这样的很有历史光彩的实例，岂不是颇可为聂耳研究和中国近现代音乐史增添一页珍贵的史料吗？！

可是，仔细一查却不对了。文章的描述，竟同影片《大路》编导和《大路歌》的词作者孙瑜同志的回忆大相径庭。据孙瑜《回忆〈大路〉的创作》(《电影艺术》1960年5月号)记述:《大路歌》是在聂耳从孙瑜手中“把歌词拿去一个多月后”完成的。在这段时间里，孙瑜同摄影师等到无锡太湖等地选看外景去了，聂耳则留在上海创作。孙瑜等回到上海后，有一天，聂耳来到孙家，“不等打开皮包取出歌谱，他就在客室里做着工人拉起大铁磙压路的姿势，哼起《大路歌》来。”可见，他是在上海谱出《大路歌》的。虽然孙瑜回忆说:“根据他拉铁磙压路的熟练动作和他脸上新近添加的一层褐色油光，也猜出了他为了写这个曲子在过去的一个月是在什么地方度过的。”但想来不至于是聂耳背着孙瑜，一个人先跑到无锡太湖筑路工人中“深入生活”去了。

聂耳在写好《大路》的全部歌谱后，确曾随外景队来到无锡太湖边。孙瑜回忆:“外景队借住在鼋头渚后山一个姓陈的依山近湖的花园里。我们分住在山脚下的两间房子和山腰的一座花厅里。”看来，聂耳为了“创作方便”，住在“陈家花园中的亭阁上”的说法，又是出于臆想。

聂耳作为一个作曲者，所以要亲临外景场地，是因为当时还没有同步摄制录音的有声电影设备，为了避免后期配上歌唱音响时，出现角色劳动动作与歌唱节奏不合拍的毛病，于是聂耳想出了由他在现场，“流着大汗在筑路工人中和炸山锤石的崖壁间跑上跑下，指挥着打拍子，使我们用无声摄影机拍摄有声歌唱的镜头”，解决了这个问题。他到外景现场的目的就是为此，而不是为了收集号子谱写《大路歌》。孙瑜的回忆，只写到在外景拍完后，聂耳曾“带着我们和一些筑路工人摇着一只运石头的大驳船游湖，在明月下的太湖弹琴唱歌，大笑大嚷”。其中既没有提到聂耳与工人同拉铁磙、同唱号子，更没有与工人同吃大饼同喝水之类情节。至于筑路工人对聂耳的观感和评论，除非是那篇文章作者的亲见，或者得自当年目击者的证词。其实，那篇文章就连对聂耳肤色的描绘也走了样。许多聂耳当年的战友和曾亲眼见过聂耳的人，都说聂耳生得黑黝黝的[1]，同那篇文章塑造的“白面书生”的形象，相距甚远。这虽然无关宏旨，但既然专门来了一个“特写镜头”，总要讲究些细节的真实吧？！

为了慎重起见，笔者特地请孙瑜同志看了上述那篇文章，并专门请教。承孙老在百忙中专函告诉笔者:“聂耳是在1934年春间接了我写的歌词后，经过我提出对歌曲的要求，他即去酝酿谱曲。大约在5月间，他写了曲子到我家来唱给我听，以后我们在夏秋间才去无锡拍摄外景的。聂耳在作曲时，当然曾亲自到工人筑路现场去体验生活。我不了解他曾到哪里去体验生活，可能是曾在上海电影院附近，如‘某一篇文章’所说的。我认为，聂耳并没有去无锡太

① 编者注：昆明位于云贵高原上，长年受太阳光照晒的居民皮肤的颜色一般都偏黑。

湖边体验生活，也不是在那里写出《大路歌》的。因为我和剧务人员也是在看外景时才发现太湖有修筑环湖公路的事。无锡太湖边的‘陈家花园’是《大路》的外景队借住约一个月的地方。山顶有一个‘亭阁’。当时只有女演员陈燕燕、黎莉莉、王人美和陈燕燕的母亲住在里边。聂耳是和男演员们及职工们住在山腰及山脚下的。”

孙老专函同他1960年的回忆并无差池。看来，与其相信后来人的臆想描述，不如以当年当事人的回忆亲身经历为信史。

以杜撰和夸饰为能事的史述文章，试图把有成就的音乐家的一言一行，都作意义深长的历史性的理解。而鲁迅先生说过："其实即使天才，在生下来的时候的第一声啼哭，也和平常的儿童一样，决不会就是一首好诗。"可是，我们现在有些介绍音乐家的读物，往往把某个音乐家的降生，写得天摇地动，山呼海啸；又把这个音乐家从小到老的一颦一笑，举手投足，都描绘得无不具有非凡的乐感，超群的天才；如是革命的音乐家，则把他的每一个声响，都比喻为革命的号角，每一句话语，都说成是充满着共产主义理想的光辉；甚至还有把某个音乐家偶尔"到此一游"的地方，都渲染得似乎也洒满了乐艺之神的甘露。这恐怕也是常会看到一些同某个历史上有地位的音乐家，攀亲话旧套近乎的文章的缘故。但这样的文章，除了助长现实生活中追名趋利的恶习之外，对于提供某位音乐家真正有价值的史料，以及认真地评价和学习这位音乐家，又有什么用处呢？！

原刊《人民音乐》1983年第4期

作者简介：陈聆群　上海音乐学院音乐学系教授、博士生导师。

聂耳歌曲的艺术特色

践耳（朱践耳）

人民音乐家聂耳不满二十四岁就过早地离开了人间，他的生命之火花太短暂了。可是，这火花却是那样的灿烂辉煌，光芒四射，照亮了近半个世纪以来我国新音乐发展的道路，并将继续不断地照耀下去。任何艺术珍品，绝不会随着岁月的流逝而失色。聂耳歌曲不仅在革命战争年代是卓越的艺术珍品，而且永远是我国人民值得骄傲的宝贵的精神财富。

文艺是社会生活在作家头脑中反映的产物，而任何反映，都是千差万别的。一般说，创作过程有三个层次：接触生活 — 认识生活 — 反映生活。如何认识生活主要取决于作家的思想即世界观，如何反映生活主要取决于写作技巧。生活、思想、技巧三者是辩证统一的关系。

聂耳生活的时代背景，一方面是中华民族灾难深重，人民生活在水深火热之中；一方面是反动统治黑暗腐败。当时，有些人在彷徨，悲观叹息，认为中国没有希望了；有些人则醉生梦死，今日有酒今日醉。于是，黄色歌曲、靡靡之音，应运而生，大肆泛滥。在这样的生活现象面前，聂耳是如何去认识它的呢？他说："你不听见这地球上，有着无穷的一群人在你的周围呐喊，狂呼！你要向那群众深入，在这里面，你将有新鲜的材料，创造出新鲜的艺术。喂！努力！那条才是时代的大路。"聂耳就是根据这样的认识，确定了自己的生活道路、艺术道路和创作道路，喊出了"我们所需要的不是软豆腐，而是真刀真枪的硬功夫"，他以笔作刀枪，投入战斗。他的歌曲最显著的特色，就在于跳动着时代的脉搏，呼喊出人民的心声。其中有些是对劳动人民痛苦生活的写照，包括矿工、码头工、筑路工、打桩工、打砖工、挖河工、纺织女工、农民、牧羊女、茶农、卖花人、报童、歌女、华侨……甚至像《春日谣》这样似乎写爱情的歌曲，也借题发挥写了农村破产的悲惨景象："西村儿郎没米讨不成亲"，"南村儿郎没米交租丧了命"，"北村儿郎拉去当了兵"，致使"东家大姐"无法嫁人。这些歌曲对人民的疾苦表达了深刻的同情，对吃人的旧社会发出了强烈的控诉。另外有些歌曲则是明确号召人民起来抗日，起来革命。是聂耳第一个喊出了“起来，不愿做奴隶的人们”，“到前线去”，“担负起天下的兴亡”，“要做中国的主人”，“建设新社会的前锋”，“要引发地下埋藏的炸药”，对准旧社会“轰”，“明天一切属于我们自己”，“这明天，就是‘天下为公，世界大同’”（当时环境下不能直截了当地提出共产主义）。

聂耳为什么能这样认识生活，反映生活呢？还是用他的话来回答：“不论你从哪条路跑，你对于哲学的基础不稳定，终于是难得走通的。”（那时他正攻读恩格斯的《反杜林论》）“脑筋若无正确的思想的培养，任它怎样发达，这发达总是畸形的发达。那末一切的行为都没有稳定的正确的立足点。”

学了马克思主义哲学，有了“正确的立足点”，他才能正确认识生活，深刻地反映生活，才能创造出新鲜的艺术。所以，在研究其歌曲的艺术特色时，必须首先把握“立足点”这个前提，才能有正确的理解。反过来说，他艺术上的创新，他的创作个性等，也要从如何正确认识生活、反映生活这个角度才能找出正确答案。

聂耳歌曲的艺术特色，主要表现为以下三个方面。

一、笔锋犀利

聂耳对生活有敏锐的洞察力，能“听见”群众内心的“呐喊，狂呼”，并善于用生动的音乐语言表达出准确的形象、真切的感情。

谱例1

《自卫歌》

在30年代上半叶，侵略者掠夺了我们的土地、豆米和一切，人民已经忍无可忍，而反动统治阶级却不许人民抗日，“抗日有罪”正压得人们透不过气来。从更深远的角度来看，近百年来一个又一个不平等条约所带给中国人民心灵上的痛苦感、压抑感，都通过这低沉有力的音符形象地表达出来了。这里每个字都像从紧咬着的牙缝中迸发出来的，在短促的音型之后，猛然冒出一个长音：“上前”，好似冲破了重重阻碍，终于杀了出来！同时，在这一字一音的节奏中，又仿佛听到了亿万人民整齐而又急促的步伐和心的跳动，大家手挽着手，下定决心去和敌人拼了！手法非常简练，仅仅几笔就勾出一个形象。在乐句重复时只添了很小的一笔——“子弹”二字的处理，是非常传神的。这段歌，音域只有六度，而包含的内在感情却是丰富的。聂耳歌曲有漫画式的简练、传神，又像木刻，笔锋犀利，入木三分，为了突出“上前”这一行动，前面用了短促的音符，而且一小节更比一小节短促，随着旋律向上进行，一直逼出“上前”这个长音，既对比明显，又衔接自然。如用乐队演奏，前二小节好似小提琴在G弦上的齐奏，第三小节则是全乐队的强奏，具有交响性的效果。这说明聂耳的音乐感觉很强，每个音、每个节奏和音色的运用都很讲究，笔墨少而内容丰富。

谱例2

《铁蹄下的歌女》

谱例3

《码头工人》

谱例4

《海门搬运号子》

谱例2有两个具有特色的音调：一是波折音式的音调（谱中┌───┐处），一是由弱起向上的、激情冲动的音调（谱中↗处），构成了贯串全曲的两个特性音调。它好似凄惨的号叫，又好像在企求、寻找，向苍天在鸣不平，有悲有愤，寥寥几笔，就把特定人物的神情刻画出来了。

谱例3能从上海码头工人的《海门搬运号子》找到一点渊源关系（见谱例4）。

聂耳在深入码头生活时很可能听到过这号子，不过他用的却是三连音，这在原始号子里很少见的。因这首歌主要不在写劳动，而是表现码头工人的生活和思想感情。这三连音使人联想起工人们扛着沉重的货物，步伐蹒跚，摇摇晃晃，跌跌撞撞的神态。在节奏上改动了一点，比原始号子的表现力和形象性就强多了。还有那民族调式中的两个"偏音"——音阶第四级和第七级这两个特性音的运用，形象地描绘出工人们迷迷糊糊、昏头昏脑和全身筋骨都要"散"了的神情。当"麻袋"、"钢板"等一件件堆上来，直到"压吧"这个特色音出现时，使人感到真有千钧之力，这一个音用得多么好啊！它不仅给人以重压感，深刻反映了码头工人的非人生活，也唱出了他们内心的极度愤懑。这里，着墨不多，而感情的分量却是那样浓重，这正是聂耳歌曲的深刻性之所在。

二、不拘一格

聂耳的歌曲，音乐语言新颖，曲式结构自由，开创了时代的新风格、新气派。这创新，来源于他走的是新道路，写的是新题材，用"新鲜的材料，要创造出新鲜的艺术"。在他以前，有人也曾写过有关劳动人民的歌曲，但是把工人阶级作为时代的主人出现在歌曲中，聂耳却是第一个。

新的人物需要新的语言和新的表现手法。如《开路先锋》中的"轰轰轰"以及"哈哈"大笑，都非常新颖独特，表现了工人阶级推翻旧世界、创造新世界的自豪感。在歌曲中插白，是他多次运用的一个手法。如《码头工人》、《前进歌》中的插白是为了适应戏剧的需要（歌剧本来就是有唱有道白），故插白比较自然。同时，他的歌曲相当口语化，使说与唱的衔接达到了天衣无缝。另一种插白则为了起对比的作用。如：

谱例5

《自卫歌》

这一大段基本上是一拍一音。插上两句白，既避免了平板，又使“上前线去”这一重要的号召更为突出，于前后都起了对比变化的作用。这插白不同于前述的那种，它没有音高，但有节奏，故与歌唱能浑然一体。

聂耳的歌曲在节奏处理上非常生动、别致，富有创造性。如《义勇军进行曲》中“到了最危险的时候”一句的处理，好像是违反了词句的自然节奏，但正是这种“反常”的节奏，使这警句变得更为醒目，使人们惊醒地感到危险的紧迫性。这是大胆而又天才的一笔！请看《自卫歌》中的“子弹”（见谱例1），把急切心情和倔强性格表现得多么生动！聂耳非常善于使用休止符，丰富而多样地发挥了休止符的表现力。如《开路先锋》（见谱例7），故意把“我们要引发地下埋藏的炸药”作了破句处理，节奏由短而长，旋律由低而高，“接龙”式地一浪又一浪地推向前去，这一连串的短促有力的节奏音型，再加上其后的连续六个排句构成了一次又一次地向旧世界进攻的生动形象。

在节奏上，聂耳还常常用强弱拍倒置或交替的手法。如谱例5《自卫歌》，五拍、六拍、七拍的交替出现，两句插白，一起于强拍，一起于弱拍，这就有了生动性，避免了一拍一字的刻板性。还有不少歌曲，如《前进歌》、《毕业歌》等都结束在弱拍上，有意加强音乐的动力感，避免四平八稳的完满终止。所以在演唱《毕业歌》的结尾时，决不可将“兴”字随意延长为两拍，只能延长在“亡”字上，否则，就不符合聂耳歌曲的创作手法，有损于《毕业歌》朝气蓬勃的性格。有时，却又特意强调结束的稳定感。如《义勇军进行曲》末尾的“前进”，是强弱拍倒置的处理法，而最后却意外地重复一个“进”字，把反节奏突然正了过来，达到坚定有力的结束。由此可见节奏处理的多样化、生动化。

在曲式结构上，聂耳的歌曲更加自由灵活，不拘一格。除少数民歌风的歌曲如《塞外村女》、《卖报歌》、《飞花歌》等，词曲都较方整，并采用分节歌的形式外，大多数歌曲可称之为"散文诗式"的。这里有两个原因：一是歌词本身不方整，是自由诗体的；二是为了把词意细致地表达出来，更好地发挥歌曲的战斗作用，就需要配上各种不同的旋律，使音乐形象更具体、生动。其实，用常见的二部、三部曲式来谱曲，对聂耳来说，并不困难。但他不愿意让那现成的格式来束缚他那奔放的热情和乐思。那么，是否就没有"格式"了呢？不，它是自成一格，有它自己的逻辑性、规律性，是符合对立统一的辩证法规的。聂耳在中学时的作文，就有一篇叫《何谓逻辑》，可见他对此有一定的研究，对结构的完整性是很讲究的。他善于将散文式的歌词，用音乐使之规范化，这正是他写作技巧的高明之处。

如《义勇军进行曲》的歌词，形式自由、词句长短不一。而音乐曲式则既自由又严谨，是一个很匀称的拱形结构。开头的"起来"与结尾的"前进"是同一动机，全曲两处突出的最高点音："中华"位于第18、19拍上，而"一心"则位于倒数第18、19拍上，正好遥相对称。高潮正处于三分之二的所谓"黄金标界"处。如果把前奏联系起来看（作为国歌，由乐队演奏时更明显），又有带再现的三段法的特点。聂耳在作曲时不一定就精确地计算好了"黄金标界"和拱形结构等，但由于他敏锐的音乐感以及创作经验的积累和成熟（这是他最后的一首作品），自然而然地、恰到好处地达到了音乐结构的均衡性和完整性。

在音乐的辩证法方面，他主要运用了重复和对比这两个手段。用重复来解决"散"，使材料集中，形象统一；用对比来避免"平"，使音乐有活力、有生气。重复的手法也很多样，有两个是最常用的：一是吸取了器乐中常用的贯串音型和贯串节拍。如前面已提到的《铁蹄下的歌女》中的两个特性音调，贯串全曲，构成一个完整的、富有个性的形象。《自卫歌》中，一拍一音的节奏也贯串全曲，形成了这首歌的特色。另一个重复的手法就是排句。除了歌词是排句（如《新的女性》、《毕业歌》等），音乐自然用排句外，歌词不方整、不对称时，音乐却用重复的办法使之变为对偶句。如《打长江》中"只靠大家一条心"是单句，用重复的写法来补成双句，使音乐完整。这一手法在《开路先锋》中最为突出。该曲词句长短不一，差别极大。音乐巧妙地利用劳动号子中一领一合的形式，把每个单独无偶的句子都重复一次，不过重复时旋律不同，节奏相同，就好像对联那样，字不同，但却对仗工整，使音乐在形式上完整，并富有民族特色。

有些歌曲则兼用上述几种手法。如《毕业歌》既用了排句的手法，又用了贯串节奏——切分节奏，这是聂耳喜欢用的，但在这首歌中最多，也最重要，这种冲击波式的切分音，正构成了歌词中"巨浪"波澜起伏的生动形象。在曲式结构上有明显的三部曲式的因素，而且用的是倒再现（见谱例6），再现部分正是第一乐段的经过压缩的倒再现，a、b、c、d 的次序变成 d、c、b、a。

谱例6

《毕业歌》

由此可见，聂耳并不拒绝使用西洋的曲式结构，不过，他不是照套照搬，使用时，根据自己的需要，作了灵活的变化。这种倒置的再现，在《铁蹄下的歌女》中也有运用，不过变化更大些罢了。《码头工人》则有回旋曲式的因素（“唉咿哟嗬”反复出现四次，好似回旋曲式的主部）。

《开路先锋》还有某些交响乐手法的因素（见谱例7）。

谱例7

《开路先锋》

在奏鸣曲式的展开部的末尾，常在属调上先现主题的动机音型，以便引出主题的再现。这里，“无用”正是起了这样的作用，而且由于节奏上的强弱交替，使主题“我们”在正拍上的出现更为有力，表现了自信、自豪的语气。这里用了主题材料，还不是再现部，有点像是主题的展开，特别是那节奏相同的六个短排句好似开排炮，不断地“轰”（记得当时影片中的伴奏，在每句的二分音符长音的第二拍上都有一个加重的低音在轰鸣，真有岭塌山崩之势），终于推向主题再现。这里也用了破句的办法，在连续的长音之后，到此突然刹住，使主题非常醒目，同时，《开路先锋》比最初的主题呈示时又提高了音区，于是形成了动力性的再现。这些都很富有交响性（当然比交响乐要简单，但要知这是在极有限的九度之内做文章啊！还要照顾群众演唱水平，是多么不容易）。聂耳能以极简单、极通俗的手法，达到这样的戏剧效果，足见其音乐的才华。

三、平易上口

聂耳的歌曲朴实平易，朗朗上口，词曲结合紧密，句句入耳，字字动心，所以深为群众喜爱。曲调相当口语化，带有朗诵性，但又不是朗诵，不是顺口溜，具有很强的音乐性，做到了朗诵性与歌唱性相结合，戏剧性和抒情性相结合。平易上口是手段，不是目的，目的是为了更好地表达内容。主要表现在以下几方面：

（一）为了形象鲜明生动

谱例8

《前进歌》

“我们并不怕死”在音调上已近乎说话，但节奏上却音乐化了，并有视死如归的坚决形象。后面几句的音乐性更加鲜明，如果由乐队演奏，也是很动听的进行曲。其中“铁”字的处理是倒字的，但却符合音乐形象的需要和旋律逐步推上去的需要，“长城”、“赶尽”、“前进”等处，既合乎四声，又构成了向前挺进的统一形象。这种类似的情况，几乎在每首歌中都可看到。

（二）为了细致表达词意和语气

下例是一首戏剧性与抒情性结合得很好的独唱歌曲。旋律的抑扬顿挫，节奏的轻重缓急，几乎对每一个词都作了精心细致的处理，把人物内心的痛苦，如泣如诉的语气和神情，刻画得多么深切、动人啊！

谱例9

（三）为了突出关键性的词句

如《码头工人》（谱例3）中的“麻袋、钢条、铁板、木头箱”，看来似乎是过分具体琐碎的细节，实则是工人被压迫的真实写照。根据自然语调而谱成的旋律，不仅有真切感，而且是强有力的控诉，尤其是“压吧”，利用去声的音调配上富有特性的音阶第四级音，效果更为突出。

上海市文联原主席、上海市音乐家协会原主席朱践耳

有时，为了突出关键性词句，却作了较大的艺术扩张，以加强音乐的表现力，甚至可以不顾自然的语调。如“到了最危险的时候”乐句中的“到了”，朗诵时决不会是这样的。

仅仅是通俗易唱，具有民族特点，则《毛毛雨》、《桃花江》也做到了。可是聂耳歌曲却易唱而不俗，根本一条是立足于大众化，不仅符合人民和时代的需要，并鼓舞人民前进、推动时代前进。根本区别就在于此。

和一切卓越的艺术家一样，聂耳在创作上也有一个逐渐成熟、发展的过程。某些歌曲如《打砖歌》的工人气质就少一些，《打桩歌》虽有号子特点，但创新不够。《卖报之歌》在音调上有赵元任的《卖布谣》的影响，某些地方的口语化旋律有点流于表面等。但由此也可反证，他始终在不断探索，不断提高，并在短短二三年时间内，就走出一条独创一格的路，实现了“创造新鲜的艺术”的理想，这是非常可贵的，他并不满足于自己已有的成就，而渴望到社会主义国家去系统学习。可是，不幸的夭折使我们失去了一位天才的音乐家。

我们要学习他热爱祖国、热爱人民的革命精神和对时代的高度责任感，学习他立足于人民生活的大胆创新精神，对民族遗产和外来文化，不做奴隶，而做主人，走出自己的路。

原刊《中央音乐学院学报》1984年第2期

作者简介：朱践耳　原名朱荣实，为努力实践聂耳的道路和遗愿，20岁时改名为“践耳”。1945年由上海至新四军从事音乐工作，1955年入苏联莫斯科柴科夫斯基音乐学院学习作曲，1960年回国后任上海歌剧院、上海交响乐团作曲家，曾任上海市音乐家协会主席、上海市文联主席。作有《打得好》、《唱支山歌给党听》、《接过雷锋的枪》、《清晰的记忆》等著名歌曲及十余部大型交响乐作品。

聂耳的儿童歌曲创作

蒲　方

聂耳是我国近现代音乐史上一位杰出的无产阶级革命音乐家。在他短短的一生中，创作了三十七首歌曲，其中有六首专为儿童所作。它们是1933年创作的《小工人》（安娥词）、1934年创作的《小野猫》（陈伯吹词）、《牧羊女》（孙师毅词）、《卖报歌》（安娥词）、《雪花飞》（柳倩词）及《卖报之声》（年代及词作者待考）。除了《卖报歌》广为流传之外，其余的五首后来很少得到演唱，以致不大为人所知。为此，我想仅就这个方面谈谈我所了解的情况和看法。

一、聂耳儿童歌曲创作概况

儿童时代是人的一生中最宝贵、最值得留恋的时期。在儿童的脑海里充满着新奇的幻想和美好的希望，他们的心灵是那么纯洁无瑕，性格是那么活泼开朗，悲哀与忧伤在他们的头脑中只是暂时的停留，不多时就会被欢乐代替。因此，创作儿童歌曲时作者应抓住儿童这种乐观的特性，同时，还应注意到儿童的生理特点，一般儿童歌曲的音域不宜太宽，大体应控制在一个八度左右即可。另外，针对儿童对生活的认识具有纯真而幼稚的特点，创作儿童歌曲时还应注意在内容上有通过形象来进行教育的意义，以导引儿童健康地向上发展。

对于儿童，聂耳一直以一颗真诚的心在爱着他们的，正如他在日记中写的那样："我欢喜和小孩子在一块玩，这是我的特性。…… 因为他们是纯洁而天真，随事没有虚伪地说和做。他们是世界上最值得爱的人们！"（见1931年12月6日《日记》）他从云南时期到上海时期，总是愿意跟比他年纪小的孩子在一起。夏衍先生在《永生的海燕》文章中回忆道："聂耳像一个天真的孩子。他欢喜花，欢喜书，欢喜孩子，欢喜运动，欢喜用种种方法来逗朋友们开心。"这表明聂耳的性格中充满着儿童般的天真、活泼、开朗的因素，我认为这一点是他创作儿童歌曲的重要感情基础之一。

聂耳的六首儿童歌曲大都是创作于1933至1934年，当时的中国社会正处于民族灾难日益深重的关头，广大劳动人民每日都在饥饿和死亡线上挣扎。聂耳的儿童歌曲中有五首都是描写贫苦人家孩子生活的，如著名的《卖报歌》和《卖报之声》，描写了当时上海的一名十岁的小报童小毛头（后名杨碧君）的生活。聂耳每天上班常看见她在卖报，通过询问得知，小毛头的全家于“一・二八”轰炸后，到处流浪，她母亲在家，父亲有病，没有工作，只有每日靠她卖报为生，家境非常困苦。于是聂耳根据小毛头的悲惨生活，请安娥写歌词，创作了《卖报歌》。后来，他又创作了《卖报之声》。1934年他为影片《飞花村》创作了两首电影插曲，其中的儿童歌曲《牧羊女》，他用稍快而又优美抒情的曲调唱出了牧羊女小华的悲惨命运。在影片中小华的父亲是一个在火车上当伙夫的工人，因遭恶霸的陷害，家破人亡，小华也不得不给人家放羊。除此之外，《小工人》、《雪花飞》也都是反映当时儿童实际生活的歌曲。

聂耳所创作的六首儿歌，其中既有《雪花飞》和《牧羊女》这种抒情优美风格的，也有《卖报歌》和《小工人》那样充满朝气而活泼风格的，还有《小野猫》这种体现天真可爱并带有诙谐幽默风格的，这说明当时聂耳非常了解儿童。在他的笔下，孩子们的形象更加生动，更富于社会意义。在这些创作中，除了具有一般儿童歌曲特点之外，同时还体现出聂耳歌曲创作的独特风格。

二、音乐形象的塑造

在歌曲创作中，曲调是塑造音乐形象的重要组成部分。因此，它必须通过作曲家在生活中不断提炼，反复体会，才能刻画出鲜明生动的艺术形象。

在聂耳的儿童歌曲中，他很善于用质朴简练的曲调为我们塑造出一个个生动的儿童形象。例如在创作《卖报歌》时，他通过对小报童的仔细观察，抓住了小报童卖报时的特点，将它们化为明快、活泼，富于跳跃性的音调。如在第一乐句中，开始的两小节旋律，用了同音“sol”的重复出现，并与“X X X”这种节奏型相结合，由于sol是这首歌中的高音区的音，使人刚一接触这种旋律音调，就会被这充满朝气，并带有号召性的性格音调所吸引。接下去他又用具有跳跃性的音调，刻画了一个正在四处奔跑叫卖的报童形象，进一步突出地体现了小报童活泼向上的精神面貌。例：

谱例1[①]

《卖报歌》

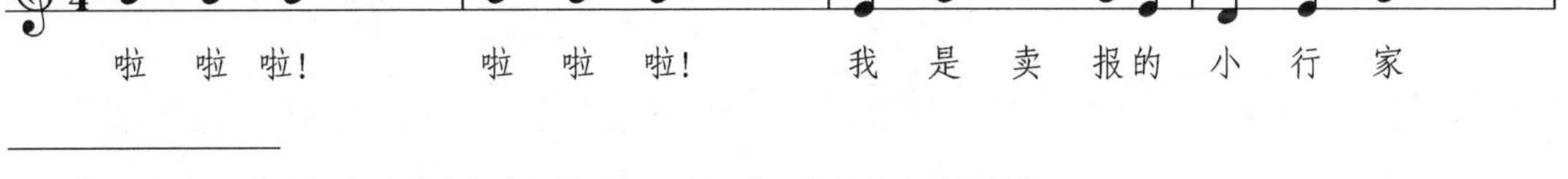

① 编者注：本文所有乐谱谱例作者均采用C调记谱，此次收录保留原貌。

又如在连接第二、三两句时，用了一个上五度大跳音程（从 re—la），并将前两句中的“X X X”改为“X X X”的节奏型，使旋律由活泼跳跃突然转向抒情宽广，情绪不断高涨，揭示了小报童内心深处的痛苦，正像歌词所写的“痛苦的生活向谁告”。谱例2整个歌曲的风格是活泼向上的，是充满光明的。所刻画的形象既是天真活泼，又是饱尝辛酸的。同时，在歌中也寄托了聂耳对小报童的同情和期望。例：

谱例2

《卖报歌》

在《小工人》这首歌中，聂耳用平稳的五声式级进旋律与始终保持不变的基本节奏型“X X X X”相结合，刻画了站在有规律运转着的机器旁，辛苦劳动的童工形象。旋律中多处用了上四度跳进和五度跳进，使旋律在平稳中增添了一种强烈的“色彩”，从而使音乐形象具有一种充满稚气的性格。例：

谱例3

《小工人》

《小野猫》是一首儿童表演唱性质的歌曲。聂耳将旋律做不规则的进行和多处的四度跳进，甚至连续四度跳进（re—sol—do），还用了“X. X X X”的节奏型，使旋律更富于诙谐夸张的艺术特色。例：

谱例4

《小野猫》

在《牧羊女》这首歌中，聂耳以抒情优美的曲调刻画了一个令人同情的可怜的牧羊女形象。在旋律中常将"mi、fa"两个音联用，这种半音级进效果给人增添了一种悲伤的色彩。例：

谱例5

《牧羊女》

通过以上的分析，可以看出聂耳用各种富于特色的曲调，精心塑造各个不同的音乐形象，反映了当时旧中国广大儿童的思想感情和他们的生活。

三、创作技巧的灵活运用

浓郁的民族风格和大胆借鉴西洋音乐的作曲技法，这两者在聂耳的笔下得到了巧妙的结合。

首先，在调式上，这六首儿童歌曲皆是以五声调式为基础的宫调式，在旋律进行方面，也运用了许多民间的传统手法，在此同时他又大胆地加入许多西方音乐的旋律特点，如他在作品中运用了音阶式的旋律和和声式的旋律。如在《小野猫》这首歌中，描绘小猫捉老鼠时那种敏捷灵活的动作特点，就运用了西洋自然大调的音阶式进行。例：

谱例6

《小野猫》

但就在同一首歌中，还用了典型的五声音阶式的进行。例：

谱例7

有些歌曲还运用了和声式旋律进行，用得较多的是主和弦和Ⅵ级和弦的琶音进行，如在《卖报之声》的开始部分和《小野猫》中：

谱例8

有时也用属三和弦和简化了的属七和弦的琶音进行，如在《卖报之声》中和《牧羊女》中：

谱例9

这些做法使旋律更增添新的色彩和时代气息。

除此之外，在他的歌曲中，四度跳进较多。一般来说，上四度跳进常常表现出一种积极向上，并富于感召力的情绪，而下四度跳进使人感到柔和和悲伤的情绪，如在《小工人》中，他为使旋律具有强烈的斗争精神，运用于许多上四度跳进。而在《雪花飞》中，他用了几处下四度的跳进，使旋律更增添了“悲”的色调。例：

谱例10

《雪花飞》

在歌曲的结构方面上，吸收了西方器乐曲中常用的二三部曲式，将其运用在自己的创作中，如《牧羊女》一歌的曲式就是ABA的复三部曲式，《卖报之声》是AB的二部曲式，在句与句之间，聂耳很喜欢采用模仿的手法来结构。《牧羊女》和《卖报之声》两首歌中，几乎每句都有一个模仿句加在后面，给人一种对称的美感。这种手法在我国民族器乐曲中是常见的。例：

谱例11

《牧羊女》

四、词曲的自然结合

关于词曲如何很好结合这个问题，聂耳曾请教过黎锦晖，并对这个问题进行了认真的研究和探讨，黎锦晖在《聂耳同志在明月社时期事迹的片断资料纪略》一文中回忆道：“（聂耳）因体会了民族风格的新歌曲必须注重曲调与语言的结合，决心练习注音字母，研究国语知识，我记得他在一昼夜间就熟练了别人需要学习一星期的课程；不到两个月，他把国语概论，发音学，国语声韵，声调的规律与变化法则、词汇、语汇的结合方法，大都理解明晰并能掌握。”由于他的努力，所以在他的歌曲中很少出现“倒字”的现象。另外，他除了注意词曲的结合，他还注意到了节奏、歌词与曲调三者的关系。显然这样的结合会使歌曲在原有基础上更加生动。如在《小野猫》中有一句是：

谱例 12

《小野猫》

其中，“你”字的声韵是上声，声调是由下向上的，聂耳在这里用了向上的六度跳进并配以切分节奏，使字的声韵更为突出，同时也起到了艺术夸张的效果。又如在《卖报之声》的最后四句中，聂耳采用了倚音的手法来处理词曲结合的问题，在第一、三、四句结尾处的“少”、“老”、“饱”字都为上声字，在这里用了由下向上进行的倚音，第二句的结尾字“噪”是去声字，他用了一个由上向下的倚音，这样就使音乐更进一步深化词的意义，准确地表达了小报童疲惫的心情。例：

谱例13

《卖报之声》

五、在中国近代音乐史上的地位与影响

在聂耳之前，我国近现代音乐史上曾出现过两次儿童音乐创作的高潮。一是五四运动之间的“乐歌运动”，为我国近代中小学音乐教育打下了坚实的基础；二是五四运动之后以黎锦晖为主要代表的儿童歌舞音乐。聂耳在创作中无疑受到这些音乐的影响，特别是黎锦晖的音乐，对他影响更深。在此同时，聂耳也在不断地探索新的创作道路和自己独特的创作风格。例如在歌曲的题材及思想内容方面，黎锦晖的创作大多取材于童话和传说，当然也有反映现实生活的《小小画家》、《可怜的秋香》等，通过这些反映了五四运动所提出反封建，学科学，要求个性解放的新思想。同时，对儿童进行“美育”。在聂耳的儿童歌曲中，大多数描写的是当时社会下层人们家庭的生活，如报童、童工、牧羊女等。歌中反映了他们的贫困生活以及他们要求改变现状的决心和斗志。在作品的音乐方面，黎锦晖的儿童歌舞音乐注重音乐语言简练、生动、明快、抒情，并吸收了我国大量的民间音调，直接引用。如《麻雀与小孩》中，引用了民间器乐曲牌《大开门》和城市小调《苏武牧羊》、《银绞丝》等。同时，他也引用了少数外国歌曲的曲调。在聂耳的创作中，既具有浓郁的中国民间音乐的色彩，也融合一些西方音乐的因素，但他都未采取简单的直接引用，而是把这两种音乐配合，使其产生为另一种带有时代特点的音乐。由于他们所处的时代不同，黎锦晖是20年代前后的，而聂耳则是30年代以后的，又由于他们所描写的主要对象的差异，使他们的音乐风格也不相同。黎锦晖的音乐都局限于

抒情、优美，而聂耳的音乐显得更活泼、有力，时代气息浓，黎锦晖的音乐形象比较单纯，而聂耳的音乐形象则比较深刻；当然，这只是相对而言，实际上聂耳与黎锦晖在儿童歌曲创作上的相似之处是很多的。如聂耳的《雪花飞》，无论从风格情绪上，还是创作手法上都同黎锦晖的《可怜的秋香》很接近。

通过以上这些比较分析，表明了聂耳在儿童歌曲创作方面是做出一定成就的。无论从思想性还是从艺术性来看，这些作品蕴涵着不可磨灭的光辉。但是聂耳的六首儿童歌曲中，只有《卖报歌》一首得到了广泛的流传，而其他五首则少为人知。如果从流传范围来看，这些作品与黎锦晖的作品则悬殊较大。黎锦晖的作品不仅当时受到欢迎，而且一直延续到新中国成立之后。那么为什么聂耳的儿童歌曲没有得到流传呢？我想大致有以下三个原因：

一是聂耳创作这些歌曲的时代正是我国民族矛盾和阶级矛盾急剧不断上升的阶段，聂耳虽在这些儿童歌曲中，力图揭示这复杂的社会矛盾，但很明显他的儿童歌曲终究不如他的大众歌曲表现得那样生动、有力，那样深刻。显然，聂耳当时的主要精力是用在创作大众歌曲上，相比起来，儿童歌曲是他创作中的次要部分。

二是聂耳的儿童歌曲没有同当时的中小学音乐教育结合起来。其主要原因是当时的中小学音乐教育与实际斗争联系不密切。这也是他儿童歌曲得不到流传的原因之一。

三是从当时左翼音乐运动的宣传评价来讲，由于受"左"的思潮影响，对聂耳的创作介绍也存在不够全面的缺点，致使现在对许多歌曲的创作过程不清楚，无材料可查，这也为进一步研究和宣传聂耳的作品带来了困难。

继聂耳之后，在我国近代音乐史上又出现了冼星海、麦新等在儿童歌曲创作方面有突出成就的作曲家。他们都在不同程度上，继承了聂耳群众歌曲创作的风格和精神，并力图在内容上，更加注意与当时的斗争紧密联系起来，反映了社会斗争中的中国儿童的生活和内心愿望，使这些儿童歌曲获得持久广泛的流传。如冼星海的《祖国的孩子们》、《只怕不抵抗》、《酸枣刺》，麦新的《马儿真正好》，向隅的《红缨歌》等歌曲。

回顾我国近现代儿童歌曲的发展，"学堂乐歌"和黎锦晖的儿童歌舞音乐，只为一般中小学生而作，而聂耳直至冼星海、麦新等音乐家，他们是为了更多、更广泛的少年儿童而创作，并用来鼓舞广大少年儿童参加伟大的斗争。应该说这是儿童歌曲发展史上的一个伟大的转变和飞跃。而在这个伟大的转变进程中，聂耳的儿童歌曲创作，正是新的一页的开端。聂耳的这些儿童歌曲有着不可磨灭的历史意义。

（1985年提交给"中国聂耳、冼星海音乐创作讨论会"的论文）

原刊《乐府新声》1985年第4期

作者简介：蒲方　2006年获得中央音乐学院博士学位，现为该院教授。

聂耳歌曲中的女性形象

侯瑞云

聂耳生活、创作、奋斗的年代，是炎黄子孙用血肉筑起新的长城的时代，也是中国共产党人领导全国人民，拯国家于危亡之中，救民族于水火之内的时代。聂耳站在时代的前列，自觉地、勇敢地投身到伟大的革命洪流中去，以他卓越的音乐活动和杰出的音乐作品，开拓了一条崭新的革命音乐道路，开创了一代寓中华民族之魂于其中的、亢奋向上、催人战斗、质朴热情的革命音乐之风。

这位中国无产阶级革命音乐的先驱者，在不到三年的创作生涯里，用歌曲成功地塑造了觉醒的中国工人阶级的形象和各阶层劳动者、爱国者的形象；并多侧面地塑造了中国劳动妇女的形象。他一方面从自己直接的生活体验中提炼、概括和创造出具有女性特点的音乐形象，又赋予这些形象音调以民族的、大众的特点和时代的特征。这种概括和提炼是以他广阔的生活背景、社会背景和思想背景为依据的，这些背景的直接联系就是他的家庭、工作和学习。

一、在生活中汲取　在斗争中提炼

对中国的劳动妇女，聂耳是有着深切的了解和同情的，这种了解首先是从他自己的母亲身上得到的。聂耳四岁丧父，母亲彭寂宽中年守寡，用柔弱的肩挑起了支撑整个家庭、抚养四个孩子的重担。贫劣的生活，使聂耳体会到中国妇女的勤劳与俭朴；母亲的关怀，使聂耳感受到伟大的母爱和女性的温暖；艰辛的熬煎使聂耳领悟到中国妇女所受的层层苦难和含辛茹苦的忍耐精神。母亲用讲故事来启迪和教育聂耳，教给他做人的准则。聂耳对民间音乐的最初的了解，也是从母亲给他讲的民歌、小调中开始的。正因为这样，聂耳非常热爱自己的母亲，在日记中多次称她为“慈爱的妈妈”，在1933年5月28日写给母亲的信中说：“在现社会中，能像妈妈这样的女子，数得出几人？”可以说聂耳的母亲是勤劳勇敢、温良坚强的中国妇女的典型，她不仅赋予了聂耳优良的资质，而且教给了聂耳许多可贵的品质。这些资质和品质以及对母亲的爱为聂耳在以后创造出崭新的女性音乐形象打下了基础。

聂耳在高小和初中时代就接触到了献身共产主义的革命女性赵琴仙烈士，她是省师附小的音乐教师，是云南最早的女共产党员，20年代云南地下党的革命活动家。1926年她参加党组织领导的纪念“三八”国际劳动妇女节的示威游行，是云南妇女运动史上劳动妇女对反动派的第一次宣战，当时几百名妇女在赵琴仙的领导下唱着革命歌曲，冲破桎梏她们的藩篱，走进省政府，喊出了妇女解放的口号。当时在云南第一联合中学学习的聂耳，看到他所敬重的老师是这次运动的领导者，心里的钦佩是可想而知的。1928年秋赵琴仙被捕，就义前，赵琴仙等三同志被游街绑赴刑场，她带头高呼口号，壮烈牺牲。林立街旁的群众无不流泪叹息，她的几个学生跟在她后面哭喊：“赵老师，我们舍不得你，你不要死啊。”赵琴仙烈士的牺牲，震动了整个昆明，事隔数年，每当昆明人民提起这位视死如归的女共产党员，仍为她的浩然正气所叹服。作为老师，赵琴仙烈士的革命壮举，是会给少年时代的聂耳以一定的影响的，可以说这是聂耳最早接触和了解的中国觉醒和革命的女性。①

聂耳在“明月歌舞班”、“联华影业公司”、“百代唱片公司”工作期间，有较多的机会接触到一批奔波于舞榭歌台的女性。在商业文化的背景中，这批女演员身上反映出半殖民地、半封建，受资产阶级、小资产阶级经济文化影响的复杂现象。她们一方面献歌献舞，是所谓风艳的女性；另一方面又是被压迫者。对欺凌压迫她们的社会充满怨恨，对卖笑卖艺生涯深恶痛绝，渴求自由与解放。聂耳由于一次偶然的机会看到一个女演员追求战斗生活的诗文。这首诗给聂耳以极大的震动，从而根本改变了他对歌女的看法，他在1932年1月4日的日记中记叙了他的想法：“我的血在沸腾，情绪紧张，心在跳……对她思想的惊讶，我真是几千个想不到。……在如此一个团体里，有这样一个女子真不容易。”在聂耳的生活经历中和各种劳动女性的接触，使他探索到她们的内心世界，同情她们的遭遇进而到用音乐来塑造出时代的新女性。

在思想上聂耳自觉地接受马列主义和党的领导，自觉地拿起武器为大众服务。他在十七岁时就记下了自己的学习心得，认识到无产阶级是资产阶级的掘墓人，学习了马克思关于剩余价值的理论。这些学习对于他后来建立革命的艺术观是有帮助的。1930年10月29日他在日记中记述了自己对艺术运动的看法：“看了几篇革命文学论文，指示给我现在艺术运动的主要任务是要大众化。”以后他则认识到：“时代已经不同，靡靡之音已经没有生命了。”在他参加左翼文艺界的各种活动时，党又从各方面影响他，教育他，使他走上了革命的道路，促使他力求站在无产阶级的立场去观察生活，反映生活。他在《中国歌舞短论》中尖锐地指出：“资本家住在高楼大厦大享其福，工人们汗水淋漓地在机械下暗哭，我们应该取怎样的手段去寻求一个劳苦大众的救主？！”正是这种思想促使他在歌曲中有意识地塑造觉醒的劳动妇女形象，在歌曲中倾注对她们的深切同情，鼓舞她们奋起抗争，替她们喊出心底的呼声。

① 以上史料见云南省妇女联合会编《云南妇女运动史资料》第一辑，第23—32页。

当时，有些歌曲作者把眼放在“香艳肉感”的摩登女性身上。写出了一批意趣庸俗、格调卑下的“时代曲”，一时间“软女性”歌曲充斥歌坛，在国家危亡时麻醉着人们。聂耳却勇敢地举起了“代替大众而呐喊”的大旗，开辟了新音乐的道路，用歌曲塑造了一批走向斗争的新女性。这批歌曲是《铁蹄下的歌女》、《新女性》(组曲)、《飞花歌》、《塞外村女》、《梅娘曲》、《牧羊女》、《采菱歌》、《一个女明星》、《春日谣》、《茶山情歌》等。他在这些歌曲中描写了女工、农女、牧羊女、歌女、知识妇女，他用优美婉转的旋律描写了女性的温柔与秀美，叙述了她们所经历的人生痛苦与磨难，提示出她们的思想和追求。他把音乐的美感和爱国主义，反抗压迫的思想主题结合在一起，使得他歌曲中所描写的各个女性形象有一种内在的逻辑联系，使这些女性形象升华到一个崇高的境界。这些歌曲具有鲜明的时代性和浓郁的生活气息，具有经久不衰的艺术魅力，这些歌曲是一代觉醒与战斗的女性的象征，同时也突出地反映出了聂耳的创作风格和创作特色。

二、在铁蹄下抽泣　在悲愤中控诉

聂耳从歌曲的内容和形象出发，不拘一格地运用崭新的创作手法和音乐语言。在刻画女性形象时，他首先捕捉的是准确感人的语调和音调。他看到妇女悲惨痛苦的生活，听到她们凄楚哀怨的抽泣，从这些音调中他提炼出用弱起、休止、切分组成一种叹息式的音调，逼真地表现出弱者的抽泣。如《铁蹄下的歌女》：

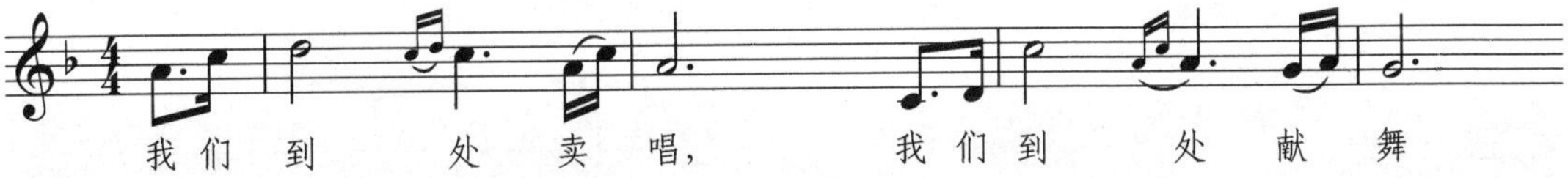

用气息悠长的抒情性旋律，弱起和附点表现了歌女受人凌辱时所发生的哀叹，而在与前面形成对比的节奏紧凑的朗诵性旋律中，又用弱起和附点表现了歌女的抽泣：

而在：

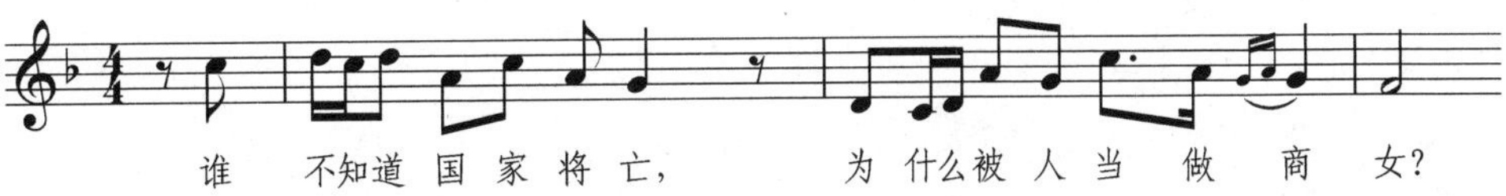

则用弱起、切分、附点表现歌女内心的不平和对社会的质问，驳斥了人们对她们的误解。这连续的叹息式音调的逻辑复演，让人痛切地感受到这些弱者撕心裂肺的哀哭与悲泣。在歌曲的后半部分，这种叹息式的音调演化为一种内心的呐喊：

控诉着社会对她们的欺凌，倾吐她们胸中的不平之气。这是一个饱受人间辛酸，胸怀报国之心，在铁蹄下挣扎，不甘沦落，貌似纤弱，又不乏铮铮硬骨的、同属劳动人民阶层的女性形象。

在《飞花歌》中，聂耳同样使用了这种由弱起和切分组成的叹息式的音调：

《飞花歌》

切分节奏所造成的轻柔飘逸之感，使种花女的秀美形象跃然曲中。第二乐句使用切分节奏的三次模进，用曲调的层层跌宕，展示了一派嫣红姹紫、繁花似锦的情景：

又像种花女在花间叶下忙碌的身影。花与人的形象浑然一体，明晰可视。但歌中却蕴涵着种花女发自心底的叹息：

在这里的弱起与切分，则把这些终日忙碌于花间而终年不得温饱的弱女子的形象一笔勾出，格外鲜明。她们在艰辛生活中苦苦挣扎的喘息与哀叹声声可闻。他们用青春年华和辛勤汗水催开了四季花朵，自己却在盛开的花朵中凋零憔悴；赏花人在花中漫步寻芳，而她们却在饥寒中煎熬。我们从歌曲中可以听到多么动人心魄的声音，看到多么鲜明的对照与反衬。这正是聂耳对劳动妇女辛酸的人生经历的入微体会，对她们内心世界的准确洞察，才创造出这样感人至深的艺术形象。这是当时"时代曲"作家所不能企及的，聂耳歌曲中被压迫妇女催人泪下的叹息与悲泣远远不是那些商女们娇嗔的哼鸣可以类比的，她们充满怨恨的控诉也不是香艳女性病态的低吟可与之媲美的。这些形象的出现，无疑是对靡靡之音的当头棒喝：睁开眼睛看看真正的中国女性吧！竖起耳朵听听她们在铁蹄下的呻吟，在悲愤中的控诉吧！

三、在柔美中不失刚强　在平凡中可见崇高

聂耳善于用抒情性强，富于旋律美的曲调来勾勒和描绘抒情的、健康的、具有艺术美感的女性形象。《梅娘曲》、《塞外村女》及前面提到的两首都是这样的作品。《梅娘曲》是描写爱国的知识妇女的形象，聂耳用级进和小跳构成的起伏平缓的旋律线，结构基本工整的节奏编织出流畅优美、顺口可歌的曲调，恰似秀美的南国姑娘。曲调的口语化增加了女性的温柔，乐句之间的衔接流利自然，整个歌曲一气呵成，使这首抒情、叙事兼而有之的歌曲情真意切，分外感人。全曲只有三个地方用了弱起：

《梅娘曲》

就是这流畅中的一点点停顿，把一个执著地追求爱情的女性，对爱人热切的期待、盼望、焦急的心情，和自然而然的情感流露细致入微地刻画了出来。另外一个乐句用前紧后松的节奏：

《梅娘曲》

形成了音乐的戏剧性用来表现深情的呼唤是再合适不过的了。仅仅这一句，使一个温柔、多情、善良的女性形象脱颖而出。然而聂耳并没有在优美与抒情中止步，他的音乐美感是蕴涵在热爱故土，为祖国献身的高尚情操之中的，聂耳赋予这个知识女性以值得崇尚的爱国情感：

《梅娘曲》

爱国主义的思想内核使得这些多情、温柔的女性，具有几分刚强之气，在她们平凡的相思中带有一种崇高的精神美，同样也包含着一种不可低估的力量，它象征着爱国的女性要在献身祖国的奋斗中，让生命发出火光，照亮自己的生活道路。这首歌用分节歌的体裁写成，由于内容的需要聂耳使用了曲尾的变化收束，也就是中国民间的换尾手法，使情感的变化层层递进，牵

动人的心弦，使这种以柔美而动人，以刚强而感人，以崇高而鼓舞人的女性形象更加丰满，光彩动人。

聂耳还善于吸收民歌、小调中的优美音调来塑造女性形象，对民间音乐进行继承和发展，聂耳是个有心人。他在1933年5月28日写给家里的信中说："现在我想在中国的各地民间歌谣上下一番研究，请三哥帮我收集一些寄来，不论什么小调、洞经调、山歌、滇戏牌子都要。千万急！！！"对民间音乐的勤奋学习，使得他创作了《塞外村女》、《飞花歌》、《采菱歌》、《茶山情歌》、《采茶歌》等歌曲。值得注意的是，在聂耳的这些歌曲中，我们能明确地感觉到中国民歌的某些特点，但又不能确认它出自哪一首民歌。聂耳歌曲创作的天才凝练手法的妙处就在这"是"与"不是"，"像"与"不像"之间。如《塞外村女》：

《塞外村女》

采用中国民歌中字少腔多，富于抒情性的音调，而且音调质朴、委婉，与纯真朴实、勤劳善良的中国农村女性形象相熨帖。歌曲的前两个乐句是同一音型的反复，有规律地出现，让人仿佛看到她们年复一年，日复一日为生活所累，被繁重的劳动压得连喘息一下的时间都没有；而后两个乐句时值只占前面的一半，骤然紧缩，情绪为之一转，好像她们在倾吐对这不公平的世界的郁愤之气：

《塞外村女》

在这首短短的分节歌中，聂耳用前后乐段的对比并置表现了农村妇女的悲苦内心和不平之气，这种洗练的创作手法集中地体现了聂耳的音乐创作才能。在他的歌曲中装饰音的运用，也可看到中国民歌以致戏曲音乐运腔的某些特点。聂耳运用简洁的音乐语言，把中国劳动妇女的生活遭遇和社会现实联系起来，挖掘出她们受苦受难的根本原因，对压迫她们欺凌她们的社会提出了有力的控诉，并使这些女性身上也具有反抗的力量和对斗争的渴望。

四、在苦难中觉醒　在斗争中崛起

中国的女性挣扎在苦难中，不是在苦难中沉沦，就是在苦难中奋起。聂耳的《新女性》组歌，就塑造了在苦难中觉醒、在斗争中崛起的新女性形象，集中地反映了中国劳动妇女从受人蹂躏的奴隶转变为奋起反抗的革命者的过程。同时也反映了聂耳的阶级意识，让歌曲“不再作个人的呻吟或以个人的革命性的表现去影响群众”的意愿。他在《新女性》的第三首《一天十二点钟》中用附点音符和一字一拍的节奏揭示了妇女惨痛的人生经历：

《新女性 · 一天十二点钟》

正是在受尽磨难和熬煎的苦难之中，觉醒的女性迸发出的怒吼与反抗，才显得格外有感召力和具有艺术的美感。在《四不歌》里，聂耳用附点和弱起组成的铿锵音调昭示了新女性崛起的庄严宣言：

《新女性 · 四不歌》

最后一曲《新的女性》，用急速雄壮的音调，呈示出一个在苦难中觉醒，在战斗中崛起，挺立在社会之中，走向时代前列的新女性。聂耳在1935年5月21日从日本写给吕骥的信中谈到了这首歌的创作构思：“当我决定了整个的节奏以后，我觉得这样写也可以顾及到两个要点……‘新的女性’及‘生产的女性大众’，‘社会的劳工’‘建设新社会的前锋’是也。”正因为聂耳捕捉到了这首歌曲的“务头”，他在歌中用急促而有力的音调，反复地显示了“新的女性”这鲜明、有感染力的形象：

《新女性 · 新的女性》

通过几个不同音型乐句的排比，使新的女性的形象逐步深入，一次比一次更鲜明，更有力，这也是聂耳意气风发的呼喊：“看哪，新的女性诞生了！”她们不再在铁蹄下呻吟，不再在皮鞭下抽泣，她们要用呼喊“唤醒民族的迷梦”，她们不再含辛茹苦、逆来顺受，而“要和男子们一同，翻卷起时代的暴风”；她们不再终生做牛马而默默无闻，而要做“建设新社会的前锋”。在歌曲的前部，节奏的分割、附点和休止，有机地把前面五个乐句贯穿在一起，配以旋律的层层推进，恰似激昂厉烈地振臂高呼，又像铿锵有力的宣誓，充分显示妇女加入革命大军的信心与力量。歌曲的后半部分：

《新女性·新的女性》

一任革命的豪情奔涌，聂耳歌曲中的女性形象，升华到砸断枷锁、掌握自己命运的时代先锋的高度。她们坚强而富于战斗精神，有觉悟而不怕牺牲，她们为拯救自己、解放中国而喊出豪壮的战斗口号：

《新女性·新的女性》

这划时代的歌曲，这闪耀着时代光芒的音调集中国各类劳动的、革命的女性特点于一身，而成为时代的新女性的象征与标志。

聂耳为劳动妇女写的歌曲是具有大众化特点、时代特点的群众歌曲，歌曲中的女性形象是健康、进步、具有革命意义又不失女性特点的艺术形象。他善于观察和体会女性在生活、劳动中呻吟、抽泣、抗争、呐喊、呼号的音调和语调，并把这些歌曲中出现过的急促、紧迫、有力的旋律和铿锵节奏特点，曾多次地、普遍地运用在他的绝大部分歌曲创作中，成为一个特性音调。这些音调形成了聂耳朝气蓬勃，亲切感人，质朴洗练，朗朗上口，革命精神充沛，战斗气质饱满的歌曲风格、创作风格和富于鲜明的时代特征。尤其可贵的是聂耳表现女性的叹息和抽泣是为了铺垫出她们的激愤和呐喊。他描写她们受尽摧残的冷酷现实是为了显示她们将粉碎这种现实，赢得自己的未来。他展示她们的秀美和温柔是为了引申出她们的刚毅与坚韧。这些具有艺术上、思想上崇高美感的艺术形象具有经久不衰的艺术魅力，至今仍在深深地感染和鼓舞着我们。

原刊聂耳、冼星海学会编辑

原刊聂耳、冼星海学会编《论聂冼》

1985年内部资料

作者简介：侯瑞云　曾任中共云南省委宣传部文艺处处长。

我对《大路歌》的一些体会

陆华柏

《大路歌》是聂耳同志在1934年谱的。那时聂耳同志才二十三岁，也就是在他不幸游泳失事去世的前一年。

《大路歌》是当时进步影片《大路》的主题歌。影片的故事是描写一群青年工人要修筑公路，但统治阶级对他们横加阻挠和迫害；最后在军阀们的混战中，这群年轻工人终于在飞机大炮之下牺牲了。影片的结尾用了象征的手法，表明“大路”仍然要继续修筑下去。这部电影具有鲜明的反帝、反封建的意义。

《大路歌》的歌词是这样的：

大家一齐流血汗！
为了活命，哪管日晒筋骨酸。
合力拉绳莫偷懒，
团结一心，不怕铁磙重如山。
大家努力！一齐向前！
压平路上的崎岖，
辗碎前面的艰难！
我们好比上火线，
没有退后只向前！
大家努力！一齐作战！
背起重担朝前走，
自由大路快筑完。

显然，这首歌词也是具有象征意义的，创作历史的“大路”的从来就是劳动人民。为了活命，为了祖国和人民的自由、解放，反帝、反封建这一历史“重担”，只有工人阶级才能够背起朝前走！只要大家团结一心，路上的崎岖是会压平的，前面的艰难是会被辗碎和克服的。

这一真理，在五十年前，只有先进的人们才懂得。

聂耳同志从这样的进步思想里，吸取了力量，使得他的音乐创作具有充沛的生命力。也可以说，聂耳同志光辉的创作生活，具有首要意义的并不是什么作曲技巧之类，而是把音乐艺术与这样的进步思想结合起来，并且取得了巨大的成绩。

我觉得，我们首先应该向聂耳同志学习的就是这一方面。

当然，聂耳同志的音乐创作，因为是在这样的思想基础上进行的，在创作方法上，在技巧上，也具有许多特点，而这些特点也是我们应该向他好好学习的地方。

《大路歌》是聂耳同志的成功作品之一。这首歌曲四十多年前即已在群众中广泛流传，得到群众的喜爱。下面我想谈谈《大路歌》创作方法的几个特点。我觉得，《大路歌》的第一个特点是运用劳动节奏。歌曲的前八拍序唱（反复一次）就是劳动的呼声，这种呼声贯穿着全曲。它的作用：显示出工人阶级的气魄和力量！并用以统一全曲的风格。这种用法不是劳动呼声的粗糙的再现，而是经过艺术加工和安排，使它成为了全曲统一的组成部分。事实上，劳动呼声的节奏构成了全曲的基本节奏型。

《大路歌》的第二个特点是音乐语言与歌词的高度一致。

《大路歌》

这真是同说话一样清楚的唱歌。歌是唱给人听的，首先要人能够听懂歌词的意义，才能产生艺术感染力。歌词的清楚与否，谱曲有很大程度的决定性。《大路歌》在这一方面正是我们的范例。

《大路歌》的第三个特点是表现手法的灵活性。歌曲一气呵成，没有生硬的曲式。这种灵活性在节奏运用上也有大胆而富于效果的地方，例如：“大家努力，一齐向前！”为了表现情绪的紧张，节奏突然缩短了一倍：

这一办法由于在八小节后又用一次，起了很好的对比和平衡的作用。

广西艺术学院教授陆华柏在从事创作

《大路歌》的第四个特点是民族调式的运用。全曲显然建立在五声音阶羽调式上，而不同于一般西洋的大小调。怎样掌握和运用我们自己的民族调式，也是我们应该向聂耳同志学习的课题之一。

《大路歌》的第五个特点是曲调流畅和易唱，这是保证一首歌曲广泛流传的条件之一。全曲音域只用了九度音（c^1—d^2）；无困难的跳进，亦无奇特的节奏。

这些都是我们应该向聂耳同志学习并继承和发扬的优良传统。

原刊聂耳、冼星海学会编辑《永生的海燕》
人民音乐出版社1987年版

作者简介：陆华柏　1934年毕业于武昌艺术专科学校，后任职桂林国际艺术社、国立福建音乐专科学校。时为广西艺术学院音乐系教授。

论《义勇军进行曲》的数列结构

童忠良

如果按照众所周知的传统见解，即以方整性结构的原则高于一切的观念来分析音乐作品，将某些非偶数与不对称的结构视为一种例外的情况，并称其为方整性的突破，那么《义勇军进行曲》这首不朽的作品，就只能被视为从头到尾全部浸没在“例外”与“突破”之中。诚然，在音乐作品中确有许多非方整性结构可以认为是源于方整性结构的变化，但却不能因此而将这种情况绝对化。只要我们能破除一般传统见解的束缚，用科学的态度将《义勇军进行曲》做实事求是的分析，就不难发现，这首歌曲的曲式，是完全受另外一种原则所支配的。这种不同于方整性对称结构的长短型数列结构原则，为我们揭示了一个崭新的曲式天地，它既是传统的方整性结构的否定，又是其补充。而《义勇军进行曲》则恰巧是这种新的数列结构的典范，从这里也可以看到聂耳的无与伦比的才华。

一、黄金分割与长短型结构

两千五百年前，希腊的艺术大师们惊喜地发现了0.618的美学价值，当时在雅典所建的巴特农神庙，就是根据此数据的比值来设计的。这种比值的分割，称之为“黄金分割”。其基本方法是：把一条线段分割成长短不同的两个部分，使其中一部分与全长的比等于另一部分与这部分的比。二千五百年后的今天，世界著名的数学家华罗庚又进一步认识到0.618在我国建设中可能发挥的作用，并以此数据为常数，创立了“优选法”。然而，谁又曾知道，0.618早就“冒着敌人的炮火”在我国抗日战争中冲锋陷阵过？不信，让我们共同分析一下《义勇军进行曲》。使我们感到惊异的是，歌曲的全部曲式段落，几乎都是那么准确地严格按0.618所划分。

这首歌曲连同前奏一齐，总共有37小节。按照黄金分割法，用37（小节）×0.618=22.8小节。令人难以置信的是，第22.8小节正是这首歌曲的两大段落的划分处。众所周知，曲式中用句逗划分出的部分，不论其长短，都称为段落，句逗可以说是段落明确的标志。而第

22.8小节处正是句逗之所在，从这里准确地开始了“起来！起来！起来”的变化再现段。如果仔细追究，两大段落的界限为什么不在22小节或23小节，却恰巧是22.8小节，此处的0.8小节何以解释？只需看一看谱例就会明白：

从上例可以看出，歌曲前段落最后的“声”字只有一拍半，即一个小节的$\frac{3}{4}$(=0.75小节)，严格地说，前段落结束在22.75小节处，四舍五入后，得22.8小节，正落在歌曲前段结束与后段落开始之处。

从美学意义上来讲，这里的第22.8小节可以说是全曲理想的不对称划分处。为了下文论述方便，此处可称为第Ⅰ级黄金分割点（近似），或称整体黄金点（标注以⊡）。它将全曲分为以下两个段落：前段落包括前奏与前面四个乐句，共22.8小节（此段较长）；后段落包括具有变化再现性质的后面两个乐句及补充性的结尾句，共14.2小节（此段较短）。这种前长后短的划分，称之为顺分割。现图示如下：

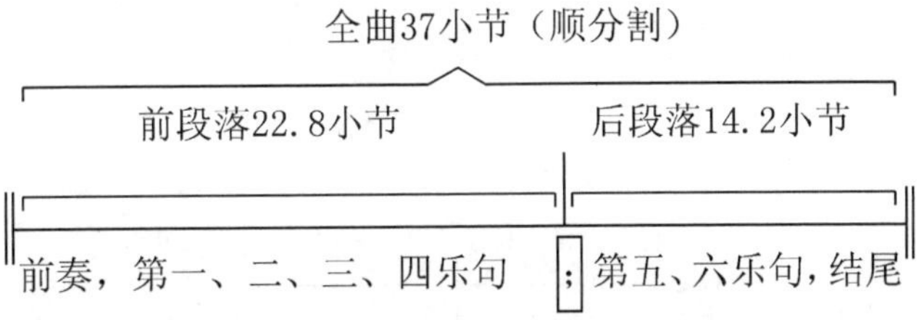

第Ⅱ级黄金分割，是在整体黄金分割的基础上作进一步的分割。具体地说，就是将歌曲的前段落与后段落再分别乘以0.618。因此，Ⅱ级黄金分割有两个黄金点，其一在歌曲的前段落，另一在歌曲的后段落。前后可称之为前黄金点（即前段落之黄金点），后者称之为后黄金点（即后段落之黄金点）。

此曲的前黄金点在22.75 × 0.618=14.05小节，这里正是歌曲的第一、二乐句与第三、四乐句的划分处。前黄金点（标注以⊡）进一步将前段落分割为长短不同的两个部分，前一部分有14小节（前长），称之为前前段落；后一部分有22.8－14=8.8小节（后短）称之为前后段落，亦为顺分割。如下图：

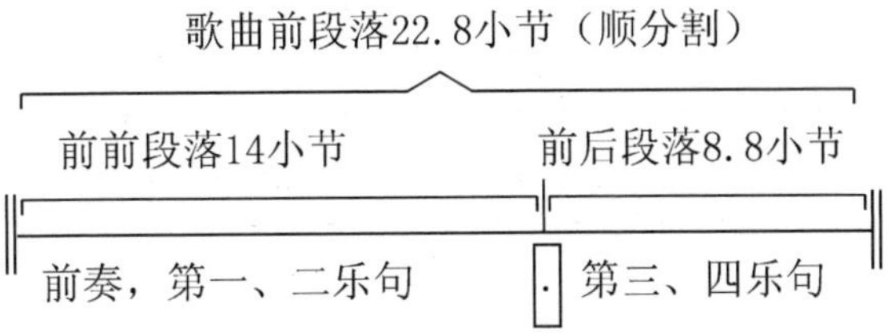

后黄金点则在14.2 × 0.618 = 8.7小节。这里正是全曲主体部分与补充性结尾句的分界。后黄金点（亦标注以⊡）同样将后段落分割为长短不同的两个部分，前一部分有8.7小节（前长），称之为后前段落；后一部分有14.2－8.7=5.5小节（后短），称之为后后段落，同样为顺分割。如下图：

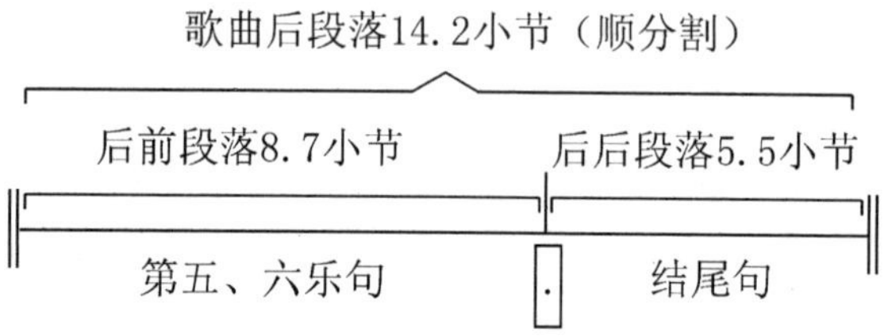

需要加以说明的是，黄金分割法除了上述的前长后短的顺分割外，还可作前短后长的逆分割。这种逆分割可以看作是从该长度最后一点起倒着往前推算的，或者将较小段的逆黄金分割数0.382作为常数顺着计算也行，现设某一线段的全长为“1”个单位，其顺分割与逆分割的比较如下：

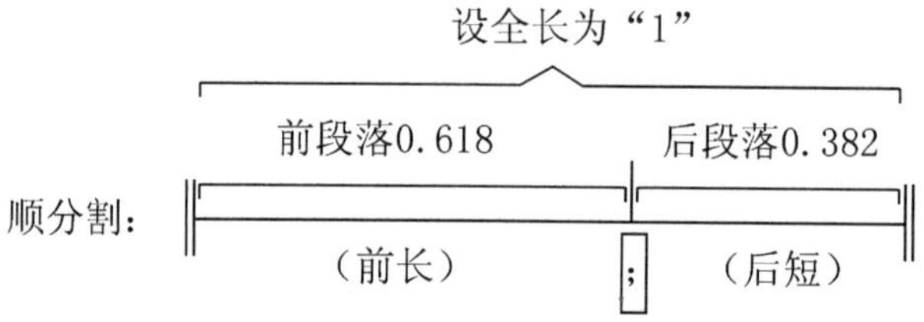

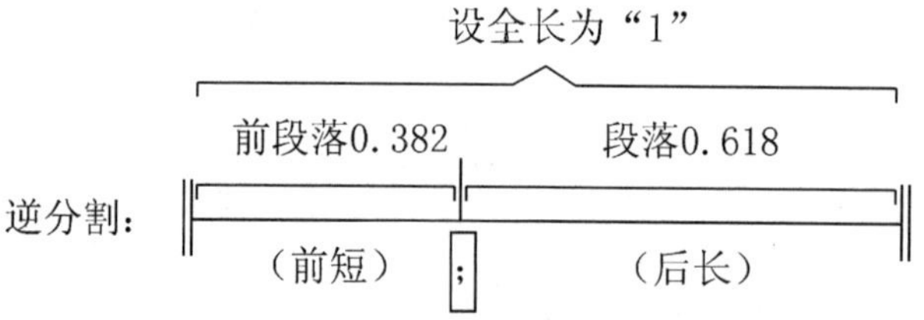

第Ⅲ级与第Ⅳ级黄金分割则是在上述第Ⅱ级黄金分割的基础上再作进一步的分割（其黄金点均标注以⊡）。

前前段落共14小节，其前前黄金点为14 × 0.382 = 5.38小节，此处的逆分割正是前奏与歌曲主体部分的分界处。如果再将8.7 × 0.382=3.3小节，此处的逆分割又是第一乐句与第二乐句的分界处。当然，上述的逆分割也可以0.618为常数倒着计算，其结果完全一样。现图示如下：

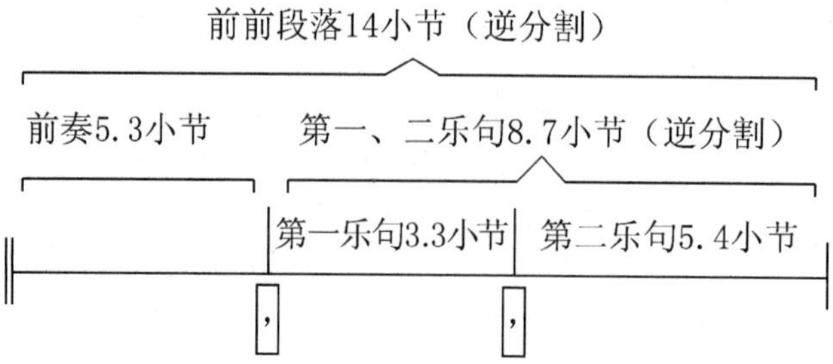

同样，后前段落亦采取了逆分割，为8.7 × 0.382=3.3小节，这里正是第五乐句与第六乐句的划分处：

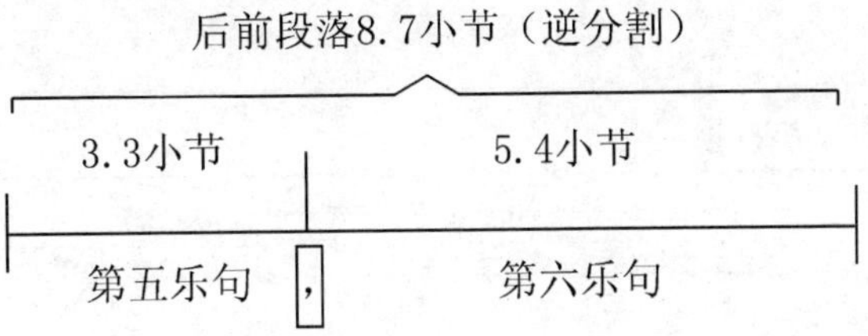

再将前后段落作黄金分割，即8.8 × 0.618＝5小节，这里是第三乐句与第四乐句的划分处，为顺分割：

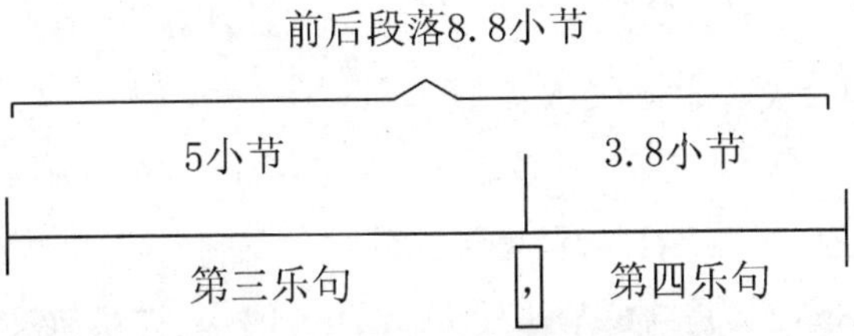

从以上分析，可以得出这样的结论：《义勇军进行曲》是一首由多乐句组成的单乐段歌曲。其主体部分有六个长短不同的乐句，从属部分则包括前奏与补充性的结尾句。前奏与前四个乐句为歌曲的前段落，第五、六乐句与结尾句为歌曲的后段落。以上各乐句均严格依黄金分割来划分。这就构成了以某种数列分割为依据的长短型结构。在这里，不对称是第一位的，非方整性的长短句是一种具有独立意义的曲式，而不是由方整的四小节所派生的结构。现列总表如下，以示其详。表中的汉字代表乐句的序号，阿拉伯数字代表小节数，小数点后的数据仅取其近似值，用“+”或“—”号附注，括号内均为依黄金分割所划分的段落：

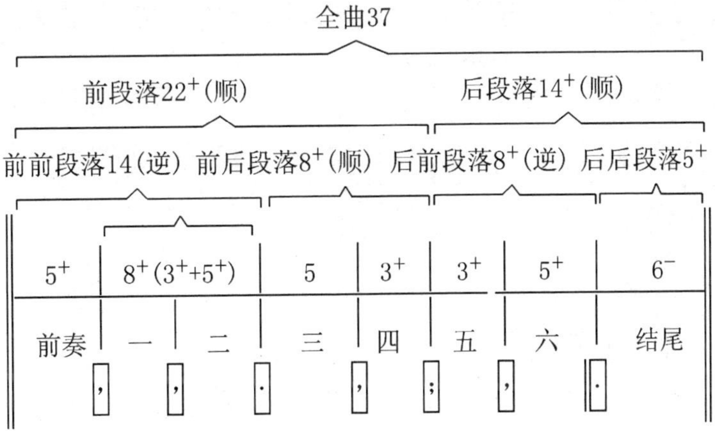

再对个别细节问题略作分析。

歌曲由号召性的音调（起来！）开始，这个音调具有一个弱拍部和一个重音部，可以说是只有两个音的特殊动机。从第一乐句的内部结构来看，这个特殊动机的长度为2^+拍，而紧接着的乐节（“不愿做奴隶的人们”处）却有4^+拍，正好依第一乐句的逆分割而划分。即第一乐句共7拍，其黄金点为$7 \times 0.382 = 2^+$拍：

这说明，即使从细节来看，也体现了黄金分割的逻辑安排。其他乐句也有类似的情况，如第二乐句前4^-后6拍的逆分割，第三乐句前5后3^+拍与第四乐句前8后5拍以及第五乐句前8后5半拍等结构单元的组合等，此不赘述。

要特别提出的是第六句与补充性的结尾句。从主体部分来看，第六乐句的最后一小节（31小节）显然不是完整的终止，必须加上结尾句的最后一小节（第37小节）才可能结束全曲；然而，从另一方面来看，歌曲又是结束于补充性的结尾句，第37小节又应属于这个结尾句的一部分。因此，可以认为第六乐句的长度为5^+小节，结尾句的长度为6^-（$=5^+$）小节，这与黄金分割的逻辑要求也是基本上相吻合的：

以上这些数学计算及其有关的数据，仅作为论证的根据。在创作过程中，黄金分割也许只能是一种直觉的美感在作者脑中自然地起作用；在对某一作品进行分析时，也难以将每一部分每时每刻地都乘以0.618。这就需要进一步发展其中更本质的东西，找出一种比较简易可行的办法。

二、结构单元与合八重二

要进一步找出比黄金分割简易的办法，有必要研究一下斐波纳奇数列。所谓数列，是指依一定次序排列的一列数。数列有多种形式，斐波纳奇数列只是其中的一种。这种数列，是指数列1，2，3，5，8，13，21…… 它因由意大利数学家斐波纳奇首先提出而得此名。从这个数列所包含的2：3，3：5，5：8等比值，可以看做是黄金分割比值的近似值。因此也可以这么说，黄金分割通过整数表达的最简单的方法就是斐波纳奇数列的运用。或者说，以黄金分割为依据所划分的曲式，实质上就是一种新的数列结构。

既然《义勇军进行曲》的曲式结构完全是按黄金分割法来划分的，那么，这首歌曲又是怎样体现与斐波纳奇数列的关系呢？这个问题解答了，无疑地会使前面所论述的问题简化。

我们可以大胆地想象，《义勇军进行曲》的整首歌曲可能是由某种相当于“细胞”的结构单元所组合而成的。这种“结构单元”本身就具有黄金分割的长短不一的特点。还可进一步设想，斐波纳奇数列1,2,3,5,8,13,21…… 就是这种结构单元，或者更简化一点，仅以1,2,3,5，8为基本的结构单元，因为较大的数字亦可再简化，如13＝8+5；21=13+8＝（8+5）+8等。这个数列的特点是，每个数字是前面两个数字之和。也就是说，它们本身所具的长短不一的特点并非无规律的偶然凑合，而是与数列逻辑的自然法则完全吻合的。它体现了音乐本身内部结构的要求。

用这种数列结构单元的新理论来重新观察《义勇军进行曲》，可以使上述黄金分割的数学计算变得极其简单明了。

音乐上的结构单元，既可以是一个乐节、一个短句，也可以是一个乐句。正如一般音乐作品的短句很少是小节长度的整倍数一样，这里的结构单元，也几乎总是跨越小节的拍子，而不是完整地填满小节的。为了计算简便，在计算小节数时仅取其近似值。从以下的分析还可看出，造成非偶数小节的原因，有的是因结构单元的长度和数量，有的是因为不同长度的结构单元结合在一起的缘故。下例以小节数为结构单元的依据。

结构单元（小节数）	乐句划分	词（曲）起句	黄金分割
5^{+}	前　奏	1· 3 5 5|6 5 ……	，
3^{+}	第一乐句	起来，……	，
5^{+}	第二乐句	把我们的……	。
5	第三乐句	中华民族……	，
3^{+}	第四乐句	每个人被……	；
3^{+}	第五乐句	起来……	，
5^{+}	第六乐句	我们万众一心，……	。
6^{-}	结 尾 句	冒着敌人的……	

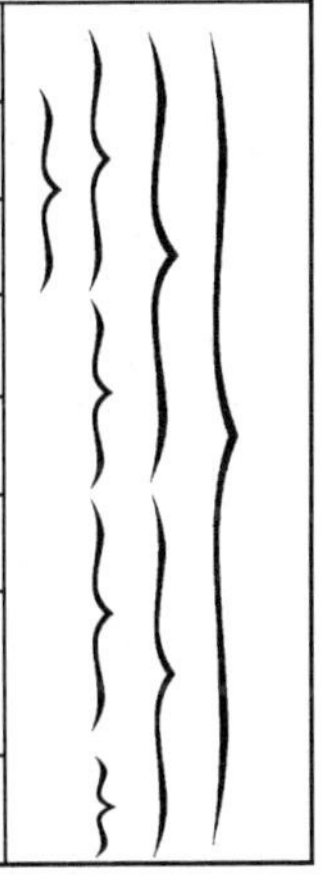

斐波纳奇数列中的两个偶数“8”与“2”，并非一般的结构单元，而是有着特殊的地位。偶数“8”可以说是方整性结构与长短型结构之间的共同“纽带”，这是因为对方整性结构来讲，8小节音乐是由4小节加4小节的基本方整段落组合而成的，而对长短型结构来讲，8小节音乐却又是由3小节加5小节的非方整段落组合而成的；此外，偶数“2”可以说是长短型结构与方整性结构相互转化的“桥梁”，这是因为不论在长短型结构抑或方整性结构中，2小节的段落都可视为基本单元的一种。总之，两种不同曲式结构都共有偶数“8”与“2”，如下图注‖处所示：

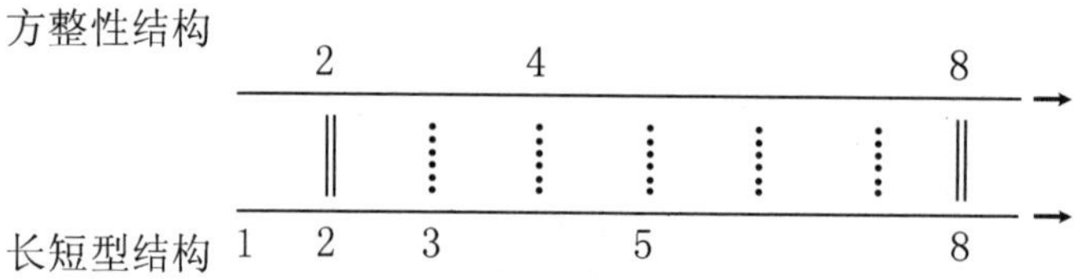

在我国民间锣鼓音乐中，有一种称之为“合八体”或“鱼合八”者，就是以3+5=8或5+3=8所组合而成的。这里要特别指出的是，《义勇军进行曲》的主体部分全部采取了“合八”手法。具体地说，即由每两个奇数小节的常规乐句组合成8小节的大乐句，从而形成一种非方整结构中的相对方整感，这是非常巧妙的：

合八式大乐句 8^{+}小节		合八式大乐句 8^{+}小节		合八式大乐句 8^{+}小节	
第一乐句 3^{+}小节	第二乐句 5^{+}小节	第三乐句 5小节	第四乐句 3^{+}小节	第五乐句 3^{+}小节	第六乐句 5^{+}小节

这样看来，《义勇军进行曲》的主体部分实质上是由三个合八式大乐句组成的带有再现因素的三段落乐段，加上它的从属部分——前奏与结尾，基本图示如下：

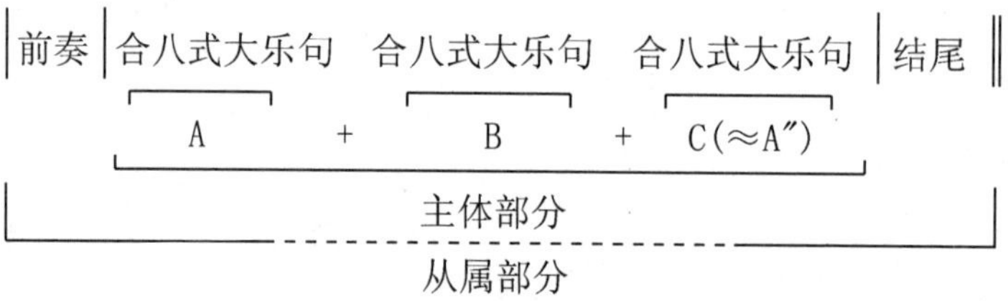

正是这种非方整结构多乐句之间的逻辑安排，保证了结构的完整。

下面再看看偶数“2”所具的“桥梁”作用。在典型的方整性结构中。可以说是以“2”的不断重复而组合成对称的方整句的。所谓方整性结构的概念，一般就是指这种对称的、以4小节为一组的结构。此处“2”的重复即本文所指的“重二”手法，它对形成对称结构有着决定的作用。如下图所示：

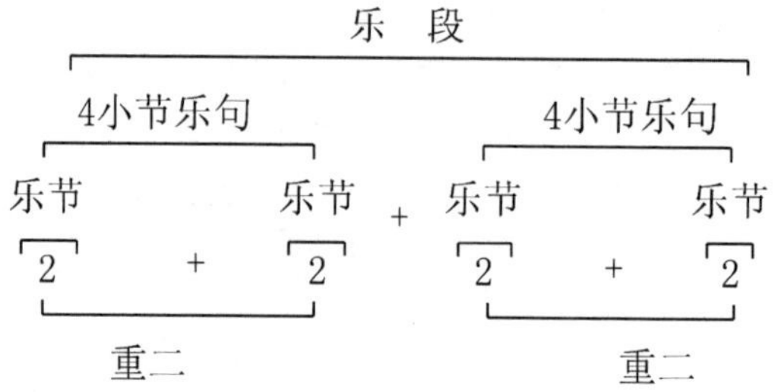

通过“重二”手法所形成的如此平衡，整齐的内部结构的划分，正是方整性结构的特点。

然而，在长短型结构中，“重二”手法的运用却有其不同之处。在这里，不管“2”如何重复，都要加上它相邻斐波纳奇数字，因为只有这样，才可能构成不方整的长短句，即使如此，仅就“重二”本身而言，当其小节数是“2”的乘幂时，在该片断则无疑会具有相对的方整感。如：

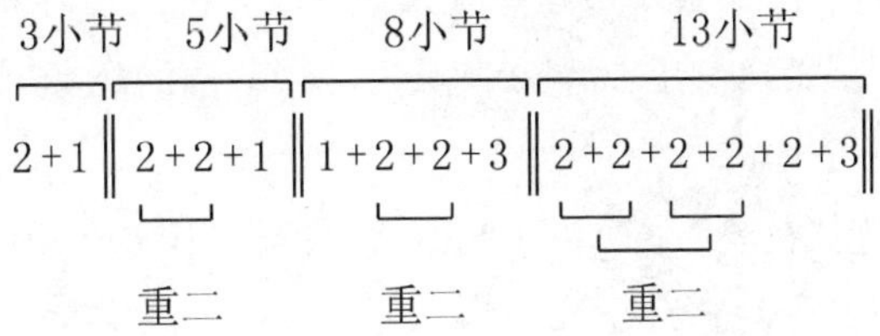

在《义勇军进行曲》中，也同样运用了上述的“重二”手法：

这里通过“重二”手法的运用，同样造成了一种非方整结构中的相对方整感。

三、结论与余论

聂耳创作《义勇军进行曲》的30年代，是我国散文式自由体新诗所盛行的时代，田汉所作的《义勇军进行曲》歌词，就是用这种自由体新诗写成的，歌词句子的长短参差不齐，最短的句子六个字，最长的句子却有十四个字。如果采用一般传统的方整性对称结构是很难谱曲的。聂耳在这里运用了另一种新的数列结构谱写成当今不朽的音乐杰作。这也许是聂耳歌曲黄金分割不同于某些其他器乐作品黄金分割的特殊之处。

要理解这种新的数列结构，必须首先承认：在曲式世界中，除了“方整性结构”体制以外，还存在着另一种完全不同的“非方整性结构”体制。正如诗词中存在着律诗的方整句与词曲的长短句一样，在音乐中，也同样存在着“方整性对称结构”与“长短型数列结构”两种不同的体制。对方整性音乐来讲，如果不探讨其对称结构，可以说根本谈不上对它的研究；对长短型音乐来讲，如果不探讨其数列结构，也许根本无法认识它的规律。迄今为止，人们对前一种结构体制已有较深的认识，但对后一种结构体制却了解得不多，至少还没有将其提高到与前一种体制并列的地位加以深入的研究，从这个意义上来说，《义勇军进行曲》确实是一个不可多得的范例，它不仅雄辩地证明了另一种新的曲式体制的存在，而且以歌曲本身所具的精确的比例及特殊的平衡，揭示了这种新的数列结构的内在规律。

这种长短型的音乐，实质上受黄金分割律或其他某种规律所支配。而黄金分割律并非别的东西，不过是一种按比例组合的特殊法则，具体地说，是曲式中各长短段落按同一比例重复的一种特殊规律。正是这些长短不一的、非对称的数列结构单元，构成了与方整性对称结构完全不同的长短型数列结构。

能否说，《义勇军进行曲》所显示的这些令人惊异之处纯属巧合呢？某些巧合也许在所难免，然而，这首歌曲所透露的新的曲式奥秘却具有相当普遍的意义。要证实这一点，只需分析一下聂耳的其他歌曲就行了。

聂耳的《开路先锋》连同前奏一齐，共108小节，整体黄金点为$108 \times 0.618 = 66^+$小节，正好落在第一段的结束与第二段的开始处；

《告别南洋》共74小节，整体黄金点为$74 \times 0.618 = 45^+$小节，为第二段与第三段的分界处；

《梅娘曲》共57小节，整体黄金点为$57 \times 0.618 = 35^+$小节，正好是再现部的开始处；

《饥寒交迫之歌》的基本曲调共29小节，整体黄金点为$29 \times 0.618 = 18^-$小节，正好是前四句与带再现因素的后二句的分界处；

《铁蹄下的歌女》共27小节，整体黄金点为$27 \times 0.618 = 16^+$小节，是第二段与第三段的分界处；而前黄金点为$16.68 \times 0.618 = 10^+$小节，又是第一段与第二段的划分处；

《小野猫》连同前奏一齐共27小节，整体黄金点为$27 \times 0.618 = 16^+$小节，为前四句与后二句的分界处；而前黄金点为$16.8 \times 0.382 = 6^+$小节，此处的逆分割正好是第一句与第二句的划分处；后黄金点是$(27 - 16.68) \times 0.618 = 6^+$小节，正好是第五句与第六句的划分处；

《飞花歌》的基本曲调共24小节，整体黄金点为$24 \times 0.618 = 14^+$小节，为前面三个乐句与后面两个乐句的分界处，而前黄金点为$14.8 \times 0.618 = 9^+$小节，为第二乐句与第三乐句的划分处，后黄金点为$(24 - 14.8) \times 0.618 = 5^+$小节，为第四乐句与第五乐句的划分处；前前黄金点为$9.2 \times 0.618 = 5^+$小节，为第一乐句与第二乐句的划分处，等等。

当然，还可用较简单的结构单元的方法来分析。下面以聂耳的《前进歌》为例，此歌共26小节，完全是按斐波纳奇数列的原则依5+8+13=26小节来组合的，其中“5”又分为“3”与“2”（小节）的结构单元。如下图：

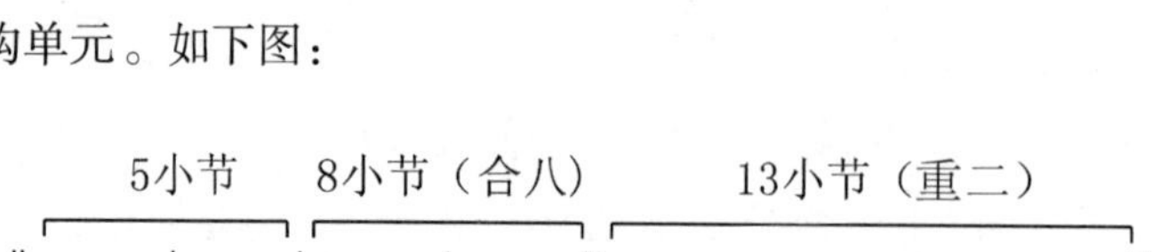

这种结构单元的分析方法与黄金分割的计算方法并不矛盾，只不过比较简便而已。我们可以再指上例的前段落用黄金分割的计算方法加以验算：前段落共13小节，$13 \times 0.618 = 8^+$小节，$13 \times 0.382 = 5^-$小节，此处的顺分割与逆分割所得出的8^+小节与5^-小节均与前面所讲的结构单元的划分相吻合。

再以聂耳编曲的《金蛇狂舞》为例，全曲共103小节，整体黄金为$103 \times 0.618 = 64^-$小节，正好落在全曲的再现处。紧接着出现了民间音乐中“蛇脱壳”的手法，此处的“七、五、三、一”也属不对称原则的范畴，虽然也是一种数列结构，然而却是有别于上述黄金分割的另一种数列结构。这两种数列结构，可以说都是长短型音乐的组织基础（另论，此略）。

如果从大体近似的观点来看，上述这种“七、五、三、一”的等差数列与黄金分割的等比数列也并非毫无共同之处，可以说仍然与黄金分割的粗略近似值相通，如下表所示：

《金蛇狂舞》谱例		黄金分割近似值
七音	5 6 5 6 5 4 5；1 2 1 2 5 6 1	$7^{+}\times 0.618=5^{-}$（七、五）
五音	5 6 5 4 5；1 2 5 6 1	
三音	5 6 5；1 2 1	$5^{-}\times 0.618=3^{+}$（三）
一音	5；1	$3\times 0.618=1^{+}$(-7)

这样就又回到了黄金分割为特征的数列结构，回到了《义勇军进行曲》所揭示的曲式新天。尽管这种新的曲式原则在某些前辈音乐家的作品中也或多或少地显现过，据笔者所知，在某些奏鸣曲、赋格曲以及其他类型的器乐作品中，黄金分割也同样有着相当重要的地位，但是像《义勇军进行曲》这么典型的范例却是非常罕见的。

我们可以充满民族自豪地宣称：聂耳是我国现代歌曲中运用数列结构的伟大开拓者，而《义勇军进行曲》则是运用数列结构的光辉典范。特别是在新中国成立以后，当这首歌曲成为举世闻名的《中华人民共和国国歌》之后，进一步发挥这首歌曲的艺术价值，进一步认识这首歌曲的卓越成就，更是我们义不容辞的任务。让我们共同为此而继续探索！

1985年8月

于武汉音乐学院

原刊《中国音乐学》1986年4期

作者简介：童忠良　曾任武汉音乐学院院长、教授。

附:《义勇军进行曲》谱例及其结构图示

《中国大百科全书·音乐舞蹈卷》词条——聂耳

郭乃安

聂耳（1912—1935） 中国作曲家、音乐活动家。

生平

1912年2月15日生于昆明。原名守信，字子义（亦作“紫艺”）。原籍云南玉溪，父聂鸿仪，母彭寂宽（傣族），以中医兼营药铺为业。弟兄4人[①]，聂耳行四。4岁（1916）时父亲去世，靠寡母继承父业，勉力维持一家生计。1918年入昆明师范附属小学，开始接受正规教育。在校学业成绩出众，又喜爱音乐，课余从民间音乐家学习演奏笛子、胡琴、三弦、月琴等民族乐器，熟悉传统乐曲[②]。1922年入私立求实小学高级部，为该校“学生音乐团”的活跃成员[③]。1925年考取云南省立第一联合中学插班生。时值第一次国内革命风暴在中国南方兴起，他开始受到进步书刊和《国际歌》等革命歌曲的影响，在1925年秋的一篇学校作文中，已有了“吾人欲免除罢工之患，非打破资本阶级不可”的初步认识。1927年考入云南第一师范高级部英文组，参与本校学生进步组织“读书会”的活动，与友人组织“九九音乐社”，经常参加校内外的音乐、戏剧演出活动，并开始学习小提琴和钢琴。1928年后，更加积极地参加各种公开和秘密的革命活动。[④]为逃避搜捕，于1930年7月潜离昆明，经越南转赴上海。在此之前，曾于1928年12月去驻在湖南郴州的滇军范石生部“学生军”中当了4个月兵。[⑤]途中的经历与见闻，旧军队中不堪忍受的新兵生活，在他心上留下了深深的印记。

---

① 编者注：应为兄姐6人，大哥大姐为其父与前妻王氏所生。二姐、二哥、三哥与聂耳为彭氏所生。

② 编者注：聂耳学习音乐应为入求实小学以后。

③ 编者注：并担任该团的指挥。

④ 编者注：这年聂耳秘密加入了已经转入地下的共青团。

⑤ 编者注：据聂耳日记记载，应为5个多月。

到上海后，先在一家商号云丰申庄做店员，工作之余坚持学习小提琴和外文，阅读文艺理论书籍，并在1930年11月加入“反帝大同盟”。1931年3月，云丰申庄歇业，适黎锦晖主持的“明月歌剧社”招考，遂前往应试，被录取，任小提琴手。在明月歌剧社期间，聂耳一方面努力提高专业技巧，师从普杜什卡接受严格的小提琴训练①外，还自修钢琴、和声学、作曲法和作曲等，另一方面随时注意思想上的锻炼。在“九一八”和“一·二八”事件之后，严重的民族危机和明月歌剧社的歌舞实践更加促使他去考虑自己的生活和艺术的道路，探求“怎样去做革命的音乐”。1932于4月，他认识了左翼剧作家兼诗人田汉，建立了与左翼文艺界的联系，进一步坚定了走革命音乐道路的信心。和田汉的友谊与合作，对聂耳的艺术成就产生了深刻的影响。7月间，用“黑天使”笔名发表了著名的战斗性短文《中国歌舞短论》（载《电影艺术》第3期），对黎锦晖的歌舞作品提出了中肯的批评，并鼓励他“创造出新鲜的艺术”。但此举未能得到社内一些人②的理解，不得已退出该团体，于1932年8月前往北平，积极参与北平左翼戏剧家联盟和左翼音乐家联盟的演出活动和组织建设，并师从外籍教师托诺夫继续学习小提琴。11月重返上海。

回上海不久，即进入联华影业公司工作。③他以炽烈的热情和充沛的精力参加左翼音乐、戏剧、电影等多方面的工作，积极从事创作和评论活动。同时还参加“苏联之友社”音乐小组，发起组织“中国新兴音乐研究会”，随后又参加中国左翼戏剧家联盟音乐小组。在这些左翼音乐团体中，聂耳是一位积极而活跃的主要成员。在繁忙中，他仍坚持学习音乐业务，除继续从普杜什卡学小提琴外，从1933年12月起，每周都去参加上海工部局由司劳特斯基指挥的交响乐队的排练和演出。④1934年4月，聂耳进百代唱片公司，与任光共同主持音乐部，⑤组织录制了一些进步歌曲唱片。同时建百代国乐队（又名“森森国乐队”），选编并领导演奏录制了《金蛇狂舞》等7首民族器乐曲。他借“百代新声会”音乐会上的演出⑥扩大革命歌曲的影响。自入“百代”之日起，他又向国立音乐专科学校外籍教授阿克沙可夫学习作曲理论⑦。1935年1月，他转入联华影业公司二厂任音乐部主任。日益严重的白色恐怖迫使他决定出国，拟经日本前往苏联⑧学习。他于4月18日抵东京。在日本，聂耳考察了日本音乐、戏剧、电影等方面的动态，向日本文艺界介绍了中国音乐的新发展，⑨并加紧学习外语和音乐。7月17日，在藤泽市鹄沼海滨游泳时，不幸溺水逝世，年仅23岁。

① 编者注：聂耳先是向社内的小老师王人艺学习小提琴。
② 编者注：未能得到社内多数人的理解与支持。
③ 编者注：应为该公司的一厂。
④ 编者注：该乐队是上海法租界公董局组织的业余乐队。不是专业的上海工部局交响乐队（指挥帕器）。
⑤ 编者注：任光作为主任主持该部工作，聂耳后来升任副主任也只是协助其工作。
⑥ 编者注：“百代新声会”上只是欣赏百代公司新录制发行的唱片，并非音乐会演出。
⑦ 编者注：据聂耳日记是从1934年8月10日起。除了作曲理论还学习弹奏钢琴。
⑧ 编者注：聂耳计划经日本去欧洲的意大利、法国、德国和苏联学习考察。
⑨ 编者注：主要是向中国的进步留日学生介绍。

创作

聂耳一生共创作有37首歌曲（包括歌剧《扬子江暴风雨》中的4首歌曲）[①]，都是在他死前不到两年的时间里，在从事多方面活动的同时所写的。其中为数较多的优秀之作，也是具有历史价值的不朽的珍品。

在聂耳的歌曲创作中，反映工人阶级生活和斗争的歌曲占有较大比重。1933年8月发表的第一首作品便是《开矿歌》（田汉词，影片《母性之光》插曲）。在这首歌曲中，他将民间劳动号子里一人领唱、众人和腔的形式引进了电影歌曲创作。随后，在1934年元旦[②]首映的影片《大路》里，又创作了《开路先锋》（孙师毅词）和《大路歌》（孙瑜词）。这两首歌以其鲜明的典型形象和富于独创的艺术形式，表现出聂耳创作技巧的成熟，是两首成名之作。[③]此后他陆续创作有《码头工人》（蒲风词）[④]、《新女性》（孙师毅词）、《打长江》（田汉词）等一些优秀的工人歌曲。在这些歌曲中的几种工人形象，都得到了准确、鲜明、生动的音乐表现，他们是正在觉醒、正在崛起的新时代的主人。这些肩负着历史的重担，英勇地奋起斗争，并对未来充满胜利信心的工人阶级形象，也正是中国伟大的民族精神的写照。聂耳是中国音乐史上第一个成功地塑造出工人阶级英雄形象的作曲家。

聂耳创作的歌曲中，另一个重要的部分，是几首进行曲风格的爱国歌曲。这是他的歌曲中影响最广的一部分，包括《毕业歌》（田汉词，影片《桃李劫》主题歌）、《前进歌》（亦名[⑤]《苦力歌》，田汉词，歌剧《扬子江暴风雨》插曲[⑥]）、《自卫歌》（唐纳词，影片《逃亡》主题歌）以及后来成为中华人民共和国国歌的《义勇军进行曲》（田汉词，影片《风云儿女》主题歌）等。这些歌曲以具有鲜明时代特色的号召性音调，斩钉截铁般果敢的节奏，勇往直前无所阻挡的气势，有力地表现了处在深重灾难中的中国人民不畏强暴、英勇战斗的革命精神，从而在群众中迅速而广泛流传。

聂耳还创作了一些抒情歌曲，其中重要的有《飞花歌》（孙师毅词，影片《飞花村》主题歌）、《塞外村女》（唐纳词，影片《逃亡》插曲）、《铁蹄下的歌女》（许幸之词，影片《风云儿女》插曲）、《告别南洋》和《梅娘曲》（均为田汉词，话剧《回春之曲》插曲）等。这些歌曲倾诉了饱经忧患的中国人民的苦难与不平，但它们不是无望的呻吟，而是在感情的深处蕴藏着坚韧的毅力，在抒情中饱含着刚健的美感。这使他的抒情歌曲在同时代的抒情歌曲中显现出新的特色。此外，聂耳还创作过一些反映儿童生活的歌曲，其中最杰出的一首便是著名的《卖报歌》。歌中那为困苦生活而沿街奔走叫卖的报童形象，是那样生动、真切，令人喜爱和同情。

聂耳歌曲创作的杰出成就，是他自觉地运用新的创作方法的结果。他从开始创作之日起，

---

① 编者注：1985年出版的《聂耳全集》总共收录的是35首歌曲。
② 编者注：应为1935年元旦。
③ 编者注：聂耳的成名之作应为1934年夏天演出的新歌剧《扬子江暴风雨》。
④ 编者注：此歌是孙石灵作词。
⑤ 编者注：应为原名。
⑥ 编者注：应为歌剧《扬子江暴风雨》的终曲。

就对生活和艺术抱有一种新态度。他能立足于现实，预见到未来，在层层的压迫下看到抗争的烈焰，在无边的黑暗中预见到灿烂的明天。因此，他的歌曲在深刻揭露现实生活中矛盾的同时，始终洋溢着革命的乐观主义精神。也正是基于这样的态度，他在歌曲的艺术形式上作了创造性的革新。他的歌曲既有浓郁的民族色彩，又有强烈的时代气息；既有鲜明的形象特征，又有严密的组织结构。这种结构与陈规束缚的框格决然不同，而是与音乐形象融合无间的崭新的形式、崭新的韵律。正由于此，他第一次使中国群众歌曲提高了艺术价值，奠定了这种体裁的历史地位。

聂耳的歌曲以高昂的革命热情，揭露了社会的矛盾，唱出了人民的心声，给人民带来了力量，带来了光明。他为中国无产阶级革命音乐开辟了道路，奠定了基础。

原刊《中国大百科全书·音乐舞蹈卷》
中国大百科全书出版社1989年版

作者简介：郭乃安　时为中国艺术研究院音乐研究所副所长、《聂耳全集》1985年版副主编。

第一届政协讨论和确定国歌的经过

彭光涵

1947年下半年，人民解放战争由战略防御转入战略进攻，解放战争的辉煌胜利，解放区土地改革的深入进行，国民党统治区和海外爱国华侨爱国民主运动蓬勃发展，标志着蒋介石腐败、卖国的政府即将灭亡，中国几辈人为之流血牺牲期待已久的人民民主政府即将成立。1948年4月30日，中共中央发表了具有历史意义的号召："打倒蒋介石腐败卖国政府"，"民主党派、各人民团体、各社会贤达，迅速召开政治协商会议，讨论成立民主联合政府"。当时我在哈尔滨市工作，当我们从广播中听到这一振奋人心的消息后，我和全国人民一样，高兴极了。我们盼望已久的奋斗目标即将实现了。我们立即行动起来，报名参军，支援解放战争；同时，这一号召也迅速得到全国人民、各民主党派、无党派民主人士、各人民团体及海外华侨的热烈响应。经过一年多的筹备，新政协筹委会于1949年6月15日在北平中南海勤政殿召开，参加会议的有各民主党派、无党派人士，国内各少数民族代表，海外华侨代表及各人民团体等23个单位，共134人。大会由周恩来主持，毛泽东、朱德、李济深、沈钧儒、郭沫若、陈叔通、陈嘉庚先后讲了话。毛泽东在讲话中指出："召开新政协的时机已经成熟，筹备会的任务是完成各项必要的准备工作，迅速召开新的政治协商会议，宣告民主联合政府成立，并选举代表组成这个共和国民主联合政府，才能使我们伟大的祖国脱离半殖民地和半封建的命运，走上独立、自主、和平、统一和强盛的道路。以便领导全国人民，以最快的速度肃清国民党反动派的残余力量，统一全中国，有系统地和有步骤地在全国范围内进行政治的、经济的、文化的和国防的建设工作。"

1949年6月16日晚，新政协筹备委员会常委会召开第一次会议。会议由周恩来主持，推选毛泽东为常委会主任，副主任有周恩来、李济深、郭沫若、陈叔通。会议并通过成立了6个筹备小组具体筹备新政协各项筹备方案。其中，第六小组负责拟定国旗、国歌、国徽、国都、纪年方案。

第六小组组长为马叙伦，副组长为叶剑英、茅盾。组员有作家、戏剧家、历史学家：田汉、郭沫若、马寅初、郑振铎、张奚若、钱三强、欧阳予倩、翦伯赞；社会活动家：蔡畅、李立三、陈嘉庚、廖承志、张澜等共16人。委任我为小组秘书。当我知道要我当第六小组秘书时心情非常激动，感到这是一项意义非常重大的有历史使命感的工作。说心里话，我和其他同志一样，早就盼望建立人民共和国，盼望有代表人民的国旗、国歌。中国有5000多年历史，却没有真正的国歌。全国革命人民为庆祝各种纪念活动和革命战争胜利都以红旗和革命歌曲代替国旗和国歌。早在1948年11月20日，在香港的各民主党派和无党派人士座谈《关于召开新政协诸问题》时，在第八项意见中就提出："我们很快就要成立联合民主政府，我们一定要提早制定代表人民民主的国旗、国歌。"全国人民也迫切盼望尽快成立人民政府，同时也盼望早日召开新政协会议，制定代表人民民主的国旗、国歌。

1949年7月7日在中南海勤政殿第一会议室，由叶剑英主持召开了第六小组第一次会议。经讨论，与会全体成员一致认为国旗、国歌、国徽是全国人民最关心的大事之一，应该广泛征集全国人民的意见。会议讨论一致决定：（1）以新政协筹备会名义公开向全国人民发布启事，征集对国旗、国歌、国徽的意见和方案，并推选郭沫若、沈雁冰（茅盾）、郑振铎3人草拟征集条例，呈送筹委会批准公布。征集启事从7月15日至26日连续在《人民日报》、《北平解放报》、《新民报》、《大众日报》、《光明日报》、《进步日报》、《天津日报》等报刊登8天，国内其他各报、香港及海外华侨报纸也都纷纷予以转载，征稿截止日期为8月20日。（2）为了便于开展工作，第六小组分为国旗、国徽图案评选委员会和国歌词、谱评选委员会两个委员会，除第六小组成员分别参加两个委员会外，并聘请部分专家为两会的顾问。当时推选为国歌词、谱评委会委员的有郭沫若、田汉、沈雁冰、钱三强、欧阳予倩5人，郭沫若为召集人。8月5日马叙伦召开第六小组第三次会议，经大家讨论决定聘请马思聪、吕骥、贺绿汀、姚锦新为国歌词谱评选委员会专家和顾问。

征集启事发出后，立即得到全国人民热烈响应，我们不断接到从全国各地和海外华侨工、农、商、学、兵各阶层人民寄来的稿件和图案。到8月20日止，一个多月内共收到应征稿件（不包括8月20日以后陆续来件）国歌：632件，词、谱共计694首；国旗：2992幅；国徽：图案900幅；意见书（未附图案或歌词、谱）24封。投稿者有高级干部、将军、著名艺术家、诗人、著名学者，也有普通军人、工人、农民、学生、一般干部和自由职业者。投稿地区以东北、北平、上海为最多，遍及全国各个省、区、市，包括尚待解放的地区和海外华侨和港澳同胞的来稿。当时在北平的中共中央、各民主党派和无党派民主人士负责人也有不少人来稿，如周恩来、朱德、郭沫若、茅盾、陈嘉庚、田汉等都画了国旗图案，提出对国歌的建议，或创作出新的国歌等。记得当时是周恩来同志最先提出以《义勇军进行曲》为国歌的，其他民主人士和应征稿件中也有许多人提出这个意见。到底选什么歌曲当我国的国歌，第六小组国歌词、谱委员会的委员和专家顾问们进行了紧张的审查工作，他们首先把征稿的歌词、歌谱逐件进行评审，还搬来钢琴进行弹唱。经过几天评审后，大家都觉得没有一首可以当选为国歌，并且一致认为要在短时间内创作一首好的国歌是不可能的。经大家讨论又从现有的中国革命歌曲中逐个挑选审查，《延安颂》、《延水谣》、《救亡进行曲》、《太行山上》、《松花江上》、《毕业歌》、《渔光曲》、《大刀进行曲》等这些歌都很好，也是当时群众广为传唱的歌曲，但大家一致认为，这些歌都不适合当国歌。经过反复研究审核，最后一致意见认为《义勇军进行曲》为国歌最好。大家认为这是一首鼓舞中国人民争取民族解放，代表中国人民呼声的雄伟歌曲。它在历史上，起过鼓舞全国人民斗争的号角作用，又是全国和海外华侨大多数群众都熟悉的革命歌曲。大多数人都同意将《义勇军进行曲》作为国歌；但有个别同志虽然赞成用《义勇军进行曲》的曲谱，却要求把歌词中“中华民族到了最危险的时候”修改一下，认为全国就要解放了，这句歌词过时了。最后我把大家一致拥护以《义勇军进行曲》为国歌和个别委员要求修改歌词的意见，如实报告新政协筹委会，请筹委会研究决定。

1949年9月25日晚，毛泽东、周恩来在中南海丰泽园召开协商讨论国旗、国歌等问题的会议。应邀出席会议的有郭沫若、沈雁冰、黄炎培、陈嘉庚、张奚若、马叙伦、田汉、徐悲鸿、李立三、洪深、艾青、马寅初、梁思成、马思聪、吕骥、贺绿汀等16人，我参加做记录。毛泽东说：“大家都认为以《义勇军进行曲》做国歌最好，意见比较一致，我看就这样定下来吧。”马叙伦说：“我们第六小组大家一致同意以《义勇军进行曲》当国歌，但有个别人要求修改个别歌词。”周恩来接着说：“要么就用原歌词，这样才能激励感情，修改了唱起来就不会有那种感情。”毛泽东说：“我国人民经过艰苦斗争，虽然全国快解放了，但还受帝国主义的包围，不能忘掉帝国主义对我国的压迫，我们要争取中国完全独立解放，还要进行艰苦卓绝的斗争，所以还是保持原有歌词好。”大家热烈鼓掌表示完全赞同毛、周的意见。

散会前周恩来同志提议大家起立，歌唱即将成为我国国歌的《义勇军进行曲》。他当指挥，带领大家高歌《义勇军进行曲》后大家高高兴兴地散会。

散会后我根据会上大家对国歌、国旗、国徽、纪年、首都的意见和毛主席的综合结论，整理出详细记录，发给新政协600多位委员，9月26日分组讨论协商意见。

9月27日，政协第一届全体会议继续举行大会，周恩来主持会议，会议讨论审查委员会提出的国旗、国歌、国都、国徽、纪年的决议草案，大会逐项进行表决。就是在这次大会上全体一致通过以《义勇军进行曲》为国歌。当时通过的决议是：“在中华人民共和国国歌未正式制定前，以《义勇军进行曲》为国歌。”

原刊郭超著《国歌历程》
中国国际广播出版社2002年版

作者简介：彭光涵　曾任国务院侨务办公室副主任。

《中华人民共和国国歌》诞生纪实

向延生

每一个中国人对自己的国歌都不会感到陌生 —— 每当清晨国旗在微风中徐徐升起、每次重大集会与典礼开始之际、国家领导人出国访问或外国元首来华访问的迎宾式上、中国体育健儿获得世界冠军站在领奖台上时 …… 嘹亮雄壮的《中华人民共和国国歌》声，经常萦绕于人们的耳际，回荡在广阔的天空。这首原名为《义勇军进行曲》的电影歌曲，是怎样成为名扬四海、响遍世界的《中华人民共和国国歌》的呢？

1949年4月20日，中国人民解放军胜利突破长江天险，迅速解放了南京、上海、武汉、西安等城市后，国民党反动政权四分五裂、土崩瓦解。多年来在反对蒋介石的独裁统治、争取和平与民主的斗争中，与中国共产党并肩战斗的许多民主党派的领导人，这时响应中国共产党的号召，齐聚于北平（现北京），共同商讨建立新的人民政权的事宜。世人瞩目的新政治协商会议筹备会议6月15日在北平隆重开幕。为了尽快完成各项有关工作，周恩来同志次日主持的筹备会常委会第一次会议上，决定本次会议设立6个专门小组，同时开展工作。其中第六小组的任务是负责研究草拟国旗、国徽、国歌、纪年、国都等方案，组长为马叙伦，副组长是叶剑英（不久增加沈雁冰主持日常工作），组员有张奚若、田汉、马寅初、郑振铎、郭沫若、翦伯赞、钱三强、蔡畅、李立三、张澜、陈嘉庚、欧阳予倩、廖承志共16人，由彭光涵担任小组秘书兼任会议记录。

第六小组因组长马叙伦患病，7月4日下午3时由叶剑英主持在中南海勤政殿第一会议室召开了成立会及第一次会议。决定：（1）以新政协筹备会的名义公开发布启事，向全国人民征集对国旗、国徽、国歌的意见和方案。推选郭沫若、沈雁冰、郑振铎3人草拟征集条例。（2）设立国旗、国徽图案评选委员会与国歌词、谱评选委员会 …… 推选郭沫若（召集人）、田汉、沈雁冰、钱三强、欧阳予倩5人组成国歌词、谱初选委员会。拟由郭沫若、沈雁冰提名，报常委会审定，另外聘请数名专家为该委员会委员。

国旗、国徽、国歌的征集启事(草案)经周恩来同志审批，7月10日送新政协常委会批准后，于7月15日至26日在《人民日报》等报刊上陆续刊登了8天，国内各地的报纸、香港以及海外华侨的报纸都纷纷进行转载。

征集启事的内容为：

……

3. 国歌，〔甲〕歌词应注意：(1)中国特征；(2)政权特征；(3)毛泽东思想；(4)新中国之远景；(5)限用语体，不宜过长。〔乙〕歌谱于歌词选定后再行征求，但应征国歌歌词者亦可同时附以乐谱(须用五线谱)。

……

5. 截止日期：8月20日。

6. 收件地点：北平本会。

8月5日15时，第六小组由马叙伦主持，在北京饭店六层大厅召开第二次会议。决定聘请马思聪、吕骥、贺绿汀、姚锦新为国歌词、谱评选委员会专家顾问。会后两个初选委员会即开始紧张工作。

征集启事刊出后，得到全国人民的热烈响应。投稿者来自工、农、商、学、兵各阶层以及学者、艺术家、高级干部(郭沫若的应征歌词稿《新华颂》，后来发表在同年10月1日的《人民日报》)；地域包括解放区(以北平、上海与东北地区为多)、尚待解放的地区以及港澳同胞和海外华侨。到8月20日为止，共收到国歌歌词632件、国歌词谱694首。为此，第六小组专门在北京饭店的413房间设置了选阅室，分类陈列各地寄来的应征稿件。小组成员和专家差不多天天来该室进行审阅和评选，认真挑选、讨论其中较好的作品。

8月24日上午10时，第六小组由马叙伦主持在北京饭店六层大厅召开第三次会议。国歌方面的决定有：(1)从国歌歌词中复选出13件排印200份，以备提供参考；(2)因复选出的歌词似尚未臻完善，仍由文艺家继续拟制；(3)据专家意见，复选提出之歌词。经常委会通过后即制定曲谱，并登报公布、征求群众团体试唱后，再做最后选定，但需要经过相当时间。此种意见是否可以采纳，请常委会决定。

9月14日上午9时，第六小组在北京饭店东餐厅召开的第四次会议上，主要议论的是国旗与国徽的问题，没有谈及国歌的事宜。

筹备会议期间，第六小组关于国歌的讨论中，大家认为应征稿虽然很多，可是都感到不理想，而短时间内要创作出理想的国歌词、谱是很困难的。于是大部分人倾向在国歌未正式制定前，以田汉作词、聂耳作曲的《义勇军进行曲》为国歌。最早建议用此曲作为国歌的是周恩来同志。7月初审批“征集条例启事”时，他就说我个人的意见最好就用《义勇军进行曲》为国歌，不过你们大家可以讨论，再征求一下群众的意见。应征稿中果然也有很多人提出这样的建议。

第六小组经过反复讨论，比较一致的意见是认为《义勇军进行曲》的确是一首能代表中国人民呼声的雄伟歌曲。作为时代的号角，长期以来它鼓舞了中国人民争取民族解放的斗争，又是大多数中国人都会唱的一首著名歌曲。但是有些人认为歌词里“中华民族到了最危险的时候”一句，已经不适合当前新中国的形势，是否修改一下。而大多数人不同意修改歌词，为此展开了争论。最后决定将这个问题上报给筹备会常委会决定。为提供给常委会作为参考，该小组曾推选郭沫若等人起草了一份《义勇军进行曲》的修改稿（共三段），9月13日也排印了200份分发给小组成员和常委会成员。

9月17日新政协筹备会第二次全体会议根据常委会的意见，决议将第六小组负责的国旗、国徽、国歌等工作，移交给即将开会的政治协商会议主席团领导。

中国人民政治协商会议第一届全体会议1949年9月21日在北平开幕后，筹备会议第六小组同日向该会议主席团提交的关于国旗、国徽、国歌方案的报告中称：“……经本组慎重研讨，认为此次征集之国歌稿件，可以应选者尚少，必须再行有计划地征集一次，非最近时期内可以完成。”9月22日政协第一届全体会议通过决议，成立由各界人士共55人组成的第一届政协的国旗、国徽、国歌、首都、纪年审查委员会（召集人仍为马叙伦），继续办理有关事宜。

新政协的全体600余位代表，9月23日分成11个小组讨论国旗、国徽、国歌等方案。各个小组讨论得都非常认真、热烈，特别是关于国旗图案的选择。对于国歌主要仍然是前面的那两种意见。

新中国成立在即，可是国旗、国歌等关系到开国典礼的一些重要事宜还久议不决。于是由毛泽东、周恩来出面，9月25日傍晚在中南海丰泽园宴请各民主党派及文化界人士。晚上8时就在毛泽东的住处——丰泽园的会议室，召开了一次关于国旗、国歌等问题的协商座谈会（毛泽东、周恩来审定工作人员拟定的出席者名单时，特意删去了某些共产党员，增加了一些党外与文化界人士）。当晚出席会议的有郭沫若、沈雁冰、黄炎培、陈嘉庚、张奚若、马叙伦、田汉、李立三、洪深、艾青、马寅初、柯仲平、梁思成、徐悲鸿、马思聪、吕骥、贺绿汀共19人。由彭光涵担任会议记录。

关于国歌的讨论方面，马叙伦首先介绍以前议论的情况时说：新政府就要成立，国歌目前一下子还创作不出来，是否可用《义勇军进行曲》暂代国歌。李立三说，这歌的曲子是很好，但歌词中有“中华民族到了最危险的时候”不妥，最好把词修改一下。张奚若、梁思成都说，我觉得该曲是历史性的产物，为保持它的完整性，我主张词曲都不修改。徐悲鸿说，该进行曲只能暂代国歌。郭沫若说，我赞成暂用它当国歌，因为它不但中国人民会唱，而且外国人民也会唱，但是歌词修改一下好些。黄炎培说，我觉得词不改好些。田汉说，该曲是好的。我写的歌词在过去有它的历史意义，但现在应该让位给新的歌词。

周恩来说，要么就用原歌词，这样才能激励感情，修改了唱起来就不会有那种感情。毛泽东说：“大家认为以《义勇军进行曲》做国歌最好，意见比较一致，我看就这样定下来吧！”[①]

---

① 转引自彭光涵：《第一届政府讨论和确定国歌的经过》，载郭超著《国歌历程》，中国国际广播出版社2002年版。

与会者热烈鼓掌，表示赞同。

在认真讨论，决定了国旗、国徽、纪年、首都等有关事宜后，由周恩来提议，毛泽东和与会者一起合唱未来的新国歌——《义勇军进行曲》。座谈会最后在热烈激昂的歌声中圆满结束。

9月26日15时，第一届政协的国旗、国徽、国歌、国都、纪年方案审查委员会由马叙伦主持，在北京饭店东餐厅召开第一次全体会议，讨论通过了《国旗、国徽、国歌、国都、纪年决议草案》，内容为：……（3）国歌：全体出席代表一致同意在正式国歌未制定前，拟暂以《义勇军进行曲》代之……提交给第一届政协全体会议主席团审定。

9月27日第一届政协在中南海怀仁堂召开全体会议（由周恩来主持），在讨论该审查委员会提交的《国旗、国徽、国歌、国都、纪年决议草案》时，沈雁冰代表审查委员会介绍了有关讨论情况。大会最后逐项表决通过了以下六项决议：……（5）在中华人民共和国的国歌未正式制定前，以《义勇军进行曲》为国歌……（见9月28日《人民日报》）。

经过了以上这些程序，历时数月的争论，田汉与聂耳的不朽历史名作《义勇军进行曲》终于众望所归，光荣地被确定为即将诞生的新中国的国歌——《中华人民共和国国歌》

开国大典前一个月，在中国人民解放军华北军区军乐队的基础上，组成了一支有200名吹奏者的大型联合军乐队，以便为开国庆典的典礼以及阅兵式和群众游行队伍奏乐。典礼用的《东方红》、阅兵式的《中国人民解放军进行曲》、群众游行时的《新民主主义进行曲》等演奏曲目，经中央军委主席毛泽东审定后，军乐队抓紧时间进行排练，然后与受阅部队进行合练。一切都进行得很顺利，就是迟迟没有国歌的信息。一直到了9月29日，才接到《义勇军进行曲》已被定为《中华人民共和国国歌》的正式通知。因排练时间仓促，来不及编配乐队合奏总谱，罗浪只得决定用主调加空八度低音伴奏的方式演奏。

10月1日下午2时，军乐队在天安门广场列队肃立。3时整，担任开国大典司仪的林伯渠宣布："中华人民共和国开国典礼现在开始！"在隆隆的礼炮轰鸣声中，中华人民共和国国旗——五星红旗徐徐升起。随着军乐队总指挥罗浪指挥棒的起落，雄壮的《中华人民共和国国歌》的声音首次回响在首都北京天安门广场的上空，并通过无线电波传遍了全世界。

附记：本文根据中央档案馆馆藏首届全国政协会议记录等原始资料、彭光涵提供的资料与对彭光涵的采访编写稿，原刊《人民日报》1995年10月15日。

另外，可参阅笔者1997年7月11日在《中国文化报》与1999年12月《人民音乐》上发表的《周恩来——〈义勇军进行曲〉作为国歌的首倡者》。

作者简介：向延生　中国艺术研究院音乐研究所研究员。

影片《风云儿女》及其主题歌《义勇军进行曲》

向延生

对于影片《风云儿女》及其主题歌《义勇军进行曲》的诞生，多年来早就有着不同的说法，有的甚至已经近乎于传奇。1982年12月4日全国人民代表大会第五届五次会议通过决议，恢复《义勇军进行曲》为中华人民共和国国歌以后，各种报刊又发表了一些文章，向广大读者特别是青少年介绍《义勇军进行曲》的来历，这当然是一项很有意义的工作。也许是由于时间相隔久远，人们的记忆力变得模糊了的缘故，这些文章之间多有互不一致的地方，甚至连一些当事者的回忆，也难免有欠准确之处，从而使得这个历史问题目前变得愈加纷乱复杂。由于工作上的关系，近年来我对有关聂耳的生平事迹作了一些调查研究。曾专门就影片《风云儿女》及《义勇军进行曲》的问题，查阅了田汉、聂耳、孙师毅等人的有关资料，采访了田汉、聂耳当年的战友夏衍、司徒慧敏、于伶、吕骥、许幸之、吴印咸等前辈，从中获得了很多的教益。为了尽力恢复这段历史的本来面目，使人们正确了解中华人民共和国国歌《义勇军进行曲》诞生的经过，现根据各种历史资料和采访记录，针对有关的十一个问题，将我所了解、核实的情况综述如下，以求证于各位前辈和读者。

一、田汉1934年秋末作《风云儿女》的电影故事

为了反击国民党反动派的"文化围剿"，在以夏衍同志为首的党的电影小组的协助支持下，1934年春成立了中国左翼电影运动的新阵地——上海电通影片公司。1934年11月初电通公司拍摄完成了它的第一部影片《桃李劫》（12月6日首次上映）。田汉以笔名"陈瑜"为该片写作的主题歌《毕业歌》，由聂耳谱曲后，随着影片的放映，受到了广大青年及学生的热烈欢迎。"同学们，大家起来，担负起天下的兴亡"的歌声，迅速传播于四面八方。成为当时广泛流行的歌曲之一[①]。

① 程季华主编：《中国电影发展史》，中国电影出版社1980年版。

由于电通公司跟共产党的地下组织有很深的关系（党的电影小组成员司徒慧敏即为该公司的摄影场主任），1934年秋初电通公司在其负责人马建德家里召集一次“恳谈会”上，田汉答应写一个剧本来支持他们。影片《桃李劫》快要完成的时候，电通公司催促田汉尽快实践其承诺。这年秋末，才思敏捷的田汉，以满腔的革命激情与纯熟的技巧，很快就写出了有十五个章节的《风云儿女》的电影故事①，交给了在电通公司工作的孙师毅②，这就是从上海的亭子间里的奇遇开始，以奔赴长城抗日前线结束，描写青年知识分子受当时革命斗争的影响，从梦幻的艺术生活中觉醒过来，断然走向民族战场的影片《风云儿女》③。

田汉写作《风云儿女》的时间，历来有着写于1934年秋、1934年冬、1935年、田汉被捕前不久等不同的说法。但是从影片《桃李劫》的拍摄进度、田汉的戏剧创作活动等情况来看，当以田汉1957年在《大众电影》第19期上发表的《影片〈风云儿女〉和〈义勇军进行曲〉》一文中所说的，写于“1934年秋末”这个时间较为准确。

再据许幸之同志说，是夏衍通知他担任影片《风云儿女》的导演以后，他才由天一影片公司转到电通公司。1934年11月10日上海出版的《青青电影》杂志第八期，登有“曾任天一美术布景摄影工作的许幸之及吴印咸已离天一，加入电通，一任导演，一任摄影”的报道。由此可知田汉至少是在这以前，就已经写完了《风云儿女》的电影故事。

二、影片《风云儿女》开拍于田汉被捕之前

由于党内潜伏特务的出卖，1935年2月中共江苏省委与上海文委均被国民党反动政府破坏，田汉于2月19日被捕入狱，以往都说是田汉被捕之后，夏衍才将《风云儿女》改编成为电影文学剧本，这样影片最早也要3月初才能开拍。根据当时报纸上刊登的广告，影片《风云儿女》是5月14日首次放映的，如此算来，该片总共摄制了两个多月，似乎过于短促了。

1980年以来我在北京图书馆、上海图书馆、中国电影资料馆、上海电影局资料室查阅了一些30年代的资料。承蒙他们的大力协助，我看到：1.1934年12月16日出版的《青青电影》（文字主编为当时在电通公司工作的周伯勋）第10期登有：“电通第二剧《风云儿女》已通过，导演许幸之往苏州分镜头，已公毕返沪，闻新年后开始摄制，角色大体已定，主角王人美，袁牧之。”2.1935年1月17日《中华日报》的“银座”电影副刊（主编者唐纳）上，登有《风云儿女》已于1月15日开拍的消息。3.同年3月15日出版的《青青电影》月刊一卷12期已刊登有《风云儿女》的宣传剧照，并说该片已经完成了三分之一。

再据许幸之说拍摄《风云儿女》时，曾在斜土路电通公司旧址与蔡楚生导演、阮玲玉主演的影片《新女性》合用过一个摄影棚（许幸之说这是他与著名电影演员阮玲玉唯一的交往，因

① 田汉：《影事追怀录》，中国电影出版社1981年版。

② 夏衍：《〈义勇军进行曲〉的来历》，《北京晚报》1983年2月14日。

③ 田汉：《影片〈风云儿女〉和〈义勇军进行曲〉》，《大众电影》1957年第19期。

而印象很深）。根据当年的报纸广告，影片《新女性》是1935年2月2日首次放映的。最近我采访了影片《风云儿女》的摄影师吴印咸同志，他证实《风云儿女》是在斜土路的摄影棚开拍的，拍完了约一小半之后，才搬到荆州路电通公司新址继续摄制。

从以上这些材料来看，《风云儿女》显然是在田汉被捕之前，就已经由夏衍改编成电影文学剧本，再经导演许幸之写成分镜头剧本，1935年1月就已经开拍了。许幸之、吴印咸都说《风云儿女》大约拍了将近三个月的时间。再加上剪接、洗印、录音等后期工作所需的时间，正好与该片5月24日首映的日期相吻合。

三、为什么田汉没有编写《风云儿女》的电影文学剧本

1934年秋末田汉就已经写完了《风云儿女》的电影故事，那么为什么田汉没有接着编写《风云儿女》的电影文学剧本呢？有人认为是由于田汉刚写完电影故事就被捕了；有人认为田汉主要是从事话剧创作，不善于编写电影剧本。如前所述，田汉是在交出电影故事的三四个月以后才被捕的，完全有时间来编写电影剧本；再者田汉1926年以后长期从事电影的编导，仅1933—1934年就编写或自编自导了《三个摩登女性》、《母性之光》、《民族生存》、《肉搏》、《烈焰》、《黄金时代》等六部影片[①②]。由此可见以上这两个论点都不能够成立。

从田汉当时的一些活动情况来分析，可以看出主要的原因是由于他当时正忙于从事话剧创作：1934年初冬田汉编写了话剧《临时演员》，12月15日演出于湖南旅沪同乡会的游艺会。鉴于当时一些左翼剧团单独演出时，经常遭到国民党特务的破坏捣乱，演员多次被毒打。左翼剧联决定组织上海的进步戏剧团体与演员举行一次联合公演。由于时间紧迫，编剧的任务自然就落在了田汉的肩上。为此田汉先是将《临时演员》加工改编成独幕话剧《水银灯下》，接着又新创作了一个三幕话剧《回春之曲》。

据于伶同志回忆，田汉当时已经不能公开露面，他躲在一个旅馆临时租用的房间里，直接就在蜡纸上刻写《回春之曲》的剧本，旁边有人立等着把刚写好的剧本拿到别的地方去油印，在另一个地方演员已经拿着刚印好的单页剧本在对台词了。由于不断有人赶来要求参加演出，田汉就临时加写一些角色与对话来满足他们的要求。1935年1月31日至2月2日（除夕），左翼剧联以“上海舞台协会”的名义，在金城大戏院举行的这次盛况空前的演出，共有五十余位著名话剧、电影演员登台表演[③]，每天日夜两场均告客满。连田汉都“忍不住想去看一下，便穿起长袍、马褂、毛线衫、皮帽子、扮作一位女同志的老父，扶着她的肩头走进剧场”[④]。与此同时，田汉还为艺华影业公司编写了电影剧本《凯歌》。在这样紧张的工作当中，田汉自然无暇自己

① 程季华主编：《中国电影发展史》，中国电影出版社1980年版。
② 田汉：《影事追怀录》，中国电影出版社1981年版。
③ 中国艺术研究院音乐研究所编：《聂耳》图片集，人民音乐出版社1982年版。
④ 田汉：《忆聂耳》，《新观察》1959年第23期。

编写《风云儿女》的电影文学剧本。

影片《桃李劫》拍完以后，电通公司很重视《风云儿女》这个号召青年起来抗战的电影故事，于是约请夏衍将它写成电影文学剧本。夏衍再与司徒慧敏、孙师毅商定，约请许幸之担任该片的导演、吴印咸担任摄影。参加拍摄的主要演员有袁牧之、王人美、谈瑛、顾梦鹤等，这个阵容在当时是很强的了。

四、田汉《义勇军进行曲》的歌词是写在香烟盒的衬纸上

田汉把《义勇军进行曲》的歌词，写在一张香烟盒的衬纸上，多年来这似乎已经成为了定论。近来夏衍同志提出了一种新的说法:《义勇军进行曲》的歌词，田汉就写在《风云儿女》电影故事原稿的最后一页。[①]但是从现有的材料来看，这种说法的根据不足，难以确立。

音乐研究所为编写《中国近现代音乐史》，1959年1月30日采访夏衍同志时（在座的有吕骥、周巍峙、李元庆等），他说:"关于上海时期的情况，特别是关于聂耳、任光、冼星海的情况，孙师毅最了解，并且他的记忆力奇好，这个人你们可以访问一下。"[②]孙师毅同志已经在"十年浩劫"中不幸故世，但是音乐研究所1959年4月对他的采访记录中，孙师毅说到田汉"以香烟纸写《义勇军进行曲》的歌词，由夏衍转交给聂耳"[③]谱曲，清楚地说明了田汉的《义勇军进行曲》的歌词，确实是写在香烟纸上。为了进一步核实这个问题，最近我再次采访了许幸之同志，他证实说:"夏衍同志让我担任导演后，把田汉写的电影故事拿给我看时，写在香烟盒纸上的《义勇军进行曲》的歌词，就附在电影故事的最后。"

田汉在《影片〈风云儿女〉和〈义勇军进行曲〉》(1957)、《影事追怀录》(1959)两文中，说《义勇军进行曲》的歌词是写在香烟盒的衬纸上，虽然写明是转引的孙师毅及许幸之的说法，但是他都并没有提出异议，因而这即使不是风趣含蓄的赞同，至少也可以看做是默认。田汉还说《义勇军进行曲》"预备写好几段，但没想到刚刚写成第一段我就被捕了"[④]。如果《义勇军进行曲》的歌词是写在电影故事里面的话，田汉既然要把它写成好几段，就不应该只写完了第一段，1934年秋末就早早地把电影故事交给了电通公司。再者田汉是1935年2月才被捕的，这已经是他交稿的数月之后，影片《风云儿女》都已经开拍了。因而田汉被捕前"刚刚写成的第一段"歌词，当然也就不可能是写在早已交走的电影故事上面。

据许幸之同志说该片的插曲《铁蹄下的歌女》，电影故事中只写有歌名而没有歌词，直到田汉被捕入狱后，才由许幸之代为作成，因而田汉的原稿中同样可能也没有《义勇军进行曲》的歌词，而是在交出电影故事之后的这段时间里，田汉的才思喷涌，临时又找不到纸，匆忙之

① 夏衍:《〈义勇军进行曲〉的来历》,《北京晚报》1983年2月14日。
② 采访夏衍的记录见音乐研究所油印参考资料第90号。
③ 采访孙师毅的记录，刊音乐研究所1964年铅印的内部资料《聂耳专辑》(三)。
④ 田汉:《影片〈风云儿女〉和〈义勇军进行曲〉》,《大众电影》1957年第19期。

中，随手就把词句写在了香烟盒的衬纸上，这应该是顺理成章的。

1982年12月4日全国人代会通过恢复国歌的决议后，夏衍对新华社记者发表谈话（刊次日《文汇报》）说："田汉写主题歌的那页纸，放在故事梗概稿本的最后一页。"其中所说的"那页纸"，"放在"，也证明田汉《义勇军进行曲》的歌词，原来并不是"写在原稿的最后一页"。

关于《义勇军进行曲》歌词的原稿，田汉写道："这张原稿本来也在师毅那里，抗战中师毅离上海，他们的行李留在他妻子蓝兰那里。后来蓝兰离开了，师毅也离开了大陆，这张歌词原稿就跟师毅存下的许多书物文件一道不知落到哪里去了。"[①]

五、《义勇军进行曲》的歌词写于田汉入狱之前

近年来，关于田汉被捕之后，在监狱里写成《义勇军进行曲》的说法很为流行，其中有些文章还写得十分细致，非常形象，以致使人有如身临其境、亲眼目睹之感，因而受到很多读者的质疑完全是理所当然的。

事实上前引田汉所说《义勇军进行曲》"预备写好几段，但没想到刚刚写成第一段我就被捕了"[②]，已经清楚地指明《义勇军进行曲》的歌词，是在他入狱之前就已经写好了的。前述许幸之在影片开拍之前，已经看到写在香烟盒纸上的《义勇军进行曲》，也证明它确实是写于田汉入狱之前。

夏衍同志1983年1月27日致《北京晚报》的信里[③]指出，田汉被捕后曾在香烟衬纸上写作七律诗一首（已收入《田汉诗选》），由其夫人林维中从狱中带出交给了孙师毅和夏衍。1980年我在上海采访于伶同志时，也听他讲过这件事情。田汉入狱后在香烟盒纸上写《义勇军进行曲》的说法，显然是把这两件不同的事弄混淆了。

六、聂耳和孙师毅对《义勇军进行曲》歌词的改动

田汉的原作与现在所唱的《义勇军进行曲》是否有不同？不同在哪里？它们又是由谁改动的？如何改动的？对于这些问题，历来也有着不同的说法。

田汉写的《风云儿女》的电影故事，曾刊登在电通公司1935年出版的《电通》半月画报的第二期上。其末尾所附录的《义勇军进行曲》的两段歌词，一般人（包括田汉——见《影事追怀录》）认为这都是田汉的原作。实际上只有第一段才是田汉写的；第二段则是聂耳为适应曲的需要，在尽量保持田汉原作的前提下，将原稿稍加改动后创作《义勇军进行曲》时的定稿。现将这两段歌词对比抄录如下，以供读者进行分析：

---

①② 田汉：《影片〈风云儿女〉和〈义勇军进行曲〉》，《大众电影》1957年第19期。

③ 郭超：《国歌历程》，中国国际广播出版社2002年版，第87页。

（第一段）

起来，不愿做奴隶的人们，
把我们的血肉筑成我们新的长城。
中华民族到了最危险的时候，
每一个人被迫着发出最后的吼声。
我们万众一心，
冒着敌人的飞机大炮前进，
前进，前进，前进！

（第二段）

起来！不愿做奴隶的人们！
把我们的血肉，筑成我们新的长城。
中华民族到了最危险的时候，
每个人被迫着发出最后的吼声，
起来！（起来！起来！）①
我们万众一心，
冒着敌人的炮火，前进！
冒着敌人的炮火，前进！
前进！前进！进！

比较了这两段歌词之后，就会发现如果它们都是原作的话，原作实在没有必要写成这样从内容到词句都几乎完全相同的两段。连田汉也感到“没有重复的必要，因此（聂耳）把两节合成一节是完全对的”②。“《义勇军进行曲》跟后来唱的略有出入，显然是作曲者加了工。”③但是早在1949年全国政协讨论确定国歌的时候，田汉在发言中已经正确地说过，我“写完了一段词就被捕了”④。

过去有的报纸介绍说夏衍曾对《义勇军进行曲》的歌词进行过修改，夏衍1982年12月5日在《文汇报》、1983年2月14日在《北京晚报》谈《义勇军进行曲》的两文中，已经否定了这件事。那么究竟是谁改动了《义勇军进行曲》的歌词？答案是聂耳与孙师毅。1959年采访孙师毅时他说：“原歌词是‘冒着敌人的飞机大炮’，最后的‘前进’只有一次，后由聂耳和我商量把歌词加以更动。”⑤

何以会出现这样两个歌词并列的状况呢？我认为这是《电通》画报第二期“风云儿女特

① 《电通》画报上只有两个“起来”，现据正式定稿增补。
②③ 田汉：《影事追怀录》，中国电影出版社1981年版。
④ 洪道：《全国政协第一次会议座谈国歌的发言摘录》，据未发表手稿校录。
⑤ 采访孙师毅的记录，刊中国音乐研究所1964年铅印的内部资料《聂耳专辑》（三）。

辑”1935年6月1日出版时，影片《风云儿女》已经公开放映，《义勇军进行曲》的唱片也已经广为发行。《电通》的主编孙师毅在画报上全文刊登了《风云儿女》的电影故事之后，又把聂耳修改谱曲后的《义勇军进行曲》的歌词，附在了田汉原作后面的结果。

七、聂耳1935年3月为《义勇军进行曲》谱曲

根据现有的材料分析，聂耳最早是从孙师毅那儿得知影片《风云儿女》需要谱曲的事（孙师毅：“《义勇军进行曲》的歌词，由夏衍交我转给聂耳。”）①，聂耳于是才主动跑去找夏衍“抢工作”。正如夏衍同志所说：“《风云儿女》的影片梗概。我替他（指田汉）改写成电影文学剧本，交给了导演。几天之后遇到聂耳，他第一句话就是：‘听说《风云儿女》的结尾有一个主题歌？’我给他看了电影剧本，这个剧本的故事是他早已知道的，所以一拿到手就找最后的那一首歌，他念了两遍，很快地说：‘作曲交给我，我干。’等不及我开口，他已经伸出手来和我握手了。‘我干！交给我。’他重复了一遍，田先生一定会同意的。”②再根据许幸之的回忆，聂耳曾经说他创作《义勇军进行曲》，“从接（受）任务起大约花费了两个多月的（时间来）构思”。从《风云儿女》1月下旬开拍，聂耳4月15日出国这两个时间来推算，聂耳应是1月中就承担了《义勇军进行曲》的谱曲工作。

但是聂耳1935年1—2月正忙于为影片《新女性》、话剧《回春之曲》作曲、配乐：1月31日至2月2日参加“上海舞台协会”的公演；2月2日（除夕）夜又在影片《新女性》的首映式上，登台指挥身穿女工服装的“联华声乐团”唱《新女性》组歌。2—3月为艺华影业公司拍摄的影片《逃亡》（阳翰笙编剧，1935年3月23日首映），写作了《逃亡曲》（后改名为《自卫歌》）、《塞外村女》两首歌曲；接着又为该公司新开拍的影片《凯歌》（田汉编剧，1936年元旦首映），写作了《打长江》与《采菱歌》（后因故未用于该片）。聂耳这一阶段的工作相当紧张、繁忙，还来不及把主要的精力投入《义勇军进行曲》的创作。

根据许幸之的回忆，聂耳说他写作《义勇军进行曲》实际只“花费了两个礼拜的时间”来计算，聂耳大约是1935年3月下半月开始写作《义勇军进行曲》，当时田汉已经被捕入狱。但是聂耳还没有决定要出国去。

八、聂耳在国内已经写出了《义勇军进行曲》的初稿

田汉的弟弟田洪同志1982年12月15日在《湖南日报》撰文谈《义勇军进行曲》，有些地方把它与田汉、聂耳创作新歌剧《扬子江暴风雨》的事情混同了；还说聂耳写出《义勇军进行曲》（初稿）以后，曾经将它唱给田汉等很多人听，还用小号吹《义勇军进行曲》的前奏，征求他们

① 采访孙师毅的记录，刊中国音乐研究所1964年铅印的内部资料《聂耳专辑》（三）。
② 夏衍：《永生的海燕》，《人民日报》1955年7月18日。

的意见。但是聂耳写作《义勇军进行曲》时，田汉已经入狱，两人不可能再会面，于是有人认为田洪说的全然不对，并进而认为聂耳是到了日本以后才谱成的《义勇军进行曲》。

1980年我采访司徒慧敏同志时，他说起过聂耳写好《义勇军进行曲》初稿之后，吹着小喇叭（可能就是影片《风云儿女》中所用的道具 —— 军号，见《电通》画报第二期中的照片），将《义勇军进行曲》唱给他们以及司徒慧敏的母亲听的事情。孙瑜1955年写的《怀念聂耳》一文中，也写有聂耳“经常把他正在写作中的曲子唱给各阶层的人们听。回忆在他赴日前开始酝酿写《义勇军进行曲》时，拿着小喇叭把曲子的头几句吹给导演司徒慧敏的老母亲听，请她提意见 —— 令人想起唐朝诗人白居易常把他的诗念给老大娘们听，并请他们指出不懂的地方以作修改的故事”。当年在电通公司负责音乐工作的吕骥同志，证实聂耳在出国之前，曾经将《义勇军进行曲》唱给他听过。许幸之写的《忆聂耳》[①]一文中，不仅记述了聂耳将《义勇军进行曲》唱给他听的情景，而且说到是在这之后，聂耳才创作了影片《风云儿女》的插曲《铁蹄下的歌女》（许幸之词），以至于许幸之误认为聂耳是在国内全部完成了《义勇军进行曲》以后，才去的日本[②]。

许幸之的《国歌的创造者》[③]一文中，记有聂耳创作《义勇军进行曲》的自述：“我写这个曲子时，完全被义勇军救亡的感情激动着，创作的冲动就像潮水一样从思想里涌出来，简直来不及写。初稿倒是一气呵成的，两夜工夫就写好了。可是写好之后倒花了将近两个礼拜的时间来修改。”

许幸之的《忆聂耳》[④]里，还写有他听聂耳试唱《义勇军进行曲》以后发表的意见：

> “起来，不愿做奴隶的人们”的起句显得低沉了一些，而最后一句“冒着敌人的炮火前进”还不够坚强有力。是否应当减少一些装饰音，形成一个坚强有力的煞尾？
>
> 聂耳经过一番思索之后，便拿起桌上的铅笔，修改起来。修改后，我们两人不约而同地合唱。起句比原先激昂得多了。末尾（去掉了那些装饰音）…… 改为：“我们万众一心，冒着敌人的炮火前进！冒着敌人的炮火前进！前进！前进！进！”
>
> 由于增加了叠句，最后三个“前进”以铿锵有力的休止符来煞尾，把那坚决、勇敢、跨着轻快的步伐挺身前进的情绪，表现得更加明快、强烈。

九、《义勇军进行曲》与《国际歌》、《马赛曲》

许幸之听了《义勇军进行曲》的试唱之后，当时还问聂耳“你是不是受了《国际歌》和《马赛曲》的一些影响？”“对啊！”聂耳坦率地承认说，“是受了它们一些影响的，不过（它）比

①② 许幸之：《忆聂耳》，《人民日报》1982年2月15日。
③ 许幸之：《国歌的创造者》，1955年，音乐研究所资料。
④ 许幸之：《忆聂耳》，《人民日报》1982年2月15日。

《国际歌》更明快，比《马赛曲》更激昂。你不感觉到吗？”[①]

聂耳1928年就在家乡昆明秘密加入了中国共产主义青年团。据聂耳在云南省立第一师范学校的同学、共青团小组长郭耀辰回忆，聂耳当年曾对他说：“你体会一下《国际歌》的曲调，表现被压迫阶级的斗争意志是何等高妙的手法啊！”据郭耀辰回忆：“这只歌曾经是白色恐怖以前一段时期里，在昆明学生和青年群众中最流行的歌曲之一，守信（聂耳的学名叫聂守信）受它的影响是很深的。”[②]云南省博物馆现在仍然保存有聂耳当年在学校里学唱《国际歌》时所用的歌篇（画册《聂耳》[③]中有其影印件）。聂耳1932年10月28日的日记里，还有他参加北平（今北京）左翼剧联在清华大学为义勇军募捐的演出中，登台用小提琴独奏《国际歌》的记载[④]。于伶等人编剧的传记影片《聂耳》中就表现有这个动人的情节。

聂耳的家乡云南当年由于比邻着法国的殖民地越南，在各方面都很受法国的影响。聂耳1928年与1930年两次离滇，都是取道越南的老街至海防，再乘船赴广州或上海的。因而聂耳早年受到法国国歌《马赛曲》的影响，应该是肯定的，只是目前尚无文字材料能够证明。但是聂耳到上海以后在钢琴上弹奏《马赛曲》，在他1931年10月11日的日记中则是有记载的：“重新精细地照谱弹《马赛》，从前总是乱来。”[⑤]

1933年聂耳由田汉介绍、夏衍监誓加入了中国共产党，成为一名坚强的共产主义战士。1935年他在“中华民族到了最危险的时候”写作的《义勇军进行曲》，表达了全国人民要奋起抵御外国侵略者的共同意志，发出了时代的最强音。《义勇军进行曲》的曲调具有鲜明的民族特色，又吸收了外国优秀革命歌曲的一些有益创作手法，因而它与《国际歌》、《马赛曲》之间，有着内在的联系也是自然的。

随着聂耳创作的优秀歌曲的广为传播，在日益严重的白色恐怖之中，1935年4月1日传来了国民党反动政府要逮捕聂耳的消息[⑥]。渴望学习的聂耳于是决定出国去考察、进修，党组织为了保护这位年轻有为的忠勇战士，批准他暂时出去躲避一段时间[⑦]。经过半个月紧张的准备，聂耳将影片《风云儿女》的配乐托付给贺绿汀继续完成[⑧]，4月15日聂耳乘船离开了上海。《义勇军进行曲》的初稿征求了大家的意见以后，也只得带到日本去继续加工、修改[⑨]。

---

① 许幸之：《国歌的创造者》，1955年音乐研究所资料。
② 郭耀辰：《回忆聂耳青少年时期的生活》，《音乐研究》1958年第6期。
③ 中国艺术研究院音乐研究所编：《聂耳》，人民音乐出版社1982年版。
④⑤ 聂耳日记手稿，藏音乐研究所。
⑥ 聂耳1935年4月1日日记。
⑦ 田汉：《聂耳与〈聂耳〉影片》，收于中国电影出版社《影事追怀录》，以及作者对夏衍的采访。
⑧ 贺绿汀：《回忆三十年的聂耳》，《上海歌声》1982年第2期。并见上海电通影片公司1935年5月16日出版的《电通》画报创刊号刊登的影片《风云儿女》工作人员名单及照片。
⑨ 周伯勋：《〈义勇军进行曲〉的由来》，《文汇报》1980年1月6日。

十、《义勇军进行曲》的定稿是聂耳由日本寄回来的

对于《义勇军进行曲》是聂耳出国前就已经全部完成了，还是后来由日本寄回来的这个问题，夏衍同志1月27日的信肯定了后面这种说法。除了夏衍引用的田汉那篇文章[①]之外，可以补充的还有：田汉1957年的《影片〈风云儿女〉和〈义勇军进行曲〉》一文中，肯定“最后的定稿是由日本寄回来的”[②]。1959年田汉在《忆聂耳》[③]一文中，也说聂耳“在国内写成初稿，又带到日本加工”。“主题歌《义勇军进行曲》的曲谱定稿，就是他从东京寄回来的。”[④]孙瑜1955年写的《怀念聂耳》一文中说：“他最后的伟大创作——田汉同志作词的《义勇军进行曲》——是在1935年夏他到日本后邮寄回国的。”[⑤]另外我在采访司徒慧敏同志时，他不仅证实《义勇军进行曲》的定稿是由日本寄回来的，还说聂耳当时就是把乐谱寄给孙师毅与他两个人的（司徒慧敏当时负责影片《风云儿女》的录音工作）。

认为聂耳在国内已经全部完成了《义勇军进行曲》的人们有一个重要的依据：聂耳出国之前，《义勇军进行曲》已经由聂耳亲自指挥在百代公司灌制了唱片。为了澄清这个问题，在当年任职于百代公司的叶鹏年、黎锦光、邝霭路以及林鲁生同志的大力协助下，历经了许多的波折，1980年我终于查到了英商百代公司当年录制唱片的原始记录，那上面写着：

> 《铁蹄下的歌女》1935年4月25日录音，演唱者王人美。
>
> 《义勇军进行曲》1935年5月3日录音，演唱者为电通公司合唱队的袁牧之、顾梦鹤等。

没有关于聂耳参加或在场的记载。但是上述那两个日期已经很能说明问题，因为聂耳4月15日就已经离开了上海，这样对于这件事的最后一个疑点，自然也就迎刃而解了。

可能就是因为聂耳还没有把《义勇军进行曲》的定稿从日本寄回来的缘故，《电通》画报1935年5月16日创刊的时候，只刊登了《铁蹄下的歌女》的歌谱。6月1日出版的《电通》画报第二期才刊出了《义勇军进行曲》的歌谱。当时因为田汉还在狱中，因而只署了作曲者聂耳的名字。[⑥]

十一、《义勇军进行曲》被确定为中华人民共和国国歌

1949年新中国建立的前夕，在北京召开的中国人民政治协商会议上，由田汉、沈雁冰、钱

---

① 田汉：《聂耳与〈聂耳〉影片》，收于中国电影出版社《影事追怀录》。
② 田汉：《影片〈风云儿女〉和〈义勇军进行曲〉》，《大众电影》1957年第19期。
③④ 田汉：《忆聂耳》，《新观察》1959年第23期。
⑤ 孙瑜：《怀念聂耳》，《文汇报》1955年7月31日。
⑥ 中国艺术研究院音乐研究所编：《聂耳》图片集，人民音乐出版社1982年版。

人民日報

第四〇一號

夏曆己丑年七月初一　十四立秋

新政治協商會議籌備會爲

徵求國旗國徽圖案及國歌辭譜啓事

本籌備會爲徵求新中國國旗國徽圖案及國歌辭譜特制定條例如下：

一、國旗，應注意：（甲）中國特徵（如地理、民族、歷史、文化等）；（乙）政權特徵（工人階級領導的以工農聯盟爲基礎的人民民主專政）；（丙）形式爲長方形，長闊三與二之比，以莊嚴簡潔爲主；（丁）色彩以紅色爲主，可用其他配色。

二、國徽，應注意：（甲）中國特徵；（乙）政權特徵；（丙）形式須莊嚴富麗。

三、國歌，應注意：（甲）歌辭應注意：（1）中國特徵；（2）政權特徵；（3）新民主主義；（4）新中國之遠景；（5）限用語體，不宜過長；（乙）歌譜於歌辭選定後再行徵求，但應徵國歌歌辭者亦可同時附以樂譜（須用五線譜）。

四、應徵國旗國徽圖案者須附詳細之文字說明。

五、截止日期：八月二十日。

六、收件地點：北平本會。

新政治協商會議籌備會啓

七月十日

1949年7月15日，《人民日报》头版刊出新政协筹备会关于征求国旗、国徽及国歌词谱的启事

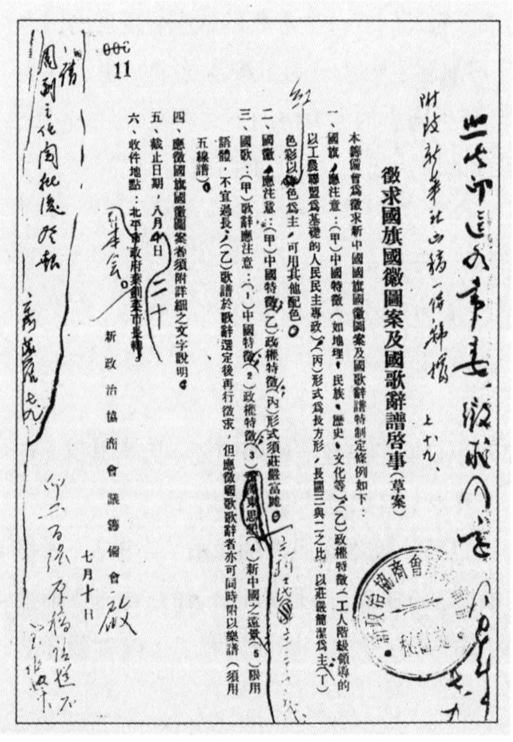

徵求國旗國徽圖案及國歌辭譜啓事（草案）

新政治協商會議籌備會

七月十日

1949年7月9日，周恩来修改征求国旗、国徽图案及国歌词谱启事（草案）的影印件

三强、欧阳予倩、郭沫若组成为国歌、词初选委员会（另聘请吕骥、贺绿汀等四位专家为顾问）。9月25日晚负责拟定国旗、国徽、国歌、国都、纪年的第六小组，在中南海丰泽园开会讨论确定国歌的问题，毛泽东、周恩来均出席了会议。召集人因国歌一时还写不出来，提议用《义勇军进行曲》暂代国歌。有人提出这个歌的曲子很好，但是歌词的内容过时了，应该修改一下。大多数代表则认为该曲是历史性的产物，应该保持它的完整性，词曲都不要改。周恩来也主张用旧的歌词，认为这样才能鼓起人们的感情，修改后唱起来就不会有那种情感了。最后大家一致赞成用《义勇军进行曲》暂代国歌，并于全体合唱《义勇军进行曲》后散会。

9月26日下午国旗、国徽、国歌、国都、纪年审查委员会等一次会议上，全体出席委员一致同意在正式国歌未制定前，暂以《义勇军进行曲》为国歌。

9月27日中国人民政治协商会议第一次会议通过以下重要议案：

（前略）

五、通过在中华人民共和国国歌未正式制定前，以《义勇军进行曲》为国歌。

（后略）

聂耳歌曲创作编年考

向延生

中国无产阶级音乐的先驱者聂耳，一生只度过了二十三个春秋，从事音乐创作的时间仅有两年，但是在这样短暂的历程里，他创作的《义勇军进行曲》、《码头工人》、《开路先锋》、《新女性》、《铁蹄下的歌女》等优秀歌曲，成功地塑造了中国无产阶级的英雄形象，表达了人民群众要推翻反动黑暗势力的坚强意志和决心，唱出了全民族要求抵御外国侵略者的共同愿望与时代的最强音，因而曾经极大地鼓舞了中国人民抗日救亡和争取自由解放的斗争热情。

聂耳遗世的音乐作品，计有：歌曲36首（其中《静夜》曲谱缺佚），口琴曲2首，歌舞曲1首，选编的民族器乐合奏曲6首。其中，歌曲是聂耳的主要创作形式，也是他的心血结晶和革命创新精神的所在。

由于当时的政治、社会原因及历史条件的限制，聂耳所作歌曲的曲谱，在他生前只是零散地刊载于各种期刊、报纸，以及电影制片公司在新片首映时，作为电影插曲印赠给观众的活页歌篇。1936年以后，聂耳的歌曲才较为集中地刊载于《中国呼声集》（周巍峙编，1936年7月出版于上海）、《大众歌声》（麦新、孟波编，1936年11月出版于上海）。直到上海解放后，为了纪念聂耳逝世十四周年，才正式出版了我国第一本聂耳歌曲专集《聂耳全集》（上海音乐书店编辑，1949年7月17日出版于上海。共刊有歌曲31首，应名为《聂耳歌曲全集》）。

由于至今尚未发现聂耳自定的歌曲编年资料（1935年7月聂耳在日本时曾计划要整理自己的作品，后因突然去世而未能实现），再加上时间相隔久远，有关人员故世，资料残缺难见等原因，造成了数十年来各种聂耳作品目录和歌曲集中，作品排列顺序各不相同、多首歌曲不得不列为创作时间待考的状态。

1983年以来，我经过多方探寻，共查找到了以下几种有关聂耳作品编年的主要资料：

（一）百代公司录制的唱片及录音记录本

30年代的上海，处于严重的白色恐怖之中。为了反击国民党反动派的“文化围剿”，在田汉的安排下，左翼剧联音乐小组的聂耳、任光、安娥等人，趁着国民党政府不注意、不干涉外国公司的机会，利用英商百代公司的设备与技术，录制了许多进步歌曲的唱片。1981年我在上海查访到了原上海东方百代公司的档案中，当年录制唱片的记录本，其中共记载有聂耳创作的21首歌曲、选编的6首民族器乐合奏曲的录音日期、演唱（奏）者姓名，有5首歌曲由聂耳自己演唱，其余多数作品录音时，聂耳均在场指导、报片头，或拉小提琴助奏，这些都是极为珍贵而准确的文字和音响资料。

（二）《聂耳纪念集》（张鹤、蒲风编辑，中国留日学生1935年12月31日出版于日本东京）

该书除刊有《进行曲》、《走出摄影场》、《大路歌》、《开路先锋》、《毕业歌》的曲谱外，其中的“聂耳遗作一瞥”，是目前见到的最早的聂耳歌曲目录（距聂耳逝世仅数月），共收有歌名34个（其中将《新女性》组歌分计为6首歌，因而实收29个。缺《小工人》、《走出摄影场》、《一个女明星》、《春日谣》、《采茶歌》、《茶山情歌》及《白雪歌》7个歌名——笔者注）。依据的材料有聂耳的手稿、电影片和唱片。排列顺序是以写作时间的先后为准。此书的编者左联作家张鹤是聂耳多年的同乡好友，两人在昆明、上海、北平及日本东京时均有密切的交往，并且是聂耳逝世时的检尸和丧事办理人。1941年张鹤病故后，友人按其遗嘱，把他安葬在昆明西山的聂耳墓旁，郭沫若为其撰写了碑文和墓志铭。

（三）《新音乐》三卷二期（李凌、赵沨主编，1941年9月1日出版于重庆）

该期除刊有《开矿歌》、《采茶歌》、《茶山情歌》、《卖报之声》、《白雪歌》、《春日谣》的曲谱外，刊载的林志音《关于聂耳先生的歌曲》一文中的“聂耳先生遗作目录”，共收有歌名34个，其中《饥寒交迫之歌》、《静夜》、《雪》注明曲谱缺佚未见（还缺《小工人》与《一个女明星》两首歌曲——笔者注）。排列顺序作者说明是“根据作曲年月而定，但不十分准确”。林志音是聂耳1931年在上海结识的同乡友人，1934年他参加了聂耳领导组建的百代国乐队，后即一直从事专业音乐工作，对聂耳的音乐活动有直接的和较深入的了解。1941年写该文时，他说其处尚存有聂耳24首歌曲的手稿（可惜至今尚未发现这些手稿）。

1949年7月17日上海音乐书店编辑出版的《聂耳全集》，所收歌名、曲谱、排列顺序及曲谱缺佚情况，均与林志音编写的上述目录完全相同。

（四）《聂耳歌曲集》（中国音乐家协会编辑，音乐出版社1957年出版于北京）

其中共收有31首歌曲的曲谱（缺《小工人》、《无题（雪）》、《伤兵歌》、《一个女明星》、《静夜》5首歌曲——笔者注），其中25首歌曲依次编为1933年至1935年的作品，其余6首歌曲列为创作年份待考。

（五）《聂耳画传》（吉联抗编，音乐出版社1958年出版于北京）

书末附录的“聂耳作品年表”中，依次列出的35首歌曲（缺《一个女明星》——笔者注）的歌名，均以写作时间的先后编排。

（六）《聂耳专辑》（中国音乐研究所黄翔鹏、齐毓怡编辑，该所1963年内部铅印于北京）

收有聂耳的35首歌曲曲谱（缺《静夜》），29首依次编为1933年至1935年的作品，6首列为创作年份待考。附录的“音乐作品目录索引”，共收歌名37个（比曲谱多《静夜》，另将《无题（雪）》分记为两个歌名——笔者注）。

（七）《聂耳全集》（《聂耳全集》编辑委员会编，文化艺术出版社与人民音乐出版社1985年出版于北京）

该书附录的“音乐作品年表”，共收有歌曲35首（《静夜》因曲谱缺佚未收入），28首有文字材料依据的均按照创作时间顺序排列，创作时间与写作背景不明的7首列为待考。

近年我在研究聂耳作品的过程中，感到有些歌曲的创作时间或写作背景与流行的说法不同，有些歌曲的曲谱、歌词也与通常的版本有出入。为了使有关聂耳歌曲的研究工作，能够建立在一个更全面、准确的基础上，下面我根据以上七种资料（下文简称的资料一至七详见本文附录）和有关参考材料，结合我在编辑《聂耳全集》工作中的体会，试图将聂耳遗有曲谱的35首歌曲，全部按创作时间顺序排列如下，并将依据的资料及曲谱、歌词的校正等方面的情况，逐曲加以说明。

《开矿歌》　　作于1933年春

联华影业公司影片《母性之光》（编剧田汉，1933年8月6日首映）插曲，陈瑜（田汉）作词。1933年5月11日该片在杭州拍外景时，担任剧务工作的聂耳扮演了片中的一位南洋矿工（见聂耳1933年5月13日日记）。《联华画报》一卷二十二期（同年5月28日出版于上海）已登有金焰歌唱《开矿歌》的消息，二卷二期（7月9日出版）记载此歌在百代公司灌制了唱片（演唱者聂耳）。此歌遗有三种手稿。曲谱初刊于《新音乐》三卷二期（即资料三），与第二种手稿相同，但与百代唱片中聂耳的演唱多有出入。1985年版《聂耳全集》的曲谱和音响已据百代唱片校正。

《饥寒交迫之歌》　　作于1933年秋

独幕话剧《饥饿线》（编剧董每戡）插曲——摇篮曲，作词董每戡。董每戡在《伤逝二章——悼聂耳君》（刊1935年《聂耳纪念集》）一文中，记述了聂耳自北平回到上海后，他们才相识；作此曲时聂耳任职于联华公司；初秋之夜聂耳与他从某剧场出来：“1933年冬末我离开了上海”，因而此歌显然写于这年秋冬之间。曲谱初刊于《教学唱》第四辑（教学唱社，1947年7月17日出版于昆明），此后的各歌本均与之相同。但遗留的手稿比此谱长约三分之一（1985年版《聂耳全集》中收有手稿照片）。

《无题（雪）》　　作于1933年秋冬

早期的聂耳歌曲目录中，都列有歌曲《雪》的歌名，均将其列为早期的作品（见资料二、三）。林志音因未看到《雪》的原稿，资料三中误认为“《雪》大概就是《白雪歌》”。张鹤因参与清点聂耳在日本的遗物，可能看到过聂耳一些作品的手稿，故资料二中《雪》的歌名后注为“未发表”。云南省博物馆保存的聂耳遗物（1935年由张鹤、郑子平护送回上海，次年由三哥聂叙伦取回昆明，新中国成立后移交国家保存）中，有一首没有标题的歌曲手稿（从未正式发表，未署词曲作者姓名），首句是“雪飘飘，路茫茫”，我认为它就是诸多歌曲目录中的《雪》。

1985年版《聂耳全集》中，已用《无题（雪）》来标明它的歌名。从内容上分析，它似乎是某个话剧的插曲，因目前还没有看到与之相应的剧本或有关材料，还不能做出结论。

《卖报歌》　　　作于1933年冬

为上海霞飞路（今淮海中路）上的女报童“小毛头”（后名杨碧君）而作。根据赵丹等人提供的线索，1980年我在上海找到了已退休的杨碧君。她回忆此歌是写于1933年她十岁时，其后聂耳还介绍她去影片《人生》中扮演女主角阮玲玉的童年角色。据聂耳1933年9月19日的家信和《联华画报》二卷十九期(1933年11月5日出版)，聂耳是1933年秋冬任《人生》的场记、剧务，故此歌也写于1933年。此歌的草稿（见1985年版《聂耳全集》)是写在《开矿歌》手稿的背面，也说明了二者的写作顺序。1934年初百代公司灌制了龚秋霞录音的唱片。曲谱初刊于《名歌三千曲》(乐艺社编，1935年12月出版于上海)。此歌第二句的曲调，聂耳遗留的草稿、早期发表的曲谱（如《中国呼声集》)及聂耳在场录音的百代唱片均为 **5 3 5 23 | 1 3 2**，与常通的唱法 **5 3 5 32 | 1 3 2** 稍有不同，但更合乎歌词的声调和词意的表达。1985年版的《聂耳全集》的曲谱和音响已据之校正。1934年6月30日新歌剧《扬子江暴风雨》演出时，聂耳特约“小毛头”扮演剧中的报童，并演唱《卖报歌》，因而一些歌本误认为它也是《扬子江暴风雨》的插曲。

《小工人》　　　作于1933年冬

云南省博物馆还藏有聂耳的另一首歌曲《小工人》的手稿（从未正式发表，两段词)，新中国成立后安娥证实是她作词，并提供了另一种曲谱相同、但是四段歌词的谱本。资料一至四的目录中均无此歌，可能是后来才从云南省博物馆清理出来的。从音乐的写作手法来看，它显然是一首早期的作品；再从聂耳的全部歌曲创作来看，他与安娥的合作时间仅是1933年至1934年初，因而我将此曲的写作时间定为1933年。因至今尚未看到词、曲作者或别的任何有关说明材料，此歌及《伤兵歌》的写作背景不明。

《伤兵歌》　　　作于1933年冬

其曲调与《打砖歌》基本相同，有些歌本又写为“聂耳遗曲”，因而有人认为它是聂耳去世后，安娥用《打砖歌》的曲调重新填的词。从资料二、三这两个年代较早的歌曲目录中可以看出，《伤兵歌》实际上是聂耳早于《打砖歌》的作品，而且曲谱1935年10月20日就已经刊载在曼曼出版社编辑、出版的《星歌集》第一集。1934年初夏聂耳写作新歌剧《扬子江暴风雨》时，可能是由于时间紧迫，就将《伤兵歌》的曲调改配为《打砖歌》(田汉作词)了。还有人认为《伤兵歌》是话剧《回春之曲》的插曲（见资料六），因该剧第二幕的场景就是在伤兵医院里。但是查对了该剧1935年版以来的剧本，该幕中仅有一首插曲即《慰劳歌》，其他一、三幕则没有演唱此歌的可能，全剧中也没有此歌的歌词。我还询问过参加演出此剧的金焰、赵丹、周伯勋、吴永刚等人，他们都说该剧中并无这首歌曲。当时多篇关于《回春之曲》演出的报道、评论中，均未提到该剧中有此歌。

《走出摄影场》　　　作于1934年春

曲谱初见于1935年的《聂耳纪念集》（即资料二），系手稿影印件，安娥作词。以前都说此歌是独幕话剧《水银灯下》（编剧田汉，1935年1月31日左翼剧联以“中国舞台协会”的名义初演于上海）的插曲。但是询问参加该剧演出的金焰、赵丹、顾梦鹤、王明霄、洪逗、欧阳山尊等人，都回忆说此剧并无插曲，而且担任该剧女主角的演员胡萍也不善于歌唱（灌制《飞花歌》唱片时，是由数人帮她齐唱）。查阅该剧1935年版以来的各种剧本中，均无此歌的歌名与歌词。当时的报纸杂志对此剧的演出有多篇详细的报道与评论，但是都没有提到此剧有插曲或是胡萍在台上唱了歌。而当天同台演出的另一话剧《回春之曲》，不仅剧本中有四首歌的歌词，各评论报道文章中也都有对其演唱的记述。再从剧情来看，《水银灯下》表演的是一个红女电影明星的故事，歌曲《走出摄景场》唱的却是一个穷苦女电影演员的生活，两者的情趣不合，此歌根本无法插入到该剧中演唱。根据百代公司的录音记录本，早在话剧《水银灯下》演出的半年多以前的1934年4月，此歌已经由电影演员胡珊（胡蝶的堂妹）灌制了唱片，而胡珊后来也没有参加该剧的演出。另外安娥当时是与任光生活在一起，也不会为田汉编写的话剧《水银灯下》写歌词。因而认为此歌是话剧《水银灯下》的插曲的说法，应予否定。

《一个女明星》　　　作于1934年春

此曲是聂耳根据云南玉溪花灯曲牌《玉娥郎》编配。1934年4月百代公司灌制了胡珊录音的唱片。曲谱初刊于《最新中外名歌集》（褚保延编，1940年9月出版于上海），注明是影片《一个女明星》（编剧邵邨人，女主角胡珊，1934年2月14日首映）的插曲。但是询问了该片的导演汤晓丹，他说1932年他已与聂耳相识，但记忆里聂耳并未给该片作曲。摄影师吴蔚然对此事已经毫无印象。我还托人辗转去询问居住在加拿大的胡珊，她说因时间相隔久远已记不清楚了。故而1985年版《聂耳全集》中此歌未注明出处，仅在歌曲说明中附注了还有那种说法。

《雪花飞》　　　作于1934年春

歌词选自左联领导的中国诗歌会编辑的《新诗歌》旬刊创刊号（1933年2月11日出版于上海），聂耳写作此曲时与词作者柳倩尚未相识。资料一、二、三中，此歌均列为早期作品。1934年5月百代公司灌制了龚秋霞录音的唱片。曲谱初刊于《最新中外名歌集》（1940），以后各种歌本的曲谱均与此相同。编辑《聂耳全集》时，发现聂耳此歌的手稿（现藏云南省博物馆）的拍子、前半部分的旋律和节奏与刊出的曲谱多有不同。聂耳参加录音的百代唱片（聂耳担任小提琴助奏）的音响，则与手稿的曲谱完全相同。这个曲谱的旋律起伏婉转，节奏活泼曲折，更好地表达了一个穷苦家庭儿童内心的诚挚情感，因而《聂耳全集》选用了这个以前从未发表过的谱本。

《打砖歌》、《打桩歌》、
《码头工人》、《苦力歌》　　　均作于1934年初夏

均为新歌剧（这是聂耳在所作《一年来之中国音乐》一文中对此剧的称呼）《扬子江暴风雨》插曲，该剧1934年6月30日由左翼剧联以庆祝麦伦中学校庆的名义，演出于上海八仙桥

青年会礼堂。编剧田汉，聂耳除了作曲以外，还担任该剧的导演与主演（扮演剧中的打砖工人老王）。

《打砖歌》是该剧中首先演唱的插曲，故而次序排列在先，此歌第二小节的旋律据百代唱片（演唱者聂耳）应为 $\underset{\cdot}{5}\ \ \underset{\cdot}{6}\ \big|$，与通常的 $\underset{\cdot}{5}\ \ 1\ \big|$ 不同。1985年版《聂耳全集》中已据此校正。

《打桩歌》是该剧中其次演唱的插曲。据百代唱片（演唱者聂耳）此歌的中段自“太阳晒死啰”至“别人惬意呵！”速度要比前后放慢一倍。1985年版《聂耳全集》中此曲已用不同的速度术语标明。

1934年5月16日百代公司灌制了《打砖歌》与《打桩歌》的唱片（演唱者聂耳，片名仅写为《打砖歌》，未署《打桩歌》），片心上仅署“聂耳作”，未署作词者姓名。

1936年以来的各种歌本，如《中国呼声集》、《大众歌声》，这两首歌的作词者均署名为田汉。1957年音乐出版社出版《聂耳歌曲集》以后，各种歌本又均改署为“蒲风作词”（见资料五至七）。左联诗人蒲风1941年病逝于苏北新四军，其女儿、女婿编辑的《蒲风选集》（海峡出版社1985年出版于福州）中，这两首歌词的出处仅注明是转引自《聂耳歌曲集》，未写明原出处。

据蒲风《“天才损失年”悼聂耳》（刊1935年《聂耳纪念集》）一文，聂耳1934年作这两首歌时，尚未与蒲风相识（1935年6月两人才在日本东京初次见面），聂耳除了剧本以外，只能从报刊上发表的作品里寻找歌词，但是至今在《新诗歌》等刊物上都没有看到过这两首歌词，再加上目前尚未发现聂耳自己写作歌词的事例，因而同意那些早期歌集编者的说法——这两首歌词如同《苦力歌》那样，是由编剧者田汉写作的，我认为是可信的说法。①

《码头工人》是该剧的第三首插曲，曲谱初刊于《中国呼声集》，1934年5月16日百代公司灌制了聂耳录音的唱片，片心未署作词者姓名。1936年以来的歌集均署名为田汉作词，1957年《聂耳歌曲集》出版后，又均改署名为蒲风作词（见资料四至七）。《蒲风选集》的作者显然是看到了《聂耳歌曲集》，但是他们却没有收录这首著名的诗作。

为此我再次查阅了认定此歌是蒲风作词的根据《聂耳纪念集》，现将有关文字抄录如下：“聂耳……说到他自己的作曲，最先就提起了中国诗歌会主编出版的《新诗歌》旬刊上的《码头工人歌》，使我心里感到兴奋的跃跳，想着：‘原来，这就是我们的《码头工人歌》的作曲家呵！’”蒲风作为中国诗歌会的发起人和骨干分子，听到有人选用该旬刊上的诗歌写作了杰出的歌曲，特别是又在异国见到了作曲者本人，其激动的心情是可以想象的，但是其后说的“我们的《码头工人歌》”，用的是第一人称复数，他自己并未说、别人也不能由此而肯定他就是该歌词的作者。

认为田汉是此歌词作者的根据，仅因为田汉是该剧的编者。

近日经过多方的努力，我终于找到了这首歌词的原出处——中国诗歌会编辑的《新诗歌》

① 编者注：本文作者对此事的新发现见本卷440—447页。

一卷三期（1933年3月1日出版于上海），原诗名为《码头工人歌》，内容除三处各有一个字不同外，其余全都与聂耳的歌曲相同。作者的署名是“百灵”，据说其真名是孙石灵，但是因时间关系，这个问题还没有来得及调查核实。

《码头工人》歌是一首有着回旋曲结构形式的歌曲。聂耳在百代唱片中演唱此歌时，每次“哎伊哟嗬”的主部之后，伴奏都再用间奏的形式重复一次主部的旋律（第三次用说白来代替重复）。这样的艺术处理，对突出此歌中主部所刻画的码头工人的典型形象，均衡主部与插部的结构比重，更好地表达这首歌曲的内容及其沉重、刚毅的气质，都很有意义，是一种较通常的曲谱更好的版本与演唱形式。

《扬子江暴风雨》的终曲，歌词作者田汉。1934年9月24日百代公司灌制了聂耳等人以“森森唱歌队”名义录音的唱片（片名为《扬子江暴风雨》，包括《码头工人》与《苦力歌》两首歌曲）。曲谱初刊于《中国呼声集》。为了突出此歌的主题，1936年上海群众歌咏团体负责人联席会议上，根据歌词的末二字，决议将此歌改名为《前进歌》，歌词的首句由“苦力们”改为“同胞们”，1985年版《聂耳全集》中仍以《苦力歌》为正标题，以《前进歌》为副标题。

《小野猫》　　　作于1934年夏

这是一首儿童表演唱歌曲，歌词选自北新书局发行的《小学生》半月刊（主编陈伯吹），聂耳与词作者从未见过面。百代1934年9月6日灌制了谈瑛录音的唱片，系四段歌词。曲谱初刊于《青年礼赞》（李定编，1947年出版于上海），只有两段词，以后的各种歌本均与之相同（见资料四、六）。去年征求了词作者陈伯吹的意见后，《聂耳全集》刊出的是四段歌词。有些歌本注明此歌是影片《大路》插曲。但查阅了《大路》的有关资料，询问了该片的导演孙瑜、演员金焰后，证实这种说法不确实（唱片的演唱者谈瑛也没有参加影片《大路》的拍摄）。

《白雪歌》　　　作于1934年夏

歌词出处不明，聂耳生前未出版过曲谱、唱片，没有遗留手稿。曲谱初刊于《新音乐》三卷二期（见资料三，1941年出版于重庆，据分析是由林志音提供）。上海音乐书店1949年印行的《聂耳全集》中，歌词作者署名为“苗子”。

《卖报之声》　　　作于1934年夏

这是聂耳答应为报童“小毛头”写作的又一首儿童歌曲。歌词选自《新诗歌》二卷一期（1934年6月1日出版），原诗名为《卖报童》，作者武蒂。1934年9月6日百代公司灌制了龚秋霞录音的唱片。曲谱初刊于《新音乐》三卷二期，其后各种歌本的曲谱均与之相同。但此谱本与聂耳在场录音的百代唱片（聂耳并担任小提琴助奏）相比，曲调及词曲结合三处有误，1985年版《聂耳全集》中已据之校正。

《春日谣》　　　作于1934年夏

歌词选自《新诗歌》二卷一期（1934年6月1日出版），作者鲁戈。聂耳生前未出版过曲谱、唱片，没有遗留手稿。曲谱初刊于《新音乐》三卷二期（1941年9月1日出版于重庆），据分析系由林志音提供。

《毕业歌》　　　　作于1934年夏

1934年春天党的电影小组领导组建了左翼电影的新阵地——上海电通影片公司，此歌是聂耳为它拍摄的第一部影片《桃李劫》（编剧袁牧之，同年12月6日首映）写的主题歌，陈瑜（田汉）作词。同年9月12日百代公司灌制了袁牧之、陈波儿等人录音的唱片。曲谱初见于该片首映时影片公司印赠给观众的活页歌篇（可能是经聂耳审定的乐谱），及《中外名歌三百首》（天明社编，1935年6月出版于上海）。

《大路歌》　　　　作于1934年夏末

联华影业公司影片《大路》（编导孙瑜，1935年元旦首映）主题歌，孙瑜作词。《联华画报》四卷五期（1934年8月5日出版）已提到“金焰《大路》里唱的歌”。百代公司同年9月26日灌制了金焰等人录音的唱片。曲谱初刊于《联华画报》五卷一期（1935年元旦出版），可能是经聂耳审定的乐谱。

这几年《音乐爱好者》杂志、《文汇报》、《羊城晚报》、《春城晚报》、《光明日报》先后发表文章，都说此曲是聂耳随影片《大路》去无锡拍外景时，在与筑路工人的共同劳动中创作的。但是《联华画报》四卷十七期（1934年10月28日出版）才提到影片《大路》要去无锡拍外景，孙瑜11月15日写的《无锡杂感》（刊《青春电影》一卷九期，12月1日出版）中说他们是10月中旬到的无锡，共停留了十天。可是在这之前的9月22日，《大路歌》已经在上海灌制了唱片。因而所谓聂耳在无锡，特别是在与筑路工人的共同劳动中创作此歌的说法，自然也就不能成立了。

孙瑜《怀念聂耳》（刊1955年7月31日《文汇报》）一文中说聂耳写完了《大路歌》之后，“一天他兴致勃勃地来到了联华二厂附近我住的延平邨。不等打开皮包取出歌谱，他就在客室里做着工人拉起大铁磙压路的姿式，哼唱起《大路歌》来。……我根据他拉铁磙压路的熟练动作和他脸上新近添加的一层褐色油光，也猜出了他为了写这个曲子在过去的一个月是在什么地方度过的”。

《大路歌》究竟是如何产生的呢？王浩兰1955年写的材料中说，她曾听其堂兄王丹东（聂耳1932年在北平认识的同乡友人，并一起组建过北平左翼音乐家联盟）说：聂耳写《大路歌》时，曾经去江湾正在建设的新市区体验过筑路工人的生活。

《开路先锋》　　　　作于1934年夏末

影片《大路》的序歌，施谊（孙师毅）作词。影片《大路》男演员1934年9月22日在百代公司录制的唱片。曲谱初刊于《联华画报》五卷一期（1935年元旦出版），可能是经聂耳审定的乐谱。

《飞花歌》　　　　作于1934年秋

艺华影业公司影片《飞花村》（编剧蔡楚生，1934年12月25日首映）主题歌，施谊（孙师毅）作词。胡萍、王明霄等人同年10月在美商胜利唱片公司录制的唱片。曲谱初见于该片首映时，影片公司印赠给观众的活页歌篇（可能是经聂耳审定的乐谱），及《中外名歌三百首》（天明社编，1935年出版于上海）。据唱片和活页歌篇，一至四段歌词的“争道”应为“只道”，第一段的“眼泪”应为“清泪”，1985年版《聂耳全集》已予校正。

《牧羊女》 作于1934年秋

影片《飞花村》插曲，施谊作词。它是我国最早的一首电影儿童歌曲（见《中国电影发展史》）。陈娟娟1934年10月在胜利公司录制的唱片。曲谱初见于该片首映时影片公司印赠给观众的活页歌篇（可能是经聂耳审定的乐谱）及《中外名歌三百首》。

《新女性》组歌 作于1934年冬

联华影业公司影片《新女性》(编剧孙师毅,1935年2月2日首映)主题歌，孙师毅作词。《中华日报》1934年12月30日已登有聂耳作此歌的消息。曲谱初刊于《联华画报》五卷三期(1935年2月1日出版),可能是经聂耳审定的乐谱。唱片是以“联华同人纪念阮玲玉(影片《新女性》女主角)逝世一周年”的名义，1936年2月29日才在百代公司灌制的唱片（演唱者黎莉莉、陈燕燕等）。

《告别南洋》、《春回来了》、
《慰劳歌》、《梅娘曲》 均作于1935年初

均为三幕话剧《回春之曲》(编剧田汉)插曲，词作者均为田汉。这是左翼剧联为了反击国民党反动政府的“文化围剿”，以中国舞台协会的名义，联合五十余位著名话剧、电影演员，举行的一次盛大演出,1935年1月31日至2月2日演出于上海金城大戏院。田汉的《回春之曲》剧本集（1935年出版于上海）内收有此剧的剧本及全部四首歌词。

《告别南洋》是第一幕中男主角（金焰扮演）首先演唱的插曲。曲谱初刊于明星影片公司的《明星》电影画报二卷三期（1935年8月16日出版于上海）。某些歌本里此歌被改名为《再会吧南洋》(以歌词首句命名）。

《春回来了》是第一幕中女主角（王人美扮演）其后演唱的歌曲。曲谱初刊于《最新中外名歌集》(1940年9月出版于上海）。

以上这两首歌曲，都是1935年5月14日由金焰、王人美在百代公司灌制的唱片。

《慰劳歌》是第二幕的插曲（由袁美云领唱）。曲谱初刊于《民族革命的大众歌声》(戈东任编，1936年出版于上海）。1935年11月19日袁美云在百代公司灌制的唱片。

《梅娘曲》是第三幕中女主角演唱的插曲。曲谱初刊于《星歌集》第一期（1935年10月出版于上海）。1935年5月13日王人美在百代公司灌制的唱片。据聂耳手抄的《梅娘曲》歌词(藏云南省博物馆)，第一段歌词中“我曾经弹着吉他，伴你慢声儿歌唱”，应为“我曾为你轻弹着吉他慢声儿歌唱”。1985年版《聂耳全集》已据之校正。

《逃亡曲》(后名《自卫歌》) 作于1935年初

艺华影业公司影片《逃亡》(编剧阳翰笙，1935年3月28日首映)主题歌，唐纳作词。曲谱初见于1935年3月26日《中华日报》。1936年上海群众歌咏团体负责人联席会议决定将此歌改名为《自卫歌》(取名于歌词中呐喊的字句)。1985年版《聂耳全集》仍以《逃亡曲》为正标题，以《自卫歌》为副标题。

《塞外村女》　　　作于1935年初

影片《逃亡》插曲，唐纳作词。曲谱初见于1935年3月25日《中华日报》，据之歌词中的“寒鸦”应为“暮鸦”，“寒雁”应为“飞雁”，“收成”应为“收获”。1985年版《聂耳全集》已予以校正。

另据影片《逃亡》特刊（藏云南省博物馆）记载，1935年2月《逃亡》的演员曾去胜利公司，在聂耳的指导下灌制了两面唱片：(1)《逃亡》全体演员合唱的《逃亡曲》。(2)该片女主角袁美云独唱的《塞外村女》。但是至今尚未见到这两张唱片的实物。

《打长江》　　　作于1935年春

聂耳为艺华影业公司影片《凯歌》（编剧田汉，1936年元旦首映）作的主题歌，田汉作词。曲谱初刊于电通影片公司《电通》半月画报第七期（1935年8月16日出版于上海）。

《采菱歌》　　　作于1935年春

聂耳为影片《凯歌》作的插曲，田汉作词。曲谱初刊于《聂耳全集》(1949年出版于上海)。

这两首歌曲后因故未用于该影片。艺华影业公司另请任光以田汉的词，为影片《凯歌》写作了两首同名歌曲。

《采茶歌》、《茶山情歌》　　　均作于1935年春

写作背景不明。曲调均刊于《新音乐》三卷二期（1941年9月1日出版于重庆），未署作词者姓名，据分析系由林志音提供。以后各歌本的曲谱都与此相同。

我在查阅资料时，发现《电影新歌集》（褚保延编，新声出版公司1938年4月再版于上海）中有许如辉作曲的《茶山情歌》与《采茶歌》（也未署作词者姓名，1983年我在上海找到了许如辉，但是他已经记不得这两首歌的作词者了），除虚词外，其余字句均与聂耳的《采茶歌》、《茶山情歌》的字句相同。该歌本注明这两首歌曲是吉星影片公司拍摄的影片《年年明月夜》（编剧左明，1936年初首映）的插曲。考虑到聂耳的同乡友人林志音1935年也曾为吉星公司的影片作曲，这两首歌曲可能原来也是聂耳为影片《年年明月夜》写的插曲，后因故未用于该片。

《铁蹄下的歌女》　　　作于1935年3月

电通影片公司影片《风云儿女》（原作田汉，分场剧本夏衍，1935年5月24日首映）插曲，许幸之词。曲谱初刊于1935年5月9日《中华日报》。同年4月25日王人美在百代公司灌制的唱片。据初刊谱与百代唱片，歌词中的“沦丧”，应为“沦亡”，1985年版《聂耳全集》已据之校正。

《义勇军进行曲》　　　作于1935年3—4月

影片《风云儿女》主题歌，田汉词。初稿完成于国内，定稿约于4月底由日本东京寄回，收件人是孙师毅、司徒慧敏。曲谱初刊于1935年5月11日《中华日报》。中国留日学生1935年12月31日在日本东京出版的《聂耳纪念集》中，影印有此歌的手稿，歌名为《进行曲》。同年5月3日袁牧之、顾梦鹤等人在百代公司灌制了此歌的唱片（由负责该片音乐工作的贺绿汀约请百代公司音乐顾问、俄籍作曲家阿夫夏洛穆夫编配乐队伴奏）。

附记：

一、目前所能找到的聂耳歌曲手稿，均已经公安部做了笔迹鉴定，证明确实是聂耳的手稿无误。

二、1985年版《聂耳全集》中31首歌曲附有后人编配的钢琴伴奏谱，其中的3首另编配有民乐队伴奏谱（均为五线谱）。

1985年11月20日于北京

原刊聂耳、冼星海学会编《论聂冼》
1985年内部资料

附录：

一、“百代唱片”资料（1933—1936）

开矿歌
卖报歌
走出摄影场
一个女明星
雪花飞
码头工人
打砖歌
打桩歌
卖报之声
小野猫
毕业歌
苦力歌
大路歌
开路先锋
铁蹄下的歌女
义勇军进行曲
春回来了
告别南洋
梅娘曲
慰劳歌
新女性歌

（共21首）

二、《聂耳纪念集》(1935)

饥寒交迫之歌
开矿歌
雪花飞
卖报歌
卖报之声
伤兵歌
小野猫
静夜
雪
打砖歌
打桩歌
苦力歌
码头工人歌
毕业歌
开路先锋
大路歌
飞花歌
牧羊歌
打长江
采菱歌
逃亡曲
塞外曲
回春之曲
慰劳歌
再会吧南洋
梅娘曲
新女性
铁蹄下的歌女
义勇军进行曲
（共29首）

缺：小工人
走出摄影场
一个女明星
白雪歌
春日谣
采茶歌
茶山情歌

三、《聂耳先生遗作目录》(1941)

饥寒交迫之歌
静夜
雪
伤兵歌
卖报歌
雪花飞
走出摄影场
开矿歌
打砖歌
打桩歌
码头工人
前进歌
毕业歌
大路歌
小野猫
卖报之声
春日谣
白雪歌
牧羊女
开路先锋
新女性
自卫歌
塞外村女
采茶歌
茶山情歌
打长江
采菱歌
告别南洋
春回来了
梅娘曲
慰劳歌
义勇军进行曲
铁蹄下的歌女
飞花歌
（共34首）
缺：小工人
一个女明星

四、《聂耳歌曲集》(1957)

一九三三年
开矿歌
饥寒交迫之歌
一九三四年
大路歌
开路先锋
小野猫
飞花歌
牧羊女
毕业歌
新女性
码头工人
打砖歌
打桩歌
前进歌
雪花飞
一九三五年
打长江
采菱歌
义勇军进行曲
铁蹄下的歌女
走出摄影场
告别南洋
慰劳歌
梅娘曲
春回来了
塞外村女
自卫歌
(待考)
卖报歌
春日谣
茶山情歌
白雪歌
采茶歌
卖报之声
(共31首)
缺:小工人
雪
静夜
伤兵歌
一个女明星

五、《聂耳画传》(1958)

一九三三年
饥寒交迫之歌
开矿歌
小工人
雪
静夜曲
一九三四年
伤兵歌
卖报之声
卖报歌
雪花飞
白雪歌
码头工人歌
苦力歌(《前进歌》)
毕业歌
小野猫
大路歌
开路先锋
牧羊女
飞花歌
春日谣
茶山情歌
采茶歌
告别南洋
一九三五年
春回来了
新女性
自卫歌(逃亡曲)
塞外村女
打长江
采菱歌
走出摄影场
铁蹄下的歌女
义勇军进行曲
(共35首)
缺:一个女明星

打砖歌
打桩歌
慰劳歌
梅娘曲

六、《聂耳专辑》（1963）

一九三三年
开矿歌
饥寒交迫之歌
小工人
一个女明星
打砖歌
打桩歌
前进歌（苦力歌）
卖报歌
雪花飞
新女性
一九三五年
走出摄影场
告别南洋
静夜
雪
一九三四年
大路歌
开路先锋
慰劳歌
梅娘曲
春回来了
伤兵歌
塞外村女
自卫歌（逃亡曲）
义勇军进行曲
铁蹄下的歌女
打长江
小野猫
飞花歌
牧羊女
毕业歌
码头工人歌
采菱歌
（待考）
春日谣
茶山情歌
白雪歌
采茶歌
卖报之声
无题
（共37首）

七、《聂耳全集》（1985）

一九三三年
开矿歌
饥寒交迫之歌
卖报歌
一九三四年
走出摄影场
一个女明星
雪花飞
毕业歌
大路歌
开路先锋
飞花歌
牧羊女
新女性
一九三五年
告别南洋
采菱歌
铁蹄下的歌女
义勇军进行曲

（待考）
无题（雪）
小工人
伤兵歌

卖报之声	春回来了	白雪歌
小野猫	慰劳歌	春日谣
打砖歌	梅娘曲	采茶歌
打桩歌	逃亡曲	茶山情歌
码头工人	塞外村女	（共35首）
苦力歌	打长江	缺：静夜

拨开历史的迷雾

——关于《码头工人》、《打砖歌》、《打桩歌》词作者的订正

向延生

《码头工人》是人们所熟知的一首歌曲。聂耳1934年为田汉编写的新歌剧《扬子江暴风雨》写下的这首杰作，由于种种原因在他生前未能发表，仅由百代公司灌制出版了两张唱片（一为聂耳独唱，一为聂耳等人组成的森森唱歌队齐唱）。1936年7月它的曲谱首次刊载在《中国呼声集》（周巍峙编辑，孙师毅校订）时，只署有作曲者的姓名，未署作词者。同年11月《大众歌声》（麦新、孟波编辑）出版之后，一直到1949年新中国成立以来的各种歌本中，它的词作者都署名为田汉。1957年由中国音乐家协会编辑、音乐出版社出版了我国第一本最丰富的聂耳歌曲专集《聂耳歌曲集》，此后的各种歌本和有关资料如《聂耳画传》、《聂耳专辑》，以及唱片中，《码头工人》的词作者均改署为蒲风。1985年出版的《聂耳全集》，也沿用了这种说法。

蒲风（1911—1942）是我国的著名诗人，他是30年代中国左翼文艺家联盟下属的中国诗歌会的发起人与负责人之一，后因在抗日炮火中积劳成疾，病逝于江北新四军驻地。当我偶然看到福建海峡文艺出版社1985年6月出版的《蒲风选集》（其编者是蒲风的女儿和女婿，他们曾在国内各地广泛收集资料。该书分为上下两册，共一百余万字，历时二十余年才编成）。翻阅中我发现其中的歌词部分只收有《打砖歌》与《打桩歌》的词曲（注明是转引自音乐出版社1957年出版的《聂耳歌曲集》），却没有收录同一歌本中也署名是蒲风作词的歌曲《码头工人》的词曲。

为此我立即发信给该书的编者，询问他们不收录《码头工人》的原因，并请他们提供《打砖歌》与《打桩歌》这两首歌词最早的出处，以及如何证明它们是蒲风作词的根据。

这件事也引起了我对《码头工人》的词作者究竟是谁的思索。由于1936年田汉尚被软禁在南京，作曲家聂耳已经去世无法对证，当时出版的《大众歌声》等歌本，将《扬子江暴风雨》里的四首歌曲，都署名为是编剧者田汉作词，是可以理解的。但是1957年版的《聂耳歌曲集》，为什么把《码头工人》第三首歌曲都改为是蒲风作词呢？田汉是我国著名的歌词大家，而且当时还健在，如果没有确切充分的根据，照理是不会轻易作出如此更动的。

为此我去询问过原音乐出版社的负责人孙慎与章枚。章枚说此书是中国音乐家协会编好

了以后，才交给音乐出版社出版的。

经人民音乐出版社顾问潘奇的介绍，我找到了原音乐出版社1957年编辑《聂耳歌曲集》的档案。看到该书发排的原稿是用一种油印歌本剪贴的，根据其版式和字体，我在中国艺术研究院音乐研究所的资料室里进行查对，证实它的原件是中国音乐家协会创作委员会1955年编印的一种内部资料《关于发扬“五四”以来音乐中社会主义现实主义传统研究资料》的第一册《聂耳歌曲集》。该资料注明“本集中之歌曲系选自:《聂耳歌曲集》(北京星海大合唱团1950年编辑出版于北京)、《聂耳纪念集》(东北鲁迅文艺学院图书馆资料室1950年编辑出版于沈阳)、《聂耳全集》(马剑华1951年编辑出版于上海)”。

这三种歌集中，《码头工人》等三首歌曲词作者的署名情况如下：

	码头工人	打砖歌	打桩歌
一、聂耳歌曲集	田汉	蒲风	田汉
二、聂耳纪念集	田汉	田汉	田汉
三、聂耳全集	田汉	田汉	田汉

不清楚是什么原因，中国音乐家协会在编辑上述内部资料时，从中选用了当时也是少见的说法，即第一本的《聂耳歌曲集》中的署名，把《打砖歌》的词作者写为蒲风。

1957年版《聂耳歌曲集)的档案中缺佚一、二、三校样，但是保存下来的付型样上，不知为何《码头工人》、《打砖歌》、《打桩歌》的词作者全都改成是蒲风了。档案里又没有任何文字记载可以说明是依据什么作出了这种改变。

该档案中保存的一封田汉的亲笔信引起了我的注意，兹全文抄录如下：

音乐出版社编辑部负责同志：

聂耳歌曲集应该有更负责的版本。此集错误颇多，甚至把任光的曲子也编进去了①，有的曲子的写作年代若经大家想一下，是可以确定的，我觉得你们的工作还缺乏细致和慎重。

施谊先生现住新侨饭店202号，你们可以访问他一下，他对聂耳的写作很熟悉，他可帮助改正字句，确定年代等。

致礼

田汉

原信没有日期，也未见信封，因此看不出此信是针对原稿还是针对付梓样而写的。

---

① 笔者注：1935年聂耳与任光都以田汉的歌词为影片《凯歌》写了主题歌和插曲《采菱歌》。该片后来因故采用的是任光写作的歌曲，使得田汉把聂耳写作的同名歌曲也误认为是任光的了。

档案中保存的《聂耳歌曲集》的责任编辑杨梦之给孙慎的信上，有孙慎的批语："(《开矿歌》)可再一问田汉同志。"1985年底我去上海找到了杨梦之(后来调到上海文艺出版社工作)，她回忆说她接手时，《聂耳歌曲集》已经基本上编好，田汉可能是通过各机关之间的文件交换关系，先看到了《聂耳歌曲集》的原稿，然后写了上面那封信，该信是写给出版社领导的，当时她也没有看见过这封信。应该是在这之后，孙慎让她去拜访过一次田汉，主要谈的是歌曲的写作时间和排列顺序等问题。但是杨梦之介绍了一个重要情况——田汉当时曾明确指出：《扬子江暴风雨》中的四首歌曲，只有《苦力歌》(后名《前进歌》)是他写的歌词，其余三首并不是他的作品。至于《码头工人》这三首歌曲的词作者为什么后来改成为蒲风，杨梦之说此事已经相隔了近三十年，实在想不起来了。

1955年为纪念聂耳逝世二十周年，中央实验歌剧院演出了田汉重新改编的歌剧《扬子江暴风雨》。次年出版的剧本后记里田汉写道：(该剧的歌曲)"歌词，成于田汉、蒲风、安娥、施谊、孙瑜、许幸之等许多作者之手，但曲子全是我们年青的人民歌手聂耳同志写的。"(此文收于《田汉文集》第三卷)《扬子江暴风雨》的1955年改编本，把聂耳后来创作的《大路歌》、《新女性》、《义勇军进行曲》及《卖报歌》都容纳了进去，仅依次列为曲一、曲二……不标曲名与作者，因而田汉只是在后记里罗列了上述各位词作者。聂耳的全部歌曲中，只有《码头工人》、《打砖歌》、《打桩歌》曾署名是蒲风作词，因而田汉上面那段话，实际上就是肯定这三首歌曲是蒲风写的词。

《聂耳歌曲集》的档案中，孙慎同志1957年4月24日致杨梦之的信里，曾要她"去民研所查看《聂耳纪念集》(东京出版)"。杨梦之说当时她刚参加工作不久，业务工作还不熟悉，既然领导指名要她去看这本书，按说她应该是去看了的。

当时在日本留学的聂耳友人1935年底在东京出版的《聂耳纪念集》(编者为左联作家张鹤、蒲风)里，收有一篇聂耳逝世后仅五天蒲风写的纪念文章《"天才损失年"悼聂耳》。文中写道："6月2日，在东京中华青年会馆内举行的第五次艺术界聚餐会会场上，聂耳先生的关于中国的音乐界的报告，引起了整个会场的兴趣……后来，说到他自己的作曲，最先就提起了'中国诗歌会'主编出版的《新诗歌》旬刊上的《码头工人歌》，使我心里感到兴奋的跃跳，想着：'原来，这就是我们的《码头工人歌》的作曲家呵！'"1957年很可能就是因为这段话，再加上田汉的意见，就认为蒲风是《码头工人》歌词的作者了。

蒲风这段容易引起误解的话里，用的是复数的"我们的"，而不是"我的"，由此并不能确定蒲风就是《码头工人》的词作者。蒲风1934—1937年写的《五四到现在的中国诗坛鸟瞰》长篇专论中，曾说："《新诗歌》上，百灵的《码头工人歌》(旬刊第三期》是曾经故作曲家聂耳(1912—1935)谱上调子的。"(见《蒲风选集》下册，第814页)并没有把《码头工人》作为是自己的作品。

为此我去采访了北京师范大学中文系的教师蔡清富(中国诗歌会的成员王亚平生前曾多次向我称誉蔡对"中国诗歌会"这个专题做了深入而全面的研究)，他向我提供了他多年来从各地搜集到的珍贵资料——中国诗歌会主编出版的各期《新诗歌》的全部篇名。当我在它的一卷三期（1933年3月1日出版于上海）上，看到了《码头工人歌》的标题时，激动得连呼吸都要停止了，心脏欢腾得简直都要从喉咙里跳了出来。根据蔡清富的指点，第二天我即开了介绍信去北京师范大学图书馆复印了该诗的全文。

相互对比了以后，我发现它的题目仅比聂耳的曲名多一个“歌”字；歌词的前三段除多重复了两个“哎咳哟呵”以外，其余的字句完全相同；第四段也只有四个字不同，现将两者的第四段抄录如下，以供读者比较：

诗歌	歌词
一辈子这样下去吗？	一辈子就这样下去吗？
不，兄弟！	不，兄弟们！
团结起来，	团结起来，
向活的路上走吧！	向着活的路上走！
搬哪！搬哪！	搬哪！搬哪！
唉咳哟呵！唉咳哟呵	唉咳哟呵！唉咳哟呵！
唉咳哟呵！唉咳哟呵！	

聂耳在这一段中的稍加改动，显然更有利于音乐意境的表达，“唉咳哟呵”的重复，更使此歌通过回旋曲式的结构形式，达到了突出的艺术效果（详见1985年11月《音乐生活》上我写的另文）。

正如蒲风所说，《新诗歌》上此诗的作者印的是“百灵”。在调查中，原中国诗歌会的主要成员柳倩曾证实“百灵”是中国诗歌会的成员孙石灵的笔名；唐弢主编的《中国现代文学史》（人民文学出版社1979年版及1985年版）等书中，也指出“中国诗歌会……石灵的短诗《码头工人歌》，曾被聂耳配曲，广泛流行。”（见该书1979年版第二册，第258页。此书该部分的执笔者据唐弢讲是蔡清富）

调查中我还找到了孙石灵的妻子和女儿。她们证实《新诗歌》上的《码头工人歌》是孙石灵的作品，并认为“百灵”或许只是排版时字拣错了的结果，因为“百”字与“石”字只有一画的差别，很容易混淆。对于二十余年来《码头工人》的词作者都是署名为田汉，孙石灵为何一直没有对著作权提出异议这个问题，她们的意见是：1934年孙石灵在上海郊区真如的暨南大学读书，并不在市内，当时可能就没有看过《扬子江暴风雨》的演出。新中国成立以后孙石灵在上海作家协会及新文艺出版社工作，主要从事戏剧和散文的写作，对音乐方面的事情不够了解，并不知道《码头工人》的词作者变成了田汉，而且1956年春天他就病逝了（终年47岁），因而从未听到他对这个问题表示过什么意见。这样的答复虽然不能令人满意，但我认为这是可能的。

《码头工人》歌词作者的问题解决了以后，我又想到《打砖歌》与《打桩歌》的词作者问题。因为《蒲风选集》编者的回信，没有提供《打砖歌》与《打桩歌》的原诗是发表在什么地方，只是说音乐出版社、上海文艺出版社、中国唱片社都查证过这个问题，都认为蒲风是这两首歌词的作者，并送了样书给她。

实际上音乐出版社的情况如上所述。《聂耳歌曲集》的责任编辑杨梦之1957年秋天即调至新成立的上海文艺出版社工作（后曾任音乐编辑室主任），她说上海文艺出版社在这个问题上只是沿用《聂耳歌曲集》的说法，并未想到还要进行查证。经打电话询问中国唱片社的编辑部，他们说聂耳歌曲的作者署名问题，他们一直也是以《聂耳歌曲集》为准。

为了寻找直接的文字根据，我曾发信请云南省博物馆描绘了他们珍藏的聂耳遗物中的百代唱片片心。遗憾的是在它之前之后的《开矿歌》、《卖报歌》、《大路歌》、《开路先锋》等唱片上都署有词作者、曲作者的姓名，唯独《码头工人》与《打砖歌》的片心上仅写的是“聂耳作”。

1985年底我去上海时，再次查阅了百代唱片公司的一些原始文字资料。在上海音乐学院陈聆群和陈来的共同努力下，我们花费了三个半天的时间，仍然没有能查找到写有《打砖歌》作词者的那一本录音记录本或者是付稿酬的账本。据保管人说这些材料文化大革命时全被造反派抄去了，送回来时只剩下了这么一些，看来它们已经毁于十年浩劫之中了。

我还当面或打电话询问过当年参加《扬子江暴风雨》演出的王为一、干学伟、田海南等人，是否知道或听聂耳说过《码头工人》等三首歌的词作者是谁。他们都说是聂耳教他们唱了这些歌，但是不记得聂耳是否说过作词者是谁，就是聂耳说了，相隔这么多年他们也记不起来了。

几番碰壁以后，我于是转向另一条老路探寻。我再次翻阅1957年版《聂耳歌曲集》的依据——北京星海大合唱团1950年编的《聂耳歌曲集》，发现歌本里有篇纪念文章的末尾的括号里写有“紫光”二字，我想到这可能是金紫光。经过几番奔走，我终于找到了这位离而不休的忙人。他看了当年的歌本实物，认出这的确是他们编辑的。至于《打砖歌》为什么写为蒲风作词，他说当时他与安娥都住在西堂子胡同一号的宿舍里，安娥曾与聂耳一起共事，听她说聂耳写《扬子江暴风雨》时，选用了蒲风编辑的《新诗歌》上发表的歌词，因而就按她的意见把《打砖歌》写为蒲风作词了。

根据上文所引东京《聂耳纪念集》中的文章，蒲风与聂耳是1935年6月2日才在日本相识的。这就排除了1934年春天聂耳创作《扬子江暴风雨》时，直接从蒲风处得到《打砖歌》和《打桩歌》歌词的可能性。假设聂耳是从公开出版的报刊如《新诗歌》上找到蒲风的这两首歌词并为之谱了曲的话，蒲风在上面那篇文章里就一定会提到此事。因为聂耳为《新诗歌》上别人写的《码头工人歌》谱了曲，蒲风的心里都如此的兴奋，何况是他自己的作品呢。就是蒲风不知道自己的作品被聂耳谱了曲，他们这次见面时聂耳也一定会告诉他，从而在蒲风的文章中记载下来。但是在目前看到的蒲风四篇纪念聂耳的诗文中，都没有留下任何这样的线索。

为此我向李焕之同志借来了出版社赠送给他的《蒲风选集》，从头到尾地仔细翻阅。除了编者转引自1957年版《聂耳歌曲集》的《打砖歌》与《打桩歌》以外，该书没有任何文字可以说明蒲风写作了这两首歌词。反而有好几处（如在该书上册的612页、下册的888页、897页），蒲风都提到温流写的诗歌《打砖歌》。

温流（原名梁启佑，后改名惜芳，1912—1937，与蒲风都是广东梅县人）是中国诗歌会华南分会的主要成员。后来还是在蔡清富同志处，我看到了《温流诗选》。现将其中的《打砖歌》全文抄录如下：

小的锤，方的砖，日头像火火烧衫，
早晨打砖打到夜，一日还得不到两毛钱。

小的锤，方的砖，腰骨软来腿又酸，
碎砖混了洋灰造房子，咱们夜里困街边。

小的锤，方的砖，咱们最怕的是冷天，
北风吹来冷透骨，手上脚上有裂痕。

小的锤，方的砖，咱们流汗人吃饭，
咱们瘦了人赚钱，汽车里的人吃得胖又胖。

小的锤，方的砖，六岁的孩子也来学打砖，
练粗臂膀练好脑，造个世界来看看。

小的锤，方的砖，咱们的世界在前面，
不要怜悯不怕死，打呵，打呵，干呵干！

据诗末作者自注，此诗写于1933年3月18日后收于1936年出版的温流诗歌集《我们的堡》（抄自广东人民出版社1958年出版的《温流诗选》）。

温流与聂耳分别在广州与上海，相隔千里，聂耳是否看到过这首《打砖歌》呢？但在已经找到的在上海出版的从创刊号至终刊号的全部《新诗歌》原件上，都未见刊有《打砖歌》。据蔡清富讲他曾在别的当时出版的文艺刊物上看到过《新诗歌》的一个内容预告，其中就有署名为温流作的《打砖歌》，但是目前尚未找到有这样内容的一期《新诗歌》。王亚平、柳倩在《新文学史料》总第二期（1979年2月出版）上发表的《中国诗歌会》一文中，提到二十六开本的《新诗歌》旬刊1933年2月正式创刊前，曾出版过一期四开单张横排的中国诗歌会会刊《新诗歌》。我认为这可能就是刊有《打砖歌》但尚未找到的那一期《新诗歌》。另外蒲风1937年写的《现阶段的诗人任务》[①]一文中，也说“聂耳由《新诗歌》上采用了《码头工人歌》、《打砖歌》、《卖

① 黄安榕、陈松溪编选：《蒲风选集》下册，海峡文艺出版社1998年版，第905页。

报小孩歌》”[①]。蒲风作为中国诗歌会的发起人与《新诗歌》的编辑，应当有资格证实《新诗歌》上是发表了《打砖歌》的。从写作时间上来看，《打砖歌》也肯定是发表在1934年春天聂耳创作《扬子江暴风雨》的歌曲之前。

乍看起来，温流的《打砖歌》与聂耳谱曲的歌词出入颇大，但是仔细比较之后，就会感到两者有着一些相似之处，如下面的一些句子：

温流的诗	《打砖歌》词
早晨打砖打到夜，	今天打砖，明天打砖，
腰骨软来腿又酸，	从早到晚不分班。
六岁的孩子也来学打砖，	臂骨痛，腰骨酸，
咱们流汗人吃饭，	打砖为了要吃饭。
	小孩儿打砖，老头儿打砖，
	老老小小都打砖；
	你出汗，我出汗，
	血水汗水都流干。

再联系《扬子江暴风雨》的剧情，就可以看出它们之间更多的有机联系了。如聂耳扮演了该剧的男主角打砖工人老王，歌词中除了小孩打砖，又增加了“老头打砖”、“老老小小都打砖”；该剧中有老王的孙子打砖时两次敲破了手指，鲜血直流，故而歌词中除了流汗，还有了“血水汗水都流干”的词句。

《打桩歌》的歌词，至今尚未在任何报刊上看到过，也未见什么文字资料提到过这首歌词。不过1979年和1985年田洪同志曾两次对我说过创作《扬子江暴风雨》时，田汉通过熟人中的帮会关系，与管事的工头打好招呼以后，曾让其弟田洪带着聂耳两次去“大上海”电影院的建筑工地，观看工人们用木桩打夯的情景——人群之中有一个人领唱，其余的人围成一个圆圈，在奋力打夯的同时齐声应和着劳动号子。田洪说紧张热烈的劳动场景与朴实深厚的感人歌声，给聂耳留下了深刻的印象。

聂耳的《打桩歌》中，有些部分从音乐到词句直接就来源于劳动生活，如“拿起来哟，哼哟嗬！”“放下去哟，哼哟嗬！”“停一停啊，哼哟嗬！”就是劳动号子中那种一领众合的典型形式。《打桩歌》中段那种对比的舒展部分，也是劳动号子中常见的表现手法——经过一段紧张劳动之后，稍微放松休息一下，喘口气。

《打桩歌》的另一些词句，也与温流的诗歌《打砖歌》有联系，如：

---

① 笔者注：此处蒲风的记忆有误，该诗原名《卖报童》，刊《新诗歌》二卷一期（1934年6月1日出版于上海），聂耳谱曲时将其改名为《卖报之声》。

温流的诗	《打桩歌》词
日头像火火烧衫	太阳晒死了，
一日还得不到两毛钱	一天到晚，两毛小洋，
咱们瘦了人赚钱，	肚皮饿死哪，
汽车里的人吃得胖又胖。	别人惬意啊！

聂耳具有相当高的文学才能，当时他在报刊上发表的文章和他记写的日记里，有许多写作的实例可以证明（参见《聂耳全集》下卷的文稿和日记部分）。他曾经想要做一个文学家（见1929年1月21日致母亲信），写出像现代诗人柯仲平那样的作品（见1932年10月21日日记）。因而聂耳在谱曲时，根据音乐创作的需要，有时自己就动手对一些歌词进行修改，如上述《码头工人》歌第四段歌词的增删；《卖报之声》歌名的变动及第一段词的处理；《雪花飞》的三段词都有较大的改动；把《新女性》分成的六个短歌；再就是对《义勇军进行曲》歌词的锦上添花的艺术加工，都是生动而有力的例证。

由于聂耳的一些主要歌词合作者田汉、安娥以及孙师毅（见中国音乐研究所1964年出版的内部资料《聂耳专辑》第三册刊载的《孙师毅谈聂耳》），都否认《打砖歌》和《打桩歌》是他们的作品，或是由他们进行改编的，蒲风当时更是还未与聂耳相识。这两首歌词我认为是聂耳看到了温流的诗歌《打砖歌》以后，依照《扬子江暴风雨》的剧情和音乐创作的需要，自己动手把它压缩、改写成了《打砖歌》的歌词；再在他聆听到的劳动号子的基础上，结合温流《打砖歌》中的某些诗句，自己编写了《打桩歌》的歌词。从以上各种事例中得出来的这个论断，我认为不仅是可信的，也是顺之成理的（它们的风格、口气也与聂耳的《中国歌舞短论》等文章相似）。

上面引用蒲风自己的文章及其他各种材料，已经证实了《码头工人》等三首词并不是蒲风的作品，可是田汉、安娥这些聂耳的同事和亲密战友何以会有这样的看法呢？我认为这是由于蒲风当时不仅是中国诗歌会的发起人、《新诗歌》旬刊的编辑，而且是新诗运动中最热心、最活跃的骨干分子，连中国诗歌会的另一位发起人任钧四十余年前就称誉他是该会的总干事（见任钧为《蒲风选集》写的代序《忆诗人蒲风》）。再加上《码头工人歌》与《打砖歌》当时都是用笔名发表在《新诗歌》旬刊上面的。现在我们还要花费这么大的力气，经历了数十年的时间才弄清楚了这个问题，田汉、安娥在当时那种白色恐怖下，不可能也没有条件这样做。当时他们可能没有注意这件事，后来就直觉地把这三首歌词与《新诗歌》的活跃人物与新诗运动的卓越推进者蒲风的名字联系在一起，也就不足为怪了。

最后，我认为这三首歌的词作者应分别订正为：《码头工人》是孙石灵作词；《打砖歌》是梁惜芳原作、聂耳改编；《打桩歌》是聂耳编词。

原刊《人民音乐》1986年第3期

聂耳的姓名与笔名纵横谈

向延生

1986年3月天津《音乐学习与研究》登载的《聂耳笔名浅谈》（以下简称《浅谈》）一文，对聂耳一生中使用过的名字和笔名，进行了有益的探索，作者引用一些当事者写的材料，阐述了自己的论点。但是该文在某些地方与事实存在出入，在释义上也有不尽妥当之处。现根据《聂耳全集》等有关材料，提出笔者的一些意见和看法，以求教于该文的作者和各位先辈与读者。

一、《浅谈》中两次都将聂耳原名的字，写为"子玉"，可能这并不是作者的笔误或者是排印中的错误。聂耳原名的字应该是"子义"，其兄聂子明、聂叙伦1955年在《人民音乐》10月号（当时聂耳的母亲尚健在）上发表的文章《回忆我们的四弟聂耳》中即说："聂耳是我们最小的弟弟，他原名'守信'，字'子义'（紫艺）。"近年来出版的《聂耳略传》（1980）、《聂耳》画传（1982）、《中国音乐词典》（1984）、《聂耳全集》（1985）等著作都采用的是这种说法。聂耳后来使用的名字"紫艺"，即是由"子义"而不是"子玉"的谐音转化而来的。

二、《浅谈》说聂耳的字"后改为紫艺"。1929年，聂耳在云南《省师周刊》第二期上发表了一篇散文《轮船上》，用"TY"著（应为署字——笔者注）名，这就是英语"'紫艺'或'子玉'的缩写"，并没有说清楚聂耳究竟是什么时候开始使用"紫艺"这个名字。

《省师周刊》第二期刊登的《轮船上》（今见《聂耳全集》中卷），文末注明是写于1929年8月21日。可是，至少在这之前的同年4月10日，聂耳在广州报考欧阳予倩主办的广东戏剧研究所附设的演剧学校时，已经正式使用了这个名字（见1985年版《聂耳全集》下卷第208页刊出的该校教务长唐槐秋致"紫艺同志"的准考通知信及聂紫艺入校保证书的照片）。

三、聂耳在昆明的女友叫袁春晖（由"聂四哥"转化而来的"聂四狗"，就是她给聂耳起的诨名），而不是《浅谈》中所说的姓崔的女同学，这在《聂耳全集》里刊出的聂耳的许多信件和日记里都可以得到印证。《浅谈》的此段文字据查是引自聂耳的三哥聂叙伦所著《少年时代的聂耳》（天津新蕾出版社1981年版），该书的143页第四十五节"不宜过早谈'婚姻'"中，写着聂耳1929年认识了“姓崔的姐妹二人”。我收到聂老赠送的此书后，看到此处也感到有些迷惑不解，有次曾当面请教聂老：“大家都知道聂耳在昆明时爱恋的女友只有袁春晖一个人，您的书里怎么变成了一个姓崔的女学生，这是怎么一回事？”聂老说他在原稿上写的也是“姓袁”，印出来却变成了“姓崔”，可能是排版时拣错了字。

袁春晖直到1985年才因脑溢血而神志不清，笔者在编辑《聂耳全集》时，自1979年以来曾多次前去采访她，核对了许多有关史实，也听她谈了不少当年的往事，袁春晖是聂耳在昆明时唯一爱恋过的女友，这是毫无疑问的。而《浅谈》的作者与聂老先生、袁春晖同在云南，相隔甚近，却没有进行调查核实，终致以误传误。

再者聂耳1927年考入云南省立第一师范学校高级部时，袁春晖只是省师附属小学的学生，后来她升入东陆大学（今云南大学的前身）预科学习，两人从未同在一个学校。因而聂老的书中仅称她是“女学生”，较《浅谈》中称其为“女同学”更为恰当。

四、“黑天使”是聂耳1932年在明月歌剧社时至少使用了五次的一个重要笔名，他的《中国歌舞短论》等多篇具有鲜明革命倾向的著名评论文章，就是用这个笔名发表的。

“黑天使”这个笔名的来源，并不像《浅谈》中所说是来自于拍摄影片《母性之光》时，聂耳自告奋勇扮演的一个黑人矿工。因为影片《母性之光》的拍摄是1933年的事情（正如《浅谈》已引用的聂耳日记记载是5月13日），而在这之前将近一年的1932年7月8日，左翼刊物《电影艺术》的创刊号上，聂耳已经用“黑天使”的笔名，发表了评论文章《下流》（写于同年6月27日，今见《聂耳全集》下卷）；也不是《浅谈》中所说的是源于云南同学开同乐会，聂耳装扮成非洲黑人的登台表演。因为据许多参加者的回忆，这次化装表演是聂耳在北平（今北京）时的事，那天四十余位云南人聚集在北平西单的一家饭馆忠信堂里，庆祝聂耳的友人陈钟沪（其家是经营云南宣威火腿的商人）的十八岁生日。聂耳1932年9月12日的日记中记载有这件事：“聂耳的 Chinese English 演讲简直大闹‘忠信堂’，笑声震天。”可这也已经是聂耳用“黑天使”的笔名发表评论文章《下流》两个多月以后的事了。

从现有的材料来看，聂耳“黑天使”的笔名，可能来源于德国1930年拍摄的一部黑白影片《蓝天使》（由德国著名女演员玛利娜·狄特丽什主演）。1931年9月17日聂耳在日记中写道：“昨晚听他们讲《蓝天使》是多么伟大，所以我是非看不可。这虽然是一部有声对白片，但与别的对白片不同，因为是德国人说英文的关系，里面的对话极少而且很简单。表情和穿插的精密真令人想不到。它描写女色的诱惑和社会一切虚荣的丑态可算无微不至，一个大学教授的下场竟弄到如此惨痛！”

笔者为此曾特意去观看了这部老影片，它描写的是一个名为“蓝天使”的歌舞班来到某大学所在的一座城市演出，许多大学生都被歌舞班里的女主角劳拉所迷惑，整天不离其左右，因而神魂颠倒，荒废了学业。大学里的某教授对此很不满，于是亲自去歌舞班看个究竟，但是到了那儿，他也情不自禁地迷恋上了这个歌女。因受劳拉的影响，教授此后的生活和行为、风度大变，难以为人师表，而被学校解聘。教授竟然娶劳拉为妻，并去歌舞班扮演丑角为生。几年后水性杨花的劳拉爱上了别人，教授的身心俱毁，最后奔回学校，惨死在他往日的讲台上。该片对德国社会生活丑态的讽刺和揭露，给聂耳留下了深刻的印象，同年9月24日聂耳又在日记中写道："德国片到底比较别的（影片）来得高深，导演得也精细。其实故事和演员并不复杂，全靠表情的深刻，动人。看过好几本德片如《内体之道》、《蓝天使》…… 之类，它的结果总是悲惨的，没有好的团圆的。"

聂耳来到上海以后，撰写的第一篇评论文章《对教育电影协会随便谈谈问问》（写于1932年6月15日，7月14日发表在上海《时报》副刊《电影时报》，今见《聂耳全集》下卷），就署名的是"蓝天使"。此文移用影片《蓝天使》的片名作为笔名，假借一个降临人间的天使的口吻，对同年南京国民党政府成立并控制的电影界领导机关"中国教育电影协会"（会长为陈立夫）的使命、对中国电影界当时面临的种种危机和今后的发展方向，发出了一连串的质问。它以影片《蓝天使》那样的笔调，揭露了帝国主义及其走狗对中国的凶猛文化侵略，它们对中国新兴文化运动的残酷压迫，指明了电影应起到的社会教育作用，它必须要反映当前社会所存在的矛盾等重大问题，从而给刚成立的中国教育电影协会以当头棒喝。

聂耳1932年6月15日日记的开头，写有这样的话："所谓社会教育、儿童教育，自己有着一班失学的儿童还不去教育，这是多么笑话的事。""我的革命的艺术的出路已渐渐入门了，努力去吧！"说明"一・二八"淞沪抗战以后，聂耳经过几个月的思考、探索，已经踏上了革命文艺的道路。这年4月聂耳与田汉会面畅谈，正是根据革命艺术的要求，6月15日写作了《对教育电影协会随便谈谈问问》。据夏衍说聂耳此时已经参加了左翼剧联组织的影评小组的活动，笔者认为此文可能就是在田汉等革命文艺工作者的影响或指导下，聂耳向国民党反动派开的一炮。

五、那聂耳"蓝天使"的笔名，怎么又变成了"黑天使"呢？这要从聂耳的挚友蔡楚生说起。当时风华正茂的年轻导演蔡楚生，1932年拍完了他独立执导的头两部影片《南国之春》与《粉红色的梦》，它们描写的都是小资产阶级儿女情长的故事。"一・二八"抗战激发了蔡楚生的抗日爱国热情，他立即投入抗日新闻片的拍摄，又与孙瑜、史东山等人合作拍摄了故事片《共赴国难》。深重的民族危机和革命文艺理论的影响，使蔡楚生的创作道路从此走上了深刻反映社会现实生活的坦途。

当时田汉等人创作的暴露现实的黑暗，描写贫苦劳动人民生活的左翼影片很受观众的欢迎，蔡楚生也怀着兴奋的心情开始收集材料，准备编写影片《都会的早晨》（蔡楚生在这部成名之作里，以巨大的热情成功地描写了当时社会贫富的对立、压迫与被压迫阶级之间不可调和的矛盾，讴歌了劳动人民勇敢、正直、勤劳的高尚品质，揭露了资产阶级阴险毒辣的卑劣行径）。但是在当时那种严重的白色恐怖下，蔡楚生只能以半地下状态的谨慎方式工作。有一天某位与国民党反动派有勾结的联华影业公司负责人在发表怪论，感慨于那种"下流"的电影（即描写劳动人民生活的电影），怎么竟然会大卖其钱（即受观众的欢迎）。蔡楚生听了感到很气愤，但是在公开的场合左翼人士照例是不与他们争论的，蔡楚生只是带着讽刺的口吻说：

"我也正在准备拍一部'下流'的电影。"

在场的聂耳听了，回家就写了那篇短评《下流》，指出"站在资产阶级的道德立场……劳苦群众为了肚子吃不饱而做非法（？）举动；失业者因为没有饭吃而做强盗，当土匪，站在四马路拉人……无疑地，便是他们认为的'下流'"。"楚生要拍一部'下流'的东西，不知他怎样去决定这'下流'的意义？在我的理想中，也许他渐渐地在转变了，在这部所谓'下流'的作品里，至少会描写出多量的下层阶级生活，同时暴露出'下流'的必然性。""楚生是青年，我总是热烈地希望着他能很快地走上一条正确的大道，不要再做着艺术家的迷梦！"

蔡楚生看到此文后感到很高兴，因为两人的观点与立场完全一致。同年7月31日上海一些电影、音乐界人士去高桥海滨游泳。回程的轮船上，蔡楚生主动来找聂耳攀谈。聂耳在同日日记中写道："被蔡楚生请走谈话……谈到他的新作品《都会的早晨》，这是一个思想上打量过一下的剧本，他说是两大阵营的对写，暗示给我他对黑天使写的《下流》是同情的。"误会消除了，聂耳与蔡楚生此后成为了多次合作的真诚恳切的好友。

聂耳是站在无产阶级的立场上来写《下流》这篇短评的。在人们的心目中，无产阶级当时的劳动与生活都是与黑颜色相联系的。为了要与自己维护和热情讴歌的主人公的形象相一致，至少能使自己的名字更像是无产阶级队伍中的一员，聂耳此后写作的五篇文章（写于1932年6月27日至7月29日），把"蓝天使"的笔名都改成为"黑天使"，就是理所应当的了。

六、聂耳1932年7月15日在《电影艺术》第二期发表的评论《和〈人道〉的导演者的对话》（写于同年7月7日，今见《聂耳全集》下卷），用的第三个笔名是"浣玉"。浣（huàn）字《辞源》的释义是"洗涤"，《辞海》的释义是"洗濯"。因为聂耳的老家是在云南玉溪（聂耳出生在昆明），《浅谈》的作者根据字义，把"浣玉"的含义引申到"纯洁的人或纯洁的玉溪人"。笔者认为这种解释虽然有着一定的可能性，但是难免使人感到有些牵强。

从《聂耳全集》中刊出的书信和日记，我们可以看到1931年3月"云丰申庄"歇业，特别是1932年3月联华歌舞班被联华影业公司遣散时，家里都来信劝聂耳回家乡去寻求发展，甚至连旅费都给聂耳寄来了。思乡心切的聂耳也几度反复思考回云南去的利弊，曾决定"回去商量一个升学的办法再出来"（1932年3月18日日记）。后来虽然因为种种原因未能成行，但是想要返回家园的念头，总是经常萦怀在聂耳的心头。

写作《和〈人道〉的导演者的对话》的前后，聂耳在日记中写道：

"7月6日……和从前到云南的朗华公司大胖子谈去云南做影片事，很有可能性，我负责写信探问云南消息，他负责找摄影机及工作人员。晚看《人道》试片……"

"7月7日，写好《看人道试片随笔》……午，写伯民的信，商量到云南摄影片事。"

由此笔者认为聂耳在写作《和〈人道〉的导演者的对话》时，联想到有可能借着拍电影回到家乡云南去这件可喜的事（风景秀美，又以花灯称著的玉溪，作为聂耳的家乡，应当是影片的拍摄地之一），就使用了"浣玉"这个笔名，而且仅使用了这一次。由于"浣"字与"幻"字同音，"浣玉"的含义如果解释为"幻想着回到家乡玉溪"，可能较为符合当时的实际情况。

七、聂耳使用的第四个笔名是“噪森”，但它最早不是出现于1934年2月15日《电影画报》第8期上发表的散文《一个冒险的摄影故事》（1932年2月11日聂耳去上海闸北的“一・二八”战场摄影，回家后当天就在日记里写下了这个冒险故事的草稿。但是直到两年之后，该文才以上述笔名发表在《电影画报》上，今见《聂耳全集》下卷）。半年之前的1933年7月1日，聂耳在《电影画报》创刊号上发表的评论《电影的音乐配奏》（写于同年4月14日，今见《聂耳全集》下卷），已经首次使用了“噪森”这个笔名。

聂耳1932年底进入上海联华影业公司工作，原先只是从事场记、剧务工作，1933年3月21日起才就任音乐股主任。聂耳此后不久写作的《电影的音乐配奏》，是要强调“音乐在电影艺术中的地位”。文中指出美国“在好莱坞每摄一部影片，它对于音乐的配奏看得非常重要”。“苏联和德国……善用声片的音响，使乐音、噪音适当地配合着剧情，给观众感到眼里所看的，耳里所听的，脑里所想的，融化得恰到好处”。

人们都知道各种声音当中，噪音比乐音有着更强烈的刺激性。由于“回顾国产影片的对于音乐，一向是取忽视的态度”，聂耳于是就用由“噪音”转化而来的“噪森”这个富有音乐寓意的笔名，向中国的电影制片家们发出了这些“刺耳”的忠告。

“噪森”是1933年至1935年聂耳出国前，一共使用了四次的另一个重要笔名。

八、1931年3月28日聂耳报考联华歌舞班时，使用的名字还是“聂紫艺”。《浅谈》认为他改用“聂耳”的名字，是由于联华公司的一次同乐会上，聂耳表演的“聂耳博士演讲”这个节目。

据聂耳日记记载，1931年8月24日上海联华影业公司为其总经理罗明佑祝寿，举办盛大的游艺联欢大会。因前一天才通知所属的联华歌舞班出席表演节目，时间仓促来不及准备，于是推举多才多艺的聂耳即兴表演了“聂耳博士讲演”这个节目，内容是从模仿当时著名的电影演员紫罗兰跳埃及舞，到收场的学猪叫什么都有，结果大受欢迎。电影明星孙瑜、金焰都来与他握手表示祝贺，罗明佑还送了一个花篮给“聂耳博士”表示感谢。

但是在这之前的同年8月16日，聂耳检讨、思考自己的人生道路：“不论你从哪条路跑，你对于哲学的基础不稳定，终于是难得走通的。”“新的脑子的培养，不是用一个模型一套便一次铸成，永不会腐破的。它正如一棵嫩小的植物，随时需要合理的灌溉。”“所以新的脑子要随时装与新的养料，才能向着新的轨上发达。”（均见聂耳同日日记）由此聂耳意识到自己近来的思想和生活中，一些应该以理智来判断的事，却常常由感情支配着去行动，这对于自己的成长将是一个极大的危险。为此聂耳在这天的日记中写下警句：“The passed Nie Shou-Sin was not the Niel of this time。”（意为：过去的聂守信，不是现在的聂耳）以此来激励自己，这是到目前为止，“聂耳”这个名字最早的一次出现。

聂耳这个名字的由来，一方面是他姓的“聂”本来就是耳字成山；再就是他天生了一副听觉异常敏锐的耳朵，又喜欢模仿别人说话的腔调，于是很多人干脆就称他为“耳朵先生”。据聂耳在明月歌剧社时的同事及黎锦晖的女儿回忆，聂耳进入联华歌舞班之后不久，班主黎锦晖因此就给他起了“聂耳”这个名字（在这之前，黎锦晖已经给歌舞班里的许多人改了姓名，如

王庶熙 —— 王人美、钱蓁蓁 —— 黎莉莉、于斯咏 —— 黎明健)。经过上述那次联华影业公司联欢会以后,"聂耳"这个名字就逐渐在社会上流传开来了。

另外,《浅谈》中所说"曾经和聂耳在一起工作的郑易里同志",这种提法也欠妥当。郑易里虽然也是玉溪人,但是直到1929年途经昆明时,才由侄子郑瑞之介绍与他的同学聂守信见过一面。1930年聂耳也来上海后,因三哥聂叙伦次年初在昆明与郑易里的侄女订了婚,聂耳因此也尊称郑易里为七叔(两人的年龄仅相差五岁),同乡、亲戚,再加上共同的志向,使得两人的关系十分亲密,来往频繁,郑易里在思想上经常给聂耳以指导(聂耳所看的恩格斯的《反杜林论》、左联的刊物《文艺新闻》等书刊,都是向郑易里借阅的),经济上也时常接济聂耳(1932年3月17日给聂耳一百块钱买小提琴,7月19日又借一百块钱给聂耳做衣服)。郑易里在云南就参加了地下党的活动,后来一直担任云南纸烟在上海的经理,又与艾思奇等云南革命志士交往,在经济上经常是以其资本倾囊相助。郑易里还翻译出版有《新哲学大纲》,编有《英汉大词典》,现在仍健在,是全国政协委员,《聂耳全集》编辑委员会的顾问。但是很难说他"当时曾经和聂耳在一起工作"。

九、1935年1月6日聂耳在上海《申报》发表述评《一年来之中国音乐》(今见《聂耳全集》下卷),使用了最后一个笔名"王达平"。从聂耳当时的生活和工作中,目前还没有找到能够说明这个笔名背景的任何文字材料。据吕骥说,1935年初聂耳碰见吕骥互相介绍自己的工作情况时,曾说到《申报》最近约他写了这篇文章,回顾1934年中国音乐界各方面的情况,发表时随便起了个没有什么意义的笔名。因而,我们也就没有必要去寻求它的含义了。

本文仅是根据笔者所看到的一些材料和采访资料,对聂耳使用过的姓名和笔名谈谈个人的意见。由于水平所限,不准确和错误之处仍然在所难免。为此,殷切地希望各位读者能多多给予指正!

原刊《音乐学习与研究》1988年12月(总16期)

聂耳亭与大路亭

向延生

由孙瑜编导，金焰、郑君里等人主演的左翼电影《大路》，是中国电影发展史上具有重要意义的一部影片。聂耳为此片作曲的序歌《开路先锋》（孙师毅词）与主题曲《大路歌》（孙瑜词）是当时广为传唱的名曲，更为该片增辉添彩。

在江苏无锡太湖畔的著名风景区鼋头渚公园的后山，现有一个二层的小阁楼，上面挂有“聂耳亭”的横匾。据说聂耳为给影片《大路》谱曲时，1934年曾到无锡来体验筑路工人的劳动生活，然后就是在这个亭子里创作了《开路先锋》与《大路歌》这两首歌曲。

1934年10月中旬，上海联华影业公司二厂的影片《大路》剧组，曾在孙瑜的率领下开赴无锡拍摄外景，同行的有主要男女演员金焰、郑君里、陈燕燕、黎莉莉、罗明、张翼、尚冠武、刘继群、韩兰根、刘琼等，剧务主任孟君谋，摄影师洪伟烈，作曲与配音者聂耳以及随行的王人美（金焰的夫人）等共二十余人。这么多的电影明星的光临，轰动了无锡城（当年的《锡报》等报纸上对此有大量的报道）。

当时无锡正在修筑太湖的环湖公路，外景队就借住在筑路工地附近的陈家花园里。孙瑜曾在《回忆〈大路〉的创作》（刊《电影艺术》1960年5月）一文中写道：“外景队借住在鼋头渚后山一个姓陈的依山近湖的花园里。我们分住在山脚下的两间房子和山腰的一座花厅里；女演员们住在山顶的一座两层的小阁上。”

1979年至1984年我编辑《聂耳全集》期间，曾多次采访孙瑜、金焰等电影界前辈。他们进一步说明了那次去无锡时，女演员陈燕燕、黎莉莉以及王人美等人是住在近山顶的小阁楼里；孙瑜、金焰、聂耳等男演职员都住在半山腰一棵大树下的几间茅草房子里；摄影器材则存放在山脚靠近公路边的房子里，由摄影人员住在那儿负责照看。

1982年我曾专程去无锡实地考察了一次，找到了那个陈家花园（已改名为充山苗圃），看见那三处住址基本上都还保持着原来的模样。因而所谓聂耳曾经住过的“聂耳亭”，实际上当

江苏无锡市鼋头渚公园后山（原陈家花园）所谓的旅游景点“聂耳亭”

年只是存放摄影器材与摄影人员暂住的地方。1987年我去江阴参加中国音乐史学会年会路过无锡时，看到该处已经圈入鼋头渚公园的范围，挂上了由于伶题写的“聂耳亭”的横匾，安放了一座聂耳的雕像，设有说明牌，作为一个风景点，正式向游人开放了。

聂耳作为我国无产阶级音乐的先驱、中华人民共和国国歌的曲作者，当然应该大力宣传、广为介绍。但是根据不确切的传说：聂耳并没有在无锡体验筑路工人的劳动（孙瑜、金焰都说聂耳曾去上海江湾的筑路工地与工人们一起拉压路的大铁磙）；聂耳在去无锡之前就已经谱完了《开路先锋》与《大路歌》(不仅孙瑜、金焰如此说，我还在上海百代公司的录音记录簿上，查到了这两首歌曲录制唱片的时间是9月26日）；再将聂耳当年并未住过的地方命名为“聂耳亭”，把它作为历史遗迹介绍给后人，这就未必妥当了。

由此，我想到如果把“聂耳亭”改名为“大路亭”，在那儿设置一个影片《大路》的纪念室，里面陈列一些有关的图片、模型、剪报、纪念品、回忆录、播放该片中的歌曲录音（该片中的另外二首歌曲《新凤阳歌》与《燕燕歌》均为安娥作词、任光作曲）…… 这样或许是更恰当、也更有意义的事。为中国电影事业的发展作出了重要贡献的众多电影艺术家的业绩，将因此而得以宣扬，在那么多影坛明星之间，聂耳作为该片的主要作曲者，自然也就在其中占据了他应有的地位，放射着他那耀眼的光辉！

原刊《音乐周报》1993年10月29日

聂耳死因的调查及郭沫若的墓碑文

向延生

昆明聂耳墓删去郭沫若1954年撰写的《聂耳墓碑文》末两句的事情，一些文章发表了赞同与反对的看法。为了说明这个历史事件，首先要回顾一下此事的起因——聂耳1935年逝世于日本鹄沼海滨的情形。

在学生运动和左翼文艺运动中逐渐成长、自学成才的人民音乐家聂耳，从1934年起陆续写作了《毕业歌》、《义勇军进行曲》等著名抗日救亡歌曲。这些歌曲受到社会各阶层爱国群众的热烈欢迎，迅速广为流传，聂耳因此也被列入了国民党特务的“黑名单”。为了躲避国民党政府的迫害，经过中共地下党组织批准，一直没有机会进音乐院校学习的聂耳，准备乘这个机会途经日本去欧洲、苏联学习考察。1935年4月15日聂耳从上海乘轮船赴日本，在其后两个多月的时间里，他观摩考察日本的戏剧、电影、音乐；多次参加中国留日学生的艺术活动以后，聂耳计划利用暑假去大阪考察日本新协剧团的旅行公演。为此，他随友人李相南（朝鲜籍舞台灯光专家）先期顺道去藤泽市的鹄沼海滨参观游览，从7月9日起借住在李相南的同事及友人滨田实弘的家里。

7月17日与聂耳一起下海游泳的友人，只有李相南、房东的姐姐滨田秀子及其9岁的儿子松崎厚共三个人。应张鹤的要求滨田实弘7月19日写了《聂耳遭难时之情形》（已收入《聂耳全集》）。

据当时负责在日本料里聂耳后事的张鹤回忆，7月18日有人在东京中华会馆的布告栏上，看到留日学生冀林（李相南的中国友人）张贴的聂耳已去世并寻找聂耳亲友料里其后事的告示后，打电话找到了在房州海滨度暑假的云南留日学生。聂耳离开东京前曾经与同乡好友约定去大阪考察了日本新协剧团的旅行公演后，即去东京湾另一侧的房州和云南友人欢聚。听到聂耳逝世的噩耗后，人们都不相信会发生此事，于是推举与聂耳有着多年交往的同乡挚友张鹤，至东京与冀林会合然后一起奔赴藤泽。张鹤打开棺木仔细辨认清楚死者确实是聂耳后，

1935年7月17日，聂耳游泳不幸遇难的日本鹄沼海滨

才作为聂耳的亲友签字办理了有关的手续，由日本警方火化了聂耳的尸体。

8月4日中国留日学生近百人在千叶县北条举行“追悼聂耳先生大会”，并决定著文、募款出版《聂耳纪念集》（由左联作家张鹤与左联诗人蒲风负责编辑）。上海各界人士千余人8月16日也在金城大戏院隆重举行了追悼聂耳大会。

这年夏末，郑子平代表聂耳的亲属来日本料理后事，领取其遗物。聂耳的骨灰即由郑子平和张鹤护送回上海，暂存于其亲戚郑易里处。其母亲一年多以后终于获悉了爱子聂耳逝世的噩耗，然后其三哥聂叙伦专程去上海迎回了聂耳的骨灰和遗物。1937年10月1日聂耳的骨灰安葬在昆明秀丽的西山华亭寺的下方，云南著名学者徐家瑞为其撰写了“划时代的音乐家聂耳先生”的墓碑。聂耳的家属、亲友和楚图南、郑一斋、杨一波、徐家瑞等著名人士出席了安葬仪式。

1931年日本侵占了中国的东北，1935年更把战火烧到了华北。聂耳写作的《义勇军进行曲》等抗日救亡歌曲，极大地鼓舞了中国人民抗日救国的热情。惊悉聂耳逝世的消息时，在日本的中国留学生当时就怀疑聂耳是否是被日本警方或者是国民党特务谋害而死；国内的一些报刊在发表聂耳逝世的消息时，也对“七窍流血”而死的聂耳“是否溺毙，发生疑点”。在当时那种国际形势环境里，产生这些怀疑是很正常的事情，但是后来却都没有了下文。

1935年底中国留日学生出版的《聂耳纪念集》里，刊登有郭沫若写作的《悼聂耳》（这年10月31日已刊载于上海出版的《中华日报》）。诗中只是“问海神你如何不淑？为我辈夺去了斯人！”1954年云南省文化局在原址整修聂耳墓，中国文联主席郭沫若应邀题写了新墓碑“人民音乐家聂耳之墓”；墓碑文的最后却说：“聂耳……不幸而死于敌国，为憾无极。其何以致溺之由，至今犹未能明焉！”

这是否是因为当年悍然发动侵华战争的日本政府，1949年以后追随美国对新中国采取敌视态度，与台湾保持外交关系，积极协助美国进行朝鲜战争，致使长期未能与新中国建立外交关系和缔结和平条约。郭沫若受到当时中日两国还处于敌对政治与战争关系的影响，因此在墓碑文中直言日本为敌国，并对聂耳的死因提出质疑，一吐胸中几十年来的新仇旧恨，这显然具有时代与政治的历史烙印。

20世纪80年代初编辑《聂耳全集》时，我作为该书的执行编辑，曾经对聂耳逝世的情况进行了专题调查。了解到以下一些情况：1. 曾经多次与聂耳在上海一起游过泳的孙瑜、金焰、吴永刚、赵丹、黎锦光等人，都说聂耳的游泳技能较差，不会换气经常沉底，因此有着“潜水艇”的外号。2. 当时在日本的中国留学生杜宣、林林、杨式谷、吴琼英等人，说他们1935年为此已进行了一些调查，但是都没有找到任何聂耳被谋害的根据和事实。3. 据杜宣（1932年加入中国共产党，左联东京支部负责人，后任上海市文联副主席）说，聂耳离开东京前，他曾问过聂耳一起去藤泽的人是否可靠，聂耳明确告诉他说李相南是自己人 —— 朝鲜共产党党员。4. 许多被调查者说聂耳的歌曲当时在中国虽然已经很流行，但是一般人多不知道其作者是谁。在日本聂耳就更不为人所知，而且聂耳当时还是用“聂守信”的学名去的日本。5. 那时日本虽然占据了东北，但是与其交战的是“抗日义勇军”，中日两国是1937年的“卢沟桥事变”爆发后才全面开战，因此1935年时日本当局还没有谋害聂耳的理由以及必要性。6. 连当时居住在日本的中国著名人士郭沫若，日本警方那时也只是对他进行监视；对中国进步留日学生，也只是有时叫去问话、无理拘禁，最多是押送回国，没有听说有人被害死和谋杀。7. 聂耳写作的歌曲成功表达了中国人民抗日救亡的高涨爱国热情，但是只是号召大家“担负起天下的兴亡”、“上前线去”、“举起所有的武器”、“驱逐我们的敌人”，并没有任何“抗日”甚至是“打回老家去”等直接的反日字句。日本当局如果以此来谋杀一个音乐家，而且只是以中国留学生身份去日本的聂耳（其中国共产党员的身份没有暴露），还缺乏根据。

还有人说聂耳的头部曾经多次出现过问题：1. 在明月歌剧社时，有次聂耳曾经从单杠上头朝下摔在地上，当时就不省人事（见其1932年7月23日日记）。2. 在联华公司时，1933年8月30日晚上在上海南京路永安公司门口拍外景时突然昏倒，因脑充血在仁济医院住院治疗了八天（见聂耳那段时间的日记与书信）。3. 我采访金焰和吴永刚时，他们都回忆说1934年有次与聂耳玩“坐飞机”（把他同侧的手和脚拎起来转圈），不小心脱手，聂耳的头碰到了墙壁上，也是当场就昏了过去。4.1935年初赶拍影片《新女性》时，该片的导演蔡楚生回忆：“我们和聂耳共同度过了困倦而紧张的一个通宵又一个通宵。聂耳的脑部，过去不幸因曾经两度摔伤，一到深夜，血液上升，他就涨得满脸通红和感到痛苦不堪。往往在这时他总嚷着：我的脑袋要爆炸了！”①

因此有人推测聂耳那天在日本游泳时，是否因为突然头脑发晕失去了神志，才造成了意外的不幸？

聂耳生前的战友中国音乐家协会主席吕骥，对其死因一直非常关注，也曾经有过疑问。

---

①《大众电影》1955年7月11日第13期。

1983年他访问日本时，特意去鹄沼海滨视察并带回来了一份历史文献——日本藤泽町长大野守卫1935年7月18日签发的“认许证”复印件，其中死亡原因写的是“溺死”。我应召去他家里拿“认许证”的再复印件时，吕老说事实看来确实是这样了。因此在没有找到确凿的证据前，1985年版《聂耳全集》（吕骥为顾问之一）的《聂耳年谱》，据此采用了聂耳是“溺水而亡”的说法。

为纪念聂耳逝世四十五周年，1980年昆明市政府在西山太华寺的上方修建了聂耳新墓。由于聂耳的缘故与昆明市结为友好城市的日本藤泽市市长叶山峻，这年率领藤泽市代表团来昆明访问，拜谒聂耳墓时日方当即对郭老墓碑文的最后两句提出了意见：认为聂耳逝世当时就有“溺死”的检验证书；藤泽市人民对聂耳更是一直怀有深厚的情感——1954年就在聂耳逝世的鹄沼海滨建立了“聂耳纪念碑”（中国红十字会访日代表团出席了落成仪式，团长李德全剪彩并发表讲话）；1965年又重建了被海啸破坏的“聂耳纪念碑”，并请郭沫若题写了“聂耳终焉之地”的碑铭（中日备忘录贸易办事处驻东京首席代表孙平化等人与藤泽市民参加了落成仪式）。还成立了“聂耳纪念碑保存会”，由藤泽市市长兼任会长，并经常举办多种纪念活动与演出。去日本访问的各种中国代表团和各界人士，也纷纷前往该聂耳纪念碑参观凭吊；而且1935年时及两国关系正常化，中日并不是敌国。

根据这些情况，1982年初云南省文化局向文化部呈送报告，提出为了回应日本方面的这种友好情谊，适应当前的政治形势，郭老撰写的聂耳墓碑文若继续使用，是否应该删掉最后那两句话。当时的文化部代部长周巍峙认为郭老1978年已经故世，此事如何定夺，还需请示中央主管宣传文化工作的胡乔木同志。这年2月24日中共中央政治局委员、书记处书记胡乔木让秘书黎虹复信周巍峙：来函乔木同志已阅。郭老为聂耳墓碑题词，乔木同志已删去最后两句（见送来附件）。2月26日周巍峙将复信批转给文化部办公厅：按此复一信给云南省文化局。3月3日文化部根据胡乔木和周巍峙的批示，发函给云南省文化局，要他们“遵照执行”。

因此我认为：郭老1954年撰写的聂耳墓碑文，对聂耳的成就和贡献都给予了高度评价，但是末句也难免有历史与时代的局限性，无法脱离当时的政治氛围。1972年中日两国建立了外交关系、缔结和平条约结束了敌国状态以后，两国及人民之间的友谊和交往日益加强。考虑到郭老的墓碑文还应该长久地树立在聂耳墓前，因此为适应其后国内外形势的变化，经过适当的报批程序后，删去其末尾不恰当与到现在仍然缺乏根据的疑问句，应该是具有可操作性的实施方案（该墓碑文的全文作为历史作品，在郭老的著作、文集以及其他场合，当然还是应该完整的留存）。至于认为不应该删改甚至认为不能“篡改”郭沫若原作的观点，我认为如果郭沫若迄今还健在，他也会依据当前的形势，审时度势、与时俱进地改正其聂耳墓碑文。

中日两国人民之间一衣带水的传统联系和深厚情谊源远流长，即使删去了郭老墓碑文里最后的那两句话，也并不等于我们就放弃了追查聂耳死因的权利。如果聂耳的“被谋杀说”今后发现了确凿的证据，不仅是中国人民，我深信许多日本的友好人士，都会对有关责任人群起而共讨之，彻底清算这一严重的历史罪行。

“替大众呐喊”的中国新兴音乐的开拓者

汪毓和

在20世纪的30年代，中国音乐界一位最年轻的作曲家聂耳，以短短不到3年的时间，写出了当时社会影响最大的一批歌曲（如《大路歌》、《开路先锋》、《码头工人》、《毕业歌》、《卖报歌》、《铁蹄下的歌女》等），其中多数是当时的左翼电影和戏剧的插曲。这些音乐作品随着其配写的电影、戏剧推向了社会，受到了广大群众的欢迎。到今天，许多与这些音乐有关的电影、戏剧已几乎为人们所淡忘，而与之相联的、聂耳的歌曲，仍保持其恒久的艺术生命。特别是他24岁也是他生前最后完成的、为电影《风云儿女》所写的主题歌《义勇军进行曲》，在新中国成立前夕召开的“第一届中国人民政治协商会议”上，从694首应征的“国歌”稿中，经毛泽东、周恩来、郭沫若、田汉等人的提议，一致选定为“中华人民共和国国歌”。从1949年至今天，历经半个多世纪政治风云的沧桑，这一首充满高昂自豪的歌声，始终翱翔在全中国的上空、全世界的上空，激励着一切热爱祖国的中国人民、激励着一切爱好正义和平的各国友好人士。

一

在中国近现代音乐史上，产生的优秀音乐家何止千千万万，为什么“国歌创作者”的殊荣偏偏会落到这位没有经过正规音乐学院培养的聂耳身上？除了他罕见的艺术才能外，究竟有什么值得重视的内在历史原因？显然，不止是一个简单的作曲技术水平问题，而是必须联系作者的特殊生活经历、作者所处的时代环境及其影响以及作者在人生观、世界观、艺术观等各方面的成长和变革等内在的原因进行观察、分析，才能剖析。

1. 清苦勤劳的童年生活，造就了他从小刻苦好学、热爱劳动、热爱生活、热爱祖国和人民以及珍惜真诚的亲情和友谊的优良秉性。这一优良秉性不仅使他从小就懂得应该自律自强、积极向上，而且较早自觉接受“五四”以来新思想的熏陶，较早关心民间疾苦和社会的不平，以及贯穿他一生的明辨是非、自觉改造的人生目标。

2. 广泛的文化艺术修养造就了他天性爱好文艺、音乐的素质，善于从一切中外优秀文艺遗产中吸取其精华，善于在对艺术审美的提高中培养自己对文艺音乐创作的灵感和敏感，不断从自己的艺术实践中树立新的奋斗目标，不断追求自己的艺术的完善和提高。

任何一个艺术家除了有他“与生就有”的“天才”（如对音乐家讲来，对分辨音响的听力和对接受音响的敏感，特殊的好嗓子或其他适合学习音乐的生理条件，以及对音乐艺术的早熟）外，总必须伴随着从小开始的、对艺术技巧的训练。聂耳确有较好的分辨音响的能力（如他到上海后曾印制一张“4耳”的名片，以及自己索性改名为“聂耳”），也较早表现出对广泛接受艺术训练的爱好和一定的实践（如他在小学时代就广泛学习了中国各种民族乐器，就表现出在读书和作文上的超常，以及从中学时代就开始对西洋小提琴和钢琴的自习、对戏剧表演和文学写作的过人才能等）。

上述的两点，我认为是影响聂耳一生在艺术上迅速成长和成熟的、极其重要的内在因素。因此，从表面看，似乎聂耳的创作生涯（即从他正式发表其电影歌曲《开矿歌》算起）仅仅3年不到，实际上从他中小学时代他就开始了自己的艺术生涯，尤其是从他正式参加黎锦晖的“联华歌舞学校”起，他就进入了作为一个职业音乐工作者的艺术经历。至于能否进入正规的音乐院校学习，对从事音乐创作固然是一种类似“科班出身”的条件。其实，并不是所有优秀的文学艺术家都必须首先具备“科班出身”这样的条件。如鲁迅、郭沫若、茅盾等文学大师，他们均不是学文学出身的；著名的作曲家江文也是学习机械出身的，而赵元任是学数学、物理出身的，音乐创作只是他的业余爱好，正像19世纪著名的俄罗斯的“强力集团”几位，开始都不是专业学习作曲的，类似等等不一一列举了。所以，我们考察聂耳的艺术成长过程，决不能本末倒置地只抓他是否进过正规的音乐学院，而忽略其早年所受到的、不下10年的一切文艺实践的历练。

3. 中国社会现实的苦难和中国革命人民坚韧不拔的斗争精神，抚育了聂耳在政治上的健康成长，促使聂耳不断在人生观、世界观、艺术观的自觉改造。这一点我们可以从聂耳早年的“作文”作业以及他从中学时代开始直到他参加“联华”的许多“日记”等大量可靠的史料中知道，聂耳早年的“作文”中已先后提出：

“近数年来，（始有稍大之营业，）* 资本（家）* 阶级亦日增。（而渐）*〔以致〕* 有罢工之风潮。吾人欲免除罢工之患，非打破资本阶级不可（也）*。”（1925年，13岁）

“（夫）* 戏剧者，（盖）* 文学美术之结晶体也。戏剧有（了）* 新剧旧剧之别。…… 夫新剧之〔有益〕* 于社会教育，弗待言也。…… 旧剧之于社会教育（者）*，则较（菲）*〔微〕* 矣。其中间有诲淫诲盗之情，故宜改良，始有益焉。…… 故欲发达（吾国）* 文学美术者，岂可不积极提倡戏剧乎。”（1926年，14岁）

“…… 现对科学与国故有三派之主张，即过激派、折衷派与陈腐派是也。…… 但就余之主

张，现时之中国不宜主张此派（注：此处指的是陈腐派），其原因有二：……”（1927年，15岁）

“……‘因环境的变迁而使人生观改变’这话对的吗？对的，……在中学时候我曾经作过一篇《我之人生观》，在那时的人生观可以说是消极的……考入省师后我的人生观又是一种，……恶劣的社会快要和我们有为的青年交战了——每一个人都是处在社会里的。既然人人都是在社会里过生活，当然要获得个人的生活。但是我们可以觉晓我们的自由究竟得着多少，完全是在几个军阀政客包办的政府手里。……还有种种的恶俗和许多不能适应新社会的旧礼教，……这些都是我们应当打倒的。换言之，就是打倒恶社会建设新社会。”（1928年，16岁）

“在生产组织上，资本家与劳动者若有区别，则劳动问题，是必然发生的。……减少工资，延长工作时间等等的事实就会发生。你想，每个劳动者的工资很有限的，还要受资本家这样的剥削。所以他们不得不团结起来，一致反抗，然后才有罢工等等的社会问题发生。”（1928年，16岁）

上述引文仅仅摘自聂耳在中学及师范学习期间的部分“作文”，当时聂耳不仅是一个学习努力、积极向上并爱好文艺的热情少年，还可发现在他稚嫩朴素的心灵中逐渐成长着一个关心人民疾苦、关心社会矛盾、思考正确人生和寻找解脱人类苦难命运等严肃的命题。这些发自一个身处旧社会的花季少年纯洁心灵的直白，尽管还有些简朴幼稚，却是多么的难能可贵啊！说明聂耳后来之所以会一步步地走上党所引导的革命之道路、一步步自觉成为一个开创中国革命音乐的艺术家，决不是偶然的。革命的种子早在他善良的心田中扎下了根、发出了幼芽！

4．“左翼”文艺不仅在中国近代文艺史上点燃了革命之火，并直接启发了聂耳立志为创立一种能“替大众呐喊”的新兴音乐进行不疲倦的奋斗。1927年“四一二事变”及其带来的千万革命烈士鲜血和生命的付出，一方面中途葬送了伟大的“北伐”革命征程、挑起了重新压在苦难中国人民身上的“十年内战”，另一方面也促使中国近代文艺从一般“文艺救国、音乐救国……”到高举“民主”与“科学”大旗的“个性解放”、“美育”，最后又提升到自觉创造为广大劳动群众服务的“革命文艺”的新的觉醒。这是中国近代新文艺随着民主革命的深入和社会历史步伐前进的主要发展轨迹，是不同阶段时代精神向文艺家所提出的严肃命题。这一点从聂耳1931年至1933年正式发表自己第一首电影插曲《开矿歌》之前的《日记》中可以得到证明：①在他中学时代，他积极参与当地的革命斗争，并自觉加入了学校的“共青团”组织。②在他作为“云丰申庄”的店员时，他经家乡的进步友人介绍加入了党所领导的进步群众组织“反帝大同盟”。③当他得以机会进入“联华歌舞学校”的乐队工作、初步挤入了当时上海的“艺术界”时，他曾一度满心幻想当一个小提琴家而废寝忘食地努力，但在他总结自己到上海一周年时，他沉痛地写下了这样的字句：“我背驰了原定的路线，我放松了某一种中心思想（注：指‘革命方向’）的发展，这种病态地、畸形地在这样一个社会讨生活，毋宁说是一种盲目的蠢动，……”（见1931年7月10日的《日记》）；他醒悟到：“新的脑子要随时装与新的养料，才能向着新的轨上发达。换句话说，脑筋若无正确的思想的培养，任它怎样发达，这发达总是畸形的发达。那末一切的行为都没有稳定的正确的立足点。”（见1931年8月16日的《日记》)④“九一八事变”、“一·二八事变”进一步使聂耳震惊，并引起了他对自己沉醉于西洋古典音乐、梦想当一个艺术家的“动摇”，他自省：“整个的世界已经在开始动摇了！帝国主义的冲突，第二次世界大战的伊始，到现在已经是无可隐蔽的事实。我的出路问题在这时候也好像随之动摇起来，所谓研究艺术，似乎不给你长远继续的可能，……”(1932年2月4日的《日记》)和“新的艺术追求”，“‘怎样去作革命的音乐？’整天地在想，终没有想到一个具体的计划。”(1932年2月7日的《日记》)

聂耳所寻找的出路，就是明确地靠近了“左翼”文艺运动，首先是左翼电影界，然后是与“左翼剧联”负责人田汉的会面，接着(1932年4月21日)他先后参加了“左翼剧联”及其“影评小组”的各项活动，从而启发了他对黎锦晖歌舞的批评(如《中国歌舞短论》、《黎锦晖的“芭蕉叶上诗”》等)，直至在田汉的推动下与任光、张曙等组织“苏联之友社音乐小组”(1933年初)和发起组织“中国新兴音乐研究会”等左翼的文艺组织。特别对有关发展“中国新兴音乐”问题，是他多年一直思考的“怎样去作革命的音乐？”逐步找到了初步的“答复”：

“‘什么是中国的新兴音乐？’这是目前从事音乐运动者，首先要提出解决的问题。我们知道音乐和其他艺术、诗、小说、戏剧一样，它是代替着大众在呐喊。大众必然会要求音乐的新的内容和演奏，并作曲家的新的态度。……”

“接受革命的作曲家们试图这种要求，但是编出革命的、同时保持高度艺术水准的音乐，不是容易的事情。抛弃经过几个时代发展下来的作曲的习惯，此外，还有配称为大众音乐的，究竟能够有么？……旧时代的作曲家们，跟从革命前确立的方法继续作曲；他方面，革命产生的新时代音乐家们，根据对于生活和艺术不同的态度，贯注生命。”(1933年6月3日的《日记》)

从上述《日记》的片段摘抄可以知道：聂耳从云南到上海后，随着环境、生活的改变，他在思想上曾出现了危机；正是过去友人的关心帮助及对革命理论书籍的阅读，向他指点了迷津；日本帝国主义的侵略使他惊醒，引起了对旧的文艺观的自我批判，并开始考虑如何作革命音乐的问题；正是参加左翼文艺组织的活动，使他在思想上、组织上一步步树立其革命的世界观和人生观；也正是左翼文艺(当时主要是电影和戏剧)工作的推动使聂耳开启了从事革命音乐的灵感和热情，加深了他对创造革命音乐(即他所称的“中国新兴音乐”)理论的思考和艺术要求，并对他的音乐创作作出了及时的客观检验。

因此，不能将聂耳仅仅看成“是中国‘救亡音乐’一面光辉的旗帜”，认为他30年代的音乐创作都只是“体现了围绕着抗日救亡题材而写作的音乐”，而闭口不提聂耳对左翼音乐开拓的主旨是为了创造一种能“替大众呐喊”的“新兴音乐”的重点历史意义。尤其将这些论点极不负责任地写入一本“全国高校音乐教育大系”的“教程”，将给现在不少缺乏近代革命生活体验、缺乏音乐历史知识的青年学生，既不符合当时聂耳的创作真实，也歪曲了当时中国音乐发展的历史真实[①]！这使我想起，30年代中国文学界之所以展开了所谓“两个口号”之争，就在

① 参见刘再生：《中国音乐史简明教程》，上海音乐学院出版社2006年版，第185—187页。

于鲁迅反对仅仅提出“国防文学”，而模糊、冲淡了原来“左联”的基本纲领精神。鲁迅坚决主张应提“民族的、革命的、大众文学”这样的口号，才既符合原来“左联”的纲领，又包含了组成“抗日民族统一战线”的新内容。现在我们向青年学生进行音乐历史的教育，包括进行对聂耳的纪念，我认为不能不重温这段历史，不能忘却过去惨痛的历史教训！

5. 聂耳音乐创作思想的核心“替大众呐喊”所体现的“大众”，不是“五四”新文化所说的“民众”、更不是黎锦晖打的旗号“平民”，而是指一切被剥削、被压迫的劳苦人民；聂耳音乐创作中所“呐喊”的不是一般个人的忧伤和痛苦，而是身处社会底层的劳苦人民强烈要求摆脱剥削、压迫的“痛诉”，是蕴藏在这些未来新社会主人不断增强的怒火和力量。

因此，聂耳不是一般意义的“爱国者”，聂耳的音乐不是一般意义的“救亡歌曲”。这是能否正确认识、理解和评价聂耳及其音乐创作的一个关键。记得在聂耳逝世的1935年年底，日本友人秋田雨雀正式向日本社会郑重介绍了聂耳，他说：“他（注：指聂耳）的死，不仅在日本的一般社会，就是在话剧艺术家和音乐家中间也几乎无人知晓，而聂耳在日本的死却在中国的艺术界和民众当中引起了极大的震动。最近，我两次听了他的唱片，虽然听不懂歌词，但是那旋律的力度却使我感受到了歌曲极为强烈的震撼力。…… 聂耳作品在中国的大众性与日本通俗作曲家所具有的大众性，在本质上完全不同。其不同的地方就在于他的作曲风格，那是一种健康的风格。……《大路歌》和《开路先锋》都是进行曲，《大路歌》歌颂了民众健全的奋勇向前的运动，《开路先锋》则表现了工人们在开拓新路时的欢喜和力量。他的作曲具有那样强烈的力度，他的作品并不是政治上的机械的反映，而是能够鼓舞所有民众在他们各自的工作岗位上积极地去生活。中国各阶层的民众之所以悼念他的死，我想其原因就在这里。”[①]今天重温秋田的这篇文章，不禁使我十分感慨。秋田作为距今已70多年前的日本进步文人，他还能在初步接触了聂耳的音乐就敏感地指出了聂耳之死的价值，一针见血地指出聂耳创作中的“大众性”与日本通俗作曲家中的“大众性”的本质区别。指出这一点非常重要。因为，表面看聂耳和黎锦晖似乎都致力于音乐“大众性”和“通俗性”，但他们两个人的音乐，其内涵、其神韵，是截然不同的。前者起着引导人们积极向上、奋勇向前；而后者却引导人们沉醉于以上海“百乐门舞厅”及“四马路”、“大世界”，由一小撮老爷、太太、少爷、小姐组成的花花世界，是迎合着“十年内战”时期不断上升的革命低潮的需要。今天，在我国音乐界里，反而出现了有意无意地利用“大众”、“通俗”的提法，将聂耳的音乐与黎锦晖的音乐画等号，从而模糊了对聂耳音乐所包含的、积极宝贵的“革命”价值，拔高、歪曲了黎锦晖应有的历史地位，而且还戴上了一副敢于“反左”的面孔来吓唬青年。他们千方百计地对黎锦晖当时粗制滥造的“家庭爱情歌曲”进行吹嘘，拼命美化黎锦晖的《毛毛雨》、《桃花江》之类的东西，以此称黎锦晖是中国早期“高举”平民音乐“旗帜”的代表，是中国“流行音乐”、“时代曲”的“开拓者”[②]。他们还以黎锦晖也写过一首《义勇军进行曲》为例，有意无意地把黎锦晖说成是比聂耳更早高举了

① 该文题为《在日本的支那现代剧》，发表在1935年12月21日的日本《朝日新闻》上。

② 参见刘再生：《中国音乐史简明教程》，上海音乐学院出版社2006年版，第143页、第200—201页。

“大众”、“时代”的旗帜，仿佛他们两位都是30年代高举“爱国救亡”的“大众音乐家”，是同具同等地位的、值得后人永志不忘的“先行者”。这些奇谈怪论居然出自我们的“史学家”、“理论工作者”之手，堂皇地写入了“高等院校”的教材，并纳入了2006年某个名校出版社所出版的“全国高校音乐教育大系”，真是值得人们深思的“咄咄怪事”！

二

综合上述5个方面的论述，联系聂耳一生所留下的各种音乐作品，我认为聂耳为开创“中国新兴音乐”的创作，体现了以下一些值得注意的特色，即：

1. 对各类中国被压迫阶层丰富生动音乐形象的塑造：不能否认，中国的新音乐发轫于中国的普通学校教育，中国新音乐文化的建设是在五四新文化运动的推动下开始的。客观的历史决定了中国新音乐发展的早年，始终没有脱离中国知识分子这个圈子。甚至20年代蓬勃发展的“工农歌咏活动”，也是在少数革命知识分子的带领下才得以开展的。因而，在聂耳以前的中国新音乐创作中，所着意表达的主要是中国知识分子的心灵感受和生活追求，而在那时的中国新音乐创作中劳动人民的形象、他们的思想感情，实际上还没有得到应有的正确反映。正是在30年代“左翼”文艺的推动下，劳动人民的生活、他们的命运和追求，才得以在中国的文学艺术中占有一定的地位。是聂耳，他首次在自己的音乐创作中，成功地以音乐塑造了码头工人、筑路工人、纺织工人、农民、农村姑娘、革命青年、歌女与舞女、报童等被压迫阶层的形象，既抒发了他们所承受的沉重压迫的痛苦，也发出了他们对痛苦生活现实和对压迫者的反抗，以及蕴藏在他们内心的对胜利前途的希望。聂耳音乐作品中的这些形象塑造，决不仅仅是对歌词内容作表面的外貌描述，也不是对作品题材内容作简单的政治概念的诠释，而是密切联系当时时代和生活现实的典型性概括。显然，没有对中国历史、对中国社会和广大劳动群众的深刻理解，没有善于从实际生活的观察和体验，并掌握提炼、转化为确切的形象性音乐语言（主题音调及其按特定构思的展开）的能力，是写不出如此丰富生动的音乐的。

2. 作品艺术个性的刚健开朗：关心他人超过于关心自己，热爱集体、热爱生活、热爱工作、忠诚于革命、执著于事业，是聂耳始终如一的生活准则。在任何困难面前，他从不放松自己的奋斗目标。他一贯心胸坦荡、乐于助人、严于律己。无论在早年求学期间，还是在后来的“明月歌舞剧社”和“联华”影业公司、“百代”唱片公司，他始终是那些集体中最活跃、最受欢迎的成员。生活中聂耳的这种个性，非常自然地在他的音乐创作中留下了深深的烙印。在旧社会，阶级的压迫、社会的不平的现象，触目可见。但同样的现象在不同立场的人眼里所获得的感触并不相同。只有真心站在被压迫者的立场上才能真正感知他们的内心，才能从中看到社会发展的必然前途和被压迫者的光明的未来，才能在自己的艺术创造中以“新的态度”体现出这种特殊的刚健开朗的艺术性格（即聂耳所说的“贯注生命”）。如果说在赵元任的音乐作品中成功地体现的是中国“五四”知识青年的强烈追求“个性解放”的激情的话，那么，在聂耳的音乐作品中所体现的是中国30年代劳动群众、革命青年，以及其他被压迫者内心所蕴藏的斗争精神、刚强毅力和潜在的乐观信心。黎锦晖确实是一个力图将中国音乐脱开知识分子影响的代表人物，但他没有因此向时代、向创造社会财富的主人——工农大众和一切被压迫的阶层靠近，他是向“非知识阶层”的小市民靠近。黎锦晖的这些“非知识分子”的音乐，充满的是无病呻吟的忧伤、又甜又酸的缠绵、嗲声嗲气的轻佻和猫叫式的诱惑。正如秋田先生所指出的：聂耳的音乐使人积极向上、勇于前进，而那些通俗作曲家的音乐使人堕落、耽于后退。

3. 情真意切的抒怀：文学艺术的真谛在于抒发人的感情和培育崇高的情操，而音乐是各类艺术中最善于抒发情感的一种艺术品种，这一点连当时高唱“音乐是上界的语言”的青主先生也不否认音乐所具有的、对人的感化的功能。任何优秀的艺术作品（包括对作品的表演）都应是艺术家充满真情实意的表达。假情假意、虚情薄意是人品（也包括艺术）低俗的共同特征。要做到“情真”就必须对人有爱。这种“爱”不是为了取悦、不是为了卖弄，更不是自我的尽情发泄，而是真心实意地关心人的命运、关心人的未来。即古人所崇尚的“老吾老以及人之老、幼吾幼以及人之幼”，“己所不欲勿施于人”的“仁”。从聂耳的音乐作品中给人印象最深的是充满动人的旋律，这里所说的“动人”就是符合题材内容要求的真情流露，结合了符合人的心理要求的美的音调的展开。前者要求艺术家善于从题材的启发中引出对被写对象的生活和内心的深刻的理解和关爱，后者要求艺术家善于大胆创新地从一般的作曲规程中“找到”（实际也就是“创造”）符合被写对象内心所饱含的生活内涵和时代精神的音乐语言和艺术形式。例如，在聂耳的《码头工人》、《大路歌》、《开路先锋》、《打长江》、《新的女性》等作品中，他就是直接从这些劳动者的劳动呼号中攫取那些来自生活的节奏和音调，更重要的是聂耳善于以这些节奏和音调素材的展开生动表现了他对这些劳动者勤劳勇敢的本质的概括和对他们内心向往的伸张，他不仅同情她们的生活的痛苦、他更着意于表现他们在斗争中所积累的、不可战胜的自豪。同样，在他的《毕业歌》、《告别南洋》、《慰劳歌》、《前进歌》等作品中，他巧妙地运用人们已经熟悉的、符合作曲规范要求的进行曲节奏和号角式音调进行，表现激荡在这些青年内心的宽阔胸怀和高昂气质，和以恰当的手法对他们那种参与实际斗争的欢快、傲视一切困难的坚定信念。聂耳歌曲音乐的既率直、爽朗，又质朴、深厚，正是他这种“情真意切”的艺术个性的具体体现。

4. 创作构思的大胆创新：一般说，创作一首歌曲，常常是作曲家受了歌词的触发，引起了自己创作的灵感，转化为与歌词分不开的、特定音响运动。音乐灵感的产生，往往表现为作曲家的一种临时性的冲动，仿佛音乐家随便一想头脑中自然生成了按捺不住的串串音响流淌。这一点现在常常为一些戏剧和电影又进行了渲染而使人啼笑皆非。其实歌词对作曲家的触动只是创作劳动的启蒙，是作曲家艺术构思的非常重要的开始。但一首成功的作品的生成实际上还要经过作曲家在这些冲动中所形成完整的“创作构思”（对主题音调的寻找和对这些音调素材的构思布局等，仿佛是建筑上的总设计图），并根据这一创作构思的、用大量不同音符的全面“施工”。这种“创作构思”一方面往往需要借鉴于前人的经验（其中有些逐渐被人总结为“作曲规范”），另一方面要依靠作曲家依据对时代精神的理解和对歌词的深入领会所取得的创意性思考。我认为后者的意义要比前者更重要，没有这种创意性的思考是写不出成功的作品的。在聂耳的音乐创作中，并不缺乏对前人经验的借鉴，但更值得重视的是，他敢于、善于突破前人的经验，根据自己对生活和时代的感受所作的对艺术构思的大胆创新。例如一般说大调性的音调进行，比较适合表达明朗乐观、积极向上的情感，小调性的音调进行，比较适合表达忧伤痛苦、沉重压抑的情感。因此，在聂耳多数音乐作品中确实运用大调性的音调进行较多（如《毕业歌》、《义勇军进行曲》、《开路先锋》、《告别南洋》、《卖报歌》等），运用小调性音调进行的作品较少（如《大路歌》、《铁蹄下的歌女》等）。但是，聂耳为了不想将作品的感情过于沉重，他创造性地在大调性的音调进行中适当糅进了一定的小调性的音调进行或非正规的大调性进行，如他的《梅娘曲》的3个结尾、《码头工人》、《雪花飞》等。这些看来都是属于大调性的音调进行的作品，但它的音乐并不缺乏对作品主人公内心痛苦的细致表达，甚至反而产生了新颖动人的效果。

5. 过去一般歌曲作品的结构大多采用以上下句对称的、2句或4句的方整性结构，从而造成了歌曲的平稳、舒畅和比较悠长的抒情性。歌曲结构的这种模式可能与多数民歌中的“山歌”或“小调”是以“多段词配一曲调”的“分节歌”形式有关，也与中外古代诗歌多用比较整齐的“格律体”有关。但是，在中国，从“五四”以来，“军阀混战”、社会动荡的客观环境，促使在部分新生的“新诗”中生发出一种长短句不等、格律不太严谨的所谓“自由体”新诗，例如郭沫若的新诗作品，在这方面就比较典型。到30年代，中国的政治斗争更为复杂、社会动荡更为严重、压抑在群众心底的矛盾也更沉重，因而这种“自由体”的新诗似乎更适合当时时代的需要，如田汉、任均、许幸之、艾青等人的诗作就受到读者的广泛欢迎。聂耳的许多歌曲，就是采用田汉等人的“自由体”新诗创作的，如《义勇军进行曲》、《毕业歌》、《新女性》、《铁蹄下的歌女》、《码头工人》、《前进歌》、《开路先锋》等等都是。显然，与这些诗作所配合的音乐是不适合使用一般的“方整性”结构的。诗作所饱含的强烈的激情，要求作者对歌曲的结构作必要的突破，以寻找（或说“创造”）一种新的、更富于动力性的结构原则。我们可以发现，**聂耳就巧妙地借鉴了西方大型器乐奏鸣套曲结构中的“以短小动机作为核心作一贯发展的动力性展开”原则，和主题的呈示、对比或展开、再现的结构原则，来对这些富于强烈激情的作品作大胆的新的构思**，如《义勇军进行曲》、《毕业歌》、《开路先锋》等就是。他还创造性地吸收了“回旋性”的原则创作了《码头工人》，吸收“变奏性”的原则创作了《大路歌》，甚至还运用了加朗诵的方式创作了《慰劳歌》、《码头工人》等作品。因此，我认为聂耳对每一首歌曲的创造性创作构思，是他忠于时代、忠于生活、忠于对大众的深刻理解和忠于词作者的天才的体现。聂耳成功地解决了时代、革命对30年代歌曲创作的新的要求，他成功地实现了他自己提出的：“大众必然会要求音乐的新的内容和演奏，并作曲家的新的态度”，“抛弃经过几个时代发展下来的作曲的习惯……根据对于生活和艺术不同的态度，贯注生命”，“编出革命的、同时保持

汪毓和教授（右二）与该院学生在中央音乐学院西门内的聂耳雕像前

高度艺术水准的音乐”。这些探索基本达到了对创造“替大众呐喊”的新兴音乐的目标。我们今天会聚一堂纪念聂耳，就是要珍惜聂耳在艺术创造上所留下的宝贵经验。这是聂耳自己一生辛勤的劳动的最重要贡献！

为2006年玉溪“聂耳音乐学术研讨会”而写
原刊《民族音乐》（云南）2006年第6期

作者简介：汪毓和　中央音乐学院教授，曾任音乐学系副主任、音乐研究所所长。中国近现代音乐史学科创始人，博士生导师，1964—2009年编著《中国近现代音乐史》共四版。

聂耳歌曲调式研究

樊祖荫

聂耳（1912—1935）是我国伟大的人民音乐家，是中国革命音乐的开拓者与奠基人。他的一生虽然短暂，但其人生道路却闪耀着光辉；他用来创作的时间尽管有限，但其留下的音乐却具有极强的生命力。以《义勇军进行曲》为代表的许多歌曲，自产生之日起，一直在鼓舞着我国各族人民向着中华民族伟大复兴的道路奋勇前进。

聂耳的音乐创作以歌曲为主。从1933年8月发表第一首作品《开矿歌》算起，到1935年7月他在日本去世，在两年的时间中，他共写作了39首不同题材和不同体裁的歌曲作品（包括《新女性》中的6首）[①]。这些歌曲中的大多数，不仅内容是崭新的，形式上也有很多创新之处，他所创造的是中华民族的新兴音乐。正如伟大的人民音乐家冼星海在聂耳逝世三周年时，以《中国新兴音乐的创造者》为题发表的文章中所指出的那样："他是个划时代的作曲家，他是个民族呼声的代表者"；"聂耳先生能摆脱旧社会音乐的环境，而创造出新时代的歌声来，就是他给中华民族新兴音乐一个伟大的贡献，他创造出中国历史上前所未有的一种民众音乐"；"他已给我们开辟了一条中国新兴音乐的大路。"[②]

聂耳是一位善于写作旋律的天才作曲家，无论在音调、节奏、词曲结合和曲式结构等方面均表现出高超的技巧和创新本领。单从对调式的运用和创新来说，就值得我们认真学习和总结。

一

聂耳歌曲作品的调式构成有大小调、五声性调式以及二者的结合三种类型。

---

① 对聂耳歌曲的作品数量，在不同的辞书和著述中有着不同的统计结果，如《中国大百科全书·音乐舞蹈卷》"聂耳"条目记述为37首。本文则依据《聂耳全集》（文化艺术出版社、人民音乐出版社1985年版）所收录的歌曲作品统计为39首，这其中包括了《新女性》中的6首歌曲，如果把《新女性》组歌算作一首，则共有34首。

②《冼星海全集》第1卷第30页，广东高等教育出版社1989年版。

（一）大、小调式

在聂耳的音乐作品中，采用大调式或小调式写成的歌曲为数甚少，计有五首。其中大调三首，即《开矿歌》（E大调）、《牧羊女》（F大调）和《春日谣》（^{b}E大调）；小调一首，即《饥寒交迫之歌》（$^{\#}$c小调，以自然小调为主，偶用和声小调）；大、小调相交替的一首，即《梅娘曲》（G大调，第一段终止于e小调）。在这五首歌曲中，以《梅娘曲》的流传最广，其他四首，尤其是《牧羊女》、《春日谣》和《饥寒交迫之歌》则很少传唱。

（二）五声性调式

中国的五声性调式，包括了无半音的五声调式与以五声为骨干音的七声调式两种基本的调式类型。在聂耳的歌曲中，采用五声性调式写成的作品数量最多，共有24首，几乎占他全部歌曲的三分之二左右。其中，有15首为五声调式，9首为五声性的六声、七声调式以及特性调式。

在五声调式的作品中，以宫调式的运用居多，计有11首，代表性作品有《卖报歌》（F宫）、《新女性·新的女性》（^{b}D宫）、《铁蹄下的歌女》（F宫）；其他的调式4首，即徵调式（《一个女明星》，A徵）、羽调式（《茶山情歌》，e羽）、宫—徵交替（《打长江》，D宫—A徵）与羽—商交替（《打桩歌》，e羽—a商—e羽）各一首。上述歌曲的音调和旋法，大致可分为两类：第一类，旋律以级进为主，其旋法大多保持了五声调式中以大二度和小三度相连接的“三音组”音调特点，如“do re mi”、“re mi sol”、“mi sol la”、“sol la do”、“la do re”及其变体进行，它们与民间音乐的传统音调保持着紧密的联系，这在《卖报歌》、《铁蹄下的歌女》和《一个女明星》等歌曲中体现得十分明显；第二类，在上述“三音组”音调的基础上，吸收、运用了某些大调式的旋法特点，创造了新颖、明快的五声音调。如以下二例：

谱例1：

《打砖歌》

谱例2：

《新女性·新的女性》

谱例1《打砖歌》的第一句旋律，是在五声音调基础上运用了主三和弦分解进行构成的；例2《新的女性》的音调，虽然都建立在“三音组”的基础之上，但其间也呈现出三和弦的分解进行，并且突出了上四度的有力进行，以与歌词的内容相吻合。

在9首采用五声为骨干音的调式写成的作品中，有8首分别运用了“二变”之音中的“清角”（fa）、“变徵”（#fa）与“变宫”（si），有一首运用了调外变音“清徵”（#sol）。其具体运用手法可分为以下三种：

第一种是装饰性的，即用“二变”之音来装饰五声骨干音。其时，这些“变音”经常处于经过性、辅助性或导向主音等的装饰性地位。如《塞外村女》：

谱例3：

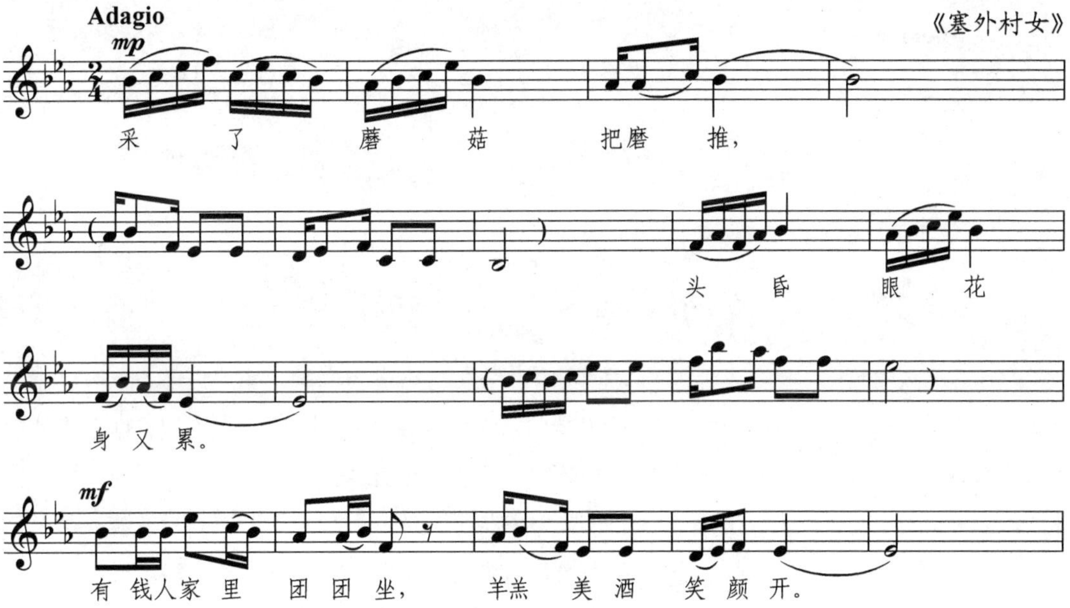

《塞外村女》是一首刻画北方妇女凄惨处境和悲怨心情的独唱歌曲，旋律中吸收了西北地区民间音乐的音调。其调式，按音阶各音之间的音程关系来看，应为运用了“变徵”音（D音）的^{b}E徵调式，属^{b}A宫调系统。按记谱惯例，调号中应记成四个降号。但上例却以三个降号的^{b}E宫系来记谱，这可能与作者的调式思维有关。从许多歌曲集[①]中所收录的这首歌曲的简

① 参见《聂耳歌曲选》，音乐出版社1957年版，第32页。杨晓鲁、张振涛主编《中外通俗歌曲鉴赏辞典》，世界知识出版社1990年版，第27页。

谱版本来看，作者对于调式的基本音阶是按“do re fa sol la”而不是按“sol la do re mi”来对待的，这样，这个D音，也就成为“变宫”（si）音而不是“变徵”（♯fa）音了。此种记谱方式在西北地区也普遍存在，这可能与“欢音”与“苦音”的互变规律[1]有关，也可能与“二变”之音的音高游移性有关。应该看到，这个记成本位的D音无论是看做“变徵”音或是“变宫”音，在音高上都具有中立音的倾向；同时，也都具有导向调式主音的装饰性意义。

除此而外，在《卖报之声》、《小野猫》以及《新女性》中的《回声歌》、《奴隶的起来》等歌曲中，均运用了装饰性的“二变”之音。

第二种是综合性的，即应用了“综合调式性七声音阶”[2]。它由不同宫调系统的构成音进行短暂的交替融合而成，某些在本位宫调系统中的音表面看来似为“二变”之音，实际上却同时具有另一宫调系统的五声骨干音的意义。这种七声音阶大多由两个相距五度关系的宫调系统综合而成，聂耳在《飞花歌》中则先后综合了上、下五度关系的宫调系统：

谱例4：

《飞花歌》

《飞花歌》的旋律由七声音阶构成，但其内部结构与一般大调的七声音阶不同：不仅每个乐节表现为各种结构的“三音组”，而且其中“fa”、“si”两音的运用方式颇为独特：标号①处的“fa”（♭G音），在本位♭D宫调系统中为“清角”音，但其时它已兼有下五度♭G宫音系统中“宫”音的意义；标号②处的“si”（C音），在本位♭D宫调系统中为“变宫”音，其时它兼有了上五度♭A宫调系统中“角”音的意义。这种“综合调式性七声音阶”的运用，既保持了五声调式的音调特点，又突破了单一的五声音阶，并具有一定的调发展意义，使旋律音调得到了丰富和发展。聂耳在《走出摄影场》与《白雪歌》等歌曲中也有此种方法的运用。

第三种是特性调式。《大路歌》是一首羽调式歌曲，由于语气关系，当下方音区出现“徵”、“羽”相连时，其“徵”音升高一律，这个升徵音具有导音性质，但上方音区中的“徵”音则保

① “欢音”与“苦音”是西北地区民间音乐的调式称谓，其互变的基本规律是：“欢音”由“do re mi sol la”构成；“苦音”由“do re fa sol si”构成，其中的fa和si在音高存在着游移性。

② 黎英海：《汉族调式及其和声》，上海文艺出版社1959年版，第36—45页。

持原位（见谱例6），这样，就构成了与湖南花鼓戏等民间音乐中的“特性羽调”相类似的音阶形式（见谱例5）：

谱例5：

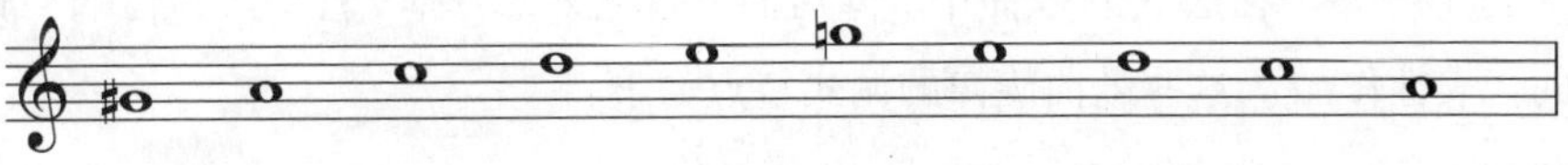

谱例6：

（三）宫调式与大调式的结合

在宫调式的基础之上融进大调式音调的做法，贯穿于聂耳的歌曲创作之中。前面在“五声调式”一节中已分析过的两首作品，主要说明在纯五声的宫调式中也融入了一些大调式的因素，但就其总体来看，无论是调式构成还是旋律进行，都仍保持着五声调式的鲜明特征。下文将要分析的几首歌曲，则将宫调式与大调式自然地融为一体，形成了新的调式特点。调式的创新赋予歌曲旋律以新的音调、新的色彩、新的风格，因此，成为了聂耳歌曲中最有特点、最富光彩、最具生命力的部分。从已发表的相关著述来看，最早注意到这种调式现象的是黎英海先生，他在1959年出版的《汉族调式及其和声》一书中即已指出：“我国从聂耳以来，许多群众歌曲都是宫调式的基础上加进了大调的音调写成的（当然有一些完全是按大调写的），旋律的风格已有所发展，明显地表现在以和弦音为骨干的音调的加强（如代国歌）。”[①]到1964年，他为中国音乐学院作曲专业所编撰的《和声学教材》（内部使用，油印本）中，更直截了当地将其称之为“宫大调”，并指出“二者的结合是化合，而不是混合”。我认为，“宫大调”的

① 黎英海：《汉族调式及其和声》，上海文艺出版社1959年版，第165—166页。

名称，确切地反映了在宫调式基础上自然地融入大调式特点的一种新的调式现象，是对音乐创作实践中这种调式创新的理论抽象。

聂耳采用“宫大调”写成的歌曲有：《码头工人》、《前进歌》（原名《苦力歌》）、《毕业歌》、《开路先锋》、《告别南洋》、《自卫歌》（原名《逃亡曲》）、《义勇军进行曲》及《春回来了》、《慰劳歌》、《无题（雪）》。在这10首歌曲中，除后面三首之外，其他7首均广为传唱，流传至今，成为聂耳的代表性作品。这些歌曲旋律的调式特点如下：

1. 音组织

歌曲旋律中所使用的音仍以五声为主，有的加上导音（如《义勇军进行曲》、《告别南洋》、《春回来了》、《无题（雪）》），有的加上下属音（如《前进歌》），多数则构成完整的七声音阶（如《码头工人》、《毕业歌》、《开路先锋》、《自卫歌》、《慰劳歌》）；在音阶的内部结构上，既有五声调式中典型的“三音组”结构，又有大调式中典型的“四音列”结构。

2. 旋法

这些歌曲的旋律进行，总体上是将五声调式与大调式的旋法有机地结合在一起，具体地表现在以下两个方面：

（1）将五声调式“三音组”与大调式“四音列”连用

每个五声调式的内部结构可划分为两个“三音组”，如宫调式的“do re mi”、“sol la do”，商调式的“re mi sol”、“la do re”等；而自然大调式的内部结构则可划分为两个相等的“四音列”，如“do re mi fa”、“sol la si do”。在聂耳的歌曲中，常将二者连接起来运用，形成了新的音调。如以下二例：

谱例7：

《义勇军进行曲》

谱例8：

《毕业歌》

把两种不同调式结构特点的音调连接起来，技术上并不困难，关键在于风格的统一。为达到这个目的，上面二例均采用了旋律片段在进行方向上的一致以及节奏上的平衡，有的还具有模进因素。应当指出，旋律中所出现的“si”音或“fa”音，不再具有五声性七声调式中“二变”之音的意义，它们是独立的，在调式中具有“导音”或“下属音”的音级意义。

（2）将五声音调与和声性的大调式旋律进行相结合

大调式的旋律音常受到和声的控制，呈现出一定的和弦属性。基本的音调特点主要表现在以下两点：

其一，除了旋律中内含的和声序进意义之外，在音的走向上常常是不稳定音级的音解决到稳定的主三和弦的构成音。即属音、导音进行至主音；上主音进行至主音或中音；下属音进行至中音；下中音进行至属音。这种进行可用属九和弦解决到主三和弦的图式来归纳：

谱例9：

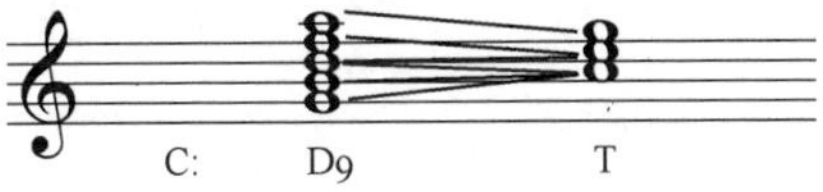

上例的图式只是大调式旋律音的基本走向，在实际的音乐作品中，当然要比它丰富得多。

其二，常用分解和弦式的旋律进行。

在聂耳的这一类作品中，常常是有选择地将上述两种大调式的旋法融入到以五声为主的旋律中来。如下例：

谱例10：

《毕业歌》

上例是《毕业歌》的最后乐句，旋律中既有掺入了五声音调的分解和弦式的进行，又有体现大调式音走向的音调；与此同时，旋律音也蕴涵着明确的和声意义，如最后三小节即暗示着T—Ⅱ—D—T的和声终止式序进。

分解和弦式的旋律进行是聂耳歌曲的特征音调之一，除了《毕业歌》之外，还在《义勇军进行曲》、《前进歌》、《开路先锋》等很多进行曲体裁的作品中应用，这种具有动力性的号角式音调，常与朝气蓬勃、斗志昂扬、勇往直前等的音乐形象相一致，因而为聂耳所喜用。聂耳运用分解和弦的音调有两个特点，一是以主三和弦的分解为主；二是在和弦分解中常加入五声音调（参见《义勇军进行曲》、《毕业歌》等）。在多数情况下，分解和弦均采用五声之内的乐音，而很少触及五声之外的音，唯《开路先锋》中的属七和弦分解是一个例外，但这个属七和弦的分解进行，是前一乐句中主三和弦分解进行的自由模进，因而并不觉得突兀和别扭：

谱例11：

由于这类歌曲多属进行曲体裁，因此，节奏上也多采用铿锵有力的、步伐式的明快节奏，它与大调性的旋律音调相结合，产生了新的大众音乐的形象。

为了对聂耳歌曲的调式有一个全面的了解，现把全部39首歌曲的调式分类列表如下：

调式类型		歌名	调性
大、小调		《开矿歌》	E 大调
		《牧羊女》	F 大调
		《春日谣》	♭E 大调
		《饥寒交迫之歌》	♯c 小调
		《梅娘曲》	G 大调与 e 小调交替
五声性调式	五声调式	《卖报歌》	F 宫调
		《雪花》	C 宫调
		《打砖歌》	G 宫调
		《天天歌》（《新女性》之2）	♭A 宫调
		《一天十二点钟》（《新女性》之3）	♭A 宫调
		《四不歌》（《新女性》之4）	♭A 宫调
		《新的女性》（《新女性》之6）	♭D 宫调
		《采菱歌》	D 宫调
		《铁蹄下的歌女》	F 宫调
		《小工人》	♭E 宫调
		《采茶歌》	♭E 宫调

（续表）

调式类型		歌名	调性
五声性调式	五声调式	《打长江》	D 宫 —A 徵交替
	五声性七声调式	《一个女明星》	A 徵调
		《茶山情歌》	e 羽调
		《打桩歌》	e 羽 —a 商 —e 羽交替
		《走出摄影场》	G 宫调（六声，含“变宫”）
		《卖报之歌》	F 宫调
		《小野猫》	D 宫调
		《飞花歌》	^{b}D 宫调
		《回声歌》(《新女性》之1)	^{b}D 宫调（六声，含“清角”）
		《奴隶的起来》(《新女性》之5)	^{b}D 宫调（六声，含“变宫”）
		《塞外村女》	^{b}E 徵调（六声，含“变徵”）
		《白雪歌》	^{b}B 宫调（六声，含“变宫”）
		《大路歌》	d 羽调（特性羽调）
宫调式与大调式的结合		《义勇军进行曲》	G 宫大调
		《码头工人歌》	G 宫大调
		《毕业歌》	D 宫大调
		《前进歌》(《苦力歌》)	C 宫大调
		《开路先锋》	G 宫大调
		《自卫歌》(《逃亡曲》)	F 宫大调
		《告别南洋》	C 宫大调
		《春回来了》	C 宫大调
		《慰劳歌》	D 宫大调
		《无题（雪）》	C 宫大调

二

聂耳在歌曲写作中运用了如此多样的调式类型，取得了如此巨大的创作成就，这与他的家庭环境、学习音乐的经历、社会时代背景及其歌曲的题材、体裁特点等方面有着紧密关系。

(一) 家庭环境和学习音乐的经历

聂耳于1912年2月15日出生在昆明市的一个中医家庭，母亲彭寂宽是一位豁达博学的傣族（属今玉溪市元江县花腰傣支系）妇女。聂耳在襁褓中，是母亲哼着当地的民歌伴他入睡；幼年求知时，是母亲为他讲述传说故事，教他读书识字，教他懂得立身做人的基本道理，是母亲在艰难困境中抚育了他。母亲身上所具有的中华民族妇女的美德和傣家人勤劳善良、坚强不屈的优秀品格，深深地融入了聂耳的心灵，在他幼小的心灵中播下了中华民族传统美德的种子，播下了奋斗进取的种子。聂耳曾跟随母亲三次回到故乡玉溪，向民间艺人学习民间音乐知识，并学会了演奏二胡、笛子、三弦等乐器。在中学期间，他参加了“玉溪青年学术研究会”，开展宣传民众的工作，深入社会调查，观看丰富多彩的民间文艺表演，广泛接触、收集、学习云南花灯和洞经音乐等民族民间音乐①。

他对民族民间音乐发自心底的热爱和自觉的刻苦学习，使他较好地掌握了中国传统音乐的旋律音调及其调式构成，这为他以后的音乐创作奠定了坚实的基础。他不仅用民间音乐素材成功改编了民族器乐合奏曲《金蛇狂舞》、《翠湖春晓》和《山国情侣》，直接用花灯曲牌《玉娥郎》改编成女声独唱歌曲《一个女明星》，而且还创作出了娴熟地运用各种五声性调式、具有鲜明民族风格和时代特征的大量歌曲作品。

除此而外，聂耳从八岁开始就接触乐器②，对小提琴的学习则持续一生，而且达到了相当的程度，并曾任上海联华影业公司歌舞学校乐队的第一小提琴手③；他在云南省立师范学校读书时，即已学习、演唱过《国际歌》等国外的革命歌曲，到上海之后又接触了交响乐等多种西方音乐，并学习了作曲技术理论等方面的音乐知识。对西方音乐的接触和学习，使他对大、小调的旋律音调以及和声等作曲技法也有所了解，这同样为他日后的音乐创作打下了良好的基础。

（二）社会时代背景和歌曲的题材、体裁特征

聂耳生活的年代，正当旧中国处于半封建半殖民地社会。残酷的反动统治和三座大山的重重压迫，使生活在社会底层的广大劳苦大众挣扎在死亡线上。聂耳一开始从事音乐创作，即把关注的焦点集中在揭露当时社会的阶级矛盾和为劳苦大众的呐喊、抗争之上。他为此写作了《码头工人》、《大路歌》、《卖报歌》、《塞外村女》、《铁蹄下的歌女》、《新女性》等一系列反映工人阶级和劳苦大众生活的歌曲作品。这些歌曲不仅是唱给他们听的，有的还要成为他们自己能唱的，因此，音调上必然要具有鲜明的民族风格，既新鲜又熟悉，而为他们所爱听、爱唱。正因为如此，在这类题材的歌曲中，聂耳所采用的大多是五声性调式。

20世纪30年代，由于日本帝国主义的大举入侵，祖国大好河山破碎，很多家庭妻离子散，家破人亡，“中华民族到了最危险的时候”。作为杰出的爱国者和共产党员的聂耳，勇敢地站在了时代的前列，以音乐作为武器，投身到轰轰烈烈的抗日洪流之中。他为此写作了《义勇军进行曲》、《毕业歌》、《自卫歌》、《前进歌》等一系列反侵略的战歌，用他那发自心底的高昂歌声向亿万群众发出了战斗的号召。在这类题材的歌曲中，他更多地运用了进行曲的体裁形式。为了加强歌曲的号召性和战歌氛围，他一方面采用进行曲常用的步伐式的明快节奏；另一面在五声音调的基础之上，有意识地借鉴外国革命歌曲的音调、融入了大调式的旋法，使旋律音调

① 云南聂耳基金会编：《人民音乐家聂耳》，云南美术出版社2005年版，第22页。
② 同①，第27页。
③ 同①，第44页。

2006年，出席云南玉溪“聂耳音乐学术研讨会”的部分专家学者与玉溪聂耳音乐研究课题组人员的合影（前排左起：聂丽华、××、冼妮娜、向延生、樊祖荫、冯光钰、田联韬，后排右一为杨民康）

在保持民族风格的同时，加强了时代性与大众化的特点，并具有雄壮、昂扬、勇往直前的音乐形象，这样，“宫大调”就应运而生了。

“宫大调”是在中国传统音乐既有调式的基础上发展出来的，它是时代的产物。与聂耳同时代的星海、吕骥、贺绿汀和后来的作曲家们，在写作群众歌曲时大多运用了此种调式类型，它不仅在中国革命音乐的创作过程中起到了重大作用，而且将会在今后的音乐创作中继续发挥它的应用价值和技法创新上的启迪意义。

2006年7月10日于北京丝竹园

原刊云南玉溪编《聂耳音乐研究文集》
中国文联出版社2006年版

作者简介：樊祖荫　中国音乐学院教授，中国少数民族音乐学会会长。曾任中国音乐学院院长与《中国音乐》主编。

聂耳与昆明洞经音乐漫谈

吴学源

昆明洞经音乐，明代末期从滇西大理一带传入，最早的洞经乐社叫做“桂香会”，由于历史的原因，也曾改名为“桂禄学”，后又改回而称“桂香学”。从清代到民国年间，仅昆明市城区，先后组建的洞经音乐会（学）达10个之多，昆明洞经音乐，至今已有400多年历史了。

1981年，笔者与昆明盘龙区文化馆的音乐工作者李祥敏、区文化局的音乐工作者陈复声二同志，在省文化局民族音乐工作室及昆明市盘龙区文化局的支持下，组成“昆明洞经音乐收集整理小组”，开始进行收集整理工作，历时3年多。

采访对象有“宏文学”洞经会的最后一位学长（会长）彭幼山以及该“学”的刘进修、董志云、黄玉蕃；“保庶学”洞经会的杨瑞年、任幼卿、李炜昌；“齐礼学”洞经会的寇幼甫等老先生，当时他们都已经是年过七旬的老人了。由于30来年没有活动，所以有的对洞经音乐已经生疏，但其中也还有记忆犹新者；尤其是最长者彭幼山先生，虽然76岁了，但是有着惊人的记忆力，按他的话来说，这是童子功，因为从7岁就开始“玩洞经音乐”了。在调查中，我惊喜地发现，聂耳创作的《翠湖春晓》，原来就是根据昆明洞经音乐《老卦腔》所改编。曲调本称《八卦腔》，又名《宏仁卦》，因其中还有新老之分，故老调子就俗称作《老卦腔》。为什么称为《八卦腔》呢？因为这是专门用来演唱歌颂文昌帝君的64首赞颂词的曲调，而这64首唱词是以中国八卦的卦名来作为序号的；再是因为只用一首曲调演唱未免太单调，所以又增加了一首，故有了新老《卦腔》之别；至于《宏仁卦》之名，那是来自元仁宗对文昌神的诰封衔条，全称是“辅元开化司禄注籍文昌宏仁帝君”。

1982年2月，在调查整理的基础上，以这几位老先生为核心，由昆明市盘龙区文化馆组织了一个40多人的乐队，参加了“云南省首届聂耳音乐周”的演出，其中演奏并重点介绍了《老卦腔》。偃旗息鼓了30来年的昆明洞经音乐突然奏响后，在昆明引起了小小的轰动，但可惜演完之后，乐队就解散了。

时隔不久，聂耳的二哥聂子明（亦写作紫铭）先生到盘龙区文化馆参加“盘龙区诗词书画社”活动，经李祥敏同志引荐，我们认识了。聂子明先生首先热情说道：“你们的演出我看了，非常好，比过去我听到的洞经好得多了，又整齐，又有气势。20多年了，听了以后感到非常亲切。”之后，老人家兴致勃勃地跟我们介绍了许多情况。

他说：“我与三弟聂叙伦、老四聂耳，都在‘宏文学’（洞经会）中学过洞经音乐，是我母亲求端仕街老家（端仕街44号）的一个邻居介绍进去的，这家人姓董，老一辈称他们家叫董秀才家，是前清的秀才。那时聂耳还在上小学，大概是10岁左右吧，最初参加学习时是去钱局街的一个庙里（三皇庙），我是学拉二胡，聂耳什么乐器都搞，平时我们弟兄三人在家里也搞，我和聂叙伦没有聂耳灵，只有聂耳最聪明，不论什么乐器，一学就会……在旧社会，能进洞经会是一种高雅之举，一般不是书香门第人家的子女是不容易进去的。我们能参加也就意味着进入到知识阶层了，说明我们的母亲知书达理，她一心一意就是想让我们成为有知识有文化的读书人。”“我母亲还请‘宏文学’来我们家谈过《洞经》哪！”

此后，笔者曾多次到庆云街聂子明先生住所拜访和采访过他老人家，他又介绍了不少情况。他说：“聂耳的出生地点是在甬道街72号，那时我们家在那里开了个中药铺，叫‘成春堂’，房子是租的，不是我们家的；聂耳两三岁以后我们就搬走了，搬到威远街。他5岁时就能认500多个字，就入学了，是象眼街劝学巷的劝学小学，就是现在的长春小学。还读过求实小学，求实小学在双塔寺大绿水河，学校后来迁到文庙。聂耳13岁高小毕业，高小那时要读3年，考到联合中学，在富春街，一般我们都叫富春中学。后又读省立师范外国语班，一年后他就参军到广州去了。省立师范原址在现在的胜利堂，那时候是一片老房子，是清朝时候的总督府，所谓甬道街，准确的名字应该叫府甬道街，就是直对着总督府的那条街，胜利堂是1945年抗战胜利以后盖的。”

谈到聂耳小时候学音乐的情况时，他回忆说：“在威远街时，一个小学老师是贵州人，洞箫吹得好，我母亲还叫我们去听，去学。邻居有一个四川木匠邱师傅，会吹笛子，聂耳提议大家凑‘晌午钱’买了一支笛子后，我们就去求邱师傅教我们，聂耳很快就学会吹调子了。后来家里陆续买了三弦、二胡，小提琴是他借来的。我们当时兴趣都很浓，我们的小乐队还被邀请到有的中学去演出，来邀请的人都是熟人，当时昆明学音乐的气氛很浓。”

谈到《翠湖春晓》时，聂子明先生说：“聂耳到上海后也搞过一个国乐队，他来信说曾在上海青年会举办了‘新声音乐会’，后来他把《宏仁卦》也录成了唱片，就是《翠湖春晓》。前些年听说有人写文章说《翠湖春晓》是根据花灯调改的，不对！是《宏仁卦》，也叫《老卦腔》，我们熟得很，过去我曾写文章说过，那是在解放前，是抗战时候写的。”①

80年代初，在编撰《聂耳全集》期间，我曾带北京中国音乐研究所杨光副所长和音乐史专家向延生老师去拜访过聂子明先生。

后来，笔者在向彭幼山先生进一步调查时，彭幼山先生说：“聂子明现在和我互相见面，仍然叫我彭先生，其实我们年纪差不多，最多我也就大他两三岁。”据彭幼山先生介绍，“宏文学”初创于清康熙二十一年，在光绪晚期至民国四年（1915）的学长（会长）是前清秀才董

---

① 以上系根据1982年3月26日至4月下旬多次对聂子明先生的采访记录整理。

勤窗（字家学）；董去世后是彭幼山的父亲、光绪乙亥科举人彭其仁（字乐山）；1930年彭其仁去世后是董杏林先生；1938年前后董杏林去世后，彭幼山本人是最后一任学长，一直到1951年止。据彭幼山先生回忆，聂子明说的董秀才家，就是董勤窗家族，他的后人（侄子）董杏林先生那时候（1923年前后）是'宏文学'的管事。经彭幼山先生回忆说："聂守信很聪明，给我留下的印象很深，那时我在"宏文学"当首座已经一两年了。他们是我当首座以后带过的第一批童生。聂守信学过笛子、二胡；小三弦是跟金子箴先生学的，金子箴小三弦弹得很好，人称金三弦，早年毕业于保定士官学校，后来是昆明宪兵司令部的少校副官……"

彭幼山先生还说，1935年，他与滇剧名角李少兰先生以及琴师孙竹轩等人，到上海百代公司录制首批滇剧唱片时，还有幸参加了聂耳的追悼会，当得知聂耳就是聂守信时，对他英年早逝，深感惋惜。

1985年，《聂耳全集》出版了，笔者在书中查到了聂耳的一些信件，充分说明聂耳与昆明洞经音乐有着深深的情结：

1933年5月28日端午节早晨，他在由上海致母亲的信中写道："现在我想在中国的各地民间歌谣上下一番研究，请三哥帮我收集一些寄来，不论什么调，洞经调、山歌、滇戏牌子都要。千万急！！！"同日，也写了一信给友人张庚侯："我要请你帮忙收集一些云南的民谣、民歌、山歌……"1934年4月，聂耳到了上海百代唱片公司音乐部工作。7月，他在致三哥聂叙伦的信中写道："我组织了一个'森森'国乐队，完全用中国乐器奏中国曲子，加上科学的组织与和声，成为一种中国新的形式。在沪上表演过几次，曾经轰动一时。"在该信的天头上还写着："请替我收集些云南音乐材料如洞经调之类，寄给我。宏仁卦已收成唱片。"

聂耳在他短暂的一生中，为中华民族的新音乐事业作出了卓越的贡献，这与他深深地扎根于云南民族民间音乐的沃壤中是分不开的。不论是《翠湖春晓》，还是根据江南丝竹乐曲改编的《金蛇狂舞》，现在已经成为了广为流传的民族器乐经典作品；他还有一首民族器乐作品《山国情侣》，也是根据云南花灯调《玉娥郎》等调子改编创作的。

20世纪30年代的上海滩，被称为靡靡之音的音乐泛滥一时，聂耳曾奋笔疾书，进行过抨击。在此之前，上海"大同乐社"的国乐师们，也曾为国乐的振兴作过积极努力。"森森"国乐队之所以能在上海"轰动一时"，按聂耳所说，是"一种中国新的形式"，说明了是他在为传统的民族乐队注入了新的活力，试图开辟一条新的发展道路，实践证明他是成功的。尤其是在短短的三个月内就把昆明洞经音乐《宏仁卦》改编为《翠湖春晓》并灌制了唱片，也可说明这支曲子是经过了舞台艺术实践的。因此我们可以毫不愧言地说，是聂耳首开了云南洞经音乐登上了文艺舞台之先河。

著名的作曲家任光当时是百代唱片公司的音乐部主任，聂耳任百代公司国乐队（又名"森森"国乐队）队长兼指挥，聂耳的挚友和同乡、民族音乐家林志音任干事，成员中有后来成为著名指挥家的黄贻钧先生、国乐大师的秦鹏章先生、音乐教育家陈中先生以及电影家王为一、舞蹈家陈梦庚及徐骏佳等人。聂耳在日本逝世后，任光曾请星海来乐队担任过一段时间的作曲与指挥。

值得一提的是百代公司国乐队的干事林志音先生（后更名为林之音），他是乐队中的最长者，是大家的老大哥，林志音先生少年时，也在昆明洞经会中学过笛子和二胡、小三弦等。1928年考入上海暨南大学教育学院，1934年毕业后投身于新音乐运动中，加入“中国左翼戏剧家联盟”，当时与聂耳、任光等“左翼”音乐小组的成员，与著名戏剧家田汉、安娥、欧阳予倩、姜椿芳，著名音乐家吕骥、贺绿汀、张曙，著名电影艺术家袁牧之、郑君里、赵丹等都有着深深的情谊。1938年上海沦陷后回到昆明从事抗日救亡新音乐运动，他忠实继承了聂耳未竟的事业，为云南的民族音乐和音乐教育事业奋斗了一生。他是云南民族音乐事业的拓荒者和先驱者，半个世纪以来，云南民乐界的中坚力量，许多人都是他的学生；20世纪50年代初歌唱家黄虹演唱的大部分云南民歌，如《耍山调》、《小乖乖》、《小河淌水》、《赶马调》、《猜调》、《放马山歌》、《绣荷包》、《安宁小调》等，都是他收集或整理改编的。

新中国成立以后，在昆明市文联领导下，1950年昆明洞经音乐的10个“学”自动解散，合并成立了“昆明礼乐研究者协会”。政府文化部门派了昆明市委文工团团长王旦东担任总干事长，派时任云南省人民文工团的乐队队长林之音担任副总干事长；干事有原来各“学”的主要负责人彭幼山、孙竹轩、周润生等。由于众所周知的原因，从1951年起到1980年，昆明洞经音乐就基本上没有活动了。

粉碎“四人帮”以后，文艺界迎来了百花齐放的春天。从1979年开始，随着《中国民族民间器乐曲集成》收集整理工作在云南全省大规模地开展，通过各地音乐工作者的艰苦努力，洞经音乐迅速得到了复苏，目前云南全省计有洞经乐队达400多个，仅大理市一地就达80余个之多，大理全州达200多个。为此，北京有关专家还把云南称之为“民乐大省”。

1982年“首届聂耳音乐周”后不久，中央人民广播电台文艺部（吴家骙等一行）专程到昆录制了昆明洞经音乐曲调10余首，并多次作了专题报道。之后，各地的洞经音乐也以崭新的面貌登上了文艺舞台，如巍山洞经音乐于1988年到北京为“世界语国际大会”演出，这是具有近500年历史的云南洞经音乐首次进京；1995年以来，丽江洞经音乐多次出国演出，为中外文化交流做出了积极贡献；2000年大理洞经音乐到京演出，文化部命名了大理市为“洞经音乐之乡”；1999年，昆明洞经音乐参加全国第九届群星奖音乐大赛，荣获银奖；2001年，昆明洞经音乐应“第四届北京国际音乐节”组委会邀请，以72人的强大阵容在北京保利剧院及中央音乐学院进行了专场演出，获中外来宾及首都音乐界专家一致好评；2003年，壮乡广南县的洞经音乐到昆明参加“全省民间歌、舞、乐展演”，以其独特的风格荣获“彩云杯”金奖，如此等等不胜枚举。

古人云：“盛世出雅音。”如今，天下承平，盛世雅音再现，说明我们的祖国更加繁荣昌盛。借此，也可告慰聂耳等先辈们在天之灵了。

原刊《人民音乐》2004年第7期
此为作者的补充修订稿

作者简介：吴学源　云南民族艺术研究院研究员、《中国民族民间器乐曲集成·云南卷》主编。

聂耳的联华歌舞班学习经历及对其此后创作生涯的影响

杨民康

半个多世纪以来，国内学术界对“人民音乐家”聂耳的生平事迹、艺术贡献以及艺术思想评论诸方面，都曾经做过较为详尽的报道和研究。其中，在聂耳的音乐创作方面，对于其后期的具体创作经历与过程和不同作品的形态与风格分析较为多见①，有关他的音乐艺术生涯初期同创作相关的学习、收集民间音乐的事例，近年来也有人著文予以介绍②，但对于其在联华歌舞班已经开始涉及音乐创作的初期经历，则至今鲜有学者对之进行较深入的讨论。本文拟结合对聂耳日记的学习，对此课题做一个微观的探讨。

一、聂耳在联华歌舞班时涉及作曲理论学习的具体时间

聂耳的音乐创作生涯起于何时？对于这个问题，以往的观点较多倾向于是在他离开联华歌舞班，又从北平返沪，进入了电影演艺圈之后。然而，若对聂耳的书信、日记详加解读，却可以得出一些颇不相同的结论。

根据“日记”，从时间上看，在他所学习的各种音乐内容里，小提琴是坚持最勤，一直交纳学费，请名师教习，也是进步最为显著的；钢琴则主要靠断断续续地自学，自己并非十分在意，学习效果看来也不甚理想；而在作曲的学习上，可说并不像小提琴和钢琴那样始终得到坚持，主要是在联华歌舞班的前半段时期，生活和工作比较稳定时有所涉及。但是，这一时期看似无意间打下的作曲理论底子，却在日后无暇坚持学习、只能埋头于实战打拼的电影音乐创作旺盛期间发挥了重要作用。

在联华歌舞班的这段时间里，聂耳在日记里屡次提及自己排除种种干扰、坚持学习作曲理论的事情。据聂耳日记，1931年9月18日：“回家来做了一些《和声学》的练习。”9月26日又

① 参见汪毓和编著:《中国近现代音乐史》(第二次修订版)，人民音乐出版社、华乐出版社2003年版，第222页。
② 吴学源:《聂耳与昆明洞经音乐漫谈》，《中国音乐》2004年第3期，第114—117页。

写道："叫什么中秋节？不要想倒还好。别人都出去，看的看电影，游的游公园，只有我老守在家里看《作曲法》。"[①]由此可见，这一时期，他的学习内容中包括了和声学理论和作曲技法二者。

至于他开始热衷于学习作曲的原因，可说其一是受到想要为无声电影配制音乐设想的鼓舞。据聂耳11月19日的日记："我想采'God sees the truth but waits'的故事来编一幕电影剧。用极简单的对白，再配音乐歌唱，相信没有不对的。我赶快来开始这工作吧。"[②]其二是为了重圆来年再次报考国立音乐专科学校作曲专业的梦想。他于11月22日写道："想到最近对于音乐理论的疏忽是应当注意的一事，我决定预备一下明春去考音乐院。"

到了后半段时期（大约1932年3月以后），由于联华公司提出"辞退"歌舞班，生计成了问题，再加上时局不稳的原因，剧团只能靠到处巡演增加收入。聂耳对于作曲理论的学习和创作实践便一度中止。对此，可从聂耳在1932年3月2日的日记中制订的"每月计划"里看得出来。在这个计划里，仅讲述了此后在小提琴和钢琴学习方面的打算，对于作曲学习未予提及[③]。此后，仅有个别情况下提到了他学习写作钢琴谱的情况：（4月24日）"（王）人艺对我的钢琴谱加了修改，我很感谢他。"[④]这种对作曲学习无所作为的状况，几乎持续到了他已经离开联华歌舞班之后的1933年期间。该年2月6日的日记里，聂耳重又提到了自己的作曲学习，即他的作品得到了曾经留学法国的作曲家任光的指点："从今天开始，他（任光）改正我很多在'乐句'与'味儿'上的错误。"[⑤]而聂耳在作曲技术理论上的重拾旧业，则几乎是到了他音乐创作上的最盛时期——1934年春季。该年4月4日，他在日记里写道："从此每天有弹琴机会，可以实际开始研究《对位法》及继续研究《和声学》。"[⑥]另据他于1935年4月1日补记："在Aksakoff家习钢琴及theory，自一九三四年八月十日起至一九三五年四月一日。"[⑦]由此可知，这是聂耳在1932年春天中止作曲技术理论学习之后，重新学习和声学并从头开始学习对位法的大致时间。而这已经是聂耳的多数重要作品已经问世之后。由此可见，他在联华歌舞班时期的自学作曲经历，对于其以电影歌曲为主的大部分早期作品实有着孕育和催生的重要作用。

二、哪一首乐曲是聂耳一生作品中的No.1（作品第一号）？

另一个在聂耳研究中让人困扰的问题，即他的创作生涯究竟以何时、哪一首作品为开端？

---

① 周巍峙主编：《聂耳全集》（下卷），文化艺术出版社、人民音乐出版社1985年版，第306、310页。

② 同①，第329页。

③ 据《聂耳全集》"日记"："三月二日：昨天实行我的新'每月计划'，大纲是：提琴方面：（一）自作聪明；（二）绝对服从；（三）始终有劲。钢琴方面：有恒。"（《聂耳全集》（下），第374页）除此而外，对于作曲理论的学习一字未提。

④ 同①，第394页。

⑤ 同①，第495页。

⑥ 同①，第517页。

⑦ 同①，第521页。

对于这个问题，从20世纪80年代以前至今，可以根据学者、听众（接受者）到作者本人等不同视角层面，归纳出如下四种显然不同的可能性解释。

视角之一——功利价值层面：20世纪80年代以前①，有关聂耳作品评价的问题，显然存在着一种综合了当时听众、媒体、学术界乃至政治、社会舆论界诸层面的主导观念。首先，若从听众（接受者，应以30年代的电影观众为始）及其代言人——报刊媒体的角度看，应该说进入他们耳边的早期聂耳音乐，乃是他于1933年开始创作的那些电影歌曲，例如电影《母性之光》的插曲《开矿歌》、话剧配乐《饥寒交迫之歌》等。这类来自听众层面的反映，也比较多地出现在历年来对聂耳作品的报刊评论或史学研究论著之中，并且成为一种具代表性的音乐史学观点②。由此来看，这类观点于什么是聂耳作品的No.1，通常是持有某种美学（艺术）功能或社会（政治）功能两方面的价值评判标准。从共时（同时代人）角度看，这是一种来自批评界的外部的客位（etic）观念，而从历时（今人）的角度看，由于当时的批评者也成了我们的考察对象，以致在这一特定的历史景观中便蕴涵了一定的主位（emic）——对象性因素。

视角之二——史学价值层面：根据目前比较权威的聂耳研究资料《聂耳全集》（上卷）中的"音乐作品年表"，聂耳最早的作品，被指为是在1932年栖身于联华歌舞班时创作的两首口琴曲。在年表的注释里，注明这两首乐曲"据日记写于1月8日"③。而在聂耳日记里则这样写道："做了两个口琴曲，一个march, 一个waltz，还不错，通通只费了一点多钟。有时吹口琴自来调真好听得了不得，始终没有记录过，以后必须把纸笔预备在面前才能吹，这真是取不完的作曲资料。"④

按照通常的解释，聂耳所说的"自来曲"即为即兴演奏。从文中可以看出，像这样的即兴吹奏，对他来说恐怕已是信手拈来之举。但是，真正引起自己的注意，想把它整理出来作为创作素材，这还是第一次。但却因为在后世学者眼里，这是在聂耳一生中迄今能见到的最早的自创乐曲，以致被排在了No.1的位置。这里，可以看到在这类为当今学者们所持有的一种纯粹"客位"（不受某种功利性价值观左右）的立场上，"孤证不立"的传统史学观是一个重要的取舍标准。按照这类标准，在聂耳的早期作品中，究竟哪一首能够作为No.1来看待，必须是以确凿的史料作为依据。

视角之三——内文化价值层面：若我们以民族音乐学的研究观念，以聂耳日记这样的特殊"史料"——一种另类"本文"作为解读对象，由此深入到作者聂耳的"内文化"，亦即"主位"立场上看问题，便可以认识到：由于这个问题附着于当事人（行为者）聂耳自身观念、行为、心理活动和日常生活等"语境"层面，所面对的又是距今相隔久远，景象扑朔迷离的复杂历史事件，这些事件本身具备了隐性、感性或非固定性诸形态特征，其中自然含有丰富的"不可言说性"（或有某种避讳原因）或"无须言说性"（已用具体的互动行为加以体现）等语义特征，

① 可以《聂耳全集》的出版时间作为分界。
② 参见汪毓和著：《中国近现代音乐史》，人民音乐出版社1984年版，第128页。
③ 周巍峙主编：《聂耳全集》（上卷），文化艺术出版社、人民音乐出版社1985年版，第226页。
④ 同③，第349页。

这就让我们在企图加以解释时，不能不透过其同样充满着歧义性或模糊性的某些第一手“表层”资料（例如书信、日记等），融入到其时代背景和人文背景（语境）中钩沉索隐、逐层解析，去做“深描”式的解读。

在此问题上，若换从聂耳自己本人的眼光来衡量，其作品No.1的排序同前述学者层面的观点或许已经有所不同。在仔细阅读聂耳的早期日记之后，可以知道他在创作上述两首口琴曲的前后一段时间里，至少还有两次具体提及自己练习作曲之事。其中，第一次涉及了乐曲动机的写作：

九月十九日（按：1931年）

早上练习作曲，有两个动机是这两天“送别”的心理自然反映出来的。我拿来摆起一奏，实在有点送别的感伤风味。以后我要常常练习，管它好听不好听，合法不合法，总之，以成绩愈多愈好①。

这里，聂耳并未提及是否完成了这首乐曲的写作。而在第二次提到之后，便在十余日内有一系列有关另一首乐曲创作的记录文字：

一月六日（按：1932年）

拉着屎，突来一个动机，赶快在琴上一试，记了下来，拉基练也没有心。

白天继续做好，很高兴，并没有费多少时间。

……

正在整理曲谱缮写的时候，于斯咏弄来两张票子邀去看《银汉双星》。

一月七日

一个上午把调子通通做好，自己反复地拉，觉着还没有讨厌的地方，好像恰到好处。后面的几处修改得比昨天的完善。

这一做于我是感到很深的趣味，但别人总看不起。这当中表现最显著是七爷，如昨天吹毛求疵地说我那装饰音短了，一面又作讥笑的面孔。今天来他看都没看清便说：“你这个简直不对，没分小节。”我指给他看，他不好意思，走了。

我不管一切，总是自己尽量做去，慢慢才显本领给他们看。

一月十四日

起得很早，六点钟不到。励也起来，…… 到底还是我先开始，奏了我的创作。

奏完觉得不如从前一样的满意，而且错了还瞎奏了些（没有看谱），谁知还能感动了

① 周巍峙主编：《聂耳全集》（下卷），文化艺术出版社、人民音乐出版社1985年版，第306页。

人：严华说他听了只是想哭；老宋说不知何等难过。到现在我才觉得稍稍相信我的鬼聪明，自己对良心说，那作品真不算是抄袭的，全是耳朵的素养。

……

想材料、碰动机、练耳朵，再作第二曲，莫非肚子里只掏出这一点吗？

一月二十三日

照例六点起床，每天都是我先起，他们在甜梦里听我的《悲歌》[①]。

从创作的时间上看，聂耳所作的有关“送别”的两个主题同后来的“洗手间”里所做的主题显然不是一回事。另两首口琴曲作于1月8日，比起这首曲子也要晚两天写出，而且分别是进行曲和舞曲，各只写作了一个小时。它们显然同这前后几天日记里所述的另外一些《悲歌》类的创作活动没有联系。若再将这些同《悲歌》有关的一系列文字排列起来看，在此十余日内，一首小提琴曲《悲歌》的创作过程昭然若揭：

创作乐曲动机→整理曲谱（6日）→完成、试奏以及偶然的听众反馈（来自七爷）和自我评价（7日）→“内部公演”及“公众反馈”（来自严华、老宋）→事后的自我评估（14日）→将其命名为《悲歌》（23日）。

颇值得玩味的是，聂耳在这时显然是受到了首炮打响、旗开得胜的鼓舞，还想一鼓作气地“想材料、碰动机、练耳朵，再作第二曲”。如此看来，这首小提琴独奏曲《悲歌》，岂不是他自己心目中的No.1啦？

那么，两首两天前完成的口琴曲和更早时写作的另两个“送别”主题，在聂耳眼中又被置于这No.1之外的何等地位呢？按笔者推测，也许在他眼里，由于口琴曲是信手拈来的即兴“习作”，是随便吹着玩，可以大量产生和无限积累的基本素材。而“送别”主题也是典型的习作，这几首习作的艺术价值自然及不上自己花费近一个月时间创作的小提琴曲《悲歌》。

视角之四——多棱价值层面：若仍然以今人的眼光，将上述三种视角置于某种新的对象层面重新加以解读，可以看到为何在“什么是聂耳作品的No.1？”这个问题上存在着如此相异的观点看法，其原因恐怕主要是在于不同的发言者乃基于相异的时空位置和视角立场。应该认识到，其中的每一种观点和看法，都因其所处的特殊的时代和环境条件的制约，而多多少少被打下了合理的印记。作为研究者，或有必要针对此研究对象具有的多棱价值特点，采取一种区别于以往偏客位视角（无论是功利性或学术性视角）的，新的“主位—客位”双视角立场，将不同的视角观念看做是可互相补充、强化、流动及对话的多棱现象，而不应该将其置入某种完全对立或冲突的关系中来对待。并且，对于这些不同的视角观念，还应该均采取某种“站在历史情景中看音乐”[②]的、“本位”的文化立场，承认其合理并具相对性的历史文化价值，而尽量避免掺入基于自身“客位”

---

① 周巍峙主编：《聂耳全集》（下卷），文化艺术出版社、人民音乐出版社1985年版，第349—356页。

② 以区别于另一种“从今人立场来看待音乐历史”的纯客位历史观。

立场或价值观偏见的干扰因素。其中，若我们能够对来自于“主位—内文化”的观点给予特别的注意，将该类史实从其异常隐深的状态中挖掘出来并加以解析，这种隐性的或主位的认识或将进一步转化，并达至某一新的显性的或客位的理性认识阶段。而当我们循着这一“主—客”交替的阶梯不断前行，终究能够体味到文化人类学所形容的“螺旋形反馈”[①]的认识境界。

三、联华歌舞班时期的作曲学习对聂耳后期音乐创作的影响

从聂耳作品的年表可知，从1932年春到1934年春这两年的时间里，聂耳已经完成了他包括《开矿歌》、《卖报歌》等六七首歌曲及《翠湖春晓》、《金蛇狂舞》等三首民族器乐曲在内的一批作品，而他为新歌剧《扬子江暴风雨》所作的《打砖歌》、《打桩歌》、《码头工人》、《苦力歌》，为《桃李劫》、《大路》等影片所作的《毕业歌》、《大路歌》、《开路先锋》等，都写作于这一时期。若结合聂耳日记的记载予以分析，可以看出他这十几首最重要作品的创作，较大程度上是得益于1931年到1932年春在联华歌舞班时期的自学作曲法和作曲技术理论所打下的理论基础。一个显明的例子是，以往曾有学者指出，聂耳歌曲创作的一个较鲜明特色，在于“大胆地突破了传统的、一般的方整性的歌曲结构原则，创造性地探索了新的歌曲的结构原则——以短小的动机或乐句作为基础加以一贯发展的原则”[②]。而从聂耳在联华歌舞班时期的作曲学习情况看，有关“乐曲动机”的写作训练是他用力最勤的一项功课（参看前文）。并且，这种典型吸收自西方古典音乐的作曲技法，正是他这一时期放弃所有休息时间，苦苦攻读的《作曲法》（见前述9月26日日记）一类教科书中的基本内容。从这一侧面，也可以说明聂耳这一时期的作曲学习，确实为将来进一步的音乐创作做了技术理论上的必要准备。正是在这个基础之上，聂耳又在联华歌舞班工作期间，受到了黎锦晖“作中国歌曲和今后我们研究音乐的出路，应当从中国音乐上多用点功”[③]一类观点的影响，从而形成了在他第一批问世作品中即已体现出来，并且贯彻至终的中西合璧的音乐创作观念。

---

① 就像民族音乐学家鲍曼（Max Peter Bauman）曾经强调的：在认知活动的内部构成和作为其外部构成的认知对象这两方面意识之间产生的螺旋形反馈和互相强化乃是总体认知过程的一个组成部分。认知活动（作为关于宇宙的主观的和文化的解释印迹）和认知对象（给定的真实结构的有限客体）之间的循环——观察者和被观察者之间的链接——有一个基本的虚幻特质，它仅仅出现在自身文化的真实概念面对着由某些真实概念组成的一种基本的“他者”（other）之时……活动的内部和外部观点之间形成的对话原理显然既存在矛盾又同时相互补充，并且在诸如主体与客体、认知者与认知对象、方法与主题事物、自身和他者类型之间组成流动的两极。Bauman,Max Peter 1993 “Listening as an Emic/Etic Process in the Context of Observation and Inquiry.” *The world of music* 35（1）: pp.35—62.

② 汪毓和编著：《中国近现代音乐史》（第二次修订版），人民音乐出版社、华乐出版社2003年版，第228页。

③ 周巍峙主编：《聂耳全集》（下卷），文化艺术出版社、人民音乐出版社1985年版，第412页。

明月歌剧社演出《三蝴蝶》

结语

总之，回首来看聂耳于联华歌舞班的初期音乐学习、创作活动，才知道聂耳的精湛艺术才华和崇高思想境界并非是自然天成，一蹴而就，而是有着长期、艰难的积累过程。他的一生不仅仅是有昂扬和奋进，鲜花和赞颂，也有低谷和彷徨，冷箭和中伤。对聂耳早期创作经历展开研究，是探索聂耳完整的文化人格和艺术人生的必不可少的一个步骤。只有经此过程，遍阅了少年聂耳的凡尘往事，方知他是怎样一步步地登上了圣洁的文化巅峰和艺术殿堂的。

编者注：此为作者2006年7月17日在云南玉溪市“聂耳音乐学术研讨会”上的发言。

全文见此次研讨会的论文集《聂耳音乐研究文集》。云南聂耳音乐基金会与玉溪聂耳音乐研究课题组编辑、中国文联出版社2006年12月版。

作者简介：杨民康　中央音乐学院研究员、中国少数民族音乐学会副会长。曾任《中央音乐学院学报》副主编。

学习、继承与弘扬聂耳精神

聂振姗

聂耳原名聂守信，又名聂紫艺，是我的亲四叔。虽然离开我们已71年了，可是我们依然深深地怀念他。

今天我十分荣幸地参加这个研讨会，这个会的主要目的，我个人认为就是缅怀、学习、继承、弘扬聂耳精神具体体现的一个会议。聂耳虽然英年早逝，才在这个世界上生活了23个年头，可是这是一个含金量极高、金光闪闪的23年。在这23年中，他所散发出来的精神，永远值得我们学习。

1.学习他自强不息、迎难而上的革命精神，这是一种强烈的时代精神。聂耳出生在1912年2月15日，在辛亥革命推翻了封建王朝的时代诞生，在马克思主义进入中国的五四运动中读书学习，在中国共产党诞生成长阶段接受先进的思想，在国民党反动派屠杀中成为进步学生，在"九一八"抵抗日本帝国主义的枪炮声中，参加了中国共产党。时代的激变，铸就了他的先进性、爱国性、革命性和责任感，铸就了他作为一名中国人自强不息、不畏艰险、迎难而上的崇高精神。这种精神就充分体现在《义勇军进行曲》中，这支曲子透出了中国人民在危机面前不屈不挠的骨气。这种骨气不但在中国发扬，而且还扩展到了国外。有资料记载美国歌手保罗·罗伯逊在美国就演唱过《义勇军进行曲》并灌制了唱片，他认为这支曲子不但唱出了中国人民要求解放、争取自由的决心，也唱出了全世界被压迫人民包括黑人要求解放的心声。因此，《义勇军进行曲》不但对中国的革命有重要意义，而且还具有一定的国际意义。今天，我们要学习聂耳的时代精神，就是要紧扣时代发展的脉搏，学习他那种自强不息、迎难而上的精神，坚定理想信念，科学地、创新性地建设好我们的国家。

2.聂耳出生在昆明的一个清贫医家，4岁丧父，上小学时交学费都十分困难。他生活在当时的社会底层，对劳动人民有深厚的阶级感情，他和劳动人民心连心。家难、民难、国难，都深深地烙在他的脑海中。父母情、家乡情、祖国情都直接从他的音乐曲调中表达出来。他为人民呐喊，他为人民歌唱。他是当之无愧的人民大众的歌手，人民的音乐家。今天我们学习聂耳精神，就是要学习他不脱离人民，扎根于人民，反映广大人民群众的心声。我们应该像他一样到群众中去了解民情、体察民情，才能增进与群众的感情，才能解决群众的实际困难，当群众的贴心人。特别是在现阶段，就是要反映人民群众建设小康社会、提高生活质量的迫切愿望，不断满足人民群众对物质、文化生活日益增长的需求，营造安居乐业、和谐发展的社会环境。我们学习聂耳精神，就是要像聂耳一样心中装着人民，为人民多做实事，做一个真正为人民的公仆。

3.学习他孜孜不倦地向能人学习和不断追求先进文化的精神。聂耳在年幼时，就深知母亲的苦心和家庭的困难，他在生活上勤苦、克俭，在学习上奋发用功。在小学时他就曾获小学颁发的第一号奖状，中学时品学兼优。他曾向木工邱师傅学习吹笛，又曾向住在楼下的房客张先生学习簧风琴、小提琴。他能吹笛、能弹三弦、月琴、钢琴、小提琴。他能唱花灯，是会弹、唱、跳、演的一位多面手。他十分努力地搜集、学习云南的民歌、民曲、民乐，他具有十分丰富、扎实的音乐底蕴。1930年7月，为了躲避反动当局的追捕，他离开故乡到了上海，当了一家店铺的学徒。在紧张工作一天之余，求知欲极强的聂耳，坚持练习小提琴，学习英文、日文，阅读、学习各种进步书刊。他参加了“反帝大同盟”的革命活动，并与中国左翼戏剧家联盟的田汉同志接触、会面。在党的指引下，他正确地学习和追求先进文化，先进文化造就了这位中国无产阶级革命音乐的先驱，造就了这位伟大的音乐天才。我们应该像聂耳那样勤奋刻苦地学习，不断吸收国内外先进文化，先进科学技术，用新观点、新思路、新举措，来解决目前社会发展中出现的新课题。

学习聂耳精神是无止境的，也是学不完的。作为聂耳的亲属，我愿和大家一起，共同学习、继承和弘扬聂耳精神，有一分热，发一分光。

原刊云南玉溪编《聂耳音乐研究文集》
中国文联出版社2006年版

作者简介：聂振姗　聂耳二哥聂子明的女儿，昆明医学院第一附属医院教授。

不可忽视的父母（摘录）

——探索聂耳成才因素之一

聂丽华

（前略）

成才的土壤是什么？我认为是“环境”。环境包括家庭、社会、时代。而对人生来说，他的幼年时期的家庭环境是个很重要的环节。人们常说父母是孩子人生的设计者，是启蒙老师，是言行的榜样。这话很对，父母是不可忽视的。

聂耳四岁丧父，性格“外柔内刚”的傣族母亲毅然挑起重担，她冲破封建社会的传统禁忌，通过考试取得中医资格，接过丈夫的“成春堂”小药店，一个以妇女的身份抛头露面的行医的人，这在当时的昆明是绝无仅有的。晚上又为别人做些针线活来添补家用。那时，同父异母的大儿子已外出工作，大女儿也已出嫁。留下四个未成年的子女由她一人抚养，其生活的艰难是可想而知的。家庭的贫寒，母亲的艰辛，培养着聂耳对困难的承受力和对亲人深深的爱！

每天晚上，是全家最温馨的时候，聂耳为劳累的母亲捶着背，孩子们都围在身边听她讲故事。那本木刻版的书中有很多民间传说，母亲用即兴编唱把《安安送米》、《梁山伯与祝英台》等故事，很富有感情地讲出来。那些来自民间的小调、花灯、滇戏曲调是那么丰富多彩，唱到悲伤的地方，孩子们还被感染地流下眼泪。小时候我也听过祖母的故事，长大后学了音乐，才知道有的曲调是花灯的“全十字”、“五里塘”、“走板”等；我非常惊叹祖母讲述的艺术才能，竟能顺口编唱得那么动人！无疑，聂耳的早期音乐启蒙老师就是母亲。云南的民间音乐给聂耳幼年留下深深的印象，致使他远离家乡、远离祖国时仍念念不忘。在他到上海（1931年2月25日）的日记中这样写道：“……锣鼓声异乎寻常地敲了几下，这两个少女同时唱起来了。正如我在楼上听到的一样。有时好像湖南调，有时又有些相似云南的山歌。总之它会给我一种异样的感觉，几乎忘了我现在是居于何处。”

一种对亲人的思念，对家乡的热爱，使他的创作植根于云南民族民间音乐的土地上。在他的作品中，我们可以听到洞经音乐、花灯小调、学堂乐歌和进步歌曲的影响。他日记和信件中都提到要收集和研究云南的民歌。

聂耳的母亲一生没有进过学校读书，深知没有文化的痛苦。她还在娘家时，一边做针线活一边偷偷专心地听哥哥读书，在一旁学写学读。结婚后，在丈夫聂鸿仪的帮助下，一面碾药抓药，一面学识字，学医术和开药方，最后还练得一手好毛笔字。1955年6月她应中央音乐学院聂耳纪念室成立时所写的那幅字："生聂耳的是我，培养聂耳的是共产党，聂耳在生时我爱他，共产党把他教育成长。他已经死去二十年了，但我一直感觉他还活着。我要永远感谢共产党，感谢毛主席，感谢怀念聂耳的亲爱的同志们。"这是发自她内心的真挚的声音！若不是当时我在一旁看着祖母亲手所写，谁能想到没有进过学校的人，能写出这么漂亮的楷书？

可见，聂耳后来在音乐上自学成才的精神，是受着母亲自学文化精神潜移默化的影响。聂耳敬佩母亲，在他1933年5月28日端午节从上海写给母亲的信中说："…… 我想到您老人家在这么大的年纪还在奔波劳苦，实在有些不应该。可是反问一句：在现社会中，能像妈妈这样的女子，数得出几人？"

在我们看到的许多成名的音乐家（特别是外国的）生平中，从小都有家庭的音乐环境。如有的在宫廷乐队担任乐手，有的父母本身就是小提琴演奏家、钢琴演奏家或是歌唱家。幼年时就有机会学习音乐，师从名师。百分之九十以上的都是从音乐院校所培养出来的。像聂耳这样的家庭是极少数，他幼年时没有这种专业的音乐家庭环境。

但，不是巧合！我们看到也有类似聂耳幼年家庭环境后成为名人或音乐家的，如孔子、孟子、冼星海等。他们都是幼年丧父而都像聂耳这样有个好母亲，对以后成才起了很大的作用。我们都知道"孟母三迁"的故事，孟子幼年丧父，家里十分贫寒，依靠母亲纺纱织布来维持生活。第一次他们住在乡下，有个墓地，常有人送葬。于是孟子就学着玩送葬埋死人的游戏，孟母觉得这个环境对孟子有不良影响，于是搬家。第二次是住在集市附近，每天人来人往，孟子就学小贩的叫卖声，孟母觉得这不是正道，又搬了家。第三次搬到一个学校旁，孟子和孩子们就做学习礼仪的游戏，这时孟母说："这才是我儿应该住的地方。"

聂耳的母亲常用孟子的故事和《三字经》、《百家姓》、《增广贤文》等书中的谚语启发孩子。如"近朱者赤、近墨者黑"，要他们慎交朋友，不要受不好的影响。又如"一寸光阴一寸金，寸金难买寸光阴"，"少壮不努力，老大徒伤悲"，教育孩子珍惜时间，勤奋学习。她把希望放在子女身上，希望他们做个"有用的人"。这极为朴素的人生价值观和做人的道理，对聂耳后来的人生可以起到极大的影响，也对我们这一代人起了影响作用。

我们从聂耳的作文及日记中又看到他对人生观的树立，是在变化中充实起来的。他确定自己是"为社会而生"的，他要"做一番伟大的事业"。他的努力奋斗，无不与这朴素的人生价值观有着关系。他后来所结交的朋友，如李生萱（艾思奇）、张鹤（张天虚）、郑易里（郑雨笙）、于伶、田汉、夏衍等，他们都在自己的一生中为人民作出了贡献，不愧为中华民族的优秀儿女！

聂耳的好友孙师毅曾这么评论说："你能说聂耳非天才吗？他没有进入过学院的门一步；

应邀参加“聂耳音乐研讨会”的聂耳的侄女聂丽华（右）与聂振姗

你能说聂耳不努力吗？他没有浪费过他的时间一分。如果他在音乐上有什么成就的话，什么都是他自己在短促的二十四岁的生涯中，一点一滴获取来的。”

聂耳一生极为勤奋，对时间的一分一秒都不愿意白白浪费。他坚持一生地写日记，这一般人是不容易做到的。他在每个阶段都有自己的学习计划。他的好学与进取精神是与幼年时母亲的教育分不开的。

今天我们的小家庭都是独子独女，父母们对孩子的望子成龙、望女成凤的殷切希望，是可以理解的。希望探讨聂耳的成才之路，能让我们得到一些启示，让我们的下一代都成为对国家“有用的人才”。

父母是不可忽视的！

原刊云南玉溪编《聂耳音乐研究文集》
中国文联出版社2006年版

作者简介：聂丽华　聂耳三哥聂叙伦的女儿，云南民族电影制片厂作曲家。

聂耳研究的新进展

玉溪聂耳音乐研究课题组

人民音乐家聂耳是玉溪的骄傲，也是中国的骄傲。研究聂耳的生命与艺术的历程，就是研究一段中国音乐的发展史，一段中国人民前仆后继、奋勇向前的革命史。

2004年5月云南聂耳音乐基金会成立后，玉溪市的聂耳研究持续升温。从过去零星的个人的不系统的研究，进入了以团队形式开展系统性的研究，专门成立了玉溪聂耳音乐研究课题组，使聂耳故乡对聂耳的研究，在原有的基础上有了新的进展和突破。几年来，课题组在各级领导和专家的关心和指导下，开展了一系列研究工作，取得了一定的成果。

一、各级领导对聂耳音乐研究的关注

2005年5月31日，市委书记孔祥庚邀请玉溪部分知名的音乐工作者进行座谈。在座谈中，孔祥庚同志与玉溪音乐界的文艺家们畅谈了聂耳音乐与玉溪文化的关系，特别谈到了聂耳音乐与玉溪花灯、洞经、滇剧等民间艺术的渊源关系，希望在座的专家集合起来成立一个课题组，对聂耳音乐进行科学、系统的研究，为弘扬聂耳的精神，打响"聂耳故乡"这一独具特色的品牌作出贡献。当天，课题组随即定名正式成立，由孔祥庚同志亲自担任课题组组长，副市长王跃、聂耳音乐基金会办公室主任朱丽云同志担任副组长，成员有玉溪市音乐界知名人士李鸿源、李安明、曾庆延、李鸿钧、宋佳良、黄富、张亚林，媒体工作人员解建文、蔡传斌。

课题组成立之后，为研究工作确定了总体内容框架：以聂耳与玉溪、玉溪文化的关系为主，并具体深入到聂耳的音乐创作与玉溪花灯、洞经、滇剧等民间艺术的关系上。课题组的视野还包括了对聂耳家庭特别是聂耳母亲的研究，以及幼年聂耳在玉溪生活的情况以及聂耳性格、才艺培养形成的研究。

2005年7月18日，课题组向来玉溪视察工作的云南省委副书记丹增同志作了"聂耳音乐与玉溪文化"研究的初步进展情况专题汇报。丹增作出了几点指示：1. 这个课题很重要，非做不可，但做这个课题是有难度的；2.要以现在的时代环境来全面地研究聂耳，课题组的研究重点从聂耳的“革命性”过渡到聂耳音乐艺术的基础，从这一层意思来看有其重要的意义；3.聂耳音乐受玉溪花灯的影响太大了，天才的成才是与他的生活、社会环境紧密联系在一起的，因此要研究聂耳成长的环境，创作的基础；4.玉溪抓聂耳文化项目是非常正确的。丹增同志还十分乐意地担任了课题组的顾问。

2005年8月27日云南省省长徐荣凯，在了解了课题组工作情况和观看了课题组筹备的一台“聂耳音乐研究汇报晚会”后，在抚仙湖孤山岛上接见课题组全体成员，充分肯定了课题组“做了大量的工作，很有成效”，指出聂耳歌曲“大众化”的原因是“民族化”，反映了当时广大人民的心态；要着重研究“聂耳母亲对他的教育，和对聂耳影响大的几个人”。今后弘扬聂耳音乐文化，在普及中应选大众熟悉的，加入时代的元素，变一变，为青年人所喜爱。会上，徐荣凯省长也高兴地同意担任课题组的顾问。

2005年9月15日，李岚清同志来到玉溪，在聂耳故居亲切接见了课题组的全体成员。他感谢大家为研究聂耳所做的卓有成效的工作，并作了重要的指示：

1. 聂耳是一个音乐天才，是一个勤奋的天才。近代音乐史应该纪念和深入研究的两个重量级人物：一个是聂耳，一个是冼星海。聂耳研究是一项严肃的工作，要实事求是，一定要找到原始资料，详细考证。

2. 聂耳的籍贯是玉溪，但他是“中国的聂耳”，要从这个角度和高度来研究聂耳；作为故乡人，要站在大的视野和背景上来研究。

3. 对聂耳的年谱要详细考证，介绍的每一个细节都要非常准确，要用一种比较准确的语言来表达。有些作品有疑问，希望玉溪聂耳音乐研究课题组的专家及其他同志作进一步的研究。

李岚清和夫人章素珍还在玉溪聂耳音乐厅，观看了由聂耳音乐课题组筹办的“聂耳音乐作品研究”汇报演出，给予很高的评价。

二、课题组工作概况

课题组成立后的两年多时间里，主要进行了以下两个方面的工作：

（一）采集、搜寻和抢救现存的研究聂耳的历史资料，在此基础上撰写有关聂耳音乐的论述文章

1. 阅读、分析、研究现有的有关聂耳的史料。主要包括《聂耳全集》中的日记、书信、文章及音乐作品；玉溪地方史志中有关聂耳的资料；20世纪40年代以来聂耳的亲友回忆聂耳的文章和著作；20世纪80年代以来国内音乐界研究聂耳的理论文章；玉溪民间音乐（主要是花灯、滇剧和洞经音乐）的历史资料等。广泛的阅读和重点的分析比较，较全面地掌握了聂耳生平的状况、思想发展的脉络、成长的道路及艺术成就的主要特色，为开展进一步的研究打下了一个基础。

2．努力搜寻线索，开展实地调查，寻访玉溪及云南省内了解聂耳生平的有关人物。其中主要是聂耳的亲属、同学、友人、邻居及他们的后代。由于年代久远，当年直接接触过聂耳的人物大都已不在人世，健在者也已是高龄老人，这给寻访工作带来很大的困难。但是，通过努力和热心人的指点，课题组还是采访到十多位提供了珍贵资料的人物。亲属中除了原先已知的聂耳在玉溪的侄儿刘绍康、侄女刘丽芳；在昆明的聂耳三哥聂叙伦的女儿聂丽华、聂惠华；二哥聂子明的女儿聂振姗等人之外，还有曾经长期生活在聂耳母亲身边的聂耳大哥聂守拙的养女聂丽芳，聂耳母亲彭寂宽大哥的外孙女李琼仙，聂耳堂弟聂士谦及聂耳堂兄聂士秀之子聂春新、堂弟聂士孝之子聂福兴等；同学、友人中有与聂耳在省立师范同学、97岁的离休干部李德和老人，曾与聂耳在玉溪同台演出过的90岁的离休干部杨瑢波老人，还有聂耳在玉溪儿时好朋友孙华轩之子孙中生。通过这些知情人的回忆，使有关聂耳的一些已知的历史事实得到印证，使过去一些模糊的史料逐渐清晰起来，还发现了一些过去不为人知的宝贵资料，使课题的研究能实事求是地进行。

3．向省内外音乐理论界专家学者求教取经。为了提高自身的理论水平，扩大视野，听取行家的意见和建议，课题组先后采访了云南艺术学院资深教授、长期从事云南民族民间音乐研究的杨放、刘兰；曾在原省音乐工作室工作、20世纪50年代接触过聂耳母亲彭寂宽并从事过聂耳研究的专家黄林、吴学源等人。课题组还远赴上海、北京，通过召开座谈会或个别访问的形式，与两地的著名专家学者江明惇（原上海音乐学院院长）、柏里（聂耳生前挚友于伶的夫人、著名话剧演员，曾与聂耳在北平同台演出）、樊祖荫（原中国音乐学院院长）、冯光钰（原中国音协书记处书记）、胡炼龄（中国戏剧出版社编审、聂耳同乡友人）、向延生（中国艺术研究院音研所研究员、聂耳研究专家）等进行了广泛的讨论交流。

4．发挥集体智慧，尊重个人独立思考，认真做好案头工作，撰写课题论文。课题组的成员中，有三分之二是已经离退休的老同志，有的实践经验比较丰富，有的理论水平较高，各有所长。因此，在取得一定的原始资料的基础上，开始撰写论文时，为了互相取长补短，我们都是先在课题组内展开充分的讨论，确定论题，辨别材料的真伪取舍，然后自愿选择论文的题目，分头由个人或组成搭档进行写作，最后在课题组内宣讲通过。只要基本观点正确，言之有理，言之有据，允许有个人独特的判断和思考。就这样，大家合作得比较协调、顺利。共撰写出《聂耳与玉溪民间音乐》、《聂耳音乐作品中蕴涵的“乡音”》等7篇理论文章，填补了过去聂耳研究中的一些空白领域。除此之外，还记录整理出了大量的采访文字资料（约10万字左右）和录音录像资料（30多盘）。为今后进一步研究聂耳做了一些原始史料的抢救工作。

（二）承办全国性的聂耳音乐学术研讨会

2006年7月17日——人民音乐家聂耳逝世七十一周年的日子，由云南省聂耳基金会发起，玉溪市聂耳音乐研究课题组承办的“聂耳音乐学术研讨会”，与“中国少数民族音乐（玉溪）第十届年会”同时在玉溪市隆重开幕。

来自全国17个省、市、自治区的樊祖荫、冯光钰、汪毓和与田联韬（中央音乐学院研究员)、向延生与秦序(中央艺术研究院音乐研究所研究员)、赵毅(中央民族学院教授)等在研究聂耳方面卓有成效的知名专家学者，以及聂耳的侄女聂丽华、聂振姗和冼星海的女儿冼妮娜共137人应邀出席了会议。

中国少数民族音乐学会会长樊祖荫在开幕词中指出：这次学术研讨会，之所以设立聂耳音乐研究的议题，不仅因为我们的年会在聂耳的故乡召开，更因为聂耳的音乐与中国民族民间音乐有着很深的渊源关系。聂耳对民族民间音乐的学习研究、聂耳的生平、聂耳音乐才华的形成和对聂耳音乐的艺术分析等方面，均有待于更深入的挖掘和研究。

在四天的会期中，按议程进行了大会发言、分组宣读论文、参观考察等各项活动。在参观考察了聂耳母亲祖居的新平县漠沙镇花腰傣民族风情、江川县李家山青铜器博物馆、抚仙湖自然风光和红塔集团高度现代化的生产流程之后，与会人员对玉溪得天独厚的自然环境，悠久、丰厚、多彩的历史文化和现代化建设成就表示出由衷的赞赏。会议期间，正逢玉溪市第二个“聂耳纪念日”，代表们还参观了聂耳故居、聂耳公园、聂耳文化广场，参加了聂耳音乐广场的落成典礼，观看了“聂耳故乡全国歌手唱云南”暨中央电视台“欢乐中国行——生态玉溪”大型文艺晚会，玉溪聂耳民族乐团、竹乐团音乐会，以及“生态玉溪礼赞”群众花灯歌舞晚会。与会代表对玉溪多年以来在弘扬聂耳精神、传承聂耳文化方面做出的巨大努力和取得的显著成绩，留下了深刻的印象。

在闭幕式上，田联韬教授对会议作了科学、精辟的总结。他对“课题组”近年的研究成果给予了中肯的评价，认为课题组提交的论文，比较细致地探讨了聂耳的音乐创作与玉溪民间音乐的密切关系，取得了令人瞩目的成绩。

关于这次学术研讨会的成果，如中国音乐史专家汪毓和教授指出的：自聂耳逝世以后，中国的音乐人对聂耳的研究是十分关注的。特别是1985年中国聂耳、冼星海学会在武汉举行了首次全国性的“聂耳、冼星海音乐创作学术讨论会”，取得了许多可喜的成果。可惜的是，自20世纪90年代以后，由于种种原因，学会的工作逐渐处于停滞的状态。时隔21年以后，在聂耳的故乡玉溪，又召开了这样一次“聂耳音乐学术研讨会”，将学会开创的工作接替下来了，这很不容易，也很有意义。

会议共收到了聂耳研究方面的论文36篇，有23人在会上宣讲了自己的研究成果，学术气氛浓厚，还展开了不同观点的争鸣。论文内容包括以下几个方面：

(1)聂耳作品的历史评价和弘扬聂耳精神：有汪毓和的《如何正确认识评价聂耳及其音乐创作》、聂耳的侄女聂振姗的《学习、继承与弘扬聂耳精神》、李安明的《聂耳精神的继承与弘扬》、冼星海的女儿冼妮娜的《冼星海对聂耳的评价》等；

(2)聂耳生平及家庭史料的考察、研究：有陈泰敏的《聂氏“成春堂”医术手札的发现与考源》、谢光庭的《关于聂耳的外祖父是元江傣族的调查始末》和杨建周的《彭寂宽在新平县漠沙的家庭谱系》、崎松的《聂耳生平及家庭史料的考察、研究》等；

(3)聂耳音乐创作与本土传统民间音乐的关系：玉溪聂耳音乐课题组的四篇论文(曾庆

玉溪聂耳音乐研究课题组在上海采访《卖报歌》的原唱者“小毛头”杨碧君

延的《聂耳与玉溪民间音乐》，李鸿源、李鸿钧的《聂耳音乐作品中蕴含的“乡音”》，宋佳良的《试论聂耳音乐创作与玉溪本土文化积淀》，李安明、黄富的《〈翠湖春晓〉与洞经音乐》），吴学源的《聂耳与昆明洞经音乐》，王桂芹的《聂耳音乐创作与民间音乐》，张家训的《聂耳与玉溪民族民间音乐的关系》等；

（4）有关聂耳音乐创作史料的研究：向延生的《聂耳写作〈省师附小校歌〉考》、杨民康的《聂耳的联华歌舞班学习经历及对其此后创作生涯的影响》等；

（5）聂耳作品的音乐形态、女性话题等方面的研究：樊祖荫的《聂耳歌曲调式研究》、秦序的《略谈聂耳的个性对他生活、创作道路的影响》、关素镅的《对聂耳歌曲创作与人格魅力的逆向思维》、任秀蕾的《用音乐语言描写女性的内心世界》等。

总之，这次学术研讨会，对聂耳的家世、聂耳的创作道路、聂耳音乐的评价、弘扬聂耳精神等方面的研究论文，内容丰富，有新的发现，有学术深度，是继1985年“聂耳、冼星海音乐创作学术讨论会”之后，第一次举行的较大规模的有一定水准的聂耳专题研讨会，对促进聂耳研究工作、弘扬聂耳精神有着积极的作用。

会后不久，玉溪聂耳音乐课题组即着手整理汇编此次研讨会的理论文章，于2006年年底由中国文联出版社出版了《聂耳音乐研究文集》。全书共28万多字，是近十多年来第一本公开发行的国内学术界研究聂耳的专著。

聂耳音乐研究是一个长期的课题，“课题组”本着对伟大的人民音乐家聂耳的崇敬，对音乐事业的热爱，对故乡人民负责的精神，将一如既往地致力于聂耳音乐的研究。希望能得到全国各地的专家学者们的关心和支持，并参加到学习聂耳、研究聂耳的行列中来，共同为弘扬聂耳精神，传播聂耳音乐文化而努力！

玉溪聂耳音乐研究课题组（朱丽云、曾庆延执笔）

2010年7月

聂氏“成春堂”医书手札的发现与考证

陈泰敏

众所周知，划时代的人民音乐家，中国无产阶级音乐的奠基人——聂耳于1912年2月15日出生于云南昆明一个名叫“成春堂”的药铺里，他的父亲聂鸿仪是一位来自新兴州（今玉溪）的中医。聂家一直以中医为业，以医馆为家，聂耳在离开云南前，在“成春堂”生活了18年。不久前，我偶然发现了包括“成春堂”医书手札在内的一些资料，通过这些资料，可以了解“成春堂”的简要情况，对于研究聂耳的家庭和身世提供了重要资料。现在我就介绍一下有关“成春堂”医书手札的发现和其所反映的情况。

一、“成春堂”医札的发现

发现“成春堂”医书手札很偶然，我是一名藏书爱好者，2004年3月的一个星期天，我在昆明的一家旧书店里翻拣一堆发黄的古旧医书，突然一本书里掉落了一页写有工整字迹的红色笺纸。我下意识地对这书来了兴趣，习惯性地翻开这本小册子的第一页想看一下究竟是一本什么样的书，翻开发黄的纸页，首先看到的是“成春堂”三个字，我的心顿时咯噔了一下，急着往下看“滇省成春堂，聂翼廷儒医发售……”我以很快的速度草草翻了翻这本小册子，多年的藏书经验告诉我，我找到了聂耳家的东西。

作为聂耳故乡的一名文化工作者，我对聂耳的事迹还是比较留心的，收集了许多和聂耳有关的书籍，曾经参与筹备过聂耳的展览，看到“成春堂”的字样后，我就几乎肯定是聂家的东西，聂耳的父亲聂鸿仪（字翼廷）是玉溪有名的中医，于光绪末年到昆明悬壶行医，曾在甬道街开设“成春堂”医馆，聂耳就出生于甬道街的“成春堂”医馆。

留意到书里交代了一些聂家的事情，我不想它被别人买走，否则真不知道它会流散到什么地方去，它对于玉溪的意义比其他地方更重大。作为一名玉溪人，我下决心留下它，后来我又幸运地得到了另外的一本。

这是“成春堂”医馆的医书手札，一共有两册，皆为聂耳的父亲聂鸿仪用毛笔书写，内容有成春堂的营业时间、地点，经营的各种丸、散、膏、丹等药品的功效和用法，还有聂鸿仪行医的心得体会、药方、信函草稿、账目，以及聂家把位于玉溪的一片秧田典给别人的契约草稿，包裹留言、回执单。通过这些资料，可以了解“成春堂”的简要情况，对于研究聂耳的家庭和身世提供了重要资料。

巧的是，买到这两册医书手札的旧书店刚好在“成春堂”所在的甬道街的花鸟市场，这里距“成春堂”仅有100米，两册书都曾被一位叫胡光富的人所收藏，我曾见过他的一些藏书散见于数家旧书店内，他的藏书往往自行装订，在题签上写下书的名字和“胡光富”的字样，“成春堂”医书手札也不例外。这些医书手札从甬道街流了出去，经过了这么多年后，又回到甬道街。

书买来以后，正值玉溪市委、政府的领导高瞻远瞩，为了弘扬聂耳的时代精神，树立玉溪文化品牌，带头倡议成立云南聂耳音乐基金会，并组织开展了许多聂耳的纪念活动。两年来“玉溪 —— 聂耳故乡”逐渐深入人心，玉溪文化的影响力日益增强。每每我从书架上拿起这两册成春堂的医札的时候，作为一位聂耳故乡的藏书人，一种自豪感油然而生。

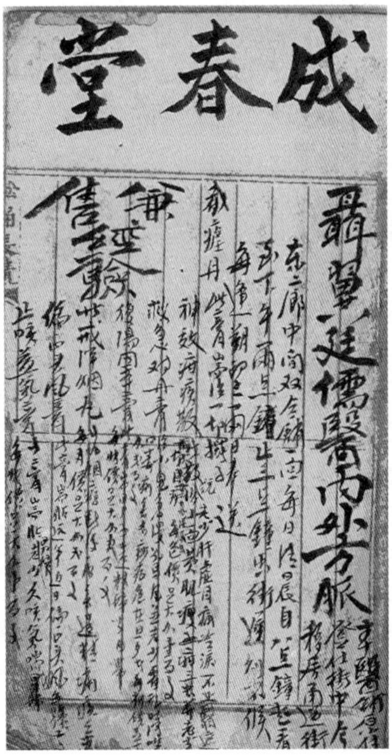
成春堂

成春堂医札

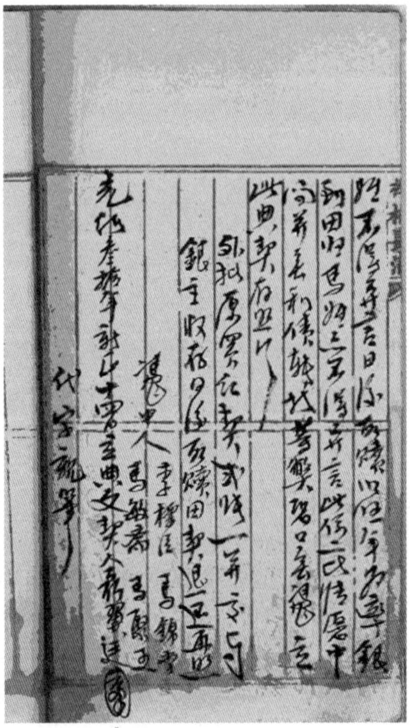

聂家典当秧田的文契

二、医札反映的成春堂基本情况

医书手札一共有两册，约有16开大小，其中的一册是写在印有竖红格的笺纸上，每页书口上印有“松柏长清”四个字，所记内容比较丰富。第一页上面横写“成春堂”，下面竖写：“聂翼廷儒医内外方脉，本医铺原住端仕街中，今移房甬道街东二廊中间双合铺面，每日清晨自八点钟起看到下午两点钟止，三点钟出街，迟则不候，每逢朔望两日奉送……”后面是一些药品的名字和功效介绍。

聂鸿仪，字翼廷，这位来自新兴州（玉溪）的中医按“着手成春”的寓意把自己的药铺取名“成春堂”。这一段估计是聂鸿仪给“成春堂”所写的广告草稿，言简意赅，把药铺的地址和开门的时间交代得一清二楚，开门的时间是每天清晨的八点钟，关门的时间是下午两点，三点钟后出诊在外。每月的初一和十五还向社会奉送“疳积散”、“戒烟丸”等药。

书册中为我们提供了一些新的资料，比如以前大家都认为聂鸿仪于光绪末年直接从玉溪到昆明甬道街开药铺悬壶行医，这个小册子证明他应该是先到昆明端士街，再到甬道街。

位于甬道街的“成春堂”是一间二层小楼，底层有两间铺面，既是药铺，也是医馆，聂鸿仪一边悬壶行医，给病人开药方，一边售卖医药。根据这些资料来看，聂鸿仪是一名知书达理的医生，字也写得好，行医的同时，也时常在笔记本上写写记记。

我们先来探讨一下他写这两册医札的时间，书口上印有“松柏长清”的这一册书中有一件典让土地的文契草稿，落款的时间为光绪三十年（1904），所以写这册书的时间应该在1904年的前后。另外一册写在印有竖蓝格的“陆军小学堂”专用信笺上。这册书被书的原收藏者胡光富在书的题签上写上“聂氏医馆成春堂，翼廷手书，民国元年八月”。从所查的资料看，昆明的陆军小学堂成立于1906年，聂耳的大哥聂守拙曾在陆军小学堂上学，所以这册书写于民国元年（1912）应该是可信的，当时聂耳已经出生了，有半岁多。

从医札上的内容来看，成春堂经营的药品相当丰富，主要是各种丸、散、膏、丹，仅从发现的这两本医札来看，就有80多种，主要有疳疾散、胃痛丸、对丹膏、固本膏、益气膏、戒烟丸等。聂鸿仪把各种药品的功效都详细一一介绍，两册都有，尤其是印有“陆军小学堂”的一册从头专门记着成春堂所售膏药的功效。

聂鸿仪除了卖药，还自己炮制药，他在书中写道：“滇省成春堂，聂翼廷儒医发售，本医馆精理内外方脉，兼制数种丸、散、膏、丹，近尤得异人所授秘方，试无不应，购者云集，官商赐顾，请认成春堂聂氏医馆悬牌为记。”

1912年2月15日，聂鸿仪的第六个孩子聂守信（聂耳）便诞生在“成春堂”药铺的楼上，他的出生给家庭增添了不少乐趣。

聂耳的三哥聂叙伦在《少年时代的聂耳》中回忆，甬道街的房产原是云贵总督府的公产，云南重九起义后，成为云南都督府的公产，后来由于为提高财政而提高租金，成春堂的租金增加了近一倍，这样聂鸿仪由于无法负担只好搬到了威远街，继续行医卖药[①]。

聂鸿仪由于家庭负担沉重，长期过度操劳，积劳成疾，为了治病，几乎耗尽了家里所有的钱财，但最终还是病逝了。这一年聂耳刚满四岁。“成春堂”医馆的经营和家庭的重担就落在聂耳母亲彭寂宽的肩上，所幸的是这位傣族妇女克服了种种困难和障碍，通过严格的考试，取得了挂牌行医的资格，把脉问诊，继承夫业经营“成春堂”。

她后来又把药铺搬到了端士街等地，改名“成春药房”。除了行医卖药，彭寂宽平时对孩子要求很严，也经常给孩子们讲故事、唱花灯。这些民间曲调就像种子播撒在聂耳心中，成了这位伟大的人民音乐家、无产阶级革命音乐的奠基人的早期音乐启蒙。从有关资料来看，彭寂宽一直到解放后她逝世时一直在经营成春堂药铺。

聂家的医札为我们展示了成春堂的情况，同时也是了解云南民国时期商贸文化的一面镜子。现在，除了腰厦被拆除外，“成春堂”的主要建筑和甬道街的建筑都保留了下来，深藏在林立的店铺、熙攘的人群之中。

三、聂家典让秧田的文契

立典中则下则田文契人聂翼廷，现居省城甬道街，原籍新兴州城内鲁贤祠街住人，为因正用钱将自己买得郑姓中则下则田共计二十亩零二分六厘六毛，坐落诸葛庙后土庙前秧田凹共计大小二十丘，其四至均详细注明于地契上，不复开列，其租照清丈上纳，今当凭立契出典与兴义和马善斋兄员下为业，议作典价省称公□纹银六百两正，即日入手应用，银契当合两相交代清楚，自立典之后随银主招典取租，聂姓不得异言，日后取赎以五年为率，银到田归，马姓亦不得异言，此系二氏情愿，中间并无利债转化等弊，空口无凭，立此典契存照。

外拟原买地契二张，一并交与银主收存，日后取赎田契退还再照。

凭中人：李标臣、马锦堂、马敏斋、马聚五

光绪三十年新正十四日立典文契人聂翼廷代字亲笔

这是一份被聂鸿仪写在医札上的文契草稿，书中一共打了三次草稿，这份文稿向我们讲述了一段聂家典让田地的故事。光绪三十年（1904），聂鸿仪把自己曾经从玉溪的郑姓人家买得的一片秧田，典让给同为玉溪人、同在昆明经商的“兴义和”商号的老板马善斋，价钱是一笔不少的数目，一共是纹银600两。这些秧田位于玉溪州城诸葛庙后土庙前，一共有二十丘，约定五年为期。五年中，马家可以随便招典取租，五年后，由聂鸿仪赎回田地。可是五年后聂鸿仪是否真的赎回了这几丘田，便不得而知了。

1904年，聂鸿仪为什么要典让田地，目前我们还不清楚，但肯定是当时急用钱。会不会

① 聂叙伦：《少年时代的聂耳》，新蕾出版社1981年版。

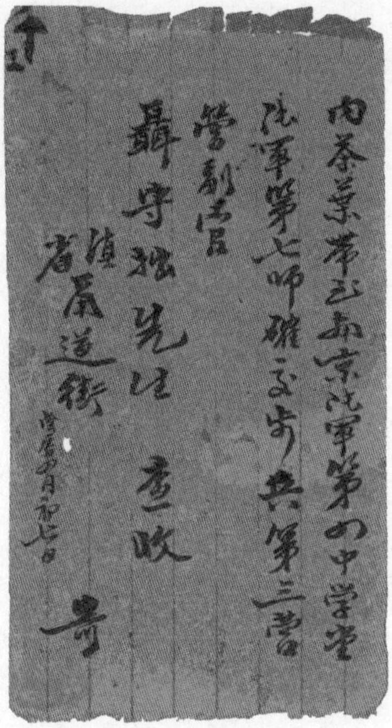

内茶叶带至南京陆军第四中学堂
陆军第七师确交步兵第三营
营副官
聂守拙先生 查收
滇省甬道街
阴历四月初七日
寄

聂家寄茶叶给
聂守拙的单据

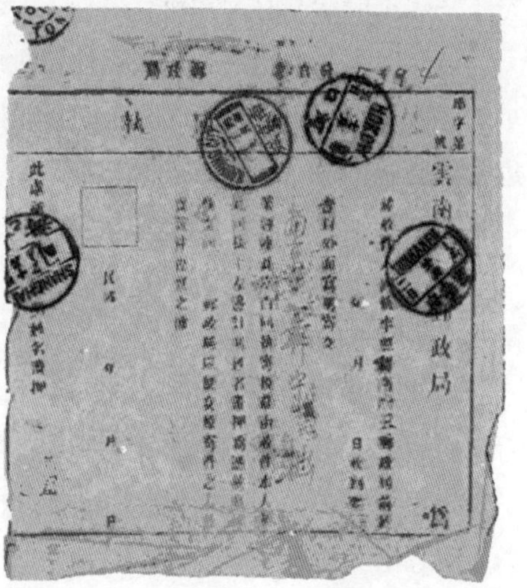

聂守拙收件的回执单

是他刚把“成春堂”搬到甬道街，急需一大笔钱来付房租、购药材呢？如果是这样的话，那么可以说明甬道街的“成春堂”开业的时间很可能就是1904年。一直以来，人们对聂鸿仪迁到昆明开设“成春堂”的时间没有确切的说法。从地契来看，聂翼廷在1904年时已迁到甬道街，甬道街的“成春堂”开业时间不会晚于1904年，加上此前在端士街行医的时间来看，这与有人估计的聂鸿仪到昆明行医的时间在1902年前后差不多。

随着岁月的流逝和时代的变迁，聂家出让的那一片位于玉溪的秧田已不复存在，取而代之的是幢幢楼房，就是现在处于闹市中的诸葛小区，街边商铺林立，非常热闹。

文契中提到聂翼廷“原籍新兴州城内鲁贤祠街住人”，现在的玉溪已没有鲁贤祠街这个地名，向当地的老人打听，鲁贤祠街正是现在的玉溪北门街，当时因为街上有“鲁贤祠”而得名。聂家的老宅由聂耳的曾祖父聂联登建于清末，是一间传统的玉溪民居，少年聂耳回玉溪时曾经住在这里。

如今街上的鲁贤祠不复存在了，而聂家的老宅却完好地保留了下来，并被列为省级重点文物保护单位，在玉溪人民的几经修缮和保护下，成为人们缅怀聂耳的重要场所和人文景观。

四、聂耳的大哥聂守拙

“内茶叶带至南京陆军第四中学堂陆军第七师确交步兵第三营营副官聂守拙先生查收，滇省甬道街寄，阴历四月初七日。”这几行字写在一张红色的笺纸上，夹在书册中，看来是聂家寄了一包茶叶给当时远在南京的聂耳大哥聂守拙，时间是旧历四月初七，但不知道是哪一年。

另外，书札中还夹有一张收件回执单，木板印刷，收件人处钤有“聂守拙”印一枚。回执单上盖有五枚邮戳，可辨认的四枚分别是“云南府”、“河口”、“上海”和“南京城”，一枚盖在边沿处已看不清，有可能是越南的海防，因为从线路上看走的是滇越铁路，到越南的海防后再走海路到达上海，这是当时云南通往内地的主要道路。

从邮戳上的日期来看，这封信于民国四年（1915）10月2日从昆明出发，10月19日到达南京，在路上的时间是17天。

收件人聂守拙是聂耳同父异母的大哥，聂鸿仪的前妻王氏生下长子聂守拙、长女聂兰茹后就病故了。聂鸿仪后来娶了彭寂宽，生下了二女儿聂蕙茹、二儿子聂守诚（字子明）、三儿子聂守先（字子仁，后改名叙伦）、四儿子聂守信（聂耳）。聂守拙曾经就读昆明陆军小学堂，毕业后外出工作。

根据聂叙伦的回忆，卧病在床六个月的聂鸿仪，曾写信给聂守拙“要他回来看望看望，或者寄点钱来补助家用，他都拒绝了”[①]。医札中夹着的这个收件回执，很可能就是病中聂鸿仪写给聂守拙的家信的回执。通过这些信件资料，我们可以知道，聂守拙曾任陆军第七师步兵第三营的营副官，并且从邮戳上的日期来看，民国四年（1915）他还生活在南京。1916年父亲病逝时，聂守拙没有回家，他在外结了婚，几年后回到老家玉溪，曾担任过县政府的财政科长，新中国成立前10多年病故[②]。

五、聂鸿仪的两封信

医札中有聂鸿仪的两封信函草稿，一封是写给玉溪的李绩堂表弟的，大意是，聂鸿仪曾经帮李绩堂向在昆明的“兴义和”借款十两银子，并讲好李回玉溪后就地还给“兴义和”的玉溪分号，可是聂鸿仪到“兴义和”给马善斋看病时，马说李借的款还没有归还，聂鸿仪感到很尴尬，所以写信给李绩堂问明情况，他口气很温和，说李是不是不认识“兴义和”的先生，或者是误将款交给了“兴顺和”，话说得客客气气，但催李还钱的意图却很明显，寥寥数语，一个精明能干的小商人的形象跃然纸上。

另一封信没有收信人的名字，我把全文录下，有几个字很难识别，用□代替：

敬启者，一年容易又春风，思慕之情笔实难述，近维精神康健，眼含□□，□□□□。婿糊口会垣，□局似党□色，而自计生涯尚能度日，知闻锦□，特以奉□□代来小帽一顶，纱帕一节，请□□收，以□思慕之意，余不及此，合府均安。

---

① 聂叙伦:《少年时代的聂耳》，新蕾出版社1981年版。

② 崎松:《聂耳与玉溪》，民族出版社1999年版，第125页。

“婿”字写得小一点，是自称，从这里看似乎是写给岳父或岳母的。然而，给长辈的信一般应该写“敬禀者”而不是“敬启者”，“敬启者”的对象应该是同辈或小辈，并且对长辈不大可能会用“思慕之情笔实难述”的语言。那么结合当时丈夫对妻子也会自称夫婿来看，会不会可能信是聂鸿仪写给他的妻子彭寂宽的呢？会不会聂鸿仪只身到昆明行医，家眷还在玉溪，思念异地的妻子，叫人捎去小帽一顶和纱帕一节呢？目前有些玉溪的老人认为聂耳幼年在玉溪的老宅住了很长一段时间[①]，彭寂宽应该也在玉溪居住了一段时间。究竟收信的人是谁呢？我们期待下一步的研究。

“成春堂”医书手札为我们了解聂氏“成春堂”的基本情况提供了一些直接的证据和资料，但是由于有些字迹尚待仔细辨认，有的信息尚待查证，“成春堂”医馆的医书手札一共有多少本，它的收藏者胡光富是什么人，是在什么时候得到它们的，它们能否为我们带来更多的信息，就要期待以后更多的发现和研究了。

原刊云南玉溪编《聂耳音乐研究文集》
中国文联出版社2006年版

作者简介：陈泰敏　玉溪市博物馆副馆长、副研究馆员。

---

①“聂耳音乐与玉溪文化”研究课题组曾做过调查，详见宋佳良《试论聂耳音乐创作与玉溪本土文化积淀》，刊《聂耳音乐研究文集》，中国文联出版社2006年版，第70页。

解读聂耳的母亲彭寂宽

黄 富

和全世界所有天才的产生一样，聂耳的音乐天才同样取决于家庭培育、社会环境、时代变迁三方面的因素。聂耳生平及其作品的斗争性、革命性已成为一种时代精神而广泛传播，丰厚的中国民间传统音乐，尤其是云南的花灯、滇剧、洞经音乐对聂耳的影响，也有不断丰富的大量资料予以证实。而家庭的培育、母亲的教养却只有在生平书中简略提及，不见深究，对母亲彭寂宽的记述则往往一带而过，零散空泛。在近年学习聂耳音乐作品、采访聂耳亲友的过程中，越来越感到聂耳音乐天才的形成，很关键的是母亲彭寂宽对他的哺育和影响。

谨鉴于此，试就零星的原有书刊资料和有限的亲属回忆记录，对彭寂宽的生平亮点和人格魅力作一粗浅的梳理，以探究其对聂耳的内在影响。

一、坚毅刻苦的杰出女性

彭寂宽虽是一个不得念书的村姑，但凭着她聪敏的天资、超人的悟性、刻苦的学习和自身的修养，成为了一个知书达理、医德高尚的郎中。在时局动乱、家贫子幼、衣食维艰、多灾多难的寓居生活中，她含辛茹苦地劳碌奔波，撑持住了一个无依无靠的五口之家，养育出了人民音乐家聂耳。在无愧无悔、无憾无怨的人生旅途中，她经受过中年丧夫、老年丧子的巨大打击，承受着生离死别、担惊受怕的牵挂熬煎，展示出了聪颖贤惠、仁慈善良、坚韧刚毅、刻苦勤奋、精明干练、多才多艺、亲切温和、朴实节俭的人格魅力。

（一）聪敏勤奋的才女

彭寂宽自幼天资聪慧，勤奋好学，她虽然没有上学，但在哥哥们的帮助指导下，“如饥似渴地读书识字，读完《百家姓》、《三字经》、《增广贤文》和四书中的《大学》等教科书”。[①]“经常拿着哥哥的课本到后园子去看，…… 能看很多书。”[②]为她学习民间艺术和中医打下了文

① 聂叙伦：《少年时代的聂耳》，新蕾出版社1981年版。

② 李安明、黄富：《外孙女忆姑外婆》，《玉溪艺谭》2006年第3期。

化基础。后来丈夫去世，“当年她就通过了中医资格考试”[①]，独立行医。

聂耳母亲彭寂宽的留影

她“出生在峨山一个贫穷的傣族家庭”[②]。当地傣族很少，杂居在彝族、汉族人家中间，对邻里的恭谦礼让、谨慎自律，使她具有小家碧玉的机灵乖巧。父母都曾受过陈姓家庭的礼俗影响，她所形成的诗礼传家、望子成龙的传统观念，促使其竭力供四个儿子念书；丈夫的文化知识和品行修养、书香门第的朗朗书声与传统家规，让她兼有了大家闺秀的气度风范。这些素养，是她人生观念与行为模式的基础，在她后来的生涯中都有明显的表现。

她聪颖好学，会唱许多当时流传的善书唱腔、民歌小曲、早期灯调等民间音乐曲调，她后来为孩子们讲的善书及唱的小调，应该是她青少年时代在峨山、玉溪学得的。直到晚年，他还经常教孙辈们“唱这唱那”，而且“唱的调子非常好听”。有一次，“在西山住了几天，白天她念经，到了晚上，她就一边吹着葫芦笙一边唱着小调”[③]。

（二）医德高尚的郎中

她结婚后，曾考上廪生的丈夫聂鸿仪不仅教她读书写字，还“以《医学三字经》为基础，把医术传授给她”，很快就成为丈夫的得力助手，“后来独立悬壶行医，当时在昆明是绝无仅有的”[④]。据自幼由她带大的养孙女聂李芳（1939年生，聂守拙的养女）讲“有一次我爷爷出诊不在家，她刚刚分娩就有人来看病，她不顾虚弱的身子，忙下楼给病人诊治。奶奶良心特别好，有的病人钱不够，她也给抓药，遇到没有钱的病人就把药白送给人家，还常添饭给病人吃。有一次逮着一个来偷贵重中药给妻子治病的男子，她知情后还配了两服有三七、人参的药给那人带走。这样的事我们碰见得很多，奶奶的良心真的太好了”。自9岁就跟她同院生活多年的外孙女李琼仙（1926年生，大哥彭润之的外孙女）说：“她号脉很准，膏药特别灵，干疮药最好卖。不孕不育她也治得好，曾医好一个多年不育的军官太太，送来很多礼银她都不收，只收下一块匾。”

（三）苦难家庭的支柱

彭寂宽嫁到玉溪不久，就同丈夫到昆明租房行医，在时局动荡的恶劣环境下，他们生儿育

① 崎松：《国魂聂耳》，远方出版社2003年版。
② 聂叙伦：《少年时代的聂耳》，新蕾出版社1981年版。
③ 张亚林、朱丽云：《“孙女”记忆中的奶奶彭寂宽》，载《聂耳音乐研究文集》，文联出版社2006年版。
④ 崎松：《国魂聂耳》，远方出版社2003年版。

女，平安度日。丈夫不幸于1916年因病去世，那时她才34岁，四个孩子最大的蕙茹14岁，最小的聂耳才4岁。“一大家人就靠她挣钱吃饭，…… 碾药常常到深更半夜，还要买药、熬药，操心全家人的吃、穿、用。”[①]面对人生最大的不幸和断绝生计的灭顶之灾，在毫无积蓄又无依无靠的情况下，她硬是凭着自己的坚强与期盼，继续把这个家支撑下去，让四个孩子都读书成人。需要付出常人难以承受的艰辛与操劳，仅凭这一点，彭寂宽就应该是一个为全家衣食含辛茹苦，为儿女成长呕心沥血的杰出女性。

由于贫困，她养成了节俭的生活习惯，在子女长大、生活稍好以后依然保持。聂李芳回忆说：“奶奶随时嘱咐我们，要爱惜财物、勤俭节约，日子才会好过。在两个叔叔没有分家出去以前，每天要有二三十个人吃饭，油盐柴米都要她操心，我们这些娃娃穿的衣服，都是她缝的，还常把旧衣服改给我们穿，连补丁的样子都很好看，她真的很有本事。”

（四）开朗乐观的性格

聂李芳回忆的往事表明，彭寂宽生性活泼开朗，处事乐观豁达：“任是多苦多累，脸上总是带着微笑，无论遇到多大困难，都能冷静地设法解决。她曾对我们讲过她的一桩往事，说她小时候爱玩‘跳海’（女孩子单脚跳方格框竞技的游戏），在二叔（聂子明）不到半岁的时候，她背着孩子上街，见到路边的‘海线’（方格框），忍不住跳起来，孩子哭也不知道，旁边有位老头喊她：‘小姑娘，娃娃饿了，快背给你妈喂喂奶再来玩。’见她停下来喂奶，老人还觉得纳闷。那时她才25岁，已是两个孩子的母亲了。奶奶很乐观，亲戚们都说她不会愁。有一次我们见她哼着花灯出门，等她回来才知道是出去借米。”

（五）重情重义的气度

彭寂宽对所有亲友、邻里都很讲礼节和情谊。她外孙女李琼仙讲的一件趣事令人感动：“姑外婆曾对我说：‘我的命真苦，相亲是瞿义六（聂鸿仪在昆明行医的挚友），嫁过来才知道是你姑外公（聂鸿仪），他大我好多岁，又有两个娃娃，兰茹才4岁，白天要喂要洗，晚上要领着她睡，有时气不过硬是想捏她几把，掐她几下，但想到她是个娃娃，又舍不得。你姑外公有学问，对我也好，慢慢也就想淡了。’姑外婆领兰茹一直领到搬上昆明，后来她们感情一直很好。”从聂耳的日记中可以看出，她凡带着孩子们回玉溪，多半是住在聂兰茹家，因此聂耳对兰茹大姐的感情特别深。聂兰茹的儿媳沈玉萍（1935—　）回忆说：“1955年我与刘绍堂（聂兰茹之子）结婚后，凡上昆明，外婆（彭寂宽）都相当亲热，让我一定要到她那里住，说住在自己家里才方便。1956年我到昆明省团校学习，她有空就拉着我到东寺街吃卤饵块，春节还专门让二舅妈来接我去过年。我生老大时，她送给娃娃的东西都是最好的，特别那顶帽子最漂亮。”峨山县城关小学退休教师彭鹏（1926—　）回忆说：“我父亲跟彭寿山是同姓家门，小时候父亲曾领着我去过成春堂，彭寂宽很热情，还给我一些零钱。”说明她善待亲友是一如既往，有口皆碑的。

---

① 李安明、黄富：《外孙女忆姑外婆》，《玉溪艺谭》2006年第3期。

崇善信佛是彭寂宽精神生活的最大寄托。“每天晚上料理完家务后，都要坐在佛坛前点蜡诵经。”凡到玉溪都要去大寺庵敬香，晚上也要烧香拜佛，“现在玉溪北门街聂耳故居楼上的佛坛，就是她当年礼佛诵经的地方”[①]。丈夫去世后她即皈依佛门，法号寂宽，正好应验了她默施静省、宽厚待人的慈善心肠，在那个历史时代，这是中国妇女最崇高的品格追求。

二、启迪才智的教子“三娘”

由于聂耳从小就爱听母亲唱歌，所以大家公认母亲是聂耳的启蒙老师，这是当之无愧的。彭寂宽对聂耳才智的启迪和品性的培育是综合的、整体的、隐形的甚至是无意识的。谨从以下几个方面，可以感觉彭寂宽对聂耳的教养。

（一）先天的遗传

聂耳天生“模仿力和记忆力特强，学说玉溪话、模仿女人走路是惟妙惟肖。父亲教他识字过目不忘”[②]。而且，“他似乎是带着音符出生，从小对音乐就表现出特殊的兴趣和超人的才能”[③]，那时他就学会吹笛子、拉二胡并任乐队指挥，还能清唱、演双簧，表现出非凡的天资。按照遗传学的解释，这种天分是从母体带来的，出生后的启蒙乃至孕育期的胎教，都要以遗传基因为前提。

（二）母爱的滋润

彭寂宽对孩子们的亲昵和抚爱虽然是同样的，但聂耳是最小的孩子，自然得到的更多。为了让聂耳进省师附小读书，她把丈夫留下的唯一遗产八音钟送进了当铺；她觉察三个儿子到处找工打，便疾言厉色道：“家里的事妈会想办法，你们只管好好念书。”从此，她除了看病、碾药外，还设法帮街坊洗衣服、做针线帮补家用。孩子们切身感受了母亲的爱，读书更加用功。

温馨而甜蜜的母爱，给聂耳予隽永的力量和勇气。聂耳在18岁时写的“年谱”[④]，一开始就回忆妈妈讲她在“反正”（云南重九起义）的枪声中怀他的情景：“炸豆般的枪声响得实在怕人！我忙把窗子关起来，抱着你三哥跑下楼来，……”还情不自禁地写道：“我曾无数次地要求妈妈再讲而哭过几次，…… 她便不住地又把这故事讲完，依然又把我抱到她的怀里给与一个温存的甜吻 …… 我现在想象着那时挺着一个大肚皮的妈妈，她是如何的痛苦哟！”

（三）身教的启迪

彭寂宽以她的聪敏、贤惠、坚强、刻苦、坦诚、善良等人格魅力，潜移默化地影响着她的孩子们。最为可贵的是，这些品格，她并非为了教育影响孩子才这样，而是在艰苦持家、接人待物的日常生活中，因之传统道德规范的自身修养使然，客观上成了孩子们“润物细无声”的

---

①② 聂叙伦：《少年时代的聂耳》，新蕾出版社1981年版。

③ 胡炼龄：《党的光辉照亮聂耳的前进道路》，2006年在玉溪聂耳音乐研讨会上宣读的论文。

④ 周巍峙主编：《聂耳全集》（下卷），文化艺术出版社、人民音乐出版社1985年版。

做人楷模，效仿榜样。

（四）善书的感染

彭寂宽习惯哼着善书曲调哄孩子入睡，聂耳是最小的儿子，哄领的时间更长，以至要母亲“几乎每晚睡前都要讲（唱）一段善书”。就是因为这个缘故，聂耳对云南民族音乐怀有浓厚的兴趣，在去上海的临行晚宴后，仍要“母亲给他唱了一段《安安送米》”[①]。聂耳在音乐创作的高峰期，又从上海写信给母亲，“现在我想在中国的各地民间歌谣上下一番研究，请三哥帮我收集一些寄来，……”从这个意义上讲，母亲理所当然是聂耳走上音乐之路的启蒙老师。

（五）无声的诱导

彭寂宽随时随地都关注着孩子的进步，无声无息地引导着他们的成长。一个欣慰的微笑，能让孩子们得到鼓励；一个赞许的目光，能让孩子们获得支持；信任和默许，为孩子们提供了无拘无束的空间。孩子们喜欢音乐，形成了一个家庭小乐队，她为他们烧开水，有机会还要他们奏给她听。她爱听“家庭小乐队”的演奏，一方面是在欣赏自己的“作品”，主要还是鼓励，让孩子们兴致更浓，奏得更好。

在聂耳上小学期间，她知道孩子们喜爱洞经，也懂得洞经音乐的高雅气质与尊贵地位，就去求住在家（端仕街44号）对面的董秀才引荐，让三个儿子都进洞经会学习洞经。[②]聂耳后来创作的民乐合奏曲《翠湖春晓》，渗透着她的心血与期望。

（六）教育的艺术

彭寂宽对孩子的教育很严格，但从不打骂。她希望孩子个个成才，最注重的是品德教育。她为孩子们唱善书曲调、念童谣歌诀，只是让他们享受艺术，得到宁静，安然入睡。而善书故事中的品格形象、名言警句，她都希望孩子们终生铭记，身体力行。她为孩子们订的准则几乎都是品德方面的，有“五要”（待人要温和有礼、要敬老爱幼、要早睡早起、要有骨气和志气、要有长远的目标）、“五不”（不打人骂人、不说谎、不饮酒抽烟、不赌博、不轻易接受别人的钱物），孩子们以此自我约束。有次聂耳当着客人的面，缠着母亲要钱买书，结果客人拿钱给他。过后彭寂宽非常生气，从此聂耳再也不敢这样了。[③]

三、滇中乡村的傣家幺囡

彭寂宽自幼在峨山生活了十几年，传统村户的家庭教育及父亲的坚强刻苦、母亲的勤劳贤惠，造就了她的天分和品格。峨山丰富的民族民间文化艺术，熏陶、培养了她的爱好和才艺，是傣家的血脉、峨山的水土哺育了她。

① 聂叙伦：《少年时代的聂耳》，新蕾出版社1981年版。

② 吴学源：《聂耳与昆明洞经音乐漫谈》，载《聂耳音乐研究文集》，文联出版社2006年版。

③ 崎松：《国魂聂耳》，远方出版社2003年版。

(一)傣族家庭的养育

彭寂宽出生在峨山县城大塘子边(今双江镇文星街29号)的一个傣族家庭，有父母亲和四个哥哥，她是最小的独生女，昵称“阿月”(傣族长女、独女)，在家中是备受呵护。

父亲彭寿山出生在元江县礼江镇西门村的一个傣族人家，由于父母双亡，少年时就“随马帮孤身来到峨山县城，在石门坎姓陈的地主家养马，因他勤苦老实，主人就把一个名为养女的丫头许配给他为妻。婚后不久就离开了陈家，在县城做甜白酒摆摊叫卖养家”[①]。彭寿山能让四个儿子读书，可见他有着“耕读传家”的坚定信念与“吃得苦中苦”的机敏能干。

彭寿山的上两辈都是流落成家的傣族，祖父是由新平建兴流落到漠沙成家，父亲彭里和又由漠沙流落到元江成家。[②]连续三代忍饥挨饿的“流落”生涯和自力自挣的垒屋“成家”，使彭寿山自幼练就了风餐露宿、挣扎生存的本领，立定了“无家最可怜，苦死要有家”的信念。彭寂宽的身上，既流淌着谦和淳朴、智慧机灵的花腰傣血液，又传承着父亲彭寿山坚忍顽强、宽厚豁达的性格和聪明能干、擅长手艺的谋生本领。

母亲陈氏既是“养女”，在陈家也多少接受过传统礼俗的管教和濡染，名“主”实“仆”的特殊身份，又培养了她勤快麻利、知艰识苦等传统习尚。结婚后除繁重的家务外，还要“帮人做针线和农活帮补家用”。在“女主内”的传统家庭，必然要有一个贤妻良母的哺育教养。能帮人做针线的妇女，多是出类拔萃的刺绣高手，可见陈氏必是一位天资过人的优秀女性。

峨山佛教历史久远，居家凡尚有衣食之妇，多要烧香拜佛，陈氏既“有吃有穿”，自当崇善信佛。在彭寂宽领着三个儿子到峨山时，“聂耳听他外婆讲，城边这架山上有座庙(可能是如是庵)，她每年都上去烧香”[③]。可见彭寂宽笃信佛教，也是青少年时代就受到母亲的影响。依俗烧香，应时祭祖，中年以后都吃斋念佛，乐善好施。

(二)滇中文化的熏陶

彭寂宽于光绪七年(1881)出生在峨山，至“结婚的前几年随哥哥来到玉溪，纺线织布”[④]，峨山的传统文化影响了她的一生；玉溪的善书、花灯、滇剧等民间艺术，也对她产生着深刻的影响。

峨山虽“僻处山隅，汉少彝多”，但却“风气开于唐，盛于明清，礼度与中州等”。清代即已“多士济济，俊秀翩翩，敏皇学业，弦诵不衰”[⑤]。县境内，圣谕、善书、洞经、滇剧、花灯及彝族乐舞等民间艺术一度兴盛，流传广泛。正是这些“风气”、“礼度”、“敏皇学业”及“弦诵不衰”的民族民间文化艺术，养育出彭寂宽这样的才女。

善书又称唱书，是圣谕说唱逐渐衰微后，其形式、内容在民间的继承发展。峨山的善书在光绪初年为鼎盛阶段，彭寂宽生长在那个时期，母亲又笃信佛教，一个母亲疼爱的小幺囡自幼

① 聂叙伦:《少年时代的聂耳》，新蕾出版社1981年版。
② 彭阿尼的四子彭松元(1924—)口述，谢光庭整理《元江傣族彭氏谱》。
③ 崎松:《国魂聂耳》，远方出版社2003年版。
④ 李安明、黄富:《外孙女忆姑外婆》，《玉溪艺谭》2006年第3期。
⑤ 康熙年撰《嶍峨县志》。

听着唱曲入睡，一个爱学爱唱的小姑娘经常哼着唱曲做活，应该是理所当然的事。可见，善书不仅影响了彭寂宽一生的思想观念，也启迪和诱导了她的音乐天赋与终身喜好。

据胡玉冰老人（1925— ）讲，在她很小的时候，每年正月“推花车”都要耍龙舞狮、唱戏崴灯，还请小街、甸中、玉溪、昆明的戏（灯）班来搭台演出，有的要演十多天才走。这些依附于习俗活动而传承的民间艺术，对彭寂宽肯定有着长期的、深刻的影响。

彝族是一个喜歌好舞的民族，虽然县城彝族不多，但赶街过夜的彝族歌舞、赶马歇脚的约伙娱乐历来盛行，节日或农闲期间，各民族文化艺术的自我表演或相互交流也很普遍。

她到玉溪生活的六七年间（1898年结婚前后），玉溪的民间佛曲、善书唱调更为丰富，流传更广，团场花灯的拜年、贺喜活动已非常盛行，滇剧清唱、洞经谈演等民间艺术活动也比峨山更为普遍。对于喜爱音乐的花季女子彭寂宽来说，这些民间音乐对她的吸引、熏陶、影响应该是相当大的。

彭寂宽青少年时期在峨山、玉溪所能接触和学习的民族民间音乐是多种多样的，也正是这些丰厚的民间艺术滋润、培育了她的音乐天分与悟性。但囿于历史的偏见，她只能将所有受歧视的乐舞深深隐藏在心底，作为一种儿时的印记，以至到了晚年，还只能在夜深人静时借以追忆童趣，寻求慰藉，也可看出民族民间音乐对于她的影响之大、情感之深。

从世俗制约的社会现实来看，彭寂宽的音乐天分被传统的偏见掩埋了，仅仅只表现出对聂耳所影响的那一小部分。但从遗传学的角度来说，她所消化吸收的民族民间音乐养分，包括悟性、灵性与天赋、天才，乃至音符、音调与旋律、节奏，不仅让出生后的聂耳在不知不觉中，自然而然地得到启迪和影响，而且在十月怀胎的孕育过程中，就已随着血液和骨肉一起传给了聂耳。可以断言，没有彭寂宽的音乐天分，就不可能孕育出聂耳的音乐天才。

尽管相关的资料零散而粗泛，晚辈的回忆遥远而模糊，但仍然饱含着彭寂宽平凡而又伟大的人格魅力，浮现出彭寂宽多面而统一的鲜活形象：一个活泼伶俐、爱唱爱跳的乡村女孩；一个知书达理、贤淑端庄的傣家闺秀；一个聪敏好学、能歌善舞的滇中才女；一个温柔体贴、善待亲友的贤惠妻子；一个白天看病、夜间碾药的悬壶郎中；一个坚强刻苦、精明能干的家庭主妇；一个礼佛诵经、乐善好施的皈依弟子；一个慈祥厚道、和蔼可亲的长辈楷模；一个含辛茹苦、呕心沥血的教子“三娘”；一个塑造灵魂、启迪才智的伟大母亲。

原刊云南玉溪编《聂耳音乐研究文集》

中国文联出版社2006年版

聂耳几次故乡行

曾庆延

玉溪是人民音乐家聂耳的故乡。老家在州城北门街3号，父亲聂鸿仪是中医师。光绪壬寅年（1902），聂鸿仪和续弦妻子彭寂宽迁居昆明，继续行医。1912年2月15日，聂耳诞生在昆明甬道街72号，排行第四。

聂耳从出生后，到他1930年7月离开昆明去上海的18年中，他曾多次从昆明回到故乡玉溪。但是，他究竟回来过几次？是何年何月回来的？回来做什么？至今尚未有统一的定论。据笔者最近在研究有关聂耳的课题，查阅有关资料时发现，至少有以下几种说法：

一、“一次说”：此说显然不准确。仅见于云南著名学者徐嘉瑞写于1943年、发表于1945年10月《中原》杂志的文章《聂耳的一生》。文中这样写道：“……（他）原籍虽然是玉溪，可是生在昆明，只到过玉溪一次，他的口音，也不是玉溪的口音。他有语言的天才，回家去演剧，就说玉溪话，连家乡人都分辨不出来。”[①]徐嘉瑞虽然是聂耳的同乡、同时代的文人，从文中看得出他读过聂耳的日记，但限于当时的资料不多，作出这样不准确的结论，是可以理解的。

二、“二次说”：此说是根据聂耳的日记。查遍《聂耳日记》，的确只有1927年（民国十六年）他初中毕业后回玉溪老家复习功课的19篇（农历六月二十二日至七月初十日）日记，和1928年二月二十五日、二十六日回玉溪时的两篇日记。《聂耳日记》一书中给这后两篇加的标题是“民国十七年二次回玉溪之日记”。可见编者认为这是聂耳的第二次回故乡（从下文可知，其实这应该是第三次了）。

三、“三次说”：这是长期以来比较为大家认可的说法。曾出现在许多正式的场合和出版物中。但是，在时间上却不尽相同，各有各的说法。如李美先生在《聂耳故居的保护与修缮》[②]一

① 转引自《玉溪市志资料选刊》1985年1月第六辑。

② 李美：《聂耳故居的保护与修缮》，《云南文物》1992年第32期。

文中说："聂耳在青少年时期，曾先后三次回玉溪探亲和进行文艺宣传演出。1920年冬季，昆明师范附小毕业后，跟母亲到玉溪探亲；1927年，初中毕业后，又回玉溪探亲，住在故居，预习功课，准备考省立第一师范；1929年2月，随省师学生回玉溪进行文艺宣传演出。"在《聂耳与国歌》[①]一书中，也持"三次说"，但同一本书却出现了两种不同的说法：

在本书的《聂耳与民间文艺》一文中这样写着："他先后多次回到玉溪，第一次是在他九岁初小毕业时随母亲及二哥聂子明、三哥聂叙伦去峨山探望外公外婆"；"1927年农历六月下旬，聂耳初中毕业后，他母亲为了想在家乡给他找一份适当的工作，就和聂耳第二次回到玉溪。""聂耳第三次到玉溪，是在1928年他在省师读书时的暑假……聂耳同谢弼晋、马天柱等人结伴到玉溪后，办起民众夜校，开展文艺宣传活动……"这里说的与上面李美先生的说法有两点不同，一是第一次回乡的时间前者说是"1920年的冬季"，后者说是"聂耳九岁"（1921）时；二是第三次回乡的时间，前者说是"1929年2月"，后者说是"1928年的暑假"。

可是在本书的《聂耳简要年谱》中，编著者却又将聂耳第一次随母亲回乡探亲这件事放在了"1920年"的记事中。在1928年的大事记中，又没有关于聂耳回乡的记载。而将聂耳第三次回玉溪的时间定在："1930年，19岁，2月间，随省师学生回玉溪宣传演出。"出现上述这样前后矛盾的表述，不知是何原因，或者是当时在记叙中的不够周密所致，或者是因为崎松先生将聂耳曾经两次回玉溪进行文艺宣传演出的事弄混淆了。

今年6月由云南聂耳基金会编辑出版的《人民音乐家聂耳》大型画册，基本上采用了崎松先生在《聂耳与民间文艺》中的说法："聂耳三次从昆明回祖籍玉溪。"时间也相同。

四、"四次说"：此说正式见诸文字，是发表在2004年第1期《玉溪艺坛》上崎松先生的《聂耳的族谱·家谱·年谱》一文中。在年谱里，我们可以看到聂耳曾经先后四次回玉溪。时间分别是：1921年的假期（探望外公），1927年的假期（复习功课），1928年（未说明做什么，只说"写下日记两篇"），1930年的2月2日（宣传演出）。

此说比"三次说"进了一步，补充了聂耳日记中有记载的1928年2月回来那一次，更接近于事实。但是，仍然没有回答聂耳回乡进行文艺宣传演出究竟是一次还是两次的问题。而弄清了这个问题，就可以确定聂耳回乡到底有几次。因为前面那三次，已有日记和亲人的回忆可以证明，不存在争议。

通过对一些可信的资料的对比研究，笔者认为：聂耳为文艺宣传曾经两次而不是一次回到家乡玉溪。第一次就是1928年的暑假期间（这就是崎松《聂耳与民间文艺》）中说的"第三次回乡"）。第二次是在1930年初的寒假期间（这就是崎松在《聂耳简要年谱》中所表述的又一个"第三次回玉溪"）。这两次都有下面这些可靠的资料来证明。

先说1928年的这一次。除了崎松《聂耳与民间文艺》中的记叙之外，玉溪地方史志专家李文彦先生在《人民音乐家聂耳》[②]一文中早就明确地写道："1928年，他利用暑假，和'玉溪

① 崎松、伊人：《聂耳与国歌》，云南民族出版社1990年版。
② 李文彦：《人民音乐家聂耳》，据作者生前说此文曾刊于1980年的香港《大公报》。

青年改进会’的会员一起，专程回到家乡，举办游艺晚会，演出了《罗密欧与朱丽叶》、《女店主》、《少奶奶的扇子》等一批新剧。”与此相佐证的，还有与聂耳同在玉溪青年改进会的省立一中学生卢光喜（现系玉溪籍台胞）写的《我和聂耳等回玉溪演出的回忆》[①]，文中说：“记得是民国十七年（1928）暑期，我们回玉溪来宣传演出，…… 聂耳和他的朋友赵金宝也来了，他们多半是搞乐器的 ……”可见，聂耳确实于1928年的暑期，曾和“玉溪青年改进会”的会员一起，来玉溪宣传演出过。

再说1930年寒假聂耳第二次回玉溪宣传演出。除了崎松先生先后在《聂耳简要年谱》和《聂耳的族谱·家谱·年谱》等文中反复提到之外，也见于向延生[②]1987年撰写的《聂耳年谱》中：“1930年春节随省师学生会去玉溪演出，扮演话剧《春闺怨》的女主角。”更重要的还有尚健在的、当年与聂耳同台演出过的杨瑢波老人的亲身回忆作铁证。这也是无可怀疑的了。而且，在杨瑢波的回忆中，还提道：“旅省学会的同学经常利用寒暑假来玉溪活动。”“聂耳每次来玉溪都会到我家里玩。”这就还可以从侧面证明：聂耳来玉溪搞文艺宣传活动决不止1930年寒假这一次。

综上所述，我们就可以确认：聂耳青少年时期曾经五次回到家乡玉溪，而不是三次或四次。按时间顺序排列是：第一次1921年（聂耳九岁时）；第二次1927年的7月20日（农历六月二十二日）至8月7日（七月初十）；第三次1928年的2月；第四次1928年暑假；第五次1930年寒假。

特别要说明的是这第五次回乡，绝不可能是在1929年。因为聂耳从1928年的11月30日就离家参加了十六军，辗转越南、香港、广州、湖南等地，直到1929年的5月6日才回到昆明。怎么可能在1929年的2月来玉溪搞宣传演出呢？另外，1992年7月出版的《玉溪市志》（县级市）的“聂耳传”中，也将聂耳回玉溪说成是“1929年的暑假”，在“大事记”中明确为“民国十八年（1929）8月”。经查证：聂耳在1929年8月3日写给他二哥的信中这样写道：“…… 这学期的暑假绝不延长了，大概五号以后，就要积极筹备开学 ……”由此可以推断，在8月3号之前和之后的一两天中，聂耳也不可能回玉溪来搞文艺宣传活动。之所以会出现“1929年聂耳回乡搞文艺宣传”这样的错误说法，可能是将1928年暑假的那次和1930年寒假的那次，张冠李戴地安在1929年了。

这五次回乡中，有一次是探亲，一次是温习功课，两次是从事进步的文艺宣传活动。还有1928年2月的这一次，仅见于残缺的日记（只有二十五日、二十六日两天）记载中。在写到“进城后即至舅父家，进门即见黑漆棺木一口，余大惊，后见外祖父坐在天井中，病仍是不轻不重……”之后便没有了下文。可以猜测这次回乡是否是来探视病中的外公彭寿山？但尚没有其他的旁证，不能确定。有待进一步研究[③]。

---

① 卢光喜：《我和聂耳等回玉溪演出的回忆》，载《玉溪市文史资料》1988年第四辑。

② 中国艺术研究院音乐研究所著名聂耳研究专家、《聂耳全集》的执行编辑。

③ 据玉溪“聂耳音乐研究课题组”最近对彭寂宽的外孙女李琼仙的采访记录，聂耳此次回玉溪是到彭寂宽的大哥彭润之的家。日记中的“舅父”应是彭润之，“外公”应是“彭寿山”，而不是聂鸿仪前妻王氏家的人。详情见《采访彭寂宽外孙女纪要》一文。

云南玉溪聂耳故居旁的聂耳回故乡雕像

聂耳是玉溪人民的伟大儿子。聂耳和故乡玉溪直接接触的情况，是十分重要的历史资料。目前存在着的比较混乱的多种说法，应该认真地通过调查研究，溯本清源，予以澄清。正是本着这样的愿望，笔者作出了以上的分析和结论，由于水平有限，资料掌握不全，可能不一定正确，欢迎专家们指正。

原刊云南玉溪编《聂耳音乐研究文集》
中国文联出版社2006年版

作者简介：曾庆延　原玉溪市文化馆原副馆长。

聂耳音乐作品中蕴涵的“乡音”

李鸿源　李鸿钧

伟大的人民音乐家聂耳为什么能在他短暂一生的最后时刻像火山爆发似地创作出这么多具有高度思想性和高度艺术性相结合的、音乐语言新颖简练并具有大众性的音乐杰作？在这些作品中，有没有受他的故乡玉溪民间音乐的影响呢？我们试图用新的视角，对它进一步地进行探讨和研究。

一、聂耳音乐作品中隐现“乡音”的例证

（一）与玉溪民间音乐“形似”的作品——即两者曲调旋律的形态相似

例证一：

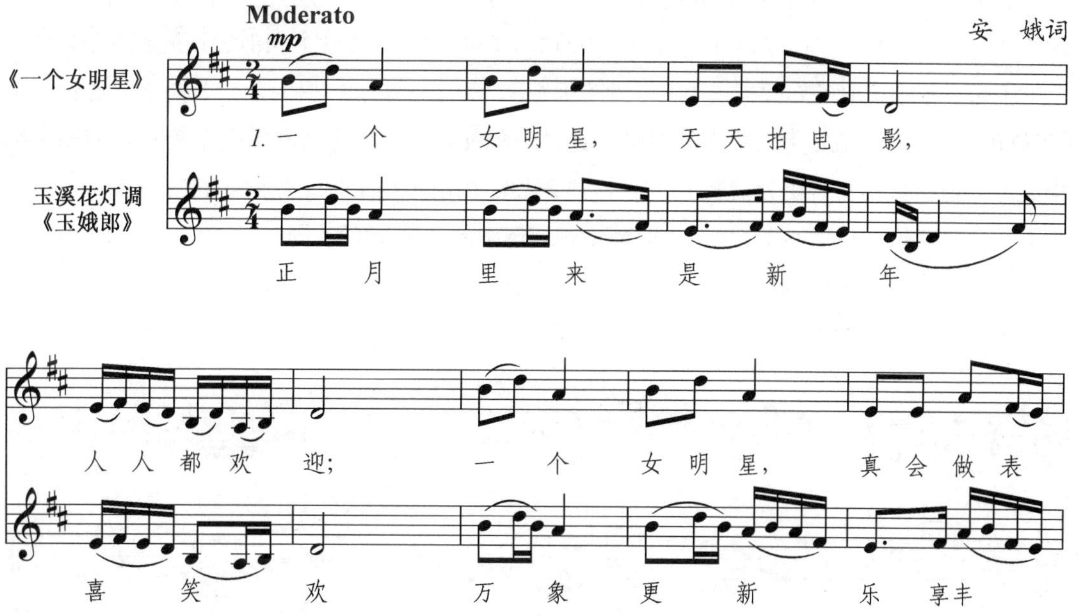

上例是聂耳在1934年初创作的歌曲《一个女明星》与玉溪花灯调《玉娥郎》的并列比较。歌曲共有二十四小节，花灯调只有二十二小节，但两曲旋律形态基本相似，只是歌曲在第十四至第十六小节中采取了旋律扩展手法，把《玉娥郎》第十四小节扩展为两小节，因此比花灯调《玉娥郎》多了第十五、十六两小节旋律。这样，就使这乐句成为对称的两个短句，使歌曲结构更为合理，旋律显得更为清新流畅。另外，聂耳在创作此曲时，删除了花灯调中的过多的装饰音、过渡音，从而可以在歌曲中减弱了花灯调中的“脂粉气”，同时又以一字一音为主，增强了朗朗上口的大众歌唱性。

例证二：器乐曲《山国情侣》与玉溪花灯调《玉娥郎》

《山国情侣》是聂耳在1934年创作并组建了百代国乐队演奏的民乐合奏中的一首。上例我们只从乐曲的前部分（A段）作并列比较。此曲也是聂耳采用了玉溪花灯调《玉娥郎》为主调，整曲为A、B、A三段体结构，中段吸收了绥远民歌《大红公鸡》音调。乐曲A段旋律和歌曲《一个女明星》基本相同，也是比《玉娥郎》的旋律多两小节，只是为了发挥器乐性能的演奏而改变了一些音域，同时把一个四分音符5变为两个八分音符 5 5，这样，更赋予此曲一种欢快跳跃的喜悦情趣。

（二）与玉溪民间音乐“神似”的作品——即两者部分曲调旋律有相似之处，或两者神韵、风格共性相同

例证三：《毕业歌》部分乐句旋律

玉溪花灯调《昭通调》部分乐句旋律：

（摘自云南民间音乐第二集第17页）

玉溪花灯调【十二将】(又称【昭通调】)，是“固定腔型”类的花灯调，换言之，是旋律基本不变，只是根据唱词音调和演唱者的嗓音高低，在旋律个别处有稍微变化。上例《毕业歌》部分乐句（A、B、C）的旋律中可以感觉到有玉溪花灯【昭通调】的部分乐句（A、B、C）旋律音调的神韵。

例证四:《塞外村女》的部分乐句旋律

头三小节：

结尾两小节：

玉溪花灯调《石榴花开》的部分乐句旋律

前五小节：

结尾两小节：

（摘自《玉溪花灯音乐》第254页）

例证四中玉溪花灯调《石榴花开》又叫《郎过街》，属“固定腔型”类曲调，此曲流传极广，通常采取填词的方法演唱。《塞外村女》是聂耳为影片《逃亡》创作的一首歌曲，在它的前三小节旋律中隐现着玉溪花灯调《石榴花开》前两小节和第四小节的旋律音调，歌曲为了更好地表现出那种凄苦的生活情绪，聂耳采用了民间综合调式的手法和上下行音阶式的旋律线条，并吸取了民间戏曲一字多音的特点，让歌曲保持了民间音调的特性，同时又有一种昂扬的情绪。

例证五:《自卫歌》部分（A、B、C）乐句旋律

与玉溪花灯调《东川采茶》部分（A、B、C）乐句旋律：

（摘自《云南民间音乐》第二集第11页）

例证六:《大路歌》中的一句旋律

与玉溪花灯调《十二花》中的一句旋律：

（摘自《玉溪花灯》第259页）

例证七:《打长江》中的一句旋律

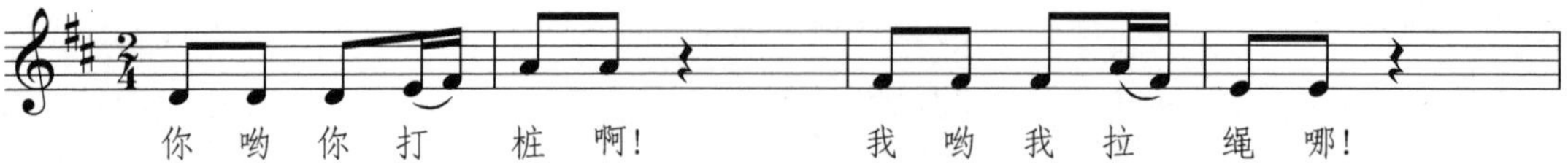

与玉溪花灯调《十朵花》中的一句旋律：

（摘自《云南省民间音乐》第二集第7页）

《打长江》中的另一句旋律：

又与玉溪花灯调《昭通调》中的一句旋律：

（摘自《云南省民间音乐》第二集第17页）

例证八：《雪花飞》的首句

与玉溪花灯调【学生歌】的首句也很相似：

（摘自《玉溪花灯音乐》第69页）

上举的五、六、七、八例中的玉溪花灯调都属小唱曲调“固定腔型”类。这些小曲，在云南省比较流行，有着广泛的群众基础。这些调的唱词大都来自民谣，曲调旋律基本不变（多为上下句，少数为四句式结构）。聂耳创作的歌曲，在词曲结合方面，所采用的是以一字一音为主，同时又融合了中国戏曲一字多音的特征，创作出具有深刻的时代精神和大众化、民族化的音乐作品典范。所以，他的歌曲深受人民喜爱。这也充分体现了“天才”音乐家聂耳在继承发扬我国民族音乐传统的基础上，吸收应用了外国音乐作曲技法，使之创造出一种中国式的、民族化、大众化的音乐。

《义勇军进行曲》是以这个号角式的四度上行音调为动机，曲调旋律具有G宫调五声调式的中国民族风格，它的二级音及六级音使用得很少，但凡这两个音穿插其间的音节，就有着民族音调的特点并含有玉溪花灯音调的影子。在下面列举的《义勇军进行曲》的部分（A、B、C、D、E）乐句旋律中：

例证九：

隐现出下面玉溪花灯调中的（A、B、C、D、E）乐句旋律音调的影子：

A《闹元宵》

B【出门板】

（摘自：《玉溪花灯音乐》第41页）

C《凤穿花》

（摘自：《云南花灯选曲100首》第119页）

D【老道情】（过门）

（摘自：《玉溪花灯音乐》第58页）

E【走板】

（摘自玉溪花灯传统唱腔）

《义勇军进行曲》词作者田汉先生在一篇《忆聂耳》的文章中写道：“关于聂耳在音乐上的成就，很难用几句话去概括它。但也不是全无可能。他的第一个音乐先生是他家乡的一个劳动人民。云南和各地的戏曲音乐也给了他一定的影响，尽管他后来向西洋音乐刻苦钻研，但他从没有放松过对民族音乐的注意。这不只使他对处理祖国语言，即在把祖国语言音乐化上发挥了才能，也使他的全部作曲带有民族色彩。”（《文艺报》1959年）。另外，聂耳未正式步入音乐创作道路前，曾在他的日记中（1932年9月）写道：“…… 在音乐上，最近又忽略了作曲这一工作，关于革命音乐理论的写作，也要同样地注意。第一步工作：收集云南山歌、小调，并创作歌曲。”而玉溪花灯调有相当的一部分源于云南山歌小调如：【出门板】（又称【走板】）、【凤穿花】（又称【玉溪采茶】）、【石榴花开】等。上例花灯调《闹元宵》是玉溪花灯的传统剧目《四狗闹家》中的一个唱段，此剧的唱调是由【合欢调】、【打鞭】和【闹元宵】三支曲调组成，而用得最多、唱起来又欢快又诙谑又好听的就是【闹元宵】。陆万美先生曾在1982年《音乐研究》刊物上回忆聂耳的文章中写到这样一段：舞台上他（聂耳）创造的各种生动感人形象，更使广大群众长期把他亲昵地喊做“玛丽亚”（《克拉维歌》一剧的女主角）或“小四狗”（花灯剧《四狗闹家》中农村青年）。正因为聂耳曾在家乡扮演过剧中的主角“四狗”（一位活泼、乐观的青少年），所以聂耳1932年去北京时，在一次晚会后的日记中写道：“…… 首先就欢迎‘小四狗’的提琴独奏，……”[①]由此看出，玉溪花灯剧《四狗闹家》不管是剧情或唱调，都已在聂耳心中留下了深刻的记忆。

上面我们所列举的花灯曲调有这样几个特点：一是这些曲调，旋律质朴、乐观，音乐语言简练，流传较广。二是它的旋律也是由五声音阶构成。三是在（A、E）句里还有上四度音调

①周巍峙主编：《聂耳全集》（下卷），文化艺术出版社、人民音乐出版社1985年版。

的特征。因此，我们感觉到在这些乐句中含有玉溪花灯音调的影子。

除上面我们所列举的乐句旋律隐现乡音音调特征外，还发觉有的歌曲旋律也隐现着玉溪花灯音乐的风格和韵味。

例证十：《走出摄影场》旋律中的三个小短句

与玉溪花灯调【破十字】尾乐句旋律：

（摘自《玉溪花灯》第198页）

在我们反反复复地唱了歌曲《走出摄影场》后，感觉到曲调很风趣，尤其是多次在一拍中应用了前两个十六分音符和后一个八分音符组成了这种节奏的音型后，就会感觉到曲子带有一点诙谑曲的风格。这样节奏、风格与玉溪的花灯调【破十字】也是有相似之处。像这种类型，在《采菱歌》第四句唱词的旋律与玉溪花灯调【虞美情】尾句的旋律来看，两句下行旋律走向和乐句的落音都有相似的特征。

例证十一：

（《云南民间音乐》第二集第4页）

通过上面的例证表明，在聂耳的音乐作品中，蕴涵着“故乡”民间音调的就有10余首。怎样来解释这种现象呢?

二、聂耳音乐作品中蕴涵“乡音”的由来

在聂耳创作的42首音乐作品中，蕴涵着故乡民间音乐元素的就有10多首，约占了三分之一。这决不会是偶然的。这说明了：聂耳在进行音乐创作时，是有意识地或在潜意识中汲取了故乡民间音乐积淀在他心灵深处的素材和神韵。在中外著名音乐家的创作中，这种现象可谓屡见不鲜，其原因也大体相同。那就是音乐家生活在故乡时，从家庭和周围环境中所受到的民间音乐的熏陶和影响，往往会成为触发他创作灵感的动因和吸取创作素材的源泉。具体到聂耳身上，简要地说，那就是聂耳在故乡云南生活了十八年之后，去到上海时，他的音乐“记忆口袋里”（莫扎特语）装的东西，大部分只会是从小母亲和周边民间艺人给予他的以花灯为主的民间音乐财富。这些财富，就成为了聂耳在上海投身革命音乐事业的起点和基石。当他进入上海——这个正处于民族危机前沿的国际文化大都市之后，在左翼文艺运动的影响下很自觉地选择了用音乐去为苦难的中国人民呐喊的这条人生之路。他一方面深入到劳苦大众中去，体察最底层的人民的思想感情，和他们同呼吸，共命运，共赴国难，挽救民族危亡；另一方面刻苦学习世界先进的文化，努力去掌握更完美的音乐创作技巧，以便更好地去反映那个时代的精神，表达人民群众的心声。他的音乐天才便在各种条件和契机的融合中，像火山熔浆一样地喷发出来。一个伟大的人民音乐家就这样诞生了。

19世纪的法国雕塑艺术大师罗丹说：“艺术就是感情。”在艺术诸门类中诗歌与音乐都是以抒情见长的，对于不是通过具体视觉形象、只是诉诸听觉的音乐来说，更是如此。在音乐作品中寄托、抒发甚至宣泄作曲家自己的情感，古今中外概莫能外。其中，思乡之情的表达或流露，就是音乐作品中一个常见的现象。

聂耳从小就是一个感情丰富、爱憎分明的人。他对故乡、对亲人、对老师、对友人的爱，真诚、热烈而执著。这不仅是他的亲人和朋友对他的一致评价，而且从他遗留下来的大量日记、书信中可以得到充分的印证。当我们阅读着这些袒露着聂耳内心世界的文字时，不能不被聂耳的赤子之心、炽热之爱所感动。特别是在他离乡背井漂泊在外时，他对故乡风物的留恋向往、对亲友的牵挂思念，更显得是那样地强烈，形成了化解不开的“思乡情结”。

1928年的冬天，十六岁的聂耳独自离家，参加滇军十六军，辗转广东、湖南等地，第一次尝到了游子思乡的苦楚。在广州羁留时，他写给母亲的一封信中，开头就是一声长长的呼唤：“妈——我亲爱的妈妈：——你是世界上最爱我的一个人了。你对我的爱是无所不至的，……”信末的落款是：“你的老儿子于广州孤零的旅舍，泪中。”亲情、乡情溢于言表。

1930年7月，他为了躲避反动当局对他的迫害，又一次离开故土和亲人远赴上海，整整五年没有再踏上过故乡的土地。在这五年时间里，他始终是眷恋着故乡的人文、山水、乡音、乡

情。不论是在上海、北京或是在日本，在他写的日记和信件里，时常表露出他那割舍不断的浓浓的思乡之情。如：

1930年11月10日日记："…… 在这里，我想到我的家乡 ——"

1931年2月25日日记："…… 他们摆的步法正如我的家乡的唱花灯一样，…… 有时好像湖南调，有时又有些相似云南的山歌。"

1931年7月10日日记："整整地离别一年了，和我爱的家、爱的人、爱的云南特有的风景。"

1931年6月28日日记："接母亲亲笔写来的信，…… 想到她老人家用那颤抖着的老手慢慢地在描写的情景，心里太难过！"

1932年8月2日日记："……（一）回滇。在这机会，着实有回滇一转的可能。一方面隔离现环境，一方面可以看看离开了两年的故乡。"

1932年8月19日日记："一个人由会馆坐洋车到西单牌楼，乘一路车（红底黑字）到西直门。走出门外一看，简直像透了昆明的大小西门。"

1932年8月31日日记："…… 从离家还没有吃过水豆腐，想不到在此地可以吃到这么嫩，这么鲜味的'豆腐脑'，我一连吃了四碗。"

1932年9月26日日记："…… 独自在这破寝室里写着日记，…… 一会儿隔壁学校的钟声响了，忆起当年的学生生活。"

1932年10月5日日记："高衮父和李琼英要回云南一转，她和钱密斯都要我买东西带给春晖，并且提议买一只'小四狗'。……… 到底只买了一个小橡皮洋狗。…… 在十三号房大唱其京、滇戏。"

1932年10月17日日记："…… 五姐和表姐参加，我们的谈话便转移到云南的一切。"

1932年11月5日日记："同乡去的不少，我一出台他们便喊'小四狗！'我的《血衣》算是演成功了。"

1933年1月30日日记："…… 回云南去。…… 最近的决定是：要是他们的旅行团能实现我才回去，目的在收集民间歌谣、乐曲。"

1933年3月7日日记："…… 音乐上的修养：1. 经常地写谱。2. 尽可能地参加乐队演奏。3. 注意云南的音乐。"

还有一个细节，就是聂耳在上海和北平时，他的口头和书面用语中，时常采用的是云南地方土语，如白跑狗（白跑一趟）、充壳子（瞎吹牛）、生数些（要知气）、扯风（失去理智的争吵）、乡大爹（乡下老大爷）、狗点子好（运气好）、胀气话（使人生气）、水豆腐（豆腐脑）等。这也表明，聂耳虽然身在异乡，但乡音未改。

1935年4月，聂耳离开上海到达日本后，在异国他乡聂耳看到和故乡相似的景物时，常常触景生情，也在日记中写下自己的感受：

1935年7月9日日记："…… 早饭后到江の岛，…… 岩洞的深，较无锡、圆通山不知好几

云南昆明翠湖公园 一角（丁学仁供稿）

百倍。”

1935年7月11日日记：“…… 一个大神社，颇像公园，里面有一株大树，和黑龙潭的松柏差不多，幽静处也有黑龙潭的意味。”①

聂耳这种深藏在心底的思乡感情，不能不对他的音乐创作发生深刻的影响。从前面举出的例证来分析，他是通过两种方式来释放这种感情的。一是直接采用家乡的民间音乐素材进行改编再创作。1933年，聂耳为同名电影创作的插曲《一个女明星》因为受题材的限制，不可能做出更多的发挥，所以就基本上沿用了玉溪花灯《玉娥郎》的曲调，只做了些“微调”。但聂耳还不满足，因此，在次年创作器乐曲《山国情侣》时，又再一次地运用了《玉娥郎》作素材。这不是取巧，也只会是“思乡情结”使然。

第二种释放思乡感情的方式，就是在潜意识的支配下，聂耳在创作某一首作品的过程中，有意无意地融进了故乡民间音乐的音调或韵味。这样的作品就是在上文中列举的第二部分“神似”的曲目。尽管，这些歌曲有的是抒情性的，有的是进行曲式的，但聂耳都会将存留在他脑海深处的对故乡音乐的记忆，十分吻合地融入其中，不留痕迹。

结束语

从聂耳音乐作品中的“乡音”和聂耳的“思乡情结”及其对他音乐创作的影响，我们可以看到，聂耳在尊重自己民族音乐传统的基础上，同时又努力钻研和借鉴世界优秀音乐成就这样的原则和方法。在音乐创作上，把革命与艺术、借鉴与吸收、继承与创新这三个方面有机地结合起来，为我国音乐创作开辟了一条新道路，最终成为了我国无产阶级革命音乐的开路先锋，大众音乐的奠基人。

原刊云南玉溪编《聂耳音乐研究文集》
中国文联出版社2006年版

作者简介：李鸿源　原玉溪市花灯剧团国家一级作曲、中国音乐家协会会员。
李鸿钧　原玉溪市花灯剧团国家二级演奏员，玉溪聂耳民族乐团音乐总监。

① 圆通山、黑龙潭均是昆明著名的景点。

《翠湖春晓》与洞经音乐

李安明 黄 富

《翠湖春晓》是聂耳根据云南洞经音乐创作改编的一首民乐合奏曲，是聂耳吸取云南民间音乐编创出传世之作的又一典范。对作品与洞经音乐的关系进行必要的比较分析，有助于学习聂耳精神，弘扬民族文化。作者创作的动机、手法及取材原型，也是值得我们探究的一个重要课题。

一、云南洞经音乐简介

洞经谈演是一种地方文人祭祀圣贤，演习礼仪的民间音乐艺术活动，以“安上治民，移风易俗”为宗旨。洞经音乐指用于唱奏《文昌大洞仙经》(包括《关帝觉世真经》等)经卷中的诗赞的音乐曲调。洞经音乐是本土音乐与外来的民间音乐、宫廷音乐、祭孔大晟乐、道教科仪音乐等相结合的产物。洞经音乐继承了儒家礼乐的“中和说”与“美善说”的美学思想，集“诵、唱、奏、礼、仪”于一身，融“诗歌颂扬、礼乐祭献”于一堂，其和谐、安详、典雅、舒坦的音乐品格，以及规范的礼仪与神圣的氛围，代表了文人学士千百年来的鉴赏情趣与审美追求，历来就享有尊贵的身份地位，是地方崇尚、万民景仰的“阳春白雪”。难怪聂耳会自幼喜爱、情有独钟。

云南的洞经谈演活动源于明、清两朝风靡全国的文昌崇拜，始于明嘉靖至隆庆年间大理地区的“三元社”等雅集型文人乐社，约于明末传入昆明地区，清康熙至乾隆年间在云南各地中心城镇传播，几经兴衰至光绪后期，因废除科举制度而逐渐普及并流传到集镇乡村，至新中国成立前后停止①。

① 吴学源：《聂耳与昆明洞经音乐漫淡》，载《聂耳音乐研究文集》，中国文联出版社2006年版。

滇中地区各县的洞经谈演活动多始于清初，通海在清顺治四年（1746）大理洞经会应邀到河西镇谈演后，即在秀山、河西等镇迅速流传，长期兴盛①。新平洞经于雍正晚期由在外做官返乡的李联元传入，光绪至民国初年曾呈现出“月谈一会洞经喧，乐奏合声达九天”的兴旺景象②。易门洞经谈演于乾隆年间就已有活动③，并流传至二街、茶树等集镇一度活跃。江川、华宁、元江等县也先后各有流传。

玉溪（本文指原玉溪县，今红塔区）是原新兴州治所，谈演活动应与相邻各县一样始于清初。从史志所载文庙于“明隆庆元年建”，清初迁建时已有“文昌宫、桂秀殿五间，规模大备”④以及清初即是名震三迤的“滇中粮仓”⑤等方面来看，玉溪在清初即具备了谈演洞经的经济基础、人文环境和区位条件。音乐曲调系与昆明、通海同源。据李继星（1936年生）、刘宝贤（1927年生）等老先生听上辈艺人传闻，玉溪洞经是从通海（研和等地）、昆明（北城等地）传来的，清末至民国初年较为活跃，州城、北城、研和、大营街等地都有洞经谈演活动，20世纪30年代初，他们分别在北城的关圣宫、州城的九官殿（文庙附近）见过洞经谈演。据红塔区文化馆音乐干部黄金邦1990年调查，玉溪洞经会在清末就有一部分滇剧艺人和道坛乐师参加，并逐渐分化为道坛（念四天以上的大经都加谈洞经）、乡绅班（滇剧组织）两种组织谈演洞经，乡绅班只在会期或官府举办的求雨等大斋期间谈演，也吸收道坛乐手参加，但从不参与道坛活动。州城的洞经会曾先后在关圣宫（今公路总段）、文昌宫（今红塔区文化馆排练厅）、三元宫（今百货大楼南端）、文庙（今小庙街）、诸葛庙（今诸葛小区）、大寺庵（今一中）等处谈演。州城洞经会最后的掌盘（会长，首座）是乡绅班的主管杨琰，出色的青年会员有陈茂先、王幼臣、杨德风等。

玉溪洞经谈演在20世纪30年代以后逐步被普遍兴盛的花灯、滇剧演唱所冲淡，而洞经音乐曲调却被当地的道坛活动全部原样吸收（居家道士多参与洞经会谈演），使之继续流传并完整保存。《玉溪民间器乐曲集》⑥所收编的51首道教（因已用于道坛科仪）音乐，绝大部分是洞经音乐曲调，其中“十供养”的十首经曲及《偈金门》、《满堂红》等曲调，是本市保存最完整、也较长大的曲调，而这些曲调录音唱奏人员，基本上都是当年各地较有名的道师后代或弟子。

云南各地的洞经谈演由于传入时间、渠道的不同和文化环境的差异，各地洞经音乐又有着自己显著的特征。但在规诫礼仪、使用经文、唱奏形式、乐队编配等方面都大致相近，加之区域文化交流、乐种相互吸收等因素，各地洞经会的常用曲调及风格特点都大致相同。玉溪洞

---

① 张家训：《聂耳与玉溪民族民间音乐的关系》，载《聂耳音乐研究文集》，中国文联出版社2006年版。

② 见民国年间刊《新平县志》。

③ 见清道光年间刊《续修易门县志》，载董良才撰《大洞仙经解集诗集》。

④ 清道光年间刊《澄江府志·文庙》新兴州条载：“庙学在州治东南。明隆庆元年建于城东南三里，万历二十八年知州杨显迁建州治西隅，三十七年知州田一仁迁州治北隅，四十五年知州柳方阳迁建今东隅。本朝康熙四十八年，知州任中宜迁建今地。正殿五间，两庑各七间，…… 右文昌宫、桂香殿五间，规模大备。”

⑤ 清刘慰三撰《滇南志略》称：“新兴良田鳞次，桑麻万家，为云南仓廪也。居民馒粥所需，全恃新兴为大宗。”

⑥《玉溪民间器乐曲集》，云南民族出版社1992年版。

经音乐与昆明、通海同源，与新平、峨山、易门等地的相互交流甚密，曲调的使用情况及风格特点更为接近。

二、聂耳与洞经音乐的情结

聂耳生长的时代，是洞经音乐比较普及的阶段。洞经音乐对聂耳的影响、聂耳与洞经音乐的情缘，可以从家庭影响、投师学习和本人书信中得到证实。

聂耳出生的中医家庭，有着浓厚的传统教育环境，尤其是母亲彭寂宽知书达理、聪慧慈善，常为孩子们讲故事、说"善书"、唱民歌，灌输知识，诱导品性。母爱孕育、启蒙、滋润、培养了聂耳爱听、好学、敏锐、善记的音乐天赋。自幼就形成了对民间音乐的"歌瘾"，"几乎每晚睡前都要母亲讲一段唱书"，在去上海临行前的危急时刻，仍要"母亲给他唱了一段《安安送米》"[①]。聂耳对所有民间音乐的难舍情结，是他喜爱洞经音乐的基础和前提。

聂耳读小学期间曾在昆明洞经会学过洞经[②]。1982年2月，聂耳的二哥聂子明，听了首次恢复的昆明洞经音乐演出后反映："我与三弟聂叙伦、四弟聂耳都在'宏文学'中学过洞经音乐，…… 是母亲求住在老家（最先租住的端仕街44号）对门的董秀才介绍进去的，那时聂耳还在上小学，大概是10岁左右。"继后，昆明原"宏文学"最后一任会长彭幼山先生也回忆说："聂守信很聪明，给我留下的印象很深。…… 他是我担任首座以后带过的第一批童生，学过笛子、二胡、小三弦。"

经近期调查获悉，聂耳在幼年时期就曾受到过玉溪洞经音乐的影响。根据是：

一、玉溪洞经谈演活动在民国初年已很普及。据玉溪花灯团琴师严玉昌（生于1934年）老师讲："大约1945年至1948年期间，我们常到大寺庵观音殿（今玉溪一中水阁凉亭）去听洞经，经堂两侧各支五张大方桌，后面另有一排座位，大约有三四十人。我认识陈茂先和张兴文，因为他俩曾在汪（汪润泉）家茶铺（滇剧清唱场所）指导过我拉滇剧。那时北门街冯（冯子钧）家大院（聂耳故居斜对门）有许多由上海购来的乐器，特聘陈茂先和冯则华两人负责，经常邀约知名艺人到家里演奏音乐，还招待茶点。"聂耳堂侄聂福兴（聂士孝之子，1936年生）也回忆说："在我刚读小学（七八岁）期间，州城每年过年后都要在财神庙（今人民商场）、大寺庵谈演洞经，我们年年都去听。"

1956年5月，玉溪专署文教科成立民间音乐收集整理组，召集民间艺人聂月山、聂得厚等人座谈，由陈茂先、李家声、王锦堂等分别唱念洞经及扬琴曲调、花灯、民歌共35首（今存刻印谱），其中花灯、民歌19首，洞经经曲（无词）和曲牌14首，扬琴曲调（无词）2首。可见，在20世纪二三十年代，玉溪不仅花灯与滇剧兴盛、洞经谈演普及，雅集型的扬琴说唱等音乐

① 聂叙伦:《少年时代的聂耳》，新蕾出版社1981年版。
② 吴学源:《聂耳与昆明洞经音乐漫谈》，载《聂耳音乐研究文集》，中国文联出版社2006年版。

活动也仍在流行。

二、聂耳少年时代曾受到过玉溪洞经音乐的影响。据孙中生（聂耳儿时的好友孙华之子）讲："听我父亲说，他小时候跟聂耳是一条街上的好朋友，聂耳曾几次和他一起到洞经艺人陈茂先家（住我家对门）听音乐，陈茂先还教聂耳吹笛子。"聂耳胞兄聂叙伦写的回忆文章也说，聂耳在昆明读书期间，"每次回到玉溪，都去拜访北门街民间琴师陈茂先，学习滇剧、花灯、洞经曲调"①。

从《聂耳日记》可以看出，他在玉溪有很多亲密的小伙伴，对玉溪老家的地理环境、亲眷邻里都很熟悉。如1927年6月26日的日记："早饭后与表弟至大士庵一游……晚饭后与表弟等至诸葛庙……"从他对这两个洞经谈演场所的浓厚兴趣，可看出聂耳对玉溪洞经音乐的深厚情感。

三、聂耳的很多书信都表现出他对民间音乐，尤其是洞经音乐的渴求。1933年5月28日端午节早晨由上海致母亲的信中写道："现在我想在中国的各地民间歌谣上下一番研究，请三哥帮我收集一些寄来，不论什么小调、洞经调、山歌、滇戏牌子都要！！！"1934年7月由上海致三哥聂叙伦的长信中写道："我组织了一个'森森'国乐队，完全用中国乐器奏中国曲子，加上科学的组织与和声，成为一种中国音乐的新的形式。在沪上表演过几次，曾经轰动一时。"第3页的天头还写道："请替我收集些云南音乐材料如洞经调之类，寄给我。宏仁卦已收成唱片。"正如他幼小时听着唱书调入睡，长大后仍要母亲用唱书调送别一样，聂耳儿时可能在玉溪听到过仙乐般的洞经音乐，才会在读小学时去洞经会学习，在上海时来信要洞经调。

三、《翠湖春晓》赏析

聂耳于1934年在上海创作并灌制唱片出版发行的民乐合奏曲《翠湖春晓》，经过70余年的社会检验，现在已成了中国广为流传的民族器乐经典作品。这是聂耳留给后人，留给家乡云南，留给故乡玉溪的无价之宝。

《翠湖春晓》描绘了云南春天的美丽景色，抒发出思念家乡的深厚情感，给人以一种朴实亲切、清新舒坦的音乐美的享受。全曲有73小节②共分为三段。第一段（16小节）以缓慢的速度、叙事的色彩和商调式四四拍子的优美旋律，运用二胡、低胡的浑厚深沉与笛箫吹奏的明亮清新，形成鲜明的色彩对比，将人们引入大地复苏、春天将至的音乐境界。这一段是起兴、引子、铺垫，也是音乐主题的确立，可谓开宗明义，开门见山。

第二段（17小节）以丰富的想象、精炼的乐汇、四三拍子的旋律、柔美秀丽的音乐意境，通过洞箫幽雅的轻吹，再加入二胡悠扬的颤弓衬托，继而合奏并加强力度，描绘出春风吹到人

---

① 梁耀武：《新编玉溪风物志》，云南人民出版社2000年版。

②《聂耳音乐作品集》，远方出版社2000年版。

间，阳光普照大地的动人景象，云南人还可依稀感觉出海心亭（翠湖的旧称）水波荡漾、绿草如茵的诗情画意和亭台错落、曲桥通幽的人文风光。这段虽属短小的过渡，但却饱含着作者热爱家乡、思念故里的强烈情感。

第三段（40小节）是乐曲的中心段落，以活泼跳跃的音调、兴奋热烈的快板及流畅舒展的旋律，烘托出光明灿烂、百花盛开、万象更新、歌舞升平的欢乐情景，抒发了迎春的喜悦和振奋，充满了青春的活力与美好的憧憬。乐曲经过逐步加快的演奏，终于在感情的饱和点上，以渐慢的收束，顿显酣畅淋漓之后的满足与宁静。

乐曲旋律流畅，音调明朗，对比强烈，结构严谨，整首曲子由慢至快，层层递进，连接紧凑，首尾呼应，无愧经世之作。乐曲具备了五声音阶、级进旋法、段落规整、句逗分明等中国传统音乐的主要特征，而且自始至终都贯穿着云南洞经音乐的基本旋韵。

四、《翠湖春晓》采用的洞经音乐

事实证明，聂耳既是一个用歌声来呼唤呐喊、宣泄义愤的勇士，又是一个用乐曲来抒发情怀、思念家乡的赤子，也是一个能让民间古调熠熠生辉、光照千秋的音乐天才。《翠湖春晓》既是古老的洞经音乐登上文艺舞台的创举，也是传统音乐凝练升华为国乐新潮的经典杰作，之所以能在上海“轰动一时”，正是由于它“完全用中国乐器奏中国的曲子，加上科学的组织与和声，成为一种中国新的形式”。而《宏仁卦》既已收成唱片，聂耳却仍要他三哥收集些洞经调，并强调“寄给我”，这正说明聂耳已把包括云南洞经音乐在内的所有的民间音乐，当作时刻需要的精神营养和永不断流的创作源泉。

实际上，《翠湖春晓》不单是昆明《宏仁卦》的原型，也是包含了玉溪洞经音乐曲调的多原型的综合体。试举《翠湖春晓》与云南洞经（侧重于已收存的玉溪洞经）音乐曲调的一些相似谱例，供大家对照比较。

（一）《翠湖春晓》第一段开始的“前引”（第1小节）

通海经曲《功课》的“前引”

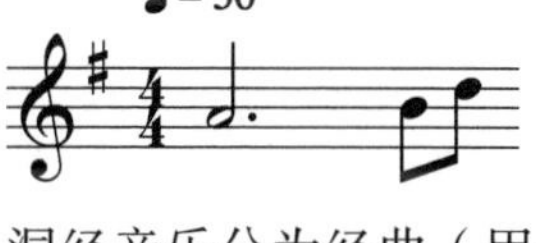

洞经音乐分为经曲（用于演唱经词）和曲牌（用于仪式演奏）两大类，这两类又各分细乐（丝竹乐器）和大乐（加唢呐吹打）两种。乐曲长大、气势壮阔的大乐经曲，一般开始都有一句节奏自由的前引，有的用唢呐演奏，有的由首座领唱，然后才一起唱奏。“前引”有提示、引导的作用。

（二）《翠湖春晓》第一段第二处（第3—5小节）

昆明经曲《宏仁卦》上板第4—5小节

通海经曲《功课》第16—18小节

新平经曲《中吉祥》第11—12小节

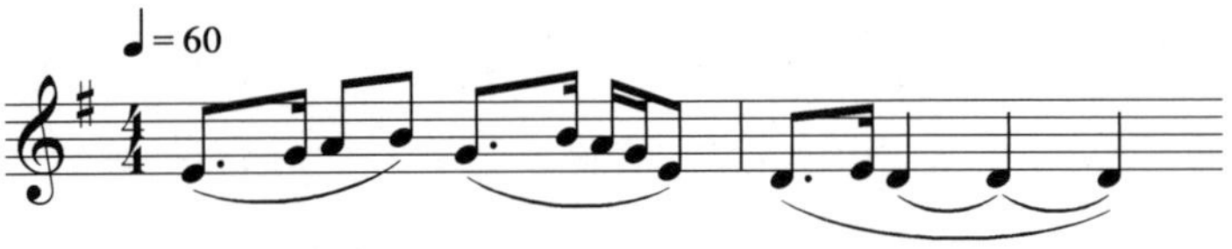

这一处是音乐主题的前部分，是《宏仁卦》、《中吉祥》相应部分的更为流畅的拓展，与《功课》相应部分的句式特点较接近。

（三）《翠湖春晓》第一段第三处（第11—14小节）

新平经曲《九礼赞》上板第22—25小节

这一处是音乐主题的后部分，与《九礼赞》的句式结构、调式特点及演奏速度都比较接近。

（四）《翠湖春晓》第一段第四处（第15—16小节）

昆明经曲《宏仁卦》上板第15—16小节

通海经曲《功课》第12—13小节

通海经曲《蓬莱宫》偶句末字拖腔4处等[①]

新平经曲《单皈依》第9—10小节

易门经曲《吞词》偶句末字拖腔4处

与这一处相似的还有通海经曲《香赞》2处及经曲《鹧鸪天》、《醉花云》、《元始》、《北调》、《柳色》、曲牌《西江月》、《小桃红》曲末拖腔等多处。

（五）《翠湖春晓》第三段第一处（第34—35小节）

与新平经曲《河南韵》第一句

① 通海滇剧团张家训老师还发现《翠湖春晓》的第一段与《蓬莱宫》的1—23小节错位相似（对照乐谱见本文后面的附录）。

这一处虽然句式、调式相近，但《翠湖春晓》活泼跳跃的快板与《河南韵》深沉稳重的慢板显然是表现不同的情趣。

（六）《翠湖春晓》第三段第二处（第37—40小节）

新平经曲《一江风》第14—17小节

这一处与上一处同样具有速度反差。

（七）《翠湖春晓》第三段第三处（第65—66小节）

玉溪经曲《玉枢忏》第46—47小节

这一处是句式相似，速度和情趣仍有一定的差异。

以上7处，分别与玉溪地区的至少18首乐曲相似共20多处。可见，《翠湖春晓》采用的是云南洞经音乐的总体风格，是吸收多首洞经音乐曲调的有用因素，融入情感，提炼创新的。而这些有用因素，玉溪洞经音乐也占有比较明显的成分。这一现象说明，聂耳少儿时期曾受到玉溪洞经音乐的影响。虽然我们只有聂耳多次跟玉溪洞经艺人陈茂先学习洞经音乐的佐证，聂耳不一定学习或听到过上述的玉溪洞经曲调，但玉溪洞经音乐显然已融入了他的血液，才会使他在不知不觉中应用了玉溪洞经音乐的诸多音乐元素。从这个意义上讲，《翠湖春晓》还饱含着聂耳对包括玉溪曲调在内的云南洞经音乐的眷恋与憧憬。

原刊云南玉溪编《聂耳音乐研究文集》
中国文联出版社2006年版

作者简介： 李安明　玉溪市文化馆馆长、研究馆员。
黄　富　原玉溪市文化馆调研部主任、副研究馆员。

附录：

聂耳的外祖父是元江傣族的调查始末

谢光庭

人民音乐家聂耳的胞兄聂叙伦先生在其著作《少年时代的聂耳》[①]一书中写道："母亲彭寂宽，云南峨山县人，出生在一个贫穷的傣族人家，外祖父原是云南元江县人，他的父母死后，孤身到峨山谋生。"

玉溪市专门研究聂耳的学者崎松先生在其诸多研究文章中也多次叙述过，聂耳的外公叫彭寿山，是元江县的傣族。

但是对彭寿山是元江傣族的哪一个村子，属于哪个支系的傣族，彭氏家族与聂耳的外公是什么关系，其直系、旁系亲属的后人现居住在何处等问题却没有提及。带着这些问题，笔者从1997年开始，在元江县的傣族村子中进行了深入细致的调查，寻找聂耳的外祖父彭寿山的傣族亲属。

据2000年的统计，元江哈尼族彝族傣族自治县，有傣族23700余人，占全县人口总数的12.2%，主要聚居在澧江镇的江东社区、红河社区、凤凰社区、澧江社区、玉河社区及大水平、桥头、那整、龙潭、南洒、南昏等6个村民委员会的59个村民小组（傣族自然村，下同）约16000人，东峨镇的22个村民小组约4400余人，青龙厂镇的3个村民小组约600余人，洼垤乡的一个村民小组约150余人，以及甘庄农场的16个队（自然村）约2570余人。

元江傣族为当地土著民族之一，自称均为傣族，按居住地域划分共有8个支系，即"傣拉"（又称"水傣"）、"傣仲"、"傣雅"、"汉傣"、"傣章"、"傣朗"（又称"黑傣"）、"傣撮科"、"傣南岔"。元江县是云南省傣族支系最多的县。在这8个支系中，除"傣拉"外，其他7个支系均为"花腰傣"。

关于元江傣族的历史渊源，江应梁教授在《傣族史》一书中写道："唐代红河流域的僚人，

① 聂叙伦：《少年时代的聂耳》，新蕾出版社1981年版。

都分布在甘棠州（今屏边）以下一带，到了宋代，即不断溯红河向北迁徙，他们被称为‘白衣’，也称‘白夷’。这部分白夷首先迁入的地区就是元江。其实元江早就有白夷部落分布了……”

元江历史沿革曾多次变更建制。元至元十三年（1276）设元江路，其地即今云南省元江、墨江、新平等县境。明洪武十五年(1382)改元江路为元江府，永乐四年(1406)设元江军民府。清康熙九年（1670）设元江直隶州。

民国二年（1913）废元江直隶州，改设元江县，县辖7个行政乡，即中乡，今那诺、羊街及红河境内的大羊街等地；东乡，今洼垤、龙潭一带；南乡，今红河县及绿春县一部；西乡，今咪哩、羊岔街等地；东北乡，今青龙厂及龙潭一部；西南乡，今因远及红河县的垤玛等地；西北乡，今东峨、大水平及曼线等地。

1950年，将迤萨镇、大兴镇、骑马乡划归红河县属。1953年又将浪堤、大羊街、垤玛、车古、九冲、四寨、三村、补岗一带划归红河县属。1960年10月又将曼线乡划归新平县属，1979年11月改设元江哈尼族彝族傣族自治县至今。

元江傣族较多的姓氏有“刀、封、罗、白、杨、陶、范、李、彭、拔、方、王、鲁、亚、田、陈、刘”等。从调查落实的材料来看，元江傣族中的彭姓只有在傣雅支系中才有，其他支系的傣族中均没有彭姓。现在有彭姓居住的村子是：西门村、荫脚村、马扎村、龙洞村、西庄村、小白田村等6个村民小组，而这些彭姓的人家又都是一个祖宗的分支。根据这些线索，笔者找到了现在还健在的几位老人，他们是西门村的彭松元、彭玉林(女)；龙洞村的彭松文、彭松周；西庄村的彭松福等。其中彭松元年纪最大，1924年2月生，彭松元老人回忆说：“元江傣族彭氏的先祖原居住在元江县的羊岔街乡双龙塘一带，因生活所迫，迁至坐落在元江河谷的曼线等地，曾祖父以前迁徙的路线已经无从考证了。我的父亲彭阿尼给我讲过，说曾祖父没有田地，是从山头上搬到坝子来帮工度日的，成家后，生育二男一女，即长子彭里和，次子彭里保，女儿早逝。”

根据彭松元老人的回忆、讲述，以及其他几位老人的补充，笔者整理了一份《元江傣族彭氏谱》，并绘制了一份“元江傣族彭氏谱系表”。在《彭氏谱》中彭松元老人提到他的爷爷彭里保与大爷爷彭里和为亲兄弟，彭里和十七八岁时（1847年前后），只身流浪到元江，在杨家田房帮工度日，成人后娶元江傣族姑娘为妻，婚后生有二子，长子彭寿光，约生于道光二十九年（1849），早逝；次子彭寿山，约生于咸丰一年（1851）。据此，可以确认彭寿光和彭寿山均出生在元江县的杨家田房，即今西门村。彭寿山在元江随其父母共同生活至十六七岁时，约同治六年（1867）前后，父母在元江先后去世，彭寿山只身流浪，跟随外地马帮流落他乡。

彭松元老人又说道，抗日战争胜利后，父亲彭阿尼曾说过：“你还有一个大爹（彭阿尼的堂兄彭寿山）在峨山做生意，因交通不便，加上生活困难，故一直没有机会去寻找。”

根据彭松元老人回忆的这些情况，可以确认在峨山“姓陈的地主家放马”的元江傣族彭寿山就是彭里和的次子。

从出生年份上看，彭寂宽出生时其父彭寿山年龄为30岁左右，在彭寂宽出生之前，就生

聂耳外公在云南峨山县的故居

有4个哥哥。彭寂宽出生年份约在1881年前后。彭寂宽是17岁时嫁到聂家的，当为1898年，聂耳生于1912年，彭寂宽应为30余岁，这些年龄是基本可信的。

根据上述调查材料可以证明，聂耳的外祖父彭寿山是彭氏家族中于1847年前后搬到元江县城郊西门村的彭里和这一支，在西门村生养了聂耳的外祖父彭寿山。彭里保这一支于1900年前后搬到元江西门村，今属凤凰社区。元江县西门村的傣族，属“傣雅”支系，又称“花腰傣”。西门村，傣语称“旺轰红”，意为“沟尾巴的村子”，新中国成立前为杨香亭家的田房，故又称“杨家田房”，位于元江县城西郊，现已规划建设为元江县城新区，位于文化路和天宝路交叉处。彭寿山现在还有侄儿彭松元、彭松文、彭松福、彭松周等人在元江居住。

彭寂宽与彭松元等人应为堂姐弟关系，聂耳应称彭松元等人为舅舅。彭松元等人的后代们人丁兴旺，家道和顺，安居乐业。

通过4年多的调查、考证，元江县文联于2002年2月邀请了聂耳的侄女聂丽华女士以及崎松先生到元江，会见了聂耳的外公彭寿山的侄儿彭松元、彭松文、彭松周、彭松福等人及他们的子女。亲戚相会，总觉得格外亲切。笔者为自己的劳动终于有了结果而感到欣慰。4年多调查研究的成果证实了在人民音乐家聂耳身上流淌着元江傣族的血液。

聂耳，是元江傣族人民的好儿子。

聂耳，是中华民族的骄傲。

附：云南元江傣族彭氏谱

彭松元口述　谢光庭记录整理

元江傣族彭氏之先祖原居住在元江县的羊岔街乡双龙塘一带，因生活所迫，迁徙至坐落在元江河谷的曼线等地。曾祖父以前的事已经记不清了，父亲彭阿尼给我讲过，说曾祖父没有田地，在曼线一带靠帮工度日。后来招赘为傣家女婿，婚后生有二男一女，长子名彭里和，约生于道光十年（1830）；老二是个姑娘，约生于道光十三年（1833）；次子名彭里保，生于道光二十四年（1844）。

彭里和十七八岁时，只身流浪到元江，在杨家田房（今西门村）帮工度日。成人后娶元江傣族姑娘为妻，婚后生有二子，长子彭寿光，约生于道光二十九年(1849)，早逝;次子彭寿山，约生于咸丰一年（1851）。

彭寿山在元江随其父母共同生活至十六七岁时，约同治七年（1868）前后，父母因患疟疾（俗称“瘴气”）先后去世，彭寿山只身流浪，跟随外地马帮流落他乡。

彭里和到元江时，我的爷爷彭里保尚年幼，约六七岁，曾祖父去世后，彭里保便跟随姐姐在曼线一带的傣族村寨乞讨度日，意欲寻找他们的大哥彭里和。

有一天，雾很大，彭里保姐弟俩乞讨到天快黑时，便在路边的一个土洞里歇息，由于长期劳累过度，又冷又饿，姐姐不幸死在土洞里。从此，我爷爷便独自一人乞讨度日。

彭里保爷爷在苦难中挣扎着渐渐长大，被曼线村的徐家看中，受雇到徐家放牛、种田。徐家在曼线是有钱有势的富裕人家，我爷爷除了管好庄稼之外，还要陪主人练习射箭、打靶等，由于爷爷悟性好，又刻苦练习，射箭技术提高很快，有一次，爷爷陪着主人到普洱比赛射箭，当考官点到主人名字时，还没有见主人上场，于是爷爷灵机一动替主人上场比赛，结果为主人争得了第一名。从此以后，主人更加信任他，把家务、农活都放心交给他管理，并收爷爷做他的干儿子。当爷爷成人后，主人为他娶妻成家。婚后，爷爷继续在徐家干了三年，便自立门户离开徐家，迁到下丙席村生活，于1900年前后辗转来到元江投靠哥哥彭里和，落脚在杨家田房帮工度日。

彭里保爷爷生于道光二十四年（1844），故于1929年，享年85岁。

奶奶刀阿南生于道光二十六年（1846），故于1942年，享年96岁。

原刊云南玉溪编《聂耳音乐研究文集》
中国文联出版社2006年版

作者简介：谢光庭　云南省元江县文联原副主席。

聂耳的族谱和家谱

崎 松

聂耳是一位早熟的、自学成才的、多才多艺的、伟大的人民音乐家，是中国先进文化的杰出代表，也是为新中国成立作出突出贡献的英雄模范。玉溪是聂耳的故乡，聂耳不仅是玉溪人民的骄傲，也是中华民族和中国共产党的骄傲。

对聂耳的族谱和家谱进行系统研究，不仅对他的成才之路、世界观的形成可以提供一些佐证，同时还可以加深对他的音乐作品的理解。但多年以来，只有人写过他的年谱。而对于他的族谱、家谱的研究，却没有见到相关的论文。

一、聂耳的族谱

1927年，15岁的聂耳从昆明回老家玉溪度假时，在农历七月初六日的日记中写道："早饭后与老表至聂子安家拿祖公单未获。"玉溪人所称的"祖公单"，就是指历代宗亲的族谱。后来，聂耳终于借到了，并把它抄录在同年十月十三日的日记里。这就是我们今天看到的《聂氏历代宗亲》，全文如下：

大曾祖考讳铸	妣　氏	上曾祖考讳镕	妣
伯祖考讳其寿	妣　魏氏	伯祖考讳其名	妣
伯祖考讳其禄	妣　氏	曾祖考讳其贵	妣　孙氏
伯祖考讳用周	妣　氏	伯祖考讳联科	妣　刘氏
伯祖考讳联芳	妣　张氏	伯祖考讳联富	
叔祖考讳联义		叔祖考讳联甲	
严祖考讳联登	妣　李氏		

大堂父讳天枢		二堂父讳天衢	母　金氏
三堂父讳天保	母　王氏	四显严讳天祚	母　陈氏、李氏
大堂兄讳鸿賭		大堂兄讳鸿仪	王氏
二堂兄讳鸿康			
大胞兄讳鸿文	谢氏	三胞弟讳鸿藻	

这份80多年前由聂耳抄录保留下来的《聂氏历代宗亲》，是很珍贵的，实为难得。从一个年仅15岁的小娃娃，就会想到找同家族的人“借抄宗谱”这件事情，可以看出聂耳从小对祖宗、对长辈、对故乡玉溪都充满了热爱之情。

由于这份“祖公单”的撰写者原件上没有按辈分设计成图表排列，聂耳只能“依葫芦画瓢”，所以现在的后人是很难解读的。只能从文中知道聂耳的父亲聂鸿仪，被撰文者称为“大堂兄”。那么，这份族谱一定是他的“堂弟”所写了。为此，笔者开始千方百计在玉溪寻访聂氏家族的后代。经过许多周折和努力，最后终于找到了早已退休的聂耳的堂兄弟聂士谦和聂春新等老人。又从族人手中挖到了聂氏家族清光绪十六年（1890）的《分房合同文契》，民国二十七年（1938）为争执空地打官司，由玉溪县政府发给聂自安的《判决书》等珍贵文书，才基本解读了聂耳抄留的《聂氏历代宗亲》族谱。

（1）聂氏先辈的宗系表

（2）聂耳的曾祖父聂联登的宗系表

（3）聂耳的祖父聂天禧的宗系表

聂天禧：只生有一个独儿子叫聂鸿仪（字翼廷）

（4）聂耳的祖父聂天禧的堂兄堂弟宗系表

大堂兄聂天枢，只生有一个独子叫聂鸿渚（鸿楷）

大堂弟聂天保，生有一个儿子叫聂鸿康（早故）

二堂弟聂天祚，生有四个儿子：大儿子叫聂鸿文，二儿子叫聂鸿章，三儿子叫聂鸿藻（鸿才），四儿子叫聂鸿范

由此可见，聂耳的祖父叫聂天禧，祖母叫聂金氏，即《聂耳历代宗亲》一文中称的“二堂父聂天衢”。过去，因族谱没有查清，曾有人写文章时把聂联登说成是聂耳的祖父，这是不对的。现在笔者所找到的聂春新同志，是聂鸿范的孙子，其父叫聂士才，是聂鸿范的二儿子。聂士谦则是聂鸿泰的第四个儿子。

二、聂耳的家谱

聂耳有三个哥哥，两个姐姐，全家共8口人。现对其家庭成员列出谱系介绍，后面再分别用文字加以论述说明。

(一) 聂耳的父亲聂鸿仪

聂鸿仪（字翼廷），住玉溪县城（今红塔区）北门街3号。他是当地著名的中医师，为求得发展，于清光绪三十六年（1900）前后，迁到昆明市甬道街72号门牌租房子悬壶行医。后来，他因患肺结核病医治无效，于1916年7月16日在昆明病逝。当时，聂耳只有4岁。

2006年夏天，玉溪召开“聂耳音乐学术研讨会”时，聂士谦同志写过一篇《聂耳之父聂鸿仪出生年考》，作者一是根据聂鸿仪的堂兄弟及辈分推算他的出生时间；二是根据聂鸿仪的长女聂兰茹的出生时间推算他的出生时间。最后的结论说“聂鸿楷的堂弟聂鸿仪应该比其小两岁左右，大约18岁，正值婚配年龄，与王氏完婚。婚后第二年（1894）生长子聂守拙，1896年生长女聂兰茹，正好与二人的出生年事实相符”。“如此，我们可以推断出聂鸿仪生于1876年，卒于1916年，享年40岁”。

“从另一方面看，聂鸿仪的前妻王氏在1898年生聂兰茹后不久去世（估计死于产后风），当时聂鸿仪22岁。按风俗聂鸿仪3年内不可再娶，直到3年后（1901）聂鸿仪25岁时，续彭寂宽为妻。”①

上述两种考证方法虽然都有一定依据，只是作者有两点没有注意到：其一是家族中有的人辈分大，但年龄小；而有的人年龄很大，但辈分又很小。因此，堂兄堂弟之间可比性出入较大。其二主要是作者所记录的聂兰茹的出生时间有误。而聂鸿仪的大儿子，聂守拙的出生时间和去世时间也无任何记录，故须作进一步探讨。

2007年10月21日，笔者再次到聂耳的大姐聂兰茹的三儿子刘绍康先生处进行家访调查，他翻查了记录本后告诉笔者说：“我母亲生于1893年5月29日，于1980年6月去世，终年87岁。”这是唯一可以用来推算聂鸿仪出生时间之依据，而不是聂士谦同志讲的“1896年生长女聂兰茹”。

根据上述时间推算，聂守拙大聂兰茹两岁，应生于1891年。聂鸿仪若在18岁结婚，两年后生子，那么，他本人的出生时间应为1871年，卒于1916年，终年45岁，而不是40岁。

聂鸿仪的前妻王氏病故后，聂鸿仪与彭寂宽续婚。当时，聂鸿仪为30岁，彭寂宽才有19岁。所以到1902年，他们生下了第一个孩子聂蕙茹，这种推算法还有一个证据，就是“聂耳音乐课题组”采访到彭寂宽的外孙女李琼仙同志，她回忆说：“姑外婆曾对我说：‘我的命真苦，相亲人是瞿义六（聂鸿仪在昆明行医的挚友），嫁过来才知道是你姑外公（聂鸿仪），他大我好多岁，又有两个娃娃，兰茹才4岁，白天要喂要洗，晚上要领着她睡，有时气不过硬是想捏她几把，掐她几下，但想她是个娃娃又舍不得。你姑外公有学问，对我也好，慢慢也就想淡了。’”②由此可见，聂鸿仪生于1871年才是比较准确。聂兰茹4岁，即1897年。

关于聂鸿仪的家庭历史情况，从玉溪市博物馆陈泰敏同志2004年在昆明旧书摊收集到的两份《聂鸿仪手札》中，也能读到一些。

---

① 云南聂耳音乐基金会、玉溪聂耳音乐研究课题组编：《聂耳音乐研究文集》，中国文联出版社2006年版。

② 同①。

聂鸿仪亲笔抄录在直格子书本上的“地契”是否为防止原件丢失而为，后来在聂守拙手上又把秧田退回来没有，手札是何年所写，典秧田是否已形成真实之事还是一份草稿，聂家祖上是否真有这些田产等，这些问题有待后人作进一步调查和研究。[①]

（二）聂耳的母亲彭寂宽

彭寂宽生于1881年9月29日，1956年12月23日病故，享年75岁。生前曾担任昆明市政协委员。

关于彭寂宽的身世，聂耳的三哥聂叙伦先生在所写的回忆录中说：“母亲彭寂宽，云南省峨山县人，出生在一个贫穷的傣族人家。外祖父原是云南元江县人，他的父母死后，孤身来到峨山谋生，在姓陈的地主家放马。因他勤奋耐劳，为人老实，得到主人赏识，就把一个名为‘养女’，实际是‘丫头’的姑娘，许配给他为妻。婚后不久，就离开陈家，另谋生计。在县城以卖醪糟（即‘甜酒’）为生，每天清早挑着担子到县城门口摆摊叫卖，挣得一点钱来糊口。外祖母则帮人做些针线活计和农活来补助家用，终年粗茶淡饭度日。”[②]

彭寂宽的父亲是个文盲，封建思想比较浓厚，不让女儿读书识字，所以她小时候没有上过学。自己学读《三字经》、《百家姓》，是背着父亲偷偷地向她哥哥学的。直到与聂鸿仪结婚后，她才由旧礼教的束缚下解放出来。聂鸿仪的思想比较开通，婚后他继续教彭寂宽读书写字，辅导她认真学习《本草纲目》等中医理论，并把医术传授给她，终于让她成了自己得力的助手。

1916年，聂鸿仪病故后，彭寂宽通过中医资格考试，取得了营业执照，继承了丈夫的职业，续开“成春堂”药店。在当时的昆明，一个傣族妇女通过自学，能在云南省城抛头露面公开坐诊行医，这真是绝无仅有的。

彭寂宽对孩子的生活十分关心，教育也很严格。要求他们按时起床睡觉、按时读书写字；对长辈要尊敬，对人要和蔼；不准抽烟、饮酒，不准说谎话，不准拿别人的一针一线等等。这些家规谁要是违反了，就要受到严厉责备。

小时候聂耳很爱听故事，彭寂宽就把讲故事作为教育子女的一种方法。临睡前她常常在手里拿着一本木刻版的故事书，给聂耳讲《安安送米》、《孟姜女哭长城》、《柳荫记》、《岳母刺字》等。她讲的故事娓娓动听，有时套用玉溪花灯调《全十字》、《出门板》或《补缸调》等夹在其中唱上几句。所以，彭寂宽成为了聂耳学习民间音乐的启蒙老师，这些故乡的民间曲调，像一粒粒金色的种子一样，深深地播撒在聂耳幼小的心灵里。

彭寂宽信仰佛教，每月初一和十五日，要吃斋念佛，她的心地仁慈善良。看病遇到付不起药费的穷人时，就会少收或不收药费，把药送给病人服用。这种为人的高尚品德，对聂耳的影响很大。所以聂耳长大成人后，一直非常崇敬自己勤劳而又坚强的母亲。

聂鸿仪病故时，留下的遗产只有一架旧的“八音钟”和几本医书。彭寂宽要领着四个儿女

---

① 陈泰敏：《聂氏“成春堂”医书手札的发现与考证》，载《聂耳音乐研究文集》，中国文联出版社2006年版。

② 聂叙伦：《少年时代的聂耳》，新蕾出版社1981年版。

讨生活，经济上是十分困难的。四个孩子当中，最大的是聂耳的二姐聂蕙茹，当时她只有14岁，最小的聂耳才刚满4岁。为了供聂耳读小学，家里不得不把“八音钟”送进当铺里去当钱。在没有病人来看门诊时，彭寂宽还要忙着帮人洗衣服、钉纽扣，以便增加一点收入，来维持全家的生活。她就是用这种坚强意志把聂耳抚养长大的。

关于聂耳的外公和外婆家的情况，根据聂叙伦先生的回忆和他提供的线索，笔者于1983年专程到峨山彝族自治县进行了调查。终于找到了当时81岁高龄的彭菊英老人，她是聂耳的外公的孙女儿。第一次查清了彭寂宽的父亲名叫彭寿山，老家住在峨山县城大塘子边文星街29号。只是因年代久远，老房子几经转手，早已不再是彭家后人居住。聂叙伦先生得知后很高兴，于1987年7月17日从昆明来玉溪开会时，由笔者专程陪同他到峨山县城外公家的老屋子进行考证，并与笔者合影作为纪念。

后来，元江哈尼族彝族傣族自治县文联副主席谢光庭同志，又根据笔者调查的情况，下决心进一步在元江县内开始寻找彭寿山的家族谱系。因为彭寿山是10多岁时成为孤儿，从元江帮人赶马流落到峨山县的，所以连聂家后代也无法得知他是元江县哪个傣族村寨的人。[①]

2005年11月，为宣传新平彝族傣族自治县的“花腰傣”，县人民政府隆重举办了自治县成立二十五周年暨首届“聂耳母亲节”庆祝大会。不久，又传来在新平县漠沙镇傣族居住的曼线村找到彭寂宽老家的消息。大扒奴村民小组的组长还专门写了一份材料，送到玉溪聂耳音乐基金会办公室来找我，希望能下去落实。对此，笔者感到很惊奇：彭寂宽出生在峨山县，其父彭寿山的祖籍在元江县西门村，怎么又会到了新平县漠沙镇呢？于是笔者专程前往调查。到了漠沙镇曼线村委会后，听到有彭寂宽传说的傣族自然村一共有两个：一个叫南薅，一个叫大扒奴。南薅村的调查材料是村委会的杨建周同志经过采访后写成的。原来，历史上漠沙镇的曼线村是属于元江县管辖，1960年才划归新平县的。而现在住元江县西门村的彭松元老人的祖上，就是从曼线的南薅村附近迁出去的，此事已得到了彭松元老人的证实。可见，彭寿山的父亲彭里和据说是出生于南薅村的。[②]

紧接着，峨山彝族自治县的彝族作家柏叶同志，又对聂耳的外祖母彭寿山妻子的身世进行了调查，并写出了《聂耳外祖母身世考》一文。[③]其结论是彭寂宽的母亲是峨山县高平乡的一个贫苦的彝族姑娘，她心灵手巧，乐于助人，很能吃苦耐劳。因家里太穷，才从高平来到县上的地主家当“丫头”。

关于彭寂宽的四个哥哥的情况如下：大哥读过私塾，曾在县衙里当过“录事”，后来外出，下落不明。二哥长大后也外出谋生，下落不明。三哥在峨山结婚后住过一些年，何时外出也查不到线索。只查到彭寂宽的四哥，他叫彭廷梁，早年他去过广东，曾参加过北伐军部队，回云南后在昆明的峨山旅省同乡会任过职。后被人诬陷逮捕，关押在峨山县一段时间。最后查

---

① 谢光庭：《关于聂耳的外祖父是元江傣族的调查始末》，载《聂耳音乐研究文集》，中国文联出版社2006年版。
② 杨建周：《新平县漠沙镇的彭氏家族谱系考》，载《聂耳音乐研究文集》，中国文联出版社2006年版。
③ 柏叶：《聂耳外祖母身世考》，《峨山》2005年第4期。

明是属于冤案，释放回昆明不久病故。彭廷梁生有一个儿子，名叫彭磊，峨山县前几年曾有人见过他。据说他家住在昆明市武成路中和巷。彭寿山留下的峨山县城文星街29号的老房子，就是由其四儿子彭廷梁从昆明回老家来向外卖出的。

（三）聂耳的大哥聂守拙

我们对聂守拙的生平知之甚少，至今也没有收集到他的照片，生卒时间也不清楚。只知道他的字古愚，小时候在昆明一所公立的陆军小学堂读过书，长大后曾在军界工作。笔者与聂耳的三哥聂叙伦先生交往长达20年之久，在多次交谈中对他大哥提到也很少。一则是因为聂鸿仪病重时，家里给聂守拙写信后，他不闻不问，人死后他也不回家看父亲一面，令人伤心。二则聂守拙为聂鸿仪的前妻王氏所生，老百姓称“同山不同海”。加之在旧社会兄弟几人各忙各的，基本上没有往来。

现在，我们只知道聂守拙大致是在新中国成立以前10多年死的。他与王静珍结婚后，没有生育过子女。王静珍曾经从社会上抱养过一个儿子，这个抱来养大的儿子，听说也在旧社会里去当兵，死在外地。

在新发现的聂鸿仪手札里，夹有一张红色的包裹单，是家里给聂守拙寄茶叶的。地址写着寄“南京陆军第四中学堂陆军第七师确交步兵第三营营副官聂守拙收”。落款上写着“滇省甬道街，阴历四月初七”。甬道街72号是聂鸿仪开“成春堂”药铺的地址。这份包裹单证明，聂守拙长大后从过军。据有人讲他回玉溪后，还担任过县政府的财政科长，不知是否属实，待查。

聂守拙的妻子王静珍，新中国成立后土地改革时划阶级成分为地主。她已经死了很多年，有关情况笔者曾去玉溪州城镇街道办事处调查，但没有找到知情人。

（四）聂耳的大姐聂兰茹

聂兰茹（1893—1980）在父亲聂鸿仪去昆明之前，已经在玉溪县出嫁。与刘子清结婚后生有三男二女，终年87岁。聂兰茹虽系聂鸿仪的前妻所生，但从小是彭寂宽把她领大抚养成人的，故互相关系和亲母女完全一样。

（五）聂耳的二姐聂蕙茹

聂蕙茹（1902—1968），过去只知道聂鸿仪在世时，把只有5岁的她，许配给了玉溪同乡严仲良（严天俊）之子严子鱼做媳妇。聂鸿仪病故后，因家庭生活困难，聂蕙茹只有15岁时，于1917年出嫁去了北京。

2007年9月20日，笔者在聂耳的侄女、聂丽华同志的带领下，和红塔区文物管理所所长李松同志一起，找到了聂蕙茹的儿媳妇曹国桢老人进行采访。曹国桢当年80岁，是严新华的妻子。她告诉我们，婆婆聂蕙茹到了北京后，与严仲良的次子严尔度（即严子鱼）完婚。严尔度一直在天津芦盐运使公署工作，与聂蕙茹先后生下严新华、严裕华两个儿子。不幸的是严尔度才有28岁就病故了。1927年，他父亲严仲良只有59岁，也在北京去世。当时严新华才有9岁，严裕华才有7岁，生活便失去了依靠。于是彭寂宽从昆明寄去路费，让女儿和外孙回昆明一起生活。聂蕙茹处理好京津家务后，1928年带着两个儿子返昆。在从天津至上海的轮船上，严裕华受到感染，三天三夜发高烧，无法诊治。到上海后送至广慈医院诊断为脑膜炎，抢救无效而死亡。

路过上海时，聂蕙茹母子寄居在玉溪同乡李鸿祥将军家里，得到了他家很多的关心和照顾。因为李鸿祥和严仲良不仅是同乡，又是共同留学日本的好友。这时，聂蕙茹还把公公严仲良写的全部诗文，按他的遗愿交给李鸿祥将军，让他设法保留出版。

回到昆明后，聂蕙茹带着儿子严新华，一直和母亲生活在一起。严新华进学校读书，聂蕙茹也开始学商业会计。直到1946年严新华与曹国桢结婚后，他们一家人才离开母亲，自己另外生活。毕业以后聂蕙茹进一家公司当会计，后于1968年9月10日因患心脑血管病去世，终年66岁。

在此要顺便说一下，严仲良（名严天俊）生于1896年3月1日，老家是玉溪县研和镇古城村人。少年时家境贫寒，但勤奋好学，擅长诗文书法。赴日本留学时他读师范，回国后在玉溪州城文昌宫讲学，当时他被称为玉溪文艺“三杰”之一。1910年他到湖北长阳县任知县，1913年被选为北京众议院议员，赴京工作。国会解散后，他定居北京14年后病故。他创作的300多首诗歌，后来由李鸿祥编入《玉溪文征》卷二，至今尚存。

严仲良的大儿子叫严尔休，当时在山西省工作，后来已回故乡玉溪。2007年10月30日，笔者在研和镇文化站站长李雁鸿同志的带领下，终于找到了严仲良的孙子媳妇周云飞老人进行了采访。

周云飞老人，当年80岁。她告诉笔者，她的丈夫叫严珂，是严尔休的大儿子。严尔休还有两个女儿，一个叫严吟雪，一个叫严志清，她们都在昆明和玉溪工作。从周云飞老人家里，笔者第一次收集到了严仲良夫妇与严尔度、聂蕙茹、严新华、严裕华等人的合影照片。

调查后可以得出结论：不仅聂耳的老家在玉溪，他的大姐、二姐也是嫁在玉溪的，而且聂蕙茹的公公严仲良还是我们玉溪的著名文化名人之一。

（六）聂耳的二哥聂子明

聂子明，子明是他的字，名叫聂守诚。他年轻时在楚雄邮电局工作，所以聂耳在写给他的信中，称他为“绿衣天使”。他生于1906年4月，大聂耳4岁。

笔者曾两次采访过聂子明先生。民国三十七年一月至三十八年三月（1948年1月—1949年3月），他曾担任过易门县县长。新中国成立后，在云南省公安厅下属一个单位工作，晚年继承父业从事中医工作。1957年反右斗争时期，因历史问题被错处劳改5年。平反以后，被分到昆明市盘龙区人民医院中医科工作。

聂子明先生病故后，崎松收到的讣告原文如下：

讣告

昆明市第七届人民代表，民革组织成员，人民音乐家聂耳同志的二哥，盘龙区人民医院老中医聂子明因病医治无效，于一九八四年十一月二十三日下午四时十九分在昆明逝世，终年七十八岁。兹订于一九八四年十一月二十六日上午八点半在昆明医学院附属医院太平间礼堂举行遗体告别。

谨此

盘龙区人民医院

一九八四年十一月二十四日

崎松接到讣告后，专程到昆明参加了他的葬礼，并敬献了花圈。

（七）聂耳的三哥聂叙伦

聂叙伦生于1909年2月12日，比聂耳大3岁。他曾经与弟弟一同在昆明私立求实小学读书。1927年他在昆明市职业学校商科毕业后，一直从事商业财会工作。曾先后担任过云南兴文银行驻缅甸仰光办事处主任、兴文银行驻桂林和柳州分行经理等。聂叙伦和郑琼结婚后，生有一个儿子，6个女儿。

因受其弟聂耳的影响，聂叙伦从青年时代便积极与进步人士交往。1941年，在缅甸仰光的进步华侨举办纪念鲁迅先生逝世大会上，他曾担任大会主席；日本侵缅时，他资助楚图南、李公朴、张天虚等多位文化名人从缅甸返昆。在桂林工作时，他曾参与解救叶挺的工作，资助田汉同志接待抗敌演剧队等。为中国人民的解放事业作出了一定贡献。

新中国成立后，聂叙伦先生一直担任多届政协云南省委委员、常委、副秘书长，昆明市工商联常委、秘书长、专职副会长，民建云南省委常委等。他与中国共产党肝胆相照、荣辱与共、坦诚合作。十年“文革”中，他虽然受到冲击，但始终对中国共产党坚信不疑，对社会主义坚信不疑。改革开放以来，他先后发动创办了“昆明联谊会会计学校”和“云南外国语继续教育中心”并亲自兼任校长。多年来，共培训社会急需的会计人才和外国语人才数万人。①

他担任云南省对外文化交流协会和中国聂耳冼星海学会理事期间，曾几次访问日本，为昆明市与日本藤泽市结为友好城市、为引进资金在昆明建盖“昆明藤泽友谊馆”和“樱花假日酒店”做了大量工作。聂叙伦著的回忆录《少年时代的聂耳》一书，1981年12月由天津新蕾出版社出版，在全国发行20000册。后来，又由日本聂耳纪念碑保存会译为日文在日本发行。

笔者为收集聂耳资料，从1980年初与聂叙伦先生相识，交往长达20年之久。去昆明采访时，曾多次吃住在他家里。聂老呕心沥血，忘我工作，谦虚谨慎，不计名利的精神使我深受感动。一般干部是到60岁退休。因工作需要和聂老的特殊身份，他一直工作到近90岁才正式办理了退休手续。1990年笔者与伊人编著的《聂耳与国歌》一书出版，前言就是请聂老写的。为了纪念聂耳逝世六十五周年，2000年上半年，笔者主编了《聂耳音乐作品集》一书，交远方

① 云南省工商联合会:《聂叙伦先生生平》。

出版社出版。聂老于同年7月17日，再次热情为该书作序。万万没有想到的是，这篇序文竟然成了他的绝笔之作。3个月后，聂叙伦先生便与世长辞。在他病重住院期间，笔者曾亲自到云大医院探望。

聂叙伦先生病故后，崎松收到的讣告原文如下：

讣告

人民音乐家聂耳的胞兄，原政协云南省委员会第四、五届常委、副秘书长，云南省工商联第五届专职副会长，第六、七、八届名誉副会长，民建云南省委第一、二届常委聂叙伦同志，因病医治无效，于2000年10月24日10时35分在昆明逝世，享年91岁。

兹定于2000年10月31日（星期二）上午9时，在昆明市殡仪馆（油管桥）吊唁厅向聂叙伦同志告别，请生前好友届时参加。

特此讣告

云南省工商联合会

二〇〇〇年十月二十五日

笔者按时赴昆参加了聂叙伦先生的葬礼。

三、结束语

对聂耳族谱和家谱的收集整理与研究，是一项很细致又很艰苦的工作，是要靠多人、多年、多次的共同努力，才能完成的。所幸的是随着我国政治、经济、文化的不断发展，各级党政领导的重视程度不断提高，对人力财力投入不断加大，终于取得了重大的突破与进展。

从玉溪市来看，这些年来不仅破解了“聂氏宗亲”之谜，还找到了过去从来没有找到的杨瑢波等知情人；收集到了过去从来没有收集到的文物，如聂鸿仪写的“成春堂”手札等。正是有了上述这些研究成果，才为玉溪市和全国弘扬聂耳精神，为云南省打造聂耳文化品牌提供了强有力的科学依据。

通过对聂耳族谱和家谱的调查，可以从中清楚地看到：

1. 聂耳的成才之路是与他母亲的家庭教育，与自幼受云南民族民间音乐，特别是玉溪花灯的影响分不开的。政治上的进步则是靠党的教育，并在血与火的斗争中锻炼成长的。

2. 他家至今已是三代的“医生世家”和三代的“音乐世家”。第一代中医师，是聂鸿仪和彭寂宽；第二代的中医师是聂耳的二哥聂子明；第三代中医师是聂子明的子女和女婿中，有5人从医。在音乐方面：聂耳是第一代；聂叙伦的女儿聂丽华、女婿曹学安都是毕业于四川音乐学院，在云南民族电影制片厂从事专业音乐工作；第三代音乐工作者是曹学安和聂丽华的儿子曹京沧（笔名青山）。他9岁时曾经在《云南日报》上发表了一首处女作。后来在北京中央民族大学音乐系毕业，现在北京从事音乐工作，已有一批作品问世。

3.他的“三根”——祖根、亲根、艺根，都是深深地扎在碧玉清溪这块沃土地上的。“根”深才能“叶”茂，吕骥先生写的诗：“玉溪山水育精英”，便是这一切集中而又真实的写照。

2009年12月10日

作者简介：崎松　原名刘本学，云南省玉溪市文化馆馆员，云南聂耳音乐基金会理事、基金会《会刊》主编。

玉溪北门街聂耳故居

崎 松

故居宁静墙花艳，院角似闻学笛声。

不朽国歌传万世，长城热血九州惊。

这是中国中央文史研究馆研究员戴巍光先生参观聂耳故居时写下的一首短诗。

聂耳故居坐落在玉溪市中心城区北门街3号，是聂耳的曾祖父聂联登于清代末年所建，传至聂耳的祖父聂天禧后又传至聂耳的父亲聂鸿仪。清光绪末年前后，聂鸿仪离开玉溪到昆明市租房子行医，老房子由聂耳的大嫂王静珍居住。王病故后，由国家管理。

这座土木结构一楼一底的瓦房，占地面积为96.3平方米，朴素典雅，具有玉溪民间建筑风格特点。1984年9月，玉溪市文物普查后，被人民政府定为市级重点文物保护单位，并在门前建竖了标志碑。

聂耳故居自建成至今，经历了100多年的风风雨雨。因年代久远，曾发生过屋顶漏雨、墙壁开裂、楼板枯坏等问题。为此，政府先后拨款进行过三次重要的保护和修缮工程。首次保护修缮工程，在聂耳诞生八十周年和第三届中国艺术节期间完成。1992年2月22日隆重举行了竣工典礼后，开始对外开放。2002年1月和2005年上半年，又本着修旧如旧的原则，两次进行全面整修。在增加设施、绿化美化环境的同时，使之如实地再现了聂耳少年时代在此生活的场景。聂耳的胞兄聂叙伦先生，生前出席了故居修缮落成典礼仪式，由他亲笔题写的“聂耳故居”四个大字，至今仍悬挂在大门头上。

形状像一个“田”字的聂耳故居小院，正中间的“十”字又把小院分成4小块。前面两小块是北门街临街的两间铺面，当年聂鸿仪的中医诊所就开设在左上角这间铺子楼下。紧接着中药铺背后左下角这一小块是两间小楼，楼下为厨房，楼上是聂耳的母亲彭寂宽的卧室。在中药铺的楼上，设有聂家祭祖的家堂和聂耳及他哥哥的卧室等。

“田”字形小院右边的一间临街铺面为北门街2号，是聂氏家族后辈人的房子。因两间铺面柱梁相连，不宜拆开，故在修缮保护聂耳故居时征用，现把这间铺面的楼上楼下分别辟为两个展室，陈列各种文物资料，让游人参观。“田”字右下角的四分之一空地为院子，有一眼水井。

云南玉溪北门街3号的聂耳故居

聂耳的父亲去世后，聂耳的母亲难舍故土常带聂耳回乡探亲访友，复习功课，学习民间音乐，他们都是住在这幢老宅院里。少年时代的聂耳，在故居的油灯下曾写下20多篇日记，非常生动地记录了他的成长历程。

现在，聂耳故居共陈列展出聂耳用过的乐器、衣物、旧家具等实物99件，聂耳文物资料照片120多幅。部分珍贵的手稿更是第一次和观众见面，充分展示了玉溪风土人情和花灯音乐的深厚文化底蕴对于聂耳成长的影响。

1997年4月，中共云南省委宣传部把聂耳故居公布为全省的爱国主义教育基地。1998年11月，聂耳故居被列为云南省重点文物保护单位。现在已经上报了书面材料，正在申报为国家级重点文物保护单位。

聂耳故居作为与聂耳相关的一些重要历史事件的见证，是连接历史的生动载体，具有深厚的文化内涵，是不可再生的历史文化资源，它具有很高的文化价值。当我们走进故居后，放慢脚步，在一种很安静的氛围中用心去体会，静悄悄的院落能让人沉浸在历史的回顾之中，在尘封的往事中倾听着历史的回音，心灵就会受到前所未有的洗礼。

纵观所有文化名人的故居，都会从不同角度反映出特定历史的社会文化发展变迁，让人们从中感悟到历史沧桑的内涵和亲切。聂耳故居也不例外，当人们走入这幢老宅时，饱蘸着家难、民难、国难，用革命烈士的汗水、泪水和鲜血谱写的《义勇军进行曲》，就会永远激荡在每个人的心中，不断鼓舞着大家前进！

从1992年聂耳故居对外开放以来，至今接待了来自海内外的游客34万多人，其中，世界各国的外宾、外交官占300多人。

现在，聂耳故居已经成为云南建设民族文化大省和玉溪市打造聂耳文化品牌的一道窗口，一位叫晨崧的诗人参观故居后，写诗唱道：

祖府宅居忆旧姿，母慈天地国亲师。
义勇一曲惊寰宇，怒吼神州万马驰。

这首诗是可以代表成千上万参观者的心声。随着时光的流逝，聂耳故居将会成为人民心中的一座永远的丰碑。

2010年7月

附 录

有关聂耳的著作、文章篇目索引（初稿）

史 婕

纪念著作				
	书名	编者及著者	出版者及出版时间	备注
一	《聂耳画传》	吉联抗	音乐出版社 1958年7月	
二	《少年时代的聂耳》	聂叙伦	天津新蕾出版社 1981年12月	
三	《聂耳》（图片集）	中国艺术研究院音乐研究所	人民音乐出版社 1982年1月	向延生、袁荃猷编选
四	《聂耳传略》	史君良	香港上海书局有限公司 1982年7月	
五	《聂耳的创造》	李业道	人民音乐出版社 1984年3月	
六	《聂耳全集》	《聂耳全集》编辑委员会	文化艺术出版社、人民音乐出版社 1985年	主编：周巍峙
七	《聂耳纪念明信片》	向延生	人民音乐出版社 1986年1月	
八	《聂耳评传》	汪毓和	人民音乐出版社 1987年9月	
九	《聂耳与国歌》	崎松、伊人	云南民族出版社 1990年9月	
十	《聂耳传》	王懿之	上海音乐出版社 1992年5月	序言：聂叙伦
十一	《从滇池飞出的旋律》	谷 应	台湾台北市天卫文化图书有限公司 1993年	
十二	《聂耳》	谭话浸	中国国际广播出版社 1996年	
十三	《聂耳：国歌作曲者》	王之平	上海教育出版社 1999年5月	
十四	《聂耳与玉溪》	崎 松	北京民族出版社 1999年7月	

（续表）

	书名	编者及著者	出版者及出版时间	备注
十五	《从云南大山走出来的音乐大师——聂耳》	存文学、冯德胜	云南人民出版社 1999年9月	
十六	《聂耳：匆匆却又永恒》	刘　琼	大象出版社 2002年9月	
十七	《聂耳音乐作品》	汪毓和	湖南文艺出版社 2003年2月	
十八	《聂耳——闪光的生涯》	（日）齐藤孝治著、庄丽译	上海音乐出版社 2003年2月	
十九	《国魂聂耳》	崎　松	内蒙古呼和浩特远方出版社 2003年4月	
二十	《聂耳日记》	李辉 编	大象出版社 2004年4月	
二十一	《人民音乐家聂耳》画册	云南聂耳音乐基金会	云南美术出版社2005年6月	序言：傅庚辰、孔祥庚
二十二	《聂耳之路——聂耳生平及音乐创作历程》	崎　松	云南民族出版社 2006年12月	
纪念文集				
	书名及篇名	编者及著者	出版者及出版时间	备注
一	**《聂耳纪念集》**	**天虚、黄风**	**日本东京崛川印刷所 1935年12月31日**	**中国留日学生集资出版**
1	聂耳传记	承　箕	1935年9月于东京	
2	聂耳论	天　虚	1935年7月于保田	
3	革命歌人	皮　雨		
4	纪念聂耳的意义	林　蒂	1935年10月28日	
5	关于聂耳	维　华		
6	记聂君	伊　文	1935年10月30日	
7	致亡友	新　波	1935年7月23日	
8	并非照例	柳　岸	1935年10月29日	
9	致死者	陈学书	1935年7月29日	
10	纪念聂耳	洪　干	1935年秋于东京	
11	《毛毛雨》《渔光曲》和《大路》《开路先锋》	阿　非	1935年于东京	
12	致亡者	洪为济		

（续表）

	书名	编者及著者	出版者及出版时间	备注
13	忆聂耳	侯　枫	1935年中秋节后于东京	
14	吊聂耳先生	杨仁寿		作者系东京中华青年会干事
15	孩子聂耳	何　亏		
16	海约暴君！——为纪念聂耳写（诗）	黄　风		
17	凭吊（诗）	溅　波		
18	眺海凭吊聂耳	魏　晋		
19	吊聂耳（诗）	焚　蒂		
20	怀聂耳（诗）	林　林		
21	纪念聂耳（诗）	阮　夫		
22	忆聂耳（诗）	紫　秋		
23	悼大众的诗人聂耳（诗）	丁　克		
24	无言的挽歌（诗）	亚　生		
25	悼聂耳（诗）	骆驼生		
26	悼聂耳（诗）	流　冰		
27	纪念聂耳（诗）	秋田雨雀		
28	悼聂耳君（诗）	张斟滋		
二	**聂耳纪念集**		**东北鲁迅文艺学院图书馆资料室编 1950年7月17日**	**内部资料**
1	聂耳生平的回忆	彤　声	《新华日报》1949年7月17日	
2	纪念新音乐的开路先锋——聂耳同志	瞿　维	《人民日报》1949年7月17日	
3	聂耳遗作给我们的启示	吉联抗	上海《大公报》1949年7月17日	
三	**《聂耳星海纪念文选》**		**上海纪念音乐会筹备委员会编印 1955年11月**	**非卖品**
1	纪念聂耳、学习聂耳	李康生	《重庆日报》1955年7月17日	
2	学习聂耳的光辉榜样	周小燕	《新民报》1955年7月31日	
3	聂耳作品的影响、特点和现实意义	吉联抗	《解放日报》1955年7月31日	
4	向聂耳学习，发扬音乐艺术中社会主义现实主义的光荣传统	夏　白	《解放日报》1955年8月4日	

（续表）

	书名	编者及著者	出版者及出版时间	备注
5	沿着聂耳、星海的道路前进	丁善德	《人民音乐》1955年10月号	
6	沿着人民音乐家聂耳、冼星海的道路前进	程　云	《长江日报》1955年10月	
四	**纪念人民音乐家聂耳逝世二十周年专集**		**湖北省文联、武汉市文联编 1955年**	**内部发行**
1	从《新女性》一歌所学习到的	孟文涛		
2	我对《梅娘曲》的一点体会	魏开泰		
3	聂耳的歌声永远活在人民的心里	胡　曼		
4	我是唱着《义勇军进行曲》长大的	陈堂明		
五	**《聂耳——从剧本到影片》**		**中国电影出版社编辑出版 1963年11月**	
1	聂耳（电影文学剧本）	于伶、孟波、郑君里	1959年9月于上海	
2	聂耳（分镜头剧本）	郑君里		
3	从创作《聂耳》剧本得到的启发	于　伶	《人民日报》1960年7月19日	
4	影片《聂耳》导演后记	郑君里	1963年4月24日	
5	扮演苏平的一些感受	江　俊		
6	《聂耳》摄影创作的一些体会	黄绍芬		
7	《聂耳》布景设计一得——布景与场面调度	韩尚义		
8	影片《聂耳》音乐创作随感	葛　炎		
9	祝故事片《聂耳》上映	上海《解放日报》社论	1960年7月15日	
10	从一个人表现一个时代——《文艺报》座谈彩色故事片《聂耳》		1960年10月13日	与会者：田汉、严文井、陈荒煤、马可、刘白羽、张光年

（续表）

	书名	编者及著者	出版者及出版时间	备注
11	《电影艺术》杂志《聂耳》笔谈			笔谈者：吕骥、陈播、许幸之、吴天、王云阶、黄声孝、蒋桂英、李业道、许翰若、程季华
12	欢呼聂耳在银幕上再生	蔡楚生	原载《文艺报》1960年第二十期	
13	无产阶级音乐家的光辉道路——评电影《聂耳》的艺术成就	李洪辛	原载《文汇报》1960年7月17日	
14	影片《聂耳》的音乐处理	夏　白	原载《电影艺术》1962年第四期	
六	**《聂耳专辑》（三）**		**中国音乐学院中国音乐研究所编印 1964年8月**	**内部资料**
1	一封未寄的信	吕　骥	《电通》1935年8月16日第七期	
2	学习聂耳先生	徐迈进	《新华日报》1938年7月17日	
3	聂耳的一生	徐嘉瑞	《中原》1945年10月二卷二期	
4	纪念聂耳同志	吕　骥	《东北日报》1948年7月18日	
5	聂耳是怎样加入共青团的？（摘录）	郭辉南	1955年5月30日于昆明	
6	影事春秋——访阳翰笙、于伶同志	丁小逖	《解放日报》1962年8月26日	
七	**《纪念聂耳诞辰七十周年文集》**		**聂耳、冼星海学会编印 1982年8月**	**内部资料**
1	走聂耳路　创新乐风——纪念我国无产阶级革命音乐家的开路先锋、人民音乐家聂耳	程　云	1982年2月15日	
2	云南省《聂耳音乐周》开幕词	王　甸		
3	给云南省音乐工作者的一封信	李　坚		
4	继承新音乐运动的革命传统	陆万美		
5	学聂耳精神　走聂耳道路	张　维		
6	伟大的起点　正确的方向	李佺民	《光明日报》1982年2月15日	

（续表）

	书名	编者及著者	出版者及出版时间	备注
7	循着革命音乐家的道路前进	陈　沂		
8	在聂耳开辟的道路上前进	瞿　维		
9	开路先锋聂耳	王云阶		
10	纪念聂耳七十诞辰	刘良模	1982年2月15日	
11	继承聂耳的光荣传统，学习聂耳的战斗精神	林　路		
12	大众都爱你的新声	常苏民		
13	纪念聂耳　学习聂耳　振兴中华造福人民	丁　鸣	《音乐生活》1982年三期	
14	继承发扬聂耳的革命音乐传统 创造出代表我们时代最美的音乐	朱之谦		
15	黄浦江边的联想——纪念人民音乐家聂耳同志	韩冈觉		
16	沿着聂耳的创作道路前进	沙　青	《音乐舞蹈通讯》1982年一期	
17	走聂耳的路，唱四化的歌	储声虹		
18	继承和发扬聂耳的革命音乐传统	平　静	《乐坛》1982年4月	
19	推动群众音乐生活的健康发展	李爱华		
20	纪念聂耳　学习聂耳	马　桦	《青海歌声》1982年	
21	聂耳墓前（诗）	光未然	《边疆文艺》1982年第一期	
22	谒聂耳墓（诗）	朱　绛		
23	聂耳七秩诞辰感怀（诗）	储祖怡	2月15日于上海拜莲居	
24	纪念声中忆亲人	聂子明、聂叙伦	《聂耳音乐周》会刊 1982年	
25	我的回忆	李同生		
26	有意义的欢迎晚会	聂叙伦		
27	聂耳与玉溪	崎　松	《聂耳音乐周》会刊	
28	给聂耳拍照	周伯勋	《舞台与观众》1982年	
29	聂耳同靡靡之音的斗争	周伯勋		
30	“卖报小行家”忆聂耳——访第一个唱《卖报歌》的杨碧君同志	周玉明	《文汇报》1982年8月18日	

（续表）

	书名	编者及著者	出版者及出版时间	备注
31	聂耳纪念碑——访日杂记	蒋孔阳	《解放日报》1982年2月17日	
32	聂耳是日本人民喜爱的音乐家	聂叙伦	《玉溪文化》1982年第四期	
33	革命歌曲大师——聂耳	竹风、唐远如	《音乐研究》1982年三期	
34	迎着暴风雨翱翔的海燕——聂耳略传	向延生	1981年8月29日	
八	**《论聂冼》**		**中国聂耳、冼星海学会编印 1985年**	**内部资料**
1	在聂耳、冼星海音乐创作学术讨论会上的讲话	吕　骥		
2	发扬革命传统　创造人民心声——在纪念聂耳逝世50周年、冼星海诞辰80周年、逝世40周年大会上的讲话	周巍峙		
3	聂耳、冼星海给我们的启示	瞿　维		
4	革命精神、服务精神、创造精神的光辉榜样——聂耳、冼星海	丁　鸣	1985年7月17日	
5	继承发扬革命音乐传统、努力提高音乐创作质量	邱仲彭		
6	坚定的革命音乐家、勇敢的音乐革新家——纪念聂耳逝世五十周年，星海逝世四十周年	王霭林		
7	歌唱的艺术与艺术的歌唱——听全国聂耳、冼星海声乐作品演唱比赛随感	晨　耕	1985年8月30日	
8	创作更多的振奋民族精神的歌曲	管　平		
9	革命现实主义创导者聂耳、冼星海	冀洲、家浚		
10	聂耳、冼星海歌曲的文学形象	李正忠	1958年秋	
11	纪念我国无产阶级革命音乐的先锋，伟大的人们音乐家聂耳、冼星海	马惠文		
12	音乐的革命化、民族化、群众化——论聂耳、星海创作的时代精神	鲁　特		

（续表）

	书名	编者及著者	出版者及出版时间	备注
13	祝愿中国革命音乐蓬勃发展	［日］岩崎富久男	1985年7月7日	日本明治大学教授
14	聂耳在艺术创作上的大胆创新	汪毓和	1985年6月2日	
15	继承聂耳的传统，沿着聂耳的道路继续前进——纪念聂耳逝世50五十周年	崔其焜、罗小平		
16	建国之初我为中华人民共和国“代国歌”——《义勇军进行曲》和声、配器的感受	陆华柏	1985年8月29日	
17	他的歌曲永远荡漾在人民心中——学习聂耳的创作经验	姚以让		
18	人民爱唱聂耳的歌——纪念聂耳逝世五十周年有感	韩立文		
19	从《校歌》到《国歌》	聂丽华	1985年11月1日	
20	时代的鼙鼓，革命的号角——评人民音乐家聂耳及其创作的歌曲	陈　芳		
21	自学成才的典范——纪念人们音乐家聂耳逝世五十周年	崎　松		
22	论聂耳歌曲的艺术特色及历史功绩	张铜柱		
23	学习聂耳同志的革命精神，为祖国四化建设贡献力量——纪念聂耳逝世五十周年	祁文源		
24	他与人民同在——聂耳逝世五十周年祭	方惠生		
25	战斗的历程，光辉的一生——重温影片《聂耳》有感	叶　语		
26	聂耳研究述评	冯伯阳、吕金藻、韩冈觉	1985年9月1日	
27	乐思漫笔——纪念聂耳逝世五十周年	陈堂明		

（续表）

	书名	编者及著者	出版者及出版时间	备注
九	**《永生的海燕——聂耳、冼星海纪念文集》**	**聂耳、冼星海学会**	**人民音乐出版社1987年12月**	
1	聂耳创作《卖报歌》的启示	聆　群		
2	聂耳年谱	向延生		
十	**《国歌历程》**	**郭　超**	**中国国际广播出版社2002年2月**	**序言作者：彭光涵**
1	《义勇军进行曲》的来历	夏　衍	1983年1月27日	
2	开国大典与《义勇军进行曲》	罗　浪		
3	《义勇军进行曲》永远鼓舞我们前进——我移植管乐曲《国歌》的感受	程义明		
4	使用正确的《国歌》版本刻不容缓	于　海		
5	聂耳生平	汪毓和		
十一	**《聂耳——玉溪人民的骄傲》**	**王志雄、郭凌**	**中国民族摄影艺术出版社2006年3月**	
1	永载史册的人民音乐家	王志雄、郭凌		
2	为《义勇军进行曲》配器的外国人	张　伟		
3	中华民族的战歌	曹学安		
4	聂耳歌曲创作成功之道初探	蒲亨建		
5	高唱国歌向前进	本报评论员	《人民日报》1995年12月5日	
6	继承和弘扬聂耳精神	徐荣凯	《人民日报》2005年7月15日	作者：云南省省长
7	不朽的旋律　永生的海燕	胡　珍		
8	弘扬聂耳精神　发展音乐事业	丹　增	《云南日报》2005年7月18日	
9	聂耳时代精神永驻故乡	孔祥庚		
十二	**《聂耳音乐研究文集》**	**云南聂耳音乐荃金会、玉溪聂耳音乐研究课题组**	**中国文联出版社2006年12月**	**序言：冯光钰**
1	浪淘沙·故乡忆聂耳（诗）	孔祥庚	2005年7月17日	

（续表）

	书名	编者及著者	出版者及出版时间	备注
2	新的阶段　新的收获	冯光钰		
3	中国少数民族音乐学会第十届（玉溪）年会暨聂耳音乐学术研讨会开幕式欢迎词	王　跃		
4	漫谈父亲冼星海对聂耳精神的继承与弘扬	冼妮娜		
5	聂耳与玉溪民间音乐	曾庆延		
6	试论聂耳音乐创作与玉溪本土文化积淀	宋佳良		
7	聂耳音乐与玉溪民族民间音乐的关系	张家训		
8	“大众都爱你的新声”——聂耳音乐创作与民间音乐	王桂芹		
9	略谈聂耳的个性对他的生活、创作道路的影响	秦　序		
10	义军一曲奋全民——试论聂耳在抗日救亡运动中的生命历程及其意义	潘　勇		
11	对聂耳歌曲创作与人格魅力的逆向思考	关素娟		
12	用音乐的语言描绘女性的内心世界——谈聂耳以女性内容为表现对象的音乐创作	任秀蕾		
13	生，如昙花之绚烂——从聂耳的爱情观观照其人生观	叶新英		
14	中国的天才　玉溪的天才	刘　蓝		
15	浅析聂耳音乐才华的形成	许建民		
16	从聂耳音乐思考学校音乐教育	程冰玲		

（续表）

	书名	编者及著者	出版者及出版时间	备注
17	抗战时期广西桂林出版、演唱、纪念聂耳活动综述	王小昆		
18	聂耳之父聂鸿仪出生年考	聂士谦		
19	新平县漠沙镇的彭氏家族谱系调查	杨建周		
20	聂耳外祖母身世考	柏　叶		
21	聂耳精神的继承弘扬	李安明		
22	继承民乐优秀传统　弘扬聂耳爱乐精神	傅　晓		
23	聂耳生平史料的收集与研究	崎　松		
24	玉溪的聂耳研究工作述评	李　美		
25	李岚清为聂耳音乐课题组指明研究方向	矣顺文、潘泉		
26	“孙女”记忆中的奶奶彭寂宽——“聂耳音乐研究”课题组采访侧记之一	张亚林、朱丽云		
27	太湖之滨览英魂——“聂耳音乐研究”课题组采访纪行之二	曾庆延		
28	我们见到了“小毛头”——“聂耳音乐研究”课题组采访纪行之三	曾庆延		
29	侄女的怀念——“聂耳音乐研究”课题组采访纪行之四	李安明、黄富		
30	采访彭寂宽的外孙女纪要——“聂耳音乐研究”课题组采访纪行之五	曾庆延、朱丽云		
31	一步步走近聂耳	张亚林		
32	“义军”一曲传五洲——我国老外交家谈国歌在世界上的传播及影响	崎　松		
十三	**《人民日报上的聂耳》**	**玉溪市图书馆**	**云南人民出版社 2008年6月**	

（续表）

	书名	编者及著者	出版者及出版时间	备注
1	纪念聂耳同志　学习聂耳同志	吕　骥	1950年7月17日	
2	纪念聂耳	马思聪	1950年7月17日	
3	开拓者的聂耳——纪念聂耳同志逝世15周年	赵　沨	1950年7月30日	
4	聂耳年谱初稿	孙　慎	1950年7月30日	
5	评聂耳、冼星海纪念音乐会的演出	郭乃安	1955年12月15日	
6	五四以来音乐艺术的光辉	杨　琦	1956年8月26日	
7	悼彭寂宽有感	王　晋	1957年2月7日	
8	重映《风云儿女》的几点感想	许幸之	1957年12月26日	
9	聂耳的战友拍《聂耳》	上海记者站	1959年7月2日	
10	风云雷电谱雄歌——评彩色故事片《聂耳》	陈　默	1960年7月17日	
11	回忆聂耳、星海	田　汉	1960年10月29日	
12	聂耳、冼星海不朽	夏　衍	1960年10月29日	
13	无产阶级革命音乐的先锋	吕　骥	1960年11月2日	
14	《扬子江的暴风雨》观后感	王　晋	1960年11月11日	
15	学习革命歌手的革命精神——听聂耳、冼星海逝世纪念音乐会之后	李焕之	1965年11月6日	
16	高唱国歌　阔步长征	唐　诃	1978年3月28日	
17	聂耳“终焉之地”	何　平	1978年7月17日	
18	海的还念——日本朋友热爱聂耳	车承丕	1980年7月26日	
19	他的进军号	何　为	1980年12月6日	
20	学习聂耳精神　繁荣音乐创作	孙　慎	1981年8月1日	
21	聂耳故乡的纪念	张殿光	1982年2月14日	
22	我们万众一心，前进！——夏衍谈《义勇军进行曲》	邹爱国	1982年12月5日	
23	革命斗争的号角	王永安	1982年12月6日	
24	《义勇军进行曲》诞生的前前后后	丛　雪	1982年12月17日	
25	努力提高歌曲创作的质量	孙　慎	1983年9月6日	

（续表）

	书名	编者及著者	出版者及出版时间	备注
26	歌声与心声	舒　展	1983年9月29日	
27	时代歌者的墓碑——聂耳50周年祭	赵淮青	1985年7月17日	
28	发扬革命传统　创造人民新声——纪念人民音乐家聂耳、冼星海	周巍峙	1985年10月21日	
29	“我一定努力演好聂耳！”——访《翠湖春晓》中聂耳的扮演者潘军	海　天	1987年7月10日	
30	音乐文化的丰碑	丁言昭	1987年7月24日	
31	共和国的华诞	林玉华	1989年9月24日	
32	有碑共识终焉地——谒日本鹄沼海岸聂耳纪念碑	张颂甲	1991年5月3日	
33	翠湖聂耳塑像（诗）	张永权	1992年11月2日	
34	义勇军歌祭	钟　灵	1995年2月28日	
35	唱出人民心声　激发民族浩气——首都纪念《国歌》创作60周年	曲志红、李战吉	1995年12月2日	
36	奏响民族的最强音	林玉华	1995年12月6日	
37	《义勇军进行曲》的一个故事	向延生	1996年6月16日	
38	高唱国歌振精神	姚柏林	1996年10月2日	
39	不屈的怒吼——观影片《国歌》	龚政文	1999年9月3日	
40	聆听玉溪——写在聂耳诞辰90周年之际	巴　文	2002年2月21日	
41	几度沧桑话国歌	吴北光	2004年3月31日	
十四	**《永恒记忆——云南日报上的聂耳》**	**王志雄、郭凌**	**云南人民出版社2008年6月**	
1	云南纪念人民音乐家聂耳逝世四十五周年	杨伊达	星期四，7月 17，1980	
2	做新时期人民群众的知音	李　坚	1980年7月20日	
3	《聂耳音乐周》在昆明隆重开幕	杨伊达	1982年2月21日	
4	聂耳写的第一支歌	聂丽华	1982年2月24日	

（续表）

	书名	编者及著者	出版者及出版时间	备注
5	云南第二届《聂耳音乐周》隆重开幕	杨伊达	1985年7月17日	
6	聂耳铜像由江苏靖江启运将树立在玉溪市	朱荣康	1985年7月17日	
7	在聂耳的故乡谈音乐——访中国音乐家协会主席李焕之	李伊达	1985年7月18日	
8	聂耳，春城人民永远怀念您	方学东	1985年7月18日	
9	在爱国主义的歌声中前进——听聂耳、冼星海作品专题音乐会有感	李德熙	1985年7月18日	
10	“我一定努力演好聂耳！”——访《翠湖春晓》中聂耳的扮演者潘军	海　天	1987年7月10日	
11	聂耳的“特技”	马子华	1993年5月29日	
12	历史的人和艺术的人	李　骞	1999年12月6日	
13	写实的文学与文学的写实	朱　曦	1999年12月6日	
14	聂耳，一个真实的血肉之躯	晨　宏	1999年12月6日	
15	《聂耳》一本好书	彭荆风	1999年12月26日	
16	依托丰富资源　繁荣云南音乐　推进民族文化大省建设	丹　增	2004年5月27日	
17	玉溪各族人民永远弘扬聂耳精神	中共玉溪市委、玉溪市人民政府	2005年6月7日	
18	聂耳的爱国之思	侯瑞云	2005年7月15日	
19	不朽的丰碑　人民的楷模——纪念人民音乐家聂耳逝世70周年	白恩培	2005年7月17日	作者：中共云南省委书记
20	聂耳精神永远激励我们——访聂耳侄女、云南民族电影制片厂二级作曲聂丽华	李悦春	2005年7月17日	
21	在国歌声中成长	蒋贵有、贾云巍、何廷玉	2005年7月18日	

（续表）

	书名	编者及著者	出版者及出版时间	备注
22	聂耳墓旁的心声	万迎春、李开义	2005年7月18日	
23	学习聂耳的时代精神	孔祥庚	2005年8月4日	
24	先贤“聂耳”这样造就——二十集电视剧《聂耳》投拍的台前幕后	熊玲、张伟	2006年1月27日	
25	聂耳纪念日系列活动在聂耳音乐广场开幕	蒋贵有等	2006年7月18日	
26	聂耳始终之地——聂耳诞辰95周年记	张昆华	2007年2月16日	
十五	**《国魂颂——纪念聂耳散文集》**	**崎　松**	**云南民族出版社2008年10月**	
1	学习聂耳的革命精神	夏　衍	《人民音乐》1980年 第七期	
2	巍巍然其与国族并寿之歌——田汉《义勇军进行曲》的创作和聂耳谱曲的史略	于　伶	《中国电影年鉴》1983年5月15日	
3	郭沫若的聂耳情和国歌情	崎　松	《玉溪日报》2006年5月12日	
4	江泽民同志谈聂耳与国歌	崎　松	《红塔宣传》2001年第三期	
5	从《马赛曲》《国际歌》到《义勇军进行曲》	崎　松	《云岭歌声》2005年第二期	
6	我心中的歌——聂耳50周年祭	赵淮青	《大西南文学》1985年第七期	
7	把我们的国歌记在心底	苏叔阳	《人民日报》2007年10月12日	
8	精神不死天难夺	黄安榕	《红塔》2001年第四期	
9	祭聂耳	于　伶	《文汇报》1949年7月17日	
10	聂耳日记里的世界——为纪念聂耳逝世20周年而作	何　为	《临窗集》1955年7月1日	
11	聂耳笔名浅谈	崎　松	《云南文物》1984年6月(总15期)	
12	聂耳在北平	刘岳、李淑文	《党史月刊》1993年第二期	
13	记聂耳在东京的一次讲演	魏　晋	《滇池》1980年第三期	
14	日本藤泽聂耳墓前的追悼	龙世华	《九龙池》1997年第三期	
15	日本作家著的《聂耳——闪光的生涯》出版发行	崎　松	《玉溪日报》2003年3月	

（续表）

	书名	编者及著者	出版者及出版时间	备注
16	纪念时代的歌手聂耳——聂耳诞生70周年	吕骥	《民族音乐》1980年第二期	
17	玫瑰田的梦——聂耳的初恋	崎松	《春城晚报》1998年11月14日	
18	聂耳墓前种树记	于伶	《欢笑与沉思》1962年7月16日	
19	参加聂耳公园落成典礼有感	孟波	《文化资料》1988年7月1日	
20	要坚持聂耳的方向，要走聂耳的道路	莎莱		
十六	**亲人心中的聂耳**	**王志雄、郭凌**	**中国民族摄影艺术出版社 2008年11月**	**序言作者张田欣**
1	真实生动的成长历程	汪毓和		
2	激励国人的音乐创作	汪毓和		
3	胞弟聂耳的少年时代	聂叙伦		
4	我的叔叔聂耳	聂丽华		
5	祭聂耳	孔祥庚		
6	永恒的纪念	王志雄、郭凌		

纪念文章（已收于本过索引“纪念文集”部分的文章此处从略）

	书名	编者及著者	出版者及出版时间	备注
1	悼聂耳先生	苏凤	上海《晨报》1935年7月27日	
2	悼聂耳先生	郑君平	《电通》1935年8月16日第七期	
3	追怀聂耳先生	馥心	《电通》1935年8月16日第七期	
4	悼毕业歌作曲者	陈波儿	《电通》1935年8月16日第七期	
5	悼聂耳	许幸之	《电通》1935年8月16日第七期	
6	悼聂耳殉浪（诗）	剩人	《电通》1935年8月16日第七期	
7	悼聂耳——一个时代的歌手	旅冈	《电通》1935年8月16日第七期	
8	哀聂耳（诗）	溅波	《电通》1935年8月16日第七期	
9	一别竟成永别	明霄	《电通》1935年8月16日第七期	
10	兄弟，这全是你错了（诗）	柳倩	《电通》1935年8月16日第七期	
11	追悼我的朋友聂耳	孙瑜	《联华画报》1935年8月16日六卷四期	

（续表）

	书名	编者及著者	出版者及出版时间	备注
12	忆聂耳	沈西苓	《联华画报》1935年8月16日六卷四期	
13	悼聂耳先生	佚　名	《明星》半月刊1935年8月16日二卷三期	
14	从大众歌曲讲到民众歌咏团	陶行知	《生活时报星期增刊》第一卷第四号1936年6月28日	
15	聂耳周年祭	嶂　脩	上海《立报》聂耳纪念特辑1936年7月19日	
16	聂耳回忆杂写	梁　月	《唐闸报》1936年11月5日	
17	献给中国新音乐的奠基者——故聂耳先生	一群音乐工作者	《大众歌声》歌集（一）1936年11月	
18	革命歌人聂耳	易　文	上海《立报》聂耳逝世二周年纪念特辑1937年7月17日	
19	战斗的歌声	钢　鸣	上海《立报》聂耳逝世二周年纪念特辑1937年7月17日	
20	把我们的生活严肃起来	麦　新	上海《立报》聂耳逝世二周年纪念特辑1937年7月17日	
21	纪念的意义	孙　慎	上海《立报》聂耳逝世二周年纪念特辑1937年7月17日	
22	战争中的歌人——纪念聂耳（诗）	覃子豪	《新华日报》1938年7月17日	
23	聂耳何以是伟大的?	高　寒	《云南日报》1938年7月17日	高寒是楚图南的笔名
24	反抗火苗的培育者（诗）	江　溯	《云南日报》1938年7月17日	
25	祭聂耳（诗）	侥　阳	《云南日报》1938年7月17日	
26	纪念聂耳先生	秋　山	《聂耳专辑》（油印本）1959年5月	写于1938年7月17日
27	他活在大众心中	秋　帆	《聂耳专辑》（油印本）1959年5月	写于1938年7月17日
28	聂耳歌曲的划时代意义	季　生	《聂耳专辑》（油印本）1959年5月	写于1938年7月17日

（续表）

	书名	编者及著者	出版者及出版时间	备注
29	歌咏行列里的聂耳	聂柴铭	《歌咏岗位》1940年7月第三期	
30	关于聂耳	李家鼎	《歌咏岗位》1940年7月第三期	
31	友情与悼念	张天虚	《歌咏岗位》1940年7月第三期	
32	我们的歌手死在海底	焕　之	《新音乐》月刊1940年9月第二卷第三期	
33	聂耳先生的学习和工作	矣　之	《新音乐》月刊1940年9月第二卷第三期	
34	聂耳先生的音乐	程　平	《新音乐》月刊1940年9月第二卷第三期	
35	聂耳先生遗作目录	志　音	《新音乐》月刊1941年9月第三卷第二期	
36	聂耳的道路	仁　苏	云南昆明《正义报》1944年7月17日	
37	如果真是爱聂耳	白　浪	云南昆明《正义报》1944年7月17日	
38	几个生死关头	聂子明	云南昆明《正义报》1944年7月17日	
39	忧忿何以抒?	马子华	云南昆明《正义报》1944年7月17日	
40	新中国的号手	金　华	云南昆明《正义报》1944年7月18日	
41	纪念民族的歌手聂耳（诗）	常任侠	云南昆明《正义报》1944年7月18日	
42	呼唤聂耳时代	光未然	《扫荡报》1944年7月18日	
43	向聂耳学习——漫谈中国音乐	赵　沨	《扫荡报》1944年7月18日	
44	聂耳——新音运的“开路先锋”	白　澄	《音乐艺术丛刊》副辑 1945年7月15日第三辑	
45	向聂耳学习	孟　波	《解放日报》1946年7月19日	
46	踏着聂耳的道路前进	紫　光	《解放日报》1946年7月19日	

（续表）

	书名	编者及著者	出版者及出版时间	备注
47	是什么使他这样伟大的？	赵楚迁	《新音乐》月刊（华南版）1946年8月第一卷第四期	
48	聂耳——我们的先驱	孙 慎	《新音乐》月刊1947年7月1日第七卷第一期	
49	聂耳……	夏 白	《新音乐》月刊1947年7月1日第七卷第一期	
50	忆聂耳	明 敏	《新音乐》月刊1947年7月1日第七卷第一期	
51	纪念聂耳先生	墨 辛	《星岛日报》“音乐副刊”1948年7月22日	
52	聂耳的道路	章 枚	《文汇报》1949年7月17日	
53	我们写您没有写完的歌	宗 群	《文汇报》1949年7月17日	
54	呵！聂耳，我们的好兄弟	姚 牧	《文汇报》1949年7月17日	
55	为什么聂耳伟大	董 源	《新闻日报》1949年7月17日	
56	忆“四耳”先生	吴 伦	《大公报》1949年7月17日；7月23日	
57	略谈聂耳在上海自学音乐的一段生活	洪 遒	《人民音乐》1954年8月号	
58	杰出的战士和歌手	吕 骥	《工人日报》1955年7月17日	
59	纪念聂耳、学习聂耳	舒 模	《光明日报》1955年7月17日	
60	学习聂耳的战斗精神	文 音	《云南日报》1955年7月21日	
61	在聂耳开辟的道路上前进	王云阶	上海《新民报晚刊》1955年7月31日	
62	要认真地学习他	沙 梅	上海《新民报晚刊》1955年7月31日	
63	聂耳年表初稿	洪 遒	《人民音乐》1955年8月号	
64	纪念聂耳、星海	马思聪	《人民音乐》1955年10月号	
65	发扬聂耳、冼星海的战斗传统	李 凌	《人民音乐》1955年11、12月号	

（续表）

	书名	编者及著者	出版者及出版时间	备注
66	纪念聂耳向聂耳学习	费　克	《音乐通讯》 1955年11月 第三期	
67	聂耳——我们学习的榜样	李　淦	《音乐通讯》 1955年11月第三期	
68	聂耳——献身革命的音乐家	刘雪庵	《音乐通讯》 1955年11月第三期	
69	国歌的创造者	许幸之	音乐研究所资料1955年	
70	人民音乐家——聂耳	小　草	《音乐学习》1957年7月第一期	
71	回忆聂耳青少年时期的生活	耀　辰	《音乐研究》 1958年12月第六期	
72	革命歌手聂耳叔叔	金　近	《儿童音乐》1958年7月	
73	学习聂耳、红透专深	周　戊	《人民音乐》1958年7月	
74	一个又红又专的音乐家	马　可	《北京晚报》1958年7月17日	
75	纪念聂耳	江群英	《浙江日报》1959年7月17日	
76	聂耳	何　为	《中国青年》1959年12月	
77	对聂耳、冼星海和黄自的新的认识	赵宗信	《中央音乐学院院刊》1960年4月第十期	
78	聂耳，我们的榜样	应诗真	《中央音乐学院院刊》1960年4月 第十期	
79	回忆《大路》的创作	孙　瑜	《电影艺术》1960年5月	
80	聂耳与国乐	胡江非	《新民晚报》1960年7月16日	
81	纪念聂耳，学习聂耳，继承和发扬音乐艺术的革命战斗传统	本刊评论员	《会刊》（成都）1960年8月第二十七期	
82	纪念聂耳，歌唱我们伟大的时代——谈聂耳作品中的革命浪漫主义的表现	李康生	《会刊》（成都）1960年8月第二十七期	
83	崇高的精神，光辉的榜样——纪念中国人民音乐家聂耳逝世二十五周年	林福本	《黑龙江音讯》1960年8月第七期	
84	纪念人民音乐家聂耳逝世二十五周年，冼星海逝世十五周年		《新疆音乐通讯》1960年8月第五期（总5）	

（续表）

	书名	编者及著者	出版者及出版时间	备注
85	聂耳的道路——纪念聂耳逝世25周年	高士杰	《西安音专》1960年8月第二十一期	
86	纪念聂耳，遵循着聂耳的道路大步前进	赵福泉、王明朗、张执中	《西安音专》1960年8月 第二十一期	
87	《金蛇狂舞》和《翠湖春晓》	周　皓	《新民晚报》1960年10月26日	
88	更好地发扬聂耳、冼星海革命音乐的战斗传统	本刊编辑部	《人民音乐》1960年10月号	
89	要像聂耳那样战斗和生活	肖　黄	《人民音乐》1960年10月号	
90	聂耳同志永远是我们学习的榜样	王云阶	《人民音乐》1960年10月号	
91	聂耳、星海作品演出述评	李　凌	《人民音乐》1960年11、12月号	
92	日本聂耳纪念碑重新建成	新华社讯	《人民音乐》1965年12月第六期	
93	人民音乐家聂耳	石　桑	《音乐辅导》1978年2月 创刊号	
94	忆聂耳	李华飞	《音乐·舞蹈研究》1978年9月第三期（总3）	
95	聂耳和他的《义勇军进行曲》	乔书田	《音乐·舞蹈研究》1979年2月第二期（总8）	
96	聂耳（新音乐运动的开路先锋）	蓝泽众	《音乐·舞蹈研究》1979年7月第七期（总13）	
97	聂耳亭与《大路歌》	许墨林	《音乐爱好者》1979年第一期(总1）	
98	聂耳在故乡	聂丽华	《音乐·舞蹈研究》1979年第十期（总16）	
99	《义勇军进行曲》的由来	周伯勋	《文汇报》1980年1月6日	
100	叶山峻先生与聂耳纪念碑	沈尊光	《人民音乐报》1980年6月第六期	
101	忆聂耳两三事	周伯勋	《音乐·舞蹈研究》1980年7月第十三期（总31）	
102	要多做些踏实的工作——纪念聂耳逝世四十五周年有感	向延生	《中央音乐学院学报》创刊号1980年12月	

（续表）

	书名	编者及著者	出版者及出版时间	备注
103	沿着聂耳、星海的道路前进	寄明、瞿维	《通讯》1981年7月总第一期	聂耳、冼星海会编
104	聂耳和《金蛇狂舞》	金建民	《音乐爱好者》1982年第一期(总10)	
105	关于聂耳诞生日期核实情况	云南分会	《音乐通讯》1982年3月第二期(总18)	
106	学习聂耳，为时代谱新曲——上海音乐界纪念聂耳同志诞生70周年	李国卿	《上海音讯》1982年4月第二期(总2)	
107	《卖报歌》——人民音乐家聂耳的心声	杨碧君	《上海音讯》1982年4月第二期(总2)	
108	学习聂耳　繁荣音乐创作	曾雨音	《八闽乐坛》1982年4月第一期(总2)	
109	在聂耳故乡——参加昆明《聂耳音乐周》有感	程茹辛	《江苏音乐》1982年第四期	
110	走聂耳的路	孟波、乔书田	《音乐·舞蹈研究》1982年5月第五期(总59)	
111	聂耳复活了——看聂耳设计像的展出	瞿　维	《人民音乐》1983年7月第七期	
112	“起来！不愿做奴隶的人们”	刘良模	《人民音乐》1984年12月第十二期	
113	聂耳的《翠湖春晓》与《老挂腔》	桑　任	《人民音乐》1985年4月第四期	
114	忆我的弟弟聂耳(写在聂耳逝世五十周年之际)	聂叙伦	《音乐·舞蹈研究》1985年8月第八期(总98)	
115	聂耳逝世五十周年祭	瞿　维	《音乐·舞蹈研究》1985年8月第八期(总98)	
116	在聂耳精神鼓舞下勇攀高峰——在聂耳塑像揭彩仪式上的讲话	许　川	《音乐探索》1985年9月第三期(总8)	
117	中华民族振兴之歌——纪念人民音乐家聂耳、冼星海	李焕之	《人民音乐》1985年10月第十期	
118	聂耳的民族器乐创作	安　平	《人民音乐》1985年12月第十二期	

（续表）

	书名	编者及著者	出版者及出版时间	备注
119	国歌的历史回顾和歌词欣赏——纪念《义勇军进行曲》诞生五十周年兼聂耳逝世五十周年	朱 绛	《上海音讯》1985年第二期（总12）	
120	聂耳及其音乐创作（中国近现代音乐史漫话）	孙继南	《群众乐坛》1985年第一期（总7）	
121	新歌剧《扬子江暴风雨》及其歌曲《码头工人》	向延生	《音乐生活》1985年第十二期	
122	聂耳、冼星海研究的新篇章	王 晡	《天籁》1986年3月第四期(总4)	
123	聂耳的笔名浅谈	刘本学	《音乐学习与研究》1985年第四期（总14）	
124	略论聂耳对黎锦晖创作经验的吸取	项 阳	《音乐艺术》1986年6月第二期（总25）	天津《音乐学习与研究》1986年3月（总4）
125	聂耳歌曲的词作者简介	聂 丁	《上海音讯》1986年第一期（总14）	
126	聂耳创作中的音乐形象	汪毓和	《中央音乐学院学报》1987年第一期（总26）	
127	聂耳歌曲创作的风格和特征	高奉仁	《乐府新声》1990年3月第一期（总27）	
128	聂耳	吴景廉	《中华音乐文化教育杂志》1990年7月第二十八期	
129	继承革命传统　弘扬民族文化——为纪念聂耳逝世五十五周年，冼星海逝世四十五周年而作	梁 光	《交响》1990年第四期（总50）	
130	论音乐的审美价值与社会政治功利的有机统一——在纪念聂耳逝世五十五周年、冼星海逝世四十五周年座谈会上的发言	翟 咏	《交响》1990年第四期（总50）	
131	关于《聂耳于1932年写给“老宋”的信》的一些说明	向延生	文化部《新文化史料》1992年第二期	

（续表）

	书名	编者及著者	出版者及出版时间	备注
132	聂耳性格特征中的批判精神	郭树群	《音乐研究》1992年6月第二期（总65）	
133	国歌琐谈	廖辅叔	《中央音乐学院学报》1993年8月第三期（总52）	
134	聂耳故乡的保护与修缮	李　美	《云南文物》1992年第三十二期	
135	聂耳的生平与创作	向延生	《中国近现代音乐家传》春风文艺出版社1994年	
136	聂耳的意中人——袁春晖	解玉泉	《音乐生活》1995年5月第五期（总272）	
137	贺绿汀同聂耳最后相处的日子	贺绿汀口述，李华钰整理	《音乐生活》1995年10月第十期（总277）	
138	奋发的鼓角　光辉的象征——《中华人民共和国国歌》音乐分析	周荫昌	《中国音乐教育》1996年1月第一期（总43）	
139	纪念聂耳	李业道	《音乐研究》1996年9月第三期（总82）	
140	今天纪念聂耳仍然有着十分重大的现实意义——在纪念国歌发表60周年纪念会上的发言	赵　沨	《音乐研究》1996年9月第三期（总82）	
141	聂耳研究的回顾与展望	崎　松	《音乐·舞蹈研究》1997年5月第四期（总218）	
142	访聂耳临终之地——日本鹄沼海滨纪行	梁茂春	《人民音乐》1997年10月第十期	
143	周恩来——《义勇军进行曲》作为国歌的首先倡议者	向延生	《人民音乐》1999年12月第十二期	
144	访聂耳终焉地	黄中海	《音乐生活》1999年 十月号（总325）	

说明：

一、已收于《聂耳全集》（增订版）下卷的文章本索引一律从略。

二、本索引“纪念文章”部分截止于1999年底，主要选自李文如编《二十世纪中国音乐期刊篇目汇编》，文化艺术出版社2005年版。

弘扬聂耳精神　打造聂耳品牌

——云南聂耳音乐基金会活动概述

云南聂耳音乐基金会（崎松执笔）

为继承和弘扬聂耳精神，培养云南音乐人才，奖励优秀音乐作品的创作，举办大型音乐活动，拓宽音乐艺术交流渠道，促进云南音乐事业的繁荣和发展，由云南省玉溪市委书记孔祥庚、副市长王跃，云南省委副书记丹增，红塔集团董事长柳万东、总裁姚庆艳等人于2003年12月发起，云南聂耳音乐基金会于2004年5月25日在玉溪市正式成立。

云南聂耳音乐基金会是一个非赢利性的独立法人社团组织，在云南省文化厅的业务指导和云南省民政厅的监督管理下，按照基金会《会章》开展各项公益事业活动。

一、基金会组成人员名单（69人）

顾问（8人）

周巍峙：中国文联名誉主席、文化部原代部长、作曲家

陈晓光：文化部副部长、中国文联副主席、词作家

吴雁泽：中国文联副主席、中国音协常务副主席、歌唱家

王立平：中国音协副主席、作曲家

金铁霖：中国音协副主席、中国音乐学院院长

赵季平：中国音协副主席、作曲家

闵惠芬：中国音协副主席、二胡演奏家

徐沛东：中国歌剧院副院长、作曲家

名誉会长（1人）

丹　增：中共云南省委副书记、中国文联副主席

名誉副会长（14人）
晏友琼：中共云南省委常委、省委宣传部部长
梁公卿：云南省人大常委会副主任、省文联主席
邵琪伟：云南省副省长
李先猷：云南省政协副主席
段跃庆：中共云南省委副秘书长
崔质涛：云南省政府副秘书长
吴贵荣：中共云南省委宣传部副部长
贺光曙：云南省文化厅厅长
李仕良：云南省文联党组书记、常务副主席
孔祥庚：中共玉溪市委书记
柳万东：红塔集团董事长
董诗强：中共玉溪市委副书记、市长
张　玲：中共玉溪市委副书记、市委宣传部部长
聂丽华：聂耳亲属代表
会长（暂缺）
副会长（4人）
姚庆艳：红塔集团总裁
王　跃：玉溪市副市长
陈　勇：云南艺术学院副院长、省音协主席、作曲家
刘晓耕：云南艺术学院音乐学院院长、作曲家
常务副会长：王　跃
秘 书 长：王　跃（兼）
副秘书长：汪燕平、董文献、普洪光等6人
理事26人（从略）
监事会成员6人（从略）

基金会办公室工作人员名单
基金会于2005年6月成立办公室，工作人员名单如下：
主　任　朱丽云：原玉溪市花灯团团长、国家二级演员
副主任　蒋文波：玉溪市文化局办公室主任（兼）
《会刊》主编　刘本学（崎松）：玉溪市文化馆馆员
工作人员　崔文俊：玉溪市艺术研究所干部（兼职）

二、基金会活动的主要项目

（一）支持广场文化活动 丰富群众文化生活

全面推进市、县（区）中心城区广场群众性文化活动，重点把聂耳文化广场打造成为文化玉溪、生态魅力的文化旅游品牌。基金会配合全市各级文化部门积极组织、承办、协办和支持各类文艺演出活动，并开展文艺进校园、文艺下农村等多项活动。

1. 2005年5月25日，玉溪市委市政府主办，市文化局在东风广场承办“纪念聂耳音乐基金会成立一周年大型文艺晚会”，有上千人参加演出。

2. 2006年7月17日，中央电视台、中国音协、玉溪市人民政府共同举办“聂耳故乡·全国歌手唱云南”欢乐中国行生态玉溪的大型文艺晚会。中央电视台向全国播放。

3.2006年8月24日至31日，配合中共云南省委宣传部、省文化厅、省文联、玉溪市委、市政府共同在玉溪市举办“第二届云南滇剧花灯艺术周”的活动。

4. 2007年7月15日，配合市政府举办“聂耳纪念日”系列文化活动，“生态玉溪、和谐玉溪——永恒的旋律”吸引上万观众观看演出。

5. 2008年7月17日，配合市委市政府举办纪念聂耳的大型文艺晚会。11月26日举办“辉煌玉溪”纪念改革开放三十周年暨玉溪撤地设市十周年大型文艺晚会。

6. 2006年至2008年，配合宣传、文化部门，参与组织了玉溪市第一至第三届“玉溪山歌会”，每年都吸引了上万观众观看来自全省民间歌手的演唱。

7. 2006年至2010年，连续5年在玉溪举办新年音乐会，《玉溪日报》都作了报道。

（二）积极推进聂耳文化品牌的打造

2005年7月17日，由云南聂耳音乐基金会、中国田汉基金会、中国演出家协会共同在澳大利亚悉尼歌剧院共同组织演出一台大型音乐会《不朽的旋律》。

基金会大力支持赞助玉溪聂耳竹乐团的发展。聂耳竹乐团在竹乐器研制方面获得四项国家专利认证，表演节目频频亮相央视一、三频道，2007年获文化部“第十四届全国群星奖”。2008年应邀参加北京奥运会闭幕式演出，其间在北京参加十余场大型文艺演出，向世界展示了聂耳故乡的原生态音乐和玉溪的人文风情。

2009年6月12日至18日成功举办中国聂耳音乐（合唱）周。活动开幕式在北京人民大会堂举行，系列活动和闭幕式在玉溪市举行。玉溪系列活动主要有两场合唱类比赛、一场颁奖晚会、四台精品音乐晚会和闭幕式大型文艺晚会以及广场群众文化活动、地方文艺精品展示、学术论坛、电视文化论坛等活动。《人民日报》、中央电视台、云南省电视台等多家新闻媒体进行了全面宣传，进一步提升了聂耳品牌影响力及聂耳故乡的知名度。

（三）拍摄聂耳的文献片、电视剧

1. 基金会支持玉溪千溪影视公司与北京电视台影视节目交流中心合作，共同拍摄24集电视连续剧《聂耳》。该片总投资人民币1200万元，已经在2007年完成，并于同年9月在玉溪市首播。现已报中央电视台等待向全国观众播放。

2. 基金会与北京田汉基金会合作，于2006年共同摄制大型文献纪录片《我们的国歌》。该片共有4集，为庆祝中国共产党第十七次代表大会隆重召开，中央电视台于2007年10月15日至18日，在第10频道向全国首播，这是一部珍贵的爱国主义教材片。

（四）支持推进文化产业发展

基金会与北京新坐标文化公司合作创建的《古典 · 时尚》女子动感音乐组合，在保持好国内演出市场的基础上，2008年打入了日本、欧洲、美国、新加坡等国外市场。

基金会与北京新坐标文化公司联合创作生产的儿童音乐教育动画片《露露与猪猪》已出版发行销售。该片在中央电视台热播之后荣获第四届中国国际动漫节系列片、长片“美猴奖”，还荣获国家广电总局2007年度最佳原创动画片三等奖。

（五）编辑出版有关聂耳的图书

自基金会成立至2010年3月，6年当中基金会和市政府拨专款编辑出版了有关聂耳的图书10种。

1.《人民音乐家聂耳》（大型画册）：云南聂耳音乐基金会编，云南美术出版社2005年6月出版发行。中国音协主席傅庚辰和中共玉溪市委书记孔祥庚分别为本书作序。

2.《玉溪骄子 —— 聂耳专题邮票纪念册》：云南聂耳音乐基金会编，云南省邮政局、玉溪市邮政局发行，本书为16开精装本，是很珍贵的收藏品。

3.《聂耳音乐研究文集》：云南聂耳音乐基金会、玉溪聂耳音乐研究课题组编，中国文联出版社2006年12月出版发行。本书于2009年荣获第五届玉溪市优秀文学艺术文艺评论类作品一等奖。

4.《聂耳之路》（论文集）：崎松著，云南民族出版社2006年12月版。2009年荣获第五届玉溪市优秀文学艺术文艺评论类作品二等奖。

5.《国魂颂 —— 纪念聂耳歌曲集》：崎松主编，云南民族出版社2008年6月出版。

6.《国魂颂 —— 纪念聂耳散文集》：崎松主编，云南民族出版社2008年10月出版。

7.《国魂颂 —— 纪念聂耳诗词集》：崎松主编，云南民族出版社2008年10月出版。

8.《聂耳音乐广场》画册：中共玉溪市委、市人民政府2009年编印。

9.《聂耳与日本》：崎松主编，云南人民出版社2010年3月出版。

10. 云南聂耳音乐基金会《会刊》：云南聂耳音乐基金会办公室编，16开内部刊物。每年一期，印量每期1000册。

上述图书出版后，主要赠送给国内外到玉溪市来参加纪念聂耳活动的领导及嘉宾，同时也在新华书店及聂耳故居陈列发行。对宣传聂耳、宣传玉溪收到了较好的社会效益。

（六）举办聂耳精神代代传大型展览和专题报告

2006年5月24日至6月2日，云南聂耳音乐基金会、中共玉溪市红塔区委区政府主办，玉溪市文化局和红塔区文化局在玉溪市博物馆承办的《聂耳精神代代传 —— 崎松研究聂耳的藏品及成果展览》，展出有关聂耳的报纸、杂志、图片、图书、图表、手稿、音像、邮品、书法、纪念品等十大系列，共一千二百多件。10天共有一万两千多人参观了展览。《春城晚报》、《云南省音乐通讯》、《玉溪日报》等报刊作了报道，玉溪电视台摄制了专题片向全市播放。聂耳的侄女聂丽华同志亲自为展览剪彩并作了讲话。

近几年来，崎松先生应玉溪市、县各部门和单位的邀请，先后为机关、学校、军队、厂矿作“聂耳与国歌”专题报告二十多场，听众达两万多人。

（七）积极开展对外文化艺术交流

1.2009年2月，应中国台湾宜兰县政府、台北科技大学、台湾中国文化大学邀请，我市组成以基金会常务副会长王跃为团长，玉溪市滇剧团为主体，共81人的文化艺术团赴台湾进行22天的文化交流演出。在宜兰县灯会主会场和宜兰演艺厅、客家博览会、台北科技大学、台湾中国文化大学、台北新庄演艺厅共演出15场，演出滇剧《西施梦》、京剧选段、民族歌舞、戏曲风采、器乐和云南民歌等，受到了台湾方面的高度关注和评价。

2.玉溪市花灯剧团应日本黛民族舞踊文化财团的邀请，由玉溪市文化局组织，于2009年参加7月7日至17日在日本东京举办的亚洲第十二届中国·日本·韩国三国舞蹈文化交流演出。先后在东京赤坂文化会馆、品川区会馆、东京赤坂区民中心、东京学习院大学、群马县太田市、神奈川县海老名文化会馆，进行了8场交流演出，并专程赴藤泽市，在聂耳纪念碑前举行庄重而简洁的祭奠仪式，依次向聂耳纪念碑敬献鲜花，演唱了《国歌》、《毕业歌》、《卖报歌》，最后表演了花灯舞蹈——《聂耳颂》。

3.聂耳音乐基金会拨专款，为玉溪市滇剧团著名演员、“梅花奖”得主冯咏梅和市花灯团著名演员、“梅花奖”得主杨丽琼录制个人DVD光盘对外发行。

（八）支持业余音乐团体开展活动

1.成立于1985年的“玉溪市老干部聂耳合唱团”，为弘扬聂耳精神作出了很大贡献。基金会成立后，对该团的演出活动和业务培训都给予支持，使他们的演出水平不断提高。

2.玉溪市聂耳民族乐团，是在聂耳音乐基金会成立后才建立的业余团体，除每年举办一届新年音乐会外，重大节庆也有演出。几年来，聂耳音乐基金会对玉溪市聂耳民族乐团在各方面给予了大力支持，使该团不断发展壮大，知名度也不断得到提高。

基金会6年来做了大量工作，为云南省和玉溪市打造聂耳文化品牌起到很好的推动作用，在国内外都产生了一定的影响。云南省文化厅、省民政厅对基金会的工作给予了关心和指导，2009年，他们还组成专家小组对基金会工作进行了评估，给予了较高评价。

2004年5月25日

初版后记

为纪念中国无产阶级音乐的先驱、中华人民共和国国歌的作曲者聂耳逝世五十周年，文化部、中国音乐家协会1938年组成了由聂耳的亲属、战友以及从事聂耳研究的音乐家参加的《聂耳全集》编辑委员会。中国艺术研究院音乐研究所设立《聂耳全集》编辑办公室，负责编辑、出版的具体工作。

中国艺术研究院音乐研究所(前身为民族音乐研究所、中国音乐研究所)1954年建立以来，长期致力于收集、整理、研究有关聂耳的资料。1955年并附设了“聂耳纪念室”，向国内外观众宣传、介绍聂耳的生平事迹和成就。1955年至1964年又先后油印、铅印出版了两种《聂耳专辑》(均为内部资料)，汇集了当时所收集到的聂耳作品，以及30年代以来回忆、纪念聂耳的文章。1978年以后指派专人从事编辑《聂耳全集》的准备工作。这期间通过在北京、上海、昆明、广州等地采访聂耳的亲友、查阅当年的报刊等历史资料，又收集到了一些新的材料，核实了许多问题，为编辑《聂耳全集》创造了有利的条件。

1980年在武汉成立的聂耳、冼星海学会，为继承、发扬中国无产阶级音乐的革命传统，1982年委托上海聂耳、冼星海学会着手编辑附有钢琴伴奏谱的《聂耳歌曲全集》。为此组成了由瞿维负责，王云阶、张敦智、刘福安、陈聆群等人参加的《聂耳歌曲全集》编辑委员会。两年来他们通过十余次的讨论和研究，从已有的聂耳歌曲钢琴伴奏谱中选用了十一首（其中七首由编者提出意见请原作者作了一些修改），又约请上海、北京的一些作曲家为聂耳的二十首歌曲编配了钢琴伴奏谱。

《聂耳全集》编辑委员会成立以后，为了集中力量共同做好这一工作，经过有关方面协商研究、统筹安排，决定将《聂耳歌曲全集》全部纳入《聂耳全集》之中，不再单独出版。为了使这些伴奏谱能够尽量保持原作的风格，更好地衬托聂耳的歌曲所表达的意境，编者对很多伴奏谱以及民族器乐合奏曲的重新配器谱进行了反复的试听与讨论，很多作者也都对曲谱作了再三的修改，最后才确定了本书现在刊出的这些谱本。

本书包括目前所能找到的聂耳的各种音乐作品和文字著作；聂耳本人以及在他指导下演唱的聂耳所作歌曲、乐曲的录音；与本书刊出的曲谱相一致的、新录制的聂耳音乐作品的立体声盒式录音带。本书中刊出的聂耳的各种音乐和文字著作，均已根据手稿和原出版物进行了校勘。编者统一了音乐作品的速度要求、表情术语、强弱记号等的格式和布局。对其中与聂耳的思想发展和音乐活动无关的文字，做了少量的删节和整理。对书中的一些人名、地名、事件、方言和外文加了简略的注释。考证了某些书信、日记、札记的日期和排列顺序。编写了音乐作品年表、文稿年表、歌曲说明、主要词语索引、英文译名对照表等有关材料，选用了若干历史资料列为附录，以便读者查阅和参考。本书还选刊了二百五十余幅有关聂耳的图片（有相当一部分为首次发表），以便读者对聂耳有更多的形象上的了解。由于有些图片是从当年的报刊上翻拍过来的，因而质量较差，请读者见谅。

本书由文化艺术出版社与人民音乐出版社联合出版。文化艺术出版社负责全书的装帧设计、印刷出版，以及文稿、图片的编校；人民音乐出版社负责曲稿的设计、绘制和编校。

云南省博物馆珍藏有聂耳亲属捐献给国家的许多聂耳遗物。本书在编辑过程中，该馆多次予以大力协助，提供了全部聂耳的手稿用于校勘，并数次为本书翻拍了大量的照片资料。中国唱片总公司及其上海分公司则为本书复制、提供了珍藏的三十年代的历史音响资料；又在有关音乐演出团体和歌唱家的支持下，在短时间内重新录制了聂耳全部音乐作品的立体声音响。都为本书的编辑、出版作出了重要的贡献。

《聂耳全集》的编辑、出版，是在文化部、中国音乐家协会等单位负责同志的直接关怀下进行的。他们从制订计划、编辑方针、设立组织机构、审阅稿件到出版发行，都给予了具体的指导和大力的支持。聂耳的二哥聂子明、三哥聂叙伦，聂耳在明月歌剧社时的同事等亲友在提供资料、核对事实、撰写疑难的注释等方面，都多方尽力予以协助。北京、上海、昆明等地的图书馆、资料馆（室）协助查阅有关资料。云南省文化厅音乐工作室、中国音乐家协会云南分会、昆明市文物管理委员会、档案馆等单位代为调查核实材料、提供资料。江西省文化厅为召开《聂耳全集》审稿会提供便利。聂耳、冼星海学会、中央民族乐团、中国音乐学院代为组织试唱、试奏聂耳的音乐作品。文化艺术出版社、人民音乐出版社、中国唱片社在时间短促、任务繁重的情况下，努力做好本书的出版工作。编者谨对这些单位和同志，致以衷心的感谢和诚挚的敬意！

本书集曲谱、音响、文字、图片于一体，力图为国内外从事聂耳研究的单位或学者，提供比较全面、详尽的资料。由于编辑时间所限，可能还存在许多不足以及不够确切之处。为此恳切希望专家和读者给予指教！

联系地址：北京东直门外新源里音乐研究所《聂耳全集》编辑办公室。

1985年元月23日

增订版后记

1985年，为纪念人民音乐家聂耳逝世五十周年，文化部、中国音乐家协会和音乐研究所联合聂耳的亲属和有关专家学者，编辑了两卷本的《聂耳全集》，由文化艺术出版社与人民音乐出版社在北京联合出版。这部汇集乐谱、音响、文字、图片于一体的中国首部音乐家全集，发行后受到国内外读者与专家学者的好评。《人民日报》发表评论文章，赞誉它是“中华文化的丰碑”。此书1999年获得文化部首届文化艺术科学优秀成果奖一等奖；此书的封面设计（设计者范贻光），1986年获得第三届全国书籍装帧艺术展览封面设计三等奖。

《聂耳全集》出版距今已有二十六年之久，该书在市面上早已脱销。聂耳是人民的音乐家，对聂耳的研究从未中断，近些年，我们又陆续收集到一些聂耳的资料，还有许多关于聂耳的回忆、纪念和研究文章需要统一整理。在聂耳诞辰一百周年即将来临之际，《聂耳全集》的主编周巍峙发出了编辑出版《聂耳全集》增订版的提议，得到编辑委员会成员的积极响应。

云南玉溪市作为聂耳的故乡，多年来大力开展纪念聂耳的各种活动，在收到周巍峙主编的来信后十分重视此书，并立即研究决定由云南省玉溪市委市政府资助《聂耳全集》增订版的出版工作，并抽调专业人员参与有关事宜。

由于原《聂耳全集》编辑委员会中的成员许多人已经辞世。为此重新组织了《聂耳全集》增订版编辑委员会，并在云南省玉溪市增设了一个编辑部，与北京编辑部携手承担编辑事务。

增订版补充了有关《中华人民共和国国歌》的文献，增加了后来收集到的聂耳致宋廷璋的书信及一些图片资料，约请中央歌舞团的著名作曲家杨洁明编配民族器乐曲《昭君和番》（原承担者彭修文因病故未能成稿），增加了美国著名黑人歌唱家保罗·罗伯逊演唱《起来》（即《义勇军进行曲》）的录音，把原“全集”录制的音响从盒式录音带转录成CD盘。另外，我们又改正了初版中的若干错误，补充了一些遗漏之处，修改与增加了一些注释，还修订了聂耳的《音乐作品年表》，增订了《聂耳年谱》，编写了《纪念聂耳大事记》、《有关聂耳著作、文章篇目索引》和《重修聂耳墓纪实》。

本次增订版新加的下卷“资料编”，集纳了70余年来有关纪念、回忆和研究聂耳的文章共140篇。这些聂耳的亲人、战友、同学、同事和继承者、敬仰者的著述和专家学者的学术研究成果，为读者从多阶段、多侧面、多层次认识和了解聂耳，提供了更加丰富、翔实和图文并茂的资料。

在编辑体例上，本书保持编辑委员会初版时确定的原则：书中所有的云南方言和土语、20世纪二三十年代的语言和用字，仍然保持原始面貌，不作任何改动。本书里的注释，除了特别标明注释者外，中卷里的均为编者注，下卷里的均为作者注。

1985年版的《聂耳全集》，是由文化艺术出版社（责任编辑赵英南）和人民音乐出版社（责任编辑戴于吾）联合出版。现在为了编辑出版上的便利，经过《聂耳全集》增订版编辑委员会出面协商，人民音乐出版社同意把初版中的曲谱部分（本书上卷除了《中华人民共和国国歌》管弦乐总谱和管乐总谱、《昭君和番》以外的全部曲谱），全都无偿地提供给本次增订版继续使用。这种从大局出发的宽广胸怀令人钦佩，在此《聂耳全集》增订版编辑委员会谨向人民音乐出版社表示诚挚的感谢！

文化艺术出版社对本书的出版非常重视，从1985年的初版到本次的增订版，他们投入了巨大的力量。特别是增订版的责任编辑王红，为了体现编辑委员会的意图和规划、力争此书的准确无误与精益求精，付出了大量的心血和辛勤的劳动。

经过编辑委员会近两年的紧张工作，本书的编辑工作已近尾声，在即将付梓出版之际，我们感谢云南省玉溪市委市政府的大力支持，感谢各位文章作者和录音演唱（奏）者的大力协助，感谢为本书的编辑与出版付出心血的所有同志，正是有了大家共同的努力才使本书得以顺利出版。

在本次编校过程中，我们努力追求尽善尽美，但由于编者的能力与水平所限，仍然可能有许多不当，甚至遗漏、错误之处，敬请各位读者和专家学者给予批评指正！

本书下卷资料编收录的某些文章，由于部分作者已经谢世，又一时无法找到其家属，尚未获得其著作的授权，对此我们深感歉意！请有关权益人得知此事后尽快与出版社的责任编辑联系，以便按照有关规定办理相关事宜（地址和电话详见本书的版权页）。

《聂耳全集》增订版编辑委员会

2011年7月25日

《聂耳全集》编辑委员会

（1985年版）

图书在版编目（CIP）数据

聂耳全集 /《聂耳全集》编辑委员会编 . — 增订版 .
— 北京 : 文化艺术出版社 , 2011.5
ISBN 978-7-5039-5067-4

Ⅰ . ①聂 … Ⅱ . ①聂 … Ⅲ . ①聂耳（1912—1935）— 全集
Ⅳ . ① Z426

中国版本图书馆CIP数据核字(2011)第059963号

聂耳全集（增订版）

编　　者　《聂耳全集》编辑委员会
责任编辑　王　红
责任校对　崔建文
装帧设计　顾咏梅　朱倩倩　刘玲子
出版发行　文化艺术出版社
地　　址　北京市东城区东四八条52号（100700）
网　　址　www.whyscbs.com
电子邮箱　whysbooks@263.net
电　　话　（010）84057666（总编室）　84057667（办公室）
　　　　　84057691—84057699（发行部）
传　　真　（010）84057660（总编室）　84057670（办公室）
　　　　　84057690（发行部）
经　　销　全国新华书店
印　　刷　北京雅昌彩色印刷有限公司
版　　次　2011 年 11 月第 1 版
印　　次　2011 年 11 月第 1 次印刷
开　　本　889 × 1194 毫米　1/16
印　　张　99.75
字　　数　2180千字
书　　号　ISBN 978-7-5039-5067-4
定　　价　1280.00 元（精装全三册）